Die Domkapitel der Reichskirche vom Wiener Konkordat
bis zur Säkularisation (1448-1803)

Rechtshistorische Reihe

Band 468

Zur Qualitätssicherung und Peer Review der vorliegenden Publikation

Die Qualität der in dieser Reihe erscheinenden Arbeiten wird vor der Publikation durch den einen Herausgeber der Reihe geprüft.

Notes on the quality assurance and peer review of this publication

Prior to publication, the quality of the work published in this series is reviewed by one of the editors of the series.

Manfred Josef Thaler

Die Domkapitel der Reichskirche vom Wiener Konkordat bis zur Säkularisation (1448-1803)

Grundzüge ihrer Verfassung im Vergleich

PL ACADEMIC RESEARCH

Bibliografische Information der Deutschen Nationalbibliothek
Die Deutsche Nationalbibliothek verzeichnet diese Publikation in der Deutschen Nationalbibliografie; detaillierte bibliografische Daten sind im Internet über http://dnb.d-nb.de abrufbar.

Zugl.: München, Univ., Diss., 2016

Die vorliegende Arbeit wurde von Prof. Dr. Hans-Jürgen Becker
zur Aufnahme in die Reihe empfohlen.

Umschlagabbildung:
Justitia. Allegorie der Gerechtigkeit. Druck aus dem 17. Jahrhundert.

D 19
ISSN 0344-290X
ISBN 978-3-631-71954-1 (Print)
E-ISBN 978-3-631-71955-8 (E-PDF)
E-ISBN 978-3-631-71956-5 (EPUB)
E-ISBN 978-3-631-71957-2 (MOBI)
DOI 10.3726/b10927

PL Academic Research ist ein Imprint der Peter Lang GmbH.

Peter Lang – Frankfurt am Main · Bern · Bruxelles · New York ·
Oxford · Warszawa · Wien

Diese Publikation wurde begutachtet.

www.peterlang.com

Vorwort

Neben den Bischöfen waren es vorrangig die Domkapitel, auf denen über Jahrhunderte das System der Reichskirche wesentlich fußte. Während in letzter Zeit vor allem die Bischöfe selbst sowie die von ihnen verwalteten Bistümer Grundlage wissenschaftlicher Untersuchungen geworden sind, wurde den Domkapiteln zwar in einer beträchtlichen Zahl an Einzeluntersuchungen durchaus auch die Aufmerksamkeit der Forschung zuteil, eine vergleichende Analyse dieser Institutionen unterblieb bislang aber. Die zwar vorhandene, aber weitläufig verstreute Literatur ermöglichte es nur schwer, Erkenntnisse über ihre verfassungsrechtlichen Unterschiede und Gemeinsamkeiten zu gewinnen.

Angeregt von einem vermutlich aus den Sechziger- oder Siebzigerjahren des 18. Jahrhunderts stammenden Aktenfund im Haus-, Hof- und Staatsarchiv in Wien, der mit Hilfe ausgewählter Angaben einen Überblick für einige Domkapitel der Reichskirche bietet, soll daher die vorliegende Arbeit versuchen, für die Frühe Neuzeit dem beschriebenen Mangel Abhilfe zu schaffen.

Diese Publikation stellt die geringfügig überarbeitete und erweiterte Fassung meiner 2015 am Leopold-Wenger-Institut für Rechtsgeschichte der Ludwig-Maximilians-Universität München vorgelegten Dissertation dar.

An dieser Stelle gilt daher mein aufrichtiger Dank Herrn Univ.-Prof. Dr. Peter Landau, der als Doktorvater meine Dissertation stets mit Interesse an der Thematik und fachlichen Ratschlägen begleitet hat, sowie all jenen, die einen nicht unbeträchtlichen Anteil am Entstehen dieser Arbeit hatten:

Allen voran gebührt das den Mitarbeitern der Universitätsbibliothek Salzburg und der ihr angeschlossenen Fachbibliotheken. Sie waren es vor allem, die mich in entgegenkommender Weise bei der Beschaffung der Literatur unterstützt haben.

Dank schulde ich des Weiteren folgenden Institutionen und deren Mitarbeitern: der Bayerischen Staatsbibliothek, der Bibliothek der Monumenta Germaniae Historica, der Universitätsbibliothek München, der Universitätsbibliothek Innsbruck sowie dem Haus-, Hof- und Staatsarchiv in Wien.

Für die Ermöglichung der Drucklegung seien die Bemühungen von Univ.-Prof. Dr. Hans-Jürgen Becker gewürdigt, für die Mithilfe bei der Korrektur des Textes die von Mag. Virgil Zach.

Ramingstein, Fest des Heiligen Ivo von Tréguier 2016

Manfred Josef Thaler

Inhaltsverzeichnis

I. Einleitung

Zwei markante Einschnitte innerhalb der Geschichte der Reichskirche legen es nahe, die vorliegende Untersuchung auf den Zeitraum von 1448 bis 1803 zu begrenzen: Zum einen wurde 1448 mit dem von Papst Nikolaus V. und König Friedrich III. abgeschlossenen Wiener Konkordat bleibend eine verbindliche rechtliche Grundlage für die Verfassung der Reichskirche und damit auch für die Domkapitel geschaffen. Dadurch war den unzähligen Kompetenzstreitigkeiten des Spätmittelalters weitestgehend der Boden entzogen. Zum anderen fand mit dem Reichsdeputationshauptschluss des Jahres 1803 und der damit verbundenen Säkularisation die Reichskirche als solche ihr formelles Ende, ein Ereignis, von dem auch viele der Domkapitel nicht unberührt bleiben konnten.

Vor allem um längerfristige verfassungsgeschichtliche Entwicklungen aufzeigen zu können, wurde jedoch immer wieder über den angegebenen Zeitrahmen hinausgegriffen, vorzugsweise zurück ins Mittelalter.

Die Frage nach der geographischen Abgrenzung der Reichskirche und damit nach dem räumlichen Umfang dieser Untersuchung wurde in der Vergangenheit vielfach unterschiedlich, wenn auch in jedem Fall mit guten Gründen, beantwortet.[1]

In der vorliegenden Arbeit fanden insgesamt 74 im genannten Zeitraum bestehende Domkapitel Berücksichtigung. Der Bogen spannt sich von Schleswig im Norden über Bremen, Verden, Hamburg, Lübeck, Ratzeburg, Schwerin und Cammin bis hin zu den preußischen Bistümern Kulm, Pomesanien, Ermland und Samland. Im Osten schließen sich Lebus und Breslau sowie die böhmisch-mährischen Bistümer Olmütz, Brünn, Leitomischl, Königgrätz, Budweis, Prag und Leitmeritz an. Den südöstlichen Abschluss bilden die österreichischen Bistümer Wien, Wiener Neustadt, St. Pölten, Linz, Seckau, Leoben, Graz, Lavant, Gurk, Laibach, Görz und Gradisch sowie Brixen und Trient. Im Südwesten werden Chur, Lausanne und Sitten sowie Konstanz, Basel und Straßburg erfasst. Im Westen sind neben Speyer, Worms, Trier, Mainz, Köln, Lüttich und Utrecht auch Metz, Toul und Verdun eingeschlossen. Mit Münster, Paderborn, Corvey, Osnabrück, Minden und Hildesheim schließt sich der Kreis. Innerhalb dieses Kreises liegen im Norden Havelberg, Brandenburg, Magdeburg und Halberstadt sowie Merseburg, Naumburg und Meißen, im Zentrum Fulda, Würzburg, Bamberg, Eichstätt und Regensburg, im Süden Augsburg, Freising, Passau, Chiemsee und Salzburg.

Verzichtet wurde also auf die Aufnahme der Domkapitel der 1559 von den Bistümern Lüttich und Utrecht abgetrennten Bistümer Namur, 's-Hertogenbosch und

1 J. Ficker, Reichsfürstenstand I, 272–299, 311f., 374–376; H. E. Feine, Besetzung, 1–4; L. Santifaller, Geschichte, 123–157, 229–257; V. Pfaff, Die deutschen Domkapitel und das Papsttum am Ende des 12. Jahrhunderts, in: HJb 93 (1973), 21; P. Hersche, Domkapitel I, 21; A. Wendehorst/S. Benz, Verzeichnis, 2f.; E. Gatz, Einleitung, in: E. Gatz, Bischöfe 1448 bis 1648, X; E. Gatz, Einleitung, in: E. Gatz, Bischöfe 1648 bis 1803, IX.

Roermond sowie Middelburg, Deventer, Haarlem, Leeuwarden und Groningen. Dasselbe gilt für die Domkapitel der 1777 auf dem Gebiet des Bistums Toul entstandenen Bistümer Nancy und Saint-Dié sowie des 1802 errichteten Bistums Aachen, dessen Domkapitel 1803 erst nach dem Reichsdeputationshauptschluss installiert wurde. Dieselbe Behandlung erfuhren auch die gleichzeitig entstandenen Domkapitel neuer Prägung in Lüttich, Mainz, Metz, Nancy, Straßburg und Trier. In den Randgebieten blieben die Bistümer Kurland, Riga, Wenden, Dorpat, Ösel-Wiek, Aquileia, Triest, Pedena, Besançon und Cambrai unberücksichtigt.

Allerdings wurden auch hier fallweise die Grenzen des geschilderten Untersuchungsraumes überschritten, um ergänzende Vergleiche zu ziehen und dadurch die gewonnenen Erkenntnisse in einen größeren Zusammenhang stellen zu können.

In der Bearbeitung des für die Abhandlung herangezogenen Materials konnte bedauerlicherweise ein Rückgriff auf Primärquellen nicht geleistet werden. Der Umfang und die Verstreutheit der Quellen machen eine auf Archivstudien beruhende Herangehensweise schlichtweg unmöglich. Daher wurde lediglich die bereits im Vorwort erwähnte Archivalie des Haus-, Hof- und Staatsarchivs in Wien zur Datengewinnung herangezogen.[2]

Grundlage für die Erstellung der Arbeit war somit die durchaus zahlreich vorhandene Literatur, ausgehend von zeitgenössischen Werken des 17. und 18. Jahrhunderts bis hinein in die Gegenwart. Mit der so gut wie ausschließlichen Beschränkung auf Sekundärliteratur sind freilich zwei entscheidende Nachteile verbunden: Zum einen sind die gegenüber den Primärquellen doch nur mittelbaren Angaben der Literatur unvermeidbar mit einer mehr oder weniger großen Fehlerhaftigkeit oder Widersprüchlichkeit behaftet. Zum anderen unterscheidet sich die Literatur über die einzelnen Domkapitel selbstverständlich teilweise recht deutlich hinsichtlich ihres Umfangs und ihrer Qualität, was eine einheitliche Betrachtungsweise mitunter gehörig erschwert.

Vor diesem Hintergrund soll es das vorrangige Ziel dieser Forschungsarbeit sein, die verfassungsrechtlichen Grundzüge der Domkapitel der Reichskirche einer vergleichenden Analyse zu unterziehen. In der inhaltlichen Darbietung soll den einzelnen Abschnitten jeweils der entsprechende Befund für jedes der behandelten Domkapitel vorangestellt werden. Dabei werden die einzelnen Domkapitel in alphabetischer Reihenfolge vorgestellt, womit für jede der untersuchten Institutionen eine leichte Zugänglichkeit der Daten gewährleistet ist. Im Anschluss daran sollen für jeden Abschnitt hinsichtlich ausgewählter verfassungsgeschichtlicher Teilaspekte die zwischen den einzelnen Domkapiteln vorhandenen Gemeinsamkeiten und Unterschiede aufgezeigt und bewertet werden. Durch diese Art der Bearbeitung scheinen die Bedürfnisse nach Überblick und Vergleich gleichermaßen befriedigt werden zu können. Verzichtet werden musste auf eine Untersuchung der ökonomischen Verhältnisse und der personellen Zusammensetzung der einzelnen Domkapitel.

2 Beschreibung einiger deutscher Domkapitel (HHStA Hs B 182).

II. Geschichtlicher Überblick

Einleitend sollen in aller gebotenen Kürze die grundlegenden Daten aus der Geschichte der einzelnen Domkapitel dargestellt werden. Neben den Angaben über die Gründung und die Bestandszeit finden sich darin auch Hinweise auf die Stellung innerhalb der Reichsverfassung beziehungsweise auf die Bedeutung innerhalb der Reichskirche, auf die konfessionelle Ausrichtung sowie auf eine allfällige Ordenszugehörigkeit.

1. Einzeldarstellungen

Augsburg

Die Anfänge des Augsburger Domkapitels liegen um den Beginn des 9. Jahrhunderts, als Bischof Sintpert durch den Bau einer neuen Kathedrale die Trennung der Domgeistlichkeit vom Konvent von St. Afra einleitete, ein Vorgang, der ein gutes Jahrhundert später endgültig abgeschlossen war.[3]

Das Domkapitel, das über das Recht der Bischofswahl verfügte, zählte zu jenen Kapiteln, die in einem Hochstift lagen, das über Sitz und Stimme im Reichsfürstenrat verfügte.[4]

Im Zuge der Reformation wurde 1534 der katholische Gottesdienst im Dom empfindlich eingeschränkt und 1537 vom Rat der Stadt ganz verboten. Das Domkapitel sah sich deshalb gezwungen, in Dillingen Zuflucht zu suchen. Nach dem Schmalkaldischen Krieg 1547 konnte es an den Dom zurückkehren und sich in der paritätischen Reichsstadt Augsburg seinen katholischen Charakter bewahren.[5]

Nachdem das Kurfürstentum Bayern bereits seit 1802 das Hochstift Augsburg besetzt gehalten hatte, wurde dieses im folgenden Jahr durch den Reichsdeputationshauptschluss auch rechtlich aufgehoben. Das Domkapitel löste sich in der Folge auf. Erst 1821 wurde wieder ein Domkapitel installiert.[6]

---

3 R. Schieffer, Entstehung, 166–169; O. Leuze, Domkapitel, 1–3; I. Schöntag, Untersuchungen, 19f.; T. M. Krüger, Die Hausherren des Doms und sein funktionsgeschichlicher Wandel. Bischof und Domkapitel im mittelalterlichen Augsburg, in: M. Kaufhold, Dom, 31f.

4 M. Weitlauff, Bistum Augsburg, in: E. Gatz, Bistümer, 61, 64; J. Ficker, Reichsfürstenstand I, 273; H. E. Feine, Besetzung, 2.

5 E. Wolgast, Hochstift, 152–154; H. Immenkötter/W. Wüst, Augsburg, in: A. Schindling/W. Ziegler, Territorien VI, 20–22, 31f.; M. Weitlauff, Bistum Augsburg, in: E. Gatz, Bistümer, 65.

6 K. Zeumer, Quellensammlung, 511, 521f., 524; T. Groll, Domkapitel, 5, 8, 94–97, 976–980; B. Bastgen, Bayern I, 437.

Bamberg

Die Gründung des Bamberger Domkapitels lässt sich genau bestimmen. Zusammen mit dem Bistum wurde es 1007 von Kaiser Heinrich II. ins Leben gerufen.[7]

Das Domkapitel stand in Verbindung mit dem Hochstift Bamberg, dem die Reichsstandschaft und somit Sitz und Stimme auf den Reichstagen eigen waren. Zudem kam ihm das Recht der Bischofswahl zu.[8]

Die Reformation konnte zwar im Bistum weit um sich greifen, das Domkapitel aber blieb letztlich der katholischen Kirche treu. Seit 1572 wurde das Ablegen der Professio fidei verlangt.[9]

In Vorwegnahme der Bestimmungen des Reichsdeputationshauptschlusses aus dem Jahr 1803 besetzte das Kurfürstentum Bayern bereits im Jahr zuvor das Hochstift. Das Domkapitel wurde ebenfalls noch in den letzten Tagen vor dem Reichsdeputationshauptschluss aufgelöst. 1821 trat ein neues Domkapitel an dessen Stelle.[10]

Basel

Obwohl noch nicht ausdrücklich als solches bezeugt, geht das Basler Domkapitel in seinen Anfängen auf eine Klerusreform Bischof Haitos im ersten Viertel des 9. Jahrhunderts zurück.[11]

Das hohe Alter des Domkapitels bedingte seine Zugehörigkeit zu jenen Korporationen, die einem reichsimmediaten Hochstift zuzurechnen waren. Das Domkapitel konnte auch das Recht der Bischofswahl erwerben.[12]

Die Folgen der Reformation machten dem Domkapitel schwer zu schaffen. 1529 ging mit der Erstürmung des Doms der Kapitelsitz verloren, zudem ein nicht unbeträchtlicher Teil der Besitzungen und Einnahmen, die nun in den Herrschaftsbereich von Stadt und Landschaft Basel fielen. Es folgte die Flucht über Neuenburg am Rhein nach Freiburg im Breisgau, wo nach einem Vertrag aus dem Jahr 1536 die

---

7 R. Schieffer, Entstehung, 256f.; H. T. Kohlhagen, Domkapitel, 9; J. Kist, Domkapitel, 3f.; K. Rupprecht, Das Bamberger Domkapitel – Die Herren des Domes, in: N. Jung/W. F. Reddig, Jahre, 119.

8 J. Ficker, Reichsfürstenstand I, 273; H. E. Feine, Besetzung, 2; H. Flachenecker, Bistum Bamberg, in: E. Gatz, Bistümer, 73.

9 G. Christ, Bamberg, in: A. Schindling/W. Ziegler, Territorien IV, 151f., 154, 157; E. Wolgast, Hochstift, 306; H. Flachenecker, Bistum Bamberg, in: E. Gatz, Bistümer, 74; D. J. Weiß, Bistum, 191.

10 K. Zeumer, Quellensammlung, 511, 521f., 524; H. Flachenecker, Bistum Bamberg, in: E. Gatz, Bistümer, 79; J. Urban, Stichtag 11. November 1821. Das Bistum Bamberg im Umfeld der Erhebung zum Erzbistum vor 175 Jahren, in: Heinrichskalender 71 (1996), 51, 55; K. Rupprecht, Das Bamberger Domkapitel – Die Herren des Domes, in: N. Jung/W. F. Reddig, Jahre, 115; B. Bastgen, Bayern I, 437.

11 P. C. Preiswerk, Domkapitel, 2f.

12 J. Ficker, Reichsfürstenstand I, 273; H. E. Feine, Besetzung, 2; R. Becker, Bistum Basel, in: E. Gatz, Bistümer, 87.

Andreaskapelle des dortigen Münsters zur neuen geistlichen Heimat wurde. Erst langsam entstand dort wieder ein Kapitelleben. Zwischen 1632 und 1651 führten die politischen Hintergründe neuerlich zu einer Zerstreuung des Kapitels, das sich danach nur mehr kurz in Freiburg aufhielt. Denn nach der Besetzung der Stadt durch französische Truppen verlegte es 1678 seinen Sitz wieder zurück in das Hochstift Basel, wo in Arlesheim ein neuer Dom errichtet wurde. Die Reformation stellte so zwar einen maßgeblichen Einschnitt in der Stiftsgeschichte dar, das Domkapitel blieb aber der katholischen Kirche erhalten, vor allem da man schon von 1551 an bei der Aufschwörung einen Konfessionseid verlangte.[13]

Das Ende des alten Domkapitels wurde 1792 durch den Einmarsch französischer Truppen in Arlesheim ausgelöst. 1793 wurde der Chordienst eingestellt, die Domherren zerstreuten sich, die linksrheinischen Einkünfte gingen verloren. Erneut wurde ab 1797 Freiburg im Breisgau zur Zufluchtsstätte. Doch auch dort konnte man sich kriegsbedingt nicht durchgängig halten. Ein Kapitelleben auszubilden, war ohnehin unmöglich. Im Winter 1800/01 zog die Markgrafschaft Baden die rechtsrheinischen Besitzungen des Domkapitels ein, womit dieses mittellos wurde. Die rechtliche Auflösung des Hochstiftes Basel durch den Reichsdeputationshauptschluss 1803 hinkte der Wirklichkeit hinterher und bedeutete das tatsächliche Ende des Domkapitels. Lediglich 1814 und 1818 trafen sich nochmals einige Kapitulare zu Beratungen in Offenburg beziehungsweise Würzburg. Das Jahr 1828 setzte schließlich mit der Neuordnung der kirchlichen Verhältnisse den rechtlich verbindlichen Schlusspunkt für das alte Domkapitel. Das neue Domkapitel erhielt seinen Sitz in Solothurn.[14]

Brandenburg

Das Schicksal des Brandenburger Domkapitels war mit dem des Bistums untrennbar verbunden. Nach ersten vermuteten Anfängen ab 948 ging das Domkapitel allenfalls gemeinsam mit dem Bistum im Slawenaufstand von 983 unter. Zu Beginn des 12.

13 F. J. Gemmert, Das Basler Domkapitel in Freiburg, in: Schau-ins-Land 84/85 (1966/67), 128f., 142f.; G. P. Marchal, Was tut das Basler Domkapitel in Freiburg? Ein Beitrag zum Selbstverständnis der Domkapitel, in: RJKG 33 (2014), 67–69, 71f., 78f.; H. R. Heyer, Die Übersiedlung des Basler Domkapitels von seinem Exil in Freiburg i. Br. nach Arlesheim im Jahre 1678 und das Schicksal seines Archivs während der Französischen Revolution, in: BZGAK 67 (1967), 175–183; C. Bosshart-Pfluger, Domkapitel, 14f., 17f.; W. Kundert, Das Domstift Basel, in: A. Bruckner, Kardinäle, 272–274; N. Eisele, Domkapitel, 36–38, 114f.; W. Kundert, Der Basler Dompropsteihandel (1537–1574). Ein Reformationsprozeß um gemeines Recht, in: BZGAK 79 (1979), 91f., 112.

14 M. Jorio, Der Untergang des Fürstbistums Basel (1792–1815), in: ZSKG 75 (1981), 34, 36, 55, 57f., 60, 62, 64, 67–69, 123, 127, 135, 139, 144–146, 211–213; C. Bosshart-Pfluger, 15, 32f., 128, 136; F. J. Gemmert, Das Basler Domkapitel in Freiburg, in: Schau-ins-Land 84/85 (1966/67), 148–150; K. Zeumer, Quellensammlung, 512, 526f.; M. Ries, Das neue Basler Domkapitel und seine ersten Statuten, in: MThZ 46 (1995), 119, 122f.; F. Wigger, Das Domkapitel, in: A. Bruckner, Kardinäle, 430.

Jahrhunderts unternahm man von Leitzkau aus ernsthafte Versuche, die kirchlichen Strukturen wieder neu aufzubauen. Dort entstand unter Bischof Wigger 1139 ein Prämonstratenser-Chorherren-Stift, das als provisorisches Domkapitel diente. Nach der Rückverlegung des Bischofssitzes nach Brandenburg um die Mitte des 12. Jahrhunderts wurde dort vorerst ein Filialkloster eingerichtet, das 1161 zum Domkapitel erklärt wurde. Vier Jahre später übersiedelten die Prämonstratenser-Chorherren an die neue Kathedrale.[15]

Obwohl Papst Bonifaz VIII. den Domherren bereits 1296 den Besitz von Privateigentum gestattet hatte und Papst Eugen IV. 1447 auf Bitten Kurfürst Friedrichs II. von Brandenburg gegen den Willen Bischof Stephan Bodekers und des Domkapitels die Erlaubnis zur Translation der Domherren nach Marienberg oder Wilsnack und zur Einführung des weltgeistlichen Standes im Domstift erteilt hatte, blieb das Domkapitel der vom Gründer eingeführten Ordensregel der Prämonstratenser-Chorherren knapp 350 Jahre grundsätzlich treu. Erst auf das vom Domkapitel unterstützte Betreiben Kurfürst Joachims I. von Brandenburg erließ Papst Julius II. 1506 eine Transmutationsbulle, die 1507 umgesetzt wurde. Aus den regulierten Domherren wurden Weltgeistliche, die Ordensregel hatte ausgedient.[16]

Die Reformation verursachte nur wenige Jahrzehnte später die nächste einschneidende Veränderung im Domkapitel. 1539 kam es zur Einführung der Reformation im Kurfürstentum Brandenburg. Das Domkapitel verhielt sich zunächst in den mit ihm geführten Verhandlungen ablehnend. Daran änderte auch die 1544 im Dom eingeführte neue Kirchenordnung vorerst nichts. Es wurde zwar die Feier der Heiligen Messe eingestellt, trotzdem blieb die Gegnerschaft von Teilen des Domkapitels gegen die neue Lehre noch bis 1557 aufrecht. Katholische Domherren fanden sich freilich auch noch danach vereinzelt, ein letzter Fall wird für 1671 berichtet. Das Domkapitel blieb als protestantische Einrichtung weiter bestehen, verlor aber jedweden geistlichen Charakter. Es diente in erster Linie zur finanziellen Versorgung

15 W. Schößler, Überblick über die Geschichte des Hoch- und Domstifts Brandenburg, in: Domstift Brandenburg, Jahre, 9–12; D. Kurze, Bischof Wilmar und die Gründung des Domkapitels 1161, in: Domstift Brandenburg, Jahre, 31, 33–35, 37–39; W. Schößler/C. Gahlbeck/D. Kurze/M. Caute/G. Seebacher, Brandenburg/Havel. Prämonstratenser-Domkapitel St. Peter und Paul, in: H.-D. Heimann/K. Neitmann/W. Schich, Klosterbuch I, 229f.; A. F. Riedel, Codex I/8, 32f., 91f., 104–107; G. Abb/G. Wentz, Bistum I, 97f.; A. Schröder, Abriß, 2–6, 12; W. Dannenberg, Entwicklungsgeschichte, 9–11.

16 A. F. Riedel, Codex I/8, 46f., 49, 186, 414f., 464, 466–468; D. Kurze, Die Transmutation der Prämonstratenser-Domstifte Brandenburg und Havelberg, in: F. J. Felten/N. Jaspert, Vita, 685–688, 691, 694, 696–700, 702; W. Schößler, Überblick über die Geschichte des Hoch- und Domstifts Brandenburg, in: Domstift Brandenburg, Jahre, 15f.; W. Dannenberg, Entwicklungsgeschichte, 28–30; W. Schößler/C. Gahlbeck/D. Kurze/M. Caute/G. Seebacher, Brandenburg/Havel. Prämonstratenser-Domkapitel St. Peter und Paul, in: H.-D. Heimann/K. Neitmann/W. Schich, Klosterbuch I, 232f.; W. Schößler, Regesten II, 49–53, 59–61.

verdienter Hofbeamter des Landesherrn. Darüber hinaus war mit dem Domkapitel eine Standesschule für den Adel verbunden, die 1704 gegründete Ritterakademie.[17]

Abgesehen von den Jahren nach 1447, in denen Kurfürst Friedrich II. von Brandenburg für seine Person das Nominationsrecht für das Bistum ausüben konnte, besaß das Domkapitel das Recht der Bischofswahl. Das Hochstift Brandenburg hatte zwar ursprünglich die Reichsstandschaft besessen, sie aber noch im Laufe des Mittelalters verloren. Kurfürst Johann Georg von Brandenburg vereinigte 1571 das Hochstift endgültig mit seinem Kurfürstentum.[18]

Die 1810 von König Friedrich Wilhelm III. von Preußen im Finanzedikt verfügte generelle Aufhebung aller im Königreich gelegenen Domkapitel betraf auch das Brandenburger Domkapitel. Allerdings bestätigte derselbe König 1822 den Fortbestand dieser Institution, die schließlich 1826 durch eine völlige Neufassung der Statuten von Grund auf reformiert wurde.[19]

Bremen

Die Keimzelle des Bremer Domkapitels war eine bis an den Beginn des 9. Jahrhunderts zurückreichende Klerikergemeinschaft, aus der unter Bischof Unwan im ersten Drittel des 11. Jahrhunderts ein Domkapitel im eigentlichen Sinn entstand.[20]

Durch die seit 848 bestehende Personalunion zwischen den Bistümern Hamburg und Bremen und die 864 erfolgte Einrichtung eines Doppelbistums kam es wiederholt zu Spannungen zwischen den beiden Domkapiteln. Ein Versuch, beide Institutionen zu vereinigen, scheiterte um 1220 am Widerstand des Hamburger Kapitels. Daher kam es 1223 zu einer vertraglichen Regelung zwischen den beiden Korporationen, die im folgenden Jahr von Papst Honorius III. bestätigt wurde. Bremen behielt Sitz und Titel des Erzbischofs, Hamburg neben dem in Bremen sein Domkapitel.[21]

---

17 A. Schröder, Abriß, 17–22; J. Heckel, Domstifter, 86f.; G. Abb/G. Wentz, Bistum I, 112f.; A. F. Riedel, Codex I/8, 58f.; W. Schößler, Überblick über die Geschichte des Hoch- und Domstifts Brandenburg, in: Domstift Brandenburg, Jahre, 18f., 22; W. Schößler/C. Gahlbeck/D. Kurze/M. Caute/G. Seebacher, Brandenburg/Havel. Prämonstratenser-Domkapitel St. Peter und Paul, in: H.-D. Heimann/K. Neitmann/W. Schich, Klosterbuch I, 234f.; J. Gebauer, Das evangelische Hochstift Brandenburg und die Restitutionspläne Kaiser Ferdinands II., in: JHVB 29/30 (1898), 44; J.-M. Schulenburg, Die Gründung der Ritterakademie zu Brandenburg im Jahre 1704, in: BFDB 4 (2011), 6, 52f., 76f.; E. Wolgast, Hochstift, 226.

18 D. Kurze, Bistum Brandenburg, in: E. Gatz, Bistümer, 103–108; E. Wolgast, Hochstift, 22, 218, 220, 225; J. Heckel, Domstifter, 24, 28; J. Ficker, Reichsfürstenstand I, 276, 375; H. E. Feine, Besetzung, 3.

19 J. Heckel, Domstifter, 3, 281f., 292, 295, 297; W. Schößler, Überblick über die Geschichte des Hoch- und Domstifts Brandenburg, in: Domstift Brandenburg, Jahre, 23f.

20 R. Schieffer, Entstehung, 213f., 216; U. Weidinger, Bremen – Domstift St. Petrus, in: J. Dolle, Klosterbuch I, 193f.; A. Müller, Domkapitel, 5–7.

21 J. Wätjer, Domkapitel, 40, 43, 45, 47, 51, 164f.

Das Bremer Domkapitel, dem das Recht der Bischofswahl zustand, galt stets unbestritten als eine einem reichsimmediaten Territorium zugeordnete Institution.[22]

Schon früh setzte sich die Reformation in Bremen durch. 1528, als der Rat ein Besuchsverbot für katholische Gottesdienste erließ, wurden diese bereits nur mehr im Dom gefeiert. Nach der Erstürmung der Kathedrale 1532 mussten die Domherren für ein Jahr die Stadt verlassen. Der Dom blieb aber auch nach ihrer Rückkehr vorerst weiter versperrt. Deutliches Zeichen für einen langsamen Wandel in der religiösen Gesinnung der Domherren war die Anstellung eines protestantischen Dompredigers im Jahr 1547. Trotzdem verschwanden die Katholiken nicht restlos aus dem Domkapitel, das bis zu seiner Auflösung ein gemischtkonfessionelles Erscheinungsbild bot, allerdings mit nur vereinzelt katholischen Mitgliedern. Der Dom wurde 1561 wieder geschlossen und erst 1638 wieder für den lutherischen Gottesdienst geöffnet. Im Unterschied dazu war die Stadt Bremen seit dem letzten Viertel des 16. Jahrhunderts calvinistisch.[23]

Doch zu diesem Zeitpunkt war die Aufhebung des Domkapitels bereits nicht mehr fern. Der Westfälische Friede sah 1648 unter anderem vor, das Erzstift Bremen in ein weltliches Herzogtum umzuwandeln und das Domkapitel zu säkularisieren. Der Protest der Domherren gegen die Aufhebung ihres Kapitels verhallte ungehört, die Unterstützung Kaiser Ferdinands III. und der Stadt Bremen half nichts. Königin Christine von Schweden verfügte 1649 die Auflösung des Domkapitels. Die Einkünfte wurden für verdiente Offiziere, Beamte und Diplomaten verwendet.[24]

Breslau

Obwohl das Bistum Breslau bereits im Jahr 1000 gegründet wurde, findet sich ein Beleg für die Existenz eines eigentlichen Domkapitels erst für die erste Hälfte des 12. Jahrhunderts. Vorher dürfte es sich beim Domklerus um eine gemischte Gemeinschaft aus Mönchen und Weltgeistlichen gehandelt haben.[25]

---

22 J. Ficker, Reichsfürstenstand I, 273; H. E. Feine, Besetzung, 2; T. Vogtherr, Erzbistum Bremen (-Hamburg), in: E. Gatz, Bistümer, 113, 119.

23 U. Weidinger, Bremen – Domstift St. Petrus, in: J. Dolle, Klosterbuch I, 193f.; E. Wolgast, Hochstift, 122, 268; H.-G. Aschoff, Bremen, in: A. Schindling/W. Ziegler, Territorien III, 50f., 54–56; T. Vogtherr, Erzbistum Bremen (-Hamburg), in: E. Gatz, Bistümer, 123; C. Hoffmann, Die Aufschwörungstafeln des Bremer Domkapitels im Niedersächsischen Staatsarchiv Stade, in: StJ 91/92 (2001/02), 136; N. Heutger, Das Domstift Bremen in nachreformatorischer Zeit, in: Niedersachsen 66/67 (1966/67), 31.

24 A. Oschmann, Acta III B 1/1, 134; U. Weidinger, Bremen – Domstift St. Petrus, in: J. Dolle, Klosterbuch I, 199; C. Hoffmann, Die Aufschwörungstafeln des Bremer Domkapitels im Niedersächsischen Staatsarchiv Stade, in: StJ 91/92 (2001/02), 143f.; N. Heutger, Das Domstift Bremen in nachreformatorischer Zeit, in: Niedersachsen 66/67 (1966/67), 33.

25 K. Dola, Statuta, XXXI, LIII; G. Zimmermann, Domkapitel, 3; R. Samulski, Untersuchungen I, 1, 3; J. Pater, Kapituła, 21.

In der Reformationszeit konnte sich das Domkapitel seinen katholischen Glauben bewahren. Nur einzelne Domherren wurden protestantisch.[26]

Die reichsrechtliche Stellung des Domkapitels war die eines zweitklassigen Domkapitels. Mit dem Hochstift Breslau war zwar der böhmische Fürstenstand verbunden, allerdings erwuchs daraus kein Anspruch auf die Reichsstandschaft. Sein Recht der Bischofswahl konnte das Domkapitel formell stets behaupten, allerdings war die tatsächliche Freiheit des Wahlvorgangs im 17. und 18. Jahrhundert durch die Einflussnahme der Landesherren erheblich eingeschränkt.[27]

Mit dem Reichsdeputationshauptschluss als rechtlicher Grundlage erklärte König Friedrich Wilhelm III. von Preußen 1810 im Finanzedikt die Säkularisation des Hochstiftes und die Auflösung des Domkapitels. Der Protest des Domkapitels bedingte allerdings schon 1812 die Errichtung des sogenannten Interimskapitels, ehe bis 1831 eine endgültige Neuordnung erfolgte.[28]

Brixen

Nach vermutlich klösterlichen Anfängen in Säben ist das Brixner Domkapitel für die Mitte des 10. Jahrhunderts nachweislich belegt.[29]

Das mit dem Recht der Bischofswahl ausgestattete Domkapitel konnte sich zur Gruppe jener Kapitel zählen, deren Hochstift Sitz und Stimme im Reichstag zukamen.[30]

Der aufkommende Protestantismus spielte im Domkapitel keine Rolle. Die Zugehörigkeit des ganzen Kapitels zur katholischen Kirche war stets unbestritten.[31]

Der letzte Abschnitt in der Geschichte des Domkapitels begann mit der provisorischen Inbesitznahme des Hochstiftes Brixen durch Österreich im Jahr 1802. Nach dem Reichsdeputationshauptschluss ging das Domkapitel 1803 aller seiner Besitzungen verlustig. Obwohl König Maximilian I. Joseph von Bayern 1806 den provisorischen Weiterbestand des Domkapitels in eingeschränkter Form bestätigt hatte, kam es nach

26 J. Negwer, Geschichte, 3; J. Kopiec, Bistum Breslau, in: E. Gatz, Bistümer, 137.

27 L. Santifaller, Geschichte, 231; J. Ficker, Reichsfürstenstand I, 284f.; H. E. Feine, Besetzung, 3; J. Kopiec, Bistum Breslau, in: E. Gatz, Bistümer, 132, 134f., 138, 141.

28 K. Zeumer, Quellensammlung, 521f., 524; J. Negwer, Geschichte, 8–15; J. Pater, Kapituła, 27; A. Eichhorn, Die Ausführung der Bulle „De salute animarum“ in den einzelnen Diözesen des Preußischen Staates durch den Fürstbischof von Ermland, Prinz Joseph von Hohenzollern, in: ZGAE 5 (1874), 69–71.

29 R. Schieffer, Entstehung, 205; L. Tavernier, Das Domstift Brixen, in: H. Obermeier/K. Brandstätter/E. Curzel, Domstifte, 102f.; J. Gelmi, Domkapitel, 27.

30 J. Ficker, Reichsfürstenstand I, 273; H. E. Feine, Besetzung, 2; L. Tavernier, Das Domstift Brixen, in: H. Obermeier/K. Brandstätter/E. Curzel, Domstifte, 104.

31 K. Wolfsgruber, Domkapitel, 104f.

dem Widerruf dieser Entscheidung 1807 zu keinen weiteren Kapitelhandlungen mehr. Die formelle Wiedererrichtung eines Domkapitels erfolgte erst 1826.[32]

Brünn

Das Brünner Domkapitel war eine verhältnismäßig späte Gründung, deren Grundlage ein 1296 errichtetes Kollegiatstift darstellte. Papst Pius VI. machte auf Betreiben Kaiserin Maria Theresias 1777 Brünn zum Sitz eines Bischofs und wandelte gleichzeitig das Kollegiatstift in das Domkapitel um.[33]

Die späte Entstehungszeit führte dazu, dass das Domkapitel unwidersprochen katholischen Standes war. Das Nominationsrecht für das Bistum wurde dem Landesherrn zugesichert. Zur Ausbildung eines Hochstiftes mit Reichsstandschaft gab es in Brünn keine Möglichkeit.[34]

Angesichts dessen fiel das Domkapitel nicht unter die Bestimmungen des Reichsdeputationshauptschlusses. Es blieb daher auch über das Jahr 1803 hinaus unverändert bestehen.

Budweis

Das Budweiser Domkapitel wurde 1785 von Pius VI. unter dem Einfluss Kaiser Josephs II. gemeinsam mit dem Bistum ins Leben gerufen und im folgenden Jahr förmlich installiert. Das Domkapitel stellte eine völlige Neuschöpfung dar.[35]

Auch hier kam das Nominationsrecht für das Bistum dem Landesherrn zu, während die zeitbedingten Umstände den Erwerb eines Hochstiftes mit Reichsstandschaft sowie eine Gefährdung durch die Reformation von vornherein ausschlossen.[36]

Sein Charakter bewahrte das Domkapitel auch vor den Auswirkungen des Reichsdeputationshauptschlusses aus dem Jahr 1803.

---

32 K. Zeumer, Quellensammlung, 510, 521f., 524; J. Gelmi, Domkapitel, 29f., 46–48, 64; K. Wolfsgruber, Domkapitel, 115f.; L. Tavernier, Das Domstift Brixen, in: H. Obermeier/K. Brandstätter/E. Curzel, Domstifte, 105.

33 W. Doskocil, Die Gründung des Bistums Brünn und das sogenannte landesherrliche Patronat, in: Bohemia 17 (1976), 406, 412f.; L. Jan, Dějiny kapituly, in: L. Jan/R. Procházka/B. Samek, Let, 41, 95f.; E. Weinbrenner, Mähren, 45, 52, 59; J. Hanáček, Nobilitovaní, 4f.; G. Wolný, Topographie II/1, 3, 30f.

34 W. Doskocil, Die Gründung des Bistums Brünn und das sogenannte landesherrliche Patronat, in: Bohemia 17 (1976), 404, 407, 410, 414; E. Gatz, Bistum Brünn, in: E. Gatz, Bistümer, 154; L. Jan, Dějiny kapituly, in: L. Jan/R. Procházka/B. Samek, Let, 95.

35 L. Martínková, Bistum, 30f., 37–41; F. Mardetschläger, Geschichte, 6, 87, 93, 251; K. A. Huber, Die Gründung des Bistums Budweis 1784/85, in: AKGB 7 (1985), 43; J. Enderle, Kapitula, 13, 16, 23.

36 E. Gatz, Bistum Budweis, in: E. Gatz, Bistümer, 156; J. Enderle, Kapitula, 12, 15.

Cammin

Das Camminer Domkapitel verdankte seine Entstehung der Verlegung des bereits 1140 gegründeten Bistumssitzes Wollin nach Cammin. Dort stiftete Herzog Kasimir I. von Pommern etwa 1175 ein Domkapitel, das 1188 von Papst Clemens III. bestätigt wurde.[37]

Die Reichsstandschaft des Hochstiftes Cammin war verhältnismäßig schwach ausgeprägt und früh umstritten. Die Bischöfe verfügten zwar über Sitz und Stimme auf dem Reichstag, konnten sich aber in der tatsächlichen Ausübung ihrer Landeshoheit bereits seit der zweiten Hälfte des 14. Jahrhunderts nicht entscheidend gegenüber den Herzögen von Pommern durchsetzen. Trotzdem gehörte das Hochstift Cammin seiner reichsrechtlichen Stellung nach zu den immediaten Territorien. Das Domkapitel besaß das Recht der Bischofswahl.[38]

Die Reformation hatte das Domkapitel früh erfasst. 1533 zeichnete sich der Übergang zum Protestantismus ab. Obwohl 1534 der Landtag in Treptow an der Rega die Einführung der Reformation in den pommerschen Herzogtümern beschlossen hatte, konnten sich noch bis in die Fünfzigerjahre des 16. Jahrhunderts katholische Reste im Domkapitel halten. 1576/79 wurde das Augsburger Bekenntnis zur alleinigen Konfession des Domkapitels bestimmt. Als protestantische Einrichtung kam es zu einer wachsenden Verweltlichung des Kapitels. An die Stelle der Geistlichen traten verdiente Verwaltungs- und Hofbeamte.[39]

1560, vier Jahre nach der Säkularisation des Hochstiftes Cammin, gaben Herzog Barnim IX. von Pommern-Stettin und Herzog Philipp I. von Pommern-Wolgast eine Bestandszusicherung für das Domkapitel ab. Der Westfälische Friede sah hingegen 1648 die Auflösung des Domkapitels durch das Kurfürstentum Brandenburg und das Königreich Schweden vor. Da sich beide Parteien 1653 im Stettiner Grenzrezess auf einen Erhalt des Domkapitels einigten und das 1660 im Friedensvertrag von Oliva bekräftigten, bestand es trotzdem weiterhin fort, zumal 1689 mit einer Neuordnung nach schwierigen Zeiten eine weitere Bestandszusage Kurfürst Friedrichs III. von Brandenburg erging.[40]

---

37 H. Müller, Die revidirten Camminer Synodal- und Capitels-Statuten, in: AKKR 37 (1877), 225f.; L. Kücken, Geschichte, 12–14, 19; R. Spuhrmann, Geschichte, 16, 58.

38 E. Wolgast, Hochstift, 22, 210f.; J. Ficker, Reichsfürstenstand I, 277–279; H. E. Feine, Besetzung, 3; J. Petersohn, Kammin, in: E. Gatz, Bistümer, 268f.

39 L. Kücken, Geschichte, 103–105, 107, 110, 122, 126, 131; E. Wolgast, Hochstift, 209f.; J. Heckel, Domstifter, 87f., 110; J. C. Lünig, Continuatio III/Anhang, 13.

40 L. W. Brüggemann, Beschreibung II/1, 6f.; J. Heckel, Domstifter, 90f.; A. Oschmann, Acta III B 1/1, 133, 138, 140; W. Buchholz, Das Camminer Domkapitel im Spannungsfeld zwischen Schweden und Brandenburg 1648–1698, in: M. Lissok/H. T. Porada, Christi II, 573, 585; L. Kücken, Geschichte, 111f., 121f., 140f., 148f. E. Wolgast, Hochstift, 342, 344.

Erst das von König Friedrich Wilhelm III. von Preußen 1810 erlassene Finanzedikt bedeutete das Ende der Institution.[41]

Chiemsee

Das seit dem 7. Jahrhundert bestehende Kloster Herrenchiemsee, das von 1125/29 an nach der Regel der Augustiner-Chorherren lebte, wurde 1216 mit der Errichtung des Bistums Chiemsee durch Papst Innozenz III. zum Domkapitel, allerdings ohne seine Ordenszugehörigkeit aufzugeben. Zudem unterschied sich das Stift durch seine eingeschränkten Rechte wesentlich von vielen anderen Domkapiteln im herkömmlichen Sinn, weshalb man sich selbst vielfach mehr als Kloster denn als Domkapitel sah.[42]

Obwohl den Bischöfen von Chiemsee seit der Mitte des 15. Jahrhunderts der Fürstentitel zukam, führten sie keine Stimme auf dem Reichstag. Dafür fehlte das dazugehörende Hochstift. Die Ernennung der Bischöfe wurde ohne jede Mitwirkung des Domkapitels von den Erzbischöfen von Salzburg vorgenommen.[43]

Das unruhige Reformationszeitalter vermochte zwar den personellen Umfang des Stiftes zu erschüttern, konnte aber dem katholischen Bekenntnis der Gemeinschaft letztlich nichts anhaben.[44]

Der Reichsdeputationshauptschluss brachte 1803 das Ende des Domkapitels. Kurfürst Maximilian IV. Joseph von Bayern ließ noch im selben Jahr das Kloster aufheben. Der Dom wurde von den privaten Nachbesitzern 1819 teilweise abgerissen beziehungsweise zum Betrieb einer Brauerei verwendet.[45]

---

41 L. Kücken, Geschichte, 133; J. Heckel, Domstifter, 281f.; W. Buchholz, Das Camminer Domkapitel im Spannungsfeld zwischen Schweden und Brandenburg 1648–1698, in: M. Lissok/H. T. Porada, Christi II, 573f.

42 H. Dopsch, Der Weg zum Augustiner-Chorherrenstift 891–1216, in: W. Brugger/H. Dopsch/J. Wild, Herrenchiemsee, 76, 86, 94, 96; J. Wild, Herrenchiemsee im Spätmittelalter 1218–1520, in: W. Brugger/H. Dopsch/J. Wild, Herrenchiemsee, 123.

43 M. Heim, Bistum Chiemsee, in: E. Gatz, Bistümer, 159f.; J. Ficker, Reichsfürstenstand I, 285, 288–290; L. Santifaller, Geschichte, 229f.

44 O. Feldbauer, Das Stift Herrenchiemsee in der Frühen Neuzeit von etwa 1520 bis 1803, in: W. Brugger/H. Dopsch/J. Wild, Herrenchiemsee, 173; G. Kren, Die Säkularisation der Chiemseeklöster, in: BIO 34 (1966), 14.

45 G. Kren, Die Säkularisation der Chiemseeklöster, in: BIO 34 (1966), 43, 47, 51f., 99f.; K. Zeumer, Quellensammlung, 521f., 524; O. Feldbauer, Das Stift Herrenchiemsee in der Frühen Neuzeit von etwa 1520 bis 1803, in: W. Brugger/H. Dopsch/J. Wild, Herrenchiemsee, 201; R. Braun, Die Säkularisation 1803 und die Verwertung der Gebäude, in: W. Brugger/H. Dopsch/J. Wild, Herrenchiemsee, 422, 427f., 431, 433, 436.

Chur

Das Churer Domkapitel ist erstmals für das Jahr 940 eindeutig als solches bezeugt.[46]

Die religiösen Wirren der Reformationszeit gingen nicht spurlos am Domkapitel vorüber. Das ab 1529 vorübergehend notwendige Exil der nichtbündnerischen Domherren in Feldkirch war da nur die geringste Beeinträchtigung des Kapitellebens. Schwerwiegendere Folgen zeitigte der beträchtliche Verlust an Gütern und Einkünften, der dem Domkapitel den Fortbestand nur mehr in einer finanziell und personell sehr eingeschränkten Form gestattete.[47]

Die Ereignisse jener Zeit engten auch die Landesherrschaft der Bischöfe von Chur deutlich auf Restbestände ein. Deshalb konnte auch die Reichsstandschaft des Hochstiftes zwischen 1541 und 1654 nicht wirklich ausgeübt werden. Trotzdem war das Churer Domkapitel den mit einem reichsimmediaten Territorium verbundenen Korporationen zuzurechnen. Das Domkapitel verfügte über das Recht der Bischofswahl.[48]

Nach dem Reichsdeputationshauptschluss des Jahres 1803 erwiesen sich die geringen Besitzungen des Domkapitels als Vorteil für dessen Weiterbestand. Die Eidgenössische Tagsatzung verzichtete nämlich angesichts dessen 1804 auf eine Säkularisation des Domkapitels.[49]

Corvey

Das Corveyer Domkapitel war das kurzlebigste der Reichskirche. Sein Ursprung lag in einem 822 gegründeten und seit 1779 exemten Benediktinerkloster, dessen Stiftskirche von Papst Pius VI. 1783 zur Kathedrale erhoben wurde. Auf Antrag der um ihre Existenz fürchtenden Fürstabtei begannen ab 1786 Verhandlungen über die Erhebung zum Bistum. Papst Pius VI. errichtete schließlich 1792 das Bistum Corvey und verfügte die Umwandlung des Konvents in ein weltgeistliches Domkapitel. Nach der Bestätigung durch Kaiser Franz II. im folgenden Jahr wurde die Transmutationsbulle 1794 umgesetzt.[50]

---

46 R. Schieffer, Entstehung, 165; O. P. Clavadetscher/W. Kundert, Das Domstift Chur, in: A. Bruckner, Kardinäle, 534.

47 O. P. Clavadetscher/W. Kundert, Das Domstift Chur, in: A. Bruckner, Kardinäle, 535; G. P. Marchal, Einleitung. Die Dom- und Kollegiatstifte der Schweiz, in: G. P. Marchal, Kollegiatstifte, 74; W. Kundert, Der Basler Dompropsteihandel (1537–1574). Ein Reformationsprozeß um gemeines Recht, in: BZGAK 79 (1979), 112.

48 F. X. Bischof, Bistum Chur, in: E. Gatz, Bistümer, 170, 174; E. Wolgast, Hochstift, 177–179; J. Ficker, Reichsfürstenstand I, 273, 376.

49 K. Zeumer, Quellensammlung, 518, 521f., 524; F. X. Bischof, Bistum Chur, in: E. Gatz, Bistümer, 176.

50 G. Föllinger, Corvey, 25, 34, 42, 45, 55, 57, 59, 62f., 70, 107f., 124f., 129; M. Sagebiel, Corvey – Benediktiner, in: K. Hengst, Klosterbuch I, 215.

Die Fürstabtei Corvey zählte seit alters her zu den reichsimmediaten Institutionen und führte eine Virilstimme auf dem Reichstag. Das Hochstift trat in all diese Rechte ein, wonach auch die Stellung des Domkapitels, dem das Recht der Bischofswahl zukam, innerhalb der Reichskirche zu bewerten ist.[51]

Die Umtriebe der Reformation können angesichts der späten Gründung des Domkapitels außer Acht gelassen werden.

Dem Domkapitel war keine lange Lebenszeit beschieden. Bereits 1802 wurde das Hochstift in Vorwegnahme des Reichsdeputationshauptschlusses durch das Fürstentum Nassau-Dillenburg besetzt und 1803 von Fürst Wilhelm VI. von Nassau-Dillenburg für aufgehoben erklärt. 1821 folgte das formelle Ende des Bistums Corvey.[52]

Eichstätt

Das Eichstätter Domkapitel entwickelte sich aus einem durch Bischof Willibald gegründeten Benediktinerkloster, das Anfang des 9. Jahrhunderts seine monastische Lebensweise zugunsten einer kanonikalen aufgab.[53]

Dem Hochstift Eichstätt kam unbestritten die Reichsstandschaft zu, womit das Domkapitel in die Gruppe der angeseheneren Institutionen fiel, zumal es auch das Recht der Bischofswahl besaß.[54]

Die Reformation vermochte das Domkapitel nur äußerst kurzfristig zu beeinträchtigen. In Eichstätt wurde früh mit Geschlossenheit dem katholischen Glauben angehangen.[55]

Im Vorgriff auf die Bestimmungen des Reichsdeputationshauptschlusses von 1803 besetzte das Kurfürstentum Bayern schon 1802 das Hochstift Eichstätt. Das Domkapitel versuchte zwar noch, seinen Besitzstand zu retten, konnte sich damit aber nicht durchsetzen. Dann erfuhr der Entschädigungsplan überraschend eine Änderung. Das Hochstift sollte nun nicht mehr an das Kurfürstentum Bayern fallen, sondern überwiegend an Großherzog Ferdinand III. von Toskana. Dieser beließ es jedoch bei einer bloßen Enteignung des Domkapitels und einem Verbot von Neuaufnahmen.

---

51 U. Faust, Bistum Corvey, in: E. Gatz, Bistümer, 181f.; E. Wolgast, Hochstift, 347; H. E. Feine, Besetzung, 2.

52 K. Zeumer, Quellensammlung, 513; G. Föllinger, Corvey, 155; M. Sagebiel, Corvey – Domstift St. Stephanus und Vitus, in: K. Hengst, Klosterbuch I, 225; R. Haas, „Dem bösen Willen des Domkapitels die Schuld beimesset, …" – Zum Ende der Adelsdominanz in den westfälischen Domkapiteln 1802–1823, in: W. Frese, Revolution, 35f.; H.-G. Aschoff, Staat und Katholische Kirche im Königreich Westfalen, in: DHVG 71 (2003), 147.

53 R. Schieffer, Entstehung, 188–190; H. A. Braun, Domkapitel, 10; B. Dennemarck, Statuten, 3f.; J. Strötz, Domkapitel, 65.

54 J. Ficker, Reichsfürstenstand I, 273; H. E. Feine, Besetzungen, 2; H. Flachenecker, Bistum Eichstätt, in: E. Gatz, Bistümer, 193f.

55 A. Schmid, Eichstätt, in: A. Schindling/W. Ziegler, Territorien IV, 170f., 173; E. Wolgast, Hochstift, 156; H. Flachenecker, Bistum Eichstätt, in: E. Gatz, Bistümer, 196.

So bedurfte es eines erneuten Herrschaftswechsels, ehe König Maximilian I. Joseph von Bayern 1806 das Domkapitel auch rechtlich auflöste. Das neue Eichstätter Domkapitel wurde 1821 eingerichtet.[56]

Ermland

Das Ermländische Domkapitel verdankte sein Entstehen Bischof Anselm, der es 1260 gründete. Zuerst hatte die Institution ihren Sitz in Braunsberg, dann kurzfristig in Elbing und seit etwa 1285 in Frauenburg.[57]

Im Unterschied zu den drei anderen preußischen Hochstiften gelang es dem Ermländischen, sich ein hohes Maß an Eigenständigkeit gegenüber dem Deutschordensstaat zu bewahren. Durch den Zweiten Thorner Frieden verloren das Hochstift Ermland und mit ihm sein Domkapitel 1466 jede rechtliche Verbindung zum Reich und gerieten unter die Oberhoheit des Königreiches Polen. Im Zuge der Ersten Teilung Polens fiel das Hochstift 1772 an das Königreich Preußen. Damit ging der Verlust der Landesherrschaft einher. Das Domkapitel zählte daher im strengen Sinne nicht durchgehend zur Reichskirche.[58]

Das vom Domkapitel ausgeübte Recht der Bischofswahl wurde 1479 durch den Ersten Petrikauer Vertrag auf dem König von Polen genehme Personen eingeschränkt. Der Zweite Petrikauer Vertrag sprach 1512 dem König das Vorschlagsrecht von vier Kandidaten zu, aus denen das Domkapitel die Wahl vornahm. Während der Zugehörigkeit zum Königreich Preußen ab 1772 blieb vom Wahlrecht des Domkapitels nur mehr der Schein.[59]

Die Ermländische Eigenständigkeit gegenüber dem Deutschen Orden zeigte sich auch darin, dass das Domkapitel nie dessen Ordensregel annahm, sondern stets einen weltgeistlichen Charakter aufwies.[60]

Während der Reformationszeit schlossen sich einige Domherren dem Protestantismus an. Das Domkapitel wehrte dessen weitere Ausbreitung durch Ausschlüsse

---

56 J. Strötz, Domkapitel, 75, 77f., 84, 86–89, 101f.; B. Dennemarck, Statuten, 29f., 32–39, 58f.; L. Bruggaier, Aufhebung, 11–13, 15–17, 38–40; K. Zeumer, Quellensammlung, 511, 521f., 524; H. A. Braun, Domkapitel, 123–126; H. Flachenecker, Bistum Eichstätt, in: E. Gatz, Bistümer, 199.

57 J. Obłąk, O początkach kapituły katedralnej na Warmii, in: WWD 16/V, 9, 22f.; A. Eichhorn, Die Prälaten des ermländischen Domcapitels, in: ZGAE 3 (1866), 306; B. Pottel, Domkapitel, 3, 5; A. Radzimiński, Kirche, 23, 29, 90; A. Kopiczko, Dzieje, 9; B. Jähnig, Die Verfassung der Domkapitel der Kirchenprovinz Riga, in: B. Jähnig, Probleme, 67.

58 A. Kopiczko, Bistum Ermland, in: E. Gatz, Bistümer, 204, 207; H. E. Feine, Besetzung, 3f.; J. Ficker, Reichsfürstenstand I, 281.

59 A. Kopiczko, Bistum Ermland, in: E. Gatz, Bistümer, 204, 207.

60 B. Pottel, Domkapitel, 92; A. Kopiczko, Bistum Ermland, in: E. Gatz, Bistümer, 203; J. Obłąk, O początkach kapituły katedralnej na Warmii, in: WWD 16/V, 14; A. Radzimiński, Kirche, 29.

aus dem Kapitel ab und blieb eine katholische Einrichtung, die seit 1565 von ihren Mitgliedern das Ablegen der Professio fidei forderte.[61]

Von der 1810 im Finanzedikt verfügten Aufhebung der Domkapitel im Bereich des Königreiches Preußen durch König Friedrich Wilhelm III. war selbstverständlich auch das Ermländische Domkapitel betroffen. Allerdings konnte eine Abordnung des Domkapitels in Berlin 1811 den Fortbestand ihrer Korporation erreichen.[62]

Freising

Am Beginn des Freisinger Domkapitels stand eine klösterliche Gemeinschaft, aus der sich über ein Nebeneinander von monastischem und kanonikalem Leben um die Wende vom 9. zum 10. Jahrhundert das Domkapitel entwickelte.[63]

Das Domkapitel, das über das Recht der Bischofswahl verfügte, hatte seine Heimat im Hochstift Freising, einem immediaten Territorium des Reiches.[64]

Von den Wirren der Reformationszeit wurde das Domkapitel nur wenig berührt. Die Zugehörigkeit zur katholischen Kirche war zu keiner Zeit gefährdet.[65]

Das Ende des Domkapitels leitete 1802 die Besetzung des Hochstiftes Freising durch das Kurfürstentum Bayern ein. Ein Jahr danach bestätigte der Reichsdeputationshauptschluss diese Vorgangsweise. Das Domkapitel löste sich daraufhin mehr oder weniger selbst auf. 1821 wurde eine Nachfolgeinstitution in München eingesetzt.[66]

Fulda

Das Fuldaer Domkapitel zählt zu den späten Gründungen der Reichskirche. Es ging aus dem 744 gegründeten Benediktinerkloster Fulda hervor, dessen Abt Johann von Henneberg sich schon gegen Ende des ersten Drittels des 16. Jahrhunderts vergeblich um die Erhebung zum Bistum bemühte. Allerdings konnte man 1604 von Papst

61 T. Borawska, Norm und Wirklichkeit. Zum Alltagsleben ermländischer Domherren im 13.-16. Jahrhundert, in: B. Jähnig, Probleme, 77; B. Pottel, Domkapitel, 5f.; J. Obłąk, Statuty warmińskiej kapituły katedralnej, in: WWD 16/V, 52; W. Thimm/ A. Triller, Die Statuten des Domkapitels von Frauenburg aus dem Jahre 1532 und ihre Novellierungen, in: ZGAE 36 (1972), 114f.

62 A. Eichhorn, Die Prälaten des ermländischen Domcapitels, in: ZGAE 3 (1866), 342f.; A. Kopizko, Dzieje, 19; A. Eichhorn, Die Ausführung der Bulle „De salute animarum" in den einzelnen Diözesen des Preußischen Staates durch den Fürstbischof von Ermland, Prinz Joseph von Hohenzollern, in: ZGAE 5 (1874), 114.

63 R. Schieffer, Entstehung, 196–198; J. Doll, Anfänge, 25f.; H.-J. Busley, Geschichte, 16, 19, 21f.

64 M. Heim, Bistum Freising, in: E. Gatz, Bistümer, 216; J. Ficker, Reichsfürstenstand I, 273; H. E. Feine, Besetzung, 2.

65 M. Heim, Bistum Freising, in: E. Gatz, Bistümer, 215.

66 K. Zeumer, Quellenverzeichnis, 511, 521f., 524; R. Götz, Domkapitel, 83–89, 91; N. Keil, Ende, 259, 277; H.-J. Nesner, Das Metropolitankapitel zu München (seit 1821), in: G. Schwaiger, Monachium I, 479, 481f.; B. Bastgen, Bayern I, 437.

Clemens VIII. die geistliche Jurisdiktion über das Stiftsland gewinnen. Unter Papst Benedikt XIV. fand der lange Weg in die Selbstständigkeit schließlich ein erfolgreiches Ende. 1752 wurde das Bistum Fulda gegründet. Das Stiftskapitel, schon vorher vom Konvent getrennt, wurde damit zum Domkapitel, allerdings ohne seine monastische Verfassung zu verlieren. Auch das Recht der Bischofswahl konnte man sich sichern.[67]

Durch die Rechtsnachfolge für die ehemalige Fürstabtei Fulda konnte das neugegründete Hochstift Fulda dessen Reichsstandschaft unwidersprochen übernehmen.[68]

Noch vor der Bistumsgründung war es seit dem ausgehenden ersten Drittel des 17. Jahrhunderts in der Abtei Fulda zu einem Auseinanderfallen von Konvent und Kapitel gekommen. Vor Ort im Kloster befanden sich hauptsächlich bürgerliche Konventualen, während die adeligen Kapitulare überwiegend auswärts wohnten.[69]

Der Reichsdeputationshauptschluss sprach 1803 das Hochstift Fulda dem Fürstentum Nassau-Dillenburg zu. Dieses hatte das Territorium bereits im Jahr zuvor für sich besetzen lassen und mit Jahresbeginn 1803 säkularisiert. Damit erfuhr die Gleichzeitigkeit von Benediktinerkonvent und Domkapitel ein jähes Ende. Obwohl die geistlichen Aufgaben des Domkapitels davon eigentlich nicht berührt waren, kam es danach mit der Wahl eines Kapitelvikars im Jahr 1817 nur mehr zu einer wirklichen Kapitelhandlung. 1829 wurde ein neues Domkapitel installiert, das sich nur mehr aus Weltgeistlichen zusammensetzte.[70]

Görz

Die Entstehung des Görzer Domkapitels stand in Zusammenhang mit der Errichtung des Erzbistums Görz und lässt sich mit dem Jahr 1752 genau festlegen. Die treibende Kraft dahinter war Kaiserin Maria Theresia, die Papst Benedikt XIV. entsprechend beeinflusste.[71]

Die Erzbischöfe von Görz führten zwar seit 1766 den Fürstentitel, über ein Hochstift und über die Reichsstandschaft verfügten sie allerdings nicht. Die Nomination der Erzbischöfe stand ohne jede Mitwirkung des Domkapitels dem Landesherrn zu.[72]

---

67 E. Gatz, Bistum Fulda, in: E. Gatz, Bistümer, 223, 225; G. Richter, Die Säkularisation des Fuldaer Domkapitels, in: FGBl 7 (1908), 129f.; G. Richter, Statuta, XLVIIf.

68 E. Wolgast, Hochstift, 347; H. E. Feine, Besetzung, 2.

69 G. Richter, Die adeligen Kapitulare des Stifts Fulda seit der Visitation Carafas (1627), in: FGBl 3 (1904), 69f., 119; G. Richter, Die Aufhebung des Benediktinerklosters ad s. Salvatorem in Fulda (1802), in: FGBl 7 (1908), 88; G. Richter, Die Säkularisation des Fuldaer Domkapitels, in: FGBl 7 (1908), 129.

70 K. Zeumer, Quellensammlung, 513, 521f., 524; G. Richter, Die Aufhebung des Benediktinerklosters ad s. Salvatorem in Fulda (1802), in: FGBl 7 (1908), 82f., 103–105, 127f.; G. Richter, Die Säkularisation des Fuldaer Domkapitels, in: FGBl 7 (1908), 134, 184, 188f., 192; U. Zuber, Staat, 167, 169f.

71 E. Marcon, La genesi dell'Archidiocesi di Gorizia, in: SG 13 (1952), 164; G. Cappelletti, Chiese VIII, 578, 587; G. D. della Bona, Osservazioni, 224f.; L. Tavano, Diocesi, 41, 45, 59.

72 E. Marcon, La genesi dell'Archidiocesi di Gorizia, in: SG 13 (1952), 165; L. Santifaller, Geschichte, 230.

Die erst nach der Mitte des 18. Jahrhunderts erfolgte Errichtung bedingte, dass das Domkapitel von der Reformation nicht berührt wurde.

Im Zuge der Diözesanregulierungen Kaiser Josephs II. kam es verhältnismäßig bald zur Auflösung des Erzbistums Görz sowie des mit ihm verbundenen Domkapitels. 1788 nahm Papst Pius VI. die erbetene Suppression vor und schuf entsprechende Nachfolgeeinrichtungen im nahen Gradisch.[73]

Gradisch

Das Gradischer Domkapitel verdankte seine Entstehung den Diözesanregulierungen Kaiser Josephs II. Nachdem Papst Pius VI. auf dessen Wunsch hin 1788 das Erzbistum Görz sowie das damit verbundene Domkapitel aufgehoben hatte, errichtete er noch im selben Jahr zusammen mit dem Bistum ein neues Domkapitel im benachbarten Gradisch.[74]

Angesichts der geschichtlichen Umstände war die Ausbildung eines Hochstiftes ebenso ausgeschlossen wie eine Beeinträchtigung durch die Reformation. Die Nomination des Bischofs wurde auch hier vom Landesherrn vorgenommen. Dem Domkapitel kam dabei keine Rolle zu.

Das unbedeutende Städtchen Gradisch erwies sich jedoch als Zentrum einer geistlichen Institution völlig ungeeignet, sodass ihm Bischof und Domherren trotz gegenteiliger Ermahnungen Kaiser Josephs II. weitestgehend fernblieben. Daher betrieb Kaiser Leopold II. bei Papst Pius VI. die Transferierung des Bistums und des Domkapitels nach Görz, die 1791 ausgesprochen wurde.[75]

Dort bestand das Domkapitel über den Reichsdeputationshauptschluss hinaus fort.

Graz

Das Grazer Domkapitel wurde in Zusammenhang mit der Verlegung des Bischofssitzes von Seckau nach Graz 1784 von Kaiser Joseph II. ins Leben gerufen und 1786 offiziell installiert. Es stellte eine völlige Neugründung dar.[76]

Die zeitbedingten Umstände schlossen den Erwerb eines Hochstiftes mit Reichsstandschaft sowie eine Gefährdung durch die Reformation von vornherein aus. Das Nominationsrecht für das Bistum übte der Erzbischof von Salzburg aus.

Sein Charakter bewahrte das Domkapitel auch vor den Auswirkungen des Reichsdeputationshauptschlusses aus dem Jahr 1803.

---

73 G. Cappelletti, Chiese VIII, 628f., 631–646; G. D. della Bona, Osservazioni, 228f.

74 G. Cappelletti, Chiese VIII, 628f., 631–646; G. D. della Bona, Osservazioni, 228f.

75 G. Cappelletti, Chiese VIII, 646–651; G. D. della Bona, Osservazioni, 230; L. Tavano, Diocesi, 59, 65; J. R. Kušej, Joseph, 224f.

76 J. Zapletal, Domcapitel, 9–11; B. Roth, Seckau, 502, 531; J. R. Kušej, Joseph, 221f.; J. Reinisch, Jahre, 5.

Gurk

Das Gurker Domkapitel wurde deutlich nach der 1072 vorgenommenen Gründung des Bistums von Bischof Hiltebold 1123/24 ins Leben gerufen. Dabei wurde es der Regel der Augustiner-Chorherren unterworfen.[77]

Obwohl den Bischöfen von Gurk seit etwa Mitte des 15. Jahrhunderts der Fürstentitel zukam, führten sie keine Stimme auf dem Reichstag. Dafür fehlte das dazugehörende Hochstift. Bei der Bestellung der Bischöfe fiel dem Domkapitel keine Rolle zu. Die Nomination stand ursprünglich allein dem Erzbischof von Salzburg zu. 1535 schlossen Erzbischof Matthäus Lang von Wellenburg und König Ferdinand I. einen Vertrag, wonach in Zukunft nach je zwei Nominationen durch den Landesherrn die jeweils dritte der Erzbischof vornehmen sollte.[78]

Die religiöse Unruhe der Reformationszeit behelligte auch das Gurker Domkapitel. Darüber hinaus brachte sie ab der Mitte des 16. Jahrhunderts vor allem in personeller Hinsicht eine schwierige Zeit mit sich. Obwohl der Mitgliederstand durch mangelnden Nachwuchs deutlich zurückging, konnte das Stift seinen katholischen Charakter bewahren. Die Ende des 16. und auch noch im 17. Jahrhundert mehrfach unterbreiteten Vorschläge, dem Personalmangel durch die Aufnahme von Weltgeistlichen oder durch die Aufweichung der Adelserfordernisse Abhilfe zu schaffen, hatten letztlich keinen Einfluss auf die Verfassung des Augustiner-Chorherren-Stiftes.[79]

Als im Zuge der Diözesanregulierungen Kaiser Josephs II. der Sitz des Bistums von Gurk nach Klagenfurt verlegt wurde, wusste Bischof Franz Xaver Graf von Salm 1787 durch die bereits 1755 und 1777 angedachte Transmutation in eine weltgeistliche Institution den Weiterbestand des Domkapitels zu retten, das 1788 ebenfalls nach Klagenfurt übersiedelte. Papst Pius VI. verwahrte sich zwar anfangs gegen diese ohne sein Einverständnis erfolgte Maßnahme, stimmte ihr letztendlich aber doch zu. Damit konnte das Domkapitel auch den Reichsdeputationshauptschluss des Jahres 1803 unbeschadet überstehen.[80]

---

77 H. Felsberger, Augustiner, 10–18; A. Jaksch, Zum achthundertjährigen Stiftungsfeste des Gurker Domkapitels 1124–1924, in: Carinthia I 114 (1924), 2, 5; J. Obersteiner, Die persönliche Zusammensetzung des adeligen Gurker Domkapitels und Domstiftes in der Zeit des späten Mittelalters, in: Carinthia I 156 (1966), 593.

78 P. G. Tropper, Bistum Gurk, in: E. Gatz, Bistümer, 231, 233; J. Ficker, Reichsfürstenstand I, 285, 288–290; L. Santifaller, Geschichte, 229f.

79 J. Obersteiner, Beiträge zur Gurker Bistumsgeschichte aus der Zeit der Reformation und Gegenreformation, in: Carinthia I 145 (1955), 556f.; J. Obersteiner, Die persönliche Zusammensetzung des adeligen Gurker Domkapitels und Domstiftes in der Zeit von 1620–1787, in: Carinthia I 154 (1964), 221; A. Meir, Die Gegenreformation im Bistum Gurk, in: F. M. Dolinar/M. Liebmann/H. Rumpler/L. Tavano, Reform, 318f., 324f.; P. G. Tropper, Bistum Gurk, in: E. Gatz, Bistümer, 233.

80 J. Obersteiner, Bischöfe, 499.

Halberstadt

Obwohl für Halberstadt seit dem frühen 9. Jahrhundert eine Klerikergemeinschaft bezeugt ist, stammen die ältesten Nachrichten über das dortige Domkapitel als solches aus dem beginnenden 12. Jahrhundert.[81]

Das Hochstift Halberstadt erfreute sich der Reichsstandschaft und verfügte über das entsprechende Sitz- und Stimmrecht im Reichstag. Das Domkapitel übte das Recht der Bischofswahl aus.[82]

Halberstadt wurde früh von der Reformation erfasst. Trotzdem scheiterten 1525 und 1530 Versuche, die Reformation in der Stadt einzuführen. Auch nach der Freigabe des protestantischen Bekenntnisses 1541 blieb das Domkapitel weiterhin katholisch, obgleich sich Bischof Sigismund Markgraf von Brandenburg 1566 offen zum Protestantismus bekannte. Administrator Herzog Heinrich Julius von Braunschweig-Wolfenbüttel versuchte seinerseits 1591, die Domherren für die Reformation zu gewinnen. Doch auch diesmal hielt sich der Erfolg in Grenzen. Es wurde zwar offiziell die Reformation eingeführt, trotzdem konnte sich weiter eine starke katholische Minderheit halten, die bis zur Wende vom 16. zum 17. Jahrhundert sogar noch anwuchs. Zudem fanden sich auch calvinistische Domherren.[83]

Dem versuchten die protestantischen Domherren entgegenzuwirken, indem sie das Augsburger Bekenntnis als Aufnahmekriterium vorschreiben wollten. Nachdem diese Absicht 1600 gescheitert war, beschlossen die protestantischen Domherren 1613 die Einführung eines Religionseides für den Erhalt von Sitz und Stimme im Kapitel. Der Widerspruch der katholischen Domherren bedingte, dass Administrator Herzog Heinrich Julius von Braunschweig-Wolfenbüttel den Beschluss für nichtig erklärte. Die gesetzlich verbindliche Einführung des Protestantismus im Domkapitel kam somit nicht zustande, obwohl die protestantische Mehrheit auch in den folgenden Jahren noch auf dem Religionseid beharrte und Katholiken den Erhalt von Sitz und Stimme im Kapitel absprach. Erst 1627 sah man vom Religionseid wieder ab.[84]

Unmittelbar danach konnte der Dom während des Dreißigjährigen Krieges zwischen 1629 und 1631 vorübergehend wieder rekatholisiert werden. Mussten zuerst die protestantischen Domherren fliehen, waren es danach die katholischen. Der

---

81 R. Schieffer, Entstehung, 227–229; W. Zöllner, Bistum Halberstadt, in: E. Gatz, Bistümer, 243.

82 J. Ficker, Reichsfürstenstand I, 273; H. E. Feine, Besetzung, 3; W. Zöllner, Bistum Halberstadt, in: E. Gatz, Bistümer, 244.

83 W. Langenbeck, Geschichte, 39, 46, 66, 73–79, 82f., 91, 99, 102f., 113, 121, 123, 127; A. Odenthal, Ordinatio, 41f., 46f., 55, 61f.; J. Heckel, Domstifter, 110f.; E. Wolgast, Hochstift, 132, 268–270; R. Oer, Konfessionell gemischte Dom- und Stiftskapitel in Nordwestdeutschland, in: J. Schröder/R. Salzmann, Beiträge, 132.

84 J. O. Opel, Kampf, 1–6, 9–12, 18; J. O. Opel, Die Wahl des Erzherzogs Leopold Wilhelm zum Bischof von Halberstadt durch lutherische und katholische Domherren, in: NMAFH 18/I (1891), 42f., 45; J. Heckel, Domstifter, 112f.

Westfälische Friede bestimmte 1648 das Domkapitel zu einem gemischtkonfessionellen Kapitel, allerdings mit einer deutlichen protestantischen Mehrheit. Denn nur vier Kapitelstellen waren ausdrücklich für Katholiken systemisiert. Als entscheidend für die künftigen Konfessionsverhältnisse setzte man für Halberstadt das Jahr 1627 als Normaljahr fest. Gegen jede auch nur vermutete Veränderung des Zahlenverhältnisses zwischen Protestanten und Katholiken verwehrte man sich energisch. Das Hochstift Halberstadt hingegen fiel 1648 als Fürstentum an das Kurfürstentum Brandenburg.[85]

Die 1810 von König Friedrich Wilhelm III. von Preußen im Finanzedikt verfügte generelle Aufhebung aller im Königreich gelegenen Domkapitel betraf auch das Halberstädter Domkapitel.[86]

Hamburg

Der Ursprung des Hamburger Domkapitels lag in einer gegen Ende des ersten Drittels des 9. Jahrhunderts unter Erzbischof Ansgar entstandenen Klerikergemeinschaft. Diese musste allerdings nach der Zerstörung Hamburgs durch die Dänen schon 845 die Stadt wieder verlassen. In der Folge entstand erst unter Bischof Unwan im ersten Drittel des 11. Jahrhunderts in Hamburg ein Domkapitel im eigentlichen Sinn, das sich freilich auch in den folgenden Jahrzehnten nicht ohne Unterbrechung halten konnte.[87]

Durch die seit 848 bestehende Personalunion zwischen den Bistümern Hamburg und Bremen und die 864 erfolgte Einrichtung eines Doppelbistums kam es wiederholt zu Spannungen zwischen den beiden Domkapiteln. Ein Versuch, beide Institutionen zu vereinigen, scheiterte um 1220 am Widerstand des Hamburger Kapitels. Daher kam es 1223 zu einer vertraglichen Regelung zwischen den beiden Korporationen, die im folgenden Jahr von Papst Honorius III. bestätigt wurde. Bremen behielt Sitz und Titel des Erzbischofs, Hamburg neben demjenigen in Bremen sein Domkapitel. Zudem erhielten drei Vertreter des Hamburger Domkapitels die Berechtigung zur Teilnahme an der Erzbischofswahl in Bremen.[88]

---

85 A. Odenthal, Ordinatio, 69–72; E. Wolgast, Hochstift, 327f.; R. Joppen, Das Erzstift Magdeburg unter Leopold Wilhelm von Österreich (1628–1635), in: F. Schrader, Beiträge, 326; J. Heckel, Domstifter, 90, 113f.; A. Oschmann, Acta III B 1/1, 136f.; B. Braun, Die gemischtkonfessionellen Domkapitel im Reich nach dem Westfälischen Frieden, in: C. Roll/F. Pohle/M. Myrczek, Grenzen, 173, 180; M. Lehmann, Preussen I, 290.

86 J. Heckel, Domstifter, 3, 281f., 292; H.-G. Aschoff, Staat und Katholische Kirche im Königreich Westfalen, in: DHVG 71 (2003), 175.

87 R. Schieffer, Entstehung, 215–217; J. Wätjer, Domkapitel, 43–46, 49; F. Otto, Verhältnisse, 13; J. Spitzer, Hamburg im Reformationsstreit mit dem Domcapitel. Ein Beitrag zur Hamburgischen Staats- und Kirchengeschichte der Jahre 1528–1561, in: ZHG 11 (1903), 435f.; S. Selzer/H. Hipp, Hamburg – Domkanoniker, in: O. Auge/K. Hillebrand, Klosterbuch, 2.1.1; G. Apel, Güterverhältnisse, 15.

88 J. Wätjer, Domkapitel, 40, 43, 45, 47, 51, 144f., 164f.; S. Selzer/H. Hipp, Hamburg – Domkanoniker, in: O. Auge/K. Hillebrand, Klosterbuch, 2.1.2; G. Apel, Güterverhältnisse,

Das Hamburger Domkapitel galt stets unbestritten als eine einem reichsimmediaten Territorium zugeordnete Institution. Der Dombezirk stellte innerhalb des Hamburger Stadtgebietes eine Enklave dar, die zuerst zum Erzstift, später zum Herzogtum Bremen gehörte.[89]

In Hamburg setzte sich verhältnismäßig früh die Reformation durch. Bereits 1528 wurde der katholische Gottesdienst in der Stadt verboten, drei Jahre später der Dom geschlossen. Das Domkapitel, größtenteils aus der Stadt geflohen, wehrte sich gegen den Verlust seiner Rechte und strengte einen Prozess vor dem Reichskammergericht in Speyer an. Die Verhandlungen zogen sich bis zum Bremer Vergleich von 1561 hin. Darin verblieben dem Domkapitel seine Rechte und der Stadt die freie Religionsausübung.[90]

Waren die Domherren 1535 bis auf ganz wenige Ausnahmen noch katholisch, fasste in den Jahren danach die Reformation mehr und mehr Fuß. Nach 1561 verschwanden die letzten Katholiken. Obwohl es diesbezüglich keine ausdrücklichen statutarischen Regelungen gab, lehnte das Domkapitel die Aufnahme von Katholiken gewohnheitsrechtlich grundsätzlich ab. Seine Eigenschaft als geistliche Institution verlor das Domkapitel während seiner protestantischen Zeit völlig, es wurde schließlich zu einer Vereinigung von Juristen.[91]

Anlässlich der Verhandlungen vor dem Westfälischen Frieden verlangte Schweden 1647 das Recht, das Domkapitel zu säkularisieren, scheiterte aber letztlich mit dieser Forderung. Daher bestätigte Königin Christine von Schweden 1652 die Rechte des Domkapitels.[92]

Das Ende des Domkapitels kam mit dem Reichsdeputationshauptschluss des Jahres 1803. Bereits in dessen Vorfeld fielen 1802 die Besitzungen und Einkünfte

---

11f.; M. Colberg, Die Säkularisation am Beispiel des Hamburger Domes, in: T. Scharf-Wrede, Umbruch, 406.

89 J. Grolle, Ein Stachel im Gedächtnis der Stadt. Der Abriß des Hamburger Doms, in: ZHG 84 (1998), 2; M. Colberg, Die Säkularisation am Beispiel des Hamburger Domes, in: T. Scharf-Wrede, Umbruch, 406, 408; G. Apel, Güterverhältnisse, 12.

90 J. Spitzer, Hamburg im Reformationsstreit mit dem Domcapitel. Ein Beitrag zur Hamburgischen Staats- und Kirchengeschichte der Jahre 1528–1561, in: ZHG 11 (1903), 469–500, 506f., 509, 512f., 515, 526, 545; W. Jensen, Domkapitel, 20, 22, 24f., 27f., 32; F. Otto, Verhältnisse, 16–19; J. Wätjer, Domkapitel, 197, 203f., 209; S. Selzer/H. Hipp, Hamburg – Domkanoniker, in: O. Auge/K. Hillebrand, Klosterbuch, 2.1.2; G. Apel, Güterverhältnisse, 107f.

91 J. Spitzer, Hamburg im Reformationsstreit mit dem Domcapitel. Ein Beitrag zur Hamburgischen Staats- und Kirchengeschichte der Jahre 1528–1561, in: ZHG 11 (1903), 507, 525, 545; F. Otto, Verhältnisse, 51f., 54f.; J. Wätjer, Domkapitel, 216; S. Selzer/H. Hipp, Hamburg – Domkanoniker, in: O. Auge/K. Hillebrand, Klosterbuch, 2.1.2; N. N., Vermischte Nachrichten das Hamburgische Domcapitel betreffend, in: NGhM 3 (1794), 522.

92 F. Otto, Verhältnisse, 19, 21f.; J. Wätjer, Domkapitel, 212; A. Oschmann, Acta III B 1/1, 134; N. Staphorst, Historia I/2, 510–515; G. Apel, Güterverhältnisse, 116–119.

des Domkapitels an die Reichsstadt Hamburg. Als besonders rigorose Maßnahme erfolgte ab 1805 der vollständige Abriss des Hamburger Doms.[93]

Havelberg

Die Anfänge des Havelberger Domkapitels sind kurzlebig und ungewiss. Vermutlich bestand seit der Bistumsgründung 948/65 bis zum Slawenaufstand von 983 ein weltgeistliches Domkapitel, das gemeinsam mit dem Bistum unterging. Ein Neubeginn für Bistum und Domkapitel war erst im 12. Jahrhundert wieder möglich. Bischof Anselm, der selbst dem Orden der Prämonstratenser-Chorherren entstammte, richtete nach ersten Ansätzen in Jerichow vermutlich 1150 in Havelberg ein Domkapitel aus demselben Orden ein.[94]

Obwohl Papst Eugen IV. 1447 auf Bitten Kurfürst Friedrichs II. von Brandenburg gegen den Willen des Domkapitels die Erlaubnis zur Translation der Domherren nach Wilsnack und zur Einführung des weltgeistlichen Standes im Domstift erteilt hatte, blieb das Domkapitel der vom Gründer eingeführten Ordensregel der Prämonstratenser-Chorherren gut 350 Jahre grundsätzlich treu. Erst auf das von Bischof Johannes von Schlabrendorff und dem Domkapitel unterstützte Betreiben Kurfürst Joachims I. von Brandenburg erließ Papst Julius II. 1506 eine Transmutationsbulle, die noch im selben oder im folgenden Jahr umgesetzt wurde. Aus den regulierten Domherren wurden Weltgeistliche, die Ordensregel hatte ausgedient.[95]

Die Reformation verursachte nur wenige Jahrzehnte später die nächste einschneidende Veränderung im Domkapitel. 1539 kam es zur Einführung der Reformation im Kurfürstentum Brandenburg. Die Domherren wechselten gegen den Widerstand von Bischof Busso von Alvensleben allmählich zur neuen Konfession. Waren 1548 die Katholiken noch in der Mehrheit, so starb der letzte katholische Domherr bereits 1563. Trotzdem dauerte es noch bis 1573, ehe die liturgischen Bücher geändert wurden. Die Statuten von 1581 machten das Augsburger Bekenntnis zur verbindlichen Konfession des Domkapitels, das in weiterer Folge den Charakter einer geistlichen Institution mehr und mehr verlor und sich seit dem letzten

---

93 K. Zeumer, Quellensammlung, 518, 521f., 524; F. Otto, Verhältnisse, 131f.; J. Wätjer, Domkapitel, 217; J. Grolle, Ein Stachel im Gedächtnis der Stadt. Der Abriß des Hamburger Doms, in: ZHG 84 (1998), 2f., 8–10; M. Colberg, Die Säkularisation am Beispiel des Hamburger Domes, in: T. Scharf-Wrede, Umbruch, 409, 412–414; S. Selzer/H. Hipp, Hamburg – Domkanoniker, in: O. Auge/K. Hillebrand, Klosterbuch, 2.1.3.

94 A. F. Riedel, Codex I/3, 8f.; C. Bergstedt/C. Popp/E. Badstübner/A. Reichel/C.-M. Jeitner, Havelberg. Prämonstratenser-Domkapitel, in: H.-D. Heimann/K. Neitmann/W. Schich, Klosterbuch I, 573f.

95 D. Kurze, Die Transmutation der Prämonstratenser-Domstifte Brandenburg und Havelberg, in: F. J. Felten/N. Jaspert, Vita, 685–688, 691, 694, 696–700; G. Wentz, Bistum, 144f., 148f.; A. F. Riedel, Codex I/3, 10–13; A. Kugler-Simmerl, Bischof, 48–51.

Drittel des 17. Jahrhunderts zu einer Versorgungsanstalt für verdiente Beamte und Offiziere wandelte.[96]

Das Hochstift Havelberg hatte zwar ursprünglich die Reichsstandschaft besessen, sie aber noch im Laufe des Mittelalters verloren. Auch das Wahlrecht des Domkapitels erlitt Einbußen, zuerst vorübergehend in den Jahren nach 1447, in denen Kurfürst Friedrich II. von Brandenburg für seine Person das Nominationsrecht für das Bistum ausüben konnte. 1522 schließlich musste sich das Domkapitel verpflichten, die Wahl in Zukunft nur mit Einwilligung des jeweiligen Kurfürsten vorzunehmen. Kurfürst Johann Georg von Brandenburg vereinigte 1571 das Hochstift endgültig mit seinem Kurfürstentum. Das Domkapitel bestand unabhängig davon weiter.[97]

Die 1810 im Finanzedikt von König Friedrich Wilhelm III. von Preußen verfügte generelle Aufhebung aller im Königreich gelegenen Domkapitel betraf auch das Havelberger Domkapitel. Allerdings dauerte es bis zur tatsächlichen Umsetzung des königlichen Beschlusses noch bis ins Jahr 1819.[98]

Hildesheim

Seit der Errichtung des Bistums Hildesheim im Jahr 815 gab es wohl auch eine Klerikergemeinschaft am Dom. Für die Zeit nach der Mitte des 9. Jahrhunderts sind erstmals Kanoniker bezeugt, aus denen sich das Domkapitel entwickelte.[99]

Dem Hochstift Hildesheim standen alle mit der Reichsstandschaft verbundenen Rechte zu, dem Domkapitel das Recht der Bischofswahl.[100]

In der Reformationszeit war die Stadt Hildesheim 1542 mit Ausnahme einiger Stifte und Klöster protestantisch geworden, wobei auch der Dom vorübergehend für den katholischen Gottesdienst geschlossen werden musste. Trotzdem widerstand

---

96 J. Heckel, Bilder aus der Geschichte des Domstifts Havelberg seit der Reformation, in: FBPG 39 (1927), 54–60, 67; A. Kugler-Simmerl, Bischof, 55f., 165f.; J. Heckel, Domstifter, 110; A. F. Riedel, Codex I/3, 13, 16, 74, 166f., 175f.; E. Wolgast, Hochstift, 224, 226; T. Buchholz, Das Domstift zu Havelberg, in: M. Puhle/R. Hagdorn, Prémontré, 72.

97 E. Wolgast, Hochstift, 22, 218, 220, 225; J. Heckel, Domstifter, 24, 28; D. Kurze, Bistum Havelberg, in: E. Gatz, Bistümer, 252f., 255f.; J. Ficker, Reichsfürstenstand I, 276, 375; H. E. Feine, Besetzung, 3.

98 J. Heckel, Domstifter, 281f., 292, 294; A. F. Riedel, Codex I/3, 77f.; J. Heckel, Bilder aus der Geschichte des Domstifts Havelberg seit der Reformation, in: FBPG 39 (1927), 68, 70; C. Bergstedt/C. Popp/E. Badstübner/A. Reichel/C.-M. Jeitner, Havelberg. Prämonstratenser-Domkapitel, in: H.-D. Heimann/K. Neitmann/W. Schich, Klosterbuch I, 576.

99 H.-G. Aschoff, Hildesheim – Domstift St. Marien, in: J. Dolle, Klosterbuch II, 654f.; R. Schieffer, Entstehung, 226f.; H.-G. Aschoff, Das Hildesheimer Domkapitel. Grundlinien seiner Entwicklung von 815 bis in die Frühe Neuzeit, in: T. Scharf-Wrede, Domkapitel, 31.

100 A. Dylong, Domkapitel, 15; J. Ficker, Reichsfürstenstand I, 273; H. E. Feine, Besetzung, 2; U. Faust, Bistum Hildesheim, in: E. Gatz, Bistümer, 261.

in der Folge das Domkapitel allen Versuchen des Rates der Stadt, die Reformation auch im Domkapitel einzuführen. Nur einige wenige Domherren waren im 16. Jahrhundert zum Konfessionswechsel bereit. Lediglich während des Dreißigjährigen Krieges kam es nach der Besetzung Hildesheims durch Herzog Georg von Braunschweig-Calenberg zwischen 1634 und 1642 vorübergehend zur Abhaltung protestantischer Gottesdienste im Dom.[101]

Die 1802 erfolgte Besetzung des Hochstiftes Hildesheim durch das Königreich Preußen bestätigte der Reichsdeputationshauptschluss im folgenden Jahr nachträglich. Damit zeichnete sich auch das Ende des Domkapitels ab. Vorerst blieben nur die eingetretenen Vakanzen unbesetzt. 1805 tauchte der Vorschlag auf, das Domkapitel in personell stark reduzierter Form fortbestehen zu lassen. Ohne getroffene Entscheidung über die weitere Zukunft des Domkapitels fiel Hildesheim 1807 an das neu geschaffene Königreich Westfalen. Die staatlichen Eingriffe in die Rechte des Domkapitels dauerten auch unter der neuen Herrschaft weiter an. Zudem stand die Überlegung im Raum, einige der Domherren nach Kassel zu transferieren, um dort ein Erzbistum und ein Domkapitel neu zu errichten. 1810 verfügte schließlich König Jérôme von Westfalen die Aufhebung des Hildesheimer Domkapitels, dessen Nachfolgeinstitution erst 1828 eingerichtet wurde.[102]

Köln

Aufbauend auf vorfränkischen Wurzeln, sind die Anfänge des Kölner Domkapitels spätestens im 7. Jahrhundert zu suchen, auch wenn das eigentliche Domkapitel erst 866 erwähnt wird.[103]

Dem Kurfürstentum Köln kam innerhalb der Reichsstände ein beträchtlicher Einfluss zu, der sich auch auf das Ansehen des Domkapitels auswirkte. Dieses verfügte über das Recht der Erzbischofswahl.[104]

---

101 H.-G. Aschoff, Hildesheim – Domstift St. Marien, in: J. Dolle, Klosterbuch II, 661f.; E. Wolgast, Hochstift, 126, 317; U. Faust, Bistum Hildesheim, in: E. Gatz, Bistümer, 264; H.-G. Aschoff, Das Hildesheimer Domkapitel. Grundlinien seiner Entwicklung von 815 bis in die Frühe Neuzeit, in: T. Scharf-Wrede, Domkapitel, 37f.

102 A. Dylong, Domkapitel, 268–282; H.-G. Aschoff, Hildesheim – Domstift St. Marien, in: J. Dolle, Klosterbuch II, 662; A. Dylong, Die Domkapitel von Hildesheim und Osnabrück am Vorabend der Säkularisation, in: DHVG 71 (2003), 130; K. Zeumer, Quellensammlung, 511, 521f., 524; A. Dylong, Mehr als ein Versorgungsinstrument für nachgeborene Adelssöhne. Das Hildesheimer Domkapitel im 18. Jahrhundert, in: T. Scharf-Wrede, Domkapitel, 51f.; H. Granier, Preussen IX, 310f., 313f.; L. Steinhauer, Zur Geschichte des Paderborner Domkapitels von 1800 bis 1830, in: WZ 61/II (1903), 181; T. Scharf-Wrede, Das Hildesheimer Domkapitel im 19. und 20. Jahrhundert, in: T. Scharf-Wrede, Domkapitel, 91, 94.

103 R. Schieffer, Entstehung, 133–135; H. Hüffer, Forschungen, 246, 270; E. Gatz, Erzbistum Köln, in: E. Gatz, Bistümer, 275.

104 J. Ficker, Reichsfürstenstand I, 273; H. E. Feine, Besetzung, 1; E. Gatz, Erzbistum Köln, in: E. Gatz, Bistümer, 277, 280.

In der Reformationszeit erwies sich das Domkapitel vorerst als ein Bollwerk gegen den aufkommenden Protestantismus und trat den Neuerungen mit Entschiedenheit entgegen. So wurde ein von Erzbischof Hermann Graf zu Wied ab 1542 beabsichtigter und deutlich protestantisch geprägter Reformversuch abgelehnt. Vor diesem Hintergrund kam es zu einer vorübergehenden Spaltung des Domkapitels. Die katholische Mehrheit blieb in Köln, während die protestantische Minderheit in Bonn tagte. Schließlich wurden 1546 sechs Domherren ihre Pfründen aberkannt. Trotzdem konnte sich im Domkapitel bis 1583 eine nicht zu unterschätzende protestantische Minderheit halten. In diesem Jahr verloren zugleich mit der Absetzung von Erzbischof Gebhard von Waldburg die letzten vier offen protestantischen beziehungsweise konfessionell verdächtigen Domherren ihre Kanonikate. Von 1599 an verlangte man von den Domherren das Ablegen der Professio fidei.[105]

Das Ende des Domkapitels vollzog sich in mehreren Schritten. Als 1794 der Einmarsch französischer Truppen bevorstand, verlegte das Domkapitel seinen Sitz ins rechtsrheinische Arnsberg. Dort diente die Kirche des Prämonstratenser-Chorherren-Stiftes Wedinghausen als Kathedrale. Der Friedensvertrag von Lunéville sprach 1801 den bislang besetzt gehaltenen linksrheinischen Teil des Kurfürstentums Köln rechtlich verbindlich Frankreich zu. Noch im selben Jahr erfolgte anlässlich der Errichtung des Bistums Aachen die Beschränkung des Erzbistums Köln auf dessen rechtsrheinischen Teil. 1802 erklärte die Konsularregierung die Aufhebung der Domkapitel in den vier neuen linksrheinischen Départements Frankreichs. Der Reichsdeputationshauptschluss 1803 brachte schließlich den Verlust der verbliebenen Teile des Kurfürstentums Köln an die Landgrafschaft Hessen-Darmstadt, das Herzogtum Arenberg sowie die Fürstentümer Nassau-Usingen und Wied-Runkel. Als Folge davon löste sich das Domkapitel in Arnsberg auf. Die formelle Einrichtung eines neuen Domkapitels erfolgte 1825.[106]

Königgrätz

1664 gemeinsam mit dem Bistum Königgrätz gegründet, wurde das dortige Domkapitel im folgenden Jahr kanonisch installiert. Da es eine völlige Neuschöpfung darstellte, wuchs die Institution vor allem aufgrund der unsicheren wirtschaftlichen

105 H. Molitor, Erzbistum, 268, 270–272; E. Wolgast, Hochstift, 91, 93f., 97f., 288, 290, 292, 294, 312; F. Bosbach, Köln, in: A. Schindling/W. Ziegler, Territorium III, 65, 68–70, 72, 74f.; E. Gatz, Erzbistum Köln, in: E. Gatz, Bistümer, 282.

106 H. Hüffer, Forschungen, 319f., 325–327, 331f., 334, 338–347; J. C. Nattermann, Ende, 62, 105, 107; K. Zeumer, Quellensammlung, 521f., 524, 526f.; N. Trippen, Domkapitel, 3f., 24, 40; A. Eichhorn, Die Ausführung der Bulle „De salute animarum" in den einzelnen Diözesen des Preußischen Staates durch den Fürstbischof von Ermland, Prinz Joseph von Hohenzollern, in: ZGAE 5 (1874), 8.

Verhältnisse nur langsam in ihre Aufgaben hinein. So wurde der gemeinsame Chordienst erst 1715 aufgenommen.[107]

Die zeitbedingten Umstände schlossen eine Gefährdung des Domkapitels durch die Reformation sowie die Ausbildung eines Hochstiftes mit Reichsstandschaft von vornherein aus. Das Nominationsrecht für den Bischof lag allein in den Händen des Landesherrn.[108]

Die Auswirkungen des Reichsdeputationshauptschlusses aus dem Jahr 1803 konnte das Domkapitel unbehelligt überstehen.

Konstanz

Das Konstanzer Domkapitel entstand vermutlich gegen Ende des 8. Jahrhunderts. 826 ist sein Bestand jedenfalls erstmals urkundlich belegt.[109]

Das Hochstift Konstanz verfügte auf dem Reichstag über Sitz und Stimme. Das Domkapitel besaß das Recht der Bischofswahl.[110]

Die um sich greifende Reformationsbewegung in der Stadt Konstanz nötigte das entschieden am katholischen Glauben festhaltende Domkapitel 1526 zur Flucht nach Meersburg und 1527 weiter in die Reichsstadt Überlingen. Von dort übersiedelte man 1542 ins österreichische Radolfzell. Nach dem Schmalkaldischen Krieg erfolgte die Rekatholisierung der Stadt Konstanz. Ab 1549 kehrten die Domherren daher an ihren angestammten Kapitelsitz zurück, ein Vorgang, der 1551 mit der Wiederaufnahme des Chordienstes seinen rechtlichen Abschluss fand.[111]

Die Besetzung durch die Markgrafschaft Baden brachte 1802 das Ende des Hochstiftes Konstanz. Dem Reichsdeputationshauptschluss blieb 1803 nur noch die nachträgliche Bestätigung der Geschehnisse. Trotzdem löste sich in der Folge das Domkapitel nicht auf. Chordienst und Kapitelsitzungen wurden weitergeführt. Erst Papst Pius VII. supprimierte 1821 zugleich mit dem Bistum Konstanz auch dessen Domkapitel.[112]

---

107 H. Brückner, Gründung, 7, 21f., 125f., 141, 209; P. Adam, Statuta, 12, 16, 18f., 22; H. Nottarp, Ehrenkanoniker und Honorarkapitel, in: ZRG KA 14 (1925), 225, 232.

108 Z. Hledíková, Bistum Königgrätz, in: E. Gatz, Bistümer, 291.

109 R. Schieffer, Entstehung, 162; J. Trenkle-Klausmann, Geschichte, 7, 10f.

110 J. Ficker, Reichsfürstenstand I, 273; H. E. Feine, Besetzung, 2; D. Burkard, Bistum Konstanz, in: E. Gatz, Bistümer, 299.

111 W. Kundert, Das Domstift. Einleitung, in: B. Degler-Spengler, Bistum, 766, 768f.; K. Braun, Studien, 90, 115; K. Maier, Domkapitel, 66f., 86f.

112 F. X. Bischof, Ende, 191, 199, 203, 209, 211f., 407, 515f.; W. Kundert, Das Domstift. Einleitung, in: B. Degler-Spengler, Bistum, 770f.; K. Zeumer, Quellensammlung, 512, 521f., 524.

Kulm

Das Kulmer Domkapitel wurde 1251 von Bischof Heidenreich gegründet und nahm seinen Sitz in Kulmsee.[113]

Das Hochstift Kulm stand zuerst unter der Oberherrschaft des Deutschordensstaates. Durch den Zweiten Thorner Frieden verloren das Hochstift Kulm und mit ihm sein Domkapitel 1466 jede rechtliche Verbindung zum Reich und gerieten unter die Oberhoheit des Königreiches Polen. Im Zuge der Ersten Teilung Polens fiel das Hochstift 1772 an das Königreich Preußen. Damit ging der Verlust der Landesherrschaft einher. Das Domkapitel zählte daher im strengen Sinne nicht durchgehend zur Reichskirche. Sein Recht zur Bischofswahl konnte das Domkapitel zwar behaupten, allerdings wurden die Bischöfe in polnischer und in preußischer Zeit jeweils vom König bestimmt. Der anschließende Wahlvorgang des Domkapitels beschränkte sich somit auf einen reinen Formalakt.[114]

Obwohl das Domkapitel bei seiner Gründung der Regel der Augustiner-Chorherren unterworfen worden war, konnte es sich dem Einfluss des Deutschen Ordens nicht entziehen. Unter Bischof Friedrich von Hausen, selbst Mitglied des Deutschen Ordens, nahm das Domkapitel 1264 dessen Ordensregel an. Allerdings führten kriegsbedingte Zerstörungen in den Jahren nach 1422 zur Aufgabe des gemeinsamen Lebens. Als Folge des Zweiten Thorner Friedens 1466 kam es zur Transmutation des Domkapitels in eine weltgeistliche Institution. Bischof Wincenty Kiełbasa erreichte in den Siebzigerjahren des 15. Jahrhunderts von Papst Sixtus IV. die entsprechende Bewilligung. Erwähnenswert erscheint in diesem Zusammenhang die Tatsache, dass im Kulmer Domkapitel trotz der Zugehörigkeit zum Deutschen Orden grundsätzlich auch Weltgeistliche mit einem Kanonikat betraut werden konnten, allerdings musste ihrer Installation die Aufnahme in den Orden durch den Hochmeister unabdingbar vorangehen.[115]

---

113 C. P. Woelky, Urkundenbuch I, 16–19; J. Hoelge, Das Culmer Domkapitel zu Culmsee im Mittelalter, in: MLGM 18 (1913), 134f.; R. Krajniak, Duchowieństwo, 9, 29, 242, 245; A. Mańkowski, Kapituła katedralna chełmińska od roku 1466 do 1821, in: ZTNT 5 (1921), 74; A. Radzimiński, Entstehung, Inkorporation und ursprüngliche Ausstattung des mittelalterlichen Domkapitels in Kulmsee, in: R. Biskup/M. Glauert, Domkapitel, 35; A. Radzimiński, Kirche, 21, 25.

114 A. Nadolny, Bistum Kulm, in: E. Gatz, Bistümer, 315, 317–319; R. Krajniak, Duchowieństwo, 9, 242, 245; H. E. Feine, Besetzung, 3f.

115 C. P. Woelky, Urkundenbuch I, 16–19, 48f., 56f., 516–518; C. P. Woelky, Urkundenbuch II, 1122; J. Hoelge, Das Culmer Domkapitel zu Culmsee im Mittelalter, in: MLGM 18 (1913), 134–136, 138f.; R. Krajniak, Duchowieństwo 9, 30–34, 39, 242, 245; A. Mańkowski, Kapituła katedralna chełmińska od roku 1466 do 1821, in: ZTNT 5 (1921), 74f., 97; A. Radzimiński, Entstehung, Inkorporation und ursprüngliche Ausstattung des mittelalterlichen Domkapitels in Kulmsee, in: R. Biskup/M. Glauert, Domkapitel, 35, 45, 47, 51; A. Radzimiński, Kirche, 25f., 73f., 96, 113f., 116, 228–230, 232.

Von den Wirren der Reformation blieb das Domkapitel im Allgemeinen verschont. Es konnte seinen katholischen Charakter bewahren. Seit 1601 wurde von den Domherren bei der Aufnahme das Ablegen der Professio fidei verlangt.[116]

Der 1810 von König Friedrich Wilhelm III. von Preußen im Finanzedikt verfügten generellen Aufhebung aller im Königreich gelegenen Domkapitel entging das Kulmer Domkapitel, da es zwischen 1807 und 1815 zum Herzogtum Warschau gehörte. Nach dem Rückfall an das Königreich Preußen blieb das Domkapitel weiter bestehen, allerdings wurde es 1824 von Kulmsee an den neuen Bischofssitz nach Pelplin verlegt.[117]

Laibach

Gemeinsam mit dem Bistum gründete Kaiser Friedrich III. 1461 auch das Laibacher Domkapitel. Beide Einrichtungen wurden im folgenden Jahr von Papst Pius II. bestätigt.[118]

Die Bischöfe von Laibach führten zwar seit 1533 den Fürstentitel, über ein Hochstift und über die Reichsstandschaft verfügten sie allerdings nicht. Die Nomination der Bischöfe erfolgte ohne jede Mitwirkung des Domkapitels durch den Landesherrn.[119]

Den Einflüssen der Reformation vermochte sich das Domkapitel nicht völlig zu entziehen. In den beginnenden Vierzigerjahren des 16. Jahrhunderts bekannten sich einige Domherren offen zum Protestantismus, jedoch konnten sich diese Mitglieder nur bis 1547 halten, als sie ihre Kanonikate verloren. Danach blieb die geschlossene Zugehörigkeit des Domkapitels zur katholischen Kirche unbestritten.[120]

Das Domkapitel, das seit 1788 durch die Erhebung Laibachs zum Erzbistum Metropolitankapitel war, wurde durch den Reichsdeputationshauptschluss von 1803 nicht beeinträchtigt. Allerdings stufte Papst Pius VII. Laibach 1807 wieder zu einem einfachen Bistum herab.[121]

---

116 A. Nadolny, Bistum Kulm, in: E. Gatz, Bistümer, 318; C. P. Woelky, Urkundenbuch II, 958, 976.

117 J. Hoelge, Das Culmer Domkapitel zu Culmsee im Mittelalter, in: MLGM 18 (1913), 134; A. Eichhorn, Die Ausführung der Bulle „De salute animarum" in den einzelnen Diözesen des Preußischen Staates durch den Fürstbischof von Ermland, Prinz Joseph von Hohenzollern, in: ZGAE 5 (1874), 98, 110.

118 P. Schleicher, Bistumsgründungen, 13, 15, 18, 30, 118f.; G. Cappelletti, Chiese VIII, 659f.; L. Žnidaršič Golec, Arhiv, 6, 303; M. Ambrožič, Ustanovitve zasebnih kanonikatov ljubljanskega stolnega kapitlja, in: M. Benedik, Stolnica, 48.

119 L. Santifaller, Geschichte, 230; F. M. Dolinar, Bistum Laibach, in: E. Gatz, Bistümer, 331f.

120 L. Žnidaršič Golec, Der Klerus der Laibacher Domkirche und die protestantische Reformation bis Bischof Peter Seebach (1560–1568), in: SOdtA 46/47 (2003/04), 2, 4, 6, 8, 10–12; L. Žnidaršič Golec, Arhiv, 12.

121 G. Cappelletti, Chiese VIII, 671; F. M. Dolinar, Bistum Laibach, in: E. Gatz, Bistümer, 333f.

Lausanne

Die Existenz des Lausanner Domkapitels ist erstmals für das Jahr 814 urkundlich belegt.[122]

Das Hochstift Lausanne besaß bis zu seinem Untergang im 16. Jahrhundert die Reichsstandschaft und damit Sitz und Stimme auf dem Reichstag. Doch war diese mitunter umstritten. Ähnliches galt für das eigentlich dem Domkapitel zukommende Recht der Bischofswahl.[123]

Die Reformation traf das Bistum und das Domkapitel schwer. 1536 eroberte die Stadt Bern das Hochstift und die Stadt Lausanne. Schon im folgenden Jahr wurde der katholische Gottesdienst verboten. Die Domherren, die am katholischen Glauben festhalten wollten und daher das Reformationsmandat ablehnten, wurden noch 1537 deshalb zuerst verhaftet und dann vertrieben. Das zerstreute Domkapitel suchte nach einem neuen Residenzort und entschied sich nach Überlegungen im Hinblick auf Sitten oder Seyssel schließlich für Évian. Doch verunmöglichten die durch die Reformation erlittenen wirtschaftlichen Verluste einen Weiterbestand des Domkapitels. Zwar ist das Domkapitel 1542 noch in Évian belegt, und es wurden auch in der Exilszeit noch provisorisch neue Domherren ernannt, trotzdem kam es zur Auflösung des Domkapitels. Als letzte Kapitelhandlung gilt eine versuchte Bischofswahl durch ein Rumpfkapitel im Jahr 1560.[124]

Lavant

Vorläufer des Lavanter Domkapitels war ein 1212 von Erzbischof Eberhard II. von Salzburg in St. Andrä im Lavanttal gegründetes Augustiner-Chorherren-Stift. 1228 errichtete derselbe Erzbischof mit Lavant das jüngste der vier Salzburger Eigenbistümer. Das Stift wurde dadurch zum Domkapitel.[125]

---

122 I. Bissegger-Garin/L. Wettstein, Le chapitre cathédrale (IXe–XVIe siècle), in: P. Braun, Diocèse, 357f.; E. Dupraz, Cathédrale, 241f.

123 J. Ficker, Reichsfürstenstand I, 291f., 295; H. E. Feine, Besetzung, 2; G. Coutaz, Bistum Lausanne, in: E. Gatz, Bistümer, 336–338, 340f.

124 P. Rück, Un récit de la captivité du Chapitre de Lausanne en février 1537, in: RHV 78 (1970), 52–56, 58, 67; I. Bissegger-Garin/L. Wettstein, Le chapitre cathédrale (IXe–XVIe siècle), in: P. Braun, Diocèse, 365f.; P. Rück, Die letzten Versuche Sebastians von Montfaucon (1517–1560) zur Wiederherstellung der bischöflichen Verwaltung in den katholischen Teilen der Diözese Lausanne, in: SZG 16 (1966), 12, 18f.; O. Perler, Sebastian Werros Chronik der Bischöfe von Lausanne 1536–1607, in: ZSKG 39 (1945), 203f., 206f., 209; E. Dupraz, Cathédrale, 404f., 410, 412–416.

125 K. Tangl, Reihe, 53, 56; I. Orožen, Bisthum I, XVI; M. Pagitz-Roscher, Das Augustiner-Chorherrenstift St. Andrä im Lavanttal, in: Carinthia I 157 (1967), 296, 298.

Die Bischöfe von Lavant führten zwar seit 1457 den Fürstentitel, über ein Hochstift und über die Reichsstandschaft verfügten sie allerdings nicht. Das Nominationsrecht für das Bistum lag ausschließlich in den Händen des Erzbischofs von Salzburg.[126]

Das Domkapitel war während seiner gesamten Bestandsgeschichte der Regel der Augustiner-Chorherren unterworfen.

Welche Auswirkungen die Reformation auf das Domkapitel hatte, ist nicht bekannt. Doch dürften zumindest personelle und wirtschaftliche Einbußen eingetreten sein.[127]

Am Ende der Stiftsgeschichte standen bestandsgefährdende wirtschaftliche Schwierigkeiten, die 1787 zu seiner Aufhebung und 1789 zur Liquidation der Institution führten, deren letzte Reste 1808 dem Religionsfonds zugeschlagen wurden. Der von Bischof Vinzenz Joseph Graf von Schrattenbach vorgebrachte Wunsch nach einem weltgeistlichen Domkapitel zu seiner Unterstützung fand 1787 nicht die Unterstützung Kaiser Josephs II. Im Jahr 1800 kam es jedoch diesbezüglich zu neuerlichen Überlegungen. Nachdem 1804 die Translation des Leobener Domkapitels nach Lavant angedacht worden war, dauerte es schließlich bis zum Jahr 1825, ehe die Neugründung eines weltgeistlichen Domkapitels in St. Andrä im Lavanttal erfolgte.[128]

Lebus

Das Lebuser Domkapitel ist erstmals für das Jahr 1226 belegt.[129]

Die Aufteilung der Stadt Lebus zwischen den Markgrafen Johann I. und Otto III. von Brandenburg sowie dem Magdeburger Erzbischof Wilbrand Graf von Käfernburg 1252/53 nötigte das Domkapitel, die Stadt zu verlassen. Nach Auflösungstendenzen im Domkapitel versuchte es um 1270, sich in Frankfurt an der Oder niederzulassen, doch wurde ihm 1276 Göritz als Residenzort zugewiesen. Nach dessen Zerstörung 1326 blieb das Bistum für Jahrzehnte ohne Bischofssitz und Kathedrale, die Domherren lebten vorwiegend in Breslau. Ab 1354 weilte das Domkapitel wieder in Lebus, beschloss aber nach der Eroberung der Stadt durch Kaiser Karl IV. 1373, nach Fürstenwalde umzusiedeln. Mit der Weihe des dortigen Doms 1385 hatte das Domkapitel endlich eine dauerhafte Heimat gefunden, die 1398 die Bestätigung Papst Bonifaz' IX. erhielt.[130]

---

126 L. Santifaller, Geschichte, 229f.; J. Ficker, Reichsfürstenstand I, 285, 288–290; F. M. Dolinar, Bistum Lavant, in: E. Gatz, Bistümer, 344.

127 K. Tangl, Reihe, XX, 252; F. M. Dolinar, Bistum Lavant, in: E. Gatz, Bistümer, 345.

128 K. Tangl, 351, 353, 486f.; M. Pagitz-Roscher, Das Augustiner-Chorherrenstift St. Andrä im Lavanttal, in: Carinthia I 157 (1967), 303, 311f.; J. Zapletal, Domcapitel, 92.

129 A. Weiss, Organizacja, 99f.; P. Neumeister/B. Wittkopp, Lebus. Domkapitel, in: H.-D. Heimann/K. Neitmann/W. Schich, Klosterbuch II, 750; H. Teichmann, Lebus, 83.

130 A. Weiss, Organizacja, 115–117; P. Neumeister/B. Wittkopp, Lebus. Domkapitel, in: H.-D. Heimann/K. Neitmann/W. Schich, Klosterbuch II, 751–753; C. Gahlbeck/P. Neumeister, Göritz. Domkapitel des Bistums Lebus, in: H.-D. Heimann/

Zur Ausbildung eines Hochstiftes und dem Erwerb der Reichsstandschaft kam es in Lebus nicht. Entsprechende Versuche, Sitz und Stimme im Reichstag zu erwerben, schlugen in der ersten Hälfte des 16. Jahrhunderts fehl. Abgesehen von den Jahren nach 1447, in denen Kurfürst Friedrich II. von Brandenburg für seine Person das Nominationsrecht für das Bistum ausüben konnte, besaß das Domkapitel des Recht der Bischofswahl, obgleich dieses im ausgehenden 15. und im 16. Jahrhundert von den Landesherrn mitunter bestritten wurde.[131]

Erwähnenswert ist die Tatsache, dass sich im Lebuser Domkapitel, obwohl es eine weltgeistliche Einrichtung war, um die Wende vom 15. zum 16. Jahrhundert vereinzelt auch Angehörige des Ordens der Prämonstratenser-Chorherren als Domherren fanden.[132]

Bischof Georg von Blumenthal und das Domkapitel verweigerten nach der Einführung der Reformation im Kurfürstentum Brandenburg vorerst die Annahme der neuen Kirchenordnung. Trotzdem ließ sich die Ausbreitung des Protestantismus in Fürstenwalde nicht verhindern. 1557 kam es zu einem Vergleich zwischen dem Domkapitel und der Bürgerschaft. Der Dom wurde damit dem protestantischen Gottesdienst geöffnet, den Katholiken verblieb allein der Chor. Doch schon 1563 verzichteten die Domherren gegen eine Sustentationszahlung auf ihre Einkünfte, das Domkapitel löste sich auf. 1565 wurde der katholische Gottesdienst gänzlich eingestellt. Allerdings wurden auch danach noch Dompröpste ernannt. Der letzte dieser reinen Rentenempfänger starb erst 1633. Das Bistum selbst wurde schon 1598 von Kurfürst Joachim Friedrich von Brandenburg aufgehoben.[133]

K. Neitmann/W. Schich, Klosterbuch I, 514, 516; P. Neumeister/B. Wittkopp/D. Schumann, Fürstenwalde. Domkapitel des Bistums Lebus, in: H.-D. Heimann/K. Neitmann/W. Schich, Klosterbuch I, 481; S. W. Wohlbrück, Geschichte I, 136–138, 444, 449f., 466f., 510; S. W. Wohlbrück, Geschichte II, 10; A. F. Riedel, Codex I/20, 188f., 213f., 240–243; F. Funcke, Das Bistum Lebus bis zum Anfange der Hohenzollernherrschaft in der Mark Brandenburg, in: JBKG 16 (1918), 24–27; K. Teichmann, Lebus, 32, 36–39, 43, 45.

131 E. Wolgast, Hochstift, 22, 218, 225; J. Ficker, Reichsfürstenstand I, 279–281; A. Weiss, Organizacja, 123f.; F. Funcke, Das Bistum Lebus bis zum Anfange der Hohenzollernherrschaft in der Mark Brandenburg, in: JBKG 16 (1918), 30; D. Kurze, Bistum Lebus, in: E. Gatz, Bistümer, 350, 353f.; K. Teichmann, Lebus, 104.

132 P. Neumeister/B. Wittkopp/D. Schumann, Fürstenwalde. Domkapitel des Bistums Lebus, in: H.-D. Heimann/K. Neitmann/W. Schich, Klosterbuch I, 483; K. Teichmann, Lebus 83; H. Grimm, Dietrich von Bülow, Bischof von Lebus, in seinem Leben und Wirken. Gleichzeitig ein Beitrag zur Geschichte des Bistums Lebus wie zur Kultur- und Bildungsgeschichte des deutschen Ostens um 1500, in: WJ 11/12 (1957/58), 27.

133 S. W. Wohlbrück, Geschichte II, 297f., 362–364, 373f.; P. Neumeister/B. Wittkopp/D. Schumann, Fürstenwalde. Domkapitel des Bistums Lebus, in: H.-D. Heimann/K. Neitmann/W. Schich, Klosterbuch I, 481–483; K. Teichmann, Lebus, 84, 105f., 119, 121.

Leitmeritz

Die Vorläufereinrichtung des Leitmeritzer Domkapitels war ein Kollegiatstift, das Herzog Spytihněv II. von Böhmen vermutlich 1057/58 gegründet hatte. Mit der Gründung des Bistums Leitmeritz 1655 wurde aus dem Kollegiat- das Domkapitel. Durch die vor allem während des Dreißigjährigen Krieges erlittenen beträchtlichen wirtschaftlichen Einbußen des Kollegiatstiftes war dem neuen Domkapitel jedoch ein schwieriger Anfang beschieden, sodass sich die Institution personell und materiell nur langsam und schrittweise entwickeln konnte.[134]

Die zeitbedingten Umstände schlossen die Ausbildung eines Hochstiftes mit Reichsstandschaft sowie eine Gefährdung des Domkapitels durch die Reformation von vornherein aus. Das Nominationsrecht für das Bistum fiel dem Landesherrn zu. Das Domkapitel spielte dabei keine Rolle.[135]

Daher konnte das Domkapitel die Auswirkungen des Reichsdeputationshauptschlusses aus dem Jahr 1803 unbehelligt überstehen.

Leitomischl

Das Leitomischler Domkapitel ging aus einem dort bereits vorhandenen Prämonstratenser-Chorherren-Stift hervor. Anlässlich der Errichtung des Bistums Leitomischl 1344 wurde der Konvent zum Domkapitel erhoben. Die damit verbundenen rechtlichen Unsicherheiten zwischen den einzelnen Einrichtungen des neuen Bistums konnten erst 1347 einer Lösung zugeführt werden, als die Rolle des Domkapitels auf einen Teil des Konvents beschränkt wurde. Gegen Ende des 14. Jahrhunderts verloren sich schließlich die Spuren des vom Kapitel getrennten Konvents.[136]

Zur Ausbildung eines eigenen Hochstiftes war für Leitomischl der Lauf der Zeit schon zu weit fortgeschritten. Allerdings kam den Bischöfen der böhmische Fürstenstand zu. Das Domkapitel besaß abgesehen von der Gründungszeit das Recht der Bischofswahl.[137]

Zur Zeit der Hussitenkriege eroberten die Taboriten 1421 Leitomischl und lösten damit die Flucht des Domkapitels in das ihm zugehörige Priorat Zwittau aus. Dort konnten sich noch Reste der Korporation halten, die 1554 ins Prämonstratenser-Chorherren-Stift Hradisch übersiedelten.[138]

---

134 V. Bartůněk, Von der Propstei zum Bistum (1057–1957), in: V. Bartůněk, Jahre, 38, 40, 57; J. Schlenz, Geschichte, 5, 178f., 194, 196; J. E. Schlenz, Geschichte I, 116, 217; J. E. Schlenz, Geschichte II, 207; Z. Hledíková, Bistum Leitmeritz, in: E. Gatz, Bistümer, 357.

135 Z. Hledíková, Bistum Leitmeritz, in: E. Gatz, Bistümer, 357.

136 Z. Nejedlý, Dějiny I, 97–100, 106, 264, 272; A. Frind, Kirchengeschichte II, 111; Z. Hledíková, Litomyšlske biskupství, in: M. Skřivánek, Litomyšl, 29f., 32, 34; Z. Hledíková, Bistum Leitomischl, in: E. Gatz, Bistümer, 360; N. Backmund, Monasticon I/2, 359f.

137 Z. Nejedlý, Dějiny I, 256; J. Ficker, Reichsfürstenstand I, 284.

138 A. Frind, Kirchengeschichte III, 174f.; A. Frind, Kirchengeschichte IV, 241; N. Backmund, Monasticum I/2, 360; Z. Hledíková, Litomyšlske biskupství, in: M. Skřivánek,

Leoben

Das Leobener Domkapitel verdankte seine Entstehung den Diözesanregulierungen Kaiser Josephs II. Gemeinsam mit dem Bistum wurde es 1786 nach der Zustimmung durch Papst Pius VI. eingerichtet. Vorgängereinrichtung war das aufgehobene Benediktinerinnenstift Göß.[139]

Von Hochstift und Reichsstandschaft konnte angesichts des Gründungszeitpunktes keine Rede mehr sein. Das Nominationsrecht für das Bistum sicherte sich der Landesherr.

Dem Domkapitel war überdies nur eine sehr kurze Bestandszeit beschieden. Bereits 1804 bestimmte Kaiser Franz II. die Aufhebung des Bistums Leoben und des damit verbundenen Domkapitels. Die Domherren sollten in das neue Lavanter Domkapitel transferiert werden. Die Zeitumstände verhinderten dies jedoch. So wurde erst 1808 die Administration des Bistums Leoben an Bischof Johann Friedrich Graf von Waldstein von Seckau übertragen. Im selben Jahr stellte auch das Domkapitel seinen Chordienst ein.[140]

Linz

Das Linzer Domkapitel wurde 1783/84 im Zuge der Diözesanregulierungen Kaiser Josephs II. eingerichtet und im letzteren Jahr von Papst Pius VI. bestätigt. Das Domkapitel stellte eine völlige Neuschöpfung dar.[141]

Die zeitbedingten Umstände schlossen den Erwerb eines Hochstiftes mit Reichsstandschaft sowie eine Gefährdung durch die Reformation von vornherein aus. Das Nominationsrecht für das Bistum kam dem Landesherrn zu.

Sein Charakter bewahrte das Domkapitel auch vor den Auswirkungen des Reichsdeputationshauptschlusses aus dem Jahr 1803.

Lübeck

Das Lübecker Domkapitel entstand 1160 mit der Verlegung des Bischofssitzes von Oldenburg nach Lübeck durch Bischof Gerold.[142]

Litomyšl, 47; Z. Nejedlý, Dějiny I, 251f.; Z. Hledíková, Bistum Leitomischl, in: E. Gatz, Bistümer, 361.

139 J. Zapletal, Domcapitel, 83–87; J. R. Kušej, Joseph, 207f.

140 J. Zapletal, Domcapitel, 92f., 105; K. Tangl, Reihe, 351; H. Bastgen, Neuerrichtung, 99.

141 O. Siegmar-Rehm, Domkapitel, 3f., 17–19, 21–25, 72; F. Pesendorfer, Domkapitel, 6, 8f.; P. Gradauer, Das Bistum Linz und sein Domkapitel, in: K. Lüdicke/H. Paarhammer/D. A. Binder, Recht, 104f.; P. Gradauer/R. Zinnhobler, Das Linzer Domkapitel, in: NADL 5 (1987/88), 5f.

142 K. Hillebrand, Oldenburg – Domkanoniker, in: O. Auge/K. Hillebrand, Klosterbuch, 2.1.2f.; A. Voßhall/K. Hillebrand/C. Köster, Lübeck – Domkanoniker, in: O. Auge/K. Hillebrand, Klosterbuch, 2.1.1; C. Malchow, Geschichte I, 3, 13; W. Prange, Bischof, 14;

Das Hochstift Lübeck erfreute sich der Reichsstandschaft und verfügte über das entsprechende Sitz- und Stimmrecht im Reichstag. Einzigartig war der unveränderte Fortbestand des Hochstiftes auch in protestantischer Zeit. Allerdings verpflichtete sich das Domkapitel, dem das Recht der Bischofswahl zustand, 1647 und 1799, wie schon seit 1586 üblich, in den nächsten sechs beziehungsweise drei Vakanzfällen stets ein Mitglied des Hauses Schleswig-Holstein-Gottorf zum Administrator zu wählen.[143]

Die sich ausbreitende Reformation führte 1530 zur Abschaffung des katholischen Gottesdienstes in Lübeck, der sich einzig im Chor des Doms noch bis 1535 halten konnte. Inzwischen hatte das Domkapitel 1531 einen Vertrag mit der Stadt Lübeck abgeschlossen. Darin war vorgesehen, das Domkapitel durch den Verzicht auf Nachbesetzungen auslaufen zu lassen. Nach einem vorübergehenden Exil des Domkapitels in Eutin und Hamburg von 1533 bis 1535 wurde 1538 eine neue Übereinkunft zwischen dem Domkapitel und der Stadt Lübeck getroffen. Darin wurde dem damals noch gänzlich katholischen Domkapitel von der protestantischen Stadt der uneingeschränkte Fortbestand zugesichert. So blieb das Domkapitel in den nächsten Jahrzehnten weiterhin katholisch, erst ab 1561, nach dem Tod des letzten katholischen Bischofs Johannes Tiedemann, wuchs die Zahl der protestantischen Domherren stetig an. 1571 verlor das Domkapitel den Chor des Doms an die protestantische Gemeinde. Doch erst in den Jahren um 1590 gerieten die Katholiken unter den residierenden Domherren in die Minderheit. Trotzdem fanden sich auch danach weiter katholische Mitglieder im Domkapitel. Infolge des Westfälischen Friedens von 1648 wurde die Zahl der Katholiken im Domkapitel 1668 vertraglich auf vier festgelegt, obwohl es im Normaljahr 1624 noch um zwei mehr waren. Allerdings verlor das Domkapitel in protestantischer Zeit weitestgehend seinen geistlichen Charakter. Die Pfründen dienten überwiegend als reine Einkommensaufbesserungen für verdiente Persönlichkeiten.[144]

W. Prange, Das Lübecker Domkapitel, in: H. Unverhau/A. Lange/C. Jahnke, Beiträge, 417f.; W. Prange, Bistum Lübeck, in: E. Gatz, Bistümer, 364, 368.

143 J. Ficker, Reichsfürstenstand I, 274f.; H. E. Feine, Besetzung, 3; W. Prange, Bistum Lübeck, in: E. Gatz, Bistümer, 366–368.

144 W. Prange, Wandel, 18–22, 25, 41–44, 51–53, 70f., 114, 116f.; W. Prange, Katholisches Domkapitel in evangelischer Stadt? – Lübeck 1530–1538, in: ZLGA 81 (2001), 123f., 143–145, 149, 151–153, 160; W. Prange, Bischof, 51, 289f., 293, 299, 301, 305, 307–311, 314–318, 321, 325, 333; E. Illigens, Geschichte, 3–5, 8, 27, 57–61, 67, 162; W. Prange, Das Lübecker Domkapitel, in: H. Unverhau/A. Lange/C. Jahnke, Beiträge, 432, 435–437; C. F. Wehrmann, Mittheilungen über das ehemalige Lübeckische Domcapitel, in: ZLGA 3 (1876), 15, 63f.; B. Braun, Die gemischtkonfessionellen Domkapitel im Reich nach dem Westfälischen Frieden, in: C. Roll/F. Pohle/M. Myrczek, Grenzen, 173, 175, 180; E. Wolgast, Hochstift, 118f., 268, 344; A. Voßhall/K. Hillebrand/C. Köster, Lübeck – Domkanoniker, in: O. Auge/K. Hillebrand, Klosterbuch, 2.1.2, 2.4.10.

Der Reichsdeputationshauptschluss des Jahres 1803 brachte schließlich das Ende des Domkapitels. Mit einem Vertrag zwischen der Reichsstadt Lübeck und dem Herzogtum Oldenburg über die Aufteilung der Güter des Hochstiftes und des Domkapitels wurde die Auflösung 1804 abgeschlossen.[145]

Lüttich

Das Lütticher Domkapitel ist erstmals für das Jahr 831 ausdrücklich bezeugt.[146]

Das Domkapitel besaß das Recht der Bischofswahl und war mit dem Hochstift Lüttich verbunden, dessen Reichsstandschaft zu keiner Zeit umstritten war.[147]

Die Zugehörigkeit zur katholischen Kirche konnte sich die Institution auch während der Reformationszeit durchgehend erhalten.[148]

Als Folge der durch die Lütticher Revolution des Jahres 1789 hervorgerufenen inneren Unruhen nahm die Mehrheit der Domherren bereits 1790/91 vorübergehend in Aachen ihren Sitz. Die kurzfristige Besetzung Lüttichs durch französische Truppen 1792/93 konnte das Domkapitel mit einem erneuten Verlassen der Stadt noch überstehen. Der neuerliche Einmarsch französischer Truppen bedingte allerdings 1794 die Flucht des Domkapitels aus der Stadt, die im Jahr darauf gemeinsam mit dem übrigen Hochstift Lüttich offiziell von Frankreich annektiert wurde. Der Dom wurde geplündert, gebrandschatzt und schließlich sogar abgerissen. 1827 war er bis auf die Grundfläche abgetragen. Das Domkapitel war mittlerweile durch die im Konkordat zwischen Papst Pius VII. und Frankreich 1801 vereinbarte und mit den Organischen Artikeln des Jahres 1802 verfügte neue Diözesaneinteilung überflüssig geworden. Daher supprimierte Kardinallegat Giovanni Battista Conte Caprara 1802 die Institution. Im folgenden Jahr wurde die Kirche des Kollegiatstiftes St. Paul als neue Kathedrale wieder für den Gottesdienst geöffnet und dort auch ein neues Domkapitel eingerichtet. Diese napoleonische Einrichtung konnte sich jedoch in den Wirren der Zeit nicht dauerhaft halten, sodass 1830 eine Neuordnung des Domkapitels erfolgte.[149]

---

145 K. Zeumer, Quellensammlung, 513, 517, 521f., 524; C. F. Wehrmann, Mittheilungen über das ehemalige Lübeckische Domcapitel, in: ZLGA 3 (1876), 85, 99–119; W. Prange, Das Lübecker Domkapitel, in: H. Unverhau/A. Lange/C. Jahnke, Beiträge, 441; W. Prange, Bischof, 339f.; E. Illigens, Geschichte, 97.

146 R. Schieffer, Entstehung, 135f.

147 A. Minke, Bistum Lüttich, in: E. Gatz, Bistümer, 375; J. Ficker, Reichsfürstenstand I, 273; H. E. Feine, Besetzung, 2.

148 A. Minke, Bistum Lüttich, in: E. Gatz, Bistümer, 378f.

149 J. H. L. Theux de Montjardin, Chapitre I, LXVII; X. van den Steen de Jehay, Cathédrale, 365, 367, 380f., 396; K. Zeumer, Quellensammlung, 526f.; P. Raxhon, La démolition de la cathédrale Saint-Lambert à Liège, in. B. van den Bossche, Cathédrale, 60, 64f.; O.-J. Thimister, Essai, 126, 152f., 361f., 364–366.

Magdeburg

Das Magdeburger Domkapitel entstand mit der Gründung des Erzbistums Magdeburg durch Kaiser Otto I. 968. Ein bereits vorhandenes Benediktinerkloster wurde unter Aufgabe des Mönchsstandes zum Domkapitel.[150]

Die Reformation zeitigte deutliche Auswirkungen auf das Domkapitel. Nachdem sich die Stadt Magdeburg schon 1524 der Reformation zugewandt hatte, leistete das Domkapitel vorerst Widerstand gegen die religiösen Neuerungen. Die Jahre ab 1546 verbrachte es im Exil in Egeln, ehe der Vertrag von Wolmirstedt, in dem der Fortbestand des konfessionellen Zustandes vereinbart wurde, 1558 eine Rückkehr nach Magdeburg und die Wiederaufnahme des Chordienstes erlaubte. Trotzdem nahm der Druck des protestantischen Umfeldes ständig zu, zumal Erzbischof Sigismund Markgraf von Brandenburg sich immer deutlicher dem Protestantismus zuneigte. So wurden ab 1564 Verhandlungen über die Einführung der Reformation im Domkapitel geführt, wozu es schließlich 1567 kam. Trotzdem hielten sich noch bis über das 16. Jahrhundert hinaus katholische Domherren im Kapitel, die Dompröpste sogar bis 1661. Um den Einfluss der Katholiken so gering wie möglich zu halten, führte die protestantische Mehrheit gegen Ende des 16. Jahrhunderts einen Konfessionsrevers für Kapitulare ein, womit katholische Domherren keine Zulassung zum Kapitel erhalten konnten. Während des Dreißigjährigen Krieges kam es vorübergehend zu Rekatholisierungsmaßnahmen in Magdeburg. 1630 wurden alle protestantischen Residenzialkapitulare abgesetzt und durch Katholiken ersetzt. Im Jahr darauf wurde der Dom wieder dem katholischen Gottesdienst zugeführt. Durch die weitere politische Entwicklung blieben diese Vorgänge ohne nennenswerte Auswirkungen. Insgesamt verlor das Domkapitel in protestantischer Zeit seinen geistlichen Charakter, und die Pfründen wurden mehr und mehr zu Versorgungsstellen für höhere Beamte und Offiziere.[151]

Das Erzstift Magdeburg verfügte über die Reichsstandschaft und damit über Sitz und Stimme auf dem Reichstag. Das Domkapitel besaß das Recht der Bischofswahl. Der Westfälische Friede sprach 1648 das Erzstift nach dem Tod des Administrators

150 E. Weber, Domkapitel, 12f., 15; G. Wentz/B. Schwineköper, Domstift, 82, 84; B. Schwineköper, Aus der Geschichte des Magdeburger Domkapitels, in: F. Schrader, Beiträge, 95; T. Vogtherr, Erzbistum Magdeburg, in: E. Gatz, Bistümer, 388.

151 G. Hertel, Die Annahme der Reformation durch das Magdeburger Domkapitel, in: JPM 59 (1865), 4–6, 12f., 21, 26–28; J. Heckel, Domstifter, 110, 112; B. Schwineköper, Aus der Geschichte des Magdeburger Domkapitels, in: F. Schrader, Beiträge, 117; G. Wentz/B. Schwineköper, Domstift, 97–99; E. Wolgast, Hochstift, 132, 267, 328; R. Joppen, Das Erzstift Magdeburg unter Leopold Wilhelm von Österreich (1628–1635), in: F. Schrader, Beiträge, 326, 333; J. Huck, Von Kanonikaten und Präbenden zwischen Hildesheim und Magdeburg in der frühen Neuzeit unter besonderer Berücksichtigung der von Benningsen, in: DHVG 70 (2002), 51f.; G. Hertel, Die Dompröpste und Domdechanten von Magdeburg im Mittelalter, in: GBSLM 24 (1889), 270f.

Herzog August von Sachsen-Weißenfels als Herzogtum Magdeburg dem Kurfürstentum Brandenburg zu. 1680 wurde diese Bestimmung wirksam.[152]

Das unabhängig davon weiter bestehende Domkapitel konnte auch den Reichsdeputationshauptschluss von 1803 noch überdauern. König Friedrich Wilhelm III. von Preußen gab 1806 sogar eine ausdrückliche Bestandszusage für die Institution ab. Jedoch fiel Magdeburg schon 1807 an das neu geschaffene Königreich Westfalen. Dessen König Jérôme verfügte 1810 die Aufhebung des Domkapitels.[153]

Mainz

Die Anfänge des Mainzer Domkapitels bildete der bischöfliche Klerus der zweiten Hälfte des 6. Jahrhunderts. Daraus entwickelte sich bis zum 9. Jahrhundert ein Domkapitel im eigentlichen Sinn.[154]

Das Kurfürstentum Mainz galt als das vornehmste der drei geistlichen Kurfürstentümer, eine Tatsache, die auch auf das Ansehen des Domkapitels abfärbte. Diesem kam durch das ihm zustehende Recht der Erzbischofswahl eine besondere Bedeutung zu.[155]

Das Domkapitel leistete schon früh Widerstand gegen die sich ausbreitende Reformation. So blieb der Bekenntnisstand stets unverändert katholisch. Seit 1572 wurde von den Kapitularen das Ablegen der Professio fidei gefordert.[156]

Das Ende des Domkapitels vollzog sich in mehreren Abschnitten. Eine erste Besetzung der Stadt durch französische Truppen erfolgte 1792/93. Doch die danach wiederhergestellte alte Ordnung währte nur kurz. Schon 1797 schloss Frankreich mit der Einnahme der Stadt Mainz die Besetzung der linksrheinischen Teile des Kurfürstentums Mainz ab. Der Friede von Lunéville brachte diese Gebiete 1801 auch rechtsverbindlich an Frankreich. Das Domkapitel verlegte schon 1797 seinen Sitz nach Aschaffenburg. Das Konkordat zwischen Papst Pius VII. und Frankreich 1801 sowie dessen Ausführungsbestimmungen in den Organischen Artikeln brachten 1802 das Ende des Erzbistums Mainz. Noch im selben Jahr erklärte die Konsularregierung die Aufhebung der Domkapitel in den vier neuen linksrheinischen Départements Frankreichs. An die Stelle des alten Erzbistums trat ein neu umschriebenes einfaches Bistum, für das 1803 auch ein neues Domkapitel eingerichtet wurde.

---

152 J. Ficker, Reichsfürstenstand I, 273; H. E. Feine, Besetzung, 3; T. Vogtherr, Erzbistum Magdeburg, in: E. Gatz, Bistümer, 389, 398.

153 D. Pietschmann, Die Säkularisation des Domkapitels in Magdeburg und seiner Nebenstifter, in: F. Schrader, Beiträge, 126, 130f.

154 R. Schieffer, Entstehung, 149f.

155 F. Jürgensmeier, Erzbistum Mainz, in: E. Gatz, Bistümer, 407, 412; J. Ficker, Reichsfürstenstand I, 273; H. E. Feine, Besetzung, 1.

156 F. Jürgensmeier, Erzbistum Mainz, in: E. Gatz, Bistümer, 418f.; F. Jürgensmeier, Kurmainz, in: A. Schindling/W. Ziegler, Territorien IV, 75, 84; G. Rauch, Das Mainzer Domkapitel in der Neuzeit. Zu Verfassung und Selbstverständnis einer adeligen geistlichen Gemeinschaft I, in: ZRG KA 61 (1975), 175, 192f.; E. Wolgast, Hochstift, 312.

Zugleich sah der Reichsdeputationshauptschluss des Jahres 1803 die Transferierung des Mainzer Erzstuhles nach Regensburg vor. Dort sollte der bisherige Kurfürst von Mainz Karl Theodor Freiherr von Dalberg als Kurfürst-Erzkanzler amtieren. Unsicherheiten herrschten hinsichtlich des alten Domkapitels. Dieses betrachtete sich in den rechtsrheinischen Gebieten des Erzstiftes als weiter bestehend und konkurrierte dadurch mit dem Regensburger Domkapitel um die Stellung des durch den Reichsdeputationshauptschluss neu geschaffenen Regensburger Metropolitankapitels. Der mittlerweile Fürstprimas gewordene Freiherr von Dalberg entschied 1808, diese Frage offen zu lassen. Beide Domkapitel führten daher vorerst ihr Eigenleben fort. Doch schon 1813 zerfielen mit dem Verzicht Fürstprimas Freiherr von Dalbergs auf das Großherzogtum Frankfurt die letzten Reste des ehemaligen Kurfürstentums Mainz. Das Mainzer Domkapitel in Aschaffenburg löste sich 1818 auf. Auch das napoleonische Domkapitel in Mainz konnte sich nicht dauerhaft halten, weshalb 1830 eine nochmalige Neuorganisation der Institution erfolgte.[157]

Meißen

Hinsichtlich der Entstehung des Meißner Domkapitels ist manches mit Unsicherheit behaftet. Jedenfalls ist es aus einer Klerikergemeinschaft hervorgegangen, die sich wohl in Zusammenhang mit der Gründung des Bistums im Jahr 968 bildete.[158]

Die Einführung der Reformation bedingte 1539 auf Weisung Herzog Heinrichs von Sachsen die Einstellung des katholischen Gottesdienstes und die Beschlagnahmung des Doms. Der Widerstand Bischof Johann von Maltitz' und des Domkapitels konnte dagegen nichts ausrichten. Unter dem Einfluss der Landesherren kam es in den folgenden Jahren schrittweise zur vollständigen Protestantisierung des Domkapitels.[159]

Das Recht der Bischofswahl lag in den Händen des Domkapitels. Das Hochstift Meißen wiederum hatte zwar ursprünglich die Reichsstandschaft besessen, geriet aber seit dem ausgehenden 14. Jahrhundert mehr und mehr in die Abhängigkeit der sächsischen Landesherren, die sich vor allem im 16. Jahrhundert weigerten, die

157 F. Jürgensmeier, Erzbistum Mainz, in: E. Gatz, Bistümer, 424f.; A. Roth, Das Konkordat von 1801. Werden, Bedeutung und Auswirkungen, in: W. G. Rödel/R. E. Schwerdtfeger, Zerfall, 108, 118f.; T. Berger, Die Organisation des französischen Bistums Mainz durch Bischof Joseph Ludwig Colmar, in: W. G. Rödel/R. E. Schwerdtfeger, Zerfall, 131f.; K. Zeumer, Quellensammlung, 516; K. Hausberger, „Ist zu reponiren ad non acta …" – Der vergebliche Kampf des Mainzer Domkapitels um seinen Fortbestand als Metropolitankapitel Dalbergs, in: W. G. Rödel/R. E. Schwerdtfeger, Zerfall, 136–138, 140, 142–146; K. M. Färber, Die Konkurrenz der Domkapitel von Mainz und Regensburg, in: K. Hausberger, Carl, 105, 108, 110–115.

158 K. Brunn von Kauffungen, Domkapitel, 2; S. Seifert, Bistum Meißen, in: E. Gatz, Bistümer, 429; E. G. Gersdorf, Urkundenbuch I, XX.

159 A. Lobeck, Hochstift, 54f., 89f., 96, 127, 136, 139; W. Pückert, Dom, 3, 7; E. G. Gersdorf, Urkundenbuch III, 363–365.

Reichsunmittelbarkeit des Hochstiftes anzuerkennen. Nach der Resignation Bischof Johann von Haugwitz' fiel das Hochstift 1581 an das Kurfürstentum Sachsen.[160]

Das Domkapitel allerdings bestand unabhängig davon weiter, auch über die Aufhebungswelle des frühen 19. Jahrhunderts hinaus.[161]

Merseburg

Wohl seit der Bistumsgründung im Jahr 968 gab es in Merseburg Kleriker an der Seite der Bischöfe. Ausdrücklich bezeugt ist das Domkapitel jedoch erst für 1004. In diesem Jahr wurde das Bistum nach seiner 981 erfolgten Aufhebung erneut eingerichtet.[162]

Die Reformation veränderte den Charakter des Domkapitels nachhaltig. Aller Einsatz Bischof Michael Heldings vermochte es nicht, den Bestand des bis etwa zur Mitte des 16. Jahrhunderts noch gemischtkonfessionell besetzten Domkapitels als katholische Einrichtung zu sichern. Mit dem Tod des Bischofs 1561 gelangte der Protestantismus endgültig zum Durchbruch. Als man 1613 begann, statutarisch das Augsburger Bekenntnis beim Eintritt eines neuen Domherrn zu fordern, war das Domkapitel längst gänzlich protestantisch geworden.[163]

Das Hochstift Merseburg befand sich seit dem ausgehenden 14. Jahrhundert in Abhängigkeit von den sächsischen Landesherren. Seit der Mitte des 16. Jahrhunderts konnte es seine Reichsstandschaft faktisch nicht mehr ausüben. Von 1561 an stand jeweils ein Mitglied des sächsischen Kurhauses an der Spitze des Hochstiftes, das zwischen 1656 und 1738 als Herzogtum Sachsen-Merseburg an eine Nebenlinie des Hauses Wettin fiel. Schließlich verpflichtete sich das mit dem Recht der Bischofswahl ausgestattete Domkapitel 1731, stets den jeweiligen Kurfürsten von Sachsen mit der Administration des Hochstiftes zu betrauen. Dies wurde 1738 erstmals wirksam.[164]

---

160 E. Wolgast, Hochstift, 22, 237f., 243, 253; E. G. Gersdorf, Urkundenbuch III, 410f.; A. Schultze, Rechtslage, 3, 7, 10, 12, 14; S. Seifert, Bistum Meißen, in: E. Gatz, Bistümer, 429f., 432; J. Ficker, Reichsfürstenstand I, 276, 375; H. E. Feine, Besetzung, 3; E. Pinder, Dom-Capitel, 25f.

161 A. Schultze, Rechtslage, 13, 16–18; L. C. Stieglitz, Recht, 28.

162 F. Range, Entwicklung, 10–12; M. Cottin, Geschichte des Merseburger Domkapitels im Mittelalter (968–1561), in: H. Kunde/A. Ranft/A. Sames/H. Wittmann, Kathedrale, 75f.; M. Cottin, Das Merseburger Domkapitel und die Wettiner im Spätmittelalter, in: MVSL 2 (2002), 10; M. Cottin/A. Sames, Das Merseburger Domkapitel von seinen Anfängen bis heute, in: M. Cottin/U. John/H. Kunde, Dom, 33.

163 M. Cottin, Geschichte des Merseburger Domkapitels im Mittelalter (968–1561), in: H. Kunde/A. Ranft/A. Sames/H. Wittmann, Kathedrale, 88, 91f.; J. Heckel, Domstifter, 113, 133; M. Cottin/A. Sames, Das Merseburger Domkapitel von seinen Anfängen bis heute, in: M. Cottin/U. John/H. Kunde, Dom, 40.

164 E. Wolgast, Hochstift, 22, 237f., 243, 253; U. Schirmer, Die Verfassung des Hochstifts Merseburg vom Ende des 15. bis zur Mitte des 17. Jahrhunderts, in: H. Kunde/A. Ranft/A. Sames/H. Wittmann, Kathedrale, 121; J. Ficker, Reichsfürstenstand I,

Das Domkapitel überstand alle Wirren der Zeit, sogar die Aufhebungswelle des frühen 19. Jahrhunderts.[165]

Metz

Am Metzer Dom ist erstmals für das Jahr 585 eine Klerikergemeinschaft belegt. Diese war 755/56 Gegenstand der für die Entwicklungsgeschichte der Domkapitel einflussreichen Kanonikerreform Bischof Chrodegangs.[166]

Die Reichsstandschaft, die dem Hochstift Metz zukam, verlor im 16./17. Jahrhundert schrittweise ihre Bedeutung. Nach dem Vertrag von Chambord besetzte König Heinrich II. von Frankreich 1552 die Reichsstadt Metz. Das Hochstift Metz blieb zwar vorerst weiter bestehen, gelangte aber mehr und mehr in den Einflussbereich des Königreiches Frankreich. Der Westfälische Friede besiegelte schließlich 1648 die Abtrennung des Hochstiftes vom Reich, obgleich die Bischöfe noch bis zur Französischen Revolution weiterhin den Fürstentitel führten. Auch das dem Domkapitel eigene Recht der Bischofswahl war von den politischen Veränderungen betroffen. Ab 1664 wurde es vom Nominationsrecht des Königs von Frankreich abgelöst.[167]

Die Reformation vermochte das Domkapitel nicht ernsthaft zu erschüttern, zu entschieden und einmütig war der Widerstand gegen die religiösen Neuerungen.[168]

Ein entsprechender Beschluss der Französischen Nationalversammlung brachte 1790 die Aufhebung des Domkapitels. Allerdings konnte der Chordienst noch bis ins Jahr 1791 aufrecht erhalten werden, ehe sich die Domherren zerstreuten.[169] Das Domkapitel wurde schließlich als Folge der im Konkordat zwischen Papst Pius VII. und Frankreich 1801 vereinbarten und mit den Organischen Artikeln des Jahres 1802 verfügten neuen Diözesaneinteilung aufgehoben. Daher supprimierte Kardinallegat Giovanni Battista Conte Caprara 1802 die Institution. Bereits zu Beginn des folgenden Jahres wurde jedoch eine Nachfolgeeinrichtung ins Leben gerufen.[170]

276; J. Heckel, Domstifter, 23, 25–28, 31; M. Cottin/A. Sames, Das Merseburger Domkapitel von seinen Anfängen bis heute, in: M. Cottin/U. John/H. Kunde, Dom, 43f.; C. Brodkorb, Bistum Merseburg, in: E. Gatz, Bistümer, 440, 443, 445f.; E. Pinder, Dom-Capitel, 25f.

165 J. Heckel, Domstifter, 4, 309f.; A. Sames, Zwischen Kirche und Staat. Das Merseburger Domkapitel seit der Abtretung des Stifts durch Sachsen an Preußen 1815, in: H. Kunde/A. Ranft/A. Sames/H. Wittmann, Kathedrale, 133–135; A. Sames, Das Merseburger Domkapitel beim Übergang in den preußischen Staat, in: C. Neuß, Anfänge, 125–127.

166 R. Schieffer, Entstehung, 141f., 144.

167 M. Albert, Bistum Metz, in: E. Gatz, Bistümer, 454, 463f., 466; J. Ficker, Reichsfürstenstand I, 273, 376; H. E. Feine, Besetzung, 3; A. Oschmann, Acta III B 1/1, 21f.; N. N., Recueil XI, 1680–1687.

168 M. Albert, Bistum Metz, in: E. Gatz, Bistümer, 462f.

169 P. Lesprand, Clergé II, 263, 324, 326, 329, 342.

170 R. Schneider, Une restauration rapide (1801–1832), in: H. Tribout de Morembert, Diocèse, 191.

Minden

Das Mindener Domkapitel entwickelte sich aus einer 961 erstmals bezeugten Klerikergemeinschaft, deren Ursprünge vermutlich ins 9. Jahrhundert zurückreichten.[171]

Nachdem die Stadt Minden 1530 protestantisch geworden war, widersetzte sich allein das Domkapitel vorerst der Reformation. Daher sicherte ihm die Stadt 1535 den uneingeschränkten katholischen Gottesdienst im Dom zu. Doch schon zur Mitte des 16. Jahrhunderts fanden sich unter den Domherren Protestanten, die bis spätestens 1588 nachweislich die Überhand gewannen. Nach einem Tiefststand an katholischen Mitgliedern in den Jahren um 1607/10 stieg deren Zahl wieder an. 1650 waren schließlich von 24 Domherren nur mehr vier Protestanten. Allerdings brachte die Normaljahresregelung des Westfälischen Friedens einen Rückgriff auf das Konfessionsverhältnis des Jahres 1624 mit sich. Durch damit verbundene weitere Maßnahmen konnten die katholischen Domherren eine knappe Mehrheit im Domkapitel halten, die auch später trotz gegenteiliger Forderungen der Protestanten nicht verloren ging. Schließlich waren elf katholische und sieben protestantische Kapitelstellen systemisiert. Mit letzteren wurden vor allem verdiente Generäle, Minister und Beamte bedacht. Ungeachtet ihres Übergewichts im Domkapitel blieben die Katholiken in der Stadt Minden aber letztlich ein Fremdkörper.[172]

Das Domkapitel besaß das Recht der Bischofswahl und war mit dem Hochstift Minden verbunden, dessen Reichsstandschaft zu keiner Zeit bestritten wurde. Der Westfälische Friede brachte 1648 die Säkularisation des Hochstiftes, das als Fürstentum Minden an das Kurfürstentum Brandenburg fiel.[173]

Der Fortbestand des Domkapitels war davon vorerst nicht betroffen. 1807 fiel das Fürstentum Minden an das neu geschaffene Königreich Westfalen. Dessen König Jérôme verfügte 1810 die Aufhebung des Mindener Domkapitels.[174]

---

171 R. Schieffer, Entstehung, 219–221; W. Dammeyer, Grundbesitz, 5; W. Dräger, Das Mindener Domkapitel und seine Domherren im Mittelalter, in: MJ 8 (1936), 12.

172 H. Rüthing, Das Domkapitel Minden als konfessionell gemischtes Stift, in: F. J. Felten/N. Jaspert, Vita, 767–773, 775f., 778f.; J. Heckel, Domstifter, 87, 111, 113; W. Kohl, Bistum Minden, in: E. Gatz, Bistümer, 475; R. Oer, Konfessionell gemischte Dom- und Stiftskapitel in Nordwestdeutschland, in: J. Schröder/R. Salzmann, Beiträge, 132f.; B. Braun, Die gemischtkonfessionellen Domkapitel im Reich nach dem Westfälischen Frieden, in: C. Roll/F. Pohle/M. Myrczek, Grenzen, 173, 180; W. Schrader, The Cathedral Chapter at Minden and its Members, 1650–1803, in: WZ 139 (1989), 83; H. Nottarp, Ein Mindener Dompropst des 18. Jahrhunderts, in: WZ 103/104 (1954), 97, 99f., 109; E. Wolgast, Hochstift, 107, 268.

173 H. Rüthing, Das Domkapitel Minden als konfessionell gemischtes Stift, in: F. J. Felten/N. Jaspert, Vita, 772, 775; J. Heckel, Domstifter, 25, 27; J. Ficker, Reichsfürstenstand I, 273, 375, W. Kohl, Bistum Minden, in: E. Gatz, Bistümer, 471f.

174 H. Rüthing, Das Domkapitel Minden als konfessionell gemischtes Stift, in: F. J. Felten/N. Jaspert, Vita, 775f.; W. Dammeyer, Grundbesitz, 160; H. J. Brandt, Minden – Domstift St. Petrus und Gorgonius, in: K. Hengst, Klosterbuch I, 594; H.-G. Aschoff, Staat und Katholische Kirche im Königreich Westfalen, in: DHVG 71 (2003), 176.

Münster

Als Vorläufereinrichtung des Münsterischen Domkapitels entstand Ende des 8. Jahrhunderts eine Klerikergemeinschaft.[175]

Dem Hochstift Münster standen alle mit der Reichsstandschaft verbundenen Rechte uneingeschränkt zu. Das Domkapitel übte das Recht der Bischofswahl aus.[176]

Die Wirren der Reformationszeit machten auch vor dem Domkapitel nicht halt. Nach der Einführung des Augsburger Bekenntnisses in der Stadt wurden die Domherren 1532 aus Münster vertrieben, zuerst nach Telgte, von wo sie aber ebenfalls fliehen mussten. Der katholisch gebliebene Dom erlitt 1534 während der Herrschaft der Täufer schwerste Verwüstungen. Doch schon im folgenden Jahr konnte das Domkapitel nach der Niederschlagung der Täuferbewegung an seinen Sitz zurückkehren. 1537 wurde der Gottesdienst im renovierten Dom wieder aufgenommen. Neben diesen äußeren Beeinträchtigungen konnte sich das Domkapitel aber auch innerer Unruhen nicht erwehren. Zwar hielt das Domkapitel den Bestrebungen Bischof Franz Graf von Waldecks, 1541 die Reformation einzuführen, entschieden dagegen, doch schrittweise veränderten sich die Konfessionsverhältnisse im Domkapitel. Vor allem die Zahl der calvinistischen Domherren wuchs stetig an. 1575 war schließlich eine protestantische Mehrheit im Kapitel gegeben, die sich vor allem auf die jüngeren Domherren stützen konnte. Erst danach begannen sich die Verhältnisse wieder eindeutig zugunsten der Katholiken zu wandeln, sodass das Domkapitel letztlich eine katholische Einrichtung blieb. Dafür sorgte auch die 1583 eingeführte Verpflichtung, anlässlich der Emanzipation die Professio fidei abzulegen.[177]

Die Besetzung der Stadt Münster und von Teilen des Oberstiftes durch das Königreich Preußen 1802 leitete das Ende des Domkapitels ein. Der Reichsdeputationshauptschluss bestätigte 1803 die geänderten Machtverhältnisse. König Friedrich Wilhelm III. von Preußen kam es daher zu, 1806 die Aufhebung des Domkapitels auszusprechen. Jedoch fiel Münster unmittelbar danach an das Königreich Holland, dessen König Louis den Beschluss widerrief. Damit war der Weiterbestand des Domkapitels vorläufig gesichert. Auch der 1808 erfolgte Wechsel Münsters unter die Herrschaft des Großherzogtums Berg änderte daran nichts. Erst nachdem die Stadt 1810 an Frankreich gefallen war, sprach Kaiser Napoleon I. 1811 die Aufhebung des Domkapitels aus. Allerdings wurde es bereits 1812 mit einer neuen Verfassung wieder ins Leben gerufen und 1813 offiziell installiert. Diesem napoleonischen Domkapitel war nur eine kurze Lebenszeit beschieden. Die weiteren politischen Entwicklungen führten dazu, dass es schon 1814 von Papst Pius VII. wieder abgeschafft

175 R. Schieffer, Entstehung, 207–210; A. Schröer, Das Münsterer Domkapitel im ausgehenden Mittelalter, in: A. Schröer, Monasterium, 471; R. Haas, Domkapitel, 1.

176 J. Ficker, Reichsfürstenstand I, 273; H. E. Feine, Besetzung, 2; W. Kohl, Bistum Münster, in: E. Gatz, Bistümer, 481.

177 W. Kohl, Domstift I, 152–160; R. Oer, Münster, in: A. Schindling/W. Ziegler, Territorium III, 115–117, 120f., 126; M. Twickel, Entwicklung, 9, 56; E. Wolgast, Hochstift, 107, 312.

wurde. Daraufhin führte ab 1815 das alte Domkapitel in einem personell stark eingeschränkten Umfang einige geistliche Aufgaben weiter, ehe es 1823 endgültig durch eine Nachfolgeinstitution abgelöst wurde.[178]

Naumburg

Die Anfänge des Naumburger Domkapitels lagen in Zeitz, wo Kaiser Otto I. 968 ein Bistum gegründet hatte. Gemeinsam mit dem Bischofssitz wurde das Domkapitel 1028/30 nach Naumburg verlegt.[179]

Der Reformation trat das Domkapitel anfangs entschieden entgegen. Man beharrte vorerst auf dem überlieferten Bekenntnis. Dies wurde jedoch durch das beinahe geschlossen protestantische Umfeld immer schwieriger. 1541 etwa wurde der Dom gestürmt, um dort den protestantischen Gottesdienst einzuführen. Allmählich stieg die Zahl der der Reformation zugewandten Domherren. Die Reformversuche Bischof Julius von Pflugs in den Fünfzigerjahren des 16. Jahrhunderts konnten den Wandel der Verhältnisse im Domkapitel nicht maßgeblich aufhalten. Nach dem Tod des Bischofs im Jahr 1564 setzten sich die Protestanten im Kapitel durch. Obwohl die Statuten des Jahres 1580 rechtlich auch noch die Aufnahme von Katholiken zuließen, gab es schon seit 1576 keine katholischen Domherren mehr. Die später erhobene Forderung nach dem Ablegen des Religionseides raubte den Katholiken auch die letzte Möglichkeit auf eine Kapitelstelle.[180]

Das Hochstift Naumburg war zwar von verhältnismäßig geringem Umfang, erfreute sich aber dennoch der Reichsstandschaft. Allerdings geriet es seit der Mitte des 13. Jahrhunderts mehr und mehr in die Abhängigkeit der sächsischen Landesherren, die sich vor allem im 16. Jahrhundert weigerten, die Reichsunmittelbarkeit des Hochstiftes anzuerkennen. Seit der Mitte des 16. Jahrhunderts konnte es diese faktisch nicht mehr ausüben. Auch das dem Domkapitel zustehende Recht der Bischofswahl fiel vermehrt dem Einfluss des Landesherrn anheim. So stand von 1565

---

178 R. Haas, Domkapitel, 15, 18–24, 147, 152, 155, 158, 172, 371f., 374; F. Helmert, Vom alten zum neuen Kapitel, in: A. Schröer, Domkapitel, 1, 4–7, 11f., 17f., 24, 29f., 48, 50f.; R. Haas, „Dem bösen Willen des Domkapitels die Schuld beimesset, ..." – Zum Ende der Adelsdominanz in den westfälischen Domkapiteln 1802–1823, in: W. Frese, Revolution, 26, 28–30, 36–39, 43; C. A. Olfers, Beiträge, 57–59, 159f.; J. Müller, Das Domkapitel zu Münster zur Zeit der Säkularisation, in: WZ 71/I (1913), 71, 80, 83, 94; F. Keinemann, Domkapitel, 218–221; W. Kohl, Domstift I, 170–172; K. Zeumer, Quellensammlung, 511, 521f., 524; H. Granier, Preussen IX, 598f., 603–605; A. Eichhorn, Die Ausführung der Bulle „De salute animarum" in den einzelnen Diözesen des Preußischen Staates durch den Fürstbischof von Ermland, Prinz Joseph von Hohenzollern, in: ZGAE 5 (1874), 44.

179 H. Wiessner, Bistum, 206; C. Brodkorb, Bistum Naumburg, in: E. Gatz, Bistümer, 489; M. Ludwig, Personal, 31f.

180 H. Wiessner, Bistum, 154, 167, 169, 174f., 178; E. Hoffmann, Naumburg, 114, 132, 155, 161; J. Heckel, Domstift, 87, 110, 113, 373; E. Pinder, Dom-Capitel, 29f., 34f.; C. Brodkorb, Bistum Naumburg, in: E. Gatz, Bistümer, 495f.

an jeweils ein Mitglied des sächsischen Kurhauses an der Spitze des Hochstiftes, das zwischen 1656 und 1717 als Herzogtum Sachsen-Zeitz an eine Nebenlinie des Hauses Wettin übertragen wurde. Dem Gang der Geschichte Rechnung tragend, verpflichtete sich das Domkapitel schließlich 1726, stets den jeweiligen Kurfürsten von Sachsen mit der Administration des Hochstiftes zu betrauen. Trotz des verloren gegangenen Hochstiftes bestand das Domkapitel, für das man 1541 die Umwandlung in ein Konsistorium erwogen hatte, weiter fort. Auch gegenteilige Absichten Herzog Moritz' von Sachsen-Zeitz in den Fünfzigerjahren des 17. Jahrhunderts vermochten daran nichts zu ändern.[181]

Das Domkapitel überstand in der Folge alle Wirren der Zeit, sogar die Aufhebungswelle des frühen 19. Jahrhunderts.[182]

Olmütz

Mit der Erneuerung des Bistums Olmütz 1063 trat auch das dortige Domkapitel ins Leben. 1131 wurde unter Bischof Heinrich Zdík der neue Dom geweiht und das Domkapitel größtenteils dorthin transferiert. Die vier vorerst am alten Dom verbliebenen Domherren gingen spätestens in der zweiten Hälfte des 12. Jahrhunderts im Hauptkapitel auf.[183]

Die reichsrechtliche Stellung des Domkapitels war von nachrangiger Bedeutung. Die Bischöfe von Olmütz zählten zwar zeitweise zu den Reichsfürsten, gerieten aber schon gegen Ende des 12. Jahrhunderts unter die Herrschaft des Königreiches Böhmen. So besaßen sie zwar seit Kaiser Karl IV. 1348 den böhmischen Fürstenstand, der 1588 von Kaiser Rudolph II. erneuert wurde. Allerdings war damit keinerlei Anspruch auf die Reichsstandschaft verbunden. Ein Hochstift konnte sich in Olmütz nicht ausbilden, jedoch besaß das Domkapitel das Recht der Bischofswahl, auch wenn die Einflussnahme des Landesherrn seit dem 16. Jahrhundert größer wurde.[184]

Den katholischen Charakter des Domkapitels vermochten weder die Wirren der Hussitenzeit noch die Reformation zu verändern. Allerdings blieben wirtschaftliche Einschnitte damals nicht aus.[185]

---

181 E. Wolgast, Hochstift, 22, 237f., 243, 253; J. Ficker, Reichsfürstenstand I, 276; E. Hoffmann, Naumburg, 122–125, 133, 160; J. Heckel, Domstifter, 23, 25–28, 31; C. Bordkorb, Bistum Naumburg, in: E. Gatz, Bistümer, 489–491, 493; E. Pinder, Dom-Capitel, 25f., 33, 38–41, 47.

182 J. Heckel, Domstifter, 4, 309f.

183 M. Zemek, Das Olmützer Domkapitel. Seine Entstehung und Entwicklung bis 1600, in: AKGB 9 (1988), 76–78, 80; B. Dudík, Mähren X, 88f.; M. Zemek, Posloupnost I, Einleitung.

184 J. Ficker, Reichsfürstenstand I, 282–285; L. Santifaller, Geschichte, 230f.; W. Eberhard, Bistum Olmütz, in: E. Gatz, Bistümer, 513f., 518, 520, 522f.

185 G. Wolný, Topographie I/1, 179f.; W. Eberhard, Bistum Olmütz, in: E. Gatz, Bistümer, 519.

Das Domkapitel, das 1777 zum Metropolitankapitel aufstieg, überstand schließlich auch die Aufhebungswelle des frühen 19. Jahrhunderts unbeschadet.[186]

Osnabrück

Obwohl es vermutlich bereits seit der Bistumsgründung 783/87 Kleriker am Dom gab, ist das Osnabrücker Domkapitel erst für 851 als solches belegt. Nachdem es rund drei Jahrzehnte später nach wiederholten Einfällen der Normannen wieder untergegangen war, kam es im 10. Jahrhundert zu einem Neuaufbau der Institution.[187]

Zwar hielt das Domkapitel den Bestrebungen Bischof Franz Graf von Waldecks, 1543 die Reformation einzuführen, entschieden dagegen. Man klagte den Bischof in Rom als Ketzer an, worauf er 1548 seine Absichten widerrief. Trotzdem folgte kein durchgehendes Festhalten am Katholizismus. Die nächsten Jahrzehnte waren vielmehr eine Zeit konfessioneller Indifferenz. Erst ab den Achtziger- und Neunzigerjahren des 16. Jahrhunderts erstarkte im Domkapitel die katholische Partei, der es schließlich 1615 gelang, das Ablegen der Professio fidei verbindlich einzuführen. Der Westfälische Friede sah 1648 für das damals vollständig katholische Domkapitel unter Berufung auf das Normaljahr 1624 vor, die entsprechende Zahl an Kanonikaten dauerhaft für Protestanten zu systemisieren. Nach der Abklärung der Ausführungsbestimmungen in der Immerwährenden Kapitulation 1650 und im Iburger Nebenrezess 1651 wurde die vereinbarte Zahl von drei Protestanten bis zum Jahr 1654 erreicht. Sich noch eine vierte Kapitelstelle zu sichern, bemühten sich die Protestanten vergebens.[188]

Für das Hochstift und die damit verbundene Reichsstandschaft sah der Westfälische Friede eine alternative Sukzession vor. Die Herrschaft sollten jeweils abwechselnd ein vom Domkapitel frei gewählter katholischer Bischof sowie ein

---

186 A. Kobliha, Urkunden-Sammlung, 28–32; W. Eberhard, Bistum Olmütz, in: E. Gatz, Bistümer, 525.

187 H. Hagemann, Domkapitel, 10–12; C. Hoffmann, Osnabrück – Domstift St. Petrus, in: J. Dolle, Klosterbuch III, 1140f.; R. Schieffer, Entstehung, 211f.; B. Holtmann, Domkapitel, 11.

188 C. Hoffmann, Osnabrück – Domstift St. Petrus, in: J. Dolle, Klosterbuch III, 1140, 1143, 1148, 1151; T. Rohm, Osnabrück, in: A. Schindling/W. Ziegler, Territorien III, 133–139, 143f.; C. Hoffmann, Adel, 240, 245, 247f., 255f., 325; T. Scharf-Wrede, Bistum Osnabrück, in: E. Gatz, Bistümer, 533f.; C. Hoffmann, Osnabrücker Domherren 1567–1624. Geistliche Karriereprofile im konfessionellen Zeitalter, in: OM 100 (1995), 11–13, 67f.; W. C. Schrader, Osnabrücker Domherren 1591–1651, in: OM 95 (1990), 9f.; B. Beckschäfer, Evangelische Domherren im Osnabrücker Domkapitel, in: OM 52 (1930), 177–179, 185f.; E. Wolgast, Hochstift, 107–109, 299, 312; R. Oer, Konfessionell gemischte Dom- und Stiftskapitel in Nordwestdeutschland, in: J. Schröder/R. Salzmann, Beiträge, 133f., 137; J. Boeselager, Domherren, 9–11, 13; B. Braun, Die gemischtkonfessionellen Domkapitel im Reich nach dem Westfälischen Frieden, in: C. Roll/F. Pohle/M. Myrczek, Grenzen, 172f.; B. Holtmann, Domkapitel, 12f.; A. Oschmann, Acta III B 1/1, 143.

ebenfalls vom Domkapitel gewählter protestantischer Administrator aus dem Haus Braunschweig-Lüneburg ausüben.[189]

1802 nahm das Kurfürstentum Braunschweig-Lüneburg das Hochstift für sich in Besitz, eine Vorgangsweise, die der Reichsdeputationshauptschluss von 1803 nachträglich guthieß. Damit löste sich, ebenfalls noch 1802, das Domkapitel auf. Die Tatsache, dass Kaiser Napoleon I. 1813 in eingeschränkter Form den Fortbestand des Domkapitels erklärte, zeitigte aufgrund der unmittelbar folgenden politischen Entwicklungen keine tatsächlichen Auswirkungen. So wurde ein neues Domkapitel erst wieder 1858 eingerichtet.[190]

Paderborn

Den Ursprung des Paderborner Domkapitels bildete eine geistliche Gemeinschaft, die möglicherweise noch vor der Gründung des Bistums im Jahr 799 ihren Anfang genommen hatte. Ein urkundlicher Nachweis für den Bestand der Institution stammt allerdings erst aus der Mitte des 9. Jahrhunderts.[191]

Das Domkapitel verfügte über das Recht der Bischofswahl und stand in unmittelbarer Beziehung zum Hochstift Paderborn, das Sitz und Stimme auf dem Reichstag besaß.[192]

Die Reformation vermochte das Domkapitel nicht dauerhaft zu beeinflussen. Die ersten Umtriebe mit einer Besetzung des Doms durch die Bürgerschaft währten 1528 nur kurz. Obwohl das Domkapitel in den späten Sechziger- und in den Siebzigerjahren des 16. Jahrhunderts mehrheitlich protestantisch war, konnte sich eine schlagkräftige katholische Minderheit halten, der es 1580 gelang, das Ablegen der Professio fidei für neueintretende Domherren verbindlich zu machen und dadurch das Domkapitel wieder vollständig dem Katholizismus zuzuführen.[193]

Die 1802 erfolgte Besetzung Paderborns durch das Königreich Preußen bestätigte der Reichsdeputationshauptschluss im folgenden Jahr nachträglich. Damit zeichnete sich auch das Ende des Domkapitels ab, obwohl 1804 noch eine Neuaufnahme

189 T. Scharf-Wrede, Bistum Osnabrück, in: E. Gatz, Bistümer, 529, 532, 534; A. Oschmann, Acta III B 1/1, 142; C. Hoffmann, Osnabrück – Domstift St. Petrus, in: J. Dolle, Klosterbuch III, 1144; B. Holtmann, Domkapitel, 13, 24.

190 B. Holtmann, Domkapitel, 13f., 17f., 24, 28, 30, 227–229; J. Boeselager, Domherren, 15; C. Hoffmann, Osnabrück – Domstift St. Petrus, in: J. Dolle, Klosterbuch III, 1144; A. Dylong, Die Domkapitel von Hildesheim und Osnabrück am Vorabend der Säkularisation, in: DHVG 71 (2003), 130; K. Zeumer, Quellensammlung, 512, 521f., 524.

191 R. Schieffer, Entstehung, 221–224; G. J. Rosenkranz, Die Verfassung des ehemaligen Hochstifts Paderborn in älterer und späterer Zeit, in: WZ 12 (1851), 88; J. Ohlberger, Geschichte, 8f.; H. J. Brandt, Paderborn – Domstift St. Maria, Kilian, Liborius und Ulrich, in: K. Hengst, Klosterbuch II, 175f.

192 W. Kohl, Bistum Paderborn, in: E. Gatz, Bistümer, 540–542.

193 J. Meier, Paderborn, in: A. Schindling/W. Ziegler, Territorium III, 152–155; E. Wolgast, Hochstift, 302, 312; W. Kohl, Bistum Paderborn, in: E. Gatz, Bistümer, 542f.

stattfand und das Domkapitel vorerst weiter bestehen blieb. 1807 fiel das ehemalige Hochstift Paderborn an das neu geschaffene Königreich Westfalen. Die staatlichen Eingriffe in die Rechte des Domkapitels mehrten sich. Zudem stand die Überlegung im Raum, einige der Domherren nach Kassel zu transferieren, um dort ein Erzbistum und ein Domkapitel neu zu errichten. 1810 verfügte schließlich König Jérôme von Westfalen die Aufhebung des Paderborner Domkapitels, dessen Nachfolgeinstitution 1823 eingerichtet wurde.[194]

Passau

Nach vermutlich klösterlichen Anfängen im ausgehenden 8. Jahrhundert sind Kanoniker in Passau erst für die Mitte des 9. Jahrhunderts eindeutig belegt.[195]

Trotz des verhältnismäßig geringen Umfangs erfreute sich das Hochstift Passau der Reichsstandschaft. Das Domkapitel verfügte über das Recht der Bischofswahl.[196]

Die katholische Konfessionszugehörigkeit des Domkapitels war zu keiner Zeit ernsthaft in Frage gestellt.[197]

Der Besitzergreifung Passaus durch das Kurfürstentum Bayern 1803 folgte unmittelbar danach die formale Zuerkennung der Stadt und ihres Umlandes durch den Reichsdeputationshauptschluss. Die übrigen Teile des Hochstiftes fielen an Großherzog Ferdinand III. von Toskana. Das Domkapitel löste sich in der Folge auf und wurde 1821 neu organisiert.[198]

---

194 L. Steinhauer, Zur Geschichte des Paderborner Domkapitels von 1800 bis 1830, in: WZ 61/II (1903), 180f., 193f.; R. Haas, „Dem bösen Willen des Domkapitels die Schuld beimesset, ..." – Zum Ende der Adelsdominanz in den westfälischen Domkapiteln 1802–1823, in: W. Frese, Revolution, 40f.; K. Zeumer, Quellensammlung, 511, 521f., 524; H. Granier, Preussen IX, 598f., 603f.; H.-G. Aschoff, Staat und Katholische Kirche im Königreich Westfalen, in: DHVG 71 (2003), 147f., 156, 164; F. G. Hohmann, Domkapitel und Bischofswahlen in Paderborn 1821–1856, in: WZ 121 (1971), 370, 374; A. Eichhorn, Die Ausführung der Bulle „De salute animarum" in den einzelnen Diözesen des Preußischen Staates durch den Fürstbischof von Ermland, Prinz Joseph von Hohenzollern, in: ZGAE 5 (1874), 55.

195 R. Schieffer, Entstehung, 203; J. Oswald, Domkapitel, 3–6; H. Würdinger, Domkapitel, 7.

196 A. Landersdorfer, Bistum Passau, in: E. Gatz, Bistümer, 553–555; J. Ficker, Reichsfürstenstand I, 273; H. E. Feine, Besetzung, 2.

197 H. Würdinger, Domkapitel, 11; E. Ringelmann, Säkularisation, 103; A. Landersdorfer, Bistum Passau, in: E. Gatz, Bistümer, 557.

198 K. Zeumer, Quellensammlung, 510f., 521f., 524; A. Landersdorfer, Bistum Passau, in: E. Gatz, Bistümer, 561; H. Würdinger, Domkapitel, 15f., 30, 38, 72, 75f.; B. Bastgen, Bayern I, 437.

Pomesanien

Das Pomesanische Domkapitel wurde 1284/85 von Bischof Albert durch die Bestellung der ersten Domherren ins Leben gerufen. Es nahm seinen Sitz in Marienwerder.[199]

Die Einrichtung war von Beginn an der Regel des Deutschen Ordens unterworfen, die sie während der gesamten Zeit ihres Bestehens beibehielt.[200]

Dem Domkapitel kam zwar rein formal das Recht der Bischofswahl zu, doch war es schließlich dazu gezwungen, sich in der tatsächlichen Auswahl der Personen den Wünschen des Deutschen Ordens zu fügen. Das Hochstift Pomesanien stand ohnehin stets unter der Oberherrschaft des Deutschordensstaates. 1527 verzichtete Administrator Erhard von Queiß auf die Regentschaft und trat das Hochstift an das 1525 anstelle des Deutschordensstaates gebildete Herzogtum Preußen ab. Da das Herzogtum bis 1657 zum Lehensverband des Königreiches Polen gehörte, zählte das Domkapitel im strengen Sinne nicht durchgehend zur Reichskirche.[201]

Mittlerweile hatte die Reformation das Land erfasst. Bereits 1525 hatten sich Hochmeister Albrecht Markgraf von Brandenburg-Ansbach und Administrator Erhard von Queiß dem Protestantismus zugewandt. Der auch von König Sigismund I. von Polen unterstützte und vor allem gegen die Säkularisation des Hochstiftes gerichtete Widerstand des Domkapitels führte zur Gefangennahme der Domherren durch Herzog Albrecht von Preußen. 1527 schließlich fand das Domkapitel zusammen mit dem Hochstift sein Ende.[202]

Eine letzte Erinnerung an das untergegangene Pomesanische Domkapitel stellte die 1730 im Kulmer Domkapitel errichtete Dignität des Archidiakons von Pomesanien dar. Er residierte in Marienburg, dem Zentrum jener katholisch verbliebenen Teile des Bistums Pomesanien, die von 1526 an administrativ dem Bistum Kulm zugeschrieben wurden.[203]

---

199 C. P. Woelky, Urkundenbuch I, 66, 72; M. Glauert, Domkapitel, 125–128; M. Glauert, Das Domkapitel von Pomesanien (1284–1527). Eine Zusammenfassung, in: R. Biskup/M. Glauert, Domkapitel, 60; A. Radzimiński, Kirche, 22, 27, 78.

200 C. P. Woelky, Urkundenbuch I, 66, 72; M. Glauert, Domkapitel, 125f., 156, 184; B. Jähnig, Die Verfassung der Domkapitel der Kirchenprovinz Riga, in: B. Jähnig, Probleme, 68, 70; A. Radzimiński, Kirche, 27, 113f.

201 H. E. Feine, Besetzung, 3f.; M. Glauert, Bistum Pomesanien, in: E. Gatz, Bistümer, 566f., 571.

202 M. Glauert, Domkapitel, 179; M. Glauert, Das Domkapitel von Pomesanien (1284–1527). Eine Zusammenfassung, in: R. Biskup/M. Glauert, Domkapitel, 63, 65; E. Wolgast, Hochstift, 201; A. Radzimiński, Kirche, 97.

203 A. Mańkowski, Kapituła katedralna chełmińska od roku 1466 do 1821, in: ZTNT 5 (1921), 83; A. Nadolny, Bistum Kulm, in: E. Gatz, Bistümer, 319.

Prag

Das Prager Domkapitel lässt sich erstmals für das Jahr 1068 urkundlich belegen. 1344 stieg es zum Metropolitankapitel auf.[204]

Die reichsrechtliche Stellung des Domkapitels war von nachrangiger Bedeutung. Die Bischöfe von Prag zählten zwar zeitweise zu den Reichsfürsten, gerieten aber schon gegen Ende des 12. Jahrhunderts unter die Herrschaft des Königreiches Böhmen. So besaßen sie zwar den böhmischen Fürstenstand, allerdings war damit keinerlei Anspruch auf die Reichsstandschaft verbunden. Ein Hochstift konnte sich in Prag nicht ausbilden.[205]

Schwer erschüttert wurde das Domkapitel zur Zeit der Hussiten. Seit 1421 war der Stuhl des Erzbischofs in der Hand der Utraquisten. Das Domkapitel floh nach Zittau, von wo es 1437 wieder nach Prag zurückkehrte. Von 1448 bis 1453, von 1467 bis 1472, 1478 sowie letztmalig 1483/84 erforderten die Umstände neuerlich den Gang ins Exil, diesmal nach Pilsen. Erst ab 1561 gab es in Prag wieder einen katholischen Erzbischof, der allerdings nicht mehr wie früher vom Domkapitel gewählt wurde, sondern nun sein Amt der Nomination durch den Landesherrn verdankte. In den Jahren bis 1561 wurde die Verwaltung des Erzbistums durch das katholisch gebliebene, aber wirtschaftlich und personell schwer beeinträchtigte Domkapitel beziehungsweise das von ihm ernannte Obere Konsistorium in Prag wahrgenommen.[206]

Auch in der Folgezeit konnte das Domkapitel seinen Bestand sichern, selbst in der Aufhebungswelle des frühen 19. Jahrhunderts.

Ratzeburg

Die Gründung des Ratzeburger Domkapitels erfolgte zugleich mit der Wiedererrichtung des Bistums im Jahr 1154.[207]

Da die ersten Domherren dem Prämonstratenser-Chorherren-Stift in Magdeburg entstammten, wurde auch das Ratzeburger Domkapitel der Regel dieses Ordens unterworfen. Die strenge Klosterordnung wurde jedoch seit der Mitte des 14.

---

204 Z. Hledíková, Pražka metropolitní kapitula, její samospráva a postavení doby husitské, in: SH 19 (1972), 7, 47; M. Maříkova, Pokladna, 17.

205 J. Ficker, Reichsfürstenstand I, 282–285; L. Santifaller, Geschichte, 230; Z. Hledíková, (Erz-) Bistum Prag, in: E. Gatz, Bistümer, 576, 579.

206 A. Frind, Kirchengeschichte III, 176–180, 186f.; Z. Hledíková, (Erz-) Bistum Prag, in: E. Gatz, Bistümer, 575, 582f.; M. Maříkova, Pokladna, 29; F. Machilek, Böhmen, in: A Schindling/W. Ziegler, Territorien I, 138f.

207 G. M. C. Masch, Geschichte, 39, 41; H. Bernhöft, Domstift, 1; L. Hellwig, Das Benedictinerkloster und die ersten 125 Jahre des Bisthums und Prämonstratenser Domcapitels Ratzeburg, in: AVGL 7 (1903), 10, 13; E. Bünz/K. Hillebrand, Ratzeburg. Domstift S. Maria, S. Johannes Evangelist, in: W. Huschner/E. Münch/C. Neustadt/W. E. Wagner, Klosterbuch I, 651f.; E. Bünz/K. Hillebrand, Ratzeburg – Prämonstratenser/Domkapitel, in: O. Auge/K. Hillebrand, Klosterbuch, 2.1.1.

Jahrhunderts allmählich gelockert. 1372 hob man das gemeinsame Leben auf. Auf Betreiben Herzog Johanns IV. von Sachsen-Lauenburg und seines Sohnes Magnus I. sprach Papst Julius II. 1504 für das Domkapitel die Transmutation aus und wandelte es in eine weltgeistliche Institution um.[208]

Die Reformation bedingte die nächsten tiefgreifenden Veränderungen im Domkapitel. Im Vergleich zum Umfeld zwar verzögert, aber letztlich doch unaufhaltsam, machte sich der Protestantismus im Domkapitel breit. 1539 waren bereits einige Domherren protestantisch. Trotzdem dauerte es bis ins Jahr 1566, ehe man den katholischen Gottesdienst abschaffte. Seit 1581 wurde der Konfessionsrevers über das Augsburger Bekenntnis verlangt, womit der formale Ausschluss der Katholiken einherging. In protestantischer Zeit verlor das Domkapitel weitgehend seinen geistlichen Charakter und diente vor allem zur Versorgung nachgeborener Söhne des Adels und des gehobenen Bürgertums.[209]

Das Hochstift Ratzeburg war Träger der Reichsstandschaft und verfügte damit über Sitz und Stimme auf dem Reichstag. Das Recht der Bischofswahl lag in den Händen des Domkapitels.[210]

Der Westfälische Friede von 1648 brachte schließlich das Ende des Hochstiftes und des Domkapitels mit sich. Das Hochstift fiel als Fürstentum an das Herzogtum Mecklenburg-Schwerin, während das Domkapitel zur Auflösung bestimmt wurde. Dieses versuchte, zumindest in eingeschränkter Form, seinen Weiterbestand zu sichern, scheiterte aber. 1652 kam das unwiderrufliche Ende der Einrichtung.[211]

---

208 G. M. C. Masch, Geschichte, 41f., 72, 385–388; H. Bernhöft, Domstift, 9; D. Kurze, Die Transmutation der Prämonstratenser-Domstifte Brandenburg und Havelberg, in: F. J. Felten/N. Jaspert, Vita, 691–693; S. Petersen, Bistum Ratzeburg, in: E. Gatz, Bistümer, 590, 592f.; H. Witte, Zur Vorgeschichte der Umwandlung des Ratzeburger Domkapitels in ein weltliches Stift, in: MHFR 2 (1929), 34–36; M. Fischer-Hübner, Die Umwandlung des Domstifts Ratzeburg, in: MHFR 22 (1940), 12–14; E. Bünz/K. Hillebrand, Ratzeburg. Domstift S. Maria, S. Johannes Evangelist, in: W. Huschner/E. Münch/C. Neustadt/W. E. Wagner, Klosterbuch I, 652, 654–656, 658; E. Bünz/K. Hillebrand, Ratzeburg – Prämonstratenser/Domkapitel, in: O. Auge/K. Hillebrand, Klosterbuch, 2.1.1f.

209 G. M. C. Masch, Geschichte, 473, 509, 522, 534, 564; E. Bünz/K. Hillebrand, Ratzeburg. Domstift S. Maria, S. Johannes Evangelist, in: W. Huschner/E. Münch/C. Neustadt/W. E. Wagner, Klosterbuch I, 657, 677; E. Bünz/K. Hillebrand, Ratzeburg – Prämonstratenser/Domkapitel, in: O. Auge/K. Hillebrand, Klosterbuch, 2.1.2; S. Petersen, Bistum Ratzeburg, in: E. Gatz, Bistümer, 596f.

210 J. Ficker, Reichsfürstenstand I, 274f.; E. Wolgast, Hochstift, 120; H. E. Feine, Besetzung, 3; S. Petersen, Bistum Ratzeburg, in: E. Gatz, Bistümer, 592f.

211 G. M. C. Masch, Geschichte, 717, 719, 722–725, 731, 736–739; E. Bünz/K. Hillebrand, Ratzeburg. Domstift S. Maria, S. Johannes Evangelist, in: W. Huschner/E. Münch/C. Neustadt/W. E. Wagner, Klosterbuch I, 651, 657; E. Bünz/K. Hillebrand, Ratzeburg – Prämonstratenser/Domkapitel, in: O. Auge/K. Hillebrand, Klosterbuch, 2.1.3; A. Oschmann, Acta III B 1/1, 141.

Regensburg

Neben der älteren Klerikergemeinschaft an der Kirche St. Emmeram bildete sich spätestens im Laufe der ersten Hälfte des 9. Jahrhunderts am späteren Dom eine weitere Klerikergemeinschaft. Die Gleichrangigkeit der beiden Institutionen wurde erst durch die Gütertrennung des Jahres 974 zugunsten des Domkapitels beendet.[212]

Das Hochstift Regensburg war zwar zu den unbedeutendsten der Reichskirche zu rechnen, verfügte aber trotzdem über die Reichsstandschaft. Das Recht der Bischofswahl besaß das Domkapitel.[213]

Obwohl sich die Reichsstadt Regensburg 1542 dem Protestantismus zuwandte, konnte das Domkapitel seine Zugehörigkeit zur katholischen Kirche uneingeschränkt bewahren.[214]

Der Reichsdeputationshauptschluss des Jahres 1803 brachte für das Regensburger Domkapitel vorerst keine nennenswerten Veränderungen mit sich. Er schrieb sogar den ausdrücklichen Fortbestand des Hochstiftes Regensburg fest. Dessen Inhaber wurde der bisherige Kurfürst von Mainz Karl Theodor Freiherr von Dalberg als Kurfürst-Erzkanzler. 1805 bestätigte Papst Pius VII. die bereits im Reichsdeputationshauptschluss vorgesehene Erhebung Regensburgs zum Erzbistum. Unsicherheiten herrschten hinsichtlich des Domkapitels. Dieses betrachtete sich als weiter bestehend und konkurrierte dadurch mit dem Mainzer Domkapitel um die Stellung des durch den Reichsdeputationshauptschluss neu geschaffenen Regensburger Metropolitankapitels. Der mittlerweile Fürstprimas gewordene Freiherr von Dalberg entschied 1808, diese Frage offen zu lassen. Beide Domkapitel führten daher vorerst ihr Eigenleben fort. Die nachfolgenden politischen Entwicklungen gewährten dem neuen Erzbistum Regensburg allerdings keinen langen Bestand. Nach der Eroberung durch Frankreich im Jahr 1809 fiel das Fürstentum Regensburg 1810 an das Königreich Bayern, während Fürstprimas Freiherr von Dalberg als Großherzog von Frankfurt nach Aschaffenburg ging. Das Regensburger Domkapitel bestand unterdessen weiter. Erst 1821 traten die bisherigen Domherren in Pension, um einem völlig neu organisierten Domkapitel Platz zu machen.[215]

---

212 R. Schieffer, Entstehung, 199–202; J. Doll, Anfänge, 38–40.

213 A. Schmid, Bistum Regensburg, in: E. Gatz, Bistümer, 603, 605f.; J. Ficker, Reichsfürstenstand I, 273; H. E. Feine, Besetzung, 2.

214 P. Schmid, Regensburg, in: A. Schindling/W. Ziegler, Territorien VI, 44, 46, 48; A. Schmid, Bistum Regensburg, in: E. Gatz, Bistümer, 606.

215 K. Zeumer, Quellensammlung, 516; A. Schmid, Bistum Regensburg, in: E. Gatz, Bistümer, 611; J. Ammer, Domkapitel, 1; K. Hausberger, „Ist zu reponiren ad non acta ..." – Der vergebliche Kampf des Mainzer Domkapitels um seinen Fortbestand als Metropolitankapitel Dalbergs, in: W. G. Rödel/R. E. Schwerdtfeger, Zerfall, 136–138, 140, 142–146; K. M. Färber, Die Konkurrenz der Domkapitel von Mainz und Regensburg, in: K. Hausberger, Carl, 105, 108, 110–115; K. Hausberger, Die Errichtung des Regensburger Domkapitels neuer Ordnung (1817–1821), in: BGBR 45 (2011), 141, 177, 192f.

Salzburg

Das Salzburger Domkapitel entstand aus einer sich vermutlich im Laufe des 9. Jahrhunderts herausbildenden eigenständigen Klerikergemeinschaft am Dom. Als solches ist das Domkapitel erstmals 925 urkundlich belegt.[216]

Das Domkapitel, dem das Recht der Erzbischofswahl zukam, stand in Verbindung mit dem Erzstift Salzburg, das zu den bedeutenderen geistlichen Territorien zählte und über Sitz und Stimme auf dem Reichstag verfügte.[217]

Auf Betreiben Erzbischof Konrads I. wurde das Domkapitel gegen den Willen seiner Mitglieder 1122 in ein Augustiner-Chorherren-Stift umgewandelt und als solches im folgenden Jahr von Papst Calixtus II. bestätigt. Ein langsamer Verfall der Ordensdisziplin im Laufe des 15. Jahrhunderts sowie ein wachsendes Unbehagen innerhalb der Domherren gegenüber dem Regularstand führte schließlich dazu, dass Koadjutor Matthäus Lang von Wellenburg gegen den ausdrücklichen Willen von Erzbischof Leonhard von Keutschach und gegen beträchtlichen stiftsinternen Widerstand von Papst Leo X. 1514 die Transmutation des Domkapitels erwirkte. 1515 erfolgte die tatsächliche Überführung der Domherren in den weltgeistlichen Stand.[218]

Die Reformation vermochte den Konfessionsstand im Domkapitel nicht zu verändern, der katholische Charakter der Institution war zu keiner Zeit in Gefahr.[219]

Im Vorgriff auf die Bestimmungen des Reichsdeputationshauptschlusses von 1803 besetzte Österreich bereits 1802 das Erzstift Salzburg, das als Kurfürstentum für Großherzog Ferdinand III. von Toskana vorgesehen war. Dieser ermöglichte dem Domkapitel vorläufig den Fortbestand. Daher bedurfte es eines erneuten Herrschaftswechsels, ehe Kaiser Franz I. 1806 das Domkapitel rechtlich auflöste. Das neue Salzburger Domkapitel wurde 1825 eingerichtet.[220]

Samland

Für eine erfolgreiche Gründung des Samländischen Domkapitels waren nach ersten Vorüberlegungen 1264 zwei weitere Anläufe notwendig. Die von Bischof Christian

---

216 R. Schieffer, Entstehung, 193–195; J. Hirnsperger, Statuten, 19f.; M. J. Thaler, Domkapitel, 9; H. Dopsch, Das Domstift Salzburg von den Anfängen bis zur Säkularisation (1514), in: D. Straub, Jahre, 171.

217 J. Ficker, Reichsfürstenstand I, 273; H. E. Feine, Besetzung, 2; F. Ortner, Erzbistum Salzburg, in: E. Gatz, Bistümer, 637, 640, 649f.

218 H. Wagner, Domkapitel, 2f., 14–25; J. Hirnsperger, Statuten, 20, 22, 27–30; H. Dopsch, Das Domstift Salzburg von den Anfängen bis zur Säkularisation (1514), in: D. Straub, Jahre, 172f., 184–186; H. Klein, Standesverhältnisse, 5f., 8f., 112–114; P. F. Kramml, Dr. Ruprecht Rindsmaul (†1508), Kanzler Erzherzog Sigmunds von Österreich. Notizen zum Salzburger Domkapitel vor der Säkularisation, in: SA 2 (1986), 97f., 113f.; M. J. Thaler, Domkapitel, 9.

219 M. J. Thaler, Domkapitel, 57; H. Wagner, Domkapitel, 95.

220 J. Hirnsperger, Statuten, 221–223; K. Zeumer, Quellensammlung, 510f., 521f., 524; H. Bastgen, Neuerrichtung, 40, 259; M. J. Thaler, Domkapitel, 9f.

von Mühlhausen 1285 ausgesprochene Errichtung eines Domkapitels blieb nämlich vorerst ohne tatsächliche Wirkung, da die von ihm ernannten Domherren nie nach Preußen kamen. So bedurfte es 1294 eines neuerlichen Gründungsaktes durch den genannten Bischof. Als Sitz des Domkapitels war Fischhausen vorgesehen, doch schon Anfang des 14. Jahrhunderts übersiedelte man nach Königsberg, und zwar zuerst nach Altstadt, dann nach Kneiphof.[221]

Das Domkapitel war von Beginn an der Regel des Deutschen Ordens unterworfen, die es während der gesamten Zeit seines Bestehens unverändert beibehielt.[222]

Dem Domkapitel kam zwar rein formal das Recht der Bischofswahl zu, doch war es schließlich dazu gezwungen, sich in der tatsächlichen Auswahl der Personen den Wünschen des Deutschen Ordens zu fügen. Das Hochstift Samland stand ohnehin stets unter der Oberherrschaft des Deutschordensstaates. 1525 verzichtete Bischof Georg von Polentz auf die Regentschaft und trat das Hochstift an das eben erst anstelle des Deutschordensstaates gebildete Herzogtum Preußen ab. Da das Herzogtum bis 1657 zum Lehensverband des Königreiches Polen gehörte, zählte das Domkapitel im strengen Sinne nicht durchgehend zur Reichskirche.[223]

Mittlerweile hatte die Reformation das Land erfasst. Bereits 1523 wandte sich Bischof Georg von Polentz offen dem Protestantismus zu. Das Domkapitel scheint ihm darin weitgehend unwidersprochen gefolgt zu sein, auch wenn das 1525 das Ende der Institution bedeutete.[224]

St. Pölten

Das St. Pöltner Domkapitel wurde 1783/84 im Zuge der Diözesanregulierungen Kaiser Josephs II. eingerichtet und 1785 von Papst Pius VI. bestätigt. Das Domkapitel übernahm zwar weitestgehend die Domherren des aufgehobenen Wiener Neustädter Domkapitels, stellte aber keine Translation, sondern eine Neuschöpfung dar.[225]

---

221 C. P. Woelky, Urkundenbuch I, 66f.; R. Biskup, Początki, organizacja i uposażenie sambijskiej kapituły katedralnej w średniowieczu (XIII–XIV wiek), in: SE 2 (2000), 23–28, 31, 38; R. Biskup, Domkapitel, 53f., 66f., 69; R. Biskup, Das Domkapitel von Samland in Königsberg (13.-16. Jahrhundert), in: B. Jähnig, Jahre, 65–69; H. Schlegelberger, Studien über die Verwaltungsorganisation des Bistums Samland im Mittelalter, in: R. Biskup/M. Glauert, Domkapitel, 94–96; A. Radzimiński, Kirche, 23, 31, 86.

222 B. Jähnig, Die Verfassung der Domkapitel der Kirchenprovinz Riga, in: B. Jähnig, Probleme, 68–70; H. Schlegelberger, Studien über die Verwaltungsorganisation des Bistums Samland im Mittelalter, in: R. Biskup/M. Glauert, Domkapitel, 95; M. Glauert, Bistum Samland, in: E. Gatz, Bistümer, 656; A. Radzimiński, Kirche, 31, 113f.

223 H. E. Feine, Besetzung, 3f.; M. Glauert, Bistum Samland, in: E. Gatz, Bistümer, 656, 659.

224 M. Glauert, Bistum Samland, in: E. Gatz, Bistümer, 659; A. Radzimiński, Kirche, 97.

225 A. Kerschbaumer, Geschichte I, 647, 659; A. Kerschbaumer, Geschichte II, 4–7, 10, 17, 159f., 165f., 701; G. Niemetz, Das Ende des Bistums Wiener Neustadt und die Folgen für die Seelsorge in der Stadt, in: UH 58 (1987), 322–324, 327f., 331.

Die zeitbedingten Umstände schlossen den Erwerb eines Hochstiftes mit Reichsstandschaft sowie eine Gefährdung durch die Reformation von vornherein aus. Das Nominationsrecht für das Bistum nahm der Landesherr in Anspruch.

Diese Verfassung bewahrte das Domkapitel auch vor den Auswirkungen des Reichsdeputationshauptschlusses von 1803.

Schleswig

Hinsichtlich der Anfänge des Schleswiger Domkapitels liegt vieles im Dunkeln. Jedenfalls soll es aus einer klösterlichen Gemeinschaft hervorgegangen sein, die vermutlich seit etwa dem letzten Drittel des 12. Jahrhunderts nach einer weltgeistlichen Verfassung organisiert war. Die erste ausdrückliche Erwähnung des Domkapitels stammt erst aus dem Jahr 1248.[226]

Das Bistum Schleswig konnte kein Hochstift ausbilden. Daher kam den Bischöfen das Recht von Sitz und Stimme auf dem Reichstag nicht zu. Das Bistum zählte vielmehr zum Einflussbereich der dänischen Kirche. Das Domkapitel konnte das Recht der Bischofswahl ausüben.[227]

Obwohl im Dom bereits seit 1526 protestantisch gepredigt wurde, konnte sich im Hochchor weiterhin das katholische Domkapitel halten, das anfangs jeder Konfessionsänderung entgegentrat. Doch allmählich ließ der Widerstand des Domkapitels nach, und die Reformation begann sich darin mehr und mehr durchzusetzen. Mit der Kirchenordnung des Jahres 1542 fand der Katholizismus schließlich sein Ende. Damit war auch eine Umgestaltung des Domkapitels verbunden. In personell reduzierter Form sollte von den Mitgliedern in Zukunft jeweils die Hälfte im Bildungs- und im Verwaltungsdienst tätig sein. Die Teilung des Herzogtums Schleswig 1544 bescherte diesem Ansinnen allerdings keine lange Wirksamkeit. Während das Domkapitel für das Herzogtum Schleswig-Holstein-Gottorf noch bis 1595 als Konsistorium amtierte, verschwanden die Geistlichen mehr und mehr aus dem Kapitel. Die Institution wurde so im 17. Jahrhundert zu einer reinen Versorgungseinrichtung für verdiente Beamte, Räte und Amtmänner. Die Güter des Bistums Schleswig hingegen gingen 1624 nach dem Tod von Administrator Ulrich Prinz von Dänemark auf das Königreich Dänemark über.[228]

Der Friede von Roskilde leitete schließlich 1658 auch die Auflösung des Domkapitels ein. Gemäß den Vertragsbestimmungen fielen die Einkünfte des Domkapitels je zur Hälfte an das Königreich Dänemark und an das Herzogtum Schleswig-Holstein-Gottorf.

---

226 K. Harms, Domkapitel, 2f., 5f.; C. Radtke, Bistum Schleswig, in: E. Gatz, Bistümer, 665; L. Helveg, Domkapitler, 13; W. W. Rausch/P. Nawrocki, Schleswig – Domkanoniker, in: O. Auge/K. Hillebrand, Klosterbuch, 2.1.1.

227 J. Ficker, Reichsfürstenstand I, 281.

228 H. N. A. Jensen, Geschichte des Schleswiger Domcapitels besonders nach der Reformation, in: ASKGS 2 (1834), 462f., 466–471, 474, 481; W. W. Rausch/P. Nawrocki, Schleswig – Domkanoniker, in: O. Auge/K. Hillebrand, Klosterbuch, 2.1.3, 2.4.10; C. Radtke, Bistum Schleswig, in: E. Gatz, Bistümer, 667.

Der Friede von Kopenhagen bestätigte 1660 nochmals die Bestimmungen von 1658. Während König Friedrich III. von Dänemark den an ihn gefallenen Anteil des Domkapitels nach der vorgenommenen Aufteilung 1661 auflöste, wartete Herzog Christian Albrecht von Schleswig-Holstein-Gottorf auf das sukzessive Aussterben der Inhaber der ihm zugesprochenen Präbenden, das sich bis 1686 hinzog.[229]

Schwerin

Wenige Jahre nach der Verlegung des Bischofssitzes von Mecklenburg nach Schwerin wird das Schweriner Domkapitel 1171 erstmals urkundlich erwähnt.[230]

Die Reichsstandschaft des Hochstiftes Schwerin geriet im 16. Jahrhundert vorübergehend in Zweifel, konnte aber schließlich doch behauptet werden, auch wenn die Bischöfe die ihnen daraus erwachsenden Rechte so gut wie gar nicht in Anspruch nahmen. Das Domkapitel verfügte über das Recht der Bischofswahl.[231]

Die Reformation bedeutete einen tiefen Einschnitt in der Geschichte des Domkapitels. Nachdem die Domherren sich bis in die Fünfzigerjahre des 16. Jahrhunderts gegen jede konfessionelle Veränderung entschieden gewehrt hatten, brach sich nach 1553 die Reformation unaufhaltsam Bahn, ein Vorgang, der vermutlich bereits 1558 seinen Abschluss fand.[232]

Trotz fortschreitender wirtschaftlicher und personeller Einbußen konnte das Domkapitel auch als protestantische Einrichtung weiter bestehen. Daran vermochte auch die kurzfristige Herrschaft Albrecht Wenzel Fürst von Wallensteins über das Hochstift Schwerin nichts ändern, der das Domkapitel bereits als aufgehobene Institution betrachtete. So war es 1648 der Westfälische Friede, der das Ende des Domkapitels herbeiführte. Eine der Bestimmungen des Vertrages sprach das Hochstift Schwerin als Fürstentum dem Herzogtum Mecklenburg-Schwerin zu, während das Domkapitel zur Auflösung vorgesehen war. Dieses versuchte bis 1654, seinen

---

229 H. N. A. Jensen, Geschichte des Schleswiger Domcapitels besonders nach der Reformation, in: ASKGS 2 (1834), 483, 491; K.-P. Reumann, Grundherrschaft, 30f., 40, 45f., 191–193; W. W. Rausch/P. Nawrocki, Schleswig – Domkanoniker, in: O. Auge/K. Hillebrand, Klosterbuch, 2.1.3; C. Radtke, Bistum Schleswig, in: E. Gatz, Bistümer, 667f.

230 M. Kaluza-Baumruker, Domkapitel, 7, 9; A. Röpcke/E. Badstübner/C. Neustadt, Schwerin. Domstift S. Maria, S. Johannes Evangelist, in: W. Huschner/E. Münch/C. Neustadt/W. E. Wagner, Klosterbuch II, 1021; C. Brodkorb, Bistum Schwerin, in: E. Gatz, Bistümer, 670f.

231 F. Schildt, Das Bisthum Schwerin in der evangelischen Zeit III, in: MJB 51 (1886), 103–107, 111f., 123; J. Ficker, Reichsfürstenstand I, 274–276; E. Wolgast, Hochstift, 22; C. Brodkorb, Bistum Schwerin, in: E. Gatz, Bistümer, 670, 673.

232 F. Schildt, Das Bisthum Schwerin in der evangelischen Zeit II, in: MJB 49 (1884), 151, 156f., 247, 249–251; M. Kaluza-Baumruker, Domkapitel, 17; E. Wolgast, Hochstift, 233; A. Röpcke/E. Badstübner/C. Neustadt, Schwerin. Domstift S. Maria, S. Johannes Evangelist, in: W. Huschner/E. Münch/C. Neustadt/W. E. Wagner, Klosterbuch II, 1027; C. Brodkorb, Bistum Schwerin, in: E. Gatz, Bistümer, 673.

Weiterbestand zu sichern, scheiterte aber mit seinen Bemühungen. Herzog Adolph Friedrich von Mecklenburg-Schwerin betrachtete jedenfalls seit 1649 das Domkapitel als aufgehoben.[233]

Seckau

Vorläufer des Seckauer Domkapitels war ein seit 1142 dort angesiedeltes Augustiner-Chorherren-Stift. 1218 errichtete Erzbischof Eberhard II. von Salzburg mit Seckau eines der vier Salzburger Eigenbistümer, das Stift wurde dadurch zum Domkapitel.[234]

Die Bischöfe von Seckau führten zwar nach vorher vereinzelter Verwendung seit dem 17. Jahrhundert regelmäßig den Fürstentitel, über ein Hochstift und über die Reichsstandschaft verfügten sie allerdings nicht. Das Nominationsrecht für das Bistum lag ohne jede Beteiligung des Domkapitels in den Händen des Erzbischofs von Salzburg.[235]

Das Domkapitel war während seiner gesamten Bestandsgeschichte der Regel der Augustiner-Chorherren unterworfen.

Die Auswirkungen der Reformation auf das Domkapitel bestanden vor allem in personellen und wirtschaftlichen Einbußen, konfessionelle Veränderungen blieben hingegen aus.[236]

Nachdem um 1770 und um 1780 von Bischof Joseph Philipp Graf von Spaur beziehungsweise Dompropst Johann von Poldt die Transmutation in ein weltgeistliches Domkapitel sowie die gleichzeitige Translation der Institution nach Graz vorgeschlagen worden waren, konnte 1780 nach der Überwindung des stiftsinternen Widerstands auch Kaiserin Maria Theresia von diesem Ansinnen überzeugt werden. Allerdings verhinderte der Tod der Monarchin die tatsächliche Ausführung des Vorhabens. Kaiser Joseph II. verfolgte andere Pläne. Er ließ das Domkapitel 1782 aufheben.[237]

233 F. Schildt, Das Bisthum Schwerin in der evangelischen Zeit III, in: MJB 51 (1886), 136, 145, 151–157; A. Röpcke/E. Badstübner/C. Neustadt, Schwerin. Domstift S. Maria, S. Johannes Evangelist, in: W. Huschner/E. Münch/C. Neustadt/W. E. Wagner, Klosterbuch II, 1028; A. Oschmann, Acta III B 1/1, 141.

234 B. Roth, Seckau, 41, 45f., 48, 333f.; L. Leonard, Die Erhebung des Stiftes Seckau zum Domstift, in: SMGB 6/II (1885), 202, 209, 215; O. Rommel, Domkapitel, 15, 18; M. Kronthaler, Bistum Seckau, in: E. Gatz, Bistümer, 677f.

235 L. Santifaller, Geschichte, 229f.; J. Ficker, Reichsfürstenstand I, 285, 288–290; M. Kronthaler, Bistum Seckau, in: E. Gatz, Bistümer, 678f.

236 O. Stary, Bibliothek, 9.

237 L. Leonard, Aufhebungsgeschichte des regulirten Domstiftes Seckau, in: SMGB 10 (1889), 265–269, 272f.; B. Roth, Seckau, 93f., 500f.; O. Rommel, Domkapitel, 25; J. R. Kušej, Joseph, 221; J. Reinisch, Jahre, 5.

Sitten

Über die Anfänge des Sittner Domkapitels liegen keine Nachrichten vor, der erste urkundliche Beleg stammt aus dem Jahr 1043. Das Domkapitel versah den Chordienst an zwei Kathedralen, zum einen an der mit seinem Sitz verbundenen Kirche auf dem Hügel Valeria und zum anderen in personell geringerem Umfang auch an der Bischofskirche in der Stadt. Erst im Jahr 1798 erteilte Papst Pius VI. dem Domkapitel die Erlaubnis, seinen Sitz hinunter in die Stadt zu verlegen, was 1800 auch geschah.[238]

Dem Hochstift Sitten kam zwar die Reichsstandschaft zu, doch wurden die damit verbundenen Rechte seit dem letzten Viertel des 16. Jahrhunderts nicht mehr wahrgenommen. Ebenfalls im 16. Jahrhundert gelang es den Sieben Zehnden, die tatsächliche Herrschaft der Bischöfe empfindlich auszuhöhlen, ein Vorgang, der 1613 seinen Abschluss fand. Die Verbindungen zum Reich lockerten sich durch ein zunehmend engeres Verhältnis zur Eidgenossenschaft. 1798 bereitete die Errichtung der Helvetischen Republik auch den letzten Resten der weltlichen Herrschaft der Bischöfe ein Ende. Die Entwicklung der Verhältnisse im Hochstift hatte auch Auswirkungen auf das früher dem Domkapitel zukommende Recht der Bischofswahl. Seit 1437 musste das Domkapitel die Mitwirkung der Gemeinden im Bestellungsvorgang hinnehmen. Von 1604 an beschränkte sich das Recht des Domkapitels auf die Erstellung eines Viterervorschlags, aus dem der Landrat die abschließende Auswahl traf.[239]

Die Unruhen der Reformationszeit konnten das Domkapitel nicht nachhaltig beeinflussen. Es bewahrte vielmehr seinen katholischen Charakter.[240]

Darüber hinaus konnte es auch der Aufhebungswelle des frühen 19. Jahrhunderts entgehen und weiter bestehen bleiben.[241]

Speyer

Das Speyerer Domkapitel findet sich erstmals 858 erwähnt. Seine Ursprünge reichen aber weiter zurück, denn schon im 8./9. Jahrhundert dürfte die Ausbildung einer entsprechenden Klerikergemeinschaft zu einem Abschluss gekommen sein.[242]

---

238 F. Vannotti, Chapitre, 16–19; F. Vannotti/G. Zenhäuser, Das Domkapitel. Einleitung, in: P. Braun/B. Degler-Spengler/E. Gilomen-Schenkel, Bistum, 359–361, 363, 365–368, 391; H. A. Roten, Zur Zusammensetzung des Domkapitels von Sitten im Mittelalter I, in: Vallesia 1 (1946), 44.

239 J. Ficker, Reichsfürstenstand I, 297–299, 376; L. Carlen/E. Gatz, Bistum Sitten, in: E. Gatz, Bistümer, 691–693; H. E. Feine, Besetzung, 3.

240 G. P. Marchal, Einleitung. Die Dom- und Kollegiatstifte der Schweiz, in: G. P. Marchal, Kollegiatstifte, 74.

241 F. Vannotti/G. Zenhäuser, Das Domkapitel. Einleitung, in: P. Braun/B. Degler-Spengler/E. Gilomen-Schenkel, Bistum, 390.

242 R. Schieffer, Entstehung, 151–153; F. X. Glasschröder, Zur Frühgeschichte des alten Speierer Domkapitels, in: ZGO 85 (1933), 481.

Das Domkapitel besaß das Recht der Bischofswahl und stand in Verbindung mit dem Hochstift Speyer, dem die Reichsstandschaft zukam.[243]

Während der Reformation hielten die Domherren mit Entschiedenheit am katholischen Glauben fest, obwohl die Reichsstadt Speyer seit 1540 geschlossen protestantisch war. Die seit 1569 erhobene Forderung nach der Ablegung der Professio fidei sollte die konfessionelle Zugehörigkeit zusätzlich absichern.[244]

Das Ende des Domkapitels vollzog sich in mehreren Abschnitten. Eine erste Besetzung der Stadt durch französische Truppen erfolgte 1792. Danach wechselten die Herrschaftsverhältnisse in der Stadt mehrfach. 1797 annektierte Frankreich die linksrheinischen Teile des Hochstiftes Speyer, die der Friede von Lunéville 1801 auch rechtsverbindlich an Frankreich brachte. Das Domkapitel verlegte in diesen unruhigen Zeiten mehrfach seinen Sitz nach Bruchsal. 1802 erklärte die Konsularregierung die Aufhebung der Domkapitel in den vier neuen linksrheinischen Départements Frankreichs. Die rechtliche Auflösung der verbliebenen rechtsrheinischen Teile des Hochstiftes Speyer durch den Reichsdeputationshauptschluss 1803 hinkte der Wirklichkeit hinterher. Denn die Markgrafschaft Baden hatte bereits im Jahr zuvor das Land besetzt. Damit löste sich auch das Domkapitel auf, dessen Nachfolgeeinrichtung 1821 installiert wurde.[245]

Straßburg

Das Vorhandensein des Domkapitels ist in Straßburg 778 erstmals nachweislich belegt.[246]

Das Hochstift Straßburg zählte zu den Reichsständen und besaß daher das Recht von Sitz und Stimme auf dem Reichstag. Allerdings sorgten die politischen Entwicklungen dafür, dass sich das Hochstift zwischen 1674 und 1723 mehrfach die Avokation zuzog und seine Rechte nicht ausüben konnte. Dem Domkapitel stand das Recht der Bischofswahl zu.[247]

Die Reformation sorgte im Domkapitel für überaus heftige und langwierige Auseinandersetzungen. Nachdem bereits ab 1521 im Münster protestantisch gepredigt worden war und sich auch einige Domherren dafür empfänglich gezeigt hatten, kam es trotz des mehrheitlich katholisch gebliebenen Domkapitels 1529 zur Abschaffung der Feier der Heiligen Messe im Münster durch den Rat der Stadt. Nach dem Schmalkaldischen Krieg war es durch eine Interimsregelung mit der Stadt in den Jahren von 1549 bis 1559 wieder möglich, im Münster katholische Gottesdienste

---

243 J. Ficker, Reichsfürstenstand I, 273; H. E. Feine, Besetzung, 2; H. Ammerich, Bistum Speyer, in: E. Gatz, Bistümer, 697, 700; D. Blum, Multikonfessionalität, 237.

244 E. Wolgast, Hochstift, 139f., 305; L. G. Duggan, Bishop, 156.

245 K. Zeumer, Quellensammlung, 512, 521f., 524, 527; G. Nonn, Domherren, 21f.; B. Bastgen, Bayern I, 437.

246 R. Schieffer, Entstehung, 158f.; P. Lorentz, Chanoines, 2.

247 M. Albert, Bistum Straßburg, in: E. Gatz, Bistümer, 711–713, 719–721; J. Ficker, Reichsfürstenstand I, 273; H. E. Feine, Besetzung, 2.

abzuhalten. Ab 1561 wurde das Münster für den protestantischen Gottesdienst genutzt. Die konfessionelle Auseinandersetzung im Domkapitel spitzte sich ab 1583 zu. Es gab zwar bis dahin rund 40 protestantische Domherren, jedoch blieb die katholische Fraktion stets in der Mehrheit. Diese erklärte nun 1583 die protestantischen Kapitulare als von den Kapitelhandlungen ausgeschlossen und wählte 1584 nach der Amotion Gebhard von Waldburgs einen neuen Domdechanten, was den Widerspruch der protestantischen Domherren hervorrief. Kaiser Rudolph II. erklärte darauf 1585, allein die katholischen Kapitulare seien als das rechtmäßige Domkapitel zu betrachten. In diesem verlangte man ab 1586 das Ablegen der Professio fidei. Das von den protestantischen Mitgliedern 1588 abgehaltene eigene Generalkapitel war ein unmissverständliches Zeichen der tiefen Kluft zwischen den Domherren, die schließlich zum vollständigen Bruch führte. Nachdem man schon ab 1591 neben zwei Domdechanten auch zwei Dompröpste hatte, wählte 1592 die protestantische Minderheit in Straßburg Johann Georg Markgraf von Brandenburg zum neuen Bischof von Straßburg, während sich die katholische Mehrheit in Zabern auf Karl Herzog von Lothringen einigte. Die anschließend mit Waffengewalt ausgetragene Auseinandersetzung fand mit dem Hagenauer Vertrag 1604 ein Ende. Damit verzichtete Johann Georg Markgraf von Brandenburg gegen eine Abschlagszahlung auf seine Ansprüche, während den acht protestantischen Domherren für weitere 15 Jahre der Genuss ihrer Einkünfte und Wohnungen zugesichert wurde und die Reichsstadt Straßburg protestantisch blieb. 1620 wurde der Hagenauer Vertrag auf weitere sieben Jahre verlängert. Sich dauerhaft eine fixe Zahl an Domherrenstellen zu sichern, wurde den Protestanten hingegen verwehrt. Nach dem Auslaufen der vertraglichen Regelung betrachtete man 1627 die protestantischen Domherren als abgesetzt. Entsprechende Einwände dagegen sowie die Berufung auf das Normaljahr 1624 im Zuge der Verhandlungen zum Abschluss des Westfälischen Friedens von 1648 änderten daran nichts. Allerdings sprach man 1648 den protestantischen Häusern Braunschweig-Lüneburg und Mecklenburg-Schwerin je zwei Kanonikate des Straßburger Domkapitels zu, deren Inhaber lediglich die Einkünfte bezogen und darüber hinaus keine Rechte genossen. Für das Haus Braunschweig-Lüneburg war diese Zuweisung auf zwei namentlich genannte nachgeborene Fürstensöhne beschränkt, während dem Haus Mecklenburg-Schwerin der Genuss seiner Präbenden über den Erbweg dauerhaft gebühren sollte. Was den Katholiken vorerst nicht gelang, war die Rückgewinnung des Münsters. Daher nahm das Domkapitel nach dem Hagenauer Vertrag ab 1605 seinen Sitz an der Pfarrkirche in Molsheim. Erst die Eroberung Straßburgs durch das Königreich Frankreich im Jahr 1681 führte das Münster wieder dem katholischen Gottesdienst zu und ermöglichte die Rückkehr des Domkapitels nach Straßburg. 1687 erklärte schließlich der Oberste Gerichtshof des Elsass die Ansprüche der Häuser Braunschweig-Lüneburg und Mecklenburg-Schwerin auf je zwei Kanonikate für erloschen. Gegenteilige Proteste der Betroffenen wurden vorerst nicht beachtet, führten allerdings zu einer finanziellen

Entschädigung für das Haus Mecklenburg-Schwerin durch den Reichsdeputationshauptschluss von 1803.[248]

Die Wirren der Revolutionszeit, die 1789 auch Straßburg erfasst hatten, leiteten den Untergang des Domkapitels ein. Nachdem der linksrheinische Teil des Hochstiftes Straßburg von Frankreich besetzt worden war und die Französische Nationalversammlung 1790 die Aufhebung der Domkapitel beschloss, sah sich das Straßburger genötigt, seinen Sitz 1791 in das rechtsrheinische Offenburg zu verlegen. Durch den Frieden von Lunéville erhielten die linksrheinischen Eroberungen Frankreichs 1801 Rechtsverbindlichkeit. Das Domkapitel wurde durch die noch im selben Jahr im Konkordat zwischen Papst Pius VII. und Frankreich vereinbarte und mit den Organischen Artikeln des Jahres 1802 verfügte neue Diözesaneinteilung überflüssig. Ebenfalls 1802 besetzte die Markgrafschaft Baden den bislang erhalten gebliebenen rechtsrheinischen Teil des Hochstiftes, eine Vorgangsweise, die der Reichsdeputationshauptschluss des Jahres 1803 bestätigte. In der Folge löste sich das Domkapitel auf. Noch im selben Jahr wurde für das neu umschriebene Bistum eine Nachfolgeeinrichtung gegründet.[249]

Toul

Das Touler Domkapitel wird im beginnenden 9. Jahrhundert fassbar, die erste ausdrückliche Erwähnung stammt aus den Jahren um 836/38.[250]

Die Reichsstandschaft, die dem Hochstift Toul zukam, verlor im 16./17. Jahrhundert schrittweise ihre Bedeutung. Nach dem Vertrag von Chambord besetzte König Heinrich II. von Frankreich 1552 die Reichsstadt Toul. Das Hochstift Toul blieb zwar vorerst weiter bestehen, gelangte aber mehr und mehr in den Einflussbereich des Königreiches Frankreich. Der Westfälische Friede besiegelte schließlich 1648 die formelle Abtretung des Hochstiftes vom Reich an das Königreich Frankreich, obgleich die Bischöfe noch bis zur Französischen Revolution weiterhin den Fürstentitel führten.

248 J. Adam, Kirchengeschichte, 30f., 135f., 142f., 146f., 275, 277, 292–295, 297, 308–310, 312–315, 404f., 415, 417–421, 423; A. Meister, Kapitelstreit, 3, 14f., 20, 22, 28f., 47, 59, 199–206, 306f., 309, 385f., 408; J. Schmidlin, Restauration, 3f., 23, 25f., 28, 33, 35f.; B. Xibaut, Chapitre, 8, 29, 77f., 81, 83; F. Rapp, Straßburg, in: A. Schindling/W. Ziegler, Territorien V, 79, 85–87, 91; E. Wolgast, Hochstift, 142, 294, 296f.; P. Lorentz, Chanoines, 152, 159–162, 172; C. G. Gumpelzhaimer, Religions-Geschichte, 8–28, 31f., 39–41, 44, 58, 64; B. Braun, Die gemischtkonfessionellen Domkapitel im Reich nach dem Westfälischen Frieden, in: C. Roll/F. Pohle/M. Myrczek, Grenzen, 172; A. Oschmann, Acta III B 1/1, 141, 145; J.-M. Thiriet, Grand-Chapitre, 13f.; P. Kirsch, Group, 3; K. Zeumer, Quellensammlung, 513; M. Albert, Bistum Straßburg, in: E. Gatz, Bistümer, 717f., 720.

249 J. Gass, Studien II, 29f., 34, 44–47, 50f., 55–57, 68; K. Zeumer, Quellensammlung, 512, 521f., 524, 527; B. Xibaut, Chapitre, 202–205; B. Xibaut, Cathédrale, 5, 40f., 57; J.-M. Thiriet, Grand-Chapitre, 112; M. Albert, Bistum Straßburg, in: E. Gatz, Bistümer, 722f.

250 R. Schieffer, Entstehung, 146; G. Bönnen, Bischofsstadt, 102.

Auch das dem Domkapitel eigene Recht der Bischofswahl war von den politischen Veränderungen betroffen. Schon vorher nicht immer unbestritten, wurde es ab 1664 vom Nominationsrecht des Königs von Frankreich abgelöst.[251]

Die Reformation vermochte das Domkapitel nicht ernsthaft zu erschüttern, zu entschieden und einmütig war der Widerstand gegen die religiösen Neuerungen.[252]

Ein entsprechender Beschluss der Französischen Nationalversammlung brachte 1790 die Aufhebung des Domkapitels. Das Domkapitel wurde durch die 1801 im Konkordat zwischen Papst Pius VII. und Frankreich vereinbarte und mit den Organischen Artikeln des Jahres 1802 verfügte neue Diözesaneinteilung überflüssig. Der Bischofssitz lag nun in Nancy, wo noch 1802 ein neues Domkapitel installiert wurde, das ab 1824 den Namen Nancy-Toul führte.[253]

Trient

Die Anfänge des Trientner Domkapitels lagen an der Wende vom 8. zum 9. Jahrhundert, die erste ausdrückliche Erwähnung findet sich in den Jahren 927/28.[254]

Das Domkapitel hatte das Recht der Bischofswahl inne und zählte zur Gruppe jener Kapitel, deren Hochstift über Sitz und Stimme im Reichstag verfügte.[255]

Der aufkommende Protestantismus spielte im Domkapitel keine Rolle. Die Zugehörigkeit der Korporation zur katholischen Kirche war daher stets unumstritten.[256]

Der letzte Abschnitt in der Geschichte des Domkapitels begann mit der provisorischen Inbesitznahme des Hochstiftes Trient durch Österreich im Jahr 1802. Nach dem Reichsdeputationshauptschluss ging das Domkapitel 1803 aller seiner Besitzungen verlustig. Allerdings wurde das Domkapitel auch danach als weiter fortbestehend angesehen. 1813 kam es sogar zu einer Neuaufnahme. Trotzdem erfolgte 1826 nach einer völligen Neuorganisation die Installation eines neuen Domkapitels.[257]

---

251 M. Albert, Bistum Toul, in: E. Gatz, Bistümer, 726, 728, 730–732; J. Ficker, Reichsfürstenstand I, 273, 376; H. E. Feine, Besetzung, 3; A. Oschmann, Acta III B 1/1, 21f.; N. N., Recueil XI, 1680–1687.

252 M. Albert, Bistum Toul, in: E. Gatz, Bistümer, 732.

253 E. Martin, Histoire III, 85, 232, 252–254, 327.

254 E. Curzel, Canonici, 56–58; L. Santifaller, Trientner Domkapitel, 20; E. Curzel, Il capitolo della cattedrale di Trento, in: H. Obermair/K. Brandstätter/E. Curzel, Domstifte, 149.

255 J. Ficker, Reichsfürstenstand I, 311f.; H. E. Feine, Besetzung, 2; S. Vareschi, Bistum Trient, in: E. Gatz, Bistümer, 739f.

256 S. Vareschi, Bistum Trient, in: E. Gatz, Bistümer, 742.

257 K. Zeumer, Quellensammlung, 510, 521f., 524; H. Bastgen, Neuerrichtung, 334–336, 343.

Trier

Die Ursprünge des Trierer Domkapitels reichen vermutlich bis ins 4./5. Jahrhundert zurück. Allerdings stammt der erste urkundliche Beleg für seinen Bestand erst aus dem Jahr 893.[258]

Das Kurfürstentum Trier zählte zu den bedeutenderen Reichsständen, eine Tatsache, die sich auch auf das Ansehen des Domkapitels auswirkte. Diesem kam das Recht der Erzbischofswahl zu.[259]

Das Domkapitel leistete schon früh Widerstand gegen die sich ausbreitende Reformation. So blieb der Bekenntnisstand stets unverändert katholisch.[260]

Das Ende des Domkapitels vollzog sich in mehreren Abschnitten. 1794 besetzte Frankreich die linksrheinischen Teile des Kurfürstentums Trier, die der Friede von Lunéville 1801 auch rechtsverbindlich an Frankreich brachte. Das Konkordat zwischen Papst Pius VII. und Frankreich 1801 sowie dessen Ausführungsbestimmungen in den Organischen Artikeln brachten 1802 das Ende des Erzbistums Trier. Im selben Jahr erklärte die Konsularregierung die Aufhebung der Domkapitel in den vier neuen linksrheinischen Départements Frankreichs. An die Stelle des alten Erzbistums Trier trat ein neu umschriebenes einfaches Bistum, für das 1803 auch ein neues Domkapitel eingerichtet wurde. Zugleich sprach der Reichsdeputationshauptschluss die rechtsrheinischen Teile des Hochstiftes Trier dem Fürstentum Nassau-Weilburg zu. Das napoleonische Domkapitel in Trier konnte sich nicht dauerhaft halten, weshalb 1824 eine nochmalige Neuorganisation der Institution erfolgte.[261]

Utrecht

Die Anfänge des Utrechter Domkapitels lassen sich in einer 723 erstmals erwähnten Klerikergemeinschaft festmachen. Ursprünglich an der Salvatorkirche beheimatet, wuchs im Laufe des 8. Jahrhunderts der Martinskirche die Stellung der Kathedralkirche zu. Die Trennung in zwei eigenständige Klerikergemeinschaften erfolgte allerdings erst im 10. Jahrhundert.[262]

Mit dem Hochstift Utrecht war die Reichsstandschaft verbunden. Allerdings trat Bischof Heinrich Pfalzgraf bei Rhein schon 1528 die weltliche Herrschaft an Kaiser

---

258 R. Schieffer, Entstehung, 139–141; H. Bastgen, Geschichte, 8; J. Blattau, Dom, 2.

259 J. Ficker, Reichsfürstenstand I, 273; H. E. Feine, Besetzung, 1; B. Schneider, Erzbistum Trier, in: E. Gatz, Bistümer, 753f., 756.

260 H. Molitor, Kurtrier, in: A. Schindling/W. Ziegler, Territorien V, 58, 67; E. Wolgast, Hochstift, 133; B. Schneider, Erzbistum Trier, in: E. Gatz, Bistümer, 758.

261 B. Schneider, Erzbistum Trier, in: E. Gatz, Bistümer, 766; W. G. Rödel/R. E. Schwerdtfeger, Zerfall, 108, 118; K. Zeumer, Quellensammlung, 513, 521f., 524–527; W. Seibrich, Die Neugestaltung des Bistums Trier 1801/03, in: W. G. Rödel/R. E. Schwerdtfeger, Zerfall, 171, 176; A. Eichhorn, Die Ausführung der Bulle „De salute animarum" in den einzelnen Diözesen des Preußischen Staates durch den Fürstbischof von Ermland, Prinz Joseph von Hohenzollern, in: ZGAE 5 (1874), 33.

262 R. Schieffer, Entstehung, 175–180; A. J. van de Ven, Oorsprong, 8f.

Karl V. ab. Mit dem Westfälischen Frieden schieden die Niederlande 1648 formell aus dem Reichsverband aus. Hinsichtlich der Bischofswahl galt in Utrecht eine eigene Regelung. Neben dem Domkapitel waren auch die vier Kollegiatkapitel der Stadt wahlberechtigt. Seit 1529 besaßen allerdings die Herzöge von Brabant und Grafen von Holland das Nominationsrecht für das Bistum.[263]

Das Domkapitel stieg als Folge der von König Philipp II. von Spanien betriebenen Neuregelung der Diözesaneinteilung der Niederlande 1559 zum Metropolitankapitel auf, geriet aber nur wenige Jahre danach in die politischen und konfessionellen Wirren des 16. Jahrhunderts hinein. Mit der Utrechter Union nahm 1579 der Weg der Sieben Vereinigten Provinzen der Niederlande in die Unabhängigkeit seinen Anfang. Gleichzeitig begann sich damit im Domkapitel der Calvinismus auszubreiten. Bereits 1580 wurde der katholische Gottesdienst durch den Magistrat der Stadt Utrecht verboten. Trotzdem konnten sich noch bis über die Mitte des 17. Jahrhunderts Katholiken unter den Mitgliedern des Domkapitels halten. Auch nachdem die Stände der Provinz Utrecht 1600 für die Prälaten das Ablegen eines Konfessionseides verlangt hatten, war die Neuaufnahme von Katholiken grundsätzlich weiter möglich. Das wurde erst durch zwei weitere Beschlüsse der Stände aus den Jahren 1615 und 1623 verunmöglicht. Damit hatte sich im Domkapitel endgültig der Calvinismus durchgesetzt, obgleich durchaus auch Lutheraner und Mennoniten Aufnahme finden konnten, wenn sie denn zur Leistung des Konfessionseides bereit waren.[264]

Katholischerseits entstand anstelle des verloren gegangenen Domkapitels 1633 mit dem Vikariat ein neues geistliches Kollegium an der Seite der Apostolischen Vikare. Als sich dieses Anfang des 18. Jahrhunderts als Metropolitankapitel betrachtete und schließlich 1723 auf eigenes Betreiben einen Erzbischof für Utrecht wählte, kam es zum Bruch mit Rom und letztlich zur Entstehung der ersten altkatholischen Kirche.[265]

Das eigentliche Domkapitel freilich bestand als calvinistische Einrichtung weiter. Erst nachdem das Königreich Holland 1810 an Frankreich gefallen war, wurde das Domkapitel 1811 aufgehoben.[266]

---

263 E. Wolgast, Hochstift, 80f.; J. Ficker, Reichsfürstenstand I, 273, 375; J. Kuys, Bistum Utrecht, in: E. Gatz, Bistümer, 777f., 780, 782; A. J. van de Ven, Oorsprong, 14f., 26–31, 33.

264 S. Muller, Rechtsbronnen, 161; A. J. van de Ven, Oorsprong, 3, 32, 36, 40f., 44–46, 48f., 53; C. P. Hoynck van Papendrecht, Historia, 34, 93, 170; N. N., Utrecht, Provincie, in: J. Kok, Woordenboek XXX, 163f.

265 A. J. van de Ven, Oorsprong, 4f., 60–62, 89f., 97–100, 122, 138f., 187–192, 201–204; J. M. Neale, History, 143f., 211, 250–252, 256–258; C. P. Hoynck van Papendrecht, Historia, 31, 33, 43, 71, 73, 107–109, 197–200.

266 K. Heeringa/T. L. H. van de Sande, Inventaris, 11.

Verden

Das Verdener Domkapitel entstand aus einer vermutlich um 800 durch das Kloster Amorbach angelegten Missionszelle. Der erste eindeutige urkundliche Nachweis des Domkapitels stammt aus dem Jahr 890.[267]

Das Domkapitel besaß das Recht der Bischofswahl und stand in Verbindung mit dem Hochstift Verden, dem die der Reichsstandschaft anhaftenden Rechte zukamen.[268]

Die Einführung der Reformation geschah im Domkapitel ohne nennenswerte Spannungen. Der anfänglich entschiedene Widerstand der Domherren begann vor allem seit 1566 rasch zu bröckeln. Im Jahr darauf wurde die Feier der Heiligen Messe eingestellt, 1572 fand mit der Verdener Kirchenordnung der Konfessionswechsel einen offiziellen Abschluss. Trotzdem fanden sich im Domkapitel bis zu dessen Säkularisation weiterhin stets auch katholische Domherren. Während des Dreißigjährigen Krieges wurden die protestantischen Domherren 1630 kurzfristig aus dem Domkapitel entfernt und durch Katholiken ersetzt.[269]

Von da an begann sich die Aufhebung des Domkapitels, das seinen geistlichen Charakter nach dem Konfessionswechsel gänzlich verloren hatte, abzuzeichnen. Die schwedische Besatzungsmacht betrachtete es als durch die Rekatholisierungsmaßnahmen aufgehoben und konnte sich erst 1635 zu einer Restitution der Einrichtung entschließen. Doch schon von 1644 an mussten sich die Domherren erneut gegen die sich anbahnende Aufhebung des Kapitels wehren. Der Westfälische Friede bestimmte schließlich 1648 unter anderem, das Hochstift Verden in ein weltliches Herzogtum umzuwandeln und das Domkapitel zu säkularisieren. Königin Christine von Schweden verfügte daher 1649 die Auflösung des Domkapitels. Der weitere Protest der Domherren gegen die Aufhebung ihrer Korporation verhallte ungehört, die Unterstützung Kaiser Ferdinands III. half nichts. Die Einkünfte des Kapitels wurden verdienten Offizieren zugesprochen.[270]

---

267 R. Schieffer, Entstehung, 217–219; R. Bückmann, Domkapitel, 9; A. Mindermann, Verden – Domstift St. Fabian und Caecilia, in: J. Dolle, Klosterbuch III, 1424.

268 J. Ficker, Reichsfürstenstand I, 273; H. E. Feine, Besetzung, 3; T. Vogtherr, Bistum Verden, in: E. Gatz, Bistümer, 788.

269 A. Mindermann, Verden – Domstift St. Fabian und Caecilia, in: J. Dolle, Klosterbuch III, 1423, 1427f.; C. G. Pfannkuche, Geschichte II, 24, 68f., 77–79, 109, 112, 128; E. Wolgast, Hochstift, 122f., 268, 331; T. Vogtherr, Bistum Verden, in: E. Gatz, Bistümer, 792.

270 C. G. Pfannkuche, Geschichte II, 80, 112, 116, 118f., 126, 133f., 136f.; A. Oschmann, Acta III B 1/1, 134; A. Mindermann, Verden – Domstift St. Fabian und Caecilia, in: J. Dolle, Klosterbuch III, 1428f.; J. Spöhring, Das Domkapitel zu Verden, in: HLV 5 (1962), 62f.; T. Vogtherr, Bistum Verden, in: E. Gatz, Bistümer, 793.

Verdun

In Verdun entstand nach ersten Anfängen in fränkischer Zeit vermutlich im Laufe des 8. Jahrhunderts ein Domkapitel im eigentlichen Sinn.[271]

Die Reichsstandschaft, die dem Hochstift Verdun zukam, verlor im 16./17. Jahrhundert schrittweise ihre Bedeutung. Nach dem Vertrag von Chambord besetzte König Heinrich II. von Frankreich 1552 die Reichsstadt Verdun. Das Hochstift Verdun blieb zwar vorerst weiter bestehen, gelangte aber mehr und mehr in den Einflussbereich des Königreiches Frankreich. Der Westfälische Friede besiegelte schließlich 1648 die endgültige Abtrennung des Hochstiftes vom Reich, obgleich die Bischöfe noch bis zur Französischen Revolution weiterhin den Fürstentitel führten. Auch das dem Domkapitel eigene Recht der Bischofswahl war von den politischen Veränderungen betroffen. Schon vorher nicht immer unbestritten, wurde es ab 1664 vom Nominationsrecht des Königs von Frankreich abgelöst.[272]

Die Reformation vermochte das Domkapitel nicht ernsthaft zu erschüttern, zu entschieden und einmütig war der Widerstand gegen die religiösen Veränderungen.[273]

Ein entsprechender Beschluss der Französischen Nationalversammlung brachte 1790 die Aufhebung des Domkapitels. Allerdings konnte der Chordienst noch bis ins Jahr 1791 aufrecht erhalten werden, ehe sich die Domherren zerstreuten. Die geänderten politischen Verhältnisse ermöglichten 1792 die Rückkehr der Kanoniker und die Wiederaufnahme des Chordienstes. Durch das rasch wechselnde Kriegsglück beschränkte sich dieser Erfolg allerdings auf wenige Tage. In der Folge dauerte es bis ins Jahr 1823, ehe in Verdun wieder ein Domkapitel errichtet werden konnte.[274]

Wien

Die Vorläufereinrichtung des Wiener Domkapitels war ein durch Herzog Rudolph IV. von Österreich 1358 an der Wiener Burg gegründetes Kollegiatstift, das bereits 1365 nach St. Stephan verlegt wurde. Durch die von Kaiser Friedrich III. betriebene Bistumsgründung wurde 1469 aus dem vormaligen Kollegiat- das Domkapitel, das schließlich 1722 zum Metropolitankapitel aufstieg.[275]

---

271 R. Schieffer, Entstehung, 147f.; M. Albert, Bistum Verdun, in: E. Gatz, Bistümer, 795.

272 N. Roussel, Histoire II, 1–3, 45; M. Albert, Bistum Verdun, in: E. Gatz, Bistümer, 801, 803, 805–807; J. Ficker, Reichsfürstenstand I, 273, 376; H. E. Feine, Besetzung, 3; A. Oschmann, Acta III B 1/1, 21f.; N. N., Recueil XI, 1680–1687.

273 M. Albert, Bistum Verdun, in: E. Gatz, Bistümer, 805f.

274 N. Robinet, Pouillé I, 47, 50, 52, 62, 122–125.

275 H. Zschokke, Geschichte, 10, 14f., 24, 54, 95–97, 162; W. Mick, Metropolitankapitel, 35, 55, 59, 64, 119f., 154f.; H. Göhler, Kollegiatkapitel, 72–74; W. E. Wagner, Universitätsstift, 91, 96–101; P. Schleicher, Bistumsgründungen, 45f., 51, 63.

Die Bischöfe von Wien führten zwar seit 1631 den Fürstentitel, über ein Hochstift und über die Reichsstandschaft verfügten sie allerdings nicht. Das Nominationsrecht für das Bistum lag in den Händen des Landesherrn.[276]

Die Reformation vermochte das Domkapitel nicht maßgeblich zu beeinflussen.[277]

Das Wiener Domkapitel wurde durch den Reichsdeputationshauptschluss von 1803 nicht beeinträchtigt. Es blieb daher unverändert bestehen.

Wiener Neustadt

Die Entstehung des Wiener Neustädter Domkapitels gestaltete sich schwierig und langwierig. Zwar war zugleich mit der Gründung des Bistums 1469 auch die Errichtung eines Domkapitels vorgesehen, doch verhinderten vor allem wirtschaftliche Gründe die Umsetzung des Vorhabens. Erst ab 1493 übernahm das seit 1459 in der Stadt beheimatete und 1491 an den Dom transferierte Augustiner-Chorherren-Stift die Aufgaben eines Domkapitels. Auf Betreiben Kaiser Maximilians I. wurde der Dom jedoch bereits wenige Jahre später dem Orden der St.-Georgs-Ritter zugesprochen, sodass die Augustiner-Chorherren 1508 von dort unter Widerspruch weichen mussten. Ein späterer Rückkehrversuch scheiterte 1522/23 trotz der Unterstützung durch Erzherzog Ferdinand von Österreich. Ohne je eine rechtliche Anerkennung dafür erhalten zu haben, betrachtete sich seit 1508 der Orden der St.-Georgs-Ritter als Domkapitel. Doch auch er konnte sich nicht lange am Dom halten und musste diesen 1534 wieder verlassen. In der Folge blieb das Bistum bis gegen Ende des 17. Jahrhunderts gänzlich ohne Domkapitel, ein Zustand, der erst unter Bischof Christoph von Rojas y Spinola ein Ende fand. Von ihm wurde 1692 aus bereits vorhandenen Kuratbenefiziaten ein weltgeistliches Domkapitel geformt.[278]

Die Stellung der Bischöfe von Wiener Neustadt blieb stets bescheiden. Von einem Hochstift oder der Reichsstandschaft konnte keine Rede sein, sogar die Führung des Fürstentitels blieb ihnen verwehrt. Die Herzöge von Steiermark verfügten über das Nominationsrecht für das Bistum.[279]

---

276 L. Santifaller, Geschichte, 230; J. Weißensteiner, (Erz-) Bistum Wien, in: E. Gatz, Bistümer, 810, 812.

277 H. Zschokke, Geschichte, 153.

278 H. Fasching, Domkapitel, 2f., 6, 9, 15f., 19–22, 45, 47, 50, 58, 60f.; P. Schleicher, Bistumsgründungen, 82, 90f., 97, 99f.; H. Fasching, Chorherrenstifte, 22, 49, 132–134, 145–148, 157–161; A. Kerschbaumer, Geschichte I, 653–657; G. Buttlar-Gerhartl, Wiener Neustadt – Bischofssitz von 1469 bis 1785, in: JbLkNÖ 52 (1986), 2, 7–9, 15, 39; W. F. Winkelbauer, Georgs-Ritterorden, 35, 37, 81–84, 143, 145f.; F. Katzettl, Neustadt, 51, 56, 58, 60, 81f., 84f., 87–92, 96f.

279 L. Santifaller, Geschichte, 230; J. Weißensteiner, Bistum Wiener Neustadt, in: E. Gatz, Bistümer, 816f.

Der Einfluss der Reformation auf das Domkapitel blieb gering. Doch hatte der Orden der St.-Georgs-Ritter zu eben dieser Zeit grundsätzlich mit maßgeblichen wirtschaftlichen, organisatorischen, personellen und disziplinären Mängeln zu kämpfen.[280]

Die Diözesanregulierungen Kaiser Josephs II. brachten das Ende des Bistums Wiener Neustadt sowie des dortigen Domkapitels mit sich. Nachdem bereits 1783/84 weitestgehend mit Domherren aus Wiener Neustadt in St. Pölten ein neues Domkapitel eingerichtet worden war, bestätigte Papst Pius VI. 1785 die Aufhebung des Bistums Wiener Neustadt und seines Domkapitels.[281]

Worms

Das Wormser Domkapitel lässt sich erstmals für das Jahr 897 eindeutig belegen.[282]

Obwohl das Hochstift Worms von eher bescheidenem Umfang war, genoss es doch alle mit der Reichsstandschaft verbundenen Rechte. Dem Domkapitel stand das Recht der Bischofswahl zu.[283]

Auch nachdem die Stadt bereits um 1527 protestantisch geworden war, gelang es, das Domkapitel der katholischen Kirche zu erhalten, obgleich es dadurch konfessionell in eine Außenseiterrolle gedrängt wurde.[284]

Das Ende des Domkapitels vollzog sich schrittweise. Eine erste Besetzung der Stadt durch französische Truppen erfolgte 1792. Danach wechselten die Herrschaftsverhältnisse in der Stadt mehrfach. 1797 annektierte Frankreich die linksrheinischen Teile des Hochstiftes Worms, die der Friede von Lunéville 1801 auch rechtsverbindlich an Frankreich brachte. Das Domkapitel verlegte in diesen unruhigen Zeiten seinen Sitz zuerst 1798 nach Würzburg, dann 1801 nach Lampertheim. 1802 erklärte die Konsularregierung die Aufhebung der Domkapitel in den vier neuen linksrheinischen Départements Frankreichs. Die rechtliche Auflösung der verbliebenen rechtsrheinischen Teile des Hochstiftes Worms durch den Reichsdeputationshauptschluss 1803 hinkte der Wirklichkeit hinterher. Denn die Landgrafschaft Hessen-Darmstadt hatte bereits im Jahr zuvor das Land besetzt. Damit löste sich auch das Domkapitel auf.[285]

---

280 G. Buttlar-Gerhartl, Wiener Neustadt – Bischofssitz von 1469 bis 1785, in: JbLkNÖ 52 (1986), 12f., 21; J. P. Franzl, Studien, 18, 22f., 41f.

281 A. Kerschbaumer, Geschichte I, 647, 659; A. Kerschbaumer, Geschichte II, 4–7, 10, 15, 17, 159f., 165f., 699; G. Niemetz, Das Ende des Bistums Wiener Neustadt und die Folgen für die Seelsorge in der Stadt, in: UH 58 (1987), 322–324, 327f., 331; G. Buttlar-Gerhartl, Wiener Neustadt – Bischofssitz von 1469 bis 1785, in: JbLkNÖ 52 (1986), 53f.

282 R. Schieffer, Entstehung, 150f.; E. Schwan/E. G. Franz, Protokolle, 3.

283 J. Ficker, Reichsfürstenstand I, 273; H. E. Feine, Besetzung, 2.

284 B. Keilmann, Bistum Worms, in: E. Gatz, Bistümer, 826f.; F. Reuter, Mehrkonfessionalität in der Freien Stadt Worms im 16.-18. Jahrhundert, in: B. Kirchgässner/F. Reuter, Randgruppen, 20f., 26.

285 J. Embach, Domkapitel, 11–14, 16–18, 61–63; K. Zeumer, Quellensammlung, 513, 521f., 524, 527.

Würzburg

Das Würzburger Domkapitel entstand aus dem dortigen Andreaskloster, aus dem es gegen Ende des 8. Jahrhunderts mit der Errichtung des neuen Doms hervorging.[286]

Das Domkapitel hatte das Recht der Bischofswahl inne und stand in Verbindung mit dem Hochstift Würzburg, dem die Reichsstandschaft und somit Sitz und Stimme auf dem Reichstag eigen waren.[287]

Die Reformation konnte zwar im Bistum weit um sich greifen und auch einige Domherren erfassen, das Domkapitel aber blieb in seiner Gesamtheit der katholischen Kirche treu. Ab 1570 verlangte man das Ablegen der Professio fidei.[288]

In Vorwegnahme der Bestimmungen des Reichsdeputationshauptschlusses aus dem Jahr 1803 besetzte das Kurfürstentum Bayern bereits im Jahr zuvor das Hochstift. Das Domkapitel fand damit ein Ende. 1821 trat ein neues Domkapitel an dessen Stelle.[289]

2. Entstehungszeit

Zu einem geschichtlichen Überblick über die Domkapitel gehört zweifelsohne auch die Betrachtung der Entstehungszeit der einzelnen Institutionen. Dabei zeigt sich ein großer zeitlicher Rahmen, der von frühmittelalterlichen Wurzeln bis hin zu den letzten Neugründungen im ausgehenden 18. Jahrhundert reicht.[290]

Frühmittelalter

Etwas mehr als die Hälfte der behandelten Domkapitel nahm ihren Anfang im Laufe des Frühmittelalters. Dazu zählen die Domkapitel von Augsburg, Bamberg, Basel, Brandenburg, Bremen, Breslau, Brixen, Chur, Eichstätt, Freising, Halberstadt, Hamburg, Havelberg, Hildesheim, Köln, Konstanz, Lausanne, Lüttich, Magdeburg, Mainz, Meißen, Merseburg, Metz, Minden, Münster, Naumburg, Osnabrück, Paderborn, Passau, Regensburg, Salzburg, Sitten, Speyer, Straßburg, Toul, Trient, Trier, Utrecht, Verden, Verdun, Worms und Würzburg.

---

286 R. Schieffer, Entstehung, 184f., 187; A. Amrhein, Reihenfolge der Mitglieder des adeligen Domstiftes zu Wirzburg 742–1803, in: AHVU 32 (1889), 13f.

287 J. Ficker, Reichsfürstenstand I, 273; H. E. Feine, Besetzung, 2; H. Flachenecker, Bistum Würzburg, in: E. Gatz, Bistümer, 832f.

288 E. Wolgast, Hochstift, 150, 312; W. Ziegler, Würzburg, in: A. Schindling/W. Ziegler, Territorien IV, 108; H. Flachenecker, Bistum Würzburg, in: E. Gatz, Bistümer, 836.

289 K. Zeumer, Quellensammlung, 511, 521f., 524; H. Flachenecker, Bistum Würzburg, in: E. Gatz, Bistümer, 839f.; B. Bastgen, Bayern I, 437.

290 Die bereits in den Einzeldarstellungen der jeweiligen Domkapitel angeführten Literaturangaben werden an dieser Stelle nicht mehr wiederholt. Sie können in den entsprechenden Abschnitten eingesehen werden.

In der Regel verband diese 42 Institutionen eine ähnliche Entstehungsgeschichte. Aus rechtlich noch nicht fest umschriebenen Klerikergemeinschaften an den jeweiligen Kathedralen, durchaus nicht selten auch mit mehr oder weniger stark ausgeprägten monastischen Zügen, begannen sich allmählich jene Einrichtungen zu formen, die man später als Domkapitel bezeichnete. Von großem Einfluss auf diesen Vorgang waren die 755/56 entstandene Kanonikerregel Bischof Chrodegangs von Metz sowie die 816 erlassenen Bestimmungen der Synode von Aachen.[291] Durch die schleichenden Übergänge innerhalb dieses Entstehungsprozesses lassen sich zumeist keine genauen Zeitangaben für die Gründung der einzelnen Domkapitel angeben. Die teilweise dürftige Quellenlage schränkt die Kenntnisse über die Entwicklungsabläufe zusätzlich ein, zumal erste urkundliche Belege mitunter dem Zufall unterworfen sind. Erst gegen Ende des Frühmittelalters findet sich mit dem Bamberger Domkapitel eine Klerikergemeinschaft, die ausdrücklich als Domkapitel im eigentlichen Sinn des Begriffes errichtet wurde und deren Gründungsjahr 1007 bekannt ist.

Hoch- und Spätmittelalter

Die für das Hoch- und Spätmittelalter ermittelten Ergebnisse setzen den vorhin für Bamberg geschilderten Befund fort. Die Errichtung der einzelnen Domkapitel lässt sich nun größtenteils zeitlich ziemlich genau bestimmen. Insgesamt 22 Domkapitel wurden in diesem Zeitabschnitt gegründet, wobei es sich bei den Domkapiteln von Brandenburg und Havelberg streng genommen um Wiedererrichtungen handelte. Am Beginn standen 1063 beziehungsweise 1068 die Domkapitel von Olmütz und Prag. Es folgten die von Gurk 1123/24, Brandenburg 1139, Havelberg 1150, Ratzeburg 1154, Lübeck 1160, Schwerin 1171, Schleswig etwa zur gleichen Zeit, Cammin 1175, Chiemsee 1216, Seckau 1218, Lebus spätestens 1226, Lavant 1228, Kulm 1251, Ermland 1260, Pomesanien 1284/85, Samland 1294 und Leitomischl 1344. Mit einem größeren zeitlichen Abstand fanden die hoch- und spätmittelalterlichen Kapitelgründungen 1461 in Laibach, 1469 in Wien und 1493 in Wiener Neustadt ein Ende.

Im Unterschied zum Frühmittelalter mit seinen unbestimmbaren Übergängen in der klerikalen Verfassung wurde nun bei der Errichtung neuer Domkapitel mitunter auf bereits bestehende geistliche Gemeinschaften zurückgegriffen. Deren Umwandlung zum oder Einsetzung als Domkapitel gestattete den Zugriff auf eine bereits vorhandene personelle und finanzielle Ausstattung, wodurch sich die für die Gründung einer neuen Institution erforderlichen Aufwendungen maßgeblich reduzierten. So wurden in nachweislich sechs Fällen ältere geistliche Einrichtungen zur Bildung eines Domkapitels herangezogen. In Chiemsee 1216, Seckau 1218, Lavant 1228 und Wiener Neustadt 1493 betraf dies jeweils ein Stift der Augustiner-Chorherren, in

291 R. Schieffer, Entstehung, 232–260; P. Schneider, Domkapitel, 24–41; G. A. Huller, Persönlichkeit, 26–29; G. P. Marchal, Einleitung. Die Dom- und Kollegiatstifte der Schweiz, in: G. P. Marchal, Kollegiatstifte, 30–33; P. Hinschius, System II, 52f.

Leitomischl 1344 eines der Prämonstratenser-Chorherren. Das Wiener Domkapitel ging 1469 aus einem Kollegiatstift hervor. Für das Schleswiger Domkapitel hingegen lässt sich eine klösterliche Vorläufereinrichtung im 12. Jahrhundert höchstens vermuten. Auffallend ist einerseits die verhältnismäßige Häufigkeit dieser Praxis im Bereich der Salzburger Eigenbistümer sowie andererseits das vermehrte Auftreten am Ende des vorliegenden Zeitabschnitts.

Frühe Neuzeit

Nach der Festigung der konfessionellen Verhältnisse kam es ab der Mitte des 17. Jahrhunderts auch wieder zur Neuerrichtung von Domkapiteln. Von den untersuchten Institutionen nahmen 13 ihren Anfang in der Frühen Neuzeit, wobei das Wiener Neustädter Domkapitel vorher bereits einmal in anderer Form bestanden hatte. Nach dem Scheitern eines ersten Plans aus dem Jahr 1624 für Jitschin[292] setzten 1655 beziehungsweise 1665 Leitmeritz und Königgrätz den Beginn. Ab 1692 gab es in Wiener Neustadt wieder ein Domkapitel. Die weitere Reihenfolge war Fulda und Görz 1752, Brünn 1777, Linz 1784, St. Pölten 1785, Budweis, Graz und Leoben 1786, Gradisch 1788 und schließlich Corvey 1794. Damit stand beinahe die Hälfte der frühneuzeitlichen Neugründungen in unmittelbarem Zusammenhang mit den Diözesanregulierungen Kaiser Josephs II.

Die bereits früher mitunter angewandte Vorgangsweise, die Ausstattung neu geschaffener Domkapitel durch den Rückgriff auf bereits bestehende geistliche Einrichtungen zu erleichtern, wurde auch im 17. und 18. Jahrhundert in sechs Fällen umgesetzt. In Leitmeritz 1655 und Brünn 1777 betraf dies ein Kollegiatstift, in Fulda 1752 und Corvey 1794 eine Benediktinerabtei und in Leoben 1786 das Benediktinerinnenkloster Göß. In Wiener Neustadt wiederum zog man 1692 in der Stadt vorhandene Kuratbenefizien für das Domkapitel heran.

3. Stellung innerhalb der Reichsverfassung

Hinsichtlich der Stellung der einzelnen Domkapitel innerhalb der Reichsverfassung ergaben sich große rechtliche Unterschiede, die sich maßgeblich auf die Bedeutung und das Ansehen sowie die politischen Einflussmöglichkeiten der jeweiligen Institution auswirkten. Darauf hatte selbstverständlich nicht weniger entscheidend auch die ökonomische Ausstattung der einzelnen Domkapitel einen beträchtlichen Einfluss, deren Untersuchung hier allerdings nicht geleistet werden kann.[293]

292 J. E. Schlenz, Geschichte I, 39, 41–44; H. Nottarp, Ehrenkanoniker und Honorarkapitel, in: ZRG KA 14 (1925), 227.

293 Die bereits in den Einzeldarstellungen der jeweiligen Domkapitel angeführten Literaturangaben werden an dieser Stelle nicht mehr wiederholt. Sie können in den entsprechenden Abschnitten eingesehen werden.

Domkapitel innerhalb geistlicher Reichsfürstentümer

Die bedeutendsten Domkapitel waren zweifelsohne jene, die in einem Erz- oder Hochstift lagen, das sich der Reichsstandschaft erfreute und damit über das Recht auf Sitz und Stimme im Reichstag verfügte. Dazu zählten die Domkapitel der Kurfürstentümer Köln, Mainz und Trier, die der Erzstifte Bremen, Magdeburg und Salzburg sowie die der Hochstifte Augsburg, Bamberg, Basel, Brandenburg, Brixen, Cammin, Chur, Eichstätt, Freising, Halberstadt, Havelberg, Hildesheim, Konstanz, Lausanne, Lübeck, Lüttich, Meißen, Merseburg, Metz, Minden, Münster, Naumburg, Osnabrück, Paderborn, Passau, Regensburg, Ratzeburg, Schwerin, Sitten, Speyer, Straßburg, Toul, Trient, Utrecht, Verden, Verdun, Worms und Würzburg. Dieser Gruppe hinzuzufügen sind noch das auf dem Gebiet des Erzstiftes Bremen beheimatete Hamburger Domkapitel sowie die erst 1752 beziehungsweise 1794 in den vormaligen Fürstabteien Fulda und Corvey errichteten Domkapitel. Insgesamt standen also 47 Domkapitel in Verbindung mit einem reichsimmediaten geistlichen Territorium.

Von den vorgenannten Erz- und Hochstiften konnte mehr als die Hälfte die mit der Reichsstandschaft verbundenen landesherrlichen Rechte im gesamten Untersuchungszeitraum uneingeschränkt ausüben.

Die Hochstifte Brandenburg und Havelberg jedoch verloren bereits im Laufe des Mittelalters ihre Landeshoheit schrittweise an das Kurfürstentum Brandenburg. Ähnlich erging es den Hochstiften Naumburg, Meißen und Merseburg gegenüber den sächsischen Landesherren, die sich schließlich im 16. Jahrhundert gegen die Anerkennung der Reichsunmittelbarkeit der drei Bistümer verwehrten.

Die landesherrlichen Rechte im Hochstift Cammin waren grundsätzlich nur schwach ausgebildet, gerieten seit der zweiten Hälfte des 14. Jahrhunderts empfindlich unter den Druck der Herzöge von Pommern und blieben in der Folge bis ins 16. Jahrhundert hinein umstritten. Unter ähnlichen Bedingungen wurde die Landesherrschaft des Bischofs von Schwerin im 16. Jahrhundert vorübergehend durch die Herzöge von Mecklenburg bestritten.

Das 16. Jahrhundert mit seinen vielfältigen politischen und konfessionellen Verwicklungen brachte weitere Veränderungen mit sich. Bereits 1528 fand das Hochstift Utrecht als geistliches Reichsfürstentum sein Ende. Es folgten die Hochstifte Cammin 1556, Merseburg 1561, Naumburg 1565, Brandenburg und Havelberg 1571 sowie Meißen 1581. Als Folge des Westfälischen Friedens von 1648 gingen weitere Erz- und Hochstifte als geistliche Territorien unter, nämlich Bremen, Halberstadt, Minden, Ratzeburg, Schwerin und Verden sowie als Spätfolge 1680 Magdeburg.

Zudem waren die Hochstifte in den südwestlichen Randgebieten des Reichsterritoriums betroffen. Während die Hochstifte Chur im 16./17. sowie Straßburg im 17./18. Jahrhundert aus politisch-konfessionellen Gründen ihre Rechte als Reichsstände nicht ununterbrochen ausüben konnten, verloren andere Hochstifte ihren Charakter als geistliche Fürstentümer völlig. So verzichtete der vermehrt unter den Einfluss der Sieben Zehnden geratende Bischof von Sitten seit dem letzten Viertel des 16. Jahrhunderts auf die Wahrnehmung seiner Rechte als Reichsfürst. Gänzlich endete die geistliche Landesherrschaft in den Hochstiften Lausanne 1536 sowie bis in die erste Hälfte des 17. Jahrhunderts in Metz, Toul und Verdun. Die drei letztgenannten Territorien schieden mit dem Westfälischen Frieden 1648 offiziell aus dem Reichsverband aus, ebenso Utrecht.

Deutlich das Ende des mit ihnen verbundenen geistlichen Reichsfürstentums überstanden die Domkapitel von Brandenburg, Cammin, Ermland, Halberstadt, Hamburg, Havelberg, Kulm, Magdeburg, Meißen, Merseburg, Metz, Minden, Naumburg, Toul, Utrecht und Verdun. Sie konnten ihren Fortbestand auch unter den geänderten Herrschaftsverhältnissen sicherstellen.

Domkapitel außerhalb geistlicher Reichsfürstentümer

Ein gutes Drittel der untersuchten Domkapitel stand nie in Verbindung mit einem der geistlichen Reichsfürstentümer, sondern war weltlichen Landesherren unterworfen. Diese Domkapitel spielten damit hinsichtlich ihrer reichsrechtlichen Stellung eine deutlich geringere Rolle. In diese Gruppe fallen die insgesamt 27 Domkapitel der Bistümer Breslau, Brünn, Budweis, Chiemsee, Ermland, Görz, Gradisch, Graz, Gurk, Königgrätz, Kulm, Laibach, Lavant, Lebus, Leitmeritz, Leitomischl, Leoben, Linz, Olmütz, Pomesanien, Prag, Samland, St. Pölten, Schleswig, Seckau, Wien und Wiener Neustadt.

Auch innerhalb dieser Gruppe gab es unterschiedliche Verhältnisse und Entwicklungen. So verfügten etwa die Bischöfe von Breslau, Ermland, Kulm, Pomesanien und Samland über Hochstifte, denen freilich keine Reichsstandschaft zukam. Breslau stand unter dem Königreich Böhmen, während die vier preußischen Bistümer zuerst der Herrschaft des Deutschordensstaates unterworfen waren, dann ab 1466 der des Königreiches Polen. Später fielen die genannten fünf Hochstifte nacheinander der Oberhoheit des Herzogtums beziehungsweise Königreiches Preußen zu, die bereits 1525 beziehungsweise 1527 säkularisierten Samland und Pomesanien 1657, Ermland und Kulm 1772, Breslau erst 1810.

Neben jenen Bischöfen, die über ein eigenes Hochstift verfügten, kam den Inhabern mehrerer der angeführten Bistümer der Fürstenstand zu. Dem reinen Titel nach, aber ohne jegliche landesherrliche Rechte, waren die Bischöfe von Chiemsee, Görz, Gurk, Laibach, Lavant, Seckau und Wien Reichsfürsten. Der böhmische Fürstenstand war mit den Bistümern Breslau, Leitomischl, Olmütz und Prag verbunden.

Abschließend sei noch auf die Zugehörigkeit des Bistums Schleswig zum Königreich Dänemark verwiesen.

Recht der Bischofswahl

Einen weiteren Richtwert für die Stellung der einzelnen Domkapitel innerhalb des Reiches stellte das ihnen allenfalls zukommende Recht der Bischofswahl dar. Obgleich die vielfältigen Einflussnahmen seitens der Päpste und der Landesherren, durch die das Wahlrecht der Domkapitel in der Praxis mitunter gehörige

Einschränkungen erfuhr, schwer zu greifen sind, verfügten 55 der behandelten Domkapitel grundsätzlich über das Wahlrecht.

Abgesehen von Einzelfällen sowie unterschwelligen Eingriffen konnten sich die 39 Domkapitel von Augsburg, Bamberg, Basel, Bremen, Brixen, Cammin, Chur, Corvey, Eichstätt, Freising, Fulda, Halberstadt, Hildesheim, Köln, Konstanz, Lausanne, Leitomischl, Lüttich, Magdeburg, Mainz, Meißen, Minden, Münster, Naumburg, Olmütz, Paderborn, Passau, Ratzeburg, Regensburg, Salzburg, Schleswig, Schwerin, Speyer, Straßburg, Trient, Trier, Verden, Worms und Würzburg ihr erworbenes Wahlrecht grundsätzlich erhalten. Die übrigen 16 Domkapitel büßten das von ihnen besessene Recht der Bischofswahl in mehr oder weniger großem Umfang ein. Zu einem reinen Formalakt, für dessen Ausgang die Wünsche des Landesherrn maßgeblich waren, wurden die Wahlvorgänge schon seit dem Spätmittelalter in Pomesanien und Samland, wo der Deutsche Orden seine Personalvorstellungen durchsetzen konnte. Dasselbe gelang seit dem letzten Drittel des 15. Jahrhunderts den Königen von Polen in Kulm sowie im 17. und 18. Jahrhundert den schlesischen Herrschern in Breslau. Bezogen auf seine Person konnte sich Kurfürst Friedrich II. von Brandenburg 1447 für die Bistümer Brandenburg, Havelberg und Lebus das Nominationsrecht sichern. Darunter musste sich das Havelberger Domkapitel 1522 verpflichten, die Bischofswahl von nun an nur mehr mit Zustimmung des Kurfürsten von Brandenburg vorzunehmen. Zu einer vertraglichen Regelung kam es auch mit dem Ermländischen Domkapitel. Nachdem dieses 1479 bereits zugesichert hatte, keine dem König von Polen missliebige Person zu wählen, räumte es dem Monarchen 1512 für künftige Bischofsbestellungen die Erstellung eines Vierervorschlags ein. In preußischer Zeit konnte das Domkapitel hingegen nur mehr den Schein einer Wahl wahren. Das Sittner Domkapitel musste schon ab 1437 sein Recht der Bischofswahl mit den Gemeinden teilen. Nach 1604 war seine Rolle auf die Unterbreitung eines Vierervorschlags beschränkt. Die Wahl traf der Landrat. Während das Wahlrecht des Osnabrücker Domkapitels durch die vom Westfälischen Frieden 1648 vorgegebene alternative Sukzession lediglich in jedem zweiten Vakanzfall auf Mitglieder des Hauses Braunschweig-Lüneburg beschränkt war, erlegte sich das Merseburger Domkapitel 1731 die Verpflichtung auf, in jedem Fall den jeweiligen Kurfürsten von Sachsen zum Administrator zu wählen. Ähnlich gestalteten sich die Verhältnisse in Lübeck. Nachdem dort schon seit 1586 nur mehr Mitglieder des Hauses Schleswig-Holstein-Gottorf gewählt worden waren, erklärte sich das Domkapitel 1647 und 1799 dazu bereit, auch in den nächsten sechs beziehungsweise drei Vakanzfällen sein Wahlrecht auf Angehörige dieser Familie einzuengen. Schließlich verloren noch die Domkapitel von Metz, Toul und Verdun ihr immer wieder umstrittenes Wahlrecht 1664 endgültig an den König von Frankreich. Dasselbe geschah schon vorher in Prag, wo der König von Böhmen 1561 das Nominationsrecht erwarb.

Von jeher nur ein eingeschränktes Recht der Bischofswahl besaßen die beiden Domkapitel von Hamburg und Utrecht. Aus dem Hamburger Domkapitel durften drei Mitglieder an der Wahl des Erzbischofs von Bremen teilnehmen, während in Utrecht das Domkapitel den Wahlakt gemeinsam mit den vier Kollegiatstiften der Stadt vornahm, ehe der Landesherr 1529 das Nominationsrecht zugesprochen erhielt.

Von jenen 17 Domkapiteln, die zur keiner Zeit auch nur ansatzweise das Recht der Bischofswahl entwickeln konnten, waren die in den vier Salzburger Eigenbistümern die ältesten. In Gurk, Chiemsee, Seckau und Lavant übten allein die Salzburger Erzbischöfe das Ernennungsrecht für das Bistum aus. Eine Mitwirkung der Domkapitel war nirgends vorgesehen. Dasselbe galt für das Grazer Domkapitel, das anstelle der aufgelösten Seckauer Institution mit dem von Seckau nach Graz transferierten Eigenbistum verbunden war. Die fehlende Beteiligung der Domkapitel erfuhr auch nach einem 1535 zwischen Erzbischof Matthäus Lang von Wellenburg und König Ferdinand I. für Gurk geschlossenen Vertrag keinerlei Änderung. In Gurk freilich erfolgte anschließend nach je zwei Nominationen durch den Landesherrn die jeweils dritte durch den Erzbischof von Salzburg. Ganz allein in der Hand des jeweiligen Landesherrn lag die Besetzung der im 15. Jahrhundert gegründeten Bistümer Laibach, Wien und Wiener Neustadt. Dazu kamen im 17. Jahrhundert die Bistümer Leitmeritz und Königgrätz sowie im 18. Jahrhundert die Bistümer Görz, Brünn, Linz, Budweis, St. Pölten, Leoben und Gradisch.

Entwicklungsverlauf

Bedeutung und Ansehen sowie die politischen Einflussmöglichkeiten der einzelnen Domkapitel standen in einem engen Zusammenhang mit dem Zeitpunkt ihrer Entstehung.

So standen von den Domkapiteln mit frühmittelalterlichem Ursprung ausnahmslos alle nachfolgend in Verbindung mit einem Hochstift. Davon vermochte allein das Hochstift Breslau keine Reichsstandschaft zu erlangen. Desgleichen konnten so gut wie alle in diesem Zeitraum gegründeten Domkapitel das Recht der Bischofswahl erwerben. Abgesehen von den Sonderfällen in Hamburg und Utrecht lag die Besetzung der Bistümer in ihren Händen, auch wenn in späterer Zeit nicht alle Institutionen ihr Wahlrecht uneingeschränkt zu behaupten vermochten.

Das Hoch- und Spätmittelalter hingegen war gekennzeichnet von einem allmählichen Wandel hinsichtlich der Stellung der Domkapitel innerhalb der Reichsverfassung. Lediglich die Hälfte der in diesem Zeitabschnitt gegründeten Domkapitel konnte noch auf die Zugehörigkeit zu einem Hochstift verweisen. Während darunter das Hochstift Olmütz der Reichsstandschaft entbehrte, standen die um die Mitte des 12. Jahrhunderts in den nordöstlichen Kolonisationsgebieten des Reiches errichteten Domkapitel von Brandenburg, Havelberg, Ratzeburg, Lübeck, Schwerin und Cammin noch in Verbindung mit einem reichsimmediaten Hochstift. Schließlich waren auch die im Laufe der zweiten Hälfte des 13. Jahrhunderts auf dem Gebiet des Deutschordensstaates gegründeten Domkapitel von Kulm, Ermland, Pomesanien und Samland in einem Hochstift beheimatet. Allerdings kam diesen geistlichen Territorien keine Reichsstandschaft zu. Die zweite Hälfte der in diesem Zeitraum entstandenen Domkapitel war nicht mehr an ein Hochstift gebunden. Das 1068 erstmals belegte Prager Domkapitel stellte diesbezüglich einen frühen Beispielfall dar. Dazu kamen die größtenteils im ersten Drittel des 13. Jahrhunderts eingerichteten Domkapitel der Salzburger Eigenbistümer Gurk, Chiemsee, Seckau und Lavant sowie zur gleichen Zeit das des Bistums Lebus. In diese Gruppe fielen schließlich noch das 1344 eingesetzte Leitomischler Domkapitel sowie die in der zweiten Hälfte des 15. Jahrhunderts geschaffenen Domkapitel von Laibach, Wien und Wiener Neustadt. Das im Einflussbereich des Königreiches Dänemark gelegene und seinen Ursprung vermutlich im letzten Drittel des 12. Jahrhunderts habende Schleswiger Domkapitel verfügte ebenfalls über kein entsprechendes Hochstift. Auch hinsichtlich des Rechts der Bischofswahl traten Veränderungen auf. Das 1123/24 gegründete Gurker Domkapitel war das erste ohne Mitwirkungsrecht bei der Bischofsbestellung, das 1344 ins Leben gerufene Leitomischler Domkapitel das letzte, das sich das Wahlrecht sichern konnte. Während alle mit einem Hochstift verbundenen Domkapitel sich des Rechts der Bischofswahl erfreuten, taten dies mit den Domkapiteln von Prag, Schleswig, Lebus und Leitomischl auch Institutionen ohne Verbindung zu einem Hochstift.

Uneingeschränkt fortgesetzt hat sich der Verlust der Domkapitel an politischer Bedeutung bei den Gründungen der Frühen Neuzeit. Denn jetzt war an die Ausbildung neuer Hochstifte überhaupt nicht mehr zu denken. Daher standen die Domkapitel generell nicht mit einem reichsimmediaten geistlichen Territorium in Verbindung. Eine Ausnahme stellten diesbezüglich lediglich die 1752 beziehungsweise 1794 ins Leben gerufenen Domkapitel von Fulda und Corvey dar. Hier konnte die Reichsstandschaft der vormaligen Fürstabteien von den Bistümern übernommen werden. Diese beiden Domkapitel waren gleichzeitig auch die einzigen der in diesem Zeitraum entstandenen, die sich noch das Recht der Bischofswahl aneignen konnten. Alle anderen blieben von jeder Mitwirkung an der Bischofsbestellung ausgeschlossen.

4. Säkular- und Regularkleriker

Die überwiegende Zahl der Domkapitel setzte sich aus Säkularklerikern zusammen. Daneben gab es aber auch Institutionen, deren Mitglieder dem Regularklerus angehörten. Grundsätzlich betrachtet gab es zwei Ursachen für diesen Zustand: Zum einen war mit der Einführung regulierter Kanoniker das Ziel verbunden, die geistliche Disziplin innerhalb des Domkapitels zu fördern oder zu verbessern.[294] Zum anderen behielten bereits vor ihrer Einsetzung als Domkapitel bestehende regulierte Gemeinschaften ihre Ordensregel auch in ihrer neuen Aufgabe bei. Selbstverständlich gab es auch Mischformen der beiden genannten Ursachen.

Dargestellt werden sollen hier ausschließlich jene Domkapitel, deren Mitglieder innerhalb des Untersuchungszeitraumes dem Regularklerus zuzurechnen waren. Daher bleiben die monastischen Ausprägungen des Frühmittelalters ebenso außer

294 G. A. Huller, Persönlichkeit, 44f.; P. Schneider, Domkapitel, 46–48; P. Hinschius, System II, 57f.

Betracht wie die für das 12. Jahrhundert höchstens zu vermutende klösterliche Lebensform in Breslau und Schleswig.[295]

Augustiner-Chorherren-Orden

Standen im Allgemeinen die Ordensgemeinschaften der Regularkanoniker der Lebensweise der weltgeistlichen Domherren am nächsten, so waren es darunter die Augustiner-Chorherren, die von den regulierten Klerikern die größte Zahl an Domkapiteln besetzen konnten, nämlich sechs.

Das mit Abstand bedeutendste Domkapitel, das ihrer Ordensgemeinschaft zuzurechnen war, stellte jenes in Salzburg dar. Auf Betreiben Erzbischof Konrads I. wurde dort gegen den Willen der Mitglieder 1122 die Regel der Augustiner-Chorherren eingeführt. Nach fortschreitenden Verfallserscheinungen kam es 1515 gegen den Widerstand von Erzbischof Leonhard von Keutschach und einer energischen Minderheit der Domherren zur Transmutation in eine weltgeistliche Institution.

In unmittelbarem Zusammenhang mit dem Salzburger Domkapitel stand das von Gurk, das 1123/24 als Augustiner-Chorherren-Stift gegründet wurde. Obwohl um die Wende vom 16. zum 17. Jahrhundert seitens der Bischöfe Christoph Andreas Freiherr von Spaur und Sebastian Bartholomäus Graf von Lodron der Vorschlag auftauchte, auch Säkularkleriker aufzunehmen, sowie 1755 und 1777 die Aufgabe des Ordensstandes erwogen wurde, bewahrte das Gurker Domkapitel seine Regularverfassung bis zur Transmutation im Jahr 1787.

Ähnlich lagen die Verhältnisse in den Domkapiteln der drei übrigen Salzburger Eigenbistümer Chiemsee, Seckau und Lavant. In all diesen Orten bestand bereits ein Augustiner-Chorherren-Stift, das 1216 beziehungsweise 1218 und 1228 zum Domkapitel aufstieg. In Seckau gab es zwar um 1770 und um 1780 auf Betreiben von Bischof Joseph Philipp Graf von Spaur und Dompropst Johann von Poldt Überlegungen für eine Transmutation, letztlich aber blieb Seckau wie Chiemsee und Lavant bis zu seiner Auflösung reguliert.

Lediglich Episode blieb die Zugehörigkeit des Wiener Neustädter Domkapitels zum Orden der Augustiner-Chorherren. Hier wurde das Stift 1493 zusätzlich mit den Aufgaben des Domkapitels betraut, verlor diese Stellung aber bereits 1508 wieder und wurde erneut zu einem gewöhnlichen Stift.

Die kurzfristige Unterordnung des Kulmer Domkapitels unter die Ordensregel der Augustiner-Chorherren in den ersten Jahren seines Bestehens von 1251 bis 1264 fällt außerhalb des Untersuchungszeitraumes.

295 Die bereits in den Einzeldarstellungen der jeweiligen Domkapitel angeführten Literaturangaben werden an dieser Stelle nicht mehr wiederholt. Sie können in den entsprechenden Abschnitten eingesehen werden.

Prämonstratenser-Chorherren-Orden

Es verwundert nicht, dass auch der zweite große Chorherren-Orden zumindest vorübergehend einige Domkapitel besetzen konnte, wenn auch in geringerem Umfang als der Orden der Augustiner-Chorherren. Vier Domkapitel zählten zeitweise zu seinem Verfügungsbereich. Davon waren drei der sächsischen Zirkarie zugehörig, eines der böhmischen.

Zuerst fassten die Prämonstratenser-Chorherren in Brandenburg Fuß, wo ihr Stift in Leitzkau 1139 provisorisch mit den Aufgaben des Domkapitels bedacht wurde, ehe 1161 in Brandenburg selbst eine neue Niederlassung als Domkapitel gegründet wurde. Nachdem den Mitgliedern schon ab 1296 der Besitz von Privateigentum zugebilligt worden war, scheiterte 1447 ein von Kurfürst Friedrich II. von Brandenburg unternommener erster Transmutationsversuch. 1507 kam es schließlich unter dem Zusammenwirken von Kurfürst Joachim I. von Brandenburg und dem Domkapitel selbst zur Einführung des weltgeistlichen Standes.

Im benachbarten Havelberg lagen die Verhältnisse ähnlich. Hier wurde 1150 das Domkapitel bei seiner Wiedererrichtung als Prämonstratenser-Chorherren-Stift organisiert. Nachdem es ebenfalls Teil des unter Kurfürst Friedrich II. von Brandenburg gescheiterten Transmutationsprojektes von 1447 war, konnte der entsprechende Plan 1506/07 durch ein einmütiges Vorgehen Kurfürst Joachims I. von Brandenburg, Bischof Johannes von Schlabrendorffs und des Domkapitels selbst umgesetzt werden.

Mit Ratzeburg befand sich noch ein drittes norddeutsches Domkapitel in den Händen der Prämonstratenser-Chorherren, und zwar seit seiner Gründung im Jahr 1154. Die Ordensdisziplin lockerte sich im 14. Jahrhundert zusehends, 1372 gab man das gemeinsame Leben auf. Als erstes Domkapitel seines Ordens wurde es 1504 in ein weltgeistliches Domkapitel umgewandelt. Die treibenden Kräfte dahinter waren Herzog Johann IV. von Sachsen-Lauenburg und sein Sohn Magnus I.

Für das Lebuser Domkapitel ist um die Wende vom 15. zum 16. Jahrhundert die Mitgliedschaft von einzelnen Prämonstratenser-Chorherren überliefert. Einen größeren Einfluss erreichte der Orden aber nie.

Das war im Leitomischler Domkapitel anders. Das dort bereits bestehende Prämonstratenser-Chorherren-Stift wurde 1344 zum Domkapitel bestimmt. Nach der 1421 erfolgten Flucht des Domkapitels vor den Hussiten nach Zwittau konnte es dort bis 1554 nur mehr ein Schattendasein fristen.

Deutscher Orden

Zum Einflussgebiet des Deutschen Ordens zählten drei der vier preußischen Domkapitel. Allein das Ermländische Domkapitel konnte sich einer Übernahme durch den Orden auf Dauer entziehen.

Im Kulmer Domkapitel gelangte nach einer kurzen Zeit unter der Ordensregel der Augustiner-Chorherren 1264 die Regel des Deutschen Ordens zur Einführung. Allerdings führten kriegsbedingte Zerstörungen in den Jahren nach 1422 zur Aufgabe des gemeinsamen Lebens. Nachdem das Domkapitel 1466 unter die Oberhoheit des Königreiches Polen gefallen war, zog die politische Veränderung in den Siebzigerjahren des 15. Jahrhunderts die Transmutation des Domkapitels nach sich. Bischof Wincenty Kiełbasa bemühte sich um die Erlangung der entsprechenden Bulle.

Die beiden Domkapitel von Pomesanien und Samland waren während ihrer gesamten Bestandszeit von 1284/85 bis 1527 beziehungsweise von 1294 bis 1525 der Regel des Deutschen Ordens unterworfen.

Erwähnenswert erscheint in diesem Zusammenhang die Tatsache, dass im Kulmer Domkapitel, anders als in den Korporationen von Pomesanien und Samland, grundsätzlich auch Weltgeistliche mit einem Kanonikat betraut werden konnten. Allerdings musste ihrer Installation die Aufnahme in den Orden durch den Hochmeister unabdingbar vorausgehen.

Sonstige Ordensgemeinschaften

Von den übrigen Ordensgemeinschaften sind nur mehr der Orden der St.-Georgs-Ritter und der Benediktinerorden anzuführen. Sie vermochten jeweils für wenige Jahrzehnte ein Domkapitel zu besetzen.

Der Orden der St.-Georgs-Ritter betrachtete sich ab 1508 in der Nachfolge der Augustiner-Chorherren als Wiener Neustädter Domkapitel. Ohne allerdings je eine rechtsverbindliche Anerkennung seiner Stellung erhalten zu haben, musste er bereits 1534 wieder vom Dom weichen, womit auch das Domkapitel an sich ein vorläufiges Ende fand.

Die Fuldaer Domherren wiederum gehörten auch nach der Gründung des dortigen Domkapitels 1752 dem Benediktinerorden an, während in einem ähnlich gelagerten Fall in Corvey nach dem Aufstieg der dortigen Fürstabtei zum Bistum 1794 die Transmutation in den weltgeistlichen Stand verfügt wurde.

Überblick und Vergleich

Hinsichtlich der Besetzung von Domkapiteln mit Augustiner-Chorherren tritt deutlich Salzburg als Ausgangspunkt zutage. Hier unternahm man im 12./13. Jahrhundert den Versuch, die Klerikerdisziplin durch einen Rückgriff auf die Regel des Augustiner-Chorherren-Ordens zu heben. Die starke Abhängigkeit der Domkapitel von Gurk, Chiemsee, Seckau und Lavant vom ebenfalls regulierten Salzburger Domkapitel erklärt die Gleichschaltung dieser Institutionen hinsichtlich ihrer Verfassung. Die vorübergehende Beachtung der Ordensregel im Kulmer Domkapitel entsprach gleichfalls dem weit verbreiteten Reformgedanken jener Zeit, während die Erhebung des Wiener Neustädter Augustiner-Chorherren-Stiftes zum Domkapitel letztlich eine historische Zufälligkeit war.

Auch außerhalb des Untersuchungsraumes lassen sich Beispiele für nach der Regel der Augustiner-Chorherren organisierte Domkapitel finden. Die vor einem dem reformorientierten Salzburger Umfeld des 12./13. Jahrhunderts ähnlichen

Hintergrund gegründeten Domkapitel von Lund,[296] Roskilde,[297] Ribe[298] und Dorpat[299] gaben den Regularstand allerdings rasch wieder auf. Das Viborger Domkapitel hingegen blieb der Ordensregel bis zu der von Papst Martin V. 1440 bestätigten Transmutation in eine weltgeistliche Einrichtung treu.[300] Das Rigische Domkapitel war vor allem aus politischen Ursachen einem mehrmaligen Wechsel seiner Verfassung unterworfen, weshalb dort während dreier Zeiträume die Ordensregel der Augustiner-Chorherren Geltung besaß, zuerst von der Gründung im ausgehenden 12. Jahrhundert bis 1209, dann zwischen 1373 und 1394, schließlich zwischen 1423 und 1451.[301]

Bei jenen Domkapiteln, die der Regel der Prämonstratenser-Chorherren unterworfen waren, lässt sich Magdeburg als Ursprungsort namhaft machen. Obwohl das Domkapitel selbst dort eine weltgeistliche Einrichtung blieb, strahlten die Reformbestrebungen des Magdeburger Erzbischofs Norbert von Xanten noch über die erste Hälfte des 12. Jahrhunderts hinaus aus, was dazu führte, dass die Domkapitel von Brandenburg, Havelberg und Ratzeburg als Prämonstratenser-Chorherren-Stifte gegründet wurden. Auch das Leitomischler Domkapitel entstammte letztlich derselben geistesgeschichtlichen Strömung. Dort führte man 1145 die Ordensregel ein, die auch noch beachtet wurde, als das Prämonstratenser-Chorherren-Stift 1344 zum Domkapitel aufstieg.

Jenseits der Grenzen des Untersuchungsraumes lagen weitere seit dem 12./13. Jahrhundert dem Orden der Prämonstratenser-Chorherren angeschlossene Domkapitel,

---

296 L. Helveg, Domkapitler, 11f.

297 L. Helveg, Domkapitler, 12f.

298 L. Helveg, Domkapitler, 9f.; P. Terpager, Ripa, 118, 121.

299 T. Lukas, Tartu, 41, 141f.; B. Jähnig, Die Verfassung der Domkapitel der Kirchenprovinz Riga, in: B. Jähnig, Probleme, 61f., 70; B. Jähnig, Bistum Leal/Dorpat, in: E. Gatz, Bistümer, 186; A. Gernet, Verfassungsgeschichte, 43f., 46; C. Torklus, Formierung I, 143.

300 L. Helveg, Domkapitler, 15f., 54; T. S. Nyberg, Kirche, 79f.

301 T. Kallmayer, Geschichte der Habits-Veränderungen des Rigischen Domcapitels, in: MGGLEK 2 (1842), 206f., 214f., 217, 219, 223, 228, 232f., 250f., 252–262, 264–268, 285–295, 334–340; B. Jähnig, Die Verfassung der Domkapitel der Kirchenprovinz Riga, in: B. Jähnig, Probleme, 58, 70; M. Glauert, Die Bindung des Domkapitels von Riga an die Regel des Deutschen Ordens, in: R. Biskup/M. Glauert, Domkapitel, 269, 272f., 276–278, 282, 296, 299; B. Jähnig, Erzbistum Riga, in: E. Gatz, Bistümer, 623–626; C. Mettig, Zur Verfassungsgeschichte des Rigaschen Domcapitels, in: MGGLEK 12 (1880), 509f., 515, 517 520; C. Mettig, Bemerkungen zur Geschichte des Rigaschen Domkapitels, in: SGGAOR 1911, 388; C. Torklus, Formierung I, 95f., 99f.

nämlich die von Whithorn,[302] Børglum,[303] Riga,[304] und Semgallen.[305] Von diesen vier Domkapiteln befolgten freilich nur die von Børglum und Whithorn die Ordensregel über einen längeren Zeitraum, Børglum bis 1536 und Whithorn bis 1560. Das Semgallener Domkapitel ging spätestens um die Mitte des 13. Jahrhunderts überhaupt unter, das Rigische wechselte 1373 zur Regel des Augustiner-Chorherren-Ordens.

Die Zugehörigkeit des Deutschen Ordens zur Gruppe jener Ordensgemeinschaften, die zugleich auch Domkapitel besetzen konnten, erklärt sich vor allem durch die politischen Umstände. Dies zeigt sich deutlich in der geographischen Beschränkung der diesem Orden eigenen Domkapitel auf die Gebiete Preußens und Livlands, also jene Region, die im unmittelbaren Einflussbereich des Deutschordensstaates lag. Deshalb standen die in der zweiten Hälfte des 13. Jahrhunderts entstandenen Domkapitel von Kulm, Pomesanien und Samland unter der Regel des Deutschen Ordens. Das zur gleichen Zeit entstandene Ermländische Domkapitel konnte sich hingegen durch das hohe Maß an Selbstständigkeit, die dieses Bistum gegenüber dem Orden besaß, dieser Entwicklung erfolgreich entziehen. Beispielgebend für die Organisation aller dem Deutschen Orden unterstehenden Domkapitel war das Kulmer Domkapitel, das als einzige Institution bereits vor den 1283 endgültig niedergeschlagenen Prußenaufständen Bestandteil des Ordens war und dadurch zum Vorbild für alle späteren Gründungen wurde.

Außerhalb des Untersuchungsraumes stellten die mehrfachen Verfassungswechsel im Rigischen Domkapitel stets auch ein Spiegelbild der wechselnden machtpolitischen Einflussmöglichkeiten des Deutschen Ordens dar. Zwischen 1394 und 1423 sowie von 1451 bis zu seinem Untergang 1566 zählte das Domkapitel zum Deutschen Orden. Allerdings zeigten sich auch hier, ähnlich wie in Ratzeburg, Havelberg, Brandenburg und Salzburg, zu Beginn des 16. Jahrhunderts Tendenzen zur Aufhebung des Regularstandes, die sich in Riga jedoch auf die Aufgabe des gemeinschaftlichen Lebens und die Vermögensteilung beschränkten.[306] Erfolgreicher als in Riga war

302 A. Kugler-Simmerl, Bischof, 48.

303 L. Helveg, Domkapitler, 16f., 54; T. Nyberg, Kirche, 79.

304 T. Kallmayer, Geschichte der Habits-Veränderungen des Rigischen Domcapitels, in: MGGLEK 2 (1842), 219–221, 223, 228, 249–252, 255–262, 264–273, 334–340; M. Glauert, Die Bindung des Domkapitels von Riga an die Regel des Deutschen Ordens, in: R. Biskup/M. Glauert, Domkapitel, 269, 282–284, 296; B. Jähnig, Die Verfassung der Domkapitel der Kirchenprovinz Riga, in: B. Jähnig, Probleme, 70; C. Mettig, Zur Verfassungsgeschichte des Rigaschen Domcapitels, in: MGGLEK 12 (1880), 510; C. Torklus, Formierung I, 94f.

305 B. Jähnig, Die Verfassung der Domkapitel der Kirchenprovinz Riga, in: B. Jähnig, Probleme, 60f.; B. Jähnig, Bistum Semgallen, in: E. Gatz, Bistümter, 689.

306 T. Kallmayer, Geschichte der Habits-Veränderungen des Rigischen Domcapitels, in: MGGLEK 2 (1842), 207, 214f., 217, 252–255; B. Jähnig, Die Verfassung der Domkapitel der Kirchenprovinz Riga, in: B. Jähnig, Probleme, 58, 70; M. Glauert, Die Bindung des Domkapitels von Riga an die Regel des Deutschen Ordens, in: R. Biskup/M. Glauert, Domkapitel, 269, 273, 276–278; C. Mettig, Zur Verfassungsgeschichte des Rigaschen

der Deutsche Orden im Bistum Kurland. Dort konnte das in mehreren Anläufen gegründete Domkapitel 1290 der Regel des Deutschen Ordens unterworfen werden, die ebenfalls bis zum Ende der Institution 1561 Beachtung fand.[307] Die enge Verflochtenheit zwischen politischer Macht und kirchlichen Verhältnissen zeigte sich auch hinsichtlich der Aufgabe der Ordensregel. Diese erfolgte im Kulmer Domkapitel unmittelbar nach dem Wechsel unter die Oberhoheit des Königreiches Polen in den Siebzigerjahren des 15. Jahrhunderts. Politisch bedingt war auch das Ende der Domkapitel von Samland und Pomesanien, das im Zuge der Umwandlung des südlichen Teils des Deutschordensstaates in das Herzogtum Preußen 1525 beziehungsweise 1527 eintrat. Dasselbe ereignete sich 1561 mit dem Kurländischen[308] und 1566 mit dem Rigischen Domkapitel,[309] als aus den nördlichen Teilen des Deutschordensstaates die Herzogtümer Kurland und Livland entstanden.

Dass der nach dem Vorbild des Deutschen Ordens ebenfalls nach den Grundsätzen der Regel des Heiligen Augustinus organisierte St.-Georgs-Ritterorden[310] kurzfristig zwischen 1508 und 1534 das Wiener Neustädter Domkapitel zu besetzen vermochte, hing mit der speziellen Lage vor Ort zusammen, insbesondere mit der engen Verwobenheit der verschiedenen von Kaiser Friedrich III. dort gegründeten kirchlichen Einrichtungen. Einen prägenden Einfluss konnte der Ritterorden freilich nicht entfalten.

Während die Mitglieder der Ordensgemeinschaften der Augustiner-Chorherren, der Prämonstratenser-Chorherren, des Deutschen Ordens und der St.-Georgs-Ritter als Regularkanoniker dem Stand der Säkularkanoniker, mit denen die Domkapitel üblicherweise besetzt waren, verhältnismäßig nahekamen, bestand zu den Mönchen des Benediktinerordens doch ein beträchtlicher verfassungsmäßiger Unterschied. Das mag erklären, dass es nur in äußerst seltenen Fällen zur Besetzung von Domkapiteln mit Benediktinern kam. Neben dem Fuldaer Domkapitel traf dies außerhalb des Untersuchungsraumes auch für das in Odense zu. Während in Fulda die Ordenszugehörigkeit des Domkapitels dessen langer Vorgeschichte als Benediktinerabtei geschuldet war und letztlich nur rund fünf Jahrzehnte währte, bestand sie in Odense deutlich länger. Das dortige Kloster wurde Ende des 11. Jahrhunderts gegründet und übernahm bald danach die Aufgaben eines Domkapitels. Da eine von Bischof Carl

---

Domcapitels, in: MGGLEK 12 (1880), 509, 515, 517, 520; C. Torklus, Formierung I, 95f., 100.

307 E. Hertwich, Das Kurländische Domkapitel bis 1561, in: R. Biskup/M. Glauert, Domkapitel, 167, 169f., 177f., 213; B. Jähnig, Die Verfassung der Domkapitel der Kirchenprovinz Riga, in: B. Jähnig, Probleme, 63, 68–70; B. Jähnig, Bistum Kurland, in: E. Gatz, Bistümer, 327; C. Torklus, Formierung I, 125–127.

308 M. Glauert, Domkapitel, 196.

309 M. Glauert, Die Bindung des Domkapitels von Riga an die Regel des Deutschen Ordens, in: R. Biskup/M. Glauert, Domkapitel, 269; T. Kallmayer, Geschichte der Habits-Veränderungen des Rigischen Domcapitels, in: MGGLEK 2 (1842), 252; C. Torklus, Formierung I, 96.

310 W. F. Winkelbauer, Georgs-Ritterorden, 4; F. Katzettl, Neustadt, 24f.

Rønnow und König Christian I. von Dänemark angeregte und von Papst Sixtus IV. 1474 bereits bestätigte Transmutation in ein weltgeistliches Domkapitel letztlich am Widerstand der betroffenen Mönche scheiterte, fand die Ordensverfassung erst 1538 im Zuge der Einführung der Reformation ein Ende.[311]

5. Konfessionelle Verhältnisse

Eine der großen und folgenreichen Veränderungen während des Untersuchungszeitraumes war die Reformation und die damit verbundene Glaubensspaltung innerhalb des Reiches. Selbstverständlich beeinflusste der dadurch ausgelöste Prozess der Konfessionsbildung auch die Verhältnisse innerhalb nicht weniger Domkapitel. Die zwölf erst nach dem Reformationszeitalter gegründeten Domkapitel von Brünn, Budweis, Corvey, Fulda, Görz, Gradisch, Graz, Königgrätz, Leitmeritz, Leoben, Linz und St. Pölten bleiben hier selbstverständlich außer Betracht.[312]

Katholisch gebliebene Domkapitel

Von den restlichen 62 Domkapiteln konnten insgesamt 40 ihren katholischen Charakter trotz der vielfältigen religiösen Umbrüche wahren, doch unter völlig verschiedenen Begleiterscheinungen.

So gab es eine Gruppe von 27 Domkapiteln, die von den Auswirkungen der Reformation wenig bis gar nicht berührt wurden. Zwar kam es durchaus vor, dass sich einzelne Domherren auch über einen längeren Zeitraum dem Protestantismus zuwandten, sich die wirtschaftlichen Verhältnisse vorübergehend eintrübten oder sich der Nachwuchs schwerer rekrutieren ließ, doch blieb der katholische Charakter der Institutionen uneingeschränkt bewahrt. Dazu zählten die Domkapitel von Bamberg, Breslau, Brixen, Chiemsee, Eichstätt, Ermland, Freising, Gurk, Köln, Kulm, Laibach, Lavant, Lüttich, Mainz, Metz, Olmütz, Passau, Salzburg, Seckau, Sitten, Toul, Trient, Trier, Verdun, Wien, Wiener Neustadt und Würzburg.

Entschieden spürbarer von den religiösen Veränderungen getroffen wurden jene Domkapitel, die zur Wahrung ihres katholischen Konfessionsstandes ihren Kapitelsitz verlassen und ins Exil gehen mussten, zumal damit stets beträchtliche wirtschaftliche Einbußen einhergingen. Am längsten hatte diesbezüglich das Basler Domkapitel zu leiden, das ab 1529 zuerst in Neuenburg und dann in Freiburg im Breisgau Zuflucht suchte. Von dort wechselte es 1678 nach Arlesheim. Eine Rückkehr in das calvinistische Basel war ausgeschlossen. Kürzer währte das Exil des Konstanzer Domkapitels, das 1526 nach Meersburg, 1527 nach Überlingen und 1542 nach Radolfzell ging. Ab 1551 nahm es seine Amtsgeschäfte offiziell wieder am

311 L. Helveg, Domkapitler, 17–20; T. Nyberg, Kirche, 79f., 166; A. Krarup/J. Lindbæk, Acta IV, 76–80, 420–422, 459–462.

312 Die bereits in den Einzeldarstellungen der jeweiligen Domkapitel angeführten Literaturangaben werden an dieser Stelle nicht mehr wiederholt. Sie können in den entsprechenden Abschnitten eingesehen werden.

angestammten Kapitelsitz wahr. Das Augsburger Domkapitel verbrachte die Jahre von 1537 bis 1547 in Dillingen. Das Exil des Münsterischen Domkapitels dauerte mit den Jahren von 1532 bis 1535 deutlich kürzer, ebenso der ab 1529 erforderliche Aufenthalt der nichtbündnerischen Mehrheit der Churer Domherren in Feldkirch. Außerhalb des Untersuchungsraumes ist hier etwa das Genfer Domkapitel anzuführen. Nachdem dort 1535 die letzten Domherren ihren angestammten Kapitelsitz verlassen hatten, sammelte man sich kurzfristig in Seyssel sowie ab 1536 in Annecy. Unter dem beinahe vollständigen Verlust aller Besitzungen fristete das Domkapitel ein bescheidenes Dasein in der Fremde. An eine Rückkehr ins calvinistische Genf war nicht mehr zu denken. Erst 1772 konnte das Domkapitel in Annecy mit der bis dahin dem Franziskanerorden gehörenden Kirche wieder eine eigene Kathedrale in Besitz nehmen.[313]

Fanden die meisten Exilsaufenthalte der katholisch gebliebenen Domkapitel nach spätestens gut zwei Jahrzehnten ihr Ende, so blieben andere Auswirkungen der Reformation länger bestehen. Vielfach schloss sich nämlich die das Domkapitel beherbergende Stadt der Reformation an, sodass die Institute in einem konfessionell entgegengesetzten Umfeld leben mussten. Neben dem calvinistisch geprägten Chur wurden die Städte Hildesheim, Regensburg, Speyer und Worms auf Dauer protestantisch. Lediglich für die zweite Hälfte des 16. Jahrhunderts galt dies auch für Paderborn, während Konstanz bereits vor der Mitte des 16. Jahrhunderts wieder dem Katholizismus zugeführt wurde. Augsburg hingegen wurde zu einer paritätischen Stadt. Osnabrück war als bikonfessionelle Stadt anzusehen, desgleichen Straßburg in der Zeit nach der Eroberung durch das Königreich Frankreich im Jahr 1681. In einer ähnlichen Lage wie die soeben angeführten Domkapitel, wenn auch unter anderen Vorzeichen, befand sich zudem das Bremer Domkapitel, das sich als lutherische Einrichtung inmitten einer calvinistischen Stadt behaupten musste.

Ungleich mehr beeinträchtigt durch religiöse Spannungen wurde das Prager Domkapitel, allerdings bereits ab dem 15. Jahrhundert. Während der Hussitenkriege floh das Domkapitel zuerst von 1421 bis 1437 nach Zittau, dann von 1448 bis 1453, von 1467 bis 1472, 1478 sowie letztmalig 1483/84 nach Pilsen. Obwohl es in Prag erst wieder ab 1561 einen katholischen Erzbischof gab und das Domkapitel in dieser Zeit schwerste wirtschaftliche und personelle Beeinträchtigungen hinnehmen musste, konnte es seine Existenz aufrechterhalten und auch die Verwaltung der katholisch gebliebenen Teile des Erzbistums besorgen.

Schließlich gab es noch zwei Domkapitel, denen ihre Glaubenstreue letztlich den Untergang bescherte. Bereits in hussitischer Zeit musste das Leitomischler Domkapitel 1421 seinen Kapitelsitz räumen und nach Zwittau flüchten. Dort vermochten sich bis 1554 zwar noch Reste der Korporation zu halten, von einem geordneten Kapitelleben konnte allerdings keine Rede mehr sein. Ein ähnliches

---

313 J. Mercier, Le Chapitre de Saint-Pierre de Genève, in: MDAS 14 (1891), 166, 169, 171f., 174, 179, 181–183, 204–207, 219f., 284–286, 288; L. Binz, Le Chapitre cathédral de Genève (XIe–XVIe siècle), in: J.-P. Renard, Diocèse, 217, 221.

Schicksal erlitt ein gutes Jahrhundert später das Lausanner Domkapitel, das 1537 nach Évian übersiedelte. Seine letzten Spuren verlieren sich gut 20 Jahre danach.

Obwohl sich in den Sechziger- und Siebzigerjahren des 16. Jahrhunderts in den Domkapiteln von Münster und Paderborn eine protestantische Mehrheit fand, konnten diese beiden Institutionen letztlich doch der katholischen Seite erhalten bleiben.

Hingegen blieben die während des Dreißigjährigen Krieges um 1630 durch vorübergehende militärische Erfolge Kaiser Ferdinands II. ausgelösten Rekatholisierungsmaßnahmen in den Domkapiteln von Halberstadt, Magdeburg und Verden ohne jede anhaltende Wirkung. Dafür konnte das Straßburger Domkapitel nach der Eroberung durch das Königreich Frankreich 1687 wieder vollständig dem Katholizismus zugeführt werden. Das nach einer langen Phase der Indifferenz während der zweiten Hälfte des 16. Jahrhunderts im Laufe der ersten Hälfte des 17. Jahrhunderts ausnahmslos katholisch gewordene Osnabrücker Domkapitel wurde hingegen nach dem Westfälischen Frieden von 1648 zu einer gemischtkonfessionellen Korporation.

Um den Konfessionsstand dauerhaft für die katholische Seite abzusichern, forderte Papst Pius IV. 1564 im Anschluss an eine im Jahr zuvor durch das Konzil von Trient erlassene Bestimmung, in Zukunft von angehenden Kanonikern das Ablegen der Professio fidei zu verlangen.[314] Der Glaubenseid sollte die Aufnahme von dem Protestantismus anhängenden oder damit liebäugelnden Personen bereits im Vorfeld ausschließen. Die tatsächliche Einführung der Professio fidei in den einzelnen Domkapiteln verzögerte sich mitunter gehörig. Dafür konnten die konfessionell nicht eindeutigen Verhältnisse innerhalb des Kapitels genauso die Ursache sein wie die schwach ausgeprägte Reformbegeisterung der katholischen Domherren oder die geringe tatsächliche Gefährdung des Domkapitels durch den Protestantismus. Jedenfalls lässt sich die Einführung eines Glaubenseides im Domkapitel für Basel bereits 1551, für Ermland 1565, für Speyer 1569, für Würzburg 1570, für Bamberg und Mainz 1572, für Paderborn 1580, für Münster 1583, für Straßburg 1586, für Köln 1599, für Kulm 1601 sowie für Osnabrück 1615 belegen.

Protestantisch gewordene Domkapitel

Mit 17 Domkapiteln entschied sich ein gutes Viertel der in der Reformationszeit bestehenden Domkapitel für den Übertritt zum Protestantismus. Jedoch zeigt sich auch hier kein einheitliches Bild.

Betrachtet man den konfessionellen Umschwung chronologisch, so zeigt sich, dass die Domkapitel von Samland und Pomesanien bereits in den Zwanzigerjahren des 16. Jahrhunderts protestantisch wurden. In den Dreißigerjahren folgten Cammin und Hamburg, in den Vierzigerjahren Meißen und Schleswig. Während der Vierziger- und Fünfzigerjahre setzte sich der Protestantismus in den Domkapiteln

314 J. Wohlmuth, Dekrete III, 766; P. Schneider, Domkapitel, 307; E. Wolgast, Hochstift, 310, 312.

von Brandenburg, Bremen, Havelberg und Naumburg durch. In Schwerin brachten die Fünfzigerjahre den Umschwung, in Lebus und Merseburg die Fünfziger- und Sechzigerjahre, in Magdeburg und Ratzeburg die Sechzigerjahre. Das Verdener Domkapitel folgte während der Sechziger- und Siebzigerjahre. Ein letzter Erfolg war der Reformation in Utrecht beschieden, dessen Domkapitel sich in den Achtzigerjahren dem Calvinismus zuwandte.

Durchaus nicht alle Domkapitel standen dem Konfessionswechsel zustimmend gegenüber. So gingen die Domkapitel von Bremen 1532/33 und von Magdeburg 1546 bis 1558 mit dem Ziel, ihre katholische Konfession zu bewahren, ins Exil. In Brandenburg hielt sich im Domkapitel der Widerstand gegen den Konfessionswechsel bis 1557. Auch die Domkapitel von Lebus und Verden zeigten anfangs wenig Begeisterung für die religiösen Neuerungen. Die Gegenwehr des Samländischen Domkapitels, die zur Gefangennahme der Domherren führte, und des Hamburger Domkapitels, das bis 1561 einen Prozess am Reichskammergericht in Speyer führte, dürfte freilich mehr dem drohenden Verlust angestammter Rechte geschuldet gewesen sein als rein religiösen Ursachen.

Der Übergang zum Protestantismus erfolgte im Allgemeinen schleichend. Ausnahmen diesbezüglich stellten lediglich die Domkapitel von Samland und Pomesanien dar, in denen die Reformation rasch zum Durchbruch gelangte. Ansonsten kam es nach und nach zu Übertritten unter den Domherren beziehungsweise zu gezielten konfessionsgebundenen Nachbesetzungen vakanter Kanonikate. Eine Amotion von am Katholizismus festhaltenden Domherren wurde nicht vorgenommen. Dadurch und durch die freie Ausübung der Kollationsrechte konnten sich in den verschiedenen Domkapiteln durchaus noch längere Zeit katholische Domherren halten. In Cammin war dies bis in die Fünfzigerjahre des 16. Jahrhunderts der Fall, in Hamburg, Havelberg und Merseburg bis in die Sechzigerjahre. In Naumburg verschwanden die letzten Katholiken im Laufe der Siebzigerjahre. Die Domkapitel von Bremen und Verden hatten noch bei ihrer Auflösung im Jahr 1649 katholische Mitglieder. Bis über die Mitte des 17. Jahrhunderts fanden sich katholische Domherren in Utrecht, zudem bis 1661 in Magdeburg und gar bis 1671 in Brandenburg.

Die fortschreitende konfessionelle Abgrenzung führte dazu, dass sich einige Domkapitel entschlossen, von ihren Mitgliedern einen Konfessionseid oder Religionsrevers zu verlangen. Mit dieser Bestimmung wollte man, ähnlich wie mit der Professio fidei auf katholischer Seite, die Aufnahme von anderskonfessionellen Personen zukünftig unterbinden. Eine entsprechende Festlegung auf das Augsburger Bekenntnis erfolgte in Cammin 1576/79, in Havelberg und Ratzeburg 1581, in Merseburg 1613, zudem auch in Naumburg. Der vom Magdeburger Domkapitel Ende des 16. Jahrhunderts eingeführte Konfessionseid beschränkte sich auf die Kapitulare. Das Utrechter Domkapitel forderte ab 1622 einen Eid auf das calvinistische Bekenntnis. Die entsprechende Bereitschaft vorausgesetzt, nahm man hier allerdings auch Lutheraner und Mennoniten auf. Umgekehrt waren im Halberstädter Domkapitel Calvinisten nicht ausgeschlossen.

Systemisiert gemischtkonfessionelle Domkapitel

Hinsichtlich der gemischtkonfessionellen Domkapitel ist vorauszuschicken, dass angesichts der vorhin geschilderten Entwicklungen streng genommen so gut wie jedes Domkapitel über einen mehr oder weniger langen Zeitraum als gemischtkonfessionell zu betrachten ist. Allerdings soll der Begriff hier auf jene Institutionen eingeengt werden, die rechtlich verbindlich zwei verschiedene Konfessionen in sich bargen und über entsprechende systemisierte Stellen verfügten. Das waren die fünf Domkapitel von Halberstadt, Lübeck, Minden, Osnabrück und bis 1687 Straßburg.[315]

Die vier erstgenannten Domkapitel verband eine ähnliche Entwicklung, wenn auch mit unterschiedlichen Vorzeichen. Während sich in Osnabrück ab den Achtziger- und Neunzigerjahren des 16. Jahrhunderts allmählich die katholische und in Minden die protestantische Seite durchzusetzen begann, konnte sich in Halberstadt und Lübeck erst in den Neunzigerjahren eine protestantische Mehrheit bilden. Daneben hielt sich in allen vier Domkapiteln jeweils eine anderskonfessionelle Minderheit. In der ersten Hälfte des 17. Jahrhunderts begannen vor allem in Halberstadt intensivere Bemühungen, die katholische Konfession gänzlich auszuschließen, während sich in Minden etwa gleichzeitig die konfessionellen Verhältnisse noch einmal umkehrten. Bis zum Westfälischen Frieden von 1648 konnten daher die Katholiken in Minden und die Protestanten in Halberstadt deutliche Vorteile für sich erzielen. In Osnabrück und Lübeck war das Kräfteverhältnis der Konfessionen schon länger eindeutig zugunsten der Katholiken beziehungsweise der Protestanten entschieden. Die Bestimmungen des Westfälischen Friedens machten schließlich durch die Festlegung eines Normaljahres, 1624 für Lübeck, Minden und Osnabrück sowie 1627 für Halberstadt, alle späteren Entwicklungen belanglos. Dadurch und durch die dazugehörigen Ausführungsvereinbarungen wurden die Domkapitel von Halberstadt und Lübeck zu mehrheitlich protestantischen Einrichtungen mit verbindlich je vier katholischen Mitgliedern. Im Osnabrücker Domkapitel hingegen bestand eine katholische Mehrheit mit drei für Protestanten systemisierten Stellen. Das Mindener Domkapitel setzte sich schließlich aus elf Katholiken und sieben Protestanten zusammen. Allerdings sah sich die katholische Mehrheitsfraktion in der Stadt einem so gut wie geschlossen protestantischen Umfeld gegenüber.

Einen Sonderfall unter den gemischtkonfessionellen Domkapiteln stellte das Straßburger dar. Auch hier waren die konfessionellen Verhältnisse in den Achtziger- und Neunzigerjahren des 16. Jahrhunderts noch nicht eindeutig geklärt, obgleich die katholischen Domherren sich stets in der Mehrheit befanden. Ein Ende der seit 1583 teils mit Waffengewalt ausgetragenen Auseinandersetzungen brachte 1604 der Vertrag von Hagenau. Darin wurde zwar keine Systemisierung protestantischer Kanonikate vereinbart, jedoch wurde den damals acht protestantischen Domherren für die

315 H. Rüthing, Das Domkapitel Minden als konfessionell gemischtes Stift, in: F. J. Felten/ N. Jaspert, Vita, 767; M. Schwartz, „Das Dorado des deutschen Adels" – Die frühneuzeitliche Adelskirche in interkonfessionell-vergleichender Perspektive, in: GG 30 (2004), 632.

kommenden 15 Jahre der Genuss ihrer Einkünfte und Wohnungen rechtsverbindlich zugesichert. Eine 1620 vorgenommene Verlängerung des Hagenauer Vertrages lief 1627 aus. Damit fand die personenbezogene Systemisierung von Protestanten im Domkapitel ein Ende. Durch die wirtschaftliche und residenzmäßige Aufspaltung des Domkapitels in einen katholischen und einen protestantischen Teil könnte man für diesen Zeitraum vom Straßburger Domkapitel auch von einer getrenntkonfessionellen Institution sprechen.

Der Westfälische Friede von 1648 brachte für das Straßburger Domkapitel eine neuerliche Veränderung. Dieses Mal wurden je zwei Kanonikate den protestantischen Häusern Braunschweig-Lüneburg und Mecklenburg-Schwerin zugesprochen, im ersten Fall personenbezogen, im zweiten Fall erblich. Alle Inhaber dieser Kanonikate bezogen allerdings lediglich die Einkünfte und genossen darüber hinaus keine Rechte im Kapitel. Diese Systemisierung zugunsten der Protestanten wurde nach der Eroberung Straßburgs durch das Königreich Frankreich 1687 für nicht weiter bestehend erklärt. Seitdem war das Straßburger Domkapitel uneingeschränkt katholisch.

Langwierige Konfessionalisierung

Die geschilderten Entwicklungen machen deutlich, dass sich der Prozess der Konfessionalisierung innerhalb der Domkapitel im Allgemeinen recht langwierig gestaltete und mitunter gegenüber der allgemeinen Verbreitung der Reformation deutlich verzögert eintrat.[316] Eine Ausnahme bildeten diesbezüglich vor allem die Domkapitel von Samland und Pomesanien, in denen sich der Protestantismus zügig Bahn brach. Die durch die Ordensverfassung im Vergleich mit anderen Institutionen weit straffere und geschlossenere Organisation mag zu einer rascheren Abkehr vom katholischen Glauben beigetragen haben. Da man protestantischerseits vielfach für die Domkapitel keinen weiteren Bedarf und Nutzen mehr sah, war es nur folgerichtig, diese Einrichtungen gänzlich aufzulösen und deren Vermögen zum Vorteil der Staatskasse einzuziehen, wie es denn auch in Samland und Pomesanien prompt geschah.

Doch bald begann sich diesbezüglich eine andere Auffassung unter den protestantischen Theologen durchzusetzen. Nach ersten Ansätzen in seiner Adelsschrift 1520 stellte sich Martin Luther der in den Zwanzigerjahren des 16. Jahrhunderts häufig vertretenen Säkularisationsvorstellung entgegen. Hinsichtlich der Domkapitel schien es ihm nicht erstrebenswert zu sein, das Vermögen der geistlichen Institutionen einer weiteren kirchlichen Nutzung verloren gehen zu lassen. Aus Rücksicht auf die Bedürfnisse des sich um den Unterhalt seiner nachgeborenen Söhne sorgenden Adels sowie aus Nutzbarmachung der vorhandenen finanziellen Möglichkeiten für die Besoldung kirchlicher Amtsträger wollte Luther daher die Domkapitel erhalten wissen. Zusammen mit der als unerlässlich erachteten Forderung nach einer entsprechenden inneren und äußeren Reform der Domkapitel

---

316 R. Oer, Konfessionell gemischte Dom- und Stiftskapitel in Nordwestdeutschland, in: J. Schröder/R. Salzmann, Beiträge, 131.

setzte sich die Ansicht Luthers im protestantischen Lager weitgehend durch.[317] Dies zeigt sich unter anderem auch dadurch, dass im Zuge der Einführung der Reformation mit Ausnahme des Lebuser Domkapitels keine weitere solche Einrichtung mehr aufgelöst wurde. Trotzdem mochte die Befürchtung, mit der Pfründe den Lebensunterhalt zu verlieren, nicht wenige Domherren von einem raschen Konfessionswechsel abgehalten oder in einer indifferenten Haltung haben verharren lassen.[318] Auch die Sorge über einen möglichen Verlust der korporativen Rechte des Domkapitels minderte die Bereitschaft, sich dem Protestantismus anzuschließen. Die sich mitunter über mehrere Jahrzehnte erstreckende Mitgliedschaft der Domherren im Domkapitel sorgte hinsichtlich einer konfessionellen Geschlossenheit des Gremiums für eine zusätzliche Verzögerung, wenn Kanoniker ihrer angestammten Konfession dauerhaft treu blieben.

Von protestantischer Seite vor allem in den Dreißiger- und Vierzigerjahren des 16. Jahrhunderts angestellte Überlegungen, die Existenzberechtigung der Domkapitel durch die Zuweisung neuer Aufgaben zusätzlich zu untermauern, waren insgesamt wenig erfolgreich. Der 1534 auf dem Landtag in Treptow an der Rega für das Camminer Domkapitel angedachte Vorschlag, die Präbenden je zur Hälfte zur Besoldung herzoglicher Räte beziehungsweise zur Unterstützung Studierender zu verwenden, wurde gar nicht erst umgesetzt.[319] Das gleiche Schicksal erfuhr der 1541 für das Naumburger Domkapitel aufgestellte Torgauer Entwurf. Er sah die Umwandlung des Domkapitels in ein Konsistorium vor, das sich neben gebildeten Adeligen aus sechs Juristen, drei Theologen und einem Mediziner zusammensetzten sollte.[320] Etwas mehr Erfolg war den Umgestaltungsbemühungen in Schleswig gegönnt. Mit der Kirchenordnung des Jahres 1542 sollte von den Domherren in Zukunft jeweils die Hälfte im Bildungsbereich beziehungsweise als Konsistorium im Verwaltungsdienst tätig sein. Die Teilung des Herzogtums Schleswig 1544 bescherte dieser Änderung allerdings keine lange Wirksamkeit. Danach konnte das Domkapitel nur noch für das Teilherzogtum Schleswig-Holstein-Gottorf bis 1595 als Konsistorium amtieren.[321] Dem Brandenburger Domkapitel wiederum erwuchs 1704 mit der Gründung einer Ritterakademie als Standesschule für den Adel eine zusätzliche Aufgabe.[322]

317 M. Schwartz, „Das Dorado des deutschen Adels" – Die frühneuzeitliche Adelskirche in interkonfessionell-vergleichender Perspektive, in: GG 30 (2004), 598–600; T. Willich, Wege, 87; E. Wolgast, Hochstift, 35f., 42, 49.

318 J. Heckel, Domstifter, 55; C. Hoffmann, Osnabrücker Domherren 1567–1624. Geistliche Karriereprofile im konfessionellen Zeitalter, in: OM 100 (1995), 12.

319 L. Kücken, Geschichte, 103f.; E. Wolgast, Hochstift, 209f.

320 E. Hoffmann, Naumburg, 122–125, 161.

321 H. N. A. Jensen, Geschichte des Schleswiger Domcapitels besonders nach der Reformation, in: ASKGS 2 (1834), 467–471, 474, 481; K.-P. Reumann, Grundherrschaft, 30f.

322 J.-M. Schulenburg, Die Gründung der Ritterakademie zu Brandenburg im Jahre 1704, in: BFDB 4 (2011), 6, 52f., 76f.; A. Schröder, Abriß, 21f.

Angesichts der Unzulänglichkeit der protestantischerseits unternommenen Reformversuche verwundert es nicht, dass sich die betreffenden Domkapitel in ihrem Charakter völlig wandelten. Die 14 das 16. Jahrhundert überdauernden protestantisch gewordenen Domkapitel verloren schließlich ihre geistliche Ausrichtung gänzlich. Ihre Pfründeneinkünfte dienten nunmehr vor allem zur finanziellen Versorgung verdienter Beamter, Offiziere und Diplomaten, während die Geistlichkeit mehr und mehr aus den Domkapiteln verschwand.[323] Den Höhepunkt dieser Entwicklung stellte das Hamburger Domkapitel dar, das schließlich ausnahmslos Juristen in seine Reihen aufnahm, womit Theologen ausdrücklich von einer Mitgliedschaft im Domkapitel ausgeschlossen blieben.

Eine weitere Steigerung der Verweltlichung der protestantischen Domkapitel stellte der Verkauf von Kanonikaten beziehungsweise von Exspektanzen darauf dar, mit Hilfe dessen man möglichst hohe Einnahmen für die Staatskasse zu lukrieren versuchte.[324] Besonders davon betroffen war das Utrechter Domkapitel, für das der Rat der Stadt 1706 beschloss, die ihm zur Vergabe zustehenden Kanonikate meistbietend zu verkaufen. Zwischen 1707 und 1747 geschah dies auch mit der Propstei, dem Thesaurariat und der Scholasterie.[325]

Gegenteilige Strömungen wie etwa eine 1597 vorgebrachte Beschwerdeschrift über die zunehmende Verweltlichung des Bremer Domkapitels blieben Einzelfälle ohne nennenswerte Auswirkungen auf die tatsächlichen Verhältnisse.[326]

6. Auflösung oder Fortbestand

Der Lauf der Geschichte mit seinen vielfältigen Wendungen brachte es unter anderem mit sich, dass während des Untersuchungszeitraumes immer wieder Domkapitel ihre Existenz einbüßten. Andere Einrichtungen wiederum überdauerten alle Wechselfälle der Geschichte und blieben in ihrem Bestand erhalten.[327]

Reformationszeitalter

Das erste Ereignis, das zu einer Verminderung der Anzahl der Domkapitel führte, war das Auftreten der Reformation und der damit verbundenen unruhigen Zeiten.

---

323 M. Schwartz, „Das Dorado des deutschen Adels" – Die frühneuzeitliche Adelskirche in interkonfessionell-vergleichender Perspektive, in: GG 30 (2004), 633.

324 H. Rüthing, Das Domkapitel Minden als konfessionell gemischtes Stift, in: F. J. Felten/N. Jaspert, Vita, 778; W. Schößler, Überblick über die Geschichte des Hoch- und Domstifts Brandenburg, in: Domstift Brandenburg, Jahre, 21.

325 N. N., Utrecht, Provincie, in: J. Kok, Woordenboek XXX, 157, 160.

326 U. Weidinger, Bremen – Domstift St. Petrus, in: J. Dolle, Klosterbuch I, 198.

327 Die bereits in den Einzeldarstellungen der jeweiligen Domkapitel angeführten Literaturangaben werden an dieser Stelle nicht mehr wiederholt. Sie können in den entsprechenden Abschnitten eingesehen werden.

Zum einen gab es mit den Domkapiteln von Samland und Pomesanien zwei Institutionen, denen man nach der Einführung des protestantischen Bekenntnisses jegliche Daseinsberechtigung absprach. Den beiden Domkapiteln schienen unter den geänderten konfessionellen Umständen keinerlei Aufgaben mehr geblieben zu sein. Sie wurden daher als überflüssig erachtet, bereits 1525 beziehungsweise 1527 aufgelöst und die Güter zugunsten des Herzogtums Preußen säkularisiert.

Andernorts erschütterten wirtschaftliche Einbrüche sowie vermehrte Schwierigkeiten, geistlichen Nachwuchs zu rekrutieren, die Domkapitel zusätzlich. Dazu kam mitunter noch das Schicksal des Exils. Vor diesem Hintergrund ist das Ende des Leitomischler Domkapitels 1554 ebenso zu sehen wie das des Lausanner Domkapitels in den Sechzigerjahren des 16. Jahrhunderts, wobei die Schwierigkeiten der ersteren Institution schon mit den Hussitenkriegen am Ende des ersten Viertels des 15. Jahrhunderts ihren entscheidenden Anfang nahmen. In beiden Fällen beraubte der beinahe völlige Verlust der Einkünfte die Domkapitel der Möglichkeit des Fortbestands.

In Lebus gestalteten sich die Umstände ähnlich wie in Samland und Pomesanien. Auch hier sah man 1563 nach dem Durchbruch der Reformation keinen weiteren Verwendungszweck für das Domkapitel. Dessen Güter fielen dem Kurfürstentum Brandenburg zu.

Etwas anders gelagert waren die Verhältnisse in Wiener Neustadt. Hier war der die Aufgaben des Domkapitels versehende Orden der St.-Georgs-Ritter selbst in einer umfassenden Krise, die nicht unmittelbar der Reformation geschuldet war, sondern maßgeblich wirtschaftlichen, organisatorischen, personellen und disziplinären Mängeln. 1534 jedenfalls musste der Orden den Dom verlassen.

Insgesamt überstanden damit sechs Domkapitel die Wirren der Reformationszeit nicht.

Westfälischer Friede

Die Bestimmungen des Westfälischen Friedens von 1648 brachten eine zweite Welle der Aufhebung mit sich. Diesmal waren nicht mehr konfessionelle oder ökonomische Gründe die Ursache für den Untergang der Domkapitel, denn die diesbezüglichen Verhältnisse waren zu diesem Zeitpunkt bereits eindeutig geregelt. Es war vielmehr das Bestreben der an den Friedensverhandlungen beteiligten Mächte, einzelnen Fürsten Entschädigungen aus kirchlichem Besitz zuzusprechen, um nach Möglichkeit ein ausgewogenes politisches Gleichgewicht herzustellen. Betroffen davon waren hauptsächlich mehrere Erz- und Hochstifte, aber auch die Güter von vier Domkapiteln fielen dieser Säkularisation zum Opfer.

Vor diesem Hintergrund fanden daher 1649 das Bremer, Schweriner und Verdener sowie 1652 das Ratzeburger Domkapitel ihr Ende. Die Bremer und Verdener Güter wurden vom Königreich Schweden übernommen, die Schweriner und Ratzeburger vom Herzogtum Mecklenburg-Schwerin. Das in den Vertragsbestimmungen von 1648 zur Säkularisation vorgesehene Camminer Domkapitel konnte hingegen 1653 seinen weiteren Fortbestand noch einmal sichern.

Einen ähnlich gelagerten Fall stellte im Bereich der dänischen Kirche das Schleswiger Domkapitel dar. Dessen Besitzungen wurden nach den Friedensverträgen von Roskilde und Kopenhagen 1658 beziehungsweise 1660 zwischen dem Königreich Dänemark und dem Herzogtum Schleswig-Holstein-Gottorf geteilt, was 1661 die Auflösung des Domkapitels bedeutete.

Josephinische Kirchenreform

Die unter Kaiser Joseph II. in erhöhtem Umfang und Ausmaß erfolgenden staatlichen Eingriffe in die Organisation der Kirche zeitigten unter anderem auch Auswirkungen auf die Domkapitel.

So waren die Domkapitel von Seckau 1782 und Lavant 1787 zu Opfern der Josephinischen Klosteraufhebungen geworden. Ihre Besitztümer wurden dem Religionsfonds zugeschlagen. Die Domkapitel von Wiener Neustadt und von Görz fanden 1785 beziehungsweise 1788 im Zuge der Diözesanregulierungen Kaiser Josephs II. ihr Ende. Durch die Aufhebung der mit ihnen verbundenen Bistümer verloren die Institutionen ihre Existenzberechtigung und wurden deshalb aufgelöst.

Zu dieser Gruppe ist letztlich auch das Leobener Domkapitel zu zählen, auch wenn dessen Auflösung 1808 nicht mehr von Kaiser Joseph II., sondern von Kaiser Franz I. verfügt wurde. Mit der Übertragung der Administration des Bistums Leoben an Bischof Johann Friedrich Graf von Waldstein von Seckau sah man für das Leobener Domkapitel keinen weiteren Bedarf mehr gegeben.

Französische Revolution

Zeitnah zu den von Kaiser Joseph II. veranlassten Veränderungen unter den Domkapiteln brachten auch die Auswirkungen der Französischen Revolution von 1789 vorerst drei Einrichtungen um ihren Bestand. 1790 erging ein Beschluss der Französischen Nationalversammlung, der zur Auflösung der Domkapitel von Metz, Toul und Verdun führte. Deren Vermögen wurde zur Staatskasse eingezogen.

Das Straßburger Domkapitel war zwar auch vom genannten Beschluss betroffen, konnte seinen Weiterbestand aber durch eine Verlegung des Kapitelsitzes ins rechtsrheinische Offenburg zumindest vorläufig sicherstellen.

Das Lütticher Domkapitel hingegen zerstreute sich unmittelbar nach der Eroberung der Stadt durch Frankreich 1794 und löste sich damit so gut wie auf.

Das formelle kirchenrechtliche Ende der Domkapitel von Metz, Toul, Verdun und Lüttich erfolgte freilich erst durch das Konkordat zwischen Papst Pius VII. und Frankreich im Jahr 1801. Die darin vereinbarte und mit den Organischen Artikeln des Jahres 1802 verfügte neue Diözesaneinteilung Frankreichs brachte den Domkapiteln ihr Ende.

Die Bestimmungen des Konkordats und der Organischen Artikel bezogen sich auch auf die Domkapitel von Köln, Mainz, Speyer, Straßburg, Trier und Worms. Daher erklärte die Konsularregierung 1802 die Aufhebung der sechs Domkapitel in den vier neuen linksrheinischen Départements Frankreichs. Das blieb jedoch vorerst, abgesehen vom Verlust der aus diesem Bereich anfallenden Einkünfte, ohne Auswirkung auf den Bestand der genannten Domkapitel, da sie alle rechtsrheinische Zufluchtsorte aufgesucht hatten.

Reichsdeputationshauptschluss

Den größten Eingriff in die Organisation der Domkapitel löste freilich der Reichsdeputationshauptschluss des Jahres 1803 aus. Obwohl darin hinsichtlich der Domkapitel lediglich die Säkularisation der Besitzungen der mit reichsimmediaten geistlichen Territorien verbundenen Domkapitel verfügt wurde und keineswegs deren grundsätzliche Auflösung, kam es nachfolgend in den meisten Fällen zum vollständigen Ende der Einrichtungen. Die Domherren wollten sich vielfach den geänderten Verhältnissen nicht stellen und betrachteten ihre Gemeinschaften als aufgelöst. Sie bezogen die ihnen von den jeweiligen Landesherren anzuweisenden Sustentationszahlungen und verzichteten auf alle weiteren Kapitelaktivitäten, sodass die Domkapitel zwar nicht formalrechtlich erloschen, jedoch faktisch.[328]

Von diesen Entwicklungen betroffen waren die Domkapitel von Augsburg, Bamberg, Brixen, Corvey, Freising, Köln, Lübeck, Osnabrück, Passau, Speyer, Straßburg, Trient, Trier, Worms und Würzburg. Dazu kamen das nicht in einem reichsimmediaten geistlichen Territorium gelegene Chiemseer Domkapitel, dessen Untergang in Verbindung mit den unter Kurfürst Maximilian IV. Joseph von Bayern verfügten Klosteraufhebungen zu sehen ist, und das Hamburger Domkapitel. Dort zählte der Dombezirk zum aus dem vormaligen Hochstift Bremen hervorgegangenen Herzogtum Bremen und bildete daher innerhalb des Hamburger Stadtgebietes eine Enklave, die erst der Reichsdeputationshauptschluss von 1803 der Stadt Hamburg zuschlug.

Durch die politisch vorübergehend anders geartete Entwicklung der vormaligen Hochstifte Eichstätt und Salzburg lösten sich die dortigen Domkapitel erst 1806 auf.

Obwohl sich für Basel und Fulda für 1814 und 1818 beziehungsweise 1817 noch vereinzelte Kapitelaktivitäten nachweisen lassen, wurden doch auch diese Domkapitel zu Opfern des Reichsdeputationshauptschlusses.

Einige Domkapitel konnten sich hingegen mit einem deutlich ausgeprägteren Kapitelleben über den Reichsdeputationshauptschluss hinaus halten. Zum einen waren das die Domkapitel von Mainz und Regensburg, deren Mitglieder auf eine neue Rolle im Metropolitankapitel von Fürstprimas Karl Theodor Freiherr von Dalberg hofften. Mainz bestand bis 1818, Regensburg bis zur Neuordnung 1821. Zum anderen bestand auch das Konstanzer Domkapitel bis zur offiziellen Suppression des Bischofssitzes 1821 weiter fort. Hier waren es die Domherren selbst, die einfach ihre gewohnten Tätigkeiten in Chor und Kapitel fortführten. Ähnlich gestalteten sich die Verhältnisse in Trient, wo sich das Domkapitel ebenfalls nicht zerstreute und

328 K. Zeumer, Quellensammlung, 521, 524; P. Schneider, Domkapitel, 169–171.

1813 sogar eine Neuaufnahme vorgenommen wurde. Trotzdem kam es 1826 nach der vollständigen Neuorganisation zur Installation einer Nachfolgeeinrichtung.

Das Churer Domkapitel, eigentlich ebenfalls von den Bestimmungen des Reichsdeputationshauptschlusses betroffen, blieb hingegen von deren Auswirkungen bewahrt. Angesichts der geringen Besitzungen des Domkapitels verzichtete die Eidgenössische Tagsatzung 1804 auf eine Säkularisation des Domkapitels.

Die im Bereich des Königreiches Preußen gelegenen beziehungsweise diesem zugefallenen Domkapitel bestanden vorerst weiter fort. Erst 1810 entschloss sich König Friedrich Wilhelm III. im Finanzedikt, deren Aufhebung zu verfügen und die Besitzungen zu verstaatlichen. Damit fanden die Domkapitel von Brandenburg, Breslau, Cammin, Ermland, Halberstadt und Havelberg ihr Ende. Während sich der Auflösungsprozess in Havelberg letztlich bis 1819 hinzog, konnten die Domkapitel von Ermland und Brandenburg beim König einen Widerruf seiner Entscheidung für sich erreichen. Sie wurden daraufhin 1811 beziehungsweise 1822 wieder eingesetzt. Das Kulmer Domkapitel hingegen gehörte 1810 vorübergehend zum Herzogtum Warschau und war daher dem Zugriff König Friedrich Wilhelms III. von Preußen entzogen. Es blieb auch nach dem Rückfall an das Königreich Preußen 1815 weiter bestehen.

Eine den Domkapiteln im preußischen Einflussgebiet vergleichbare Entwicklung nahmen die der Herrschaft König Jérômes von Westfalen unterworfenen Institutionen. Ebenfalls 1810 ließ dieser die Domkapitel von Hildesheim, Magdeburg, Minden und Paderborn aufheben und deren Besitztümer einziehen.

Schließlich war es Kaiser Napoleon I., der 1811 gegenüber den Domkapiteln von Münster und Utrecht noch einmal zum Mittel der Säkularisation griff. Allerdings wurde das Münsterische Domkapitel bereits 1814 wieder eingesetzt und konnte so bis zur endgültigen Neuorganisation 1823 seine Aufgaben zumindest in eingeschränktem Umfang weiterführen.

Insgesamt büßten damit 34 Domkapitel durch den Reichsdeputationshauptschluss und seine Folgen ihre Existenz ein. Am vollständigsten erfolgte die Auflösung wohl in Hamburg und Lüttich, wo mit dem Abriss der jeweiligen Domkirche auch der Sitz des Domkapitels für immer aus dem Stadtbild verschwand. Die Kathedrale des Chiemseer Domkapitels wurde lediglich teilweise abgebrochen und der Restbestand zweckentfremdet.

Fortbestehende Domkapitel

Darüber hinaus gab es auch eine ganze Reihe von Domkapiteln, die durch den Reichsdeputationshauptschluss und seine Folgen nicht berührt wurden. Die Domkapitel von Chur und Kulm wurden schon erwähnt, ebenso der Widerruf der Aufhebung der Domkapitel von Ermland und Brandenburg 1811 beziehungsweise 1822.

In ihrem Bestand unverändert erhalten bleiben konnten auch die Domkapitel von Brünn, Budweis, Gradisch, Graz, Gurk, Königgrätz, Laibach, Leitmeritz, Linz, Meißen, Merseburg, Naumburg, Olmütz, Prag, St. Pölten, Sitten und Wien.

Interimskapitel

Der Gang der Entwicklungen brachte es mit sich, dass an manchen Orten zwischen der Auflösung der Domkapitel und deren rechtlicher Neuordnung ab den Zwanzigerjahren des 19. Jahrhunderts sogenannte Interimskapitel bestanden. Ihnen allen gemeinsam war die Gründung auf eine staatliche Initiative hin und eine ähnliche Organisationsform, in der Regel auch eine kurze Lebenszeit.

Die ersten dieser mit einer gegenüber den Vorläuferinstitutionen völlig veränderten Verfassung gegründeten Domkapitel entstanden 1803 im Anschluss an das Konkordat zwischen Papst Pius VII. und Frankreich sowie die Organischen Artikel in Lüttich, Mainz, Metz, Straßburg und Trier. Ebenfalls in diesem Zusammenhang kam es zur Entstehung des Aachener Domkapitels, das allerdings eine gänzliche Neugründung darstellte.[329] In Verdun wurde hingegen kein solches Kapitel eingerichtet, da der Bischofssitz während dieser Zeit supprimiert war. Aus den genannten Interimskapiteln gingen in Metz und Straßburg nahtlos die definitiven Domkapitel hervor. In Trier 1824 sowie in Lüttich und Mainz 1830 kam es hingegen nach wenigen Jahrzehnten zu einer wiederholten Neuorganisation der Institutionen. Das Aachener Domkapitel büßte seine Daseinsberechtigung nach der Suppression des dortigen Bistums 1825 wieder ein.[330]

Zwei weitere Interimskapitel entstanden 1812 in Breslau und 1813 in Münster. Während sich das in Breslau bis zur endgültigen Neuregelung der Verhältnisse im Jahr 1831 halten konnte, wurde das in Münster bereits 1814 wieder aufgehoben. In Osnabrück hingegen verhinderten die politischen Entwicklungen letztlich die 1813 beabsichtigte Einrichtung eines Interimskapitels. Die entsprechenden Pläne konnten nicht mehr umgesetzt werden.

Neuanfänge im 19. Jahrhundert

So gilt es, abschließend noch einen Ausblick auf die weitere Entwicklung der durch die Französische Revolution und den Reichsdeputationshauptschluss und seine Folgen beeinträchtigten Domkapitel zu werfen. Die Notwendigkeit, dem jeweiligen Bischof einen Stab an qualifizierten Mitarbeitern zur Seite zu stellen, brachte vielerorts die Wiedererrichtung der Domkapitel mit sich, wenngleich in maßgeblich veränderter Verfassung.

Die aus den 1803 eingerichteten Interimskapiteln hervorgegangenen Domkapitel von Metz und Straßburg wurden bereits erwähnt. Weitere Neuorganisationen erfolgten 1821 in Augsburg, Bamberg, Eichstätt, Freising, Passau, Regensburg, Speyer und Würzburg. 1823 folgten Münster, Paderborn und Verdun, 1824 Trier sowie 1825 Köln und Salzburg. Ein Domkapitel neuer Ordnung wurde 1826 in Brixen und Trient installiert, 1828 in Basel und Hildesheim, 1829 in Fulda, 1830 in Lüttich und Mainz

329 J. Torsy, Geschichte, 46, 73, 75f.; H. Hüffer, Forschungen, 197f.; W. Köster, Domkapitel, 3f.

330 H. Hüffer, Forschungen, 214f.; W. Köster, Domkapitel, 6, 8.

sowie 1831 in Breslau. Mit deutlichem Abstand folgte Osnabrück 1858. Von den genannten Domkapiteln wurde zweien ein neuer Kapitelsitz zugewiesen. Das Freisinger Domkapitel ließ sich 1821 in München nieder, das Basler 1828 in Solothurn.

Zu einer Wiedererrichtung kam es darüber hinaus 1825 auch für das bereits durch die Josephinische Kirchenreform aufgehobene Lavanter Domkapitel.

Keinerlei Nachfolgeeinrichtungen erhielten hingegen die ehemaligen Domkapitel von Cammin, Chiemsee, Corvey, Konstanz, Halberstadt, Hamburg, Havelberg, Lübeck, Magdeburg, Minden, Toul, Utrecht und Worms.

III. Innere Organisation

Im Folgenden sollen die einzelnen Domkapitel hinsichtlich ihres personellen Umfangs untersucht werden. Neben Angaben über die Zahl der Mitglieder sowie das Verhältnis zwischen den Kapitularen und den Domizellaren finden sich auch Hinweise auf die wichtigsten Kapitelämter sowie auf allfällige Kanonikate mit einer besonderen Widmung, etwa Universitätskanonikate, Priesterpräbenden oder Familienpfründen.

1. Einzeldarstellungen

Augsburg

Für das Augsburger Domkapitel lassen sich im Mittelalter keine genauen Mitgliederzahlen angeben. Als Mindestzahlen sind für 1121 21 Domherren belegt, für 1143 22 und für 1150 26. Im 13. Jahrhundert begegneten höchstens 22 Kanoniker. Während für das Ende des 14. Jahrhunderts 32 Domherren erwähnt werden, waren es 1413 24 und 1486 27 Kapitulare.[1] Im Untersuchungszeitraum jedenfalls umfasste das Domkapitel insgesamt 40 Domherren, also Kapitulare und Domizellare zusammen. Versuche, die Zahl der Kanoniker auf 30 zu reduzieren beziehungsweise ein innerlich geschlossenes Kapitel mit je 20 Kapitularen und Domizellaren einzuführen, scheiterten sowohl 1640 als auch 1683.[2] Auch die 1523 beabsichtigte Einrichtung einer Universitätspräbende für einen Professor der Theologischen Fakultät der Universität Ingolstadt kam nicht zustande.[3]

An Dignitäten begegneten die Ämter des Dompropstes und des Domdechanten, während die des Kustos, des Scholasters und des Kellerers Personate waren.[4] Nachdem die Dompropstei im Laufe des Mittelalters als vom Domkapitel getrennt betrachtet wurde, wurde 1500 die Vergabe der Dignität auf die Kapitulare beschränkt.[5]

Bamberg

Das Bamberger Domkapitel zählte seit etwa der Mitte des 14. Jahrhunderts unüberschreitbar 34 Kanoniker.[6] 1390 und wieder 1438 setzte man die Zahl der Kapitulare

1 O. Leuze, Domkapitel, 6f.
2 J. Seiler, Domkapitel, 7, 72f.
3 H. Wagner, Domkapitel, 85.
4 J. Seiler, Domkapitel, 108, 139, 145–147, 149; P. Hersche, Domkapitel I, 66; O. Leuze, Domkapitel, 46; Beschreibung einiger deutscher Domkapitel, 37 (HHStA Hs B 182).
5 J. Seiler, Domkapitel, 108, 113f.; O. Leuze, Domkapitel, 47.
6 J. Kist, Domkapitel, 4, 7; K. Rupprecht, Das Bamberger Domkapitel – Die Herren des Domes, in: N. Jung/W. F. Reddig, Jahre, 119, 122; H. T. Kohlhagen, Domkapitel, 13; R. Neumar, Rechtsstellung, 171f.; C. Mann, Macht, 17; D. J. Weiß, Bistum, 20.

auf 20 fest, eine Bestimmung, die 1466 erneuert und 1471 von Papst Sixtus IV. bestätigt wurde.[7] Damit ergab sich auch die Zahl von 14 Domizellaren. Die wirtschaftlichen Schwierigkeiten des Domkapitels während des Dreißigjährigen Krieges führten ab 1639 für zehn Jahre zu einer Reduktion der Zahl der Kapitulare auf 13.[8]

Neben den beiden Dignitäten der Dompropstei und der Domdechantei zählten die Scholasterie, die Kustorei, die Kantorei und die Kellerei als Personate.[9] Um hinsichtlich nicht dem Domkapitel angehörender Dompröpste Klarheit zu schaffen, fasste das Domkapitel 1510 den Beschluss, zwei der 20 Kapitularstellen verbindlich den beiden Dignitären zuzuschreiben.[10]

Basel

Der Präbendenbestand des Basler Domkapitels betrug zumindest seit dem Jahr 1264 24. Davon gab man eine Pfründe seit 1250 an zwei nicht dem Kapitel zugehörige Kapläne, eine weitere ab 1455 an den Domprediger, der von 1501 an nicht mehr als Mitglied des Domkapitels galt.[11] Von den somit verbleibenden 22 Kanonikaten wurden 1575 vier verbindlich für adelige Exspektanten reserviert,[12] während die übrigen 18 für Kapitulare und Domizellare verblieben. Versuche, Universitätskanonikate einzuführen, scheiterten mehrfach. 1460 leistete das Domkapitel gegen die Zuweisung von zwei Kanonikaten an Professoren der Universität Basel erfolgreich Widerstand. Dasselbe geschah 1549/50 gegenüber König Ferdinand I., 1568/70 gegenüber Erzherzog Ferdinand II. von Österreich und 1607 gegenüber Erzherzog Maximilian III. von Österreich, die jeweils ein Kanonikat des Domkapitels zur Besoldung eines Professors der Theologischen Fakultät der Universität Freiburg im Breisgau heranziehen wollten.[13] Weitere Veränderungen in der Mitgliederzahl erfolgten gegen Ende des 17. Jahrhunderts. So vergab man ab 1681 keine Exspektanzen mehr.[14] 1696 beschloss das Domkapitel mit Zustimmung von Bischof Wilhelm Jakob Rinck von Baldenstein, die Zahl der Domherren aus wirtschaftlichen Gründen vorübergehend von 18 auf zwölf herabzusetzen. Diese Zahl wurde 1704/05 auch erreicht, allerdings unmittelbar danach bereits wieder überschritten. Bald waren wieder alle

---

7 J. Kist, Domkapitel, 8f.; D. J. Weiß, Bistum, 21.

8 D. J. Weiß, Bistum, 455; H. T. Kohlhagen, Domkapitel, 13f.

9 J. Kist, Domkapitel, 9f., 15f.; C. Mann, Macht, 91–99; C. Mann, Das Bamberger Domkapitel im späten 18. Jahrhundert. Lebensstile, Parteiungen, Reformfähigkeit, in: M. Häberlein/K. Kech/J. Staudenmaier, Bamberg, 322; P. Hersche, Domkapitel I, 72; Beschreibung einiger deutscher Domkapitel, 15 (HHStA Hs B 182).

10 J. Kist, Domkapitel, 8f.; D. J. Weiß, Bistum, 21; K. Rupprecht, Das Bamberger Domkapitel – Die Herren des Domes, in: N. Jung/W. F. Reddig, Jahre, 119.

11 A. Gnann, Beiträge, 4; A. Kaspar, Domkapitel, 34f., 46; C. Bosshart-Pfluger, Domkapitel, 17; P. C. Preiswerk, Domkapitel, 12, 45.

12 N. Eisele, Domkapitel, 34, 40f.; P. Schmidlin, Statuten, 28.

13 N. Eisele, Domkapitel, 216–218.

14 C. Bosshart-Pfluger, Domkapitel, 49f.; P. Schmidlin, Statuten, 28.

18 Stellen besetzt.[15] Neuerliche Einkommensverluste im Zuge der Französischen Revolution bedingten, dass das Domkapitel mit der Zustimmung Papst Pius' VI. von 1795 an vakant gewordene Kanonikate nicht mehr nachbesetzte. Im Domkapitel gab es zudem eine Priesterpräbende[16] sowie seit 1442 fünf Doktoralpfründen, die jedoch nach einem entsprechenden Beschluss aus dem Jahr 1682 auf drei reduziert wurden, selbst das eine Vorgabe, die lediglich zwischen 1704 und 1713 tatsächlich erfüllt wurde. Dem Domkapitel galt nämlich seit zumindest 1600 die Vergabe dieser Stellen an Graduierte nicht als Verpflichtung, sondern lediglich als Möglichkeit.[17]

An der Spitze des Domkapitels standen mit dem Dompropst, dem Domdechanten, dem Kantor, dem Archidiakon, dem Kustos und dem Scholaster gleich sechs Dignitäre. Das Amt des Kellerers verlor sich im Zuge der Reformation. Es wurde allerdings 1589 als Offizium wiederbelebt. Nachdem es 1627 neuerlich unterging, erfolgte 1681 eine nochmalige Wiedererrichtung, diesmal als Personat. Tatsächlich besetzt wurde die Kellerei freilich erst wieder 1710. Der Versuch, den Dignitärsstatus auf den Dompropst und den Domdechanten zu beschränken, zeitigte lediglich zwischen 1596 und 1601 Erfolg. Während die Dignität des Archidiakons zwischen 1581 und 1604 vakant blieb, gestattete Papst Pius VI. 1797 dem Domkapitel, die Dompropstei aus wirtschaftlichen Gründen unbesetzt zu lassen. Die Kellerei entbehrte bereits seit 1794 eines Amtsinhabers.[18]

Brandenburg

Während der Besetzung des Brandenburger Domkapitels mit Regularklerikern war die Zahl der Domherren nicht ausdrücklich festgelegt, sondern allein von den wirtschaftlichen und personellen Entwicklungen des Domstiftes abhängig. Im 15. Jahrhundert lag die Zahl der Kanoniker bei rund 30, im beginnenden 16. Jahrhundert waren es 24 Kapitulare.[19] Erst mit der Transmutation des Prämonstratenser-Chorherren-Stiftes

15 C. Bosshart-Pfluger, Domkapitel, 18, 142.

16 C. Bosshart-Pfluger, Domkapitel, 18; W. Kundert, Das Domstift Basel, in: A. Bruckner, Kardinäle, 274.

17 N. Eisele, Domkapitel, 39f., 60f.; P. C. Preiswerk, Domkapitel, 50, 70, 72; C. Bosshart-Pfluger, Domkapitel, 17f.; W. Kundert, Das Domstift Basel, in: A. Bruckner, Kardinäle, 274; P. Schmidlin, Statuten, 3.

18 N. Eisele, Domkapitel, 53, 57f., 74f.; P. C. Preiswerk, Domkapitel, 15–17; A. Kaspar, Domkapitel, 7f., 52; W. Kundert, Das Domstift Basel, in: A. Bruckner, Kardinäle, 274; C. Bosshart-Pfluger, Domkapitel, 37–39, 43; P. Schmidlin, Statuten, 27; M. Jorio, Der Untergang des Fürstbistums Basel (1792–1815), in: ZSKG 75 (1981), 90, 128; M. Ries, Das neue Basler Domkapitel und seine ersten Statuten, in: MThZ 46 (1995), 120; Beschreibung einiger deutscher Domkapitel, 58 (HHStA Hs B 182).

19 A. F. Riedel, Codex I/8, 467; W. Dannenberg, Entwicklungsgeschichte, 17–19; W. Schößler/C. Gahlbeck/D. Kurze/M. Caute/G. Seebacher, Brandenburg/Havel. Prämonstratenser-Domkapitel St. Peter und Paul, in: H.-D. Heimann/K. Neitmann/W. Schich, Klosterbuch I, 237; W. Schößler, Überblick über die Geschichte des Hoch- und Domstifts Brandenburg, in: Domstift Brandenburg, Jahre, 15.

1507 kam es zu einer Begrenzung der Mitglieder. Das Domkapitel sollte in der Folge aus 17 Personen bestehen.[20] Da bald darauf ein Kanonikat dauerhaft mit der Dompropstei vereinigt wurde, sank die Zahl auf 16.[21] 1568 verringerte Kurfürst Joachim II. von Brandenburg den Personalstand des Domkapitels auf insgesamt 13 Domherren. Davon waren sieben als Residenten Kapitulare, während die übrigen sechs als Minorkanoniker geführt wurden, denen lediglich die Mitwirkung an der Wahl des Domdechanten zustand. Darüber hinaus gab es noch eine unbegrenzte Anzahl an vom Landesherrn ernannten Exspektanten beziehungsweise vom Domkapitel bestimmten Elekten.[22] Das Domkapitel musste zwar seit 1506 der Universität Frankfurt an der Oder einen jährlichen Unterstützungsbeitrag zahlen, zur Errichtung eines Universitätskanonikats kam es allerdings nicht. Obwohl das Domkapitel 1534 seine Verbindlichkeit gegen eine Einmalzahlung abgelöst hatte, wurden die Zuwendungen 1541 wieder aufgenommen, ehe es 1586/87 zu deren endgültiger Einstellung kam.[23]

Die Führungsstruktur des Domkapitels erfuhr 1507 durch die Transmutation Änderungen. Während das Amt des Dompropstes erhalten blieb, wurde aus dem vormaligen Amt des Priors danach das des Domdechanten. Das darüber hinaus noch verbliebene ordensgeistliche Personat des Kellerers wurde aufgehoben. An seiner Stelle kannte das weltgeistliche Domkapitel die neu geschaffenen Dignitäten des Kantors und des Thesaurars. Da in protestantischer Zeit das Thesaurariat der Domdechantei zugeschlagen wurde, verblieben zuletzt drei Dignitäten. Davon war die Kantorei dauerhaft dem Senior übertragen. Gemäß einer Übereinkunft aus dem Jahr 1519 konnte der Dompropst seine einflussreiche Stellung im Domkapitel halten.[24]

---

20 A. F. Riedel, Codex I/8, 45f., 467; W. Schößler, Regesten II, 50, 60, 139; W. Schößler/C. Gahlbeck/D. Kurze/M. Caute/G. Seebacher, Brandenburg/Havel. Prämonstratenser-Domkapitel St. Peter und Paul, in: H.-D. Heimann/K. Neitmann/W. Schich, Klosterbuch I, 233, 237f.; W. Schößler, Überblick über die Geschichte des Hoch- und Domstifts Brandenburg, in: Domstift Brandenburg, Jahre, 16.

21 J. Heckel, Domstifter, 137; A. F. Riedel, Codex I/8, 46.

22 A. F. Riedel, Codex I/8, 61, 63, 503; W. Schößler/C. Gahlbeck/D. Kurze/M. Caute/G. Seebacher, Brandenburg/Havel. Prämonstratenser-Domkapitel St. Peter und Paul, in: H.-D. Heimann/K. Neitmann/W. Schich, Klosterbuch I, 234; W. Schößler, Überblick über die Geschichte des Hoch- und Domstifts Brandenburg, in: Domstift Brandenburg, Jahre, 21; J. Heckel, Domstifter, 101; N. N., Handbuch/Anhang, 71f.

23 M. Höhle, Universität, 48–50, 439, 467; A. F. Riedel, Codex I/8, 46; W. Schößler, Regesten II, 53, 127, 223; W. Schößler/C. Gahlbeck/D. Kurze/M. Caute/G. Seebacher, Brandenburg/Havel. Prämonstratenser-Domkapitel St. Peter und Paul, in: H.-D. Heimann/K. Neitmann/W. Schich, Klosterbuch I, 249f.

24 A. F. Riedel, Codex I/8, 42f., 467; W. Dannenberg, Entwicklungsgeschichte, 20f., 44; D. Kurze, Die Transmutation der Prämonstratenser-Domstifte Brandenburg und Havelberg, in: F. J. Felten/N. Jaspert, Vita, 702f.; G. Abb/G. Wentz, Bistum I, 126; W. Schößler/C. Gahlbeck/D. Kurze/M. Caute/G. Seebacher, Brandenburg/Havel. Prämonstratenser-Domkapitel St. Peter und Paul, in: H.-D. Heimann/K. Neitmann/W. Schich, Klosterbuch I, 233f., 237, 259; W. Schößler, Regesten II, 139, 182; J. Heckel, Domstifter, 189f.

Bremen

Für das Bremer Domkapitel war es Kardinallegat Oddone di Tonengo, der 1230 die bislang unbestimmte Zahl der Domherren auf 24 Kanoniker festsetzte.[25] Darüber hinaus gab es noch eine unbestimmte Menge an nur für das erste Drittel des 14. Jahrhunderts bezeugten Knabenpräbenden. Eine Festlegung des Verhältnisses zwischen Kapitularen und Domizellaren bestand nicht.[26]

Der Dompropst und der Domdechant führten als Dignitäre die Hierarchie des Domkapitels an. Das Thesaurariat, die Scholasterie, die Kantorei und die Kellerei wurden hingegen als Personate betrachtet, wobei sich die Kellerei in der zweiten Hälfte des 16. Jahrhunderts verlor.[27]

Breslau

Wie vielerorts war auch im Breslauer Domkapitel die Zahl der Kanonikate anfangs nicht genau festgelegt und daher schwankend. Im 13. Jahrhundert fanden sich um die 30 Domherren.[28] Für die erste Hälfte des 14. Jahrhunderts lag die ihre Zahl zwischen 18 und 24, darunter bis zu 16 residierende Kapitulare, in späterer Zeit zwischen 25 und 30, darunter 15 bis 17 residierende Kapitulare.[29] Die Statuten des Jahres 1468 überliefern 38 Kanonikate. Da die sieben Dignitäre nicht zwingend auch ein Kanonikat innehaben mussten, konnte die Gesamtzahl der Domherren bis auf 45 ansteigen.[30] Allerdings hatten die Dignitäre in diesem Fall, abgesehen vom Dompropst, keinerlei Kapitularrechte.[31] Auch im 16. Jahrhundert war die Zahl der Mitglieder noch Veränderungen unterworfen. In den Jahren 1525, 1539 und 1567 gab es Versuche, die Zahl der Präbenden herabzusetzen, freilich nicht mit anhaltendem Erfolg. 1576 wurden 24 Präbenden als letztlich unerreichbare Zielvorstellung genannt. Allerdings führte die Tatsache, dass die Dignitäre nun stets zugleich auch ein

25 A. Müller, Domkapitel, 10, 24; U. Weidinger, Bremen – Domstift St. Petrus, in: J. Dolle, Klosterbuch I, 195; G. Möhlmann, Güterbesitz, 31; J. C. Lünig, Continuatio III, 950; C. Hoffmann, Die Aufschwörungstafeln des Bremer Domkapitels im Niedersächsischen Staatsarchiv Stade, in: StJ 91/92 (2001/02), 135.

26 A. Müller, Domkapitel, 10, 15, 24, 95.

27 A. Müller, Domkapitel, 30–32, 38, 42f.; U. Weidinger, Bremen – Domstift St. Petrus, in: J. Dolle, Klosterbuch I, 200; J. C. Lünig, Continuatio III, 962.

28 R. Samulski, Untersuchungen I, 15–18; J. Pater, Kapituła, 21.

29 R. Samulski, Untersuchungen I, 17f.; K. Dola, Kapituła, 34; J. Pater, Kapituła, 21, 40; G. Schindler, Domkapitel, 3f.; G. Zimmermann, Domkapitel, 6.

30 K. Dola, Kapituła, 35; J. Pater, Kapituła, 21, 40; G. Zimmermann, Domkapitel, 6; R. Samulski, Untersuchungen I, 18; A. Radzimiński, Polnische Domkapitel des Mittelalters – Modelle kirchlicher Karrieren, in: QMAN 12 (2007), 321; P. Maťa, Noblesse et chapitres dans les pays de la couronne de Bohême au XVIIe siècle, in: XVIIe siècle Nr. 250 (2011), 80.

31 K. Dola, Statuta, 294–297; K. Dola, Kapituła, 49, 435; G. Schindler, Domkapitel, 5, 86; G. Zimmermann, Domkapitel, 9; J. Pater, Kapituła, 52.

Kanonikat besaßen, dazu, dass die Zahl der Mitglieder 38 nicht mehr überstieg.[32] Die angestrebte personelle Verminderung gelang erst im Laufe des 17. Jahrhunderts. Zu Beginn des 18. Jahrhunderts waren bei damals insgesamt knapp 30 Domherren 15 Residentenstellen vorhanden. Die vom Domkapitel schon 1709 verfolgte Absicht, eine dieser Kapitularstellen dauerhaft unbesetzt zu lassen, wurde nachweislich für die Jahre ab 1756 umgesetzt. Von da an blieb es bei 14 residierenden Kapitularen und 16 nicht residierenden Domherren.[33] Letztere konnten bei Erfüllung der entsprechenden Voraussetzungen ebenfalls den Kapitularstand erwerben und die damit verbundenen Rechte in Anspruch nehmen, freilich ohne die sich aus der Residenz ergebenden Befugnisse.[34]

Auf die Siebenzahl der Dignitäre und ihre, abgesehen vom Dompropst, eingeschränkten Kapitelrechte wurde bereits hingewiesen. Als Dignitäre zählten der Dompropst, der Domdechant, der Archidiakon, der Scholaster, der Kantor, der Kustos und der Kanzler.[35]

Brixen

Die ursprüngliche Zahl der Brixner Domherren ist nicht bekannt. Seit nachweislich mindestens 1485 waren 19 Kanonikate gemeinsam für Kapitulare und Domizellare vorhanden.[36] Ein 1581 unternommener Versuch, die Zahl der Domherrenstellen zur Einkommenserhöhung auf 12 herabzusetzen, scheiterte.[37] Allerdings genehmigte Papst Pius VII. 1800 ein entsprechendes Ansuchen des Domkapitels und reduzierte für 30 Jahre die Zahl der Kanonikate auf 15, was sich jedoch durch das baldige Ende des Domkapitels rasch erübrigte.[38]

Die wichtigsten Kapitelämter bildeten die beiden Dignitäten des Dompropstes und des Domdechanten sowie die beiden Personate des Kustos und des Scholasters.[39]

---

32 G. Zimmermann, Domkapitel, 7f.; K. Dola, Kapituła, 36; G. Schindler, Domkapitel, 4.

33 J. Pater, Kapituła, 21f., 40f., 78f.; N. N., Handbuch/Anhang, 112; G. Zimmermann, Domkapitel, 8; G. Schindler, Domkapitel, 4f.; J. Negwer, Geschichte, 13; P. Maťa, Noblesse et chapitres dans les pays de la couronne de Bohême au XVIIe siècle, in: XVIIe siècle Nr. 250 (2011), 80.

34 J. Pater, Kapituła, 58, 79.

35 R. Samulski, Untersuchungen I, 15–17, 42f.; G. Schindler, Domkapitel, 3, 5f., 20, 86; K. Dola, Kapituła, 28, 49, 435; K. Dola, Statuta, XXXII, LIII, 296–299; G. Zimmermann, Domkapitel, 6, 9; J. Pater, Kapituła, 21, 35, 52, 56f., 78.

36 K. Wolfsgruber, Domkapitel, 17; J. Gelmi, Domkapitel, 29; P. Hersche, Domkapitel I, 82.

37 K. Wolfsgruber, Domkapitel, 17f.; J. Gelmi, Domkapitel, 29.

38 K. Wolfsgruber, Domkapitel, 18; J. Gelmi, Domkapitel, 29.

39 K. Wolfsgruber, Domkapitel, 18, 34, 37, 40; J. Gelmi, Domkapitel, 30, 33; L. Tavernier, Das Domstift Brixen, in: H. Obermeier/K. Brandstätter/E. Curzel, Domstifte, 111f.; P. Hersche, Domkapitel I, 82.

Brünn

Das dem Brünner Domkapitel vorausgehende Kollegiatstift zählte zuletzt elf Mitglieder, davon waren vier nicht residierend.[40] Bei der Errichtung des Bistums 1777 stieg der bisherige Propst Matthias Franz Graf von Chorinsky zum ersten Bischof auf, die übrigen Kanonikate blieben vollzählig erhalten. Das Domkapitel umfasste damit also vorerst sechs residierende Kapitulare und vier nicht residierende Domherren.[41] Kaiser Joseph II. verfügte 1788 die Aufhebung der nicht residierenden Domherrenstellen, deren letzte Inhaber bis 1809 allmählich durch Tod ausschieden. Es blieben also sechs Mitglieder übrig.[42]

Wies das Kollegiatstift zuletzt mit der Propstei, der Dechantei und dem Archidiakonat noch drei Dignitäten auf, ging mit dem Aufstieg zum Domkapitel die Propstei verloren. Der Domdechant und der Archidiakon blieben hingegen als Dignitäre erhalten. Allerdings wurde die vormals bestehende Vereinigung des Archidiakonats mit der Olmützer Dompropstei gelöst.[43]

Budweis

Im Zuge der Errichtung des Bistums Budweis wurde 1786 auch ein Domkapitel mit sieben Kapitularen installiert. Die Zahl der Domherren war im Untersuchungszeitraum keinerlei Veränderungen unterworfen.[44]

Mit dem Dompropst, dem Domdechanten und dem Kustos besaß das Domkapitel drei Dignitäre. Der Versuch Bischof Johann Prokop Graf von Schaffgotschs, den Generalvikar unter dem Titel des Archidiakons zum vierten Dignitär zu machen, scheiterte.[45]

---

40 G. Wolný, Topographie II/1, 43; E. Weinbrenner, Mähren, 56; L. Jan, Dějiny kapituly, in: L. Jan/R. Procházka/B. Samek, Let, 89, 94.

41 W. Doskocil, Die Gründung des Bistums Brünn und das sogenannte landesherrliche Patronat, in: Bohemia 17 (1976), 404, 406, 410, 412; J. Hanáček, Nobilitovaní, 5f.; L. Jan, Dějiny kapituly, in: L. Jan/R. Procházka/B. Samek, Let, 96; E. Weinbrenner, Mähren, 57.

42 L. Jan, Dějiny kapituly, in: L. Jan/R. Procházka/B. Samek, Let, 95f.; J. Hanáček, Nobilitovaní, 5f.; E. Weinbrenner, Mähren, 57; C. d'Elvert, Geschichte, 223.

43 L. Jan, Dějiny kapituly, in: L. Jan/R. Procházka/B. Samek, Let, 41, 71, 89, 94–96, 140; E. Weinbrenner, Mähren, 55–57; W. Doskocil, Die Gründung des Bistums Brünn und das sogenannte landesherrliche Patronat, in: Bohemia 17 (1976), 404, 410.

44 F. Mardetschläger, Geschichte, 4, 6, 87, 92f., 242, 251, 286; K. A. Huber, Die Gründung des Bistums Budweis 1784/85, in: AKGB 7 (1985), 39, 45; L. Martínková, Bistum, 37–39; J. Kadlec, Dieceze, 47; J. Enderle, Kapitula, 16, 23.

45 F. Mardetschläger, Geschichte, 87, 92f., 239f., 251, 286; K. A. Huber, Die Gründung des Bistums Budweis 1784/85, in: AKGB 7 (1985), 39; J. Trajer, Beschreibung, 14; J. Kadlec, Dieceze, 47; J. Enderle, Kapitula, 16, 18, 23; L. Martínková, Bistum, 38f.

Cammin

Seit seiner Gründung etwa 1175 setzte sich das Camminer Domkapitel aus insgesamt 19 Mitgliedern zusammen. Davon waren 15 Maior- und vier Minorkanoniker.[46] Zusätzlich stiftete der Domherr Joachim von Maltzahn 1424 eine Präbende, die sich jedoch wohl im Laufe des 16. Jahrhunderts wieder verlor.[47] Der 1534 gefasste Plan, die Zahl der Domherren auf zwölf zu reduzieren und je zur Hälfte mit herzoglichen Räten und Studierenden zu besetzen, kam nicht zur Umsetzung.[48] Trotzdem erfolgte im 16. Jahrhundert eine Verringerung der Mitglieder. Die 1576/79 neu gefassten Statuten des Domkapitels gingen von 15 Domherren aus, die sich aus sechs Dignitären und neun Minorkanonikern zusammensetzten. Letztere, die von den vier mittelalterlichen Minorkanonikern zu unterscheiden sind, verfügten ebenfalls über Sitz und Stimme im Kapitel, wodurch von nun an ein innerlich geschlossenes Domkapitel bestand. Die Statuten legten zudem die Zahl der Residenten auf lediglich vier der Dignitäre fest.[49] Nachdem bis ins 17. Jahrhundert zwei Minorkanonikate verschwunden waren, umfasste das Domkapitel bis zu seinem Untergang 13 Mitglieder, nämlich sechs Dignitäre und sieben Minorkanoniker.[50] Das Domkapitel musste zwar seit 1654 jährlich eine Zahlung an die Universität Frankfurt an der Oder leisten, ein eigenes Universitätskanonikat gab es allerdings nicht.[51]

Die Gruppe der Dignitäre setzte sich aus dem Dompropst, dem Domdechanten, dem Kantor, dem Thesaurar, dem Scholaster und dem Vizedom zusammen. Unter ihnen kam seit 1576/79 den Inhabern der Domdechantei, der Kantorei, des Thesaurariats und der Scholasterie als Residenzialprälaten eine besondere Bedeutung zu.[52]

Chiemsee

Die Anzahl der Mitglieder im Chiemseer Domkapitel war nicht ausdrücklich festgelegt. Sie unterlag je nach Wirtschaftsleistung und Anziehungskraft des Klosters

46 R. Klempin, Beiträge, 311, 327; J. C. Lünig, Continuatio III/Anhang, 29; M. M. A. Serger, Capitula, 105; J. Petersohn, Bistum Kammin, in: E. Gatz, Bistümer, 269.

47 B. Schmidt, Die Herkunft der Familie Maltzahn und ihr Auftreten in Pommern (Schluß), in: BSt 8 (1904), 29f.; R. Klempin, Beiträge, 327, 412; J. C. Lünig, Continuatio III/Anhang, 31.

48 L. Kücken, Geschichte, 103f.; E. Wolgast, Hochstift, 209f.

49 J. C. Lünig, Continuatio III/Anhang, 17, 20, 29, 31f., 34; H. Müller, Die revidirten Camminer Synodal- und Capitels-Statuten, in: AKKR 37 (1877), 372f., 381f., 407f.; J. Heckel, Domstifter, 96f.

50 L. W. Brüggemann, Beschreibung II/1, 7, 9; N. N., Handbuch/Anhang, 103; R. Spuhrmann, Geschichte, 68.

51 L. Kücken, Geschichte, 121; L. W. Brüggemann, Beschreibung II/1, 7; J. Heckel, Domstifter, 91.

52 J. C. Lünig, Continuatio III/Anhang, 17, 19f.; L. Kücken, Geschichte, 71f.; R. Spuhrmann, Geschichte, 58f., 68; H. Müller, Die revidirten Camminer Synodal- und Capitels-Statuten, in: AKKR 37 (1877), 381.

beträchtlichen Schwankungen. Während sich 1558 als Tiefststand lediglich zehn Augustiner-Chorherren im Stift befanden, waren es 1688 bereits wieder 19. Der Höchststand wurde im letzten Drittel des 18. Jahrhunderts mit 42 erreicht. Bei der Auflösung des Domkapitels waren es hingegen um zwei weniger.[53]

An Dignitäten kannte man im Stift den Propst und den Dechanten.[54]

Chur

Nach anfangs wechselnden Mitgliederzahlen[55] stabilisierten sich im Churer Domkapitel in personeller Hinsicht die Verhältnisse im Laufe des 15. Jahrhunderts. Nachdem bereits Papst Nikolaus V. 1451 drei Kanonikerpräbenden zur Anstellung von fünf Sukzentoren aufgehoben hatte, supprimierte Papst Sixtus IV. 1472 neuerlich zwei Kanonikate. Danach verblieben 23 Domherrenstellen. Dazu kamen zumindest bis ins letzte Viertel des 16. Jahrhunderts noch Exspektanten, deren Zahl seit 1541 auf vier begrenzt wurde.[56] Die sich ausbreitende Reformation verursachte im 16. Jahrhundert einen massiven wirtschaftlichen und personellen Niedergang, der das Domkapitel in seinem Bestand gefährdete. Die Churer Domherren waren somit gezwungen, ihre Residenz aufzugeben und auswärtige Pfründen anzunehmen. Angesichts dieser tristen Lage gestattete Papst Pius V. 1570 dem Domkapitel, die Zahl der residierenden Domherren auf 14 herabzusetzen. Nach dem Eintreten besserer Zeitumstände sollte es allerdings 18 residierende Domherren geben.[57] Trotzdem sah sich Nuntius Giovanni Conte della Torre 1598 zu einer neuerlich geänderten Festlegung gezwungen. Von nun an sollte das Domkapitel 24 Mitglieder umfassen, darunter nur mehr sechs Residenten. Die übrigen 18 Domherren blieben ohne Einkünfte und waren von der Residenzpflicht ausgenommen. Sie versahen auswärtige Ämter und hatten, abgesehen von der Teilnahme an den Wahlen der Bischöfe und der Domdechanten, keinerlei Kapitelrechte. Die tatsächliche Umsetzung dieser Regelung verzögerte sich jedoch bis ins Jahr 1630. Noch 1653 versuchte das Domkapitel, die Stelle des sechsten Residenten zu supprimieren, stieß aber damit auf den Widerstand Papst Alexanders VII., der 1655 das entsprechende Bestreben verwarf.[58]

---

53 O. Feldbauer, Das Stift Herrenchiemsee in der Frühen Neuzeit von etwa 1520 bis 1803, in: W. Brugger/H. Dopsch/J. Wild, Herrenchiemsee, 173; G. Kren, Säkularisation, 14, 52–65.

54 G. Kren, Säkularisation, 52.

55 U. Brunhold, Die Churer Dompropsteiwahl nach einem unbekannten Protokoll von 1237/38, in: U. Brunhold/L. Deplazes, Geschichte, 337; L. Schmugge, Über Rom nach Chur. Zur Geschichte des Domkapitels im Spätmittelalter (1378–1455), in: U. Brunhold/L. Deplazes, Geschichte, 494.

56 O. P. Clavadetscher/W. Kundert, Das Domstift Chur, in: A. Bruckner, Kardinäle, 534; G. Capaul, Domkapitel, 2, 49; C. M. Tuor, Reihenfolge, 10.

57 G. Capaul, Domkapitel, 49f.; C. M. Tuor, Reihenfolge, 10, 59, 63.

58 C. M. Tuor, Reihenfolge, 10f., 63f.; J. P. J. N. Faber, Anni, 57; G. P. Marchal, Einleitung. Die Dom- und Kollegiatstifte der Schweiz, in: G. P. Marchal, Kollegiatstifte,

An Dignitäten bestanden neben der Dompropstei die Domdechantei, die Scholasterie, die Kantorei und die Kustorei. Dazu kam der Sextar, der die sechste Residentenstelle innehatte, aber im eigentlichen Sinn nicht zu den Dignitären gerechnet wurde. Das Amt des Kantors blieb von 1794 an unbesetzt.[59]

Corvey

Die kurze Bestandszeit des Corveyer Domkapitels bedingte, dass sich die Veränderungen hinsichtlich des personellen Umfangs in Grenzen hielten. So waren stets zwölf Kapitularstellen vorhanden. Die Zahl der Domizellare wurde entsprechend den Bestimmungen der Säkularisationsbulle Papst Pius' VI. vorerst auf drei festgesetzt, sollte jedoch später auf zwei reduziert werden. Trotzdem wurden zum Zeitpunkt der Aufhebung des Domkapitels vier Domizellare angeführt.[60]

Die beiden in der Fürstabtei vorhandenen Dignitäre Abt und Prior erfuhren durch die Errichtung des Bistums Corvey eine maßgebliche Änderung. Die Abtswürde verschwand gänzlich, aus dem Prior wurde der Domdechant, der alleiniger Dignitär blieb.[61]

Eichstätt

Die personelle Entwicklung des Eichstätter Domkapitels begann mit einer siebzigköpfigen Gemeinschaft, die im zweiten Viertel des 11. Jahrhunderts auf 50 Mitglieder beschränkt wurde. Rund zwei Jahrhunderte später wurde die Zahl der Domherren neuerlich reduziert.[62] Von den danach noch 30 Präbenden fiel 1472 eine als Universitätskanonikat an einen Professor der Theologischen Fakultät der Universität Ingolstadt, dem allerdings keinerlei Rechte im Kapitel erwuchsen.[63] Eine letzte Veränderung ergab sich schließlich 1613, als beschlossen wurde, eine Präbende dem Domdechanten zur Gehaltsaufbesserung zukommen zu lassen. Somit blieben mit dem Eintreten dieser Bestimmung im Jahr 1615 noch 28 Kanonikate

74; H. Nottarp, Ehrenkanoniker und Honorarkapitel, in: ZRG KA 14 (1925), 287; Beschreibung einiger deutscher Domkapitel, 68 (HHStA Hs B 182).

59 C. M. Tuor, Reihenfolge, 12, 27, 43, 54f.; G. Capaul, Domkapitel, 64, 66, 70, 73, 77; P. Hersche, Domkapitel I, 86; Beschreibung einiger deutscher Domkapitel, 68 (HHStA Hs B 182).

60 G. Föllinger, Corvey, 108, 129f.; R. Haas, „Dem bösen Willen des Domkapitels die Schuld beimesset, ..." – Zum Ende der Adelsdominanz in den westfälischen Domkapiteln 1802–1823, in: W. Frese, Revolution, 34f.; M. Sagebiel, Corvey – Domstift St. Stephanus und Vitus, in: K. Hengst, Klosterbuch I, 225; U. Faust, Bistum Corvey, in: E. Gatz, Bistümer, 182.

61 G. Föllinger, Corvey, 107f.

62 H. A. Braun, Domkapitel, 13; G. Mahr, Domkapitel, 1; B. Dennemarck, Satuten, 6; J. Strötz, Domkapitel, 67.

63 H. A. Braun, Domkapitel, 13; B. Dennemarck, Statuten, 6.

übrig.[64] Überlegungen, die Zahl der Kanonikate zu halbieren, wurden 1578 und 1645 verworfen.[65] Umgesetzt wurde hingegen das seit 1666 verfolgte Ziel, die Zahl der Kapitulare zu begrenzen. Von 1685 an gehörten daher 15 Kapitulare und 13 Domizellare zum Domkapitel.[66]

Neben den beiden Dignitäten der Dompropstei und der Domdechantei zählten die Scholasterie, die Kantorei, die Kustorei und die Kellerei als Personate. Da die Dompropstei immer wieder mit kapitelfremden Personen besetzt wurde, trachtete das Domkapitel danach, ihre Vergabe auf die eigenen Kanoniker zu beschränken. Dem entsprach Papst Clemens IX. 1668.[67]

Ermland

Im Zuge der Gründung des Ermländischen Domkapitels 1260 wurden 16 Kanonikate errichtet.[68] Obwohl bereits 1277 eine Ausweitung auf 24 Mitglieder angedacht worden war, dauerte es bis 1289, ehe die Institution erstmals überhaupt die Vollzahl der 1260 vorgesehenen Mitglieder erreichte.[69] 1363 fügte Bischof Johannes Streifrock zu den 16 bestehenden acht neue Kanonikate hinzu, je vier mit einer Medi- beziehungsweise einer Minorpräbende.[70] Eine 1372 von Papst Gregor XI. genehmigte Gleichstellung mit den älteren Präbenden erfolgte letztlich nicht, zumal die acht neuen Präbenden bereits 1426 aus wirtschaftlichen Gründen wieder aufgehoben werden mussten. Von da an umfasste das Domkapitel wieder 16 Mitglieder.[71] Eine 1532 von Bischof Mauritius Ferber ins Leben gerufene siebzehnte Präbende wurde nie an einen Kleriker vergeben, sondern diente dem Domkapitel als finanzieller Rückhalt für unvorhergesehene Aufwendungen.[72] Bis zuletzt war es im Ermländischen

64 H. A. Braun, Domkapitel, 14, 28; B. Dennemarck, Statuten, 6; J. Strötz, Domkapitel, 67.

65 H. A. Braun, Domkapitel, 127.

66 H. A. Braun, Domkapitel, 14; G. Mahr, Domkapitel, 2; B. Dennemarck, Statuten, 6; Beschreibung einiger deutscher Domkapitel, 23 (HHStA Hs B 182).

67 H. A. Braun, Domkapitel, 15, 17; G. Mahr, Domkapitel, 10f.; B. Dennemarck, Statuten, 7f.; J. Strötz, Domkapitel, 67; P. Hersche, Domkapitel I, 88; Beschreibung einiger deutscher Domkapitel, 25 (HHStA Hs B 182).

68 J. Obłąk, O początkach kapituły katedralnej na Warmii, in: WWD 16/V, 9f., 19; A. Kopiczko, Dzieje, 9; B. Pottel, Domkapitel, 9; M. Glauert, Domkapitel, 196; A. Radzimiński, Kirche, 88.

69 B. Pottel, Domkapitel, 11; J. Obłąk, O początkach kapituły katedralnej na Warmii, in: WWD 16/V, 19, 21; A. Kopiczko, Dzieje, 10; A. Radzimiński, Zarządzanie majątkiem Warmińskiej Kapituły Katedralnej w świetle jej statutów, in: A. Kopiczko/J. Jezierski,/ Z. Żywica, Kapituła, 87f.; M. Glauert, Domkapitel, 196f.; A. Radzimiński, Kirche, 88.

70 B. Pottel, Domkapitel, 10; M. Glauert, Domkapitel, 196; G. Matern, Verhältnisse, 31, 166; A. Radzimiński, Kirche, 88–90.

71 B. Pottel, Domkapitel, 10f., 79; M. Glauert, Domkapitel, 196; G. Matern, Verhältnisse, 31f., 195; B. Szady, Prawo, 44f.; A. Radzimiński, Kirche, 89f.

72 A. Kopiczko, Dzieje, 10.

Domkapitel üblich, einzelnen Domherren im Bedarfsfall Koadjutoren beizustellen, die nach deren Ausscheiden das frei gewordene Kanonikat übernehmen konnten.[73]

An der Spitze des Domkapitels standen mit dem Dompropst, dem Domdechanten, dem Kustos und dem Kantor vier Dignitäre. Die Kustorei und die Kantorei blieben von 1766 beziehungsweise 1776 bis 1799 vakant.[74]

Freising

Für das Freisinger Domkapitel sind sowohl für die Mitte des 13. Jahrhunderts als auch für das 15. Jahrhundert 30 Mitglieder belegt. Bis spätestens im beginnenden 17. Jahrhundert wurde deren Zahl auf 24 Domherren eingeschränkt.[75] Da ab 1725 der zuvor vom Kapitel getrennt stehende Dompropst neben seiner Dignität verbindlich auch ein gewöhnliches Kanonikat innehaben musste, blieben 23 Kanoniker übrig.[76] Im beginnenden 17. Jahrhundert drängte das Domkapitel aus wirtschaftlichen Gründen auf eine Verringerung der Kapitularstellen. Bischof Veit Adam von Gepeckh kam dem Ansinnen des Kapitels teilweise entgegen und verfügte 1634 eine vorerst vorübergehende Beschränkung der Kapitulare auf 13. 1700 wurde deren Zahl auf 14 erhöht. Daneben verblieben zuerst elf, ab 1700 noch zehn beziehungsweise ab 1725 noch neun Domizellare.[77] Keine tatsächliche Auswirkung auf das Domkapitel zeitigte hingegen die 1523 beabsichtigte Einrichtung einer Universitätspräbende für einen Professor der Theologischen Fakultät der Universität Ingolstadt.[78]

Die wichtigsten Kapitelämter bildeten die Dignitäten der Dompropstei, der Domdechantei und der Scholasterie sowie das Personat der Kustorei. Dass die Dompropstei bis ins 18. Jahrhundert getrennt vom Domkapitel stand, wurde bereits erwähnt. Erst 1725 beschränkte Papst Benedikt XIII. die Vergabe auf den Kreis der Kapitulare.[79]

---

73 N. N., Handbuch/Anhang, 107; M. Lehmann, Preussen IV, 486; M. Lehmann, Preussen V, 365.

74 J. Obłąk, O początkach kapituły katedralnej na Warmii, in: WWD 16/V, 10, 19; A. Eichhorn, Die Prälaten des ermländischen Domcapitels, in: ZGAE 3 (1866), 306f.; B. Pottel, Domkapitel, 34f.; A. Kopiczko, Dzieje, 9, 11; A. Radzimiński, Zarządzanie majątkiem Warmińskiej Kapituły Katedralnej w świetle jej statutów, in: A. Kopiczko/J. Jezierski,/Z. Żywica, Kapituła, 87f.; A. Radzimiński, Kirche, 88, 90–92; W. Thimm/A. Triller, Die Statuten des Domkapitels von Frauenburg aus dem Jahre 1532 und ihre Novellierungen, in: ZGAE 36 (1972), 50f.; M. Lehmann, Preussen IV, 486f.; H. Granier, Preussen VIII, 222; N. N., Handbuch/Anhang, 107.

75 H.-J. Busley, Geschichte, 55; R. Ebersberger, Zusammensetzung, 16; R. Ebersberger, Das Freisinger Domkapitel im Zeitalter der Glaubenskämpfe, in: G. Schwaiger, Bistum II, 157.

76 R. Götz, Domkapitel, 45f., 559; J. Seiler, Domkapitel, 68; P. Hersche, Domkapitel I, 93.

77 R. Ebersberger, Das Freisinger Domkapitel im Zeitalter der Glaubenskämpfe, in: G. Schwaiger, Bistum II, 157; R. Götz, Domkapitel, 45, 99f., 626, 631.

78 H. Wagner, Domkapitel, 85.

79 M. Deutinger, Matrikeln I, 45–47; R. Götz, Domkapitel, 45–47, 559, 561, 563; H.-J. Busley, Geschichte, 110f.; R. Ebersberger, Zusammensetzung, 17–21; R. Ebersberger, Das

Fulda

Für die Mitgliederzahl des Fuldaer Domkapitels war der Bestand der Kapitulare des Benediktinerklosters ausschlaggebend. Anlässlich der Errichtung des Domkapitels 1752 wurde daher die Zahl der Kapitulare des Domkapitels auf 15 festgesetzt. Darüber hinaus gehörte zur Institution eine unbestimmte Anzahl an Domizellaren, zumeist zwei.[80] Neben dem eigentlichen Domkapitel bestand auch nach der Errichtung des Bistums der Klosterkonvent als getrennte Einrichtung fort. Er umfasste zuletzt gut 30 Mitglieder.[81]

An der Spitze des eigentlichen Domkapitels stand der Domdechant als einziger Dignitär. Darüber hinaus bestanden gleichsam als Personate insgesamt acht sogenannte Propsteien, nämlich die von Blankenau, Holzkirchen in Unterfranken, Johannesberg, Michaelsberg, Petersberg, Sannerz, Thulba und Zella in der Rhön.[82]

Görz

Das Görzer Domkapitel umfasste seit seiner Gründung 1752 acht Kapitulare, von denen vier aus dem gleichzeitig aufgelösten Aquileier Domkapitel übernommen wurden. Für die Jahre 1753, 1754 und 1762 ist die Zustiftung dreier weiterer Kanonikate belegt. Vikar Janez Friderik Madko aus Flitsch, Kaiserin Maria Theresia und Johann Martin Strohl von Strohlendorf traten dabei als Stifter auf, während 1778 ein von Michele Tuzzi betriebener Versuch letztlich nicht zur Verwirklichung gelangte. Dafür kam es 1770 und 1774 durch Kaiserin Maria Theresia jeweils zur Ernennung eines Supernumerariers, womit das Domkapitel vorübergehend zwölf Mitglieder zählte.[83]

Freisinger Domkapitel im Zeitalter der Glaubenskämpfe, in: G. Schwaiger, Bistum II, 157–159; P. Hersche, Domkapitel I, 93; Beschreibung einiger deutscher Domkapitel, 47 (HHStA Hs B 182).

80 G. Richter, Die adeligen Kapitulare des Stifts Fulda seit der Visitation Carafas (1627), in: FGBl 3 (1904), 123; G. Richter, Die Säkularisation des Fuldaer Domkapitels (1802), in: FGBl 7 (1908), 130f.; G. Richter, Statuta, XLVIf.; E. Gatz, Bistum Fulda, in: E. Gatz, Bistümer, 226; U. Zuber, Staat, 53f.

81 G. Richter, Die adeligen Kapitulare des Stifts Fulda seit der Visitation Carafas (1627), in: FGBl 3 (1904), 70f., 123; G. Richter, Die Aufhebung des Benediktinerklosters ad s. Salvatorem in Fulda (1802), in: FGBl 7 (1908), 83, 85, 88.

82 G. Richter, Die adeligen Kapitulare des Stifts Fulda seit der Visitation Carafas (1627), in: FGBl 3 (1904), 123–127; G. Richter, Die Säkularisation des Fuldaer Domkapitels (1802), in: FGBl 7 (1908), 130f.; G. Richter, Statuta, XLVII.

83 E. Marcon, La genesi dell'Archidiocesi di Gorizia, in: SG 13 (1952), 164; G. D. della Bona, Osservazioni, 224f.; G. Cappelletti, Chiese VIII, 587f., 592f.; A. Fidler, Geschichte IV, 45f.; H. Bastgen, Neuerrichtung, 347.

Die Gruppe der Dignitäre setzte sich aus dem Dompropst, dem Domdechanten und dem Primizer zusammen.[84]

Gradisch

Die verhältnismäßig späte Entstehung des Gradischer Domkapitels im Jahr 1788 brachte es mit sich, dass sich hinsichtlich seiner Zusammensetzung keinerlei Veränderungen ergaben, auch nicht durch die baldige Transferierung nach Görz. Die Institution bestand daher stets aus sieben Mitgliedern, Domizellarstellen gab es keine.[85]

Nachdem ursprünglich die Dignitäten der Dompropstei, der Domdechantei und der Kustorei vorgesehen waren, wurde bei der Errichtung schließlich der Scholaster zum drittwichtigsten Mann im Domkapitel.[86]

Graz

Das Grazer Domkapitel wurde 1786 mit sieben Kapitularen ins Leben gerufen und blieb hinsichtlich seines personellen Umfangs im Untersuchungszeitraum unverändert erhalten.[87]

Angeführt wurden die Domherren von drei Dignitären, nämlich dem Dompropst, dem Domdechanten und dem Kustos.[88]

Gurk

Die Mitgliederzahl des Gurker Domkapitels blieb über lange Zeit unbestimmt und war daher starken Schwankungen unterworfen. Vom 14. bis in das 16. Jahrhundert befand sich für gewöhnlich rund ein Dutzend Domherren im Stift, mit ersten Tiefpunkten 1459 und 1487, als es jeweils nur mehr sechs waren. 1563 mit fünf Chorherren noch schlechter besetzt, begann sich danach die personelle Ausstattung des Domkapitels wieder zu verbessern.[89] Vor diesem Hintergrund sprachen sich Ende des 16. Jahrhunderts Nuntius Girolamo Conte Portia und Bischof Christoph Andreas

---

84 E. Marcon, La genesi dell'Archidiocesi di Gorizia, in: SG 13 (1952), 162, 164; G. Cappelletti, Chiese VIII, 587, 592f.; G. D. della Bona, Osservazioni, 224; A. Fidler, Geschichte IV, 45.

85 G. Cappelletti, Chiese VIII, 636; L. Tavano, Diocesi, 60, 65.

86 G. Cappelletti, Chiese VIII, 636.

87 J. Zapletal, Domcapitel, 9, 11f.; B. Roth, Seckau, 502, 531; J. R. Kušej, Joseph, 221; J. Reinisch, Jahre, 5.

88 J. Zapletal, Domcapitel, 9f., 12; J. R. Kušej, Joseph, 221.

89 H. Felsberger, Augustiner, 297, 354; J. Obersteiner, Die persönliche Zusammensetzung des adeligen Gurker Domkapitels und Domstiftes in der Zeit des späten Mittelalters, in: Carinthia I 156 (1966), 593; J. Obersteiner, Beiträge zur Gurker Bistumsgeschichte aus der Zeit der Reformation und Gegenreformation, in: Carinthia I 145 (1955), 556.

Freiherr von Spaur für einen Mitgliederstand von gleichbleibend zwölf Kapitularen aus, der jedoch noch bis in die Mitte des 17. Jahrhunderts nicht erreicht werden konnte.[90] Während dieser Zeit kam es zudem zu einer Unterscheidung von Domkapitel und Konvent.[91] Im 18. Jahrhundert bestand diese Zweiteilung fort, allerdings wurde die Zahl der Kapitulare im Zuge der Transmutation des Domkapitels in eine weltgeistliche Einrichtung 1787 auf acht begrenzt. Ein damals überzähliger neunter Domherr blieb als Ruraldechant in Gurk zurück. Bereits 1789 sank die Mitgliederzahl erneut, da Kaiser Joseph II. die Einkünfte der Kustorei und des ihr zugehörigen Kanonikats dem Religionsfonds zuwies. Bischof Franz Xaver Graf von Salm und das Domkapitel verwehrten sich gegen diese Maßnahme, vermochten aber vorläufig nichts dagegen auszurichten. Erst 1801 entschied sich Kaiser Franz II. dazu, die achte Domherrenstelle wieder aufleben zu lassen. Allerdings erhielt deren Inhaber, der das Amt des Stadtpfarrers von St. Egid in Klagenfurt bekleidete, keinerlei Einkünfte aus der Kapitelkasse. Zur förmlichen Besetzung des Kanonikats scheint es jedoch bis zum Ende des Untersuchungszeitraumes nicht mehr gekommen zu sein.[92]

Neben den beiden Dignitäten der Dompropstei und der Domdechantei entwickelten sich die beiden Personate der Kustorei und der Scholasterie. Der Kustos stieg zwar mit der Transmutation 1787 in den Kreis der Dignitäre auf, allerdings wurde sein Amt bereits 1789 ersatzlos supprimiert. Die Scholasterie verblieb im Rang eines Personats.[93]

Halberstadt

Die Festlegung einer verbindlichen Zahl an Kapitularen wurde für das Halberstädter Domkapitel vermutlich im beginnenden 13. Jahrhundert vorgenommen. Die von nun an 22 Kapitulare ließen mit einer unterschiedlichen Zahl an Domizellaren die Gesamtstärke des Domkapitels auf bis zu 29 Personen anwachsen.[94] 1564 erfolgte durch die Festschreibung von 14 Residentenstellen ein weiterer Eingriff in die Struktur des Domkapitels.[95] Infolge des Westfälischen Friedens von 1648 wurden vier Domherrenstellen verbindlich den Katholiken zugesprochen. Zudem erlaubte

90 J. Obersteiner, Beiträge zur Gurker Bistumsgeschichte aus der Zeit der Reformation und Gegenreformation, in: Carinthia I 145 (1955), 557; J. Obersteiner, Die persönliche Zusammensetzung des adeligen Domkapitels und Domstiftes Gurk in der Zeit von 1620–1787, in: Carinthia I 154 (1964), 221; A. Fidler, Geschichte V, 236.

91 A. Meir, Die Gegenreformation im Bistum Gurk, in: F. M. Dolinar/M. Liebmann/H. Rumpler/L. Tavano, Reform, 325.

92 A. Jaksch, Zum achthundertjährigen Stiftungsfeste des Gurker Domkapitels 1124–1924, in: Carinthia I 114 (1924), 5.

93 H. Felsberger, Augustiner, 340, 346, 349f.; A. Jaksch, Zum achthundertjährigen Stiftungsfeste des Gurker Domkapitels 1124–1924, in: Carinthia I 114 (1924), 5.

94 A. Brackmann, Urkundliche Geschichte des Halberstädter Domkapitels im Mittelalter, in: ZHVGA 32 (1899), 7f.; J. Heckel, Domstifter, 94.

95 M. M. A. Serger, Capitula, 97; J. Heckel, Domstifter, 96.

der Friedensvertrag Kurfürst Friedrich Wilhelm von Brandenburg, die Zahl der Domherren um ein Viertel zu verkleinern. Nach Verhandlungen mit dem Domkapitel einigte man sich 1669 im Quartvergleich auf zusätzlich zum Dompropst künftig 19 Kanonikate für Kapitulare, darunter zehn Residentenstellen.[96] Mit der Stiftung einer Familienpräbende durch Christoph Freiherr von dem Bussche 1693 umfasste das Domkapitel schließlich 20 Kanonikate, darunter elf Residentenstellen.[97] Dazu kamen noch zuletzt acht Minorpräbenden für Domizellare sowie eine wachsende Zahl an Elekten und Exspektanten. Sie alle waren protestantisch.[98]

Neben den beiden Dignitäten der Dompropstei und der Domdechantei sind wohl der Portenar und der Scholaster als Inhaber von Personaten anzusehen. Die im Mittelalter darüber hinaus vorhandenen Ämter des Kellerers und des Thesaurars sind vermutlich bis spätestens ins 17. Jahrhundert bedeutungslos geworden. Die Dompropstei wiederum entfremdete sich seit der Mitte des 17. Jahrhunderts in zunehmendem Maß vom Domkapitel, vor allem während des 18. Jahrhunderts, als sie zu einer reinen Apanage für Prinzen aus der preußischen Königsfamilie herabgesunken war.[99]

Hamburg

Was die Zahl seiner Mitglieder betrifft, wies das Hamburger Domkapitel vor allem im Spätmittelalter überaus ausgeprägte Veränderungen auf. Zu den ursprünglich acht Kanonikaten gesellten sich während des 13. Jahrhunderts durch Stiftungen von Regenten, Erzbischöfen, Domherren und Bürgern sowohl Maior- als auch Minorpräbenden dazu.[100] 1302 traf man die Regelung, dass sich das Domkapitel von nun an aus zwölf Maiorkanonikaten und vier Minorkanonikaten zusammensetzen sollte.[101]

---

96 A. Oschmann, Acta III B 1/1, 136f.; J. Heckel, Domstifter, 97f.; B. Braun, Die gemischtkonfessionellen Domkapitel im Reich nach dem Westfälischen Frieden, in: C. Roll/F. Pohle/M. Myrczek, Grenzen, 173.

97 J. Heckel, Domstifter, 98, 174; N. N., Handbuch/Anhang, 82f.; C. Weber, Familienkanonikate, 43.

98 N. N., Handbuch/Anhang, 82–84; A. Brackmann, Urkundliche Geschichte des Halberstädter Domkapitels im Mittelalter, in: ZHVGA 32 (1899), 15f.; J. P. J. N. Faber, Anni, 58; J. Heckel, Domstifter, 101.

99 N. N., Handbuch/Anhang, 83; A. Brackmann, Urkundliche Geschichte des Halberstädter Domkapitels im Mittelalter, in: ZHVGA 32 (1899), 40f.; W. Langenbeck, Geschichte, 73; R. Joppen, Das Erzstift Magdeburg unter Leopold Wilhelm von Österreich (1628–1635), in: F. Schrader, Beiträge, 3; J. Heckel, Domstifter, 185f.

100 J. Wätjer, Domkapitel, 58, 70f.; B. Vonderlage, Domkapitel, 9, 12f.; G. Apel, Güterverhältnisse, 79.

101 J. Wätjer, Domkapitel, 61; E. Göller, Aus einem Hamburger Pfründenprozeß unter Clemens V. aus dem Jahr 1312, in: RQ 36 (1928), 116; B. Vonderlage, Domkapitel, 23; J. Spitzer, Hamburg im Reformationsstreit mit dem Domcapitel. Ein Beitrag zur Hamburgischen Staats- und Kirchengeschichte der Jahre 1528–1561, in: ZHG 11 (1903), 444, 452, 455; G. Apel, Güterverhältnisse, 79.

Doch schon 1303 wurde eine dreizehnte große Präbende inkorporiert. Bis gegen die Mitte des 14. Jahrhunderts setzte eine neuerliche Stiftungswelle ein, die mit der Aufhebung von acht Minorpräbenden durch Erzbischof Otto Graf von Oldenburg 1345 ein vorläufiges Ende fand.[102] Erst in der ersten Hälfte des 15. Jahrhunderts erlebten die Zustiftungen, jetzt vor allem von Hamburger Ratsfamilien getragen, eine reiche Fortsetzung.[103] Wohl im Laufe des 17. Jahrhunderts hatte sich die vorher schwankende Zahl der Minorkanonikate schließlich endgültig bei sieben eingependelt, während die 13 Maiorstellen schon länger unverändert geblieben waren. Abgesehen vom Dompropst waren alle ihre Inhaber Kapitulare. Da eine vom Domkapitel 1770 beabsichtigte Aufhebung zweier Minorpräbenden am Widerstand des Landesherrn scheiterte, hielt sich in der Folge die Zahl von 20 Mitgliedern bis zum Ende der Institution. Darüber hinaus waren auch Exspektanten vorhanden.[104]

Die wichtigsten Kapitelämter bildeten die beiden Dignitäten der Dompropstei und der Domdechantei sowie die Personate der Scholasterie, der Kantorei und des Thesaurariats. Den drei erstgenannten Würdenträgern kam seit 1223 die Teilnahme an der Wahl des Bremer Erzbischofs zu. Ansonsten verlor jedoch der Dompropst jedes Stimmrecht und geriet in eine vom Domkapitel abgesonderte Stellung. Die Kantorei verschwand vermutlich im Laufe der ersten Hälfte des 17. Jahrhunderts.[105]

Havelberg

Die Zahl der Mitglieder des Havelberger Domkapitels war während seiner Zugehörigkeit zum Prämonstratenser-Chorherren-Orden nicht festgelegt. Wirtschaftslage und Anziehungskraft des Stiftes beeinflussten die personelle Entwicklung. Zuletzt zählte man zwischen 20 und 30 Domherren.[106] Die Transmutation in eine weltgeistliche

102 J. Wätjer, Domkapitel, 68f.; J. Spitzer, Hamburg im Reformationsstreit mit dem Domcapitel. Ein Beitrag zur Hamburgischen Staats- und Kirchengeschichte der Jahre 1528–1561, in: ZHG 11 (1903), 444, 455.

103 N. Staphorst, Historia, I/2, 217–223, 506; N. Staphorst, Historia I/3, 569f., 572; J. Wätjer, Domkapitel, 68, 70, 72f.; B. Vonderlage, Domkapitel, 13f.

104 F. Otto, Verhältnisse, 45–48, 60, 65, 68, 82f.; J. Wätjer, Domkapitel, 214; G. Apel, Güterverhältnisse, 131f.; J. Spitzer, Hamburg im Reformationsstreit mit dem Domcapitel. Ein Beitrag zur Hamburgischen Staats- und Kirchengeschichte der Jahre 1528–1561, in: ZHG 11 (1903), 438f.; J. P. J. N. Faber, Anni, 61; N. N., Vermischte Nachrichten das Hamburgische Domcapitel betreffend, in: NGhM 3 (1794), 532.

105 J. Spitzer, Hamburg im Reformationsstreit mit dem Domcapitel. Ein Beitrag zur Hamburgischen Staats- und Kirchengeschichte der Jahre 1528–1561, in: ZHG 11 (1903), 438–441; F. Otto, Verhältnisse, 66, 68, 73f.; J. Wätjer, Domkapitel, 51, 79, 144f.; N. N., Vermischte Nachrichten das Hamburgische Domcapitel betreffend, in: NGhM 3 (1794), 521, 529; W. Jensen, Domkapitel, 15f.; G. Apel, Güterverhältnisse, 131f.

106 C. Bergstedt/C. Popp/E. Badstübner/A. Reichel/C.-M. Jeitner, Havelberg. Prämonstratenser-Domkapitel, in: H.-D. Heimann/K. Neitmann/W. Schich, Klosterbuch I,

Einrichtung brachte 1506/07 die Festlegung auf künftig 17 Domherren.[107] Rund drei Jahrzehnte später erfolgte die Vereinigung eines Kanonikats mit der Dompropstei, was 1547 aus einer bestehenden Gewohnheit zur ausdrücklichen Vorschrift wurde.[108] Ebenfalls noch vor der Mitte des 16. Jahrhunderts wurde dem Domkapitel die Verpflichtung auferlegt, eine Präbende der Universität Frankfurt an der Oder zu inkorporieren.[109] Damit verblieben vorerst 15 Kanonikate, von denen in protestantischer Zeit acht zu Residentenstellen bestimmt wurden, deren Inhaber allein Kapitulare waren. Darüber hinaus gab es in der Regel sieben Minorkanoniker, sechs vom Domkapitel ernannte und einen vom Landesherrn bestimmten, sowie bis zu über 60 Elekten und Exspektanten.[110] Unmittelbar vor dem Ende des Domkapitels erfuhr die personelle Zusammensetzung eine letzte Veränderung. General Wichard Joachim von Möllendorff, in Havelberg Inhaber der Domdechantei, stiftete 1790 eine Erbpräbende für seine Familie und damit eine neunte Residentenstelle. Die tatsächliche Umsetzung dieser Stiftung wurde jedoch durch die Zeitumstände verunmöglicht. 1811 wurde die Errichtung daher wieder rückgängig gemacht.[111]

Die Führungsstruktur des Domkapitels erfuhr durch die Transmutation Änderungen. Während das Amt des Dompropstes erhalten blieb, wurde aus dem vormaligen Amt des Priors danach das des Domdechanten. An die Stelle mehrerer ordensgeistlicher Ämter traten im weltgeistlichen Domkapitel 1506/07 die des Kantors, des Thesaurars und des Archidiakons, die freilich alle bereits mit der Reformation wieder verschwanden. Lediglich der Fabrikator hielt sich bis 1673, als sein Personat zu einem Offizium herabgesetzt wurde. Dafür kam 1736 auf Betreiben König Friedrich Wilhelms I. von Preußen als neue Dignität die Vizedechantei hinzu, die nach einer Vakanz zwischen 1740 und 1746 zu einer dauerhaften Einrichtung wurde. Die vor der Transmutation recht einflussreiche Stellung des Dompropstes führte in den ersten Jahren danach, als der Domdechant zahlreiche seiner Befugnisse zu übernehmen begann, zu Spannungen im Domkapitel. 1534 einigte man sich schließlich darauf, dem Dompropst die Teilnahme an den Kapitelsitzungen nur nach ausdrücklicher Ladung durch das Kapitel zu gestatten. Das Bestreben, den Dompropst doch wieder an den Kapitelhandlungen teilhaben zu lassen, führte

---

576; T. Buchholz, Das Domstift zu Havelberg, in: M. Puhle/R. Hagdorn, Prémontré, 72; D. Kurze, Bistum Havelberg, in: E. Gatz, Bistümer, 254; G. Wentz, Bistum, 143.

107 A. F. Riedel, Codex I/1, 49f.; A. Kugler-Simmerl, Bischof, 51.

108 A. F. Riedel, Codex I/3, 36, 44, 56.

109 M. Höhle, Universität, 48, 152; A. F. Riedel, Codex I/3, 36, 56, 142; A. Kugler-Simmerl, Bischof, 51, 165; J. Heckel, Bilder aus der Geschichte des Domstifts Havelberg seit der Reformation, in: FBPG 39 (1927), 60.

110 A. F. Riedel, Codex I/3, 51, 56; J. Heckel, Bilder aus der Geschichte des Domstifts Havelberg seit der Reformation, in: FBPG 39 (1927), 60f.; N. N., Handbuch/Anhang, 73f.

111 A. F. Riedel, Codex I/3, 56, 76; J. Heckel, Bilder aus der Geschichte des Domstifts Havelberg seit der Reformation, in: FBPG 39 (1927), 60; J. Heckel, Domstifter, 99, 174.

jedoch wenig später dazu, dass Kurfürst Joachim II. von Brandenburg 1547 aus einer schon vorher bestehenden Gewohnheit eine verbindliche Regelung machte und ein gewöhnliches Kanonikat dauerhaft mit der Dompropstei vereinigte. Auf diese Weise konnte der Dompropst seine verhältnismäßig starke Stellung im Domkapitel halten, zumal er seit einer Entscheidung König Friedrich Wilhelms I. von Preußen aus dem Jahr 1723 als Dignitär und Kanoniker zwei Stimmen im Kapitel führte.[112]

Hildesheim

Eine erste zahlenmäßige Festlegung für das Hildesheimer Domkapitel traf Bischof Hezilo. Er fixierte in den Sechzigerjahren des 11. Jahrhunderts den Personalstand auf 45 Maiorkanoniker und sieben Minorkanoniker.[113] Davon blieben bis zum Ende des Mittelalters 42 Kanonikate übrig.[114] Für das Verhältnis zwischen Kapitularen und Domizellaren gab es jetzt keinen vorgeschriebenen Verteilungsschlüssel mehr, jedoch waren bis zu rund drei Dutzend Kapitulare durchaus üblich.[115] Unter ihnen mussten seit 1601 je vier Stellen ausdrücklich mit Priestern beziehungsweise Diakonen besetzt sein.[116]

Der Dompropst und der Domdechant führten als Dignitäre die Hierarchie des Domkapitels an. Zumindest seit 1601 folgten danach die Inhaber der je vier Sazerdotal- und Diakonalkanonikate, anschließend die restlichen Domherren. Die Scholasterie, die Kantorei, die Kustorei und die Kellerei galten als Personate. Der Dompropst durfte nur auf ausdrückliche Einladung des Domkapitels an den Kapitelsitzungen teilnehmen.[117]

---

112 A. F. Riedel, Codex I/3, 42–45, 48–50, 76, 188f.; D. Kurze, Die Transmutation der Prämonstratenser-Domstifte Brandenburg und Havelberg, in: F. J. Felten/N. Jaspert, Vita, 683; C. Bergstedt/C. Popp/E. Badstübner/A. Reichel/C.-M. Jeltner, Havelberg. Prämonstratenser-Domkapitel, in: H.-D. Heimann/K. Neitmann/W. Schich, Klosterbuch I, 576; J. Heckel, Bilder aus der Geschichte des Domstifts Havelberg seit der Reformation, in: FBPG 39 (1927), 63, 72f.; J. Heckel, Domstifter, 182, 185f., 189f.; G. Wentz, Bistum, 143.

113 H.-G. Aschoff, Hildesheim – Domstift St. Marien, in: J. Dolle, Klosterbuch II, 656; G. Lamay, Standesverhältnisse, 10.

114 H.-G. Aschoff, Hildesheim – Domstift St. Marien, in: J. Dolle, Klosterbuch II, 658; H.-G. Aschoff, Das Hildesheimer Domkapitel. Grundlinien seiner Entwicklung von 815 bis in die Frühe Neuzeit, in: T. Scharf-Wrede, Domkapitel, 35; A. Dylong, Domkapitel, 35.

115 J. P. J. N. Faber, Anni, 57; A. Dylong, Domkapitel, 103.

116 A. Dylong, Die Domkapitel von Hildesheim und Osnabrück am Vorabend der Säkularisation, in: DHVG 71 (2003), 129; A. Dylong, Mehr als ein Versorgungsinstrument für nachgeborene Adelssöhne. Das Hildesheimer Domkapitel im 18. Jahrhundert, in: T. Scharf-Wrede, Domkapitel, 48.

117 A. Dylong, Domkapitel, 47, 53; A. Dylong, Die Domkapitel von Hildesheim und Osnabrück am Vorabend der Säkularisation, in: DHVG 71 (2003), 122, 124; A. Dylong, Mehr als ein Versorgungsinstrument für nachgeborene Adelssöhne. Das

Köln

Vermutlich in den Sechzigerjahren des 12. Jahrhunderts kam es im Kölner Domkapitel zur Errichtung von Einzelpräbenden. Damals richtete man 24 größere und 12 kleinere Kapitularpfründen ein. Daneben gab es noch 20 Stellen für Scholaren.[118] Ebenfalls noch im 12. Jahrhundert entstanden zudem 16 Supplementkanonikate, die zwar schlecht dotiert waren, aber über Sitz und Stimme im Kapitel verfügten. Damit zählte das Domkapitel insgesamt 72 Mitglieder.[119] Für das Jahr 1450 sind davon noch 25 Kapitularstellen bezeugt, die sich auch 1534 noch finden. In späterer Zeit sank diese Zahl auf 24, ein Wert, der auch für die Domizellare galt.[120] Innerhalb der Kapitulare gab es mehrere Stellen mit einer ausdrücklichen Widmung. So mussten von den Kapitularstellen seit etwa 1216/18 acht ausschließlich mit Priestern besetzt werden.[121] Papst Sixtus IV. beschränkte 1474 die Verleihung der Sazerdotalpräbenden auf graduierte Theologen und Juristen.[122] Eines der acht Priesterkanonikate sprach Papst Bonifaz IX. 1394 der Universität Köln für einen ihrer Lehrer zu. Papst Innozenz XII. verordnete 1698, dieses Kanonikat dauerhaft einem Juristen zuzuweisen.[123] Die Päpste Eugen IV. und Nikolaus V. stellten 1437 beziehungsweise 1451/53 der Universität eine zweite Priesterpräbende zur Verfügung. Im Unterschied zum ersten Kanonikat, das die Universität auch vergab, begrenzte der Widerstand des Domkapitels die Kollationsrechte der Universität beim zweiten auf ein wenig einflussreiches Devolutionsrecht, das nur bei nicht fristgerechter Nachbesetzung schlagend wurde. In allen übrigen Fällen vergab das Domkapitel selbst die Präbende an einen Angehörigen der Universität.[124] Schließlich erteilte Papst Paul IV. 1559 der Universität

Hildesheimer Domkapitel im 18. Jahrhundert, in: T. Scharf-Wrede, Domkapitel, 45; H. Granier, Preussen IX, 308; P. Hersche, Domkapitel I, 97; Beschreibung einiger deutscher Domkapitel, 40–42 (HHStA Hs B 182).

118 M. Groten, Priorenkolleg, 216f., 219; H. Hüffer, Forschungen, 268f.

119 M. Groten, Priorenkolleg, 182, 220f.

120 H. Hüffer, Forschungen, 261–263, 268f.; W. Kisky, Domkapitel, 24f.; F. Gescher, Die Kapitularkanoniker des Kölner Domes im Jahre 1518, in: JbKGV 11 (1929), 119f., 124; M. Braubach, Das Kölner Domkapitel und die Wahl von 1688, in: AHVN 122 (1933), 63; H. H. Kurth, Domkapitel, 229; Beschreibung einiger deutscher Domkapitel, 9f. (HHStA Hs B 182).

121 H. Hüffer, Forschungen, 293f.; M. Groten, Priorenkolleg, 221f.; H. H. Kurth, Domkapitel, 20.

122 J. G. Cramer, Commentarii, 522–524; H. Hüffer, Forschungen, 295; W. Kisky, Domkapitel, 18f.; H. H. Roth, Das kölnische Domkapitel von 1501 bis zu seinem Erlöschen 1803, in: E. Kuphal, Dom, 259.

123 A.-D. Brincken, Die Stadt Köln und ihre Hohen Schulen, in: E. Maschke/J. Sydow, Stadt, 43f.; H. Keussen, Die Dompfründen der Kölner Universität, in: E. Kuphal, Dom, 185, 200; H. Hüffer, Forschungen, 294; W. Kisky, Domkapitel, 19.

124 H. Keussen, Die Dompfründen der Kölner Universität, in: E. Kuphal, Dom, 205–207; A.-D. Brincken, Die Stadt Köln und ihre Hohen Schulen, in: E. Maschke/J. Sydow, Stadt, 45; H. Hüffer, Forschungen, 294f.; W. Kisky, Domkapitel, 19.

ein Triennalindult, kraft dessen diese hinsichtlich der Sazerdotalkanonikate für drei Monate des Jahres das Kollationsrecht zugunsten eines ihrer Dozenten erhielt. Das Domkapitel konnte sich erst 1593 von der Gültigkeit dieses immer wieder verlängerten Indults befreien.[125]

Die Gruppe der Dignitäre setzte sich im Kölner Domkapitel aus fünf Personen zusammen, dem Dompropst, dem Domdechanten, dem Vize- oder Afterdechanten, dem Chorbischof und dem Scholaster. Sie waren zugleich Mitglieder des Priorenkollegs. Senior und Subsenior wurden in Köln als Senior- und Juniordiakon bezeichnet. Dazu kamen noch die Personate des Thesaurariats und der Kepplerei. Alle diese Ämter konnten ausschließlich von den adeligen Domherren bekleidet werden. Die politisch-wirtschaftlichen Umstände führten dazu, dass die Dompropstei von 1798 an vakant blieb und mit Zustimmung Papst Pius VI. auf unbestimmte Zeit supprimiert wurde. Das Recht zur Teilnahme an den Kapitelsitzungen hatte der Dompropst vermutlich schon im 14. Jahrhundert verloren. Er durfte daran nur nach Aufforderung durch das Domkapitel teilnehmen. Das galt freilich nicht, wenn der Dompropst zugleich das Amt des Thesaurars versah, was wiederholt im 17. und beinahe regelmäßig im 18. Jahrhundert vorkam.[126]

Königgrätz

Das Königgrätzer Domkapitel, 1664 völlig neu gegründet, fand vor allem aus wirtschaftlichen Gründen erst innerhalb der folgenden Jahrzehnte zu einer stabilen personellen Zusammensetzung. Offiziell wurde die Einrichtung zwar mit sechs Mitgliedern ins Leben gerufen, allerdings wurden 1665 vorerst lediglich drei tatsächlich auf Präbenden installiert. Eine vierte Stelle blieb umstritten, und die beiden übrigen beabsichtigte man aus Vikariaten zu schaffen.[127] Dazu kam 1675 mit dem Kuratkanonikat eine zusätzliche echte Domherrenstelle.[128] Eine von Dechant Jan Vojtěch Švanda von Taubenfels aus Chrudim gestiftete Präbende wurde 1704 erstmals besetzt.[129] Dasselbe geschah 1725 mit dem durch Dechant Johann Franz Lodgman von Auen aus Holohlavy dotierten Kanonikat, das bevorzugt mit Mitgliedern seiner

---

125 H. Keussen, Die Dompfründen der Kölner Universität, in: E. Kuphal, Dom, 210–212; A.-D. Brincken, Die Stadt Köln und ihre Hohen Schulen, in: E. Maschke/J. Sydow, Stadt, 46.

126 M. Groten, Priorenkolleg, 88f., 91, 251, 254f., 260; H. Hüffer, Forschungen, 263, 269, 286–288, 291, 300; W. Kisky, Domkapitel, 25; F. W. Lohmann, Ende, 4f.; J. C. Nattermann, Ende, 15, 86; F. Gescher, Die Kapitularkanoniker des Kölner Domes im Jahre 1518, in: JbKGV 11 (1929), 127; H. H. Roth, Das kölnische Domkapitel von 1501 bis zu seinem Erlöschen 1803, in: E. Kuphal, Dom, 260; H. H. Kurth, Domkapitel, 7–11; Beschreibung einiger deutscher Domkapitel, 11 (HHStA Hs B 182).

127 H. Brückner, Gründung, 78, 125f., 141, 149, 209; P. Adam, Statuta, 12–14.

128 H. Brückner, Gründung, 209f.; P. Adam, Statuta, 19f.; J. Němeček, Katedrálni kapitula při chrámu Svatého Ducha v Hradci Králové, in: J. Němeček/V. Hrubý, Chram, 199.

129 H. Brückner, Gründung, 210–212; P. Adam, Statuta, 13, 20–22.

Familie besetzt werden sollte.[130] Für 1728 jedenfalls wird der Personalstand mit sieben residierenden und drei nicht residierenden Domherren angegeben.[131] Der erste Inhaber eines von Anna Magdalena von Ullersdorf ausgestatteten Kanonikats wurde 1738 installiert.[132] Mit der Besetzung der von Dechant Jan Řečický aus Holohlavy gestifteten Domherrenstelle 1747 erfolgte eine neuerliche Zustiftung.[133] Das Domkapitel umfasste nun neun residierende sowie eine wechselnde Zahl nicht residierender Domherren.[134] Infolge einer von Kaiser Joseph II. 1787 getroffenen Verfügung, wonach Domkapitel an gewöhnlichen Bischofskirchen nicht mehr als acht Mitglieder haben durften, kam es 1788 zur Versetzung des überzähligen Kanonikers nach Budweis.[135]

Die wichtigsten Kapitelämter bildeten die Domdechantei, die jedoch erst 1703 erstmals besetzt wurde, und das Archidiakonat, das schon vor der Errichtung des Domkapitels bestanden hatte. Neben den beiden Dignitäten fanden sich noch die Ämter des Scholasters und des Kustos. Auch ein in seiner Stellung nicht näher zu bestimmender Primizer ist zumindest für das erste Drittel des 18. Jahrhunderts belegt.[136]

Konstanz

Das Konstanzer Domkapitel zählte vermutlich ab dem 9. Jahrhundert 24 Pfründen. Bis spätestens Mitte des 13. Jahrhunderts erfolgte eine Herabsetzung auf 20 Kanonikate.[137] An diesen Verhältnissen begann erst Bischof Johannes von Weeze

---

130 H. Brückner, Gründung, 212f.; J. Němeček, Katedrálni kapitula při chrámu Svatého Ducha v Hradci Králové, in: J. Němeček/V. Hrubý, Chram, 199; P. Adam, Statuta, 23.

131 J. J. Solař, Dějepis, 338f.

132 H. Brückner, Gründung, 214; J. Němeček, Katedrálni kapitula při chrámu Svatého Ducha v Hradci Králové, in: J. Němeček/V. Hrubý, Chram, 199, 203; P. Adam, Statuta, 23.

133 H. Brückner, Gründung, 213f.; J. Němeček, Katedrálni kapitula při chrámu Svatého Ducha v Hradci Králové, in: J. Němeček/V. Hrubý, Chram, 199; P. Adam, Statuta, 23.

134 G. Schumann, Hand-Buch 1752/I, 197; J. F. Schönfeld, Schematismus 1789, 183f.; H. Nottarp, Ehrenkanoniker und Honorarkapitel, in: ZRG KA 14 (1925), 224; J. Němeček, Katedrálni kapitula při chrámu Svatého Ducha v Hradci Králové, in: J. Němeček/V. Hrubý, Chram, 199; P. Adam, Statuta, 27, 30f.

135 A. W. Gustermann, Kirchenrecht I, 71; F. Mardetschläger, Geschichte, 96; J. F. Schönfeld, Schematismus 1789, 186; J. J. Solař, Dějepis, 373; J. Němeček, Katedrálni kapitula při chrámu Svatého Ducha v Hradci Králové, in: J. Němeček/V. Hrubý, Chram, 199f., 204; P. Adam, Statuta, 28; J. Kadlec, Dieceze, 49f.; L. Martínková, Bistum, 42.

136 H. Brückner, Gründung, 29, 45, 82, 116f., 141, 146, 209f., 212, 214; J. Němeček, Katedrálni kapitula při chrámu Svatého Ducha v Hradci Králové, in: J. Němeček/V. Hrubý, Chram, 200, 202; P. Adam, Statuta, 22, 28, 49; J. J. Solař, Dějepis, 329, 334, 338; G. Schumann, Hand-Buch 1730, 211.

137 J. Trenkle-Klausmann, Geschichte, 15f., 18, 37–39, 71f.; K.-E. Klink, Domkapitel, 17–21; K. Maier, Das Konstanzer Domkapitel, in: E. L. Kuhn/E. Moser/R. Reinhardt/P. Sachs,

zu rütteln, als er 1542/43 versuchte, zuerst zwei, später gar vier Kanonikate der bischöflichen Mensa zu inkorporieren. Trotz der Unterstützung durch Papst Paul III. scheiterte dieses Vorhaben ebenso wie ähnliche Überlegungen von Bischof Markus Sittikus Graf von Hohenems in den späten Sechzigerjahren des 16. Jahrhunderts.[138] Da ab 1733 der zuvor vom Kapitel getrennt stehende Dompropst neben seiner Dignität regelmäßig auch ein gewöhnliches Kanonikat innehatte, blieben von da an 19 Kanoniker übrig.[139] Der 1634 und 1657 unterbreitete Vorschlag, zwei Kanonikate aus wirtschaftlichen Gründen vorübergehend unbesetzt zu lassen, gelangte letztlich nicht zur Durchführung,[140] während gegen Ende der Bestandszeit des Domkapitels ähnliche Maßnahmen umgesetzt wurden. Von 1790 an blieb ein Kanonikat vakant, um dessen Einnahmen für 30 Jahre dem Baufonds zuzuschlagen. 1800 folgte ein zweites Kanonikat, das für 50 Jahre der Schuldentilgung gewidmet werden sollte.[141] Neben den also zumeist 20 Kanonikaten gab es in Konstanz bis 1791 noch Exspektanten, deren Zahl seit 1532 auf vier begrenzt war. Zusätzlich üblich gewesene Supernumerarier wurden 1581 endgültig abgeschafft.[142] Das Verhältnis zwischen Kapitularen und Domizellaren war nicht ausdrücklich festgelegt. Seit 1324 verfügte das Domkapitel über zwei Sazerdotalpfründen.[143] Die um die Mitte des 16. Jahrhunderts von Kaiser Ferdinand I. erwogene Einführung eines Universitätskanonikats zugunsten eines Professors der Theologischen Fakultät der Universität Freiburg im Breisgau wusste das Domkapitel 1557 zu verhindern.[144]

Neben den beiden Dignitäten der Dompropstei und der Domdechantei zählten die Kustorei und die Kantorei als Personate. Mehrfach bemühte sich das Domkapitel, die gut dotierte und vom Kapitel getrennt stehende Dompropstei längerfristig der verschuldeten bischöflichen Mensa zu inkorporieren, jedoch scheiterten diese Versuche Ende des 15. Jahrhunderts genauso wie Anfang des 17. Jahrhunderts. Nach ersten entsprechenden Ansätzen im 17. Jahrhundert sprach Papst Clemens XI. 1714 zwei Drittel der Einkünfte der Dompropstei ab dem nächsten Vakanzfall für zwölf

---

Bischöfe I, 250; B. Hotz, Stellenvergabe, 31; K. Braun, Studien, 31; W. Kundert, Das Domstift. Einleitung, in: B. Degler-Spengler, Bistum, 772.

138 K. Maier, Domkapitel, 67–74, 83, 103, 298; W. Kundert, Das Domstift. Einleitung, in: B. Degler-Spengler, Bistum, 769.

139 W. Kundert, Die Besetzung der Konstanzer Dompropstei 1510–1803, in: L. Carlen/F. Ebel, Festschrift, 149f., 156f.; K. Braun, Studien, 39; P. Hersche, Domkapitel I, 112.

140 K. Maier, Domkapitel, 180, 189f.

141 F. X. Bischof, Ende, 73.

142 K. Braun, Studien, 24, 62, 64–67; W. Kundert, Die Aufnahme von Schweizern ins Domkapitel Konstanz 1526–1821, in: ZSKG 68 (1974), 245f.; F. X. Bischof, Ende, 73f.; K. Maier, Domkapitel, 146; W. Kundert, Das Domstift. Einleitung, in: B. Degler-Spengler, Bistum, 772; J. P. J. N. Faber, Anni, 56.

143 J. Trenkle-Klausmann, Geschichte, 18, 46, 73; W. Kundert, Das Domstift. Einleitung, in: B. Degler-Spengler, Bistum, 773.

144 W. Kundert, Das Domstift. Einleitung, in: B. Degler-Spengler, Bistum, 769; N. Eisele, Domkapitel, 216.

Jahre der bischöflichen Mensa zu. 1733 wurde diese Bestimmung wirksam, zugleich erfolgte von da an eine durchgehende Vergabe der Dignität an Domherren. Die Tatsache, dass der Dompropst an und für sich kein Recht zur Teilnahme an den Kapitelsitzungen besaß, wurde somit hinfällig.[145]

Kulm

Bei der Gründung des Kulmer Domkapitels 1251 wurde ein Mitgliederstand von 40 Domherren als Zielvorstellung genannt, eine Zahl, die freilich bereits 1264 auf 24 herabgesetzt werden musste. Die tatsächliche Anzahl der Domherren betrug dessen ungeachtet bis ins Spätmittelalter kaum mehr als zehn.[146] Als es unter Bischof Wincenty Kiełbasa und Papst Sixtus IV. in den Siebzigerjahren des 15. Jahrhunderts zur Transmutation des Domkapitels in eine weltgeistliche Institution kam, blieben dauerhaft lediglich vier Kanoniker übrig, obwohl es um die Wende vom 15. zum 16. Jahrhundert vorübergehend auch ein, zwei Kanoniker mehr gab.[147] Nach vergeblichen Versuchen gelang es Bischof Piotr Tylicki 1599, ein fünftes Kanonikat zu errichten. 1632 folgte unter Bischof Jakub Zadzik eine weitere neue Domherrenstelle.[148] Das 1639 angedachte Vorhaben, das Domkapitel auf acht Mitglieder aufzustocken, scheiterte. Im Widerspruch dazu musste schon im folgenden Jahr von Bischof Kasper Działyński aus wirtschaftlichen Gründen ein Kanonikat supprimiert werden,

145 W. Kundert, Das Domstift. Einleitung, in: B. Degler-Spengler, Bistum, 775; B. Degler-Spengler/W. Kundert, Die Dignitäre, in: B. Degler-Spengler, Bistum, 805; K. Braun, Studien, 38f., 45; W. Kundert, Die Besetzung der Konstanzer Dompropstei 1510–1803, in: L. Carlen/F. Ebel, Festschrift, 149f., 153–157; K. Maier, Domkapitel, 158, 165, 216, 268, 274, 276f.; K. Maier, Das Konstanzer Domkapitel, in: E. L. Kuhn/E. Moser/R. Reinhardt/P. Sachs, Bischöfe I, 251f., 254–256; Beschreibung einiger deutscher Domkapitel, 34 (HHStA Hs B 182).

146 C. P. Woelky, Urkundenbuch I, 18, 50; C. P. Woelky, Urkundenbuch II, 1122; R. Krajniak, Duchowieństwo, 30, 35; A. Mańkowski, Kapituła katedralna chełmińska od roku 1466 do 1821, in: ZTNT 5 (1921), 74; J. Hoelge, Das Culmer Domkapitel zu Culmsee im Mittelalter, in: MLGM 18 (1913), 136, 144; M. Glauert, Domkapitel, 195; A. Radzimiński, Entstehung, Inkorporation und ursprüngliche Ausstattung des mittelalterlichen Domkapitels in Kulmsee, in: R. Biskup/M. Glauert, Domkapitel, 36, 51; K. Górski, Das Kulmer Domkapitel in den Zeiten des Deutschen Ordens, in: J. Fleckenstein/M. Hellmann, Ritterorden, 330; K. Górski, Kapituła chełmińska w czasach krzyżackich, in: K. Górski, Studia, 116; A. Radzimiński, Kirche, 73; B. Jähnig, Die Verfassung der Domkapitel der Kirchenprovinz Riga, in: B. Jähnig, Probleme, 67.

147 C. P. Woelky, Urkundenbuch II, 583, 609, 612, 617, 1122f.; A. Mańkowski, Kapituła katedralna chełmińska od roku 1466 do 1821, in: ZTNT 5 (1921), 75f., 108; A. Radzimiński, Kirche, 73, 96; B. Szady, Prawo, 44.

148 C. P. Woelky, Urkudenbuch II, 942–946, 949–953, 995–1002, 1123; A. Mańkowski, Kapituła katedralna chełmińska od roku 1466 do 1821, in: ZTNT 5 (1921), 76–78; B. Szady, Prawo, 154.

worauf fünf Kanonikate verblieben.[149] Ab der Mitte des 17. Jahrhunderts setzte wieder eine gegenteilige Bewegung ein. Eine Stiftung des Domdechanten Wojciech Krzęciewski begründete 1650 ein neues Kanonikat. Der Kanoniker Aleksander Radoszkowski stattete 1654 eine siebte Domherrenstelle aus, bei deren Besetzung gegebenenfalls Angehörige seiner Familie bevorzugt werden sollten. Der Domherr Mateusz Arnulf Wieczfiński sorgte 1665 für die Errichtung eines achten Kanonikats. Nach einer weiteren, maßgeblich durch den Domherrn Wojciech Mikołajewski veranlassten Zustiftung 1699 unterstützte der Domherr Jan Alojzy Humański 1724 die Stiftung eines zehnten Kanonikats. Die beiden letzten Neuerrichtungen gingen zum einen 1729 auf einen Anstoß Dechant Jan Kazimierz Krygiers aus Graudenz zurück, der allenfalls geeignete Geistliche aus seiner Verwandtschaft bei der Vergabe bevorzugt wissen wollte, zum anderen 1730 auf eine Zueignung des Gratialkanonikers Tomasz Adempski.[150] Damit war mit zwölf Domherren der Höchststand an Mitgliedern erreicht, zumal es 1793/94 aus wirtschaftlichen Gründen zur Suppression eines Kanonikats kam.[151] Zumindest gegen Ende des 18. Jahrhunderts teilte sich das Domkapitel in sechs Residenten und fünf nicht residierende Kapitulare.[152] Zudem war es im Kulmer Domkapitel zumindest seit Anfang des 17. Jahrhunderts üblich, einzelnen Domherren im Bedarfsfall Koadjutoren beizustellen, die nach deren Ausscheiden das frei gewordene Kanonikat übernehmen konnten.[153] Obwohl nur vom Inhaber des 1632 gestifteten Kanonikats ausdrücklich eine Graduierung in Theologie oder Rechtswissenschaften verlangt wurde, wurden im 18. Jahrhundert gewohnheitsrechtlich fünf Pfründen als Doktoralpräbenden angesehen, wobei für die Inhaber der vier zuletzt genannten Kanonikate eine theologische Qualifikation gefordert wurde.[154]

Während der Zeit der ordensgeistlichen Verfassung kannte das Domkapitel die fünf Dignitäten der Dompropstei, der Domdechantei, der Kustorei, der Kantorei und der Scholasterie, die jeweils nur für ein Jahr vergeben wurden. Nach der Transmutation des Domkapitels bedingte der anschließende personelle Niedergang, dass schließlich alle vier damaligen Domherren als Prälaten tituliert wurden. Noch ohne eigene Dotation und verbindliche Präzedenzordnung begegneten die Ämter des

---

149 C. P. Woelky, Urkundenbuch II, 1018, 1023f.; A. Mańkowski, Kapituła katedralna chełmińska od roku 1466 do 1821, in: ZTNT 5 (1921), 78f.; B. Szady, Prawo, 154.

150 C. P. Woelky, Urkundenbuch II, 1037–1039, 1045–1047, 1060–1064, 1103–1107, 1123; A. Mańkowski, Kapituła katedralna chełmińska od roku 1466 do 1821, in: ZTNT 5 (1921), 79–84; A. Mańkowski, Prałaci, 7, 66f., 101–103, 128, 165, 222.

151 C. P. Woelky, Urkundenbuch II, 1122, 1143; A. Mańkowski, Kapituła katedralna chełmińska od roku 1466 do 1821, in: ZTNT 5 (1921), 84; M. Lehmann, Preussen IV, 487f., 561; M. Lehmann, Preussen VII, 62, 99f.; N. N., Handbuch/Anhang, 109.

152 M. Lehmann, Preussen VII, 290.

153 C. P. Woelky, Urkundenbuch II, 981; A. Mańkowski, Kapituła katedralna chełmińska od roku 1466 do 1821, in: ZTNT 5 (1921), 88f.; A. Mańkowski, Prałaci, 197.

154 C. P. Woelky, Urkundenbuch II, 1123; A. Mańkowski, Kapituła katedralna chełmińska od roku 1466 do 1821, in: ZTNT 5 (1921), 86.

Domdechanten, des Dompropstes und des Kustos, während das vierte, namenlos gebliebene Kanonikat seine Stellung als Prälatur im Laufe der Zeit verlor. Die Leitung des Kapitels lag spätestens seit dem Ende der ersten Hälfte des 16. Jahrhunderts in den Händen eines jährlich eigens dafür gewählten Seniors oder Präsidenten. Bischof Jan Lipski beabsichtigte 1639 mit der Domdechantei und dem Archidiakonat zwei Dignitäten neu auszustatten, scheiterte aber an der Dotationsfrage. Das Archidiakonat wurde schließlich 1650 durch eine Stiftung des Domdechanten Wojciech Krzęciewski geschaffen und übernahm die erste Stelle sowie die Leitung des Domkapitels, während die Scholasterie nach mehr als vier Jahrzehnten Vorlaufzeit 1699 erstmals besetzt werden konnte. Mit der Errichtung des Archidiakonats Pomesanien, das in Marienburg seinen Sitz hatte, kam 1730 der langwierige Entstehungsprozess der Dignitäten zum Abschluss. Unter den Dignitären genossen lediglich der Archidiakon und der Scholaster eine entsprechende Dotation. Bis 1796 führte der Archidiakon die Rangordnung an, gefolgt vom Domdechanten, dem Dompropst, dem Kustos, dem Scholaster und dem Archidiakon von Pomesanien. 1796 rückte der Scholaster an die zweite Stelle auf, die übrigen Dignitäre rutschten dadurch entsprechend zurück.[155]

Laibach

Der Personalstand, der bei der Gründung des Laibacher Domkapitels 1461 für die Institution vorgesehen war, umfasste zwölf Domherren. Die wirtschaftlich wenig gefestigte Lage ließ jedoch vorerst nur die Besetzung von schließlich sechs Domherrenstellen zu. Deshalb waren bis gegen die Mitte des 17. Jahrhunderts zusätzlich nicht residierende Kanoniker üblich, deren Zahl sich offensichtlich auf bis zu sechs belief. Sie erhielten ihren Unterhalt aus kapitelfremden Pfründen.[156] Da ein 1644 von Bischof Otto Friedrich Graf von Puchheim unternommener Versuch, die Titularstellen in richtige Kanonikate zu überführen, scheiterte, dauerte es bis ins 18. Jahrhundert, ehe man durch die private Stiftung von sechs Kanonikaten die

---

155 C. P. Woelky, Urkundenbuch I, 314f.; J. Hoelge, Das Culmer Domkapitel zu Culmsee im Mittelalter, in: MLGM 18 (1913), 151–159; R. Krajniak, Duchowieństwo, 45f., 49f., 51, 55f.; K. Górski, Das Kulmer Domkapitel in den Zeiten des Deutschen Ordens, in: J. Fleckenstein/M. Hellmann, Ritterorden, 331; K. Górski, Kapituła chełmińska w czasach krzyżackich, in: K. Górski, Studia, 116; C. P. Woelky, Urkundenbuch II, 1018, 1037–1039, 1064f., 1084, 1103f., 1107, 1122; M. Lehmann, Preussen IV, 487; A. Mańkowski, Kapituła katedralna chełmińska od roku 1466 do 1821, in: ZTNT 5 (1921), 75f., 78f., 81, 83–85, 92, 94; A. Mańkowski, Prałaci, 102f., 128.

156 L. Žnidaršič Golec, Arhiv, 11; P. Schleicher, Bistumsgründungen, 15, 18; G. Cappelletti, Chiese VIII, 659f.; M. Ambrožič, Ustanovitve zasebnih kanonikatov ljubljanskega stolnega kapitlja, in: M. Benedik, Stolnica, 48f.; N. N., Die Rangstufen der Canonici und der Wechsel der Canonicatspfründen in dem Capitel zu Laibach, in: AKKR 11 (1864), 277; M. Ambrožič, Prošti, dekani in kanoniki ljubljanskega stolnega kapitlja, in: M. Benedik, Stolnica, 85f., 99.

ursprünglich geplante Zahl an Mitgliedern erreichte. Den Anfang setzte dabei der Signifer des Herzogtums Krain Franz Adam von Kirchberg 1704, für dessen Stiftung 1722 von Wolf Weikhard Graf von Gallenberg eine Aufstockung beschlossen wurde. 1705 erfolgte die erste Besetzung eines durch den Krainer Landmann Lorenz Wollwitz von Wallerbach und den Vikar Andreas Klementschitsch aus Heiligkreuz bei Neumarktl ausgestatteten Kanonikats. Ein vom Krainer Landmann Peter Anton Codelli von Fahnenfeld gestiftetes Kanonikat wurde 1719 erstmals besetzt, das vom Erbstallmeister des Herzogtums Krain Franz Joseph Graf von Lamberg eingerichtete 1721. Schließlich folgten noch 1729 die Besetzung eines von Archidiakon Johann Anton von Flachenfeld aus Mannsburg gestifteten Kanonikats sowie 1736 eines von Pfarrer Joseph Anton Schiffer von Schifferstein aus Laa an der Thaya dotierten. Alle diese neuen Kanonikate trugen jeweils die Namen ihrer Gründer. Die Anzahl der zusätzlich geschaffenen Präbenden hätte durchaus noch größer sein können, wären nicht noch vier weitere Stiftungen letztlich gescheitert, oft nach jahrelangen Bemühungen. Entsprechende Initiativen ergriffen der Gerichtsassessor Franz Erasmus von Hohenwart 1709, der Advokat Paul Ignaz Arsen und Pfarrer Franz Wilhelm von Lichtenthal aus Waatsch 1732, Maximilian Heinrich von Scarlichi und neuerlich Franz Wilhelm von Lichtenthal 1733 beziehungsweise in überarbeiteter Form 1736 sowie schließlich Generalvikar Johann Jakob Schilling und Gerichtsassessor Anton Friedrich Raab von Rabenheim 1738.[157]

Neben den beiden Dignitäten der Dompropstei und der Domdechantei bestanden offensichtlich keine Ämter von besonderer Bedeutung.[158]

Lausanne

Das Lausanner Domkapitel erfuhr hinsichtlich der Anzahl seiner Mitglieder keine großen Veränderungen. Papst Honorius III. bestätigte 1222 eine vermutlich seit etwa 1200 bestehende Gewohnheit, nach der sich das Domkapitel aus je zehn Priestern, Diakonen und Subdiakonen zusammensetzte, alles Kapitulare. Jedoch hielt sich diese Aufteilung nicht dauerhaft, da die Domherren zuletzt in der Regel die Priesterweihe

157 M. Ambrožič, Ustanovitve zasebnih kanonikatov ljubljanskega stolnega kapitlja, in: M. Benedik, Stolnica, 49–51, 54–57, 59, 61f., 65–67, 70f., 74f., 76–79; M. Ambrožič, Prošti, dekani in kanoniki ljubljanskega stolnega kapitlja, in: M. Benedik, Stolnica, 96–98; X. Andreoli, Stiftung der Familien-Canonicate zu Laibach, in: Carinthia 17 (1827), 113–115; N. N., Die Rangstufen der Canonici und der Wechsel der Canonicatspfründen in dem Capitel zu Laibach, in: AKKR 11 (1864), 278; M. Šifrar, Jožef Anton Schiffrer, njegov kanonikat in štipendija, in: Kronika 44 (1996), 12f., 17; L. Žnidaršič Golec, Stolni kapitelj v Ljubljani v letu posvetitve nove ljubljanska stolnice, in: M. Benedik, Stolnica, 28, 35f.; L. Žnidaršič Golec, Arhiv, 11, 86.

158 L. Žnidaršič Golec, Arhiv, 9f.; A. Fidler, Geschichte V, 154; N. N., Die Rangstufen der Canonici und der Wechsel der Canonicatspfründen in dem Capitel zu Laibach, in: AKKR 11 (1864), 277.

empfingen.[159] Bis zur Reformationszeit unverändert blieb hingegen die Zahl von 30 Präbenden. Allerdings kam jetzt eine Pfründe dem Bischof zu. Dieser Anspruch gründete auf den früheren Rechten des Priors des Augustiner-Chorherren-Priorats Saint-Maire, die der Bischof im Zuge der Inkorporation des Priorats in die bischöfliche Mensa 1397 übernehmen konnte.[160] Neben den eigentlichen Domherren sind auch Koadjutoren belegt, die diesen im Bedarfsfall beigestellt wurden und nach deren Ausscheiden das frei gewordene Kanonikat übernehmen konnten.[161]

Die Gruppe der Dignitäre umfasste den Dompropst, den Thesaurar, den Kantor und den Sakristan. Die Ämter des Subkantors und des Primizers waren Personate.[162]

Lavant

Obwohl Erzbischof Eberhard II. von Salzburg nach bescheidenen Anfängen 1234 die Zahl der Mitglieder des Lavanter Domkapitels auf 14 festgesetzt hatte, hing deren tatsächliche Anzahl stets von den ökonomischen und personellen Entwicklungen des Stiftes ab.[163] So legte man sich 1314 aus wirtschaftlichen Gründen darauf fest, die Zahl der Domherren für zehn Jahre auf höchstens zehn Domherren zu beschränken. In der zweiten Hälfte des 15. Jahrhunderts sank der Personalstand auf sechs Chorherren herab.[164] Vermutlich gelang es erst wieder in der zweiten Hälfte des 17. Jahrhunderts, dauerhaft über zehn Mitglieder zu haben. In diese Zeit fiel auch eine Stiftung Johann Otto Graf von Dernbachs, die den Unterhalt für zwei Kanoniker sicherstellen sollte. 1687 war das Domkapitel auf 17 Domherren angewachsen, eine Überforderung der wirtschaftlichen Kräfte des Stiftes.[165] Das 18. Jahrhundert brachte deshalb wieder eine gegenteilige Entwicklung. Schwere wirtschaftliche Beeinträchtigungen nötigten das Domkapitel letztlich dazu, eine

---

159 F. Gingins, Cartulaire, XXXIV, 411; C. Roth, Cartulaire, 449f.; M. Reymond, Dignitaires, 178f.; I. Bissegger-Garin/L. Wettstein, Le chapitre cathédrale (IXe–XVIe siècle), in: P. Braun, Diocèse, 358; E. Dupraz, Cathédrale, 245f.

160 E. Dupraz, Cathédrale, 246, 263, 417f.; M. Reymond, Dignitaires, 177, 186f.; I. Bissegger-Garin/L. Wettstein, Le chapitre cathédrale (IXe–XVIe siècle), in: P. Braun, Diocèse, 359; A. Bissegger, L'absentéisme des chanoines de Lausanne à la veille de la Réforme, in: B. Andenmatten/C. Chène/M. Ostorero/E. Pibiri, Mémoires, 193, 196.

161 E. Dupraz, Cathédrale, 260.

162 M. Reymond, Dignitaires, 190f.; I. Bissegger-Garin/L. Wettstein, Le chapitre cathédrale (IXe–XVIe siècle), in: P. Braun, Diocèse, 360; F. Gingins, Cartulaire, XXXIV; E. Dupraz, Cathédrale, 246–248, 383, 417; H. A. Roten, Zur Zusammensetzung des Domkapitels von Sitten im Mittelalter I, in: Vallesia 1 (1946), 44.

163 K. Tangl, Reihe, 294, 371, 374; M. Pagitz-Roscher, Das Augustiner-Chorherrenstift St. Andrä im Lavanttal, in: Carinthia I 157 (1967), 298, 302.

164 K. Tangl, Reihe, 294, 393f.; M. Pagitz-Roscher, Das Augustiner-Chorherrenstift St. Andrä im Lavanttal, in: Carinthia I 157 (1967), 302f.

165 K. Tangl, Reihe, 294f.; M. Pagitz-Roscher, Das Augustiner-Chorherrenstift St. Andrä im Lavanttal, in: Carinthia I 157 (1967), 303; A. Fidler, Geschichte V, 280.

Aufnahmesperre für neue Mitglieder zu verhängen. Unmittelbar vor der Aufhebung des Stiftes umfasste es nur mehr vier Chorherren.[166]

Dompropst und Domdechant führten als Dignitäre die Hierarchie des Domkapitels an. Mit der Zuerkennung des Wahlrechts für den Dompropst durch Erzbischof Eberhard II. von Salzburg 1228, oblag dem Domkapitel die Verpflichtung, einen Salzburger Domherrn mit der Dignität zu betrauen. Diese Vorgabe sank jedoch rasch zu einer reinen Formalität herab. Noch im 13. Jahrhundert wurde es üblich, dass das Domkapitel nach jedem Vakanzfall die Dompropstei zwar zuerst einem Salzburger Domherrn antrug. Dieser jedoch schlug die auf ihn gefallene Wahl jedes Mal aus und bevollmächtigte das Domkapitel zur internen Vergabe der Dignität. Seit 1543 bedachte das Lavanter Domkapitel stets den jeweiligen Salzburger Domdechanten mit der Dignität. Ein im 17. Jahrhundert unternommener Versuch, die Salzburger Rechte gänzlich abzuschütteln, konnte allerdings nicht erfolgreich betrieben werden.[167]

Lebus

Der personelle Umfang des Lebuser Domkapitels unterlag angesichts der bewegten Geschichte der Institution großen Schwankungen. Für das Jahr 1244 ist die Zustiftung eines Kanonikats durch Bischof Heinrich und den Tempelritter-Orden belegt.[168] 1276 gehörten dem Domkapitel mindestens acht Mitglieder an.[169] Ihre Zahl wuchs in der Folge weiter an. Zuerst finden sich vermutlich 16 Domherren, im beginnenden 16. Jahrhundert begegneten schließlich 23 Namen. Gegen Mitte desselben Jahrhunderts waren von diesen 23 Stellen zwei ohne jegliche Einkünfte und vakant.[170] Allerdings hielten sich ohnehin die meisten Domherren auswärts auf, während nur wenige am Kapitelsitz Residenz hielten. Für die Mitte des 16. Jahrhunderts wird von lediglich vier residierenden Domherren berichtet. Eine verbindliche Festlegung des Verhältnisses zwischen Kapitularen und Domizellaren dürfte es nicht gegeben

166 M. Pagitz-Roscher, Das Augustiner-Chorherrenstift St. Andrä im Lavanttal, in: Carinthia I 157 (1967), 303; K. Tangl, Reihe, 487.

167 M. Pagitz-Roscher, Das Augustiner-Chorherrenstift St. Andrä im Lavanttal, in: Carinthia I 157 (1967), 298–302; K. Tangl, Reihe, 56f., 294, 372–374, 444; M. J. Thaler, Domkapitel, 21, 333.

168 A. F. Riedel, Codex I/20, 182; S. W. Wohlbrück, Geschichte 1, 70–72; P. Neumeister/B. Wittkopp, Lebus. Domkapitel, in: H.-D. Heimann/K. Neitmann/W. Schich, Klosterbuch II, 751, 753; A. Weiss, Organizacja, 102f., 108f.

169 P. Neumeister/B. Wittkopp, Lebus. Domkapitel, in: H.-D. Heimann/K. Neitmann/W. Schich, Klosterbuch II, 753.

170 H. Teichmann, Lebus, 83; P. Neumeister/B. Wittkopp/D. Schumann, Fürstenwalde. Domkapitel des Bistums Lebus, in: H.-D. Heimann/K. Neitmann/W. Schich, Klosterbuch I, 484; A. F. Riedel, Codex I/20, 334–336; A. Weiss, Organizacja, 104–109; H. Grimm, Dietrich von Bülow, Bischof von Lebus, in seinem Leben und Wirken. Gleichzeitig ein Beitrag zur Geschichte des Bistums Lebus wie zur Kultur- und Bildungsgeschichte des deutschen Ostens um 1500, in: WJ 11/12 (1957/58), 26.

haben.[171] Der 1540 eingebrachte Vorschlag, ein Kanonikat der Universität Frankfurt an der Oder zur Verfügung zu stellen, gelangte nicht zur Durchführung.[172]

Die wichtigsten Kapitelämter bildeten die sechs Dignitäten der Dompropstei, der Domdechantei, des Archidiakonats, der Scholasterie, der Kantorei und der Kustorei. Letztere sank im ausgehenden 15. Jahrhundert zu einem Offizium herab.[173]

Leitmeritz

Das dem Leitmeritzer Domkapitel vorausgehende Kollegiatstift lag bei der Gründung des Bistums 1655 völlig danieder und bestand, nachdem Propst Maximilian Rudolph von Schleinitz zum Bischof aufgestiegen war, nur mehr aus dem Dechanten und einem Kanoniker.[174] Dazu kam ein vom Leitmeritzer Bürger Karel Vilém Šimeček von Cejnov 1647 auf den Weg gebrachtes, aber erst 1680 bestätigtes Kanonikat.[175] Erst in den folgenden Jahrzehnten erfolgte die Ausbildung einer richtigen Klerikergemeinschaft am Dom. Bischof Maximilian Rudolph von Schleinitz stiftete 1671 ein zusätzliches Kanonikat.[176] 1680 wurde die bereits erwähnte Stiftung Šimeček von Cejnovs offiziell bestätigt. Bischof Hugo Franz Graf von Königsegg sorgte 1717 für die Errichtung zweier weiterer Domherrenstellen.[177] Neben diesen mittlerweile sechs residierenden Kapitularen gab es, wie schon zur Zeit des Kollegiatstiftes, auch nicht residierende Kanoniker, zumeist ebenfalls sechs. Das ihnen anfangs noch zustehende Stimmrecht konnten sie nicht auf Dauer behaupten.[178]

---

171 S. W. Wohlbrück, Geschichte I, 78; S. W. Wohlbrück, Geschichte II, 313, 360–362.

172 M. Höhle, Universität, 49.

173 A. F. Riedel, Codex I/20, 334; A. Weiss, Organizacja, 103f., 109, 117–119; P. Neumeister/B. Wittkopp, Lebus. Domkapitel, in: H.-D. Heimann/K. Neitmann/W. Schich, Klosterbuch II, 753; P. Neumeister/B. Wittkopp/D. Schumann, Fürstenwalde. Domkapitel des Bistums Lebus, in: H.-D. Heimann/K. Neitmann/W. Schich, Klosterbuch I, 484; S. W. Wohlbrück, Geschichte II, 383; H. Grimm, Dietrich von Bülow, Bischof von Lebus, in seinem Leben und Wirken. Gleichzeitig ein Beitrag zur Geschichte des Bistums Lebus wie zur Kultur- und Bildungsgeschichte des deutschen Ostens um 1500, in: WJ 11/12 (1957/58), 95.

174 J. Schlenz, Geschichte, 206; J. E. Schlenz, Geschichte I, 65, 116; J. E. Schlenz, Geschichte II, 207, 224; V. Bartůněk, Von der Propstei zum Bistum (1057–1957), in: V. Bartůněk, Jahre, 57; J. Macek, Let, 271; H. Nottarp, Ehrenkanoniker und Honorarkapitel, in: ZRG KA 14 (1925), 228.

175 J. E. Schlenz, Geschichte I, 116, 138; J. E. Schlenz, Geschichte II, 211, 226, 228, 622–624; V. Bartůněk, Von der Propstei zum Bistum (1057–1957), in: V. Bartůněk, Jahre, 59; J. Macek, Let, 271.

176 J. E. Schlenz, Geschichte I, 116; J. E. Schlenz, Geschichte II, 228, 231, 247, 600–604; J. Macek, Let, 271.

177 J. E. Schlenz, Geschichte I, 116; J. Macek, Let, 272.

178 J. Schlenz, Geschichte, 57; J. E. Schlenz, Geschichte II, 207, 231f.; H. Nottarp, Ehrenkanoniker und Honorarkapitel, in: ZRG KA 14 (1925), 224, 228f.

Wies das Kollegiatstift zuletzt mit der Propstei und der Dechantei noch zwei Dignitäten auf, ging mit dem Aufstieg zum Domkapitel die Propstei 1655 verloren. Da Überlegungen, diese wiederzuerrichten, nicht umgesetzt werden konnten, blieb die Dechantei bis zum Ende des Untersuchungszeitraumes die einzige Dignität des Domkapitels.[179]

Leitomischl

Das Leitomischler Domkapitel rekrutierte sich seit seiner Gründung 1344 aus dem bereits bestehenden Prämonstratenser-Chorherren-Stift. Auf Geheiß Papst Clemens' VI. wurden 1347 von den vorhandenen Stiftsherren 28 zu Kapitularen bestimmt, während der Konvent bis gegen Ende des 14. Jahrhunderts nebenher als getrennte Einrichtung weiterbestand. Die frühe Flucht von Leitomischl nach Zwittau 1421 zerstörte jede weitere geordnete personelle Entwicklung. Domkapitel und Konvent waren in fortschreitender Auflösung begriffen. Die beiden letzten Angehörigen des Stiftes Leitomischl übersiedelten schließlich 1554 ins Prämonstratenser-Chorherren-Stift Hradisch.[180]

An Dignitäten kannte man das Priorat, die Kustorei, die Kantorei und die Scholasterie. Von einem aufrechten Kapitelleben konnte freilich bereits zu Beginn des Untersuchungszeitraumes keine Rede mehr sein.[181]

Leoben

Das Leobener Domkapitel wurde 1786 als Einrichtung mit sieben Kapitularen gegründet. Diesen Personalstand konnte es während seiner kurzen Bestandszeit unverändert wahren. Erst als sich das baldige Ende der Institution abzeichnete, ging die Anzahl der Domherren zurück.[182]

An der Spitze des Domkapitels standen der Dompropst, der Domdechant und der Kustos als Dignitäre.[183]

---

179 J. Macek, Let, 271; V. Bartůněk, Von der Propstei zum Bistum (1057–1957), in: V. Bartůněk, Jahre, 48, 54, J. Schlenz, Geschichte, 9f., 46–48, 216; J. E. Lenz, Geschichte I, 147, 175, 210, 217f., 220; J. E. Schlenz, Geschichte II, 207, 210f.; H. Nottarp, Ehrenkanoniker und Honorarkapitel, in: ZRG KA 14 (1925), 228.

180 Z. Nejedlý, Dějiny I, 99–101, 105f., 264, 272; A. Frind, Kirchengeschichte II, 111; Z. Hledíková, Litomyšlske biskupství, in: M. Skřivánek, Litomyšl, 32; N. Backmund, Monasticon I/2, 360.

181 Z. Nejedlý, Dějiny I, 100–102, 264, 271, 280f.; A. Frind, Kirchengeschichte II, 111; Z. Hledíková, Litomyšlske biskupství, in: M. Skřivánek, Litomyšl, 32f.; N. Backmund, Monasticon I/2, 360.

182 J. Zapletal, Domcapitel, 84, 105; J. R. Kušej, Joseph, 208, 339.

183 J. Zapletal, Domcapitel, 84; J. R. Kušej, Joseph, 208, 339.

Linz

Für das 1783/84 ins Leben gerufene Linzer Domkapitel waren sieben Kapitulare vorgesehen. Davon waren jedoch zwischen 1789 und 1807 lediglich sechs Domherrenstellen besetzt.[184] Durch eine Translation zweier Kanonikate von Wien nach Linz befanden sich im Domkapitel auch zwei Universitätskanonikate zugunsten der Universität Wien. Obwohl dies schon 1787 beschlossen wurde und 1793 eine erste Vereinbarung hinsichtlich der Vergabe getroffen wurde, konnte die Universität erst ab 1801 ihre Rechte voll geltend machen.[185]

An Dignitären wies das Domkapitel den Dompropst, den Domdechanten und den Kustos auf. Für das letztgenannte Amt ordnete allerdings Kaiser Joseph II. 1788 die Umwandlung zur Scholasterie an, was 1790 auch erfolgte.[186]

Lübeck

1160 mit einem Dompropst und zwölf Kanonikern gegründet,[187] wuchs der Mitgliederstand des Lübecker Domkapitels bald an. 1263 zählte man bereits 19 Domherren.[188] Vor allem das letzte Drittel des 13. und das erste Drittel des 14. Jahrhunderts brachten eine geradezu sprunghafte Vermehrung der Kanonikate. Dafür waren vor allem Stiftungen des städtischen Bürgertums verantwortlich.[189] Von den dadurch entstandenen 39 Präbenden waren 27 inkorporierte Maiorpräbenden, nämlich 15 größere für die Integraten und zwölf kleinere für die Semiintegraten. Dazu kamen

---

184 F. Pesendorfer, Domkapitel, 5, 8, 11; O. Siegmar-Rehm, Domkapitel, 17f., 23–25, 29, 72f.; P. Gradauer, Das Bistum Linz und sein Domkapitel, in: K. Lüdicke/H. Paarhammer/D. A. Binder, Recht, 105; P. Gradauer/R. Zinnhobler, Das Linzer Domkapitel, in: NADL 5 (1987/88), 6.

185 W. Goldinger, Die Linzer Universitätskanonikate, in: HJbL 1958, 299f., 302; F. Pesendorfer, Domkapitel, 11; O. Siegmar-Rehm, Domkapitel, 76; P. Gradauer/R. Zinnhobler, Das Linzer Domkapitel, in: NADL 5 (1987/88), 6f., 9; N. N., Die Universitätskanonikate des Wiener und Linzer Domkapitels, in: WDB 1867, 202f., 210.

186 F. Pesendorfer, Domkapitel, 6, 11; O. Siegmar-Rehm, Domkapitel, 17f., 25–27, 29, 73; P. Gradauer/R. Zinnhobler, Das Linzer Domkapitel, in: NADL 5 (1987/88), 6, 8; P. Gradauer, Das Bistum Linz und sein Domkapitel, in: K. Lüdicke/H. Paarhammer/D. A. Binder, Recht, 105.

187 A. Friederici, Domkapitel, 13, 16; C. F. Wehrmann, Mittheilungen über das ehemalige Lübeckische Domcapitel, in: ZLGA 3 (1876), 1f.; C. Malchow, Geschichte I, 13; W. Prange, Bischof, 49; W. Prange, Das Lübecker Domkapitel, in: H. Unverhau/A. Lange/C. Jahnke, Beiträge, 418; A. Voßhall/K. Hillebrand/C. Köster, Lübeck – Domkanoniker, in: O. Auge/K. Hillebrand, Klosterbuch, 2.2.3.

188 A. Friederici, Domkapitel, 14, 17f.; C. F. Wehrmann, Mittheilungen über das ehemalige Lübeckische Domcapitel, in: ZLGA 3 (1876), 2; E. Illigens, Geschichte, 51.

189 A. Friederici, Domkapitel, 18–22, 27, 29, 31f., 34, 36f., 40–42, 47, 51–53, 55; W. Prange, Das Lübecker Domkapitel, in: H. Unverhau/A. Lange/C. Jahnke, Beiträge, 418; A. Voßhall/K. Hillebrand/C. Köster, Lübeck – Domkanoniker, in: O. Auge/K. Hillebrand, Klosterbuch, 2.2.3, 2.4.5.

sieben Distinktpräbenden, die ihren Inhabern im Unterschied zu allen anderen Präbenden keinerlei Aufstiegsmöglichkeiten boten. Zwei von diesen sieben Kanonikaten waren mit den Livonisten besetzt, denen zwar ein Stallum im Chor zukam, aber kein Sitz im Kapitel. Schließlich gab es noch fünf Minorpräbenden mit geringer Dotation für Anwärter.[190] Damit konnte es also höchstens 32 Kapitulare geben. Das zweite und dritte Viertel des 16. Jahrhunderts brachten Veränderungen in dieses Gefüge. Eine Distinktpräbende wurde ab 1548 aufgelassen, eine Maiorpräbende endgültig ab 1558. Nach 1575 verschwanden auch vier der fünf Minorpräbenden, womit 33 Domherren übrig blieben.[191] Da weitere Versuche, den Personalstand zu senken, scheiterten, entschloss sich das Domkapitel gegen Ende des 16. Jahrhunderts, die Zahl der Residenten auf 19 herabzusetzen. Die Zustimmung von Administrator Herzog Johann Adolph von Schleswig-Holstein Gottorf zu dieser Maßnahme erfolgte 1599. Demnach waren nun im Domkapitel 27 Maiorpräbenden und sechs Distinktpräbenden vorhanden. Erstere zerfielen wiederum in den Dompropst und 19 Kapitulare, darunter sechs Semiintegraten, sowie sieben Domizellare, während die Inhaber der Distinktpräbenden nach dem Erfüllen der entsprechenden Voraussetzungen zusätzlich ebenfalls Kapitulare werden konnten. Ausgenommen davon waren freilich die beiden Livonisten, die schließlich gar nicht mehr unter die Domherren gereiht wurden.[192] Da es in protestantischer Zeit für die Inhaber der Distinktpräbenden möglich war, gleichzeitig eines der inkorporierten Kanonikate zu besitzen, konnte sich die Zahl der Mitglieder dadurch weiter verringern.[193] Schließlich standen nach den Bestimmungen des Westfälischen Friedens von 1648 mehrere Kanonikate katholischen Inhabern zu. Die eigentlich sechs Domherrenstellen, die im Normaljahr 1624 mit Katholiken besetzt waren, vermochte die katholische Seite im Vergleich von 1668 allerdings nicht zu behaupten. Man musste sich mit vier Stellen zufrieden geben.[194]

---

190 A. Friederici, Domkapitel, 21f., 37, 39f., 46, 55; W. Prange, Bischof, 49, 116, 261, 327f.; W. Prange, Wandel, 8f.; W. Prange, Vom Lübecker Domkapitel am Ende des Mittelalters, in: ZGSHG 119 (1994), 101; W. Prange, Das Lübecker Domkapitel, in: H. Unverhau/A. Lange/C. Jahnke, Beiträge, 419; A. Voßhall/K. Hillebrand/C. Köster, Lübeck – Domkanoniker, in: O. Auge/K. Hillebrand, Klosterbuch, 2.1.2, 2.3.3.

191 W. Prange, Wandel, 29, 73f.; E. Illigens, Geschichte, 51f.

192 W. Prange, Wandel, 74; W. Prange, Bischof, 332, 658; J. P. J. N. Faber, Anni, 61f.; C. F. Wehrmann, Mittheilungen über das ehemalige Lübeckische Domcapitel, in: ZLGA 3 (1876), 3f.; W. Prange, Das Lübecker Domkapitel, in: H. Unverhau/A. Lange/C. Jahnke, Beiträge, 438; G. Schumann, Hand-Buch 1741/I, 181f.; C. F. Jacobi, Handbuch 1800, 289f.; N. N. Falck, Nachricht vom Zustande des Hochstifts Lübeck (Abgefaßt im Jahre 1731 oder kurz nachher.), in: N. N. Falck, Sammlungen II, 108.

193 C. F. Wehrmann, Mittheilungen über das ehemalige Lübeckische Domcapitel, in: ZLGA 3 (1876), 4, 13, 27; E. Illigens, Geschichte, 54; N. N. Falck, Nachricht vom Zustande des Hochstifts Lübeck (Abgefaßt im Jahre 1731 oder kurz nachher.), in: N. N. Falck, Sammlungen II, 108, 114–116.

194 E. Illigens, Geschichte, 57, 60f., 162; C. F. Wehrmann, Mittheilungen über das ehemalige Lübeckische Domcapitel, in: ZLGA 3 (1876), 15; B. Braun, Die gemischtkonfessionellen

Als Dignitäten galten die Dompropstei und die Domdechantei, während der Thesaurar, der Kantor und der Scholaster als Inhaber von Personaten anzusehen waren. Das einst zusätzlich vorhanden gewesene Personat des Kellerers wurde kurz vor der Mitte des 15. Jahrhunderts aufgehoben. Die Dompropstei stand, wie schon vor 1505, nach 1595 wieder getrennt vom Domkapitel und blieb von da an eine reine Pfründe ohne jedes Mitwirkungsrecht am Kapitelleben. Die Trennung wurde vor allem dann besonders augenscheinlich, wenn nach der Vergabe durch den Rat der Stadt zumeist der jüngste Bürgermeister oder der Stadtsyndikus die Dignität innehatte. Zudem war es, nachweislich im 18. Jahrhundert, nicht unüblich, dass einzelne Dignitäre oder Domherren zwei Personate in Kumulation besaßen.[195]

Lüttich

Das Lütticher Domkapitel, das in der ersten Hälfte des 11. Jahrhunderts noch etwa 40 Mitglieder aufwies, wuchs in der Folge bis zur Festlegung der Präbenden 1204 auf 60 Domherrenstellen an. Da 1250 eine Präbende dem Bischof zur Besoldung zweier Kapläne zugewiesen war, umfasste das Domkapitel 59 Geistliche. Davon residierten für gewöhnlich 34, während der Rest im nichtresidierenden Stand verblieb.[196] Seit 1203 mussten mindestens sechs Stellen verbindlich mit Priestern besetzt sein, seit 1250 zusätzlich jeweils weitere sechs mit Diakonen beziehungsweise Subdiakonen.[197] Von 1575 fielen zuerst die Einkünfte von zehn, später vermutlich sogar von zwölf Präbenden für zehn Jahre dem Domkapitel zu, um die durch die Geusen verursachten Schäden abdecken zu können. Möglicherweise liefen entsprechende Verlängerungen erst 1605 aus. Darüber hinaus beließ man häufig Kanonikate zwei bis drei Jahre vakant, um deren Einkünfte der Domfabrik zufließen zu lassen.[198] Die

---

Domkapitel im Reich nach dem Westfälischen Frieden, in: C. Roll/F. Pohle/M. Myrczek, Grenzen, 173.

195 C. F. Wehrmann, Mittheilungen über das ehemalige Lübeckische Domcapitel, in: ZLGA 3 (1876), 4, 6, 10; A. Friederici, Domkapitel, 58–60, 76, 82; W. Prange, Das Lübecker Domkapitel, in: H. Unverhau/A. Lange/C. Jahnke, Beiträge, 419f.; W. Prange, Bischof, 428; W. Prange, Wandel, 11; N. N. Falck, Nachricht vom Zustande des Hochstifts Lübeck (Abgefaßt im Jahre 1731 oder kurz nachher.), in: N. N. Falck, Sammlungen II, 106, 116.

196 J. Görres, Domkapitel I, 11, 18f., 23; J. H. L. Theux de Montjardin, Chapitre I, XII, XV, XXI, XLII; X. van den Steen de Jehay, Cathédrale, 242, 422, 455; A. Dubois, Chapitre, 2; P. Hersche, Domkapitel I, 118 ¸ Beschreibung einiger deutscher Domkapitel, 59 (HHStA Hs B 182).

197 J. Görres, Domkapitel I, 20f., 25; J. H. L. Theux de Montjardin, Chapitre I, XIVf.; Beschreibung einiger deutscher Domkapitel, 61 (HHStA Hs B 182).

198 S. Bormans, Répertoire chronologique des conclusions capitulaires du chapitre cathédral de Saint-Lambert, a Liége, in: AHEB 7 (1870), 24f., 45, 177, 208; S. Bormans, Répertoire chronologique des conclusions capitulaires du chapitre cathédral de Saint-Lambert, a Liége, in: AHEB 8 (1871), 53; S. Bormans, Répertoire chronologique

1597 erfolgte Zuweisung einer Präbende an den in Lüttich ein Kolleg unterhaltenden Jesuitenorden wurde bereits 1600 anderweitig abgegolten. Trotzdem ist für 1611 belegt, dass neuerlich die Erträge zweier Pfründen dem Orden zur Verfügung gestellt wurden, wohl auch diesmal nicht über längere Zeit.[199] Das Verhältnis zwischen Kapitularen und Domizellaren war nicht verbindlich festgelegt. Eine zu Beginn des 17. Jahrhunderts angestellte Überlegung des Domkapitels, die Zahl der Kapitulare auf 25 oder 30 zu begrenzen, wurde letztlich nicht umgesetzt. Zudem war es im Lütticher Domkapitel üblich, einzelnen Domherren im Bedarfsfall Koadjutoren beizustellen, die nach deren Ausscheiden das frei gewordene Kanonikat übernehmen konnten.[200] Obwohl die Artistische Fakultät der Universität Löwen bereits 1513 von Papst Leo X. umfangreiche Nominationsrechte für Präbenden im Bereich des Hochstiftes Lüttich erhalten hatte, kam dieses Privileg hinsichtlich des Lütticher Domkapitels vorerst nicht zur Anwendung. Erst nach einer Neuregelung durch Papst Paul V. 1616, die das Nominationsrecht der Fakultät auf jene Kanonikate festlegte, die in den Monaten Jänner und November ungerader Jahre sowie im Monat November gerader Jahre vakant wurden, lässt sich die Vergabe von Präbenden durch die Fakultät belegen. Doch auch danach wurden die Rechte der Universität nicht durchgehend ausgeübt. Kurzfristig kam es durch Papst Clemens IX. 1669 sogar zu ihrer formellen Aufhebung. Allerdings stellte bereits 1673 sein Nachfolger Papst Clemens X. die vorherige Rechtslage wieder her.[201]

Nicht nur hinsichtlich der Zahl seiner Mitglieder, sondern auch hinsichtlich der seiner Dignitäre erreichte das Lütticher Domkapitel einen Spitzenwert. Neben dem Dompropst und dem Domdechanten zählten dazu nämlich auch die sieben Archidiakone von Brabant, der Ardennen, der Kempen, der Famenne, des Condroz, des Hennegaus und des Hespengaus. Das Großarchidiakonat war in den Händen des Dompropstes. Die Scholasterie, die Kantorei und die Kustorei waren Personate.[202]

---

des conclusions capitulaires du chapitre cathédral de Saint-Lambert, a Liége, in: AHEB 10 (1873), 349; A. Dubois, Chapitre, 153; J. H. L. Theux de Montjardin, Chapitre I, XXIf.

199 S. Bormans, Répertoire chronologique des conclusions capitulaires du chapitre cathédral de Saint-Lambert, a Liége, in: AHEB 7 (1870), 418; S. Bormans, Répertoire chronologique des conclusions capitulaires du chapitre cathédral de Saint-Lambert, a Liége, in: AHEB 8 (1871), 27, 32, 340, 344; A. Dubois, Chapitre, 2.

200 A. Dubois, Chapitre, 27, 210; X. van den Steen de Jehay, Cathédrale, 242; P. Harsin, Règne, 135; Beschreibung einiger deutscher Domkapitel, 62 (HHStA Hs B 182); P. Hersche, Domkapitel I, 118.

201 A. Dubois, Chapitre, 9f., 2of., 252; P. Harsin, Règne, 135; S. Bormans, Répertoire chronologique des conclusions capitulaires du chapitre cathédral de Saint-Lambert, a Liége, in: AHEB 6 (1869), 380; S. Bormans, Répertoire chronologique des conclusions capitulaires du chapitre cathédral de Saint-Lambert, a Liége, in: AHEB 10 (1873), 158.

202 A. Dubois, Chapitre, 62, 80, 90f., 94, 98, 100; J. H. L. Theux de Montjardin, Chapitre I, XII, XLV, XLVII, LIV–LVI; X. van den Steen de Jehay, Cathédrale, 454; P. Hersche, Domkapitel I, 118; S. Bormans, Répertoire chronologique des conclusions

Magdeburg

Die Anzahl der Domherren des Magdeburger Domkapitels dürfte bis etwa 1300 eine erste zahlenmäßige Begrenzung erfahren haben.[203] Während die Zahl von feststehend neun Domizellaren bereits für die Mitte des 13. Jahrhunderts anzunehmen ist, bestanden spätestens seit Ende des 14. Jahrhunderts 20 Kapitularstellen, darunter seit 1426 mit dem Ersten Lektor verbindlich ein graduierter Theologe. Dazu kamen vermutlich noch bis zu neun Elekten als Exspektanten.[204] Zusätzlich zu dieser Gemeinschaft bildeten sich im Laufe des Spätmittelalters weitere Kanonikerstellen, denen jedoch keinerlei Kapitularrechte zukamen. So wurden vermutlich 1314 zwei Priesterpräbenden eingerichtet, deren Teilung in vier Pfründen 1371 für den nächsten Vakanzfall beschlossen wurde. Sie alle wurden zu den Maiorpräbenden gerechnet.[205] 1338 verfügte das Domkapitel zusätzlich die Errichtung von je zwei Diakonal- und Subdiakonalpräbenden, deren Inhaber die gleiche Stellung besaßen wie die Kanoniker mit einer Sazerdotalpräbende.[206] Schließlich wurde 1439 eine weitere Kanonikatsstelle für den Zweiten Lektor gestiftet, der ebenfalls ein graduierter Theologe zu sein hatte.[207] Unmittelbar vor Beginn des Reformationszeitalters zählte das Domkapitel daher 38 Mitglieder, nämlich 20 Kapitulare, neun Kanoniker ohne Kapitularrechte und neun Domizellare.[208] 1563 erfolgte durch den Wegfall der Sonderkanonikate die Festlegung auf 18 Kapitulare, davon zwölf residierende Kapitularstellen. Auch die Statuten des Jahres 1660 belegen einen Personalstand von 28 Mitgliedern. Neben dem vom Domkapitel getrennt stehenden Dompropst waren dies neun Domizellare und 18 Kapitulare, darunter zwölf Residenten. Den nicht residierenden Kapitularen wurde allerdings jetzt ihr Recht auf Sitz und Stimme im

capitulaires du chapitre cathédral de Saint-Lambert, a Liége, in: AHEB 6 (1869), 34; Beschreibung einiger deutscher Domkapitel, 61 (HHStA Hs B 182).

203 T. Willich, Wege, 51.

204 T. Willich, Wege, 52–54, 76, 78, 85, 122, 124; G. Wentz, Der Mitgliederbestand des Magdeburger Domkapitels im Mittelalter, in: GBSLM 70/71 (1935/36), 174, 180–184; G. Wentz/B. Schwineköper, Domstift, 129f., 149–151.

205 T. Willich, Wege, 110f., 113f.; G. Wentz, Der Mitgliederbestand des Magdeburger Domkapitels im Mittelalter, in: GBSLM 70/71 (1935/36), 184f., 187; G. Wentz/B. Schwineköper, Domstift, 130–132, 152.

206 T. Willich, Wege, 116–118; G. Wentz, Der Mitgliederbestand des Magdeburger Domkapitels im Mittelalter, in: GBSLM 70/71 (1935/36), 172, 189–191; G. Wentz/B. Schwineköper, Domstift, 152f.

207 T. Willich, Wege, 125f., 129; G. Wentz, Der Mitgliederbestand des Magdeburger Domkapitels im Mittelalter, in: GBSLM 70/71 (1935/36), 192; G. Wentz/B. Schwineköper, Domstift, 132, 151.

208 G. Wentz, Der Mitgliederbestand des Magdeburger Domkapitels im Mittelalter, in: GBSLM 70/71 (1935/36), 193f.; G. Wentz/B. Schwineköper, Domstift, 132; L. Santifaller, Geschichte, 151.

Kapitel genommen.[209] Der Westfälische Friede von 1648 erlaubte Kurfürst Friedrich Wilhelm von Brandenburg, die Zahl der Domherren um ein Viertel zu verkleinern. Nach Verhandlungen mit dem Domkapitel einigte man sich 1687 im Quartvergleich auf künftig 15 Maiorkanoniker, davon neun Residenten. Der Dompropst und die Domizellare blieben von der Veränderung unberührt, womit das Domkapitel vorerst 25 Mitglieder zählte.[210] Denn mit der Stiftung einer Präbende für einen residierenden Kapitular durch Johann Wilken Freiherr von dem Bussche stieg ab 1697 die Zahl der Kanoniker wieder um einen auf 26 an.[211] Zudem verfügte das Domkapitel noch über eine unbestimmte Zahl an Immatrikulierten als Exspektanten.[212]

Die Rangordnung des Domkapitels führten der Dompropst und der Domdechant als Dignitäre an. Davon stand jedoch der Dompropst seit dem 15. Jahrhundert getrennt vom Kapitel. Er hatte sein Stimmrecht verloren und nahm daher keinen tatsächlichen Anteil mehr am Kapitelleben. Von 1728 an verfiel die Dompropstei zu einer reinen Apanage für nachgeborene Prinzen aus der preußischen Königsfamilie. An Personaten begegneten das Thesaurariat, die Scholasterie, die Kantorei und die Kellerei.[213]

Mainz

Anfänglich schwankte der personelle Umfang des Mainzer Domkapitels. So finden sich im 14. Jahrhundert noch 52 Präbenden.[214] Erst 1405 wurde die Zahl der Kapitulare verbindlich auf 24 beschränkt.[215] Da die Inhaber der 1277 eingeführten vier Priesterpräbenden von Amts wegen schnellstmöglich Kapitulare wurden, konnte sich deren Zahl mit diesen Supernumerariern vorübergehend auf bis zu 28

---

209 J. Heckel, Domstifter, 94, 96f.; E. Weber, Domkapitel, 19; T. Willich, Wege, 42; J. C. Dreyhaupt, Beschreibung I, 484.

210 A. Oschmann, Acta III B 1/1, 139; J. Heckel, Domstifter, 97f.; D. Pietschmann, Die Säkularisation des Domkapitels in Magdeburg und seiner Nebenstifter, in: F. Schrader, Beiträge, 129.

211 J. Heckel, Domstifter, 98, 174; C. Weber, Familienkanonikate, 43.

212 N. N., Handbuch/Anhang, 89f.; J. P. J. N. Faber, Anni, 60.

213 E. Weber, Domkapitel, 32, 52; G. Wentz/B. Schwineköper, Domstift, 133f.; T. Willich, Wege, 130f.; B. Schwineköper, Aus der Geschichte des Magdeburger Domkapitels, in: F. Schrader, Beiträge, 100–102; E. Stegmann, Die Magdeburger Dompropstei, in: GBSLM 68/69 (1933/34), 67–69, 71; J. Heckel, Domstifter, 185f.; D. Pietschmann, Die Säkularisation des Domkapitels in Magdeburg und seiner Nebenstifter, in: F. Schrader, Beiträge, 133, 147f.

214 G. Rauch, Das Mainzer Domkapitel in der Neuzeit. Zu Verfassung und Selbstverständnis einer adeligen geistlichen Gemeinschaft I, in: ZRG KA 61 (1975), 207f.; F. Vigener, Dompropstei, 63, 65, 67, 105.

215 G. Rauch, Das Mainzer Domkapitel in der Neuzeit. Zu Verfassung und Selbstverständnis einer adeligen geistlichen Gemeinschaft I, in: ZRG KA 61 (1975), 166f.; M. Hollmann, Domkapitel, 13; H. Hartmann, Die Domherren der zweiten Hälfte des 15. Jahrhunderts in Mainz, Worms und Speyer, in: MZ 70 (1975), 151.

erhöhen.[216] Die Zahl der Domizellare war hingegen nicht ausdrücklich festgelegt. Sie betrug in der Regel 16, konnte jedoch auch auf 17 oder 18 ansteigen.[217]

Die Gruppe der Dignitäre umfasste fünf Personen, den Dompropst, den Domdechanten, den Kustos, den Scholaster und den Kantor. Der Dompropst stand im Spätmittelalter getrennt vom Kapitel, was dazu führte, dass das Domkapitel 1326 bei Papst Johannes XXII. um Aufhebung der Dignität ansuchte. Nach der Ablehnung dieses Vorhabens dauerte es noch bis über die Mitte des 16. Jahrhunderts hinaus, ehe der Dompropst wieder in eine engere Beziehung zum Kapitel trat. Ähnliches galt für die Kustorei. Deren Inhaber musste ab 1663 verbindlich Kapitular sein.[218]

Meißen

Vermutlich in Anlehnung an eine bereits bestehende Gewohneit wurde für das Meißner Domkapitel 1307 die Zahl der Maiorpräbenden auf 14 festgelegt. Davon wurden acht als größere und sechs als kleinere bezeichnet.[219] Dazu kamen noch in der Regel sieben Domizellare mit Minorkanonikaten sowie einige Exspektanten.[220] Markgraf Friedrich II. von Meißen stiftete 1329 eine fünfzehnte Kapitularstelle. Diese hielt sich, während sich zwei zusätzliche, Mitte des 14. Jahrhunderts belegte Präbenden bald wieder verloren.[221] Papst Johannes XXIII. sprach 1413 zwei Kanonikate verbindlich Professoren

216 G. Rauch, Das Mainzer Domkapitel in der Neuzeit. Zu Verfassung und Selbstverständnis einer adeligen geistlichen Gemeinschaft I, in: ZRG KA 61 (1975), 194f.; M. Hollmann, Domkapitel, 18; H. Hartmann, Die Domherren der zweiten Hälfte des 15. Jahrhunderts in Mainz, Worms und Speyer, in: MZ 70 (1975), 149–151; M. M. A. Serger, Capitula, 102f.

217 G. Rauch, Das Mainzer Domkapitel in der Neuzeit. Zu Verfassung und Selbstverständnis einer adeligen geistlichen Gemeinschaft I, in: ZRG KA 61 (1975), 167; P. Hersche, Domkapitel I, 126.

218 E. F. Biskamp, Domkapitel, 16; A. Mayer, Antiqua iura et consuetudinis illustrissimorum dominorum decani capituli cathedralis ecclesiae Moguntinensis, in: A. Mayer, Thesaurus I, 3, 14; M. Hollmann, Domkapitel, 114–117, 127; G. Rauch, Das Mainzer Domkapitel in der Neuzeit. Zu Verfassung und Selbstverständnis einer adeligen geistlichen Gemeinschaft I, in: ZRG KA 61 (1975), 197f., 205; G. Rauch, Das Mainzer Domkapitel in der Neuzeit. Zu Verfassung und Selbstverständnis einer adeligen geistlichen Gemeinschaft II, in: ZRG KA 62 (1976), 195, 197, 209, 212f., 223; F. Vigener, Dompropstei, XXII; P. Hersche, Domkapitel I, 126; Beschreibung einiger deutscher Domkapitel, 3 (HHStA Hs B 182).

219 E. G. Gersdorf, Urkundenbuch I, XX, 157f., 270, 276; E. G. Gersdorf, Urkundenbuch II, 281; K. Brunn von Kauffungen, Domkapitel, 11, 20; W. Loose, Der Meißner Domklerus zur Zeit der Reformation, in: MVGM 4/2 (1896), 350; J. Rogge, Zum Verhältnis von Bischof und Domkapitel des Hochstifts Meißen im 14. und 15. Jahrhundert, in: RQ 91 (1996), 184.

220 E. G. Gersdorf, Urkundenbuch I, 271; E. G. Gersdorf, Urkundenbuch II, 337, 448; E. G. Gersdorf, Urkundenbuch III, 69f.; K. Brunn von Kauffungen, Domkapitel, 20f., 34.

221 E. G. Gersdorf, Urkundenbuch I, XXI, 330f.; K. Brunn von Kauffungen, Domkapitel, 11; H. Kinne, Die Meißner Dompröpste des 15. Jahrhunderts. Eine prosopographische

der Universität Leipzig zu, wovon man sich 1418 unter seinem Nachfolger Martin V. vergeblich wieder zu befreien versuchte. Gewohnheitsrechtlich betraute man Professoren der Theologischen Fakultät mit den Meißner Kanonikaten. Ein 1541 unternommener Versuch des Domkapitels, die Rechte der Universität gegen eine jährliche Zahlungsleistung abzulösen, scheiterte.[222] In den Jahren nach 1540 kam es im Domkapitel schrittweise zu einer Verminderung der Mitgliederzahl. Die Einkünfte mehrerer Präbenden wurden nämlich dem Prokuraturfonds zugeschlagen und standen somit künftig dem Landesherrn für mildtätige und kirchliche Zwecke zur Verfügung. Neben acht Kapitularstellen, darunter die beiden Inhaber der Universitätskanonikate, blieben nur noch die Exspektanten erhalten. Die Minorkanonikate hatten wohl schon mit der Übertragung beinahe sämtlicher Kollationsrechte an den Landesherrn 1481/82 ihre Berechtigung verloren.[223]

Die wichtigsten Kapitelämter bildeten die beiden Dignitäten der Dompropstei und der Domdechantei sowie die Personate der Kantorei, der Scholasterie und der Kustorei. Die Scholasterie ging vermutlich um die Mitte des 16. Jahrhunderts im Zuge der Einführung der Reformation unter. Ihre Einkünfte wurden wohl für die Ausstattung des Prokuraturfonds herangezogen.[224]

Merseburg

Für das Merseburger Domkapitel ist bereits 1227 die Zahl von 17 Maiorpräbenden belegt. Dazu kamen spätestens zu Beginn des 14. Jahrhunderts vier Minorkanonikate.[225] Papst Martin V. sprach 1421 zwei Kanonikate verbindlich Professoren der Universität Leipzig zu. In der Umsetzung dieser Bestimmung entwickelte sich die Gewohnheit, die beiden Merseburger Kanonikate stets an zwei Professoren der

---

Studie, in: BDLG 148 (2012), 168; W. Loose, Der Meißner Domklerus zur Zeit der Reformation, in: MVGM 4/2 (1896), 347f., 350.

222 M. Cottin, Die Leipziger Universitätskanonikate an den Domkapiteln von Meißen, Merseburg und Naumburg sowie am Kollegiatstift Zeitz im Mittelalter (1413–1542), in: D. Döring, Universitätsgeschichte, 282f., 287, 290, 301; A. Lobeck, Hochstift, 11, 30; K. Brunn von Kauffungen, Domkapitel, 10, 14, 37; W. Loose, Der Meißner Domklerus zur Zeit der Reformation, in: MVGM 4/2 (1896), 354.

223 A. Schultze, Rechtslage, 9, 34, 43, 87–89; C. L. Stieglitz, Recht, 17, 51; G. Schumann, Hand-Buch 1741/I, 220; W. Pückert, Dom, 7; J. P. J. N. Faber, Anni, 62.

224 E. G. Gersdorf, Urkundenbuch III, 272; K. Brunn von Kauffungen, Domkapitel, 24, 51f.; H. Kinne, Die Meißner Dompröpste des 15. Jahrhunderts. Eine prosopographische Studie, in: BDLG 148 (2012), 164–166; W. Loose, Der Meißner Domklerus zur Zeit der Reformation, in: MVGM 4/2 (1896), 348f.; A. Lobeck, Hochstift, 9; W. Pückert, Dom, 7; C. Volkmar, Reform, 215.

225 C. Brodkorb, Bistum Merseburg, in: E. Gatz, Bistümer, 440; F. Range, Entwicklung, 20f., 23f., 42; M. Cottin, Geschichte des Merseburger Domkapitels im Mittelalter (968–1561), in: H. Kunde/A. Ranft/A. Sames/H. Wittmann, Kathedrale, 83; J. Heckel, Domstifter, 94; M. Cottin, Das Merseburger Domkapitel und die Wettiner im Spätmittelalter, in: MVSL 2 (2002), 12; M. Cottin/A. Sames, Das Merseburger Domkapitel von seinen Anfängen bis heute, in: M. Cottin/U. John/H. Kunde, Dom, 37.

Juridischen Fakultät zu vergeben. Zwischen 1507 und 1558 gelang es dem Domkapitel vorübergehend, eines der beiden Universitätskanonikate anderweitig zu vergeben.[226] In der Folge kam es zu keinen erheblichen Veränderungen mehr. So umfasste das Domkapitel im 18. Jahrhundert neben jetzt nur mehr 16 Kapitularen und unverändert vier Minorkanonikern eine überaus beträchtliche Zahl an Exspektanten. Die Zahl der Residenten unter den Kapitularen war freilich seit 1613 auf zwölf begrenzt und wurde in den ersten Jahrzehnten nach dem Dreißigjährigen Krieg nochmals auf acht herabgesetzt.[227]

An Dignitären begegneten der Dompropst und der Domdechant, während der Kantor, der Kustos und der Scholaster als Inhaber von Personaten zu betrachten sind.[228]

Metz

Das Metzer Domkapitel bestand ursprünglich aus 60 Mitgliedern.[229] Wirtschaftliche Gründe führten dazu, dass ab Mitte des 14. Jahrhunderts wiederholt Versuche unternommen wurden, die Zahl der Domherren zu verringern. Im Zuge einer durch Kardinallegat Guillaume d'Aigrefeuille 1380 durchgeführten Reform des Domkapitels verfügte daher Papst Clemens VII. 1381, die Präbendenzahl auf 40 herabzusetzen.[230] Da dem Domdechanten nach einem entsprechenden Beschluss aus dem Jahr 1382 zwei Präbenden zukamen und eine auf vier, ab 1442 auf zwei nicht dem Kapitel zugehörige Semipräbendare aufgeteilt wurde, verfügte das Domkapitel bis zu seiner Auflösung tatsächlich über 38 Mitglieder.[231] Davon waren seit 1777 zehn Kanonikate für Graduierte reserviert, die zumindest das Bakkalaureat der Theologie

226 M. Cottin, Die Leipziger Universitätskanonikate an den Domkapiteln von Meißen, Merseburg und Naumburg sowie am Kollegiatstift Zeitz im Mittelalter (1413–1542), in: D. Döring, Universitätsgeschichte, 282, 285–287, 296; M. Cottin, Das Merseburger Domkapitel und die Wettiner im Spätmittelalter, in: MVSL 2 (2002), 20f.; J. Heckel, Domstifter, 172.

227 J. Heckel, Domstifter, 96, 101, 389f., 401; J. P. J. N. Faber, Anni, 61.

228 F. Range, Entwicklung, 18, 53f.; G. Schumann, Hand-Buch 1752/I, 209f.; C. F. Jacobi, Handbuch 1800, 234f.

229 F. Grimme, Das Metzer Domkapitel im ausgehenden Mittelalter, in: ELJb 11 (1932), 64, 66; G. Frantzwa, Cloître, 47, 51, 64; J.-B. Pelt, Textes, XIVf.; M. Albert, Bistum Metz, in: E. Gatz, Bistümer, 458.

230 G. Frantzwa, Cloître, 53, 64; J. François/N. Tabouillot, Histoire II, 582–585; F. Grimme, Das Metzer Domkapitel im ausgehenden Mittelalter, in: ELJb 11 (1932), 70f., 73f.; F. Grimme, Die Bedingungen für die Wahl der Metzer Domherren im Mittelalter, in: ELJb 4 (1925), 47; J.-B. Pelt, Textes, XIVf.; M. Albert, Bistum Metz, in: E. Gatz, Bistümer, 458.

231 J. François/N. Tabouillot, Histoire II, 585f., 591; G. Frantzwa, Cloître, 55, 64; J.-B. Pelt, Textes, XIVf.; P. Lesprand, Clergé II, 264, 299; N. Gabrielly, France, 177; H.-G. Duchesne, France, 197; B. Defauconpret, Preuves, 198.

erworben haben mussten. Das Verhältnis von Kapitularen und Domizellaren war nicht ausdrücklich festgelegt.[232]

An der Spitze des Domkapitels standen zuletzt gleich elf Dignitäre. Dem Primizer folgten zuerst der Domdechant, der Kantor, der Kanzler und der Thesaurar. Eine zweite Gruppe bildeten die vier Archidiakone von Metz, Marsal, Vic und Saarburg. Am Schluss waren der Scholaster und der Eleemosynar gereiht. Zudem gab es bis zur Suppression des Jahres 1601 einen Zirkator. Zu welcher Zeit auch der damals noch dazugehörende Kustos aus der Reihe der Dignitäre verschwand und wohl zum Inhaber eines Personats wurde, muss hingegen offen bleiben.[233]

Minden

Eine erste Festlegung der Mitgliederzahl des Mindener Domkapitels traf Kardinallegat Oddone di Tonengo 1230. Demnach setzte sich das Domkapitel zukünftig aus 24 Maiorkanonikern zusammen. Seit 1244 sind zudem Minorkanoniker bezeugt, deren Zahl 1285 sechs betrug. Um die Mitte des 17. Jahrhunderts dürften sie aufgehoben worden sein.[234] Lediglich für das 14. Jahrhundert ist die Existenz zumindest einer Sazerdotalpräbende bekannt.[235] Während ein vom Domkapitel angeregter Versuch zur Aufhebung von vier Maiorkanonikaten 1574/75 scheiterte,[236] gelang es, die Zahl der Residenten auf zehn zu begrenzen.[237] So waren es die Bestimmungen des Westfälischen Friedens von 1648, die zu einer Veränderung der personellen Verfassung des Domkapitels führten. Dabei wurden 13 Kapitelstellen den Protestanten zugesprochen, elf den Katholiken. Zudem erlaubte der Friedensvertrag Kurfürst Friedrich Wilhelm von Brandenburg, die Zahl der Domherren auf Kosten der Protestanten um ein Viertel zu verkleinern. Dadurch reduzierte sich der Personalstand auf unverändert elf katholische und sieben protestantische Domherren. Da sich das Domkapitel darüber hinaus im Quartvergleich von 1665 mit dem Kurfürsten auf die zusätzliche Aufhebung dreier Kanonikate, zweier katholischer und eines

---

232 F. Grimme, Die Metzer Domkurien. Ein Beitrag zur Topographie des mittelalterlichen Metz, in: JGLGA 25 (1913), 276f.; P. Lesprand, Clergé II, 270; H.-G. Duchesne, France, 198.

233 N. N., Almanach des Trois Évêchés, 23; P. Lesprand, Clergé II, 264–267, 287–291; G. Frantzwa, Cloître, 46, 48; J. François/N. Tabouillot, Histoire II, 585; J.-B. Pelt, Textes, XIV–XVI, 410; N. Gabrielly, France, 177, 179; H.-G. Duchesne, France, 198.

234 S. A. Würdtwein, Subsidia X, 3f., 8; W. Dräger, Das Mindener Domkapitel und seine Domherren im Mittelalter, in: MJ 8 (1936), 13; H. J. Brand/K. Hengst, Victrix, 85f.; H. J. Brandt, Minden – Domstift St. Petrus und Gorgonius, in: K. Hengst, Klosterbuch I, 595, 598.

235 W. Dräger, Das Mindener Domkapitel und seine Domherren im Mittelalter, in: MJ 8 (1936), 14.

236 J. Heckel, Domstifter, 96.

237 J. Heckel, Domstifter, 96; H. Nottarp, Ein Mindener Dompropst des 18. Jahrhunderts, in: WZ 103/104 (1954), 108; P. F. Weddingen, Historische Nachricht vom Dom-Capitel zu Minden, in: WMGHS 1 (1784), 61.

protestantischen, verständigte, sank die Zahl der Domherren auf 15.[238] Die Stiftung von Familienpräbenden sorgte unmittelbar danach für eine gegenteilige Entwicklung. Heinrich Freiherr von Galen und sein Sohn Franz Wilhelm Freiherr von Galen stifteten gemeinsam 1665 und 1677 je eine katholische Domherrenstelle für Angehörige ihrer Familie, Christoph Freiherr von dem Bussche 1689 eine protestantische für seine Verwandtschaft, womit das Domkapitel nun wieder über elf katholische und sieben protestantische Mitglieder verfügte.[239] Hinsichtlich des Verhältnisses zwischen Kapitularen und Domizellaren gab es keinerlei Verfügungen. Die Aufnahme von Exspektanten war üblich.[240]

Das Domkapitel wies je zwei Dignitäten und Personate auf. Der Dompropst und der Domdechant standen im Rang eines Dignitärs. Der Scholaster und der Kustos waren die Inhaber der Personate, im Mittelalter zudem der Kantor. Dieses Amt schied allerdings zu einem unbekannten Zeitpunkt aus der Gruppe der Personate aus, Mitte des 17. Jahrhunderts war jedenfalls davon keine Rede mehr.[241]

Münster

Der Mitgliederstand des Münsterischen Domkapitels blieb über längere Zeit schwankend. Ausgehend von vermutlich zwölf Domherren der Gründungszeit kam es vor allem um die Mitte des 12. Jahrhunderts und im ersten Viertel des 13. Jahrhunderts zu einem raschen Anstieg auf mutmaßlich 36 Domherren. Diese

---

238 A. Oschmann, Acta III B 1/1, 138; W. Schrader, The Cathedral Chapter at Minden and its Members, 1650–1803, in: WZ 139 (1989), 84f.; H. Rüthing, Das Domkapitel Minden als konfessionell gemischtes Stift, in: F. J. Felten/N. Jaspert, Vita, 771, 775f., 779; H. Nottarp, Ein Mindener Dompropst des 18. Jahrhunderts, in: WZ 103/104 (1954), 97–99; J. Heckel, Domstifter, 97f., 113f.; B. Braun, Die gemischtkonfessionellen Domkapitel im Reich nach dem Westfälischen Frieden, in: C. Roll/F. Pohle/M. Myrczek, Grenzen, 173; W. Dammeyer, Grundbesitz, 131–135; H. J. Brandt, Minden – Domstift St. Petrus und Gorgonius, in: K. Hengst, Klosterbuch I, 596.

239 J. Heckel, Domstifter, 98f., 173f.; H. Nottarp, Ein Mindener Dompropst des 18. Jahrhunderts, in: WZ 103/104 (1954), 99; H. J. Brandt, Minden – Domstift St. Petrus und Gorgonius, in: K. Hengst, Klosterbuch I, 596; W. Dammeyer, Grundbesitz, 132f.; P. F. Weddingen, Historische Nachricht vom Dom-Capitel zu Minden, in: WMGHS 1 (1784), 60; C. Weber, Familienkanonikate, 43.

240 J. P. J. N. Faber, Anni, 59; N. N., Handbuch/Anhang, 97; H. Rüthing, Das Domkapitel Minden als konfessionell gemischtes Stift, in: F. J. Felten/N. Jaspert, Vita, 778; W. Dammeyer, Grundbesitz, 150.

241 W. Dräger, Das Mindener Domkapitel und seine Domherren im Mittelalter, in: MJ 8 (1936), 14, 27–29, 31–33; H. J. Brandt, Minden – Domstift St. Petrus und Gorgonius, in: K. Hengst, Klosterbuch I, 596, 598; H. Nottarp, Ein Mindener Dompropst des 18. Jahrhunderts, in: WZ 103/104 (1954), 101, 106; P. F. Weddingen, Historische Nachricht vom Dom-Capitel zu Minden, in: WMGHS 1 (1784), 61f.; P. Hersche, Domkapitel I, 204; S. A. Würdtwein, Subsidia X, 241–249; W. Schrader, The Cathedral Chapter at Minden and its Members, 1650–1803, in: WZ 139 (1989), 85.

Zahl dürfte Kardinallegat Oddone di Tonengo 1230 als verbindlich festgeschrieben haben. Trotzdem kam es ab den Vierzigerjahren des 13. Jahrhunderts zu einem zahlenmäßigen Rückgang der Kanoniker. Das 14. Jahrhundert brachte zuerst einen Wiederanstieg auf gut 30 Domherren, ehe es vom zweiten Drittel des 14. Jahrhunderts bis ins beginnende 15. Jahrhundert immer wieder zu Einbrüchen bei den Mitgliederzahlen kam. Die für die weitere Zukunft verbindliche Zahl von 40 Domherren dürfte grundsätzlich trotzdem seit mindestens 1313 bestanden haben, möglicherweise auch schon seit 1230.[242] 1662 erfolgte mit der Stiftung einer Familienpräbende durch Heinrich von Galen und dessen Sohn Franz Wilhelm von Galen eine letzte Änderung auf 41 Domherren, unter denen die Zahl der Kapitulare nicht ausdrücklich festgelegt war.[243]

Dem Domkapitel standen fünf Dignitäre vor, nämlich der Dompropst, der Domdechant, der Scholaster, der Kustos und der Vizedom. Die Kantorei, die Kellerei und die Burse waren als Personate zu werten. Allerdings beschloss das Domkapitel 1717, die Kellerei nicht mehr zu besetzen. Eine ähnliche Entwicklung trat bei der Burse ein. Hier wurden ab 1726 keine Mitglieder des Domkapitels mehr mit dem Amt betraut.[244]

Naumburg

Zumindest bis ins 15. Jahrhundert war die Zahl der Domherren in Naumburg noch nicht verbindlich festgelegt. Vorher lassen sich vom beginnenden 13. Jahrhundert an mehrfach jeweils 15 bis 18 Domherren belegen, vermutlich Kapitulare. 1423 wurde eine Maiorpräbende neu gestiftet, während von 1426 an insgesamt 22 Mitglieder belegt sind.[245] Im späten 16. Jahrhundert kam es zuerst 1580 zu einer Beschränkung auf neun Residenten, ehe 1589 auch die Zahl der Kapitulare auf zwölf begrenzt wurde.[246] Darüber hinaus gab es sechs Inhaber einer Maiorpräbende, denen keine Kapitularrechte zukamen, sowie vier Minorpräbendare oder Domizellare. Die

242 R. Schieffer, Entstehung, 210; U. Herzog, Untersuchungen, 82–84, 86; M. Twickel, Entwicklung, 7–9; W. Kohl, Domstift I, 143, 229f., 232; A. Schröer, Das Münsterer Domkapitel im ausgehenden Mittelalter, in: A. Schröer, Monasterium, 471f.; W. Kohl, Münster – Domstift St. Paulus, in: K. Hengst, Klosterbuch II, 29, 31.

243 C. A. Olfers, Beiträge, 44; F. Keinemann, Domkapitel, 3, 91; W. Kohl, Domstift I, 232, 257; J. P. J. N. Faber, Anni, 58; C. Weber, Familienkanonikate, 43.

244 W. Kohl, Domstift I, 233, 245, 250, 253; W. Kohl, Domstift II, 359, 375; W. Kohl, Münster – Domstift St. Paulus, in: K. Hengst, Klosterbuch II, 31; H. Spieckermann, Beiträge, 2, 7; M. Twickel, Entwicklung, 10f., 26, 30; A. Schröer, Das Münsterer Domkapitel im ausgehenden Mittelalter, in: A. Schröer, Monasterium, 484, 491; F. Keinemann, Domkapitel, 5, 19f., 52f.; J. Müller, Das Domkapitel zu Münster zur Zeit der Säkularisation, in: WZ 71/I (1913), 7; P. Hersche, Domkapitel I, 133; Beschreibung einiger deutscher Domkapitel, 66 (HHStA Hs B 182).

245 C. H. Braun, Nachricht, 10, 29f., 32; C. H. Braun, Nachrichten, 5; C. H. Braun, Reihe, 22; M. Ludwig, Personal, 36f., 337f.; J. Heckel, Domstifter, 94.

246 J. Heckel, Domstifter, 97, 374f.

nicht festgelegte Zahl der Exspektanten stieg nach 1571 übermäßig an.[247] Seit 1413 gab es ein Universitätskanonikat in Naumburg. Papst Johannes XXIII. sprach der Universität Leipzig zwei Kanonikate verbindlich zu. Doch bereits 1421 wurden die Rechte der Universität von Papst Martin V. auf eine Domherrenstelle beschränkt, woran auch ein 1435 unternommener Versuch, der Universität eine Präbende mehr zuzuweisen, nichts mehr ändern konnte. Dem Inhaber des Universitätskanonikats stand zwar der Genuss einer Maiorpräbende zu, darüber hinaus erwuchsen ihm aber keinerlei Rechte im Kapitel. Gewohnheitsrechtlich wurde ein Professor der Juridischen Fakultät mit dem Naumburger Kanonikat bedacht.[248] Lediglich eine vorübergehende und dem konfessionellen Wandel geschuldete Erscheinung war die 1576 erfolgte Einführung einer Laienpräbende, deren Inhaber von den Weiheerfordernissen befreit war, aber trotzdem die Rechte eines Kapitulars genießen sollte.[249]

An der Spitze des Domkapitels standen die beiden Dignitäten der Dompropstei und der Domdechantei. Als Personate zählten die Kustorei, die Kantorei und die Scholasterie.[250]

Olmütz

Die personelle Entwicklung des Olmützer Domkapitels blieb über lange Zeit unabgeschlossen. Nachdem das alte Domkapitel acht Mitglieder gezählt hatte, kam es 1131 mit der Weihe des neuen Doms zu einer Teilung des Domkapitels. Vier Domherren wechselten an den neuen Dom und bildeten dort gemeinsam mit acht anderen ein neues Domkapitel, während vier Domherren vorerst an der bisherigen Wirkungsstätte zurückblieben und spätestens in der zweiten Hälfte des 12. Jahrhunderts im Hauptkapitel aufgingen.[251] Dieses wuchs durch von Bischöfen, Landesherren, Geistlichen und Bürgern veranlasste Zustiftungen bis ins beginnende 15. Jahrhundert weiter an.[252] Nach der Mitte des 15. Jahrhunderts ist für 1492 die Stiftung eines Kanonikats durch

---

247 J. P. J. N. Faber, Anni, 61; J. Heckel, Domstifter, 101f.; J. P. C. Philipp, Geschichte, 310.

248 M. Cottin, Die Leipziger Universitätskanonikate an den Domkapiteln von Meißen, Merseburg und Naumburg sowie am Kollegiatstift Zeitz im Mittelalter (1413–1542), in: D. Döring, Universitätsgeschichte, 282f., 285, 287; M. Ludwig, Personal, 97; J. Heckel, Domstifter, 172.

249 J. Heckel, Domstifter, 116, 172.

250 M. Ludwig, Personal, 37, 377; J. P. C. Philipp, Geschichte, 310.

251 M. Zemek, Das Olmützer Domkapitel. Seine Entstehung und Entwicklung bis 1600, in: AKGB 9 (1988), 76–78, 80; B. Dudík, Mähren X, 88f.; M. Zemek, Posloupnost I, Einleitung.

252 B. Dudík, Mähren X, 89–97; G. Wolný, Topographie I/1, 35f., 39, 171, 173, 175, 178f.; M. Zemek, Das Olmützer Domkapitel. Seine Entstehung und Entwicklung bis 1600, in: AKGB 9 (1988), 83f.; M. Zemek, Das Olmützer Domkapitel. Seine Entstehung und Entwicklung bis 1600, in: AKGB 10 (1989), 85, 87; M. Zemek, Posloupnost I, Einleitung; W. Eberhard, Bistum Olmütz, in: E. Gatz, Bistümer, 513f.

König Ladislaus II. von Böhmen belegt.[253] Spätestens im 16. Jahrhundert erfolgte eine Festlegung der Zahl der residierenden Kapitulare. Daneben gab es noch Domizellare, die ohne Stimmrecht an den Kapitelsitzungen teilnehmen durften. Denjenigen, die die Priesterweihe empfangen hatten, war zusätzlich die Mitwirkung an der Bischofswahl gestattet. Zu Veränderungen kam es im Folgenden vor allem hinsichtlich der Zahl der residierenden Domherren. Während es im 16. Jahrhundert noch 16 waren, sank ihre Zahl in der ersten Hälfte des 17. Jahrhunderts vorerst auf zwölf, um die Jahrhundertmitte gar auf nur mehr acht. 1654 und 1660 wurden wieder jeweils zwei zusätzliche Residentenstellen eingerichtet, womit die Zwölfzahl wieder erreicht war. Wirtschaftliche Gründe führten aber bald darauf vorübergehend zu einer erneuten Reduktion auf zehn residierende Domherren. Dieser Entwicklung versuchte das Domkapitel für die Zukunft entgegenzuwirken, in dem es 1694 anlässlich der Wahl von Karl Joseph Herzog von Lothringen zum Koadjutor von diesem die Ausstattung zweier zusätzlicher Residenzialstellen forderte. 1699 wurden daher zwei Domizellare zu residierenden Kanonikern ernannt. Nach Spannungen zwischen Bischof Karl Joseph Herzog von Lothringen und dem Domkapitel konnte schließlich 1701 das Kapitel auf nunmehr tatsächlich 14 Mitglieder aufgestockt werden. Das Recht zur Teilnahme an den Bischofswahlen besaßen zusätzlich noch immer jene Domizellare, die die Priesterweihe empfangen hatten.[254] Insgesamt zählte das Domkapitel im 18. Jahrhundert für gewöhnlich 31 Mitglieder.[255] 1787 verminderte Kaiser Joseph II. die Anzahl der Residenten wieder auf zwölf, eine Entscheidung, die allerdings 1805 wieder rückgängig gemacht wurde. Der ebenfalls 1787 von Kaiser Joseph II. verfügte Einsatz der Domizellare in der Seelsorge hielt sich noch über seine Regierungszeit hinaus, während sich die von ihm später ausgesprochene gänzliche Auflassung der Domizellarstellen nicht durchsetzen konnte.[256]

Die wichtigsten Kapitelämter bildeten die Dignitäten der Domdechantei, der Dompropstei, des Archidiakonats und der Scholasterie. Letztere wurde allerdings erst 1492 von Papst Alexander VI. zur Dignität erhoben. Der Kustorei blieb dieser Aufstieg hingegen verwehrt, sie blieb ein Personat.[257]

---

253 M. Zemek, Das Olmützer Domkapitel. Seine Entstehung und Entwicklung bis 1600, in: AKGB 9 (1988), 84; M. Zemek, Das Olmützer Domkapitel. Seine Entstehung und Entwicklung bis 1600, in: AKGB 10 (1989), 85.

254 R. Zuber, Osudy I, 53–55, 62f.; G. Wolný, Topographie I/1, 101, 103, 181; C. d'Elvert, Geschichte, 253f.; P. Maťa, Noblesse et chapitres dans les pays de la couronne de Bohême au XVIIe siècle, in: XVIIe siècle Nr. 250 (2011), 80.

255 R. Zuber, Osudy I, 55; C. d'Elvert, Geschichte, 222f., 254; W. Eberhard, Bistum Olmütz, in: E. Gatz, Bistümer, 523; P. Maťa, Noblesse et chapitres dans les pays de la couronne de Bohême au XVIIe siècle, in: XVIIe siècle Nr. 250 (2011), 80.

256 A. W. Gustermann, Kirchenrecht I, 71; C. d'Elvert, Geschichte, 223, 228, 232; H. Zschokke, Geschichte, 218.

257 G. Wolný, Topographie I/1, 38; T. Baletka, Olomoucká kapitula v druhé polovině 15. století, in: J. Hrdina/M. Maříková, Kapituly, 156f.; M. Zemek, Das Olmützer Domkapitel. Seine Entstehung und Entwicklung bis 1600, in: AKGB 10 (1989),

Osnabrück

Aus vermutlich anfangs zwölf Mitgliedern entwickelte sich der Personalstand des Osnabrücker Domkapitels bis gegen Ende des ersten Drittels des 13. Jahrhunderts auf 24 Maiorpräbenden, eine Zahl, die vorher mitunter überschritten wurde. Daneben gab es zu dieser Zeit auch sechs Minorpräbenden, die jedoch bereits im Laufe des 14. Jahrhunderts wieder verschwanden.[258] Da es im Spätmittelalter üblich wurde, dass Dompropst und Domdechant neben ihrer Dignität kein Kanonikat besaßen, umfasste das Domkapitel damals 26 Domherren. Erst 1560 beziehungsweise 1536 fand dieser Zustand ein Ende, womit sich die Mitgliederzahl des Domkapitels wieder auf 24 verminderte.[259] Die 1648 verfügten Bestimmungen des Westfälischen Friedens sowie die in der Immerwährenden Kapitulation 1650 und im Iburger Nebenrezess 1651 vereinbarten entsprechenden Ausführungsbestimmungen sprachen drei der 24 Kanonikate protestantischen Inhabern zu. Auf eine vierte Domherrenstelle wurde vergeblich Anspruch erhoben.[260] Dafür konnten 1667 Heinrich Freiherr von Galen und sein Sohn Franz Wilhelm Freiherr von Galen eine zusätzliche katholische Domherrenstelle für Angehörige ihrer Familie stiften, womit die Zahl der Domherren auf 25 anstieg. Da die Stiftung einer protestantischen Präbende durch die Familie Freiherr von dem Bussche scheiterte, blieb es bei diesem Mitgliederstand.[261] Eine Festlegung der Anzahl der Kapitulare und Domizellare war in Osnabrück nicht üblich, doch waren die drei protestantischen Domherren in jedem Fall von der Mitwirkung an den Bischofs- und Dignitärswahlen sowie von der Übernahme der Dignitäten ausgeschlossen.[262]

58, 61, 64f., 68–71; R. Zuber, Osudy I, 55f.; C. d'Elvert, Geschichte, 197, 228, 232f.; B. Dudík, Mähren X, 110f., 114f., 119, 124f., 128–130; A. Kobliha, Urkunden-Sammlung, 13f.

258 R. Schindler, Studien, 41–43, 118, 204; H. Hagemann, Domkapitel, 18–20; C. Hoffmann, Osnabrück – Domstift St. Petrus, in: J. Dolle, Klosterbuch III, 1145.

259 C. Hoffmann, Adel, 108f.; E. Boeselager, Wie wird man im Mittelalter Domherr in Osnabrück?, in: OM 106 (2001), 61; C. Hoffmann, Osnabrücker Domherren 1567–1624. Geistliche Karriereprofile im konfessionellen Zeitalter, in: OM 100 (1995), 16; C. Hoffmann, Osnabrück – Domstift St. Petrus, in: J. Dolle, Klosterbuch III, 1145.

260 C. Hoffmann, Osnabrücker Domherren 1567–1624. Geistliche Karriereprofile im konfessionellen Zeitalter, in: OM 100 (1995), 13; J. Boeselager, Domherren, 13; P. Hersche, Domkapitel I, 140.

261 J. C. Lünig, Continuatio III, 1162–1164; A. Dylong, Die Domkapitel von Hildesheim und Osnabrück am Vorabend der Säkularisation, in: DHVG 71 (2003), 118; J. Boeselager, Domherren, 13, 27f., 97; C. Weber, Familienkanonikate, 43.

262 J. P. J. N. Faber, Anni, 58; J. Boeselager, Domherren, 29f.; R. Oer, Konfessionell gemischte Dom- und Stiftskapitel in Nordwestdeutschland, in: J. Schröder/R. Salzmann, Beiträge, 135.

An Dignitäten kannte man die Dompropstei und die Domdechantei, an Personaten die Kantorei, die Kustorei und die Scholasterie. Die Sonderstellung der beiden Dignitäre bis 1560 beziehungsweise 1536 wurde bereits erwähnt.[263]

Paderborn

Das Paderborner Domkapitel hatte seine mitgliederstärkste Zeit vermutlich in der ersten Hälfte des 10. Jahrhunderts, als es neben 25 Maiorkanonikaten auch 16 Minorpräbenden umfasste.[264] Wohl im Rückgriff auf eine damals bereits bestehende Gewohnheit erfolgte 1231 durch zwei von Kardinallegat Oddone di Tonengo beauftragte Visitatoren die verbindliche Festlegung auf künftig 24 Maiorpräbenden und sechs Minorpräbenden. Letztere verschwanden allerdings bald darauf.[265] Das Verhältnis zwischen Kapitularen und Domizellaren war nicht ausdrücklich festgelegt, jedoch begrenzte man die Zahl der residierenden Kapitulare 1591 auf die beiden Dignitäre und zwölf weitere Domherren.[266]

Neben dem Dompropst und dem Domdechanten als den beiden Dignitären bestanden die Personate der Kustorei, der Kantorei, der Scholasterie, der Kämmerei und der Kellerei.[267]

---

263 C. Hoffmann, Osnabrück – Domstift St. Petrus, in: J. Dolle, Klosterbuch III, 1145, 1148f.; R. Schindler, Studien, 25, 118, 204; H. Hagemann, Domkapitel, 22f., 59f., 67, 70f.; C. Hoffmann, Osnabrücker Domherren 1567–1624. Geistliche Karriereprofile im konfessionellen Zeitalter, in: OM 100 (1995), 16, 19, 22; J. Boeselager, Domherren, 50, 58; A. Dylong, Die Domkapitel von Hildesheim und Osnabrück am Vorabend der Säkularisation, in: DHVG 71 (2003), 122, 124; P. Hersche, Domkapitel I, 140; Beschreibung einiger deutscher Domkapitel, 63 (HHStA Hs B 182).

264 H. J. Brandt, Paderborn – Domstift St. Maria, Kilian, Liborius und Ulrich, in: K. Hengst, Klosterbuch II, 176f.

265 J. Ohlberger, Geschichte, 15, 22f., 30; G. J. Rosenkranz, Die Verfassung des ehemaligen Hochstifts Paderborn in älterer und späterer Zeit, in: WZ 12 (1851), 94f.; M. Hanneken, Die ständische Zusammensetzung des Paderborner Domkapitels im Mittelalter, in: WZ 90/II (1934), 81.

266 J. P. J. N. Faber, Anni, 57; J. Ohlberger, Geschichte, 16; L. Steinhauer, Zur Geschichte des Paderborner Domkapitels von 1800 bis 1830, in: WZ 61/II (1903), 179f.; H. Granier, Preussen IX, 554, 558f.; H. J. Brandt, Paderborn – Domstift St. Maria, Kilian, Liborius und Ulrich, in: K. Hengst, Klosterbuch II, 193.

267 J. Ohlberger, Geschichte, 16f., 48–53, 56f.; G. J. Rosenkranz, Die Verfassung des ehemaligen Hochstifts Paderborn in älterer und späterer Zeit, in: WZ 12 (1851), 89f., 95; H. Granier, Preussen IX, 554; H. J. Brandt, Paderborn – Domstift St. Maria, Kilian, Liborius und Ulrich, in: K. Hengst, Klosterbuch II, 177, 184; P. Hersche, Domkapitel I, 145; Beschreibung einiger deutscher Domkapitel, 45 (HHStA Hs B 182).

Passau

Die Zahl der Mitglieder des Passauer Domkapitels war keinen allzu ausgeprägten Veränderungen unterworfen. Für die Mitte des 12. Jahrhunderts sind 27 Domherren bezeugt.[268] Im 15. und beginnenden 16. Jahrhundert setzte sich die Kanonikergemeinschaft aus zwei Dignitären und 26 weiteren Mitgliedern zusammen.[269] Seit der Mitte des 16. Jahrhunderts bestand das Domkapitel aus unverändert 25 Präbenden, wovon allerdings zwei dauerhaft vakant blieben. Ihre Einkünfte dienten dem Unterhalt der Innbrücke und des Leprosenhauses bei St. Ägid. Die übrigen Domherren teilten sich in 15 Kapitulare und 8 Domizellare.[270] Keine tatsächliche Auswirkung auf das Domkapitel zeitigte die 1523 beabsichtigte Einrichtung einer Universitätspräbende für einen Professor der Theologischen Fakultät der Universität Ingolstadt. Auch die 1673 von Bischof Wenzel Graf von Thun testamentarisch geplante Zustiftung von sieben neuen Domherrenstellen kam nicht zur Ausführung.[271]

Die Rangordnung des Kapitels führten der Dompropst und der Domdechant als Dignitäre an. Der Kustos und der Scholaster waren Inhaber von Personaten. Davon bestand die Scholasterie vermutlich nur bis ins beginnende 17. Jahrhundert. Nachher lassen sich keine Amtsträger mehr belegen.[272]

Pomesanien

Der personelle Umfang des Pomesanischen Domkapitels entwickelte sich trotz dessen kurzer Bestandsgeschichte vor allem aus wirtschaftlichen und politischen Gründen recht schwankend. Waren bei der Gründung der Institution 1284/85 sechs Domherren vorgesehen, so wuchs mit manchen Rückschritten die Mitgliederzahl bis 1375 auf 13 an. Im 15. Jahrhundert kam es zu einer gegenläufigen Entwicklung, die 1464 zum Tiefststand mit nur mehr vier Domherren führte. Danach pendelte sich die Zahl der Kanoniker bis zur Auflösung 1527 bei rund fünf bis sechs ein.[273]

---

268 J. Oswald, Domkapitel, 19; L. H. Krick, Domstift, V; W. Wagner, Prosopographie des Passauer Domkapitels bis zur Mitte des 13. Jahrhunderts, in: OG 37 (1995), 25f.; H. Würdinger, Domkapitel, 13.

269 L. H. Krick, Domstift, V; W. Wagner, Prosopographie des Passauer Domkapitels bis zur Mitte des 13. Jahrhunderts, in: OG 37 (1995), 26; H. Würdinger, Domkapitel, 13; A. Landersdorfer, Bistum Passau, in: E. Gatz, Bistümer, 555.

270 L. H. Krick, Domstift, V; P. Hersche, Domkapitel I, 151; Beschreibung einiger deutscher Domkapitel, 50, 56 (HHStA Hs B 182).

271 H. Wagner, Domkapitel, 85; J. N. Buchinger, Geschichte II, 401f.

272 W. Wagner, Prosopographie des Passauer Domkapitels bis zur Mitte des 13. Jahrhunderts, in: OG 37 (1995), 26; P. Hersche, Domkapitel I, 151; L. H. Krick, Domstift, 71.

273 C. P. Woelky, Urkundenbuch I, 72; M. Glauert, Domkapitel, 125f., 197–200; M. Glauert, Das Domkapitel von Pomesanien (1284–1527). Eine Zusammenfassung, in: R. Biskup/ M. Glauert, Domkapitel, 60, 64f.; M. Glauert, Bistum Pomesanien, in: E. Gatz, Bistümer, 566f., 569; A. Radzimiński, Kirche, 78.

Die Hierarchie des Domkapitels war von der Regel des Deutschen Ordens geprägt. Diese sah eine jährliche Neuvergabe der Ämter vor, die jedoch durchaus auch länger in der Hand derselben Personen bleiben konnten. Als Dignitäten galten dabei die Dompropstei, die Domdechantei, die Kustorei, die Scholasterie und die Kantorei. Vor allem zu Zeiten mit geringem personellen Umfang wurden mitunter auch zwei Ämter von einem Domherrn versehen.[274]

Prag

Nach zahlenmäßig unbestimmten Anfängen kam es im ausgehenden 11. Jahrhundert zu einer Neuorganisation des Prager Domkapitels mit damals 25 Kanonikern. Obwohl es gegen Ende des ersten Drittels des 12. Jahrhunderts zur Stiftung von fünf weiteren Präbenden kam, fanden sich 1327 26 Domherren, möglicherweise hatten die vier Prälaten bereits damals, wie für 1367 ausdrücklich belegt, neben ihrer Dignität eine zusätzliche Präbende inne.[275] Nach Stiftungen Bischof Jan z Dražics und Kaiser Karls IV. sowie Güterzusammenlegungen belief sich schließlich die Zahl der Mitglieder um die Mitte des 14. Jahrhunderts ohne Honorarkanoniker und Exspektanten auf 32, darunter zwei Semipräbendare, die sich gemeinsam eine Präbende teilten.[276] Die Wirren der Hussitenzeit brachten das Domkapitel an den Rand des wirtschaftlichen Untergangs. Nachdem der Personalstand während des ersten Exils bis 1437 auf nur mehr 13 Kanoniker gesunken war, kam es in den Fünfziger- und Sechzigerjahren des 15. Jahrhunderts vorübergehend zu einer leichten personellen Erholung. Jedoch zwangen die tristen ökonomischen Verhältnisse zu einer neuerlichen Verminderung auf schließlich nur mehr sechs Mitglieder.[277] Ein zusätzliches Kanonikat sollte durch die Vereinigung des ebenfalls in seinem Bestand gefährdeten Kollegiatstiftes St. Apollinaris mit dem Domkapitel entstehen. Durch eine entsprechende Verfügung König Ladislaus' II. von Böhmen wurde 1503 der Dechant des Stiftes zu einem Kanoniker des Domkapitels. Allerdings ließ sich das im 16. Jahrhundert nur kurzfristig und erst

274 M. Glauert, Domkapitel, 238–240; M. Glauert, Das Domkapitel von Pomesanien (1284–1527). Eine Zusammenfassung, in: R. Biskup/M. Glauert, Domkapitel, 68–70; B. Jähnig, Die Verfassung der Domkapitel der Kirchenprovinz Riga, in: B. Jähnig, Probleme, 68, 70; A. Radzimiński, Kirche, 78–80.

275 Z. Hledíková, Pražka metropolitní kapitula, její samospráva a postavení doby husitské, in: SH 19 (1972), 7f., 47; M. Maříkova, Pokladna, 17, 42; A. Frind, Kirchengeschichte I, 238f.; A. Frind, Kirchengeschichte II, 133f.

276 Z. Hledíková, Pražka metropolitní kapitula, její samospráva a postavení doby husitské, in: SH 19 (1972), 13, 46–48; A. Mařík, Svatovítská kapitula za vlády Jiřího z Poděbrad, 28, 42; M. Maříkova, Pokladna, 18; A. Frind, Kirchengeschichte II, 134; A. Frind, Kirchengeschichte III, 175; A. Podlaha, Series, 19; A. Podlaha, Liber, 76; J. T. Pešina z Čechorodu, Phosphorus, 681.

277 J. T. Pešina z Čechorodu, Phosphorus, 80f.; A. Frind, Kirchengeschichte III, 187f.; A. Frind, Kirchengeschichte IV, 136f.; A. Mařík, Svatovítská kapitula za vlády Jiřího z Poděbrad, 29f.; M. Maříkova, Pokladna, 29.

nach der Mitte des 17. Jahrhunderts dauerhaft erreichen.[278] Darüber hinaus verfügte man über nicht residierende Kanoniker, deren Zahl 1628 von sechs auf drei begrenzt wurde und denen außer dem reinen Titel keinerlei Rechte zukamen.[279] Obwohl bereits Kaiser Ferdinand I. nach der Wiedererrichtung des Erzbistums Prag 1561 und Kaiser Ferdinand II. 1623 eine deutliche Erhöhung der residierenden Domherren erwogen hatten,[280] setzte sich das Domkapitel 1646 lediglich aus den vier Dignitären zusammen. Kapitulare fehlten aufgrund wirtschaftlicher Schwierigkeiten völlig. Danach kam es bis 1657 zu einem raschen Anstieg auf acht präbendierte Domherren.[281] Eine vermehrte Zustiftung neuer Kanonikate erfolgte erst im 18. Jahrhundert. Der nachmalige Weihbischof Johann Rudolph Graf von Sporck sorgte für die Errichtung eines neunten Kanonikats, das 1720 erstmals besetzt werden konnte. In Zusammenhang mit der Heiligsprechung Johannes Nepomuks 1729 entstanden die vier sogenannten Johanneischen Kanonikate, deren Errichtung Kaiser Franz I. 1746 formell bestätigte.[282] Infolge einer von Kaiser Joseph II. 1787 getroffenen Verfügung, wonach Domkapitel an Metropolitankirchen nicht mehr als zwölf Mitglieder haben durften, kam es auch in Prag zur Beschränkung der Kapitulare auf die genannte Zahl. Die damit überzählig gewordene Sporcksche Präbende musste gegen den Widerstand des Domkapitels dem Religionsfonds zugewiesen werden.[283]

Die vier Dignitäre, nämlich der Dompropst, der Domdechant, der Archidiakon und der Scholaster, stellten in der bewegten Geschichte des Domkapitels stets eine feste Größe dar. Im ausgehenden 17. Jahrhundert wurde von einem bestehenden Brauch gesprochen, je zwei Dignitäten an Deutsche und Böhmen zu vergeben. Die bereits vor den Wirren der Hussitenzeit bestehenden Personate der Kustorei und der Kantorei bestanden nachweisbar Ende des 18. Jahrhunderts wieder.[284]

---

278 J. T. Pešina z Čechorodu, Phosphorus, 91, 99, 112; A. Frind, Kirchengeschichte IV, 141f., 192, 196.

279 H. Nottarp, Ehrenkanoniker und Honorarkapitel, in: ZRG KA 14 (1925), 225–227; A. Podlaha, Series, 201f.; A. Podlaha, Liber, 78; J. Schlenz, Geschichte, 57; J. N. Sedlák, Wenceslaus, 112.

280 J. T. Pešina z Čechorodu, Phosphorus, 94f., 679, 685, 689–692; J. E. Schlenz, Geschichte I, 19.

281 J. N. Sedlák, Wenceslaus, 11f., 16f.; J. T. Pešina z Čechorodu, Phosphorus, 594f., 693.

282 A. Podlaha, Series, 235, 238, 243, 248; A. Podlaha, Supplementum III, 24, 27f.; P. Maťa, Noblesse et chapitres dans les pays de la couronne de Bohême au XVIIe siècle, in: XVIIe siècle Nr. 250 (2011), 79, 90.

283 A. W. Gustermann, Kirchenrecht I, 71; G. A. Huller, Persönlichkeit, 73; J. J. Solař, Dějepis, 373; H. Nottarp, Ehrenkanoniker und Honorarkapitel, in: ZRG KA 14 (1925), 221; A. Podlaha, Josephus, 101, 105–108, 116.

284 J. T. Pešina z Čechorodu, Phosphorus, 681, 689f., 693; A. Frind, Kirchengeschichte III, 175, 188; A. Podlaha, Liber, 76, 78, 131; A. Podlaha, Josephus, 4; A. Podlaha, Series, 196; Z. Hledíková, Pražka metropolitní kapitula, její samospráva a postavení doby husitské, in: SH 19 (1972), 15; N. N., Schematismus 1798, 191.

Ratzeburg

Das bei seiner Gründung aus 13 Mitgliedern bestehende Ratzeburger Domkapitel wuchs im Laufe des 13. Jahrhunderts deutlich an. 1301 legte man daher die Zahl der Domherren auf 25 fest.[285] Wirtschaftliche Schwierigkeiten sorgten jedoch dafür, dass dieser Personalstand nicht dauerhaft gehalten werden konnte. Schon in der zweiten Hälfte des 14. Jahrhunderts umfasste das Domkapitel nur mehr rund 15 Kanoniker.[286] Mit damals 14 Domherren hatte sich der personelle Umfang bis zur Transmutation des Domkapitels in eine weltgeistliche Einrichtung 1504 nicht nennenswert verändert. Hinzu kamen jetzt freilich acht weitere Kanonikate, sechs von Herzog Johann IV. von Sachsen-Lauenburg und seinem Sohn Magnus I. gestiftete und zwei von Bischof Johannes von Parkentin ausgestattete. Mit der 1510 erfolgten und 1512 umgesetzten Stiftung zweier Semipräbendare durch Domdechant Albert Make, die als Makisten den Domherren zugerechnet wurden, stieg die Mitgliederzahl auf 24.[287] Die zahlenmäßige Aufteilung der Kanoniker in Residenten und Inhaber von Maior- beziehungsweise Minorpräbenden sowie das Ausmaß der Exspektanten sind nicht bekannt. Jedenfalls scheint der personelle Umfang des Domkapitels im 16. Jahrhundert rasch abgenommen zu haben. Für 1576 und 1606 sind zehn Namen bekannt, in den dazwischenliegenden Achtziger- und Neunzigerjahren des 16. Jahrhunderts jeweils rund sieben. Für 1641 werden zwölf Domherren überliefert, bei der Auflösung des Domkapitels nach dem Westfälischen Frieden von 1648 sollen es noch acht gewesen sein.[288]

285 L. Hellwig, Das Benedictinerkloster und die ersten 125 Jahre des Bisthums und Prämonstratenser Domcapitels Ratzeburg, in: AVGL 7 (1903), 9, 16; G. M. C. Masch, Geschichte, 42, 45, 72, 129f., 147, 209; H. Bernhöft, Domstift, 2; E. Bünz/K. Hillebrand, Ratzeburg. Domstift S. Maria, S. Johannes Evangelist, in: W. Huschner/E. Münch/C. Neustadt/W. E. Wagner, Klosterbuch I, 662; E. Bünz/K. Hillebrand, Ratzeburg – Prämonstratenser/Domkapitel, in: O. Auge/K. Hillebrand, Klosterbuch, 2.2.3; S. Petersen, Bistum Ratzeburg, in: E. Gatz, Bistümer, 593.

286 H. Bernhöft, Domstift, 2; E. Bünz/K. Hillebrand, Ratzeburg. Domstift S. Maria, S. Johannes Evangelist, in: W. Huschner/E. Münch/C. Neustadt/W. E. Wagner, Klosterbuch I, 656, 662; S. Petersen, Bistum Ratzeburg, in: E. Gatz, Bistümer, 593.

287 G. M. C. Masch, Geschichte, 387–391; H. Bernhöft, Domstift, 2f.; M. Fischer-Hübner, Die Umwandlung des Domstifts Ratzeburg, in: MHFR 22 (1940), 14; E. Bünz/K. Hillebrand, Ratzeburg. Domstift S. Maria, S. Johannes Evangelist, in: W. Huschner/E. Münch/C. Neustadt/W. E. Wagner, Klosterbuch I, 656, 662; E. Bünz/K. Hillebrand, Ratzeburg – Prämonstratenser/Domkapitel, in: O. Auge/K. Hillebrand, Klosterbuch, 2.1.2, 2.2.3.

288 L. Hellwig, Der Dom zu Ratzeburg, in: AVGL 5 (1896), 39–42; G. M. C. Masch, Geschichte, 562f., 669, 704, 723; E. Bünz/K. Hillebrand, Ratzeburg. Domstift S. Maria, S. Johannes Evangelist, in: W. Huschner/E. Münch/C. Neustadt/W. E. Wagner, Klosterbuch I, 657; E. Bünz/K. Hillebrand, Ratzeburg – Prämonstratenser/Domkapitel, in: O. Auge/K. Hillebrand, Klosterbuch, 2.1.3.

Die Führungsstruktur des Domkapitels erfuhr 1504 durch die Transmutation Änderungen. Während das Amt des Dompropstes erhalten blieb, wurde aus dem vormaligen Amt des Priors danach das des Domdechanten. Die Bedeutung der übrigen Ämter lässt sich nur schwer einschätzen. Vor der Transmutation waren vor allem der Kantor, der Thesaurar und der Struktuar von Gewicht, unmittelbar danach der Kantor. Bis ins 17. Jahrhundert konnte sich jedoch offensichtlich allein der Struktuar halten.[289]

Regensburg

Das Regensburger Domkapitel verfügte einst angeblich über 40 Kanonikalpräbenden.[290] 1493 waren davon noch 35 vorhanden, die jedoch im Laufe des 16. Jahrhunderts maßgeblich reduziert wurden. Zählte man 1571 noch 25 Domherrenstellen, fielen wenig später die Einkünfte einer Präbende der Domfabrik zu. Jedenfalls sind von 1586 an nur mehr 24 Kanonikate belegt. 1571 erfolgte zudem eine Begrenzung der Kapitulare auf 15, wodurch sich damals zehn Domizellarstellen ergaben, durch die bereits erwähnte Maßnahme wenig später nur mehr neun.[291] Keine tatsächliche Auswirkung auf das Domkapitel zeitigte hingegen die 1523 beabsichtigte Einrichtung einer Universitätspräbende für einen Professor der Theologischen Fakultät der Universität Ingolstadt.[292]

Der Dompropst und der Domdechant führten als Dignitäre die Hierarchie des Domkapitels an, während der Kustos und der Scholaster als Inhaber der Personate von Bedeutung waren.[293]

---

289 L. Hellwig, Das Benedictinerkloster und die ersten 125 Jahre des Bisthums und Prämonstratenser Domcapitels Ratzeburg, in: AVGL 7 (1903), 17; H. Bernhöft, Domstift, 12f., 15f.; L. Hellwig, Der Dom zu Ratzeburg, in: AVGL 5 (1896), 40–42; G. M. C. Masch, Geschichte, 387, 389, 562f., 704; E. Bünz/K. Hillebrand, Ratzeburg. Domstift S. Maria, S. Johannes Evangelist, in: W. Huschner/E. Münch/C. Neustadt/W. E. Wagner, Klosterbuch I, 659–661; E. Bünz/K. Hillebrand, Ratzeburg – Prämonstratenser/Domkapitel, in: O. Auge/K. Hillebrand, Klosterbuch, 2.2.3; S. Petersen, Bistum Ratzeburg, in: E. Gatz, Bistümer, 593f.

290 A. Mayer, Statuta nova et novissima venerabilis Capituli cathedralis ecclesiae Ratisbonensis, in: A. Mayer, Thesaurus IV, 35.

291 A. Mayer, Statuta ecclesiae cathedralis Ratisponensis, in: A. Mayer, Thesaurus III, 24; A. Mayer, Statuta nova et novissima venerabilis Capituli cathedralis ecclesiae Ratisbonensis, in: A. Mayer, Thesaurus IV, 22, 25, 28; P. Hersche, Domkapitel I, 156.

292 H. Wagner, Domkapitel, 85.

293 J. Gruber, Das Regensburger Domkapitel zur Zeit des Domherrn Konrad von Megenberg (1348–1374), in: P. Mai, Konrad, 48; A. Mayer, Statuta ecclesiae cathedralis Ratisponensis, in: A. Mayer, Thesaurus III, 17; P. Hersche, Domkapitel I, 156; Beschreibung einiger deutscher Domkapitel, 49 (HHStA Hs B 182).

Salzburg

Das Salzburger Domkapitel zählte zumindest zur Mitte des 14. Jahrhunderts 24 Kanonikate. Rekrutierungsschwierigkeiten führten allerdings dazu, dass von diesem Zeitpunkt an die tatsächliche Zahl der Domherren bis auf weniger als zehn herabsank. Zählte man 1514 lediglich neun Domherren, so wurde die Vollzahl der Mitglieder in den ersten Jahren nach der Aufhebung des Ordensstandes rasch erreicht.[294] Das Verhältnis zwischen Kapitularen und Domizellaren war nicht ausdrücklich festgelegt. Ein 1569 geäußerter Vorschlag Erzbischof Johann Jakob von Khuens, die Anzahl der Kapitulare zu deren Einkommensverbesserung auf 16 herabzusetzen, fand keine Unterstützung.[295] Auch die diesmal vom Domkapitel ebenfalls aus wirtschaftlichen Gründen in den Jahren 1619 bis 1625 verfolgte Absicht, die Zahl der Kapitulare auf 15 zu beschränken, gelangte letztlich nicht zur Umsetzung.[296] Ohne jede tatsächliche Auswirkung auf das Domkapitel blieb auch die 1523 beabsichtigte Einrichtung einer Universitätspräbende für einen Professor der Theologischen Fakultät der Universität Ingolstadt.[297]

Die 1515 vorgenommene Transmutation des Domkapitels in eine weltgeistliche Einrichtung veränderte die eigentliche Führungsstruktur nicht. Die Dompropstei und die Domdechantei blieben als Dignitäten unverändert erhalten, während mehrere unbedeutendere Ämter verschwanden. Als Personat kann wohl allein die Scholasterie angesehen werden.[298]

Samland

Zum Zeitpunkt seiner tatsächlichen Gründung im Jahr 1294 gehörten sechs Domherren zum Samländischen Domkapitel.[299] Diese Zahl stieg in der ersten Hälfte des 14.

---

294 H. Klein, Standesverhältnisse, 1–3, 6f.; H. Wagner, Domkapitel, 3, 5f., 24, 31f.; H. Wagner/H. Klein, Salzburgs Domherren von 1300 bis 1514, in: MGSL 92 (1952), 4–6; H. Dopsch, Das Domstift Salzburg von den Anfängen bis zur Säkularisation (1514), in: D. Straub, Jahre, 173, 175, 184; P. F. Kramml, Dr. Ruprecht Rindsmaul (†1508), Kanzler Erzherzog Sigmunds von Österreich. Notizen zum Salzburger Domkapitel vor der Säkularisation, in: SA 2 (1986), 117; J. Hirnsperger, Statuten, 21, 27.

295 J. P. J. N. Faber, Anni, 59; J. Hirnsperger, Statuten, 83; M. J. Thaler, Domkapitel, 17.

296 J. Hirnsperger, Statuten, 171–175; M. J. Thaler, Domkapitel, 55.

297 H. Wagner, Domkapitel, 85.

298 H. Wagner/H. Klein, Salzburgs Domherren von 1300 bis 1514, in: MGSL 92 (1952), 6–10; H. Wagner, Domkapitel, 6, 8–12, 32, 35, 38–44; H. Dopsch, Das Domstift Salzburg von den Anfängen bis zur Säkularisation (1514), in: D. Straub, Jahre, 176f.; J. Hirnsperger, Statuten, 22f., 33; M. J. Thaler, Domkapitel, 17, 21, 28, 31, 34; P. Hersche, Domkapitel I, 161; Beschreibung einiger deutscher Domkapitel, 13 (HHStA Hs B 182).

299 C. P. Woelky, Urkundenbuch I, 66f.; R. Biskup, Domkapitel, 67, 92–94; R. Biskup, Początki, organizacja i uposażenie sambijskiej kapituły katedralnej w średniowieczu (XIII–XIV wiek), in: SE 2 (2000), 25, 28, 32f., 55–59; H. Schlegelberger,

Jahrhunderts auf bis etwa zehn an. Seit den Sechzigerjahren desselben Jahrhunderts begann jedoch eine gegenteilige Entwicklung, die bis über die Mitte des 15. Jahrhunderts anhielt.[300] Eine neuerliche Wachstumsbewegung erhöhte den Personalstand im ausgehenden 15. und beginnenden 16. Jahrhundert wieder auf zehn Domherren. Allerdings hielten diese Verhältnisse nur kurz an. Nach 1516 sank die Zahl der Domherren wieder, 1525 waren es schließlich noch sechs.[301]

Die Hierarchie des Domkapitels war von der Regel des Deutschen Ordens geprägt. Diese sah eine jährliche Neuvergabe der Ämter vor, die jedoch durchaus auch länger in der Hand derselben Personen bleiben konnten. Als Dignitäten galten dabei die Dompropstei und die Domdechantei. Dazu kamen die Kustorei und die Scholasterie. Für diese beiden Stellungen ist eine Präzedenz nicht nachweisbar. Die letzten Spuren für den Bestand der Scholasterie finden sich zudem im 15. Jahrhundert. Eine Kantorei gab es nie.[302]

St. Pölten

Für das 1785 kirchenrechtlich ins Leben gerufene St. Pöltner Domkapitel waren sieben Kapitulare vorgesehen. Dieser Mitgliederstand blieb im Untersuchungszeitraum unverändert erhalten.[303]

Zugleich mit der Gründung kam es zur Errichtung von drei Dignitäten, der Dompropstei, der Domdechantei und der Kustorei. Kaiser Joseph II. veranlasste bereits 1788, nach dem Tod des ersten Amtsinhabers die Dignität der Kustorei durch jene der Scholasterie zu ersetzen, was schließlich 1790 auch erfolgte.[304]

Studien über die Verwaltungsorganisation des Bistums Samland im Mittelalter, in: R. Biskup/M. Glauert, Domkapitel, 95; A. Radzimiński, Kirche, 81.

300 R. Biskup, Domkapitel, 94–97, 99f.; H. Schlegelberger, Studien über die Verwaltungsorganisation des Bistums Samland im Mittelalter, in: R. Biskup/M. Glauert, Domkapitel, 96; A. Radzimiński, Kirche, 81.

301 R. Biskup, Domkapitel, 101–103.

302 R. Biskup, Początki, organizacja i uposażenie sambijskiej kapituły katedralnej w średniowieczu (XIII–XIV wiek), in: SE 2 (2000), 32–34, 40f., 43, 45–47, 49; R. Biskup, Domkapitel, 138–140, 145, 159, 169, 173, 176; H. Schlegelberger, Studien über die Verwaltungsorganisation des Bistums Samland im Mittelalter, in: R. Biskup/M. Glauert, Domkapitel, 98–101; C. P. Woelky, Urkundenbuch I, 314f.; A. Radzimiński, Kirche, 81f., 84f.

303 A. Kerschbaumer, Geschichte II, 4, 18, 160, 256f., 701; G. Niemetz, Das Ende des Bistums Wiener Neustadt und die Folgen für die Seelsorge in der Stadt, in: UH 58 (1987), 328.

304 A. Kerschbaumer, Geschichte II, 12, 18, 160–163, 701; G. A. Huller, Persönlichkeit, 73.

Schleswig

Den Kern des Schleswiger Domkapitels bildeten acht Domherren. Ein nicht eindeutig zu bestimmender König von Dänemark, möglicherweise Waldemar I. um 1170, sorgte für ihre Ausstattung mit entsprechenden Minorpräbenden.[305] Vermutlich im 13., spätestens aber bis in die Mitte des 14. Jahrhunderts kamen 16 Maiorpräbenden dazu, sodass das Domkapitel nun 24 Mitglieder umfasste.[306] Kurz nach der Gründung der Universität Kopenhagen 1479 wird ihr 1482 von Papst Sixtus IV. eine der Maiorpräbenden zur Vergabe überlassen, mit der einer ihrer Doktoren oder Magister zu betrauen war.[307] Das 16. Jahrhundert war von einem steten personellen Rückgang geprägt, da die Präbenden teilweise säkularisiert beziehungsweise anderen Verwendungszwecken zugeführt wurden. 1533 verfügte das Domkapitel deshalb nur mehr über elf Kanoniker, während man 1541/42 beschloss, die Zahl der Kanoniker dauerhaft auf acht festzusetzen, alles Kapitulare.[308] Die damals getroffene Verfügung, gemäß der die drei Oberlehrer der Trivialschule Schleswig mit Präbenden des Domkapitels zu besolden waren, hielt sich nur kurz.[309]

Das Domkapitel zählte bis zur Neuordnung der Jahre 1541/42 drei Dignitäten, die Dompropstei, das Archidiakonat und den Kantor, danach ging die Dompropstei verloren. An Personaten bestanden das Thesaurariat und das Struktuariat. Ersteres war zumindest im 17. Jahrhundert im Besitz des Archidiakons.[310]

---

305 L. Helveg, Domkapitler, 13f.; K. Harms, Domkapitel, 2f., 14; H. N. A. Jensen, Geschichte des Schleswiger Domcapitels besonders nach der Reformation, in: ASKGS 2 (1834), 456; W. W. Rausch/P. Nawrocki, Schleswig – Domkanoniker, in: O. Auge/K. Hillebrand, Klosterbuch, 2.3.1; C. Radtke, Bistum Schleswig, in: E. Gatz, Bistümer, 665.

306 L. Helveg, Domkapitler, 13, 15, 33; K. Harms, Domkapitel, 4, 14f., 32f.; H. N. A. Jensen, Geschichte des Schleswiger Domcapitels besonders nach der Reformation, in: ASKGS 2 (1834), 456; W. W. Rausch/P. Nawrocki, Schleswig – Domkanoniker, in: O. Auge/K. Hillebrand, Klosterbuch, 2.2.3.

307 A. Krarup/J. Lindbæk, Acta IV, 252; K. Harms, Domkapitel, 25f.

308 H. N. A. Jensen, Geschichte des Schleswiger Domcapitels besonders nach der Reformation, in: ASKGS 2 (1834), 466–468, 479f., 483; K. Harms, Domkapitel, 33; C. Radtke, Bistum Schleswig, in: E. Gatz, Bistümer, 665.

309 K.-P. Reumann, Grundherrschaft, 30.

310 K. Harms, Domkapitel, 4, 46, 56, 61, 63, 69, 76; L. Helveg, Domkapitler, 28; H. N. A. Jensen, Geschichte des Schleswiger Domcapitels besonders nach der Reformation, in: ASKGS 2 (1834), 458–461, 470; K.-P. Reumann, Grundherrschaft, 31, 57; A. L. J. Michelsen, Kirchengeschichte II, 27f.; W. W. Rausch/P. Nawrocki, Schleswig – Domkanoniker, in: O. Auge/K. Hillebrand, Klosterbuch, 2.2.3; C. Radtke, Bistum Schleswig, in: E. Gatz, Bistümer, 665.

Schwerin

Das Schweriner Domkapitel entwickelte sich aus zehn von Herzog Heinrich III. von Sachsen 1171 dotierten Präbenden.[311] Darüber hinaus kam es im Laufe des 13. Jahrhunderts zu einer Vielzahl weiterer Kanonikatsstiftungen. Am Ende des zweiten Drittels des 14. Jahrhunderts umfasste das Domkapitel somit 34 Präbenden, die sich in 24 Maior- und zehn Minorpräbenden aufteilten.[312] Allerdings lässt sich der Umfang der aus dem Besitz der einzelnen Kanonikate erwachsenen Kapitelrechte nicht mehr bestimmen.[313] Das 16. Jahrhundert brachte eine deutliche Abnahme der Mitglieder. 1553 verfügte die Institution noch über 13 Kanonikate. Für 1573 sind hingegen nur mehr drei Integraten und vier Semiintegraten bezeugt, dazu zwölf Immatrikulierte als Exspektanten. Deren Zahl nahm in späterer Zeit noch zu. Die Zahl der Kapitulare pendelte sich in der Folgezeit auf sechs ein.[314] 1612 unternahm das Domkapitel einen Versuch, der eingetretenen Entwicklung entgegenzuarbeiten. Das sechste Kanonikat wurde unter zwei Inhabern geteilt, womit neben fünf residierenden Kapitularen zwei sogenannte Minorkapitulare ohne Residenzpflicht vorhanden waren. Trotzdem vereitelten anhaltende wirtschaftliche Schwierigkeiten die Bemühungen des Domkapitels. Im zweiten Drittel des 17. Jahrhunderts ging die Zahl der Domherren weiter zurück. 1650 gab es daher nur noch fünf Domherren.[315]

An der Spitze des Domkapitels standen die Dignitäten der Dompropstei und der Domdechantei. An Personaten verfügte man über die Kantorei, das Thesaurariat und die Scholasterie. Der fortschreitende personelle Verfall des Domkapitels in protestantischer Zeit erfasste auch die Ämter. So blieb etwa die Stelle des Dompropstes von 1637 an vakant.[316]

---

311 M. Kaluza-Baumrucker, Domkapitel, 27f., 30, 33–35; A. Röpcke/E. Badstübner/C. Neustadt, Schwerin. Domstift S. Maria, S. Johannes Evangelist, in: W. Huschner/E. Münch/C. Neustadt/W. E. Wagner, Klosterbuch II, 1021; J. E. Westphalen, Monumenta II, 1976f.

312 M. Kaluza-Baumrucker, Domkapitel, 27–38; A. Röpcke/E. Badstübner/C. Neustadt, Schwerin. Domstift S. Maria, S. Johannes Evangelist, in: W. Huschner/E. Münch/C. Neustadt/W. E. Wagner, Klosterbuch II, 1023f., 1026, 1030, 1034f.; A. Röpcke, Über historische Nachbarschaft: Das Schweriner und das Lübecker Domkapitel im Spätmittelalter (1350–1500), in: MJB 129 (2014), 8.

313 M. Kaluza-Baumrucker, Domkapitel, 35.

314 F. Schildt, Das Bisthum Schwerin in der evangelischen Zeit II, in: MJB 49 (1884), 220, 223f., 226, 250; A. Röpcke/E. Badstübner/C. Neustadt, Schwerin. Domstift S. Maria, S. Johannes Evangelist, in: W. Huschner/E. Münch/C. Neustadt/W. E. Wagner, Klosterbuch II, 1027, 1031.

315 F. Schildt, Das Bisthum Schwerin in der evangelischen Zeit II, in: MJB 49 (1884), 226f., 233f.; A. Röpcke/E. Badstübner/C. Neustadt, Schwerin. Domstift S. Maria, S. Johannes Evangelist, in: W. Huschner/E. Münch/C. Neustadt/W. E. Wagner, Klosterbuch II, 1027.

316 M. Kaluza-Baumrucker, Domkapitel, 53; F. Schildt, Das Bisthum Schwerin in der evangelischen Zeit II, in: MJB 49 (1884), 220, 224–227, 232; A. Röpcke/

Seckau

Die personelle Zusammensetzung des Seckauer Domkapitels unterlag großen Schwankungen. Von zunächst sechs Stiftsmitgliedern bei der Gründung des Klosters 1140 wuchs die Zahl nach dem Aufstieg zum Domkapitel bis ins 15. Jahrhundert auf zehn bis zwölf Kanoniker an. Von 21 Stiftsherren 1528 gab es allerdings im 16. Jahrhundert zahlenmäßig einen Rückgang. An der Wende vom 17. zum 18. Jahrhundert zählte man dann knapp 30 Kapitulare. Bei der Aufhebung 1782 waren es 29 Kapitulare und zwei andere Geistliche.[317]

Neben den beiden Dignitäten der Dompropstei und der Domdechantei zählten die Kustorei und die Scholasterie als Personate. Letztere wurde nach mittelalterlichen Wurzeln 1613 wieder neu eingerichtet.[318]

Sitten

Das Sittner Domkapitel verfügte 1275 über einen Personalstand von 16 Domherren.[319] Die folgenden Jahrhunderte brachten zuerst einen steten Anstieg der Präbenden. 1320 waren es 25, in den Sechziger- und Siebzigerjahren des 14. Jahrhunderts 31, 1420 schließlich als Höchststand 35. Trotz der wachsenden Zahl an Präbenden zählte das Domkapitel im Mittelalter aber nie mehr als 25 tatsächliche Mitglieder. Dieser personelle Umfang ist auch für das ausgehende 15. und das erste Viertel des 16. Jahrhunderts gesichert. Damals waren 21 Kapitulare der Kirche auf dem Hügel Valeria und vier der Kathedrale in der Stadt zugehörig. Erstere zerfielen in drei Siebenergruppen für Priester, Diakone und Subdiakone. Letztere mussten Priester sein.[320] Nuntius Girolamo Principe Farnese verfügte 1642 anlässlich einer Visitation, dass dem Domkapitel in Zukunft je zwölf residierende und nicht residierende

---

E. Badstübner/C. Neustadt, Schwerin. Domstift S. Maria, S. Johannes Evangelist, in: W. Huschner/E. Münch/C. Neustadt/W. E. Wagner, Klosterbuch II, 1028f.; A. Rische, Verzeichnis, 4–6.

317 O. Rommel, Domkapitel, 5, 31, 88, 96; B. Roth, Seckau, 342, 346; B. Roth, Stift Seckau, in: B. Roth, Seckau Dom, 45, 55; L. Leonard, Aufhebungsgeschichte des regulirten Domstiftes Seckau, in: SMGB 10 (1889), 275f.

318 O. Rommel, Domkapitel, 60f., 90, 93f.; L. Leonard, Aufhebungsgeschichte des regulirten Domstiftes Seckau, in: SMGB 10 (1889), 275f.

319 H. A. Roten, Zur Zusammensetzung des Domkapitels von Sitten im Mittelalter I, in: Vallesia 1 (1946), 44; F. Vannotti/G. Zenhäuser, Das Domkapitel. Einleitung, in: P. Braun/B. Degler-Spengler/E. Gilomen-Schenkel, Bistum, 369.

320 H. A. Roten, Zur Zusammensetzung des Domkapitels von Sitten im Mittelalter I, in: Vallesia 1 (1946), 44; F. Vannotti/G. Zenhäuser, Das Domkapitel. Einleitung, in: P. Braun/B. Degler-Spengler/E. Gilomen-Schenkel, Bistum, 369; D. Imesch, Das Domkapitel von Sitten zur Zeit des Kardinals M. Schiner, in: BWG 6/I (1921), 5f.; F. Vannotti, Chapitre, 24.

Domherren angehören sollten, wobei den Forensen keinerlei Mitwirkungsrechte im Kapitel zukamen.[321]

An Dignitären kannte man im Domkapitel den Dekan von Sitten oder Großdekan, den Dekan von Valeria oder Klein- beziehungsweise Welschdekan, den Sakristan und den Kantor. Dabei hatte bis gegen Ende des ersten Drittels des 15. Jahrhunderts der Dekan von Valeria die erste Stelle im Kapitel inne, ehe ihn der Dekan von Sitten ablöste.[322]

Speyer

Für das Speyerer Domkapitel lassen sich 1220 24 Domherren namentlich nachweisen. 1273 bestanden zwar 40 Präbenden, allerdings gingen acht davon an nicht zum eigentlichen Kapitel gehörige Priester, die sechs Sexpräbendare und die vier Semipräbendare. Da zudem Domdechant und Scholaster jeweils zwei Präbenden erhielten, gab es 30 tatsächliche Kanonikate.[323] Die Schaffung einer Prädikatorenstelle 1410 führte mittelbar zur Abtretung einer weiteren Präbende an einen kapitelsfremden Kleriker, weil seit 1466 das Amt nicht mehr mit einem Domherrn besetzt wurde.[324] Der letzte Verlust einer Domherrenstelle ergab sich 1547 durch die Ablösung des seit 1398 bestehenden Universitätskanonikats. Die im genannten Zeitraum der Universität Heidelberg zur Besoldung eines Professors der Juridischen Fakultät überlassene Präbende wurde damals gegen die Zahlung einer fixen Summe abgelöst.[325] Als letzte Maßnahme

---

321 F. Vannotti/G. Zenhäuser, Das Domkapitel. Einleitung, in: P. Braun/B. Degler-Spengler/E. Gilomen-Schenkel, Bistum, 388; H. A. Roten, Zur Zusammensetzung des Domkapitels von Sitten im Mittelalter I, in: Vallesia 1 (1946), 44.

322 D. Imesch, Die Würden und Würdenträger des Domkapitels von Sitten, in: BWG 8/III–V (1938), 287, 312, 333–339, 343, 368, 371; F. Vannotti/G. Zenhäuser, Das Domkapitel. Einleitung, in: P. Braun/B. Degler-Spengler/E. Gilomen-Schenkel, Bistum, 371–374; F. Vannotti, Chapitre, 19–22; H. A. Roten, Zur Zusammensetzung des Domkapitels von Sitten im Mittelalter I, in: Vallesia 1 (1946), 44; D. Imesch, Das Domkapitel von Sitten zur Zeit des Kardinals M. Schiner, in: BWG 6/I (1921), 5, 23f.

323 L. G. Duggan, Bishop, 44f., 189; A. Gnann, Beiträge, 50, 52f., 189; F. X. Glasschröder, Zur Frühgeschichte des alten Speierer Domkapitels, in: ZGO 85 (1933), 496; H. Hartmann, Die Domherren der zweiten Hälfte des 15. Jahrhunderts in Mainz, Worms und Speyer, in: MZ 70 (1975), 150; T. Kaul, Der Klerus des Domstiftes von Speyer im Jahre 1542, in: AmrhKG 7 (1955), 134.

324 H. Hartmann, Die Domherren der zweiten Hälfte des 15. Jahrhunderts in Mainz, Worms und Speyer, in: MZ 70 (1975), 150, 155; T. Kaul, Der Klerus des Domstiftes von Speyer im Jahre 1542, in: AmrhKG 7 (1955), 114, 116–132.

325 G. Fouquet, Domkapitel, 41, 147, 561f.; H. Hartmann, Die Domherren der zweiten Hälfte des 15. Jahrhunderts in Mainz, Worms und Speyer, in: MZ 70 (1975), 155; N. Eisele, Domkapitel, 216.

hinsichtlich der personellen Verfassung des Domkapitels wurde 1575 die Zahl der Kapitulare auf höchstens 15 festgesetzt. Daneben blieben noch 13 Domizellarstellen.[326]

Die wichtigsten Kapitelämter bildeten die beiden Dignitäten der Dompropstei und der Domdechantei, gefolgt von den Personaten der Scholasterie, der Kantorei und der Kustorei. Der Dompropst stand allerdings seit dem Spätmittelalter wirtschaftlich und rechtlich getrennt vom Domkapitel.[327]

Straßburg

Seit der Mitte des 15. Jahrhunderts umfasste das Straßburger Domkapitel unüberschreitbar 24 Mitglieder. In den vorausgegangenen Jahrhunderten dagegen war der Personalstand noch größeren Veränderungen unterworfen gewesen. Gegen Ende des 11. Jahrhunderts sind 36 Domherren bezeugt, in der zweiten Hälfte des 13. Jahrhunderts gar bis zu 50. Das 14. Jahrhundert brachte schließlich einen schrittweisen Rückgang auf letztlich verbindlich 24 Kanoniker.[328] Die um die Mitte des 16. Jahrhunderts von König Ferdinand I. erwogene Einführung eines Universitätskanonikats zugunsten eines Professors der Theologischen Fakultät der Universität Freiburg im Breisgau wusste das Domkapitel zu verhindern.[329] Im 17. Jahrhundert sicherte zwar der Hagenauer Vertrag für die Jahre von 1604 bis 1627 acht protestantischen Domherren den Weiterbesitz ihrer Kanonikate zu, sich dauerhaft eine fixe Zahl an Domherrenstellen zu sichern, wurde den Protestanten hingegen verwehrt. Allerdings sprach man 1648 im Westfälischen Frieden den protestantischen Häusern Braunschweig-Lüneburg und Mecklenburg-Schwerin je zwei Kanonikate des Straßburger Domkapitels zu, im ersten Fall personenbezogen, im zweiten Fall erblich. Alle Inhaber dieser Kanonikate bezogen lediglich die Einkünfte und genossen darüber hinaus keine Rechte. 1687 erklärte schließlich der Oberste Gerichtshof des Elsass die Ansprüche der Häuser Braunschweig-Lüneburg und Mecklenburg-Schwerin auf je zwei Kanonikate für erloschen. Gegenteilige Proteste der Betroffenen fanden keine

---

326 G. Fouquet, Domkapitel, 33; H. Hartmann, Die Domherren der zweiten Hälfte des 15. Jahrhunderts in Mainz, Worms und Speyer, in: MZ 70 (1975), 151; P. Hersche, Domkapitel I, 165; J. P. J. N. Faber, Anni, 55f.; Beschreibung einiger deutscher Domkapitel, 26 (HHStA Hs B 182).

327 G. Fouquet, Domkapitel, 33, 37, 52f., 297; H. Hartmann, Die Domherren der zweiten Hälfte des 15. Jahrhunderts in Mainz, Worms und Speyer, in: MZ 70 (1975), 150; T. Kaul, Der Klerus des Domstiftes von Speyer im Jahre 1542, in: AmrhKG 7 (1955), 116–120; P. Hersche, Domkapitel I, 165; Beschreibung einiger deutscher Domkapitel, 29f. (HHStA Hs B 182).

328 R. P. Levresse, Prosophographie du chapitre de l'église cathédrale de Strasbourg de 1092 à 1593, in: AEA 18 (1970), 2, 6–27; J. Rott, Histoire I, 5, 8f.; J. Rott, Histoire II, 123–125; R. Metz, Le Grand Chapitre de la cathédrale de Strasbourg et la défense de ses droits à l'encontre des prétentions du pape aux XVIe et XVIIe siècles, in: BCS 15 (1982), 69.

329 N. Eisele, Domkapitel, 216.

Beachtung.[330] Mittlerweile war 1650 die nächste für die personelle Zusammensetzung relevante Entscheidung gefallen. Aus wirtschaftlichen Gründen fixierte man das Verhältnis zwischen Kapitularen und Domizellaren auf je zwölf Domherren.[331] Eine neuerliche interne Festschreibung erfolgte 1687, als man die Zuteilung der Kanonikate an Deutsche und Franzosen vornahm. Nach Überlegungen, die auf eine paritätische Verteilung abzielten, erhielten Erstere schließlich 16 Domherrenstellen, Letztere acht, jeweils zur Hälfte Kapitular- und Domizellarstellen. Der im Zuge dieser Maßnahmen von Bischof Wilhelm Egon Graf von Fürstenberg unterbreitete Vorschlag, zusätzlich sechs graduierte Priesterkanoniker einzuführen, wurde nicht ernsthaft verfolgt. Auch die tatsächliche Umsetzung des Nationalitätenschlüssels ging nur sehr schleppend voran und konnte erst nach einer 1713 zugebilligten Aufweichung der Adelsprobe für Franzosen verwirklicht werden.[332]

Neben den beiden Dignitäten der Dompropstei und der Domdechantei gehörten zum Domkapitel drei Personate, nämlich die Kustorei, die Scholasterie und die Kämmerei. Das Personat der Kantorei wurde bereits Mitte des 16. Jahrhunderts supprimiert. Die im späten 17. Jahrhundert aufkommende Überlegung, mit der Vizedechantei ein neues Amt zu schaffen, gelangte letztlich nicht zur Umsetzung. Nach der Festschreibung des Jahres 1687 musste der Dompropst grundsätzlich, der Domdechant vorzugsweise dem französischen Teil des Domkapitels zugehörig sein. Die Inhaber der Personate konnten hingegen gleichermaßen Deutsche und Franzosen sein, wobei diesbezüglich die deutschen Domherren bei Weitem überwogen.[333]

---

330 J. Adam, Kirchengeschichte, 314, 405, 423; J. Schmidlin, Restauration, 25f., 35f.; B. Xibaut, Chapitre, 8, 29, 77, 83; E. Wolgast, Hochstift, 296f.; J.-M. Thiriet, Grand-Chapitre, 13f.; C. G. Gumpelzhaimer, Religions-Geschichte, 26–28, 30–32, 40–44, 58, 64; B. Braun, Die gemischtkonfessionellen Domkapitel im Reich nach dem Westfälischen Frieden, in: C. Roll/F. Pohle/M. Myrczek, Grenzen, 172; A. Oschmann, Acta III B 1/1, 141, 145.

331 R. Metz, Les facilités d'accès au Grand-Chapitre de Strasbourg octroyeés aux Français en 1687. Les divers projets de nouveaux statuts, in: CAAAH 32 (1989), 301; R. Metz, L'accès des Français au Grand-Chapitre de la Cathédrale à partir de 1713. L'adoucissement des preuves de noblesse, in: BCS 19 (1990), 61, 65; B. Xibaut, Chapitre, 8, 28.

332 R. Metz, Les facilités d'accès au Grand-Chapitre de Strasbourg octroyeés aux Français en 1687. Les divers projets de nouveaux statuts, in: CAAAH 32 (1989), 303–308; R. Metz, L'accès des Français au Grand-Chapitre de la Cathédrale à partir de 1713. L'adoucissement des preuves de noblesse, in: BCS 19 (1990), 61–63, 65f., 71, 73f.; J.-M. Thiriet, Grand-Chapitre, 13, 17f.; B. Xibaut, Chapitre, 8, 29f.; P. Kirsch, Group, 4f., 8–10.

333 P. Lorentz, Chanoines, 58; B. Xibaut, Chapitre, 33f.; A. Schulte, Aus dem Leben des Straßburger Domkapitels 1150–1332, in: ELJb 6 (1927), 44f.; J. Rott, Histoire I, 23–28; A. Meister, Kapitelstreit, 38f.; R. Metz, Le Grand Chapitre de la cathédrale de Strasbourg et la défense de ses droits à l'encontre des prétentions du pape aux XVIe et XVIIe siècles, in: BCS 15 (1982), 70; R. Metz, Les facilités d'accès au Grand-Chapitre de Strasbourg octroyeés aux Français en 1687. Les divers projets

Toul

Eine erste zahlenmäßige Festlegung der Kanoniker des Touler Domkapitels traf bereits Kaiser Karl III. 885. Die damals bestimmte Zahl von 60 Domherren blieb bis ins 13. Jahrhundert unverändert, sank dann aber bis 1220 auf 50.[334] Die Zuschreibung einzelner Präbenden an sonstige kirchliche Verwendungszwecke hielt auch danach weiter an, sodass die Zahl der Kanoniker 1497 noch 39 betrug.[335] 1566 supprimiert Papst Pius V. eine weitere Präbende, um damit den Unterhalt eines Theologen sicherzustellen. Bis spätestens 1707 ging noch eine Domherrenstelle unter, womit das Domkapitel im 18. Jahrhundert 37 Mitglieder zählte.[336] Eine ausdrückliche Festlegung des Verhältnisses zwischen Kapitularen und Domizellaren wurde nie vorgenommen. Allerdings verfügte König Ludwig XVI. von Frankreich 1776, dass das Domkapitel künftig zehn Kanonikate Doktoren oder Lizenziaten der Theologie oder der Rechtswissenschaften vorbehalten sollte.[337]

Die Gruppe der Dignitäre setzte sich zusammen aus dem Domdechanten, dem Großarchidiakon, den fünf Archidiakonen von Ligny, Port, Reynel, Vittel und der Vôge, dem Kantor, dem Thesaurar und dem Scholaster. Das ursprünglich erste Amt des Domkapitels, das Primizeriat, war bereits 1123/24 supprimiert worden.[338]

Trient

Nach einem raschen Anwachsen des Personalstandes im Laufe des ersten Drittels des 13. Jahrhunderts umfasste das Trientner Domkapitel seit der Neuregelung der Präbendeneinteilung 1242 27 Kanoniker.[339] 1396 beschloss das Domkapitel, die Zahl seiner Mitglieder aus wirtschaftlichen Gründen auf 18 herabzusetzen. Papst Bonifaz

---

de nouveaux statuts, in: CAAAH 32 (1989), 303f.; J.-M. Thiriet, Grand-Chapitre, 30–33; P. Kirsch, Group, 6; P. Hersche, Domkapitel I, 170; Beschreibung einiger deutscher Domkapitel, 32 (HHStA Hs B 182).

334 G. Bönnen, Bischofsstadt, 102, 228, 368; E. Martin, Le Chapitre de Toul aux XIVe et XVe siècles, in: SRHLL 33 (1896), 397; L. Demael, Chapitre, 14; E. Martin, Histoire I, 492f.

335 E. Martin, Le Chapitre de Toul aux XIVe et XVe siècles, in: SRHLL 33 (1896), 397; E. Martin, Histoire I, 493; G. Cabourdin, Le chapitre cathédral au XVIème siècle, in: ET 27 (1982), 50; L. Demael, Chapitre, 14.

336 E. Martin, Histoire I, 493; E. Martin, Histoire II, 333f.; M.-T. Maujean, Le Chapitre de la Cathédrale de Toul à la fin du Moyen Age, in: AEst 2 (1951), 250; L. Demael, Chapitre, 14; N. Gabrielly, France, 208f.

337 E. Martin, Histoire II, 631.

338 E. Martin, Histoire I, 237, 495f., 498; E. Martin, Histoire II, 333; E. Martin, Le Chapitre de Toul aux XIVe et XVe siècles, in: SRHLL 33 (1896), 413–415; G. Cabourdin, Le chapitre cathédral au XVIème siècle, in: ET 27 (1982), 49; L. Demael, Chapitre, 14, 17, 19f., 22; N. Gabrielly, France, 208; H.-G. Duchesne, France, 273.

339 L. Santifaller, Urkunden I, 37f.; E. Curzel, Canonici, 93, 279f., 290–292; H. Voltelini, Beiträge zur Geschichte Tirols, in: ZFTV 3/33 (1889), 42, 51f., 57f.; L. Santifaller,

IX. bestätigte diese Maßnahme im Jahr darauf. Zu einer Vorschrift über die Anzahl der Kapitulare und Domizellare kam es nicht.[340] Jedoch versuchte man seit dem letzten Drittel des 15. Jahrhunderts, das Nationalitätenverhältnis im Domkapitel verbindlich festzulegen. Nachdem eine entsprechende Bulle Papst Sixtus' IV. aus dem Jahr 1474 nicht expediert worden war, verfügte Papst Clemens VII. 1532, dass zwei Drittel der Kanonikate mit Deutschen besetzt werden sollten. Das verbleibende Drittel sollte Italienern und Angehörigen anderer Nationalitäten gebühren. Obwohl Papst Paul III. 1537 die Bestimmungen mit geringfügigen inhaltlichen Veränderungen bestätigte, fanden sie in der weiteren Praxis so gut wie keine Beachtung. Trotzdem erfuhr die Regelung 1746 durch Papst Benedikt XIV. eine weitere Abwandlung. Statt zwölf Kapitelstellen sollte den österreichischen Untertanen nur mehr zehn verbleiben. Die übrigen acht Domherren sollten Untertanen des Bischofs von Trient sein, darunter zwei aus der Stadt Trient stammende Kleriker.[341]

Vorerst standen die Domdechantei und das Archidiakonat als Dignitäten an der Spitze des Domkapitels. Dazu kam die Scholasterie als Personat. 1425 erfuhr die Rangordnung eine Änderung. Auf Betreiben von Bischof Alexander Herzog von Masowien wurde die Dompropstei als zweite Dignität neu geschaffen und verdrängte das Archidiakonat an die dritte Stelle. Die 1532 von Papst Clemens VII. auf Anregung von Bischof Bernhard von Cles und König Ferdinand I. erlassene Bestimmung, die Vergabe der Domdechantei auf die deutschen Domherren zu beschränken, rief den Widerstand des italienischen Teils des Domkapitels hervor, sodass Papst Paul III. 1537 die Verfügung seines Vorgängers widerrief.[342]

Trientner Domkapitel, 21f.; J. Kögl, Sovranità, 229f.; E. Curzel, Il capitolo della cattedrale di Trento, in: H. Obermair/K. Brandstätter/E. Curzel, Domstifte, 158.

340 E. Curzel, Canonici, 58–60, 180, 240f., 286, 291; E. Curzel, Il capitolo della cattedrale di Trento, in: H. Obermair/K. Brandstätter/E. Curzel, Domstifte, 154; L. Santifaller, Trientner Domkapitel, 22; H. Voltelini, Beiträge zur Geschichte Tirols, in: ZFTV 3/33 (1889), 51, 62; J. Kögl, Sovranità, 230; J. P. J. N. Faber, Anni, 63; C. Donati, Ecclesiastici, 132.

341 L. Santifaller, Urkunden, 389f., 394–396; L. Santifaller, Trientner Domkapitel, 25f.; H. Voltelini, Beiträge zur Geschichte Tirols, in: ZFTV 3/33 (1889), 55–57; J. Kögl, Sovranità, 231–233; E. Curzel, Canonici, 156f., 160, 215f., 228, 231–234, 287; E. Curzel, Il capitolo della cattedrale di Trento, in: H. Obermair/K. Brandstätter/E. Curzel, Domstifte, 160; C. Donati, Ecclesiastici, 56f., 60–63, 129; M. A. Federico, Il capitolo della cattedrale di Trento durante il governo di Carlo Emanuele Madruzzo (1622–1658), in: AISIG 27 (2001), 84.

342 E. Curzel, Canonici, 199, 286f., 317f., 325, 327, 331f.; E. Curzel, Il capitolo della cattedrale di Trento, in: H. Obermair/K. Brandstätter/E. Curzel, Domstifte, 158; C. Donato, Ecclesiastici, 136, 142; H. Voltelini, Beiträge zur Geschichte Tirols, in: ZFTV 3/33 (1889), 43, 46–50, 55f.; J. Kögl, Sovranità, 230–233; L. Santifaller, Trientner Domkapitel, 22f., 26; L. Santifaller, Urkunden I, 320–322, 350–355, 363–368; M. A. Federico, Il capitolo della cattedrale di Trento durante il governo di Carlo Emanuele Madruzzo (1622–1658), in: AISIG 27 (2001), 83–85, 87, 89, 98.

Trier

Das Trierer Domkapitel setzte sich ursprünglich aus 60 Kanonikern zusammen. Deren Zahl wurde vermutlich in der ersten Hälfte des 13. Jahrhunderts auf 40 herabgesetzt. 1445 kam es zur Festlegung auf 16 Kapitulare, ein Zustand, der ebenfalls bereits seit mindestens dem 13. Jahrhundert Beachtung gefunden hatte. Die Anzahl der Domizellare wurde hingegen nicht ausdrücklich fixiert, beschränkte sich aber gewohnheitsrechtlich auf 24.[343] Ein 1449 anlassbezogen gefasster Beschluss, den Mitgliederstand auf 32 zu senken, blieb ohne tatsächliche Auswirkung.[344] Der Versuch von Erzbischof Jakob von Sierck, 1450 eine zusätzliche Kapitularstelle zu schaffen, scheiterte am Widerstand des Domkapitels.[345] Dasselbe Schicksal erlitt Erzbischof Philipp Christoph von Sötern, der 1647 zwei neue Kanonikate für Graduierte stiften wollte.[346] Über Exspektanten verfügte das Domkapitel noch bis ins beginnende 17. Jahrhundert hinein.[347]

Die Gruppe der Dignitäre setzte sich aus sieben Personen zusammen, dem Dompropst, dem Domdechanten sowie den fünf Archidiakonen von Trier, Dietkirchen, Karden, Longuyon und Tholey. Unter den Archidiakonen, die auch als Chorbischöfe bezeichnet wurden, nahm bis 1783 der von Trier als Oberchorbischof den ersten Rang ein, ehe er durch den Archidiakon von Dietkirchen abgelöst und auf den vierten Platz zurückgereiht wurde. Die Kustorei, die Scholasterie und die Kantorei waren Personate. Die Dompropstei stand zeitweise getrennt vom Domkapitel, ehe deren Vergabe an einen Kapitular 1451 zur Pflicht gemacht wurde.[348]

Utrecht

Möglicherweise seit der Mitte des 11. Jahrhunderts gab es im Utrechter Domkapitel eine fixe Zahl an Domherren. An der Wende vom 11. zum 12. Jahrhundert bestanden dort jedenfalls 40 Präbenden, ursprünglich 30 für Kapitulare und zehn für Domizellare. Davon stand allerdings eine dem Bischof beziehungsweise seit 1118 zusätzlich dem Domdechanten, eine zwei Vikaren und eine dem Dormitor zu, womit

343 J. J. Blattau, Dom, 20f., 24–26, 78f., 147; J. J. Blattau, Statuta I, 274, 323; J. J. Blattau, Statuta II, 57, 429f.; J. J. Blattau, Statuta III, 166; W. Kisky, Domkapitel, 158; H. Bastgen, Geschichte, 33–36, 84; S.-M. Dohna, Verhältnisse, 21; R. Holbach, Zu Ergebnissen und Perspektiven neuerer Forschung zu spätmittelalterlichen deutschen Domkapiteln, in: RhVjbll 56 (1992), 157.

344 H. Bastgen, Geschichte, 33, 73.

345 W. Kisky, Domkapitel, 158.

346 W. Kisky, Domkapitel, 18; H. Bastgen, Geschichte, 29.

347 S.-M. Dohna, Verhältnisse, 36.

348 H. Bastgen, Geschichte, 3f., 45, 126, 128, 130, 135, 138–140, 143f., 147–149, 152f.; S.-M. Dohna, Verhältnisse, 22–25; J. J. Blattau, Dom, 21, 72f., 136–139; J. J. Blattau, Statuta II, 426–428; J. J. Blattau, Statuta III, 162f.; W. Kisky, Domkapitel, 158; P. Hersche, Domkapitel I, 180; Beschreibung einiger deutscher Domkapitel, 7 (HHStA Hs B 182).

das Domkapitel einen tatsächlichen Personalstand von 37 Domherren aufwies. Diese unterteilten sich in 28 Kapitulare und 9 Domizellare. Eine zu den 40 Präbenden zusätzlich gestiftete diente der Besoldung der jeweiligen Hebdomadarkanoniker.[349] Im Zuge der Erhebung zum Metropolitankapitel kam es 1560 zu einer Reform des Domkapitels. Von nun an waren neun Kanonikate ausdrücklich Graduierten vorbehalten. Damit war eine Art Kapitel im Kapitel entstanden. Zudem wurde eine Präbende dem jeweiligen Erzbischof zugeschrieben, was sich allerdings nach dem Konfessionswechsel erübrigte.[350] Die 1577 von Erzbischof Friedrich Schenck von Tautenburg dem Domkapitel zugestandene Erlaubnis, vier Präbenden zugunsten der Domfabrik einzuziehen, kam nicht zustande.[351] Auch nach dem Konfessionswechsel behielt man die Zahl der 37 Kanonikate unverändert bei.[352] Wie das Lütticher Domkapitel fiel wohl auch das Utrechter in den Geltungsbereich eines Privilegs, das Papst Leo X. 1513 der Universität Löwen ausstellte. Die dortige Artistische Fakultät kam dadurch in den Genuss von Nominationsrechten, die sie bis zum Konfessionswechsel mehrfach zur Anwendung brachte.[353] Schließlich war es zumindest vor dem Konfessionswechsel üblich, einzelnen Domherren im Bedarfsfall Koadjutoren beizustellen, die nach deren Ausscheiden das frei gewordene Kanonikat übernehmen konnten.[354]

Neben den beiden Dignitäten der Dompropstei und der Domdechantei wies das Domkapitel mit dem Thesaurariat und der Scholasterie auch zwei Personate auf. Letztere war mit der Kantorei verbunden. Der Dompropst stand außerhalb des Kapitels, worin ihn ein vom Domkapitel gewählter Offizial vertrat. In calvinistischer Zeit begannen die Personate schrittweise zu verfallen. So wurde etwa das Thesaurariat von 1603 bis 1618 durch die Stände sequestriert. Auch die Scholasterie war um diese Zeit nicht lückenlos besetzt. Während die Inhaber der Scholasterie bereits im 17. Jahrhundert nicht mehr durchgehend den Domherren entstammten, fand sich unter den Thesauraren ab 1735 kein Kanoniker mehr. Welche Stellung dem Amt des Chorbischofs oder Archisubdiakons innerhalb des Domkapitels zukam, muss offen bleiben. Vermutlich verschwand es mit dem Konfessionswechsel.[355]

---

349 K. Heeringa/T. L. H. van de Sande, Inventaris, 11f., 15f.; K. van Vliet, Kringen, 242f., 339; B. van den Hoven van Genderen, Heren, 171; S. Muller, Rechtsbronnen, 23–25, 121; S. Muller, Rechtsboek, 18, 48, 80, 99, 171f., 226; S. F. C. Moore, Recruitment to the Cathedral chapter of Utrecht 1528–1580, in: H. ten Boom/E. Geudeke/H. L. P. Leeuwenberg/P. H. A. M. Abels, Utrechters, 67.

350 C. P. Hoynck van Papendrecht, Historia, 4, 80–83; G. Brom, Bronnen, 86f.; A. J. van de Ven, Oorsprong, 44.

351 K. Heeringa/T. L. H. van de Sande, Inventaris, 13, 32, 54, 409.

352 K. Heeringa/T. L. H. van de Sande, Inventaris, 16.

353 K. Heeringa/T. L. H. van de Sande, Inventaris, 13, 54.

354 S. F. C. Moore, Recruitment to the Cathedral chapter of Utrecht 1528–1580, in: H. ten Boom/E. Geudeke/H. L. P. Leeuwenberg/P. H. A. M. Abels, Utrechters, 69f.

355 N. N., Utrecht, Provincie, in: J. Kok, Woordenboek XXX, 155–158; K. Heeringa/T. L. H. van de Sande, Inventaris, 373, 406, 409–411, 415; S. Muller, Rechtsboek, 15, 77f., 95f., 212; S. F. C. Moore, Recruitment to the Cathedral chapter of Utrecht

Verden

Sind für das erste Viertel des 11. Jahrhunderts noch mindestens zehn Domherren belegt, so umfasste das Verdener Domkapitel seit mindestens der Mitte des 12. Jahrhunderts jeweils etwa 15 Kanoniker. Aus der annähernd bestehenden Gewohnheit wurde schließlich 1275 eine verbindliche Festlegung.[356] Ebenfalls im ausgehenden 13. Jahrhundert lassen sich fünf Minorpräbenden belegen, die jedoch bis ins 14. Jahrhundert nach und nach mit Vikaren besetzt wurden.[357] Dafür wuchs die Zahl der Domherren 1445/46 wieder um einen an, als man dem Propst von St. Johannis in Lüneburg eine fixe Stelle im Domkapitel einräumte.[358] Daran änderte sich erst durch die Aufhebung der Dompropstei 1559 wieder etwas, womit es bis zur Auflösung des Domkapitels bei 15 Domherren blieb.[359] Das Verhältnis zwischen Kapitularen und Domizellaren war nicht festgelegt.[360]

An der Spitze des Domkapitels standen mit dem Dompropst und dem Domdechanten zwei Dignitäre. Nach der bereits erwähnten Aufhebung der Dompropstei 1559 blieb davon allein der Domdechant übrig. An Personaten zählte das Domkapitel im Untersuchungszeitraum die Scholasterie, die Kantorei und das Thesaurariat.[361]

Verdun

Das Verduner Domkapitel umfasste vorerst wohl 60 Präbenden. Da eine davon der Bischof bezog, eine weitere 1244 dem Augustiner-Chorherren-Stift Saint-Nicolas-du-Pré bei Verdun zugesprochen wurde und eine dritte 1446 zusätzlich dem jeweiligen Domdechanten verliehen wurde, lag der Personalstand zu Beginn des Untersuchungszeitraumes bei 57 Kanonikern. Damals liefen bereits Versuche des Domkapitels, die Zahl der Präbenden um 20 zu verringern. Doch entsprechende Suppressionsgesuche 1442 gegenüber Papst Eugen IV., 1447 gegenüber Papst Nikolaus V. sowie 1478/79 gegenüber Papst Sixtus IV. brachten nicht den gewünschten Erfolg.

1528–1580, in: H. ten Boom/E. Geudeke/H. L. P. Leeuwenberg/P. H. A. M. Abels, Utrechters, 67f.

356 A. Mindermann, Verden – Domstift St. Fabian und Caecilia, in: J. Dolle, Klosterbuch III, 1424f.; R. Bückmann, Domkapitel, 14.

357 R. Bückmann, Domkapitel, 19–21; A. Mindermann, Verden – Domstift St. Fabian und Caecilia, in: J. Dolle, Klosterbuch III, 1425f.; J. Spöhring, Das Domkapitel zu Verden, in: HLV 5 (1962), 60

358 A. Mindermann, Verden – Domstift St. Fabian und Caecilia, in: J. Dolle, Klosterbuch III, 1425; R. Bückmann, Domkapitel, 27; J. Spöhring, Das Domkapitel zu Verden, in: HLV 5 (1962), 61.

359 A. Mindermann, Verden – Domstift St. Fabian und Caecilia, in: J. Dolle, Klosterbuch III, 1425.

360 M. M. A. Serger, Capitula, 106.

361 C. G. Pfannkuche, Geschichte II, 80, 128; A. Mindermann, Verden – Domstift St. Fabian und Caecilia, in: J. Dolle, Klosterbuch III, 1425, 1429; R. Bückmann, Domkapitel, 23, 44f., 52f.

Daher verlegte sich das Domkapitel in der Folge darauf, schrittweise einzelne Präbenden zu supprimieren oder einer anderen Verwendung zuzuführen, vor allem zugunsten des Chorpersonals und der Domfabrik. Bis etwa 1560 sank dadurch die Zahl der Kanoniker auf schließlich 42.[362] Nach dem Dombrand von 1755 wurden von 1755 beziehungsweise 1758 an zwei Kanonikate zugunsten der Domfabrik für je 25 Jahre supprimiert.[363] Eine zahlenmäßige Festlegung der Kapitular- und Domizellarstellen erfolgte in Verdun nicht. Zur Unterstützung des in Verdun ein Kolleg unterhaltenden Jesuitenordens dienten die Einkünfte der 1600 aufgehobenen Kämmerei des Domkapitels.[364] Zumindest für den ersten Abschnitt des Untersuchungszeitraumes war es im Verduner Domkapitel nachweisbar üblich, einzelnen Domherren im Bedarfsfall Koadjutoren beizustellen, die nach deren Ausscheiden das frei gewordene Kanonikat übernehmen konnten.[365]

Das Domkapitel wies nach der 1385 von Papst Clemens VII. ausgesprochenen und 1387 tatsächlich erfolgten Suppression des Primizeriats bis mindestens in die Mitte des 15. Jahrhunderts vier Dignitäre auf, nämlich den Domdechanten sowie die drei Archidiakone der Argonnen, der Woëvre und der Rivière. Das mit dem Primizeriat verbundene Amt des Großarchidiakons wurde nach 1387 von einem Domherrn versehen, dem allerdings kein Dignitärsstatus zukam. Bei den Personaten kam es ab der Mitte des 15. Jahrhunderts noch zu mehreren Veränderungen. So wurden die Kantorei, die Kanzlei 1508 durch Papst Julius II. und die Scholasterie 1514 durch Papst Leo X. jeweils zu Dignitäten aufgewertet. Andererseits wurde die Subkantorei 1505 von Papst Julius II. zugunsten der Kapitelmensa supprimiert. Dasselbe geschah 1600 mit der Kämmerei, deren Einkünfte dem Jesuitenkolleg zugewiesen wurden. Die Kantorei wiederum blieb zwischen 1758 und 1784 supprimiert, da das Domkapitel mit deren Erträgnissen die Instandsetzungsarbeiten nach dem Dombrand unterstützen wollte. Von großer Bedeutung waren zudem die Präsidenten des Domkapitels. Nachdem zuerst dem Primizer und nach dessen Wegfall zeitweise dem Domdechanten die Vorsitzführung im Kapitel oblag, kam es im 15. und frühen 16. Jahrhundert zu einem wiederholten Wechsel zwischen einer turnusmäßig rotierenden Präsidentschaft und der jährlichen Wahl von drei bis sechs Präsidenten, denen die zwölf Monate entsprechend zugewiesen wurden. Schließlich setzte sich im Laufe des 16. Jahrhunderts die Dreizahl der Präsidenten durch, eine Tatsache, die 1584 auch die Bestätigung Papst Gregors XIII. fand. Daneben versuchte auch der Domdechant als Haupt des Domkapitels, seine Rechte

362 M. George, Chapitre I, 47, 51f., 54–68, 70f., 107f.; F. G. Hirschmann, Verdun I, 68; N. Roussel, Histoire I, 77, 368; N. Roussel, Histoire II, 131; N. Robinet, Pouillé I, 63, 66, 88.

363 N. Robinet, Pouillé I, 81, 108, 122; N. Roussel, Histoire II, 85.

364 N. Roussel, Histoire II, 132; N. Robinet, Pouillé I, 296.

365 M. George, Le chapitre cathédral de Verdun et l'étranger à la charnière des XVe et XVIe siècle: réflexions autour de la réception du concordat germanique (1519) et du recrutement des chanoines, in: C. Bourdieu-Weiss, Trois-Évêchés, 175f.; M. George, Chapitre I, 252.

geltend zu machen. Dem entsprach schließlich das Parlament von Metz, als es 1719 den Domdechanten zum geborenen Präsidenten machte, dem in Zusammenarbeit mit den drei Tertialpräsidenten die Leitung des Kapitels zukam.[366]

Wien

Als das Wiener Kollegiatkapitel 1469 zum Domkapitel aufstieg, übernahm es dessen Personalstand, den Propst und 24 Kanoniker.[367] Darunter waren seit Herzog Albrecht III. von Österreich 1384 acht Kanonikate, die Angehörigen der Artistischen Fakultät der Universität Wien zustanden.[368] Aus wirtschaftlichen Gründen verordnete König Ferdinand I. 1554 die Reduktion der Domherrenstellen auf 17. Zugleich wurde die Zahl der Universitätskanonikate auf sechs herabgesetzt. Als 1623 Kaiser Ferdinand II. die Universität dem Jesuitenorden übertrug, blieben die Nominationsrechte der Universität bestehen. Allerdings wurden in Zukunft keine Universitätsangehörigen mehr mit den Kanonikaten bedacht.[369] Im Laufe des 17. Jahrhunderts bürgerte es sich ein, zwei der 17 Kanonikate auf Dauer unbesetzt zu lassen, womit sich die Zahl der Kanoniker auf 15 verringerte.[370] Maria Theresia Herzogin von Savoyen sorgte mit der Stiftung der vier Savoyisch-Liechtensteinischen Kanonikate, die 1773 umgesetzt wurde, für eine Erhöhung des Personalstandes. Diese Domherrenstellen waren Adeligen vorbehalten.[371] Von nun an setzte jedoch wieder eine gegenteilige Entwicklung ein. Ab 1775 behielt der Dompropst nach der Übernahme der Dignität sein zuvor

---

366 M. George, Chapitre I, 39, 77, 85–89, 91, 100f., 103, 112, 122, 127, 134, 141, 150f., 308f.; N. Robinet, Pouillé I, 27, 67f., 70, 73–76, 78, 80–82, 84, 296; N. Roussel, Histoire I, 77, 345; N. Roussel, Histoire II, 48, 74f., 132, 134f., 137–139; H.-G. Duchesne, France, 301.

367 H. Zschokke, Geschichte, 24, 95; W. Mick, Metropolitankapitel, 35, 42; V. Flieder, Stephansdom, 141, 154, 168, 200; W. E. Wagner, Universitätsstift, 96, 124.

368 J. Scheidlein, Kurze Darstellung des Rechtes der Universität in Wien zur Verleihung von vier Canonicatsstellen an dem Wiener- und zwey Canonicatsstellen an dem Linzer-Domcapitel, in: ZÖRPG 5/II (1829), 127; N. N., Die Universitätskanonikate des Wiener und Linzer Domkapitels, in: WDB 1867, 151f.; W. E. Wagner, Universitätsstift, 112, 142; H. Zschokke, Geschichte, 230; W. Mick, Metropolitankapitel, 104f.; D. Leopold, Domkapitel, 11; I. Fried, Metropolitankapitel, 17; V. Flieder, Stephansdom, 196.

369 H. Zschokke, Geschichte, 120f., 123, 231f.; W. Mick, Metropolitankapitel, 142, 144f.; I. Fried, Metropolitankapitel, 2, 17; D. Leopold, Domkapitel, 12; J. Scheidlein, Kurze Darstellung des Rechtes der Universität in Wien zur Verleihung von vier Canonicatsstellen an dem Wiener- und zwey Canonicatsstellen an dem Linzer-Domcapitel, in: ZÖRPG 5/II (1829), 127f.; N. N., Die Universitätskanonikate des Wiener und Linzer Domkapitels, in: WDB 1867, 166–168, 178f.

370 H. Zschokke, Geschichte, 197; W. Mick, Metropolitankapitel, 170; I. Fried, Metropolitankapitel, 6.

371 H. Zschokke, Geschichte, 197, 245–251; W. Mick, Metropolitankapitel, 166f.; I. Fried, Metropolitankapitel, 21.

innegehabtes einfaches Kanonikat bei, womit sich die Zahl der Domherren auf 18 reduzierte.[372] Die 1783 von Kaiser Joseph II. ausgesprochene Zuweisung dreier Kanonikate zur Dotation ebenso vieler neu geschaffener Stadtpfarren wurde nie verwirklicht.[373] Anders 1787, als es infolge einer von Kaiser Joseph II. getroffenen Verfügung, wonach Domkapitel an Metropolitankirchen nicht mehr als zwölf Mitglieder haben durften, auch in Wien zur Beschränkung der Kapitulare auf die genannte Zahl kam. Darunter waren vier der sechs Universitätskanonikate sowie die vier der Savoyisch-Liechtensteinischen Stiftung. Die überzähligen sechs Kanonikate wurden, einschließlich zweier Universitätskanonikate, nach Linz transferiert, deren Inhaber teils nach Linz, teils nach Graz. Für zwei der Universitätskanonikate sollten nach dem Willen des Kaisers von nun an wieder Universitätsprofessoren der Theologischen Fakultät vorgeschlagen werden.[374] Das Wiener Domkapitel kannte zu keiner Zeit Domizellare, es bestand ausschließlich aus Kapitularen.[375]

Das Domkapitel übernahm zunächst die vier bereits im Kollegiatstift bestehenden Dignitäten. Daher führten der Dompropst, der Domdechant, der Kustos und der Kantor die Reihe der Domherren an. Der Dompropst stand allerdings bis 1775 getrennt vom Domkapitel. Erst von da an erhielt er durch den gleichzeitigen Besitz eines gewöhnlichen Kanonikats die vollen Rechte im Kapitel. Erzbischof Sigismund Graf von Kollonitsch war die Errichtung einer fünften Dignität zu verdanken. Die von ihm 1741 vorgenommene Stiftung der Scholasterie wurde 1743 von Königin Maria Theresia bestätigt.[376]

Wiener Neustadt

Obwohl für das Wiener Neustädter Augustiner-Chorherren-Stift ein Personalstand von 32 Mitgliedern vorgesehen war, lagen die tatsächlichen Verhältnisse auch nach der Übernahme der Rolle des Domkapitels weit darunter, weshalb schon 1491 die Forderung aufgestellt wurde, die Einrichtung sollte zumindest zwölf Chorherren

372 H. Zschokke, Geschichte, 187, 260, 371, 404; W. Mick, Metropolitankapitel, 73, 165f.; I. Fried, Metropolitankapitel, 26; V. Flieder, Stephansdom, 168f.

373 H. Zschokke, Geschichte, 196; W. Mick, Metropolitankapitel, 169.

374 H. Zschokke, Geschichte, 197–200, 217, 232f.; W. Mick, Metropolitankapitel, 170f.; I. Fried, Metropolitankapitel, 6, 17f.; J. Scheidlein, Kurze Darstellung des Rechtes der Universität in Wien zur Verleihung von vier Canonicatsstellen an dem Wiener- und zwey Canonicatsstellen an dem Linzer-Domcapitel, in: ZÖRPG 5/II (1829), 128; N. N., Die Universitätskanonikate des Wiener und Linzer Domkapitels, in: WDB 1867, 202f.; W. Goldinger, Die Linzer Universitätskanonikate, in: HJbL 1958, 299f., 302.

375 A. W. Gustermann, Kirchenrecht I, 71; D. Leopold, Domkapitel, 13f., 22; W. Mick, Metropolitankapitel, 147.

376 H. Zschokke, Geschichte, 24, 95, 187, 260, 262, 266f., 272f., 286, 288f., 371, 404; W. Mick, Metropolitankapitel, 42f., 59, 61, 69–71, 73, 77, 129, 162, 165f., I. Fried, Metropolitankapitel, 26–29; H. Göhler, Kollegiatkapitel, 89; V. Flieder, Stephansdom, 154, 167–169, 171.

umfassen. 1512, also vier Jahre nach dem Verlust der Stellung als Domkapitel, zählte man noch acht Kanoniker.[377]

Der Mitgliederstand der Wiener Neustädter Niederlassung der St.-Georgs-Ritter, die 1508 die Augustiner-Chorherren am Dom ablösten, war wohl nur unwesentlich höher. 1534, als auch die Ordensritter den Dom verlassen mussten, soll es 13 oder 14 Mitbrüder gegeben haben.[378]

Für die Neugründung des Domkapitels im 17. Jahrhundert waren zuerst zwölf, dann neun Mitglieder vorgesehen. Tatsächlich installiert wurden 1692 schließlich sieben Domherren, allesamt Kapitulare.[379]

Hinsichtlich der Ausstattung mit Dignitäten war bei der Gründung des Bistums 1469 vorgesehen, für das Domkapitel eine Dompropstei und eine Domdechantei einzurichten. Vor allem wirtschaftliche Gründe verhinderten jedoch die Umsetzung des Vorhabens. Als schließlich 1493 das Augustiner-Chorherren-Stift die Aufgaben des Domkapitels übernahm, gab es darin bereits die Ämter des Propstes und des Dechanten. Den Priesterbrüdern des Ordens der St.-Georgs-Ritter stand ebenfalls ein Propst vor. Weitere Angaben zur inneren Organisation lassen sich allerdings nicht machen. Für das dritte Domkapitel strebte Bischof Christoph von Rojas y Spinola im Vorfeld drei Dignitäre an, den Dompropst, den Domdechanten und den Chormeister. Tatsächlich installiert wurden 1692 jedoch nur der aus dem bereits vorhandenen Generalvikar und Offizial hervorgegangene Domdechant und der Chormeister, da Kaiser Leopold I. die Schaffung einer Dompropstei ablehnte.[380]

Worms

Bis ins letzte Drittel des 13. Jahrhunderts zählte das Wormser Domkapitel 50 Präbenden. 1291 waren davon noch 44 mit Kanonikern besetzt, die übrigen sechs wurden zur Aufbesserung der Einkünfte supprimiert. Seit der ersten Hälfte des 14. Jahrhunderts zog man sechs weitere Präbenden heran, um damit nicht zum Kapitel gehörende Priester auszustatten.[381] 1398 wurde eine Präbende für einen Professor der Universität Heidelberg bestimmt. Diese zur Besoldung eines Professors der Theologischen Fakultät überlassene Kanonikatspräbende wurde 1556 gegen die Zahlung einer fixen Summe abgelöst.[382] Da man darüber hinaus insgesamt drei

377 H. Fasching, Chorherrenstifte, 86f.

378 G. Buttlar-Gerhartl, Wiener Neustadt – Bischofssitz von 1469 bis 1785, in: JbLkNÖ 52 (1986), 15.

379 H. Fasching, Domkapitel, 48, 58, 61f.; A. Kerschbaumer, Geschichte I, 656f.

380 H. Fasching, Domkapitel, 2, 6, 48–50, 57, 59, 61f.; H. Fasching, Chorherrenstifte, 87, 90; A. Kerschbaumer, Geschichte I, 653, 657.

381 H. Hartmann, Die Domherren der zweiten Hälfte des 15. Jahrhunderts in Mainz, Worms und Speyer, in: MZ 70 (1975), 150; E. Schwan/E. G. Franz, Protokolle, 3; B. Keilmann, Bistum Worms, in: E. Gatz, Bistümer, 825.

382 H. Hartmann, Die Domherren der zweiten Hälfte des 15. Jahrhunderts in Mainz, Worms und Speyer, in: MZ 70 (1975), 155; E. Schwan/E. G. Franz, Protokolle, 4.

Pfründen der Domfabrik und der Kammer zuschlug, sind für 1475 noch 35 Domherren belegt.[383] Wohl vor allem aus wirtschaftlichen Gründen kam es in der Folge bis zur Wende vom 16. zum 17. Jahrhundert zu einer deutlichen Verminderung der Zahl der Kanoniker. Die seit damals verbindlich zwölf Kapitulare und neun Domizellare wurden schließlich 1667 mit der Stiftung eines Familienkanonikats durch Heinrich Freiherr von Galen und seinen Sohn Franz Wilhelm Freiherr von Galen um einen weiteren Kapitular ergänzt.[384]

An der Spitze des Domkapitels standen der Dompropst, der Domdechant, der Kustos, der Scholaster und der Kantor als Dignitäre. Davon stand der Dompropst jedoch getrennt vom Kapitel.[385]

Würzburg

Die Zahl der Präbenden des Würzburger Domkapitels soll 60 betragen haben. Davon waren zumindest seit etwa der Mitte des 11. Jahrhunderts 32 für Kapitulare vorgesehen. 1363 wurden die Kapitularstellen auf 24 herabgesetzt. Fünf Präbenden waren zu diesem Zeitpunkt nicht an Kanoniker vergeben.[386] Ein Statut aus dem Jahr 1412 belegt, dass jetzt 54 Präbenden tatsächlich mit Kanonikern besetzt wurden, während die übrigen sechs Pfründen anderweitig genutzt wurden. Seit damals setzte sich das Domkapitel gleichbleibend aus 24 Kapitularen und 30 Domizellaren zusammen.[387]

Neben den beiden Dignitäten der Dompropstei und der Domdechantei verfügte das Domkapitel über drei Personate, nämlich die Kustorei, die Scholasterie und die Kantorei. Der vormals vom Kapitel getrennt stehende Dompropst wurde schon im 15. Jahrhundert wieder in dieses eingebunden.[388]

383 H. Hartmann, Die Domherren der zweiten Hälfte des 15. Jahrhunderts in Mainz, Worms und Speyer, in: MZ 70 (1975), 150; E. Schwan/E. G. Franz, Protokolle, 3f.; B. Keilmann, Bistum Worms, in: E. Gatz, Bistümer, 825.

384 H. Hartmann, Die Domherren der zweiten Hälfte des 15. Jahrhunderts in Mainz, Worms und Speyer, in: MZ 70 (1975), 151; E. Schwan/E. G. Franz, Protokolle, 4; P. Hersche, Domkapitel I, 187; C. Weber, Familienkanonikate, 43; Beschreibung einiger deutscher Domkapitel, 21 (HHStA Hs B 182).

385 E. Schwan/E. G. Franz, Protokolle, 4; M. M. A. Serger, Capitula, 104; P. Hersche, Domkapitel I, 187; Beschreibung einiger deutscher Domkapitel, 22 (HHStA Hs B 182).

386 A. Amrhein, Reihenfolge der Mitglieder des adeligen Domstiftes zu Wirzburg 742–1803, in: AHVU 32 (1889), 19f., 303f., 306–308; F. Merzbacher, Die Dignitäten in den Statuten des Würzburger Domkapitels, in: WDGB 37/38 (1975), 360.

387 F. Merzbacher, Die Dignitäten in den Statuten des Würzburger Domkapitels, in: WDGB 37/38 (1975), 362; P. Hersche, Domkapitel I, 192; Beschreibung einiger deutscher Domkapitel, 18 (HHStA Hs B 182).

388 F. Merzbacher, Die Dignitäten in den Statuten des Würzburger Domkapitels, in: WDGB 37/38 (1975), 360, 362f.; P. Hersche, Domkapitel I, 192; C. Probst, Turnarius, 363; A. Amrhein, Reihenfolge der Mitglieder des adeligen Domstiftes zu Wirzburg

2. Grade der Mitgliedschaft

Die zu einem Domkapitel gehörenden Kleriker stellten in der Regel keine homogene Gemeinschaft dar. Während mit den Begriffen „Domherr“ oder „Kanoniker“ jeder einem Domkapitel angehörende Kleriker bezeichnet werden konnte, unterschieden sich eben diese abgestuft nach Rechten und Pflichten und zerfielen daher in Exspektanten, Domizellare, Kapitulare und Residenten.[389]

Exspektanten

Die Exspektanten nahmen ihren Ursprung im 12. Jahrhundert, als es üblich wurde, nicht mehr nur vakant gewordene Pfründen zu vergeben, sondern bereits Anwartschaften auf noch besetzte Präbenden auszusprechen. Der Exspektant besaß deshalb im Domkapitel keinerlei Rechte. Er hatte nur einen Anspruch auf den späteren Erhalt eines Kanonikats, und auch der konnte letztlich häufig nicht durchgesetzt werden. Erteilt wurden solche Exspektanzen im Mittelalter vielfach von den Päpsten, aber auch von den Bischöfen und von den Domkapiteln selbst. Schließlich müssen auch die von den Kaisern sowie manchen Bischöfen und Landesherren ausgesprochenen Ersten Bitten letztlich als Exspektanzen gelten, obgleich ihnen durchwegs eine höhere Verbindlichkeit zu eigen war. Wegen der vielfach damit verbundenen Missbräuche verbot bereits 1179 das Dritte Laterankonzil grundsätzlich die Erteilung von Exspektanzen. Eingeschränkt durch Ausnahmeregelungen und umgangen durch gefinkelte Auslegungen, war der Bestimmung allerdings kein dauerhafter Erfolg beschieden. Papst Alexander IV. entschied daher 1255, die Zahl der Exspektanten auf für jedes Kapitel vier zu begrenzen. Obwohl auch in weiterer Folge das offenbar nicht zu überwindende Exspektanzenwesen mehrfach verurteilt wurde, gelang es erst dem Konzil von Trient 1563, einigermaßen wirksame Bestimmungen gegen diese Art der Pfründenvergabe zu erlassen.[390]

Im Untersuchungszeitraum war die Erscheinung der Exspektanten bereits im Niedergang begriffen. Nach dem Abschluss des Wiener Konkordats 1448 spielten in den meisten Domkapiteln die Exspektanten während des folgenden Jahrhunderts bis hin zum Konzil von Trient keine nennenswerte Rolle mehr. So waren es schließlich

742–1803, in: AHVU 32 (1889), 20; Beschreibung einiger deutscher Domkapitel, 19f. (HHStA Hs B 182).

389 Die bereits in den Einzeldarstellungen der jeweiligen Domkapitel angeführten Literaturangaben werden an dieser Stelle nicht mehr wiederholt. Sie können in den entsprechenden Abschnitten eingesehen werden.

390 P. Hinschius, System II, 64; P. Hinschius, System III, 116f., 122, 138; S. Weiss, Päpstliche Expektanzen in Theorie und Praxis, in: K. Amon/B. Primetshofer/K. Rehberger/G. Winkler/R. Zinnhobler, Ecclesiae, 143–145; P. Schneider, Domkapitel, 66–68, 116f.; H. Nottarp, Ehrenkanoniker und Honorarkapitel, in: ZRG KA 14 (1925), 202f.

die mittlerweile protestantisch gewordenen Domkapitel, die dem Exspektanzenwesen im 17. und 18. Jahrhundert eine späte Blütezeit ermöglichten.

In den katholisch gebliebenen Domkapiteln verschwanden nämlich die inzwischen ohnehin schon gering an Zahl gewordenen Exspektanten durch die Bestimmungen des Konzils von Trient so gut wie vollständig. Im Churer Domkapitel, wo ihre Zahl seit 1541 auf vier begrenzt war, hielten sie sich noch bis ins letzte Viertel des 16. Jahrhunderts. Für das Trierer Domkapitel sind noch Anfang des 17. Jahrhunderts fünf Exspektanten bezeugt. In Basel enthielten die Statuten von 1681 die Bestimmung, die seit 1575 auf vier beschränkten Exspektanten gänzlich abzuschaffen. Recht einsam stand daher das Konstanzer Domkapitel da. Hier dauerte es, nachdem Ende des 16. Jahrhunderts ein entsprechender Versuch gescheitert war, bis ins Jahr 1791, ehe es zur Streichung der seit 1532 auf vier begrenzten Exspektantenstellen kam. Zusätzlich üblich gewesene Supernumerarier fanden schon 1581 ein Ende. Als Begründung für die Beibehaltung der mittelalterlichen Praxis gab das Domkapitel an, die von ihm erteilten Exspektanzen seien lediglich allgemeiner Natur und bezögen sich nicht auf ein bestimmtes Kanonikat, was den Bestimmungen des Konzils von Trient nicht widerspräche. Mit einer ähnlichen Begründung rechtfertigte man wohl auch die beispielsweise in italienischen Kapiteln seit dem 17. Jahrhundert auftretenden Supernumerarier.[391] Möglicherweise stehen auch die beiden 1770 und 1774 auf Betreiben Kaiserin Maria Theresias in das Görzer Domkapitel aufgenommenen Supernumerarier in dieser Tradition.

Völlig gegenteilig als in den katholischen Domkapiteln verlief die Entwicklung in den meisten der protestantisch gewordenen Einrichtungen. Hier entfaltete sich das Exspektanzenwesen seit dem letzten Drittel des 16. Jahrhunderts in reichem Maße neu. Erteilt wurden die Exspektanzen jetzt von den Landesherren und von den Domkapiteln selbst. Dabei unterschied man im Brandenburger Domkapitel zwischen den vom Landesherrn ernannten Exspektanten und den vom Domkapitel erwählten Elekten. Eine begriffliche Unterscheidung, die sich so auch im Havelberger Domkapitel fand. Im gemischtkonfessionellen Halberstädter Domkapitel wurde dieselbe Einteilung getroffen, allerdings waren hier alle Exspektanten und Elekten ausschließlich protestantisch. Exspektanten kannte man zudem in den Domkapiteln von Hamburg, Meißen, Merseburg, Minden, Naumburg und Ratzeburg. Im Magdeburger und im Schweriner Domkapitel wiederum wurden die Exspektanten als Immatrikulierte bezeichnet. Dass die Anwartschaften zum Teil recht großzügig ausgestellt und darüber hinaus mitunter mehrfach zugunsten anderer Personen resigniert wurden, führte dazu, dass es mehrere Dutzend gleichzeitig laufender Exspektanzen gab und die Wartezeit bis zum tatsächlichen Erhalt einer Domherrenstelle auf bis zu 100 Jahre anstieg. Versuche, diese ausufernde Praxis einzuschränken, brachten keine nennenswerten Erfolge.[392]

---

391 H. Nottarp, Ehrenkanoniker und Honorarkapitel, in: ZRG KA 14 (1925), 20o; J. Wohlmuth, Dekrete III, 772.

392 J. Heckel, Domstifter, 100–102, 145f., 168.

Zu nennen sind in diesem Zusammenhang auch die sogenannten Koadjutoren. Sie wurden einzelnen Kanonikern im Bedarfsfall beigestellt und konnten nach deren Ausscheiden das frei gewordene Kanonikat unmittelbar übernehmen. Nachweisbar auf diese Praxis griffen im Untersuchungszeitraum die Domkapitel von Ermland, Kulm, Lausanne, Lüttich, Utrecht und Verdun zurück. Allerdings bedurfte es dafür der ausdrücklichen Genehmigung durch den Papst.[393] Außerhalb des Untersuchungsraumes fanden sich Koadjutoren in den polnischen Domkapiteln, etwa in denen von Gnesen, Krakau und Posen, sowie in den Domkapiteln romanischer Länder.[394] Der Einfluss der benachbarten polnischen Domkapitel mag das Auftreten der Koadjutoren für das Ermländische und das Kulmer Domkapitel erklären. Ob im Westen entsprechende Impulse für das Lausanner, das Lütticher und das Verduner Domkapitel aus dem angrenzenden frankophonen Raum angenommen werden dürfen, muss hingegen offen bleiben. Für das Besançoner Domkapitel jedenfalls sind Koadjutoren belegt.[395]

Domizellare

Von den Exspektanten zu unterscheiden waren die Domizellare. Da ihnen bereits eine fixe Stelle im Domkapitel zukam, wurden sie auch durch einen offiziellen Installationsakt in die Reihe der Domherren aufgenommen. Dadurch verfügten sie zwar über einen Platz im Chor, allerdings noch nicht über Sitz und Stimme im Kapitel. Ob die Domizellare gänzlich ohne Einkünfte blieben oder solche, wenn auch in geringerem Ausmaß als die Kapitulare, empfingen, wurde in den einzelnen Domkapiteln recht unterschiedlich gehandhabt.

Ihren Ursprung hatten die Domizellare in den Scholaren des Mittelalters, die den geistlichen Nachwuchs des Domkapitels darstellten. Je nach Ausbildungsfortschritt unterschied man damals zwischen solchen Domizellaren, die noch unter der Aufsicht des Scholasters standen, und solchen, die sich dieser Obhut bereits entzogen hatten. Der entsprechende Rechtsakt wurde als Emanzipation bezeichnet. Im Untersuchungszeitraum hatte die kapiteleigene Domschule schon länger ihre frühere Bedeutung verloren. Die Ausbildung der Domherren war mittlerweile auf andere Bildungseinrichtungen übergegangen. Trotzdem hielt sich in einigen Domkapiteln die Unterscheidung zwischen nicht emanzipierten und emanzipierten Domherren, vor allem deshalb, weil damit ein Anspruch auf unterschiedliche Zuwendungen aus dem Kapitelgut verbunden war. Eine Aussagekraft über den unmittelbaren

393 P. Schneider, Domkapitel, 216–218; A. Mańkowski, Kapituła katedralna chełmińska od roku 1466 do 1821, in: ZTNT 5 (1921), 88f.; A. Dubois, Chapitre, 27; S. F. C. Moore, Recruitment to the Cathedral chapter of Utrecht 1528–1580, in: H. ten Boom/E. Geudeke/H. L. P. Leeuwenberg/P. H. A. M. Abels, Utrechters, 70.

394 J. Korytkowski, Prałaci I/1, 103–108; B. S. Kumor, Dzieje II, 307–309; M. Pukianiec, Organizacja, 47, 56; P. Schneider, Domkapitel, 216f.

395 N. N., Almanach de Besançon, 21; N. Gabrielly, France, 161; H.-G. Duchesne, France, 77.

Fortschritt der Ausbildung war damit freilich nicht mehr verbunden. Andernorts wiederum legte man die Emanzipation mit der Aufnahme als Kapitular zusammen.[396]

Grundsätzlich keine Domizellare beziehungsweise keine mehr fanden sich gegen Ende des 18. Jahrhunderts in den Domkapiteln von Brünn, Budweis, Cammin, Chur, Ermland, Görz, Gradisch, Graz, Gurk, Königgrätz, Kulm, Laibach, Leitmeritz, Leoben, Linz, Meißen, Prag, St. Pölten, Sitten, Wien und Wiener Neustadt. Neben den erst verhältnismäßig spät gegründeten Domkapiteln von Brünn, Budweis, Görz, Gradisch, Graz, Laibach, Leoben, Linz, St. Pölten, Wien und Wiener Neustadt zählten zu dieser Gruppe zwei Institutionen, die protestantisch geworden waren, nämlich das Camminer und das Meißner Domkapitel. Dazu kamen die schweizerischen Domkapitel von Chur und Sitten sowie die im Laufe der Geschichte vor allem finanziell schwach ausgestatteten Domkapitel von Königgrätz, Kulm, Leitmeritz und Prag. Während im Ermländischen Domkapitel die Domizellare wohl als Folge der Aufhebung der minder dotierten Präbenden noch vor Beginn des Untersuchungszeitraumes abhanden kamen, sorgte in Gurk die Trennung zwischen Kapitel und Konvent für das Verschwinden der Domizellare. In den polnischen Domkapiteln wiederum waren Domizellare gänzlich unbekannt.[397]

Üblich waren Domizellare im ausgehenden 18. Jahrhundert hingegen in den Domkapiteln von Augsburg, Bamberg, Basel, Brandenburg, Breslau, Brixen, Chiemsee, Corvey, Eichstätt, Freising, Fulda, Halberstadt, Hamburg, Havelberg, Hildesheim, Köln, Konstanz, Lavant, Lübeck, Lüttich, Magdeburg, Mainz, Merseburg, Metz, Minden, Münster, Naumburg, Olmütz, Osnabrück, Paderborn, Passau, Regensburg, Salzburg, Seckau, Speyer, Straßburg, Toul, Trient, Trier, Utrecht, Verdun, Worms und Würzburg. Neben den regulierten Domkapiteln von Chiemsee, Lavant und Seckau, die infolge ihrer Verfassung stets Kleriker aller Weihestufen einschlossen und damit auch Mitglieder ohne Kapitularrechte, blieb die Einrichtung der Domizellare überwiegend in solchen Domkapiteln bestehen, die zumindest zeitweise in Zusammenhang mit einem reichsständischen Hochstift standen. Dass das Breslauer und das Olmützer Domkapitel dieser Gruppe am nächsten kamen, wurde schon dargelegt.

Kapitulare

Das eigentliche Domkapitel im engeren Sinn wurde von den Kapitularen gebildet. Nur ihnen kamen alle Rechte und Pflichten eines Domherrn zu. Neben einem Chorstallum war das vor allem das Recht auf Sitz und Stimme in den Kapitelversammlungen. Für die Aufnahme in den Kapitularstand galten eigene Idoneitätskriterien, die deutlich strenger waren als die für die Aufnahme als Domherr an sich. Allerdings waren nicht nur die Rechte der Kapitulare ausgedehnter als die aller anderen Mitglieder des Domkapitels, sondern auch deren Pflichten, vor allem hinsichtlich der

396 P. Schneider, Domkapitel, 63–65, 131–133; P. Hinschius, System II, 63f.

397 A. Radzimiński, Das soziale Milieu der polnischen Domkapitel im Vergleich zu ähnlichen Institutionen im Deutschen Reich im späteren Mittelalter, in: J. Kłoczowski, Christianity, 129.

Residenz und der Präsenz. Es ergab sich deshalb von selbst, dass jedes Domkapitel eine mehr oder weniger große Zahl an Kapitularen umfasste, da gerade sie das Wesensmerkmal für die ganze Institution waren.[398]

Eine Besonderheit der polnischen Domkapitel wiederum waren die Gratial- oder Mensalkanoniker, die ihren Unterhalt nicht aus dem Kapitelvermögen bezogen, sondern aus der bischöflichen Mensa. Sie hatten aber trotzdem dieselben Rechte und Pflichten wie die übrigen Kapitulare.[399] Durch die langjährige Zugehörigkeit zum Königreich Polen wies auch das Kulmer Domkapitel im 16. und 18. Jahrhundert einige solcher Gratialkanoniker auf.

Residenten

Vor allem finanzielle Gründe führten dazu, dass man in einigen Domkapiteln die Zahl der residierenden Kapitulare begrenzte. Da Residenten, also jene Kapitulare, die sich am Sitz des Domkapitels aufhielten, besondere finanzielle Zuwendungen genießen konnten, entschied man sich mancherorts, zur Ausgabensenkung nicht die Zahl der Kapitulare an sich einzuschränken, sondern lediglich die derer vor Ort. Aus der früheren Residenzpflicht war somit ein Residenzrecht geworden.[400]

Zur Einführung von Residenten unter den Kapitularen kam es in den Domkapiteln von Magdeburg ab 1563, Halberstadt ab 1564, Olmütz nach dem zweiten Drittel des 16. Jahrhunderts, Cammin ab 1576/79, Naumburg ab 1580, Paderborn ab 1591, Minden und Lübeck ab dem ausgehenden 16. Jahrhundert, Schwerin ab 1612, Merseburg ab 1613, Breslau spätestens seit dem 17. Jahrhundert und Kulm zumindest im ausgehenden 18. Jahrhundert. Eine, wenn auch etwas flexible Beschränkung der residierenden Kapitulare wurde auch im Lütticher Domkapitel vorgenommen.

Es gab aber auch Domkapitel, in denen zwar ebenfalls die Zahl der Residenten festgesetzt wurde, es darüber hinaus aber keine weiteren Kapitulare gab. Das war der Fall in den Domkapiteln von Brandenburg ab 1568 und Havelberg etwa seit derselben Zeit, wobei in Brandenburg den nicht residierenden Domherren eine Teilnahme an den Wahlen der Bischöfe und Domdechanten zustand. Im Magdeburger Domkapitel hingegen verloren die nicht residierenden Kapitulare 1660 ihr Recht auf Sitz und Stimme, von da an deckte sich auch hier die Zahl der Residenten mit der der Kapitulare.

Etwas anders waren die Verhältnisse im Churer Domkapitel gelagert, wo es ab 1570 zur Einführung von Residenten kam. Hier hatten die nicht residierenden Domherren, die sogenannten Forensen, abgesehen von der Teilnahme an den Wahlen der

---

398 P. Schneider, Domkapitel, 63, 133, 136f.; P. Hinschius, System II, 62.

399 C. Wollek, Domkapitel, 4, 71; A. Radzimiński, Das soziale Milieu der polnischen Domkapitel im Vergleich zu ähnlichen Institutionen im Deutschen Reich im späteren Mittelalter, in: J. Kłoczowski, Christianity, 129; P. Dembiński, Kapituła, 43; M. Pukianiec, Organizacja, 15, 34; B. S. Kumor, Dzieje II, 309f.

400 J. Heckel, Domstifter, 96f.

Bischöfe und Domdechanten keinerlei Kapitelrechte.[401] Die seit 1642 bestehenden Forensen des Sittner Domkapitels entbehrten selbst dieser geringfügigen Möglichkeit der Mitwirkung. Auch im Genfer Domkapitel residierten nach der Verlegung des Kapitelsitzes nach Annecy einige Mitglieder außerhalb des Kapitelsitzes in ihren Pfarren.[402]

Eine eigenständige Entwicklung nahmen auch die meisten der böhmischen-mährischen Domkapitel. Schon in der zweiten Hälfte des 14. Jahrhunderts zählten zum Prager Dom- und zum Leitmeritzer Kollegiatkapitel als Titularkanonikerauch nicht residierende Dom- und Stiftsherren, die ihren Unterhalt aus kapitelfremden Pfründen bezogen. Nach dem für die Dom- und Kollegiatkapitel einschneidenden wirtschaftlichen Niedergang in der Zeit der Hussitenkriege griff man seit der zweiten Hälfte des 15. Jahrhunderts wieder vermehrt auf nicht residierende Kanoniker zurück. Für das Königgrätzer Domkapitel sind solche erstmals für das beginnende zweite Viertel des 18. Jahrhunderts belegt. Schließlich gehörten ab 1777 auch dem Brünner Domkapitel nicht residierende Domherren an, die man aus dem vormaligen Kollegiatstift übernommen hatte. Für Leitmeritz lassen sich vorübergehend Kapitularrechte für die nicht residierenden Domherren nachweisen. Allerdings gingen diese wohl noch im ausgehenden 17. Jahrhundert verloren. In den drei anderen Domkapiteln dürfte die Entwicklung vermutlich ähnlich verlaufen sein. Das Jahr 1788 brachte schließlich das Ende der nicht residierenden Domherren. Kaiser Joseph II. verfügte damals deren Aufhebung. An ihre Stelle traten nun Honorarkanoniker, die zum Ende des Untersuchungszeitraumes auch in anderen Domkapiteln der Habsburgischen Erblande üblich wurden.[403]

Die Verhältnisse im Laibacher Domkapitel gestalteten sich ähnlich. Die wirtschaftlich wenig gefestigte Lage und die Auswirkungen der Kämpfe gegen die Türken ließen vorerst nur die Errichtung der Hälfte der eigentlich vorgesehenen Domherrenstellen zu. Deshalb kam es zusätzlich zur Einführung nicht residierender Kanoniker. Sie bezogen ihren Unterhalt aus kapitelfremden Pfründen und hielten sich bis um die Mitte des 17. Jahrhunderts.

3. Verfassungsformen

Von ihren Ursprüngen her stellten die Domkapitel die Gemeinschaft jener Kleriker dar, die an einer Domkirche beschäftigt waren. Zur Gewährleistung ihres Unterhalts stand ihnen dafür eine bestimmte kollektive Dotation zur Verfügung. Da die

401 G. P. Marchal, Einleitung. Die Dom- und Kollegiatstifte der Schweiz, in: G. P. Marchal, Kollegiatstifte, 74.

402 J. Mercier, Le Chapitre de Saint-Pierre de Genève, in: MDAS 14 (1891), 264, 270f., 308f., 311.

403 H. Nottarp, Ehrenkanoniker und Honorarkapitel, in: ZRG KA 14 (1925), 222, 224–229, 233, 266; P. Schneider, Domkapitel, 190; O. Siegmar-Rehm, Domkapitel, 81.

Kanoniker ein gemeinschaftliches Leben führten, wurden ihre täglichen Bedürfnisse aus eben diesem gemeinsamen Vermögen bestritten.[404]

Im Zeitraum zwischen dem 10. und dem 13. Jahrhundert kam es jedoch zu einem schrittweisen Verfall des gemeinschaftlichen Lebens. Die diesbezüglichen Vorschriften wurden einer stetigen Lockerung unterworfen, wenn auch immer wieder durch unterschiedlichste Reformbestrebungen unterbrochen, verzögert oder gar zurückgeworfen. Mit dem Verschwinden des gemeinschaftlichen Lebens und dem Übergang zu einer getrennten Haushaltsführung musste auch die Güterverwaltung neu organisiert werden. Die Zuweisungen an die einzelnen Domherren wurden jetzt nicht mehr wie ehedem bedarfsweise vorgenommen. Nun wurde jedem Kanoniker aus dem Vermögen des Kapitels ein ganz bestimmtes Einkommen zugewiesen, über das er nach eigenem Gutdünken frei verfügen konnte, die sogenannte Präbende oder Pfründe.[405]

Die aufgezeigten Entwicklungen blieben selbstverständlich nicht ohne Auswirkungen auf die personelle Verfassung der Domkapitel, unter denen sich dadurch drei verschiedene Gruppen aufzeigen lassen.[406]

Offene Domkapitel

Die Einführung von Einzelpräbenden brachte es unweigerlich mit sich, die Zahl der auszuzahlenden Pfründen zu begrenzen, womit auch eine Normierung der Mitgliederanzahl einherging. In früheren Zeiten war der Personalstand allein von den wirtschaftlichen Möglichkeiten sowie dem Ausmaß an verfügbaren Klerikern abhängig. Daher unterlag die Zahl der Domherren mitunter beträchtlichen Schwankungen.[407]

Obwohl im Untersuchungszeitraum der Auflösungsprozess des gemeinschaftlichen Lebens eigentlich schon längst abgeschlossen war, gab es trotzdem noch einige Domkapitel, die das gemeinschaftliche Leben unverändert aufrechterhielten. Sie kannten daher keine Präbendenzuteilung und verfügten über keine festgelegte Zahl an Mitgliedern. Für den personellen Umfang dieser Einrichtungen waren weiterhin allein Finanzkraft und Klerikernachwuchs ausschlaggebend.

Am längsten, nämlich bis zur Aufhebung ins Jahr 1803, hielt sich die kollektive Verfassung im Chiemseer Domkapitel, nur unwesentlich kürzer im Lavanter und im Seckauer, die bereits 1787 beziehungsweise 1782 aufgehoben wurden. Ebenfalls keine zahlenmäßige Festlegung seiner Mitglieder hatte das 1527 untergegangene

404 P. Schneider, Domkapitel, 35, 38f.; P. Hinschius, System II, 50–54; G. A. Huller, Persönlichkeit, 31–34.

405 P. Schneider, Domkapitel, 43–50; P. Hinschius, System II, 55–58; G. A. Huller, Persönlichkeit, 42–47.

406 Die bereits in den Einzeldarstellungen der jeweiligen Domkapitel angeführten Literaturangaben werden an dieser Stelle nicht mehr wiederholt. Sie können in den entsprechenden Abschnitten eingesehen werden.

407 P. Schneider, Domkapitel, 37; G. Gehring, Domcapitel, 11; P. Hinschius, System II, 63; G. A. Huller, Persönlichkeit, 38.

Pomesanische Domkapitel getroffen. Das nur zwei Jahre früher aufgelöste Samländische Domkapitel teilte diesen Zustand mit ihm. In Havelberg 1506/07 und Brandenburg 1507 kam es mit der Transmutation in eine weltgeistliche Einrichtung zur Einführung der Präbendalverfassung. Das zweite Wiener Neustädter Domkapitel, das zwischen 1508 und 1534 durch den Orden der St.-Georgs-Ritter gebildet wurde, fällt aufgrund seiner Kurzlebigkeit diesbezüglich nicht wirklich ins Gewicht.

Wenig verwunderlich finden sich in dieser Aufstellung ausschließlich regulierte Domkapitel. Die gegenüber dem weltgeistlichen Stand deutlich strengere Klerikerdisziplin ermöglichte das Beharren auf einem gemeinschaftlichen Leben der Kanoniker. Der Rückgang in der Zahl der offenen Domkapitel, vor allem im frühen 16. Jahrhundert, legt die Vermutung nahe, dass das gemeinschaftliche Leben vielfach als einschränkender Zwang gesehen wurde, von dem man loszukommen trachtete. Mit dem Seckauer, dem Lavanter und dem Chiemseer Domkapitel behielten lediglich drei Einrichtungen die alte Verfassung bis ins ausgehende 18. beziehungsweise beginnende 19. Jahrhundert bei.

Trotz des Gesagten sind bislang nicht alle regulierten Domkapitel angeführt worden. Hinsichtlich der noch nicht genannten Institutionen zeigten sich zwei Erscheinungen. Zum einen gab es Domkapitel, für die trotz ihrer regulierten Verfassung eine fixe Zahl an Mitgliedern vorgesehen war. Allerdings entsprachen die diesbezüglich angestrebten Ziele bei Weitem nicht der Wirklichkeit, und man blieb deutlich unter der gesetzten zahlenmäßigen Begrenzung. Daher sind diese Domkapitel wohl eher den offenen Einrichtungen zuzurechnen. Betroffen davon war das Salzburger Domkapitel, das bis zur Transmutation von 1515 die eigentlich vorgesehenen 24 Domherren nicht stellen konnte. Ähnlich erging es dem Ratzeburger Domkapitel vor seiner Umwandlung in eine weltgeistliche Einrichtung 1504. Hier wären seit 1301 25 Mitglieder gefordert gewesen. In Kulm lagen die Wunschvorstellungen bis zur Aufgabe des Regularstandes in den Siebzigerjahren des 15. Jahrhunderts bei 24 Mitgliedern. In allen diesen Fällen blieb der Personalstand deutlich unter den gestellten Anforderungen. Allein das nur zwischen 1493 und 1508 bestehende erste Wiener Neustädter Domkapitel kam nach der großzügigen Herabsetzung der Erwartungen von 32 auf zwölf Domherren den angedachten Verhältnissen ziemlich nahe.

Eine völlig andere Vorgangsweise wählte man im ebenfalls regulierten Gurker Domkapitel. Auch hier wurde Ende des 16. Jahrhunderts die Zahl der Kapitulare auf zwölf festgelegt. Dieses Ziel wurde zwar von Mitte des 17. Jahrhunderts an erreicht. Zugleich kam es aber, vermutlich ebenfalls seit dem 16. Jahrhundert, zu einer Trennung zwischen Kapitel und Konvent. Das war vor allem den Adelserfordernissen geschuldet, denn der Konvent blieb im Unterschied zum Kapitel bürgerlich und zahlenmäßig nicht festgelegt. Noch vor dem Aufstieg zum Domkapitel im Jahr 1752 brach sich in der Reichsabtei Fulda dieselbe Entwicklung Bahn. Nach der Visitation durch Nuntius Pier Luigi Conte Carafa im Jahr 1627 standen sich auch hier das adelige Kapitel und der bürgerliche Konvent gegenüber. Ersteres umfasste 15 Kapitulare, während der Konvent in seinem personellen Umfang nicht eingeschränkt war. Als Vorbild für beide Domkapitel konnte das Leitomischler dienen, dem nach seiner Errichtung 1344 ebenfalls nur ein Teil des dortigen Konvents angehörte. Allerdings verloren sich die Spuren des Konvents gegen Ende des 14. Jahrhunderts, und selbst das Domkapitel führte im Untersuchungszeitraum nur noch ein klägliches Schattendasein.

Äußerlich geschlossene Domkapitel

In einer zweiten Gruppe von Domkapiteln wurde es üblich, die Zahl der Mitglieder einer zahlenmäßigen Begrenzung zu unterziehen. Dies geschah zumeist aus wirtschaftlichen Gründen, entweder in unmittelbarem Zusammenhang mit der Einführung der Präbendalverfassung oder auch im Zuge späterer Reformbestrebungen. Dabei ist zu beachten, dass in vielen Fällen der entsprechenden formellen statutenmäßigen Festsetzung ein schon deutlich länger bestehendes entsprechendes Gewohnheitsrecht vorausging. Es wurde also nur eine bereits geübte Praxis zur rechtsverbindlichen Norm erhoben. Als äußerlich geschlossen sind die Domkapitel deshalb zu bezeichnen, weil sie zwar die Gesamtzahl ihrer Mitglieder einer verbindlichen Regelung unterwarfen, aber keinerlei Festlegung hinsichtlich des internen Verhältnisses zwischen Kapitularen und Domizellaren trafen. Jeder Kanoniker, der über die entsprechenden Voraussetzungen verfügte, konnte so als Kapitular Sitz und Stimme erwerben. Daher schwankte in diesen Domkapiteln der personelle Umfang des eigentlichen Kapitels.[408]

Von den behandelten Domkapiteln bestanden die von Augsburg, Basel, Bremen, Breslau, Brixen, Hildesheim, Konstanz, Lebus, Lüttich, Metz, Minden, Münster, Olmütz, Osnabrück, Paderborn, Salzburg, Toul, Trient, Verden und Verdun während des ganzen Untersuchungszeitraumes als äußerlich geschlossene Kapitel. Allerdings pflegten die Domkapitel von Breslau, Minden, Olmütz und Paderborn zwischen einer begrenzten Zahl an residierenden und einer unbegrenzten Zahl an nicht residierenden Kapitularen zu unterscheiden. Lüttich hatte diesbezüglich nur eine mehr oder weniger streng beachtete gewohnheitsrechtliche Regelung. Salzburg wies trotz der formalen äußerlichen Geschlossenheit bis zur Transmutation 1515 überwiegend Züge eines offenen Domkapitels auf.

Über die aus der Gruppe der offenen Domkapitel neu hinzugekommenen Institutionen wurde bereits gehandelt. Dazu zählten die Domkapitel von Ratzeburg 1504, Havelberg 1506/07 und Brandenburg 1507. Andererseits wurden mehrere bislang lediglich äußerlich geschlossene Kapitel zu nun auch innerlich geschlossenen.

Innerlich geschlossene Domkapitel

Im Unterschied zur vorhergehenden Gruppe war bei den innerlich geschlossenen Domkapiteln nicht nur die grundsätzliche Zahl der Mitglieder verbindlich festgelegt. In ihnen wurde auch das interne Verhältnis zwischen Kapitularen und Domizellaren

---

408 P. Schneider, Domkapitel, 68–70; P. Hinschius, System II, 65f.; M. M. A. Serger, Capitula, 95–97; G. A. Huller, Persönlichkeit, 47.

durch ein entsprechendes Statut geregelt. Kapitular werden konnte hier nicht mehr einfach jeder, der über die erforderlichen Eigenschaften verfügte. Es durfte nämlich eine vorgegebene Höchstzahl an Kapitularen keinesfalls überschritten werden. War dies der Fall, so hatte der zwar prinzipiell geeignete Domherr die Vakanz einer Kapitularstelle abzuwarten, ehe er Sitz und Stimme im Kapitel erhalten konnte. Hintergrund der Einschränkungen waren auch hier zumeist wirtschaftliche Gründe. Darüber hinaus wurden mitunter Vermögenswerte des Domkapitels einer anderweitigen Verwendung zugeführt, was unweigerlich eine Reduktion der Kapitularstellen bedingte.[409]

Unter den innerlich geschlossenen Domkapitel gab es zum einen welche, die bereits im Laufe des Mittelalters, also noch vor Beginn des Untersuchungszeitraumes, eine solche Verfassung angenommen und damit die Zahl ihrer Kapitulare begrenzt hatten. Dazu gehörten die Domkapitel von Bamberg, Ermland, Halberstadt, Hamburg, Köln, Lausanne, Leitomischl, Lübeck, Magdeburg, Mainz, Meißen, Merseburg, Sitten, Trier, Utrecht und Würzburg. Gezwungenermaßen musste auch das Prager Domkapitel nach den Hussitenkriegen seine Kapitulare auf ein Mindestmaß beschränken.

Darüber hinaus wurden im Laufe des Untersuchungszeitraumes etliche Domkapitel neu gegründet, die von Anfang an als innerlich geschlossene organisiert waren. Sie verfügten in ihrer überwiegenden Mehrzahl gar nicht mehr über Domizellare, sodass stets alle Mitglieder des Domkapitels zugleich auch Kapitulare waren. Das traf für die Domkapitel von Laibach ab 1461, Wien ab 1469, Leitmeritz ab 1655, Königgrätz ab 1665, Wiener Neustadt ab 1692, Fulda und Görz jeweils ab 1752, Brünn ab 1777, Linz ab 1784, St. Pölten ab 1785, Budweis, Graz und Leoben jeweils ab 1786, Gradisch ab 1788 sowie Corvey ab 1794 zu. Von ihnen verfügten lediglich die Domkapitel von Fulda und Corvey über Domizellarstellen, jedoch jeweils nur über kaum mehr als zwei. Zu den Domkapiteln von Leitmeritz, Königgrätz und Brünn wiederum gehörten jeweils einige nicht residierende Domherren mit deutlich eingeschränkten oder gänzlich fehlenden Kapitularrechten.

Einen Wechsel von der Verfassung eines äußerlich geschlossenen zu der eines innerlich geschlossenen Domkapitels vollzogen im Untersuchungszeitraum die Domkapitel von Kulm in den Siebzigerjahren des 15. Jahrhunderts, Schleswig 1541/42, Passau Mitte des 16. Jahrhunderts, Brandenburg 1568, Havelberg etwa zur selben Zeit, Regensburg 1571, Speyer 1575, Cammin 1576/79, Schwerin in der zweiten Hälfte des 16. Jahrhunderts, Naumburg 1589, Worms um die Wende vom 16. zum 17. Jahrhundert, Chur tatsächlich 1630, Freising 1634, Straßburg 1650, Gurk tatsächlich um die Mitte des 17. Jahrhunderts und Eichstätt 1685. Darüber hinaus waren nachweislich in Salzburg 1569 und zwischen 1619 und 1625 sowie in Augsburg 1640 und 1683 unternommene Versuche, ein innerlich geschlossenes Domkapitel zu schaffen, zu keinem erfolgreichen Abschluss gekommen. Dass sich die in

409 P. Schneider, Domkapitel, 68–70; P. Hinschius, System II, 65f.; M. M. A. Serger, Capitula, 95.

Ratzeburg bereits 1301 getroffene entsprechende Entscheidung nicht durchsetzen konnte, wurde bereits erwähnt.

Organisatorischer Wandel

Vergleicht man abschließend den zahlenmäßigen Umfang der einzelnen Verfassungsformen, so zeigt sich eine stete Entwicklung hin zu den innerlich geschlossenen Domkapiteln. Rund zwei Drittel aller untersuchten Domkapitel war am Ende des 18. Jahrhunderts nach diesen Gesetzmäßigkeiten organisiert. Darunter wiederum stellten jene Einrichtungen, die bereits im Laufe des Mittelalters das Verhältnis zwischen Kapitularen und Domizellaren festgelegt hatten, rund ein Drittel der Beispielfälle. Während des Untersuchungszeitraumes führte ein weiteres Drittel der Domkapitel eine innerlich geschlossene Verfassung ein, während das letzte Drittel bereits mit dieser Organisationsform gegründet wurde.

Trotz der geschilderten Entwicklung gab es gegen Ende des Untersuchungszeitraumes noch 17 Domkapitel, die lediglich äußerlich geschlossen waren. Wenn man die unter ähnlichen Verhältnissen beheimateten Domkapitel von Breslau und Olmütz mit einschließt, dann standen alle Domkapitel mit dieser Verfassungsform im Laufe ihrer Geschichte zumindest zeitweise in Zusammenhang mit einem reichsständischen Hochstift.

Die Gruppe der offenen Domkapitel umfasste zuletzt nur mehr drei Mitglieder. Sie ist daher an Zahl und Bedeutung der Institutionen beinahe vernachlässigbar.

4. Personeller Umfang

Angesichts des Ausgeführten werden die Schwierigkeiten deutlich, die mit dem Versuch, den Mitgliederstand der einzelnen Domkapitel zu vergleichen, einhergehen. Dieser war bei den Einrichtungen mit offener Verfassung ohnehin stets wechselnd, was bei denen mit einer äußerlich geschlossenen Organisationsform auch für die eigentlich entscheidende Zahl der Kapitulare galt. Daher bieten lediglich die innerlich geschlossenen Domkapitel verlässlich vergleichbares Zahlenmaterial, allerdings auch hier nur diejenigen, die über den gesamten Untersuchungszeitraum beziehungsweise seit ihrer währenddessen erfolgten Gründung ihren personellen Umfang unverändert bewahren konnten.

Um trotzdem zumindest annäherungsweise vergleichende Aussagen über die Mitgliederstärke der einzelnen Domkapitel machen zu können, soll im Folgenden für drei Stellen des Untersuchungszeitraumes eine solche Bestandsaufnahme erfolgen. Dafür bieten sich zuerst die Jahre unmittelbar vor dem Ausbruch der Reformation an, in denen einerseits der Transmutationsprozess mancher Domkapitel bereits abgeschlossen war, andererseits die Auswirkungen der Reformation noch nicht Platz gegriffen hatten. Als zweiter Abschnitt sollen die Jahre nach dem Westfälischen Frieden in Betracht gezogen werden. Die konfessionell bedingten Veränderungen waren damals abgeschlossen. Nach der Umsetzung der mit dem Friedensvertrag verbundenen Ausführungsbestimmungen begann wieder eine ruhigere Phase in der Verfassungsgeschichte der Domkapitel. Die letzte Feststellung des Personalstandes soll für das ausgehende 18. Jahrhundert gemacht werden, also jene Jahre, die noch nicht von den Wirren der Französischen Revolution und ihren Folgen gekennzeichnet sind. Andererseits gilt es, auch die späten Gründungen zu erfassen. Es kann daher in allen drei geschilderten Fällen nicht von einem genauen Zeitpunkt ausgegangen werden, sondern lediglich von einem gewissen Zeitabschnitt, da in den unterschiedlichen Domkapiteln bestimmte Ereignisse entweder noch oder nicht mehr zu berücksichtigen waren. Entsprechende damit verbundene Unschärfen müssen also in Kauf genommen werden, will man sich nicht in unübersichtlichen Zahlenspielereien verlieren. Nicht vergessen werden darf zudem die Tatsache, dass die Größe allein so gut wie gar nichts über die Bedeutung der einzelnen Domkapitel aussagt. Dafür waren vor allem die wirtschaftliche Ausstattung und die realpolitischen Möglichkeiten der jeweiligen Institution ausschlaggebend. Der personelle Umfang fiel diesbezüglich nicht wirklich ins Gewicht.[410]

Vor Ausbruch der Reformation

Im beginnenden 16. Jahrhundert bestanden 62 der behandelten Domkapitel. In die Gesamtzahl der Mitglieder sind hier die Kapitulare sowie die Domizellare und Minorpräbendare eingeschlossen, während die Exspektanten unbeachtet bleiben. Ausgehend von der für die christliche Symbolik bedeutsamen Zwölfzahl sollen die Domkapitel im Folgenden in vier Gruppen eingeteilt werden, in kleine mit bis zu zwölf Mitgliedern, in mittelgroße mit 13 bis 24 Kanonikern, in große mit 25 bis 36 Domherren und in übergroße mit 37 und mehr Klerikern.

Zu den kleinen Domkapiteln zählten die von Chiemsee, Gurk, Kulm, Laibach, Lavant, Leitomischl, Pomesanien, Prag, Samland und Wiener Neustadt. Von diesen zehn Institutionen hatte sich das Leitomischler Domkapitel damals bereits so gut wie aufgelöst, während das Kulmer mit vier Domherren über den geringsten Mitgliederstand verfügte. Kaum mehr zählten die Domkapitel von Laibach und Pomesanien. Die in einer offenen Verfassungsform organisierten Domkapitel von Chiemsee, Lavant und Wiener Neustadt standen hingegen am Übergang zu den mittelgroßen Domkapiteln. Eindeutig dieser Gruppe zuzuordnen waren insgesamt 23 Einrichtungen, nämlich die Domkapitel von Basel, Brandenburg, Bremen, Brixen, Cammin, Chur, Ermland, Freising, Hamburg, Havelberg, Konstanz, Lebus, Meißen, Merseburg, Naumburg, Paderborn, Ratzeburg, Salzburg, Schleswig, Seckau, Straßburg, Trient und Verden. Große Domkapitel bestanden in Bamberg, Eichstätt, Halberstadt, Lausanne, Minden, Olmütz, Osnabrück, Passau, Regensburg, Schwerin, Sitten, Speyer, Worms und Wien. Von diesen 14 Domkapiteln waren allerdings die von Regensburg, Sitten, Wien und vermutlich auch Olmütz unmittelbar am

410 Die bereits in den Einzeldarstellungen der jeweiligen Domkapitel angeführten Literaturangaben werden an dieser Stelle nicht mehr wiederholt. Sie können in den entsprechenden Abschnitten eingesehen werden.

Übergang zu den mittelgroßen angesiedelt. Unter den 15 übergroßen Domkapiteln hatten die von Augsburg, Breslau, Lübeck, Magdeburg, Mainz, Metz, Münster, Toul, Trier und Utrecht bis zu 40 Mitglieder. Zwischen 40 und 50 Domherren umfassten die Institutionen in Hildesheim, Köln und Verdun. Die mitgliederstärksten Domkapitel waren Würzburg mit 54 Kanonikern und Lüttich mit 59.

Die zahlenmäßige Analyse des erhobenen Befundes zeigt, dass unmittelbar vor dem Ausbruch der Reformation 16,1 % der Domkapitel höchstens zwölf Mitglieder aufwiesen. Zur Gruppe der mittelgroßen Domkapitel gehörten 37,1 % der Institutionen. Mit einem Umfang von 22,6 % beziehungsweise 24,2 % fielen die großen und übergroßen Domkapitel daneben deutlich ab. Die mitgliederstärksten Domkapitel lagen schwerpunktmäßig vor allem im linksrheinisch-lothringischen Raum, wo knapp zwei Drittel dieser Institutionen beheimatet waren. Dass diese Länder zuerst mit dem Christentum in Berührung gekommen waren und daher auch die ältesten Domkapitel beherbergten, mag ein Grund für dieses Übergewicht sein, zumal erkennbar ist, dass später gegründete Domkapitel in der Regel weniger Domherrenstellen aufwiesen als frühere Gründungen.

Nach dem Westfälischen Frieden

Eineinhalb Jahrhunderte später hatte sich die Lage der Domkapitel vor allem durch die Reformation und ihre Folgen grundlegend verändert. Dazu kamen die Auswirkungen der von den Bestimmungen des Westfälischen Friedens ermöglichten Säkularisationsvorgänge, die einigen Institutionen den völligen Untergang brachten, anderen eine deutliche Reduktion der Domherrenstellen. Jedenfalls bestanden damals noch 51 der untersuchten Domkapitel.

Die Zahl der kleinen Domkapitel ist nun deutlich geringer geworden. Dazu waren jetzt nur mehr die Domkapitel von Kulm, Laibach, Meißen und Prag zu rechnen. Darunter umfasste das Laibacher Domkapitel am wenigsten Kanoniker. Zu ihm gehörten nur sechs Mitglieder. Unter die mittelgroßen Einrichtungen reihten sich die insgesamt 26 Domkapitel von Basel, Brandenburg, Brixen, Cammin, Chiemsee, Chur, Ermland, Freising, Gurk, Hamburg, Havelberg, Konstanz, Lavant, Merseburg, Minden, Naumburg, Osnabrück, Paderborn, Passau, Regensburg, Salzburg, Sitten, Straßburg, Trient, Wien und Worms ein. Als große Domkapitel waren die von Bamberg, Breslau, Eichstätt, Halberstadt, Lübeck, Magdeburg, Olmütz, Seckau und Speyer anzusehen. Ihre Zahl betrug daher neun. Nur unwesentlich mehr, nämlich zwölf, bildeten die Gruppe der übergroßen Domkapitel. Das waren die Korporationen in Augsburg, Hildesheim, Köln, Lüttich, Mainz, Metz, Münster, Toul, Trier, Utrecht, Verdun und Würzburg. Ihr personeller Umfang hatte sich so gut wie gar nicht verändert. Nach wie vor standen Würzburg mit 54 Domherrenstellen und Lüttich mit 59 hinsichtlich der Mitgliederstärke an der Spitze.

Sehr wohl deutliche Veränderungen ergaben sich jedoch hinsichtlich des Verhältnisses der einzelnen Gruppen untereinander. Der Anteil der kleinen Domkapitel hatte sich mit jetzt 7,8 % mehr als halbiert. Die mittelgroßen Domkapitel bildeten nach wie vor den größten Verband. Sie stellten mit 51,0 % mittlerweile mehr als die

Hälfte aller Einrichtungen. Die großen Domkapitel verloren mit 17,7 % ein wenig an Umfang, während der Wert für die übergroßen mit 23,5 % beinahe gleich blieb. Es zeigt sich also deutlich eine doppelte Entwicklung. Zum einen war man bemüht, die personelle Ausstattung der Domkapitel auf ein tragfähiges Maß zu erhöhen, weshalb die Zahl der kleinen Institutionen mit nur ganz wenigen Mitgliedern im Sinken begriffen war. Zum anderen lässt sich aus dem leichten Rückgang bei den großen und übergroßen Domkapiteln das Bestreben herauslesen, den einzelnen Mitgliedern ein die Bestreitung der Lebenshaltungskosten ermöglichendes Einkommen zuzuteilen. Zugunsten eines ausreichenden Unterhalts war man durchaus bereit, die Zahl der Kanonikate herabzusetzen. Die während dieser Zeit in manchen Domkapiteln zudem erfolgte Begrenzung der Kapitularstellen beziehungsweise die Einführung von fixen Residentenstellen weist in dieselbe Richtung.

Am Vorabend der Säkularisation

Zahlreiche Neugründungen in den Jahren der konfessionellen Konsolidierung nach dem Westfälischen Frieden veränderten das Bild, das die Domkapitel boten, nochmals nachhaltig, freilich nicht in dem erheblichen Ausmaß, als es die Ereignisse des ausgehenden 18. und beginnenden 19. Jahrhunderts vermochten. Vor allem durch den Reichsdeputationshauptschluss von 1803 wurde das Gefüge der Domkapitel bis in die Grundfesten erschüttert und teilweise völlig zerstört.

Für den Vorabend der Säkularisation sind 63 Domkapitel in Betracht zu ziehen. Dass mit den Domkapiteln von Brünn, Budweis, Görz, Gradisch, Graz, Gurk, Kulm, Laibach, Leitmeritz, Leoben, Linz, Meißen, Prag, St. Pölten und Wiener Neustadt jetzt wieder 15 Einrichtungen höchstens zwölf Mitglieder umfassten, ist vor allem den Diözesanregulierungen Kaiser Josephs II. geschuldet. Für den damit verbundenen Typus des Josephinischen Domkapitels waren im Allgemeinen sieben Kanoniker vorgesehen. Da das Brünner Domkapitel diese Zahl um eine Stelle unterschritt, war dieses nun mit sechs Domherren das allerkleinste. Die Reihe der mittelgroßen Institutionen setzt sich aus den 25 Domkapiteln von Basel, Brandenburg, Brixen, Cammin, Chur, Corvey, Ermland, Freising, Fulda, Hamburg, Havelberg, Königgrätz, Konstanz, Merseburg, Minden, Naumburg, Paderborn, Passau, Regensburg, Salzburg, Sitten, Straßburg, Trient, Worms und Wien zusammen. Die großen Domkapitel waren mittlerweile zu einer Zehnergruppe geworden. Zu den Domkapiteln von Bamberg, Breslau, Eichstätt, Halberstadt, Lübeck, Magdeburg, Olmütz, Seckau und Speyer hatte sich nach der Zustiftung eines Kanonikats jenes von Osnabrück neu dazugesellt, allerdings zahlenmäßig am untersten Rand. Schließlich erfuhren auch die übergroßen Domkapitel einen Zuwachs auf nunmehr 13 Einrichtungen. Zu den Domkapiteln von Augsburg, Hildesheim, Köln, Lüttich, Mainz, Metz, Münster, Toul, Trier, Utrecht, Verdun und Würzburg trat jenes von Chiemsee neu hinzu, eine Folge der späten Blütezeit des Augustiner-Chorherren-Stiftes. Wenig überraschend waren auch im ausgehenden 18. Jahrhundert die Domkapitel von Würzburg und Lüttich mit 54 beziehungsweise 59 Domherrenstellen die mitgliederstärksten Gemeinschaften.

Der sprunghafte Anstieg der kleinen Domkapitel auf 23,8 %, also auf mehr als das Dreifache, wurde bereits begründet. Die drei übrigen Gruppen haben sich an absoluten Zahlen so gut wie gar nicht verändert. Das gilt freilich nicht für die Verhältniswerte. So waren von den erfassten Domkapiteln nun 39,7 % den mittelgroßen Einrichtungen zuzuordnen, 15,9 % den großen und 20,6 % den übergroßen.

Ein etwas anderes Bild zeigt sich beim Blick auf die Anzahl der Kapitulare, die letztlich die Geschehnisse im Domkapitel bestimmten. Als große und übergroße Domkapitel im oben genannten Sinn konnten diesbezüglich lediglich die von Augsburg, Hildesheim, Lüttich, Metz, Münster, Seckau, Toul, Utrecht und Verdun gelten. Für das ebenfalls mitgliederstarke Chiemseer Domkapitel ist das Verhältnis zwischen den Stiftsherren und den tatsächlichen Kapitularen nicht bekannt.

Entwicklungslinien

Die dargestellten Zahlenverhältnisse lassen für den Untersuchungszeitraum hinsichtlich der Mitgliederzahlen der Domkapitel eindeutig eine rückläufige Entwicklung erkennen. Diese spielte sich von der Mitte des 15. bis ins ausgehende 18. Jahrhundert im Wesentlichen auf zwei Ebenen ab. Zum einen wurde die personelle Gesamtstärke der Domkapitel, also die Zahl der Kapitulare und der Domizellare, herabgesetzt. Zum anderen kam es mit der Beschränkung der Kapitular- und Residentenstellen zu einer Verringerung der Zahl jener Domherren, die als die tatsächlichen Entscheidungsträger der Domkapitel anzusehen waren. Die Gründe für diese Entwicklung mochten durchaus vielschichtig sein, finanzielle Motive waren jedoch zumeist ausschlaggebend für die entsprechenden Maßnahmen. Kriegerische Ereignisse, Besitzverluste infolge der konfessionellen Spaltung, aber auch selbstverschuldete Misswirtschaft und das Streben der Domherren nach einem höheren Einkommen sorgten dafür, dass man sich zu einem Eingriff in die personelle Verfassung der Domkapitel entschied.

Das dem Untersuchungszeitraum unmittelbar vorausgehende Spätmittelalter wies hingegen noch eine gänzlich gegenteilige Entwicklung auf. In diesem Zeitabschnitt war die Zahl der Domherren im Allgemeinen in einem steten Ansteigen begriffen. Gegen die grundsätzlich vorherrschende Strömung lassen sich aber auch nach der Mitte des 15. Jahrhunderts noch Beispiele für die Zustiftung von Kanonikaten anführen. Solche wurden zumeist in jenen Domkapiteln vorgenommen, die sich entweder noch in der Gründungs- und Aufbauphase befanden oder nach erheblichen wirtschaftlichen, konfessionellen oder politischen Erschütterungen einer Neukonsolidierung zustrebten. Dazu zählte die Errichtung neuer Kanonikate in den Domkapiteln von Görz, Gurk, Königgrätz, Kulm, Laibach, Leitmeritz, Olmütz, Prag und Ratzeburg. In Hamburg waren vor allem Patrizierfamilien für ein spätes Anwachsen der Präbenden in den Jahrzehnten vor der Reformation verantwortlich. Daneben stellten sich auch verschiedene Adelige in die Tradition des spätmittelalterlichen Stiftungswesens. Zumeist ohne unmittelbare Notwendigkeit im vorgenannten Sinn schufen sie aus eigenem Antrieb neue Domherrenstellen. Die Familie Freiherr von Galen tat sich diesbezüglich in der zweiten Hälfte des 17. Jahrhunderts mit insgesamt fünf Kanonikaten in den Domkapiteln von Minden, Münster, Osnabrück und Worms hervor. Auf protestantischer Seite tat es ihr im ausgehenden 17. Jahrhundert die Familie Freiherr von dem Bussche mit drei Präbenden in den Domkapiteln von Halberstadt, Magdeburg und Minden gleich. Etwa zur selben Zeit stattete Johann Otto Graf von Dernbach zwei Kanonikate im Lavanter Domkapitel aus. Ins 18. Jahrhundert fielen die Stiftungen einer Domherrenstelle in Prag durch Johann Rudolph Graf von Sporck, eines Kanonikats in Görz durch Johann Martin Strohl von Strohlendorf, vierer Präbenden in Wien durch Maria Theresia Herzogin von Savoyen sowie eines Kanonikats in Havelberg durch Wichard Joachim von Möllendorff. Bischöfliche Initiativen zur Vermehrung der Domherrenstellen scheiterten hingegen. Erzbischof Philipp Christoph von Sötern, der 1647 zwei neue Kanonikate im Trierer Domkapitel schaffen wollte, konnte sein Vorhaben ebenso wenig umsetzen wie Bischof Wenzel Graf von Thun 1673 in Passau, dem die Errichtung gleich sieben neuer Stellen vorschwebte. Auch der 1687 von Bischof Wilhelm Egon Graf von Fürstenberg unterbreitete Vorschlag, in Straßburg sechs Priesterkanonikate neu zu gründen, gelangte nicht zur Verwirklichung. Von den Regenten wiederum konnten sich im Untersuchungszeitraum nur König Ladislaus II. von Böhmen und Kaiserin Maria Theresia zur Dotation einer neuen Domherrenstelle entschließen. Sie stifteten gegen Ende des 15. Jahrhunderts im Olmützer beziehungsweise um die Mitte des 18. Jahrhunderts im Görzer Domkapitel eine neue Domherrenstelle. Kaiser Franz II. brachte zwar 1801 für das Gurker Domkapitel noch die Wiedererrichtung einer achten Domherrenstelle auf den Weg, deren förmliche Besetzung erfolgte vermutlich aber erst nach dem Ende des Untersuchungszeitraumes. Keinesfalls übersehen werden darf allerdings in diesem Zusammenhang die mitunter entscheidende Rolle der Regenten bei der Neugründung ganzer Domkapitel.

Kaiser Joseph II. leitete einen neuen Abschnitt in der personellen Verfassung der Domkapitel ein. Mit einer 1787 erlassenen Verfügung schuf er für seinen Herrschaftsbereich erstmals Domkapitel mit einer verbindlich standardisierten Zahl von Mitgliedern. Ohne Rücksicht auf die bisherige Kapitelgeschichte oder die wirtschaftlichen Möglichkeiten der Institution setzte er die Personalstärke für Metropolitankapitel auf höchstens zwölf Mitglieder fest, die für gewöhnliche Domkapitel auf höchstens acht.[411] Neben zahlreichen Neugründungen, die nach diesen Vorgaben erfolgten, mussten sich infolge der zahlenmäßigen Beschränkungen Kaiser Josephs II. die Domkapitel von Gurk, Königgrätz, Olmütz, Prag und Wien von nunmehr überzählig gewordenen Mitgliedern trennen.

In ähnlicher Weise wurden die 1803 erlassenen Statuten des Versailler Domkapitels, in denen die Mitgliederzahl der Korporation auf zehn festgelegt wurde, für die Domkapitel unter französischem Einfluss zur verbindlichen Grundlage.[412]

---

411 A. W. Gustermann, Kirchenrecht I, 71; P. Schneider, Domkapitel, 190; H. Zschokke, Geschichte, 197; I. Fried, Metropolitankapitel, 6.

412 P. Hüffer, Forschungen, 217f.; J. Torsy, Geschichte, 77.

Auch in der Neuorganisation der deutschen Domkapitel im 19. Jahrhunderts griff man häufig auf die Idee standardisierter Domkapitel zurück.

Vergleichszahlen außerhalb des Untersuchungsraumes

Abschließend sollen die personellen Verhältnisse einiger ausgewählter Domkapitel außerhalb des Untersuchungsraumes dargestellt werden, um entsprechende Vergleichsmöglichkeiten zu eröffnen.

Unter den dänischen Domkapiteln war das Roskilder das größte. Es umfasste 1568 vier Prälaten und 36 Kanoniker, den Inhaber der vom Kapitelvermögen getrennt verwalteten Präbende des Heilig-Geist-Spitals eingerechnet. 1571 verlor es allerdings sechs Präbenden an die Universität Kopenhagen.[413] Das Lunder Domkapitel stand dem Roskilder kaum nach. Für diese Einrichtung wird für das 16. und 17. Jahrhundert ein Personalstand von vier Prälaten und 30 Kanonikern angegeben.[414] Deutlich schwächer besetzt war das Århuser Domkapitel, das unmittelbar vor der Reformation drei Prälaten und 18 Domherren besaß.[415] Ähnlich lagen die Verhältnisse in den Domkapiteln von Ribe und Viborg. Die Riber Korporation, in katholischer Zeit noch mit 24 Präbenden ausgestattet, brachte es nach dem Konfessionswechsel nur mehr auf 15 Mitglieder.[416] Zum Viborger Domkapitel gehörten nach seiner Transmutation in eine weltgeistliche Einrichtung 1440 ebenfalls 15 Domherren.[417]

Die livländischen Domkapitel waren personell verhältnismäßig bescheiden ausgestattet. Zwar wuchs das Dorpater Domkapitel durch die spätere Errichtung von acht Minorpräbenden bis spätestens in die Mitte des 14. Jahrhunderts auf insgesamt 20 Mitglieder an, allerdings dürfte diese Zahl im Untersuchungszeitraum bei Weitem nicht mehr erreicht worden sein, sondern sich meist im einstelligen Bereich bewegt haben.[418] Die Domkapitel von Ösel-Wiek, Reval und Riga zählten jeweils etwa zwölf Mitglieder. Für alle drei Einrichtungen galt das allerdings nicht durchgehend.

---

413 L. Helveg, Domkapitler, 12, 33f.; J. O. Arhnung, Kapitel, XXV; H. F. Rørdam, Om de af Mester Jens Grand stiftede sex Praebender ved Roskilde Domkirke, in: KHS II/4 (1867/68), 166.

414 C. G. Weibull, Bidrag till Lunds domkapitels och dess arkivs historia efter reformationen, in: HTS 4 (1910–13), 129, 131, 191f.; L. Helveg, Domkapitler, 11f., 27, 34.

415 O. Bay, Mellem reformation og opløsning. Århus domkapitel 1536–1665, in: A. Andersen/P. Ingesman/E. Ulsig, Festskrift, 106; L. Helveg, Domkapitler, 32f.

416 J. F. Kinch, Riber Kapitels aeldste bevarede Jordebog tilligemed nogle Bemaerkninger om Kapitlets Indtaegter under Katholicismen, in: KHS II/1 (1857–59), 76–78; J. F. Kinch, Ribe Domkapitel på Reformationes Tid, in: KHS II/1 (1857–59), 415; L. Helveg, Domkapitler, 33; P. Terpager, Ripa, 134f., 144f.; A. L. J. Michelsen, Kirchengeschichte II, 23f.; A. L. J. Michelsen, Kirchengeschichte III, 117.

417 L. Helveg, Domkapitler, 16, 33.

418 T. Lukas, Tartu, 49–53, 67, 133, 141f.; B. Jähnig, Bistum Leal/Dorpat, in: E. Gatz, Bistümer, 186; A. Gernet, Verfassungsgeschichte, 45; B. Jähnig, Die Verfassung der Domkapitel der Kirchenprovinz Riga, in: B. Jähnig, Probleme, 62f.; E. Hertwich, Das Kurländische Domkapitel bis 1561, in: R. Biskup/M. Glauert, Domkapitel, 199;

So sind in Ösel-Wiek für das 16. Jahrhundert stete Vakanzen überliefert.[419] Im Revaler Domkapitel befanden sich Mitte des 15. Jahrhunderts noch zwölf Domherren, während dieselbe Institution ein Jahrhundert später nur mehr von vier Kanonikern repräsentiert wurde.[420] Das Rigische Domkapitel wies seit der Wende vom 15. zum 16. Jahrhundert nur mehr etwa acht Mitglieder auf.[421] Bei der Gründung des Wendenschen Domkapitels griff man 1582 hinsichtlich des personellen Umfangs auf die Zwölfzahl zurück.[422] Dem gegenüber fiel das wirtschaftlich schwächer gestellte Domkapitel von Kurland[423] mit lediglich sechs Domherren deutlich ab.

Wesentlich stärker besetzt waren die dem Untersuchungsraum benachbarten polnischen Domkapitel. Sie konnten ihre bereits im ausgehenden Mittelalter vorhandenen hohen Mitgliederzahlen mit mehr oder weniger geringfügigen Veränderungen bis ins beginnende 19. Jahrhundert halten. Aufgrund der für die polnischen Domkapitel typischen geborenen und überzähligen Kanoniker finden sich über die einzelnen Einrichtungen häufig unterschiedliche Zahlenangaben. In der folgenden Auflistung bleiben die geborenen Kanoniker und die Gratialkanoniker jeweils unberücksichtigt. So belief sich der Mitgliederstand des Plozker Domkapitels seit der Mitte der 15. Jahrhunderts auf neun Prälaten und 21 Kanoniker. Da im Laufe des 16. Jahrhunderts eine weitere Kanonikerstelle geschaffen wurde, betrug die Zahl der Domherren seit damals beinahe durchgehend 31, zumal der Verlust einer 1606 supprimierten Präbende rund zwei Jahrzehnte später mit der Stiftung einer neuen Domherrenstelle durch Bischof Hieronim Cielecki wieder ausgeglichen wurde. Die 1780 aus wirtschaftlichen Gründen ausgesprochene Suppression von gleich neun

L. Arbusow, Livlands Geistlichkeit vom Ende des 12. bis ins 16. Jahrhundert, in: JGHS 16 (1911/12/13), 304.

419 B. Jähnig, Bistum Ösel-Wiek, in: E. Gatz, Bistümer, 506; B. Jähnig, Die Verfassung der Domkapitel der Kirchenprovinz Riga, in: B. Jähnig, Probleme, 62; E. Hertwich, Das Kurländische Domkapitel bis 1561, in: R. Biskup/M. Glauert, Domkapitel, 199; L. Arbusow, Livlands Geistlichkeit vom Ende des 12. bis ins 16. Jahrhundert, in: JGHS 16 (1911/12/13), 304, 323f.; T. Lukas, Die Domherren des Bistums Ösel-Wiek 1228–1563, in: Ü. Paras, Saare-Lääne, 233.

420 L. Arbusow, Livlands Geistlichkeit vom Ende des 12. bis ins 16. Jahrhundert, in: JGHS 16 (1911/12/13), 336, 338; K. Neitmann, Bistum Reval, in: E. Gatz, Bistümer, 619.

421 C. Mettig, Zur Verfassungsgeschichte des Rigaschen Domcapitels, in: MGGLEK 12 (1880), 527f.; C. Mettig, Bemerkungen zur Geschichte des Rigaschen Domkapitels, in: SGGAOR 1911, 387, 391f.; B. Jähnig, Die Verfassung der Domkapitel der Kirchenprovinz Riga, in: B. Jähnig, Probleme, 67; E. Hertwich, Das Kurländische Domkapitel bis 1561, in: R. Biskup/M. Glauert, Domkapitel, 199; L. Arbusow, Livlands Geistlichkeit vom Ende des 12. bis ins 16. Jahrhundert, in: JGHS 16 (1911/12/13), 258.

422 E. Kuntze, Utworzenie biskupstwa wendeńskiego przez Stefana Batorego, in: J. Adamus, Studia II, 454, 466; T. Christiani, Die Gegenreformation in Livland, in: BMS 36 (1889), 588; B. Szady, Prawo, 45.

423 E. Hertwich, Das Kurländische Domkapitel bis 1561, in: R. Biskup/M. Glauert, Domkapitel, 170, 178, 200; M. Glauert, Domkapitel, 195f.; B. Jähnig, Die Verfassung der Domkapitel der Kirchenprovinz Riga, in: B. Jähnig, Probleme, 69.

Kanonikaten gelangte letztlich nicht zur Ausführung.[424] Personell etwas weniger umfangreich als das Plozker Domkapitel war das Leslauer. Hier fanden sich im beginnenden 15. Jahrhundert sieben Prälaten und 18 Kanoniker, zu denen sich 1593 ein achter Prälat gesellte, womit sich die Gesamtzahl auf 26 erhöhte.[425] Das Gnesener Domkapitel bestand im beginnenden 15. Jahrhundert vorerst aus sieben Prälaten und 24 Kanonikern. Um die Mitte des Jahrhunderts fielen nach der Errichtung der beiden Lekturen kurzfristig zwei Stellen weg, ehe deren Inhaber ab 1458 wieder den Kanonikern zugezählt wurden. Da Erzbischof Stanisław Karnkowski 1594 ein Kanonikat dem Archidiakonat Gnesen inkorporierte, sank der Personalstand dauerhaft auf 30 Mitglieder.[426] Der personelle Zuwachs des Posener Domkapitels, das bereits über weite Strecken des 15. Jahrhunderts einmal 44 Mitglieder zählte, wurde 1504 mit der Stiftung eines Kanonikats durch Woiwod Mikołaj Lubrański von Kalisch abgeschlossen. Von seinen somit neuerlich 44 Mitgliedern verlor das Domkapitel 1611 durch zwei Inkorporationen sowie 1622, 1630 und 1645 durch neun Suppressionen insgesamt elf Domherrenstellen, wodurch ihm danach noch zehn Prälaten und 23 Kanoniker verblieben. Im 18. Jahrhundert kam es vorerst zu keiner dauerhaften Veränderung des Personalstandes, da die Suppression eines weiteren Kanonikats durch die 1714 erfolgte Resuszitation eines anderen ausgeglichen wurde. Daher verringerte erst das mit der Gründung des Bistums Warschau 1798 verbundene Ausscheiden des Archidiakons von Warschau aus dem Domkapitel die Zahl der Domherren auf neun Prälaten und 23 Kanoniker.[427] Das Krakauer Domkapitel schließlich bestand

---

424 A. Radzimiński, Prałaci I, 16; A. Radzimiński, Prałaci II, 7, 9f., 174f.; W. Góralski, Kapituła, 87–90; W. Góralski, Skład kapituły katedralnej w Płocku do końca XVI w., in: SP 6 (1978), 125–128, 143–148; M. Grzybowski, Stosunek Michała Jerzego Poniatowskiego biskupa płockiego do kleru katedralnego i kolegiackiego (1773–1785), in: SP 6 (1978), 95, 101f., 112; N. N., Handbuch/Anhang, 107f.; B. Szady, Prawo, 44f., 55, 164.

425 P. Dembiński, Kapituła, 38; S. Librowski, Kapituła, 19f., 24f., 27f., 56; A. Radzimiński, Kapituła i duchowieństwo katedralne w średniowiecznym Włocławku, in: J. Staszewski, Włocławek I, 76f.; N. N., Handbuch/Anhang, 110; B. Szady, Prawo, 44f.

426 M. Czyżak, Kapituła, 23; J. Korytkowski, Prałaci I/1, 46–48, 57, 62f., 100f.; B. Binder, Domkapitel, 11–13, 34; S. Zachorowski, Rozwój, 86f.; K. Lutyński, Kapituła, 37; A. Radzimiński, Das soziale Milieu der polnischen Domkapitel im Vergleich zu ähnlichen Institutionen im Deutschen Reich im späteren Mittelalter, in: J. Kłoczowski, Christianity, 129; A. Radzimiński, Polnische Domkapitel des Mittelalters – Modelle kirchlicher Karrieren, in: QMAN 12 (2007), 321; B. Szady, Prawo, 44f., 155.

427 P. Dembiński, Kapituła, 35–40; K. Lutyński, Kapituła, 36f., 53f., 87; M. Pukianiec, Organizacja, 21, 34–36, 39–43, 45f., 48, 117; M. Pukianiec, Pochadzenie i funkcjonowanie siedemnastowiecznej elity kośielnej na przykładzie kanoników kapituły katedralnej w Poznaniu, in: VN 6 (2013), 108f., 113f., 120; R. Weimann, Receptiones seu installationes ad episcopatum, praelaturas et canonicatus Ecclesiae Cathedralis Posaniensis ab anno 1532 usque ad annum 1800, in: RTPNP 35 (1908), 3f., 158–160; A. O. Okęcki, Ecclesia, 26f., 32–41; N. N., Handbuch/Anhang, 110; B. Szady, Prawo, 44f., 164.

spätestens seit dem Ende des ersten Viertels des 14. Jahrhunderts aus sechs Prälaten und 25 Kanonikern. Bis zum Beginn des letzten Drittels des 15. Jahrhunderts wuchs der personelle Umfang der Einrichtung um fünf Domherrenstellen auf 36 Mitglieder an. Durch die 1727 zur Umsetzung gelangte Aufwertung der Kanzlei zur Prälatur, veränderte sich lediglich das interne Gefüge des Domkapitels, das nun neben sieben Prälaturen 29 Kanonikate zählte.[428]

Die Domkapitel der im Süden des Untersuchungsraumes anschließenden istrischen Bistümer konnten mit diesen Zahlenverhältnissen längst nicht mithalten, eine Tatsache, die wohl vor allem der für hier wie für weite Teile Italiens typischen kleinräumigen Diözesaneinteilung geschuldet war. Das Triester Domkapitel wies seit mindestens dem ersten Viertel des 13. Jahrhunderts einen Personalstand von zwölf ordentlichen Domherren auf, der jedoch in Krisenzeiten mitunter unterschritten wurde. So blieben etwa nach einer Pestepidemie zu Beginn des 17. Jahrhunderts nur mehr zwei Domherren übrig. Von der durch Kaiser Joseph II. 1787 verfügten Herabsetzung auf nur mehr acht Mitglieder war die Korporation wohl nicht mehr betroffen, da sie damals ohnehin bereits zur Auflösung vorgesehen war. Nach der kurzfristigen Suppression zwischen 1788 und 1791 erfolgte die Neuerrichtung nur mehr mit sechs Mitgliedern.[429] In Capodistria, wo es seit der Mitte des 13. Jahrhunderts zehn Domherren gab, wurden im 17. Jahrhundert drei Kanonikate neu gestiftet, 1659 eines durch Bischof Baldassare Bonifacio Corneani, im folgenden Jahr eines durch Giacomo Zarotti sowie etwas später eines durch Bischof Francesco Zeno. Da zudem nach 1663 eine von Petronia Apollonio, der Gattin Zarottis, gestiftete Mansionarsstelle vorübergehend zum Kanonikat aufgewertet wurde, umfasste das Domkapitel kurzfristig 14 Mitglieder. Dieser Personalstand wurde von 1724 an nach der Stiftung eines Kanonikats durch Pietro Ruggeri neuerlich erreicht.[430] Im benachbarten Cittanova kam man mindestens seit dem ausgehenden 16. Jahrhundert über fünf Kanonikate nicht hinaus. Davon war allerdings eines dauerhaft der bischöflichen Mensa inkorporiert. Die schlechte wirtschaftliche Ausstattung des Domkapitels bedingte, dass die Vierzahl der Domherren vom zweiten Viertel des 17. bis über die Mitte des 18. Jahrhunderts kaum gehalten werden konnte. In diesem Zeitraum waren zumeist nur drei Domherren vorhanden.[431] In Parenzo unterlag die Zahl der

428 B. S. Kumor, Dzieje II, 189, 192f., 205–209, 211f., 244, 248f., 266, 290, 296f.; S. Librowski, Kapituła, 24, 27f.; A. Radzimiński, Polnische Domkapitel des Mittelalters – Modelle kirchlicher Karrieren, in: QMAN 12 (2007), 321; B. Szady, Prawo, 44f., 158; P. Dembiński, Kapituła, 38.

429 A. Fidler, Geschichte V, 17f., 39; G. Mainati, Croniche I, 162; G. Mainati, Croniche II, 84, 126; G. Mainati, Croniche III, 145, 153; G. Cappelletti, Chiese VIII, 708; G. Mainati, Croniche V, 65, 68; N. N., Stato del Reggimento di Trieste del 1718, in: L'Istria 3 (1848), 190.

430 F. Petronio, Cenni cronologici sul Capitolo di Capodistria, in: AT II/6 (1879/80), 216–219; P. Kandler, Indicazioni, 75.

431 A. Gulin, Kaptoli, 363; I. Grah, Izvještaji novigradskih biskupa Svetoj Stolici (1588–1808), in: CCP 9/XVI (1985), 65–68, 70–72, 74f., 82f.; I. Grah, Izvještaji novigradskih

Domherren noch größeren Schwankungen. Seit dem 15. Jahrhundert fanden sich im dortigen Domkapitel zwölf Mitglieder. Ab dem beginnenden 17. Jahrhundert brachten der Uskokenkrieg und seine Folgen das Domkapitel an den Rand des Untergangs. Dem wirtschaftlichen Niedergang folgte der personelle. 1647 waren nur mehr zwei Kanoniker vorhanden. In den Jahren unmittelbar danach sorgte Bischof Giovanni Battista del Giudice für einen Neuaufbau des Domkapitels, das sich damit wieder dauerhaft aus zehn Domherren zusammensetzte.[432] In Pola gestaltete sich der personelle Umfang ähnlich. Das dortige Domkapitel zählte seit einer Festlegung Papst Pius' II. 1462 zwölf Mitglieder. Nach der Suppression einer Präbende zugunsten des Inquisitors von Istrien durch Papst Gregor XIII. waren es von 1584 an noch elf. Da etwa um dieselbe Zeit noch ein weiteres Kanonikat vorübergehend verschwand, betrug der Personalstand bis zum Ende des ersten Viertels des 17. Jahrhunderts nur mehr zehn Domherren. 1769 fiel die bislang vom Inquisitor genossene Präbende wieder an das Domkapitel zurück, in dem nun mit zwölf Mitgliedern der vormalige Zustand wiederhergestellt war.[433] Das Pedener Domkapitel schließlich musste bis ins letzte Drittel des 18. Jahrhunderts mit nur drei Domherren auskommen, ehe Bischof Aldrago Antonio dei Piccardi eine bereits bis ins erste Viertel des 17. Jahrhunderts belegte vierte Domherrenstelle neuerlich errichtete.[434]

Im Westen des Untersuchungsraumes bestanden im Genfer Domkapitel von spätestens dem ersten Viertel des 14. Jahrhunderts an bis zur Auflösung Ende des 18. Jahrhunderts stets 30 Kanonikate.[435] Nachdem 1387 und 1468 je eine Präbende supprimiert worden war, blieben im Besançoner Domkapitel von den 1253 geschaffenen 45 Domherrenstellen bis zur Auflösung der Institution 1790 noch 43 Mitglieder übrig.[436] Ähnlich gestalteten sich die Verhältnisse in Cambrai. Zum dortigen Domkapitel gehörten seit dem letzten Drittel des 13. Jahrhunderts 47 Präbenden. Papst Alexander VI. gestattete 1499, eine Präbende zur Dotation der Kleinvikare

---

biskupa Svetoj Stolici (1588–1808), in: CCP 10/XVII (1986), 114, 117, 123, 129, 133, 137, 143, 146.

432 A. Gulin, Kaptoli, 355, 358; I. Grah, Izvještaji porečkih biskupa Svetoj Stolici (1588–1775), in: CCP 7/XII (1983), 4, 7f., 11, 14–16, 18f., 27, 32, 38, 43; G. Cappelletti, Chiese VIII, 789f.; P. Kandler, Diocesi di Parenzo nel 1770, in: L'Istria 2 (1847), 78.

433 I. Grah, Izvještaji pulskih biskupa Svetoj Stolici (1592–1802), in: CCP 11/XX (1987), 28, 32, 36f., 39, 41, 44–46, 49, 55, 57, 63; I. Grah, Izvještaji pulskih biskupa Svetoj Stolici (1592–1802), in: CCP 12/XXI (1988), 78, 100f.; P. Kandler, Indicazioni, 52, 66, 88.

434 A. Gulin, Kaptoli, 365; I. Grah, Izvještaji pićanskih biskupa Svetoj Stolici (1589–1780), in: CCP 4/VI (1980), 2, 4–7, 10, 12, 15; A. Fidler, Geschichte V, 83f.; G. Cappelletti, Chiese VIII, 775; D. Di Paoli Paulovich, Pedena, 39, 59, 65; F. M. Dolinar, Bistum Pedena, in: E. Gatz, Bistümer, 564.

435 J. Mercier, Le Chapitre de Saint-Pierre de Genève, in: MDAS 14 (1891), 13, 269, 282, 292f., 308f.; L. Binz, Le Chapitre cathédral de Genève (XIe–XVIe siècle), in: J.-P. Renard, Diocèse, 220.

436 N. N., Almanach de Besançon, 16; H. Hours, Diocèse, 8, 12f.; H.-G. Duchesne, France, 76.

heranzuziehen. Anlässlich der Erhebung Cambrais zum Erzbistum wies Papst Pius IV. 1561 die Einkünfte eines Kanonikats der erzbischöflichen Mensa zu. Die Päpste Gregor XIII. und Urban VIII. taten 1573 und 1626 dasselbe zugunsten des Dompropstes beziehungsweise der vier Archidiakone. Papst Alexander VII. bestätigte 1664 die Teilung von zwei Präbenden in vier Semipräbenden, von deren Inhabern aber lediglich zweien Sitz und Stimme im Kapitel zukam. Von den dermaßen bestehenden 43 Domherrenpräbenden blieben schließlich von 1787 an zwei unbesetzt, um deren Erträge für 25 Jahre der Domfabrik zufließen zu lassen.[437] Die beiden 1777 aus dem Primatial- beziehungsweise einem Kollegiatkapitel gebildeten Domkapitel von Nancy[438] und Saint-Dié[439] wurden mit jeweils 26 Mitgliedern eingerichtet.

Der Vergleich mit den Korporationen der Reichskirche bringt zuerst eine größere Homogenität unter den Domkapiteln der jeweiligen benachbarten Regionen zutage. Das mag zum einen an der im Gegensatz zum Reichsgebiet flächenmäßig geringeren Ausdehnung liegen, zum anderen aber auch in einer merklich gleichförmigeren historischen Entwicklung der dortigen Domkapitel. Die Unterschiede der einzelnen Korporationen hinsichtlich des Gründungszeitpunktes, der politischen und finanziellen Möglichkeiten sowie der personellen Ressourcen hielten sich deutlich in Grenzen. Zudem verhinderte das nahezu völlige Fehlen von Neugründungen die Ausbildung abweichender Strukturen. Der mitunter frühe Untergang schloss darüber hinaus tiefgreifendere Veränderung innerhalb bereits bestehender Einrichtungen weitgehend aus. So büßten die fünf ursprünglichen livländischen Domkapitel ihre Existenz bis zum Ende des zweiten Drittels des 16. Jahrhunderts als Folge der Reformation ein, während die fünf erwähnten dänischen Domkapitel im Anschluss an den Frieden von Roskilde aus dem Jahr 1658 ihr Ende fanden. Der Befund, dass die mitgliederstärksten Korporationen schwerpunktmäßig im linksrheinisch-lothringische Raum lagen, deckt sich mit den für die westliche Nachbarschaft erhobenen Ergebnissen. Sogar die späten Gründungen in Nancy und Saint-Dié wurden zumindest noch als große Einrichtungen geschaffen. Im Osten ergab sich zwischen den geschlossen groß bis übergroßen fünf polnischen Domkapiteln und denen in Breslau und Olmütz hinsichtlich der Mitgliederzahl ein nahtloser Übergang. Im Süden des Untersuchungsraumes führten die sechs istrischen Domkapitel ein kaum vergleichbares Dasein. Sie blieben trotz ihrer frühen Entstehungszeit durchwegs kleine Korporationen und wiesen damit am ehesten Ähnlichkeiten mit den mehr als ein Jahrtausend später durch Kaiser Joseph II. in den Habsburgischen Erblanden geschaffenen Domkapiteln auf.

---

437 J.-B. Blin, Notice historique sur le chapitre cathédral et métropolitain de Cambrai, in: MSEC 36 (1880), 158f., 178f.; H.-G. Duchesne, France, 99.

438 N. Gabrielly, France, 182f.; C. Pfister, Histoire II, 702f.

439 F. Chanteau, Notes pour servir à l'histoire du chapitre de Saint-Dié aux XVIIe et XVIIIe siècles, in: ASEV 15 (1875), 102f.; N. Gabrielly, France, 187; E. Martin, Histoire III, 5.

5. Kapitelämter

Die Aufrechterhaltung der inneren Ordnung und die Erfüllung der zugedachten Aufgaben ließen sich für die Domkapitel nur dann gewährleisten, wenn sie über eine entsprechende Ausstattung an Ämtern verfügten. Abgesehen von dieser grundsätzlichen Gemeinsamkeit unterschieden sich die einzelnen Ämter deutlich bezüglich Ansehen, Einflussmöglichkeiten, Dotation und Arbeitsaufwand. Zudem waren die mit den jeweiligen Ämtern verbundenen Zuständigkeiten im Laufe der Geschichte zahlreichen Veränderungen und Entwicklungen unterworfen.[440]

Begriffsklärung

Hinsichtlich der in den Domkapiteln eingerichteten Ämter lassen sich drei nach Stellenwert abnehmende Gruppen unterscheiden, die Dignitäten, die Personate und die Offizien. Bedauerlicherweise herrscht weder in der Literatur noch in den darin zitierten Quellen Einigkeit darüber, wie die drei genannten Gruppen genau voneinander zu scheiden sind.[441] Um zumindest an dieser Stelle eine eindeutige Begriffsklärung anbieten zu können, wurde die Zuteilung der Ämter zu den einzelnen Gruppen hier nach klaren Maßstäben vorgenommen.

Als Dignitäten werden jene Ämter bezeichnet, die ihren Inhabern das Recht der Präzedenz gegenüber den übrigen Domherren einräumten. Die Dignitäre sind also jene Mitglieder des Domkapitels, die unabhängig von ihrer Anciennität an der Spitze der Domherren standen. Dignitäten wurden in der Regel auf Lebzeit verliehen und nur im Falle einer Promotion oder Resignation wieder aufgegeben. Die in den nach der Regel des Deutschen Ordens organisierten Domkapiteln geübte Praxis, die Kapitelämter jeweils nur auf ein Jahr zu vergeben, stellt daher ein Alleinstellungsmerkmal dieser Korporationen dar.[442] Vor allem im Bereich der polnischen Kirche wurden die Dignitäten auch als Prälaturen bezeichnet.

Unter die Personate fallen jene Ämter, die ihren Inhabern zwar einerseits keinen Aufstieg in der Rangfolge bescherten, denen aber andererseits doch eine herausragende Bedeutung zukam. Auch sie wurden im Allgemeinen auf unbegrenzte Zeit übertragen und nur im Zuge einer allfälligen Promotion oder Resignation zurückgegeben. Die Kumulation gleich mehrerer Personate war abgesehen von vereinzelten Ausnahmefällen nicht statthaft.

---

440 Die bereits in den Einzeldarstellungen der jeweiligen Domkapitel angeführten Literaturangaben werden an dieser Stelle nicht mehr wiederholt. Sie können in den entsprechenden Abschnitten eingesehen werden.

441 P. Hinschius, System II, 110–114; P. Schneider, Domkapitel, 84–87; G. A. Huller, Persönlichkeit, 52, 54.

442 M. Glauert, Domkapitel, 239; R. Krajniak, Duchowieństwo, 40; R. Krajniak, Prepozyci krzyżackiej kapituły katedralnej w Chełmży w latach 1266–1457, in: ZH 75 (2010), 371.

Alle anderen Ämter sind damit als Offizien anzusehen. Ihnen ist die geringere Bedeutung gemein sowie die Tatsache, dass sie häufig nur auf begrenzte Zeit verliehen wurden. Zudem war es durchaus üblich, Offizien untereinander oder auch mit einem Personat oder einer Dignität zu kumulieren.

Die hier vorgenommene strenge Begriffseinteilung vermag freilich über einen erheblichen Mangel nicht hinwegzutäuschen. Die bereits angedeuteten Widersprüche in der Literatur und den darin zitierten Quellen erschweren eine eindeutige Zuordnung der einzelnen Ämter. Diese Schwierigkeit wird umso größer, je weniger Material über ein bestimmtes Domkapitel vorliegt beziehungsweise je früher es seine Existenz einbüßte. Die Unterscheidung zwischen Dignitäten und Personaten fällt dabei noch leichter als die zwischen Personaten und Offizien.

Vor diesem Hintergrund sind hier lediglich die im Untersuchungszeitraum bestehenden Dignitäten und Personate Gegenstand der weiteren Betrachtung. Eine Aufnahme auch der Vielzahl der unterschiedlichsten Offizien erschien als nicht gerechtfertigt. Verzichtet wurde zudem auch auf die Behandlung jener Ämter, die zwar in vielen Fällen verbindlich mit einem Mitglied des Domkapitels zu besetzen waren, aber eigentlich kapitelfremde Ämter waren. Dazu gehörten etwa die Propsteien beziehungsweise Dechanteien der Domannex- und der sonstigen Kollegiatstifte, die Kommendatarabteien, das Generalvikariat, das Offizialat, bestimmte Pfarren sowie verschiedene Kurien- und Hofämter. Auch für die Ämter des Lektors oder Theologen sowie des Pönitentiars lag der Schwerpunkt ihrer Tätigkeit eindeutig außerhalb des Domkapitels. Eine begründete Ausnahme stellen diesbezüglich einzig die Archidiakonate dar, von denen allerdings nur jene in Betracht gezogen wurden, deren Besitz ihrem Inhaber im Domkapitel den Rang eines Dignitärs einbrachte. Die übrigen Archidiakonate blieben als kapitelfremde Ämter ebenfalls unberücksichtigt.

Grundsätzlich waren es drei große Bereiche, zu deren Abdeckung die Domkapitel Ämter schufen, nämlich die Politik, die Wirtschaft und die Liturgie, womit sich jedoch deutliche Schwachstellen im pastoralen und sozialen Bereich auftaten.[443] Zudem ist vorauszuschicken, dass vor allem in den in einem reichsimmediaten geistlichen Territorium gelegenen Domkapiteln die mit den einzelnen Ämtern verbundenen Aufgaben im Untersuchungszeitraum so gut wie gar nicht mehr von den eigentlichen Inhabern versehen wurden. Ausgenommen davon war lediglich das Amt des Domdechanten, der zumeist als einziger persönlich seinen Amtspflichten nachkam, während den übrigen Würdenträgern ihre Dignitäten und Personate tatsächlich kaum einen nennenswerten Arbeitsaufwand bescherten, sondern in erster Linie einen Zuwachs an Ehre und Einkommen mit sich brachten. Die Aufgaben, die ihnen dem Namen nach anhafteten, wurden in Wirklichkeit von Hilfskräften aus dem niederen Domklerus wahrgenommen. Kanoniker der Domannexstifte, Chorvikare, Mansionare und

443 N. Eisele, Domkapitel, 79.

Benefiziaten fungierten so als Subbeamte der Domherren.[444] In den außerhalb der reichsimmediaten geistlichen Territorien gelegenen Domkapiteln stellte sich die Lage bisweilen anders dar. Die fehlende adelige Exklusivität, die eingeschränkten wirtschaftlichen Möglichkeiten, die höhere Residenzdisziplin sowie das mitunter beinahe völlige Fehlen eines niederen Domklerus machten es hier durchaus gebräuchlich, dass Titel und Aufgaben noch gemeinsam in den Händen der jeweiligen Amtsträger lagen, wie dies bis ins Spätmittelalter hinein allgemein der Fall war. Angesichts dessen konnten die Domherren selbst im Untersuchungszeitraum kaum nennenswerte pastorale und soziale Maßnahmen setzen.

Dignitäten

Die weitaus größte Zahl der untersuchten Domkapitel wies zwei Dignitäten auf. In den allermeisten Fällen waren das die Dompropstei und die Domdechantei. Durchgehend der Fall war dies in den 30 Domkapiteln von Augsburg, Bamberg, Bremen, Brixen, Chiemsee, Eichstätt, Halberstadt, Hamburg, Hildesheim, Konstanz, Laibach, Lavant, Lübeck, Magdeburg, Meißen, Merseburg, Minden, Naumburg, Osnabrück, Paderborn, Passau, Ratzeburg, Regensburg, Salzburg, Samland, Seckau, Speyer, Straßburg, Utrecht und Würzburg. Mit einer lediglich für die Jahre von 1787 bis 1789 bestehenden Ausnahme galt das auch für das Gurker Domkapitel. Andere Domkapitel wiederum verfügten gleichfalls über zwei Dignitäre, die jedoch abweichende Amtstitel führten. So besaßen das Brünner und das Königgrätzer Domkapitel einen Domdechanten und einen Archidiakon, wobei das für letzteres als Folge des langwierigen Gründungsprozesses erst ab 1703 galt. Das dritte Wiener Neustädter Domkapitel hingegen verfügte über einen Domdechanten und einen Chormeister. Zeitweise mit den beiden Dignitäten der Dompropstei und der Domdechantei waren das Verdener, das Schweriner und das Havelberger Domkapitel ausgestattet, nämlich bis 1559, 1637 und 1736. An der Spitze des Schleswiger Domkapitels standen ab 1541/42 mit dem Archidiakon und dem Kantor ebenfalls zwei Dignitäre. Im Basler Domkapitel schließlich konnten sich die Bestrebungen, den Rang eines Dignitärs auf den Dompropst und den Domdechanten zu beschränken, nur zwischen 1596 und 1601 durchsetzen.

Angesichts dieses zahlenmäßigen Übergewichts stellten jene Domkapitel, die nur eine einzige Dignität aufwiesen, seltene Ausnahmefälle dar. Dazu zählten das Leitmeritzer, das Corveyer und das Fuldaer Domkapitel, denen jeweils ein Domdechant als einziger Dignitär vorstand. In Leitmeritz scheiterten Versuche zur Errichtung einer Dompropstei. Die beiden anderen Domkapitel waren späte Gründungen aus der zweiten Hälfte des 18. Jahrhunderts. Für das Königgrätzer Domkapitel bedingte der langwierige Aufbauvorgang, dass es bis 1703 mit dem Archidiakon nur einen

444 N. Eisele, Domkapitel, 55–57; G. Rauch, Das Mainzer Domkapitel in der Neuzeit. Zu Verfassung und Selbstverständnis einer adeligen geistlichen Gemeinschaft II, in: ZRG KA 62 (1976), 196.

Dignitär in seinen Reihen hatte. Die umgekehrte Entwicklung ereignete sich im Verdener und im Schweriner Domkapitel. Hier kam es 1559 zur Suppression beziehungweise ab 1637 zur bleibenden Vakanz der Dompropstei, womit der Domdechant als alleiniger Dignitär übrig blieb.

Unter der Gruppe jener Domkapitel, in denen drei Dignitäre die Rangordnung der Domherren anführten, bildeten die nach den Erlässen Kaiser Josephs II. standardisiert eingerichteten Domkapitel die Mehrheit. Zu den sechs Domkapiteln von Linz, St. Pölten, Budweis, Graz, Leoben und Gradisch gehörten jeweils ein Dompropst, ein Domdechant und ein dritter Dignitär, nämlich Kustos oder Scholaster. Diesem Muster entsprach zwischen 1787 und 1789 kurzfristig auch das ebenfalls unter Kaiser Joseph II. in eine weltgeistliche Einrichtung überführte Gurker Domkapitel. Gleiches galt für das bereits auf Anregung Kaiserin Maria Theresias gegründete Görzer Domkapitel. Hier wurde der dritte Dignitär als Primizer betitelt. Neben all diesen im 18. Jahrhundert ins Leben gerufenen Domkapiteln gab es auch unter denen mit einer längeren Geschichte einige, die drei Dignitäten kannten. Als dritten Dignitär neben dem Dompropst und dem Domdechanten führte das Freisinger Domkapitel den Kustos und das Trientner den Archidiakon. Dasselbe traf für das Olmützer Domkapitel bis 1492 zu. Nur zeitweise hier zugehörig waren auch das Schleswiger Domkapitel, das bis 1541/42 mit dem Dompropst, dem Archidiakon und dem Kantor drei Dignitäre umfasste, sowie das Brandenburger Domkapitel, dessen wichtigste Kapitelämter in protestantischer Zeit die Dompropstei, die Domdechantei und die Kantorei waren. Abschließend ist noch das Kulmer Domkapitel zu nennen, in dem es zwischen der Transmutation in den Siebzigerjahren des 15. Jahrhunderts und dem Jahr 1650 mit dem Dompropst, dem Domdechanten und dem Kustos zuletzt ebenfalls drei Dignitäre gab.

Die Gruppe der Domkapitel mit vier Dignitären ist erkennbar kleiner als die vorgenannte. Dauerhaft inbegriffen waren hier das Sittner Domkapitel, das neben den beiden Dekanen den Sakristan und den Kantor zu den Dignitären rechnete, und das Lausanner Domkapitel, das die Dompropstei, das Thesaurariat, die Kantorei und die Sakristei als Dignitäten führte. Uneingeschränkt dasselbe gilt für das Prager Domkapitel, das den Dompropst, den Domdechanten, den Archidiakon und den Scholaster als Dignitäre in seiner Mitte barg, sowie für das Ermländische Domkapitel mit der Dompropstei, der Domdechantei, der Kustorei und der Kantorei. Für das Leitomischler Domkapitel brachten die Wirren der Hussitenzeit bereits vor Beginn des Untersuchungszeitraumes den Verlust eines aufrechten Kapitellebens, was sich selbstverständlich auch auf die vier Dignitäten der Dompropstei, der Kustorei, der Kantorei und der Scholasterie auswirkte. Vorübergehend mit vier Dignitären besetzt war das Brandenburger Domkapitel von seiner Transmutation bis zum Konfessionswechsel, als darin neben den drei bereits erwähnten Dignitäten noch das Thesaurariat bestand. Das Verduner Domkapitel schied ab der Mitte des 15. Jahrhunderts durch die Errichtung neuer Dignitäten aus der Gruppe der Domkapitel mit vier Dignitären aus. Genau dasselbe war für das Wiener Domkapitel der Fall, als es 1741/43 zur Aufwertung der Scholasterie zur fünften Dignität kam.

Derselbe Vorgang bedingte andererseits ab 1492 die Zugehörigkeit des Olmützer Domkapitels zu den Einrichtungen mit vier Dignitäten.

Neben dem schon zuletzt genannten Wiener Domkapitel verfügten die Domkapitel von Chur, Köln, Mainz, Münster, Pomesanien und Worms dauerhaft über fünf Dignitäre. Während für das Kulmer Domkapitel dieser Zustand mit der Transmutation in den Siebzigerjahren des 15. Jahrhunderts ein vorläufiges Ende fand, gesellte sich zu dieser Gruppe das Lebuser Domkapitel im ausgehenden 15. Jahrhundert neu dazu.

Dieses zählte bis dahin noch sechs Dignitäten, eine Tatsache, die für die Domkapitel von Basel und Cammin beständig zutraf. Das Kulmer Domkapitel wies ab 1730 nach der Zustiftung dreier neuer Dignitäten seit der Mitte des 17. Jahrhunderts schließlich ebenfalls sechs Dignitäten auf.

Im Breslauer, im Trierer und nach der von der Mitte des 15. Jahrhunderts bis 1514 vorgenommenen Aufwertung dreier Personate zu Dignitären auch im Verduner Domkapitel füllten sieben Dignitäre die wichtigsten Kapitelämter aus. Dabei trugen in den beiden letztgenannten Einrichtungen vor allem die Archidiakonate zur hohen Zahl an Dignitären bei.

Das galt uneingeschränkt auch für die drei Domkapitel mit dem größten Kreis an Dignitären, darunter das Lütticher mit neun und das Touler mit zehn. Den alleinigen Spitzenwert bot freilich das Metzer Domkapitel. Dieses kannte bis 1601 gar 13 Dignitäre, danach bis vermutlich ins 18. Jahrhundert zwölf und zuletzt immerhin noch elf.

War die Zahl der Domherrenstellen im Laufe des Untersuchungszeitraumes in einzelnen Domkapiteln mitunter noch beträchtlichen Schwankungen unterworfen, so galt das für die Dignitäten in einem ungleich geringeren Ausmaß. In ihrem Bestand kam es nur in verhältnismäßig wenigen Fällen zu Veränderungen. Die Domkapitel zeigten sich also hinsichtlich ihrer Spitzenämter deutlich stabiler als hinsichtlich ihres personellen Umfangs.

Ohne Berücksichtigung jener Verluste, die durch den völligen Untergang beziehungsweise die Transmutation einzelner Domkapitel bedingt waren, sowie vorübergehender Vakanzen kam es im ausgehenden 15. Jahrhundert im Lebuser Domkapitel zur Abwertung der Kustorei zu einem einfachen Offizium. Während im Schleswiger und im Verdener Domkapitel 1541/42 beziehungsweise 1559 jeweils die Dompropstei unterging, übertrug das Brandenburger Domkapitel in protestantischer Zeit das Thesaurariat dauerhaft dem Domdechanten. Das Metzer Domkapitel supprimierte 1601 die Dignität des Zirkators. 1637 entschied sich das Schweriner Domkapitel, die Dompropstei dauerhaft vakant zu lassen. Wiederum in Metz verlor die Kustorei bis spätestens im 18. Jahrhundert ihre Stellung als Dignität und wurde zu einem Personat. Schließlich erfolgte 1789 noch die Suppression der Kustorei im Gurker Domkapitel. Von den geschichtlichen Entwicklungen überholt wurde die Erlaubnis Papst Pius' VI., die Basler und die Kölner Dompropstei von 1797 beziehungsweise 1798 an aus wirtschaftlich-politischen Gründen unbesetzt zu lassen. Gleiches galt für die seit 1794 unbesetzte Kantorei des Churer Domkapitels. Keine nennenswerten Auswirkungen rief auch die 1596 durch das Basler Domkapitel vorgenommene

Abwertung der Kantorei, des Archidiakonats, der Kustorei und der Scholasterie hervor. Bereits 1601 hatten alle ihre Stellung als Dignitäten wiedererlangt.

Daneben kam es in einigen Domkapiteln auch zur Zustiftung neuer Dignitäten, wobei auch hier die in unmittelbarem Zusammenhang mit der Neugründung oder Transmutation einzelner Domkapitel entstandenen Ämter keinerlei Erwähnung finden. Im Untersuchungszeitraum wurde zuerst im Verduner Domkapitel in die bislang bestehende Ämterstruktur eingegriffen. In der zweiten Hälfte des 15. Jahrhunderts wurde hier die Aufwertung der Kantorei vom Personat zur Dignität vorgenommen. Denselben Aufstieg sprachen Papst Julius II. 1508 für die Kanzlei und Papst Leo X. 1514 für die Scholasterie aus. Etwa zur selben Zeit, nämlich 1492, genehmigte Papst Alexander VI. dem Olmützer Domkapitel die Aufnahme des Scholasters in den Kreis der Dignitäre. Im Halberstädter Domkapitel war es König Friedrich Wilhelm I. von Preußen, der 1736 den Anstoß für die Errichtung der Vizedechantei als neuer Dignität gab. Erzbischof Sigismund Graf von Kollonitsch war die Errichtung der Scholasterie als neuer Dignität im Wiener Domkapitel zu verdanken. Die von ihm 1741 vorgenommene Stiftung wurde 1743 von Königin Maria Theresia bestätigt. Durch langwierige Entwicklungsprozesse nicht mehr unmittelbar mit der Transmutation beziehungsweise der Gründung in Zusammenhang zu bringende Errichtungen von Dignitäten fielen im Kulmer und im Königgrätzer Domkapitel an. Ersternorts wurde 1650 das Archidiakonat eingerichtet, 1699 die Scholasterie und 1730 das Archidiakonat Pomesanien. In Königgrätz wiederum kam es 1703 zur erstmaligen Besetzung der Domdechantei.

Ergänzend sei noch auf die 1788 von Kaiser Joseph II. verfügte Umbenennung zweier Dignitäten verwiesen. Dabei war im Linzer und im St. Pöltner Domkapitel jeweils die Kustorei betroffen, die durch die Maßnahme des Kaisers schließlich 1790 in beiden Orten zur Scholasterie wurde.

Um den erhobenen Befund besser in ein Gesamtbild einordnen zu können, bietet sich auch hinsichtlich der Ausstattung mit Dignitäten ein Vergleich der behandelten Domkapitel mit einigen ausgewählten Einrichtungen außerhalb des Untersuchungsraumes an.

In den dänischen Domkapiteln waren die drei Dignitäten der Dompropstei, des Archidiakonats und der Kantorei allgemein verbreitet. Daher bestand genau diese Organisationsform auch in dem eigentlich der dänischen Kirche zuzurechnenden Schleswiger Domkapitel. Während das Århuser Domkapitel die genannte dreigliedrige Ämterstruktur unverändert beibehielt,[445] nahm das Viborger Domkapitel diese nach der Transmutation 1440 an.[446] Im Roskilder Domkapitel trat darüber hinaus die Domdechantei als vierte Dignität auf.[447] Das Riber Domkapitel erreichte erst in den

445 L. Helveg, Domkapitler, 8, 27f.; O. Bay, Mellem reformation og opløsning. Århus domkapitel 1536–1665, in: A. Andersen/P. Ingesman/E. Ulsig, Festskrift, 106f.

446 L. Helveg, Domkapitler, 28, 54.

447 J. O. Arhnung, Domkapitel I, 24, 43, 46, 56f., 65f., 69f., 74, 414; L. Helveg, Domkapitler, 13, 27.

Fünfzigerjahren des 15. Jahrhunderts durch die Errichtung der Domdechantei die Zahl von drei Dignitäten, die es allerdings schon 1507 mit der Schaffung der Dompropstei wieder übertraf. Nach dem Konfessionswechsel gab es mit dem Sukzentorat sogar eine fünfte Dignität.[448] Das Lunder Domkapitel durchlief eine ähnliche Entwicklung wie das Riber. Abgesehen vom Sukzentorat verfügte man hier schließlich über dieselben Dignitäten.[449] Für das Odenseer Domkapitel war im Zuge der letztlich gescheiterten Transmutationsabsichten 1474 mit der Dompropstei, der Domdechantei und der Kantorei die Errichtung von drei Dignitäten vorgesehen.[450] Die unter den deutschen Domkapiteln dominierende Ausprägung von lediglich zwei Dignitären, nämlich Dompropst und Domdechant, fand also in den dänischen keine Nachahmung.

Für die livländischen Domkapitel lassen sich keine so deutlichen Übereinstimmungen in der Organisationsform feststellen wie für die dänischen. Das mag seine Ursache in den vielfältigen und mitunter recht wechselhaften Einflüssen haben, denen dieses Gebiet im Laufe seiner Geschichte unterworfen war. Zudem erschwert der wenig fortgeschrittene Forschungsstand unzweifelhafte Aussagen über den genauen Stellenwert der einzelnen Ämter. So standen dem Kurländischen[451] und dem Rigischen[452] Domkapitel vermutlich jeweils Dompropst und Domdechant als Dignitäre vor. Im Revaler Domkapitel fehlte hingegen der Dompropst, womit dem Domdechanten die erste Stelle gebührte. Dahinter folgten wohl der Fabrikator, der Scholaster und der Kantor.[453] In Ösel-Wiek kannte das Domkapitel drei oder vier Dignitäre, den Dompropst, den Domdechanten, den Scholaster und möglicherweise den Kustos,[454] während die Spitze des Dorpater Domkapitels der Dompropst, der Domdechant, der

448 J. F. Kinch, Riber Kapitels aeldste bevarede Jordebog tilligemed nogle Bemaerkninger om Kapitlets Indtaegter under Katholicismen, in: KHS II/1 (1857–59), 86–88; J. F. Kinch, Ribe Domkapitel på Reformationes Tid, in: KHS II/1 (1857–59), 391f., 394, 399; L. Helveg, Domkapitler, 27, 33; P. Terpager, Ripa, 144f., 148, 152f., 157; A. L. J. Michelsen, Kirchengeschichte II, 25.

449 C. G. Weibull, Bidrag till Lunds domkapitels och dess arkivs historia efter reformationen, in: HTS 4 (1910–13), 129, 191f.; L. Helveg, Domkapitler, 11f., 27; P. Terpager, Ripa, 144.

450 A. Krarup/J. Lindbæk, Acta IV, 78; L. Helveg, Domkapitler, 20.

451 E. Hertwich, Das Kurländische Domkapitel bis 1561, in: R. Biskup/M. Glauert, Domkapitel, 180, 199; B. Jähnig, Bistum Kurland, in: E. Gatz, Bistümer, 327; L. Arbusow, Livlands Geistlichkeit vom Ende des 12. bis ins 16. Jahrhundert, in: JGHS 16 (1911/12/13), 297.

452 L. Arbusow, Livlands Geistlichkeit vom Ende des 12. bis ins 16. Jahrhundert, in: JGHS 16 (1911/12/13), 257f.; C. Mettig, Zur Verfassungsgeschichte des Rigaschen Domcapitels, in: MGGLEK 12 (1880), 511f.

453 L. Arbusow, Livlands Geistlichkeit vom Ende des 12. bis ins 16. Jahrhundert, in: JGHS 16 (1911/12/13), 338; K. Neitmann, Bistum Reval, in: E. Gatz, Bistümer, 619.

454 T. Lukas, Die Domherren des Bistums Ösel-Wiek 1228–1563, in: Ü. Paras, Saare-Lääne, 225f., 228, 230; B. Jähnig, Die Verfassung der Domkapitel der Kirchenprovinz Riga, in: B. Jähnig, Probleme, 62; B. Jähnig, Bistum Ösel-Wiek, in: E. Gatz, Bistümer, 506; A. Gernet, Verfassungsgeschichte, 45.

Scholaster, der Thesaurar und der Kantor bildeten. Der Dignitärsrang der beiden letztgenannten Domherren ist allerdings mit Unsicherheiten behaftet.[455] Das erst im ausgehenden 16. Jahrhundert gegründete Wendensche Domkapitel zählte mit der Dompropstei, der Domdechantei, dem Archidiakonat, der Kantorei, der Scholasterie und der Kustorei sechs Dignitäten. Dass es 1582 auf Betreiben König Stephan Báthorys von Polen gegründet wurde, erklärt die nach dem Vorbild der polnischen Domkapitel gestaltete Ämterstruktur.[456]

Diese durchliefen nämlich eine ähnlich geartete Entwicklung, die sich nur in wenigen Einzelheiten voneinander unterschied. So bildeten die bereits für das Wendensche Domkapitel genannten sechs Dignitäten, in Polen im Allgemeinen Prälaturen genannt, den gemeinsamen Kern aller untersuchten polnischen Domkapitel. In Gnesen, Krakau, Leslau, Plozk und Posen waren die ersten sechs Stellen mit dem Dompropst, dem Domdechanten, dem Archidiakon, dem Kantor, dem Scholaster und dem Kustos besetzt, wenn auch nicht immer in der gleichen Reihenfolge. Erweitert wurde diese Gruppe in Gnesen gegen Ende des ersten Drittels des 14. Jahrhunderts um die siebte Prälatur der Kanzlei.[457] Zur selben Entwicklung kam es im Krakauer Domkapitel, wo das Amt des Kanzlers ebenfalls für das 14. Jahrhundert belegt ist. Danach verschwand es allerdings wieder. Eine Wiedererrichtung scheiterte vorerst Mitte des 16. Jahrhunderts. Erst 1727 konnte man nach einer entsprechenden Ermächtigung Papst Benedikts XIII. die Prälatur erstmals wieder besetzen.[458] Im Leslauer Domkapitel hatte bereits 1593 Bischof Hieronim Rozdrażewski für die Errichtung der Kanzlei gesorgt. Da hier seit dem beginnenden 15. Jahrhundert auch der Archidiakon von Pommerellen als Prälat galt, war sie jedoch die achte Prälatur.[459] Im Plozker Domkapitel wiederum verlief der Werdegang anders. Hier fanden noch vor Beginn des Untersuchungszeitraumes der Kanzler sowie der Archidiakon von Dobrin Aufnahme unter die Dignitäre. Gleiches gelang dem Inhaber des 1449 von Papst Nikolaus V. bestätigten Archidiakonats Pultusk, der allerdings erst 1497 die vollen Rechte eines Prälaten erhielt, während die 1528 beabsichtigte Schaffung einer zehnten Prälatenstelle für den Abt des Benediktinerklosters Plozk keinen

---

455 T. Lukas, Tartu, 50, 53, 133, 142; A. Gernet, Verfassungsgeschichte, 45; E. Hertwich, Das Kurländische Domkapitel bis 1561, in: R. Biskup/M. Glauert, Domkapitel, 199; B. Jähnig, Die Verfassung der Domkapitel der Kirchenprovinz Riga, in: B. Jähnig, Probleme, 62.

456 T. Christiani, Die Gegenreformation in Livland, in: BMS 36 (1889), 588; E. Kuntze, Utworzenie biskupstwa wendeńskiego przez Stefana Batorego, in: J. Adamus, Studia II, 466.

457 J. Korytkowski, Prałaci I/1, 21, 23, 29, 31, 37, 39, 42–44, 46; B. Binder, Domkapitel, 43f., 46, 52–55, 57–59, 111.

458 B. S. Kumor, Dzieje II, 189, 192f., 206f., 211, 214, 244, 248, 265f., 271f., 276, 281, 285, 288–290, 297, 302; P. Dembiński, Kapituła, 27.

459 S. Librowski, Kapituła, 18–20, 24f., 43f., 72–75, 77; A. Radzimiński, Kapituła i duchowieństwo katedralne w średniowiecznym Włocławku, in: J. Staszewski, Włocławek I, 76f.; B. Szady, Prawo, 169.

dauerhaften Erfolg zeitigte.[460] Deshalb kam es unter den polnischen Domkapiteln dem Posener allein zu, mit zehn Prälaturen über die größte Anzahl an Dignitäten zu verfügen. Seit der zweiten Hälfte des 14. Jahrhunderts umfasste die Gruppe der Prälaten neben dem Kanzler auch die drei Archidiakone von Schrimm, Betsche und Warschau. Mit der Gründung des Bistums Warschau 1798 schied dieser jedoch wieder aus dem Domkapitel aus.[461] Die für die polnischen Domkapitel grundlegende Organisationsform stand in einer erkennbaren Wechselwirkung mit der Verfassung benachbarter Einrichtungen innerhalb des Untersuchungsraumes. So wies das Breslauer Domkapitel die für Polen typischen sieben Prälaturen einschließlich der Kanzlei auf. Im Lebuser Domkapitel hingegen fehlte genau diese Dignität. Es blieb daher bis ins ausgehende 15. Jahrhundert bei sechs Dignitären. Auch das Camminer Domkapitel verfügte über eine ähnliche Ämterstruktur. Der Kanzler fand sich auch hier nicht unter den Prälaten, anstelle des Archidiakons war ihnen der Vizedom zugehörig. Das durch den Zweiten Thorner Frieden 1466 unter die Oberhoheit des Königreiches Polen gefallene Kulmer Domkapitel lehnte sich in seiner nach der Transmutation schrittweise erfolgten Neuordnung an polnische Vorbilder an, sodass es zum Ende des 17. Jahrhunderts fünf Dignitäre zählte. Lediglich die Kantorei und die Kanzlei wurden nicht geschaffen.

Eine gegenüber den polnischen Domkapiteln völlig anders geartete Organisationsform wiesen die istrischen Domkapitel auf, die ihre Gemeinsamkeit vor allem im geringen personellen Umfang und in der mitunter äußerst bescheidenen wirtschaftlichen Ausstattung fanden. In Cittanova führte dies etwa dazu, dass die ohnehin einzig verbliebene Dignität des Domdechanten zumindest von der ersten Hälfte des 16. Jahrhunderts an unbesetzt blieb. Lediglich um die Mitte des 17. Jahrhunderts lässt sich vorübergehend eine Vergabe der Dechantei belegen.[462] Eine ähnliche Entwicklung ereignete sich in Parenzo. Hier gab es vorerst zwei Dignitäre, den Archidiakon und den Archipresbyter. Der beinahe völlige Niedergang des Domkapitels führte dazu, dass gegen Ende des ersten Viertels des 17. Jahrhunderts die Dignitäten

---

460 W. Góralski, Kapituła, 73–76, 78, 80, 82–85; W. Góralski, Skład kapituły katedralnej w Płocku do końca XVI w., in: SP 6 (1978), 125–130, 133, 135, 138–142; M. Grzybowski, Stosunek Michała Jerzego Poniatowskiego biskupa płockiego do kleru katedralnego i kolegiackiego (1773–1785), in: SP 6 (1978), 95, 102; A. Radzimiński, Prałaci I, 13f., 16f.; A. Radzimiński, Prałaci II, 174; P. Dembiński, Kapituła, 27.

461 P. Dembiński, Kapituła, 22, 24f., 27–29; K. Lutyński, Kapituła, 36, 38f., 40, 43–46; M. Pukianiec, Organizacja, 15f., 22–27, 29–31, 33, 117f.; M. Pukianiec, Pochadzenie i funkcjonowanie siedemnastowiecznej elity kośielnej na przykładzie kanoników kapituły katedralnej w Poznaniu, in: VN 6 (2013), 108f., 112–114, 120; R. Weimann, Receptiones seu installationes ad episcopatum, praelaturas et canonicatus Ecclesiae Cathedralis Posaniensis ab anno 1532 usque ad annum 1800, in: RTPNP 35 (1908), 3, 7; A. O. Okęcki, Ecclesia, 26–31.

462 I. Grah, Izvještaji novigradskih biskupa Svetoj Stolici (1588–1808), in: CCP 9/XVI (1985), 65, 68, 70f., 74f., 82f.; I. Grah, Izvještaji novigradskih biskupa Svetoj Stolici (1588–1808), in: CCP 10/XVII (1986), 117, 123, 130, 137, 143.

verschwanden. Erst um die Mitte des 17. Jahrhunderts gelang es, dem Domkapitel wieder eine stabile Ordnung zu geben. Allerdings stand jetzt der Archipresbyter an der Spitze der Rangordnung, während der Archidiakon auf den zweiten Platz zurückgereiht wurde.[463] In Pedena war, nachdem vermutlich gegen Ende des 16. Jahrhunderts die Ämter des Archipresbyters und des Domdechanten untergegangen waren, vorerst allein der Archidiakon in der Stellung eines Dignitärs verblieben. Nach der Zerstörung der Kathedrale 1653 scheint auch das Archidiakonat zumindest vorübergehend nicht mehr bestanden zu haben. Die nächsten Belege für seine Existenz stammen erst wieder aus dem 18. Jahrhundert.[464] Deutlich weniger wechselhaft gestalteten sich die Verhältnisse in Pola. Hier blieben die beiden bereits im Mittelalter bestehenden Dignitäten des Archidiakonats und der Scholasterie bis zum Ende des Untersuchungszeitraumes im Wesentlichen unverändert erhalten.[465] Gleiches galt für die Domkapitel von Triest und Capodistria. In Triest verfügte das Domkapitel insgesamt über drei Dignitäre, den Domdechanten, den Archidiakon und den Scholaster.[466] In Capodistria kam als vierter zusätzlich noch der Thesaurar hinzu.[467] Der aufgezeigte Befund bringt zum einen die gewichtige Stellung des Archidiakons innerhalb der istrischen Domkapitel zum Ausdruck, der sich in allen Domkapiteln als erste oder zweite Dignität fand. Lediglich in Cittanova verschwand das im 14. Jahrhundert noch bezeugte Amt bereits früh. Zum anderen zeigen sich hinsichtlich der Ausstattung mit Dignitäten kaum Berührungspunkte zu den Domkapiteln des Untersuchungsraumes. Die benachbarten Domkapitel von Laibach, Görz und Gradisch wurden erst verhältnismäßig spät gegründet und blieben daher von den istrischen Einflüssen unberührt. So war es allein dem Trientner Domkapitel vorbehalten, hinsichtlich seines Bestands an Dignitäten in einem Naheverhältnis zu den istrischen Domkapiteln zu stehen. Denn auch in Trient wurde die Rangordnung der Domherren ursprünglich vom Domdechanten und vom Archidiakon angeführt, ehe sich 1425 der neu geschaffene Dompropst zwischen diese beiden Amtsträger schob.

Im Westen des Untersuchungsraumes setzte sich die Gruppe der Dignitäre des Besançoner Domkapitels aus dem Domdechanten, dem Großarchidiakon, dem Kantor, dem Thesaurar sowie den vier Archidiakonen von Salins, Faverney, Gray

---

463 A. Gulin, Kaptoli, 356f.; I. Grah, Izvještaji porečkih biskupa Svetoj Stolici (1588–1775), in: CCP 7/XII (1983), 4, 7, 11, 14–16, 18f., 27, 32, 38, 43; P. Kandler, Diocesi di Parenzo nel 1770, in: L'Istria 2 (1847), 78.

464 I. Grah, Izvještaji pićanskih biskupa Svetoj Stolici (1589–1780), in: CCP 4/VI (1980), 5–7, 10, 12, 15; D. Di Paoli Paulovich, Pedena, 39, 65; A. Fidler, Geschichte V, 84.

465 A. Gulin, Kaptoli, 361; I. Grah, Izvještaji pulskih biskupa Svetoj Stolici (1592–1802), in: CCP 11/XX (1987), 28, 32, 36f., 39, 41, 44, 46, 49, 55, 57, 63; I. Grah, Izvještaji pulskih biskupa Svetoj Stolici (1592–1802), in: CCP 12/XXI (1988), 78, 87, 100f.; P. Kandler, Indicazioni, 52.

466 N. N., Stato del Reggimento di Trieste del 1718, in: L'Istria 3 (1848), 190.

467 F. Petronio, Cenni cronologici sul Capitolo di Capodistria, in: AT II/6 (1879/80), 217, 222.

und Luxeuil zusammen.[468] Ähnlich lagen die Verhältnisse in Cambrai, wo neben der Dompropstei das Großarchidiakonat, die drei Archidiakonate von Brabant, des Hennegaus und von Valenciennes sowie die Domdechantei zu den Dignitäten zählten. Bis zur Neuumschreibung der Bistümer der Niederlande 1559 gehörten zudem auch die beiden Archidiakone von Brüssel und Antwerpen dazu.[469] Eine völlige Übereinstimmung hinsichtlich ihrer Führungsstruktur wiesen die Domkapitel von Nancy und Saint-Dié auf. In Nancy gab es neben dem Domdechanten den Kantor und den Scholaster sowie die Archidiakone von Nancy und Lunéville.[470] Im Domkapitel von Saint-Dié waren Saint-Dié und Épinal namensgebend für die beiden Archidiakonate.[471] Als typisch für all diese Domkapitel ist vor allem die Aufnahme der Archidiakone in die Reihe der Dignitäre anzusehen, zumindest zwei davon gab es in jeder Institution, im Cambraier Domkapitel zu Spitzenzeiten sogar sechs. Auffallend ist zudem, dass mit Ausnahme des deutlich im Norden gelegenen Cambrai überall das Amt des Dompropstes fehlte. In den benachbarten Domkapiteln des Untersuchungsraumes spiegelten sich eben diese Verhältnisse wider. Die Domkapitel von Toul, Verdun, Metz, Trier und Lüttich billigten gleichfalls mehreren Archidiakonen den Rang eines Dignitärs zu. Allerdings kannten das Trierer und das Lütticher Domkapitel das Amt des Dompropstes. Die drei lothringischen Domkapitel verfügten an dessen Stelle über einen Primizer. Dessen Dignität wurde in Toul und Verdun freilich noch vor dem Beginn des Untersuchungszeitraumes supprimiert.

Unbeachtet blieb bislang im Westen noch das Genfer Domkapitel, für das sich jedoch ein anderes Bild bietet. Dort kannte man vorerst nur zwei Dignitäre, den Dompropst und den Kantor. Erst nach den Wirren der Reformationszeit und der Verlegung des Kapitelsitzes nach Annecy kam es 1607 mit dem Archidiakonat zur Errichtung einer dritten Dignität.[472] Mit dieser Ämterausstattung wies das Genfer Domkapitel deutliche Berührungspunkte zur Gruppe der savoyischen Domkapitel auf,[473] deren

---

468 N. N., Almanach de Besançon, 18f.; N. Gabrielly, France, 157–159; H. Hours, Diocèse, 9f.; H.-G. Duchesne, France, 76.

469 J.-B. Blin, Notice historique sur le chapitre cathédral et métropolitain de Cambrai, in: MSEC 36 (1880), 166–168; A. J. Le Glay, Recherches, 109, 115f.; M. Chartier, Le Chapitre de Cambrai à la fin de l'ancien Régime, in: CC 47 (1925), 107; H.-G. Duchesne, France, 99.

470 N. Gabrielly, France, 181f.; C. Pfister, Histoire II, 702f., E. Martin, Histoire III, 4f.; H.-G. Duchesne, France, 207.

471 N. Gabrielly, France, 187f.; E. Martin, Histoire III, 5; H.-G. Duchesne, France, 126; F. Chanteau, Notes pour servir à l'histoire du chapitre de Saint-Dié aux XVIIe et XVIIIe siècles, in: ASEV 15 (1875), 102.

472 J. Mercier, Le Chapitre de Saint-Pierre de Genève, in: MDAS 14 (1891), 13f., 235, 274; L. Binz, Le Chapitre cathédral de Genève (XIe–XVIe siècle), in: J.-P. Renard, Diocèse, 220f.

473 H. A. Roten, Zur Zusammensetzung des Domkapitels von Sitten im Mittelalter I, in: Vallesia 1 (1946), 44.

Organisationsform auch auf das Lausanner und mehr noch auf das Sittner Domkapitel Auswirkungen zeigte.

Die bereits für die Domkapitel des Untersuchungsraumes aufgezeigte hohe Beständigkeit der Dignitäten, tritt auch in den zum Vergleich herangezogenen Institutionen deutlich zutage. Neue Dignitäten wurden lediglich in wenigen Fällen geschaffen. Unter den dänischen Domkapiteln war bis hinein ins 16. Jahrhundert das von Ribe betroffen. In Leslau und in Krakau wurde 1593 beziehungsweise 1727 das Amt des Kanzlers entsprechend aufgewertet, während in Plozk 1449 ein zusätzliches Archidiakonat neu eingerichtet wurde. Eine ähnliche Maßnahme wurde 1607 auch im Genfer Domkapitel vorgenommen. Neben den vielfach wechselhaften Entwicklungen in den istrischen Domkapiteln von Cittanova, Parenzo und Pedena, die mehrfach zum Verschwinden und zur Wiederbesetzung von Dignitäten führten, traten die Verluste an solchen Ämtern ausschließlich durch die Neuumschreibung von Bistumsgrenzen ein. Dadurch verlor das Cambraier Domkapitel 1559 zwei Dignitäre, das Posener 1798 einen. Betroffen waren jeweils Archidiakone.

Personate

Die Zahl der Personate in den einzelnen Domkapiteln stand klarerweise in einem unmittelbaren Zusammenhang mit jener der Dignitäten. Je mehr der in einem Domkapitel eingerichteten Ämter als Dignitäten angesehen wurden, desto geringer war im Allgemeinen die Zahl der Personate. Umgekehrt ließ ein kleiner Kreis an Dignitären vermehrt Platz für die Ausbildung von Personaten. An die im Unterschied zu den Dignitäten deutlich schwieriger vorzunehmende Zuordnung der einzelnen Kapitelämter zur Klasse der Personate sei an dieser Stelle nochmals erinnert.

Hinsichtlich der Anzahl der Personate stellten jene Domkapitel die größte Gruppe dar, die überhaupt keine solchen Ämter aufwiesen. Das war in 27 Institutionen, also einem guten Drittel, aller untersuchten Domkapitel bleibend der Fall. Darunter befanden sich vor allem die erst nach der Mitte des 18. Jahrhunderts entstandenen Einrichtungen von Görz, Brünn, Linz, St. Pölten, Budweis, Graz, Leoben, Gradisch und Corvey. Die übrigen Domkapitel ohne Personat waren die von Brandenburg, Breslau, Cammin, Chiemsee, Ermland, Kulm, Laibach, Lavant, Lebus, Leitmeritz, Leitomischl, Mainz, Pomesanien, Sitten, Toul, Wien, Wiener Neustadt und Worms. Das Metzer Domkapitel war bis längstens ins 18. Jahrhundert ohne Personat, das Verduner und das Havelberger hingegen ab 1600 beziehungsweise ab 1673.

Dauerhaft über ein Personat verfügten die Domkapitel von Freising, Salzburg und Trient. Dazu kamen durch Veränderungen in der jeweiligen Ämterstruktur neue Einrichtungen dazu, das Samländische Domkapitel bereits während des 15. Jahrhunderts, das Olmützer 1492, das Verduner von 1514 bis 1600, das Havelberger von der Mitte des 16. Jahrhunderts bis 1673, das Passauer im beginnenden und das Ratzeburger im laufenden 17. Jahrhundert, das Churer 1630, das Basler 1710, das Metzer spätestens im 18. Jahrhundert, das Münsterische 1726 sowie das Gurker 1787.

Zwei Personate kannte man in den Domkapiteln von Brixen, Köln, Konstanz, Lausanne, Regensburg, Schleswig, Seckau und Utrecht, bis zu den vorhin genannten

Zeiten auch in denen von Gurk, Olmütz, Passau, Ratzeburg und Samland. In Verdun und Münster beschränkte sich dieser Zustand jeweils auf die wenigen Jahre zwischen 1508 und 1514 beziehungsweise 1717 und 1726, während er in Meißen schon um die Mitte des 16. Jahrhunderts, in Halberstadt spätestens im 17. Jahrhundert, in Hamburg vermutlich im Laufe der ersten Hälfte des 17. Jahrhunderts sowie in Prag spätestens im 18. Jahrhundert eintrat.

Von den letztgenannten Einrichtungen hatten die Domkapitel von Münster, Meißen und Hamburg vorher drei Personate. Über den ganzen Untersuchungszeitraum traf dies für die Domkapitel von Augsburg, Königgrätz, Lübeck, Lüttich, Merseburg, Minden, Naumburg, Osnabrück, Schwerin, Speyer, Trier, Verden und Würzburg zu. Neu zu den Institutionen mit drei Personaten stießen in der Mitte des 16. Jahrhunderts das Straßburger und wenig später auch das Bremer Domkapitel. Das Verduner Domkapitel hingegen besaß nur zwischen 1505 und 1508 drei Personate.

Vier Personate waren in den Domkapiteln von Bamberg, Eichstätt, Hildesheim und Magdeburg eingerichtet, vom 15. Jahrhundert bis 1505 in Verdun, bis in die Mitte des 16. Jahrhunderts in Havelberg und Straßburg, bis in die zweite Hälfte des 16. Jahrhunderts in Bremen, sowie zwischen 1596 und 1601 in Basel. Spätestens im 17. Jahrhundert schied schließlich noch das Halberstädter Domkapitel aus dieser Gruppe aus.

Nur zwei Domkapitel wiesen fünf Personate in ihren Reihen auf. Während das Paderborner diesen Stand auf Dauer beibehielt, begann in Verdun im 15. Jahrhundert ein schrittweiser Abbau der Personate einzusetzen.

Einen Sonderfall stellte das Fuldaer Domkapitel dar. Hier folgten in der Hierarchie nach dem Domdechanten als dem einzigen Dignitär acht sogenannte Pröpste. Diese zweitrangigen Amtsträger können daher als Inhaber von Personaten angesehen werden.

Die drei weitaus am häufigsten in den einzelnen Domkapiteln als Personate eingerichteten Ämter waren das des Kustos oder Thesaurars, das des Scholasters und das des Kantors. Die Kellerei folgte mit deutlich erkennbarem Abstand an vierter Stelle.

Wie die Zahl der Dignitäten war auch jene der Personate im Laufe des Untersuchungszeitraumes Veränderungen unterworfen. Diese überstiegen in ihrem Ausmaß sogar den bei den Dignitäten aufgezeigten Umfang.

Völlig neue Personate wurden dabei allerdings nicht mehr errichtet. Das Seckauer Domkapitel entschloss sich 1613, die im Mittelalter schon einmal vorhanden gewesene Scholasterie wieder einzurichten, während im Basler Domkapitel 1710 erstmals nach langer Unterbrechung die Kellerei wieder besetzt wurde. Im Prager Domkapitel kannte man die bereits vor den Wirren der Hussitenzeit bestehenden Personate der Kustorei und der Kantorei nachweisbar gegen Ende des 18. Jahrhunderts wieder. Zum Churer Domkapitel gehörte seit 1630 der Sextar, der seiner Stellung nach als Inhaber eines Personats angesehen werden kann. Das Metzer Domkapitel wiederum stufte spätestens im 18. Jahrhundert die Kustorei von der Dignität zum Personat herab.

Ungleich größer hingegen waren die Verluste an Personaten, die während des Untersuchungszeitraumes auftraten. Diese Tatsache bleibt selbst dann uneingeschränkt gültig, wenn der Schwund, der durch den völligen Untergang beziehungsweise die Transmutation einzelner Domkapitel bedingt war, sowie vorübergehende Vakanzen nicht berücksichtigt werden. Noch im Laufe des 15. Jahrhunderts verschwand die Scholasterie des Samländischen Domkapitels, während in Verdun zur selben Zeit die Kantorei vom Personat zur Dignität aufstieg. Dasselbe geschah 1492 mit der Scholasterie des Olmützer Domkapitels. Das 16. Jahrhundert begann mit weiteren Veränderungen im Verduner Domkapitel. Der Suppression der Subkantorei 1505 folgte 1508 der Aufstieg der Kanzlei und 1514 der der Scholasterie zur Dignität. Wohl im Zusammenhang mit dem Auftreten der Reformation fanden Mitte des 16. Jahrhunderts mit der Kantorei, dem Thesaurariat und dem Archidiakonat gleich drei Personate des Havelberger Domkapitels ihr Ende. Etwa gleichzeitig ging in Straßburg die Kantorei unter und in Meißen die Scholasterie, während die Kellerei des Bremer Domkapitels noch bis in die zweite Hälfte des 16. Jahrhunderts bestand. 1600 beschloss das Verduner Domkapitel, die Kämmerei zu supprimieren und ihre Einkünfte dem Jesuitenkolleg zuzuweisen. Das 17. Jahrhundert brachte zuerst der Scholasterie des Passauer Domkapitels den Untergang, noch vor seiner Mitte auch der Kantorei in Hamburg und Minden sowie dem Struktuariat in Ratzeburg. Spätestens im 17. Jahrhundert verloren sich zudem die Kellerei und das Thesaurariat des Halberstädter Domkapitels. In Havelberg wurde die Fabrik 1673 zum Offizium herabgesetzt, wogegen in Münster 1717 mit der Kellerei und 1726 mit der Burse zwei Personate gänzlich verschwanden. Das geschah um diese Zeit auch mit dem kurzlebigen Primizeriat des Königgrätzer Domkapitels. In Gurk hingegen wurde 1787 die Kustorie zur Dignität aufgewertet, der insgesamt fünfte derartige Aufstieg im Untersuchungszeitraum.

Weiter gab es Personate, die zwar nicht als Amt untergingen, aber eines eigenen Amtsträgers entbehrten. So wurde das Thesaurariat des Schleswiger Domkapitels im 17. Jahrhundert dem Archidiakon übertragen. In ähnlicher Weise bekleidete im Kölner Domkapitel teilweise schon im 17., noch mehr aber im 18. Jahrhundert der Dompropst auch das Amt des Thesaurars. Besonders häufig trat es während des 18. Jahrhunderts im Lübecker Domkapitel auf, dass einzelne Dignitäre oder Domherren zwei Personate in Kumulation besaßen.

Abschließend sei noch auf das Utrechter Domkapitel verwiesen, wo es dazu kam, dass die beiden Personate zwar nicht aufgehoben, aber dauerhaft an kapitelfremde Personen verliehen wurden. Das war für die Scholasterie schon im 17. Jahrhundert der Fall, für das Thesaurariat ab 1735.

Der an dieser Stelle anstehende Vergleich mit den dem Untersuchungsraum benachbarten Domkapiteln gestaltet sich überaus schwierig. Zum einen lässt sich nur für wenige Einrichtungen überhaupt der Bestand weiterer Ämter neben den Dignitäten belegen. Zum anderen kann eine einigermaßen verlässliche Zuteilung dieser Ämter zu den oben erläuterten Gruppen der Personate und der Offizien nicht vorgenommen werden. Unbestritten bleibt freilich die grundsätzliche Aussage, dass der Umfang und die Bedeutung der zweitklassigen Ämter auch in diesen

Einrichtungen nicht besonders ausgeprägt waren. Diese Tatsache mochte bei den istrischen Domkapiteln der geringen Wirtschaftskraft und der mangelnden personellen Ausstattung geschuldet sein. In den polnischen Domkapiteln sowie in den meisten Einrichtungen im Westen des Reiches dürfte die hohe Zahl an Dignitäten den Raum für weitere Ämter deutlich eingeschränkt haben.

Dompropstei

In der überwiegenden Zahl der Domkapitel stand der Dompropst an der Spitze der Hierarchie. Die Wurzeln dieses Amtes lagen in den 816 erlassenen Bestimmungen der Synode von Aachen. Stand nach der 755/56 entstandenen Kanonikerregel Bischof Chrodegangs von Metz noch der Archidiakon an der Spitze des Domklerus, so sprach man nun vom Propst als dem Vorsteher des Domkapitels. Ihm kamen deshalb auch der Vorsitz in den Kapitelversammlungen, die Disziplinargewalt über die Mitglieder sowie die Verwaltung des Kapitelvermögens zu. Der wachsende Arbeitsaufwand im letztgenannten Tätigkeitsbereich bedingte es, dass der Dompropst seine übrigen Aufgabenfelder mehr und mehr dem Domdechanten überließ und sich dadurch vom eigentlichen Kapitelleben entfremdete. Der Verfall der geistlichen Disziplin, das immer ausgeprägter werdende päpstliche Provisionswesen sowie die Misswirtschaft einzelner Amtsinhaber führten schließlich dazu, dass es vielfach zu einer völligen Trennung zwischen dem Dompropst und dem Domkapitel kam. Mancherorts wurde die Dompropstei gar völlig aufgehoben, während der Dompropst andernorts seine Kapitularrechte verlor, in beinahe jedem Fall aber seine Stellung als Spitzenbeamter des Domkapitels, von der ihm nur mehr ein Ehrenvorrang blieb.[474]

Selbstverständlich spiegelten sich diese grundsätzlichen Entwicklungen auch in den untersuchten Domkapiteln wider. So waren nicht alle Korporationen mit einer Dompropstei ausgestattet. Darunter fielen zum einen mehrere aus einem Stift beziehungsweise aus einer Abtei hervorgegangene Domkapitel. Das Leitomischler, das Fuldaer und das Corveyer Domkapitel kannten infolgedessen keinen Dompropst. Das war auch in manchen späten Gründungen des 17. und 18. Jahrhunderts der Fall, etwa in den beiden böhmischen Domkapiteln von Königgrätz und von Leitmeritz. Für Leitmeritz ist zumindest die letztlich gescheiterte Überlegung bezeugt, die im Kollegiatstift noch vorhanden gewesene Dignität des Propstes auch im Domkapitel wieder zu errichten. Auch im 1692 installierten Wiener Neustädter Domkapitel konnte das Vorhaben, der Einrichtung einen Dompropst an die Spitze zu setzen, nicht umgesetzt werden. Schließlich gab es noch vier Domkapitel im Westen, die auf einen Dompropst verzichteten. Neben dem Sittner Domkapitel waren das die drei lothringischen Domkapitel. Während in Metz der Dompropst nur dem Namen nach fehlte, der erste Würdenträger des Domkapitels hieß hier Primizer, wurde in Toul und Verdun das auch

474 R. Schieffer, Entstehung, 239f.; P. Schneider, Domkapitel, 34, 36, 59, 87–89; P. Hinschius, System II, 53, 88–92; G. A. Huller, Persönlichkeit, 36f.

hier vorhanden gewesene Spitzenamt des Primizers schon 1123/24 beziehungsweise 1385/87 ersatzlos supprimiert. Auch während des Untersuchungszeitraumes wurden hinsichtlich der Dompropstei noch Suppressionen ausgesprochen, für das Schleswiger Domkapitel 1541/42 und für das Verdener 1559. Das Schweriner Domkapitel beließ ab 1637 seine erste Dignität dauerhaft vakant. Von den geschichtlichen Entwicklungen rasch überholt wurde die Erlaubnis Papst Pius' VI., die Basler und die Kölner Dompropstei von 1797 beziehungsweise 1798 an aus wirtschaftlich-politischen Gründen unbesetzt zu lassen.

Darüber hinaus verfügten einige Domkapitel zwar über einen Dompropst, wiesen ihm aber nicht die erste, sondern eine nachgeordnete Stelle in der Kapitelhierarchie an. Im Olmützer Domkapitel ging ihm der Domdechant voraus. Dasselbe galt für das Trientner Domkapitel, wo diese Rangordnung vermutlich durch die verhältnismäßig späte Errichtung der Dompropstei 1425 bedingt war. Noch schlechter gestellt war der Dompropst im Kulmer Domkapitel. Als sich Mitte des 17. Jahrhunderts endlich eine verbindliche Präzedenzordnung herausbildete, wurde ihm der dritte Platz zugewiesen, von dem aus er schließlich 1796 noch um eine Stelle zurückgereiht wurde.

Entgegen der allgemeinen Entwicklung, die dazu führte, dass der Dompropst bis ins Spätmittelalter hinein allmählich seine tatsächlichen Befugnisse weitestgehend einbüßte, konnte er in einigen wenigen Domkapiteln auch während des Untersuchungszeitraumes eine verhältnismäßig starke Stellung behaupten. Das gelang etwa im zu Beginn des 16. Jahrhunderts der Transmutation unterworfenen Brandenburger Domkapitel, in dem sich weitgehend noch die Rollenverteilung des früheren Prämonstratenser-Chorherren-Stiftes wiederfand. Nach Spannungen mit dem vom Domkapitel unterstützten Domdechanten konnte der Dompropst 1519 in einem Vergleich seine Position behaupten, auch wenn er in der Folgezeit durch häufige Absenzen letztlich doch an tatsächlichem Einfluss verlor. Ähnlich gestalteten sich die Verhältnisse im Havelberger Domkapitel, wo die Unstimmigkeiten zwischen dem Dompropst und dem Domdechanten 1534 zu einer Übereinkunft führten, gemäß der dem Dompropst die Teilnahme an den Kapitelsitzungen nur nach ausdrücklicher Ladung durch das Kapitel gestattet war. Das Bestreben, den Dompropst doch an den Kapitelhandlungen teilhaben zu lassen, führte jedoch wenig später dazu, dass Kurfürst Joachim II. von Brandenburg 1547 aus einer schon vorher bestehenden Gewohnheit eine verbindliche Regelung machte und ein gewöhnliches Kanonikat dauerhaft mit der Dompropstei vereinigte. Auf diese Weise konnte der Dompropst, seine Anwesenheit in Havelberg vorausgesetzt, die Vorsitzführung im Kapitel ausüben. Als König Friedrich Wilhelm I. von Preußen 1723 entschied, dass dem Dompropst als Dignitär und Kanoniker zwei Stimmen gebührten, wuchs sein Einfluss noch einmal. Etwas anders stellte sich die Lage im Breslauer Domkapitel dar. Hier war der Dompropst der einzige Dignitär, dem von Amts wegen der Kapitularstand zukam. Alle anderen Dignitäre mussten neben ihrer Würde zugleich auch ein gewöhnliches Kanonikat besitzen, um an den Kapitelhandlungen teilnehmen zu können. Daher oblagen dem Dompropst auch der Vorsitz und die Leitung des Domkapitels.

Ungleich größer war freilich die Zahl jener Domkapitel, in denen der Dompropst als erster Würdenträger in eine vom Domkapitel geradezu separierte Stellung geriet und dadurch viele seiner ursprünglichen Rechte einbüßte. Im Untersuchungszeitraum waren davon vor allem die protestantisch gewordenen Domkapitel betroffen, in denen sich eine bereits im ausgehenden Mittelalter entstandene Trennung zwischen der Dompropstei und dem Domkapitel weiter vertiefte. In Halberstadt und Magdeburg entbehrte daher der Dompropst des Stimmrechtes, während er in Hamburg noch an der Wahl des Erzbischofs von Bremen mitwirken durfte. Im Lübecker Domkapitel wurde die Dompropstei hingegen erst ab 1595 vom Domkapitel getrennt. In all diesen Fällen wurde die Dignität mehr und mehr zu einer reinen Apanage. Eben diese Entwicklung sicherte andererseits der Lebuser Dompropstei zumindest als Buchhaltungsposten sogar über das Ende des eigentlichen Domkapitels hinaus den Weiterbestand. Bis zum Ende des ersten Drittels des 17. Jahrhunderts gab es noch Pfründeninhaber, danach wurden weiter Renten und Stipendien ausbezahlt. Unter den katholisch gebliebenen Einrichtungen wurde im Hildesheimer Domkapitel während des Untersuchungszeitraumes die dauerhafte Trennung zwischen dem Dompropst und dem Domkapitel aufrechterhalten. Der Dignitär durfte lediglich auf ausdrückliche Einladung an den Kapitelsitzungen teilnehmen und verfügte darüber hinaus über keinerlei Stimmrechte. Der Speyerer und der Wormser Dompropst teilten dieses Los. Das Lavanter Domkapitel verfügte hinsichtlich der Dompropstei über eine ritualisierte Form der Trennung. Hier war es seit dem 13. Jahrhundert üblich, die Dignität im Vakanzfall zuerst einem Salzburger Domherrn anzutragen. Dieser jedoch schlug die auf ihn gefallene Wahl stets aus und bevollmächtigte das Domkapitel zur internen Vergabe der Dignität. Seit 1543 bedachte das Domkapitel stets den jeweiligen Salzburger Domdechanten mit der Dompropstei. Ein im 17. Jahrhundert unternommener Versuch, die eigentlich hinfälligen Salzburger Rechte gänzlich abzuschütteln, scheiterte.

Dem entgegen wurde seitens einzelner Domkapitel immer wieder versucht, die eingetretene Trennung zwischen dem Dompropst und der Körperschaft zu überwinden. Dafür boten sich im Wesentlichen zwei Wege an. Zum einen konnte man ein gewöhnliches Kanonikat fest mit der Dompropstei verbinden und damit dem jeweiligen Dignitär alle Rechte der übrigen Kapitulare einräumen. Zum andern konnte man den Kreis derer, denen der Dompropst zu entstammen hatte, auf die Kapitulare oder Kanoniker des eigenen Domkapitels einschränken, womit eine Vergabe der Dignität an kapitelfremde Kleriker ausgeschlossen war.

Das Bamberger Domkapitel beschloss 1510, dem Dompropst verbindlich eine Kapitularstelle zuzuweisen. Dass für das Havelberger Domkapitel nach der kurzfristigen Trennung zwischen Dompropstei und Domkapitel 1547 ebenfalls dauerhaft auf die erste Lösungsmöglichkeit zurückgegriffen wurde, fand bereits Erwähnung. 1560 entschied sich das Osnabrücker Domkapitel, es dem Havelberger gleichzutun. Das Wiener Domkapitel wiederum führte diese Gepflogenheit 1775 ein. Im Kölner Domkapitel, dessen Propst eigentlich nur auf Aufforderung an den Kapitelsitzungen teilnehmen durfte, kam eine leicht abgewandelte Variante zur Anwendung. Hier wurde es im 17. und noch mehr im 18. Jahrhundert üblich, den Dignitär zusätzlich mit dem Thesaurariat zu betrauen, als dessen Inhaber der Dompropst Zutritt zu den Kapitelsitzungen erhielt.

Die Auflage, die Dompropstei nicht an kapitelfremde Kleriker zu vergeben, gab es in vielen Domkapiteln. Von Interesse sind an dieser Stelle aber nur jene Einrichtungen, die im Laufe des Untersuchungszeitraumes wiederholt und in größerem Umfang unter kapitelfremden Dignitären zu leiden hatten und sich deshalb für eine entsprechende Zulassungsbeschränkung stark machten. Ein Beispiel für diese Vorgangsweise stellte das Augsburger Domkapitel dar, das 1500 von Papst Alexander VI. für die Dompropstei eine Einschränkung der Vergabe ausschließlich auf die eigenen Kapitulare erreichte. Dasselbe gelang dem Eichstätter Domkapitel 1668 bei Papst Clemens IX., allerdings auf alle Domherren begrenzt. Das Freisinger Domkapitel folgte 1725 unter Papst Benedikt XIII., während entsprechende Bemühungen des Konstanzer Domkapitels dazu führten, ab 1733 nur mehr Kapitulare als Inhaber der Dompropstei zu haben.

Als Einzelfall wählte das Utrechter Domkapitel eine andere Lösung, um den Dompropst in das Kapitelgeschehen einzubinden. Der jeweilige Dignitär, der selbst kein Stimmrecht besaß, wurde dort durch einen vom Domkapitel gewählten Offizial vertreten. Seit wann und wie lange diese Praxis bestand, ließ sich allerdings nicht klären.

Die benachbarten dänischen Domkapitel kannten alle den Dompropst als Dignitär, allerdings mit recht unterschiedlichem Hintergrund. Im Lunder Domkapitel bekleidete er so wie in vielen reichskirchlichen Einrichtungen die erste Würde.[475] Dieselbe Stellung im Viborger Domkapitel war wohl vor allem der dort bis 1440 geltenden Verfassung als Augustiner-Chorherren-Stift geschuldet.[476] Das Århuser[477] und das Roskilder[478] Domkapitel wiederum wiesen eine andere Entwicklung auf. Hier musste sich der Dompropst jeweils mit dem zweiten Platz begnügen. Im Riber Domkapitels schließlich kam es überhaupt erst 1507 zur Errichtung der Dompropstei. Die späte Gründung der Dignität führte zur Zuweisung des dritten Ranges in der Kapitelhierarchie.[479]

Die verhältnismäßig schwächere Rolle, die der Dompropst in den dänischen Domkapiteln spielte, zeigte sich auch in dem dem Einfluss der dänischen Kirche unterworfenen Revaler Domkapitel, wo es diese Dignität gar nicht gab.[480] Die übrigen

475 C. G. Weibull, Bidrag till Lunds domkapitels och dess arkivs historia efter reformationen, in: HTS 4 (1910–13), 129, 191f.; L. Helveg, Domkapitler, 27; P. Terpager, Ripa, 144.

476 L. Helveg, Domkapitler, 16, 28, 54.

477 O. Bay, Mellem reformation og opløsning. Århus domkapitel 1536–1665, in: A. Andersen/P. Ingesman/E. Ulsig, Festskrift, 106; L. Helveg, Domkapitler, 27f.

478 J. O. Arhnung, Domkapitel I, 46; L. Helveg, Domkapitler, 27.

479 J. F. Kinch, Riber Kapitels aeldste bevarede Jordebog tilligemed nogle Bemaerkninger om Kapitlets Indtaegter under Katholicismen, in: KHS II/1 (1857–59), 88; P. Terpager, Ripa, 144f., 153; L. Helveg, Domkapitler, 27.

480 L. Arbusow, Livlands Geistlichkeit vom Ende des 12. bis ins 16. Jahrhundert, in: JGHS 16 (1911/12/13), 336; C. Mettig, Zur Verfassungsgeschichte des Rigaschen Domcapitels, in: MGGLEK 12 (1880), 510.

livländischen Domkapitel von Ösel-Wiek,[481] Dorpat,[482] Wenden,[483] Riga[484] und Kurland[485] billigten allerdings ihrem Dompropst jeweils die erste Dignität zu.

Unter den polnischen Domkapiteln stellte das Krakauer während des Untersuchungszeitraumes eine Ausnahme dar. Hier war nämlich nicht der Dompropst der erste Würdenträger, sondern der Domdechant. Dem Dompropst blieb gar nur der dritte Rang.[486] Diese Reihenfolge war im Mittelalter auch in anderen polnischen Domkapiteln gängig, verlor sich dort aber bald. Deshalb war in den Domkapiteln von Plozk,[487] Leslau,[488] Gnesen[489] und Posen[490] der Dompropst Inhaber der ersten Dignität. Spuren eines ursprünglich polnischen Einflusses fanden sich im Untersuchungsraum etwa noch im Olmützer Domkapitel, wo der Dompropst gleichermaßen dem Domdechanten den Vortritt lassen musste. Das ebenfalls benachbarte Breslauer Domkapitel hatte hingegen diese Rangordnung bereits im Mittelalter aufgegeben. Der wesentliche Unterschied zu den Domkapiteln des Untersuchungsraumes bestand vor allem darin, dass die polnischen Dompröpste im Allgemeinen eine deutlich gewichtigere Rolle innerhalb ihrer Domkapitel spielten als ihre deutschen Amtsbrüder.

Die völlig andere Organisationsform der istrischen Domkapitel zeigte sich auch im Fehlen der Dompropstei, die in keinem der sechs Domkapitel vorhanden war. Die

---

481 E. Hertwich, Das Kurländische Domkapitel bis 1561, in: R. Biskup/M. Glauert, Domkapitel, 199; B. Jähnig, Die Verfassung der Domkapitel der Kirchenprovinz Riga, in: B. Jähnig, Probleme, 62.

482 T. Lukas, Tartu, 50, 53f., 133, 142; A. Gernet, Verfassungsgeschichte, 45; E. Hertwich, Das Kurländische Domkapitel bis 1561, in: R. Biskup/M. Glauert, Domkapitel, 199.

483 T. Christiani, Die Gegenreformation in Livland, in: BMS 36 (1889), 588.

484 C. Mettig, Zur Verfassungsgeschichte des Rigaschen Domcapitels, in: MGGLEK 12 (1880), 511, 521; B. Jähnig, Die Verfassung der Domkapitel der Kirchenprovinz Riga, in: B. Jähnig, Probleme, 60; E. Hertwich, Das Kurländische Domkapitel bis 1561, in: R. Biskup/M. Glauert, Domkapitel, 199.

485 E. Hertwich, Das Kurländische Domkapitel bis 1561, in: R. Biskup/M. Glauert, Domkapitel, 180.

486 B. S. Kumor, Dzieje II, 189, 192, 206, 211, 214, 244, 248, 265, 272; J. Korytkowski, Prałaci I/1, 21, 23.

487 W. Góralski, Skład kapituły katedralnej w Płocku do końca XVI w., in: SP 6 (1978), 126, 130–133; A. Radzimiński, Prałaci I, 14, 17f.

488 S. Librowski, Kapituła, 18f., 72; A. Radzimiński, Kapituła i duchowieństwo katedralne w średniowiecznym Włocławku, in: J. Staszewski, Włocławek I, 77.

489 J. Korytkowski, Prałaci I/1, 21, 23; B. Binder, Domkapitel, 43, 46, 50.

490 P. Dembiński, Kapituła, 30; K. Lutyński, Kapituła, 37f., 40; M. Pukianiec, Organizacja, 15, 22; M. Pukianiec, Pochadzenie i funkcjonowanie siedemnastowiecznej elity kośielnej na przykładzie kanoników kapituły katedralnej w Poznaniu, in: VN 6 (2013), 112f.

drei im Norden gelegenen Domkapitel von Triest,[491] Capodistria[492] und Cittanova[493] schrieben grundsätzlich dem Domdechanten die Führungsrolle zu, während in den drei südlichen Institutionen von Pedena,[494] Pola[495] sowie bis in die Mitte des 17. Jahrhunderts auch Parenzo[496] der Archidiakon an der Spitze stand, ganz so, wie es bereits durch die Kanonikerregel Bischof Chrodegangs von Metz vorgegeben wurde.

Geographisch bedingte Unterschiede bestanden auch im Westen des Untersuchungsraumes. Die in südlicher und nördlicher Randlage situierten Domkapitel von Cambrai[497] und Genf[498] verfügten beide über die Dignität der Dompropstei. Für die dazwischen angesiedelten Institutionen von Besançon,[499] Nancy[500] und Saint-Dié[501] galt dies nicht. Sie stimmten damit mit den unmittelbar angrenzenden lothringischen Domkapiteln von Toul und Verdun überein, in denen ebenfalls der Domdechant als erster Dignitär fungierte.

Domdechantei

Zumeist war der Domdechant der zweite bedeutende Dignitär neben dem Dompropst. Das Amt des Domdechanten fand weder in der Kanonikerregel Bischof Chrodegangs von Metz 755/56 noch in den Bestimmungen der Synode von Aachen 816 Erwähnung. Es wurde vielmehr der Ordensregel der Benediktiner entnommen

---

491 G. Mainati, Croniche I, 201; G. Mainati, Croniche V, 25; A. Fidler, Geschichte V, 39.

492 F. Petronio, Cenni cronologici sul Capitolo di Capodistria, in: AT II/6 (1879/80), 217, 222.

493 I. Grah, Izvještaji novigradskih biskupa Svetoj Stolici (1588–1808), in: CCP 9/XVI (1985), 74f., 83; I. Grah, Izvještaji novigradskih biskupa Svetoj Stolici (1588–1808), in: CCP 10/XVII (1986), 117, 123.

494 I. Grah, Izvještaji pićanskih biskupa Svetoj Stolici (1589–1780), in: CCP 4/VI (1980), 5f., 15; A. Fidler, Geschichte V, 84.

495 I. Grah, Izvještaji pulskih biskupa Svetoj Stolici (1592–1802), in: CCP 11/XX (1987), 28, 32, 36f., 41, 44, 46, 49, 57, 63; I. Grah, Izvještaji pulskih biskupa Svetoj Stolici (1592–1802), in: CCP 12/XXI (1988), 78, 87, 100f.; P. Kandler, Indicazioni, 52.

496 I. Grah, Izvještaji porečkih biskupa Svetoj Stolici (1588–1775), in: CCP 7/XII (1983), 4, 7, 11, 15f., 18f., 27, 32, 38, 43; P. Kandler, Diocesi di Parenzo nel 1770, in: L'Istria 2 (1847), 78.

497 J.-B. Blin, Notice historique sur le chapitre cathédral et métropolitain de Cambrai, in: MSEC 36 (1880), 166; A. J. Le Glay, Recherches, 109; M. Chartier, Le Chapitre de Cambrai à la fin de l'ancien Régime, in: CC 47 (1925), 107; H.-G. Duchesne, France, 99.

498 J. Mercier, Le Chapitre de Saint-Pierre de Genève, in: MDAS 14 (1891), 14, 235, 274; L. Binz, Le Chapitre cathédral de Genève (XIe–XVIe siècle), in: J.-P. Renard, Diocèse, 220.

499 N. N., Almanach de Besançon, 18; N. Gabrielly, France, 157; H. Hours, Diocèse, 9; H.-G. Duchesne, France, 76.

500 N. Gabrielly, France, 181f.; C. Pfister, Histoire II, 702f.; E. Martin, Histoire III, 4; H.-G. Duchesne, France, 207.

501 N. Gabrielly, France, 187f.; E. Martin, Histoire III, 5; H.-G. Duchesne, France, 126.

und begann sich nach ersten früheren Anfängen ab der Mitte des 10. Jahrhunderts von West nach Ost zu verbreiten. Der Amtsbereich des Domdechanten umfasste ursprünglich die Regelung der Domliturgie sowie die Wahrung der Disziplin innerhalb des Domklerus. Neue Aufgabenfelder wuchsen dem Domdechanten erst zu, als sich der Dompropst als Folge des Verfalls der geistlichen Ordnung und des immer ausgeprägter werdenden päpstlichen Provisionswesens schrittweise dem Domkapitel entfremdete und seine eigentlichen Aufgaben mehr und mehr abgab, so etwa die Einberufung und Leitung der Kapitelsitzungen sowie den Vortrag der Verhandlungsgegenstände. Dadurch wurde der Domdechant zu dem Kapitelbeamten schlechthin und dessen Dignität zum Amt mit der größten Verantwortung und den umfangreichsten Verpflichtungen. Um den vielfältigen an ihn gestellten Anforderungen gerecht werden zu können, wurden an den Domdechanten hinsichtlich des Weihegrades und der Residenzleistung zumeist die strengsten Anforderungen gestellt. Damit konnten Fehlentwicklungen, wie sie hinsichtlich der Dompropstei auftraten, weitgehend hintangehalten werden.[502]

Die große Bedeutung, die durch die geschilderten Vorgänge dem Domdechanten im Allgemeinen zuteil wurde, lässt sich auch für die untersuchten Domkapitel belegen. So blieb die Zahl jener Domkapitel, die im Untersuchungszeitraum keinen ausdrücklichen Domdechanten in ihren Reihen aufwiesen, verschwindend gering. Neben dem Schleswiger Domkapitel, in dem der Archidiakon mit in etwa denselben Aufgaben betraut war, verzichtete nur das Lausanner ganz auf den Domdechanten. Dafür war im Sittner Domkapitel die Dignität gleichsam zweigeteilt, da es neben dem Dekan von Sitten oder Großdekan zusätzlich den Dekan von Valeria oder Klein- beziehungsweise Welschdekan gab. Unter den beiden Dekanen hatte bis gegen Ende des ersten Drittels des 15. Jahrhunderts der von Valeria die erste Stelle im Kapitel inne, ehe ihn der von Sitten ablöste. Dabei erfüllte der jeweils erstgereihte Dignitär die in anderen Domkapiteln vom Domdechanten wahrgenommenen Aufgaben.

Deutlich größer hingegen war die Zahl jener Domkapitel, in denen der Domdechant den Rang des ersten Dignitärs innehatte. Dies war zum einen in mehreren Domkapiteln der Fall, die aus einem Stift beziehungsweise einer Abtei hervorgegangen waren, so in Leitomischl, Fulda und Corvey. In Leitomischl wurde der Domdechant jedoch zumeist als Prior bezeichnet, was vor der jeweiligen Transmutation auch für die Domkapitel von Ratzeburg, Havelberg und Brandenburg zutraf. Zudem wurde in mehreren späten Gründungen des 17. und 18. Jahrhunderts, wohl in Entsprechung der in den bereits bestehenden Einrichtungen tatsächlichen Machtverhältnisse, der Domdechant an die Spitze der Domherren gestellt. Die Domkapitel von Leitmeritz, Königgrätz, Wiener Neustadt und Brünn sind hier zu nennen. Unter den Domkapiteln mit einer längeren Geschichte führte der Domdechant in Olmütz und Trient die Hierarchie an. Auch das Sittner Domkapitel gehörte mit seinen beiden Dekanen zu dieser Gruppe. Schließlich gab es noch Einrichtungen,

502 R. Schieffer, Entstehung, 241; P. Schneider, Domkapitel, 59, 89–93; P. Hinschius, System II, 92, 94–97.

in denen der Domdechant durch die Aufhebung oder die dauerhafte Vakanz der ersten Würde den Aufstieg an die Spitze schaffte. Bereits 1123/24 beziehungsweise 1385/87 geschah dies in Toul und Verdun. In späterer Zeit folgten das Schleswiger Domkapitel 1541/42, das Verdener 1559 und das Schweriner 1637. Von den geschichtlichen Entwicklungen rasch überholt wurde das durch die Quieszenzbullen Papst Pius' VI. 1797 beziehungsweise 1798 verursachte Vorrücken des Basler und Kölner Domdechanten.

Am schlechtesten gestellt war der Domdechant im Kulmer Domkapitel. Zwar wurde ihm auch dort nach der Transmutation der erste Rang eingeräumt, allerdings musste er spätestens seit dem Ende der ersten Hälfte des 16. Jahrhunderts die Leitung des Kapitels an einen eigens dafür gewählten Senior oder Präsidenten abtreten. Mit der Errichtung des Archidiakonats wurde dieser Dignität die Präsidentschaft auf Dauer sowie die Präzedenz vor allen übrigen Domherren zuerkannt, womit der Domdechant 1650 an die zweite Stelle zurückgereiht wurde, 1796 gar an die dritte. Eine ähnliche Einschränkung in seinem Aufgabenbereich, wenngleich ohne Präzedenzverlust, musste zeitweise auch der Domdechant des Verduner Domkapitels hinnehmen. Nachdem zuerst dem Primizer und nach dessen Wegfall zeitweise dem Domdechanten die Vorsitzführung im Kapitel oblag, kam es im 15. und frühen 16. Jahrhundert zu einem wiederholten Wechsel zwischen einer turnusmäßig rotierenden Präsidentschaft und der jährlichen Wahl von drei bis sechs Präsidenten, denen die zwölf Monate entsprechend zugewiesen wurden. Schließlich setzte sich im Laufe des 16. Jahrhunderts die Dreizahl der Präsidenten durch, eine Tatsache, die 1584 auch die Bestätigung Papst Gregors XIII. fand. Dagegen versuchte der Domdechant als Haupt des Domkapitels seine Rechte geltend zu machen. Dem entsprach schließlich das Parlament von Metz, als es 1719 den Domdechanten zum geborenen Präsidenten machte, dem in Zusammenarbeit mit den drei Tertialpräsidenten die Leitung des Kapitels zukam.

Die große Bedeutung des Domdechanten zeigte sich außerdem noch darin, dass er innerhalb des Untersuchungsraumes der einzige Würdenträger war, der in Einzelfällen über einen Stellvertreter im Dignitärsrang verfügte. Das Kölner Domkapitel vergab seine hierarchisch dritte Stelle an den After- oder Vizedechanten. Im Havelberger Domkapitel kam es 1736 auf Betreiben König Friedrich Wilhelms I. von Preußen zur Errichtung der Vizedechantei als neuer Dignität, die nach einer kurzen Vakanz zwischen 1740 und 1746 zu einer dauerhaften Einrichtung wurde. Im Metz wiederum kam dem Zirkator die Stellvertretung des Domdechanten zu. Allerdings wurde diese Dignität bereits 1601 supprimiert.

Im Unterschied zu den übrigen Spitzenämtern kam es für die Domdechantei nicht zur Ausbildung eines kapitelfremden Subbeamten, der die eigentlichen Amtspflichten wahrzunehmen hatte. Besaß das Domkapitel, wie in den meisten Fällen, keinen festen Vizedechanten im Dignitärsrang, so oblag es zumeist dem jeweiligen Senior der Korporation, den Domdechanten bei dessen Amtsverhinderung zu vertreten. Mitunter wurde jedoch auch ein der Anciennität nach jüngerer Kapitular befristet mit dieser Aufgabe betraut oder dem Domdechanten ein Koadjutor unterstützend zur Seite gestellt.

Wie bereits am Beispiel des dem Einflussbereich der dänischen Kirche angehörenden Schleswiger Domkapitels dargestellt, fehlte es in den dänischen Domkapiteln an der Selbstverständlichkeit, mit der die deutschen Institutionen über einen Domdechanten verfügten. Sowohl das Århuser[503] als auch das Viborger[504] Domkapitel führten anstelle der Domdechantei das Archidiakonat unter den beiden Spitzendignitäten. Im Riber Domkapitel erfolgte die Errichtung der Domdechantei erst in den Fünfzigerjahren des 15. Jahrhunderts. Trotzdem konnte sie den zweiten Platz in der Kapitelhierarchie einnehmen.[505] Die beiden übrigen zum Vergleich herangezogenen dänischen Domkapitel wiesen hingegen schon länger einen Domdechanten auf. In Roskilde stand er gar an der Spitze der Domherren,[506] während er in Lund wie in den meisten deutschen Domkapiteln den zweiten Platz einnahm.[507]

In den livländischen Domkapiteln glich die Stellung des Domdechanten überwiegend der in den deutschen Institutionen gängigen. In den Domkapiteln von Ösel-Wiek,[508] Dorpat,[509] Wenden,[510] Riga[511] und Kurland[512] billigte man ihm den zweiten Rang zu. Einzig im Revaler Domkapitel hatte er den ersten Platz inne.[513]

---

503 L. Helveg, Domkapitler, 8, 27f.; O. Bay, Mellem reformation og opløsning. Århus domkapitel 1536–1665, in: A. Andersen/P. Ingesman/E. Ulsig, Festskrift, 106.

504 L. Helveg, Domkapitler, 28.

505 J. F. Kinch, Riber Kapitels aeldste bevarede Jordebog tilligemed nogle Bemaerkninger om Kapitlets Indtaegter under Katholicismen, in: KHS II/1 (1857–59), 86f.; J. F. Kinch, Ribe Domkapitel på Reformationes Tid, in: KHS II/1 (1857–59), 391f.; L. Helveg, Domkapitler, 27; P. Terpager, Ripa, 144f., 152; A. L. J. Michelsen, Kirchengeschichte II, 20, 25.

506 J. O. Arhnung, Domkapitel I, 19, 24, 69; L. Helveg, Domkapitler, 13, 27.

507 C. G. Weibull, Bidrag till Lunds domkapitels och dess arkivs historia efter reformationen, in: HTS 4 (1910–13), 129, 191f.; L. Helveg, Domkapitler, 27; P. Terpager, Ripa, 144.

508 B. Jähnig, Die Verfassung der Domkapitel der Kirchenprovinz Riga, in: B. Jähnig, Probleme, 62; B. Jähnig, Bistum Ösel-Wiek, in: E. Gatz, Bistümer, 506; A. Gernet, Verfassungsgeschichte, 45.

509 T. Lukas, Tartu, 50, 53, 57, 133, 142; A. Gernet, Verfassungsgeschichte, 45f.; E. Hertwich, Das Kurländische Domkapitel bis 1561, in: R. Biskup/M. Glauert, Domkapitel, 199; B. Jähnig, Die Verfassung der Domkapitel der Kirchenprovinz Riga, in: B. Jähnig, Probleme, 62.

510 T. Christiani, Die Gegenreformation in Livland, in: BMS 36 (1889), 588.

511 C. Mettig, Zur Verfassungsgeschichte des Rigaschen Domcapitels, in: MGGLEK 12 (1880), 511, 521.

512 E. Hertwich, Das Kurländische Domkapitel bis 1561, in: R. Biskup/M. Glauert, Domkapitel, 180, 199; B. Jähnig, Bistum Kurland, in: E. Gatz, Bistümer, 327; L. Arbusow, Livlands Geistlichkeit vom Ende des 12. bis ins 16. Jahrhundert, in: JGHS 16 (1911/12/13), 297.

513 L. Arbusow, Livlands Geistlichkeit vom Ende des 12. bis ins 16. Jahrhundert, in: JGHS 16 (1911/12/13), 338; K. Neitmann, Bistum Reval, in: E. Gatz, Bistümer, 619.

Genau denselben Befund bieten im Untersuchungszeitraum die polnischen Domkapitel. Hier war es das Krakauer Domkapitel, das mit dem Domdechanten an der Spitze ausscherte,[514] während sich in Plozk,[515] Leslau,[516] Gnesen[517] und Posen[518] der Domdechant mit der zweiten Stelle zufriedengeben musste.

Von den istrischen Domkapiteln kannten nur die drei nördlichen und damit dem Untersuchungsraum näher gelegenen Institutionen von Triest,[519] Capodistria[520] und Cittanova[521] die Dignität der Domdechantei. Übereinstimmend war deren Inhaber der höchste Würdenträger des Domkapitels. In den drei südlichen Domkapiteln von Pedena,[522] Parenzo[523] und Pola[524] blieb hingegen der Domdechant eine unbekannte Größe. Hier stand an seiner Stelle jeweils der Archidiakon.

Die den untersuchten Domkapiteln im Westen benachbarten Einrichtungen boten neuerlich ein anderes Bild. Das Genfer[525] Domkapitel besaß wie das angrenzende Lausanner Domkapitel keinen Domdechanten, eine Organisationsform, die auch noch auf das Sittner Domkapitel ausstrahlte, das ebenfalls keinen Domdechanten im vollen Sinn in seinen Reihen hatte. Die nördlich anschließenden Domkapitel

---

514 B. S. Kumor, Dzieje II, 189, 192, 206, 211, 214, 244, 248, 265f., 332.

515 W. Góralski, Skład kapituły katedralnej w Płocku do końca XVI w., in: SP 6 (1978), 125f., 133; A. Radzimiński, Prałaci I, 13f., 17f.

516 S. Librowski, Kapituła, 18f., 24, 43, 72f.; A. Radzimiński, Kapituła i duchowieństwo katedralne w średniowiecznym Włocławku, in: J. Staszewski, Włocławek I, 77.

517 J. Korytkowski, Prałaci I/1, 21, 31; B. Binder, Domkapitel, 43, 52f.

518 P. Dembiński, Kapituła, 30; K. Lutyński, Kapituła, 36, 38f., 43; M. Pukianiec, Organizacja, 15, 22, 24f., 118; M. Pukianiec, Pochadzenie i funkcjonowanie siedemnastowiecznej elity kośielnej na przykładzie kanoników kapituły katedralnej w Poznaniu, in: VN 6 (2013), 113.

519 G. Mainati, Croniche I, 201; G. Mainati, Croniche V, 25; A. Fidler, Geschichte V, 39.

520 F. Petronio, Cenni cronologici sul Capitolo di Capodistria, in: AT II/6 (1879/80), 217, 222.

521 I. Grah, Izvještaji novigradskih biskupa Svetoj Stolici (1588–1808), in: CCP 9/XVI (1985), 74f., 83; I. Grah, Izvještaji novigradskih biskupa Svetoj Stolici (1588–1808), in: CCP 10/XVII (1986), 117, 123.

522 I. Grah, Izvještaji pićanskih biskupa Svetoj Stolici (1589–1780), in: CCP 4/VI (1980), 5f., 15.

523 I. Grah, Izvještaji porečkih biskupa Svetoj Stolici (1588–1775), in: CCP 7/XII (1983), 4, 7, 11, 18f., 27, 32, 38, 43; P. Kandler, Diocesi di Parenzo nel 1770, in: L'Istria 2 (1847), 78.

524 I. Grah, Izvještaji pulskih biskupa Svetoj Stolici (1592–1802), in: CCP 11/XX (1987), 28, 32, 36f., 39, 41, 44, 46, 49, 55, 57, 63; I. Grah, Izvještaji pulskih biskupa Svetoj Stolici (1592–1802), in: CCP 12/XXI (1988), 78, 87, 100; P. Kandler, Indicazioni, 52.

525 G. P. Marchal, Einleitung. Die Dom- und Kollegiatstifte der Schweiz, in: G. P. Marchal, Kollegiatstifte, 59; J. Mercier, Le Chapitre de Saint-Pierre de Genève, in: MDAS 14 (1891), 14.

von Besançon,[526] Saint-Dié[527] und Nancy[528] schrieben dem Domdechanten jeweils die Führungsrolle zu, ein Umstand, der sie eng mit dem Touler und dem Verduner Domkapitel verband. Abermals andere Verhältnisse herrschten im Cambraier Domkapitel. Hier musste sich der Domdechant mit dem sechsten Rang begnügen.[529]

Archidiakonat

Die Zugehörigkeit des Archidiakons zu den Spitzenbeamten der Domkapitel rührte davon her, dass die 755/56 entstandene Kanonikerregel Bischof Chrodegangs von Metz ihm die Leitung des Domkapitels zuschrieb. Damals hatte sich der Archidiakon als Stellvertreter des Bischofs bereits eine bedeutende Rolle in der Verwaltung und in der Gerichtsbarkeit des Bistums erworben. Die 816 erlassenen Bestimmungen der Synode von Aachen bezeichneten hingegen den Kapitelvorstand ohne nähere Erläuterungen als Propst, was dazu führte, dass man mit den Begriffen „Archidiakonat" und „Propstei" zwei verschiedene Arbeitsfelder zum Ausdruck brachte, die jedoch durchaus in der Hand einer einzigen Person liegen konnten. Da der Aufgabenbereich des Archidiakons kapitelfremde Tätigkeiten umfasste, wurde vom Domkapitel dem Geschäftsfeld der Propstei die weitaus größere Bedeutung zugemessen. Das Archidiakonat verkam daher in den meisten Fällen zu einem Anhängsel der Dompropstei und ging schließlich in dieser Dignität auf. Mancherorts lief die Entwicklung jedoch anders. Hier zog die Fülle der Aufgaben eine personelle Trennung der Aufgabenbereiche von Propst und Archidiakon nach sich. Obwohl der Archidiakon damit innerhalb des Domkapitels alle Kompetenzen verlor, blieb ihm so seine Stellung als Dignitär erhalten. Parallel dazu verlief eine zweite Entwicklung. Beginnend im Westen des Untersuchungsraumes, wurde ab dem 10. Jahrhundert die Aufteilung des Bistumsgebietes in mehrere Archidiakonatssprengel durchgeführt. Die Archidiakone als Vorsteher dieser Regionen übernahmen darin im Auftrag des Bischofs Visitationstätigkeiten und Aufgaben in der Gerichtsbarkeit. Aufgrund ihrer großen Bedeutung waren diese Ämter in der Regel von den Bischöfen an Domherren zu vergeben. Zumeist zeitigte diese Tatsache wegen des kapitelfremden Arbeitsfeldes keine Auswirkungen auf die Verfassung der Domkapitel. Stellenweise war es jedoch üblich, den Inhabern der einzelnen Ruralarchidiakonate den Dignitärsstatus zuzuerkennen. Das kann freilich nicht darüber hinwegtäuschen, dass sich

526 N. N., Almanach de Besançon, 16, 18; N. Gabrielly, France, 157f.; H. Hours, Diocèse, 9; H.-G. Duchesne, France, 76.

527 N. Gabrielly, France, 187f.; E. Martin, Histoire III, 5; H.-G. Duchesne, France, 126.

528 N. Gabrielly, France, 181f.; C. Pfister, Histoire II, 702f., E. Martin, Histoire III, 4f.; H.-G. Duchesne, France, 207.

529 J.-B. Blin, Notice historique sur le chapitre cathédral et métropolitain de Cambrai, in: MSEC 36 (1880), 168; A. J. Le Glay, Recherches, 109; M. Chartier, Le Chapitre de Cambrai à la fin de l'ancien Régime, in: CC 47 (1925), 107; H.-G. Duchesne, France, 99.

die Archidiakone seit dem ausgehenden 12. Jahrhundert in der Wahrnehmung ihrer Verpflichtungen durch Offiziale vertreten ließen.[530]

Am Befund, den die untersuchten Domkapitel zeigen, lassen sich alle Entwicklungsstufen, die das Amt des Archidiakons durchlaufen hat, ablesen. So vollzog das Basler Domkapitel schon früh eine Trennung zwischen den Ämtern des Dompropstes und des Archidiakons, wodurch beide als Dignitäten weitergeführt wurden. Mit dem Archidiakonat war die vierte Stelle in der Kapitelhierarchie verbunden. Im Havelberger Domkapitel verselbständigte man indessen anlässlich der Transmutation 1506/07 das bislang der Dompropstei anhaftende Amt des Archidiakons. Allerdings verlor sich das Amt bis spätestens in die Mitte des 16. Jahrhunderts bereits wieder.

Eine ungleich größere Verbreitung erfuhr das Archidiakonat im Osten des Untersuchungsraumes. Von den Domkapiteln des böhmisch-mährisch-schlesischen Kulturkreises wiesen alle vier älteren Gründungen in Breslau, Olmütz, Prag und Lebus einen Archidiakon in ihren Reihen auf, der jeweils die Stelle des dritten Dignitärs innehatte. Dasselbe war 1624 für das über die reine Gründungsabsicht nicht hinausgekommene Jitschiner Domkapitel geplant.[531] Unter den später tatsächlich entstandenen Domkapiteln erfolgte in den Institutionen von Königgrätz und Brünn ebenfalls die Errichtung eines Archidiakonats, während man in Budweis über diesbezügliche Überlegungen nicht hinauskam. In Königgrätz und Brünn bekleidete der Archidiakon den zweiten Rang.

Gegenüber den anschließenden polnischen Domkapiteln bestanden vorerst keine nennenswerten Unterschiede, da diese dem Archidiakon übereinstimmend die dritte Stelle unter den Dignitären einräumten. Das galt in Livland auch für das gänzlich unter polnischem Einfluss organisierte Wendensche Domkapitel. Es wurde also auch hier eindeutig zwischen der Dompropstei und dem Archidiakonat unterschieden. Bis in die Mitte des 15. Jahrhunderts begann man dann in einzelnen Institutionen zusätzlich allen oder einzelnen Ruralarchidiakonen den Dignitärsrang zuzusprechen, so im Posener Domkapitel den Archidiakonen von Schrimm, Betsche und Warschau,[532] im Plozker den Archidiakonen von Dobrin und Pultusk[533]

530 R. Schieffer, Entstehung, 235; P. Schneider, Domkapitel, 31, 34, 37, 57–59, 88f.; P. Hinschius, System II, 88f., 92, 184–187, 189–192, 201; G. A. Huller, Persönlichkeit, 36f.; H. Bastgen, Geschichte, 136f., 140, 145.

531 J. E. Schlenz, Geschichte I, 41.

532 P. Dembiński, Kapituła, 22, 25f.; K. Lutyński, Kapituła, 36, 38f., 46; M. Pukianiec, Organizacja, 15f., 22, 30f., 118; M. Pukianiec, Pochadzenie i funkcjonowanie siedemnastowiecznej elity kośielnej na przykładzie kanoników kapituły katedralnej w Poznaniu, in: VN 6 (2013), 108f. 113f.

533 W. Góralski, Skład kapituły katedralnej w Płocku do końca XVI w., in: SP 6 (1978), 125–128, 135, 141f.; W. Góralski, Kapituła, 73f., 85; A. Radzimiński, Prałaci I, 13f., 16f., 19f.; A. Radzimiński, Prałaci II, 174.

und im Leslauer dem Archidiakon von Pommerellen.[534] Dem Gnesener[535] und dem Krakauer[536] Domkapitel war diese Vorgangsweise hingegen fremd, genauso dem Wendenschen.[537] Die übrigen livländischen Domkapitel kannten gar keinen Archidiakon.

Dafür gestaltete sich allerdings die Entwicklung im Kulmer Domkapitel ähnlich. Hier konnte 1650 vorerst das Archidiakonat als erste Dignität eingerichtet werden, ehe 1730 mit dem Ruralarchidiakon von Pomesanien ein zusätzlicher Würdenträger folgte. Das Kulmer Domkapitel war damit die einzige der untersuchten Institutionen, der ein Archidiakon vorstand, sieht man einmal vom Schleswiger Domkapitel in der Zeit nach der Suppression der dortigen Dompropstei ab.

Ähnlich den Zuständen im böhmisch-mährisch-schlesischen Bereich lagen die Verhältnisse ganz im Norden und ganz im Süden des Untersuchungsraumes. Im Schleswiger und im Trientner Domkapitel stellte das Archidiakonat nämlich jeweils die zweite Dignität dar, in Trient allerdings nur bis 1425, als das Archidiakonat von der neu geschaffenen Dompropstei auf den dritten Platz verdrängt wurde.

In beiden Fällen zeigen sich deutliche Anklänge an den benachbarten dänischen beziehungsweise oberitalienischen Raum. Denn alle benachbarten dänischen Domkapitel hatten die Dignität des Archidiakonats aufzuweisen. In Ribe[538] und in Århus[539] stand sie an erster Stelle, in Viborg[540] an zweiter sowie in Roskilde[541] und Lund[542] an dritter. Auf der anderen Seite bargen gleichermaßen alle istrischen Domkapitel den Archidiakon in ihren Reihen. Auch diesbezüglich zeigt sich wieder die bereits mehrfach festgestellte Trennung zwischen den nördlichen und den südlichen Institutionen. In den Domkapiteln von Triest,[543] Capodistria[544] und Cittanova[545] hatte

534 S. Librowski, Kapituła, 19f., 24f., 43f., 74f.; A. Radzimiński, Kapituła i duchowieństwo katedralne w średniowiecznym Włocławku, in: J. Staszewski, Włocławek I, 76f.

535 J. Korytkowski, Prałaci I/1, 21, 32, 114f.; B. Binder, Domkapitel, 43, 111.

536 B. S. Kumor, Dzieje II, 189, 192, 206, 211, 214, 244, 248, 265f., 271, 292f.

537 T. Christiani, Die Gegenreformation in Livland, in: BMS 36 (1889), 588.

538 J. F. Kinch, Riber Kapitels aeldste bevarede Jordebog tilligemed nogle Bemaerkninger om Kapitlets Indtaegter under Katholicismen, in: KHS II/1 (1857–59), 86f.; L. Helveg, Domkapitler, 27; P. Terpager, Ripa, 144f., 148; A. L. J. Michelsen, Kirchengeschichte II, 20, 25.

539 L. Helveg, Domkapitler, 8, 27f.; O. Bay, Mellem reformation og opløsning. Århus domkapitel 1536–1665, in: A. Andersen/P. Ingesman/E. Ulsig, Festskrift, 106.

540 L. Helveg, Domkapitler, 28.

541 J. O. Arhnung, Domkapitel I, 46, 56f., 69; L. Helveg, Domkapitler, 13, 27.

542 C. G. Weibull, Bidrag till Lunds domkapitels och dess arkivs historia efter reformationen, in: HTS 4 (1910–13), 129, 191f.; L. Helveg, Domkapitler, 27; P. Terpager, Ripa, 144.

543 G. Mainati, Croniche I, 210; G. Mainati, Croniche V, 25.

544 F. Petronio, Cenni cronologici sul Capitolo di Capodistria, in: AT II/6 (1879/80), 217, 222.

545 I. Grah, Izvještaji novigradskih biskupa Svetoj Stolici (1588–1808), in: CCP 9/XVI (1985), 68, 75, 83.

der Archidiakon den zweiten Platz inne, wobei das Amt in Cittanova zuletzt für das 14. Jahrhundert bezeugt ist. Die Domkapitel von Pedena,[546] Parenzo[547] und Pola[548] wurden, wie es der Kanonikerregel Bischof Chrodegangs von Metz entsprach, vom jeweiligen Archidiakon angeführt.

Ein völlig anderes Bild bot sich im Westen. Neben dem Einzelfall des Kulmer Domkapitels im Osten konnten innerhalb des Untersuchungsraumes allein hier auch die im Mittelalter neu geschaffenen Ruralarchidiakone Aufnahme unter die Dignitäre finden. Zahlenmäßig am größten war diese Gruppe im Lütticher Domkapitel, zu dem die sieben Archidiakone von Brabant, der Ardennen, der Kempen, der Famenne, des Condroz, des Hennegaus und des Hespengaus gehörten. Das Touler Domkapitel zählte mit den Archidiakonen von Toul, Ligny, Port, Reynel, Vittel und der Vôge sechs solche Dignitäre. Mit den Archidiakonen von Trier, Dietkirchen, Karden, Longuyon und Tholey waren es im Trierer Domkapitel nur um einen weniger. Im Metzer Domkapitel fanden sich die vier Archidiakone von Metz, Marsal, Vic und Saarburg. Nur drei Archidiakone konnte das Verduner Domkapitel aufweisen, nämlich die der Argonnen, der Woëvre und der Rivière. Der Befund zeigt, dass in Toul, Trier und Metz eine Trennung zwischen der ersten Dignität und dem nach der Bischofsstadt benannten Großarchidiakonat vollzogen wurde, während das Lütticher und das Verduner Domkapitel keinen eigenen Großarchidiakon besaßen. In Lüttich war das Großarchidiakonat dem Dompropst übertragen, in Verdun dem Primizer. Nach der Suppression des Verduner Primizeriats 1385/87 wurden die Aufgaben des Großarchidiakons einem Domherrn anvertraut, der jedoch keinen Dignitärsrang mehr beanspruchen konnte.

Auch hier sind die Einflüsse der angrenzenden Domkapitel nicht zu verleugnen, die gleichermaßen die Ruralarchidiakone als Dignitäre ansahen. Am umfangreichsten war diese Gruppe im Cambraier Domkapitel, wo die sechs Archidiakone von Cambrai, von Brabant, des Hennegaus, von Valenciennes, von Brüssel und von Antwerpen dazugehörten. Die beiden letztgenannten Dignitäre schieden freilich 1559 mit der Neuumschreibung der Bistümer der Niederlande aus.[549] Das Besançoner Domkapitel zählte dauerhaft fünf Archidiakone, nämlich die von Besançon,

---

546 I. Grah, Izvještaji pićanskih biskupa Svetoj Stolici (1589–1780), in: CCP 4/VI (1980), 5f., 15.

547 I. Grah, Izvještaji porečkih biskupa Svetoj Stolici (1588–1775), in: CCP 7/XII (1983), 4, 7, 11, 18f., 27, 32, 38, 43; P. Kandler, Diocesi di Parenzo nel 1770, in: L'Istria 2 (1847), 78.

548 I. Grah, Izvještaji pulskih biskupa Svetoj Stolici (1592–1802), in: CCP 11/XX (1987), 28, 32, 36f., 41, 44, 46, 49, 55, 57, 63; I. Grah, Izvještaji pulskih biskupa Svetoj Stolici (1592–1802), in: CCP 12/XXI (1988), 78, 87, 100; P. Kandler, Indicazioni, 52.

549 J.-B. Blin, Notice historique sur le chapitre cathédral et métropolitain de Cambrai, in: MSEC 36 (1880), 166f.; A. J. Le Glay, Recherches, 109; M. Chartier, Le Chapitre de Cambrai à la fin de l'ancien Régime, in: CC 47 (1925), 107; H.-G. Duchesne, France, 99.

Salins, Faverney, Gray und Luxeuil.[550] In Nancy und Saint-Dié waren es jeweils nur zwei Archidiakone, ersternorts die von Nancy und Lunéville,[551] andernorts die von Saint-Dié und Épinal.[552] Alle vier Domkapitel wiesen somit eigenständige Großarchidiakone auf.

Eine Ausnahme stellte im Westen neuerlich das Genfer Domkapitel dar, das überhaupt erst 1607 das Archidiakonat als dritte Dignität einrichtete und sich damit an die Ausstattung der savoyischen Domkapitel anlehnte.[553]

Kantorei und Primizeriat

Mit der Kantorei begegnet nun erstmals ein Amt, das es nirgends bis an die Spitze der Kapitelhierarchie schaffte. Die Ursprünge des Amtes liegen in der Person des Primizers, den Bischof Chrodegang von Metz in seiner 755/56 entstandenen Kanonikerregel dem Archidiakon zur Seite stellte. In dessen Vertretung sollte er sich um den Klerikernachwuchs kümmern sowie für dessen Unterrichtung und Gesangsausbildung Sorge tragen. Seit dem 10. Jahrhundert wandelte sich die Bezeichnung des Amtes. Die Aufgaben des nun Kantor genannten Amtsinhabers beschränkten sich jetzt vielfach auf die Leitung und den Unterricht des Chorgesangs. Während der Primizer im Allgemeinen in Vergessenheit geriet, betitelten die drei lothringischen Domkapitel von Metz, Toul und Verdun die Dompropstei als Primizerat. Im Untersuchungszeitraum bestand davon allerdings nur mehr die Metzer Dignität, die beiden andern waren bereits 1123/24 beziehungsweise 1385/87 supprimiert worden. Die leitende Stelle des Kantors im Chor brachte es mit sich, dass er mancherorts als Chorbischof oder Chormeister bezeichnet wurde. Zur Unterstützung war dem Kantor häufig ein Subkantor oder Sukzentor zur Seite gestellt, der mehr und mehr dessen Tätigkeiten übernahm.[554]

Ohne sich in Spitzfindigkeiten zu verlieren, kann festgestellt werden, dass die Domkapitel des Untersuchungsraumes der Kantorei eine recht unterschiedliche Bedeutung zumaßen.

Am größten war die Bedeutung des Amtes, das bald als Dignität, bald als Personat angesehen wurde, in den Domkapiteln von Basel, Brandenburg, Cammin, Görz, Lausanne, Leitomischl und Metz, wo der Kantor den dritten Rang unter den Dignitären einnehmen konnte. In den Domkapiteln von Schleswig und Wiener Neustadt, wo seit der Suppression 1541/42 beziehungsweise der Neugründung 1692 jeweils der Dompropst fehlte, war die Kantorei zeitweise beziehungsweise bleibend die zweite Dignität. Das Verduner Domkapitel unterstrich die Bedeutung der Kantorei für seine Einrichtung durch die Tatsache, dass das Amt in der zweiten Hälfte des 15.

550 N. N., Almanach de Besançon, 16, 18f.; N. Gabrielly, France, 157–159; H. Hours, Diocèse, 9f.; H.-G. Duchesne, France, 76.
551 N. Gabrielly, France, 181f.; H.-G. Duchesne, France, 207.
552 N. Gabrielly, France, 187f.; H.-G. Duchesne, France, 126.
553 J. Mercier, Le Chapitre de Saint-Pierre de Genève, in: MDAS 14 (1891), 235, 274.
554 P. Schneider, Domkapitel, 93–95; P. Hinschius, System II, 97–100.

Jahrhunderts vom Personat zur Dignität aufgewertet wurde. Im Prager Domkapitel kannte man das bereits vor den Wirren der Hussitenzeit bestehende Personat der Kantorei nachweisbar Ende des 18. Jahrhunderts wieder. Für das Königgrätzer Domkapitel ist zumindest für das erste Drittel des 18. Jahrhunderts ein in seiner Stellung nicht näher zu bestimmender Primizer belegt, dessen Spuren sich aber bald wieder verloren.

Denn Beispiele für eine gegenteilige Entwicklung gab es auch. So verschwand um die Mitte des 16. Jahrhunderts die jeweils als Personat angesehene Kantorei des Havelberger und des Straßburger Domkapitels. Dasselbe Schicksal ereilte noch vor der Mitte des 17. Jahrhunderts die Kantorei des Hamburger und des Mindener Domkapitels, ebenfalls Personate. Dass die hier zu den Dignitäten zählende Kantorei des Churer Domkapitels von 1794 an vakant blieb, zeitigte durch den weiteren Verlauf der Geschichte keine nennenswerten Auswirkungen mehr. Der im Lausanner Domkapitel als Primizer bezeichnete Amtsträger war seinen ursprünglichen Aufgaben nach eigentlich ein Hospitalar.

Grundsätzlich in geringerem Ansehen scheint das Amt des Kantors vor allem in den Domkapiteln der Salzburger Kirchenprovinz gestanden zu haben. In keiner der dazugehörenden Institutionen fand sich der Kantor unter den wichtigen Kapitelämtern, ebenso wenig in den benachbarten Domkapiteln von Augsburg und Trient. Auch im Zuge der Diözesanregulierungen der Siebziger- und Achtzigerjahre des 18. Jahrhunderts unter Kaiserin Maria Theresia und Kaiser Joseph II. erfuhr die Kantorei keine besonderere Aufmerksamkeit. Daher fehlt in den Domkapiteln von Brünn, Linz, St. Pölten, Budweis, Graz, Leoben und Gradisch der Kantor unter den Kapitelvorständen. Derselbe Zustand wurde darüber hinaus 1752 im Fuldaer und 1794 im Corveyer Domkapitel eingeführt. So verfügte von den erst im 18. Jahrhundert gegründeten Institutionen lediglich das Görzer Domkapitel über einen Primizer, der hier sogar eine Dignität bekleidete.

Für die wenigen weiteren Domkapitel, in denen der Kantor keine oder nur eine unauffällige Rolle spielte, können keine gemeinsamen Tendenzen ausgemacht werden.

Für die dem Untersuchungsraum benachbarten Domkapitel fällt die Bestandsaufnahme recht unterschiedlich aus. Die dänischen Domkapitel maßen dem Kantor durchwegs eine bedeutsame Stellung zu. Das zeigt sich zum einen daran, dass ihm in den Domkapiteln von Århus, Viborg, Ribe, Roskilde und Lund jeweils ein Platz unter den Dignitären eingeräumt wurde, zu denen sich in Ribe mit dem Sukzentor sogar der dem Titel nach Subbeamte des Kantors gesellte. Die livländischen Domkapitel weisen erneut ein recht unterschiedliches Bild auf. Eine große Rolle scheint der Kantor dort nicht gespielt zu haben, ebenso wenig in den polnischen Institutionen, wo er zwar überall als Prälat vorhanden war, aber in nachgereihter Stellung. Die istrischen Domkapitel verzichteten mit ihrer im Allgemeinen äußerst eingeschränkten personellen Ausstattung auf die Einrichtung der Kantorei als besonderes Kapitelamt. Im Westen gestaltete sich die Lage hingegen wieder anders. Wie im Genfer Domkapitel kam dem Kantor auch in Saint-Dié und Nancy der zweite Rang innerhalb der

Kapitelhierarchie zu, in Besançon der dritte. Der Kantor des Cambraier Domkapitels hingegen verlor sich im Verhältnis dazu in der Bedeutungslosigkeit.[555]

Die Subkantorei, deren große Bedeutung im Riber Domkapitel bereits erwähnt wurde, spielte als eigenständiges Amt im Untersuchungsraum nur in den Domkapiteln von Lausanne und Verdun eine nennenswerte Rolle. Für das Verduner Domkapitel supprimierte allerdings Papst Julius II. 1505 die dort zu den Personaten zählende Subkantorei. Mit dem nur wenige Jahrzehnte später untergegangenen Lausanner Domkapitel verschwand auch dort das gleichnamige Personat.

Scholasterie

Das Amt des Scholasters geht vor allem auf die 816 erlassenen Bestimmungen der Synode von Aachen zurück. Dort wurde ihm die Aufgabe zugedacht, sich um die Ausbildung des Klerikernachwuchses zu kümmern. Damit überschnitt sich anfangs sein Tätigkeitsbereich mit dem des Primizers beziehungsweise Kantors, ehe deren Aufgaben schärfer geschieden wurden. Dem Scholaster oblag nun hauptsächlich die Überwachung der wissenschaftlichen Unterweisung sowie der geistlichen Disziplin der jungen Domkleriker. Dafür wurden an seine Person besondere Anforderungen hinsichtlich Bildungsstand und Lebenswandel gestellt. Seine Gelehrsamkeit ließ den Scholaster vielerorts auch für die Führung der Kanzlei und die Betreuung des Archivs befähigt erscheinen. Seit dem 12. Jahrhundert wurde es üblich, dem Scholaster durch einen Rektor oder Schulmeister Unterstützung angedeihen zu lassen. Mit dem Wandel des Bildungssystems durch die aufkommenden Universitäten verloren die Stiftsschulen der Domkapitel beinahe völlig ihre Bedeutung, womit die Scholasterie nach und nach weitestgehend zu einer inhaltslosen Würde herabsank, deren mitunter letzte Aufgabe in der Vornahme zeremonieller Handlungen bei der Emanzipation der Domizellare bestand.[556]

In völliger Umkehr der bislang aufgezeigten Entwicklung kam es unter Kaiser Joseph II. zu einer Neubewertung der Scholasterie. 1787 bestimmte der Kaiser nämlich, dass dieses Amt dem jeweiligen Schuloberaufseher zu verleihen sei. Damit erhielt der Scholaster nach mehreren Jahrhunderten, zumindest im Einflussbereich der österreichischen Gesetzgebung, wieder eine Aufgabe im Bildungsbereich übertragen.[557]

Die bedeutendste Stellung innerhalb der Kapitelhierarchie kam dem Scholaster in den Domkapiteln von Freising und Münster zu, wo er jeweils die dritte Dignität bekleidete. Kurzfristig wurden die beiden Einrichtungen noch vom Kulmer Domkapitel übertroffen, in dem der Scholaster seit 1796 an zweiter Stelle gereiht war. Sein Aufstieg vom vorher fünften Rang dürfte aber vor allem deshalb erfolgt sein, weil die Scholasterie neben dem Spitzenamt des Archidiakonats als einzige Dignität über eine eigene Dotation verfügte.

555 Die sich auf die Ämterstruktur der einzelnen Domkapitel beziehenden Literaturangaben wurden bereits vorhin angeführt. Sie können dort eingesehen werden.
556 P. Schneider, Domkapitel, 96–98, 132f.; P. Hinschius, System II, 101f.
557 A. W. Gustermann, Kirchenrecht I, 71.

In einigen Fällen erfuhr die Scholasterie während des Untersuchungszeitraumes einen Bedeutungszuwachs. Das Olmützer und das Verduner Domkapitel werteten 1492 beziehungsweise 1514 das Amt vom Personat zur Dignität auf, während sich das Seckauer Domkapitel 1613 dazu entschied, die über mittelalterliche Wurzeln verfügende Scholasterie als Personat wieder neu einzurichten. Im Kulmer Domkapitel konnte die nach einer Vorlaufzeit von mehr als vier Jahrzehnten neu geschaffene Dignität der Scholasterie 1699 erstmals besetzt werden. Erzbischof Sigismund Graf von Kollonitsch sorgte schließlich 1741 mit seiner Stiftung dafür, dass auch dem Wiener Domkapitel die Dignität der Scholasterie zugehörig wurde. Die bereits erwähnte Zielsetzung, die Kaiser Joseph II. mit der Scholasterie verband, führte dazu, dass er 1788 die Umwandlung zweier Dignitäten verfügte. Im Linzer und im St. Pöltner Domkapitel wurde daraufhin 1790 jeweils die Kustorei zur Scholasterie umgewandelt. Für das damals gerade in Gründung befindliche Gradischer Domkapitel konnte man diese Änderung noch vor seiner offiziellen Errichtung durchführen, womit es ebenfalls den Scholaster als dritten Dignitär aufwies.

Andererseits gingen im Laufe des Untersuchungszeitraumes auch Ämter verloren. Noch im 15. Jahrhundert verschwand die Scholasterie des Samländischen Domkapitels, während vermutlich in Zusammenhang mit dem Auftreten der Reformation Mitte des 16. Jahrhunderts die Scholasterie des Meißner Domkapitels aufgelassen wurde. Das beginnende 17. Jahrhundert brachte der Scholasterie des Passauer Domkapitels den Untergang. In allen drei Fällen handelte es sich um Personate. Das Utrechter Domkapitel schließlich verfiel schon im 17. Jahrhundert der Praxis, das Personat der Scholasterie dauerhaft an kapitelfremde Personen zu verleihen.

Unter den benachbarten Domkapiteln waren es vor allem die istrischen, die dem Scholaster eine einflussreichere Rolle zuschrieben. Trotz der grundsätzlich geringen personellen Ausstattung begegnet er in Pola als zweiter Dignitär, in Triest und Capodistria als dritter. Auch das Parenzaner Domkapitel kannte einen Scholaster. Lediglich in Cittanova und Pedena finden sich keine Spuren des Amtes. Die untersuchten polnischen Domkapitel sprachen dem Scholaster einheitlich den fünften Rang unter den Dignitären zu. Das galt auch für das Wendensche Domkapitel, während er in den drei nördlichen Domkapiteln Livlands eine bessere Stellung behaupten konnte. Die Domkapitel von Reval, Ösel-Wiek und Dorpat führten ihn nämlich auf dem dritten Platz. Im Rigischen und im Kurländischen Domkapitel fiel der Scholaster hingegen nicht besonders auf. Damit stimmten die Verhältnisse in den dänischen Domkapiteln überein. Westlich des Untersuchungsraumes ist auffällig, dass die Domkapitel von Genf, Besançon und Cambrai in der Scholasterie kein wichtiges Amt sahen, wogegen die beiden 1777 aus dem Primatial- beziehungsweise einem Kollegiatkapitel gebildeten Domkapitel von Nancy und Saint-Dié die Scholasterie unverändert von ihren Vorläuferinstitutionen übernahmen. Somit belegte hier der Scholaster jeweils den dritten Rang unter den Dignitären.[558]

558 Die sich auf die Ämterstruktur der einzelnen Domkapitel beziehenden Literaturangaben wurden bereits vorhin angeführt. Sie können dort eingesehen werden.

Kustorei, Thesaurariat und Sakristei

Die mit der Kustorei, dem Thesaurariat und der Sakristei verbundenen Amtsbereiche überschnitten sich häufig. Deren Inhaber hatten sich um die Belange des Gottesdienstes zu kümmern, namentlich für die Bereitstellung und Verwahrung der für die Liturgie notwenigen Geräte, Bücher, Paramente und Kleinodien. Bereits die 755/56 entstandene Kanonikerregel Bischof Chrodegangs von Metz sowie die 816 erlassenen Bestimmungen der Synode von Aachen kannten die Ämter des Kustos sowie des Sakristans oder Thesaurars. Das Naheverhältnis zwischen den einzelnen Tätigkeitsbereichen führte ab dem 11./12. Jahrhundert vielfach zur Vereinigung in einer Hand. Dabei wurden die Amtsinhaber überwiegend als Kustos oder Thesaurar bezeichnet und nur vereinzelt als Sakristan. Nur in wenigen Fällen hielten sich beide Ämter als selbständige Einrichtungen, wobei meist eines an einen Subbeamten ging. Die tatsächliche Leitung der Amtsgeschäfte lag nämlich üblicherweise in der Verantwortung eines Sub- oder Vizekustos.[559]

Die wichtigste Rolle spielte der Kustos im Leitomischler Domkapitel, wo er Inhaber der zweiten Dignität war. Als dritter Dignitär begegnet der Kustos in den Domkapiteln von Budweis, Ermland, Graz, Leoben, Mainz, Pomesanien, Sitten, Wien und Worms. Vorübergehend beziehungsweise kurzfristig war dies auch in Kulm, Gurk, Linz und St. Pölten der Fall. Zur Neuerrichtung der Kustorei als Dignität kam es während des Untersuchungszeitraumes nur einmal. 1787 wurde im Zuge der Transmutation des Gurker Domkapitels die Kustorei vom Personat zur Dignität aufgewertet. Allerdings wurde das Amt bereits 1789 ersatzlos supprimiert. Im Prager Domkapitel bestand das bereits vor den Wirren der Hussitenzeit bestehenden Personat der Kustorei nachweisbar Ende des 18. Jahrhunderts wieder.

Deutlich größer war die Zahl jener Domkapitel, in denen das Amt des Kustos oder Thesaurars abgewertet oder ganz aufgehoben wurde. Bereits im ausgehenden 15. Jahrhundert wurde im Lebuser Domkapitel die Kustorei von einer Dignität zu einem Personat abgewertet. Das Havelberger Thesaurariat verlor sich Mitte des 16. Jahrhunderts. In Brandenburg zählte das Thesaurariat zu den Dignitäten, ehe es in protestantischer Zeit dauerhaft der Domdechantei zugeschlagen wurde. Auf ähnliche Weise war zumindest im 17. Jahrhundert das als Personat angesehene Schleswiger Thesaurariat in den Händen des dortigen Archidiakons. Für das Kölner Domkapitel bestand wiederholt im 17. und beinahe regelmäßig im 18. Jahrhundert die Gepflogenheit, das Personat des Thesaurariats dem jeweiligen Dompropst zu verleihen. Bis spätestens im 18. Jahrhundert büßte die Kustorei des Metzer Domkapitels ihre Stellung als Dignität ein und wurde zu einem Personat herabgestuft. Schließlich erfolgte 1789 noch die Suppression der nur kurz als Dignität geführten Kustorei des Gurker Domkapitels, während 1790 auf Anweisung Kaiser Josephs II. im Linzer und im St. Pöltner Domkapitel aus der Dignität der Kustorei jeweils die der Scholasterie wurde. Das Utrechter Domkapitel hob sein Thesaurariat zwar

559 P. Schneider, Domkapitel, 98–102; P. Hinschius, System II, 103f.

nicht auf, allerdings befand sich das Personat seit 1735 dauerhaft in den Händen kapitelfremder Personen.

Für den Erhalt von Kustorei und Thesaurariat als gleichrangige Ämter gibt es nur ein Beispiel, nämlich das Metzer Domkapitel. Dort gehörte sowohl der Thesaurar als auch der Kustos zur Gruppe der Dignitäre. Allerdings wurde spätestens im 18. Jahrhundert die Kustorei zu einem Personat abgewertet.

Die Bezeichnung Sakristan für einen Dignitär hielt sich nur im Lausanner und im Sittner Domkapitel.

Außerhalb des Untersuchungsraumes war die Bedeutung des Kustos deutlich geringer. In den dänischen Domkapiteln fehlte er unter den Inhabern der wichtigsten Kapitelämter. Das galt auch für die livländischen Domkapitel, abgesehen von den Domkapiteln in Ösel-Wiek und Dorpat sowie der in ihrer Verfassung polnisch geprägten Institution in Wenden. Die polnischen Domkapitel räumten dem Kustos nämlich die sechste Stelle unter den Dignitären ein. In Istrien verfügte lediglich das Domkapitel von Capodistria über eine Ämterstruktur, die die Einrichtung des Thesaurariats als Dignität überhaupt zuließ. Im Westen bestand im Genfer Domkapitel das Personat der Sakristei und im Besançoner die Dignität des Thesaurariats. In Saint-Dié, Nancy und Cambrai kannte man hingegen kein entsprechendes Amt.[560]

Kanzlei

Für die Erledigung des Schriftverkehrs sowie die Verwahrung der Archivalien gelangte in manchen Domkapiteln das Amt des Kanzlers zur Einführung. Mit dem Anwachsen des Verwaltungsaufwandes im Laufe des Hoch- und Spätmittelalters ging die tatsächliche Kanzleiführung freilich auf die Notare, Protokollisten, Archivare und Registratoren über.[561]

Die Kanzlei als Dignität war zum einen in den lothringischen Domkapiteln von Metz und Verdun vorhanden. Während in Metz der Kanzler schon seit dem Mittelalter seinen Platz unter den Dignitären behaupten konnte, sorgte Papst Julius II. 1508 dafür, dass in Verdun die Kanzlei vom Personat zur Dignität aufgewertet wurde. Am östlichen Rand des Untersuchungsraumes wies das in seiner Organisationsform deutlich vom benachbarten polnischen Raum beeinflusste Breslauer Domkapitel den Kanzler unter seinen Dignitären auf.

Damit ist auch über die Stellung der Kanzlei in den zum Vergleich herangezogenen Domkapiteln bereits alles gesagt. Abgesehen von den polnischen Domkapiteln wurde nämlich dem Kanzler nirgends eine besondere Wertschätzung zugedacht, interessanterweise auch im Westen und in Wenden nicht. So blieb es allein den fünf polnischen Domkapiteln vorbehalten, dem Kanzler die Stellung eines Dignitärs zuzubilligen. In Plozk, Gnesen und Posen geschah dies bereits im 14. Jahrhundert.

560 Die sich auf die Ämterstruktur der einzelnen Domkapitel beziehenden Literaturangaben wurden bereits vorhin angeführt. Sie können dort eingesehen werden.

561 P. Schneider, Domkapitel, 97; P. Hinschius, System II, 108.

Zur selben Entwicklung kam es im Krakauer Domkapitel, wo das Amt des Kanzlers ebenfalls für das 14. Jahrhundert belegt ist. Danach verschwand es allerdings wieder. Eine Wiedererrichtung scheiterte vorerst Mitte des 16. Jahrhunderts. Erst 1727 konnte man nach einer entsprechenden Ermächtigung Papst Benedikts XIII. die Prälatur erstmals wieder besetzen. Im Leslauer Domkapitel hatte inzwischen Bischof Hieronim Rozdrażewski 1593 für die Errichtung der Kanzlei gesorgt.[562]

Kellerei und Kämmerei

Mit der Kellerei und der Kämmerei begegnen erstmals Ämter, denen in keinem der behandelten Domkapitel die Aufnahme unter die Dignitäre gelungen war. Das erklärt sich durch die geschichtlichen Entwicklungen, denen diese Ämter unterworfen waren. Der Kellerer war ursprünglich ein Hilfsbeamter des Dompropstes, den er in der Güter- und Vermögensverwaltung unterstützte. Der Kämmerer war ebenfalls mit der Wirtschaftsführung betraut, vor allem dort, wo der Dompropst diese Aufgaben nicht mehr selbst wahrnahm. Daher erfreute sich der Kämmerer gegenüber dem Kellerer einer etwas unabhängigeren Stellung. Die Aufgabe des gemeinschaftlichen Lebens der Domherren machte beide Ämter weitgehend überflüssig, weshalb sie sich in den meisten Domkapiteln noch im Laufe des Hoch- und Spätmittelalters verloren.[563]

Durchgängig erhalten hat sich das Personat der Kellerei in den sechs Domkapiteln von Augsburg, Bamberg, Eichstätt, Hildesheim, Magdeburg und Paderborn. In etwa gleich vielen Einrichtungen erlosch das Amt jedoch im Laufe des Untersuchungszeitraumes. Das war in Lübeck bereits Mitte des 15. Jahrhunderts der Fall, in Bremen in der zweiten Hälfte des 16. Jahrhunderts, in Halberstadt spätestens im 17. Jahrhundert sowie in Münster 1717. Im Basler Domkapitel gestaltete sich die Entwicklung wechselhaft. Nachdem sich die Kellerei im Zuge der Reformation verlor, wurde sie 1589 wiederbelebt, vorerst als Offizium. Nachdem das Amt 1627 neuerlich unterging, erfolgte 1681 eine nochmalige Wiedererrichtung, diesmal als Personat. Tatsächlich besetzt wurde die Kellerei freilich erst wieder 1710. Auffallenderweise lag eine deutliche Mehrzahl jener Domkapitel, die einen Kellerer in ihren Reihen aufwiesen, im Bereich der Kirchenprovinz Mainz.

Noch weniger als der Kellerer konnte sich der Kämmerer in den Domkapiteln halten. Bleibend gelang dies nur in den Domkapiteln von Paderborn und Straßburg, ersternorts übrigens gemeinsam mit dem Kellerer. In Verdun hingegen wurde das Personat die Kämmerei 1600 supprimiert und dessen Einkünfte dem Jesuitenkolleg zum Nießbrauch überlassen.

---

562 Die sich auf die Ämterstruktur der einzelnen Domkapitel beziehenden Literaturangaben wurden bereits vorhin angeführt. Sie können dort eingesehen werden.

563 P. Schneider, Domkapitel, 102–104; P. Hinschius, System II, 105, 107.

In den dem Untersuchungsraum benachbarten Domkapiteln traten keinerlei mit der Kellerei beziehungsweise mit der Kämmerei vergleichbare Ämter zutage.[564]

Weitere Ämter

Neben den bisher angeführten fand sich noch eine Vielzahl weiterer Ämter in den einzelnen Domkapiteln. Diese waren zumeist einfache Offizien. In den Rang einer Dignität brachten es das Vizedominat des Camminer und des Münsterischen Domkapitels sowie das Eleemosynariat in Metz. Beim Vizedom handelte es sich streng genommen um ein bischöfliches Amt, lag doch seine ursprüngliche Aufgabe in der Vertretung des Bischofs in dessen Stellung als Landesherr. Dieser Tätigkeitsbereich geriet früh in die Hände von Laien, womit das Vizedominat als reines Ehrenamt übrigblieb. Namensgebende Kernaufgabe des Eleemosynars hingegen war die Sorge um die Armen.[565] Damit stellte das Eleemosynariat die einzige Dignität dar, deren Ursprung in einem überwiegend sozial ausgerichteten Amt lag. Freilich kam es auch hier zur Übernahme des Tagesgeschäftes durch den Subeleemosynar.

Unter den Personaten konnten allein das Struktuariat und die Fabrik noch nennenswerte Bedeutung erlangen. Beide Ämter hatten die Verantwortung für den baulichen Erhalt des Doms und seiner Nebengebäude. Den Struktuar kannte man in den Domkapiteln von Schleswig und Ratzeburg. In Havelberg wurde die Fabrik 1673 vom Personat zum Offizium abgewertet. Erwähnt sei noch, dass im Revaler Domkapitel der Fabrikator Aufnahme unter die Dignitäre gefunden hatte.[566]

6. Kanonikate mit besonderer Widmung

Abgesehen von der nicht immer gegebenen einheitlichen Ertragslage unterschieden sich die einzelnen in den Domkapiteln vorhandenen Kanonikate grundsätzlich nicht voneinander. Man verlangte in der Regel die Erfüllung derselben Idoneitätskriterien, erhielt als Inhaber dieselben Rechte und war denselben Pflichten unterworfen. Trotzdem kam es im Laufe der Geschichte zur Ausbildung von Kanonikaten, denen eine besondere Widmung zu eigen war.[567] Außer Acht gelassen werden soll an dieser Stelle die Behandlung jener Präbenden, die ihren Inhabern bestimmte standesmäßige Anforderungen auferlegten. Die in den einzelnen Domkapiteln herrschenden Standesverhältnisse werden nachfolgend in einem eigenen Kapitel abgehandelt.[568]

---

564 Die sich auf die Ämterstruktur der einzelnen Domkapitel beziehenden Literaturangaben wurden bereits vorhin angeführt. Sie können dort eingesehen werden.

565 P. Schneider, Domkapitel, 104.

566 L. Arbusow, Livlands Geistlichkeit vom Ende des 12. bis ins 16. Jahrhundert, in: JGHS 16 (1911/12/13), 338; K. Neitmann, Bistum Reval, in: E. Gatz, Bistümer, 619.

567 P. Hinschius, System II, 73f.; P. Schneider, Domkapitel, 74f.

568 Die bereits in den Einzeldarstellungen der jeweiligen Domkapitel angeführten Literaturangaben werden an dieser Stelle nicht mehr wiederholt. Sie können in den entsprechenden Abschnitten eingesehen werden.

Sazerdotalkanonikate

Im Laufe des Mittelalters kam es in nicht wenigen Domkapiteln zu einer tiefgreifenden Veränderung hinsichtlich der von den Domherren empfangenen Weihestufen. Vor allem die dem Adel angehörenden Kanoniker waren immer seltener bereit, sich die Weihen bis zum Priestertum spenden zu lassen. Die Folge davon war ein verstärkt auftretender Priestermangel innerhalb der Domkapitel. Das ebenfalls um sich greifende Kumulationswesen sowie der fortschreitende Verfall der Residenzpflicht verschärfte die aufgezeigte Entwicklung zusätzlich und erschwerte die Erfüllung der den Domkapiteln obliegenden gottesdienstlichen Verrichtungen zusehends. Abhilfe verschaffte man sich vor allem durch die Delegation der entsprechenden liturgischen Aufgaben an eigens dafür angestellte Vikare, durch die Errichtung von Domannexstiften, aber auch, obgleich in bescheidenerem Umfang, durch die Einrichtung sogenannter Sazerdotalkanonikate. Deren Inhaber mussten in der Regel die Priesterweihe empfangen haben oder spätestens binnen Jahresfrist empfangen. Zudem waren sie meist einer strengeren Residenzpflicht unterworfen, um den mit ihrer Präbende verbundenen Aufgaben auch tatsächlich nachkommen zu können. Mancherorts wurde es darüber hinaus üblich, auch Maioristen der beiden anderen Weihestufen, also Diakonen und Subdiakonen, eine bestimmte Anzahl an Kanonikaten verbindlich zuzuschreiben.[569]

Die Ursprünge der Sazerdotalkanonikate lagen zumeist im Mittelalter. So waren im Kölner Domkapitel in Erweiterung der seit der Mitte des 11. Jahrhunderts bestehenden Siebenherren seit 1216/18 acht Stellen ausdrücklich Priestern vorbehalten. Etwa zur selben Zeit, nämlich 1212/16, bestand im Sittner Domkapitel für die vier in der Stadt residierenden Domherren bereits die Verpflichtung zum Empfang der Priesterweihe. Für die 21 auf dem Hügel Valeria bestehenden Kanonikate war noch zu Beginn des 16. Jahrhunderts eine Einteilung in drei Siebenergruppen für Priester, Diakone und Subdiakone gängig. Das 13. Jahrhundert brachte die Einrichtung weiterer Sazerdotalkanonikate. Im Lausanner Domkapitel wurde es zu Beginn dieses Jahrhunderts üblich, die 30 bestehenden Kanonikate je zu einem Drittel mit Priestern, Diakonen und Subdiakonen zu besetzen. Allerdings bestand diese Organisationsform in ihrer streng regelmäßigen Aufteilung im Untersuchungszeitraum nicht mehr. Sie wurde als Mindestanforderung durch einen weit höheren Anteil an Priestern überschritten. 1203 schuf das Lütticher Domkapitel sechs Priesterstellen, zu denen 1250 neuerlich jeweils sechs für Diakone und Subdiakone kamen. Im Mainzer Domkapitel bestanden seit 1277 vier Priesterpräbenden. Das Magdeburger Domkapitel traf wiederum Festschreibungen für alle drei höheren Weihestufen. Zuerst richtete man 1314 zwei Priesterstellen ein. Dazu kamen 1338 noch weitere Kanonikate, zwei für Diakone und zwei für Subdiakone. Eine letzte Veränderung wurde 1371 vorgenommen, als man die Zahl der Priester auf vier vermehrte. Eine

569 P. Hinschius, System II, 74; P. Schneider, Domkapitel, 74; G. P. Marchal, Einleitung. Die Dom- und Kollegiatstifte der Schweiz, in: G. P. Marchal, Kollegiatstifte, 63.

weitere Erhöhung, die 1472/73 erwogen wurde, gelangte hingegen nicht mehr zur Durchführung. Alle diese Maioristen waren reine Kanoniker, die Aufnahme in den Kapitularstand blieb ihnen verwehrt. Das Konstanzer Domkapitel entschloss sich 1324, zwei Präbenden für Priester zu reservieren. Für das 14. Jahrhundert ist zudem die Existenz einer Priesterpräbende im Mindener Domkapitel bezeugt. Sie dürfte sich allerdings nicht allzu lange gehalten haben. Das galt hingegen nicht für das gegen Ende der ersten Hälfte des 15. Jahrhunderts erstmals nachweisbare Sazerdotalkanonikat des Basler Domkapitels.

Während des Untersuchungszeitraumes wurden lediglich im Hildesheimer Domkapitel Sazerdotalkanonikate neu geschaffen. Seit 1601 gab es dort vier Stellen, die ausdrücklich Priestern vorbehalten waren, dazu ebenso viele für Diakone. Für das Straßburger Domkapitel tauchte 1687 der Vorschlag Bischof Wilhelm Egon Graf von Fürstenbergs auf, sechs Kanonikate für Priester neu zu gründen. Zur Umsetzung kam es hier aber letztlich nicht.

Die insgesamt nicht gerade üppige Zahl an Sazerdotalkanonikaten macht deutlich, dass die Domkapitel wenig Anlass sahen, dem Mangel an Priestern auf diese Weise Abhilfe zu schaffen. In weit größerem Ausmaß zog man dafür kapitelfremde Kleriker heran, vor allem Kanoniker der Domannexstifte,[570] Vikare, Mansionare und Benefiziaten.[571]

Hinzuweisen ist an dieser Stelle noch auf jene Domkapitel, die von ihren Mitgliedern generell die Priesterweihe verlangten. In diesen Fällen lässt sich jedoch nicht mehr von Sazerdotalkanonikaten als Kanonikaten mit besonderer Widmung sprechen. Es galten vielmehr grundsätzlich andere Idoneitätskriterien für eine Mitgliedschaft.

Außerhalb des Untersuchungsraumes begegnen Sazerdotalkanonikate beispielsweise in den Domkapiteln von Besançon, Cambrai und Roskilde. Ersternorts legte man 1271 die Zahl der Priesterpräbenden auf acht fest.[572] In Cambrai musste seit 1361 ein Drittel der Domherrenstellen mit Priestern besetzt werden, zuletzt bestanden daher 14 Sazerdotalkanonikate. Davon waren seit 1664 zwei Kanonikate in vier Semipräbenden geteilt, von deren Inhabern allerdings nur zwei Kapitularrechte genossen.[573] Das Roskilder Domkapitel verfügte seit dem beginnenden 15. Jahrhundert über sieben Sazerdotalkanonikate.[574]

570 F. G. Hirschmann, Die Domannexstifte im Reich – Zusammenstellung und vergleichende Analyse, in: ZRG KA 88 (2002), 153–157.

571 P. Schneider, Domkapitel, 70–74.

572 H. Hours, Diocèse, 14.

573 J.-B. Blin, Notice historique sur le chapitre cathédral et métropolitain de Cambrai, in: MSEC 36 (1880), 158f.

574 J. O. Arhnung, Domkapitel I, 107f.

Universitätskanonikate

Ab der zweiten Hälfte des 14. Jahrhunderts entstanden innerhalb des Untersuchungsraumes die ersten Universitäten. Um den für deren Ausstattung erforderlichen Finanzbedarf zu verringern, wurde mancherorts den Domkapiteln die Verpflichtung auferlegt, eines oder mehrere ihrer Kanonikate für die Besoldung von Universitätsangehörigen zur Verfügung zu stellen. Nutznießer dieser Einrichtung waren aber nicht nur die Universitäten, sondern auch die Domkapitel, die damit hochqualifizierte Mitglieder in ihren Reihen hatten. Allerdings war in einigen Fällen die Verbindung der Inhaber der Universitätskanonikate zum Domkapitel verhältnismäßig locker beziehungsweise gänzlich abgebrochen. Eine weitere Möglichkeit, den Universitäten eine finanzielle Unterstützung durch die Domkapitel zukommen zu lassen, stellte die jährliche Zahlung eines bestimmten Betrages an die Hochschule dar. Deutlich umfangreicher als die Beiträge der Domkapitel zur Bestreitung der Kosten für den Universitätsbetrieb waren freilich jene der Kollegiatstifte, die zum Teil eigens für diesen Zweck gegründet wurden.[575]

Die längste Geschichte weisen die Universitätskanonikate der Wiener Universität auf. Anlässlich der Errichtung der dortigen Theologischen Fakultät verpflichtete sich Herzog Albrecht III. von Österreich 1384, jeweils acht Kanonikate des damaligen Wiener Kollegiatkapitels mit Angehörigen des Artistenkollegs zu besetzen. Ein Mitwirkungsrecht der Universität war zu dieser Zeit noch nicht vorgesehen, die Kollegiaten rückten in der Regel nach dem Senium in die Reihe der Kanoniker vor. Erst als Kaiser Ferdinand I. 1554 in der mittlerweile zum Domkapitel aufgestiegenen Korporation die Zahl der Universitätskanonikate auf sechs herabsetzte, wurde dem Artistenkolleg das Nominationsrecht zuerkannt. Eine weitere Änderung ergab sich durch die Übertragung der Philosophischen und der Theologischen Fakultät der Universität Wien an den Jesuitenorden. Deshalb setzte Kaiser Ferdinand II. 1623 fest, dass von nun an das Universitätskonsistorium aller vier Fakultäten die Nominationen vornehmen sollte. An die Stelle Universitätsangehöriger traten nun institutionsfremde Kleriker als Inhaber der Kanonikate. Kaiser Joseph II. sorgte 1787 für eine neuerliche Veränderung. Zum einen transferierte er zwei der sechs Universitätskanonikate an das neu errichtete Linzer Domkapitel, zum anderen sah er vor, künftig neben vier verdienten Seelsorgern auch wieder zwei an der Theologischen Fakultät der Universität Wien Lehrende mit den Kanonikaten zu betrauen. Das Nominationsrecht der Universität blieb von all diesen Maßnahmen unbehelligt. Allerdings dauerte es noch einige Jahre, ehe die Universität auch in Linz ihre Rechte tatsächlich ausüben konnte. Obwohl schon 1793 eine erste Vereinbarung hinsichtlich der Vergabe der beiden Kanonikate getroffen wurde, konnte die Universität dort erst ab 1801 ihre Rechte voll geltend machen.

575 P. Schneider, Domkapitel, 77f.; M. Cottin, Die Leipziger Universitätskanonikate an den Domkapiteln von Meißen, Merseburg und Naumburg sowie am Kollegiatstift Zeitz im Mittelalter (1413–1542), in: D. Döring, Universitätsgeschichte, 280f.

Ebenfalls ins ausgehende 14. Jahrhundert fiel der Ursprung der Universitätskanonikate des Kölner Domkapitels. Hier sprach Papst Bonifaz IX. 1394 eines der acht Sazerdotalkanonikate der Universität Köln für einen ihrer Lehrer zu. Papst Innozenz XII. verordnete 1698, dieses Kanonikat dauerhaft einem Juristen zuzuweisen. Die Päpste Eugen IV. und Nikolaus V. stellten 1437 beziehungsweise 1451/53 der Universität eine zweite Priesterpräbende zur Verfügung. Im Unterschied zum ersten Kanonikat, das die Universität durch den Rektor und die vier Provisoren auch vergab, begrenzte der Widerstand des Domkapitels die Kollationsrechte der Universität beim zweiten auf ein wenig einflussreiches Devolutionsrecht, das nur bei nicht fristgerechter Nachbesetzung schlagend wurde. Allerdings sollte der Inhaber der Präbende in jedem Fall ein Angehöriger der Universität sein. Schließlich erteilte Papst Paul IV. 1559 der Universität ein Triennalindult, kraft dessen diese hinsichtlich der Sazerdotalkanonikate für drei der päpstlichen Monate das Kollationsrecht zugunsten eines ihrer Dozenten erhielt. Die Vergabe nahmen dabei der Rektor, die vier Dekane und die vier Provisoren vor. Das Domkapitel konnte sich erst 1593 von der Gültigkeit dieses immer wieder verlängerten Indults befreien.

Die Gründung der Universität Heidelberg bedingte die Errichtung von Universitätskanonikaten im Speyerer und im Wormser Domkapitel. Auf Betreiben Kurfürst Ruprechts III. von der Pfalz wies Papst Bonifaz IX. 1398 jeweils ein Kanonikat der Universität zu. Beide Kanonikate dienten zunächst zur Besoldung von Rechtsgelehrten, das Wormser wurde ab 1452 zur Dotation eines Theologieprofessors herangezogen. Das Nominationsrecht wurde dem Rektor und dem übrigen leitenden akademischen Personal zuerkannt. Nach dem Konfessionswechsel der Universität erhielt diese zur Abgeltung ihrer Rechte jährlich Zahlungen an den Universitätsfonds, aus Speyer seit 1547 und aus Worms seit 1556.

Die Errichtung der Universität Leipzig brachte im frühen 15. Jahrhundert die Einführung weiterer Universitätskanonikate in den drei sächsischen Domkapiteln. Papst Johannes XXIII. erteilte 1413 der Universität Leipzig das Nominationsrecht für je zwei Kanonikate im Meißner und im Naumburger Domkapitel. Bereits wenige Jahre später kam es unter Papst Martin V. zu einer Veränderung. Von 1421 an wurde eine Präbende in Naumburg aufgegeben, dafür kamen zwei neue Universitätskanonikate im Merseburger Domkapitel dazu. Der Einfluss der Universität stieß jedoch auf Widerstand. So gelang es dem Merseburger Domkapitel zwischen 1507 und 1558, eines der betreffenden Kanonikate universitätsfremd zu besetzen. In Meißen wiederum versuchte man 1418 und 1541 jeweils vergeblich, sich der Rechte der Universität zu entledigen. Gewohnheitsrechtlich wurden die Universitätskanonikate des Meißner Domkapitels mit Angehörigen der Theologischen Fakultät besetzt, die des Merseburger und des Naumburger Domkapitels mit solchen der Juridischen Fakultät. Während die übrigen Inhaber der Universitätskanonikate keinerlei rechtliche Einschränkungen hinnehmen mussten, entbehrte der entsprechende Naumburger Domherr jeglicher Mitwirkungsrechte im Kapitel.

An der Universität Basel gab es zwar unmittelbar nach ihrer Gründung den Versuch zur Errichtung eines Universitätskanonikats. Der entschiedene Widerstand des Basler Domkapitels brachte jedoch 1460 das Ansinnen, zwei Kanonikate der Universität zur Verfügung zu stellen, zum Scheitern.

An der Universität Ingolstadt kam es 1472 auf Kosten des Eichstätter Domkapitels zur Errichtung eines Universitätskanonikats für einen Professor der Theologischen Fakultät, zumeist den Kontroverstheologen. Dessen Inhaber verdankte seine Stellung dem Präsentationsrecht der Herzöge beziehungsweise später der Kurfürsten von Bayern und verfügte über keinerlei Rechte im Kapitel. Obwohl Papst Hadrian VI. 1523 je ein Kanonikat der Domkapitel von Augsburg, Freising, Passau, Regensburg und Salzburg für fünf Professoren der Theologischen Fakultät der Universität Ingolstadt zur Verfügung stellen wollte, erfolgte letztlich keine Erhöhung der Zahl der Universitätskanonikate in Ingolstadt.

Das Schleswiger Domkapitel musste seit einer Verfügung Papst Sixtus' IV. aus dem Jahr 1482 der Universität Kopenhagen ein Kanonikat überlassen, das der Rektor und die vier Dekane mit einem Universitätsangehörigen besetzten. 1541/42 dürfte das Domkapitel von dieser Auflage wieder befreit worden sein. Dafür waren nun drei Oberlehrer der Trivialschule Schleswig mit Präbenden zu versorgen, wenn auch nur kurzfristig.

Die zu Beginn des 16. Jahrhunderts neu ins Leben gerufene Universität Frankfurt an der Oder erhielt zur Abdeckung ihres Finanzbedarfs von den Domkapiteln vorerst nicht mehr als einen jährlichen Unterstützungsbeitrag. Das Brandenburger Domkapitel zahlte diesen seit 1506, befreite sich 1534 mit einer Einmalzahlung davon, nahm die Zahlung aber trotzdem 1541 wieder auf und stellte schließlich 1586/87 die Zuweisungen gänzlich ein. Der 1540 von Bischof Georg von Blumenthal eingebrachte Vorschlag, ein Kanonikat des Lebuser Domkapitels der Universität zuzuweisen, blieb ohne tatsächliche Auswirkungen. Ebenfalls noch deutlich vor der Mitte des 16. Jahrhunderts wurde eine Präbende des Havelberger Domkapitels der Universität inkorporiert. Kurfürst Friedrich Wilhelm von Brandenburg verpflichtete schließlich 1654 das Camminer Domkapitel zu einer jährlichen Zahlung an die Universität.

Der Universität Löwen, genaugenommen deren Artistischer Fakultät, erkannte schon Papst Leo X. 1513 großzügige Nominationsrechte im Bereich des Hochstiftes Lüttich zu. Dennoch lässt sich die Ausübung dieses Privilegs gegenüber dem Lütticher Domkapitel erst für das 17. Jahrhundert belegen. Papst Paul V. erließ 1616 eine Neuregelung, mit der er das Nominationsrecht der Fakultät auf jene Präbenden festlegte, die in den Monaten Jänner und November ungerader Jahre sowie im Monat November gerader Jahre vakant wurden. Doch auch danach wurden die Rechte der Universität nicht durchgehend ausgeübt. Kurzfristig kam es durch Papst Clemens IX. 1669 sogar zu ihrer formellen Aufhebung. Allerdings stellte bereits 1673 sein Nachfolger Papst Clemens X. die vorherige Rechtslage wieder her. In der Regel wurden Theologen mit den Kanonikaten betraut. Vom erwähnten Privileg Papst Leos X. war offensichtlich auch das Utrechter Domkapitel betroffen, da die Artistische Fakultät dort bis zum Konfessionswechsel mehrfach Nominationsrechte zur Anwendung brachte.

Die Universität Freiburg im Breisgau vermochte hingegen trotz mehrfacher Anläufe keine Universitätskanonikate zu gewinnen. So leistete auch hier das Basler Domkapitel 1549/50 erfolgreich Widerstand gegen entsprechende Pläne König Ferdinands I., 1568/70 gegen solche Erzherzog Ferdinands II. von Österreich und 1607 gegen solche Erzherzog Maximilians III. von Österreich. Jedes Mal sollte ein Kanonikat des Basler Domkapitels zur Besoldung eines Professors der Theologischen Fakultät herangezogen werden. Gleichgerichtete Bestrebungen König Ferdinands I. für das Straßburger und das Konstanzer Domkapitel wussten die betroffenen Institutionen um die Mitte des 16. Jahrhunderts ebenfalls mit Entschiedenheit zu verhindern.

Neben diesen ausdrücklichen Universitätskanonikaten wurden auch auf anderem Wege Finanzmittel der Domkapitel zur Unterstützung von Bildungseinrichtungen herangezogen. So wurde dem Schleswiger Domkapitel 1541/42 die Auflage erteilt, drei Oberlehrer der dortigen Trivialschule mit seinen Präbenden zu besolden, eine Maßnahme, die allerdings auf nur einige wenige Jahre beschränkt blieb. Etwa zur selben Zeit musste das Meißner Domkapitel die Erträge mehrerer Pfründen an den Prokuraturfonds abtreten. Nach dem Befinden des Landesherrn wurden diese Mittel für kirchliche und mildtätige Zwecke eingesetzt, unter anderem auch für die Fürstliche Landesschule St. Afra in Meißen. Das Lütticher Domkapitel wiederum musste zwischen 1597 und 1600 eine und nochmals um 1611 zwei seiner Präbenden der Nutznießung des dortigen Jesuitenkollegs überlassen. Mit derselben Zielsetzung wurden 1600 im Verduner Domkapitel die vormals dem Kämmerer zustehenden Einkünfte umgewidmet.

Außerhalb des Untersuchungsraumes wies Papst Sixtus IV. 1482 der drei Jahre zuvor gegründeten Universität Kopenhagen unter anderem jeweils ein Kanonikat in den Domkapiteln von Århus, Lund, Odense, Ribe und Viborg zu. Im Roskilder Domkapitel waren es sogar vier.[576] Diese Verpflichtungen bestanden vermutlich bis 1541, als man einen anderen Weg einschlug, um den Universitätsbetrieb aus dem Vermögen der Domkapitel zu unterstützen. Seit damals bestand nämlich für die Domkapitel von Århus, Lund, Ribe, Roskilde und Viborg die Verpflichtung, einem Studenten der Universität Kopenhagen den erforderlichen Unterhalt zu leisten. Aus der Vermögensmasse des Odenseer Domkapitels sollten zwei Studenten erhalten werden.[577]

Im Bereich der polnischen Kirche übertrug Bischof Piotr Wysz von Krakau 1399 mit der 1401 erteilten Zustimmung Papst Bonifaz' IX. der dortigen Universität das Präsentationsrecht für zwei Kanonikate des Domkapitels. Die Vergabe erfolgte durch den Rektor der Universität, zumindest in späterer Zeit an je einen graduierten Theologen und Juristen, die durchaus auch als Professoren amtierten.[578] König

576 A. Krarup/J. Lindbæk, Acta IV, 252; K. Harms, Domkapitel, 25f.

577 O. Bay, Mellem reformation og opløsning. Århus domkapitel 1536–1665, in: A. Andersen/P. Ingesman/E. Ulsig, Festskrift, 105; P. Terpager, Ripa, 190.

578 B. S. Kumor, Dzieje II, 307, 310f., 325, 349; B. Szady, Prawo, 57, 158.

Friedrich II. von Dänemark wiederum stellte 1571 sechs Präbenden des Roskilder Domkapitels für die Besoldung von sechs Professoren der Philosophischen Fakultät der Universität Kopenhagen zur Verfügung.[579]

Im Westen scheint die Artistische Fakultät der Universität Löwen gegenüber dem Cambraier Domkapitel zumindest im ersten Viertel des 17. Jahrhunderts gewisse Kollationsrechte geltend gemacht zu haben.[580]

Zusammenfassend lässt sich festhalten, dass die Einrichtung der Universitätskanonikate von den einzelnen Domkapiteln alles andere als gern gesehen wurde. Das belegen der mitunter heftig geleistete Widerstand gegen ihre Einführung sowie die mehrfach unternommenen Versuche, von den entsprechenden Bestimmungen wieder loszukommen. Nicht zuletzt deshalb blieb die Zahl der Universitätskanonikate im Untersuchungsraum überschaubar.

Zudem lassen sich unterschiedliche Ausprägungsformen für diese Kanonikate erkennen. Der aus der Sicht der betroffenen Domkapitel massivste Eingriff in ihre Rechte bestand in der Inkorporation ganzer Präbenden. Dabei stellte man die entsprechenden Finanzmittel gänzlich der Verfügung der Universität anheim. Dem Domkapitel gingen dadurch Teile seiner Vermögensmasse verloren. Das geschah noch vor 1543 mit einem Kanonikat des Havelberger Domkapitels sowie 1571 mit gleich sechs Präbenden des Roskilder Domkapitels.[581]

In etwa dieselben Auswirkungen zeitigten die Entwicklungen in Naumburg und Eichstätt. In beiden Domkapiteln konnten seit 1421 beziehungsweise 1472 die Inhaber des jeweiligen Universitätskanonikats nicht mehr Kapitulare werden. Da einerseits die Universität, andererseits die Herzöge und Kurfürsten von Bayern das Nominations- beziehungsweise Präsentationsrecht erhielten, hatten auch hier die beiden betroffenen Domkapitel so gut wie alle Rechte verloren.

Zu einer etwas geringeren Einschränkung der Rechte der Domkapitel kam es durch jene Fälle, in denen den Universitäten oder einer ihrer Teileinrichtungen Kollationsrechte zugestanden wurden. Das war im Kölner Domkapitel für ein Kanonikat bereits von 1394 an der Fall, für ein zweites durch jeweils erneuerte Triennalindulte zwischen 1559 und 1593. Wenig später wurde der Universität Heidelberg das Nominationsrecht für je eine Präbende des Speyerer und des Wormser Domkapitels zugesprochen, das sie bis 1547 beziehungsweise 1556 ausüben konnte. Es folgten die Domkapitel von Meißen und Naumburg 1413 mit zwei Kanonikaten. 1421 wurden die Kollationsrechte der Universität Leipzig in Naumburg auf ein Kanonikat herabgesetzt, dafür kamen zwei Präbenden in Merseburg neu dazu. Zwischen 1482 und 1541/42 musste das Schleswiger Domkapitel der Universität Kopenhagen ein Kanonikat zur Vergabe überlassen. Seit 1554 fielen im Wiener Domkapitel sechs

579 H. F. Rørdam, Om de af Mester Jens Grand stiftede sex Praebender ved Roskilde Domkirke, in: KHS II/4 (1867/68), 166.

580 A. J. Le Glay, Recherches, 148, 221.

581 H. F. Rørdam, Om de af Mester Jens Grand stiftede sex Praebender ved Roskilde Domkirke, in: KHS II/4 (1867/68), 166.

Kanonikate unter das Nominationsrecht der Universität, von denen allerdings 1787 zwei nach Linz transferiert wurden. Im Lütticher Domkapitel gestalteten sich die Verhältnisse etwas anders. Wie im 16. Jahrhundert kurzfristig auch gegenüber dem Utrechter Domkapitel, konnte die Universität Löwen hier 1616 lediglich für ganz wenige Vakanzfälle Kollationsrechte gewinnen. Ein eigenes Kanonikat stand der Universität in Lüttich nicht zur Verfügung. Alle diese Kollationsrechte blieben mit den für Köln, Speyer, Utrecht und Worms genannten Einschränkungen zwar bis zum Ende des Untersuchungszeitraumes in Geltung, wiesen aber eine unterschiedliche Ausprägung auf. So waren die Universitäten beziehungsweise ihre Teileinrichtungen in der Ausübung ihrer Kollationsrechte zumeist auf Universitätsangehörige beschränkt. Das war gegenüber den Domkapiteln von Köln, Speyer, Worms, Meißen, Naumburg und Merseburg ununterbrochen der Fall, gegenüber dem Wiener Domkapitel nur von 1554 bis 1623. Danach musste man dort erst ab 1787 wieder zwei der sechs Kanonikate verbindlich mit Universitätsangehörigen besetzen. Die Artistische Fakultät der Universität Löwen hingegen war gegenüber dem Utrechter und dem Lütticher Domkapitel grundsätzlich an keinen bestimmten Personenkreis gebunden.

Ein nochmals geringerer Eingriff in die Rechte der Domkapitel war dann gegeben, wenn der Universität keinerlei Kollationsrechte zugebilligt wurden, sondern lediglich die regulären Kollatoren der Vorgabe unterworfen wurden, bestimmte Kanonikate verbindlich Universitätsangehörigen zu übertragen. Eine solche Verbindlichkeit bestand im Wiener Domkapitel für acht Kanonikate bis 1554 sowie im Kölner Domkapitel für ein Kanonikat seit 1437 beziehungsweise 1451/53.

Am wenigsten beeinträchtigten schließlich die auferlegten Zahlungsverpflichtungen die Rechte der Domkapitel, da sie ausschließlich eine finanzielle Einbuße nach sich zogen. Jährliche Zahlungen zur Unterstützung der Universitäten leisteten das Brandenburger Domkapitel zwischen 1506 und 1586/87 sowie die Domkapitel von Speyer, Worms und Cammin ab 1547 beziehungsweise 1556 und 1654.

Doktoralkanonikate

Die Ursprünge der Doktoralkanonikate unterschieden sich nicht wesentlich von denen der Sazerdotalkanonikate, weshalb sie mitunter deckungsgleich zusammenfielen. Auch hier war ein im Laufe des Mittelalters mehr und mehr spürbar gewordener Mangel der Anlass zu ihrer Errichtung. Dadurch, dass man sich verpflichtete, bestimmte Kanonikate verbindlich nur an Graduierte zu vergeben, war man bestrebt, den Bedarf an gut ausgebildeten Domherren sicherzustellen. In der Regel war für die Inhaber dieser Präbenden der Erwerb des Doktorgrades vorgesehen, mitunter genügte auch das Lizenziat. Vorwiegend zielte man dabei auf Juristen ab, deren Fähigkeiten für die Bewältigung der administrativen Aufgaben sowie für die Bewahrung und Verteidigung der Privilegien und Rechte dringend benötigt wurden. Eine kleinere Gruppe bildeten die Theologen, während Mediziner nur vereinzelt Aufnahme fanden. Mit Entschiedenheit wurde darauf geachtet, dass der Doktorgrad durch ein ordnungsgemäßes Studium erworben wurde und nicht durch einen entsprechenden Gnadenerweis. Eine bestimmte Standesanforderung wurde für den Erhalt einer Doktoralpfründe in der Regel nicht verlangt. Obwohl sie überwiegend mit Bürgerlichen besetzt wurden, konnten durchaus auch Adelige mit einem solchen Kanonikat betraut werden. Allerdings waren in diesem Fall auch von ihnen die gängigen Graduierungsvorschriften uneingeschränkt zu erfüllen.[582]

Außer Betracht bleiben an dieser Stelle neuerlich jene Domkapitel, die von ihren Mitgliedern generell den Erwerb eines akademischen Grades forderten. Denn in diesen Fällen kann nicht mehr von Doktoralkanonikaten als Kanonikaten mit besonderer Widmung gesprochen werden. Es galten vielmehr grundsätzlich andere Idoneitätskriterien für eine Mitgliedschaft. Keine Beachtung finden zudem die in manchen Domkapiteln bestehenden Ämter des Lektors, des Prädikators, des Theologen und des Pönitentiars. Für diese Amtsträger bestand in der Regel die Verpflichtung einer akademischen Graduierung. Allerdings rührte diese Anforderung nicht vom Besitz eines bestimmten Kanonikats her, sondern vom Innehaben einer zusätzlichen Aufgabe, die sie als Kanoniker erfüllten.

Das Basler Domkapitel erreichte 1442 von Papst Felix V. die Bestätigung der von ihm verfügten verbindlichen Einführung von fünf Doktoralkanonikaten. Sie standen Graduierten mit einem Doktorat oder Lizenziat der Rechtswissenschaften, einem Magisterium der Theologie oder der Medizin oder einem Bakkalaureat der Theologie offen. Nach einem entsprechenden Entscheid des Domkapitels aus dem Jahr 1682 kam es zur Herabsetzung der Doktoralkanonikate auf nur mehr drei Stellen, doch selbst diese Vorgabe wurde nur zwischen 1704 und 1713 erfüllt. Nachweislich seit 1600 verstand nämlich das Domkapitel die Bestimmung zur Aufnahme einer bestimmten Zahl an Graduierten nur mehr als Möglichkeit, nicht mehr als Verpflichtung. Diese Rechtsauffassung bedingte, dass die vorhandenen Möglichkeiten längst nicht ausgeschöpft wurden.

Für das Kölner Domkapitel beschränkte Papst Sixtus IV. 1474 die Verleihung der dort bereits seit 1216/18 bestehenden Sazerdotalkanonikate auf graduierte Theologen und Juristen, die am besten Doktoren, zumindest aber Lizenziaten zu sein hatten. Von den acht Priesterpfründen waren seit 1394 sowie seit 1437 beziehungsweise 1451/53 zwei verbindlich Angehörigen der Universität vorbehalten, die ohnehin auf eine akademische Bildung verweisen konnten.

Die größte Anzahl an Doktoralkanonikaten wies in den Jahren unmittelbar vor seinem Konfessionswechsel das Utrechter Domkapitel auf. Im Zuge der Erhebung zum Metropolitankapitel kam es 1560 zu einer Reform des Domkapitels, bei der neun Kanonikate ausdrücklich Graduierten vorbehalten wurden. Davon waren drei für Magister oder Lizenziaten der Theologie bestimmt, drei für Doktoren oder Lizenziaten der Rechtswissenschaften sowie drei für adelige Graduierte, die in Theologie oder in Rechtswissenschaften zumindest das Lizenziat erworben hatten.

Das Kulmer Domkapitel zählte schließlich fünf Doktoralkanonikate. Eigentlich wurde hier nur vom Inhaber der 1632 unter Bischof Jakub Zadzik neu errichteten Domherrenstelle eine Graduierung in Theologie oder Rechtswissenschaften

582 P. Schneider, Domkapitel, 77f.; P. Hinschius, System II, 74.

gefordert, doch bildete sich im 18. Jahrhundert das Gewohnheitsrecht aus, insgesamt fünf Pfründen als Doktoralpräbenden anzusehen.

Ein reines Gedankenspiel blieb hingegen der 1541 für das Naumburger Domkapitel aufgestellte Torgauer Entwurf. Er sah für das Domkapitel unter anderem sechs Stellen für Juristen, drei für Theologen und eine für einen Mediziner vor.

Für das Prager Domkapitel erwog Kaiser Ferdinand II. 1623 eine deutliche Erhöhung der Zahl der Domherren. Darunter sollten auch acht Stellen für Doktoren der Theologie oder der Kanonistik sein. Die Umsetzung dieses Vorhabens unterblieb allerdings.

Für das Trierer Domkapitel ist 1647 der letztlich gescheiterte Versuch Erzbischof Philipp Christoph von Söterns belegt, dem Domkapitel zwei Präbenden für Graduierte hinzuzufügen.

Schließlich unterbreitete für das Straßburger Domkapitel Bischof Wilhelm Egon Graf von Fürstenberg 1687 den Vorschlag, zusätzlich zu den adeligen Kanonikaten sechs neue Domherrenstellen für in Theologie oder in Rechtswissenschaften graduierte Priester einzuführen. Jedoch wurde auch dieser Plan nicht ernsthaft verfolgt.

Im Zuge der Errichtung der Bistümer Nancy und Saint-Dié verfügte König Ludwig XVI. von Frankreich 1776, dass im Touler Domkapitel künftig verbindlich zehn Kanonikate an Doktoren oder Lizenziaten der Theologie oder der Rechtswissenschaften zugewiesen werden sollten.

In einer vereinfachten Form bestanden seit 1777 für Graduierte reservierte Kanonikate im Metzer Domkapitel. Für die Übernahme eines dieser zehn Kanonikate war nämlich lediglich zumindest das Bakkalaureat in Theologie gefordert.

Das Laibacher Domkapitel wiederum verfügte unter den in den ersten Jahrzehnten des 18. Jahrhunderts auf private Initiative gestifteten Domherrenstellen über zwei bedingte Doktoralkanonikate. Das Kanonikat der Familie Graf von Lamberg sollte, wenn es mit einem nicht zur Familie gehörigen Kleriker besetzt wurde, nur an Lizenziaten oder Doktoren der Theologie oder beider Rechte gehen. Dieselbe Bestimmung galt für das Kanonikat der Familie Freiherr von Codelli, für das von familienfremden Inhabern ebenfalls eine Graduierung in Theologie oder in Rechtswissenschaften gefordert wurde.

Doktoralkanonikate bestanden selbstverständlich auch außerhalb des Untersuchungsraumes. Vor allem in den polnischen Domkapiteln waren sie vertreten. König Johann I. Albrecht von Polen eröffnete nämlich 1496 auf dem Sejm von Petrikau für die Domkapitel von Gnesen, Krakau, Leslau, Plozk und Posen die Möglichkeit, je höchstens fünf Kanonikate Doktoren zur Verfügung zu stellen, zwei für Theologen, zwei für Juristen und eines für einen Mediziner. Bereits bestehende Stellen waren darin einzurechnen. Proteste des Adels gegen diese Maßnahme führten 1501 zu einem Beschluss des Sejms, die entsprechende Bestimmung ersatzlos aufzuheben. Allerdings kehrte man schon 1505 wieder zur Regelung von 1496 zurück. Die weitere Entwicklung wurde wesentlich von den Päpsten mitbestimmt. Während Papst Julius II. ebenfalls 1505 mit zwei Medizinerstellen die den Bürgerlichen in den genannten Domkapiteln zugänglichen Präbenden auf sechs erhöhte, beschränkte Papst Leo X. 1515 auf Bitten König Sigismunds I. von Polen die Höchstzahl der Doktoralkanonikate auf vier. Davon sollten je zwei Stellen für Doktoren der Theologie beziehungsweise der Rechtswissenschaften vorgesehen sein. Papst Paul III. gestattete 1543 die Wiedereinführung der Medizinerstelle und erhöhte damit die mögliche Zahl der Doktoralkanonikate wieder auf fünf.[583] Mit der tatsächlichen Umsetzung dieser Vorgaben sah es in den einzelnen Domkapiteln freilich recht unterschiedlich aus.

Im Gnesener Domkapitel sprach bereits Papst Eugen IV. 1436 je eine Stelle verbindlich einem Kanonisten und einem Theologen zu, die allerdings erst 1458 unter Erzbischof Jan Sprowski alle Kapitularrechte erhielten. Papst Leo X. widmete 1513 zwei weitere Pfründen in Doktoralkanonikate um, beide für Juristen. Nachdem derselbe Papst 1515 die Vierzahl der Doktoralkanonikate grundsätzlich bestätigt hatte, wurden die beiden neu geschaffenen Stellen 1517 und 1521 erstmals entsprechend besetzt. Für einen graduierten Mediziner wurde 1526 von Erzbischof Jan Łaski zusätzlich eigens ein Supernumeralkanonikat eingerichtet, das in der Folge bis ins beginnende 17. Jahrhundert an Mediziner vergeben wurde. Obwohl Erzbischof Piotr Gamrat bereits 1543 die Schaffung eines fünften Doktoralkanonikats für einen Mediziner beschlossen hatte, ließ die Verwirklichung des Vorhabens bis über die Mitte des 17. Jahrhunderts hinaus auf sich warten. Erzbischof Wacław Leszczyński nahm schließlich 1659 die erste Besetzung mit einem Graduierten vor. Der Mangel an geeigneten Kandidaten bedingte jedoch, dass erst von 1699 an tatsächlich Mediziner installiert werden konnten. Diese fünf Doktoralkanonikate hielten sich in Gnesen bis ins beginnende 19. Jahrhundert.[584]

Die Entwicklung im Krakauer Domkapitel stellte sich ähnlich dar. Auch hier waren die fünf Doktoralpräbenden eingerichtet worden. Die Medizinerstelle war offensichtlich auch hier in ihrem Bestand gefährdet, da sie 1786 auf Betreiben König Stanislaus' II. von Polen durch Papst Pius VI. ausdrücklich neu bestätigt wurde.[585]

Im Leslauer Domkapitel kam es ebenfalls zur Einführung der fünf vorgesehenen Doktoralpräbenden, von denen sich allerdings die Stelle des Mediziners nur bis

583 O. Balzer, Skartabelat, 88–93, 95–98, 104; L. Gąsiorowski, Rozprawa wyświecająca historyą zaprowadzenia kanonikatu doktora medycyny przy wszyst kościołach katedralnych polskich, in: RTPNP 1 (1860), 293–302; P. Dembiński, Kapituła, 128, 153; K. Lutyński, Kapituła, 59f.; C. Wollek, Domkapitel, 6f.; K. Dola, Ständische Verhältnisse im Breslauer Domkapitel im 16. und 17. Jahrhundert, in: F. Jürgensmeier, Weihbischöfe, 183f.; S. Librowski, Kapituła, 31; A. Radzimiński, Kapituła i duchowieństwo katedralne w średniowiecznym Włocławku, in: J. Staszewski, Włocławek I, 85; B. S. Kumor, Dzieje II, 329f.

584 J. Korytkowski, Prałaci I/1, 63–66, 72, 74f., 79–82, 84–88, 96, 109f.; L. Gąsiorowski, Rozprawa wyświecająca historyą zaprowadzenia kanonikatu doktora medycyny przy wszyst kościołach katedralnych polskich, in: RTPNP 1 (1860), 305f., 309f., 313–315; B. Binder, Domkapitel, 11, 13, 31; C. Wollek, Domkapitel, 7f.; K. Lutyński, Kapituła, 60; K. Dola, Ständische Verhältnisse im Breslauer Domkapitel im 16. und 17. Jahrhundert, in: F. Jürgensmeier, Weihbischöfe, 183; B. Szady, Prawo, 155.

585 B. S. Kumor, Dzieje II, 311f., 349.

1611 halten konnte. Daran konnten auch die 1667 unternommenen Bemühungen Bischof Kazimierz Florian Czartoryskis auf Wiedererrichtung der Medizinerstelle nichts mehr ändern. Jedoch blieben die übrigen vier Doktoralkanonikate erhalten.[586]

Das Posener Domkapitel nahm zwar 1499 die Bestimmungen des Jahres 1496 in seine Statuten auf, allerdings ohne zahlenmäßige Festsetzung der Doktoralkanonikate. Trotzdem dauerte es noch bis 1523, ehe Bischof Piotr Tomicki die erste Präbende verbindlich einem Doktor der Theologie zuschrieb. Die zugleich geschaffene Stelle für einen Doktor der Rechtswissenschaften wurde 1526 erstmals besetzt. Von einem dritten Doktoralkanonikat ist lediglich die Tatsache bekannt, dass es sich im 16. Jahrhundert noch nicht fand und 1645 als Präbende für einen Mediziner supprimiert wurde. Doch bereits 1647 richtete Bischof Andrzej Szołdrski wieder ein drittes Doktoralkanonikat ein, das allerdings überwiegend Theologen und Juristen innehatten. 1714 erfolgte die Resuszitation des 1645 supprimierten Doktoralkanonikats für einen Mediziner. Zuletzt wurde 1763 noch eine fünfte Präbende dauerhaft einem Graduierten zugewiesen, diesmal einem Juristen.[587]

Für das Plozker Domkapitel sind seit der erstmaligen Erwähnung der Medizinerstelle 1527 gleichfalls die fünf üblichen Doktoralkanonikate belegt, obgleich sie nicht alle durchgehend entsprechend besetzt gewesen sein dürften.[588]

In Saint-Dié kannte das Domkapitel vier Kanonikate, die für Doktoren der Theologie vorgesehen waren.[589]

In Nancy gestaltete sich die Lage ähnlich. Hier standen gleichfalls vier Kanonikate graduierten Inhabern offen, die ein Doktorat der Theologie oder des kanonischen Rechts nachweisen mussten.[590]

Über eine besonders reiche Ausstattung an Doktoralpräbenden verfügte das Cambraier Domkapitel. Papst Innozenz VIII. verfügte 1486, dass sieben der vorhandenen Sazerdotalkanonikate verbindlich mit Graduierten zu besetzen seien, drei mit Theologen, drei mit Juristen und eines mit einem Mediziner. Durch die von Papst

---

586 S. Librowski, Kapituła, 32f.; B. Szady, Prawo, 170.

587 K. Lutyński, Kapituła, 60–63; C. Wollek, Domkapitel, 8; M. Pukianiec, Organizacja, 18, 43, 45, 49f., 62f.; M. Pukianiec, Pochadzenie i funkcjonowanie siedemnastowiecznej elity kośielnej na przykładzie kanoników kapituły katedralnej w Poznaniu, in: VN 6 (2013), 110f., 115; R. Weimann, Receptiones seu installationes ad episcopatum, praelaturas et canonicatus Ecclesiae Cathedralis Posaniensis ab anno 1532 usque ad annum 1800, in: RTPNP 35 (1908), 3, 5f.; A. O. Okęcki, Ecclesia, 32, 34f., 37f.; L. Gąsiorowski, Rozprawa wyświecająca historyą zaprowadzenia kanonikatu doktora medycyny przy wszyst kościołach katedralnych polskich, in: RTPNP 1 (1860), 321f., 326f.; B. Szady, Prawo, 51f., 164f.

588 W. Góralski, Kapituła, 111; M. Grzybowski, Stosunek Michała Jerzego Poniatowskiego biskupa płockiego do kleru katedralnego i kolegiackiego (1773–1785), in: SP 6 (1978), 103; B. Szady, Prawo, 162.

589 N. Gabrielly, France, 187; B. Defauconpret, Preuves, 202.

590 N. Gabrielly, France, 181; B. Defauconpret, Preuves, 201; H.-G. Duchesne, France, 206.

Alexander VII. 1664 bestätigte Teilung zweier Präbenden in vier Semipräbenden fielen zwei der Theologenstellen wieder weg. Dafür waren bereits ein Jahrhundert vorher neue Doktoralkanonikate dazugekommen. Wie in Utrecht kam es nämlich auch in Cambrai im Zuge der Erhebung zum Metropolitankapitel 1561 zu einer Reform des Domkapitels, bei der neun weitere Kanonikate ausdrücklich Graduierten vorbehalten wurden. Davon waren drei für Magister oder Lizenziaten der Theologie bestimmt, drei für Doktoren oder Lizenziaten der Rechtswissenschaften sowie drei für adelige Graduierte, die in Theologie oder in Rechtswissenschaften zumindest das Lizenziat erworben hatten. Damit wies das Domkapitel bis zu 16 Doktoralpräbenden auf.[591]

Der geschilderte Befund zeigt, dass die Doktoralkanonikate im Untersuchungsraum keine nennenswerte Breitenwirkung entfalten konnten. Den verhältnismäßig größten Einfluss genossen die graduierten Mitglieder des Kölner Domkapitels, wo ihnen ein Drittel aller Kapitularstellen zustand. In Utrecht belief sich der Anteil der verpflichtend graduierten Kapitulare unmittelbar vor dem Konfessionswechsel auf ein knappes Drittel der Gesamtzahl, womit ihnen auch hier eine wesentliche Gestaltungskraft erwachsen hätte können. Im Basler Domkapitel versuchte man genau das zu verhindern, indem man die Zahl der Doktoralkanonikate von fünf auf drei herabsetzte und selbst das nicht mehr als Vorschrift, sondern als Möglichkeit verstand. Im Kulmer Domkapitel kam es hingegen zu einer gegenteiligen Entwicklung. Dort bildete sich ohne jeden äußeren Zwang im Laufe des 17. und 18. Jahrhunderts die Gewohnheit aus, fünf Präbenden als Doktoralkanonikate anzusehen. Das Beispiel der benachbarten Domkapitel von Plozk, Leslau, Gnesen und Posen mag dazu Anlass gegeben haben, stand doch das Kulmer Domkapitel zu jener Zeit unter der Oberhoheit des Königreiches Polen.

Dass es neben den verpflichtend graduierten Mitgliedern in den Domkapiteln eine im Laufe der Zeit wachsende Zahl an Kanonikern mit akademischen Abschlüssen gab, darf an dieser Stelle nicht übersehen werden. Das konnte allerdings kein wirklicher Ausgleich für die verschiedenen Reformbemühungen sein, die mehrfach versuchten, einen bestimmten Anteil an Graduierten für die einzelnen Domkapitel verbindlich festzuschreiben. So sah 1418 das Konstanzer Konkordat vor, ein Sechstel der Kanonikate mit Graduierten zu besetzen. Ein Dekret des Konzils von Basel erhöhte diese Zahl 1438 auf ein Drittel, das von Trient 1563 nochmals auf mindestens die Hälfte.[592]

Konfessionsgebundene Kanonikate

Der Vollständigkeit halber ist es notwendig, an dieser Stelle nochmals auf jene Domkapitel zu verweisen, die einige ihrer Kanonikate rechtsverbindlich einer anderen

591 A. J. Le Glay, Recherches, 117, 214; J.-B. Blin, Notice historique sur le chapitre cathédral et métropolitain de Cambrai, in: MSEC 36 (1880), 159.

592 P. Schneider, Domkapitel, 160, 164; T. Willich, Wege, 92f.; J. Wohlmuth, Dekrete III, 766.

als der vorherrschenden Mehrheitskonfession zusprechen mussten. Dafür sorgten vor allem die Bestimmungen des Westfälischen Friedens von 1648 sowie die jeweils dazugehörigen Ausführungsvereinbarungen.

In den mehrheitlich protestantischen Domkapiteln von Halberstadt und Lübeck bestanden so je vier konfessionsgebundene Kanonikate zugunsten katholischer Kleriker. Das Osnabrücker Domkapitel zählte unter umgekehrten Vorzeichen drei für Protestanten systemisierte Stellen. Im konfessionell annähernd ausgewogen besetzten Mindener Domkapitel betrug das Verhältnis zwischen Katholiken und Protestanten schließlich elf zu sieben. Dem eigentlich katholischen Straßburger Domkapitel war von 1648 bis 1687 die Verpflichtung auferlegt, die Erträge vierer Kanonikate zwei protestantischen Fürstenhäusern einzuräumen.

Beispielfälle für konfessionsgebundene Kanonikate haben sich außerhalb des Untersuchungsraumes nicht finden lassen. Es handelte sich dabei also um eine der speziellen geschichtlichen Entwicklung der Reichskirche geschuldete Erscheinung.

Familienkanonikate

Zu den Kanonikaten mit besonderer Widmung sind zweifelsohne auch die Familienkanonikate zu zählen. Sie hatten ihren Ursprung in der finanziellen Ausstattung eines Kanonikats durch einen in der Regel adeligen Stifter. Dieser behielt sich und seinen Nachfolgern als Familienoberhaupt nicht nur die Vergabe der betreffenden Präbende vor, sondern beschränkte zudem den Kreis derer, die Inhaber des Kanonikats werden konnten, auf Mitglieder der eigenen Verwandtschaft. Darin unterschieden sich die Familienkanonikate von einer weit größeren Zahl anderer Kanonikate, die ihre Entstehung ebenfalls wohltätigen Stiftern verdankten. Obwohl auch diese häufig auf Dauer oder zumindest für einen bestimmten Zeitraum im Besitz des Kollationsrechts standen, waren sie hinsichtlich dessen Ausübung nicht an Personen aus der eigenen Familie gebunden. Daher kann in solchen Fällen nicht von einem Familienkanonikat im eigentlichen Sinn gesprochen werden.[593]

Die Anzahl der Familienkanonikate in den untersuchten Domkapiteln blieb in einem leicht überschaubaren Rahmen. Letztlich waren es nur zwei Adelsgeschlechter, die für die Stiftung aller tatsächlich zur Errichtung gelangten Familienkanonikate verantwortlich zeichneten. Katholischerseits tat sich dabei die Familie Freiherr von Galen hervor, während die Familie Freiherr von dem Bussche ihr protestantisches Gegenüber bildete.

Die eigentlich treibende Kraft hinter den entsprechenden Bemühungen seiner Familie war Bischof Christoph Bernhard von Galen. Sein Bruder Heinrich Freiherr von Galen und dessen Sohn Franz Wilhelm Freiherr von Galen traten als offizielle Stifter der Familienkanonikate in Erscheinung. Die erste Stiftung einer Erbpräbende wurde 1662 im Münsterischen Domkapitel vorgenommen. 1665 folgte ein nächstes Kanonikat im Mindener Domkapitel. Nachdem 1667 zwei Stiftungen in

593 C. Weber, Familienkanonikate, 35f.

den Domkapiteln von Osnabrück und Worms eingerichtet worden waren, wich Bischof Christoph Bernhard von Galen von seiner bisherigen Vorgangsweise ab und bewog Kurfürst Friedrich Wilhelm von Brandenburg 1675 dazu, der Familie in den Domkapiteln von Magdeburg, Halberstadt und Minden je ein bereits bestehendes Kanonikat als Erbpräbende zuzusprechen. Da die tatsächliche Umsetzung dieser Zusage ausblieb, griff von Galen wieder auf den bereits bewährten Ansatz zurück und schloss den Stiftungsreigen 1677 mit einer zweiten Domherrenstelle in Minden ab. Insgesamt fünf Familienkanonikate waren so entstanden. Sie standen unter dem Patronat des der Familie Freiherr beziehungsweise Graf von Galen entstammenden Erbkämmerers des Hochstiftes Münster. Bei der Vergabe der einzelnen Kanonikate war zuerst der Familienzweig von Dinklage zu bedenken, dann der von Assen und schließlich der von Ermelinghof. Widrigenfalls konnte man zuletzt noch auf namensfremde Blutsverwandte väterlicher- oder mütterlicherseits ausweichen. Das war beim ersten Kanonikat in Minden in zwei Fällen, nämlich von seiner tatsächlichen Besetzung 1669 an bis 1699 sowie von 1753 bis 1787 der Fall. Auch für die zweite Mindener Domherrenstelle erfolgte 1677 die Erstbesetzung mit einem namensfremden Verwandten. Namensträger der Familie schlossen sich ab 1693 an, ehe 1803 wieder ein Namensfremder installiert wurde. Das Münsterische Kanonikat ging erst 1797 der engeren Stifterfamilie verloren. Ab dem Jahr 1800 blieb es vakant. Von genau derselben Entwicklung, allerdings ohne die folgende Vakanz, war ab 1797 auch das Osnabrücker Familienkanonikat betroffen. Die Wormser Präbende war zumindest im 18. Jahrhundert durchgehend im Familienbesitz. Ein 1797 präsentierter namensfremder Kleriker konnte aufgrund der Zeitumstände nicht mehr zur Installation gelangen. Abgesehen von den Jahren unmittelbar vor dem Reichsdeputationshauptschluss wurden also weitestgehend unmittelbare Angehörige der eigentlichen Stifterfamilie mit den fünf Kanonikaten bedacht, wobei man mit zahlreichen Kumulationen der einzelnen Erbpräbenden den Personalaufwand niedrig hielt.[594]

Gegen Ende des 17. Jahrhunderts folgte das protestantische Adelsgeschlecht Freiherr von dem Bussche dem Beispiel der Familie Freiherr von Galen. Christoph Freiherr von dem Bussche aus dem Familienzweig von Hünnefeld stiftete 1689 eine erste Erbpräbende in Minden, die er selbst antrat. 1693 trat er neuerdings als Stifter eines Kanonikats auf, diesmal im Halberstädter Domkapitel. Nutznießer der beiden Pfründen sollten bevorzugt Angehörige des Familienzweiges von Hünnefeld sein, in weiterer Reihenfolge konnten jedoch auch die Linien von Streithorst und von Haddenhausen zum Zug kommen. Da in Osnabrück ein gleichlautendes Vorhaben am Widerstand des Domkapitels gescheitert war, fanden die Stiftungen der Familie Freiherr von dem Bussche 1697 mit der Errichtung einer dritten Erbpräbende im Magdeburger Domkapitel durch Johann Wilken Freiherr von dem Bussche aus dem

594 W. Schrader, The Cathedral Chapter at Minden and its Members, 1650–1803, in: WZ 139 (1989), 122; J. Boeselager, Domherren, 27, 277, 329, 373, 378; W. Kohl, Domstift II, 776f.; P. Hersche, Domkapitel II, 30f.

Familienzweig Haddenhausen ein Ende. Die Vergabe aller drei Kanonikate stand bald allein dem jeweiligen Majoratsherrn des Familienzweiges Hünnefeld zu, da dieser Teil der Verwandtschaft nach einem Konkurs der Linie von Haddenhausen deren Rechte hinsichtlich des Magdeburger Kanonikats ablöste und nach dem Eintreten der nächsten Vakanz 1715 auch ausüben konnte. Für das Mindener Kanonikat ist der durchgehende Verbleib in der Hand der Familie belegt, für die beiden anderen Domherrenstellen darf er begründet vermutet werden.[595]

Auch der letzte Versuch zur Errichtung eines Familienkanonikats ging auf die Initiative eines protestantischen Adeligen zurück. Wichard Joachim von Möllendorff, damals General in der Armee des Königreiches Preußen und Domdechant in Havelberg, stiftete 1790 im Havelberger Domkapitel eine Erbpräbende für seine Familie. Die tatsächliche Umsetzung dieser Stiftung wurde jedoch durch die Zeitumstände verunmöglicht. 1811 wurde mit der Rückgabe des Stiftungskapitals an von Möllendorff die Errichtung wieder rückgängig gemacht.

Alle in den untersuchten Domkapiteln tatsächlich eingerichteten Familienkanonikate verdankten damit ihre Stiftung dem Einsatz lediglich weniger Personen aus zwei Adelsgeschlechtern. Deren Absicht hinter der Präbendenstiftung mag zum einem in der Sicherung eines dauerhaften Einflusses in den betreffenden Domkapiteln begründet sein, zum anderen in der Versorgung überwiegend nachgeborener Söhne durch kirchliche Pfründen. Dass in den gemischtkonfessionellen Domkapiteln von Minden, Halberstadt und Osnabrück auch die Stärkung der eigenen konfessionellen Partei eine Rolle gespielt haben dürfte, zeigt sich in der Konzentration auf diese drei Domkapitel, in denen fünf der acht errichteten Erbpräbenden gestiftet wurden und drei weitere Gründungsversuche scheiterten.[596]

Einen rein politischen und damit völlig anderen Hintergrund wiesen die nur kurze Zeit bestehenden Familienkanonikate des Straßburger Domkapitels auf. Bei ihnen handelte es sich um entsprechend gewidmete, nicht um eigens gegründete Präbenden. Die Bestimmungen des Westfälischen Friedens von 1648 sahen nämlich die Zuweisung von zwei Kanonikaten an das protestantische Fürstenhaus Mecklenburg-Schwerin vor. Deren Inhaber bezogen allerdings lediglich die Einkünfte ihrer Kanonikate und genossen darüber hinaus keinerlei Rechte im Domkapitel. Nachdem einige Angehörige der Familie auf diese Weise in den Genuss der beiden Präbenden gekommen waren, führte die Eroberung Straßburgs durch das Königreich Frankreich im Jahr 1681 zum raschen Ende der beiden protestantischen Erbpräbenden. 1687 erklärte schließlich der Oberste Gerichtshof des Elsass die Ansprüche des Hauses Mecklenburg-Schwerin für erloschen.

In einigen Domkapiteln bestand darüber hinaus eine deutlich eingeschränkte Form des Familienkanonikats. Dabei sollte die Vergabe der Präbende nicht grundsätzlich

---

595 W. Schrader, The Cathedral Chapter at Minden and its Members, 1650–1803, in: WZ 139 (1989), 122; D. Pietschmann, Die Säkularisation des Domkapitels in Magdeburg und seiner Nebenstifter, in: F. Schrader, Beiträge, 134.

596 P. Hersche, Domkapitel II, 30f.

an Angehörige der Stifterfamilie erfolgen. Ihren Mitgliedern wurde im Vakanzfall bei entsprechender Eignung lediglich eine Bevorzugung gegenüber anderen Bewerbern eingeräumt. Zudem lag das Kollationsrecht für diese Kanonikate nicht bei den Stiftern und ihren Familien. Das Kulmer Domkapitel verfügte über zwei solche Kanonikate. Eines wurde 1654 vom Kanoniker Aleksander Radoszkowski gestiftet, eines 1729 vom Dechanten Jan Kazimierz Krygier. Im Königgrätzer Domkapitel dotierte 1725 Dechant Johann Franz Lodgman von Auen eine Domherrenstelle, die bevorzugt mit Mitgliedern seiner Familie besetzt werden sollte.

Das Laibacher Domkapitel wies eine Übergangsform zwischen den beiden bereits geschilderten Ausprägungen auf. Für die sechs hier in den ersten Jahrzehnten des 18. Jahrhunderts auf private Initiative ins Leben gerufenen Kanonikate behielten sich die Stifter das Kollationsrecht vor, das so im Besitz der Familien Graf von Gallenberg, Wollwitz von Wallerbach, Graf von Lamberg, Freiherr von Codelli, von Flachenfeld und Schiffer von Schifferstein blieb. Die Vergabe der Domherrenstellen war jedoch nicht ausschließlich auf Angehörige der eigenen Familie begrenzt, obwohl deren Mitglieder zuerst bedacht werden sollten. Fand sich dort und in den Seitenlinien kein zur Übernahme des Kanonikats geeigneter Kleriker, dann durfte auch ein Fremder damit betraut werden.

Außerhalb des Untersuchungsraumes bildete sich noch eine vierte Form des Familienkanonikats aus, die auf die Begünstigung eines Familienverbandes abzielte. Im Posener Domkapitel stiftete Woiwod Mikołaj Lubrański von Kalisch 1504 ein Kanonikat, dessen Vergabe er seiner Familie zusprach. Die Inhaber der Präbende sollten wie der Stifter aus den Familien der Wappengemeinschaft Godziemba stammen. Doch bereits nach der Mitte des 16. Jahrhunderts ging der Familie das Kollationsrecht verloren. Die Kanoniker stammten allerdings schon vorher nicht mehr ausschließlich aus der Wappengemeinschaft Godziemba.[597] Eine ähnliche Einrichtung schuf Giacomo Zarotti 1660 in Capodistria. Das von ihm im Domkapitel gestiftete Kanonikat erhielt zwar der Bischof zur Vergabe, allerdings mit der Einschränkung, gegebenenfalls Angehörige der Familien Gavardo, Zarotti, Grisoni, Vergerio und Marensi bei der Besetzung bevorzugt zu bedenken. Wie sehr dem entsprochen wurde, ist allerdings unbekannt.[598]

Eine besondere Bedeutung kam also den Familienkanonikaten in den untersuchten Domkapiteln ebenso wenig zu wie in den benachbarten Korporationen.

---

597 P. Dembiński, Kapituła, 39f., 59; R. Weimann, Receptiones seu installationes ad episcopatum, praelaturas et canonicatus Ecclesiae Cathedralis Posaniensis ab anno 1532 usque ad annum 1800, in: RTPNP 35 (1908), 11f., 29, 37, 58, 63; M. Pukianiec, Organizacja, 39; M. Pukianiec, Pochadzenie i funkcjonowanie siedemnastowiecznej elity kośielnej na przykładzie kanoników kapituły katedralnej w Poznaniu, in: VN 6 (2013), 114.

598 F. Petronio, Cenni cronologici sul Capitolo di Capodistria, in: AT II/6 (1879/80), 219.

Einzelfälle

Über die geschilderten Beispiele für Kanonikate mit besonderer Widmung hinaus gab es vereinzelt noch weitere Präbenden, die diesen Einrichtungen zuzurechnen sind.

Dazu zählten etwa die Nationalkanonikate des Straßburger Domkapitels. Nach der Eroberung Straßburgs durch das Königreich Frankreich erfolgte 1687 die Zuteilung der 24 Kanonikate an Deutsche und Franzosen. Erstere erhielten dabei 16 Domherrenstellen, Letztere acht, jeweils zur Hälfte Kapitular- und Domizellarstellen. Die tatsächliche Umsetzung des Nationalitätenschlüssels ging allerdings anfangs nur sehr schleppend voran und konnte erst nach einer 1713 zugebilligten Aufweichung der Adelsprobe für Franzosen verwirklicht werden. Bereits zwei Jahrhunderte vor Beginn der Straßburger Entwicklungen gab es ähnliche Versuche für das Trientner Domkapitel. Auf Betreiben König Ferdinands I. verfügte Papst Clemens VII. 1532, dass zwei Drittel der Kanonikate mit Deutschen besetzt werden sollten, während das andere Drittel Italienern und Angehörigen anderer Nationalitäten offenstehen sollte. Obwohl Papst Paul III. 1537 die Bestimmungen mit geringfügigen inhaltlichen Veränderungen bestätigte, fanden sie in der weiteren Praxis so gut wie keine Beachtung. Zu erwähnen sind in diesem Zusammenhang schließlich noch zwei Kanonikate des Leitmeritzer Domkapitels. Für die auf im 17. Jahrhundert erfolgten Stiftungen Karel Vilém Šimeček von Cejnovs und Bischof Maximilian Rudolph von Schleinitz' beruhenden Präbenden bestand die Auflage, dass deren Inhaber Böhmen zu sein hatten.

Kanonikate mit besonderer Widmung stellten auch die Standeskanonikate dar. Unabhängig von den generellen Idoneitätskriterien war für ihren Besitz eine spezielle Standesqualität erforderlich. Dazu gehörten drei der in den ersten Jahrzehnten des 18. Jahrhunderts auf private Initiative gestifteten sechs Kanonikate des Laibacher Domkapitels. Denn die Inhaber des Kirchbergischen, des Codellischen und des Flachenfeldischen Kanonikats mussten ausdrücklich adeligen Standes sein. Ein zweites Beispiel stellten die vier von Maria Theresia Herzogin von Savoyen im Wiener Domkapitel gestifteten Savoyisch-Liechtensteinischen Kanonikate dar, die seit ihrer erstmaligen Besetzung 1773 ausschließlich Adeligen vorbehalten waren. Der Vollständigkeit halber seien hier nochmals die acht Familienkanonikate der Familien Graf von Galen und Freiherr von dem Bussche in den Domkapiteln von Münster, Minden, Osnabrück, Worms, Halberstadt und Magdeburg erwähnt. Auch deren Inhaber hatten unabdingbar adeligen Standes zu sein.

Im Westen des Untersuchungsraumes waren die Fabrikskanonikate beheimatet. Gemeint sind damit nicht jene Präbenden, deren Einkünfte von den einzelnen Domkapiteln dauerhaft der Domfabrik zugewiesen wurden und damit als Domherrenstellen gleichsam verschwanden, sondern jene Kanonikate, für die man über einen gewissen Zeitraum zugunsten von Erhaltungsmaßnahmen am Dom auf eine Vergabe an Kleriker verzichtete. Nach Ablauf der Frist war die Rückwidmung der Präbenden zu gewöhnlichen Kanonikaten vorgesehen. Neben mehrfachen zumeist kurzfristigen Beispielen für das Lütticher Domkapitel supprimierte das Konstanzer Domkapitel 1790 ein Kanonikat für 30 Jahre zugunsten der Domfabrik. Schon etwas früher widmete das Verduner Domkapitel nach dem Dombrand von 1755 zwei Kanonikate für 25 Jahre der Domfabrik. Der entsprechende Beschluss wurde 1755 beziehungsweise 1758 wirksam. Auch außerhalb des Untersuchungsraumes griffen Domkapitel zu dieser Maßnahme. Das Cambraier Domkapitel traf 1787 die Entscheidung, zwei Präbenden für 25 Jahre der Domfabrik zufließen zu lassen.[599]

Lediglich eine vorübergehende und dem konfessionellen Wandel geschuldete Erscheinung war die 1576 erfolgte Einführung einer ausdrücklichen Laienpräbende im Naumburger Domkapitel. Ihr Inhaber war von den Weiheerfordernissen befreit, verfügte aber trotzdem über die Rechte eines Kapitulars. Die weitere konfessionelle Entwicklung rollte jedoch rasch über dieses einmalige Spezifikum hinweg.

Innerhalb der polnischen Domkapitel kam es ab dem 12. Jahrhundert zur Ausbildung von geborenen Kanonikern, die kraft ihres außerhalb des Domkapitels innegehabten Amtes zu Domherren wurden. Die Aufnahme geborener Kanoniker hielt bis ins ausgehende 18. Jahrhundert an. Allerdings ließen sich längst nicht alle dazu berechtigten Amtsträger durchgehend auch tatsächlich als Domherren installieren. Das Krakauer Domkapitel zählte insgesamt zwölf geborene Kanoniker. Diese Stellung erhielten die Archidiakone von Sandomir, Lublin und Zawichost, die Äbte der Benediktinerklöster Heiligkreuz, Sieciechów und Tyniec, die Äbte der Zisterzienserklöster Jędrzejów, Koprzywnica, Mogiła und Wąchock, der Propst der Ritter vom Heiligen Grab in Miechów sowie der in Krakau sitzende General-Starost von Kleinpolen.[600] Das Gnesener Domkapitel verfügte mit acht nur über geringfügig weniger geborene Kanoniker. Hier setzte sich diese Personengruppe aus dem Abt des Augustiner-Chorherren-Stiftes Tremessen, dem Abt des Benediktinerklosters Mogilno, dem Abt des Zisterzienserklosters Lond, dem Archidiakon von Kamin, dem Propst des Kollegiatstiftes St. Georg in Gnesen, dem Propst der Ritter vom Heiligen Grab in Gnesen, dem Propst der Łubieński-Kapelle am Gnesener Dom und dem Propst der Kołudzki-Kapelle am Gnesener Dom zusammen.[601] Diesbezüglich deutlich geringere Zahlenverhältnisse boten die Domkapitel von Plozk und Posen. In Plozk galten der Erzbischof von Gnesen sowie der Abt des Augustiner-Chorherren-Stiftes Czerwińsk als Kanoniker von Amts wegen, während die Einrichtung einer weiteren Stelle für den Abt des Benediktinerklosters Plozk keinen bleibenden Erfolg zeitigte.[602] In Posen standen der Abt des Benediktinerklosters Lubin und ein Mitglied des Johanniter-Ordens in Posen im erwähnten Verhältnis zum Domkapitel, zuerst ein Vikar, ab dem beginnenden 16.

599 J.-B. Blin, Notice historique sur le chapitre cathédral et métropolitain de Cambrai, in: MSEC 36 (1880), 178.

600 B. S. Kumor, Dzieje II, 292–295; K. Lutyński, Kapituła, 66.

601 J. Korytkowski, Prałaci I/1, 110–119; B. S. Kumor, Dzieje II, 291; K. Lutyński, Kapituła, 66.

602 W. Góralski, Kapituła, 89; W. Góralski, Skład kapituły katedralnej w Płocku do końca XVI w., in: SP 6 (1978), 128–130, 147; M. Grzybowski, Stosunek Michała Jerzego Poniatowskiego biskupa płockiego do kleru katedralnego i kolegiackiego (1773–1785), in: SP 6 (1978), 101; B. S. Kumor, Dzieje II, 292; K. Lutyński, Kapituła, 66.

Jahrhundert der Komtur selbst.[603] Im Leslauer Domkapitel hingegen fehlten geborene Kanoniker. Diese verfügten in der Regel ausschließlich über ein Stallum im Chor und entbehrten weiterer Rechte. Lediglich die Vikare beziehungsweise die Komture des Johanniter-Ordens in Posen besaßen ein Kanonikat, beteiligte sich im Allgemeinen aber nicht am Kapitelleben.

Im Bereich der Reichskirche gab es dafür nur zwei vergleichbare Beispiele. Im Lausanner Domkapitel verfügte der Prior des Augustiner-Chorherren-Priorats Saint-Maire über eine Präbende. Als das Priorat 1397 der bischöflichen Mensa inkorporiert wurde, trat der Bischof in die Rechte des Priors ein und besaß seitdem eines der Kanonikate sowie die damit verbundenen Rechte.[604] Der Propst von St. Johannis in Lüneburg erhielt 1445/46 eine fixe Stelle im Verdener Domkapitel eingeräumt. Der Propst wurde vom Magistrat der Stadt Lüneburg dem Domkapitel zur Bestätigung präsentiert, womit diesem die Letztentscheidung vorbehalten blieb.[605] Im Gegensatz dazu entbehrten die polnischen Domkapitel dieser Möglichkeit der Einflussnahme.

---

603 P. Dembiński, Kapituła, 40–43, 59f., 67; K. Lutyński, Kapituła, 66–69; R. Weimann, Receptiones seu installationes ad episcopatum, praelaturas et canonicatus Ecclesiae Cathedralis Posaniensis ab anno 1532 usque ad annum 1800, in: RTPNP 35 (1908), 4; M. Pukianiec, Organizacja, 50f.; M. Pukianiec, Pochadzenie i funkcjonowanie siedemnastowiecznej elity kośielnej na przykładzie kanoników kapituły katedralnej w Poznaniu, in: VN 6 (2013), 110, 115; A. O. Okęcki, Ecclesia, 41.

604 E. Dupraz, Cathédrale, 246, 263, 417.

605 A. Mindermann, Verden – Domstift St. Fabian und Caecilia, in: J. Dolle, Klosterbuch III, 1425; C. G. Pfannkuche, Geschichte I, 252f.; R. Bückmann, Domkapitel, 27.

IV. Kollation der Kanonikate und Ämter

Von Interesse ist nun die Frage nach der Art und Weise der Vergabe der einzelnen Kanonikate und Ämter beziehungsweise nach den Inhabern der entsprechenden Kollationsrechte. Schließlich waren es gerade die jeweiligen Kollatoren, die mit ihrer Personalauswahl die Zusammensetzung der Domkapitel prägten und dadurch auch die inneren Verhältnisse sowie die grundsätzliche Ausrichtung der Institutionen maßgeblich zu beeinflussen vermochten. Im Folgenden werden die wesentlichen Vergabemodalitäten für die untersuchten Domkapitel dargestellt. Da es sich beim Kollationsvorgang stets um ein mehrgliedriges Verfahren handelte, beschränken sich die nachstehenden Angaben auf jene Kollatoren, die die eigentliche Personalauswahl vornahmen, unabhängig davon, wem letztlich die rechtlich entscheidende Konfirmation beziehungsweise Admission des Kandidaten zukam. Die päpstlichen Reservationen sowie einzelne Sonderfälle werden nicht eigens aufgeführt. Erstere werden im Zuge der abschließenden Auswertung geschildert, Letztere erscheinen als vernachlässigbar.

1. Einzeldarstellungen

Augsburg

Für die Vergabe der Kanonikate galten im Augsburger Domkapitel die Bestimmungen des Wiener Konkordats von 1448, die dem Papst die Kollation der in den ungeraden Monaten vakant werdenden Domherrenstellen zusprachen, dem Domkapitel hingegen die in den geraden. Letzteres tat dies auf dem Weg der Mehrheitswahl. Ergänzend dazu konnte der Kaiser das Recht der Ersten Bitten ausüben. Dieses hatte vermutlich bis ins 15. Jahrhundert auch der Bischof. Danach fand sich allerdings nur mehr ein Fall aus dem Jahr 1691. Dafür gelang es den Bischöfen Sigismund Franz Erzherzog von Österreich und Clemens Wenzeslaus Herzog von Sachsen, ein Indult zu erwirken, das ihnen das Kollationsrecht in den päpstlichen Monaten überließ.[1]

Die Vergabe der Dompropstei stand zu Beginn des Untersuchungszeitraumes dem Papst zu. Doch bereits 1500 räumte Papst Alexander VI. dem Domkapitel das Wahlrecht für die Dignität ein. Mit der Domdechantei, der Kustorei, der Scholasterie und der Kellerei konnte das Domkapitel auch die weiteren wichtigen Ämter stets selbst besetzen.[2]

---

1 J. Seiler, Domkapitel, 7–12; I. Schöntag, Untersuchungen, 44; O. Leuze, Domkapitel, 30.

2 J. Seiler, Domkapitel, 9, 108, 113f., 119, 133, 149; I. Schöntag, Untersuchungen, 45, 49, 53; O. Leuze, Domkapitel, 47, 52; Beschreibung einiger deutscher Domkapitel, 37 (HHStA Hs B 182).

Bamberg

Das Bamberger Domkapitel ergänzte sich im Untersuchungszeitraum so gut wie ausschließlich selbst. Regelungen aus den Jahren 1390 und 1411 sahen vor, dass Turnare in monatlichem Wechsel die Besetzung der vakanten Kanonikate vornehmen sollten. Darüber hinaus akzeptierte das Domkapitel lediglich die Ersten Bitten des Kaisers.[3]

Die Vergabe der wichtigsten Ämter konnte das Domkapitel hingegen nicht uneingeschränkt vornehmen. Hinsichtlich der Dompropstei musste man sich zwischen 1594 und 1723 der Begehrlichkeiten der Päpste und der von ihnen Providierten erwehren, während die Domdechantei beständig der Wahl des Domkapitels oblag. Von den Personaten vergab der Bischof Scholasterie, Kustorei und Kantorei an einen der Kapitulare. Die Auswahl des Kellerers fiel dem Dompropst zu.[4]

Basel

Im Basler Domkapitel war das Kollationsrecht grundsätzlich nach den Bestimmungen des Wiener Konkordats von 1448 je nach Vakanzmonat zwischen dem Papst und dem Domkapitel aufgeteilt. Letzteres übte seine Befugnisse durch eine Wahlentscheidung mit Mehrheitsbeschluss aus und ermöglichte in der Regel einem der bis 1681 ebenfalls von ihm ernannten Exspektanten den Aufstieg unter die eigentlichen Domherren. Ungeachtet dessen war die Priesterpräbende dauerhaft dem Bischof zur Vergabe vorbehalten. Über diese bescheidenen Möglichkeiten hinaus konnte Bischof Jakob Christoph Blarer von Wartensee in den Neunzigerjahren des 16. Jahrhunderts ein Indult erlangen, das ihn zur Vergabe in den päpstlichen Monaten berechtigte. Seinen Nachfolgern blieben hingegen entsprechende Bemühungen verwehrt. Dem Kaiser billigte man das Recht der Ersten Bitten zu. Dass sich der Rat der Stadt Basel in den Wirren der Reformationszeit von 1525 bis zur Flucht des Domkapitels aus der Stadt 1529 die Vergabe in den päpstlichen Monaten anmaßte, stellte lediglich eine Randerscheinung dar.[5]

Allerdings zeigte sich eben dieses Bestreben auch hinsichtlich der Dompropstei. Dafür hatte der Rat der Stadt 1525 ein Indult Papst Clemens' VII. erhalten. Im konfessionell aufgeladenen Streit mit dem Domkapitel kam es daraufhin von 1537 an zu Doppelbesetzungen. Am Ende standen 1583 das Wahlprivileg Papst Gregors XIII. für das Domkapitel sowie 1585 der Vertrag von Baden, in dem die Stadt alle

---

3 J. Kist, Domkapitel, 23f.; H. T. Kohlhagen, Domkapitel, 39, 49; C. Probst, Turnarius, 374; P. Hersche, Domkapitel I, 72; R. Neumar, Rechtsstellung, 170; C. Mann, Macht, 93.

4 H. T. Kohlhagen, Domkapitel, 26–28, 30; J. Kist, Domkapitel, 10, 12, 14, 16, 18, 20f.; C. Probst, Turnarius, 374f.; Beschreibung einiger deutscher Domkapitel, 15 (HHStA Hs B 182).

5 N. Eisele, Domkapitel, 32, 34, 39, 46–48; C. Bosshart-Pfluger, Domkapitel, 18, 49–52, 147, 153; P. C. Preiswerk, Domkapitel, 48; A. Kaspar, Domkapitel, 35f., 39; P. Schmidlin, Statuten, 2; P. Hersche, Domkapitel I, 78.

Kollationsansprüche hinsichtlich der Dompropstei aufgab. Die Bestimmung des Domdechanten war zu Beginn des Untersuchungszeitraumes zwischen dem Papst und dem Domkapitel geteilt. Erst Papst Paul III. ermöglichte es dem Domkapitel 1535, auch in den päpstlichen Monaten die Wahl des Domdechanten vorzunehmen. Die tatsächliche Umsetzung dieses Privilegs erfolgte allerdings erst von 1564 an. Der Scholaster wurde im Mittelalter ebenfalls vom Domkapitel gewählt, ehe die Vergabe nach langwierigen Auseinandersetzungen 1577 vorerst an den Bischof fiel. Die endgültige Lösung aus dem Jahr 1628 sah schließlich eine abwechselnde Vergabe der Dignität durch den Bischof und das Domkapitel vor. Die übrigen Dignitäten der Kantorei, des Archidiakonats und der Kustorei besetzte der Bischof. Das Personat der Kellerei wurde nach dem Senium verliehen. Der älteste residierende Kapitular, der nicht Inhaber einer Dignität war, wurde damit betraut.[6]

Brandenburg

Solange das Brandenburger Domkapitel noch eine ordensgeistliche Einrichtung war, ergänzte es sich selbst. Mit der Transmutation trat 1507 diesbezüglich eine Veränderung ein. Von den bald nur mehr 16 Kanonikaten wurden vier dem Kurfürsten von Brandenburg zur Vergabe zugesprochen. Für die übrigen Präbenden einigte man sich 1532 auf einen Wechsel zwischen dem Bischof und dem Domkapitel nach jedem Vakanzfall. Die Folgen der Reformation, die Reduktion der Kanonikate und das Ende des Bistums zogen eine weitere Neuordnung nach sich. So fielen ab 1571 alle Rechte des Bischofs an den Kurfürsten von Brandenburg, der sich nun die Besetzung mit dem Domkapitel teilte. Das Recht kaiserlicher Erster Bitten war nicht üblich, gegenteilige Anstrengungen Kaiser Rudolphs II. 1579 und Kaiser Ferdinands II. 1624 zeitigen keine bleibenden Erfolge. Dem Landesherrn hingegen stand das Recht der Ersten Bitten zu. 1598 wurde es von Kurfürst Joachim Friedrich von Brandenburg erstmals ausgeübt. Da die Inhaber der seit 1568 bestehenden sechs Minorpräbenden das Aszendenzrecht besaßen, spiegelte ihre Besetzung die Zweiteilung zwischen Landesherr und Domkapitel wider. Je drei dieser Stellen konnten nämlich vom Landesherrn und vom Domkapitel vergeben werden. Dasselbe galt für die dabei bevorzugt zu berücksichtigenden Exspektanten beziehungsweise Elekten der beiden Kollatoren.[7]

---

6 W. Kundert, Das Domstift Basel, in: A. Bruckner, Kardinäle, 277, 288, 298, 301, 306, 311; P. C. Preiswerk, Domkapitel, 15–17; A. Kaspar, Domkapitel, 39, 50–52; W. Kundert, Der Basler Dompropsteihandel (1537–1574). Ein Reformationsprozeß um gemeines Recht, in: BZGAK 79 (1979), 93, 104, 116; C. Bosshart-Pfluger, Domkapitel, 17, 43f., 48–50, 154; N. Eisele, Domkapitel, 59, 62, 65, 70, 73; M. Ries, Das neue Basler Domkapitel und seine ersten Statuten, in: MThZ 46 (1995), 120f.; Beschreibung einiger deutscher Domkapitel, 58 (HHStA Hs B 182).

7 G. Abb/G. Wentz, Bistum, 100, 111; A. F. Riedel, Codex I/8, 46, 62, 467, 496f.; J. Heckel, Domstifter, 126–128, 132, 135–138; W. Schößler, Regesten I, 50, 60, 220; W. Dannenberg, Entwicklungsgeschichte, 27f., 30; J. Gebauer, Das evangelische Hochstift Brandenburg

Hinsichtlich der Besetzung der Dignitäten lagen die Verhältnisse ähnlich. Vor der Transmutation konnte das Domkapitel seine Ämter uneingeschränkt selbst vergeben. Nach der Einführung des weltgeistlichen Standes gelang es Kurfürst Joachim I. von Brandenburg 1514, von Papst Leo X. für sich und seine Nachfolger das Kollationsrecht für die Dompropstei zu gewinnen. Ungeachtet dessen führte das Domkapitel auch weiterhin eine Wahl als reinen Formalakt durch. Für die Domdechantei blieb das Wahlrecht des Domkapitels bestehen, während die beiden übrigen Dignitäten der Kantorei und des Thesaurariats seit dem Vergleich von 1532 der Bischof vergab. In protestantischer Zeit wurde das Thesaurariat dauerhaft der Domdechantei zugeschlagen und die Kantorei an das Seniorat gekoppelt.[8]

Bremen

Die Präbendenvergabe im Bremer Domkapitel war im ersten Abschnitt des Untersuchungszeitraumes nach den Bestimmungen des Wiener Konkordats von 1448 geregelt und damit zwischen dem Papst und dem Domkapitel geteilt. Eine Turnusregelung kam nicht zur Einführung. In protestantischer Zeit wurden die Rechte des Papstes durch das Domkapitel mehr und mehr in Beschlag genommen. Eingeschränkt war die starke Stellung des Domkapitels somit lediglich durch das Recht der Ersten Bitten, das jeweils dem Kaiser und dem Erzbischof zustand.[9]

Hinsichtlich der Ämterbesetzung ist lediglich bekannt, dass Dompropst und Domdechant ihre Dignität durch die Wahl des Domkapitels erlangten. Dasselbe galt für die Kellerei. Im Untersuchungszeitraum erfreute sich zudem auch der Bischof diesbezüglich nicht näher fassbarer Rechte. Jedenfalls vergab er die Scholasterie.[10]

Breslau

Die Kollation der vakanten Domherrenstellen erfolgte im Breslauer Domkapitel nach den Bestimmungen des Wiener Konkordats von 1448. Neben dem Papst, dem die Vergabe für die ungeraden Monate zukam, war es hier der Bischof, der in den

---

und die Restitutionspläne Kaiser Ferdinands II., in: JHVB 29/30 (1898), 42, 44; N. N., Handbuch/Anhang, 71f.

8 A. F. Riedel, Codex I/8, 37, 42, 61f., 474f.; W. Schößler, Regesten I, 198, 200, 220; J. Heckel, Domstifter, 175, 177; D. Kurze, Die Transmutation der Prämonstratenser-Domstifte Brandenburg und Havelberg, in: F. J. Felten/N. Jaspert, Vita, 702f.

9 C. Hoffmann, Die Aufschwörungstafeln des Bremer Domkapitels im Niedersächsischen Staatsarchiv Stade, in: StJ 91/92 (2001/02), 136f.; U. Weidinger, Bremen – Domstift St. Petrus, in: J. Dolle, Klosterbuch I, 197f.; J. C. Lünig, Continuatio III, 961; K. Kayser, Zum Bremer Domkapitel, in: ZGNKG 15 (1910), 12; N. Heutger, Das Domstift Bremen in nachreformatorischer Zeit, in: Niedersachsen 66/67 (1966/67), 27.

10 A. Müller, Domkapitel, 31f., 35, 38; J. C. Lünig, Continuatio III, 963; C. Hoffmann, Die Aufschwörungstafeln des Bremer Domkapitels im Niedersächsischen Staatsarchiv Stade, in: StJ 91/92 (2001/02), 146, 153; N. Heutger, Das Domstift Bremen in nachreformatorischer Zeit, in: Niedersachsen 66/67 (1966/67), 28.

geraden Monaten die Besetzungen vornehmen konnte. Die beiden Bischöfe Friedrich Landgraf von Hessen-Darmstadt und Philipp Ludwig Graf von Sinzendorf verfügten zudem als Kardinäle über ein Indult, das ihnen die Präbendenvergabe auch in den päpstlichen Monaten gewährte. Ein Mitwirkungsrecht des Domkapitels gab es in Breslau nicht. Obwohl der Kaiser streng genommen kein Recht auf Erste Bitten besaß, wurde ein entsprechendes Gesuch Kaiser Karls V. 1537 willfährig behandelt. Auch ohne jeden Rechtstitel gelang es den weltlichen Machthabern vor allem im 17. und 18. Jahrhundert, Einfluss auf die Zusammensetzung des Domkapitels zu nehmen. Nachdem Schlesien 1742 an das Königreich Preußen gefallen war, wuchs der Druck des Landesherrn auf die Personalauswahl spürbar an. Ohne ausdrückliche Zustimmung des Königs von Preußen konnte von 1743 an keiner der beiden Kollatoren mehr ein Kanonikat besetzen.[11]

Die Auswahl der Inhaber der sieben Spitzenämter des Domkapitels war im Allgemeinen denselben Bestimmungen unterworfen wie die der Kanonikate, gebührte also monatlich abwechselnd dem Papst und dem Bischof. Unabhängig davon konnte der Papst mit der Dompropstei die erste Dignität in jedem Fall besetzen, obgleich er sich dabei nach dem Machtwechsel in Schlesien den Vorgaben des Königs von Preußen fügen musste. Bezüglich der Dignität des Archidiakonats beschränkte Papst Leo X. bereits 1513 das päpstliche Kollationsrecht auf einen gemeinsam vom Bischof und vom Domkapitel bestimmten Kandidaten.[12]

Brixen

In der Kollation seiner Domherrenstellen war das Brixner Domkapitel an die Bestimmungen des Wiener Konkordats von 1448 gebunden, das die Verleihung der in den ungeraden Monaten vakant gewordenen Pfründen dem Papst zusprach, während dem Domkapitel die übrigen sechs Monate zur Nutzung überlassen waren. Dieses bediente sich dafür des Mehrheitsbeschlusses. Durch ein entsprechendes Indult waren im 16. Jahrhundert neben Bischof Georg von Österreich mit Bernhard von Cles, Christoph Freiherr von Madruzzo und Andreas von Österreich auch drei Bischöfe im Kardinalsrang berechtigt, in den päpstlichen Monaten die Kanonikate zu besetzen. Ansonsten fanden die Einflussnahmemöglichkeiten des Bischofs 1580 mit der letztmaligen Erwähnung seines Rechtes der Ersten Bitten ihr Ende. Der

11 G. Schindler, Domkapitel, 22f., 43, 256; K. Dola, Kapituła, 37f.; G. Zimmermann, Domkapitel, 26f., 29f., 34; P. Mat'a, Noblesse et chapitres dans les pays de la couronne de Bohême au XVIIe siècle, in: XVIIe siècle Nr. 250 (2011), 81; J. Pater, Kapituła, 27, 41–44, 77; M. Lehmann, Preussen II, 272f., 459; M. Lehmann, Preussen III, 153, 156, 235, 342, 408f., 622; M. Lehmann, Preussen VII, 715f.; N. N., Handbuch/Anhang, 112.

12 G. Schindler, Domkapitel, 11, 28; G. Zimmermann, Domkapitel, 10f., 13, 16f., 20–24, 35; P. Mat'a, Noblesse et chapitres dans les pays de la couronne de Bohême au XVIIe siècle, in: XVIIe siècle Nr. 250 (2011), 81; J. Pater, Kapituła, 44, 52; M. Lehmann, Preussen III, 235; M. Lehmann, Preussen VII, 715; N. N., Handbuch/Anhang, 112.

Kaiser wiederum konnte seinen Anspruch auf die Ersten Bitten unwidersprochen bewahren.[13]

Die Dompropstei stand seit dem Wiener Konkordat von 1448 dem Papst zur Vergabe zu, während sich das Domkapitel die Wahl des Domdechanten sichern konnte. Zudem konnte es von den beiden Personaten die Scholasterie nach seinem Gutdünken besetzen, während dem Bischof die Kustorei zur Verleihung blieb.[14]

Brünn

Im Brünner Domkapitel wurde bei seiner Errichtung 1777 das Kollationsrecht für die Kanonikate geteilt. Der Großteil fiel an den Kaiser in seiner Eigenschaft als König von Böhmen. Die Inhaber zweier Kanonikate konnte die Äbtissin des Zisterzienserinnenstiftes Tischnowitz präsentieren. Dieses Zugeständnis stellte eine Abgeltung für das verfallene Präsentationsrecht für die Propstei des dem Domkapitel vorausgehenden Kollegiatstiftes dar. Durch die bereits 1782 erfolgte Aufhebung des Zisterzienserinnenstiftes gelangten jedoch bald alle Kanonikate in die Kollation des Landesherrn.[15]

Für die nun erste Dignität der Domdechantei wurde die bereits im Kollegiatstift übliche Wahl durch das Kapitel beibehalten. Die Besetzung des Archidiakonats stand hingegen dem Bischof zu.[16]

Budweis

Die Vergabe der Kanonikate des Budweiser Domkapitels war dem Kaiser in seiner Eigenschaft als König von Böhmen vorbehalten. Der Magistrat der Stadt, unter dessen Patronat der Dom stand, konnte sich keine Ernennungsrechte sichern. Ihm blieb lediglich die Auswahl des Stadtdechanten aus der Reihe der Kanoniker.[17]

---

13 K. Wolfsgruber, Domkapitel, 41, 44f., 47–52; L. Santifaller, Brixner Domkapitel, 209f., 214, 221, 237; J. Gelmi, Domkapitel, 35f.; L. Tavernier, Das Domstift Brixen, in: H. Obermeier/K. Brandstätter/E. Curzel, Domstifte, 108.

14 K. Wolfsgruber, Domkapitel, 20, 26f., 29, 35, 37; L. Santifaller, Brixner Domkapitel, 209, 214, 241; J. Gelmi, Domkapitel, 30, 32f.; L. Tavernier, Das Domstift Brixen, in: H. Obermeier/K. Brandstätter/E. Curzel, Domstifte, 111f.

15 W. Doskocil, Die Gründung des Bistums Brünn und das sogenannte landesherrliche Patronat, in: Bohemia 17 (1976), 404, 407, 410, 413; L. Jan, Dějiny kapituly, in: L. Jan/R. Procházka/B. Samek, Let, 42, 95, 99, 138; E. Weinbrenner, Mähren, 53, 55, 57, 60; G. Wolný, Topographie II/1, 31, 43f.

16 W. Doskocil, Die Gründung des Bistums Brünn und das sogenannte landesherrliche Patronat, in: Bohemia 17 (1976), 404, 410, 413; L. Jan, Dějiny kapituly, in: L. Jan/R. Procházka/B. Samek, Let, 49, 138; E. Weinbrenner, Mähren, 55.

17 F. Mardetschläger, Geschichte, 88, 90f., 239, 286; K. A. Huber, Die Gründung des Bistums Budweis 1784/85, in: AKGB 7 (1985), 39, 41; E. Gatz, Bistum Budweis, in: E. Gatz, Bistümer, 156; J. Kadlec, Diecéze, 47; J. Enderle, Kapitula, 12, 15f., 23.

Neben den Kanonikaten waren auch die drei Dignitäten der Dompropstei, der Domdechantei und der Kustorei der ausschließlichen Verfügung des Landesherrn unterworfen.[18]

Cammin

In Cammin war es das Domkapitel selbst, das durch Wahl über die Aufnahme neuer Mitglieder entschied. Ausgenommen davon war lediglich die 1424 durch Joachim von Maltzahn gestiftete Präbende, deren Vergabe dem Senior der Stifterfamilie oblag. Jedoch verlor sich dieses Kanonikat vermutlich im Laufe des 16. Jahrhunderts wieder. Allerdings wurde das Kollationsrecht des Domkapitels schon früh durch den Landesherrn beschnitten. Seit 1356 war das Domkapitel verpflichtet, keine Besetzungen gegen den Willen des Herzogs von Pommern vorzunehmen. Dafür konnte sich das Recht der Ersten Bitten für den Kaiser ebenso wenig ausbilden wie die päpstlichen Monate der Bestimmungen des Wiener Konkordats von 1448, beides eine Folge der Tatsache, dass die Reichsunmittelbarkeit des Hochstiftes Cammin nicht durchgängig anerkannt war. Durch die Teilung des Herzogtums Pommern 1541 wurden auch die landesherrlichen Rechte gegenüber dem Camminer Domkapitel einer Neuordnung unterworfen. Der Herzog von Pommern-Wolgast erhielt vorerst sieben Kapitelstellen zur Besetzung, der Herzog von Pommern-Stettin acht. Der Landtag von Wollin veränderte die Aufteilung geringfügig, indem er eine Stelle der Verfügung des Herzogs von Pommern-Stettin entzog und der des Herzogs von Pommern-Wolgast zuwies. Alle landesherrlichen Rechte wurden durch die Statuten von 1576/79 zu einem Nominationsrecht. Nachdem der Westfälische Friede 1648 das Herzogtum Pommern-Wolgast weitgehend an das Königreich Schweden und das Herzogtum Pommern-Stettin überwiegend an das Kurfürstentum Brandenburg gebracht hatte, traten diese beiden Mächte als neue Landesherren in die Rechte ihrer Vorgänger ein. Doch schon der Friede von Saint-Germain bedingte 1679 den alleinigen Rechtsanspruch des Kurfürstentums Brandenburg. Die Vergabe der Kanonikate stand somit in der Folge ausschließlich dem Kurfürsten von Brandenburg beziehungsweise dem König von Preußen zu, wobei das Königreich Schweden erst 1698 rechtsverbindlich auf alle seine Befugnisse verzichtete.[19]

Die Besetzung der Dignitäten war in etwa derselben Entwicklung unterworfen. Die 1356 vorgenommenen Einschränkungen der Rechte des Domkapitels bezogen

---

18 J. Kadlec, Diecéze, 47.

19 R. Klempin, Beiträge, 327, 344, 362, 412, 418, 431–434; L. Kücken, Geschichte, 13f., 102, 112, 140f., 148f.; B. Schmidt, Die Herkunft der Familie Maltzahn und ihr Auftreten in Pommern (Schluß), in: BSt 8 (1904), 29f.; J. C. Lünig, Continuatio III/Anhang, 17f., 31; J. Heckel, Domstifter, 128, 132, 138; H. Müller, Die revidirten Camminer Synodal- und Capitels-Statuten, in: AKKR 37 (1877), 379, 381, 383, 407f.; A. Oschmann, Acta III B 1/1, 133, 140; W. Buchholz, Das Camminer Domkapitel im Spannungsfeld zwischen Schweden und Brandenburg 1648–1698, in: M. Lissok/H. T. Porada, Christi II, 581–583, 585–587; N. N., Handbuch/Anhang, 103f.

sich vollinhaltlich auch auf die Spitzenämter. Die Teilungsmaßnahmen des Jahres 1541 schrieben die Dompropstei, die Domdechantei, das Vizedominat, das Thesaurariat und die Scholasterie dem Einflussbereich des Herzogs von Pommern-Stettin zu, während die Kantorei in jenen des Herzogs von Pommern-Wolgast fiel. Letzterer konnte 1569 zusätzlich die Verfügung über die Scholasterie für sich gewinnen. Trotzdem blieb das grundsätzliche Wahlrecht des Domkapitels für die Dignitäten vorerst noch erhalten, obgleich die beiden Herzöge jeweils ein Einspruchsrecht gegenüber der Entscheidung des Domkapitels besaßen. Der Übergang der landesherrlichen Rechte an das Königreich Schweden und das Kurfürstentum Brandenburg führte zu keinen Veränderungen. Wohl erst in brandenburgisch-preußischer Zeit verlor sich das Wahlrecht des Domkapitels. Mit Ausnahme der Dompropstei, die jeweils direkt besetzt wurde, wurden die übrigen Dignitäten nun nach dem Senium erworben, wobei der Kurfürst von Brandenburg beziehungsweise der König von Preußen im Vakanzfall jeweils das Vizedominat als unterste Dignität neu vergab.[20]

Chiemsee

Die Tatsache, dass das Chiemseer Domkapitel während seiner gesamten Bestandszeit als Augustiner-Chorherren-Stift organisiert war, beließ die Zuständigkeit für die Neuaufnahme von Kanonikern ausschließlich beim Stiftskapitel selbst.[21]

Die beiden Dignitäten der Propstei und der Dechantei wurden ebenfalls durch die Wahl des Stiftskapitels vergeben. Der Mitte des 17. Jahrhunderts von Stiftspropst Arsenius Ulrich unternommene Versuch, das Kollationsrecht für die Dechantei an sich zu bringen, scheiterte nämlich am Widerstand seiner Mitbrüder.[22]

Chur

Die Nachbesetzung vakanter Kanonikate des Churer Domkapitels unterlag den Bestimmungen des Wiener Konkordats von 1448, das dem Papst jährlich sechs Monate zusprach, während ebenso viele Monate dem Domkapitel zur Vergabe gebührten. Das Domkapitel traf seine Entscheidung mittels Mehrheitswahl, an der nach den Wirren der Reformationszeit allerdings nur mehr die sechs Residenten Anteil hatten. Bis ins letzte Viertel des 16. Jahrhunderts wurden dabei in der Regel die bis dahin

20 H. Müller, Die revidirten Camminer Synodal- und Capitels-Statuten, in: AKKR 37 (1877), 381, 383, 407f.; L. Kücken, Geschichte, 13f., 112, 127; W. Buchholz, Das Camminer Domkapitel im Spannungsfeld zwischen Schweden und Brandenburg 1648–1698, in: M. Lissok/H. T. Porada, Christi II, 581–583 585; J. C. Lünig, Continuatio III/Anhang, 18f.; J. Heckel, Domstifter, 177, 179; N. N., Handbuch/Anhang, 103.

21 H. Felsberger, Augustiner, 223, 235, 356.

22 M. Heim, Archidiakonat und Seelsorge. Das Verhältnis des Stiftes zum Bistum Chiemsee, in: W. Brugger/H. Dopsch/J. Wild, Herrenchiemsee, 152f.; O. Feldbauer, Das Stift Herrenchiemsee in der Frühen Neuzeit von etwa 1520 bis 1803, in: W. Brugger/H. Dopsch/J. Wild, Herrenchiemsee, 187.

ebenfalls vom Domkapitel bestimmten Exspektanten bevorzugt bedacht. Während Bischof Beat à Porta 1577 mit seinem Versuch, ein Indult für die Kollation der in den päpstlichen Monaten vakant werdenden Kanonikate zu erlangen, scheiterte, war Kaiser Joseph I. mit seinen Bemühungen um das Recht der Ersten Bitten erfolgreicher. Nach mehrjährigem Widerstand in den ersten beiden Jahrzehnten des 18. Jahrhunderts fügte sich das Domkapitel schließlich den Forderungen des Monarchen und seiner Nachfolger.[23]

Von den Dignitäten vergab seit Beginn des Untersuchungszeitraumes der Papst die Dompropstei. Das Domkapitel wählte den Domdechanten und den Scholaster. Im ersten Fall waren auch die nicht residierenden Domherren wahlberechtigt. Dem Bischof verblieben die Besetzung der Kantorei und der Kustorei. Der Sextar, der einzige nach den Erschütterungen der Reformationszeit neben den Dignitären verbliebene Resident, wurde durch die Wahl des Domkapitels bestimmt. Eine Veränderung für die drei unteren Dignitäten, nämlich für Scholasterie, Kantorei und Kustorei, brachte 1744 die formelle Einführung des Optionsrechtes für diese Ämter. Dabei konnte der jeweils für die vakant gewordene Dignität zuständige Kollator einen neuen Residenten bestimmen. Danach gelangten die drei unteren Dignitäten auf dem Optionswege zur Vergabe, eine Vorgangsweise, die mit wenigen Ausnahmen durchgeführt wurde.[24]

Corvey

Obwohl man anfangs versuchte, den Papst von den Kollationsvorgängen auszuschließen, wurde das Corveyer Domkapitel schließlich bei seiner Gründung 1794 den Bestimmungen des Wiener Konkordats von 1448 unterworfen. Die Besetzung der in einem ungeraden Monat vakant gewordenen Domherrenstellen fiel damit an den Papst, für die geraden Monate war das Domkapitel zuständig, das sich dafür eines Turnus nach Vakanzfällen bediente. Bischof Ferdinand Hermann Freiherr von Lüninck erhielt 1799 von Papst Pius VI. das Indult, zwei Präbenden in den päpstlichen Monaten zu vergeben. Entsprechende Bemühungen seines Vorgängers Bischof Theodor Freiherr von Brabeck waren noch gescheitert. Zudem wusste Kaiser Joseph II. 1788 sich und seinen Nachfolgern bereits im Zuge der Vorverhandlungen das Recht der Ersten Bitten zu sichern.[25]

Der Domdechant als einziger Dignitär wurde vom Domkapitel gewählt.[26]

---

23 G. Capaul, Domkapitel, 8, 39f., 46f.; J. J. Simonet, Das Jus primarum precum im Domkapitel Chur, oder: Das kaiserliche Recht der ersten Bitten, in: BM 1917, 384–387.

24 G. Capaul, Domkapitel, 23, 64, 66, 70, 73, 77; M. Tuor, Reihenfolge, 12, 27, 43, 51, 55, 64; J. J. Simonet, Das Optionsrecht im Churer Domkapitel, in: BM 1922, 305–307, 309; O. P. Clavadetscher/W. Kundert, Das Domstift Chur, in: A. Bruckner, Kardinäle, 534f.; J. P. J. N. Faber, Anni, 57.

25 G. Föllinger, Corvey, 56–58, 70, 86, 107f., 144, 177; U. Faust, Bistum Corvey, in: E. Gatz, Bistümer, 182f.

26 G. Föllinger, Corvey, 56, 107; U. Faust, Bistum Corvey, in: E. Gatz, Bistümer, 182.

Eichstätt

Die Bestimmungen des Wiener Konkordats von 1448 gelangten auch für das Eichstätter Domkapitel zur Geltung. Daher teilten sich der Papst und das Domkapitel die Vergabe der Kanonikate. Der Papst besetzte jene Stellen, die in einem ungeraden Monat vakant wurden, während das Domkapitel in seinen Monaten seit dem Mittelalter den Turnus zur Anwendung brachte. Dem jeweiligen Turnar stand dabei vorerst ein ganzer Monat zu, zumindest seit dem 18. Jahrhundert aber je zwei einem päpstlichen Monat benachbarte Monatshälften. Der 1706 und 1734 aufgetauchte Vorschlag, den Turnus gar stundenweise einzuteilen, wurde nicht weiter verfolgt. Während der Bischof bei der Präbendenvergabe trotz der Bemühungen von Bischof Johann Martin von Eyb, mit Hilfe eines päpstlichen Indults Kollationsrechte zu gewinnen, leer ausging, konnte der Kaiser das Recht der Ersten Bitten ausüben.[27]

Mit der Dompropstei oblag dem Papst die Besetzung der ersten Dignität, während der Domdechant vom Domkapitel gewählt wurde. Die Inhaber der vier Personate der Scholasterie, der Kantorei, der Kustorei und der Kellerei bestimmte der Bischof.[28]

Ermland

Grundsätzlich war auch das Ermländische Domkapitel den Bestimmungen des Wiener Konkordats von 1448 unterworfen. Die in den ungeraden Monaten auftretenden Vakanzfälle blieben dem Papst vorbehalten, während in den restlichen Monaten der Bischof und das Domkapitel für die Nachbesetzung zuständig waren. Das geschah durch eine Wahl, bei der auch dem Bischof eine, wenn auch die erste Stimme zustand. Die Rechte dieser beiden Kollatoren wurden vielfach von anderer Seite beeinträchtigt und gefährdet. Zuerst gewährte Papst Nikolaus V. 1447 auf Betreiben von Hochmeister Konrad von Erlichshausen diesem und seinen Nachfolgern das Kollationsrecht für zwei Kanonikate. Der Widerstand Bischof Franz Kuhschmalz' und des Domkapitels führte 1453 zum Widerruf des Privilegs. Auch König Kasimir IV. von Polen war kein dauerhafter Erfolg beschieden. Er konnte zwar 1487 von Papst Innozenz VIII. das Nominationsrecht für ein Kanonikat gewinnen, doch wurde auch dieser Gnadenerweis bereits ein Jahr später wieder zurückgenommen. Rund zwei Jahrzehnte später wiederholten sich diese Ereignisse unter König Alexander von Polen, der 1505 ein bald widerrufenes Nominationsrecht für zwei Kanonikate erhielt. Gleichlautende spätere Bemühungen polnischer Herrscher scheinen mehr Erfolg gezeitigt zu haben. So erhielt König Sigismund I. 1513 zwei Kanonikate zur Vergabe zugesprochen, Königin Bona 1526 drei, König Sigismund

---

27 H. A. Braun, Domkapitel, 40f., 43–45, 132; J. Strötz, Domkapitel, 67f.; Beschreibung einiger deutscher Domkapitel, 24f. (HHStA Hs B 182).

28 H. A. Braun, Domkapitel, 16f., 30, 33–38; G. Mahr, Domkapitel, 10f.; B. Dennemarck, Statuten, 7f.; J. Seiler, Domkapitel 67; Beschreibung einiger deutscher Domkapitel, 25 (HHStA Hs B 182).

III. um 1604 und 1628 je eines sowie Königin Luisa Maria 1651 ebenfalls eines. An auswärtigen geistlichen Würdenträgern sollen Bischof Karl Ferdinand Prinz von Polen von Breslau und Plozk sowie Erzbischof Wacław Leszczyński von Gnesen um die Mitte des 17. Jahrhunderts mittels eines päpstlichen Indults gleichfalls vereinzelte Kollationsrechte erlangt haben. Zumindest im 18. Jahrhundert räumten die Päpste den Bischöfen jeweils die Vollmacht ein, nach ihrer Ernennung die ersten drei in den päpstlichen Monaten vakant werdenden Präbenden zu vergeben. Eingriffe weltlicher Machthaber gab es erst wieder ab 1772 unter der Herrschaft des Königs von Preußen. Von da an bedurften die beiden Kollatoren, also der Papst beziehungsweise der Bischof und das Domkapitel, in ihren Personalentscheidungen der Zustimmung des Königs.[29]

Die Vergabe der Dompropstei als der ersten Dignität geriet schon früh aus den Händen des Papstes in den Wirkbereich des Landesherrn. 1518 konnte König Sigismund I. von Polen für sich und seine Nachfolger von Papst Leo X. das Patronatsrecht für die Dompropstei erlangen. Die politischen Veränderungen des Jahres 1772 führten dazu, dass das Recht an den König von Preußen überging. Für die drei übrigen Dignitäten, also Domdechantei, Kustorei und Kantorei, galt hingegen eine nach Vakanzmonaten unterschiedliche Vorgangsweise. In den ungeraden Monaten entschied der Papst über die neuen Amtsinhaber, in den geraden Monaten das Domkapitel im Zusammenwirken mit dem Bischof, dem auch hier nur eine Stimme zukam, wenn auch die erste.[30]

---

29 J. Obłąk, O początkach kapituły katedralnej na Warmii, in: WWD 16/V, 10f., 19, 24f.; A. Eichhorn, Geschichte der ermländischen Bischofswahlen, in: ZGAE 1 (1860), 127f.; A. Kopiczko, Dzieje, 11; G. Matern, Verhältnisse, 97, 99, 112; B. Pottel, Domkapitel, 25, 27, 80f.; T. Borawska, Norm und Wirklichkeit. Zum Alltagsleben ermländischer Domherren im 13.-16. Jahrhundert, in: B. Jähnig, Probleme, 78–80; T. Borawska, Kapituła Warmińska w średniowieczu i na poczatku czasów nowożytnych (1260–1550), 157f., 160; J. Obłąk, Statuty warmińskiej kapituły katedralnej, in: WWD 16/V, 53; A. Radzimiński, Kirche, 89, 115, 240f.; H. Schmauch, Das Präsentationsrecht des Polenkönigs für die Frauenburger Dompropstei, in: ZGAE 26 (1938), 95–97, 100f.; A. Eichhorn, Die Prälaten des ermländischen Domcapitels, in: ZGAE 3 (1866), 366, 373, 563, 565, 616, 620, 624f.; M. Lehmann, Preussen IV, 484, 545, 556f.; M. Lehmann, Preussen V, 15, 27, 120, 364f.; M. Lehmann, Preussen VI, 490; H. Granier, Preussen VIII, 146, 735–737; N. N., Handbuch/Anhang, 107; B. Szady, Prawo, 45, 49.

30 H. Schmauch, Das Präsentationsrecht des Polenkönigs für die Frauenburger Dompropstei, in: ZGAE 26 (1938), 97, 100–102, 104; A. Eichhorn, Die Prälaten des ermländischen Domcapitels, in: ZGAE 3 (1866), 360, 544, 630; B. Pottel, Domkapitel, 25, 80f.; A. Kopiczko, Dzieje, 11; J. Obłąk, O początkach kapituły katedralnej na Warmii, in: WWD 16/V, 10f., 19, 24f.; T. Borawska, Kapituła Warmińska w średniowieczu i na poczatku czasów nowożytnych (1260–1550), 160; M. Lehmann, Preussen V, 27, 120, 364; H. Granier, Preussen VIII, 146.

Freising

Die Neubesetzung vakant gewordener Domherrenstellen geschah im Freisinger Domkapitel nach den Bestimmungen des Wiener Konkordats von 1448. Damit waren die in den ungeraden Monaten vakant gewordenen Kanonikate der Verfügung des Papstes unterworfen, während in den restlichen sechs Monaten das Domkapitel selbst das Kollationsrecht ausüben konnte. Dafür beschloss man 1546 die Einführung einer Turnusregelung mit einem monatlichen Wechsel der Turnare. Das Recht des Kaisers auf Erste Bitten blieb mitunter umstritten, konnte sich aber im Wesentlichen halten, während die Bischöfe grundsätzlich keinerlei Mitwirkungsrechte besaßen. Nur die beiden Bischöfe Ernst Herzog von Bayern und der zum Kardinal aufgestiegene Johann Theodor Herzog von Bayern konnten kraft Indults in den päpstlichen Monaten Kanonikate vergeben. Ersterer erhielt dieses Privileg zu Beginn des 17. Jahrhunderts von Papst Paul V., der Kardinal 1750 von Papst Benedikt XIV. Ein 1768 von Papst Clemens XIII. Bischof Clemens Wenzeslaus Herzog von Sachsen erteiltes Privileg blieb hingegen durch die unmittelbar nachfolgende Resignation des Bischofs ohne tatsächliche Auswirkungen.[31]

Was die Vergabe der Ämter betraf, konnte der Papst mit der Dompropstei die erste Dignität besetzen. Seit einem 1725 eingeräumten Zugeständnis Papst Benedikts XIII. war der Papst in seiner Auswahl an einen Freisinger Kapitular gebunden. Da gleichzeitig festgelegt wurde, dass der Bischof für den jeweiligen Kandidaten vor dessen Ernennung ein Benemerenzattest ausstellen musste, lag die tatsächliche Personalentscheidung seit 1725 weitestgehend in der Hand des Bischofs, zumal Versuche des Domkapitels, dem Bischof das Recht auf einen vorausgehenden Dreiervorschlag abzuringen, scheiterten. Dafür konnte das Domkapitel in gemeinsamer Wahl den Domdechanten und den Scholaster bestimmen. Das neben den drei Dignitäten noch bestehende Personat der Kustorei besetzte der Bischof.[32]

Fulda

Die Vergabe der vakanten Stellen des Fuldaer Domkapitels war durch seine Verfassung als Benediktinerkloster bedingt. Die neuen Mitglieder des Domkapitels gingen aus dem neben diesem weiter bestehenden Konvent hervor. Das Aufnahmegesuch eines Konventualen musste zuerst vom Bischof und dann vom Domkapitel zustimmend beschieden werden. Darüber hinaus wurde vom Bischof und vom Domkapitel

31 R. Götz, Domkapitel, 48, 96, 117–121, 156f., 552–555; R. Ebersberger, Zusammensetzung, 12, 34; R. Ebersberger, Das Freisinger Domkapitel im Zeitalter der Glaubenskämpfe, in: G. Schwaiger, Bistum II, 155; H. Dessart, Les indults accordés aux évêques de Liège, in: BIHB 24 (1947/48), 69.

32 R. Götz, Domkapitel, 45–47, 559, 561, 563, 566; N. Keil, Ende, 260f.; Beschreibung einiger deutscher Domkapitel, 47 (HHStA Hs B 182).

1783 zwar das Recht der Ersten Bitten des Kaisers nicht abschlägig beschieden, zu einer tatsächlichen Ausübung dieses Anspruchs kam es jedoch nicht mehr.[33]

Die Wahlordnung für die Dignität des Domdechanten änderte sich durch den Aufstieg zum Domkapitel nicht. Neben den Kapitularen war auch der Bischof wahlberechtigt, der dabei sogar zwei Stimmen führen durfte. Die gleichsam als Personate bestehenden acht Propsteien von Blankenau, Holzkirchen in Unterfranken, Johannesberg, Michaelsberg, Petersberg, Sannerz, Thulba und Zella in der Rhön vergab der Bischof allein.[34]

Görz

Die Ernennung der Görzer Kanonikate war überwiegend dem Landesherrn vorbehalten. Kaiserin Maria Theresia hatte sich als Stifterin bei der Gründung des Domkapitels die entsprechenden Rechte für sich und ihre Nachfolger gesichert. Ausgenommen davon waren jenes Kanonikat, das auf eine Stiftung Janez Friderik Madkos zurückging und dem Erzbischof zur Besetzung gebührte, sowie das von Johann Martin Strohl von Strohlendorf errichtete, das unter dem Patronat der Stifterfamilie stand.[35]

Die landesherrlichen Rechte erstreckten sich grundsätzlich auch auf die drei Dignitäten des Görzes Domkapitels. Davon überließ allerdings Kaiserin Maria Theresia den männlichen Nachkommen Augustin Freiherr von Codellis das Präsentationsrecht für die Dompropstei. Dies stellte einen Ausdruck der Anerkennung für einen 1747 von deren Vorfahren zur Verfügung gestellten finanziellen Beitrag zur Ausstattung des neu gegründeten Domkapitels dar. Domdechantei und Primizeriat blieben hingegen in den Händen des Landesherrn.[36]

Gradisch

Die Gründungsumstände des Gradischer Domkapitels brachten es mit sich, dass das Kollationsrecht für die Kanonikate Kaiser Joseph II. und seinen Nachfolgern als Landesherren zugesprochen wurde. Ungeachtet dessen konnte der Bischof den auf eine Stiftung Janez Friderik Madkos zurückgehenden Anspruch auf die Vergabe eines Kanonikats aus dem vormaligen Görzer Domkapitel in die neue Institution hinüberretten.[37]

---

33 U. Zuber, Staat, 66f.; A. Coulin, Kaiserliche Erste Bitten auf Abtei und Hochstift Fulda, in: VSWG 15 (1919), 269–271.

34 U. Zuber, Staat, 68; G. Richter, Die adeligen Kapitulare des Stifts Fulda seit der Visitation Carafas (1627), in: FGBl 3 (1904), 125.

35 G. Cappelletti, Chiese VIII, 588, 604; A. Fidler, Geschichte IV, 45f.; C. d'Elvert, Geschichte, 244.

36 G. Cappelletti, Chiese VIII, 592, 604; G. D. della Bona, Osservazioni, 224f.; A. Fidler, Geschichte IV, 45; E. Marcon, La genesi dell'Archidiocesi di Gorizia, in: SG 13 (1952), 156, 164.

37 G. Cappelletti, Chiese VIII, 642.

Die ausschließliche Besetzung durch den Landesherrn war ursprünglich auch für die drei Dignitäten des Domkapitels vorgesehen. Jedoch unterblieb deren tatsächliche Umsetzung weitgehend. Als Abgeltung für das ihr zustehende, aber 1788 verloren gegangene Nominationsrecht für das aufgehobene Bistum Pedena räumte nämlich Kaiser Leopold II. 1790 der Familie Graf von Montecuccoli das Nominationsrecht für die Domdechantei des Gradischer Domkapitels ein. Zudem vermochte die Familie Freiherr von Codelli ihr bereits im ehemaligen Görzer Domkapitel bestehendes Patronatsrecht über die Dompropstei auch in der neuen Institution zur Anwendung zu bringen. Damit verblieb dem Landesherrn lediglich die Scholasterie zur Vergabe. Die rasche Übersiedlung des Domkapitels nach Görz änderte an den genannten Rechtsverhältnissen nichts.[38]

Graz

Das Grazer Domkapitel war vollständig dem Zugriff des Landesherrn unterworfen, der sich die Besetzung aller Kanonikate zusichern ließ.[39]

Dasselbe galt auch für die drei Dignitäten. Die durch den Landesherrn 1787 in Form der Gradualvorrückung auferlegte Selbstbeschränkung vermochte sich nicht dauerhaft zu halten. Sie wurde 1810 wieder abgeschafft.[40]

Gurk

Solange das Gurker Domkapitel der regulierten Verfassung unterworfen war, entschied allein das Domkapitel selbst über die Aufnahme neuer Kanoniker. Dies änderte sich erst mit der Transmutation des Jahres 1787. Von nun an stand die Vergabe der Kanonikate abwechselnd dem Bischof und dem Landesherrn zu.[41]

Hinsichtlich der Dignitäten lässt sich in der Kapitelgeschichte derselbe Einschnitt beobachten. Mit der Transmutation verlor das Domkapitel sein bislang ausgeübtes Wahlrecht nicht nur für die Personate der Kustorei und der Scholasterie, sondern auch für die Dignitäten der Dompropstei und der Domdechantei. Wie den Kustos, den Inhaber der neu geschaffenen dritten Dignität, bestimmte nun der Landesherr die beiden höchsten Würdenträger des Domkapitels. Das galt auch für das Personat der Scholasterie.[42]

---

38 G. Cappelletti, Chiese VIII, 642; L. Tavano, Diocesi, 59.

39 J. Zapletal, Domcapitel, 10, 18; J. Reinisch, Jahre, 5.

40 J. Zapletal, Domcapitel, 20.

41 H. Felsberger, Augustiner, 223, 235, 356; J. Obersteiner, Bischöfe, 507f.

42 H. Felsberger, Augustiner, 334, 347; A. Jaksch, Zum achthundertjährigen Stiftungsfeste des Gurker Domkapitels 1124–1924, in: Carinthia I 114 (1924), 5.

Halberstadt

Die Stellenvergabe im Halberstädter Domkapitel war vorerst den Bestimmungen des Wiener Konkordats von 1448 unterworfen, die eine Aufteilung der Monate zwischen dem Papst und dem Domkapitel vorsahen. Daneben konnte der Kaiser das Recht der Ersten Bitten ausüben. Als Folge des Westfälischen Friedens kam es nach 1648 zu maßgeblichen Veränderungen im Kollationsrecht. Dem Kaiser wurde zwar sein Anspruch auf die Ersten Bitten garantiert, tatsächlich aber vom Kurfürsten von Brandenburg beziehungsweise König von Preußen in Beschlag genommen. Die Rechte des Papstes, die dieser schon vorher kaum mehr wahrzunehmen vermochte, gingen endgültig an den Landesherrn verloren. Aus den päpstlichen Monaten wurden kurfürstliche beziehungsweise königliche. Lediglich zwischen 1706 und 1731 wurde bei der Kollation nicht nach Monaten, sondern nach Vakanzfällen abgewechselt. Zwei der Maiorpräbenden waren allerdings nicht dieser alternativen Vergabe unterworfen. Die eine Ausnahme stellte die seit 1693 bestehende Familienpräbende des Geschlechtes Freiherr von dem Bussche dar, deren Inhaber der jeweilige Majoratsherr des Familienzweiges Hünnefeld bestimmte. Die zweite Pfründe war im Westfälischen Frieden 1648 Herzog Gustav Adolph von Mecklenburg-Güstrow als Abgeltung für seinen Verzicht auf das Bistum Ratzeburg zugefallen. 1670 verkaufte er seine Rechte an das Kurfürstentum Brandenburg. Das Domkapitel löste 1678 dessen Ansprüche ab und konnte von nun an stets selbst das Kanonikat vergeben. Während der Landesherr sowie die Kollatoren der beiden ausgenommenen Präbenden ihre Personalauswahl frei treffen konnten, war das Domkapitel in seinen Vakanzmonaten teilweise an bestimmte Vorgaben gebunden. Wurde ein Maiorkanonikat in einem der Kapitelmonate frei, dann rückte zwangsläufig der ranghöchste Minorkanoniker auf. Der erste Elekt wiederum erhielt die frei gewordene Minorpräbende. Nur die Inhaber der vier katholischen Kanonikate konnte das Domkapitel unmittelbar ernennen, da es keine katholischen Minorkanoniker und Elekten gab. Die Elekten wiederum bestimmte das Domkapitel in einer Art Turnus, an dem neuerlich der Landesherr, der Dompropst und die zwölf ältesten protestantischen Maiorkanoniker mitwirkten. Abgesehen vom Landesherrn, der zwei Personen namhaft machen konnte, erhielt jeder Berechtigte die Möglichkeit, einen Elekten zu benennen. Der nächste Turnus wurde erst wieder erstellt, wenn alle Elekten aus ihrem Stand ausgeschieden waren. Als Anwärter auf die in den landesherrlichen Monaten zu besetzenden Kanonikate ernannten die Kurfürsten beziehungsweise Könige schließlich noch Exspektanten.[43]

In der Nachfolge des Papstes, dessen Rechte bereits Ende des 16. und Anfang des 17. Jahrhunderts wiederholt missachtet wurden, konnte der Kurfürst von Brandenburg beziehungsweise der König von Preußen nach dem Westfälischen Frieden von 1648 mit der Dompropstei die erste der beiden Dignitäten besetzen.

---

43 J. Heckel, Domstifter, 127f., 131f., 134, 140; W. Langenbeck, Geschichte, 82f.; N. N., Handbuch/Anhang, 83f.

Der Domdechant wurde hingegen vom Domkapitel gewählt.[44] Auf welche Art und Weise die Besetzung der Personate der Portenarie und der Scholasterie erfolgte, muss offen bleiben.

Hamburg

Die durch die Bestimmungen des Wiener Konkordats von 1448 vorgenommene grundsätzliche Zweiteilung der Kollationsrechte zwischen dem Papst und dem Domkapitel konnte für das Hamburger Domkapitel nicht lange aufrechterhalten werden. Nach dem Konfessionswechsel der Stadt versuchte der Rat der Stadt, die Rechte des Papstes einzuziehen und sich selbst die Vergabe der in den ungeraden Monaten vakant werdenden Kanonikate anzueignen. Eine heftige Auseinandersetzung mit dem Domkapitel war die Folge, im Zuge derer es dem Rat nur in wenigen Einzelfällen gelang, die von ihm eingeforderten Rechte auch tatsächlich zur Ausübung zu bringen. Der 1561 von den beiden Streitparteien eingegangene Bremer Vergleich brachte schließlich die Kollationsrechte in die Hände des Domkapitels. Trotzdem verlor der Rat der Stadt sein Vorhaben auch danach nicht aus den Augen. Als Gegenleistung für die Unterstützung in der Abwehr päpstlicher Provisionen räumte das Domkapitel bereits 1563 dem Rat die Kollationsrechte in den päpstlichen Monaten ein. Nachdem diese Vereinbarung offenbar bald wieder in Vergessenheit geraten war, wurde sie 1650 vom Domkapitel wieder in Erinnerung gerufen. Jedoch beschränkte man die Rechte des Rates jetzt auf die Monate März, September, Oktober und November. Allerdings beanspruchte bereits 1651 die Königin von Schweden die Kollationsrechte in den päpstlichen Monaten, was ein 1652 zwischen dem Königreich Schweden und dem Domkapitel geschlossener Rezess auch vertraglich festsetzte. Da Versuche des Rates, die Befugnisse des Königs von Schweden durch Kauf an sich zu bringen, 1658 und 1674 scheiterten, trat nun dieser in seiner Eigenschaft als Herzog von Bremen neben dem Domkapitel als zweiter Hauptkollator auf. Mit dem Frieden von Stockholm wurde er 1719 durch den Kurfürsten von Braunschweig-Lüneburg abgelöst. Daneben konnte sich der Kaiser das Recht der Ersten Bitten bewahren. Allerdings war er nach dem Konfessionswechsel in seiner Personalauswahl auf einen Protestanten beschränkt. Den Erzbischöfen wurde gegen Ende des 16. Jahrhunderts das Recht der Ersten Bitten vom Domkapitel noch verwehrt, während es Mitte des 17. Jahrhunderts anstandslos anerkannt wurde. In der Nachfolge der Erzbischöfe stand dieses Recht auch den jeweiligen Herzögen von Bremen als Landesherren zu. In schwedischer Zeit wurde es anscheinend nicht ausgeübt, da der Kurfürst von Braunschweig-Lüneburg im 18. Jahrhundert neuerlich darum kämpfen musste. Darüber hinaus gab es mehrere Kanonikate, die von den ordentlichen Kollationsregelungen ausgenommen waren und verschiedenen Patronatsinhabern zur Vergabe zustanden. Von den 13 Maiorpräbenden waren davon jene beiden Präbenden betroffen, die Graf Adolph IV. von Holstein 1245 gestiftet

44 N. N., Handbuch/Anhang, 83.

hatte. Dabei hatte er sich und seinen Nachfolgern das Patronatsrecht vorbehalten. Im Zuge von Erbteilungen fiel ein Kanonikat, das sogenannte Holsteinische, 1318 an die Linie Holstein-Kiel und damit letztlich an das Herzogtum Holstein. Das zweite Kanonikat, das Schaumburgische, gebührte den Grafen von Holstein-Schaumburg zur Vergabe, ehe die Linie 1640 ausstarb und König Friedrich III. von Dänemark deren Recht für sich beanspruchte. Im Frieden von Lund einigte man sich 1679 auf die abwechselnde Vergabe der beiden Kanonikate durch die Könige von Dänemark beziehungsweise die Herzöge von Schleswig-Holstein-Gottorf. Nachdem diese Linie 1762 die Herrschaft im Zarentum Russland übernehmen konnte, trat sie 1773 ihre Kollationsrechte an die königliche Linie ab, womit diese nun allein beide Kanonikate vergeben konnte.[45] Ungleich umfangreicher waren die Patronatsrechte bezüglich der Minorpräbenden, die ausschließlich dieser Verfassung unterworfen waren. Die Ursprünge dieser noch bis weit ins 17. Jahrhundert hinein zahlenmäßig nicht endgültig festgelegten Kanonikate sind nicht in jedem Fall restlos bekannt. Danach jedenfalls waren es sieben Minorpräbenden. Noch deutlich vor dem Beginn des Untersuchungszeitraumes gründeten die Patronatsrechte des Herzogs von Holstein beziehungsweise Königs von Dänemark über eine Minorpräbende. Dasselbe galt für die Rechte der Familie von Sangenstedt. Von 1539 an konnte die Familie Witmar die Kollation dieses Kanonikats vornehmen, ehe sie ihrerseits 1616 durch die Familie Lindenbrog abgelöst wurde. Gemäß einer 1644 getroffenen Absprache mit dem Patronatsherrn zog das Domkapitel allerdings alle Rechte mit dessen Tod ein. Für eine dritte Minorpräbende, die 1445 durch den Hamburger Bürgermeister Dietrich Lüneburg gestiftet wurde, ging das Patronatsrecht vorerst von der Stifterfamilie auf die Familie von Holten über. In den Zwanzigerjahren des 18. Jahrhunderts lag die Vergabe in den Händen des Domkapitels. 1449 entschloss sich der Kremper Bürgermeister Nikolaus Huge zur Ausstattung einer weiteren Minorpräbende. Die Kollationsrechte seiner Nachkommen gingen 1577 auf die Familie von Holten über, die sie bis zum Ende des Domkapitels behalten konnte. Ebenfalls 1449 stiftete der Hamburger Vikar Johann Pinneberg eine neue Minorpräbende. Sie unterstand von 1515 bis 1803 der Familie Möller zur Vergabe. Mit Zustimmung des Domkapitels wurden 1488 zwei Vikarien in eine Minorpräbende umgewandelt und das Kollationsrecht der Familie von Rantzau zugesprochen, die ihre Rechte bis zum Ende des Domkapitels bewahrte. Schließlich wurde auf Betreiben des Lübecker Bischofs Dietrich Arndes 1506 noch eine Minorpräbende errichtet. Das dazugehörige Patronatsrecht kam nach den Neffen des Stifters aus den Familien Bokholt und Mentze vorübergehend in den Besitz der Familie Berendes, um später der bereits

45 J. Spitzer, Hamburg im Reformationsstreit mit dem Domcapitel. Ein Beitrag zur Hamburgischen Staats- und Kirchengeschichte der Jahre 1528–1561, in: ZHG 11 (1903), 450, 467, 498–500, 517–519, 545, 547; F. Otto, Verhältnisse, 16–18, 21, 37–43; N. Staphorst, Historia I/2, 363f., 395, 493–495, 497, 510f., 514; J. Wätjer, Domkapitel, 56, 58, 70, 207, 209, 212f., 216; N. N., Vermischte Nachrichten das Hamburgische Domcapitel betreffend, in: NGhM 3 (1794), 520, 524f.; G. Apel, Güterverhältnisse, 118–120, 123.

erwähnten Familie Möller zuzufallen, die auch diese Präbende bis 1803 besetzen konnte. Abgesehen von der ersten Minorpräbende wurden die Rechte der übrigen Patronatsinhaber bei der Gründung der Kanonikate zeitlich begrenzt, in der Regel auf 200, 150 oder 120 Jahre. Die anschließende Erteilung einer Prolongation von 120 oder auch nur 50 Jahren war möglich, wenn sich der jeweilige Patronatsherr zu einer Zustiftung entschloss. Abschließend sei noch erwähnt, dass sowohl der König von Schweden und später der Kurfürst von Braunschweig-Lüneburg als auch das Domkapitel Exspektanzen an zukünftige Kanonikatsinhaber vergaben.[46]

Für die zuvor durch das Domkapitel vergebene erste Dignität, die Dompropstei, gewährte Papst Pius II. König Christian I. von Dänemark und seinen Nachfolgern in ihrer Eigenschaft als Grafen von Stormarn 1462 das Patronatsrecht. Der Domdechant kam durch die Wahl des Domkapitels in sein Amt als Dignitär, während die beiden Personate der Scholasterie und des Thesaurariats zuerst durch den Erzbischof vergeben wurden, in dessen Nachfolge dann ab 1652 durch den jeweiligen Landesherrn. Zumindest im 18. Jahrhundert war es dabei gewohnheitsrechtlich üblich, dass das Domkapitel dem Herrscher Vorschläge zur Auswahl unterbreiten konnte. Solange die Kantorei als Personat bestand, wurde sie durch das Domkapitel besetzt.[47]

Havelberg

Als das Havelberger Domkapitel noch der ordensgeistlichen Verfassung unterlag, war es nicht den Bestimmungen des Wiener Konkordats von 1448 unterworfen und ergänzte sich selbst. Diese Rechtslage erfuhr durch die Transmutation 1506/07 eine einschneidende Veränderung. Von den bald nur mehr 16 Kanonikaten wurden vier dem Kurfürsten von Brandenburg zur Vergabe zugesprochen. Eine Auseinandersetzung über die Besetzung der Dompropstei führte jedoch dazu, dass dem Kurfürsten die Kollationsrechte vorerst wieder entzogen wurden. Obwohl 1528 vereinbart wurde, die vier Kanonikate bis auf Weiteres je zur Hälfte vom Bischof und vom Domkapitel zu vergeben, setzte sich letztlich doch der Kurfürst durch. Allerdings wurde noch vor Mitte des 16. Jahrhunderts eine dieser vier Präbenden der Universität Frankfurt an der Oder inkorporiert. Von den zwölf übrigen Kanonikaten waren nach der Transmutation je sechs zur Besetzung durch den Bischof und durch das Domkapitel vorgesehen. Die Folgen der Reformation, die Reduktion der Kanonikate und das Ende des Bistums zogen eine weitere Neuordnung nach sich. So fielen ab 1571 alle Rechte des Bischofs an den Kurfürsten, der sich nun die

---

46 N. Staphorst, Historia I/1, 474, 476, 484, 490; N. Staphorst, Historia I/2, 151–153, 177f., 195–199, 204–206, 215, 217–223, 429f., 506, 558, 589, 591; N. Staphorst, Historia I/3, 496, 498, 501f., 504, 569f., 572; N. Staphorst, Historia I/4, 59, 66, 105; F. Otto, Verhältnisse, 44–48, 60, 82f.; B. Vonderlage, Domkapitel, 13f.; J. Wätjer, Domkapitel, 68, 73, 214.

47 F. Otto, Verhältnisse, 66, 69, 73f.; J. Wätjer, Domkapitel, 79, 92f.; N. Staphorst, Historia I/2, IV, VIf., 281f., 503, 505; N. Staphorst, Historia I/3, 543f., 548; N. Staphorst, Historia I/4, 82, 90; N. N., Vermischte Nachrichten das Hamburgische Domcapitel betreffend, in: NGhM 3 (1794), 521, 529.

Besetzung mit dem Domkapitel in einem monatlichen Wechsel teilte. Von 1662 an erfolgte die Vergabe abwechselnd nach Vakanzfällen, wobei sich der Kurfürst von Brandenburg beziehungsweise König von Preußen mitunter über die Rechte des Kapitels hinwegsetzte. Das landesherrliche Streben führte schließlich dazu, dass dem Domkapitel 1806 nur mehr jeder dritte Vakanzfall zur Besetzung eingeräumt wurde. Dabei griffen beide Hauptkollatoren auf zwei Vorstufen zurück. Während der Landesherr Exspektanten ernannte, bestimmte das Domkapitel Elekten. Aus beiden Gruppen rekrutierten sich die Minorkanoniker, einer auf Seiten des Landesherrn und sechs auf Seiten des Domkapitels. Im Falle einer Vakanz konnten diese ihre Aszendenzansprüche geltend machen. Das Recht kaiserlicher Erster Bitten war nicht üblich, gegenteilige Anstrengungen Kaiser Rudolphs II. 1579, Kaiser Matthias' 1614, Kaiser Ferdinands II. 1624 und Kaiser Leopolds I. 1672 blieben erfolglos. Dem Landesherrn stand hingegen das Recht der Ersten Bitten zu. 1599 wurde es von Kurfürst Joachim Friedrich von Brandenburg erstmals ausgeübt.[48]

Auch hinsichtlich der Besetzung der Dignitäten bedeutete die Transmutation des Domkapitels 1506/07 einen Einschnitt. Vereinbarungsgemäß musste sich das Domkapitel darum bemühen, für den Kurfürsten von Brandenburg beim Papst das Patronatsrecht für die Dompropstei zu erwirken. Papst Leo X. sprach die entsprechende Übertragung 1514 aus. Lediglich für die Domdechantei konnte sich das Domkapitel sein angestammtes Wahlrecht sichern, trotz gegenteiliger Bestrebungen unter Kurfürst Johann Georg von Brandenburg 1573. Schließlich wurde auch die im 18. Jahrhundert neu eingeführte Dignität des Vizedechanten durch die Wahl des Domkapitels vergeben. Wie es um die Kollationsrechte für die Personate bestellt war, muss offen bleiben. Kantorei, Thesaurariat und Archidiakonat bestanden ohnehin nur kurze Zeit, die Fabrikatur hingegen bis 1673.[49]

Hildesheim

Die Stellenvergabe im Hildesheimer Domkapitel war den Bestimmungen des Wiener Konkordats von 1448 unterworfen. Damit fielen die in den ungeraden Monaten auftretenden Vakanzfälle dem Papst zur Neubesetzung zu, die übrigen dem Domkapitel. Die Bischöfe Ernst Herzog von Bayern, Ferdinand Herzog von Bayern und Maximilian Heinrich Herzog von Bayern, die auch Erzbischöfe von Köln waren, konnten als

48 A. F. Riedel, Codex I/1, 49–51; A. F. Riedel, Codex I/3, 12, 36f., 142f.; J. Heckel, Domstifter, 126–128, 132, 135, 137f.; D. Kurze, Die Transmutation der Prämonstratenser-Domstifte Brandenburg und Havelberg, in: F. J. Felten/N. Jaspert, Vita, 687, 699, 703; G. Wentz, Bistum, 144f., 149; A. Kugler-Simmerl, Bischof, 51f., 166; J. Heckel, Bilder aus der Geschichte des Domstifts Havelberg seit der Reformation, in: FBPG 39 (1927), 53, 67; J. H. Gegenbauer, Kurbrandenburg, 6–8; N. N., Handbuch/Anhang, 73.

49 A. F. Riedel, Codex I/3, 35f., 43, 49, 76, 113f.; A. F. Riedel, Codex I/8, 475; J. Heckel, Domstifter, 175, 177; D. Kurze, Die Transmutation der Prämonstratenser-Domstifte Brandenburg und Havelberg, in: F. J. Felten/N. Jaspert, Vita, 701f.; G. Wentz, Bistum, 149; N. N., Handbuch/Anhang, 73.

Indultare die Kollationsrechte des Papstes wahrnehmen. Das Domkapitel nahm sein Vergaberecht wohl schon seit dem Spätmittelalter in einer ganz eigenen Weise des Turnus vor. Im ersten Vakanzfall bestimmte das Domkapitel als Ganzes den Nachfolger, in den drei weiteren Fällen jeweils der älteste Kapitular aus der Gruppe der Priester, Diakone beziehungsweise Subdiakone. Die fünfte Besetzung fiel wieder dem Domkapitel in seiner Gesamtheit zu. Nun folgten die drei zweitältesten Inhaber der einzelnen Weihestufen, ehe wieder das Domkapitel an der Reihe war. Blieben am Schluss dieser Reihenfolge noch Kapitulare im Subdiakonsrang unberücksichtigt, kamen vorerst diese zum Zug, ehe der Turnus wieder von Neuem anhob. 1680 änderte das Domkapitel seine Turnusregelung. Von nun an waren für jeden Kapitelmonat vier Kapitulare eingeteilt, denen die Kollation allenfalls vakant werdender Kanonikate zustand. Dabei wurden den drei ersten Domherren je sieben Tage zugemessen, dem vierten die restlichen Tage bis zum Monatsschluss. Zudem bestand für die Zeit der Sedisvakanz des Apostolischen Stuhles ein eigener Turnus für die päpstlichen Monate mit täglichem Wechsel. Darüber hinaus konnte der Kaiser das Recht der Ersten Bitten ausüben.[50]

Entgegen den Bestimmungen des Wiener Konkordats von 1448 konnte sich das Domkapitel die Wahl seines Propstes auch danach bewahren. Papst Clemens VIII. bestätigte 1597 dieses Privileg ausdrücklich. Nach einem entsprechenden Verzicht Papst Julius' III. 1550 konnte mit dem Domdechanten auch der Inhaber der zweiten Dignität in allen Monaten vom Domkapitel gewählt werden. Von den vier Personaten gebührte lediglich die Kellerei dem Domkapitel zur Vergabe, während der Bischof die Scholasterie, die Kantorei und die Kustorei besetzen konnte.[51]

Köln

Im Kölner Domkapitel konnten die Bestimmungen des Wiener Konkordats von 1448 die starke Stellung des Domkapitels bei der Vergabe der Kanonikate nicht nennenswert schwächen. Die dem Adel vorbehaltenen Domizellarstellen vergaben allein der Domdechant, der Vizedechant, der Chorbischof, der Scholaster, der Senior- und der Juniordiakon. Ihnen fielen im Turnus die einzelnen vakanten Präbenden zur Besetzung zu, während der Dompropst und die übrigen Kapitulare dabei leer ausgingen. Für die acht Sazerdotalkanonikate galten hingegen eigene Kollationsregeln. Die Bestimmungen des Wiener Konkordats von 1448, die eine Teilung des Kollationsrechtes zwischen dem Papst und dem Domkapitel vorsahen,

50 G. Lamay, Standesverhältnisse, 25–27; A. Dylong, Domkapitel, 35–37; J. Boeselager, Domherren, 178, 180; H.-G. Aschoff, Hildesheim – Domstift St. Marien, in: J. Dolle, Klosterbuch II, 659; A. Dylong, Die Domkapitel von Hildesheim und Osnabrück am Vorabend der Säkularisation, in: DHVG 71 (2003), 118–120; H. Granier, Preussen IX, 308; H. Dessart, Les indults accordés aux évêques de Liège, in: BIHB 24 (1947/48), 69–77; Beschreibung einiger deutscher Domkapitel, 39f. (HHStA Hs B 182).

51 A. Dylong, Domkapitel, 54, 67, 79, 90, 92, 94; H. Granier, Preussen IX, 308; Beschreibung einiger deutscher Domkapitel, 40 (HHStA Hs B 182).

kamen hier grundsätzlich zur Anwendung, wobei das Domkapitel seine Personalentscheidungen mittels einer Wahl traf. Erweitert wurde der Kreis der Kollatoren durch die Universität Köln. Papst Bonifaz IX. erteilte ihr nämlich 1394 das Privileg, eines der acht Sazerdotalkanonikate mit einem Universitätslehrer zu besetzen. Der Rektor und die vier Provisoren vertraten die Universität in dieser Angelegenheit. Die Päpste Eugen IV. und Nikolaus V. stellten 1437 beziehungsweise 1451/53 der Universität noch eine zweite Priesterpräbende zur Verfügung. Im Unterschied zum ersten Kanonikat begrenzte der Widerstand des Domkapitels die Kollationsrechte der Universität beim zweiten auf ein wenig einflussreiches Devolutionsrecht, das nur bei nicht fristgerechter Nachbesetzung schlagend wurde. In allen übrigen Fällen vergab das Domkapitel selbst die Präbende an einen Angehörigen der Universität. Tiefgreifender war ein Triennalindult, das Papst Paul IV. 1559 der Universität erteilte. Kraft dessen war es der Universität in der Gestalt des Rektors, der vier Dekane und der vier Provisoren gestattet, in den drei päpstlichen Monaten März, Juli und November das Kollationsrecht zugunsten eines ihrer Dozenten auszuüben. Das Domkapitel konnte sich erst 1593 von der Gültigkeit dieses immer wieder verlängerten Indults befreien. Auf dem Indultweg gelang es auch den Erzbischöfen, Möglichkeiten zur Vergabe von Kanonikaten zu erlangen. Die Zugeständnisse der Päpste räumte ihnen die Kollation der in den päpstlichen Monaten vakant werdenden Priesterpräbenden ein. Das Recht der Ersten Bitten des Kaisers war ebenfalls ausschließlich auf diese Stellen begrenzt, während sich für den Erzbischof ein solches Recht gar nicht erst entwickelte. Allerdings war es den Erzbischöfen vor allem im 18. Jahrhundert als Privileg gestattet, dem Kaiser Personen für dessen Erste Bitten vorzuschlagen.[52]

Die Dominanz des Domkapitels in den Kollationsvorgängen zeigte sich auch in der Besetzung der Dignitäten. Mit der Dompropstei, der Domdechantei, der Vizedechantei, dem Chorepiskopat und der Scholasterie standen alle fünf Spitzenämter dem Domkapitel zur Vergabe zu. Der Erzbischof konnte hingegen dem Thesaurar und dem Keppler zu ihren Personaten verhelfen. Alle Dignitäten und Personate waren nur den adeligen Mitgliedern des Domkapitels zugänglich.[53]

---

52 H. H. Kurth, Domkapitel, 10–13, 15f., 21f., 177–179; P. Hersche, Domkapitel II, 21, 30; H. Hüffer, Forschungen, 294f., 300f.; M. Braubach, Das Kölner Domkapitel und die Wahl von 1688, in: AHVN 122 (1933), 63; A.-D. Brincken, Die Stadt Köln und ihre Hohen Schulen, in: E. Maschke/J. Sydow, Stadt, 44–47; H. Keussen, Die Dompfründen der Kölner Universität, in: E. Kuphal, Dom, 184f., 205–207, 211f.; J. Sartori, Fortsetzung, 100; J. Boeselager, Domherren, 188; H. Dessart, Les indults accordés aux évêques de Liège, in: BIHB 24 (1947/48), 69–77; Beschreibung einiger deutscher Domkapitel, 11 (HHStA Hs B 182).

53 W. Kisky, Domkapitel, 25; M. Braubach, Das Kölner Domkapitel und die Wahl von 1688, in: AHVN 122 (1933), 63f.; H. H. Kurth, Domkapitel, 7, 11, 20; H. Hüffer; Forschungen, 300; Beschreibung einiger deutscher Domkapitel, 11 (HHStA Hs B 182).

Königgrätz

Bei der Gründung des Königgrätzer Domkapitels kam die Ernennung der ersten Mitglieder dem Bischof zu. Für die Zukunft kam es jedoch zu einer anderen Regelung, die die Verteilung grundsätzlich unter drei Kollatoren aufteilte. Die Vakanzfälle der Monate Jänner, April, Juli und Oktober gebührten dem Kaiser zur Nachbesetzung, die der Monate Februar, Mai, August dem Erzbischof von Prag und die der Monate März, Juni, September, November und Dezember dem Bischof von Königgrätz. Das Domkapitel konnte lediglich während der Sedisvakanz des bischöflichen Stuhles Kollationen vornehmen. 1672 eingeleitete Versuche, die Rechte des Kaisers beim Papst anzufechten, wurden rasch wieder eingestellt. Die Dreiteilung der Kollationsrechte bezog sich allerdings nicht auf alle Kanonikate des Domkapitels, letztlich gar nur mehr auf weniger als die Hälfte. Für das aus dem bereits vor der Gründung bestehenden Archidiakonat hervorgegangene Kuratkanonikat blieben nach langwierigen Auseinandersetzungen die alten Rechtsverhältnisse bestehen. Daher konnte diesen Domherrn die jeweilige Königinwitwe von Böhmen ernennen. Fehlte eine solche, dann übte der König von Böhmen selbst das entsprechende Recht aus. Dem Bischof wiederum wurde die Ernennung jener Domherren eingeräumt, die die von Jan Vojtěch Švanda von Taubenfels, Johann Franz Lodgman von Auen sowie Anna Magdalena von Ullersdorf gestifteten Kanonikate innehatten. In der Vergabe der von Jan Řečický gestifteten Domherrenstelle wechselten sich hingegen der Bischof und das Domkapitel ab.[54]

Der Domdechant, der schließlich an der Spitze des Domkapitels stand, wurde durch die Wahl des Domkapitels bestimmt. Mit dem Archidiakonat besetzte der Bischof die zweite Dignität. Wie die beiden Personate der Scholasterie und der Kustorei zu ihren Amtsinhabern kamen, muss offen bleiben. Über das Primizeriat fehlen ohnehin alle näheren Nachrichten.[55]

Konstanz

Die Stellenvergabe im Konstanzer Domkapitel wurde im Allgemeinen nach den Bestimmungen des Wiener Konkordats von 1448 vorgenommen. Die Rechte des Papstes, die sich auf die Vakanzfälle der ungeraden Monate erstreckten, gab dieser mittels Indult an jene Bischöfe weiter, die den Kardinalsrang erreichten. Im 16. Jahrhundert betraf dies Markus Sittikus Graf von Hohenems und Andreas von Österreich, im 18. Jahrhundert Damian Hugo Graf von Schönborn und Franz Konrad Freiherr von Rodt. Das Domkapitel, dem in den übrigen Monaten die Vergabe zukam, tat dies die längste Zeit über auf dem Weg der Mehrheitswahl, die sowohl für die Besetzung der Domherren- als auch der vier vorgelagerten Exspektantenstellen

54 H. Brückner, Gründung, 29, 78f., 106–119, 138–140, 149–164, 170–196, 210, 212–214; P. Adam, Statuta, 14f., 19, 22f., 28; J. J. Solař, Dějepis, 325.

55 H. Brückner, Gründung, 196, 209; P. Adam, Statuta, 22, 28, 49; J. J. Solař, Dějepis, 329, 333.

galt, aus denen das Domkapitel in der Regel nach Anciennität seine Auswahl traf. Nach einem ersten Versuch, die gemeinsame Kollation aufzugeben, aus dem 14. Jahrhundert entschloss man sich erst 1791 zur Einführung einer Turnusregelung. Der Kaiser besaß das Recht der Ersten Bitten, sein Prezist konnte ohne den Umweg über den Exspektantenstatus unmittelbar ins Domkapitel eintreten. Daneben akzeptierte das Domkapitel auch die Ersten Bitten des Bischofs, dessen Prezist sich jedoch mit der Aufnahme unter die Exspektanten begnügen musste.[56]

Obwohl die Vergabe der Dompropstei eigentlich dem Papst zustand, unternahm das Domkapitel seit 1589 mehrfach Versuche, die Dignität elektiv zu machen. 1756 konnte dieses Ziel erreicht werden, als Papst Benedikt XIV. dem Domkapitel das entsprechende Privileg zuerkannte, das 1773 erstmals zur Anwendung gelangte. Das Wahlrecht für den Domdechanten gebührte ohnehin dem Domkapitel, seit einem Privileg Papst Pauls III. aus dem Jahr 1537 auch in den vormals päpstlichen Monaten. Den Kustos und den Kantor, die Inhaber der beiden Personate, bestimmte der Bischof.[57]

Kulm

Die wechselhafte Geschichte des Kulmer Domkapitels spiegelte sich auch in den Richtlinien für die Stellenvergabe wider. Als das Domkapitel noch der Regel des Deutschen Ordens unterworfen war, herrschte spätestens seit dem beginnenden 15. Jahrhundert eine Art Simultankollation vor, kraft derer einerseits das Domkapitel einem vom Hochmeister oder einem der Großgebietiger vorgeschlagenen Kandidaten aus dem Deutschen Orden die Aufnahme verweigern konnte und andererseits der Hochmeister die Zulassung eines vom Domkapitel gewählten weltgeistlichen Klerikers ablehnen konnte. Darüber hinaus musste die Personalentscheidung auch vom Bischof gebilligt werden. Nach dem Wechsel unter die Oberhoheit des Königreiches Polen und der anschließenden Transmutation änderten sich die Verhältnisse. Gemäß den Privilegien Papst Leos X. von 1519 und Papst Clemens' VII. von 1525 wurde das Kollationsrecht für die zumeist vier damals bestehenden Kanonikate zwischen

---

56 W. Kundert, Das Domstift. Einleitung, in: B. Degler-Spengler, Bistum, 773; K. Maier, Das Konstanzer Domkapitel, in: E. L. Kuhn/E. Moser/R. Reinhardt/P. Sachs, Bischöfe I, 250; J. Trenkle-Klausmann, Geschichte, 57; K.-E. Klink, Domkapitel, 46; K. Maier, Domkapitel, 101, 128, 206; K. Braun, Studien, 24, 59, 73f.; W. Kundert, Die Aufnahme von Schweizern ins Domkapitel Konstanz 1526–1821, in: ZSKG 68 (1974), 244, 274f.; J. P. J. N. Faber, Anni, 70; J. Sartori, Fortsetzung, 100; F. X. Bischof, Ende, 74.

57 K. Maier, Domkapitel, 65, 93, 216f., 255, 268, 274f., 422f.; K. Maier, Das Konstanzer Domkapitel, in: E. L. Kuhn/E. Moser/R. Reinhardt/P. Sachs, Bischöfe I, 254–256; W. Kundert, Das Domstift. Einleitung, in: B. Degler-Spengler, Bistum, 775; K. Braun, Studien, 38, 40; F. X. Bischof, Ende, 74; W. Kundert, Die Besetzung der Konstanzer Dompropstei 1510–1803, in: L. Carlen/F. Ebel, Festschrift, 149f., 157; B. Degler-Spengler/W. Kundert, Die Dignitäre, in: B. Degler-Spengler, Bistum, 814; Beschreibung einiger deutscher Domkapitel, 34 (HHStA Hs B 182).

dem Papst und dem Bischof geteilt. Dem Papst wurden dabei die in den ungeraden Monaten eintretenden Vakanzfälle zugesprochen, dem Bischof die in den geraden Monaten. Für die durch spätere Zustiftungen entstandenen Kanonikate galten hingegen eigene Vergabemodalitäten. Die 1599 errichtete Domherrenstelle vergab der Bischof, die 1632 und 1665 geschaffenen das Domkapitel. Für die Präbenden aus den Jahren 1650, 1699, 1729 und 1730 sah man vor, dass das Domkapitel dem Bischof zwei Kandidaten zur Auswahl vorschlug, für die aus dem Jahr 1654 waren es drei. Für die 1724 hinzugefügte Präbende galt hingegen die umgekehrte Vorgangsweise, der Bischof schlug dem Domkapitel zwei Kandidaten zur Auswahl vor. Der neuerliche Herrschaftswechsel 1772 brachte auch für die Kollationsrechte wieder Veränderungen, da der König von Preußen als neuer Landesherr die Vergabe in den vormals päpstlichen Monaten für sich beanspruchte. Für alle übrigen Besetzungen verlangte der Monarch zudem die Einholung seiner ausdrücklichen Zustimmung.[58]

Anfangs wurden die Dignitäten nach den Vorgaben der Regel des Deutschen Ordens vergeben, und zwar jeweils nur auf ein Jahr. Es war aber durchaus üblich, dass die einzelnen Ämter über längere Zeit in der Hand desselben Inhabers blieben. In Gegenwart des Bischofs wählte das Domkapitel zuerst den Dompropst, der daraufhin den Domdechanten benannte. Nach der Zustimmung des Domkapitels zur getroffenen Auswahl wurden gemeinsam die Inhaber der weiteren Ämter bestimmt, also Kustos, Kantor und Scholaster. All das fand mit der Transmutation ein Ende. Der folgende personelle Niedergang machte zwar alle Kanoniker zugleich zu Prälaten, allerdings ohne jede Präzedenz. Jährlich gewählt wurde vom Domkapitel spätestens seit dem Ende der ersten Hälfte des 16. Jahrhunderts lediglich der sogenannte Senior oder Präsident, dem die Leitung der Institution oblag. Erst ab der Mitte des 17. Jahrhunderts gab es wieder Dignitäten im eigentlichen Sinne. Dabei schlug das Domkapitel für die Besetzung des Archidiakonats dem Bischof zwei Kandidaten zur Auswahl vor. Dasselbe galt für die Scholasterie. Den Dompropst, den Domdechanten, den Kustos und den Archidiakon von Pomesanien bestimmte hingegen das Domkapitel allein.[59]

---

58 J. Hoelge, Das Culmer Domkapitel zu Culmsee im Mittelalter, in: MLGM 18 (1913), 141, 148–150; J. Hoelge, Das Culmer Domkapitel zu Culmsee im Mittelalter, in: MLGM 19 (1914), 117; R. Krajniak, Duchowieństwo, 39; A. Radzimiński, Kirche, 115f., 228–230, 232, 241; A. Mańkowski, Kapituła katedralna chełmińska od roku 1466 do 1821, in: ZTNT 5 (1921), 79–84; M. Lehmann, Preussen IV, 508, 515, 545; C. P. Woelky, Urkundenbuch II, 951, 1002, 1038, 1047, 1063, 1107; M. Lehmann, Preussen V, 15, 27; M. Lehmann, Preussen VII, 291; N. N., Handbuch/Anhang, 109; B. Szady, Prawo, 154.

59 J. Hoelge, Das Culmer Domkapitel zu Culmsee im Mittelalter, in: MLGM 18 (1913), 151f., 154; C. P. Woelky, Urkundenbuch I, 314f.; C. P. Woelky, Urkundenbuch II, 1038, 1107; A. Radzimiński, Kirche, 235f.; R. Krajniak, Duchowieństwo, 40f.; R. Krajniak, Prepozyci krzyżackiej kapituły katedralnej w Chełmży w latach 1266–1457, in: ZH 75 (2010), 371f.; A. Mańkowski, Kapituła katedralna chełmińska od roku 1466 do 1821, in: ZTNT 5 (1921), 76, 79, 81–83, 92; M. Lehmann, Preußen VII, 291; B. Szady, Prawo, 154.

Laibach

Von den sechs schließlich tatsächlich eingerichteten Kanonikaten des Laibacher Domkapitels konnte der Kaiser in seiner Eigenschaft als Herzog von Krain fünf nach seinem Gutdünken vergeben. Das Besetzungsrecht für die sechste Domherrenstelle wurde bei der Gründung des Domkapitels dem Bischof eingeräumt. Die in den ersten Jahrzehnten des 18. Jahrhunderts zusätzlich von Privatpersonen gestifteten sechs Kanonikate wiesen eine eigene Vergabereglung auf. Sie verfügten alle über einen Patronatsherrn, dem die Besetzung der jeweiligen Domherrenstelle zukam. Den Inhaber des Kirchbergischen Kanonikats präsentierte die Familie Graf von Gallenberg. Für die übrigen fünf Präbenden lag das Patronatsrecht bei den namensgebenden Familien der jeweiligen Gründer, also bei den Familien Wollwitz von Wallerbach, Freiherr von Codelli, Graf von Lamberg, von Flachenfeld und Schiffer von Schifferstein.[60]

Das Kollationsrecht für die beiden Dignitäten der Dompropstei und der Domdechantei blieb hingegen dauerhaft beim Kaiser in seiner Eigenschaft als Herzog von Krain.[61]

Lausanne

Das Lausanner Domkapitel zählte nicht zum Geltungsbereich des Wiener Konkordats von 1448. Die Vergabe der Kanonikate lag daher allein beim Domkapitel selbst. Allerdings sah sich dieses einer beträchtlichen Zahl an päpstlichen Provisionen gegenüber.[62]

Grundsätzlich blieb auch die Kollation der vier Dignitäten der Dompropstei, des Thesaurariats, der Kantorei und der Sakristei in der Hand des Domkapitels. Bei den Personaten traf der Kantor die Auswahl des Subkantors, während das Primizeriat dem ältesten Priester des Domkapitels, der nicht bereits eine Dignität bekleidete, zufiel.[63]

60 L. Žnidaršič Golec, Stolni kapitelj v Ljubljani v letu posvetitve nove ljubljanska stolnice, in: M. Benedik, Stolnica, 31; L. Žnidaršič Golec, Arhiv, 11; M. Ambrožič, Ustanovitve zasebnih kanonikatov ljubljanskega stolnega kapitlja, in: M. Benedik, Stolnica, 48f., 51, 55, 57, 61f., 66, 70f.; M. Ambrožič, Prošti, dekani in kanoniki ljubljanskega stolnega kapitlja, in: M. Benedik, Stolnica, 95–98; X. Andreoli, Stiftung der Familien-Canonicate zu Laibach, in: Carinthia 17 (1827), 113–115, M. Šifrar, Jožef Anton Schiffrer, njegov kanonikat in štipendija, in: Kronika 44 (1996), 12, 17; A. Fidler, Geschichte V, 154.

61 G. Cappelletti, Chiese VIII, 660f.; L. Žnidaršič Golec, Arhiv, 11; M. Ambrožič, Ustanovitve zasebnih kanonikatov ljubljanskega stolnega kapitlja, in: M. Benedik, Stolnica, 48f.

62 E. Dupraz, Cathédrale, 258, 261; M. Reymond, Dignitaires, 176f.; I. Bissegger-Garin/L. Wettstein, Le chapitre cathédrale (IXe–XVIe siècle), in: P. Braun, Diocèse, 359; G. P. Marchal, Einleitung. Die Dom- und Kollegiatstifte der Schweiz, in: G. P. Marchal, Kollegiatstifte, 42.

63 E. Dupraz, Cathédrale, 261f., 383; M. Reymond, Dignitaires, 192, 199, 204; I. Bissegger-Garin/L. Wettstein, Le chapitre cathédrale (IXe–XVIe siècle), in: P. Braun, Diocèse, 360; G. Coutaz, Bistum Lausanne, in: E. Gatz, Bistümer, 340.

Lavant

Seine durchgehend regulierte Verfassung als Augustiner-Chorherren-Stift bedingte für das Lavanter Domkapitel, dass es selbst die Entscheidungshoheit über die Aufnahme seiner neuen Mitglieder besaß.[64]

Mit dem Dompropst und dem Domdechanten konnte das Domkapitel auch seine beiden Dignitäre selbst wählen. Allerdings war mit der Zuerkennung des Wahlrechts für den Dompropst durch Erzbischof Eberhard II. von Salzburg 1228 die Auflage verbunden, stets einen Salzburger Domherrn mit der Dignität zu betrauen. Diese Vorgabe sank jedoch rasch zu einer reinen Formalität herab. Denn noch im 13. Jahrhundert wurde es üblich, dass das Domkapitel nach jedem Vakanzfall die Dompropstei zwar zuerst einem Salzburger Domherrn antrug, der aber die auf ihn gefallene Wahl jedes Mal ausschlug und das Domkapitel zur internen Vergabe der Dignität bevollmächtigte. Seit 1543 bedachte das Lavanter Domkapitel stets den jeweiligen Salzburger Domdechanten mit der Dignität. Ein im 17. Jahrhundert unternommener Versuch, die Salzburger Rechte gänzlich abzuschütteln, konnte allerdings nicht erfolgreich betrieben werden.[65]

Lebus

Das gesichert bis zur Mitte des 15. Jahrhunderts bestehende Selbstergänzungsrecht des Domkapitels hat sich, zumal die Korporation nicht den Bestimmungen des Wiener Konkordats von 1448 unterworfen war, vermutlich auch danach gehalten. Lediglich Kurfürst Friedrich II. von Brandenburg konnte von Papst Eugen IV. 1447 für seine Person die Vergabe zweier Kanonikate gewinnen. Für jenes Kanonikat, das 1244 durch Bischof Heinrich und den Tempelritter-Orden gestiftet wurde, lag das Kollationsrecht in der Nachfolge des Tempelritter-Ordens schon seit dem 14. Jahrhundert bei der Ballei Brandenburg des Johanniter-Ordens. Da das Domkapitel keinem Territorium mit Reichsstandschaft zugehörig war, kam das Recht der Ersten Bitten des Kaisers nicht zur Ausbildung.[66]

Die Vergabe der Dompropstei erfolgte zu Beginn des Untersuchungszeitraumes vorwiegend durch den Papst. Lediglich Kurfürst Friedrich II. von Brandenburg erhielt 1447 von Papst Eugen IV. das Recht zur einmaligen Besetzung der Dignität. Die

---

64 H. Felsberger, Augustiner, 223, 235, 356.

65 M. Pagitz-Roscher, Das Augustiner-Chorherrenstift St. Andrä im Lavanttal, in: Carinthia I 157 (1967), 298–302; K. Tangl, Reihe, 56f., 294, 372–374, 444; M. J. Thaler, Domkapitel, 21, 333.

66 S. W. Wohlbrück, Geschichte I, 70–72, 418; H. Teichmann, Lebus, 26, 83; P. Neumeister/B. Wittkopp/D. Schumann, Fürstenwalde. Domkapitel des Bistums Lebus, in: H.-D. Heimann/K. Neitmann/W. Schich, Klosterbuch I, 482f.; A. F. Riedel, Codex I/20, 182, 280f.; B. Hennig, Kirchenpolitik, 24f., 52f.; H. Grimm, Dietrich von Bülow, Bischof von Lebus, in seinem Leben und Wirken. Gleichzeitig ein Beitrag zur Geschichte des Bistums Lebus wie zur Kultur- und Bildungsgeschichte des deutschen Ostens um 1500, in: WJ 11/12 (1957/58), 13f., 16, 27.

Dompropstei völlig unter ihren Einfluss zu bringen, gelang den Kurfürsten erst mit dem Konfessionswechsel um die Mitte des 16. Jahrhunderts. Die erste dieser landesherrlichen Kollationen fand 1551 statt. Über die Besetzungsvorgänge hinsichtlich der übrigen Dignitäten lassen sich keine verlässlichen Aussagen tätigen. Bekannt ist lediglich, dass die Kustorei zumindest nach ihrer Herabstufung zum Offizium im ausgehenden 15. Jahrhundert durch die Wahl des Domkapitels vergeben wurde.[67]

Leitmeritz

Nach dem Aufstieg des bisherigen Leitmeritzer Kollegiatkapitels zum Domkapitel wurden die kollationsrechtlichen Regelungen unverändert beibehalten. Diese sicherten dem Kaiser in seiner Eigenschaft als König von Böhmen die Vergabe der Kanonikate zu. Die auf Stiftungen von Karel Vilém Šimeček von Cejnov und Bischof Maximilian Rudolph von Schleinitz beruhenden Kanonikate standen dem Bischof zur Vergabe zu, dessen Personalentscheidung allerdings noch durch die Mehrheit der Domkapitulare abzusegnen war. Dass genau dieselbe Vorgangsweise auch für die beiden durch Bischof Hugo Franz Graf von Königsegg dotierten Kanonikate erforderlich war, lässt sich begründet vermuten.[68]

Die Ernennung des einzigen Dignitärs, des Domdechanten, lag in den Händen des Kaisers in seiner Eigenschaft als König von Böhmen.[69]

Leitomischl

Für das Leitomischler Domkapitel wurde im Zuge seiner Gründung die gemeinsame Vergabe der Kanonikate durch den Bischof und das Domkapitel vorgesehen. Im Allgemeinen fand bei der Neubesetzung einer Domherrenstelle das nach dem Senium erstgereihte Konventsmitglied bevorzugt Beachtung. Bischöflichen Versuchen, den Einfluss des Domkapitels zu beschneiden, wurde entgegengetreten. Ob und wie weit die geschilderten Vergaberichtlinien angesichts des fortschreitenden Auflösungsprozesses im Untersuchungszeitraum noch eingehalten werden konnten, muss offen bleiben.[70]

---

67 S. W. Wohlbrück, Geschichte II, 371, 373, 411; T. Willich, Wege, 163, 493; A. Weiss, Organizacja, 115, 119; H. Teichmann, Lebus, 83; B. Hennig, Kirchenpolitik, 24f., 52f.; P. Neumeister/B. Wittkopp/D. Schumann, Fürstenwalde. Domkapitel des Bistums Lebus, in: H.-D. Heimann/K. Neitmann/W. Schich, Klosterbuch I, 482f.; A. F. Riedel, Codex I/20, 280f.; H. Grimm, Dietrich von Bülow, Bischof von Lebus, in seinem Leben und Wirken. Gleichzeitig ein Beitrag zur Geschichte des Bistums Lebus wie zur Kultur- und Bildungsgeschichte des deutschen Ostens um 1500, in: WJ 11/12 (1957/58), 95.

68 J. E. Schlenz, Geschichte I, 148f., 174–177; J. E. Schlenz, Geschichte II, 228–230, 602, 624; J. Schlenz, Geschichte, 53, 71, 105, 206.

69 J. Schlenz, Geschichte, 49, 105; J. E. Schlenz, Geschichte I, 176f.

70 Z. Nejedlý, Dějiny I, 101, 264; A. Frind, Kirchengeschichte II, 111.

Für die Kollationsvorgänge im Zusammenhang mit den vier Dignitäten galt dasselbe. In den Zeiten einer aufrechten Kapitelverfassung wurden der Prior und der Kantor vom Domkapitel gewählt, der Kustos und der Scholaster vom Bischof ernannt.[71]

Leoben

Die Stellenvergabe im Leobener Domkapitel lag gänzlich in den Händen des Kaisers in seiner Eigenschaft als Landesherr.

Das betraf uneingeschränkt auch die drei Dignitäten der Dompropstei, der Domdechantei und der Kustorei.[72]

Linz

Die Besetzung der Kanonikate des Linzer Domkapitels stand anfangs ausschließlich dem Kaiser in seiner Eigenschaft als Erzherzog von Österreich zu. Das änderte sich durch die 1787 beschlossene Translation zweier Universitätskanonikate von Wien nach Linz. Obwohl es für diese beiden Präbenden nachfolgend 1793 zu ersten Vereinbarungen hinsichtlich der Vergabe kam, konnte die Universität Wien ihre Nominationsrechte erst ab 1801 voll geltend machen. Dabei war jeweils nach zwei Klerikern aus dem Seelsorgedienst ein Professor zu bedenken.[73]

Was die Verleihung der drei Dignitäten betraf, wurden die Rechte des Landesherrn in keiner Weise eingeschränkt. Daher konnte der Kaiser den Dompropst, den Domdechanten sowie den Kustos beziehungsweise ab 1790 den Scholaster bestimmen.[74]

Lübeck

Die vielschichtige Zusammensetzung des Lübecker Domkapitels wirkte sich auch auf die Vergabe der einzelnen Domherrenstellen aus. Grundsätzlich galten jedoch auch hier die Bestimmungen des Wiener Konkordats von 1448, gemäß denen dem Papst die Vergabe der in den ungeraden Monaten vakant gewordenen Präbenden zukam, dem Domkapitel die in den geraden Monaten. Der Konfessionswechsel brachte diesbezüglich Änderungen mit sich. Der 1537 unternommene Versuch des Rates der Stadt, die Kollationsrechte in den päpstlichen Monaten an sich zu bringen, scheiterte

71 Z. Nejedlý, Dějiny I, 101f., 264; A. Frind, Kirchengeschichte II, 111.

72 J. R. Kušej, Joseph, 208, 339.

73 O. Siegmar-Rehm, Domkapitel, 18, 25, 28, 76; F. Pesendorfer, Domkapitel, 6, 9, 11; P. Gradauer/R. Zinnhobler, Das Linzer Domkapitel, in: NADL 5 (1987/88), 6f., 9; W. Goldinger, Die Linzer Universitätskanonikate, in: HJbL 1958, 299f., 302; N. N., Die Universitätskanonikate des Wiener und Linzer Domkapitels, in: WDB 1867, 202f., 210.

74 F. Pesendorfer, Domkapitel, 6; O. Siegmar-Rehm, Domkapitel, 25, 28; P. Gradauer/R. Zinnhobler, Das Linzer Domkapitel, in: NADL 5 (1987/88), 6.

noch. Doch 1593 einigten sich Administrator Herzog Johann Adolph von Schleswig-Holstein-Gottorf und das Domkapitel darauf, die in den ungeraden Monaten anfallenden Vakanzen abwechselnd zu vergeben. In der Wahrnehmung seiner Rechte führte das Domkapitel 1575 für die geraden Monate eine Turnusregelung mit einem Wechsel nach jedem Vakanzfall ein, die schließlich 1587 tatsächlich in Kraft trat. Daneben gab es seit der Einigung von 1593 noch einen zweiten gleich gestalteten Turnus für die Vergabe in der Hälfte der ehemals päpstlichen Monate. Der Kaiser und der Bischof beziehungsweise Administrator konnten sich das Recht der Ersten Bitten sichern.[75] Von den im Spätmittelalter noch in größerem Ausmaß bestehenden Patronatsrechten hielten sich bis in den Untersuchungszeitraum nur zwei. Eines befand sich im Besitz des Bischofs beziehungsweise Administrators und betraf eine 1332 von Bischof Heinrich von Bokholt gegründete Maiorpräbende. Das Kollationsrecht der Familie Warendorf wurde Bürgermeister Bruno Warendorf 1332 im Zuge der Stiftung einer Maiorpräbende bis in die dritte Generation eingeräumt. Dieses Zugeständnis wurde 1424/27 und 1542 jeweils für vier weitere Generationen sowie 1681 nochmals verlängert und lief 1719 aus, womit die Rechte an das Domkapitel fielen. Die Inhaber der bis 1575 fünf Minorpräbenden bestimmte das Domkapitel. In dessen Kollationsmonaten rückte der längstdienende Minorkanoniker in die höheren Domherrenränge auf. Im Zusammenhang mit der Einführung des Turnus gingen 1575 vier der Minorkanonikate verloren, das einzig verbleibende blieb jedoch von der neuen Vergaberichtlinie ausgenommen. Für die Vergabe der insgesamt sieben Distinktpräbenden galten wieder eigene Regelungen. Für deren älteste, die bereits 1197 von Graf Adolph III. von Holstein gestiftete Gräfliche Präbende, verblieb das Kollationsrecht bei seinen Nachfolgern. Nach mehreren Erbteilungen bekam 1446 die Linie Holstein-Rendsburg das ungeteilte Patronatsrecht in ihre Hände, ehe es nur wenige Jahre später an das Herzogtum Holstein fiel. 1490 einigte man sich auf eine abwechselnde Vergabe durch den König von Dänemark in seiner Eigenschaft als Herzog von Holstein und den Herzog von Schleswig-Holstein-Gottorf. Nachdem die letztere Linie 1762 die Herrschaft im Zarentum Russland übernehmen konnte, trat sie 1773 ihre Kollationsrechte an die königliche Linie ab, womit diese zuletzt allein das Kanonikat besetzen konnte. Als Gründer der zweiten Distinktpräbende trat 1219 Bischof Berthold auf. In seiner Nachfolge verfügte der jeweilige Bischof beziehungsweise Administrator über das Patronatsrecht. Auf Domdechant Johannes Livo geht die Stiftung der sogenannten Livonisten 1293 zurück, zweier Distinktpräbenden mit eingeschränkten Rechten. Deren Inhaber konnte der jeweilige Domdechant ernennen. Für die drei übrigen Distinktpräbenden konnte der

75 A. Friederici, Domkapitel, 17, 24f., 115f.; E. Illigens, Geschichte, 31f., 52f.; W. Prange, Wandel, 9f., 73, 77, 79; W. Prange, Das Lübecker Domkapitel, in: H. Unverhau/A. Lange/C. Jahnke, Beiträge, 421, 437; W. Prange, Bischof, 329, 333; C. F. Wehrmann, Mittheilungen über das ehemalige Lübeckische Domcapitel, in: ZLGA 3 (1876), 11f.; N. N. Falck, Nachricht vom Zustande des Hochstifts Lübeck (Abgefaßt im Jahre 1731 oder kurz nachher.), in: N. N. Falck, Sammlungen II, 143–146.

Bischof das Kollationsrecht ausüben, für die 1331 vom Ratsherrn Volkmar Attendorn gestiftete erst seit 1446, für die beiden 1337 von Bischof Heinrich von Bokholt errichteten schon seit der unmittelbaren Gründungszeit.[76]

Nachdem die Würde des Dompropstes bis dahin vom Domkapitel vergeben wurde, übertrug Papst Julius II. 1505 dem Rat der Stadt als Gegenleistung für die Aufbesserung der Dotation das Präsentationsrecht. Nach Unsicherheiten über den Fortbestand dieses Rechtes auch nach dem Konfessionswechsel kam es 1595 zu einem Vergleich. Der Rat der Stadt und das Domkapitel bestimmten nun abwechselnd den Dompropst. Mit dem Domdechanten wurde der zweite Dignitär stets vom Domkapitel gewählt. Die drei Personate der Kustorei, der Scholasterie und der Kantorei oblagen dem Bischof beziehungsweise dem Administrator zur Vergabe.[77]

Lüttich

Das Lütticher Domkapitel war seit 1441 den Bestimmungen eines von Papst Eugen IV. erteilten Privilegs unterworfen, die weitestgehend denen des nachfolgenden Wiener Konkordats von 1448 glichen, das für Lüttich erst 1518 offiziell in Geltung gesetzt wurde. Neben dem Papst, dem die in den ungeraden Monaten vakant werdenden Präbenden zur Besetzung zustanden, war in den übrigen Monaten der Bischof der zweite Kollator. Ihren großen Einfluss auf die Zusammensetzung des Domkapitels konnten die Bischöfe mitunter noch ausdehnen, wenn sie ein Indult für die Vergabe in den päpstlichen Monaten erhielten. In den Genuss dieses Privilegs kamen zuerst die in den Kardinalsrang aufgestiegenen Bischöfe Erhard von der Mark, Gerhard von Groesbeek und Johann Theodor Herzog von Bayern, aber auch jene Bischöfe, die gleichzeitig Erzbischöfe von Köln waren, also Ernst Herzog von Bayern, Ferdinand Herzog von Bayern, Maximilian Heinrich Herzog von Bayern und Joseph Clemens Herzog von Bayern. Mit Georg von Österreich, Robert von Bergen und Gerhard von Groesbeek in der Zeit vor seinem Aufstieg zum Kardinal begegnen aber auch drei gewöhnliche Bischöfe als Indultare. Bischof

---

76 A. Friederici, Domkapitel, 19–21, 32–34, 36–42, 46–56; E. Illigens, Geschichte, 52, 54; C. Malchow, Geschichte I, 57; W. Prange, Wandel, 9, 29, 44, 73; W. Prange, Bischof, 328f., 333f., 430; W. Prange, Das Lübecker Domkapitel, in: H. Unverhau/A. Lange/C. Jahnke, Beiträge, 421; C. F. Wehrmann, Mittheilungen über das ehemalige Lübeckische Domcapitel, in: ZLGA 3 (1876), 12f., 27f.; J. E. Westphalen, Monumenta II, 2430f.; N. N. Falck, Nachricht vom Zustande des Hochstifts Lübeck (Abgefaßt im Jahre 1731 oder kurz nachher.), in: N. N. Falck, Sammlungen II, 145f.; R. Ehrhardt, Familie, 314–317.

77 A. Friederici, Domkapitel, 58–61, 64, 70, 72, 74; E. Illigens, Geschichte, 34, 43, 45, 52; W. Prange, Bischof, 428f.; W. Prange, Wandel, 10; W. Prange, Das Lübecker Domkapitel, in: H. Unverhau/A. Lange/C. Jahnke, Beiträge, 424; C. F. Wehrmann, Mittheilungen über das ehemalige Lübeckische Domcapitel, in: ZLGA 3 (1876), 5–7; N. N. Falck, Nachricht vom Zustande des Hochstifts Lübeck (Abgefaßt im Jahre 1731 oder kurz nachher.), in: N. N. Falck, Sammlungen II, 106f.; A. Voßhall/K. Hillebrand/C. Köster, Lübeck – Domkanoniker, in: O. Auge/K. Hillebrand, Klosterbuch, 2.2.3.

Johann Ludwig von Elderen scheiterte hingegen gegen Ende des 17. Jahrhunderts mit seinen entsprechenden Bemühungen. Die Kollationsrechte des Domkapitels selbst beschränkten sich auf die Zeit der Sedisvakanz des bischöflichen Stuhles, in der es die Kollationsrechte des Bischofs mittels Mehrheitswahl ausüben konnte. Der Kaiser verfügte über das Recht der Ersten Bitten. Schließlich erkannte Papst Leo X. 1513 der Artistischen Fakultät der Universität Löwen großzügige Nominationsrechte im Bereich des Hochstiftes Lüttich zu. Die Fakultät sollte jedem der beiden Kollatoren während deren Amtszeit zwei Mal einen ihrer Magister für die Übernahme eines Kanonikats namhaft machen können. Die Eindämmung seiner Rechte rief den Widerstand von Bischof Erhard von der Mark hervor, der bei Papst Leo X. 1516 einen Widerruf des Privilegs erreichen konnte. Obwohl jedoch Papst Clemens VII. bereits 1523 die Rechte der Artistenfakultät wieder bestätigte, lässt sich die tatsächliche Ausübung des Privilegs gegenüber dem Lütticher Domkapitel erst für das 17. Jahrhundert belegen. Papst Paul V. erließ 1616 eine Neuregelung, mit der er das Nominationsrecht der Fakultät ab Jahresbeginn 1617 für jene Präbenden festlegte, die in den Monaten Jänner und November ungerader Jahre sowie im Monat November gerader Jahre durch Tod vakant wurden. Doch auch danach wurden die Rechte der Universität nicht durchgehend zur Anwendung gebracht. Kurzfristig kam es durch Papst Clemens IX. 1669 sogar zu ihrer formellen Aufhebung. Allerdings stellte bereits 1673 sein Nachfolger Papst Clemens X. die vorherige Rechtslage wieder her. Eine von Papst Clemens XI. 1702 verfügte neuerliche Suspension wurde in Lüttich gar nicht erst publiziert und blieb daher folgenlos.[78]

Entgegen den Bestimmungen des Wiener Konkordats von 1448 konnte das Domkapitel die Wahl des Dompropstes selbst vornehmen. Das wurde ihm durch ein Privileg Papst Eugens IV. 1441 zugesichert. Mit der Wahl des Domdechanten lag auch die Besetzung der zweiten Dignität in den Händen des Domkapitels. Für die sieben Archidiakone von Brabant, der Ardennen, der Kempen, der Famenne, des Condroz, des Hennegaus und des Hespengaus war das Kollationsrecht geteilt. Für alle in einem ungeraden Monat auftretenden Vakanzfälle oblag die Neuvergabe grundsätzlich dem Papst, während die Artistische Fakultät der Universität Löwen jene Amtsinhaber bestimmte, deren Archidiakonate in den Monaten Jänner und November ungerader Jahre sowie im Monat November gerader Jahre vakant geworden waren. In allen geraden Monaten kam der Bischof zum Zug. Den Inhabern der sechs Priesterkanonikate war die Übernahme einer Dignität verwehrt. Von den Personaten wiederum fiel die Scholasterie dem Domkapitel zur Besetzung zu, das bald auch die Vergabe der Kantorei an sich zu bringen wusste. Die Kustorei hingegen war dem Bischof unterworfen.[79]

---

78 P. Harsin, Règne, 135; A. Dubois, Chapitre, 7–10, 17–24, 252; H. Dessart, Les indults accordés aux évêques de Liège, in: BIHB 24 (1947/48), 55–64, 69–79, 88–90, 92–95, 103–114, 120f.; J. H. L. Theux de Montjardin, Chapitre I, XVIII; J. Görres, Domkapitel I, 46; P. Hersche, Domkapitel I, 118; Beschreibung einiger deutscher Domkapitel, 61 (HHStA Hs B 182).

79 A. Dubois, Chapitre, 62f., 80, 91, 94, 98, 100; J. H. L. Theux de Montjardin, Chapitre I, XVII, XLVIIIf., LVf.; A. Dubois, Les Statuts du Chapitre Cathédral de Saint-Lambert

Magdeburg

Die Stellenvergabe im Magdeburger Domkapitel unterlag grundsätzlich den Bestimmungen des Wiener Konkordats von 1448. Die in den ungeraden Monaten auftretenden Vakanzfälle blieben so dem Papst zur Besetzung, die in den geraden Monaten dem Domkapitel. Der Konfessionswechsel bedingte diesbezüglich eine Änderung. Die päpstlichen Monate wurden 1580 durch eine Vereinbarung zwischen Administrator Joachim Friedrich Markgraf von Brandenburg und dem Domkapitel in Zukunft dem Administrator zur Kollation überlassen, dem nach 1680 der Landesherr nachfolgte. Auf Weisung König Friedrichs I. von Preußen kam es 1706 zur Aufgabe des monatlichen Wechsels zugunsten des fallweisen. Im Unterschied zum Landesherrn nahm das Domkapitel die Vergabe der ihm zufallenden Maiorkanonikate nicht unmittelbar vor, sondern über den Umweg zweier Vorstufen. In gemeinsamer Wahl wurden zuerst Immatrikulierte als Exspektanten bestimmt, die durch Option zuerst in die Minor- und später in die Maiorkanonikate aufrücken konnten. Ausgenommen von der alternativen Vergabe waren die schließlich 1563 aufgehobenen Domherrenstellen. Von diesen zehn Sonderkanonikaten konnte das Domkapitel unter den gewöhnlichen Maiorkanonikaten gemäß einer Bulle Papst Pius' II. aus dem Jahr 1459 trotz der gegenteiligen Bestimmungen des Wiener Konkordats von 1448 in jedem Fall die Stelle des Ersten Lektors besetzen. Von den Kanonikern ohne Kapitularrechte konnte das Domkapitel drei der vier Priesterpräbenden sowie die Zweite Lektur vergeben, der Erzbischof hingegen die vierte Priesterpräbende sowie die je zwei Diakonal- und Subdiakonalpräbenden. Während sich das Recht der Ersten Bitten für den Erzbischof nicht durchsetzen konnte, bestand ein solches für den Kaiser bis in die Mitte des 17. Jahrhunderts. Dafür konnten seit dieser Zeit die Kurfürsten von Brandenburg beziehungsweise Könige von Preußen anstelle des Kaisers das Recht der Ersten Bitten für sich beanspruchen. Zwei der seit dem Ende des 17. Jahrhunderts unverändert vorhandenen Maiorpräbenden waren allerdings nicht der alternativen Vergabe unterworfen. Die eine Ausnahme stellte seit 1697 die Familienpräbende des Geschlechtes Freiherr von dem Bussche dar, deren Inhaber erstmalig durch den Stifter aus der Linie von Haddenhausen, dann durch den jeweiligen Majoratsherrn des Familienzweiges Hünnefeld bestimmt wurde. Die zweite Pfründe war im Westfälischen Frieden 1648 Herzog Gustav Adolph von Mecklenburg-Güstrow als Abgeltung für seinen Verzicht auf das Bistum Ratzeburg zugefallen. 1671 löste das Domkapitel dessen Ansprüche ab und konnte von nun an stets selbst das Kanonikat vergeben.[80]

à Liège, in: BCRH 113 (1948), 232; Beschreibung einiger deutscher Domkapitel, 61 (HHStA Hs B 182).

80 T. Willich, Wege, 76, 78, 85, 115f., 119f., 122–124, 129, 175, 179f., 193f., 204; J. C. Dreyhaupt, Beschreibung I, 321, 484; J. Heckel, Domstifter, 131f., 136f.; N. N., Handbuch/Anhang, 89f.; E. Weber, Domkapitel, 42; G. Wentz/B. Schwineköper, Domstift, 112, 123, 132; T. Willich, Wege, 231, 234; H. E. Feine, Papst, Erste Bitten und Regierungsantritt des Kaisers seit dem Ausgang des Mittelalters, in: ZRG KA 20 (1931), 56f., 62–64.

Nach dem Wiener Konkordat von 1448 blieb das Kollationsrecht des Papstes für die Dompropstei auch durch seine eigenständige Stellung gegenüber dem Domkapitel für mehr als zwei Jahrhunderte unbestritten. Bis 1661 fanden sich daher noch katholische Inhaber der Dignität, ehe sich Administrator Herzog August von Sachsen-Weißenfels der Vergabe bemächtigte. Nach dem Ende des Erzstiftes 1680 taten es ihm die Kurfürsten von Brandenburg beziehungsweise Könige von Preußen als Landesherren gleich. Mit der Domdechantei oblag die Besetzung der zweiten Dignität der Wahl des Domkapitels, seit einem Privileg Papst Julius' III. aus dem Jahr 1553 auch in den vormals päpstlichen Monaten. Von den Personaten konnte das Domkapitel vor der Reformation nur die Kellerei selbst vergeben, während das Thesaurariat, die Scholasterie und die Kantorei unter der Kollation des Erzbischofs standen. Erst im Zuge des Konfessionswechsels konnte das Domkapitel die vormaligen Rechte des Erzbischofs an sich bringen.[81]

Mainz

Im Mainzer Domkapitel war die Vergabe der Domherrenstellen weitgehend den Bestimmungen des Wiener Konkordats von 1448 unterworfen. Damit standen dem Papst die in den ungeraden Monaten vakant gewordenen Kanonikate zur Neubesetzung zu, dem Domkapitel die übrigen. Allerdings verzichtete der Papst regelmäßig auf seine Rechte und übertrug sie mittels Indult an den Erzbischof. Das Domkapitel wiederum führte für seine Monate bereits 1337 den Turnus nach Vakanzfällen ein. Davon ausgenommen waren lediglich die vier Sazerdotalkanonikate, die das Domkapitel in gemeinsamer Wahl bestimmte. Allerdings musste es sich diesbezüglich der Begehrlichkeiten der Erzbischöfe erwehren, die im 16. Jahrhundert ihre Rechte als Indultare auch auf diese Kanonikate auszudehnen wussten. Erst um die Wende vom 17. zum 18. Jahrhundert konnte sich das Domkapitel seine angestammten Rechte wieder sichern. Der Dompropst fand sich übrigens nicht unter den Turnaren, unter denen bis spätestens 1478 auch die Sazerdotalkanoniker fehlten. Das Domkapitel akzeptierte die Ersten Bitten des Kaisers, der dafür zeitweise dem Erzbischof das Privileg einräumte, ihm geeignete Personen vorzuschlagen.[82]

Mit der Dompropstei konnte der Papst vorerst die erste Dignität vergeben, ehe Papst Pius IV. 1562 auf seine Rechte zugunsten des Domkapitels verzichtete. Dieses

81 T. Willich, Wege, 136, 138, 144–149, 171, 174f.; E. Weber, Domkapitel, 52, 59, 62f.; J. C. Dreyhaupt, Beschreibung I, 482f.; E. Stegmann, Die Magdeburger Dompropstei, in: GBSLM 68/69 (1933/34), 68f.; G. Wentz/B. Schwineköper, Domstift, 136; J. Heckel, Domstifter, 176.

82 G. Rauch, Das Mainzer Domkapitel in der Neuzeit. Zu Verfassung und Selbstverständnis einer adeligen geistlichen Gemeinschaft I, in: ZRG KA 61 (1975), 167–173, 194–196; M. Hollmann, Domkapitel, 22f., 40; E. F. Biskamp, Domkapitel, 53f.; R. Holbach, Zu Ergebnissen und Perspektiven neuerer Forschung zu spätmittelalterlichen deutschen Domkapiteln, in: RhVjbll 56 (1992), 158; J. Boeselager, Domherren, 188; Beschreibung einiger deutscher Domkapitel, 2–4 (HHStA Hs B 182).

konnte von nun an den Dompropst genauso wählen wie bereits vorher den Domdechanten, den Scholaster und den Kantor. Der Erzbischof konnte mit der Kustorei nur eine Dignität besetzen.[83]

Meißen

Die Bestimmungen des Wiener Konkordats von 1448 konnten im Meißner Domkapitel nur bedingt zur Durchsetzung gebracht werden, da bereits bestehende Vergaberichtlinien zu beachten waren. Die Besetzung des durch Markgraf Friedrich II. von Meißen 1329 gestifteten Kanonikats lag seit damals in den Händen des Landesherrn. Markgraf Wilhelm I. von Meißen konnte 1399 von Papst Bonifaz IX. die Zuweisung des Kollationsrechtes für vier weitere Kanonikate erreichen. Markgraf Friedrich IV. von Meißen gelang 1422 unter Papst Martin V. die Ausdehnung des Präsentationsrechtes auf insgesamt acht Domherrenstellen. Da mittlerweile Papst Johannes XXIII. 1413 für zwei weitere Kanonikate dem Rektor und der Universität Leipzig das Nominationsrecht erteilt hatte, waren es nur mehr fünf Maiorkanonikate, die unter die Bestimmungen des Wiener Konkordats von 1448 fielen. Dem Papst kam dabei die Nachbesetzung der in den ungeraden Monaten vakant gewordenen Präbenden zu, während die geraden Monate dem Bischof und dem Domkapitel eingeräumt wurden. Doch bereits 1481 erkannte Papst Sixtus IV. dem Kurfürsten sowie dem Herzog von Sachsen das Präsentationsrecht für seine Monate zu. Bischof Johann von Weißenbach und das Domkapitel folgten 1482 für ihre Monate dem Beispiel des Papstes. 1485 gewährten Kurfürst Ernst von Sachsen und Herzog Albrecht von Sachsen dem Domkapitel in den geraden Monaten das Recht, ihnen einen geeigneten Kandidaten für die Neubesetzung zu nominieren. Der tatsächliche Einfluss der Landesherren konnte damit freilich nicht wirklich beschnitten werden. Die beiden wettinischen Linien übten vorerst die landesherrlichen Rechte über das Meißner Domkapitel gemeinsam aus, ehe sie noch im ausgehenden 15. Jahrhundert durch die Herzöge von Sachsen allein wahrgenommen wurden. Das änderte sich auch nicht, als diese 1547 Kurfürsten von Sachsen wurden. Die große Abhängigkeit des Domkapitels vom Landesherrn wirkte sich auch auf das Recht der Ersten Bitten des Kaisers aus. Mehrfach erteilten ihnen nämlich die Kaiser das Privileg, an ihrer Stelle das Präsentationsrecht auszuüben. Das Recht des Kaisers wurde wohl mit dem Ende des Hochstiftes 1581 als nicht mehr bestehend erachtet und in späterer Folge durch ein solches des Kurfürsten von Sachsen abgelöst. Die Bischöfe wiederum büßten ihr Recht auf Erste Bitten vermutlich bereits vor Beginn des Untersuchungszeitraumes

83 G. Rauch, Das Mainzer Domkapitel in der Neuzeit. Zu Verfassung und Selbstverständnis einer adeligen geistlichen Gemeinschaft I, in: ZRG KA 61 (1975), 196, 202; G. Rauch, Das Mainzer Domkapitel in der Neuzeit. Zu Verfassung und Selbstverständnis einer adeligen geistlichen Gemeinschaft II, in: ZRG KA 62 (1976), 203, 206, 209, 216, 229–233; M. Hollmann, Domkapitel, 42, 129, 148f., 153; H. Hartmann, Die Domherren der zweiten Hälfte des 15. Jahrhunderts in Mainz, Worms und Speyer, in: MZ 70 (1975), 150; Beschreibung einiger deutscher Domkapitel, 3 (HHStA Hs B 182).

ein. Auf welche Art und Weise die wahrscheinlich nur bis 1481/82 bestehenden Minorkanonikate besetzt wurden, muss offen bleiben. Möglicherweise geschah dies durch den Bischof und das Domkapitel, die deren Inhabern nachfolgend den Aufstieg unter die Maiorkanonikate ermöglichten.[84]

Von den geschilderten Entwicklungen war auch die Vergabe der Dignitäten und Personate betroffen. Papst Sixtus IV. gewährte den Kurfürsten und Herzögen von Sachsen sowie ihren Nachfolgern 1476 das Präsentationsrecht für alle Dignitäten und Personate. 1485 wurden genauere Kollationsregelungen getroffen. Die gemäß den Bestimmungen des Wiener Konkordats von 1448 bis 1476 dem Papst zur Besetzung zustehende Dignität der Dompropstei vergab unmittelbar der Landesherr. Die Inhaber der traditionell vom Domkapitel vergebenen Dignität der Domdechantei sowie des Personats der Kantorei bestimmte der Landesherr hingegen erst nach einer Wahl des Domkapitels. Für die beiden übrigen Personate, die Scholasterie und die Kustorei, durfte der Bischof dem Landesherrn einen Personalvorschlag unterbreiten. Auch dieses Zugeständnis dürfte auf ältere Kollationsrechte des Bischofs verweisen. Allerdings konnte der Bischof seine Rechte nur bis etwa in die Mitte des 16. Jahrhunderts behaupten. Zu dieser Zeit wurde die Scholasterie aufgehoben und die Kustorei der unmittelbaren Vergabe des Landesherrn unterworfen.[85]

Merseburg

Die Vergabevorgänge im Merseburger Domkapitel erfolgten überwiegend nach den Bestimmungen des Wiener Konkordats von 1448. Für die in den ungeraden Monaten eingetretenen Vakanzfälle lag die Zuständigkeit für die Neubesetzung damit beim Papst, in den übrigen Monaten beim Domkapitel. Davon ausgenommen waren jene beiden Kanonikate, für die Papst Martin V. 1421 dem Rektor und der Universität Leipzig das Präsentationsrecht einräumte. Allerdings konnte dieses

84 K. Brunn von Kauffungen, Domkapitel, 11, 14, 20, 36–38, 117; E. G. Gersdorf, Urkundenbuch I, XXI, 330; E. G. Gersdorf, Urkundenbuch II, XXIV, XXVIII, 285f., 450–452; E. G. Gersdorf, Urkundenbuch III, XI, 117, 263f., 272f., 304, 409; J. Rogge, Zum Verhältnis von Bischof und Domkapitel des Hochstifts Meißen im 14. und 15. Jahrhundert, in: RQ 91 (1996), 185, 190f., 193f., 198; C. Volkmar, Reform, 67, 69f., 214f., 220–222, 228; A. Lobeck, Hochstift, 8, 30f.; W. Loose, Der Meißner Domklerus zur Zeit der Reformation, in: MVGM 4/2 (1896), 353f.; H. Kinne, Die Meißner Dompröpste des 15. Jahrhunderts. Eine prosopographische Studie, in: BDLG 148 (2012), 161–164, 168–170; M. Cottin, Die Leipziger Universitätskanonikate an den Domkapiteln von Meißen, Merseburg und Naumburg sowie am Kollegiatstift Zeitz im Mittelalter (1413–1542), in: D. Döring, Universitätsgeschichte, 282f., 285, 290, 301; A. Schultze, Rechtslage, 4, 34, 89; L. C. Stieglitz, Recht, 17, 23.

85 K. Brunn von Kauffungen, Domkapitel, 37, 52, 63, 67f.; E. G. Gersdorf, Urkundenbuch III, 72, 240f., 243f., 272f., 407; C. Volkmar, Reform, 215, 220–222; A. Lobeck, Hochstift, 9, 30f.; W. Loose, Der Meißner Domklerus zur Zeit der Reformation, in: MVGM 4/2 (1896), 354; H. Kinne, Die Meißner Dompröpste des 15. Jahrhunderts. Eine prosopographische Studie, in: BDLG 148 (2012), 165, 169.

Recht zwischen 1507 und 1558 für eine der Domherrenstelle nicht zur Anwendung gebracht werden. Nach mehreren Anläufen konnten 1485 auch die Landesherren zwei Kanonikate unter ihre Kollation bringen. Papst Innozenz VIII. gewährte ihnen ein entsprechendes Privileg, das zuerst von den Herzögen, ab 1547 von den Kurfürsten von Sachsen ausgeübt wurde. Ein 1536 von Herzog Georg von Sachsen unternommener Versuch, die Rechte des Landesherrn großzügig auszuweiten, scheiterte jedoch. Der sich abzeichnende Konfessionswechsel brachte Mitte des 16. Jahrhunderts eine Veränderung der bislang geltenden Verhältnisse. Um durch rasche Personalentscheidungen vor Ort die katholische Seite zu stärken, erteilte Papst Julius III. Bischof Michael Helding 1550 ein Indult zur Vergabe der in den päpstlichen Monaten vakant gewordenen Domherrenstellen. Dieser Schritt war nicht von Erfolg gekrönt, bedingte aber, dass auch die protestantischen Nachfolger des Bischofs, zuerst ein Administrator, dann die Landesherren, das Kollationsrecht in den päpstlichen Monaten für sich beanspruchten. Im Zuge der Postulation Kurfürst Christians II. von Sachsen zum Administrator von Merseburg konnte schließlich 1592 das Domkapitel die Kollationsrechte in den vormals päpstlichen Monaten für sich gewinnen. Hinsichtlich des dem Kaiser zukommenden Rechtes der Ersten Bitten trat eine ähnlich geartete Entwicklung ein. Nachdem das Herzogtum Sachsen-Merseburg 1738 endgültig an das Kurfürstentum Sachsen gefallen war, betrachtete man das Recht des Kaisers als nicht mehr bestehend. An dessen Stelle richtete nun der Kurfürst von Sachsen Erste Bitten an das Domkapitel. Diesem war es bereits 1711 in seiner Eigenschaft als Reichsvikar gelungen, erfolgreich Erste Bitten gegenüber dem Domkapitel zu äußern.[86]

Da die Besetzung der Dompropstei als der ersten Dignität nach den Bestimmungen des Wiener Konkordats von 1448 dem Papst zukam, durchlief dieses Recht vermutlich eine ähnliche Entwicklung wie die übrigen Rechte des Papstes gegenüber dem Domkapitel. Nachdem der Konfessionswechsel vorübergehend dem Landesherrn einen Rechtszuwachs gebracht hatte, konnte sich schließlich das Domkapitel das Wahlrecht sichern. Dieses bestand hinsichtlich der zweiten Dignität, der Domdechantei, ohnehin bereits. Die starke Stellung des Domkapitels zeigte sich zudem daran, dass es mit der Kantorei, der Scholasterie und der Kustorei auch die Besetzung der drei Personate an sich bringen konnte.[87]

---

86 M. Cottin, Das Merseburger Domkapitel und die Wettiner im Spätmittelalter, in: MVSL 2 (2002), 21, 24f.; J. Heckel, Domstifter, 128f., 132, 135–137, 172; C. Volkmar, Reform, 69f., 155, 206f.; M. Cottin, Die Leipziger Universitätskanonikate an den Domkapiteln von Meißen, Merseburg und Naumburg sowie am Kollegiatstift Zeitz im Mittelalter (1413–1542), in: D. Döring, Universitätsgeschichte, 285, 290, 296; H. E. Feine, Papst, Erste Bitten und Regierungsantritt des Kaisers seit dem Ausgang des Mittelalters, in: ZRG KA 20 (1931), 57, 63f.; M. Cottin, Geschichte des Merseburger Domkapitels im Mittelalter (968–1561), in: H. Kunde/A. Ranft/A. Sames/H. Wittmann, Kathedrale, 91f.

87 J. Heckel, Domstifter, 177.

Metz

Das Metzer Domkapitel wurde erst 1450 auf Bitten von Bischof Konrad Bayer von Boppard durch Papst Nikolaus V. dem Geltungsbereich der Bestimmungen des Wiener Konkordats von 1448 angeschlossen. Nachdem vorher dem Papst acht Monate zur Vergabe zustanden und dem Domkapitel vier, bestand von 1450 an eine gleichberechtigte Trennung des Kollationsrechtes zwischen dem Papst und dem Domkapitel, wobei dem Papst jene Vakanzfälle zufielen, die in einem ungeraden Monat eintraten. Seit wann das Domkapitel für seine Monate die Vergabe durch Turnare vornahm, muss offen bleiben. Bekannt ist lediglich, dass dem jeweiligen Turnar das Kollationsrecht zuerst für 15 Tage, später nur mehr für eine Woche zustand. Der Papst wiederum übertrug seine Rechte schließlich dauerhaft an den König von Frankreich. Papst Clemens IX. erteilte 1668 König Ludwig XIV. und seinen Nachfolgern das entsprechende Indult. Das Recht des Kaisers auf Erste Bitten fand mit dem Übergang Metz' in den Einflussbereich des Königreiches Frankreich ein Ende. Danach war das Domkapitel dem ähnlich gestalteten Droit de joyeux avènement des Königs von Frankreich unterworfen.[88]

Die Besetzung der zahlreichen Dignitäten war recht unterschiedlich geregelt. Das Primizeriat wurde gemäß den Bestimmungen des Wiener Konkordats von 1448 anfangs vom Papst vergeben, ab 1668 vom König von Frankreich. Den Domdechanten konnte hingegen das Domkapitel selbst wählen. Für die Kantorei, die Kanzlei und das Thesaurariat war das Kollationsrecht geteilt. Je nach Vakanzeintritt stand es in den ungeraden Monaten zuerst dem Papst beziehungsweise seit 1668 dem König von Frankreich zu, in den geraden Monaten unterlag es der Wahl des Domkapitels. Die vier Archidiakone von Metz, Marsal, Vic und Saarburg bestimmte der Bischof. Den Scholaster und den Eleemosynar brachten wiederum in monatlichem Wechsel der Papst beziehungsweise der König von Frankreich sowie der jeweilige Turnar des Domkapitels ins Amt. Über die Besetzung der 1601 supprimierten Zirkatorie und der wohl zu einem Personat herabgesetzten Kustorei lassen sich keine verlässlichen Angaben machen.[89]

Minden

Die Stellenvergabe im Mindener Domkapitel erfolgte im Allgemeinen nach den Bestimmungen des Wiener Konkordats von 1448. Die in den ungeraden Monaten

88 J.-B. Pelt, Textes, XVII; P. Lesprand, Clergé II, 264; G. Frantzwa, Cloître, 54, 65; P. Lesprand, L'anoblissement du Chapitre de la Cathédrale de Metz, in: ASHAL 29 (1920), 112f.; E. Martin, Histoire I, 534; E. Martin, Histoire II, 268, 324; N. Roussel, Histoire II, 67; N. N., Recueil XI, 1683–1687, 1812; A. Bucci, Il Droit de joyeux avènement, in: ZRG KA 98 (2012), 207, 217.

89 J. François/N. Tabouillot, Histoire II, 585f., 588f.; J.-B. Pelt, Textes, XVII, 390; P. Lesprand, Clergé II, 264–266; G. Frantzwa, Cloître, 54, 74f.; N. Gabrielly, France, 178; N. Roussel, Histoire II, 4, 67; H.-G. Duchesne, France, 199.

vakant gewordenen Kanonikate fielen dadurch dem Papst zu, während das Domkapitel in den übrigen Monaten zur Neuvergabe berechtigt war. Dass dies durch einen nach jedem Vakanzfall wechselnden Turnar geschah, ist durch ein Statut aus dem Jahr 1490 belegt. Allerdings dürfte damals lediglich eine bereits bestehende Gepflogenheit festgehalten worden sein. Der Westfälische Friede von 1648 brachte in seiner Folge durch den Homagialrezess von 1650 eine Veränderung der Kollationsregelungen. Zum einen wurde das vormals durch den Kaiser wahrgenommene Recht der Ersten Bitten auf den Kurfürsten von Brandenburg beziehungsweise den König von Preußen übertragen, dem auch die ursprünglich päpstlichen Vergaberechte zufielen. Dabei griff er auch auf die Vergabe von Exspektanzen zurück. Die Stiftung von insgesamt drei Familienpräbenden sorgte schließlich im 17. Jahrhundert für das Auftreten neuer Kollatoren. Von 1665 beziehungsweise 1677 an konnte daher der der Familie Freiherr beziehungsweise Graf von Galen entstammende Erbkämmerer des Hochstiftes Münster zwei Kanonikate vergeben. Der jeweilige Majoratsherr der Linie Hünnefeld der Familie Freiherr von dem Bussche bestimmte den Inhaber einer Präbende. Selbstverständlich waren von allen Kollatoren die im Domkapitel herrschenden Konfessionsverhältnisse zu beachten.[90]

Das galt infolge des Westfälischen Friedens von 1648 und des Homagialrezesses von 1650 auch für die Vergabe der Dignitäten und Personate. Die zuvor durch den Papst vergebene Dignität der Dompropstei gelangte dadurch in den Einflussbereich des Kurfürsten von Brandenburg beziehungsweise des Königs von Preußen. Ein für 1779 belegter Versuch des Domkapitels, die Dompropstei durch finanzielle Zuwendungen an den Landesherrn elektiv zu machen, scheiterte. Mit der Domdechantei konnte das Domkapitel die zweite Dignität mittels Wahl selbst besetzen. Da im letzten Viertel des 18. Jahrhunderts der König auch die Inhaber der Scholasterie und der Kustorei bestimmte, ist die Vermutung zulässig, dass die beiden Personate früher vom Bischof vergeben wurden. Dies galt auch für das bis spätestens in der ersten Hälfte des 17. Jahrhunderts verschwundene Personat der Kantorei.[91]

90 W. Dräger, Das Mindener Domkapitel und seine Domherren im Mittelalter, in: MJ 8 (1936), 25f.; W. Schrader, The Cathedral Chapter at Minden and its Members, 1650–1803, in: WZ 139 (1989), 83; H. Rüthing, Das Domkapitel Minden als konfessionell gemischtes Stift, in: F. J. Felten/N. Jaspert, Vita, 772f., 777; P. F. Weddingen, Historische Nachricht vom Dom-Capitel zu Minden, in: WMGHS 1 (1784), 62; N. N., Handbuch/Anhang, 97f.; H. E. Feine, Papst, Erste Bitten und Regierungsantritt des Kaisers seit dem Ausgang des Mittelalters, in: ZRG KA 20 (1931), 63; J. Heckel, Domstifter, 132; J. Boeselager, Domherren, 93, 117, 188, 170f.

91 W. Schrader, The Cathedral Chapter at Minden and its Members, 1650–1803, in: WZ 139 (1989), 83–85; P. F. Weddingen, Historische Nachricht vom Dom-Capitel zu Minden, in: WMGHS 1 (1784), 61f.; N. N., Handbuch/Anhang, 98; H. Nottarp, Ein Mindener Dompropst des 18. Jahrhunderts, in: WZ 103/104 (1954), 102; M. Lehmann, Preussen V, 330; C. Hoffmann, Adel, 111.

Münster

Die Personalauswahl für vakant gewordene Domherrenstellen geschah im Münsterischen Domkapitel nach den Bestimmungen des Wiener Konkordats von 1448. Die Vakanzfälle der ungerade Monate gebührten somit dem Papst, die der geraden Monate dem Domkapitel. Allerdings konnten jene Bischöfe, die zugleich Erzbischöfe von Köln waren, vom Papst auf dem Indultweg die Abtretung seiner Rechte erlangen. Dies war nachweislich bei Ernst Herzog von Bayern, Ferdinand Herzog von Bayern, Clemens August Herzog von Bayern, Maximilian Friedrich Graf von Königsegg und Maximilian Franz Erzherzog von Österreich der Fall. Maximilian Heinrich Herzog von Bayern musste hingegen auf dieses Privileg verzichten, da Papst Clemens XI. seine Postulation zum Bischof von Münster nicht anerkannte und er daher nur als Administrator des Bistums fungieren konnte. Nach dem Vorbild seiner Vorgänger versuchte auch Bischof Christoph Bernhard von Galen, der allerdings ausschließlich Bischof von Münster war, für seine Person ein entsprechendes Indult zu erreichen. Allerdings blieb ihm das verwehrt. Zuvor hatte es solche Bestrebungen bereits 1526 beziehungsweise 1570 unter den Bischöfen Friedrich Graf zu Wied und Johann Graf von Hoya gegeben. Das Domkapitel wiederum ließ seine Rechte seit dem 13. Jahrhundert durch Turnare wahrnehmen. Dafür wurden in jedem Kapitelmonat vier Turnare eingeteilt, von denen die drei ersten jeweils für eine Woche ihre Aufgabe wahrnehmen konnten, der vierte hingegen in den bis zum Monatsschluss verbleibenden Tagen. Der Domdechant genoss einen doppelten Turnus. Darüber hinaus kam dem Kaiser das Recht der Ersten Bitten zu, dessen jedoch der Bischof entbehren musste. Der Kaiser wiederum ließ sich mitunter vom Erzbischof von Köln einen Kandidatenvorschlag unterbreiten. Schließlich konnte der der Familie Freiherr beziehungsweise Graf von Galen entstammende Erbkämmerer des Hochstiftes Münster seit 1662 den Inhaber der eigenen Familienpräbende bestimmen.[92]

Da der Papst seine auf den Bestimmungen des Wiener Konkordats von 1448 beruhenden Ansprüche auf die Vergabe der Dompropstei nicht durchsetzen konnte, hielt sich das Wahlrecht des Domkapitels, das schließlich 1618 von Papst Paul V. ausdrücklich anerkannt wurde. Von den fünf Dignitäten unterlagen mit der Domdechantei und der Scholasterie noch zwei weitere der Wahl des Domkapitels. Dafür bestimmte der Bischof den Kustos und den Vizedom. Unter den Personaten kam ihm das für den Inhaber der Kantorei zu, während das Domkapitel die Inhaber der

92 W. Kohl, Domstift I, 144, 166, 241, 253–257; W. Kohl, Domstift II, 657; A. Schröer, Das Münsterer Domkapitel im ausgehenden Mittelalter, in: A. Schröer, Monasterium, 484f.; M. Twickel, Entwicklung, 37f., 41, 45f.; F. Keinemann, Domkapitel, 3, 83, 89–92; J. Wunschhofer, Die Besetzung von Präbenden im Domkapitel zu Münster durch die münsterischen Fürstbischöfe (1762–1801), in: WZ 165 (2015), 49–52, 54; J. Müller, Das Domkapitel zu Münster zur Zeit der Säkularisation, in: WZ 71/I (1913), 5; C. A. Olfers, Beiträge, 44f.; H. Dessart, Les indults accordés aux évêques de Liège, in: BIHB 24 (1947/48), 75f.; C. Hoffmann, Adel, 225.

nur bis gegen Ende des ersten Viertels des 18. Jahrhunderts bestehenden Ämter der Kellerei und der Burse selbst wählen konnte.[93]

Naumburg

Offensichtlich gelangten die Bestimmungen des Wiener Konkordats von 1448 für das Naumburger Domkapitel nicht zur Anwendung. Das Domkapitel konnte seine ausgedehnten Kollationsrechte nicht nur damals wahren, sondern auch über den Konfessionswechsel des 16. Jahrhunderts hinweg behaupten. Dafür bediente sich das Domkapitel in protestantischer Zeit der Wahl von Exspektanten, die später in die Minor- und Maiorkanonikate aufrücken konnten. Außerhalb des Einflussbereichs des Domkapitels blieb das Universitätskanonikat, das 1413 beziehungsweise 1421 von Papst Johannes XXIII. und Papst Martin V. der Universität Leipzig zur Vergabe zugesprochen wurde. Nach mehreren Anläufen konnten 1485 zudem auch die Landesherren zwei Kanonikate unter ihre Kollation bringen. Papst Innozenz VIII. gewährte ihnen ein entsprechendes Privileg, das von den jeweiligen Kurfürsten von Sachsen ausgeübt wurde. Hinsichtlich des dem Kaiser zukommenden Rechtes der Ersten Bitten trat eine ähnlich geartete Entwicklung ein. Nachdem das Herzogtum Sachsen-Zeitz 1717 endgültig an das Kurfürstentum Sachsen gefallen war, betrachtete man das Recht des Kaisers als nicht mehr bestehend. An dessen Stelle richtete daher von 1733 an der Kurfürst von Sachsen Erste Bitten an das Domkapitel. Ihm war es bereits 1711 in seiner Eigenschaft als Reichsvikar gelungen, erfolgreich Erste Bitten gegenüber dem Domkapitel zu äußern.[94]

Hinsichtlich der Vergabe der Dignitäten von Dompropstei und Domdechantei sowie der Personate von Kustorei, Kantorei und Scholasterie lässt sich lediglich festhalten, dass sich das Domkapitel 1726 in der Immerwährenden Kapitulation das Kollationsrecht für sämtliche Prälaturen sichern konnte. Wie sich die Lage vorher im Einzelnen gestaltete, muss daher offen bleiben.[95]

---

93 W. Kohl, Domstift I, 214f., 233, 236f., 239, 245, 255; W. Kohl, Domstift II, 44, 60, 63; H. Spieckermann, Beiträge, 5, 7; A. Schröer, Das Münsterer Domkapitel im ausgehenden Mittelalter, in: A. Schröer, Monasterium, 475, 484, 490; M. Twickel, Entwicklung, 11, 13, 18, 20, 22–24, 26, 28, 38, 41; F. Keinemann, Domkapitel, 88; J. Müller, Das Domkapitel zu Münster zur Zeit der Säkularisation, in: WZ 71/I (1913), 7; C. A. Olfers, Beiträge, 46–48; C. Hoffmann, Adel, 111; Beschreibung einiger deutscher Domkapitel, 66 (HHStA Hs B 182).

94 J. Heckel, Domstifter, 128, 132, 135–137, 172; E. Hoffmann, Naumburg, 123; M. Cottin, Die Leipziger Universitätskanonikate an den Domkapiteln von Meißen, Merseburg und Naumburg sowie am Kollegiatstift Zeitz im Mittelalter (1413–1542), in: D. Döring, Universitätsgeschichte, 282f., 285; H. E. Feine, Papst, Erste Bitten und Regierungsantritt des Kaisers seit dem Ausgang des Mittelalters, in: ZRG KA 20 (1931), 64; H. Wiessner, Bistum, 201; C. Volkmar, Reform, 69f.; M. Cottin, Das Merseburger Domkapitel und die Wettiner im Spätmittelalter, in: MVSL 2 (2002), 24f.; J. P. J. N. Faber, Anni, 61; C. H. Braun, Reihe, 27.

95 J. Heckel, Domstifter, 177.

Olmütz

Das Olmützer Domkapitel fiel eigentlich nicht in den Geltungsbereich der Bestimmungen des Wiener Konkordats von 1448. Allerdings führte das päpstliche Provisionswesen dazu, dass sich bis ins 16./17. Jahrhundert die Gepflogenheit entwickelte, die Kollationsrechte des Domkapitels auf die in den geraden Monaten vakant werdenden Präbenden zu beschränken, während dem Papst die übrigen Monate zufielen. Päpstliche Versuche des 18. Jahrhunderts, das Domkapitel auch formell den Bestimmungen des Wiener Konkordats von 1448 zu unterwerfen, verstand das Domkapitel mit Entschiedenheit abzuwehren. Das Gewohnheitsrecht blieb freilich bestehen. Die Bischöfe Franz Seraph Fürst von Dietrichstein, Wolfgang Hannibal Graf von Schrattenbach und Ferdinand Julius Graf von Troyer verfügten als Kardinäle über ein Indult, das ihnen die Wahrnehmung der päpstlichen Kollationsansprüche einräumte. Darüber hinaus soll auch Karl Joseph Herzog von Lothringen als gewöhnlicher Bischof ein solches Indult besessen haben. Neben den vom Papst beziehungsweise vom Domkapitel zu vergebenden Domherrenstellen bestanden drei Präbenden mit landesherrlichem Patronat. Dazu gehörten ein von König Wenzel II. von Böhmen 1286 gestiftetes Kanonikat und ein von Markgraf Jobst von Mähren 1402 eingerichtetes. Die dritte Präbende dotierte König Ladislaus II. von Böhmen 1492. Kaiserliche Bestrebungen, unter Berufung auf die Bestimmungen des Wiener Konkordats von 1448 das Recht der Ersten Bitten geltend zu machen, scheiterten im 18. Jahrhundert. Allerdings wusste Kaiser Joseph II. die Rechte des Landesherrn anderweitig auszuweiten, indem er nach einem entsprechenden Erlass 1782 zwei Jahre später die Vergabe der in den bislang päpstlichen Monaten vakant gewordenen Kanonikate für sich beanspruchte.[96]

Hinsichtlich der Besetzung der Dignitäten zeigten sich ähnliche Hintergründe. Auch hier wurde im 18. Jahrhundert päpstlicherseits versucht, die Bestimmungen des Wiener Konkordats von 1448 zur Anwendung zu bringen und mit der Domdechantei die erste Dignität selbst zu vergeben. Trotzdem konnte das Domkapitel sein angestammtes Wahlrecht verteidigen und die Domdechantei genauso wie die Dompropstei mittels Wahl besetzen. Mit dem Archidiakonat und der Scholasterie war die Personalauswahl für die beiden anderen Dignitäten dem Bischof beziehungsweise Erzbischof überlassen. Dem Domkapitel wiederum kam zuletzt die Vergabe des Personats der Kustorei zu.[97]

---

96 C. d'Elvert, Geschichte, 198f., 223, 242, 244–246; R. Zuber, Osudy I, 53, 56, 58; B. Dudík, Mähren X, 92–94, 131; G. Wolný, Topographie I/1, 193, 200; M. Zemek, Das Olmützer Domkapitel. Seine Entstehung und Entwicklung bis 1600, in: AKGB 9 (1988), 82–84; M. Zemek, Das Olmützer Domkapitel. Seine Entstehung und Entwicklung bis 1600, in: AKGB 10 (1989), 85f.; M. Zemek, Posloupnost I, Nr. 780, 791, 811, 816, 824; P. Maťa, Noblesse et chapitres dans les pays de la couronne de Bohême au XVIIe siècle, in: XVIIe siècle Nr. 250 (2011), 81; A. W. Gustermann, Kirchenrecht I, 73.

97 R. Zuber, Osudy I, 56f.; M. Zemek, Das Olmützer Domkapitel. Seine Entstehung und Entwicklung bis 1600, in: AKGB 10 (1989), 58, 62, 65, 69, 75f.; C. d'Elvert,

Osnabrück

Die Stellenvergabe im Osnabrücker Domkapitel wurde nach den Bestimmungen des Wiener Konkordats von 1448 vorgenommen. Der Papst konnte somit nach den in den ungeraden Monaten eingetretenen Vakanzen die neuen Mitglieder bestimmen, das Domkapitel in den übrigen Monaten. Dabei bediente sich das Domkapitel seit 1339 einer Turnusregelung mit einem Wechsel nach Vakanzfällen. Der Papst wiederum gab die Wahrnehmung seiner Rechte bis gegen die Mitte des 18. Jahrhunderts mitunter an den Erzbischof von Köln weiter. In den Genuss solcher Indulte kamen dabei Maximilian Heinrich Herzog von Bayern, Joseph Clemens Herzog von Bayern und Clemens August Herzog von Bayern, von denen nur der Letztgenannte auch Bischof von Osnabrück war. Zwischendurch trat mit Karl Joseph Herzog von Lothringen auch ein gewöhnlicher Osnabrücker Bischof als Indultar auf, während die Versuche seines früheren Vorgängers Johann Graf von Hoya 1570 scheiterten. Zudem konnte der Kaiser das Recht der Ersten Bitten ausüben, wobei er sich mitunter vom Erzbischof von Köln einen Kandidatenvorschlag unterbreiten ließ. Von 1667 an konnte schließlich noch der der Familie Freiherr beziehungsweise Graf von Galen entstammende Erbkämmerer des Hochstiftes Münster das entsprechende Familienkanonikat vergeben. Da in Osnabrück nach dem Westfälischen Frieden von 1648 die im Domkapitel herrschenden Konfessionsverhältnisse zu beachten waren, bestand für die Vergabe der drei protestantischen Präbenden eine eigene Regelung. Sie wurden in jedem Fall ausschließlich vom Domkapitel vergeben, in der Regel durch den jeweiligen Turnar, nach einer Resignation allerdings vom gesamten Domkapitel.[98]

Trotz der Bestimmungen des Wiener Konkordats von 1448 konnte sich das Domkapitel das Wahlrecht für seine beiden Dignitäre bewahren, von dem allerdings die drei protestantischen Domherren ausgeschlossen waren. Papst Leo X. bestätigte 1517 ausdrücklich die bestehende Praxis. Die drei Personate der Kantorei, der Kustorei und der Scholasterie gebührten dem Bischof zur Vergabe. Gegenüber den protestantischen Administratoren aus dem Haus Braunschweig-Lüneburg besaß

Geschichte, 197f.; B. Dudík, Mähren X, 111, 128, 131; P. Maťa, Noblesse et chapitres dans les pays de la couronne de Bohême au XVIIe siècle, in: XVIIe siècle Nr. 250 (2011), 82.

98 C. Hoffmann, Osnabrücker Domherren 1567–1624. Geistliche Karriereprofile im konfessionellen Zeitalter, in: OM 100 (1995), 17; J. Boeselager, Domherren, 16, 27, 84, 91f., 94, 125, 170–172, 175, 186–197; B. Beckschäfer, Evangelische Domherren im Osnabrücker Domkapitel, in: OM 52 (1930), 190–192; A. Dylong, Die Domkapitel von Hildesheim und Osnabrück am Vorabend der Säkularisation, in: DHVG 71 (2003), 118–120; R. Schindler, Studien, 194; C. Hoffmann, Adel, 105f., 224f.; H. Dessart, Les indults accordés aux évêques de Liège, in: BIHB 24 (1947/48), 77; C. Hoffmann, Adel, 225.

das Domkapitel ein Vorschlagsrecht. Der Administrator wählte aus einem Zweiervorschlag des Domkapitels den jeweiligen Inhaber des Personats aus.[99]

Paderborn

Im Paderborner Domkapitel herrschten die Bestimmungen des Wiener Konkordats von 1448. Der Papst traf die Auswahl der neuen Mitglieder nach in den ungeraden Monaten aufgetretenen Vakanzen, während das Domkapitel dies in den übrigen Monaten tat. Dabei griff es seit unbekannter Zeit auf eine Turnusregelung zurück, bei der jedem der Turnare eine Woche zur Vergabe zustand. Andererseits verfügte Bischof Clemens August Herzog von Bayern, der über lange Zeit gleichzeitig auch Erzbischof von Köln war, über ein päpstliches Indult, kraft dessen er die päpstlichen Kollationsrechte ausüben konnte. Administrator Johann Graf von Hoya war 1570 mit seinen diesbezüglichen Versuchen noch gescheitert. Zudem waren Erste Bitten des Kaisers gebräuchlich.[100]

Entgegen den Bestimmungen des Wiener Konkordats von 1448 war es dem Paderborner Domkapitel gestattet, mit der Dompropstei und der Domdechantei beide Dignitäten selbst durch Wahl zu besetzen. Von den fünf Personaten bestimmte der Bischof zwei und das Domkapitel drei. Der Bischof ernannte den Kustos und den Kantor, das Domkapitel sicher den Kellerer sowie vermutlich auch den Scholaster und den Kämmerer.[101]

Passau

Die Neubesetzung der Kanonikate des Passauer Domkapitels erfolgte unter Anwendung der Bestimmungen des Wiener Konkordats von 1448. Dadurch kam der Papst nach den in den ungeraden Monaten eingetretenen Vakanzen zum Zug, das Domkapitel nach denen in den geraden Monaten. Bis 1711 nahm das Domkapitel seine Rechte kollektiv wahr, danach durch Turnare, denen jeweils ein Monat zur Verfügung stand. Der Papst wiederum erteilte einzelnen Bischöfen, die aus dem Haus Österreich stammten oder Kardinäle waren, ein Indult, kraft dessen sie in

---

99 J. Boeselager, Domherren, 50, 58; C. Hoffmann, Osnabrück – Domstift St. Petrus, in: J. Dolle, Klosterbuch III, 1145f.; C. Hoffmann, Osnabrücker Domherren 1567–1624. Geistliche Karriereprofile im konfessionellen Zeitalter, in: OM 100 (1995), 19–21; A. Dylong, Die Domkapitel von Hildesheim und Osnabrück am Vorabend der Säkularisation, in: DHVG 71 (2003), 122, 124; C. Hoffmann, Osnabrück – Domstift St. Petrus, in: J. Dolle, Klosterbuch III, 1145, 1148f.; C. Hoffmann, Adel, 109f.; Beschreibung einiger deutscher Domkapitel, 63 (HHStA Hs B 182).

100 W. Tack, Aufnahme, Ahnenprobe und Kappengang der Paderborner Domherren im 17. und 18. Jahrhundert, in: WZ 96/II (1940), 10–13; H. J. Brandt, Paderborn – Domstift St. Maria, Kilian, Liborius und Ulrich, in: K. Hengst, Klosterbuch II, 177, 184; J. Boeselager, Domherren, 122, 125, 170.

101 J. Ohlberger, Geschichte, 42, 48, 51, 56; H. Granier, Preussen IX, 554, 556–558; C. Hoffmann, Adel, 111, 225.

seinem Namen Kollationen vornehmen konnten. Das dürfte zumindest bei Leopold Wilhelm Erzherzog von Österreich und Karl Joseph Erzherzog von Österreich sowie bei Joseph Philipp Graf von Lamberg und Joseph Dominikus Graf von Lamberg der Fall gewesen sein. Schließlich brachte der Kaiser Erste Bitten zur Anwendung.[102]

Die Dompropstei als erste Dignität vergab der Papst, den Domdechanten konnte das Domkapitel selbst wählen. Das Personat der Kustorei oblag ebenfalls dem Domkapitel zur Vergabe. Wie die Neubesetzung der im beginnenden 17. Jahrhundert untergegangenen Scholasterie durchgeführt wurde, muss offen bleiben.[103]

Pomesanien

Dass das Pomesanische Domkapitel der Regel des Deutschen Ordens unterworfen war, hatte Auswirkungen auf die Vornahme der Kollationen. Der Bischof und das Domkapitel trafen gemeinsam aus dem Ordensklerus die Personalauswahl, die allerdings noch durch den Hochmeister abgesegnet werden musste.[104]

Auch die Dignitäten wurden nach den Vorgaben der Regel des Deutschen Ordens vergeben, und zwar jeweils nur auf ein Jahr. Es war aber durchaus üblich, dass die einzelnen Ämter über längere Zeit in der Hand desselben Inhabers blieben. In Gegenwart des Bischofs wählte das Domkapitel zuerst den Dompropst, der daraufhin den Domdechanten benannte. Nach der Zustimmung des Domkapitels zur getroffenen Auswahl wurden gemeinsam die Inhaber der weiteren Ämter bestimmt, also Kustos, Scholaster und Kantor.[105]

Prag

Das Prager Domkapitel lag außerhalb des Geltungsbereichs der Bestimmungen des Wiener Konkordats von 1448. Das Recht zur Ernennung neuer Mitglieder lag ausschließlich beim Domkapitel, das es mittels Wahl ausübte. Ein im Zuge der Wiedererrichtung des Erzbistums Prag 1561 von Kaiser Ferdinand I. unternommener Versuch, die Rechte des Domkapitels auf einen gemeinsam mit dem Erzbischof dem Landesherrn zur Auswahl vorzulegenden Dreiervorschlag einzuschränken, scheiterte. Daher kam der Landesherr erst mit der 1746 vorgenommenen Bestätigung der vier Johanneischen Kanonikate zu eigenen Nominationsrechten. Zwei der

---

102 J. N. Buchinger, Geschichte II, 434f.; P. Hersche, Domkapitel II, 19f.; Beschreibung einiger deutscher Domkapitel, 52 (HHStA Hs B 182).

103 L. H. Krick, Domstift, V; M. Hansiz, Germania I, 648; Beschreibung einiger deutscher Domkapitel, 52f. (HHStA Hs B 182).

104 M. Glauert, Domkapitel, 126, 184, 190; M. Glauert, Das Domkapitel von Pomesanien (1284–1527). Eine Zusammenfassung, in: R. Biskup/M. Glauert, Domkapitel, 64; A. Radzimiński, Kirche, 115, 232f., 241.

105 C. P. Woelky, Urkundenbuch I, 314f.; M. Glauert, Domkapitel, 239f., 243; M. Glauert, Das Domkapitel von Pomesanien (1284–1527). Eine Zusammenfassung, in: R. Biskup/M. Glauert, Domkapitel, 68f.; A. Radzimiński, Kirche, 235f.

vier neuen Domherrenstellen unterlagen von nun an der Verfügung des jeweiligen Königs von Böhmen.[106]

Mit der Dompropstei, der Domdechantei, dem Archidiakonat und der Scholasterie konnte das Domkapitel vorerst auch seine vier Dignitäten selbst besetzen. Für die beiden nachgereihten Ämter des Archidiakonats und der Scholasterie ersetzte man 1681 die bis dahin gepflogene Wahl durch die Option. Mit der von Kaiser Joseph II. 1787 verfügten Vergabe der Scholasterie an den jeweiligen Schuloberaufseher wurde dem Domkapitel das Besetzungsrecht für diese Dignität entrissen. Für die beiden erst gegen Ende des 18. Jahrhunderts wieder belegten Personate der Kustorei und der Kantorei konnte das Domkapitel seinen Einfluss wohl bewahren.[107]

Ratzeburg

Solange das Ratzeburger Domkapitel noch eine ordensgeistliche Einrichtung war, ergänzte es sich selbst. Mit der Transmutation trat 1504 diesbezüglich eine Veränderung auf. Herzog Johann IV. von Sachsen-Lauenburg und sein Sohn Magnus I. stifteten dabei sechs neue Kanonikate, die hinkünftig dem Landesherrn zur Besetzung offenstanden. Gleichzeitig errichtete auch Bischof Johannes von Parkentin zwei Präbenden, die der Bischof sich und seinen Nachfolgern zur Vergabe zuschrieb. Nach 1510 erweiterte sich der Kreis der Kollatoren nochmals, da der Dompropst das Patronatsrecht über die beiden durch Domdechant Albert Make gestifteten Semipräbendare erhielt. Nachrichten über die Kollationsvorgänge nach dem Konfessionswechsel und der damit einhergehenden personellen Ausdünnung des Domkapitels liegen kaum vor. 1610 jedenfalls war das Kollationsrecht des Herzogs von Sachsen-Lauenburg für sechs Domherrenstellen noch bekannt, wurde vermutlich aber nicht mehr ausgeübt. Das legt auch ein Vorschlag des um seinen Bestand ringenden Domkapitels aus dem Jahr 1649 nahe, wonach das Domkapitel künftig abwechselnd mit dem Herzog von Sachsen-Lauenburg die Domherrenstellen vergeben sollte. Das Domkapitel wollte dabei auf die von ihm seit Mitte des 16. Jahrhunderts vermehrt ernannten Exspektanten zurückgreifen. Zudem wird für das beginnende 17. Jahrhundert auch das Recht der Ersten Bitten als bestehend erwähnt, wohl das des Kaisers.[108]

---

106 R. Zuber, Osudy I, 56f.; A. Podlaha, Supplementum III, 27; A. Podlaha, Liber, 132; A. Podlaha, Series, 248; P. Maťa, Noblesse et chapitres dans les pays de la couronne de Bohême au XVIIe siècle, in: XVIIe siècle Nr. 250 (2011), 82.

107 A. Podlaha, Liber, 132; A. Podlaha, Series, 196; A. Podlaha, Supplementum III, 26f.; P. Maťa, Noblesse et chapitres dans les pays de la couronne de Bohême au XVIIe siècle, in: XVIIe siècle Nr. 250 (2011), 82.

108 G. M. C. Masch, Geschichte, 387f., 390f., 393, 521, 597f., 723; H. Bernhöft, Domstift, 2f., 19; E. Bünz/K. Hillebrand, Ratzeburg. Domstift S. Maria, S. Johannes Evangelist, in: W. Huschner/E. Münch/C. Neustadt/W. E. Wagner, Klosterbuch I, 662; E. Bünz/K. Hillebrand, Ratzeburg – Prämonstratenser/Domkapitel, in: O. Auge/K. Hillebrand, Klosterbuch, 2.2.3; S. Petersen, Bistum Ratzeburg, in: E. Gatz, Bistümer, 594.

Das Recht zur Wahl des Dompropstes konnte das Domkapitel über die Transmutation des Jahres 1504 hinweg für sich beanspruchen. Das galt auch für die zweite Dignität des Priorats beziehungsweise der Domdechantei sowie für die übrigen Ämter.[109]

Regensburg

Im Regensburger Domkapitel kamen die Bestimmungen des Wiener Konkordats von 1448 zur Anwendung. Neben dem Papst, dem die Vergabe der in den ungeraden Monaten vakant gewordenen Kanonikate zukam, war das Domkapitel der zweite Hauptkollator. Dieses nahm seine Rechte durch eine gemeinsame Wahl vor. Darüber hinaus verfügte der Kaiser über das Recht der Ersten Bitten.[110]

Von den beiden Dignitäten konnte der Papst mit dem Dompropst die erste besetzen, den Domdechanten wählte das Domkapitel selbst. Die Personate der Kustorei und der Scholasterie standen wohl zuerst beide dem Bischof zur Vergabe zu. Seit 1567 konnte ihm jedoch das Domkapitel den Scholaster präsentieren.[111]

Salzburg

Als ordensgeistliche Einrichtung war das Salzburger Domkapitel von den Bestimmungen des Wiener Konkordats von 1448 vorerst nicht betroffen. Die Aufnahme neuer Mitglieder erfolgte bis zur Umsetzung der Transmutation 1515 durch einen Mehrheitsbeschluss des Domkapitels. Für die ersten Ernennungen nach der Aufgabe des Ordensstandes wurde eine eigene Regelung vereinbart. Um die volle Zahl der Kanonikate zu besetzen, waren 15 neue Domherren zu bestimmen. Den neun damaligen Mitgliedern des Kapitels kam dabei jeweils die Ernennung eines Kanonikers zu. Koadjutor Matthäus Lang von Wellenburg durfte zwei Domherren namhaft machen. Vier wurden vom Domkapitel und vom Koadjutor gemeinsam ausgewählt. Obwohl Papst Leo X. im Zuge der Transmutation dem Domkapitel alle alten Rechte und Privilegien uneingeschränkt bestätigt hatte, scheint man in der Folgezeit bei der Vergabe vakanter Kanonikate auf die Bestimmungen des Wiener Konkordats von 1448 zurückgegriffen zu haben. Damit besaß der Papst das Kollationsrecht für die in den ungeraden Monaten vakant gewordenen Domherrenstellen, während

---

109 G. M. C. Masch, Geschichte, 375, 387; E. Bünz/K. Hillebrand, Ratzeburg. Domstift S. Maria, S. Johannes Evangelist, in: W. Huschner/E. Münch/C. Neustadt/W. E. Wagner, Klosterbuch I, 659, 662; E. Bünz/K. Hillebrand, Ratzeburg – Prämonstratenser/Domkapitel, in: O. Auge/K. Hillebrand, Klosterbuch, 2.2.3; S. Petersen, Bistum Ratzeburg, in: E. Gatz, Bistümer, 594.

110 A. Mayer, Statuta antiquissima reverendissimi capituli ecclesiae cathedralis Ratisponensis, in: A. Mayer, Thesaurus II, 0[d]; A. Mayer, Statuta ecclesiae cathedralis Ratisponensis, in: A. Mayer, Thesaurus III, 21.

111 A. Mayer, Statuta antiquissima reverendissimi capituli ecclesiae cathedralis Ratisponensis, in: A. Mayer, Thesaurus II, 0[c]; J. Seiler, Domkapitel, 68.

dem Domkapitel nur mehr die übrigen sechs Monate verblieben. Die Erzbischöfe konnten bis 1565 auf die Besetzung der Kanonikate unmittelbar nur dadurch Einfluss nehmen, dass ihnen das Recht der Ersten Bitten zugesprochen wurde. 1565 nämlich erfolgte ein deutlicher Einschnitt in die bisherige Kollationspraxis. Papst Pius IV. gewährte Erzbischof Johann Jakob von Khuen das Indult, die Kanonikate in den päpstlichen Monaten selbst zu besetzen. Dieses Privileg konnten auch alle folgenden Erzbischöfe für sich erwirken. Auch für die übrigen Monate kam es zu Änderungen im Kollationsrecht. Nachdem das Kapitel die Neuvergabe zuerst gemeinsam mittels Mehrheitsbeschluss vorgenommen hatte, führte es 1682 eine Turnusregelung ein, die jedem Turnar für einen Monat das Vergaberecht zuschrieb. Schließlich verfügte noch der Kaiser über das Recht der Ersten Bitten.[112]

Hinsichtlich der Wahl seiner beiden Dignitäre konnte das Domkapitel von Papst Leo X. 1514 in der Transmutationsbulle eine Bestätigung seiner angestammten Rechte erhalten. Die Scholasterie vergab das Domkapitel durch Option nach dem Senium.[113]

Samland

Im Samländischen Domkapitel machte sich die Zugehörigkeit der Einrichtung zum Deutschen Orden bemerkbar. Deshalb nahm das Domkapitel unter Einbeziehung des Bischofs gemeinsam aus dem Ordensklerus die Personalauswahl vor, die allerdings noch durch den Hochmeister abgesegnet werden musste.[114]

Auch die Dignitäten wurden nach den Vorgaben der Regel des Deutschen Ordens vergeben, und zwar jeweils nur auf ein Jahr. Es war aber durchaus üblich, dass die einzelnen Ämter über längere Zeit in der Hand desselben Inhabers blieben. In Gegenwart des Bischofs wählte das Domkapitel zuerst den Dompropst, der daraufhin den Domdechanten benannte. Nach der Zustimmung des Domkapitels zur getroffenen Auswahl wurden gemeinsam die Inhaber der weiteren Ämter bestimmt, also Kustos und Scholaster.[115]

---

112 J. Hirnsperger, Statuten, 21f., 29–31, 42, 132f., 191–196, 268; M. J. Thaler, Domkapitel, 44–48; H. Wagner/H. Klein, Salzburgs Domherren von 1300 bis 1514, in: MGSL 92 (1952), 11; H. Wagner, Domkapitel, 13, 23f., 44–47; H. Klein, Standesverhältnisse, 8f.; J. Sartori, Fortsetzung, 100.

113 M. J. Thaler, Domkapitel, 17, 21, 29; J. Hirnsperger, Statuten, 20, 22, 31, 42, 133, 268; H. Dopsch, Das Domstift Salzburg von den Anfängen bis zur Säkularisation (1514), in: D. Straub, Jahre, 173, 175f.; H. Wagner/H. Klein, Salzburgs Domherren von 1300 bis 1514, in: MGSL 92 (1952), 6f.; H. Wagner, Domkapitel, 7f., 33, 36, 38.

114 R. Biskup, Domkapitel, 86; R. Biskup, Początki, organizacja i uposażenie sambijskiej kapituły katedralnej w średniowieczu (XIII–XIV wiek), in: SE 2 (2000), 32f.; C. P. Woelky, Urkundenbuch I, 66f.; M. Glauert, Domkapitel, 184; A. Radzimiński, Kirche, 115, 234, 241.

115 C. P. Woelky, Urkundenbuch I, 314f.; R. Biskup, Początki, organizacja i uposażenie sambijskiej kapituły katedralnej w średniowieczu (XIII–XIV wiek), in: SE 2 (2000), 31, 34; R. Biskup, Domkapitel, 145; M. Glauert, Bistum Samland, in: E. Gatz, Bistümer,

St. Pölten

Eine dauerhafte Lösung des Kollationsrechtes für die Kanonikate des St. Pöltner Domkapitels gestaltete sich schwierig. Ursprünglich war bei der Errichtung des Domkapitels vorwiegend von landesherrlichen Rechten die Rede. Lediglich dem Bischof sollte eine Domherrenstelle zur freien Verleihung zustehen. Als sich aber zeigte, dass der Großteil der Mitglieder des neuen Domkapitels aus ehemaligen Wiener Neustädter Domherren bestand, regte sich Widerstand gegen die beabsichtigte Regelung. Der Magistrat der Stadt Wiener Neustadt forderte die Aufrechterhaltung seines bisherigen Nominationsrechtes für sechs der sieben St. Pöltner Domherrenstellen ein. Kaiser Joseph II. erkannte 1788 die Ansprüche des Magistrats an, reservierte sich aber gleichzeitig die Vergabe des mit der Scholasterie verbundenen Kanonikats. Damit blieben dem Kaiser in seiner Eigenschaft als Erzherzog von Österreich sowie dem Bischof je ein Kanonikat zur Vergabe, dem Magistrat hingegen fünf. Da Versuche von Bischof Sigismund Anton Graf von Hohenwart, die Rechte des Magistrats abzulösen, scheiterten, kam es erst 1806 zu einer endgültigen Lösung der immer wieder umstrittenen Rechtslage. Kaiser Franz II. löste damals alle Ansprüche des Magistrats zu seinen Gunsten ab.[116]

Die Ernennung der drei Dignitäre lag hingegen unbestritten in der Hand des Landesherrn, der den Dompropst, den Domdechanten und den Kustos beziehungsweise den Scholaster bestimmte.[117]

Schleswig

Da das Schleswiger Domkapitel dem Einflussbereich der dänischen Kirche angehörte, kamen hier die Bestimmungen des Wiener Konkordats von 1448 nicht zum Tragen. Grundlage für die Nachbesetzung vakant gewordener Kanonikate war daher eine Vereinbarung aus dem Jahr 1318, in der sich der Bischof und das Domkapitel auf eine gemeinsame Vergabe einigten. Gegen den Willen einer der beiden Vertragsparteien sollten keine Personalentscheidungen getroffen werden. Diese Regelung wurde 1533 abgelöst. Von nun an konnte Herzog Christian von Schleswig im monatlichen Wechsel mit dem Bischof die vakant gewordenen Domherrenstellen besetzen. Doch schon 1541/42 erfolgte die Wiederherstellung der alten Ordnung, die die gemeinsame Vergabe durch das Domkapitel und den Administrator vorsah. Trotzdem gelang es Administrator Herzog Adolph I. von Schleswig-Holstein-Gottorf, das Domkapitel schrittweise in seinen Rechten zu beschneiden. Dazu nützte er nicht nur das ihm

656; H. Schlegelberger, Studien über die Verwaltungsorganisation des Bistums Samland im Mittelalter, in: R. Biskup/M. Glauert, Domkapitel, 100f.; A. Radzimiński, Kirche, 235f.

116 A. Kerschbaumer, Geschichte II, 4, 18, 24, 162–168, 252–255; G. Niemetz, Das Ende des Bistums Wiener Neustadt und die Folgen für die Seelsorge in der Stadt, in: UH 58 (1987), 328, 331, 333–335.

117 A. Kerschbaumer, Geschichte II, 161, 163.

zustehende Votum, sondern nötigte dem Domkapitel ein Präsentationsrecht auf, das die Bedeutung des folgenden Wahlgangs schwinden ließ. Diese Entwicklung setzte sich fort, als sich von 1586 an die Könige von Dänemark als Administratoren betrachteten. Als schließlich 1624 die Güter des Bistums Schleswig endgültig dem Königreich Dänemark zufielen, war das Wahlrecht des Domkapitels durch die vorausgehenden Präsentationen des Königs von Dänemark längst belanglos geworden. Zwischen 1482 und 1541/42 musste das Domkapitel eine Präbende der Universität Kopenhagen zur Besetzung überlassen. Der Rektor und die vier Dekane nahmen dieses Recht wahr.[118]

Mit der Dompropstei konnte das Domkapitel vorerst seine erste Dignität selbst besetzen, allerdings im Zusammenwirken mit dem Bischof. Nachdem dieses Recht zu Beginn des Untersuchungszeitraumes vielfach durch päpstliche Provisionen beschränkt wurde, erteilte Papst Sixtus IV. 1474 König Christian I. von Dänemark und seinen Nachfolgern das Patronatsrecht über die Dompropstei, die allerdings 1541/42 supprimiert wurde. Für die bereits seit der Mitte des 14. Jahrhunderts dem Papst zur Vergabe vorbehaltene Kantorei verzichtete Papst Innozenz VIII. 1485 zugunsten des Domkapitels und des Bischofs auf alle seine Rechte. Bei der Vergabe des zweitgereihten Archidiakonats scheinen sich die Rechte des Domkapitels und des Bischofs hingegen gehalten zu haben, wobei der Bischof offensichtlich 1541/42 sein Mitwirkungsrecht verlor. Das Personat des Thesaurariats vergab zumindest vor dem Konfessionswechsel der Bischof, während den Struktuar in dieser Zeit das Domkapitel bestimmte.[119]

Schwerin

Ob die Bestimmungen des Wiener Konkordats von 1448 im Schweriner Domkapitel zur Geltung kamen, muss offen blieben. Möglicherweise ist es aufgrund der umstrittenen Reichsstandschaft des Hochstiftes diesbezüglich nicht behelligt worden. Allerdings wurde das Recht des Kaisers auf Erste Bitten bis zum Konfessionswechsel als bestehend erachtet. In protestantischer Zeit war es jedenfalls das Domkapitel allein, das über seine neuen Mitglieder entschied, zumeist über die Wahl von immatrikulierten Exspektanten. Erst in den letzten eineinhalb Jahrzehnten seines Bestandes musste es sich eine starke Einflussnahme Herzog Adolph Friedrichs von Mecklenburg-Schwerin gefallen lassen.[120]

---

118 K. P. Reumann, Grundherrschaft, 21f., 29–32, 35–38, 40f., 43; K. Harms, Domkapitel, 7f., 10, 25f., 164; H. N. A. Jensen, Geschichte des Schleswiger Domcapitels besonders nach der Reformation, in: ASKGS 2 (1834), 455, 467, 478; L. Helveg, Domkapitler, 48; W. W. Rausch/P. Nawrocki, Schleswig – Domkanoniker, in: O. Auge/K. Hillebrand, Klosterbuch, 2.2.3; A. Krarup/J. Lindbæk, Acta IV, 252.

119 K. Harms, Domkapitel, 49f., 52–54, 59f., 64–66, 69f., 76; K. P. Reumann, Grundherrschaft, 31; A. Krarup/J. Lindbæk, Acta IV, 83; L. Helveg, Domkapitler, 51.

120 M. Kaluza-Baumruker, Domkapitel, 22, 42; F. Schildt, Das Bisthum Schwerin in der evangelischen Zeit II, in: MJB 49 (1884), 169, 186, 196, 206, 218–220, 223f.

Obwohl Herzog Heinrich V. von Mecklenburg und sein Bruder Albrecht VII. als Landesherren 1515 versuchten, von Papst Leo X. das Patronatsrecht für die beiden Dignitäten zu erlangen, gelang es dem Domkapitel, sein Wahlrecht für die Dompropstei und die Domdechantei bleibend zu sichern. Über die drei Personate der Kantorei, des Thesaurariats und der Scholasterie konnte der Bischof verfügen.[121]

Seckau

Als ordensgeistliche Einrichtung konnte das Seckauer Domkapitel selbst über die Aufnahme neuer Mitglieder entscheiden. Rechte anderer Kollatoren bestanden hier nicht.[122]

Mit dem Dompropst und dem Domdechanten konnte das Domkapitel auch seine beiden Dignitäre durch Wahl selbst bestimmen. Die Inhaber der Personate der Kustorei und der Scholasterie konnte hingegen der Dompropst auswählen.[123]

Sitten

Nachdem das Sittner Domkapitel vorerst das Recht zur Selbstergänzung innehatte, wurde es auf Betreiben Bischof Matthäus Schiners 1513 von Papst Leo X. dem Geltungsbereich der Bestimmungen des Wiener Konkordats von 1448 angeschlossen. Das zuvor bestehende Selbstergänzungsrecht des Domkapitels war zuletzt erheblich durch päpstliche Provisionen beeinträchtigt. Damit gab es von nun an eine Trennung in der Vergabe der freien Stellen zwischen dem Papst, dem die in den ungeraden Monaten aufgetretenen Vakanzen zur Besetzung gebührten, und dem Domkapitel, dem die übrigen Monate zustanden. Dabei blieb es bis 1798, als das Direktorium der Helvetischen Republik das Kollationsrecht ausschließlich für sich beanspruchte.[124]

Trotz der Einführung der Bestimmungen des Wiener Konkordats von 1448 konnte sich das Domkapitel die Vergabe aller seiner Dignitäten bewahren. Erst 1798 verlangte das Direktorium der Helvetischen Republik auch die Personalauswahl für den Dekan von Sitten, den Dekan von Valeria, den Sakristan und den Kantor für sich.[125]

---

121 M. Kaluza-Baumruker, Domkapitel, 54, 58; F. Schildt, Das Bisthum Schwerin in der evangelischen Zeit II, in: MJB 49 (1884), 169, 186, 196, 206, 224f., 235; A. Röpcke/E. Badstübner/C. Neustadt, Schwerin. Domstift S. Maria, S. Johannes Evangelist, in: W. Huschner/E. Münch/C. Neustadt/W. E. Wagner, Klosterbuch II, 1021, 1023, 1027f.

122 O. Rommel, Domkapitel, 87; B. Roth, Seckau, 345f.

123 O. Rommel, Domkapitel, 87f., 90, 92, 94; B. Roth, Seckau, 345–348.

124 F. Vannotti, Chapitre, 27; D. Imesch, Das Domkapitel von Sitten zur Zeit des Kardinals M. Schiner, in: BWG 6/I (1921), 6–8; F. Vannotti/G. Zenhäuser, Das Domkapitel. Einleitung, in: P. Braun/B. Degler-Spengler/E. Gilomen-Schenkel, Bistum, 369f., 390; D. Imesch, Die Würden und Würdenträger des Domkapitels von Sitten, in: BWG 8/III–V (1938), 301f.

125 D. Imesch, Die Würden und Würdenträger des Domkapitels von Sitten, in: BWG 8/III–V (1938), 289, 292; D. Imesch, Das Domkapitel von Sitten zur Zeit des Kardinals

Speyer

Die Stellenbesetzung geschah im Speyerer Domkapitel grundsätzlich nach den Bestimmungen des Wiener Konkordats von 1448. Dabei ernannte nach den in einem ungeraden Monat eingetretenen Vakanzen der Papst den neuen Inhaber der Präbende, während in den übrigen Monaten das Domkapitel dafür zuständig war. Dieses griff vermutlich seit dem 14. Jahrhundert auf die Anwendung einer Turnusregelung zurück, die einen Wechsel nach jedem Vakanzfall vorsah und den Dompropst von der Teilnahme ausschloss. Zudem wurden Erste Bitten des Kaisers berücksichtigt. Auf Betreiben Kurfürst Ruprechts III. von der Pfalz wies schließlich Papst Bonifaz IX. 1398 ein Kanonikat der Universität Heidelberg zu. Dabei wurde das Nominationsrecht dem Rektor und dem übrigen leitenden akademischen Personal zuerkannt. Nach dem Konfessionswechsel der Universität erhielt diese zur Abgeltung ihrer Rechte seit 1547 jährlich Zahlungen an den Universitätsfonds.[126]

Entgegen den Bestimmungen des Wiener Konkordats von 1448, kraft derer der Papst die Vergabe der ersten Dignität beanspruchte, konnte sich das Domkapitel 1478 von Papst Sixtus IV. das Wahlrecht für die Dompropstei sichern. Zudem vergab das Domkapitel mit der Domdechantei und der Scholasterie die zweite Dignität und eines der drei Personate. Dem Bischof blieben somit die beiden übrigen Personate zur Besetzung, die Kantorei und die Kustorei.[127]

Straßburg

Das Straßburger Domkapitel wusste sich den Bestimmungen des Wiener Konkordats von 1448 zu entziehen. Bereits seit dem Hochmittelalter besaß das Domkapitel das alleinige Recht der Stellenvergabe. Diese Stellung konnte es trotz gegenteiliger Versuche seitens der Päpste, der Bischöfe, des Magistrats der Stadt, der Kaiser und der Könige von Frankreich behaupten. Dass man dem Magistrat zwischen 1534 und 1549 das Präsentationsrecht für die in den päpstlichen Monaten vakant gewordenen Präbenden einräumen musste, war den Wirren der Reformationszeit geschuldet, dass man nach 1687 keine dem König von Frankreich missliebigen Personen mit einem Kanonikat bedenken wollte, den politischen Umständen. Zumindest die Begehrlichkeit des Königs, die Vergabe der acht dem französischen Adel gebührenden

---

M. Schiner, in: BWG 6/I (1921), 24, 31; F. Vannotti/G. Zenhäuser, Das Domkapitel. Einleitung, in: P. Braun/B. Degler-Spengler/E. Gilomen-Schenkel, Bistum, 390; F. Vannotti, Chapitre, 20.

126 G. Fouquet, Domkapitel, 35–37, 41, 147, 297, 561f.; H. Hartmann, Die Domherren der zweiten Hälfte des 15. Jahrhunderts in Mainz, Worms und Speyer, in: MZ 70 (1975), 152, 155; Beschreibung einiger deutscher Domkapitel, 29 (HHStA Hs B 182).

127 G. Fouquet, Domkapitel, 36, 44, 52, 56–58, 297; H. Hartmann, Die Domherren der zweiten Hälfte des 15. Jahrhunderts in Mainz, Worms und Speyer, in: MZ 70 (1975), 150; A. Gnann, Beiträge, 60; S. A. Würdtwein, Subsidia X, 202–213; Beschreibung einiger deutscher Domkapitel, 29 (HHStA Hs B 182).

Kanoniakte für sich zu beanspruchen, konnte damals abgewehrt werden. Allerdings wurde das Nominationsrecht des Domkapitels durch die ebenfalls 1687 eingeführte Nationalitätenregelung etwas eingeschränkt. Das Domkapitel nahm sein Kollationsrecht seit 1318 durch Turnare wahr, die nach jedem Vakanzfall wechselten.[128]

Hinsichtlich der Besetzung der Dignitäten und Personate war der Einfluss des Domkapitels deutlich geringer. Während die erste Dignität der Dompropstei der Papst vergab, blieben dem Domkapitel mit der Wahl des Domdechanten und des Kämmerers eine Dignität und ein Personat. Der Bischof entschied über die Inhaber der restlichen beiden Personate, der Kustorei und der Scholasterie. Das ebenfalls vom Bischof besetzte Personat der Kantorei wurde bereits Mitte des 16. Jahrhunderts supprimiert. Nach der Festschreibung des Jahres 1687 musste der Dompropst grundsätzlich, der Domdechant vorzugsweise dem französischen Teil des Domkapitels zugehörig sein.[129]

Toul

Das Touler Domkapitel wurde erst 1544 von Papst Paul III. dem Geltungsbereich der Bestimmungen des Wiener Konkordats von 1448 angeschlossen. Nachdem vorher dem Papst acht Monate zur Vergabe zustanden und dem Domkapitel vier, bestand von 1544 an eine gleichberechtigte Teilung des Kollationsrechtes zwischen dem Papst und dem Domkapitel, wobei dem Papst jene Vakanzfälle zufielen, die in einem ungeraden Monat eintraten. Seit wann das Domkapitel für seine Monate die Vergabe durch Turnare vornahm, muss offen bleiben. Bekannt ist lediglich, dass die Turnare täglich wechselten. Der Papst wiederum übertrug seine Rechte schließlich dauerhaft an den König von Frankreich. Papst Clemens IX. erteilte 1668 König Ludwig XIV. und seinen Nachfolgern das entsprechende Indult. Das Recht des Kaisers auf

---

128 P. Lorentz, Chanoines, 3f., 32, 61, 173; J. Rott, Histoire I, 10f., 54; J. Adam, Kirchengeschichte, 150, 274f.; R. Metz, Les facilités d'accès au Grand-Chapitre de Strasbourg octroyeés aux Français en 1687. Les divers projets de nouveaux statuts, in: CAAAH 32 (1989), 301–306, 308; P. Kirsch, Group, 4f.; R. Metz, L'accès des Français au Grand-Chapitre de la Cathédrale à partir de 1713. L'adoucissement des preuves de noblesse, in: BCS 19 (1990), 61, 65; R. Metz, Le Grand Chapitre de la cathédrale de Strasbourg et la défense de ses droits à l'encontre des prétentions du pape aux XVIe et XVIIe siècles, in: BCS 15 (1982), 69f., 75; R. Metz, Les dernières élections, faites a Molsheim, au décanat du Grand-Chapitre de Strasbourg (1680 et 1681), in: ASHAM 1984, 65f.; J.-M. Thiriet, Grand-Chapitre, 12f., 18f.; N. Gabrielly, France, 204.

129 J. Rott, Histoire I, 24–27; P. Lorentz, Chanoines, 189; B. Xibaut, Chapitre, 34–36; R. Metz, Le Grand Chapitre de la cathédrale de Strasbourg et la défense de ses droits à l'encontre des prétentions du pape aux XVIe et XVIIe siècles, in: BCS 15 (1982), 70; R. Metz, Les dernières élections, faites a Molsheim, au décanat du Grand-Chapitre de Strasbourg (1680 et 1681), in: ASHAM 1984, 66, 76f.; J.-M. Thiriet, Grand-Chapitre, 30–33; P. Kirsch, Group, 6; N. Gabrielly, France, 204; Beschreibung einiger deutscher Domkapitel, 33 (HHStA Hs B 182).

Erste Bitten fand mit dem Übergang Touls in den Einflussbereich des Königreiches Frankreich ein Ende. Danach war das Domkapitel dem ähnlich gestalteten Droit de joyeux avènement des Königs von Frankreich unterworfen.[130]

Trotz der Einführung der Bestimmungen des Wiener Konkordats 1544 konnte das Domkapitel die Wahl des Domdechanten als des ersten Dignitärs bis zum Ende des 17. Jahrhunderts gegenüber den Ansprüchen des Papstes behaupten. Erst vom Jahr 1700 an ist die Besetzung durch den König von Frankreich belegt, der mittlerweile als päpstlicher Indultar auftrat. Der zweite Dignitär, der Großarchidiakon, wurde durch die Wahl der Kapitulare des Kollegiatstiftes St. Gangolph in Toul bestimmt, dessen Propst der Großarchidiakon zugleich war. Die übrigen fünf Archidiakone von Ligny, Port, Reynel, Vittel und der Vôge ernannte der Bischof. Von den drei übrigen Dignitären bestimmte das Domkapitel den Kantor und den Thesaurar je nach Vakanzmonat im Wechsel mit dem Papst beziehungsweise ab 1668 dem König von Frankreich. Für die Scholasterie konnte das Domkapitel hingegen spätestens im 17. Jahrhundert das alleinige Vergaberecht gewinnen, das 1674 vom Grand Conseil als eingebürgerte Gepflogenheit anerkannt wurde.[131]

Trient

Die Stellenvergabe im Trientner Domkapitel wurde nach den Bestimmungen des Wiener Konkordats von 1448 vorgenommen. Neben dem Papst, dem die Vergabe der in den ungeraden Monaten vakant gewordenen Kanonikate zufiel, trat das Domkapitel als zweiter Hauptkollator auf. Sein Recht nahm es mittels Mehrheitsbeschluss wahr. Zudem wurde dem Kaiser das Recht der Ersten Bitten zugebilligt. Auch der Bischof verfügte seit einem Privileg Papst Pauls III. aus dem Jahr 1537 über ein ähnliches Recht. Ihm wurde die Möglichkeit eingeräumt, einem seiner Familiaren die Nomination auf ein Kanonikat zu erteilen. Da der Papst mitunter seine Rechte an Indultare im Kardinalsrang übertrug, konnten einige Bischöfe zusätzlich Einfluss auf die Zusammensetzung des Domkapitels nehmen. Das war bei Bernhard von Cles, Christoph Freiherr von Madruzzo, Johann Ludwig Freiherr von Madruzzo und Karl Gaudenz Freiherr von Madruzzo der Fall.[132]

---

130 E. Martin, Histoire I, 459, 493f., 534; E. Martin, Histoire II, 268, 324, 333, 342; E. Martin, Le Chapitre de Toul aux XIVe et XVe siècles, in: SRHLL 33 (1896), 398; N. Gabrielly, France, 207; G. Cabourdin, Le chapitre cathédral au XVIème siècle, in: ET 27 (1982), 49f.; L. Demael, Chapitre, 35f., 38, 178; J.-B. Pelt, Textes, XVII; N. N., Recueil XI, 1683–1687, 1812; A. Bucci, Il Droit de joyeux avènement, in: ZRG KA 98 (2012), 207, 217.

131 E. Martin, Histoire I, 164, 214, 498; E. Martin, Histoire II, 333, 342, 509; N. Gabrielly, France, 207; E. Martin, Le Chapitre de Toul aux XIVe et XVe siècles, in: SRHLL 33 (1896), 417; L. Demael, Chapitre, 14f., 17, 19f., 22, 178; N. N., Recueil XI, 1674, 1731, 1739, 1741; H.-G. Duchesne, France, 273.

132 E. Curzel, Canonici, 214, 221, 224, 227; L. Santifaller, Trientner Domkapitel, 24; M. A. Federico, Il capitolo della cattedrale di Trento durante il governo di Carlo

Als erste Dignität wurde die Domdechantei vom Papst vergeben. Im beginnenden 16. Jahrhundert von Bischof Ulrich von Lichtenstein unternommene Versuche, das Amt elektiv zu machen, blieben erfolglos. Der Inhaber der Dompropstei wurde anfangs vom Bischof eingesetzt, bis es um die Mitte des 15. Jahrhunderts zu einer Auseinandersetzung zwischen dem Papst und dem Bischof um die Besetzung der Dignität kam. Diese endete damit, dass Papst Pius II. 1469 das Kollationsrecht an Erzherzog Sigismund von Österreich und seine Nachfolger als Grafen von Tirol übertrug. Mit dem Archidiakonat und der Scholasterie konnte der Bischof den Inhaber der dritten Dignität und des einzigen Personats bestimmen.[133]

Trier

Das Trierer Domkapitel vermochte sich den Bestimmungen des Wiener Konkordats von 1448 weitgehend zu entziehen. Bereits seit dem Hochmittelalter verfügte das Domkapitel über das Recht der Selbstergänzung, das von Papst Leo X. 1514 ausdrücklich bestätigt wurde. In dessen Ausübung lässt sich für 1349 erstmals eine Turnusregelung belegen, die einen Wechsel der Turnare nach jedem Vakanzfall vorsah. Angesichts dessen blieben die Mitwirkungsrechte anderer Kollatoren äußerst beschränkt. Dem Kaiser kam das Recht der Ersten Bitten zu, wofür ihm der Erzbischof in Einzelfällen Personalvorschläge unterbreiten durfte. Der Erzbischof hatte ansonsten keinerlei Ansprüche auf die Vergabe von Präbenden. In ganz wenigen Ausnahmen wurde ihm vom Domkapitel auf dem Gnadenweg die Bestellung eines Domherrn gewährt. Die im zweiten Viertel des 17. Jahrhunderts von Erzbischof Philipp Christoph von Sötern verfolgte Absicht, jedem Erzbischof im Laufe seiner Amtszeit drei Kanonikate zur Vergabe zu sichern, lehnte das Domkapitel ab.[134]

Die starke Stellung des Domkapitels zeigte sich auch in der Vergabe der Ämter. Neben den beiden ersten Dignitäten der Dompropstei und der Domdechantei bestimmte das Domkapitel auch die drei Personate der Kustorei, der Scholasterie und

Emanuele Madruzzo (1622–1658), in: AISIG 27 (2001), 83; C. Donati, Ecclesiastici, 57, 62f., 131; E. Curzel, Il capitolo della cattedrale di Trento, in: H. Obermair/K. Brandstätter/E. Curzel, Domstifte, 157.

133 E. Curzel, Canonici, 324, 326f., 329, 331; M. A. Federico, Il capitolo della cattedrale di Trento durante il governo di Carlo Emanuele Madruzzo (1622–1658), in: AISIG 27 (2001), 83, 87, 89; C. Donati, Ecclesiastici, 132; H. Voltelini, Beiträge zur Geschichte Tirols, in: ZFTV 3/33 (1889), 45–47, 50, 55f.; L. Santifaller, Trientner Domkapitel, 22, 26.

134 H. Bastgen, Geschichte, 48, 50, 75–78; J. J. Blattau, Statuta I, 196–198, 317; J. J. Blattau, Statuta II, 57f.; S.-M. Dohna, Verhältnisse, 36, 44f., 48–50, 67; F.-J. Heyen, Die kaiserlichen Ersten Bitten für die Stifte des Erzbistums Trier von Ferdinand I. bis Franz II. (1531–1792), in: H. Ries, Festschrift, 186; R. Holbach, Stiftsgeistlichkeit, 32; J. Boeselager, Domherren, 188.

der Kantorei selbst. Lediglich die fünf Archidiakone von Trier, Dietkirchen, Karden, Longuyon und Tholey gebührten dem Erzbischof zur Besetzung.[135]

Utrecht

Die Bestimmungen des Wiener Konkordats von 1448 galten auch für das Utrechter Domkapitel. Der Papst besaß das Kollationsrecht für die in den ungeraden Monaten vakant gewordenen Präbenden, das Domkapitel für die Vakanzen der übrigen Monate. Das Domkapitel brachte dabei im Untersuchungszeitraum eine Turnusregelung mit wöchentlichem Wechsel zur Anwendung. Der Bischof konnte seine Personalvorstellungen vorerst lediglich durch das Recht der Ersten Bitten umsetzen, das bis zum Konfessionswechsel auch dem Kaiser gebührte. Zudem forderten die Landesherren nach 1540 die Einholung ihrer Zustimmung zur getroffenen Personalentscheidung als Voraussetzung für eine Possessergreifung. Wie das Lütticher Domkapitel fiel wohl auch das Utrechter in den Geltungsbereich eines Privilegs, das Papst Leo X. 1513 der Universität Löwen ausstellte. Die dortige Artistische Fakultät kam dadurch in den Genuss von Nominationsrechten, die sie bis zum Konfessionswechsel mehrfach zur Anwendung bringen konnte. Im Zuge der Erhebung zum Metropolitankapitel erfolgte 1560 eine Reform des Domkapitels. Von nun an wurden neun Domherrenstellen der bisherigen Kollationspraxis entzogen. Diese Graduierten vorbehaltenen Kanonikate konnte erstmalig der Erzbischof allein vergeben, dann aber der Erzbischof in Gemeinschaft mit den Graduierten, wobei bei Stimmengleichheit die Stimme des Erzbischofs den Ausschlag gab. Diese Veränderung wurde allerdings kaum schlagend, da als Folge der politischen und konfessionellen Ereignisse die Besetzung der Domherrenstellen 1579 eine weitere Neuregelung erfuhr. Die Kapitelmonate blieben unverändert bestehen. In den vormals päpstlichen Monaten waren nun neben dem Domkapitel selbst die beiden weltlichen Stände der Provinz Utrecht zur Vergabe berechtigt. Dadurch entstand ein zweiter Turnus, an dem das Domkapitel selbst, die Ritterschaft und die Stadt Utrecht beteiligt waren. In den ständischen Monaten erfolgte der Wechsel der Turnare vorerst monatlich, ab 1583 schließlich wöchentlich. Andererseits wollten sich die Päpste mit dem Verlust ihrer Rechte nicht widerstandslos abfinden. Sie erachteten die Vergabe kirchlicher Pfründen durch Häretiker als wirkungslos, was in weiterer Folge dazu führte, dass Papst Clemens VIII. dem damaligen Apostolischen Vikar Sasbout Vosmeer die Vollmacht erteilte, die päpstlichen Kollationsrechte gegenüber dem Domkapitel wahrzunehmen. Dasselbe tat Papst Paul V. gegenüber Filips van Rouveen, dem Nachfolger Vosmeers. Obwohl beide ihre diesbezüglichen Möglichkeiten zur Anwendung brachten, konnten die von ihnen ernannten Domherren ihre entsprechenden Ansprüche gegenüber dem Domkapitel nicht durchsetzen. Die

135 H. Bastgen, Geschichte, 125–127, 130, 144, 150, 153; J. J. Blattau, Statuta I, 317; J. J. Blattau, Statuta II, 58, 420, 426f.; J. J. Blattau, Statuta III, 154, 162f.; J. J. Blattau, Dom, 59, 71f., 120, 136–138; S.-M. Dohna, Verhältnisse, 22f., 48; Beschreibung einiger deutscher Domkapitel, 7 (HHStA Hs B 182).

Kollationsrechte der Stände für die vormals päpstlichen Monate wurden schließlich 1674 an den niederländischen Statthalter Wilhelm III. Fürst von Oranien-Nassau abgetreten. Nach der statthalterlosen Zeit von 1702 bis 1747, in der wieder die vor 1674 geltende Regelung in Kraft war, lebten die Rechte des Statthalters mit der Wiederbesetzung des Amtes durch Wilhelm IV. Fürst von Oranien-Nassau wieder auf, ehe sie im beginnenden 19. Jahrhundert zum Spielball der jeweils politisch Mächtigen wurden.[136]

Auch hinsichtlich der Vergabe der Dignitäten und Personate zeigt sich die wechselhafte Geschichte des Domkapitels. Den Dompropst bestimmte vorerst der Papst, der sich allerdings bald einer starken und letztlich entscheidenden Einflussnahme seitens der Grafen von Holland ausgesetzt sah. Mit dem Konfessionswechsel konnten die Stände der Provinz Utrecht die Rechtsnachfolge antraten. Zwischen 1674 und 1702 sowie ab 1747 war der Statthalter der Kollator der Dompropstei, allerdings unter vorausgehender Nomination durch die Stände. Mit der Domdechantei kam dem Domkapitel die Besetzung der zweiten Dignität zu. Dabei war es in seiner Auswahl seit 1528 an dem Grafen von Holland genehme Personen gebunden, eine Einschränkung, die nach 1579 wieder wegfiel. Die Personate des Thesaurariats und der Scholasterie wurden in katholischer Zeit vom Bischof beziehungsweise Erzbischof vergeben. Das galt auch für das in seiner genauen Stellung nicht fassbare Amt des Chorbischofs oder Archisubdiakons. Von 1582 an war es das Domkapitel, das den Thesaurar und den Scholaster ins Amt brachte. Nach jahrelangen Vakanzen beanspruchten seit etwa 1620 die Stände die Vergabe der beiden Personate, die schließlich ab 1674 derselben Regelung unterworfen wurden wie die Dompropstei. Jedoch gingen die Scholasterie und das Thesaurariat bereits im 17. Jahrhundert beziehungsweise nach dem ersten Drittel des 18. Jahrhunderts an kapitelfremde Personen.[137]

Verden

Die Besetzung vakant gewordener Domherrenstellen erfolgte im Verdener Domkapitel nach den Bestimmungen des Wiener Konkordats von 1448. Neben dem Papst, dem die Vergabe der in den ungeraden Monaten vakant gewordenen Präbenden zufiel, trat das Domkapitel als zweiter Hauptkollator auf. Seit 1518 übte es seine Rechte

136 N. N., Utrecht, Provincie, in: J. Kok, Woordenboek XXX, 159–161; G. Brom, Bronnen, 87; A. J. van de Ven, Oorsprong, 37, 42f., 53–59, 82–84, 87, 91, 99, 173, 181f.; C. P. Hoynck van Papendrecht, Historia, 4, 83f.; K. Heeringa/T. L. H. van de Sande, Inventaris, 12–15, 54; S. F. C. Moore, Recruitment to the Cathedral chapter of Utrecht 1528–1580, in: H. ten Boom/E. Geudeke/H. L. P. Leeuwenberg/P. H. A. M. Abels, Utrechters, 68–73.

137 K. Heeringa/T. L. H. van de Sande, Inventaris, 373, 406, 409–411, 415, 417; S. F. C. Moore, Recruitment to the Cathedral chapter of Utrecht 1528–1580, in: H. ten Boom/E. Geudeke/H. L. P. Leeuwenberg/P. H. A. M. Abels, Utrechters, 67–69; G. Brom, Bronnen, 24; N. N., Utrecht, Provincie, in: J. Kok, Woordenboek XXX, 157f.

durch Turnare aus, die nach jedem Vakanzfall wechselten. Bischof Christoph Herzog von Braunschweig-Wolfenbüttel konnte 1539 anlässlich einer Romreise von Papst Paul III. ein Indult erwirken, kraft dessen er im folgenden Jahr die Stellenvergabe in den päpstlichen Monaten durchführen durfte. Dass der Papst mit dem Konfessionswechsel des Domkapitels sein Kollationsrecht verlor, ist als gesichert anzunehmen. Wer es danach wahrnahm, muss offen bleiben, möglicherweise tat es das Domkapitel selbst. Der Kaiser vollzog bis ins 17. Jahrhundert hinein das Recht der Ersten Bitten. Da der Magistrat der Stadt Lüneburg berechtigt war, den dortigen Propst von St. Johannis zu ernennen, und dieser zugleich Mitglied des Verdener Domkapitels war, konnte auch der Magistrat einen geringen Einfluss auf die personelle Zusammensetzung des Domkapitels nehmen. Allerdings blieb dem Domkapitel mit der Bestätigung des Präsentierten die eigentliche Letztentscheidung vorbehalten.[138]

Die Dompropstei wurde bis zu ihrer Suppression 1559 nach den Bestimmungen des Wiener Konkordats vom Papst besetzt. Für die Domdechantei konnte sich das Domkapitel das Wahlrecht sichern. Die drei Personate vergab in katholischer Zeit wohl der Bischof, danach lässt sich vermuten, dass der Administrator den Scholaster, den Kantor und den Thesaurar bestimmte.[139]

Verdun

Für das Verduner Domkapitel dauerte es trotz früherer Bemühungen bis 1519, ehe es Papst Leo X. den Bestimmungen des Wiener Konkordats von 1448 unterstellte. Nachdem vorher seit 1425 dem Papst acht Monate zur Vergabe zustanden und dem Domkapitel vier, sollte es ab 1441 zur Anwendung der 1438 abgeschlossenen Pragmatischen Sanktion von Bourges kommen, die das ausschließliche Kollationsrecht des Domkapitels vorsah. Allerdings setzte sich diese Lösung nicht durch, da sich bereits 1443 die Rückkehr zur alternativen Vergabe belegen lässt, bei der dem Papst acht und dem Domkapitel vier Monate zufielen. Erst seit der 1519 erfolgten Einführung der Bestimmungen des Wiener Konkordats von 1448 bestand eine gleichberechtigte Teilung des Kollationsrechtes zwischen dem Papst und dem Domkapitel. Der Papst konnte sein Kollationsrecht nach in den ungeraden Monaten eingetretenen Vakanzen ausüben, das Domkapitel nach solchen in geraden Monaten. Eine Turnusregelung kannte das Domkapitel vermutlich schon seit dem späten 13. Jahrhundert. Diese wurde mehrfach verändert und hing zuletzt in ihrem zeitlichen Umfang wohl von der Anzahl der dem Kapitel zustehenden Kollationsmonate ab. So betrugen die entsprechenden Fristen in der ersten Hälfte des 15. Jahrhunderts noch 15 Tage, danach vermutlich nur mehr vier Tage und seit dem beginnenden 16. Jahrhundert sechs Tage. Da der Papst seine Kollationsrechte vor 1519 nur sehr eingeschränkt wahrnahm, bildete sich in dieser Zeit im Domkapitel die Gewohnheit aus, für dessen Monate eine

---

138 C. G. Pfannkuche, Geschichte I, 252; C. G. Pfannkuche II, 29, 109; R. Bückmann, Domkapitel, 31.

139 C. G. Pfannkuche II, 80; R. Bückmann, Domkapitel, 44; J. Spöhring, Das Domkapitel zu Verden, in: HLV 5 (1962), 61.

zweite Turnusregelung aufzustellen. Dieser Turnus wechselte von 1443 bis ins frühe 16. Jahrhundert alle acht Tage. Der Papst wiederum übertrug schließlich seine Rechte dauerhaft an den König von Frankreich. Papst Clemens IX. erteilte 1668 König Ludwig XIV. und dessen Nachfolgern das entsprechende Indult. Das Recht des Kaisers auf Erste Bitten fand mit dem Übergang Verduns in den Einflussbereich des Königreiches Frankreich ein Ende. Danach war das Domkapitel dem ähnlich gestalteten Droit de joyeux avènement des Königs von Frankreich unterworfen.[140]

Trotz der Einführung der Bestimmungen des Wiener Konkordats 1519, die die Domdechantei als erste Dignität eigentlich der päpstlichen Verleihung unterstellt hätten, konnte das Domkapitel, abgesehen von kurzfristigen Auseinandersetzungen in den Achtzigerjahren des 16. Jahrhunderts, die Wahl des Domdechanten bis zum Ende des 17. Jahrhunderts behaupten. Erst 1695 sprach ein Entscheid des Grand Conseil das Besetzungsrecht dem König von Frankreich zu, der mittlerweile als päpstlicher Indultar auftrat. Der Archidiakon der Argonnen wurde vorerst durch die Wahl der Kapitulare des Kollegiatstiftes St. Germanus in Montfaucon bestimmt, dessen Propst der Archidiakon zugleich war, von 1668 an nach der Trennung der beiden Ämter durch den Bischof. Auch für die Besetzung des Archidiakonats der Woëvre brachte das Jahr 1668 eine Veränderung, da der Papst durch den König von Frankreich als Kollator abgelöst wurde. Bis zur Einführung der Bestimmungen des Wiener Konkordats von 1448 hatten noch die Kapitulare des Kollegiatstiftes St. Maria Magdalena in Verdun den Dignitär gewählt, da er zugleich die dortige Propstei besaß. Mit dem Archidiakon der Rivière kam dem Bischof das dritte Archidiakonat durchgehend zur Besetzung zu. Für die Vergabe der Kantorei war ein monatlicher Wechsel zwischen dem Papst beziehungsweise dem König von Frankreich und dem Domkapitel vorgesehen. Auch für die Scholasterie scheint nach der 1519 erfolgten Einführung der Bestimmungen des Wiener Konkordats dieselbe Vorgangsweise gegolten zu haben. In den Jahrzehnten um den Wechsel vom 16. zum 17. Jahrhundert gelang es jedoch dem Domkapitel, die Vergabe der Dignität für sich zu gewinnen. 1634 billigte das Parlament von Metz die entstandene Gepflogenheit ausdrücklich. Nach dem Übergang der päpstlichen Rechte an den König von Frankreich wurde dem Domkapitel 1694 vom Grand Conseil die alleinige Entscheidungsgewalt über den Inhaber der Scholasterie neuerlich bestätigt. Mit dem Bischof besaß die Dignität der Kanzlei stets denselben Kollator. Wie hingegen die beiden 1505 beziehungsweise

140 M. George, Chapitre I, 191–197, 199–202, 204f.; M. George, Le chapitre cathédral de Verdun et l'étranger à la charnière des XVe et XVIe siècle: réflexions autour de la réception du concordat germanique (1519) et du recrutement des chanoines, in: C. Bourdieu-Weiss, Trois-Évêchés, 168–177; M. George, Chapitre I, 39; N. Robinet, Pouillé I, 34, 42f., 63f.; N. Roussel, Histoire I, 217, 365, 380; N. Roussel, Histoire II, 4, 67, 74, 131f.; N. N., Recueil XI, 1683–1687, 1812; A. Bucci, Il Droit de joyeux avènement, in: ZRG KA 98 (2012), 207, 217.

1600 supprimierten Personate der Subkantorei und der Kämmerei besetzt wurden, muss offen bleiben.[141]

Wien

Das Wiener Kollegiatkapitel kannte anfangs lediglich das alleinige Besetzungsrecht des Herzogs beziehungsweise Erzherzogs von Österreich. Herzog Albrecht III. von Österreich schränkte dies 1384 ein, indem er sich selbst und seine Nachfolger verpflichtete, ihre Rechte für acht Kanonikate zugunsten von Angehörigen der Universität Wien auszuüben, wobei in der Regel die Angehörigen des Artistenkollegs nach dem Senium in die Reihe der Kanoniker vorrückten. Daraus wurde nach dem Aufstieg zum Domkapitel 1554 unter König Ferdinand I. ein Nominationsrecht der Universität für nunmehr sechs Kanonikate, das bis 1623 das Collegium archiducale wahrnahm, danach das Universitätskonsistorium. Die Reformen Kaiser Josephs II. führten 1787 dazu, dass von den sechs Kanonikaten zwei nach Linz zum dortigen Domkapitel transferiert wurden. Damit verblieben der Universität in Wien selbst noch vier Kanonikate. Mittlerweile gab es seit 1773 mit dem Senior der Familie Fürst von Liechtenstein einen weiteren Kollator. Er durfte die Inhaber der von Maria Theresia Herzogin von Savoyen gestifteten vier Savoyisch-Liechtensteinischen Kanonikate präsentieren.[142]

Bereits die Dignitäten des Kollegiatstiftes waren der ausschließlichen Disposition des Landesherrn unterstellt. Daran änderte auch der Aufstieg der Institution zum Domkapitel nichts. Dompropst, Domdechant, Kustos und Kantor wurden vom Kaiser in seiner Eigenschaft als Erzherzog von Österreich bestimmt. Eine Änderung erfuhr dies erst, als Erzbischof Sigismund Graf von Kollonitsch 1741 als fünfte Dignität die Scholasterie stiftete, deren Errichtung 1743 von Königin Maria Theresia bestätigt wurde. Für die Scholasterie hatte nämlich der Erzbischof das Verleihungsrecht. Auf Betreiben Kaiser Josephs II. kam es 1787 zu einem Tausch der Kollationsrechte. Der

141 M. George, Chapitre I, 96, 105f., 118f., 122–124, 129, 137f., 146, 152; N. Robinet, Pouillé I, 70, 72, 75, 77f., 80, 82, 84, 180; N. Roussel, Histoire I, 195, 242; N. Roussel, Histoire II, 136–138, 160; N. N., Recueil XI, 1724–1727, 1733, 1737, 1741–1743, 1749; H.-G. Duchesne, France, 301f.

142 W. Mick, Metropolitankapitel, 47, 105, 129, 146, 167; H. Zschokke, Geschichte, 10, 24, 95, 199f., 217, 230–233, 247; D. Leopold, Domkapitel, 10, 12f.; I. Fried, Metropolitankapitel, 2, 15, 17; P. Schleicher, Bistumsgründungen, 46; J. Scheidlein, Kurze Darstellung des Rechtes der Universität in Wien zur Verleihung von vier Canonicatsstellen an dem Wiener- und zwey Canonicatsstellen an dem Linzer-Domcapitel, in: ZÖRPG 5/II (1829), 127f.; N. N., Die Universitätskanonikate des Wiener und Linzer Domkapitels, in: WDB 1867, 150–152, 166–168, 178–180, 202f.; W. E. Wagner, Universitätsstift, 112, 141–143; V. Flieder, Stephansdom, 156, 166.

Erzbischof konnte von nun an über die Kantorei verfügen, der Landesherr über die Scholasterie.[143]

Wiener Neustadt

Für das 1469 geplante Wiener Neustädter Domkapitel, dessen Errichtung letztlich gar nicht zustande kam, sah Papst Paul II. die Vergabe der Kanonikate durch den Kaiser in seiner Eigenschaft als Herzog von Steiermark vor.[144]

Als schließlich 1493 das Augustiner-Chorherren-Stift die Rolle des Domkapitels übernahm, dürfte gemäß den Bestimmungen der Ordensregel das Stift selbst über die Aufnahme neuer Mitglieder befunden haben. Ähnliches wird wohl für den nach dem Vorbild des Deutschen Ordens ebenfalls nach den Grundsätzen der Regel des Heiligen Augustinus organisierten St.-Georgs-Ritterorden gegolten haben, der zwischen 1508 und 1534 das Domkapitel bildete.[145]

Die Kollationsverhältnisse im dritten Wiener Neustädter Domkapitel gestalteten sich umständlich und gaben immer wieder Anlass zu Unstimmigkeiten. Das lag vor allem daran, dass die 1692 eingesetzten Kanoniker alle zugleich Kooperaturen und Benefizien innehatten. Als solche wurden sie vom Bischof dem Magistrat rekommendiert und dann von diesem wieder dem Bischof präsentiert. Bischof und Magistrat mussten sich also in der Vergabe der Domherrenstellen einig werden. Diese Vorgangsweise galt für sechs Kanonikate, während das siebte dem Bischof zur freien Besetzung gebührte.[146]

Hinsichtlich der Dignitäten wurde 1469 vorgesehen, dass die Ernennung des Dompropstes und des Domdechanten dem Landesherrn zufallen sollte.[147]

Die beiden im Augustiner-Chorherren-Stift vorhandenen Dignitäten der Propstei und der Dechantei wurden wohl durch die Wahl des Kapitels vergeben. Dasselbe galt für den Propst des St.-Georgs-Ritterordens, der von den Priesterbrüdern gewählt und vom Hochmeister bestätigt wurde.[148]

Die beiden Dignitäre des dritten Domkapitels, den Domdechanten und den Chormeister, konnte schließlich der Bischof bestimmen. Der Kaiser als Landesherr hatte auf alle ihm angebotenen Rechte verzichtet.[149]

143 W. Mick, Metropolitankapitel, 47f., 62, 77, 129, 162, 164f.; H. Zschokke, Geschichte, 285f., 288f.; D. Leopold, Domkapitel, 10; I. Fried, Metropolitankapitel, 15, 28f.

144 H. Fasching, Domkapitel, 6; F. Katzettl, Neustadt, 60.

145 H. Fasching, Chorherrenstifte, 92.

146 H. Fasching, Domkapitel, 49f., 55, 58, 63; A. Kerschbaumer, Geschichte I, 657, 667; A. Kerschbaumer, Geschichte II, 162f.

147 H. Fasching, Domkapitel, 6; F. Katzettl, Neustadt, 60.

148 H. Fasching, Chorherrenstifte, 92; F. Katzettl, Neustadt, 26.

149 H. Fasching, Domkapitel, 49, 57, 62.

Worms

Im Wormser Domkapitel galten für die Vergabe der Kanonikate die Bestimmungen des Wiener Konkordats von 1448. Somit war für die in den ungeraden Monaten vakant gewordenen Präbenden der Papst für die Nachbesetzung zuständig, sonst das Domkapitel. Dabei griff das Domkapitel seit nicht näher bekannter Zeit auf eine Turnusreglung zurück, von der allerdings der Dompropst ausgeschlossen war. Die Turnare wechselten nach jedem Vakanzfall. Für Bischof Friedrich Karl Freiherr von Erthal, der gleichzeitig auch Erzbischof von Mainz war, ist belegt, dass er als Indultar das Kollationsrecht für die päpstlichen Monate besaß. Zumindest für einige weitere Bischöfe des 18. Jahrhunderts, die alle zugleich Erzbischöfe in Mainz oder Trier waren, ist dieses Privileg zu vermuten. Dem Kaiser kam das Recht der Ersten Bitten zu. Auf Betreiben Kurfürst Ruprechts III. von der Pfalz wies Papst Bonifaz IX. 1398 ein Kanonikat der Universität Heidelberg zu. Dabei wurde das Nominationsrecht dem Rektor und dem übrigen leitenden akademischen Personal zuerkannt. Nach dem Konfessionswechsel der Universität erhielt diese zur Abgeltung ihrer Rechte seit 1556 jährlich Zahlungen an den Universitätsfonds. Von 1667 an konnte schließlich noch der der Familie Freiherr beziehungsweise Graf von Galen entstammende Erbkämmerer des Hochstiftes Münster das entsprechende Familienkanonikat vergeben.[150]

Das Domkapitel konnte mit dem Dompropst und dem Domdechanten seine beiden Dignitäre selbst wählen. Das galt auch für die Inhaber der beiden Personate der Scholasterie und der Kantorei. Mit der Kustorei besetzte der Bischof das dritte Personat.[151]

Würzburg

Das Würzburger Domkapitel konnte sich den Bestimmungen des Wiener Konkordats von 1448 weitgehend entziehen. Mit ganz wenigen Einschränkungen war das Domkapitel selbst der einzige Kollator. Die Neubesetzung vakant gewordener Domherrenstellen lag seit 1387 in den Händen der jeweils zur Monatsmitte wechselnden Turnare. Um in der grundsätzlich bereits seit 1257 belegten Turnusregelung Berücksichtigung zu finden, mussten die Domherren zumindest drei Jahre im Stand eines Kapitulars sein. Das Recht des Kaisers auf Erste Bitten wurde vom Domkapitel seit

150 E. Schwan/E. G. Franz, Protokolle, 4; H. Hartmann, Die Domherren der zweiten Hälfte des 15. Jahrhunderts in Mainz, Worms und Speyer, in: MZ 70 (1975), 152, 155; J. Sartori, Fortsetzung, 100; C. Kruse, Die Aufschwörurkunden des Domkapitels Worms aus den Jahren 1690 bis 1786, in: AmrhKG 56 (2004), 396; C. Weber, Familienkanonikate, 43; Beschreibung einiger deutscher Domkapitel, 21f. (HHStA Hs B 182).

151 Beschreibung einiger deutscher Domkapitel, 22 (HHStA Hs B 182).

dem beginnenden 16. Jahrhundert als nicht bestehend angesehen. Erst seit Kaiser Karl VI. konnten die Herrscher im 18. Jahrhundert wieder Prezisten ernennen.[152]

Gemäß den Bestimmungen des Wiener Konkordats von 1448 konnte der Papst vorerst die Dompropstei vergeben. Die Bemühungen des Domkapitels, die erste Dignität elektiv zu machen, trugen schließlich 1612 Früchte. Papst Paul V. gewährte dem Domkapitel das Wahlrecht. Für die zweite Dignität, die Domdechantei, kam dieses dem Domkapitel ohnehin zu. Von den Personaten konnte der Bischof die Auswahl des Scholasters und des Kustos treffen, das Domkapitel die des Kantors.[153]

2. Päpste

Erst ab dem 12. Jahrhundert begannen die Päpste, auf die Vergabe der Kanonikate und Dignitäten in den Domkapiteln Einfluss zu nehmen. Von da an war ihre Bedeutung für die personelle Zusammensetzung der Domkapitel wechselhaften Entwicklungen unterworfen. In vielen der katholisch gebliebenen Einrichtungen konnte der Papst jedoch bis zum Ende des Untersuchungszeitraumes eine maßgebliche Rolle im Kollationsvorgang behaupten.[154]

Rechtliche Grundlagen

Am Beginn der päpstlichen Einflussnahme auf die Stellenvergabe in den Domkapiteln standen im 12. Jahrhundert vorerst noch weitgehend unverbindliche Empfehlungsschreiben an die einzelnen Bischöfe beziehungsweise Domkapitel. Obwohl es dafür eigentlich keinen Rechtsanspruch gab, erhöhten die Päpste noch im Laufe des 12. Jahrhunderts den Druck, um die von ihnen erteilten Provisionen auch wirklich zur Umsetzung zu bringen. Die Berechtigung für ihre Vorgangsweise sahen sie in der Primatialgewalt ihres Amtes begründet. Die Dekretalen Papst Gregors IX. schufen schließlich 1234 eine erste Rechtsgrundlage für das päpstliche Provisionswesen. Papst Clemens IV. bestätigte 1265 ausdrücklich eine bereits bestehende

---

152 A. Amrhein, Reihenfolge der Mitglieder des adeligen Domstiftes zu Wirzburg 742–1803, in: AHVU 32 (1889), 20f., 301f.; F. Merzbacher, Die Dignitäten in den Statuten des Würzburger Domkapitels, in: WDGB 37/38 (1975), 370; A. Meyer, Das Wiener Konkordat von 1448 – eine erfolgreiche Reform des Spätmittelalters, in: QFIAB 66 (1986), 125; H. E. Feine, Papst, Erste Bitten und Regierungsantritt des Kaisers seit dem Ausgang des Mittelalters, in: ZRG KA 20 (1931), 66f., 92, 97, 100; S.-M. Dohna, Verhältnisse, 49f.

153 A. Amrhein, Reihenfolge der Mitglieder des adeligen Domstiftes zu Wirzburg 742–1803, in: AHVU 32 (1889), 23f.; F. Merzbacher, Die Dignitäten in den Statuten des Würzburger Domkapitels, in: WDGB 37/38 (1975), 363–365, 367, 373–376; Beschreibung einiger deutscher Domkapitel, 19f. (HHStA Hs B 182).

154 Die bereits in den Einzeldarstellungen der jeweiligen Domkapitel angeführten Literaturangaben werden an dieser Stelle nicht mehr wiederholt. Sie können in den entsprechenden Abschnitten eingesehen werden.

Gepflogenheit und traf damit die Festlegung einer ersten Generalreservation zugunsten der Päpste. Alle kirchlichen Ämter, die entweder beim Apostolischen Stuhl oder an der Römischen Kurie durch Tod beziehungsweise Resignation ihres Inhabers vakant wurden, waren von nun an allein dem Papst zur Vergabe vorbehalten. Zudem eröffnete der Papst die Möglichkeit zur Erteilung von Exspektanzen auf noch gar nicht vakant gewordene Pfründen.

Die Reservationen wurden in der Folgezeit mehr und mehr ausgebaut. Papst Bonifaz VIII. erweiterte 1298 den Geltungsbereich der Bestimmungen Papst Clemens' IV. auf einen Umkreis von zwei Tagesreisen um den Sitz der Kurie. Papst Johannes XXII. dehnte 1316 die bestehenden Reservationen auch auf jene Ämter aus, die durch eine vom Papst ausgesprochene Promotion, Translation oder Privation vakant geworden waren. Darüber hinaus unterwarf er auch die von den Kardinälen und bestimmten Kurialen innegehabten Ämter seiner Kollation. Im ausgehenden 14. sowie im beginnenden 15. Jahrhundert begannen die Päpste schließlich schrittweise auch die erste Dignität nach der bischöflichen Würde in den Domkapiteln unter die päpstliche Reservation zu stellen. Neben diesen Generalreservationen ganzer Ämterklassen wurden von den Päpsten zusätzlich uneingeschränkt Provisionen vorgenommen.

Nachdem das päpstliche Provisionswesen vor allem zur Zeit des Abendländischen Schismas auf ein geradezu unerträgliches Maß angewachsen war und immer wieder Anlass zu langwierigen Rechtsstreitigkeiten bot, erstarkte der Widerstand dagegen zusehends, zumal sich die ordentlichen Kollatoren vielfach um ihre Rechte gebracht sahen. Das von Papst Martin V. 1418 als Folge des Konzils von Konstanz mit der Deutschen Konzilsnation auf fünf Jahre abgeschlossene Konkordat ließ zwar die Generalreservationen weitgehend bestehen, allerdings nicht hinsichtlich der Besetzung der ersten Dignität nach der bischöflichen Würde. Diesbezüglich sollte die vormalige Vergabepraxis wieder eingeführt werden. Für die Kollation der sonstigen Ämter sowie der Kanonikate der Domkapitel kam es zur Einführung einer fallweisen Alternation zwischen dem Papst und dem ordentlichen Kollator, in den meisten Fällen dem Domkapitel.

Da die Gültigkeit des Konkordats bereits 1423 wieder ausgelaufen war, verfügte Papst Martin V. 1425 für fünf Jahre eine weitere Reservation, die den Päpsten das Besetzungsrecht für alle in den Monaten Jänner, Februar, April, Mai, Juli, August, Oktober und November eingetretenen Vakanzen zusprach. Die übrigen vier Monate, freilich unter Beachtung der Generalreservationen, gebührten dem ordentlichen Kollator. Darüber hinaus bestehende Patronatsrechte blieben von diesen Regelungen unberührt. 1430 verlängerte Papst Martin V. diese Reservation neuerlich um fünf Jahre. Die nachfolgenden Päpste Eugen IV. und Nikolaus V. bestätigten sie ebenfalls, zuletzt 1447. Die Mainzer Akzeptation des Jahres 1439, die in Anlehnung an die Beschlüsse des Konzils von Basel von einer empfindlichen Einschränkung der

Generalreservationen geprägt war, konnte aufgrund der wechselhaften kirchenpolitischen Verhältnisse keine nennenswerte tatsächliche Wirksamkeit entfalten.[155]

Vor dem Hintergrund der geschilderten Entwicklungen kam es zu mehrjährigen Verhandlungen, an deren Abschluss am 17. Februar 1448 die Unterzeichnung des Wiener Konkordats durch König Friedrich III. und Kardinallegat Juan de Carvajal stand. Papst Nikolaus V. bestätigte die Vereinbarung wenige Wochen später, womit die Bestimmungen des Konkordats mit 1. Juni 1448 in Kraft treten konnten. Darin griff man hinsichtlich der Vergabe der Kanonikate auf die Alternation des Konstanzer Konkordats von 1418 zurück. Vom schwierig zu handhabenden Wechsel nach jedem Vakanzfall ging man jedoch ab und schrieb dem Papst sowie dem ordentlichen Kollator je sechs Monate eines Jahres zur Vergabe zu. Entscheidend für die Zuständigkeit des Kollators war nun, zu welchem Zeitpunkt die Vakanz eines Kanonikats eingetreten war. Geschah dies in einem ungeraden Monat, also im Jänner, März, Mai, Juli, September oder November, traf der Papst die Entscheidung über die Neubesetzung. Wurde eine Domherrenstelle in einem geraden Monat vakant, also im Februar, April, Juni, August, Oktober oder Dezember, fiel die Präbende jeweils dem ordentlichen Kollator zu. Das war in den meisten Fällen das Domkapitel selbst. Die Generalreservationen zugunsten des Papstes blieben vom Wiener Konkordat weitgehend unbehelligt. Alle durch eine vom Papst ausgesprochene Promotion, Translation oder Privation vakant gewordenen Kanonikate und Ämter unterstanden weiterhin der päpstlichen Verleihung. Dasselbe galt für diejenigen, die beim Apostolischen Stuhl oder im Umkreis von zwei Tagesreisen durch Tod beziehungsweise Resignation ihres Inhabers vakant wurden. Von Bedeutung waren dabei insbesondere die Resignationen zugunsten eines Dritten sowie in weit geringerem Umfang die Permutationen, die alle nur gegenüber dem Papst möglich waren. Auch die von Kardinälen und Kurialen innegehabten Benefizien blieben unverändert reserviert. Hinsichtlich der ersten Dignität nach der bischöflichen Würde war im ursprünglichen Vertragstext keine Reservation mehr vorgesehen. Durch einen Kopierfehler in der Konfirmationsbulle Papst Nikolaus' V. beanspruchten jedoch die Päpste in der Folge die Vergabe der ersten Dignität, was vor allem im 18. Jahrhundert zu weitläufigen kanonistischen Auseinandersetzungen führte. Nahm der Papst seine Kollationsrechte binnen dreier Monate nicht wahr, dann fielen sie in allen genannten Fällen auf dem Devolutionsweg an den ordentlichen Kollator. Im Unterschied zum Konstanzer Konkordat war das Wiener in seiner Laufzeit keiner Begrenzung unterworfen. Auch auf die ausdrückliche Angabe eines Geltungsbereiches wurde verzichtet.[156]

---

155 P. Hinschius, System III, 113–125, 130–138, 141–153; W. Bertrams, Staatsgedanke, 121f., 128–133; P. Schneider, Domkapitel, 114–121, 159f.; A. Meyer, Das Wiener Konkordat von 1448 – eine erfolgreiche Reform des Spätmittelalters, in: QFIAB 66 (1986), 108, 110, 114–116, 120, 123f., 136, 149f.; T. Willich, Wege, 136, 187, 190f.; J. Erdmann, Acta, 33–42.

156 K. Zeumer, Quellensammlung, 266–268; A. Meyer, Das Wiener Konkordat von 1448 – eine erfolgreiche Reform des Spätmittelalters, in: QFIAB 66 (1986), 109–112,

Kanonikate

Jene Kanonikate, die der Papst während des Untersuchungszeitraumes kraft der weiter bestehenden Generalreservationen besetzen konnte, sollen an dieser Stelle außerhalb der näheren Betrachtung bleiben. In der überwiegenden Mehrzahl handelte es sich dabei um Neubesetzungen nach Resignationen zugunsten Dritter, deren Annahme seit dem 16. Jahrhundert ausschließlich dem Papst vorbehalten war. Der Einfluss des Papstes auf den Vergabevorgang beschränkte sich dabei auf dessen kanonische Billigung. Die eigentliche Personalauswahl traf der Resignant.[157]

Sehr wohl aufgezeigt werden sollen aber jene Kollationsrechte, die den Päpsten als Folge der Bestimmungen des Wiener Konkordats von 1448 zuwuchsen. Das ihnen darin eingeräumte Besetzungsrecht über alle in den ungeraden Monaten vakant gewordenen Kanonikate konnten die Päpste unmittelbar nach dem Abschluss des Konkordats in den Domkapiteln von Augsburg, Basel, Bremen, Breslau, Brixen, Chur, Eichstätt, Ermland, Freising, Halberstadt, Hamburg, Hildesheim, Konstanz, Lübeck, Magdeburg, Mainz, Meißen, Merseburg, Minden, Münster, Osnabrück, Paderborn, Passau, Regensburg, Speyer, Trient, Utrecht, Verden und Worms ausüben. Damit waren also vorerst 29 Domkapitel von der Neuregelung betroffen. Bis auf eine Ausnahme standen alle der angeführten Domkapitel in Verbindung mit einem reichsständischen Hochstift. Für die Hochstifte Meißen und Merseburg war die Reichsstandschaft zwar seit dem 14. Jahrhundert umstritten, tatsächlich verloren gegangen ist sie allerdings erst in der Mitte des 16. Jahrhunderts. Das Ermländische Domkapitel fiel unmittelbar nach dem Abschluss des Konkordats durch den Zweiten Thorner Frieden 1466 unter die Oberhoheit des Königreiches Polen. So war es dem Breslauer Domkapitel allein vorbehalten, zum Zeitpunkt des Abschlusses des Konkordats keinem reichsständischen Hochstift zugehörig zu sein.

Daneben gab es allerdings auch 25 Domkapitel, die 1448 bereits bestanden, in denen die Bestimmungen des Wiener Konkordats über die Vergabe der Kanonikate überhaupt nicht oder nur teilweise zur Durchführung gelangten. Der Papst verfügte daher in diesen Einrichtungen nicht oder nur eingeschränkt über die ihm ansonsten zustehenden sechs Vergabemonate. In diese Gruppe fielen vor allem jene Domkapitel, die damals noch als ordensgeistliche Einrichtungen organisiert waren, also jene von Brandenburg, Chiemsee, Gurk, Havelberg, Kulm, Lavant, Leitomischl, Pomesanien, Ratzeburg, Salzburg, Samland und Seckau. Neben dem der dänischen Kirche zuzurechnenden Schleswiger Domkapitel kamen die Bestimmungen des Wiener Konkordats auch in den Domkapiteln der böhmisch-mährischen Länder, also in Prag und Olmütz, nicht zur Anwendung. Dasselbe galt für die Domkapitel von Bamberg, Cammin, Lausanne, Lebus, Naumburg, Schwerin, Straßburg, Trier und Würzburg. Davon war in den Hochstiften Cammin, Lausanne, Naumburg und

---

114, 124, 127, 144, 149f.; W. Bertrams, Staatsgedanke, 135–140; T. Willich, Wege, 136, 192–194.

157 P. Hersche, Domkapitel II, 18; F. Gillmann, Die Resignation der Benefizien, in: AKKR 80 (1900), 698–700, 707; P. Hinschius, System III, 277f., 280f.

Schwerin die Reichsstandschaft um die Mitte des 15. Jahrhunderts nur schwach ausgebildet beziehungsweise umstritten. In Lebus konnte ein Hochstift gar nicht erst ausgebildet werden. Somit waren von jenen Domkapiteln, in denen der Papst keine auf dem Wiener Konkordat beruhenden Kollationsrechte erwerben konnte, lediglich die vier von Bamberg, Straßburg, Trier und Würzburg mit einem im vollen Umfang reichsständischen Erz- beziehungsweise Hochstift verbunden. Im Kölner Domkapitel schließlich konnte der Papst seine aus der Alternation hervorgehenden Rechte nur hinsichtlich der Mehrzahl der Sazerdotalkanonikate, nicht aber der Adelskanonikate ausüben. Als Grund für die Sonderstellung dieser fünf Domkapitel sind entsprechende päpstliche Privilegien anzunehmen. Die Vermutung, dass deren Erteilung in Zusammenhang mit dem Obedienzwechsel von Papst Felix V. zu Papst Nikolaus V. stand, darf zumindest für Köln, Trier und Straßburg vermutet werden.

In einer dritten Gruppe von Domkapiteln gelangten die Bestimmungen des Wiener Konkordats erst mit einer mehr oder weniger umfangreichen zeitlichen Verzögerung zur Einführung. Je nach Ausgangslage war damit für den Papst ein Zuwachs beziehungsweise ein Verlust an Kollationsrechten verbunden. Mit Ausnahme des Olmützer Domkapitels waren alle von dieser Entwicklung betroffenen Einrichtungen in einem reichsständischen Erz- beziehungsweise Hochstift beheimatet.

In den lothringischen Bistümern fand vorerst die Reservation Papst Martins V. aus dem Jahr 1425 weiter Beachtung, die dem Papst die Vakanzen von acht Monaten zur Vergabe einräumte. Das Verduner Domkapitel versuchte ab 1441 in Übernahme der Bestimmungen der Pragmatischen Sanktion von Bourges, das alleinige Kollationsrecht für sich zu beanspruchen. Erreicht wurde das offensichtlich nicht, da sich bereits 1443 wieder acht Vergabemonate für den Papst fanden. Ob sich die Verfügungen der Pragmatischen Sanktion von Bourges auch auf das Metzer und das Touler Domkapitel auswirkten, muss offen bleiben. Jedenfalls bescherte die 1450 dem Metzer, 1519 dem Verduner und 1544 dem Touler Domkapitel gewährte Ausdehnung der Bestimmungen des Wiener Konkordats dem Papst einen Einflussverlust gegenüber der Reservation Papst Martins V.

Davon konnte in Lüttich keine Rede sein. Hier hatte nämlich bereits Papst Eugen IV. 1441 das Privileg zur gleichteiligen Alternation erteilt. Die formelle Einführung der Konkordatsbestimmungen im Jahr 1518 änderte deshalb an der Besetzung der Kanonikate nichts mehr. Für das Sittner Domkapitel dürften sich die Verhältnisse ähnlich dargestellt haben. Dessen 1513 bewilligte Unterstellung unter die Regelungen des Konkordats dürfte vor allem Rechtssicherheit angesichts eines zuvor ungeordneten päpstlichen Provisionswesens gebracht haben.

Einen Zugewinn an Rechten erfuhr der Papst hingegen im Salzburger Domkapitel, wo sich in den ersten Jahren nach der 1515 erfolgten Transmutation in eine weltgeistliche Einrichtung die Beachtung der Bestimmungen des Wiener Konkordats nach und nach durchsetzte und anschließend als bestehend erachtet wurde. Im Olmützer Domkapitel kam es im 16./17. Jahrhundert zur selben Entwicklung. Obwohl die Einhaltung der päpstlichen Monate schließlich auch dort als überlieferte Gepflogenheit anerkannt wurde, wehrte man sich mit dem Hinweis auf die Zugehörigkeit zu den böhmisch-mährischen Ländern gegen eine förmliche Unterwerfung

unter die Konkordatsbestimmungen. Ein letztes Mal kam es 1794 bei der Gründung des Corveyer Domkapitels zu einem Rückgriff auf die Bestimmungen des Wiener Konkordats, die auch hier für die Besetzung der Kanonikate schlagend wurden.

Eine rechtsverbindliche Klärung der päpstlichen Kollationsrechte, wenn auch ohne Berufung auf das Wiener Konkordat, wurde für das Kulmer Domkapitel vorgenommen, das durch den Zweiten Thorner Frieden 1466 unter die Oberhoheit des Königreiches Polen geriet und anschließend in eine weltgeistliche Einrichtung umgewandelt wurde. Gemäß den von Papst Leo X. 1519 und Papst Clemens VII. 1525 der polnischen Kirche eingeräumten Privilegien kam es auch hier zur Einführung der sechs päpstlichen Monate.

Die Möglichkeiten des Papstes, durch die Vergabe von Kanonikaten auf die Zusammensetzung der Domkapitel Einfluss zu nehmen, waren nicht nur der Abgrenzung und dem Zugewinn unterworfen. Die geschichtlichen Entwicklungen führten auch zum Verlust einzelner Kollationsrechte beziehungsweise zum Verzicht darauf.

Der größte Einbruch diesbezüglich war mit dem Konfessionswechsel mehrerer Domkapitel im 16./17. Jahrhundert verbunden. Selbstverständlich war es für eine protestantisch gewordene Institution nicht tragbar, dass der Papst ihr gegenüber Rechtsansprüche anmeldete. Daher wurden die päpstlichen Rechte anderweitig vergeben. Zuerst war dies um die Mitte des 16. Jahrhunderts in den Domkapiteln von Bremen, Hamburg, Merseburg und Verden der Fall. Während in Bremen sowie vermutlich auch in Verden sich das Domkapitel selbst die päpstlichen Monate zur Besetzung aneignete, musste das Merseburger Domkapitel vorerst dem Administrator beziehungsweise dem Landesherrn die Nachfolge in den päpstlichen Rechten einräumen. Erst 1592 konnte das Domkapitel die Rechte an sich bringen. Noch wechselhafter gestalteten sich die Verhältnisse in Hamburg. Nach längeren Auseinandersetzungen mit dem Rat der Stadt wusste sich das Domkapitel 1561 die päpstlichen Kollationsrechte zu sichern. Kleinere Zugeständnisse dem Rat gegenüber aus den Jahren 1563 und 1650 blieben ohne nennenswerte Auswirkungen, nicht jedoch die folgenden politischen Veränderungen. So konnte seit 1652 der König von Schweden, seit 1719 der Kurfürst von Braunschweig-Lüneburg die vormals päpstlichen Rechte ausüben. In Utrecht, Magdeburg und Lübeck dauerte es ein paar Jahrzehnte mehr, ehe man sich nach dem Konfessionswechsel zu einer Neuordnung der Kollationsvorgänge entschied. Das Utrechter Domkapitel erklärte 1579 die Rechte des Papstes für nicht mehr bestehend, und man übertrug die Neubesetzung der in den päpstlichen Monaten vakant gewordenen Kanonikate an das Domkapitel und die beiden weltlichen Stände der Provinz Utrecht, die Ritterschaft und die Stadt Utrecht. 1674 trat der Statthalter die Nachfolge der drei Stände an. Lediglich in der statthalterlosen Zeit zwischen 1702 und 1747 lagen die Rechte wieder in den Händen der drei Stände, während in den unruhigen Zeiten zu Beginn des 19. Jahrhunderts die entsprechenden Kollationsrechte mit der politischen Macht wechselten. Für das Magdeburger Domkapitel konnte von 1580 an der Administrator beziehungsweise der Landesherr die ehemals päpstlichen Rechte wahrnehmen. In Lübeck wurden anfängliche Begehrlichkeiten des Rates der Stadt zurückgewiesen, ehe es 1593 zu einer Teilung der päpstlichen Kollationsrechte zwischen dem Administrator und dem Domkapitel kam.

Der Westfälische Friede von 1648 und seine unmittelbaren Folgen brachten für zwei weitere Domkapitel das endgültige Ende aller päpstlichen Kollationsrechte. In den beiden gemischtkonfessionellen Domkapiteln von Halberstadt und Minden fielen die entsprechenden Monate jeweils dem Landesherrn zur Vergabe zu.

Neben den dem Konfessionswechsel geschuldeten Verlusten kam es auch in den katholischen Domkapiteln im Laufe der Zeit zu einem Zurückdrängen der päpstlichen Kollationsrechte. So verzichteten die Päpste häufig auf die ihnen zukommenden Rechte und übertrugen sie mittels Indulten an andere Personen. Diese Indulte erstreckten sich zumeist über eine Laufzeit von drei oder fünf Jahren und mussten daher regelmäßig erneuert werden. Nutznießer dieser Privilegien waren vor allem die Erzbischöfe von Mainz und ab 1565 die von Salzburg, denen die Päpste laufend solche Kollationslizenzen ausstellten, womit sie für diese beiden Domkapitel ihre Rechte praktisch verloren. Im Kölner Domkapitel galt dasselbe für die Mehrzahl der Sazerdotalkanonikate, bei deren Vergabe die Erzbischöfe beständig als Indultare auftraten. Darüber hinaus wurden vor allem Bischöfe im Kardinalsrang, Kurfürsten für ihre kumulierten Bistümer und Angehörige regierender Häuser mit dieser päpstlichen Gnade bedacht. Belegt sind solche Indultare für die Domkapitel von Augsburg, Breslau, Brixen, Freising, Halberstadt, Hildesheim, Konstanz, Lüttich, Magdeburg, Minden, Münster, Olmütz, Osnabrück, Paderborn, Passau, Trient und Worms. Besonders umfangreich waren dabei die päpstlichen Privilegien für Lüttich, wo vom zweiten Viertel des 16. bis über die Mitte des 18. Jahrhunderts mit wenigen Ausnahmen alle Bischöfe als Indultare tätig werden konnten. Päpstliche Indulte für einfache Bischöfe, die weder den Rang eines Kardinals oder Erzbischofs bekleideten, noch einem regierenden Haus entstammten, waren dagegen äußerst selten. Nachweisbar ist das zuerst für vier Fälle aus dem 16. Jahrhundert. 1550 kam der Merseburger Bischof Michael Helding in den Genuss des Privilegs. Papst Julius III. wollte dadurch die rasche Vergabe vakant gewordener Kanonikate an katholische Kleriker sicherstellen, eine Maßnahme, die letztlich genauso wenig Erfolg zeitigte wie ähnlich gelagerte Bemühungen Papst Sixtus' V., der dem Trierer Erzbischof Johann von Schönenberg ein Indult für die Domkapitel von Magdeburg, Halberstadt und Minden gewährte.[158] Im beginnenden 17. Jahrhundert griffen die Päpste Clemens VIII. und Paul V. erneut zu einer derartigen Maßnahme, als sie 1603 beziehungsweise 1614 für das Utrechter Domkapitel ihre Kollationsrechte an die Apostolischen Vikare Sasbout Vosmeer und Filips van Rouveen abtraten, wenngleich ohne jede tatsächliche Wirksamkeit. Den beiden Lütticher Bischöfen Robert von Bergen und Gerhard von Groesbeck, der erst später zum Kardinal aufstieg, wurden 1561 und 1566 von Papst Pius IV. beziehungsweise Papst Pius V. Indulte zugebilligt. Diese Gnadenerweise sollten als Ausgleichsmaßnahme für den durch die Neuregelung der Diözesaneinteilung der Niederlande erlittenen Machtverlust des Lütticher Bischofs dienen. Die Hintergründe für die Privilegierung des Basler Bischofs Jakob Christoph Blarer von Wartensee in den Neunzigerjahren des 16. Jahrhunderts müssen hingegen

158 J. Heckel, Domstifter, 130.

offen bleiben. Bekannt gewordene Versuche einzelner Bischöfe von Chur, Lüttich, Münster und Eichstätt, ebenfalls ein päpstliches Indult zu erwerben, waren jeweils zum Scheitern verurteilt. Anderen war wenigstens ein teilweiser Erfolg vergönnt. Denn zumindest im 18. Jahrhundert räumten die Päpste den Bischöfen von Ermland mehrfach die Vollmacht ein, nach ihrer Ernennung die ersten drei in den päpstlichen Monaten vakant werdenden Präbenden zu vergeben. Der Corveyer Bischof Ferdinand Hermann Freiherr von Lüninck erhielt 1799 von Papst Pius VI. ein ähnliches Indult, das ihn zur Vergabe zweier Präbenden ermächtigte. In Münster, Osnabrück und Paderborn scheiterten hingegen Versuche, ein Indult für die Vergabe eines einzigen Kanonikats zu erlangen. Obwohl einem regierenden Haus angehörig, ist auch der Verdener Bischof Christoph Herzog von Braunschweig-Wolfenbüttel hier zu nennen. Er konnte nämlich 1539 anlässlich einer Romreise von Papst Paul III. ein Indult erwirken, kraft dessen er im folgenden Jahr die Stellenvergabe in den päpstlichen Monaten durchführen durfte. Erwähnenswert sind schließlich noch jene auswärtigen geistlichen Würdenträger, die als Indultare Kollationsrechte wahrnehmen konnten, ohne zugleich im Besitz des betroffenen Bistums zu sein. Beispiele dafür waren Karl Ferdinand Prinz von Polen, der die Bistümer Breslau und Plozk innehatte, sowie Wacław Leszczyński, der zwar vorher Bischof von Ermland, zum Zeitpunkt der Ausübung des Indults allerdings bereits Erzbischof von Gnesen war. Beide konnten im Ermländischen Domkapitel um die Mitte des 17. Jahrhunderts mittels eines päpstlichen Indults vereinzelt Stellen vergeben. Ähnliches galt für die beiden Kölner Erzbischöfe Maximilian Heinrich Herzog von Bayern und Joseph Clemens Herzog von Bayern, die im ausgehenden 17. und im beginnenden 18. Jahrhundert gegenüber dem Osnabrücker Domkapitel als Indultare auftraten, ohne dort Bischof zu sein. Dass während der Amtszeiten der protestantischen Administratoren aus dem Haus Braunschweig-Lüneburg die geistliche Gewalt über das Bistum Osnabrück in den Händen des jeweiligen Erzbischofs von Köln lag, mag diesen Zustand begünstigt oder gar verursacht haben. Der Fall des Trierer Erzbischofs Johann von Schönenberg, der von Papst Sixtus V. ein Indult für die Domkapitel von Magdeburg, Halberstadt und Minden erhielt, wurde bereits erwähnt.

Eine freiwillige, obgleich nur kurzfristige Einschränkung erfuhren zwischen 1560 und 1579 die päpstlichen Rechte im Utrechter Domkapitel, als man für neun Domherrenstellen einen von der Alternation unabhängigen Vergabemodus einführte.

Wie stark der Druck einzelner Landesherren auf die Päpste war, ihnen ihre Kollationsrechte zu übertragen, lässt sich nicht mehr abschätzen. Daher muss offen bleiben, wo die Grenzen zwischen Freiwilligkeit und Zwang verliefen. Jedenfalls trat Papst Sixtus IV. bereits 1481 seine Rechte im Meißner Domkapitel dauerhaft an die Kurfürsten und Herzöge von Sachsen ab. Papst Clemens IX. gewährte 1668 den Königen von Frankreich dasselbe Privileg für das Metzer, Touler und Verduner Domkapitel. Für das Kulmer Domkapitel setzte König Friedrich II. von Preußen 1772 seinen Anspruch auf die Vergabe der Kanonikate in den päpstlichen Monaten durch, womit sich von nun an die Ernennung der eigentlich katholischen Kulmer Domherren teilweise in den Händen des protestantischen Landesherrn befand. 1784 folgte Kaiser Joseph II. hinsichtlich des Olmützer Domkapitels dem Beispiel

König Friedrichs II. von Preußen. Schließlich brachte 1798 noch das Direktorium der Helvetischen Republik, eine in ihrem Wesen jeglicher Religion kritisch gegenüberstehende Institution, das päpstliche Kollationsrecht im Sittner Domkapitel an sich. Die seit 1743 beziehungsweise 1772 geltende Forderung des Königs von Preußen, verbindlich seine Zustimmung für jede päpstliche Kollation einzuholen, bedeutete schließlich für die Domkapitel von Breslau und Ermland eine Einschränkung der päpstlichen Rechte, ohne sie freilich grundsätzlich in Frage zu stellen.

Sieht man von der Ausnahme gelegentlich erteilter Indulte ab, so konnte der Papst seine im Wiener Konkordat von 1448 vorgesehenen Kollationsrechte für die in den ungeraden Monaten vakant gewordenen Kanonikate in den Domkapiteln von Augsburg, Basel, Brixen, Chur, Corvey, Eichstätt, Freising, Hildesheim, Konstanz, Lüttich, Münster, Osnabrück, Paderborn, Passau, Regensburg, Speyer, Trient und Worms dauerhaft ausüben.

Ungeachtet des bereits erwähnten Sonderfalls Corvey, wurde von den nach dem Beginn des Untersuchungszeitraumes neu gegründeten Domkapiteln kein einziges mehr den Bestimmungen des Wiener Konkordats von 1448 unterworfen. Da diesem in den österreichischen Erblanden keine Rechtskraft zukam, konnte der Papst in den Domkapiteln von Laibach, Wien, Wiener Neustadt, Görz, Linz, St. Pölten, Graz, Leoben und Gradisch keinerlei Kollationsrechte erwerben. Auch auf die böhmisch-mährischen Länder gelangte das Wiener Konkordat nicht zur Anwendung, womit dem Papst in den Domkapiteln von Leitmeritz, Königgrätz, Brünn und Budweis ebenfalls keine Monate zur Kollation eingeräumt wurden. Unerwähnt geblieben ist in diesem Zusammenhang somit nur noch das Fuldaer Domkapitel, das sich als ordensgeistliche Einrichtung frei von päpstlicher Einflussnahme halten konnte, obwohl es einem reichsständischen Hochstift zugehörig war.

Abschließend sei noch darauf verwiesen, dass die Rechte des Papstes in zweierlei Hinsicht eine leichte Einschränkung erfuhren. Zum einen geschah dies durch bestehende Patronatsrechte über bestimmte Kanonikate, die selbstverständlich in allen Monaten zu achten waren. Zum anderen wurde seitens der übrigen Kollatoren darauf gedrängt, die Ersten Bitten des Kaisers gegenüber in den päpstlichen Monaten vakant gewordenen Kanonikaten zur Anwendung zu bringen.

Dignitäten und Personate

Konnte mit den Bestimmungen des Wiener Konkordats von 1448 die Einflussnahme des Papstes auf die Vergabe der Kanonikate einer klaren und im Allgemeinen beständigen Regelung unterworfen werden, so galt dies für die Besetzung der Dignitäten nur in sehr eingeschränktem Umfang. Die Ursache dafür lag zu einem nicht geringen Teil in einem Kopierfehler, der sich in die Konfirmationsbulle Papst Nikolaus' V. eingeschlichen hatte. In Fortführung einer bereits seit dem ausgehenden 14. sowie dem beginnenden 15. Jahrhundert geübten Praxis betrachtete man daher die Vergabe der ersten Dignität nach der bischöflichen Würde als dem Papst reserviert, obwohl dies durch den Originaltext des Wiener Konkordats von 1448 nicht gedeckt war. Vor allem im 18. Jahrhundert führte diese Tatsache zu weitläufigen kanonistischen Auseinandersetzungen.[159]

Doch auch schon in früherer Zeit konnte der Papst die Kollationsrechte über die erste Dignität nicht allgemein durchsetzen. Das lag neben dem Bestehen älterer gegenteiliger Privilegien vor allem an der Erteilung weiterer päpstlicher Gnadenerweise für mehrere Domkapitel beziehungsweise sonstige Rechtsträger.

Abgesehen von einzelnen Ausnahmen aufgrund der bereits erwähnten päpstlichen Reservationen, die mitunter zu umstrittenen oder gar doppelten Besetzungen der ersten Dignität führten, konnte der Papst in den Domkapiteln von Brandenburg, Bremen, Brünn, Budweis, Cammin, Chiemsee, Corvey, Fulda, Görz, Gradisch, Graz, Gurk, Hamburg, Havelberg, Hildesheim, Köln, Königgrätz, Kulm, Laibach, Lausanne, Lavant, Leitmeritz, Leitomischl, Leoben, Linz, Lübeck, Lüttich, Osnabrück, Paderborn, Pomesanien, Prag, Ratzeburg, Salzburg, Samland, St. Pölten, Schleswig, Schwerin, Seckau, Sitten, Trier, Verdun, Wien, Wiener Neustadt und Worms keine Kollationsrechte für die erste Dignität geltend machen. Da entsprechende Bemühungen gegenüber den Domkapiteln von Bamberg, Münster, Olmütz und Toul letztlich ohne nennenswerte Erfolge blieben, konnte in 48 der untersuchten Domkapitel die erste Dignität weitestgehend ohne Mitwirkung des Papstes besetzt werden. Dass alle Einrichtungen, die nicht in Verbindung mit einem reichsständischen Erz- oder Hochstift standen, in dieser Auflistung zu finden sind, verwundert nicht. Erwähnenswerter scheint vielmehr die Tatsache, dass sich nicht wenige einem Erz- oder Hochstift zugehörige Domkapitel der päpstlichen Einflussnahme entziehen konnten.

Umgekehrt gab es aber auch Domkapitel, in denen der Papst im Allgemeinen ohne Widerspruch das Kollationsrecht über die erste Dignität ausüben konnte. Das war in den acht Domkapiteln von Breslau, Brixen, Chur, Eichstätt, Passau, Regensburg, Straßburg und Trient der Fall. Eine geringfügige Einschränkung erfuhren die Rechte des Papstes in Straßburg und in Breslau. Ersternorts musste der Dompropst seit 1687 den französischen Mitgliedern des Domkapitels entnommen werden, während sich der Papst in Breslau nach dem Fall Schlesiens an das Königreich Preußen in seinen Personalentscheidungen überwiegend den zu erfüllenden Vorgaben des Landesherrn gegenübersah. Das Breslauer Domkapitel bildete also auch hier wieder eine Ausnahme. Wie schon bei den Kollationsrechten für die Kanonikate, zählte es als einzige nicht mit einem Reichsstand in Verbindung stehende Einrichtung zur Gruppe jener Domkapitel, in denen der Papst dauerhaft seine Kollationsrechte über die erste Dignität ausüben konnte. Hinzuweisen ist auch noch auf das Straßburger Domkapitel, das zwar für die Vergabe seiner Kanonikate keine päpstlichen Monate kannte, aber die Dompropstei sehr wohl dem Papst zur Besetzung einräumte.

159 A. Meyer, Das Wiener Konkordat von 1448 – eine erfolgreiche Reform des Spätmittelalters, in: QFIAB 66 (1986), 109; W. Bertrams, Staatsgedanke, 136f.; P. Hinschius, System III, 138f.; F. Keinemann, Domkapitel, 83.

In einem weit größeren Ausmaß kam es während des Untersuchungszeitraumes zur Abtretung beziehungsweise zum Verlust der päpstlichen Kollationsrechte über die erste Dignität. In fünf Fällen konnte das Domkapitel vom Papst das Wahlrecht für die Dompropstei gewinnen. Papst Sixtus IV. erteilte 1478 dem Speyerer Domkapitel ein entsprechendes Privileg, Papst Alexander VI. 1500 dem Augsburger, Papst Pius IV. 1562 dem Mainzer, Papst Paul V. 1612 dem Würzburger und Papst Benedikt XIV. 1756 dem Konstanzer.

Im Freisinger Domkapitel geriet die Bestimmung des Dompropstes faktisch in die Hände des Bischofs. Papst Benedikt XIII. beschränkte nämlich 1725 die Personalauswahl der Päpste auf einen Kandidaten, für den der Bischof vorher ein Benemerenzattest ausgestellt hatte.

Die größten Rechtsverluste erlitt der Papst jedoch gegenüber verschiedenen weltlichen Mächten. Bereits 1476 verzichtete Papst Sixtus IV. zugunsten der Kurfürsten und Herzöge von Sachsen auf sein Kollationsrecht über die Meißner Dompropstei. 1518 konnte König Sigismund I. von Polen für sich und seine Nachfolger von Papst Leo X. das Patronatsrecht für die Ermländische Dompropstei erlangen. Die politischen Veränderungen des Jahres 1772 führten dazu, dass das Recht schließlich an den König von Preußen überging. Papst Clemens VII. wiederum erteilte dem Rat der Stadt Basel 1525 die Erlaubnis, die dortige Dompropstei zu besetzen. Im konfessionell aufgeladenen Streit mit dem Domkapitel kam es von 1537 an zu Doppelbesetzungen. Am Ende standen 1583 das Wahlprivileg Papst Gregors XIII. für das Domkapitel sowie 1585 der Vertrag von Baden, in dem die Stadt bezüglich der Dompropstei alle Kollationsansprüche aufgab. Während das Verdener Domkapitel 1559 die Dompropstei supprimierte und den Papst damit um seine Rechte brachte, verloren sich diese im Merseburger Domkapitel mit dessen Konfessionswechsel um die Mitte des 16. Jahrhunderts. Die Dompropstei wurde vorerst vom Administrator beziehungsweise vom Landesherrn vergeben, ehe sich 1592 das Domkapitel deren Besetzung sichern konnte. Ähnlich gestaltete sich die Lage im Lebuser Domkapitel. Dort erfolgte die Vergabe der Dompropstei zu Beginn des Untersuchungszeitraumes vorwiegend durch den Papst. Lediglich Kurfürst Friedrich II. von Brandenburg erhielt 1447 von Papst Eugen IV. das Recht zur einmaligen Besetzung der Dignität. Die Dompropstei völlig unter ihren Einfluss zu bringen, gelang den Kurfürsten freilich ebenfalls erst mit dem Konfessionswechsel um die Mitte des 16. Jahrhunderts. Die erste dieser landesherrlichen Kollationen fand 1551 statt. Der Konfessionswechsel schloss 1579 auch im Utrecher Domkapitel den Papst von allen Kollationsrechten aus. Den Dompropst bestimmten nun die Stände der Provinz Utrecht. Zwischen 1674 und 1702 sowie ab 1747 trat der Statthalter der Niederlande in die vormaligen Rechte des Papstes ein, allerdings unter vorausgehender Nomination des Dompropstes durch die Stände. Infolge des Westfälischen Friedens von 1648 musste der Papst endgültig auf die Ausübung seiner Kollationsrechte für die Halberstädter und Mindener Dompropstei verzichten. Obwohl letztere auch danach mit einem katholischen Kleriker zu besetzen war, entschied jetzt der Kurfürst von Brandenburg beziehungsweise der König von Preußen über den jeweiligen Amtsinhaber. Ähnlich gestalteten sich die Verhältnisse in Magdeburg, wo es nach dem Westfälischen

Frieden noch zu einer Kollation durch den Papst kam, ehe 1661 mit dem Tod des letzten katholischen Dompropstes die päpstlichen Rechte für immer untergingen. Anders als in den zuletzt geschilderten Fällen trat Papst Clemens IX. 1668 die Kollationsrechte für das Primizeriat des Metzer Domkapitels aus eigenem Ermessen an den König von Frankreich ab.

Weitgehend im Dunkeln bleibt die Rolle des Papstes bei der Vergabe der Dompropstei des Naumburger Domkapitels. Der Zeitraum bis zum Konfessionswechsel scheint jedoch eher von einem Ringen zwischen dem Domkapitel und den nach mehr Einfluss auf die Personalentscheidungen strebenden Landesfürsten von Sachsen geprägt gewesen zu sein.

Hinsichtlich der rangniedrigeren Dignitäten sowie der Personate gelang es dem Wiener Konkordat von 1448 hingegen noch viel weniger, verbindliche Rechtsnormen zu schaffen. Zwar unterwarf der Vertragstext ausdrücklich auch die Vergabe aller weiteren Würden und Pfründen dem monatlichen Wechsel zwischen dem Papst und dem ordentlichen Kollator. Der erhobene Befund zeigt allerdings, dass die Alternation zwischen dem Papst und dem ordentlichen Kollator für die Kapitelämter von der zweiten Dignität abwärts nur in ganz wenigen Ausnahmefällen Beachtung fand. Daher beschränkten sich auch die Kollationsrechte des Papstes für die rangniedrigeren Dignitäten und Personate auf einige wenige Domkapitel. Der Grund dafür wird wohl in zahlreichen älteren und jüngeren Privilegien zu suchen sein, in denen die Päpste überwiegend dem Domkapitel das ausschließliche Kollationsrecht über einzelne Dignitäten und Personate einräumten. Dass zudem einzelne Ämter ihre ursprüngliche Dotation aus vormaligen Mitteln des Bischofs oder des Domkapitels erhalten hatten, mag eine Art Patronatsverhältnis der Stifter gegenüber der Dignität beziehungsweise dem Personat geschaffen haben, das eine Änderung der bestehenden Kollationspraxis gar nicht erst aufkommen ließ. Allerdings sind auch in diesem Zusammenhang die päpstlichen Reservationen zu beachten, obgleich es mehrfach Beispiele dafür gibt, dass sie für einzelne Domkapitel und Ämter auf dem Gnadenweg eingeschränkt oder gar gänzlich aufgehoben wurden.[160]

Besonders ausgeprägt waren die päpstlichen Rechte im Breslauer Domkapitel. Hier konnte der Papst während des gesamten Untersuchungszeitraumes in seinen sechs Monaten über die Dignitäten der Domdechantei, des Archidiakonats, der Kantorei, der Scholasterie, der Kustorei und der Kanzlei verfügen. Ähnlich gestaltete sich die Lage im Ermländischen Domkapitel, wo der Papst ebenfalls die ihm durch die Alternation eingeräumten Kollationsrechte über alle rangniedrigen Dignitäten behaupten und somit für die Domdechantei, die Kustorei und die Kantorei in Anwendung bringen konnte. Diese beiden Domkapitel sind bereits oben als besonders stark dem Einfluss des Papstes unterworfene Einrichtungen aufgefallen.

Auch im Westen des Untersuchungsraumes spielte der Papst in der Vergabe der Dignitäten und Personate dauerhaft eine bedeutsame Rolle. Die sieben als

---

160 K. Zeumer, Quellensammlung, 267f.; W. Bertrams, Staatsgedanke, 136; P. Hinschius, System III, 139.

Dignitäten eingestuften Archidiakonate des Lütticher Domkapitels waren ihm nach den in den ungeraden Monaten auftretenden Vakanzfällen zur Neubesetzung vorbehalten. Kleine Einschränkungen musste er lediglich für die Monate Jänner und November ungerader Jahre sowie den Monat November gerader Jahre hinnehmen, in denen die Artistische Fakultät der Universität Löwen kraft eines 1616 erteilten Privilegs die Amtsinhaber bestimmten durfte. Im Metzer Domkapitel waren die Kantorei, die Kanzlei, das Thesaurariat, die Scholasterie und das Eleemosynariat der Alternation unterworfen. 1668 verzichtete Papst Clemens IX. auf die Neuvergabe der in den ungeraden Monaten vakant gewordenen Dignitäten und trat die päpstlichen Rechte dauerhaft an den König von Frankreich ab. Ähnliche Verhältnisse herrschten auch im benachbarten Touler Domkapitel. Hier vermochte der Papst vorerst sein auf die in den ungeraden Monaten eingetretenen Vakanzen beschränktes Kollationsrecht für die drei Dignitäten der Kantorei, des Thesaurariats und der Scholasterie geltend zu machen. Während die Päpste bis ins 17. Jahrhundert ihre Rechte über die Scholasterie schleichend an das Domkapitel verloren, trat Papst Clemens IX. 1668 die Verfügungsgewalt über die beiden anderen Dignitäten an den König von Frankreich ab. Auch das Verduner Domkapitel wies in etwa die gleichen Entwicklungen auf. Die Einführung der Bestimmungen des Wiener Konkordats im Jahr 1519 brachte dem Papst die alleinige Vergabe des Archidiakonats der Woëvre ein. Die Neubesetzung der Kantorei und der Scholasterie erfolgte hingegen nach den Vorgaben der Alternation, also bei in den ungeraden Monaten eingetretenen Vakanzfällen durch den Papst. Der konnte freilich seine Rechte nicht auf Dauer behaupten. In den Jahrzehnten um den Wechsel vom 16. zum 17. Jahrhundert gelang es nämlich dem Domkapitel, die Vergabe der Scholasterie gänzlich für sich zu gewinnen. Für die beiden übrigen Dignitäten betraute Papst Clemens IX. 1668 den König von Frankreich mit den bislang von ihm ausgeübten Rechten. Das galt auch hinsichtlich des Archidiakonats der Woëvre.

Deutlich eingeschränkter als in den bislang angeführten Institutionen waren die Einflussmöglichkeiten des Papstes auf die Vergabe der nachgereihten Dignitäten in den Domkapiteln von Basel, Hildesheim, Konstanz und Magdeburg. Auf die in diesen Einrichtungen vorerst gepflogene alternative Vergabe der Domdechantei verzichteten die Päpste des 16. Jahrhunderts nach und nach, zuerst Papst Paul III. 1535 für das Basler und 1537 für das Konstanzer Domkapitel, dann Papst Julius III. 1550 für das Hildesheimer und 1553 für das Magdeburger Domkapitel.

Im Schleswiger Domkapitel schließlich beanspruchte der Papst bereits seit der Mitte des 14. Jahrhunderts die alleinige Vergabe der Kantorei. 1485 verzichtete Papst Innozenz VIII. zugunsten des Domkapitels und des Bischofs auf seine die dritte Dignität betreffenden Rechte.

Bei den nachrangigen Dignitäten und Personaten zeigt sich also noch mehr als bei den ersten Dignitäten nach der bischöflichen Würde der schrittweise Rückgang des päpstlichen Einflusses. Lediglich im eigentlich gar nicht den Bestimmungen des Wiener Konkordats von 1448 unterworfenen Breslauer Domkapitel und im Ermländischen Domkapitel, das zwischen 1466 und 1772 unter der Oberhoheit des Königreiches Polen stand, blieb dem Papst ein nennenswertes Mitwirkungsrecht an der Vergabe der Dignitäten erhalten. Bemerkenswert sind zudem die Verhältnisse ganz im Westen des Untersuchungsraumes, wo sich der Papst ebenfalls ausgeprägterer Kollationsrechte erfreuen konnte. Die dortigen Domkapitel von Metz, Lüttich, Verdun und Toul wurden alle erst nachträglich, nämlich 1450, 1518, 1519 und 1544, offiziell den Bestimmungen des Wiener Konkordats unterstellt. Diese, abgesehen von Metz, doch über einige Jahrzehnte anders verlaufende rechtsgeschichtliche Entwicklung mag die Aufrechterhaltung der päpstlichen Rechte begünstigt haben, auch wenn sie 1668 für die drei lothringischen Domkapitel samt und sonders verloren gingen. Somit zählte lediglich das Lütticher Domkapitel mit denen von Breslau und Ermland zu jenen Einrichtungen, die über das 17. Jahrhundert hinaus päpstliche Kollationsrechte für die rangniedrigeren Ämter kannten. Die übrigen päpstlichen Ansprüche in den Domkapiteln von Schleswig, Basel, Konstanz, Hildesheim und Magdeburg verloren sich spätestens um die Mitte des 16. Jahrhunderts.

Personate waren offensichtlich nicht von päpstlichen Kollationsrechten betroffen, diese scheinen nirgends über die Dignitäten hinausgegangen zu sein.

3. Bischöfe

Dem Bischof als der höchsten kirchlichen Autorität vor Ort war gegenüber dem Domkapitel vor allem im Frühmittelalter eine starke Stellung beschieden. Seine Möglichkeiten, die Zusammensetzung des Domkapitels maßgeblich zu beeinflussen, wurden jedoch schon in den Jahrhunderten vor Beginn des Untersuchungszeitraumes empfindlich beschnitten beziehungsweise in Teilen völlig aufgehoben.[161]

Schrittweiser Wandel

Mit der 755/56 entstandenen Kanonikerregel Bischof Chrodegangs von Metz sowie den 816 erlassenen Bestimmungen der Synode von Aachen schrieben die beiden für die Ausgestaltung der Domkapitel grundlegenden Rechtswerke des Frühmittelalters die Ernennung der Domherren sowie die Bestimmung der Amtsinhaber ausschließlich dem Bischof zu. Die weitere Entwicklung führte jedoch dazu, dass der Bischof in den allermeisten Fällen seine Kollationsrechte nach und nach verlor. Der erste Schritt dieses sich über längere Zeit erstreckenden Vorgangs lag darin, dass die Domkapitel seit dem ausgehenden 9. Jahrhundert ein Mitwirkungsrecht an den Personalentscheidungen einforderten und vielfach auch erhielten. Damit kam es hinsichtlich der Kanonikate vorerst zur sogenannten Simultankollation durch den Bischof und das Domkapitel, bei der keiner der beiden Beteiligten ohne Zustimmung des jeweils anderen eine rechtsgültige Neuvergabe vornehmen konnte. Die Vermeidung von dabei wiederholt aufgetretenen Unstimmigkeiten zwischen

161 Die bereits in den Einzeldarstellungen der jeweiligen Domkapitel angeführten Literaturangaben werden an dieser Stelle nicht mehr wiederholt. Sie können in den entsprechenden Abschnitten eingesehen werden.

dem Bischof und dem Domkapitel glaubte man dadurch erreichen zu können, dass man die Besetzung in späterer Zeit nicht mehr gemeinsam durchführte, sondern die Kollationsrechte über die Kanonikate auf die beiden Kollatoren aufteilte. Für die überwiegende Zahl der Domkapitel war jedoch auch diese Regelung nicht mehr als eine vorübergehende Lösung, da es in den meisten Institutionen bis in das 13. Jahrhundert hinein zur Ausbildung des Selbstergänzungsrechtes kam. Das Domkapitel selbst bestimmte nun über seine personelle Zusammensetzung. Auch bezüglich der Dignitäten war der Einfluss des Bischofs im Sinken begriffen. Zumindest für die Spitzenämter gelang es den Domkapiteln ab dem späten 9. Jahrhundert, das Wahlrecht für sich zu gewinnen.[162] Dass sich die Domkapitel freilich nicht dauerhaft ihrer Rechte uneingeschränkt erfreuen konnten, wurde bereits vorhin anlässlich der Schilderung der päpstlichen Einflussnahme aufgezeigt. Zudem vermochten sich die Bischöfe auf dem Weg des Patronatsrechtes in Einzelfällen Kollationsrechte zu sichern, während sich für die Verfassungen der erst im Laufe des Untersuchungszeitraumes gegründeten Domkapitel die Möglichkeit auftat, die für die Rolle der Bischöfe wenig förderlichen Entwicklungen des Mittelalters nicht in vollem Umfang berücksichtigen zu müssen.

Kanonikate

Vor dem Hintergrund der aufgezeigten Entwicklung erscheint es als wenig überraschend, dass die Bischöfe im Untersuchungszeitraum in der Vergabe der Kanonikate abgesehen von Ausnahmefällen zumeist keinen nennenswerten Einfluss ausüben konnten.

Anders lagen die Verhältnisse vor allem im Breslauer und im Lütticher Domkapitel. Nach den Bestimmungen des Wiener Konkordats von 1448 fungierte nur hier der Bischof neben dem Papst als ordentlicher Kollator und konnte als solcher alle in den geraden Monaten vakant gewordenen Kanonikate allein nach seinem Gutdünken besetzen. In Breslau musste er allerdings von 1743 an für seine Personalentscheidungen die Zustimmung des Königs von Preußen einholen.

Unabhängig von den Bestimmungen des Wiener Konkordats von 1448 war von der Transmutation 1787 an auch im Gurker Domkapitel die Hälfte der Kollationen dem Bischof übertragen, der sich nach jedem Vakanzfall mit dem Landesherrn in der Neuvergabe abwechselte. Vorübergehend war auch das Havelberger Domkapitel einem starken bischöflichen Einfluss unterworfen. Nach der Transmutation 1506/07 wurden von den nicht dem Kurfürsten von Brandenburg zur Besetzung zugefallenen Kanonikaten je sechs dem Bischof und dem Domkapitel zur Kollation zugeteilt. Der 1528 unternommene Versuch, auch die Kanonikate des Landesherrn dieser Praxis zu unterwerfen, war nur ganz kurz erfolgreich. 1571 fielen auch alle

162 P. Schneider, Domkapitel, 106–109; G. A. Huller, Persönlichkeit, 36, 38, 49; P. Hinschius, System II, 613f.; G. P. Marchal, Einleitung. Die Dom- und Kollegiatstifte der Schweiz, in: G. P. Marchal, Kollegiatstifte, 41; G. Gehring, Domcapitel, 108f.

übrigen Rechte des Bischofs beziehungsweise Administrators an den Landesherrn. Das benachbarte Brandenburger Domkapitel wies nach einer Vereinbarung aus dem Jahr 1532 ähnliche Verhältnisse auf. Hier war ein Wechsel der Kollation nach jedem Vakanzfall zwischen dem Bischof und dem Domkapitel üblich, ehe auch hier 1571 alle bischöflichen Rechte auf den Landesherrn übergingen. Lediglich eine kurzfristige Einführung stellte die seit 1533 geltende alternative Vergabe der Kanonikate des Schleswiger Domkapitels durch den Bischof und den Landesherrn dar. Bereits 1541/42 wurde der monatliche Wechsel wieder abgeschafft. Nur unwesentlich länger konnte der Administrator von Merseburg die Alternation behaupten. Nachdem er nach dem Tod des letzten katholischen Bischofs 1561 die Personalauswahl für die päpstlichen Monate für sich beansprucht hatte, musste er schon 1592 zugunsten des Domkapitels wieder darauf verzichten.

Eine Mischung aus durch die Alternation gewonnenen Kollationsrechten, Patronatsrechten und auf der Simultankollation beruhenden Ansprüchen sorgte im Kulmer Domkapitel für einen insgesamt durchaus bedeutsamen Einfluss des Bischofs auf die personelle Zusammensetzung des Domkapitels. Gemäß den Privilegien Papst Leos X. von 1519 und Papst Clemens' VII. von 1525 wurde das Kollationsrecht für die zumeist vier damals bestehenden Kanonikate zwischen dem Papst und dem Bischof geteilt. Dem Bischof wurden dabei die in den geraden Monaten eintretenden Vakanzfälle zugesprochen. Zudem verfügte der Bischof in jedem Fall über das 1599 neu geschaffene Kanonikat. An der Vergabe von sechs weiteren Kanonikaten war der Bischof im Zuge der Simultankollation beteiligt. Für die 1724 errichtete Domherrenstelle durfte er dem Domkapitel einen Zweiervorschlag zur Auswahl unterbreiten, während er umgekehrt bei der Neuvergabe der 1650, 1699, 1729 und 1730 eingeführten Domherrenstellen aus einem Zweiervorschlag des Domkapitels auswählte. Schließlich traf der Bischof im Fall einer Vakanz des 1654 gestifteten Kanonikats nach einem Dreiervorschlag des Domkapitels die Letztentscheidung. Die bischöflichen Kollationsrechte hielten sich in der Folge bis zum Ende des Untersuchungszeitraumes, auch wenn seit 1772 für alle Personalentscheidungen die Zustimmung des Königs von Preußen erforderlich war. Auch im Lübecker Domkapitel stützten sich die insgesamt durchaus beachtlichen Kollationsrechte des Bischofs beziehungsweise Administrators neben der Alternation auch auf Patronatsrechte. Erstere hatte ihren Ursprung in einer 1593 getroffenen Vereinbarung zwischen dem Administrator und dem Domkapitel, in der die Vergabe der bislang päpstlichen Monate neu geregelt wurde. Nach in den ungeraden Monaten aufgetretenen Vakanzfällen behielten sich die beiden Vertragspartner von nun an abwechselnd die Vergabe vor. Älteren Ursprungs waren die Rechte des Bischofs beziehungsweise Administrators über ein Maiorkanonikat sowie insgesamt vier Distinktpräbenden. Das Magdeburger unterschied sich diesbezüglich kaum vom Lübecker Domkapitel. Hier konnte der Administrator von 1580 an die vormals päpstlichen Monate zur Gänze übernehmen und bis zum Ende des Erzstiftes 1680 behaupten. Ergänzt wurden die Ansprüche des Erzbischofs beziehungsweise des Administrators durch die schon länger bestehenden Kollationsrechte über fünf ausschließlich ihm zur Vergabe überlassene Distinktpräbenden. Das Königgrätzer Domkapitel wies ebenfalls einen ähnlichen Befund auf. So waren hier dem Bischof die in den Monaten März, Juni, September, November und Dezember eingetretenen Vakanzen zur Neuvergabe beschieden. Dazu kamen im Laufe der ersten Hälfte des 18. Jahrhunderts die Vergabe der drei von Dechant Jan Vojtěch Švanda von Taubenfels, Dechant Johann Franz Lodgman von Auen und Anna Magdalena von Ullersdorf gestifteten Kanonikate. Die von Dechant Jan Řečický ausgestattete Präbende konnte der Bischof abwechselnd mit dem Domkapitel besetzen.

Größere Bedeutung für die Vergabe der Kanonikate konnte auch der Bischof von Leitmeritz erlangen. Seine Rechte beruhten samt und sonders auf Patronaten und wurden zumindest teilweise durch die Simultankollation eingeschränkt. Die beiden nach Stiftungen Bischof Maximilian Rudolph von Schleinitz' 1671 beziehungsweise Karel Vilém Šimeček von Cejnovs 1680 errichteten Kanonikate konnte der Bischof selbst vergeben. Allerdings musste er anschließend die mehrheitliche Zustimmung des Domkapitels einholen. Dass das auch für die durch Bischof Hugo Franz Graf von Königsegg 1717 dotierten Kanonikate erforderlich war, lässt sich nur vermuten. Die entscheidende Personalauswahl traf jedenfalls auch hier der Bischof. Auf Patronatsrechte stützte sich auch der Einfluss des Bischofs von Ratzeburg. Er konnte zwei 1504 von Bischof Johannes von Parkentin gestiftete Kanonikate vergeben. Der mit dem Konfessionswechsel einhergehende schrittweise Verfall des Domkapitels führte wohl zum Verlust der bischöflichen Rechte. Mitte des 17. Jahrhunderts werden sie jedenfalls mit keinem Wort mehr erwähnt.

Ebenfalls dauerhafte, wenn auch in ihrem Umfang sehr eingeschränkte Kollationsrechte konnte der Bischof in jenen Domkapiteln wahrnehmen, in denen ihm verbindlich ein Kanonikat zur Vergabe zugewiesen war. Dies betraf die Priesterpräbende des Basler Domkapitels ebenso wie das von Janez Friderik Madko im Görzer Domkapitel gestiftete Kanonikat. Auch das Laibacher, das Wiener Neustädter, das St. Pöltner und das Gradischer Domkapitel kannten je eine dem Bischof zur Neubesetzung vorbehaltene Domherrenstelle.

Einen deutlich geringeren Einfluss stellte das Recht der Ersten Bitten dar, das einige Domkapitel ihrem Bischof einräumten. Dabei konnte dieser nach seinem Amtsantritt einmalig einen Kandidaten für die Übernahme eines Kanonikats vorschlagen. Es handelte sich beim Recht der Ersten Bitten also nicht um ein Kollationsrecht im eigentlichen Sinn, sondern lediglich um die Möglichkeit, in einem Fall dem Domkapitel gegenüber eine verbindliche Exspektanz zugunsten eines Kandidaten auszusprechen. Nachweislich im Genuss des Rechtes der Ersten Bitten standen der Erzbischof beziehungsweise Administrator von Bremen, der Bischof beziehungsweise Administrator von Lübeck sowie zumindest bis ins 16. Jahrhundert der Bischof von Utrecht. Der Erzbischof von Salzburg musste hingegen 1565 darauf verzichten. Allerdings ließ sich das durch das gleichzeitig erstmalig gewährte päpstliche Indult leicht verschmerzen. Für den Bischof von Brixen findet sich der letzte Beleg Erster Bitten für das Jahr 1580. Umgekehrt verlief die Entwicklung im Trientner Domkapitel, wo Papst Paul III. 1537 dem Bischof die Ersten Bitten für einen seiner Familiaren gestattete, und im Hamburger Domkapitel, wo dem Erzbischof von Bremen im 16. Jahrhundert die Ersten Bitten noch verwehrt wurden, ehe sie Mitte des 17. Jahrhunderts anstandslos anerkannt wurden und nach dem Westfälischen Frieden von 1648 vom Landesherrn wahrgenommen wurden.

Die rechtsgeschichtliche Entwicklung brachte es mit sich, dass sich über die bereits erwähnten Beispiele hinaus noch in einigen weiteren Domkapiteln die Simultankollation halten konnte. In diesen Fällen war der Bischof in der Ausübung seiner Rechte an ein gemeinschaftliches Vorgehen mit einem weiteren Beteiligten gebunden.

Am ausgeprägtesten war die Simultankollation im Schleswiger Domkapitel. Durch dessen Lage im Einflussbereich der dänischen Kirche hielt sich dort eine 1318 getroffene Vereinbarung zwischen dem Bischof und dem Domkapitel, die die gemeinsame Vergabe der Kanonikate vorsah. Lediglich zwischen 1533 und 1541/42 galt kurzfristig eine monatlich wechselnde Alternation zwischen dem Bischof und dem Landesherrn. Danach wurde zwar offiziell der vormals geltende Zustand wieder hergestellt, allerdings drängte der Administrator den Einfluss des Domkapitels mehr und mehr zurück, ehe 1586 der Landesherr an die Stelle des Administrators trat.

Für das Ermländische Domkapitel sahen die Bestimmungen des Wiener Konkordats von 1448 den Bischof und das Domkapitel als ordentliche Kollatoren für die in den geraden Monaten aufgetretenen Vakanzen vor. Die Personalauswahl erfolgte dabei durch eine Wahl von Bischof und Domkapitel. Dabei führte der Bischof nur eine, wenn auch die erste Stimme. Seit 1772 musste abschließend die Zustimmung des Königs von Preußen eingeholt werden. Als ordentliche Kollatoren begegneten auch im Meißner Domkapitel der Bischof und das Domkapitel gemeinsam, auch wenn sie ihr Recht aufgrund der dem Landesherrn zur Vergabe anheimgegebenen Kanonikate nur für fünf Domherrenstellen ausüben konnten. Nachdem der Bischof und das Domkapitel bereits 1482 ihre Rechte an den Landesherrn abtraten, wurde ihnen von diesem 1485 für die in den geraden Monaten auftretenden Vakanzen ein Nominationsrecht eingeräumt.

Nur kurzfristig, nämlich zwischen 1560 und 1579, und auf lediglich neun Kanonikate eingeschränkt bestand im Utrechter Domkapitel eine Vergaberegelung nach den Vorgaben der Simultankollation. Die Graduierten vorbehaltenen Kanonikate sollten durch eine vom Erzbischof und den Graduierten durchgeführte Wahl nachbesetzt werden. Dabei führte der Erzbischof eine Stimme, die jedoch bei Stimmengleichheit den Ausschlag gab.

Im Fuldaer Domkapitel war die Simultankollation der ordensgeistlichen Verfassung der Institution geschuldet. Stand die Aufnahme eines Konventualen in das Domkapitel an, so musste dieser zuerst vom Bischof und anschließend vom Domkapitel zugestimmt werden. Für das Leitomischler Domkapitel galt, zumindest zu jener Zeit, als es noch eine aufrechte Verfassung aufwies, in etwa dasselbe.

In leicht eingeschränkter Form bestand die Simultankollation auch in den der Regel des Deutschen Ordens unterworfen Domkapiteln von Pomesanien und das Samland. Hier trafen der Bischof und das Domkapitel gemeinsam die Personalauswahl, die allerdings noch der Bestätigung durch den Hochmeister bedurfte. Im Kulmer Domkapitel scheint bis zu seinem Fall an das Königreich Polen durch den Zweiten Thorner Frieden 1466 der Bischof hingegen gegenüber dem Domkapitel und dem Hochmeister deutlich geringere Einflussmöglichkeiten besessen zu haben, obwohl es auch hier seiner Billigung bedurfte.

Einen Einzelfall hinsichtlich der Simultankollation stellte das dritte Wiener Neustädter Domkapitel dar. Für sechs der sieben Kanonikate musste bei der Personalauswahl eine Einigung zwischen dem Bischof und dem Magistrat der Stadt gesucht werden. Diese Vorgangsweise hatte ihre Ursache darin, dass die Domherren alle zugleich auch Kooperaturen und Benefizien innehatten.

Erwähnenswert ist abschließend noch die Tatsache, dass mit dem Erzbischof von Prag ein Bischof auch außerhalb seines Bistums Kollationsrechte geltend machen konnte. Ihm stand nämlich für die nicht mit einem Patronat behafteten Kanonikate des Königgrätzer Domkapitels die Vergabe der in den Monaten Februar, Mai und August vakant gewordenen Kanonikate zu. Diese Rechte des Erzbischofs waren wohl dem Ursprung des Bistums Königgrätz geschuldet, das aus den östlichen Teilen des Erzbistums Prag gebildet wurde.

Mit von großer Bedeutung für die von den Bischöfen wahrgenommenen Kollationsrechte waren die bereits vorhin ausführlich erwähnten päpstlichen Indulte. Damit übertrugen die Päpste die eigentlich ihnen zukommenden Rechte für einen bestimmten Zeitraum oder für eine bestimmte Anzahl an Kanonikaten an einzelne Bischöfe. Die dermaßen Begünstigten erhielten dadurch die Möglichkeit, in mitunter bemerkenswertem Umfang die Zusammensetzung der Domkapitel zu beeinflussen.

Nutznießer dieser Privilegien waren vor allem die Erzbischöfe von Mainz und ab 1565 die von Salzburg, denen die Päpste laufend solche Kollationslizenzen ausstellten, womit sie für diese beiden Domkapitel ihre Rechte praktisch verloren. Im Kölner Domkapitel galt dasselbe für die Mehrzahl der Sazerdotalkanonikate, bei deren Vergabe die Erzbischöfe beständig als Indultare auftraten. Besonders umfangreich waren darüber hinaus die päpstlichen Privilegien für die Bischöfe von Lüttich, wo vom zweiten Viertel des 16. bis über die Mitte des 18. Jahrhunderts mit wenigen Ausnahmen alle Bischöfe als Indultare tätig werden konnten. Zudem sind bischöfliche Indultare belegt für die Domkapitel von Augsburg, Breslau, Brixen, Corvey, Ermland, Freising, Halberstadt, Hildesheim, Konstanz, Magdeburg, Merseburg, Minden, Münster, Olmütz, Osnabrück, Paderborn, Passau, Trient, Verden und Worms.

Wie der Erzbischof von Prag auf regulärem Weg, so erlangten durch die päpstlichen Indulte auch andere Bischöfe Kollationsrechte außerhalb ihrer Bistümer. Beispiele dafür waren der Trierer Erzbischof Johann von Schönenberg, dem von Papst Sixtus V. gegen Ende des 16. Jahrhunderts ein Indult für die Domkapitel von Magdeburg, Halberstadt und Minden gewährt wurde. Weitere Beispiele waren Karl Ferdinand Prinz von Polen, der die Bistümer Breslau und Plozk innehatte, sowie Wacław Leszczyński, der zwar vorher Bischof von Ermland, zum Zeitpunkt der Ausübung des Indults allerdings bereits Erzbischof von Gnesen war. Beide konnten im Ermländischen Domkapitel um die Mitte des 17. Jahrhunderts mittels eines päpstlichen Indults vereinzelt Stellen vergeben. Ähnliches galt für die beiden Kölner Erzbischöfe Maximilian Heinrich Herzog von Bayern und Joseph Clemens Herzog von Bayern, die im ausgehenden 17. und im beginnenden 18. Jahrhundert gegenüber dem Osnabrücker Domkapitel als Indultare auftraten, ohne selbst dort Bischof zu sein.

Von deutlich geringerer Auswirkung war das von einzelnen Kaisern im 18. Jahrhundert den Erzbischöfen von Mainz, Köln und Trier erteilte Privileg, ihnen für die kaiserlichen Ersten Bitten einen geeigneten Kandidaten vorzuschlagen.

Der Vollständigkeit halber sei noch darauf hingewiesen, dass mitunter auch Domkapitel einzelnen Bischöfen auf dem Gnadenweg die Vergabe einzelner Kanonikate zubilligten. Solche Ausnahmefälle sind etwa für das Trierer Domkapitel überliefert.

Zusammenfassend lässt sich für die Kollationsrechte des Bischofs sagen, dass sie im Untersuchungszeitraum grundsätzlich bereits nur mehr sehr schwach ausgeprägt waren und durch den Konfessionswechsel einzelner Domkapitel weitere Einbußen erfuhren. Bischöfliche Kollationsrechte konnten sich daher in nennenswertem Umfang lediglich in ganz wenigen Domkapiteln halten. Am größten war der Einfluss des Bischofs auf die personelle Zusammensetzung des Domkapitels zweifelsohne in Lüttich, wo jene Bischöfe, die zugleich Indultare waren, fast ausschließlich selbst über die Auswahl der Domherren entscheiden konnten. Eine ähnlich starke Stellung konnte darüber hinaus nur der Bischof von Breslau erlangen, obgleich Indulte zu seinen Gunsten weit seltener erteilt wurden. Auf der nächst niedrigeren Stufe stand neben den beiden Erzbischöfen von Mainz und Salzburg, die ihre umfangreichen Kollationsmöglichkeiten ausschließlich den päpstlichen Indulten verdankten, auch der Bischof von Lübeck. Darüber hinaus war es nur dem Bischof von Königgrätz vergönnt, in größerem Ausmaß die Auswahl der Domherren beeinflussen zu können. Alle übrigen Bischöfe mussten sich während des Untersuchungszeitraumes mit kurzfristigen beziehungsweise wenig umfangreichen Rechtsansprüchen begnügen. Darunter besaß allein der Bischof von Ermland durch die ihm gebührende Simultankollation dauerhaft und in größerem Umfang zumindest ein Mitwirkungsrecht. In welchem Ausmaß und mit welchem Erfolg die einzelnen Bischöfe die personelle Zusammensetzung ihres Domkapitels durch rechtlich eigentlich unverbindliche Rekommendationen zu beeinflussen vermochten, lässt sich hingegen nicht abschätzen.

Dignitäten und Personate

Der für die Kollation der Kanonikate erhobene Befund zeigt deutlich, dass sich in Steigerung gegenüber den für den Papst aufgezeigten Verhältnissen die rechtliche Lage hinsichtlich der Bischöfe noch uneinheitlicher darstellte. Die Einflussmöglichkeiten der Bischöfe auf die Vergabe der Dignitäten und Personate waren daher in ihrem Umfang mitunter recht unterschiedlich, generell aber nur schwach ausgeprägt.

Mit der Domdechantei des dritten Wiener Neustädter Domkapitels gab es in allen untersuchten Domkapiteln nur eine einzige Spitzendignität, die uneingeschränkt dem Bischof zur Vergabe zukam. Dazu trat seit 1725 in gewisser Hinsicht noch die Freisinger Dompropstei, für die Papst Benedikt XIII. die Festlegung traf, dass der Papst künftig in seiner Personalauswahl an einen Kandidaten gebunden sein sollte, der über ein Benemerenzattest des Bischofs von Freising verfügte. Damit oblag die tatsächliche Auswahl des Dignitärs eigentlich dem Bischof. Die Ernennungsrechte des Administrators von Magdeburg für die dortige Dompropstei bestanden nur vorübergehend von 1661 bis 1680.

Unter den zweitgereihten Dignitäten war mit der Chormeisterei erneut das dritte Wiener Neustädter Domkapitel betroffen, unzweifelhaft ein Amt von recht mäßiger Bedeutung. Das galt uneingeschränkt auch für die ebenfalls der bischöflichen Kollation unterworfenen Archidiakonate des Brünner und des Königgrätzer Domkapitels. Die acht Propsteien des Fuldaer Domkapitels, die in der Kapitelhierarchie der ersten Dignität unmittelbar folgten, besaßen ebenfalls keine besondere Bedeutung. Etwas mehr Gewicht kam da schon der Trientner Dompropstei zu, deren Kollationsrecht der Bischof jedoch bereits 1469 an den Grafen von Tirol verlor. Die hervorragendste Stellung unter jenen zweitgereihten Dignitäten, die der Bischof besetzen konnte, hatte jedoch die Breslauer Domdechantei. Nach einer in einem geraden Monat aufgetretenen Vakanz war es hier der Bischof, dem die Auswahl des neuen Dignitärs gebührte. Im Zuge der Simultankollation lediglich über ein Mitwirkungsrecht verfügte der Schleswiger Bischof für das dort an zweiter Stelle gereihte Archidiakonat. Aber selbst diese begrenzte Einflussmöglichkeit auf die Personalentscheidung verlor der Bischof bereits 1541/42. Der Bischof von Ermland konnte hingegen bezüglich der Domdechantei sein auf die Vakanzfälle der geraden Monate beschränktes Recht zur Simultankollation bis zum Ende des Untersuchungszeitraumes behalten.

Für die den beiden Spitzenämtern nachgeordneten Dignitäten und Personate erübrigt sich eine einzelne Auflistung. Angeführt werden sollen allein jene Domkapitel, in denen der Bischof in auffällig hohem Maß die Amtsinhaber zu bestimmen vermochte. In den Domkapiteln von Eichstätt, Konstanz, Lübeck, Osnabrück, Schwerin, Trient und Verden entschied ausschließlich der Bischof beziehungsweise der Administrator über die Inhaber der niedrigeren Kapitelämter. In den Domkapiteln von Bamberg, Basel, Hamburg, Hildesheim und Würzburg lag die Personalauswahl für die den beiden Spitzenämtern folgenden Würden überwiegend in der Hand des Bischofs. Bis 1567 beziehungsweise bis zum Konfessionswechsel galt das auch für das Regensburger beziehungsweise für das Magdeburger und das Utrechter Domkapitel. Im Ermländischen Domkapitel konnte der Bischof zusammen mit dem Domkapitel auf dem Wege der Simultankollation in den geraden Monaten auf die Besetzung der nachgereihten Ämter einwirken.

Von den hinsichtlich der bischöflichen Kollationsrechte bereits im Zuge der Behandlung der Kanonikate hervorgehobenen Institutionen begegnen damit jetzt erneut die Domkapitel von Lübeck und Breslau sowie das von Ermland.

Unter den einzelnen Ämtern war es übrigens die Kustorei beziehungsweise das Thesaurariat, das bevorzugt von den Bischöfen vergeben werden konnte.

4. Domkapitel

Die bislang für die Kollationsvorgänge aufgezeigten Entwicklungen machen deutlich, dass es die Domkapitel selbst waren, die sich im Zuge einer durch das Früh- und Hochmittelalter anhaltenden Emanzipationsbewegung mehr und mehr in den Besitz der ehemals bischöflichen Kollationsrechte brachten. Beginnend mit der vermögensrechtlichen Unabhängigkeit, die überwiegend die Aufgabe des gemeinschaftlichen Lebens nach sich zog, gelang es den Domkapiteln in vielen Fällen, das Selbstergänzungsrecht zu gewinnen. Allerdings erfuhr diese Rechtserweiterung der Domkapitel seit dem 12. Jahrhundert durch das sich in seinem Ausmaß stets steigernde päpstliche Provisionswesen mehr als deutliche Einschränkungen. Die vor allem im Laufe des 15. Jahrhunderts stark zunehmenden Begehrlichkeiten der einzelnen Landesherren, auf die Besetzung der Domkapitel Einfluss zu nehmen, verstärkten den Druck von außen zusätzlich. Erst das Wiener Konkordat von 1448 bedingte diesbezüglich weitgehend eine längst fällige Klärung der Verhältnisse.[163]

Kanonikate

Lässt man einzelne Ausnahmefälle wie Vergaben durch päpstliche Generalreservationen oder allfällige Erste Bitten des Kaisers oder des Bischofs außer Acht, so waren es nur fünf Domkapitel, die ihr Recht auf Selbstergänzung für den gesamten Untersuchungszeitraum uneingeschränkt behaupten konnten. Denn für das Lebuser Domkapitel kommt man diesbezüglich über Vermutungen nicht hinaus. Mit Sicherheit hier zu nennen sind daher die mit einem reichsständischen Erz- beziehungsweise Hochstift verbundenen Domkapitel von Bamberg, Straßburg, Trier und Würzburg sowie darüber hinaus das ordensgeistlich organisierte Chiemseer Domkapitel.

In den übrigen ordensgeistlichen Institutionen bedingte deren Transmutation oder Säkularisation die Aufgabe des dort ursprünglich ausgeübten Selbstergänzungsrechtes. Das geschah 1504 im Ratzeburger, 1506/07 im Havelberger, 1507 im Brandenburger, 1508 und nochmals 1534 im Wiener Neustädter, 1515 im Salzburger, 1782 im Seckauer, 1787 im Lavanter und im Gurker Domkapitel. Doch auch andere Domkapitel mussten im Laufe der Zeit Einschränkungen oder gar Verluste ihrer angestammten Rechte erdulden. Dem Naumburger Domkapitel wurden dabei seit 1485 nur drei Kanonikate zur Besetzung entzogen. Durch bereits vorher in größerem Umfang erteilte päpstliche Provisionen empfand das Sittner Domkapitel 1513 die Einführung der Bestimmungen des Wiener Konkordats von 1448 wohl eher als Maßnahme zur Schaffung von Rechtssicherheit denn als Beschränkung seines Selbstergänzungsrechtes auf nunmehr sechs Monate eines Jahres. Anders lagen die Verhältnisse im benachbarten Lausanner Domkapitel, das 1537 ins Exil gehen musste. Mit seinem anschließenden Untergang erübrigte sich auch die Wahrnehmung jeglicher Kapitelrechte. Das Camminer Domkapitel wiederum verlor 1569 seine bereits zuvor unter Druck geratenen Kollationsrechte an die Landesherren, während das Prager Domkapitel 1746 mit der Einführung des landesherrlichen Nominationsrechtes für zwei von vier neu gestifteten Kanonikaten nur geringe Einbußen erlitt.

163 Die bereits in den Einzeldarstellungen der jeweiligen Domkapitel angeführten Literaturangaben werden an dieser Stelle nicht mehr wiederholt. Sie können in den entsprechenden Abschnitten eingesehen werden.

Andererseits konnten manche Domkapitel im Zuge ihres Konfessionswechsels eine Ausdehnung ihrer Rechte erlangen. Um die Mitte des 16. Jahrhunderts erachteten das Bremer, das Hamburger und vermutlich auch das Verdener Domkapitel die bislang ausgeübten päpstlichen Kollationsrechte als nicht mehr bestehend und eigneten sich die Vergabe der in den päpstlichen Monaten vakant gewordenen Kanonikate selbst an. Jedenfalls während ihrer Bestandszeit als protestantische Institution konnten auch das Ratzeburger und das Schweriner Domkapitel selbst über die Auswahl ihrer Mitglieder entscheiden. Teilweise Einschränkungen erfuhren die Kollationsrechte der Domkapitel durch bestehende Patronatsrechte, kraft derer die betreffenden Kanonikate den gewöhnlichen Vergaberichtlinien entzogen waren. Das war im Ratzeburger und im Hamburger Domkapitel der Fall, wobei das letztgenannte nach ersten Verzichtsleistungen 1650 schließlich 1652 die gänzliche Verfügungsgewalt über die Vakanzen der päpstlichen Monate an den Landesherrn abtreten musste. Schließlich konnte 1592 noch das Merseburger Domkapitel die Kollationsrechte in den vormals päpstlichen Monaten für sich gewinnen. Allerdings gab es auch hier darüber hinaus vier Kanonikate, die unter Patronatsrecht standen.

Wenn auch nicht über das reine Selbstergänzungsrecht, so doch über eine gewichtige Stellung in der Personalauswahl verfügte das Domkapitel auch in Köln. Hier vermochte es die Adelskanonikate sowie eines der acht Sazerdotalkanonikate in jedem Fall selbst zu vergeben. Gemäß der Alternation des Wiener Konkordats von 1448 betrafen die Kollationsrechte des Domkapitels noch sechs weitere Priesterpräbenden, wenn sie in einem der geraden Monate vakant geworden waren. Auch der Einfluss des Lübecker Domkapitels ging zumindest zeitweise deutlich über die Hälfte der Kanonikate hinaus. Neben den ihm durch die Bestimmungen des Wiener Konkordats zugeschriebenen sechs Monaten erhielt das Domkapitel 1593 durch eine Vereinbarung zusätzlich die Möglichkeit, die in den vormals päpstlichen Monaten auftretenden Vakanzen abwechselnd mit dem Administrator zu vergeben. Das Magdeburger Domkapitel wiederum konnte bis 1563 über die sechs ihm gebührenden Monate hinaus mit der Ersten Lektur ein Maiorkanonikat in jedem Fall selbst besetzen. Derselbe Zustand herrschte hinsichtlich der Sonderkanonikate für die Zweite Lektur sowie für drei der Priesterpräbenden. Nachdem sich die Kollationsrechte des Domkapitels von 1563 an auf seine sechs Monate beschränkten, wuchsen sie 1671 wieder an. Damals löste das Domkapitel die aus dem Westfälischen Frieden von 1648 resultierenden Ansprüche von Herzog Gustav Adolph von Mecklenburg-Güstrow auf ein Kanonikat ab und konnte als Gegenleistung diese Präbende nach eigenem Gutdünken vergeben. Im Utrechter Domkapitel erlitten die Rechte des Domkapitels zwar zuerst zwischen 1560 und 1579 vorübergehend eine kleine Schmälerung, wurden aber im Zuge des Konfessionswechsels 1579 bedeutend erweitert. Damals übertrug man die bislang in den ungeraden Monaten ausgeübten Kollationsrechte des Papstes an die drei Stände der Provinz Utrecht, von denen einer das Domkapitel war. Zusätzlich zu den sechs bereits dem Domkapitel vorbehaltenen Monaten fiel ihm nun ein Drittel der restlichen Vakanzfälle zur Neubesetzung zu. Dabei blieb es aber nicht, denn ab 1674 trat der Statthalter der Niederlande die

Rechtsnachfolge der drei Stände an. Lediglich in der statthalterlosen Zeit zwischen 1702 und 1747 konnte das Domkapitel seine 1579 erworbenen Rechte wieder zur Anwendung bringen. Abschließend ist in diesem Zusammenhang noch das Osnabrücker Domkapitel zu nennen, dessen Personalhoheit ebenfalls über die durch die Alternation getroffenen Bestimmungen hinausreichte. Die Ursache dafür lag in den drei protestantischen Domherrenstellen, die ausschließlich dem Domkapitel zur Vergabe vorbehalten waren.

Eine größere Gruppe bildeten jene Domkapitel, die, abgesehen von einigen kleineren Unschärfen, gemäß den Bestimmungen des Wiener Konkordats von 1448 in den sechs geraden Monaten des Jahres die neuen Inhaber der vakant gewordenen Kanonikate selbst namhaft machen konnten. Während des gesamten Untersuchungszeitraumes war dies in den Domkapiteln von Augsburg, Basel, Brixen, Chur, Corvey, Eichstätt, Freising, Halberstadt, Hildesheim, Konstanz, Mainz, Minden, Münster, Paderborn, Passau, Regensburg, Speyer, Trient und Worms der Fall. Die Beeinträchtigungen durch Patronatsrechte waren mit drei landesherrlichen Kanonikaten im Olmützer und mit drei Familienkanonikaten im Mindener Domkapitel am größten. Einige weitere Domkapitel traten im Laufe der Zeit zu dieser Gruppe hinzu. Im Metzer, Verduner und Touler Domkapitel kam es durch die Einführung der Bestimmungen des Wiener Konkordats von 1448 in den Jahren 1450, 1519 beziehungsweise 1544 zur Festlegung der Kollationsrechte des Domkapitels auf jährlich sechs Monate. Im Havelberger und im Brandenburger Domkapitel umfasste der Einfluss des Domkapitels selbst auf die Personalauswahl in den ersten Jahren nach der Transmutation 1506/07 weniger als die Hälfte der Domherrenstellen. Erst ab 1571 konnte dieser Wert in beiden Einrichtungen erreicht werden, eine Tatsache, die für das Sittner und das Salzburger Domkapitel bereits ab 1513 beziehungsweise 1515 Geltung besaß. Die Entwicklung in den Domkapiteln von Bremen, Verden, Hamburg, Utrecht und Merseburg, die ebenfalls zeitweise zu jenen Einrichtungen gehörten, denen die Alternation in etwa die Hälfte der Domherrenstellen zur Vergabe einräumte, wurde bereits geschildert.

Eine nur sehr eingeschränkte Personalhoheit war dem Königgrätzer und dem Kulmer Domkapitel beschieden. Ersteres konnte in jedem zweiten Fall das von Dechant Jan Řečický gestiftete Kanonikat besetzen. Das Kulmer Domkapitel verfügte grundsätzlich über das Patronatsrecht der beiden 1632 und 1665 geschaffenen Präbenden. Dazu kam ein Vorschlagsrecht gegenüber dem Bischof für die 1650, 1654, 1699, 1729 und 1730 eingerichteten Kanonikate. Dabei machte das Domkapitel dem Bischof überwiegend zwei Kandidaten namhaft, nur für die 1654 gegründete Präbende waren es drei. Dem Bischof oblag anschließend die Letztentscheidung. Für das 1724 geschaffene Kanonikat lagen hingegen die Verhältnisse anders herum. Das Domkapitel traf die endgültige Personalauswahl aus zwei vom Bischof vorgeschlagenen Kandidaten.

In den zuletzt aufgezeigten Bestimmungen zeigt sich bereits der Übergang zur Simultankollation im engsten Sinne. In den Domkapiteln von Schleswig, Leitomischl und Fulda waren alle frei vergebbaren Kanonikate von dieser Regelung betroffen. Die gemeinsame Personalauswahl durch Bischof und Domkapitel wurde in Schleswig lediglich zwischen 1533 und 1541/42 kurzfristig außer Kraft gesetzt. Allerdings litten die tatsächlichen Mitwirkungsrechte des Domkapitels nach dem Konfessionswechsel unter dem stets wachsenden Druck des Administrators beziehungsweise ab 1586 des Landesherrn. Im Fuldaer Domkapitel war die Simultankollation der ordensgeistlichen Verfassung der Institution geschuldet. Stand die Aufnahme eines Konventualen in das Domkapitel an, so musste dieser zuerst vom Bischof und anschließend vom Domkapitel zugestimmt werden. Für das Leitomischler Domkapitel galt, zumindest zu jener Zeit, als es noch eine aufrechte Verfassung aufwies, in etwa dasselbe.

Im Ermländischen Domkapitel war nach den Bestimmungen des Wiener Konkordats von 1448 lediglich die Hälfte der Kanonikate von der Simultankollation durch den Bischof und das Domkapitel betroffen. Bei der Personalauswahl, die ab 1772 durch die Einholung der Zustimmung des Königs von Preußen eingeschränkt war, führte der Bischof die erste Stimme. Als ordentliche Kollatoren begegneten auch im Meißner Domkapitel der Bischof und das Domkapitel, obgleich sie ihr Recht aufgrund der dem Landesherrn zur Vergabe anheimgegebenen Kanonikate nur für fünf Domherrenstellen ausüben konnten. Nachdem der Bischof und das Domkapitel bereits 1482 ihre Rechte an den Landesherrn abgetreten hatten, wurde ihnen von diesem 1485 für die in den geraden Monaten eintretenden Vakanzen ein Nominationsrecht eingeräumt. Nur kurzfristig, nämlich zwischen 1560 und 1579, und auf lediglich neun Kanonikate eingeschränkt bestand im Utrechter Domkapitel eine Vergaberegelung nach den Vorgaben der Simultankollation. Die Graduierten vorbehaltenen Kanonikate sollten mittels einer vom Erzbischof und den Graduierten durchgeführten Wahl nachbesetzt werden. Dabei führte der Erzbischof eine Stimme, die jedoch bei Stimmengleichheit den Ausschlag gab. Im Leitmeritzer Domkapitel waren ebenfalls nur einzelne Kanonikate der Simultankollation unterworfen, zumindest zwei, möglicherweise aber vier. Für die beiden nach Stiftungen Bischof Maximilian Rudolph von Schleinitz' 1671 beziehungsweise Karel Vilém Šimeček von Cejnovs 1680 errichteten Kanonikate musste nämlich der Bischof die ausdrückliche Zustimmung des Domkapitels zu seiner Personalauswahl einholen. Es ist durchaus möglich, dass diese Vorgangsweise auch für die beiden durch Bischof Hugo Franz Graf von Königsegg 1717 dotierten Kanonikate galt, deren Inhaber gleichfalls vom Bischof nominiert wurden.

In leicht eingeschränkter Form bestand die Simultankollation schließlich auch in jenen Domkapiteln, die der Regel des Deutschen Ordens unterworfen waren. Für das Pomesanische und das Samländische Domkapitel trafen der Bischof und das Domkapitel gemeinsam die Personalauswahl, die allerdings noch der Bestätigung durch den Hochmeister bedurfte. Im Kulmer Domkapitel fiel die Bedeutung des Bischofs deutlich ab. Hier spielten bis zu seinem Fall an das Königreich Polen durch den Zweiten Thorner Frieden 1466 das Domkapitel und der Hochmeister die entscheidende Rolle in der Stellenvergabe, obwohl auch hier der Bischof seine Billigung aussprechen musste.

In einigen der untersuchten Domkapitel konnte die Institution selbst freilich so gut wie gar keinen Einfluss auf ihre eigene personelle Zusammensetzung nehmen, sieht man von Einzelfällen während einer Sedisvakanz von mit Kollationsrechten behafteten Ämtern einmal ab. Das war in den Domkapiteln von Breslau, Brünn,

Budweis, Görz, Gradisch, Graz, Laibach, Linz, Lüttich, St. Pölten und Wien durchgehend der Fall. Auch das dritte Wiener Neustädter Domkapitel fiel in diese Gruppe. Während das Camminer Domkapitel seine bereits vorher bedrängten Kollationsrechte 1569 endgültig an die Landesherren verlor, wurde das Gurker Domkapitel durch die Transmutation 1787 aller seiner Rechte beraubt. Für das Sittner Domkapitel brachte 1798 das Direktorium der Helvetischen Republik das Kollationsrecht des Domkapitels an sich.

Abschließend lässt sich festhalten, dass die größte Rolle in der Auswahl der eigenen Domherren vor allem den ordensgeistlich verfassten Institutionen zukam. Dabei war es offensichtlich unerheblich, ob es sich um ein zu einem reichsständischen Territorium gehörendes Domkapitel handelte oder nicht. Denn die verschiedenen Ordensregeln gaben im Allgemeinen die Aufnahme neuer Mitglieder in die Hand des jeweiligen Domkapitels. Ausnahmen stellten diesbezüglich die dem Deutschen Orden angehörenden Einrichtungen und das Fuldaer Domkapitel dar, in denen die Simultankollation üblich war. Darüber hinaus konnten auffallenderweise die beiden fränkischen Domkapitel von Bamberg und Würzburg eine fremde Einflussnahme auf ihre Zusammensetzung so gut wie völlig ausschließen. Eine ähnliche Stellung scheinen bis über die Mitte des 16. Jahrhunderts hinaus auch die im Übergangsbereich zur polnischen Kirche beheimateten Domkapitel von Cammin und Lebus eingenommen zu haben. Andernorts bescherte der Konfessionswechsel dem Domkapitel ein beinahe ausschließliches Selbstergänzungsrecht. Zu dieser Entwicklung kam es in den Domkapiteln von Bremen, Ratzeburg, Schwerin, Verden und mit kleineren Einschränkungen auch in Hamburg, Lübeck und Merseburg. Von den mit einem reichsständischen Territorium verbundenen Domkapiteln konnte die überwiegende Mehrzahl kraft der Bestimmungen des Wiener Konkordats von 1448 in etwa die Hälfte der Kanonikate selbst vergeben, die drei lothringischen Domkapitel allerdings erst mit einer mehr oder weniger umfangreichen zeitlichen Verzögerung. Dazu kam, obgleich mit kleinen Einschränkungen, auch in diesem Fall wieder das Olmützer Domkapitel. In der Personalauswahl völlig fremdem Einfluss unterlagen hingegen vor allem die verhältnismäßig spät gegründeten Domkapitel der österreichischen Erblande sowie des böhmisch-mährisch-schlesischen Raumes. Abgesehen von einzelnen Patronatsrechten scherte hier nur das Prager Domkapitel aus der Reihe, das sogar ein Selbstergänzungsrecht ausbilden und bis 1746 uneingeschränkt bewahren konnte. Die Simultankollation des Domkapitels und des Bischofs wiederum erlangte nur in den Domkapiteln von Ermland und Schleswig über längere Zeit eine nennenswerte Bedeutung, beides Sonderfälle im Grenzbereich des Untersuchungsraumes.

Insgesamt jedenfalls zeigt sich, dass die die Kanonikate betreffenden Kollationsrechte der einzelnen Domkapitel im Laufe des Untersuchungszeitraumes hinsichtlich ihres Umfangs verhältnismäßig stabil blieben. Die diesbezüglichen Rechte des Papstes und der Bischöfe waren dem gegenüber deutlich größeren Veränderungen unterworfen.

Wahl oder Turnus

In der Ausübung ihrer Kollationsrechte traten für die Domkapitel bald Schwierigkeiten auf. Unterschiedliche Interessen der einzelnen Kapitulare erschwerten oder verunmöglichten mitunter eine spannungsfreie und rasche Entscheidung über die Neuvergabe vakant gewordener Präbenden. Allenfalls bestehende familiäre oder soziale Netzwerke konnten zudem mit dem Gewicht ihrer gebündelten Stimmen die Personalauswahl gezielt zu ihren Gunsten lenken, während weniger vernetzte Kapitulare so ohne nennenswerten Einfluss auf die personelle Zusammensetzung bleiben mussten. Vor diesem Hintergrund entschlossen sich bereits seit dem 13. Jahrhundert nicht wenige Domkapitel zur Einführung einer Turnusregelung, die vor allem auf eine gerechte und reibungsfreie Ausübung der Kollationsrechte des Domkapitels abzielte.

Am Turnus hatten gemeinhin nur die Kapitulare Anteil. Grundsätzlich konnte der Turnus auf zwei verschiedene Arten festgelegt werden. In der älteren Variante, dem turnus fixus, setzte man eine Reihung der einzelnen turnusberechtigten Kapitulare fest. Gemäß dieser Liste konnten die Turnare nacheinander für je ein vakant gewordenes Kanonikat einen Kleriker zur Nachbesetzung vorschlagen. Zum Teil taten sie dies bereits vorab bei der Erstellung der Turnusliste, zum Teil erst im Vakanzfall. Hatte jedenfalls der letzte Turnar sein Recht zur Anwendung gebracht, erfolgte eine Neufestsetzung der Liste. Der Vorteil dieser Regelung lag darin, dass auf diese Weise jeder Turnar auch wirklich den Inhaber eines Kanonikats nominieren konnte. Der Nachteil bestand in einer sich mitunter über viele Jahre hinziehenden Laufzeit, wodurch vor allem die zu einem späteren Zeitpunkt eingetretenen Kapitulare entweder unverhältnismäßig lang auf eine Aufnahme unter die Turnare warten mussten oder gar nicht erst zum Zug kamen. In der etwas jüngeren Variante, dem turnus errans oder fortuitus, versuchte man eben diesen Nachteil dadurch auszugleichen, dass man nun den einzelnen Turnaren nicht mehr verbindlich einen Vakanzfall zur Nomination zuschrieb, sondern ihnen lediglich eine bestimmte Frist einräumte, innerhalb derer sie ihre Rechte für alle darin eingetretenen Vakanzen zur Anwendung bringen konnten. Dadurch konnte man die Laufzeit der Turnuslisten deutlich verkürzen, was die verhältnismäßig rasche Aufnahme erst später hinzugetretener Kapitulare sicherstellte. In Kauf genommen werden musste dafür freilich, dass nicht mehr jeder Turnar verlässlich einen Kandidaten für eine Präbende vorschlagen konnte. Das hing nun vielmehr vom Zufall ab.

In jedem Fall jedoch handelte es sich bei den Rechten der Turnare um ein reines Nominationsrecht. Nicht der Turnar selbst trat als eigentlicher Kollator des Kanonikats auf, sondern das Domkapitel in seiner Gesamtheit. Dem Turnar kam lediglich ein Vorschlagsrecht gegenüber dem Domkapitel zu. Erfüllte der vom Turnar präsentierte Kandidat die geforderten Idoneitätskriterien, war das Domkapitel angehalten, ihn ohne Widerspruch offiziell mit der vakanten Präbende zu betrauen. Im Allgemeinen fand die Turnusregelung ausschließlich für die dem Domkapitel zur Vergabe zustehenden Kanonikate Anwendung, während für die Dignitäten und Personate die Wahl des Kapitels aufrecht blieb. Darüber hinaus verzichtete die

Mehrzahl der Domkapitel überhaupt auf die Einführung einer Turnusregelung und traf dauerhaft alle Personalentscheidungen mittels Mehrheitswahl.[164]

Die Gruppe jener Domkapitel, die während des gesamten Untersuchungszeitraumes in der Wahrnehmung ihrer Kollationsrechte auf eine Turnusregelung mit einem Wechsel nach jedem Vakanzfall zurückgriff, war zahlenmäßig etwas geringer als jene, die sich für eine zeitliche Befristung der Rechte ihrer Turnare entschieden hatte. In der überwiegenden Zahl der erstgenannten Fälle kam es spätestens im Laufe des 14. Jahrhunderts zur Einführung einer Turnusregelung, wobei allerdings zu beachten ist, dass nicht immer der erste Beleg als Zeitpunkt der tatsächlichen Einführung angesehen werden kann. Nicht selten wurden nämlich bereits über längere Zeit bestehende Rechtsgepflogenheiten erst in späterer Zeit statutarisch festgelegt. Jedenfalls kam im 14. Jahrhundert in den Domkapiteln von Köln, Mainz, Osnabrück, Straßburg, Trier sowie vermutlich auch in denen von Speyer und Worms die Turnusregelung bereits zur Anwendung. In Minden ist eine solche für das ausgehende 15. Jahrhundert belegt, während man sich im benachbarten Verden und in Lübeck erst 1518 beziehungsweise 1575 dazu entschloss. Letzternorts bedingte der Konfessionswechsel 1593 sogar die Einführung einer zweiten Turnusregelung für die Vergabe der in den päpstlichen Monaten vakant gewordenen Kanonikate. Seit wann genau das Halberstädter Domkapitel auf eine Turnusregelung zurückgriff, ist unbekannt. Jedenfalls bestand eine solche nach dem Westfälischen Frieden von 1648.

Zeitlich in ihren Rechten beschränkte Turnare kannten schon zu Beginn des Untersuchungszeitraumes die Domkapitel von Bamberg, Eichstätt, Metz, Münster, Paderborn, Toul, Utrecht, Verdun und Würzburg. Eine spätere Erweiterung erfuhr diese Liste 1546 durch das Freisinger, 1680 durch das Hildesheimer, 1682 durch das Salzburger sowie 1711 durch das Passauer Domkapitel. Wie im Lübecker führte der Konfessionswechsel auch im Utrechter Domkapitel 1579 zur Einführung einer zweiten, die päpstlichen Monate betreffenden Turnusregelung. Eine vergleichbare Einrichtung für die päpstlichen Monate, wenn auch ohne konfessionellen Hintergrund, bestand zudem in den ersten Jahrzehnten des Untersuchungszeitraumes im Verduner Domkapitel.

Zumeist räumten die einzelnen Institutionen ihren Turnaren einen Monat zur Wahrnehmung ihrer Rechte ein. Das geschah in den Domkapiteln von Bamberg, Eichstätt, Freising, Passau, Salzburg und Würzburg sowie zwischen 1579 und 1583 hinsichtlich der zweiten Utrechter Turnusregelung. In etwa die halbe Zeit, genaugenommen 15 Tage, konnten die Turnare des Metzer Domkapitels nutzen, wobei man diese Frist später auf eine Woche verkürzte. Wann genau diese Veränderung vorgenommen wurde, muss offen bleiben. Das gilt auch für das Verduner Domkapitel, das unterschiedliche Fristen kannte. Offensichtlich bedingte die Anzahl der dem Domkapitel zur Vergabe zustehenden Monate ein Abgehen von den in der ersten Hälfte des 15. Jahrhunderts üblichen 15 Tagen. Denn die in der zweiten Hälfte

164 P. Schneider, Domkapitel, 109–112; P. Hinschius, System II, 137–140; C. Probst, Turnarius, 300f.

des 15. Jahrhunderts für die beiden Turnusregelungen üblichen vermutlich vier beziehungsweise acht Tage wurden im beginnenden 16. Jahrhundert auf sechs Tage festgelegt. In den Domkapiteln von Hildesheim und Münster wurden monatlich je vier Turnare bedacht, die ersten drei amtierten je eine Woche, der vierte den Rest des Monats. Das Paderborner und das Utrechter Domkapitel hielten es ähnlich. Hier wurde jedem Turnar eine Woche zugeschrieben, in Utrecht von 1583 an auch für den zweiten Turnus. Den häufigsten Wechsel unter den Turnaren gab es im Touler Domkapitel, das jeden Tag einen neuen Domherrn mit dieser Aufgabe betraute. Der 1706 und 1734 im Eichstätter Domkapitel aufgetauchte Vorschlag, den Turnus gar stundenweise einzuteilen, wurde nicht weiter verfolgt.

Welcher Art die erst 1791 in Konstanz eingeführte Turnusregelung war, ist nicht bekannt, dass es sich um eine mit zeitlicher Befristung handelte, lässt sich aufgrund der späten Entstehungszeit nur vermuten.

Das Hildesheimer Domkapitel wies bis 1680 eine höchst eigenwillige Vergaberegelung für die ihm zustehenden Kanonikate auf, nämlich eine Mischung aus Kapitelwahl und Turnus. Im ersten Vakanzfall bestimmte daher das Domkapitel als Ganzes den Nachfolger, in den drei weiteren Fällen jeweils der älteste Kapitular aus der Gruppe der Priester, Diakone beziehungsweise Subdiakone. Die fünfte Besetzung fiel wieder dem Domkapitel in seiner Gesamtheit zu. Nun folgten die drei zweitältesten Inhaber der einzelnen Weihestufen, ehe wieder das Domkapitel an der Reihe war. Blieben am Schluss dieser Reihenfolge noch Kapitulare im Subdiakonsrang unberücksichtigt, kamen vorerst diese zum Zug, ehe der Turnus wieder von Neuem anhob. Auch im Kölner und im Mainzer Domkapitel bestanden Kapitelwahl und Turnus nebeneinander. Erstere war hier aber jeweils ausschließlich auf die Sazerdotalkanonikate begrenzt. Im Halberstädter Domkapitel hingegen sorgten die Konfessionsverhältnisse für den Bestand von Kapitelwahl und Turnus. Die Inhaber der vier katholischen Kanonikate bestimmte das Domkapitel in gemeinsamer Wahl, während für die Auswahl der protestantischen Elekten, die später in die Minor- und Maiorkanonikate aufrücken konnten, eine Turnusregelung bestand. Daran war neben dem Dompropst und den zwölf ältesten protestantischen Maiorkanonikern auch der jeweilige Landesherr beteiligt.

Konnten grundsätzlich nur Kapitulare als Turnare auftreten, so wurden in manchen Domkapiteln darüber hinaus weitere Domherren von der Inanspruchnahme dieser Rechte ausgeschlossen. Das betraf etwa die Dompröpste in Köln, Mainz, Speyer und Worms, wohl eine Folge der im Laufe des Mittelalters aufgetretenen Trennung zwischen den Domkapiteln und ihrem ersten Dignitär. Aber auch den in der Kapitelhierarchie nachgereihten Kapitularen wurde mitunter die Aufnahme unter die Turnare verwehrt. So beschränkte sich im Kölner Domkapitel der Kreis der Turnare auf den Domdechanten, den Vizedechanten, den Chorbischof, den Scholaster, den Senior- und den Juniordiakon. Alle übrigen Kapitulare gingen leer aus. Die Turnusregelung des Halberstädter Domkapitels erfasste neben dem Dompropst nur die zwölf ältesten protestantischen Maiorkanoniker, während in Würzburg alle Kapitulare unberücksichtigt blieben, die sich nicht durch mindestens drei Jahre in diesem Stand befanden.

Umgekehrt konnte vereinzelt auch ein doppelter Anteil an den Rechten der Turnusregelung genossen werden, beispielsweise durch den Domdechanten von Münster oder durch den Landesherrn in Halberstadt.

Der Vollständigkeit halber sei noch erwähnt, dass vielerorts während der Sedisvakanz eines mit Kollationsrechten behafteten Amtes eine eigene Turnusregelung mit zumeist täglichem Wechsel der Turnare bestand.

Betrachtet man jene Domkapitel, in denen es zur Einführung einer Turnusregelung kam, so wird rasch augenscheinlich, dass es sich dabei ausschließlich um Einrichtungen handelte, die in Verbindung mit einem reichsständischen Territorium standen, wenngleich längst nicht alle Domkapitel mit diesem Hintergrund über Turnare verfügten. Zudem treten geographische Schwerpunkte deutlich hervor. So bildeten die betroffenen Domkapitel einen großen Bogen von den rheinisch-lothringischen bis hin zu den westfälisch-niedersächsischen, also in etwa von Straßburg bis Halberstadt. Darüber hinaus bestanden im fränkischen Raum weitere Domkapitel, in denen eine Turnusregelung zur Anwendung gelangte. Im Bereich der bayerischen Domkapitel konnte sich schließlich, freilich erst merklich nach Beginn des Untersuchungszeitraumes, ein weiteres Verbreitungsgebiet ausbilden. Der gesamte Osten und der Süden des Untersuchungsraumes blieben somit von dieser Entwicklung ausgenommen, während im Norden allein das Lübecker Domkapitel eine vereinzelte Ausnahme darstellte. Allerdings erübrigte sich bei vielen der dort beheimateten Domkapitel durch nur gering ausgeprägte oder gänzlich fehlende eigene Kollationsrechte die Frage nach der Einführung einer Turnusregelung ohnehin. Trotzdem erscheint jedoch die Vermutung, dass die Turnusregelung in ihrer Ausbreitung durch französische Vorbilder mitbeeinflusst war, angesichts der aufgezeigten Verteilungsverhältnisse als zulässig.

Dignitäten und Personate

Mehr Einfluss als hinsichtlich der Vergabe der Kanonikate konnten sich die Domkapitel bei der Besetzung ihrer Dignitäten und Personate sichern. Weil dabei die Bestimmungen der Turnusregelungen nicht zur Geltung gelangten, wurde die Kollation dieser Ämter, sofern sie dem Domkapitel zur Verleihung zufielen, im Allgemeinen durch Kapitelwahl bestimmt. Vor allem für die rangniederen Stellen erfolgte die Vergabe mitunter auch nach dem Senium oder durch Option. Besonders ausgeprägt war das Optionsrecht seit 1744 im Churer Domkapitel. Darüber hinaus erscheint erwähnenswert, dass das Prager Domkapitel von 1681 an die Vergabe der beiden nachgereihten Dignitäten des Archidiakonats und der Scholasterie mittels Option durchführte. Für die Scholasterie fand diese Vorgangsweise 1787 ein jähes Ende, als Kaiser Joseph II. das Besetzungsrecht an sich brachte.

Trotz allem Beharren auf päpstlichen Provisionen und trotz mannigfacher Begehrlichkeiten der Landesherren waren es im Untersuchungsraum in nicht wenigen Fällen die Domkapitel selbst, denen grundsätzlich das Recht der Vergabe ihrer ersten Dignität zugesprochen war. Dies betraf dauerhaft die Domkapitel von Bamberg, Bremen, Brünn, Chiemsee, Corvey, Hildesheim, Köln, Königgrätz, Lausanne, Lavant, Leitomischl, Lüttich, Münster, Olmütz, Osnabrück, Paderborn, Pomesanien, Prag,

Ratzeburg, Salzburg, Samland, Schwerin, Seckau, Sitten und Trier sowie während der Zeit ihrer ordensgeistlichen Verfassung auch das Kulmer und das Wiener Neustädter Domkapitel. Darüber hinaus konnten weitere Domkapitel das Kollationsrecht für ihre erste Dignität erwerben, vor allem durch päpstliche Privilegien. Papst Sixtus IV. erteilte 1478 dem Speyerer Domkapitel ein entsprechendes Privileg, Papst Alexander VI. 1500 dem Augsburger, Papst Pius IV. 1562 dem Mainzer, Papst Paul V. 1612 dem Würzburger und Papst Benedikt XIV. 1756 dem Konstanzer. Das Basler Domkapitel konnte sich nach den Wirren der Reformationszeit und einem langwierigen Streit mit dem Rat der Stadt 1583/85 die Wahl seines ersten Dignitärs sichern. Dasselbe gelang dem Merseburger Domkapitel ab 1592, während für das Trientner und das Mindener Domkapitel für das 16. Jahrhundert beziehungsweise für 1779 das Scheitern solcher Versuche belegt ist. Umgekehrt kam es aber auch zu Rechtsverlusten einzelner Domkapitel, die dadurch im Laufe der Geschichte die Personalhoheit über ihre erste Dignität verloren, zumeist an den jeweiligen Landesherrn. Für das Hamburger Domkapitel war das bereits 1462 der Fall, das Camminer führte zwar noch bis in seine brandenburgisch-preußische Zeit Wahlen durch, doch handelte es sich spätestens seit 1569 um reine Scheinhandlungen, da die tatsächliche Personalauswahl allein der Landesherr traf. Das Havelberger, das Brandenburger und das Gurker Domkapitel büßten als Folge ihrer Transmutation nach 1506/07, 1507 beziehungsweise 1787 ihre Verfügungsgewalt über die Dompropstei ein. Die Inhaber der ersten Dignitäten des Verduner und des Touler Domkapitels bestimmte seit 1695 beziehungsweise 1700 der König von Frankreich. Zwar verlor auch das Lübecker Domkapitel 1505 das Kollationsrecht für die Dompropstei an den Rat der Stadt, doch konnte man es 1595 für jeden zweiten Vakanzfall zurückgewinnen. Zu einer Rechtsteilung kam es aber auch in anderen Institutionen, obgleich auf dem Weg der Simultankollation in Gemeinschaft mit dem Bischof. Dauerhaft bestand dieser Rechtszustand im Fuldaer sowie nach der Neuorganisation Mitte des 17. Jahrhunderts im Kulmer Domkapitel. Im Schleswiger Domkapitel fand diese Art der Kollation hingegen 1474 ein Ende, auch wenn sie bereits vorher erheblich durch päpstliche Provisionen beeinträchtigt war. Im Utrechter Domkapitel schließlich musste sich das Domkapitel die Besetzung der Dompropstei mit zwei weiteren Kollatoren teilen. Seit 1579 bestimmten nämlich die drei Stände der Provinz Utrecht, also das Domkapitel selbst, die Ritterschaft und die Stadt Utrecht, den ersten Dignitär. Zwischen 1674 und 1702 sowie ab 1747 war der Statthalter der Niederlande der Kollator der Dompropstei, allerdings unter vorausgehender Nomination durch die Stände.

Für das alltägliche Leben der Domkapitel von weit größerer Bedeutung als die Spitzendignität war in den allermeisten Fällen das zweithöchste Amt, das überwiegend der Domdechant bekleidete. Schließlich war er vielfach der Kapitelbeamte schlechthin und trug die Last der größten Verantwortung und der umfangreichsten Verpflichtungen. Daher versteht es sich von selbst, dass die Domkapitel danach trachteten, den Inhaber der tatsächlichen Leitungsgewalt nach Möglichkeit selbst zu bestimmen. Die Liste jener Domkapitel, die ihren zweiten Dignitär selbst wählten, umfasst daher beinahe zwei Drittel aller untersuchten Domkapitel. Ihr Wahlrecht hinsichtlich der zweiten Dignität konnten die Domkapitel von Augsburg, Bamberg,

Bremen, Brixen, Chiemsee, Chur, Eichstätt, Freising, Halberstadt, Hamburg, Havelberg, Köln, Kulm, Lausanne, Lavant, Leitomischl, Lübeck, Lüttich, Mainz, Merseburg, Metz, Minden, Münster, Olmütz, Osnabrück, Paderborn, Passau, Prag, Ratzeburg, Regensburg, Salzburg, Schwerin, Seckau, Sitten, Speyer, Straßburg, Trier, Utrecht, Verden, Worms und Würzburg im Wesentlichen uneingeschränkt ausüben. Dazu kam vermutlich noch das Lebuser Domkapitel, sicher aber das Wiener Neustädter während seiner Zeit als ordensgeistliche Einrichtung. Bis gegen die Mitte des 16. Jahrhunderts stießen weitere Domkapitel dazu, als die Päpste nach und nach auf die in diesen Institutionen vorerst gepflogene alternative Vergabe der Domdechantei verzichteten. Papst Paul III. tat dies 1535 für das Basler und 1537 für das Konstanzer Domkapitel sowie Papst Julius III. 1550 für das Hildesheimer und 1553 für das Magdeburger Domkapitel. Das Schleswiger und das Ermländische Domkapitel hingen mussten in der Vergabe ihrer zweiten Dignitärsstelle Einschränkungen durch die Simultankollation hinnehmen, die in Schleswig in jedem Fall zur Anwendung kam. In Ermland traf dies nur für die ordentlichen Monate zu, in den übrigen Monaten entschied ohnehin der Papst über die Neubesetzung der Domdechantei. In den Bestellungsvorgang des Meißner Domdechanten war seit 1476/85 neben dem Domkapitel der Landesherr eingebunden. Das Camminer und das Gurker Domkapitel mussten 1569 beziehungsweise 1787 gar einen gänzlichen Rechtsverlust zugunsten des Landesherrn hinnehmen. Sie konnten die Besetzung der zweiten Dignität danach nicht mehr selbst vornehmen.

Hinsichtlich der rangniedereren Dignitäten und der Personate konnten die Domkapitel längst nicht jene bedeutende Stellung erreichen, die ihnen in der Kollation der ersten, vor allem aber der zweiten Dignität zukam. Daher waren jene Domkapitel, in denen die Institution selbst alle weiteren Ämter vergeben konnte, dünn gesäht. Genannt werden können hier das Augsburger, das Ratzeburger und das Sittner Domkapitel, die ihre Kollationsrechte während des gesamten Untersuchungszeitraumes bewahren konnten. Für das Prager Domkapitel galt das immerhin bis 1787. Der Konfessionswechsel brachte zudem das Magdeburger und das Merseburger Domkapitel in den Besitz des ausschließlichen Verleihungsrechtes für die nachgereihten Ämter. Dem Naumburger Domkapitel gelang es 1726, auch für sich diesen Zustand herzustellen. Von jenen Domkapiteln, die einer ordensgeistlichen Verfassung unterworfen waren, ist hier nur das Gurker zu nennen, das bis zur Transmutation 1787 alle Kapitelämter selbst besetzen konnte. Die übrigen Institutionen dieser Gruppe wurden entweder früh transmutiert beziehungsweise säkularisiert, besaßen lediglich zwei Dignitäten oder wiesen für die nachgereihten Ämter eine andere Art der Kollation auf. Wenn auch nicht in vollem Umfang, so doch überwiegend über die Besetzung ihrer rangniedereren Ämter entscheiden konnten das Kölner, das Mainzer, das Paderborner und das Wormser Domkapitel. Dazu gesellten sich in den ersten Jahren nach dem Konfessionswechsel vorübergehend das Utrechter sowie nach der Reorganisation in der Mitte des 17. Jahrhunderts das Kulmer Domkapitel.

Erwähnenswert ist in diesem Zusammenhang noch die Amtsvergabe durch den Turnar, die sich ausschließlich für das Metzer Domkapitel nachweisen lässt. Dort konnte der jeweilige Turnar in den ordentlichen Monaten die Dignitäten der

Scholasterie und des Eleemosynariats besetzen. Da es sich dabei unter der großen Zahl der Dignitäten um die beiden letztgereihten handelte, darf die Bedeutung dieses Rechtes allerdings nicht überbewertet werden.

Der dargestellte Befund hinsichtlich der Kollation der Dignitäten und Personate deckt sich weitgehend mit dem für die Vergabe der Kanonikate erhobenen. Auch diesmal sind es wieder die verhältnismäßig spät gegründeten Domkapitel der österreichischen Erblande sowie des böhmisch-mährisch-schlesischen Raumes, die den geringsten Einfluss auf die Besetzung ihrer Spitzenpositionen nehmen konnten. So entbehrten die Domkapitel von Budweis, Görz, Gradisch, Graz, Laibach, Leitmeritz, Leoben, Linz, St. Pölten und Wien jeglicher Möglichkeit, eine Personalauswahl für ihre Dignitäten und Personate vorzunehmen. Dasselbe galt für das dritte Wiener Neustädter sowie nach der Transmutation 1787 auch für das Gurker Domkapitel. Interessant ist, dass sich mit dem Trientner Domkapitel auch eine mit einem reichsständischen Hochstift verbundene Institution in dieser Gruppe findet. Während das Camminer Domkapitel seine ursprünglich vorhandenen Kollationsrechte 1569 allesamt verlor und über Scheinwahlen ohne tatsächliche Auswirkungen nicht mehr hinauskam, blieben die Rechte des Breslauer Domkapitels in ihrem äußerst bescheidenen Umfang erhalten. Dort konnte das Domkapitel seit 1513 in einer Simultankollation mit dem Bischof dem Papst bei einer Vakanz in dessen Monaten einen Kandidaten für die Dignität des Archidiakonats vorschlagen.

Die mit viel Einsatz unternommenen Bestrebungen der einzelnen Domkapitel, ihre Kollationsrechte für die beiden Spitzendignitäten zu erhalten oder gar zu erweitern, hatten letztlich zwei Ursachen. Hinsichtlich der ersten Dignität waren es vermehrt wirtschaftliche Interessen, gegenüber der zweiten Dignität eher organisatorische. Das lag daran, dass die zumeist erstgereihte Dompropstei vielerorts die mit Abstand am reichsten ausgestattete Präbende darstellte. Das machte sie zum einen für kapitelfremde Kollatoren attraktiv, die damit ihre eigenen Günstlinge bedenken wollten. Zum anderen waren die Domkapitel bemüht, sich die Verfügungsgewalt über bedeutsame Teile des Kapitelvermögens möglichst nicht entziehen zu lassen. Bezüglich der überwiegend die zweite Stelle der Kapitelhierarchie einnehmenden Domdechantei wollte man sich die Entscheidungshoheit darüber, wer das Leitungsamt bekleiden sollte, nicht nehmen lassen. Schließlich waren die persönlichen Eigenschaften und Fähigkeiten des jeweiligen Amtsinhabers von entscheidender Bedeutung für die gesamten Handlungsabläufe innerhalb des Domkapitels. Diese Schlüsselstellung mit einer Person des eigenen Vertrauens zu besetzen, erschien daher unverzichtbar notwendig, vor allem um unerwünschte Abhängigkeiten und Einflussnahmen möglichst hintanzuhalten. Das mag die im Vergleich zu den nachgereihten Ämtern deutlich stärker ausgeprägten Kollationsrechte der Domkapitel gegenüber den Dignitäten und Personaten erklären. Zudem verdankten die niederrangigeren Ämter ihren Ursprung mitunter kapitelfremden Dotationen, wodurch sie häufig der Kollation der Domkapitel entzogen waren. Dies betraf vor allem bischöfliche Stiftungen.

5. Kaiser

Neben geistlichen Amtsträgern und Institutionen, deren wichtigste der Papst, der Bischof und das Domkapitel selbst waren, besaßen auch weltliche Herrscher Einfluss auf die Kollationsvorgänge der Domkapitel. Die ältesten diesbezüglichen Möglichkeiten waren die sogenannten Ersten Bitten des Kaisers. Sie bezogen sich ausschließlich auf die Kanonikate, während die Dignitäten und Personate davon nicht betroffen waren.[165]

Rechtsgeschichtliche Hintergründe

Das kaiserliche Recht der Ersten Bitten bildete sich bis zum Ende des 13. Jahrhunderts vorerst als Gewohnheitsrecht aus. Aus einer ursprünglich namensgebenden Bitte und deren im Allgemeinen willfährigen Behandlung erwuchs schließlich ein fester Rechtsanspruch. Kraft dessen war der König oder Kaiser berechtigt, nach seiner Wahl beziehungsweise Krönung gegenüber den Domkapiteln, aber auch gegenüber anderen kirchlichen Institutionen, jeweils einen von ihm bestimmten Kandidaten zur Aufnahme vorzuschlagen. Damit stellte das Recht der Ersten Bitten kein Kollationsrecht im strengen Sinne dar. Es bot dem Herrscher lediglich die einmalige Möglichkeit, eine verbindliche Exspektanz zugunsten einer ihm genehmen Person auszusprechen. Dem Prezisten oblag es in der Folge, die kaiserliche Bitte dem Domkapitel vorzulegen und sich um den tatsächlichen Erhalt einer vakant gewordenen Präbende zu bemühen.

Leitete man anfangs den Rechtstitel ausschließlich aus dem Gewohnheitsrecht ab, so erhielt Kaiser Sigismund 1437 von Papst Eugen IV. dafür erstmals eine päpstliche Bestätigung. Den nächsten Schritt in der Entwicklung bildete 1452 ein entsprechendes Indult Papst Nikolaus' V. für Kaiser Friedrich III., in dem diesem die Erteilung der Ersten Bitten ausdrücklich als päpstliches Privileg gewährt wurde. Der Hintergrund für diesen Traditionsbruch mag der Abschluss des Wiener Konkordats von 1448 gewesen sein, in dem das Recht der Ersten Bitten keinerlei Erwähnung fand. Der deshalb zu erwartende und auch tatsächlich aufgetretene Widerstand der ordentlichen Kollatoren, die sich gegen jeden Eingriff in ihre erst unmittelbar vorher festgeschriebenen Rechte verwehrten, ließ diese Vorgangsweise wohl als ratsam erscheinen. Dessen ungeachtet musste Papst Nikolaus V. 1454 in einem zweiten Indult hinsichtlich der Prezisten die ausdrückliche Aufhebung der Bestimmungen des Wiener Konkordats verfügen. Trotzdem waren die Domkapitel in späterer Folge nach Möglichkeit bemüht, kaiserliche Prezisten mit einem in einem päpstlichen Monat vakant gewordenen Kanonikat zu bedenken.

Da König Maximilian I. 1486 unter Berufung auf die althergebrachte Gepflogenheit auf den Erwerb eines päpstlichen Indults verzichtete, sprach Papst Innozenz

165 Die bereits in den Einzeldarstellungen der jeweiligen Domkapitel angeführten Literaturangaben werden an dieser Stelle nicht mehr wiederholt. Sie können in den entsprechenden Abschnitten eingesehen werden.

VIII. dessen Ersten Bitten vorerst jede Rechtskraft ab, ehe der Papst diesen Beschluss 1489 widerrief.

Trotzdem wurde das Recht der Ersten Bitten von nun an nicht mehr nur als reines Gewohnheitsrecht des Königs beziehungsweise Kaisers angesehen. Man betrachtete künftig das Einverständnis des Papstes für die Rechtmäßigkeit der Ersten Bitten als unbedingt erforderlich, weshalb König Karl V. 1519 nach seiner Wahl bei Papst Leo X. um ein entsprechendes Indult nachsuchte. Darüber hinaus konnte der Herrscher nach seiner Krönung zum Kaiser 1530 von Papst Clemens VII. ein weiteres Indult erwirken, kraft dessen er in Widerspruch zum eigentlichen Rechtsanspruch ein zweites Mal Erste Bitten aussprechen durfte. Papst Clemens VII. war es auch, der 1531 König Ferdinand I. ein Indult für die Ausübung des Rechtes der Ersten Bitten zubilligte. Papst Pius IV. tat dies 1564 gegenüber Kaiser Maximilian II., Papst Gregor XIII. 1577 gegenüber Kaiser Rudolph II., Papst Paul V. 1613 gegenüber Kaiser Matthias und 1620 gegenüber Kaiser Ferdinand II. sowie Papst Urban VIII. 1638 gegenüber Kaiser Ferdinand III.

Unter dessen Nachfolgern kam es allerdings neuerlich zu Spannungen hinsichtlich des Rechtes der Ersten Bitten. Sowohl Kaiser Leopold I. als auch Kaiser Joseph I. verzichteten nach ihrer Wahl auf eine offizielle Obedienzleistung gegenüber dem Papst und erhielten deshalb keine päpstlichen Indulte für die Ausübung des Rechtes der Ersten Bitten. Nachdem das kaiserliche Bittrecht jedoch durch den Westfälischen Frieden 1648 ausdrücklich anerkannt worden war, beriefen sich die beiden Monarchen ausschließlich auf das geltende Reichsrecht, um ihre Ansprüche aufrechtzuerhalten. Die von ihnen ausgesprochenen Ersten Bitten blieben daher in ihrer Gültigkeit zumeist umstritten. Dabei waren im Fall Kaiser Leopolds I. die Auswirkungen deutlich geringer, da er nur eine kleine Zahl an Prezisten namhaft machte.

Erst unter Kaiser Karl VI. gelang es, eine für beide Seiten zufriedenstellende Lösung zu finden. Die päpstliche Kurie stellte zwar weiterhin Indulte für die Ausübung des Rechtes der Ersten Bitten aus, diese wurden aber nicht publiziert, sondern lediglich im Archiv hinterlegt. Da sich die Herrscher in ihrer Rechtsausübung auch nicht darauf berufen mussten, konnten sie ihre Auffassung erkennbar deutlicher durchsetzen. 1714 jedenfalls billigte Papst Clemens XI. ohne Hinweis auf ein Indult die Anerkennung der Ersten Bitten Kaiser Karls VI. Zugleich wurden auch jene Kaiser Josephs I. rückwirkend anerkannt.

In gleicher Weise verfuhr man bei den nachfolgenden Kaisern Franz I., Joseph II., Leopold II. und Franz II. Lediglich das von Papst Benedikt XIV. Kaiser Karl VII. 1742 erteilte Indult wurde tatsächlich publiziert und ausgehändigt.[166]

166 H. E. Feine, Papst, Erste Bitten und Regierungsantritt des Kaisers seit dem Ausgang des Mittelalters, in: ZRG KA 20 (1931), 2–4, 7–9, 12–16, 19–31, 36, 39, 68–80, 85–88, 91–95, 97, 100; H. Bauer, Recht, 3, 7, 9, 11, 50, 54–58, 62, 64f.; A. H. Benna, Preces Primariae und Reichshofkanzlei, in: MÖStA 5 (1952), 87–98; P. Hinschius, System II, 639–641, 644f., 648f.; P. Schneider, Domkapitel 121–124; L. Santifaller, Die Preces primariae Maximilians I., in: MÖStA Ergänzungsband 2/1 (1949), 578–580.

Ausübung des Rechtes der Ersten Bitten

Da das Recht der Ersten Bitten seinen Ursprung in der Stellung des Königs beziehungsweise Kaisers als weltlichem Reichsoberhaupt nahm, beschränkte sich dessen Anwendung grundsätzlich auf jene Domkapitel, die in einem reichsunmittelbaren Erz- oder Hochstift lagen. Allen Versuchen, dieses Recht auch anderen Institutionen gegenüber zur Geltung zu bringen, blieb kein dauerhafter Erfolg beschieden. Entsprechende Bemühungen in Breslau und Olmütz waren daher letztendlich zum Scheitern verurteilt.

Angesichts der vorhin geschilderten Entwicklung verwundert es nicht, dass es in erster Linie die katholisch gebliebenen und mit einem reichsständischen Territorium verbundenen Domkapitel waren, in denen die Kaiser ihr Recht der Ersten Bitten während des Untersuchungszeitraumes mehr oder weniger durchgängig zur Anwendung bringen konnten. Dazu gehörten die Domkapitel von Augsburg, Bamberg, Basel, Brixen, Corvey, Eichstätt, Freising, Fulda, Hildesheim, Konstanz, Lüttich, Mainz, Münster, Osnabrück, Paderborn, Passau, Regensburg, Salzburg, Speyer, Trient, Trier und Worms. Mit Einschränkungen fallen auch das Churer, das Würzburger und das Kölner Domkapitel in diese Gruppe. Während die Ersten Bitten vom Churer Domkapitel erst seit Kaiser Joseph I. und vom Würzburger nach einer Unterbrechung vom beginnenden 16. Jahrhundert an erst wieder seit Kaiser Karl VI. akzeptiert wurden, waren die Kaiser in Köln in der Ausübung ihres Rechtes auf die Priesterpräbenden beschränkt. Das Straßburger Domkapitel hingegen wusste sich der kaiserlichen Ansprüche gänzlich zu erwehren, sodass ihm gegenüber der Kaiser keinen Prezisten namhaft machen konnte. Wie in Köln entzog man auch in Straßburg die dem Reichsadel vorbehaltenen Kanonikate völlig dem kaiserlichen Einfluss. Im Unterschied zu Köln gab es allerdings in Straßburg keine anderen Domherrenstellen, auf die das Recht des Kaisers hätte angewandt werden können. An der verhältnismäßig späten und anfangs höchst umstrittenen Einführung im Churer Domkapitel zeigt sich, dass die Ausübung des Rechtes der Ersten Bitten in den im Einflussbereich der Eidgenossenschaft gelegenen Domkapitel vorerst nicht üblich war. Daher kam es im früh untergegangenen Lausanner und im Sittner Domkapitel gar nicht erst zur Ausbildung des Bittrechtes.

In Einzelfällen erfuhr das Recht der Ersten Bitten eine Selbstbeschränkung. Im 18. Jahrhundert gestatteten einzelne Kaiser den Erzbischöfen von Mainz, Köln und Trier, ihnen Vorschläge für die Auswahl der Prezisten zu unterbreiten. Diese Erlaubnis konnte sich mitunter auch über die drei kurfürstlichen Domkapitel hinaus erstrecken. Zumindest für das Münsterische und das Osnabrücker Domkapitel ist das jedenfalls ausdrücklich belegt.

Andernorts führten die politischen Entwicklungen zum endgültigen Verlust des zuvor angewandten Rechtes. Davon waren die Domkapitel von Metz, Toul und Verdun betroffen, die nach 1552 schrittweise in den Herrschaftsbereich des Königreiches Frankreich fielen und dadurch dem Einfluss des Kaisers entzogen wurden. Diese drei Domkapitel waren in der Folge anstelle des Rechtes der Ersten Bitten dem Droit de joyeux avènement des Königs von Frankreich unterworfen.

Das Ende des Hochstiftes Utrecht als geistliches Reichsfürstentum im Jahr 1528 tat dem Recht des Kaisers vorerst keinen Abbruch. Das änderte sich freilich 1579, als mit der Utrechter Union der Weg der Sieben Vereinigten Provinzen der Niederlande in die Unabhängigkeit begann.

Für die protestantisch gewordenen Domkapitel stellten sich die Verhältnisse recht unterschiedlich dar. Die widersprüchlichen Rechtsmeinungen, die im Recht der Ersten Bitten je nach Standpunkt entweder ein kaiserliches Gewohnheitsrecht oder ein päpstliches Privileg sahen, gaben zu keiner einheitlichen Regelung Anlass. Bestärkt wurde die ablehnende Haltung mancher Domkapitel dadurch, dass die Kaiser im 17. Jahrhundert in vermehrtem Maß begannen, durch die Auswahl ihrer Prezisten Konfessionspolitik im katholischen Sinne zu betreiben. Dass mitunter aus Rücksicht auf die sich immer wieder wandelnde augenblickliche politische Lage trotzdem immer wieder protestantisch gewordene Domkapitel bereit waren, kaiserliche Prezisten zu akzeptieren, trug nicht zur Klärung der Rechtsverhältnisse bei, die mehrfach Prozesse zwischen einzelnen Domkapiteln und abgewiesenen kaiserlichen Prezisten hervorriefen. Im Westfälischen Frieden von 1648 wurde schließlich das Recht der Ersten Bitten für jene Domkapitel, die mit einem reichsständischen Territorium in Verbindung standen, als weiter bestehend anerkannt. Für jene Institutionen, auf die das nicht zutraf, war der Befund im Normaljahr 1624 entscheidend. Ein zu diesem Zeitpunkt bestehendes kaiserliches Bittrecht sollte unangetastet bleiben, ein neues jedoch nicht eingeführt werden. Allerdings musste der Kaiser in seiner Personalauswahl von nun an den Konfessionsstand des jeweiligen Domkapitels berücksichtigen.[167] Vor diesem Hintergrund konnte der Kaiser das Recht der Ersten Bitten freilich nur gegenüber dem Hamburger und dem Lübecker Domkapitel bis zum Ende des Untersuchungszeitraumes bewahren. Für die Domkapitel von Bremen, Schwerin und Verden sowie Ratzeburg brachten die Jahre 1649 beziehungsweise 1652 das Ende ihres Bestandes, womit sich eine Fortführung des 1648 bestätigten Bittrechtes selbstredend erübrigte. Vor allem das Schweriner Domkapitel fühlte sich jedoch bereits im letzten Drittel des 16. Jahrhunderts den kaiserlichen Prezisten gegenüber zu nichts mehr verpflichtet. Das Nachsehen hatte der Kaiser mit seinen durchaus begründeten Ansprüchen auch in jenen Domkapiteln, die zusammen mit ihren Erz- beziehungsweise Hochstiften an benachbarte Kurfürstentümer fielen. Hier bemächtigten sich die Landesherren des Rechtes der Ersten Bitten und ernannten von nun an selbst Prezisten. Der Kurfürst von Brandenburg beziehungsweise der König von Preußen tat dies gegenüber den Domkapiteln von Halberstadt, Magdeburg und Minden bereits seit der Mitte des 17. Jahrhunderts, der Kurfürst von Sachsen gegenüber den Domkapiteln von Meißen, Naumburg und Merseburg seit 1581, 1717 und 1738.

167 H. E. Feine, Papst, Erste Bitten und Regierungsantritt des Kaisers seit dem Ausgang des Mittelalters, in: ZRG KA 20 (1931), 56–64; J. Heckel, Domstifter, 132–134; A. Oschmann, Acta III B 1/1, 116, 118.

Die ebenfalls protestantisch gewordenen Domkapitel von Brandenburg, Cammin und Havelberg wiesen wiederum eine eigenständige Entwicklung auf. Die Reichsstandschaft der Hochstifte, denen sie angehörten, war nur sehr schwach ausgeprägt beziehungsweise weitestgehend verloren gegangen. Daher befanden sie sich nicht unter den Empfängern kaiserlicher Erster Bitten. Zumindest für die Domkapitel von Brandenburg und Havelberg sind trotzdem gegenteilige Versuche Kaiser Rudolphs II., Kaiser Matthias', Kaiser Ferdinands II. und Kaiser Leopolds I. bekannt, die jedoch stets zurückgewiesen wurden. Allerdings vermochte der Kurfürst von Brandenburg beziehungsweise der König von Preußen als Landesherr das Recht der Ersten Bitten geltend zu machen, in Brandenburg ab 1598, in Havelberg ab 1599. Gegenüber dem Camminer Domkapitel erübrigte sich freilich eine solche Regelung, da die Vergabe der Kanonikate ohnehin seit 1569 gänzlich vom Willen der Landesherren abhing.

Abschließend sei noch auf die mehrfach belegten Versuche der beiden Reichsvikare hingewiesen, während eines Interregnums das Recht der Ersten Bitten für sich in Anspruch zu nehmen. Die ersten diesbezüglichen Fälle sind nach dem Tod Kaiser Ferdinands III. für die Jahre 1657/58 belegt. Kurfürst Johann Georg II. von Sachsen richtete damals Erste Bitten an die Domkapitel von Brandenburg und Magdeburg. 1711, nach dem Tod Kaiser Josephs I., folgte Kurfürst Friedrich August I. von Sachsen dem Beispiel seines Vorgängers. Er äußerte seine Bitten gegenüber den Domkapiteln von Hamburg, Lübeck, Merseburg, Naumburg und Osnabrück, während sich sein Amtskollege Kurfürst Johann Wilhelm von der Pfalz an das Eichstätter Domkapitel wandte. Ebenfalls einen größeren Umfang erreichte die Nominierung von Prezisten durch einen Reichsvikar anlässlich des Interregnums nach dem Tod Kaiser Josephs II. 1790. Kurfürst Karl Theodor von Pfalz-Bayern präsentierte den Domkapiteln von Augsburg, Basel, Eichstätt, Freising und Trient seine Prezisten. Zum tatsächlichen Erwerb eines Kanonikats durch den Prezisten führten die Ersten Bitten der Reichsvikare in der Regel nicht, zu sehr beharrten die Domkapitel auf ihren althergebrachten Rechten. Sie sahen im Recht der Ersten Bitten ein ausschließliches Reservatrecht des Königs beziehungsweise Kaisers in unmittelbarem Zusammenhang mit dessen Wahl oder Krönung. Erfolgreiche Erste Bitten eines Reichsvikars werden daher nur 1711 für das Merseburger und das Naumburger Domkapitel überliefert, allerdings standen diese beiden Institutionen unter einem besonders ausgeprägten Druck seitens des Kurfürsten von Sachsen. Dass Papst Clemens XI. 1711 die Ersten Bitten der Reichsvikare für nichtig erklärte, stärkte auf der katholischen Seite die Rechtsmeinung der Domkapitel zusätzlich.[168]

Aufs Ganze gesehen hielt sich der Einfluss des Kaisers auf die personelle Zusammensetzung der Domkapitel in Grenzen. Obwohl die von ihm geäußerten Ersten Bitten in der Regel von den einzelnen Institutionen willfährig behandelt wurden,

168 C. Bosshart-Pfluger, Reichsvikariat und Erste Bitten. Das Fürstbistum Basel – ein Sonderfall?, in: A. Portmann-Tinguely, Kirche, 584–592; H. E. Feine, Papst, Erste Bitten und Regierungsantritt des Kaisers seit dem Ausgang des Mittelalters, in: ZRG KA 20 (1931), 63f., 84; J. Heckel, Domstifter, 136; H. A. Braun, Domkapitel, 44f.

konnte der Kaiser als weltliches Reichsoberhaupt gegenüber den Domkapiteln keine eigenständige Personalpolitik im großen Stil betreiben. Dazu war zum einen der Kreis jener Institutionen, gegenüber denen der Kaiser berechtigt war, Erste Bitten zu äußern, zu klein, zum anderen verunmöglichte die Einmaligkeit des Bittrechtes die Verfolgung längerfristiger Pläne. Dass mit dem Fehlen jeglicher Möglichkeit, Einfluss auf die Besetzung der Dignitäten zu nehmen, die Schlüsselämter dem kaiserlichen Zugriff völlig entzogen waren, tat ein Übriges zur schwachen Rolle des Kaisers. Am Ende des Untersuchungszeitraumes blieben noch 25 katholische sowie zwei protestantische Institutionen, in denen das Recht der Ersten Bitten als bestehend erachtet wurde.

6. Landesherren und Fürsten

Waren vom kaiserlichen Recht der Ersten Bitten die in einem reichsständischen Territorium beheimateten Domkapitel betroffen, so gerieten die übrigen Institutionen häufig unter den Druck ihres jeweiligen Landesherrn. Zu verlockend war für die einzelnen Fürsten die Aussicht, nicht nur in weltlichen Belangen die Landesherrschaft auszuüben, sondern auch über die kirchlichen Einrichtungen ihrer Länder Macht und Einfluss zu gewinnen. Im Wesentlichen boten sich den Fürsten dafür zwei Möglichkeiten. Zum einen konnten sie versuchen, gegenüber bereits bestehenden Domkapiteln Patronatsrechte über bestimmte Kanonikate, Personate und Dignitäten zu erlangen, zum anderen konnten sie sich als Gegenleistung für die Ausstattung neuer Stellen oder gar ganzer Domkapitel großzügig ebensolche zuschreiben lassen.[169]

Vorweg klargestellt werden muss noch, dass an dieser Stelle ausschließlich die landesherrlichen Rechte weltlicher Fürsten behandelt werden. Eine diesbezügliche Darstellung der Bischöfe, die als geistliche Reichsfürsten innerhalb ihrer Erz- und Hochstifte ebenfalls Landesherren waren, wurde bereits vorgenommen. Dabei wurden auch die protestantischen Administratoren erfasst, für die sich allerdings der Übergang vom geistlichen zum weltlichen Landesherrn nicht immer eindeutig abgrenzen lässt.

Darüber hinaus sind in diesem Zusammenhang noch die Kollationsrechte jener Fürsten zu nennen, die sie in ihren Ländern benachbarten Domkapiteln erwerben konnten. Diese Einrichtungen standen freilich in Verbindung mit einem reichsständischen Territorium, weshalb den Fürsten ihnen gegenüber nicht die Rolle des Landesherrn zukam. Trotzdem sind die betreffenden Rechte letztlich ein Zeichen der Abhängigkeit gegenüber der weltlichen Macht.

---

169 Die bereits in den Einzeldarstellungen der jeweiligen Domkapitel angeführten Literaturangaben werden an dieser Stelle nicht mehr wiederholt. Sie können in den entsprechenden Abschnitten eingesehen werden.

Kanonikate

Vor dem Beginn des Untersuchungszeitraumes beschränkte sich der Einfluss der Landesherren und Fürsten auf die personelle Zusammensetzung der Domkapitel auf einzelne Kanonikate, die sie entweder selbst gestiftet hatten oder für die sie ein Patronatsrecht erhalten konnten. Den Beginn dieser Entwicklung setzte Graf Adolph III. von Holstein mit der Stiftung einer Distinktpräbende des Lübecker Domkapitels. Dabei verblieb das Kollationsrecht bei seinen Nachfolgern. Nach mehreren Erbteilungen bekam 1446 die Linie Holstein-Rendsburg das ungeteilte Patronatsrecht in ihre Hände, ehe es nur wenige Jahre später an das Herzogtum Holstein fiel. 1490 einigte man sich auf eine abwechselnde Vergabe durch den König von Dänemark in seiner Eigenschaft als Herzog von Holstein und den Herzog von Schleswig-Holstein-Gottorf. Nachdem die letztere Linie 1762 die Herrschaft im Zarentum Russland übernehmen konnte, trat sie 1773 ihre Kollationsrechte an die königliche Linie ab, womit diese zuletzt allein das Kanonikat besetzen konnte. Eine ähnliche Geschichte weist die 1245 durch Graf Adolph IV. von Holstein im Hamburger Domkapitel vorgenommene Stiftung zweier Maiorpräbenden auf. Auch er hatte sich und seinen Nachfolgern das Patronatsrecht ausbedungen. Im Zuge von Erbteilungen fiel ein Kanonikat, das sogenannte Holsteinische, 1318 an die Linie Holstein-Kiel und damit letztlich an das Herzogtum Holstein. Das zweite Kanonikat, das Schaumburgische, gebührte den Grafen von Holstein-Schaumburg zur Vergabe, ehe die Linie 1640 ausstarb und König Friedrich III. von Dänemark deren Recht für sich beanspruchte. Im Frieden von Lund einigte man sich 1679 auf die abwechselnde Vergabe der beiden Kanonikate durch die Könige von Dänemark beziehungsweise die Herzöge von Schleswig-Holstein-Gottorf. Nachdem diese Linie 1762 die Herrschaft im Zarentum Russland übernehmen konnte, trat sie 1773 ihre Kollationsrechte an die königliche Linie ab, womit diese nun allein beide Kanonikate vergeben konnte. Dazu kam im Hamburger Domkapitel, ebenfalls noch deutlich vor dem Beginn des Untersuchungszeitraumes, eine Minorpräbende, deren Patronatsrechte dem Herzog von Holstein beziehungsweise dem König von Dänemark gebührten. Im Osten folgte König Wenzel II. von Böhmen 1286 diesen Beispielen mit der Stiftung eines Kanonikats im Olmützer Domkapitel, zu dem 1402 noch ein von Markgraf Jobst von Mähren ausgestattetes hinzutrat. Ähnlich, wenn auch mit großem zeitlichen Abstand, gestaltete sich die Lage im Prager Domkapitel, wo der König von Böhmen nach der Errichtung neuer Kanonikate ab 1746 über das Nominationsrecht für zwei Domherrenstellen verfügte. Deutlich umfangreicher waren die landesherrlichen Rechte gegenüber dem Meißner Domkapitel. In der dortigen Entwicklung zeigte sich deutlich der schrittweise Verfall der Reichsstandschaft des Hochstiftes Meißen sowie seine allmähliche Unterordnung in den Herrschaftsbereich des Markgrafen von Meißen beziehungsweise Kurfürsten von Sachsen. Dessen Rechte nahmen 1329 mit der Dotation einer Präbende durch Markgraf Friedrich II. von Meißen einen bescheidenen Anfang. Bedingt durch die Tatsache, dass es Markgraf Wilhelm I. von Meißen 1399 und Markgraf Friedrich IV. von Meißen 1422 gelang, von Papst Bonifaz IX. vier beziehungsweise von Papst Martin V. nochmals drei Kanonikate zusätzlich dem Patronat des Landesherrn zu unterstellen, war das Kollationsrecht des Meißner Domkapitels das einzige, das bereits vor Beginn des Untersuchungszeitraumes mehrheitlich dem Einfluss des Landesherrn unterworfen war. Das gleichfalls aus dieser Zeit stammende Patronatsrecht, das Papst Eugen IV. 1447 Kurfürst Friedrich II. von Brandenburg für zwei Kanonikate des Lebuser Domkapitels gewährte, war allein auf die Person des Privilegierten beschränkt. Von kaum größerer Auswirkung blieb das ebenfalls 1447 von Papst Nikolaus V. eingeräumte Kollationsrecht für Hochmeister Konrad von Erlichshausen und seine Nachfolger hinsichtlich zweier Kanonikate des Ermländischen Domkapitels. Es wurde bereits 1453 wieder widerrufen. Ungeachtet dessen erfreute sich der Hochmeister des Deutschen Ordens zu dieser Zeit in den seiner Gemeinschaft angehörenden Domkapiteln von Kulm, Pomesanien und Samland eines großen Einflusses auf die Personalauswahl. Eine ähnliche Rolle nahmen seit 1356 die Herzöge von Pommern gegenüber dem Camminer Domkapitel ein.

In den ersten Jahrzehnten nach dem Beginn des Untersuchungszeitraumes kam es zu einer neuen Entwicklung. Nicht mehr einzelne Kanonikate gerieten in die Abhängigkeit des Landesherrn, sondern ganze Domkapitel wurden seinem Patronat unterstellt. Für das Wiener Domkapitel geschah dies 1469 durch die unveränderte Übernahme der bereits in der Vorläuferorganisation des Kollegiatstiftes geltenden Bestimmungen. Die alleinige Verfügungsgewalt des Landesherrn wurde allerdings 1554 beziehungsweise 1773 durch die Kollationsrechte der Universität Wien und des Seniors der Familie Fürst von Liechtenstein beschnitten. In Laibach 1461 und Wiener Neustadt 1469 gewährten Papst Pius II. und Papst Paul II. ebenfalls dem Landesherrn das ausschließliche Besetzungsrecht. Außerhalb der österreichischen Erblande kam durch den Verzicht Papst Sixtus' IV. 1481 sowie Bischof Johann von Weißenbachs und des Domkapitels 1482 die vollständige Unterordnung des Meißner Domkapitels zum Abschluss, auch wenn 1485 Kurfürst Ernst von Sachsen und Herzog Albrecht von Sachsen dem Domkapitel in den geraden Monaten das ihren tatsächlichen Einfluss freilich nicht einschränkende Recht zugestanden, ihnen einen geeigneten Kandidaten für die Neubesetzung zu nominieren.

Andernorts fand hingegen die bereits vor 1448 gängig gewesene Praxis eine weitere Fortsetzung. Darunter fielen die 1485 von Papst Innozenz VIII. den Kurfürsten von Sachsen zugewiesenen zwei Kanonikate des Naumburger Domkapitels. Im Olmützer Domkapitel errichtete König Ladislaus II. von Böhmen 1492 ein drittes landesherrliches Kanonikat. Herzog Johann IV. von Sachsen-Lauenburg und sein Sohn Magnus I. stifteten 1504 im Ratzeburger Domkapitel sechs neue Kanonikate, die künftig dem Landesherrn zur Besetzung offenstanden. Kurfürst Joachim I. von Brandenburg konnte sich und seinen Nachfolgern 1506/07 anlässlich der Transmutation des Havelberger und des Brandenburger Domkapitels je vier Domherrenstellen zur Vergabe sichern. Daneben blieb der Rechtserwerb einzelner Könige von Polen gegenüber dem Ermländischen Domkapitel von deutlich geringerer Bedeutung. König Kasimir IV. von Polen konnte dort zwar 1487 von Papst Innozenz VIII. das Nominationsrecht für ein Kanonikat gewinnen, doch wurde auch dieser Gnadenerweis bereits ein Jahr später wieder zurückgenommen. Rund zwei Jahrzehnte später wiederholten sich diese Ereignisse unter König Alexander von Polen, der 1505 ein bald widerrufenes Nominationsrecht für zwei Kanonikate erhielt. Gleichlautende spätere Bemühungen polnischer Herrscher scheinen mehr Erfolg gezeitigt zu haben. So erhielt König Sigismund I. von Polen 1513 zwei Kanonikate zur einmaligen Vergabe zugesprochen, Königin Bona 1526 drei.

Im 16. Jahrhundert eröffneten sich den Landesherren durch die Reformation und den damit verbundenen Konfessionswechsel mancher Domkapitel völlig neue Möglichkeiten. Durch die Entstehung der protestantischen Landeskirchen erwuchs dem jeweiligen Fürsten eine ungleich bedeutsamere und einflussreichere Stellung gegenüber den verschiedenen kirchlichen Institutionen seines Landes. Neben der Ausbildung des landesherrlichen Kirchenregiments lag in der durch die geänderten konfessionellen Verhältnisse erforderlich gewordenen Neuregelung der vormals päpstlichen Kollationsrechte die zweite Wurzel des Machtzuwachses der Landesherren. Am durchgängigsten umgesetzt wurde die landesherrliche Aneignung der Kollationsrechte im Camminer Domkapitel, wo 1541 die Herzöge von Pommern-Wolgast und von Pommern-Stettin die einzelnen Domherrenstellen unter sich aufteilten. Nach dem Westfälischen Frieden von 1648 traten das Königreich Schweden und das Kurfürstentum Brandenburg deren Rechtsnachfolge an, ehe der Friede von Saint-Germain 1679 sowie der formalrechtliche Verzicht des Königreiches Schweden 1698 die Vergabe der Kanonikate ausschließlich in die Hände des Kurfürsten von Brandenburg beziehungsweise später des Königs von Preußen brachte. In den übrigen Fällen vermochten die Landesherren in etwa die Hälfte der Kanonikate unter ihre Vergabe zu bringen. Mitunter bestanden nämlich Familienkanonikate oder Präbenden mit einem eigenen Patronat, wodurch der Anteil der Landesherren knapp unter die Hälfte absank. Den Kurfürsten von Brandenburg gelang dies bereits ab 1571 im Brandenburger und im Havelberger Domkapitel sowie nach dem Westfälischen Frieden von 1648 endgültig im Halberstädter und im Mindener Domkapitel. Das Magdeburger Domkapitel folgte erst 1680. Für das Utrechter Domkapitel brachte das Jahr 1579 eine Neuregelung der Kollation. Die Vergabe der Hälfte der Kanonikate gebührte nun in der Nachfolge des Papstes den die Stelle des Landesherrn einnehmenden drei Ständen der Provinz Utrecht, also dem Domkapitel selbst, der Ritterschaft und der Stadt Utrecht. 1674 wurden die Rechte der Stände an den niederländischen Statthalter Wilhelm III. Fürst von Oranien-Nassau abgetreten. Nach der statthalterlosen Zeit von 1702 bis 1747, in der wieder die vor 1674 geltende Regelung in Kraft war, lebten die Rechte des Statthalters mit der Wiederbesetzung des Amtes durch Wilhelm IV. Fürst von Oranien-Nassau wieder auf, ehe sie zu Beginn des 19. Jahrhunderts zu einem Spielball der jeweils politisch Mächtigen wurden. Im Hamburger Domkapitel war es der König von Schweden, der seit 1652 als Herzog von Bremen die Befugnisse zur Besetzung von etwas weniger als der Hälfte der Kanonikate innehatte. Er wurde 1719 vom Kurfürsten von Braunschweig-Lüneburg abgelöst. Das Schleswiger Domkapitel gehörte nur wenige Jahre zu dieser Gruppe. Lediglich zwischen 1533 und 1541/42 konnte Herzog Christian von Schleswig die Hälfte der Kanonikate besetzen. Danach kehrte man wieder zur gemeinsamen Vergabe durch den Bischof beziehungsweise den Administrator und das Domkapitel zurück. Trotzdem gelang es Administrator Herzog Adolph I. von Schleswig-Holstein-Gottorf, das Domkapitel schrittweise in seinen Rechten zu beschneiden, indem er dem Domkapitel ein Präsentationsrecht aufnötigte, das die Bedeutung des folgenden Wahlgangs schwinden ließ. Diese Entwicklung setzte sich fort, als sich von 1586 an die Könige von Dänemark als Administratoren betrachteten. Als schließlich 1624 die Güter des Bistums Schleswig endgültig dem Königreich Dänemark zufielen, war das Wahlrecht des Domkapitels durch die vorausgehenden Präsentationen des Königs von Dänemark längst belanglos geworden. Der Landesherr hatte sich eine ähnlich starke Stellung wie in Cammin ertrutzt.

Eine weitere Maßnahme zur Steigerung des Einflusses auf die Domkapitel war die Aneignung des kaiserlichen Rechtes der Ersten Bitten durch einige Landesherren. Zuerst griff Kurfürst August von Sachsen 1571 zu diesem Mittel, das seine Nachfolger nach 1717 beziehungsweise nach 1738 auf das Naumburger und Merseburger Domkapitel ausdehnten. Kurfürst Joachim Friedrich von Brandenburg folgte diesem Beispiel 1598 gegenüber dem Brandenburger und 1599 gegenüber dem Havelberger Domkapitel. Seine Nachfolger als Kurfürsten von Brandenburg richteten nach dem Westfälischen Frieden von 1648 ihre Ersten Bitten zusätzlich an die Domkapitel von Halberstadt, Magdeburg und Minden. Seit derselben Zeit stand in der Nachfolge der Bremer Erzbischöfe das Recht der Ersten Bitten gegenüber dem Hamburger Domkapitel auch den jeweiligen Herzögen von Bremen als Landesherren zu. In schwedischer Zeit wurde es anscheinend nicht ausgeübt, da der Kurfürst von Braunschweig-Lüneburg im 18. Jahrhundert neuerlich darum kämpfen musste. Dass schließlich der König von Frankreich die Domkapitel von Metz, Toul und Verdun in Ablösung des kaiserlichen Rechts der Ersten Bitten seinem Droit de joyeux avènement unterwarf, wurde bereits erwähnt.

Auf katholischer Seite begegneten noch im 17. Jahrhundert im Ermländischen Domkapitel Verhältnisse, die andernorts längst überholt waren. So erhielt König Sigismund III. von Polen um 1604 und 1628 je ein Kanonikat zur einmaligen Vergabe zugesprochen sowie Königin Luisa Maria 1651 ebenfalls eines. Für die beiden in etwa zur gleichen Zeit neu gegründeten böhmischen Domkapitel vermochte der Kaiser in seiner Eigenschaft als König von Böhmen in der Absicherung seiner Kollationsrechte deutlich erfolgreicher zu sein. Im 1655 gegründeten Leitmeritzer Domkapitel blieben ihm vorerst, wie schon im vorausgehenden Kollegiatstift, alle Kanonikate zur Vergabe. Im 1665 neu installierten Königgrätzer Domkapitel musste er sich hingegen mit einem Drittel der Stellen begnügen, wozu nach dem Ende von Rechtsstreitigkeiten 1675 noch ein Kanonikat trat, dessen Inhaber die jeweilige Königinwitwe von Böhmen bestimmen konnte. Fehlte eine solche, dann übte der König von Böhmen selbst das entsprechende Recht aus. Allerdings sank in beiden Einrichtungen der Einfluss des Landesherrn durch die spätere Zustiftung weiterer Kanonikate, deren Besetzung ohne sein Mitwirken erfolgte. Im Westen des Untersuchungsraumes konnte König Ludwig XIV. von Frankreich 1668 von Papst Clemens IX. für sich und seine Nachfolger in den Domkapiteln von Metz, Toul und Verdun die Hälfte der Kanonikate zur künftigen Kollation gewinnen, während er sich im Straßburger Domkapitel, das keine päpstlichen Monate kannte, von 1687 an mit der Erteilung seiner Zustimmung zur Auswahl des Domkapitels zufriedengeben musste, nachdem sich seine Pläne, das Nominationsrecht für die acht dem französischen Adel vorbehaltenen Kanonikate zu gewinnen, nicht verwirklichen ließen.

Der richtig große Durchbruch der landesherrlichen Rechte erfolgte freilich erst seit der Mitte des 18. Jahrhunderts. König Friedrich II. von Preußen führte 1743 beziehungsweise 1772 in den seinem Königreich neu zugefallenen Domkapiteln von Breslau sowie Ermland und Kulm die verbindliche Einholung einer königlichen Zustimmung für alle getroffenen Personalentscheidungen ein. Im Kulmer Domkapitel brachte er 1772 zudem in der Nachfolge des Papstes das Verleihungsrecht für die Hälfte der Kanonikate an sich. Das tat ihm Kaiser Joseph II. 1784 hinsichtlich des Olmützer Domkapitels gleich. Auch er beanspruchte von nun an als Landesherr die vormals päpstlichen Rechte für sich. Ungleich bedeutsamer war jedoch die Stellung, die der Kaiser als Landesherr gegenüber den in der zweiten Hälfte des 18. Jahrhunderts in den österreichischen Erblanden und den böhmisch-mährischen Ländern neu errichteten Domkapiteln einnahm. In den Domkapiteln von Görz, Brünn, Linz, St. Pölten, Budweis, Graz, Leoben und Gradisch waren so gut wie alle Kanonikate ausschließlich der landesherrlichen Verfügung unterworfen. Die wenigen Ausnahmen bildeten von 1753 beziehungsweise 1762 bis 1788 zwei zugestiftete Kanonikate in Görz, bis 1782 zwei der Äbtissin des Zisterzienserinnenstiftes Tischnowitz in Abgeltung älterer Patronatsrechte zustehende Kanonikate in Brünn, von 1787, tatsächlich aber erst von 1801 an zwei von der Universität Wien zu besetzende Kanonikate in Linz, ein beziehungsweise nach der Anerkennung älterer Rechte des Wiener Neustädter Magistrats von 1788 bis 1806 sechs Kanonikate in St. Pölten sowie von 1788 an ein Kanonikat in Gradisch. Neben den Neugründungen konnte der Kaiser nach der Transmutation des Gurker Domkapitels 1787 darin die Hälfte der Kanonikate selbst vergeben. Schließlich brachte 1798 noch das Direktorium der Helvetischen Republik die Kollationsrechte im Sittner Domkapitel an sich.

Obwohl die Freien Städte Basel, Hamburg, Lübeck und Straßburg keine landesherrlichen Rechte über die innerhalb ihrer Mauern gelegenen Domimmunitäten und damit auch über die Domkapitel besaßen, sind ihre Bestrebungen, in der Reformationszeit Kollationsrechte zu erlangen, hier anzuführen. In Basel maßte sich der Rat der Stadt zwischen 1525 und 1529 die Vergabe der Kanonikate in den päpstlichen Monaten an. Während der 1537 vom Rat der Stadt Lübeck unternommene Versuch, ebenfalls die Kollationsrechte in den päpstlichen Monaten an sich zu bringen, scheiterte, musste dem Magistrat der Stadt Straßburg zwischen 1534 und 1549 das Präsentationsrecht für die in den päpstlichen Monaten vakant gewordenen Präbenden eingeräumt werden. Auch in Hamburg unternahm der Rat der Stadt nach dem Konfessionswechsel Anstrengungen, die Kollationsrechte des Papstes an sich zu bringen. Eine heftige Auseinandersetzung mit dem Domkapitel war die Folge, im Zuge derer es dem Rat nur in wenigen Einzelfällen gelang, die von ihm eingeforderten Rechte auch tatsächlich zur Ausübung zu bringen. Der 1561 zwischen den beiden Streitparteien eingegangene Bremer Vergleich brachte schließlich die Kollationsrechte in die Hände des Domkapitels. Trotzdem verlor der Rat der Stadt sein Vorhaben auch danach nicht aus den Augen. Als Gegenleistung für die Unterstützung in der Abwehr päpstlicher Provisionen räumte das Domkapitel bereits

1563 dem Rat die Kollationsrechte in den päpstlichen Monaten ein. Nachdem diese Vereinbarung offenbar bald wieder in Vergessenheit geraten war, wurde sie 1650 vom Domkapitel wieder in Erinnerung gerufen. Jedoch beschränkte man die Rechte des Rates jetzt auf die Monate März, September, Oktober und November. Allerdings beanspruchte bereits 1651 die Königin von Schweden die Kollationsrechte in den päpstlichen Monaten, was ein 1652 zwischen dem Königreich Schweden und dem Domkapitel geschlossener Rezess auch vertraglich festsetzte. Alle diese Bestrebungen waren letztlich den Wirren der Reformationszeit geschuldet und daher in keinem Fall langlebig, auch wenn sie in Hamburg über längere Zeit verfolgt wurden.

In ihrem Umfang nicht zu fassen sind schließlich die rechtlich eigentlich unverbindlichen Rekommendationen, mit Hilfe derer die einzelnen Landesherren und Fürsten versuchten, die Kollatoren in ihrer Personalauswahl zu beeinflussen.

Insgesamt zeigt sich, dass der Einfluss der Landesherren und Fürsten auf die personelle Zusammensetzung der Domkapitel im Laufe des Untersuchungszeitraumes in bedeutendem Maß anwuchs. Ohne Rücksicht auf die konfessionellen Hintergründe waren es querdurch die Landesherren, die unter den Kollatoren ihre Stellung am deutlichsten auszubauen vermochten. Von den bereits vor 1448 bestehenden Domkapiteln konnten freilich nur die von Cammin und Meißen vollständig der landesherrlichen Verfügung unterworfen werden. Ohne eigentliche rechtliche Handhabe galt das zudem auch für Schleswig, das sich dem immer stärker werdenden Druck des Königs von Dänemark beugen musste. Protestantischerseits eröffnete der Konfessionswechsel den Landesherren neue Machtmöglichkeiten, die katholischen Fürsten weitestgehend verschlossen blieben. Sie mussten ganz auf die Neugründung von Domkapiteln setzen. Daher blieb der landesherrliche Einfluss auf die 1448 bereits bestehenden und katholisch gebliebenen Domkapitel äußerst gering. Eine Ausnahme stellten schließlich nur die drei lothringischen Domkapitel von Metz, Toul und Verdun dar sowie das Gurker und das Olmützer Domkapitel. Die erst 1798 erfolgte Unterwerfung des Sittner Domkapitels unter das Direktorium der Helvetischen Republik kann ihrer fehlenden Bedeutung wegen vernachlässigt werden.

Unter den Regenten waren es auf katholischer Seite überwiegend die Habsburger als Landesherren in den österreichischen Erblanden und in den böhmisch-mährischen Ländern, die weitgehende Zugriffsrechte auf die personelle Zusammensetzung der innerhalb ihres Machtbereichs gelegenen Domkapitel besaßen, in weit geringerem Ausmaß noch der König von Frankreich. Andere maßgebliche katholische Reichsfürsten wie etwa die Herzöge beziehungsweise Kurfürsten von Bayern entbehrten dessen hingegen völlig. Auf protestantischer Seite nahmen diesbezüglich die Kurfürsten von Brandenburg beziehungsweise die Könige von Preußen die erste Stelle ein, in deutlichem Abstand gefolgt von den Kurfürsten von Sachsen. Die Könige von Schweden und Dänemark, der Kurfürst von Braunschweig-Lüneburg, die Herzöge von Pommern-Wolgast, Pommern-Stettin, Sachsen-Lauenburg und Schleswig-Holstein-Gottorf sowie die Stände beziehungsweise der Statthalter der Provinz Utrecht spielten dagegen nur eine verhältnismäßig geringe und nicht in jedem Fall besonders langlebige Rolle. Die sich zeigende Einseitigkeit zugunsten der protestantischen Fürsten darf als Anzeichen dafür gewertet werden, dass sich diesen nicht nur in vermehrtem Umfang und auf einfachere Weise die Möglichkeit bot, Kollationsrechte zu erwerben, sondern deren Bestrebungen in dieser Hinsicht grundsätzlich stärker ausgeprägt waren.

Dignitäten und Personate

Selbstverständlich gaben sich die Landesherren und Fürsten nicht mit der Einflussnahme auf die personelle Zusammensetzung der Domkapitel zufrieden. Es lag durchaus in ihrem Bestreben, auch auf die Besetzung der Spitzenämter einwirken zu können. Schließlich war es von nicht unerheblicher Bedeutung, welchen Interessen die Leitung des Domkapitels sich verpflichtet wusste. Grundsätzlich gestalteten sich die Verhältnisse hinsichtlich der Dignitäten und Personate ähnlich denen hinsichtlich der Kanonikate. Daher begegnen überwiegend dieselben Domkapitel unter den betroffenen Einrichtungen.

In gänzlicher Abhängigkeit des Landesherrn stand die Vergabe der Dignitäten und Personate vor allem in jenen Domkapiteln, die im 15. sowie im 17. und 18. Jahrhundert in den österreichischen Erblanden und in den böhmisch-mährischen Ländern gegründet wurden, namentlich in den Domkapiteln von Laibach, Wien, Leitmeritz, Brünn, Linz, St. Pölten, Budweis, Graz und Leoben. In Wiener Neustadt war nur das erste Domkapitel davon betroffen. Während mit seiner Transmutation 1787 das Gurker Domkapitel neu zu dieser Gruppe dazustieß, schieden die Domkapitel von Wien und Graz 1741/43 durch die Zustiftung einer neuen Dignität beziehungsweise 1787 durch eine Änderung der kollationsrechtlichen Regelung wieder aus. Während Kaiser Joseph II. 1787 das Besetzungsrecht für die Scholasterie des Prager Domkapitels gewaltsam an sich brachte, konnte im Königgrätzer Domkapitel der Landesherr auffallenderweise keines der Spitzenämter vergeben. Ebenfalls bereits bekannt ist die Tatsache, dass sich 1798 das Direktorium der Helvetischen Republik aller Personalentscheidungen des Sittner Domkapitels bemächtigte. Im protestantischen Raum waren hinsichtlich der Ämtervergabe wieder die beiden Domkapitel von Meißen und Cammin vollständig dem Zugriff der Landesherren ausgeliefert, Meißen seit 1476, Cammin seit 1569. Daran konnten in Meißen auch die dürftigen Mitwirkungsrechte des Domkapitels und des Bischofs nicht wirklich Entscheidendes ändern.

Eine bestimmende Stellung besaß der Landesherr gegenüber dem Görzer und kurzfristig bis 1790 gegenüber dem Gradischer Domkapitel, in dem er die Mehrzahl der Dignitäten selbst vergeben konnte.

Einem großen landesherrlichen Einfluss waren nach dem Verlust der Reichsstandschaft ihrer Hochstifte auch die Domkapitel von Utrecht, Minden sowie von Metz, Toul und Verdun unterworfen. In Utrecht, wo dem Landesherrn bereits seit 1528 eine bedeutende Rolle in der Besetzung der beiden Dignitätaten zugekommen war, entschieden ab 1579 die drei Stände beziehungsweise der Statthalter der Provinz über den Inhaber der ersten Dignität, den Dompropst, sowie ab 1620 über die Personate des Thesaurariats und der Scholasterie. Zuletzt wurden die Kollationsrechte zu Beginn des 19. Jahrhunderts kurzfristig zu einem Spielball der jeweils politisch Mächtigen. In Minden waren die führende Dompropstei sowie die Personate der Scholasterie, der Kustorei und der

Kantorei seit 1650 der Personalauswahl des Kurfürsten von Brandenburg beziehungsweise des Königs von Preußen anheimgestellt. In den drei lothringischen Domkapiteln von Metz, Verdun und Toul nahm der König von Frankreich seit 1668 beziehungsweise 1695 und 1700 die Vergabe der ersten Dignität vor. Ergänzt wurden dessen Rechte seit 1668 nach in den päpstlichen Monaten erfolgten Vakanzen. In Metz betraf das die Dignitäten der Kantorei, der Kanzlei, des Thesaurariats, der Scholasterie und des Eleemosynariats, in Toul die der Kantorei und des Thesaurariats sowie in Verdun die der Kantorei. In Verdun stand dem König von Frankreich zusätzlich in jedem Fall die Neubesetzung des Archidiakonats der Woëvre zu. Schließlich verfügte ab 1652 der Landesherr gegenüber dem Hamburger Domkapitel über das Kollationsrecht für zwei Ämter. Da aber die Scholasterie und das Thesaurariat nur Personate waren und zudem im 18. Jahrhundert ein Vorschlagsrecht des Domkapitels bestand, darf diesbezüglich weder die Bedeutung des Königs von Schweden noch die des ihm nachfolgenden Kurfürsten von Braunschweig-Lüneburg überbewertet werden.

Zudem gelang es einigen Landesherren und Fürsten, Kollationsrechte für die Dompropstei zu gewinnen. Den Anfang machte Kurfürst Friedrich II. von Brandenburg, der 1447 von Papst Eugen IV. das Recht zur einmaligen Besetzung der Lebuser Dompropstei erwirken konnte. Die Dignität völlig unter ihren Einfluss zu bringen, gelang den Kurfürsten erst mit dem Konfessionswechsel um die Mitte des 16. Jahrhunderts. Die erste dieser landesherrlichen Kollationen fand 1551 statt. König Christian I. von Dänemark erhielt in seiner Eigenschaft als Graf von Stormarn 1462 von Papst Pius II. für sich und seine Nachfolger das Patronatsrecht über die Hamburger Dompropstei zugesprochen. Dasselbe gelang dem König 1474 für die Schleswiger Dompropstei, die allerdings bereits 1541/42 supprimiert wurde. Im Trientner Domkapitel, in dem die Dompropstei die zweite Dignität darstellte, übertrug Papst Pius II. 1469 das Kollationsrecht an Erzherzog Sigismund von Österreich und seine Nachfolger als Grafen von Tirol. Der Kurfürst von Brandenburg konnte sich im Zuge der Transmutation des Brandenburger und das Havelberger Domkapitels dauerhafte Rechtsansprüche auf die beiden Dompropsteien sichern. Vereinbarungsgemäß mussten sich nämlich die beiden Domkapitel darum bemühen, für den Kurfürsten beim Papst die entsprechenden Patronatsrechte zu erwirken. Papst Leo X. sprach die entsprechende Übertragung 1514 aus. Derselbe Papst stellte 1518 ein Privileg für König Sigismund I. von Polen aus, kraft dessen diesem und seinen Nachfolgern das Patronatsrecht für die Ermländische Dompropstei eingeräumt wurde. Die politischen Veränderungen des Jahres 1772 führten dazu, dass das Recht an den König von Preußen überging. Bereits dem konfessionellen Wandel geschuldet war die von der Mitte des 16. Jahrhunderts bis 1592 bestehende Möglichkeit des Kurfürsten von Sachsen, den Inhaber der Merseburger Dompropstei nach seinem Gutdünken zu bestimmen. Das 17. Jahrhundert brachte den Kurfürsten von Brandenburg noch in den Besitz zweier weiterer Kollationsrechte. Nach dem Untergang der dortigen Hochstifte konnte er ab 1648 beziehungsweise ab 1680 bleibend die Halberstädter und die Magdeburger Dompropstei verleihen. Schließlich versuchten noch zwei Freie Städte über die Dompropstei der innerhalb ihrer Mauern beheimateten Domkapitel Verfügungsgewalt zu erlangen. Als Gegenleistung für die Aufbesserung der Dotation der Lübecker Dompropstei gewährte Papst Julius II. dem dortigen Rat der Stadt 1505 das Präsentationsrecht über die Dignität. Nach Unsicherheiten über den Fortbestand dieses Rechtes über den Konfessionswechsel hinaus kam es 1595 zu einem Vergleich. Der Rat der Stadt und das Domkapitel bestimmten nun abwechselnd den Dompropst. Ungleich größer waren die Auseinandersetzungen um das Besetzungsrecht der Dompropstei in Basel. Nachdem der Rat der Stadt 1525 von Papst Clemens VII. ein entsprechendes Privileg erhalten hatte, führte der konfessionell aufgeladene Streit mit dem Domkapitel von 1537 an zu Doppelbesetzungen. Am Ende standen 1583 das Wahlprivileg Papst Gregors XIII. für das Domkapitel sowie 1585 der Vertrag von Baden, in dem die Stadt alle Kollationsansprüche hinsichtlich der Dignität aufgab.

Zu guter Letzt ist auch an dieser Stelle auf die vielfältigen landesherrlichen und fürstlichen Rekommendationen hinzuweisen, die zwar rechtlich unverbindlich bleiben mussten, denen aber doch eine mitunter entscheidende Wirkung auf die Personalauswahl der einzelnen Kollatoren zugebilligt werden muss.

Die Ergebnisse zu den fürstlichen Kollationsrechten für die Dignitäten und Personate unterscheiden sich im Allgemeinen nicht maßgeblich vom hinsichtlich der Kanonikate erhobenen Befund. Zusätzlich erwähnenswert erscheint die Tatsache, dass nicht mehr nur Domkapitel betroffen waren, die in einem Territorium lagen, dessen Reichsstandschaft nur schwach oder gar nicht ausgebildet beziehungsweise verloren gegangen war. Mit dem Hamburger oder dem Trientner Domkapitel konnten die Fürsten auch über in einem benachbarten reichsständischen Hochstift beheimatete Korporationen Verfügungsgewalt erringen. Dasselbe galt für das Lübecker und das Basler Domkapitel, in denen jeweils der Rat der Stadt Ansprüche erwerben konnte. Lässt man die späteren Gründungen in den österreichischen Erblanden und in den böhmisch-mährischen Ländern außer Betracht, dann tritt deutlich zutage, dass es in erster Linie die Dignität der Dompropstei war, deren Kollation sich die Landesherren und Fürsten zu sichern vermochten. Zum einen war dies wohl der vor allem finanziell bedeutsamen Stellung dieser Dignität geschuldet, die sie als Mittel zur Belohung eigener Günstlinge erstrebenswert machte. Zum anderen dürften die sich weitgehend in der Hand des Papstes befindlichen Kollationsrechte über die Dompropstei die Entwicklung zugunsten der Landesherren und Fürsten erleichtert haben. Damit ließen sich entweder durch die Erteilung eines ausdrücklichen päpstlichen Privilegs oder durch die Beschlagnahme seiner Ansprüche neue Rechtsverhältnisse schaffen. Dies gestaltete sich oft leichter als der Erwerb vormals vom Bischof oder dem Domkapitel selbst besessener Rechte.

7. Sonstige Kollatoren

Neben den besonders einflussreichen und gesellschaftlich hochstehenden Kollatoren, auf geistlicher Seite der Papst, die Bischöfe und die Domkapitel selbst, auf weltlicher Seite der Kaiser, die Landesherren und die Fürsten, gab es noch eine Reihe weiterer Amtsträger, Institutionen und Personen, die in verschiedenen Einzelfällen Kollationsrechte über Kanonikate, Personate und Dignitäten ausüben konnten.[170]

Kirchliche Amtsträger

Bereits aus dem 13. Jahrhundert stammte das Recht des Lübecker Domdechanten, zwei der dortigen Distinktpräbenden zu besetzen. Dabei handelte es sich um die von Domdechant Johannes Livo 1293 gestifteten Präbenden, deren Inhaber, die Livonisten, allerdings vermutlich seit dem späten 16. Jahrhundert nicht mehr zu den Domherren gezählt wurden.

Einen ähnlichen Hintergrund hatten die beiden Makisten des Ratzeburger Domkapitels, die 1512 durch eine Stiftung Domdechant Albert Makes ins Leben gerufen wurden. Diese beiden Semipräbendare konnte der jeweilige Dompropst bestimmen. Der bald darauf einsetzende personelle Niedergang des Ratzeburger Domkapitels brachte jedoch all dem ein verhältnismäßig rasches Ende.

Noch kürzer währten die zwei Kanonikate des Brünner Domkapitels erfassenden Präsentationsrechte der Äbtissin des Zisterzienserinnenstiftes Tischnowitz. Diese ihr 1777 gewährten Rechte dienten als Abgeltung für das verfallene Präsentationsrecht für die Propstei des dem Domkapitel vorausgehenden Kollegiatstiftes. Durch die bereits 1782 erfolgte Aufhebung des Zisterzienserinnenstiftes blieb die Rolle der Äbtissin eine Episode.

Ähnlich eingeschränkt gestaltete sich die Rechtslage hinsichtlich der Kapitelämter. Dabei waren es in erster Linie Dompröpste, die mit der Auswahl geeigneter Kandidaten betraut wurden. Gemäß der Verfassung des Deutschen Ordens konnte in den Domkapiteln von Kulm, Pomesanien und Samland der jährlich neu gewählte Dompropst den Domdechanten bestimmen, freilich nur unter der Zustimmung des Domkapitels und auch nur für eine Amtszeit von einem Jahr.

Ebenfalls einen ordensgeistlichen Hintergrund hatte die Verfügungsgewalt des Seckauer Dompropstes über die beiden dort bestehenden Personate der Kustorei und der Scholasterie.

Im Bamberger Domkapitel ernannte der Dompropst den Kellner. Dass das Personat seinem Ursprung nach der Unterstützung des Dompropstes diente, mag diesen Befund erklären.

Das Lausanner Domkapitel wies dieselbe Abhängigkeit zwischen dem Kantor und dem von ihm ernannten Subkantor auf.

Geistliche Kommunitäten

Die einzigen diesbezüglichen Ansprüche, die sich auf ein Kanonikat bezogen, besaß die Ballei Brandenburg des Johanniter-Ordens. Ihr Patronatsrecht beruhte auf der

170 Die bereits in den Einzeldarstellungen der jeweiligen Domkapitel angeführten Literaturangaben werden an dieser Stelle nicht mehr wiederholt. Sie können in den entsprechenden Abschnitten eingesehen werden.

Stiftung einer Präbende im Lebuser Domkapitel durch Bischof Heinrich und den Tempelritter-Orden im Jahr 1244. Seit dem 14. Jahrhundert konnte der Johanniter-Orden in der Nachfolge des Tempelritter-Ordens dessen Kollationsrechte ausüben.

Darüber hinaus begegnen geistliche Kommunitäten als Kollatoren nur mehr im Westen des Untersuchungsraumes. Stets waren es Kollegiatkapitel, die durch die Wahl ihres Propstes aus der Reihe der Domherren zugleich eine Dignität des Domkapitels zur Vergabe brachten. Während des ganzen Untersuchungszeitraumes konnte so das Kollegiatstift St. Gangolph in Toul mit dem Großarchidiakon den zweitgereihten Dignitär des dortigen Domkapitels bestimmen. Im Verduner Domkapitel kam es hingegen zum vorzeitigen Ende dieses Zustandes. Der Archidiakon der Woëvre wurde bis 1519 von den Kapitularen des Kollegiatstiftes St. Maria Magdalena in Verdun gewählt, der Archidiakon der Argonnen bis 1668 durch die Kapitulare des Kollegiatstiftes St. Germanus in Montfaucon. Die Trennung der beiden Ämter beendete jeweils die Mitwirkungsrechte der Kollegiatstifte.

Universitäten

Das Verhältnis zwischen den Domkapiteln und den Universitäten war durch zwei unterschiedliche Rechtsausprägungen gekennzeichnet, die sich jedoch mitunter überschnitten. Zum einen wurde einzelnen Universitäten eine ganz bestimmte Anzahl an Kanonikaten zugesprochen, die von den gewöhnlichen Kollatoren verbindlich mit Universitätsangehörigen zu besetzen waren. Zum anderen erhielten einzelne Universitäten eigene Kollationsrechte zuerkannt, wodurch diese Universitäten selbst als Kollatoren auftreten konnten. Das Zweite ist in diesem Zusammenhang von Interesse.

Die ältesten Kollationsrechte waren die der Universität Köln. Papst Bonifaz IX. sprach 1394 dem Rektor und den vier Provisoren der Universität das Recht zu, eines der acht Priesterkanonikate an einen Universitätsangehörigen zu vergeben. Papst Innozenz XII. verordnete 1698, dieses Kanonikat dauerhaft einem Juristen zuzuweisen. Die Päpste Eugen IV. und Nikolaus V. stellten 1437 beziehungsweise 1451/53 der Universität eine zweite Priesterpräbende zur Verfügung. Im Unterschied zum ersten Kanonikat, das die Universität auch vergab, begrenzte der Widerstand des Domkapitels die Kollationsrechte der Universität beim zweiten auf ein wenig einflussreiches Devolutionsrecht, das nur bei nicht fristgerechter Nachbesetzung schlagend wurde. In allen übrigen Fällen vergab das Domkapitel selbst die Präbende an einen Angehörigen der Universität. Schließlich erteilte Papst Paul IV. 1559 der Universität ein Triennalindult, kraft dessen es dieser in der Gestalt des Rektors, der vier Dekane und der vier Provisoren gestattet war, für die in den drei päpstlichen Monaten März, Juli und November vakant gewordenen Priesterpräbenden das Kollationsrecht zugunsten eines ihrer Dozenten auszuüben. Das Domkapitel konnte sich erst 1593 von der Gültigkeit dieses immer wieder verlängerten Indults befreien.

Nur unwesentlich jüngeren Ursprungs waren die Nominationsrechte der Heidelberger Universität, die auf Betreiben Kurfürst Ruprechts III. von der Pfalz durch Papst Bonifaz IX. gewährt wurden. Seit 1398 konnten daher der Rektor und das übrige leitende akademische Personal je ein Kanonikat im Speyerer und im Wormser

Domkapitel vergeben. Während anfangs mit beiden Pfründen ein Professor der Juridischen Fakultät zu bedenken war, ging die zweite ab 1452 an einen Professor der Theologischen Fakultät. Nach dem Konfessionswechsel der Universität wurden deren Rechte 1547 beziehungsweise 1556 gegen eine jährliche Zahlung an den Universitätsfonds abgelöst.

Die Ansprüche der Universität Leipzig stammten aus dem ersten Viertel des 15. Jahrhunderts. Papst Johannes XXIII. erteilte 1413 der Universität das Nominationsrecht für je zwei Kanonikate im Meißner und im Naumburger Domkapitel. Bereits wenige Jahre später kam es unter Papst Martin V. zu einer Veränderung. Von 1421 an wurde eine Präbende in Naumburg aufgegeben, dafür kamen zwei neue Universitätskanonikate im Merseburger Domkapitel dazu. Der Einfluss der Universität stieß jedoch auf Widerstand. So gelang es dem Merseburger Domkapitel zwischen 1507 und 1558, eines der betreffenden Kanonikate ohne Mitwirkung der Universität zu besetzen. In Meißen wiederum versuchte man 1418 und 1541 jeweils vergeblich, sich der Rechte der Universität zu entledigen. Gewohnheitsrechtlich wurden die Universitätskanonikate des Meißner Domkapitels mit Angehörigen der Theologischen Fakultät besetzt, die des Merseburger und des Naumburger Domkapitels mit solchen der Juridischen Fakultät.

Die Universität Kopenhagen konnte nur für wenige Jahrzehnte Kollationsrechte gegenüber dem Schleswiger Domkapitel geltend machen. Gemäß einer Verfügung Papst Sixtus' IV. aus dem Jahr 1482 besetzten der Rektor und die vier Dekane dort ein Kanonikat. 1541/42 dürfte das Domkapitel von dieser Auflage wieder befreit worden sein.

Die Universität Wien verdankte ihre Nominationsrechte über sechs Kanonikate des Wiener Domkapitels Kaiser Ferdinand I., der 1554 dem Artistenkolleg ein entsprechendes Privileg ausstellte. Zu einer Änderung kam es im Zuge der Übertragung der Philosophischen und der Theologischen Fakultät der Universität an den Jesuitenorden. Kaiser Ferdinand II. legte 1623 fest, dass von nun an das Universitätskonsistorium aller vier Fakultäten die Nominationen vornehmen sollte. An die Stelle Universitätsangehöriger traten jedoch nun institutionsfremde Kleriker als Inhaber der Kanonikate. Kaiser Joseph II. sorgte 1787 für eine neuerliche Veränderung. Zum einen transferierte er zwei der sechs Universitätskanonikate an das neu errichtete Linzer Domkapitel, zum anderen sah er vor, künftig neben vier verdienten Seelsorgern auch wieder zwei an der Theologischen Fakultät der Universität Wien Lehrende mit den Kanonikaten zu betrauen. Das Nominationsrecht der Universität blieb von all diesen Maßnahmen unbehelligt. Allerdings dauerte es noch einige Jahre, ehe die Universität auch in Linz ihre Rechte tatsächlich ausüben konnte. Obwohl schon 1793 eine erste Vereinbarung hinsichtlich der Vergabe der beiden Kanonikate getroffen wurde, konnte die Universität erst ab 1801 ihre Rechte voll geltend machen.

Eine längere Vorgeschichte wiesen die Kollationsrechte der Universität Löwen auf. Papst Leo X. erkannte bereits 1513 der Artistischen Fakultät der Universität Löwen großzügige Nominationsrechte im Bereich des Hochstiftes Lüttich zu. Die Fakultät sollte jedem der beiden Kollatoren des Lütticher Domkapitels, also Papst und Bischof, während deren Amtszeit zwei Mal einen ihrer Magister für die Übernahme eines Kanonikats namhaft machen können. Die Eindämmung seiner Rechte rief den Widerstand von Bischof Erhard von der Mark hervor, der bei Papst Leo X.

1516 einen Widerruf des Privilegs erreichen konnte. Obwohl jedoch Papst Clemens VII. bereits 1523 die Rechte der Artistenfakultät wieder bestätigte, lässt sich die tatsächliche Ausübung des Privilegs gegenüber dem Lütticher Domkapitel erst für das 17. Jahrhundert belegen. Papst Paul V. erließ 1616 eine Neuregelung, mit der er das Nominationsrecht der Fakultät ab Jahresbeginn 1617 auf jene Präbenden festlegte, die in den Monaten Jänner und November ungerader Jahre sowie im Monat November gerader Jahre durch Tod vakant wurden. Doch auch danach wurden die Rechte der Universität nicht durchgehend zur Anwendung gebracht. Kurzfristig kam es durch Papst Clemens IX. 1669 sogar zu ihrer formellen Aufhebung. Allerdings stellte bereits 1673 sein Nachfolger Papst Clemens X. die vorherige Rechtslage wieder her. Eine von Papst Clemens XI. 1702 verfügte neuerliche Suspension wurde in Lüttich gar nicht erst publiziert und blieb daher folgenlos. Von Bedeutung ist die Tatsache, dass sich die Rechte der Artistischen Fakultät nicht nur auf die in den genannten Monaten vakant gewordenen Kanonikate beschränkten, sondern während dieser Zeit auch die sieben Archidiakonate von Brabant, der Ardennen, der Kempen, der Famenne, des Condroz, des Hennegaus und des Hespengaus umfassten. Damit war die Universität Löwen die einzige Institution, die in Einzelfällen auch Dignitäten vergeben konnte. Vom erwähnten Privileg Papst Leos X. war offensichtlich auch das Utrechter Domkapitel betroffen, da die Artistische Fakultät dort bis zum Konfessionswechsel mehrfach Nominationsrechte zur Anwendung brachte.

Alle diese Kollationsrechte blieben mit den genannten Einschränkungen in Köln, Speyer, Utrecht und Worms zwar bis zum Ende des Untersuchungszeitraumes in Geltung, wiesen aber eine unterschiedliche Ausprägung auf. So waren die Universitäten beziehungsweise ihre Teileinrichtungen in der Ausübung ihrer Kollationsrechte zumeist auf Universitätsangehörige beschränkt. Das war gegenüber den Domkapiteln von Köln, Speyer, Worms, Meißen, Naumburg und Merseburg ununterbrochen der Fall, gegenüber dem Wiener Domkapitel nur von 1554 bis 1623. Danach musste man dort erst ab 1787 wieder zwei der sechs Kanonikate verbindlich mit Universitätsangehörigen besetzen. Die Artistische Fakultät der Universität Löwen hingegen war gegenüber dem Utrechter und dem Lütticher Domkapitel grundsätzlich an keinen bestimmten Personenkreis gebunden.

Den größten Einfluss konnte zweifelsohne die Wiener Universität entfalten, die maßgeblich an der personellen Zusammensetzung des dortigen Domkapitels mitwirken konnte. Rein zahlenmäßig stand ihr die Universität Leipzig zwar nur um eine Präbende nach, allerdings waren deren Kollationsrechte auf drei Domkapitel aufgeteilt. Die übrigen Universitäten fielen in ihrem Einfluss demgegenüber deutlich ab.

Magistrate

Neben den bereits erwähnten mehr oder weniger erfolgreichen Versuchen der Freien Städte Basel, Hamburg, Lübeck und Straßburg, Kollationsrechte zu erlangen, gab es mit dem Lüneburger und dem Wiener Neustädter Magistrat noch zwei weitere Stadtverwaltungen, die auf dem Weg der Simultankollation für einzelne Domkapitel Anteil an der Stellenvergabe nehmen konnte. Einen nennenswerten

Einfluss konnten die beiden Magistrate nicht entfalten. Selbst die zahlenmäßig ausgeprägteren Rechte des Wiener Neustädter Magistrats gaben eher Anlass zu Streitigkeiten, als dass sie ein Machtmittel der Stadtverwaltung darstellten.

Der Propst von St. Johannis in Lüneburg erhielt 1445/46 eine fixe Stelle im Verdener Domkapitel eingeräumt. Der Propst wurde vom Magistrat der Stadt Lüneburg dem Domkapitel zur Bestätigung präsentiert, womit diesem die eigentliche Letztentscheidung vorbehalten blieb.

In Wiener Neustadt lagen die Verhältnisse anders. Dort hatten die 1692 mit der Errichtung des Domkapitels eingesetzten Kanoniker alle zugleich noch Kooperaturen und Benefizien inne. Als solche wurden sie vom Bischof dem Magistrat der Stadt rekommendiert und dann von diesem wieder dem Bischof präsentiert. Bischof und Magistrat mussten sich also in der Vergabe der Domherrenstellen einig werden. Diese Vorgangsweise galt für sechs der sieben Kanonikate. Auch nach der Auflösung des Domkapitels und der Übersiedelung der meisten Domherren nach St. Pölten forderte der Magistrat die Aufrechterhaltung seines bisherigen Nominationsrechtes für sechs der sieben St. Pöltner Domherrenstellen ein. Kaiser Joseph II. erkannte 1788 die Ansprüche des Magistrats an, allerdings nur mehr für fünf Kanonikate. Da Versuche Bischof Sigismund Anton Graf von Hohenwarts, die Rechte des Magistrats abzulösen, scheiterten, kam es erst 1806 zu einer endgültigen Lösung der immer wieder umstrittenen Rechtslage. Kaiser Franz II. löste damals alle Ansprüche des Magistrats zu seinen Gunsten ab.

Privatpersonen

Eine letzte Gruppe von Kollatoren bildeten jene Privatpersonen, denen es zumeist aufgrund eigener Stiftungen, mitunter aber auch durch entsprechende Privilegien möglich war, einzelne Kanonikate oder Dignitäten nach ihrem Gutdünken zu besetzen. Ihnen allen gemeinsam ist die Weitergabe der jeweiligen Kollationsrechte auf dem Erbweg. Sie konnten zwar als Einzelpersonen im Untersuchungszeitraum keinen besonderen Einfluss auf die Zusammensetzung der Domkapitel nehmen, doch war in manchen Fällen ihre gesamtheitliche Stellung doch von Betracht.

Im Lübecker Domkapitel hielt sich von den im Spätmittelalter noch in größerem Ausmaß bestehenden Patronatsrechten bis in den Untersuchungszeitraum nur mehr eines. Bürgermeister Bruno Warendorf stiftete 1332 eine Maiorpräbende, für die seiner Familie bis in die dritte Generation das Kollationsrecht eingeräumt wurde. Dieses Zugeständnis wurde 1424/27 und 1542 für jeweils vier weitere Generationen verlängert und lief schließlich 1719 aus.

Zum Camminer Domkapitel zählte von 1424 an eine von Joachim von Maltzahn gestiftete Präbende, deren Vergabe dem jeweiligen Senior der Stifterfamilie oblag. Allerdings verlor sich dieses Kanonikat vermutlich im Laufe des 16. Jahrhunderts wieder.

Besonders ausgeprägt waren die Patronatsrechte hinsichtlich der zuletzt sieben Minorpräbenden des Hamburger Domkapitels. Die Rechtsnachfolge der Familie von Sangenstedt als Patronatsherren eines Kanonikats konnte von 1539 an die Familie

Witmar antreten, die ihrerseits 1616 durch die Familie Lindenbrog abgelöst wurde. Gemäß einer 1644 getroffenen Absprache mit dem Patronatsherrn zog das Domkapitel allerdings alle Rechte mit dessen Tod ein. Für eine zweite Minorpräbende, die 1445 durch den Hamburger Bürgermeister Dietrich Lüneburg gestiftet wurde, ging das Patronatsrecht vorerst von der Stifterfamilie auf die Familie von Holten über. In den Zwanzigerjahren des 18. Jahrhunderts lag die Vergabe in den Händen des Domkapitels. 1449 entschloss sich der Kremper Bürgermeister Nikolaus Huge zur Ausstattung einer weiteren Minorpräbende. Die Kollationsrechte seiner Nachkommen gingen 1577 auf die Familie von Holten über, die sie bis zum Ende des Domkapitels behalten konnte. Ebenfalls 1449 stiftete der Hamburger Vikar Johann Pinneberg eine neue Minorpräbende. Sie unterstand von 1515 bis 1803 der Familie Möller zur Vergabe. Mit Zustimmung des Domkapitels wurden 1488 zwei Vikarien in eine Minorpräbende umgewandelt und das Kollationsrecht der Familie von Rantzau zugesprochen, die ihre Rechte bis zum Ende des Domkapitels bewahrte. Schließlich wurde auf Betreiben des Lübecker Bischofs Dietrich Arndes 1506 noch eine Minorpräbende errichtet. Das dazugehörige Patronatsrecht kam nach den Neffen des Stifters aus den Familien Bokholt und Mentze vorübergehend in den Besitz der Familie Berendes, um später der bereits erwähnten Familie Möller zuzufallen, die auch diese Präbende bis 1803 besetzten konnte. Alle Rechte dieser Patronatsinhaber wurden bei der Gründung der Kanonikate zeitlich begrenzt, in der Regel auf 200, 150 oder 120 Jahre. Die anschließende Erteilung einer Prolongation von 120 oder auch nur 50 Jahren war möglich, wenn sich der jeweilige Patronatsherr zu einer Zustiftung entschloss.

Das 17. Jahrhundert brachte hinsichtlich der Patronatsrechte eine neue Form hervor. Zwar war es auch bezüglich der damals bereits bestehenden Kanonikate durchaus üblich, dass die Patronatsherren beim Vorhandensein eines geeigneten Kandidaten aus der eigenen Familie oder Verwandtschaft diesen mit der Präbende bedachten, doch die im 17. Jahrhundert neu geschaffenen Kanonikate machten dies zur ausdrücklichen Vorschrift. Damit wurden die betroffenen Pfründen zu ausdrücklichen Familienkanonikaten. Katholischerseits tat sich die Familie Freiherr von Galen in dieser Hinsicht hervor. Die eigentlich treibende Kraft hinter den entsprechenden Bemühungen seiner Familie war Bischof Christoph Bernhard von Galen. Sein Bruder Heinrich Freiherr von Galen und dessen Sohn Franz Wilhelm Freiherr von Galen traten als offizielle Stifter der Familienkanonikate in Erscheinung. Die erste Stiftung einer Erbpräbende wurde 1662 im Münsterischen Domkapitel vorgenommen. 1665 folgte ein nächstes Kanonikat im Mindener Domkapitel. Nachdem 1667 zwei Stiftungen in den Domkapiteln von Osnabrück und Worms eingerichtet worden waren, wurde der Stiftungsreigen 1677 mit einer weiteren Domherrenstelle in Minden abgeschlossen. Insgesamt fünf Familienkanonikate waren so entstanden. Sie standen unter dem Patronat des der Familie Freiherr beziehungsweise Graf von Galen entstammenden Erbkämmerers des Hochstiftes Münster. Bei der Vergabe der einzelnen Kanonikate war zuerst der Familienzweig von Dinklage zu bedenken, dann der von Assen und schließlich der von Ermelinghof. Widrigenfalls konnte man zuletzt noch auf namensfremde Blutsverwandte väterlicher- oder mütterlicherseits ausweichen.

Protestantischerseits folgte das Adelsgeschlecht Freiherr von dem Bussche dem Beispiel der Familie Freiherr von Galen. Christoph Freiherr von dem Bussche aus der Linie Hünnefeld stiftete 1689 eine erste Erbpräbende in Minden. 1693 trat er neuerdings als Stifter eines Kanonikats auf, diesmal im Halberstädter Domkapitel. Mit der Errichtung einer dritten Erbpräbende durch Johann Wilken Freiherr von dem Bussche aus dem Familienzweig von Haddenhausen im Magdeburger Domkapitel fanden die Stiftungen der Familie 1697 ein Ende. Die Vergabe der einzelnen Kanonikate stand dem jeweiligen Majoratsherrn des Familienzweiges Hünnefeld zu. Lediglich das Magdeburger Kanonikat wurde erstmalig durch dessen Stifter vergeben.

Im Laibacher Domkapitel knüpfte man hingegen in den ersten Jahrzehnten des 18. Jahrhunderts wieder an die frühere Praxis an. Die Patronatsherren der sechs damals neu gestifteten Präbenden mussten nicht zwangsläufig Kandidaten der eigenen Familie mit den Kanonikaten betrauen, auch wenn sie das gegebenenfalls bevorzugt taten. Den Inhaber des Kirchbergischen Kanonikats präsentierte die Familie Graf von Gallenberg. Für die übrigen fünf Präbenden lag das Patronatsrecht jeweils bei den namensgebenden Gründerfamilien, also bei den Familien Wollwitz von Wallerbach, Freiherr von Codelli, Graf von Lamberg, von Flachenfeld und Schiffer von Schifferstein.

Das benachbarte Görzer Domkapitel wies mit einigen Jahrzehnten Verspätung und in zahlenmäßig geringerem Umfang einen ähnlichen Befund auf. Während die Kollationsrechte des von Janez Friderik Madko gestifteten Kanonikats seiner Verwandtschaft bereits nach der Erstbesetzung verloren gingen und in die Hände des Erzbischofs gelangten, konnte die Familie von Strohl von Strohlendorf ihre Rechte bis zur Auflösung des Domkapitels bewahren.

Zuletzt kam es im Wiener Domkapitel zur Ausbildung privater Kollationsrechte. Ab 1773 war es dort dem Senior der Familie Fürst von Liechtenstein gestattet, die Inhaber der vier von Maria Theresia Herzogin von Savoyen gestifteten Savoyisch-Liechtensteinischen Kanonikate zu präsentieren.

Ungleich bescheidener gestalteten sich die Kollationsrechte der Patronatsherren hinsichtlich der Dignitäten. So erhielten die männlichen Nachkommen Augustin Freiherr von Codellis 1752 das Präsentationsrecht für die Görzer Dompropstei. Damit wollte Kaiserin Maria Theresia gegenüber der Familie den bedeutsamen finanziellen Beitrag des Vorfahren zur Ausstattung des neu gegründeten Domkapitels anerkennen. Die Familie konnte ihr Recht auch nach der Auflösung des Domkapitels bewahren, da es nun gegenüber dem neu errichteten Gradischer Domkapitel zur Anwendung kam.

Genau dort gab es noch in einem zweiten Fall eine ähnlich Rechtslage. Als Abgeltung für das ihr zustehende, aber 1788 verloren gegangene Nominationsrecht für das aufgehobene Bistum Pedena räumte Kaiser Leopold II. 1790 der Familie Graf von Montecuccoli das Nominationsrecht für die Gradischer Domdechantei ein.

Eine größere Bedeutung kam der privaten Kollation also nur selten zu, etwa im Hamburger Domkapitel. Im Laibacher Domkapitel lag gar die Vergabe der Hälfte der Kanonikate in der Hand von Patronatsherren. In Wien war es demgegenüber zuletzt zwar nur ein Drittel, allerdings gab es dort mit dem Senior der Familie Fürst von Liechtenstein nur einen einzigen Patronatsherrn, der somit den Rang des einflussreichsten privaten Kollators unbestritten für sich in Anspruch nehmen konnte. Diese Stellung konnte ihm auch der der Familie Freiherr beziehungsweise Graf von Galen entstammende Erbkämmerer des Hochstiftes Münster nicht streitig machen. Er konnte zwar insgesamt fünf Kanonikate vergeben, allerdings verteilten sich diese auf vier verschiedene Domkapitel.

Gradualvorrückung

Abschließend soll noch eine Sonderform der Ämtervergabe angeführt werden, die Gradualvorrückung. Dabei wurden Ämter nicht durch Wahl oder Kollation vergeben, sondern nach dem Senium. Der jeweils kanonisch älteste Domherr konnte ohne weiteren Rechtsakt das vakant gewordene Amt in Besitz nehmen. Insbesondere das in vielen Domkapiteln mit der Stellvertretung des Domdechanten betraute Amt des Seniors wurde auf diese Weise vergeben.

Darüber hinaus wurde diese Art der Besetzung etwa im Lausanner Domkapitel für das Personat des Primizeriats angewandt, das dem ältesten Priesterkapitular, der nicht bereits eine Dignität bekleidete, zufiel.

Besonders ausgeprägt war diese Art der Ämtervergabe im Camminer Domkapitel. In dessen brandenburgisch-preußischer Zeit, also seit dem ausgehenden 17. Jahrhundert, wurden mit Ausnahme der Dompropstei die nachfolgenden vier Dignitäten ausschließlich nach dem Senium erworben, wobei der Kurfürst von Brandenburg beziehungsweise der König von Preußen im Vakanzfall jeweils das Vizedominat als unterste Dignität neu vergab.

So blieb es allein dem Grazer Domkapitel vorbehalten, als einzige Institution die Ämtervergabe nach der Anciennität für alle Dignitäten vorgenommen zu haben. Für die Nachbesetzung der drei Kapitelämter galt von 1787 an die Gradualvorrückung, die erst 1810 wieder abgeschafft wurde.

Die Gemeinsamkeit zwischen dem Camminer und dem Grazer Domkapitel bestand in der Tatsache, dass hier wie dort der Landesherr allein für die Vergabe aller Kanonikate und Ämter zuständig war. Daher konnte niemand in den Besitz einer Dignität gelangen, der dem Landesherrn nicht zumindest grundsätzlich genehm war.

Eine abgemilderte Version der Vergabe nach dem Senium war die Option. Dabei konnten sich die Kapitulare dem kanonischen Alter nach binnen einer vorgegebenen Frist entscheiden, ob sie die vakant gewordene Dignität annehmen wollten oder nicht. Darüber hinaus war das Optionsrecht in jenen Domkapiteln verbreitet, in denen sich die einzelnen Kanonikate hinsichtlich Ertrag und Nutznießung unterschieden. Durch das Optionsrecht wurde in diesen Fällen dafür Sorge getragen, dass die kanonisch älteren Domherren nicht von den jüngeren übervorteilt wurden.[171] Von nennenswerter Bedeutung war die Option seit 1744 vor allem für die drei unteren Dignitäten des Churer Domkapitels. Zudem ersetzte man bereits 1681 für die beiden nachgereihten Dignitäten des Prager Domkapitels, das Archidiakonat und die Scholasterie, die bis dahin gepflogene Wahl durch die Option. Mit der von Kaiser Joseph II. 1787 verfügten Vergabe der Scholasterie an den jeweiligen Schuloberaufseher fand die Option allerdings für diese Dignität ein jähes Ende.

8. Verhältnisse außerhalb des Untersuchungsraumes

Ohne sich in Einzelheiten zu verlieren, sollen abschließend in groben Zügen noch die kollationsrechtlichen Verhältnisse, die in den benachbarten Domkapiteln herrschten, aufgezeigt werden. Dadurch kann der für den Untersuchungsraum erhobene Befund einer aussagekräftigeren Bewertung unterzogen und in einen größeren Zusammenhang eingeordnet werden.

Dänemark

Die dänischen Domkapitel von Ribe, Århus, Viborg, Roskilde und Lund waren bezüglich der Ausübung der Kollationsrechte alle in etwa derselben Entwicklung unterworfen. Abgesehen von den üblichen päpstlichen Reservationen, die seit dem 14. Jahrhundert in vermehrtem Maß Platz griffen, konnte sich bis ins 16. Jahrhundert hinein die Simultankollation der Kanonikate durch den Bischof und das Domkapitel halten.[172] Über diese Entwicklungsstufe war man hingegen in so gut wie allen Domkapiteln des Untersuchungsraumes bereits hinausgekommen. Der Bischof war dort nämlich weitgehend von der Vergabe der Kanonikate ausgeschlossen. Dafür gingen in den dänischen Domkapiteln die Rechte des Papstes offensichtlich nicht über die Reservationen hinaus.

Grundlegend für den später noch weiter gewachsenen Einfluss des Landesherrn war ein Privileg Papst Sixtus' IV. aus dem Jahr 1474. Darin übertrug er König Christian I. von Dänemark und seinen Nachfolgern großzügig Patronatsrechte über die jeweils führenden Dignitäten der Domkapitel. Davon waren in Lund und in Roskilde die Dompropstei und die Domdechantei betroffen, in Ribe und in Århus das Archidiakonat. Somit war einzig die erste Dignität des Viborger Domkapitels dem Einfluss des Königs entzogen. Das Odenseer Domkapitel stellte aufgrund seiner ordensgeistlichen Verfassung ohnehin einen Sonderfall dar. Die übrigen Dignitäten scheinen mit Ausnahme päpstlicher Reservationen von den Domkapiteln selbst

171 P. Schneider, Domkapitel, 112–114.
172 L. Helveg, Domkapitler, 48f.; J. F. Kinch, Riber Kapitels aeldste bevarede Jordebog tilligemed nogle Bemaerkninger om Kapitlets Indtaegter under Katholicismen, in: KHS II/1 (1857–59), 80; J. O. Arhnung, Domkapitel I, 125–127.

durch Wahl besetzt worden zu sein.[173] Die nach 1474 beinahe ausschließliche Vergabe der Spitzenämter durch den König von Dänemark findet in den untersuchten Domkapiteln keine Entsprechung. Hier waren es neben dem Papst vor allem die Domkapitel selbst, denen die Auswahl des ersten Dignitärs zufiel. Eine solche annähernd flächendeckende Privilegierung des Landesherrn kannte man auf dem Gebiet der Reichskirche nur in den überwiegend erst spät gegründeten Domkapiteln der Habsburgischen Erblande sowie in denen des Kurfürstentums Brandenburg beziehungsweise Königreiches Preußen. Ansonsten verhinderte die politische Zersplitterung des Reiches eine ähnlich gelagerte Entwicklung.

Papst Sixtus IV. sorgte zudem noch für einen zweiten Einschnitt in die Kollationsregelungen der dänischen Domkapitel. Nach der Gründung der Universität Kopenhagen räumte der Papst 1482 dem Rektor und den vier Dekanen der Universität das Provisionsrecht für mehrere Kanonikate ein, mit denen Universitätsangehörige zu betrauen waren. Die stärksten diesbezüglichen Eingriffe musste das Roskilder Domkapitel hinnehmen, das der Universität gleich vier Kanonikate zur Besetzung einräumen musste. In den Domkapiteln von Ribe, Århus, Viborg, Odense und Lund war es hingegen nur jeweils eines. Auch in diesem Zusammenhang war es wieder die verhältnismäßige Kleinräumigkeit des Königreiches Dänemark, die die Unterstützung der Universität Kopenhagen als Landesuniversität durch alle Domkapitel ermöglichte.[174] Vergleichbare Fälle im Untersuchungsraum waren die Leipziger und die Heidelberger Universität. Die Leipziger Universität erhielt in allen drei im sächsischen Raum beheimateten Domkapiteln, also in denen von Meißen, Merseburg und Naumburg, Kanonikate zugewiesen. Dasselbe ereignete sich in etwas kleinerem Umfang im Zuge der Errichtung der Universität Heidelberg. Dabei wurden die beiden im pfälzischen Gebiet gelegenen Domkapitel von Speyer und Worms zur Beitragsleistung herangezogen. Entsprechende Bestrebungen gegenüber den drei oberrheinischen und den fünf bayerischen Domkapiteln zugunsten der Universitäten Freiburg im Breisgau beziehungsweise Ingolstadt scheiterten hingegen im 16. Jahrhundert.

Der von König Christian III. von Dänemark 1536 eingeleitete Konfessionswechsel brachte eine völlige Neuordnung der Kollationsvorgänge in den dänischen Domkapiteln. Nun war es der König, der sich der Vergabe der Kanonikate bemächtigte und damit über die personelle Zusammensetzung der Korporationen entschied. Auch hinsichtlich der Besetzung der Dignitäten wuchs der Druck des Landesherrn auf die Domkapitel, die in ihren Kollationsrechten mehr und mehr eingeschränkt

173 A. Krarup/J. Lindbæk, Acta IV, 83; L. Helveg, Domkapitler, 50f.; J. F. Kinch, Ribe Domkapitel på Reformationes Tid, in: KHS II/1 (1857–59), 391; P. Terpager, Ripa, 148, 152; O. Bay, Mellem reformation og opløsning. Århus domkapitel 1536–1665, in: A. Andersen/P. Ingesman/E. Ulsig, Festskrift, 105; J. O. Arhnung, Domkapitel I, 41, 54f., 65, 76.

174 A. Krarup/J. Lindbæk, Acta IV, 252; L. Helveg, Domkapitler, 51f.

wurden beziehungsweise diese ganz verloren.[175] Damit gerieten die dänischen Domkapitel in einem viel stärkeren Ausmaß unter den Einfluss des Landesherrn als die meisten der protestantisch gewordenen Domkapitel des Untersuchungsraumes. Nur das Camminer und das Meißner Domkapitel befanden sich in einer vergleichbar engen Abhängigkeit.

Livland

Die kollationsrechtlichen Verhältnisse in den livländischen Domkapiteln waren längst nicht so gleichförmig wie die in den dänischen. Dazu gestalteten sich die geschichtlichen Entwicklungen der einzelnen Institutionen zu unterschiedlich. Zudem erschwert der wenig fortgeschrittene Forschungsstand unzweifelhafte Aussagen über die genauen Vorgänge.

Deshalb lassen sich diesbezüglich für das Revaler Domkapitel gar keine Angaben machen.

In Ösel-Wiek musste der Bischof in seinen ursprünglichen Kollationsrechten eine Einschränkung hinnehmen, da ihm in späterer Zeit der Domdechant mögliche Kandidaten für eine Domherrenstelle zur Bestätigung vorschlagen durfte. Eine solche Form der Kollation, an der ein einzelner Dignitär wesentlich mitwirkte, gab es in den untersuchten Domkapiteln nirgends. Die ebenfalls bezeugte Wahl des Domdechanten durch das Domkapitel stellte freilich keine Besonderheit dar. Die übrigen Ämter, einschließlich der Dompropstei, vergab angeblich der Bischof.[176] Traf dies wirklich zu, so konnte der Bischof eine verhältnismäßig starke Stellung einnehmen. Im Untersuchungsraum gelang es dem Bischof nämlich nur im dritten Wiener Neustädter und ab 1725 im Freisinger Domkapitel, den Inhaber der Spitzendignität zu bestimmen.

Das Dorpater Domkapitel war im Zurückdrängen des bischöflichen Einflusses erfolgreicher, es konnte seine Personalauswahl selbst treffen. Von den drei ranghöchsten Ämtern erfolgte die Besetzung der Dompropstei gemeinsam durch den Bischof und das Domkapitel, während die Domdechantei und die Scholasterie durch die Wahl des Domkapitels vergeben wurden.[177] Die bemerkenswerte Simultankollation der Dompropstei blieb im Untersuchungsraum ohne jedwedes vergleichbares Beispiel.

Das Kurländische Domkapitel wiederum war den Vorgaben der Regel des Deutschen Ordens unterworfen und stand damit den Domkapiteln dieses Ordens in Kulm, Pomesanien und Samland nahe. Die Auswahl der neuen Mitglieder des

---

175 P. Terpager, Ripa, 126, 152; O. Bay, Mellem reformation og opløsning. Århus domkapitel 1536–1665, in: A. Andersen/P. Ingesman/E. Ulsig, Festskrift, 106f.; C. G. Weibull, Bidrag till Lunds domkapitels och dess arkivs historia efter reformationen, in: HTS 4 (1910–13), 136, 140, 147, 192.

176 A. Gernet, Verfassungsgeschichte, 53; B. Jähnig, Die Verfassung der Domkapitel der Kirchenprovinz Riga, in: B. Jähnig, Probleme, 63.

177 T. Lukas, Tartu, 42, 53, 55, 57, 62, 140; A. Gernet, Verfassungsgeschichte, 46.

Kurländischen Domkapitels trafen daher gemeinsam der Bischof und das Domkapitel selbst. Deren Entscheidung bedurfte allerdings noch der Bestätigung durch den Landmeister in Livland. Hinsichtlich der beiden Dignitäten taten sich aber Unterschiede zu den drei erwähnten Domkapiteln des Untersuchungsraumes auf. Die Dompropstei besetzte der Bischof, der jedoch mitunter einer starken Einflussnahme des Landmeisters ausgesetzt war. Noch vielfältigeren Fremdeinwirkungen war die Vergabe der Domdechantei ausgesetzt.[178]

Das Rigische Domkapitel kehrte zwar unmittelbar nach dem Beginn des Untersuchungszeitraumes 1451 wieder zur Regel des Deutschen Ordens zurück, allerdings wurde im Zuge dessen jegliche Mitwirkung des Ordens an der Kollation ausgeschlossen. Vermutlich blieb damit dem Erzbischof die alleinige Vergabe der Kanonikate erhalten. Eine solche Machtfülle hatte keiner der Bischöfe gegenüber einem Domkapitel des Untersuchungsraumes. Hinsichtlich der Dignitäten ist für Riga lediglich bekannt, dass der Dompropst offensichtlich vom Domkapitel gewählt wurde.[179]

Das Wendensche Domkapitel wies durch seine verhältnismäßig späte Gründung durch König Stephan Báthory von Polen grundlegend andere Verhältnisse auf. Die Kollationsrechte waren überwiegend zwischen dem König von Polen und dem Bischof aufgeteilt. Dem Landesherrn kam neben zwei Kanonikaten auch die Dompropstei, das Archidiakonat, die Scholasterie und die Kantorei zur Vergabe zu, dem Bischof drei gewöhnliche Kanonikate und die Kustorei. Die Besetzung des verbleibenden Kanonikats sowie der Domdechantei wollte König Stephan Báthory seinem Großkanzler Jan Zamoyski sowie dessen Nachkommen beziehungsweise Erben einräumen. Das stieß allerdings auf den Widerstand Papst Sixtus' V., der die diesbezüglichen Kollationsrechte dem Bischof zusprach.[180] Damit ist das Wendensche Domkapitel ein weiteres Beispiel für das Bemühen der Landesherren des 16. Jahrhunderts, verstärkt Einfluss auf die personelle Zusammensetzung der Domkapitel nehmen zu können. Die Einräumung von Patronatsrechten als Anerkennung für geleistete Stiftungsbeiträge war durchaus auch im Untersuchungsraum bekannt, für Dignitäten allerdings äußerst selten. Ein gleichgestalteter Fall begegnet nur im Görzer Domkapitel, in dem Kaiserin Maria Theresia den männlichen Nachkommen Augustin Freiherr von Codellis das Patronatsrecht über die Dompropstei zusprach, das später nach Gradisch übertragen wurde. Auch dieses Zugeständnis war als Ausdruck der Anerkennung für einen Beitrag zur Ausstattung des neu gegründeten

178 E. Hertwich, Das Kurländische Domkapitel bis 1561, in: R. Biskup/M. Glauert, Domkapitel, 169f., 184, 190, 199, 212f.; A. Radzimiński, Kirche, 234.

179 T. Kallmayer, Geschichte der Habits-Veränderungen des Rigischen Domcapitels, in: MGGLEK 2 (1842), 223, 228, 249f.; L. Arbusow, Livlands Geistlichkeit vom Ende des 12. bis ins 16. Jahrhundert, in: JGHS 16 (1911/12/13), 254.

180 E. Kuntze, Utworzenie biskupstwa wendeńskiego przez Stefana Batorego, in: J. Adamus, Studia II, 460, 466f.; B. Szady, Prawo, 54, 156; T. Christiani, Die Gegenreformation in Livland, in: BMS 36 (1889), 388.

Domkapitels gedacht. Das Nominationsrecht der Familie Graf von Montecuccoli über die Gradischer Domdechantei hatte hingegen einen anderen Hintergrund.

Der Papst spielte in den livländischen Domkapiteln eine ähnliche Rolle wie in den dänischen. Über die Reservationen hinaus scheint er dort keine eigens festgelegten Kollationsrechte besessen zu haben.

Polen

Die dem Untersuchungsraum benachbarten polnischen Domkapitel wiesen in einem stärkeren Ausmaß als die livländischen gemeinsame Entwicklungslinien auf. Da die Bestimmungen des Wiener Konkordats von 1448 den Domkapiteln durch die Begrenzung der päpstlichen Provisionen einen deutlichen Zuwachs an Rechtssicherheit bescherten, erschienen sie auch für die außerhalb des Geltungsbereiches des Konkordats gelegenen polnischen Domkapitel durchaus erstrebenswert. So gelang es den Bischöfen von Plozk, Leslau, Gnesen, Posen und Krakau für ihre Domkapitel in den Jahren bis 1450 von Papst Nikolaus V. entsprechende Privilegien zu erwirken, kraft derer auch diesen Institutionen die Einführung der Alternation gestattet wurde. Neben dem Papst, dem die in den ungeraden Monaten vakant gewordenen Kanonikate zur Neubesetzung zufielen, traten dabei die Bischöfe als ordentliche Kollatoren auf. Jedoch waren diese ersten Kollationsregelungen im Unterschied zu den Bestimmungen des Wiener Konkordats nur befristet gültig, da sie mit dem Tod des Papstes beziehungsweise dem Ende der Amtszeit des jeweiligen Bischofs ihre Rechtskraft verloren. Da die nächsten Päpste für die polnischen Bischöfe immer wieder neue gleichlautende Privilegien aussprachen, bemühte man sich in der Folge um eine grundsätzliche Regelung. Diese konnte mit den Konkordatsbullen Papst Leos X. und Papst Clemens' VII. 1519 beziehungsweise 1525 erreicht werden. Die zeitliche Befristung fiel von nun an weg, die Alternation wurde zur dauerhaften Einrichtung. Allerdings verfielen bereits im ausgehenden 16. Jahrhundert die Rechte des Papstes zusehends. Vor allem im Laufe des 17. Jahrhunderts gelang es den Bischöfen nach und nach, die vormals päpstlichen Rechte so gut wie vollständig an sich zu bringen. Eine generelle Reservation der ersten Dignität, wie sie aus den Bestimmungen des Wiener Konkordats von 1448 abgleitet wurde, gab es nicht, womit grundsätzlich auch die Prälaturen der alternativen Vergabe unterworfen waren, sofern keine ausdrücklichen anderen Verfügungen vorlagen. Lediglich über die Gnesener Domdechantei konnte der Papst in jedem Fall verfügen. Allerdings verlor er dieses Kollationsrecht seit etwa der Mitte des 16. Jahrhunderts an den Erzbischof. Dasselbe Schicksal, jedoch zugunsten des Königs von Polen, ereilte den Papst hinsichtlich der Gnesener Kantorei. Dass die im Krakauer Domkapitel 1727 erstmals besetzte Prälatur der Kanzlei dem Papst zur Vergabe überantwortet wurde, stellte nur eine geringe Entschädigung für einst deutlich umfangreichere Rechte dar. Und selbst darauf musste der Papst binnen weniger Jahrzehnte zugunsten des

Königs verzichten. Trotzdem lag die Kollation der Prälaturen wie die der Kanonikate stets weitaus überwiegend in der Hand der Bischöfe.[181]

Der Unterschied zu den untersuchten Domkapiteln zeigt sich vor allem daran, dass die benachbarten polnischen Domkapitel flächendeckend der alternativen Vergabe unterworfen waren, während die Bestimmungen des Wiener Konkordats von 1448 längst nicht auf alle Domkapitel der Reichskirche zur Anwendung gelangten. Zudem waren es in Polen nicht, wie im Reich überwiegend, die Domkapitel selbst, die neben dem Papst als ordentliche Kollatoren auftreten konnten, sondern die Bischöfe. Dass der Einfluss des Papstes auf die Stellenvergabe in einem steten Rückgang begriffen war, verbindet die polnischen Domkapitel mit denen des Untersuchungsraumes. Während hier dafür neben den Auswirkungen des Konfessionswechsels weitgehend päpstliche Privilegien und Indulte für diese Entwicklung verantwortlich waren, scheint dieser Vorgang in den polnischen Domkapiteln ohne ausdrückliche Rechtsgrundlage schleichend erfolgt zu sein. Zu den anstelle des Papstes Begünstigten zählten in den untersuchten Domkapiteln die Landesherren sowie als Indultare die Bischöfe, wobei Letztere ihre Rechte eigentlich nur befristet ausüben konnten. In den polnischen Domkapiteln konnte der König von Polen als Landesherr auf Dauer keine vormals päpstlichen Kollationsrechte über Kanonikate übernehmen. Hier waren die Nutznießer ausschließlich die Bischöfe. Hinsichtlich der Dignitäten konnte der Papst zu keiner Zeit die Vergabe der ersten Dignität für sich in Anspruch nehmen, wie er es nach dem Abschluss des Wiener Konkordats auf dem Gebiet der Reichskirche tat. Dass sich die alternative Kollation grundsätzlich auch auf die Dignitäten bezog, räumte dem Papst zwar im Augenblick eine gegenüber dem Untersuchungsraum stärkere Rolle ein. Allerdings ging diese Stellung durch die von den Bischöfen betriebene Ausdehnung ihrer Rechte allmählich verloren.

Neben den beiden Hauptkollatoren, dem immer mehr zurückgedrängten Papst und dem sich behauptenden Bischof, blieb nur mehr wenig Platz für weitere Vergabeberechtigte. Die Domkapitel mussten sich mit äußerst bescheidenen Mitwirkungsrechten begnügen. Diese betrafen die Archidiakonate und die vor allem seit dem 16. Jahrhundert aufkommenden Doktoralkanonikate. Papst Leo X. ordnete

181 J. Brzeziński, O konkordatach Stolicy Apostolskiej z Polską w XVI wieku, in: RWHFPAU 30 (1894), 269–271, 278f., 281f., 283–290; B. Szady, Prawo, 40–45, 48–50; W. Bertrams, Staatsgedanke, 152f.; P. Dembiński, Kapituła, 55f., 58, 60; W. Góralski, Kapituła, 115, 117; W. Góralski, Obsadzanie prałatur i kanonii w kapitule katedralnej w Płocku do końca XVI w., in: SP 7 (1979), 156f., 159; M. Grzybowski, Stosunek Michała Jerzego Poniatowskiego biskupa płockiego do kleru katedralnego i kolegiackiego (1773–1785), in: SP 6 (1978), 103; C. Wollek, Domkapitel, 3; S. Librowski, Kapituła, 34f., 37; B. Binder, Domkapitel, 21f.; M. Czyżak, Kapituła, 24, 27; J. Korytkowski, Prałaci I/1, 32, 39, 335, 337, 339, 341, 343; K. Lutyński, Kapituła, 81f.; M. Pukianiec, Organizacja, 54; M. Pukianiec, Pochadzenie i funkcjonowanie siedemnastowiecznej elity kośielnej na przykładzie kanoników kapituły katedralnej w Poznaniu, in: VN 6 (2013), 111–113; B. S. Kumor, Dzieje II, 290, 327.

1513 für die Auswahl der Archidiakone an, dass diese im Zusammenwirken von Bischof und Domkapitel zu erfolgen habe. Auf der Provinzialsynode von Lentschitza einigte man sich 1527 darauf, dass die Bischöfe dabei den Domkapiteln einen Zweiervorschlag unterbreiteten. Lediglich die beiden Archidiakonate von Warschau und Pultusk unterlagen bereits seit dem 15. Jahrhundert einer anderen Kollationsregelung, während das Krakauer Domkapitel im 18. Jahrhundert die alleinige Wahl seines Archidiakons gewinnen konnte. Dafür galten für die Doktoralkanonikate dieselben Vergaberichtlinien. Auch für deren Inhaber traf das Domkapitel die Auswahl aus einem Zweiervorschlag des Bischofs.[182]

Im Unterschied zu den Domkapiteln des Untersuchungsraumes sticht die geringe Beteiligung der Domkapitel selbst an den Kollationsvorgängen hervor. Innerhalb der Reichskirche konnten die Domkapitel doch weitgehend eine beachtliche Stellung hinsichtlich der Besetzung der Kanonikate, Personate und Dignitäten erwerben. Das blieb den polnischen Domkapiteln beinahe völlig verwehrt.

Die Könige von Polen konnten, im Unterschied zu den im östlichen Teil ihres Reiches gelegenen Domkapiteln,[183] trotz aller Bemühungen hinsichtlich der Kanonikate keine besonders ausgeprägten Kollationsrechte gewinnen. Deshalb waren sie unter anderem auf päpstliche Zugeständnisse angewiesen, durch die einzelnen Herrschern mitunter eine bestimmte Anzahl an Kanonikaten zur einmaligen Vergabe zugesprochen wurden. Im Untersuchungszeitraum geschah dies 1506 durch Papst Julius II. zugunsten König Alexanders, 1515 durch Papst Leo X. zugunsten König Sigismunds I. sowie 1519 neuerlich durch Papst Leo X. zugunsten dessen Gattin Königin Bona. Da diese Rechte in den päpstlichen Monaten zur Anwendung zu bringen waren, konnten sie selbstverständlich vom Rückgang des päpstlichen Einflusses nicht unbetroffen bleiben.[184] Deutlich umfangreicher waren die vor allem in

---

182 J. Brzeziński, O konkordatach Stolicy Apostolskiej z Polską w XVI wieku, in: RWHF PAU 30 (1894), 273f.; B. Szady, Prawo, 50–52, 55, 155, 158, 163, 165f., 169f.; W. Góralski, Kapituła, 116, 120f.; W. Góralski, Obsadzanie prałatur i kanonii w kapitule katedralnej w Płocku do końca XVI w., in: SP 7 (1979), 164f.; M. Grzybowski, Stosunek Michała Jerzego Poniatowskiego biskupa płockiego do kleru katedralnego i kolegiackiego (1773–1785), in: SP 6 (1978), 103; S. Librowski, Kapituła, 35–37; M. Czyżak, Kapituła, 24; J. Korytkowski, Prałaci I/1, 35, 77f., 96, 343; K. Lutyński, Kapituła, 88, 90; M. Pukianiec, Organizacja, 25, 61–63; R. Weimann, Receptiones seu installationes ad episcopatum, praelaturas et canonicatus Ecclesiae Cathedralis Posaniensis ab anno 1532 usque ad annum 1800, in: RTPNP 35 (1908), 6; A. O. Okęcki, Ecclesia, 34f., 37; B. S. Kumor, Dzieje II, 248, 307.

183 B. Szady, Prawo, 42f., 52; P. Dembiński, Kapituła, 56.

184 B. Szady, Prawo, 52f.; K. Lutyński, Kapituła, 82, 84; C. Wollek, 3; B. S. Kumor, Dzieje II, 325; W. Góralski, Obsadzanie prałatur i kanonii w kapitule katedralnej w Płocku do końca XVI w., in: SP 7 (1979), 162; R. Weimann, Receptiones seu installationes ad episcopatum, praelaturas et canonicatus Ecclesiae Cathedralis Posaniensis ab anno 1532 usque ad annum 1800, in: RTPNP 35 (1908), 6; M. Pukianiec, Organizacja, 55; J. Korytkowski, Prałaci I/1, 342; H. Schmauch, Das Präsentationsrecht des Polenkönigs für die Frauenburger Dompropstei, in: ZGAE 26 (1938), 101.

der zweiten Hälfte des 15. und in der ersten Hälfte des 16. Jahrhunderts erworbenen königlichen Verleihungsrechte bezüglich der Dignitäten. Im Plozker Domkapitel fielen die Dompropstei und die Kustorei unter das Patronat des Landesherrn, jedoch keine gewöhnlichen Kanonikate.[185] Während im Leslauer Domkapitel neben der Dompropstei auch zwei Kanonikate durch den König von Polen besetzt wurden,[186] waren es im Gnesener Domkapitel neben der Dompropstei vorerst zwei Kanonikate, von denen allerdings eines bis in die Mitte des 17. Jahrhundert verloren ging. Dafür kam das Patronat über die Prälatur der Kantorei hinzu.[187] Im Posener Domkapitel war dem König neben der Dompropstei auch das Archidiakonat von Warschau, das er in seiner Eigenschaft als Herzog von Masowien vergeben konnte, verbindlich zur Besetzung überlassen. Dazu kamen noch zwei gewöhnliche Kanonikate, von denen jedoch eines 1645 supprimiert wurde.[188] In Krakau konnte der König mit dem Domdechanten seit dem 15. Jahrhundert und dem Dompropst seit 1505 vorerst die Inhaber zweier Dignitäten bestimmen. Erst im letzten Viertel des 18. Jahrhunderts trat der Landesherr zusätzlich anstelle des Papstes als Patronatsherr der Kanzlei in Erscheinung. Die Kollationsrechte des Königs erfuhren durch zwei Kanonikate eine Ergänzung.[189] Dabei darf freilich nicht übersehen werden, dass der Großteil dieser königlichen Rechte nicht unbestritten war. Uneingeschränkt geltend machen konnte der Herrscher seine Ansprüche daher nur für die Domdechantei und die Dompropstei in Krakau, für die Dompropstei in Posen sowie für das dortige Archidiakonat von Warschau.[190]

Die kollationsrechtliche Rolle des Königs von Polen ist zwiespältig zu bewerten. Als Reichsoberhaupt hatte er einen deutlich größeren Einfluss als der Kaiser mit seinem letztlich doch äußerst eingeschränkten Recht der Ersten Bitten. Schließlich konnte der König in den fünf genannten Domkapiteln neben zumindest der jeweiligen ersten Dignität in der Regel zwei Kanonikate nach seinem Gutdünken vergeben. Betrachtet man den König von Polen hingegen als reinen Landesherrn,

185 W. Góralski, Kapituła, 118f.; W. Góralski, Obsadzanie prałatur i kanonii w kapitule katedralnej w Płocku do końca XVI w., in: SP 7 (1979), 161f.; M. Grzybowski, Stosunek Michała Jerzego Poniatowskiego biskupa płockiego do kleru katedralnego i kolegiackiego (1773–1785), in: SP 6 (1978), 103; B. Szady, Prawo, 53, 162f.

186 S. Librowski, Kapituła, 34, 36f.; B. Szady, Prawo, 53, 169f.

187 J. Korytkowski, Prałaci I/1, 28f., 39, 48, 68, 89; M. Czyżak, Kapituła, 24, 37–39; B. Szady, Prawo, 53, 155f.

188 P. Dembiński, Kapituła, 59–63, 65f.; K. Lutyński, Kapituła, 84–86; R. Weimann, Receptiones seu installationes ad episcopatum, praelaturas et canonicatus Ecclesiae Cathedralis Posaniensis ab anno 1532 usque ad annum 1800, in: RTPNP 35 (1908), 6f.; M. Pukianiec, Organizacja, 19, 22, 41f., 58; M. Pukianiec, Pochadzenie i funkcjonowanie siedemnastowiecznej elity kośielnej na przykładzie kanoników kapituły katedralnej w Poznaniu, in: VN 6 (2013), 112f.; A. O. Okęcki, Ecclesia, 27; B. Szady, Prawo, 53, 164–166.

189 B. S. Kumor, Dzieje II, 248, 268, 290, 307, 312, 324f.; B. Szady, Prawo, 53, 158f.

190 B. Szady, Prawo, 53.

dann hatten ihm nicht wenige deutsche Fürsten einiges an Macht voraus. Abgesehen von der Besetzung der Spitzendignitäten hielten sich die personellen Gestaltungsmöglichkeiten des Königs von Polen also in Grenzen, zumal angesichts der verhältnismäßig hohen Mitgliederzahlen der polnischen Domkapitel die Ernennung von lediglich zwei Domherren nicht besonders ins Gewicht fiel. Da sich das Ermländische Domkapitel zwischen 1466 und 1772 unter der Oberhoheit des Königreiches Polen befand, verwundert es wenig, dass der König von Polen seit 1518 auch dort den Dompropst nach seinem Gutdünken bestimmen konnte.

Neben dem König von Polen besaßen vereinzelt auch noch andere weltliche Amtsträger Kollationsrechte in einzelnen Domkapiteln. So konnte im Plozker Domkapitel der Starost von Pultusk den gleichnamigen Archidiakon sowie seit 1513 zusätzlich sieben Kanoniker bestimmen.[191] Dem Starosten von Sławków stand, wenn auch nicht immer unbestritten, die Besetzung der Scholasterie des Krakauer Domkapitels zu,[192] während der Starost von Opatów in jedem zweiten Fall über den Inhaber der Kanzlei des Gnesener Domkapitels entscheiden konnte.[193] Der Starost von Pultusk nahm damit eine Rolle ein, die so in den untersuchten Domkapiteln keiner der nachgeordneten weltlichen Amtsträger erreichen konnte.

Einen Einzelfall stellte die Vergabe von vier Kanonikaten durch den Posener Dompropst dar. Nach einer Inkorporation 1615 und einer Suppression 1645 blieben davon noch zwei Präbenden übrig.[194] Ähnliche Befugnisse waren in den Domkapiteln des Untersuchungsraumes ebenfalls nur äußerst schwach ausgeprägt. Lediglich im Lübecker und im Ratzeburger Domkapitel gab es vorübergehend eine vergleichbare Rechtslage.

Alleine stand auch das Beispiel des Krakauer Domkapitels da, in dem Bischof Piotr Wysz 1399 mit der 1401 erfolgten Zustimmung Papst Bonifaz' IX. der dortigen Universität das Präsentationsrecht für zwei Kanonikate des Domkapitels übertrug. Die Vergabe erfolgte durch den Rektor der Universität.[195] Obwohl in der Reichskirche mehrere Domkapitel auf gleiche oder ähnliche Weise in Verbindung mit einer

---

191 W. Góralski, Kapituła, 120, 170; W. Góralski, Obsadzanie prałatur i kanonii w kapitule katedralnej w Płocku do końca XVI w., in: SP 7 (1979), 161, 163f.; M. Grzybowski, Stosunek Michała Jerzego Poniatowskiego biskupa płockiego do kleru katedralnego i kolegiackiego (1773–1785), in: SP 6 (1978), 102f.; B. Szady, Prawo, 42, 57, 163f.

192 B. Szady, Prawo, 159.

193 B. Szady, Prawo, 55, 57, 155.

194 P. Dembiński, Kapituła, 30, 60, 66f.; K. Lutyński, Kapituła, 40, 86f.; R. Weimann, Receptiones seu installationes ad episcopatum, praelaturas et canonicatus Ecclesiae Cathedralis Posaniensis ab anno 1532 usque ad annum 1800, in: RTPNP 35 (1908), 6; M. Pukianiec, Organizacja, 23, 46–48, 53, 60; M. Pukianiec, Pochadzenie i funkcjonowanie siedemnastowiecznej elity kośielnej na przykładzie kanoników kapituły katedralnej w Poznaniu, in: VN 6 (2013), 112; A. O. Okęcki, Ecclesia, 27; B. Szady, Prawo, 57, 164.

195 B. S. Kumor, Dzieje II, 248, 307, 310f., 325; B. Szady, Prawo, 57, 158.

Universität standen, so blieben aufs Ganze gesehen diese universitären Rechte hier wie dort letztlich eine Randerscheinung.

In bescheidenem Umfang konnten schließlich noch Privatpersonen Kollationsrechte erwerben. Im Gnesener Domkapitel war die Kanzlei davon betroffen. Diese wurde vorerst vom Erzbischof vergeben, ehe Erzbischof Jan Łaski 1529 bei Papst Clemens VII. das Privileg erwirkte, die Dignität künftig dem Patronat der Familie des Erzbischofs zu unterstellen. Diese Begünstigung rief den Widerstand des nachfolgenden Erzbischofs Maciej Drzewicki hervor, der schließlich ab 1532 zu einer Abwechslung nach jedem Vakanzfall zwischen der Familie und dem Starosten von Opatów führte.[196] Eine ähnliche Auseinandersetzung betraf ein gewöhnliches Kanonikat des Gnesener Domkapitels. König Sigismund I. von Polen übertrug 1523 sein diesbezügliches Patronatsrecht an die Familie Łaski. Auch dafür wurde 1532 eine Vergleichslösung gefunden, kraft derer sich der Erzbischof und die Familie Łaski in der Vergabe abwechselten.[197] Im Posener Domkapitel stiftete Woiwod Mikołaj Lubrański von Kalisch 1504 ein Kanonikat, dessen Vergabe er seiner Familie aus der Wappengemeinschaft Godziemba zusprach. Doch bereits nach der Mitte des 16. Jahrhunderts ging der Familie das Kollationsrecht verloren. 1620 kam es in Besitz der Familie Opaliński.[198] Nur wenige Jahre später sorgte Bischof Hieronim Cielecki im Plozker Domkapitel für die Errichtung eines Kanonikats, das er dem Patronatsrecht seiner Familie unterstellte.[199] Einen wirklich nennenswerten Einfluss konnten die privaten Patronatsherren also auch in den polnischen Domkapiteln nicht gewinnen.

Abschließend sei noch darauf hingewiesen, dass die geborenen Kanoniker an dieser Stelle außer Betracht bleiben, ebenso die Verhältnisse nach dem Ende des Königreiches Polen, als die Domkapitel von Plozk, Leslau, Gnesen und Posen unter die Herrschaft des Königreiches Preußen kamen, während das Krakauer Domkapitel an Österreich fiel.

Istrien

Die istrischen Domkapitel waren zwei verschiedenen Staatsgebilden zugehörig. Triest und Pedena standen unter österreichischer Herrschaft, Capodistria, Cittanova, Parenzo und Pola unter jener der Republik Venedig. Dieser Zustand hatte

---

196 J. Korytkowski, Prałaci I/1, 44f.; B. Szady, Prawo, 55, 57, 155f.

197 J. Korytkowski, Prałaci I/1, 69f.; B. Szady, Prawo, 55, 155f.; M. Czyżak, Kapituła, 39.

198 P. Dembiński, Kapituła, 39f., 59; K. Lutyński, Kapituła, 53, 87f.; R. Weimann, Receptiones seu installationes ad episcopatum, praelaturas et canonicatus Ecclesiae Cathedralis Posaniensis ab anno 1532 usque ad annum 1800, in: RTPNP 35 (1908), 6, 11f., 29, 37, 58, 63; M. Pukianiec, Organizacja, 39, 53, 61; M. Pukianiec, Pochadzenie i funkcjonowanie siedemnastowiecznej elity kośielnej na przykładzie kanoników kapituły katedralnej w Poznaniu, in: VN 6 (2013), 112, 114; A. O. Okęcki, Ecclesia, 38; B. Szady, Prawo, 55, 164, 166.

199 B. Szady, Prawo, 55, 163f.

auch Auswirkungen auf die kollationsrechtlichen Verhältnisse in den einzelnen Institutionen.

Für das Triester Domkapitel erließ Papst Pius II. 1459 eine neue Regelung für die Vergabe der Kanonikate, die bislang rein rechtlich dem Domkapitel allein oblag. In Zukunft sollte der Papst die in den Monaten Jänner, April, Juli und Oktober vakant werdenden Domherrenstellen besetzen. Dem Kaiser als Landesherrn kam das für die Monate Februar, Mai, August und November zu, dem Domkapitel selbst für die Monate März, Juni, September und Dezember. Von den Dignitäten vergab der Bischof zumindest das zweitgereihte Archidiakonat und die drittgereihte Scholasterie.[200] Damit waren im Triester Domkapitel von den vier wichtigsten Kollatoren, Papst, Bischof, Domkapitel und Landesherr, drei vertreten. Eine ähnliche Drittelteilung in der Besetzung gab es innerhalb der untersuchten Domkapitel lediglich für die patronatsfreien Kanonikate des Königgrätzer Domkapitels. Allerdings waren dort neben dem Kaiser als Landesherrn der Erzbischof von Prag als Metropolit und der Bischof von Königgrätz beteiligt. Der Papst und das Domkapitel selbst blieben also ausgeschlossen. Eine annähernd mit den Gepflogenheiten in Triest vergleichbare Regelung war 1624 auch für das letztlich nicht gegründete Jitschiner Domkapitel geplant. Daran sollten der Fürst beziehungsweise Herzog von Friedland als Landesherr, der Bischof und das Domkapitel selbst beteiligt sein.[201] Wie sich die Verhältnisse im personell bescheidenen Pedener Domkapitel gestalteten, muss offen bleiben.

Die vier unter venezianischer Herrschaft stehenden Domkapitel wiesen eine in weiten Teilen gleichförmige Entwicklung auf. Die Kollation der Kanonikate und Dignitäten gebührte ursprünglich allein den Domkapiteln und erfuhr im Laufe der ersten Hälfte des 16. Jahrhunderts eine Änderung. Nun waren es der Papst und der Bischof, die sich die Vergabe der Kanonikate teilten. Dabei wurden dem Papst die Vakanzen von acht Monaten eingeräumt, dem Bischof die von vier. 1769 beschloss die Republik Venedig, alle päpstlichen Rechte innerhalb ihres Einflussgebietes abzuschaffen, was zur Folge hatte, dass die Domkapitel dessen Rechte übernehmen konnten und so zumindest für acht Monate des Jahres wieder selbst über ihre neuen Mitglieder befanden. 1783 beschränkte schließlich der venezianische Rat der Vierzig die bischöflichen Kollationsrechte auf die reine Bestätigung der ausschließlich von den Domkapiteln getroffenen Personalentscheidungen.[202] In Capodistria galt darüber hinaus für die erst im 17. und 18. Jahrhundert zugestifteten

---

200 P. Kandler, Indicazioni, 52; G. Cappelletti, Chiese VIII, 702f.; G. Mainati, Croniche II, 138, 330–334.

201 J. E. Schlenz, Geschichte I, 42.

202 F. Petronio, Cenni cronologici sul Capitolo di Capodistria, in: AT II/6 (1879/80), 214, 217f.; I. Grah, Izvještaji novigradskih biskupa Svetoj Stolici (1588–1808), in: CCP 9/XVI (1985), 67f., 83; I. Grah, Izvještaji novigradskih biskupa Svetoj Stolici (1588–1808), in: CCP 10/XVII (1986), 133; I. Grah, Izvještaji porečkih biskupa Svetoj Stolici (1588–1775), in: CCP 7/XII (1983), 4; I. Grah, Izvještaji pulskih biskupa Svetoj Stolici (1592–1802), in: CCP 11/XX (1987), 37, 49, 63; I. Grah, Izvještaji pulskih biskupa Svetoj Stolici (1592–1802), in: CCP 12/XXI (1988), 78, 101.

Kanonikate eine eigene Regelung. Das Domkapitel konnte die drei von den Bischöfen Baldassare Bonifacio Corneani und Francesco Zeno sowie von Pietro Ruggeri ausgestatteten Präbenden vergeben, der Bischof hingegen die von Giacomo Zarotti gestiftete Domherrenstelle.[203]

In der Vergabe der Kanonikate galt damit in den vier istrischen Domkapiteln, die in der Republik Venedig lagen, über die längste Zeit jene Reservation, die erstmals von Papst Martin V. 1425 erlassen worden war. Sie sprach dem Papst das Besetzungsrecht für alle in den Monaten Jänner, Februar, April, Mai, Juli, August, Oktober und November eingetretenen Vakanzen zu. Die übrigen vier Monate, freilich unter Beachtung der Generalreservationen, gebührten dem Bischof. Beachtenswert ist in diesem Zusammenhang zum einen, dass dem Papst noch in der ersten Hälfte des 16. Jahrhunderts eine beträchtliche Ausdehnung seines Einflusses gelang, zum anderen, dass die Domkapitel als ursprünglich ordentliche Kollatoren gänzlich vom Besetzungsvorgang ausgeschlossen wurden. Beide Erscheinungen blieben innerhalb der Reichskirche ohne Beispiel. Dasselbe gilt für die Spätphase des Untersuchungszeitraumes. Landesherrliche Bestrebungen, den Einfluss des Papstes auszuschließen, lassen sich zwar in hohem Maß für die untersuchten Domkapitel anführen, dass jedoch die ertrutzten Rechte nicht vom Landesherrn selbst in Beschlag genommen wurden, sondern einem Dritten überlassen wurden, war nicht üblich. Einzig die Republik Venedig hat mit der von ihr betriebenen Wiedereinführung der Kollationsrechte der Domkapitel genau das getan. Das auf Papst Martin V. zurückgehende Teilungsverhältnis zwischen Papst und ordentlichem Kollator besaß im Untersuchungszeitraum vermutlich in den drei lothringischen Domkapiteln von Metz, Verdun und Toul Geltung, ehe dort 1450, 1519 beziehungsweise 1544 die Bestimmungen des Wiener Konkordats von 1448 eingeführt wurden.

Auch hinsichtlich der Vergabe der Dignitäten konnte der Papst in Istrien eine bedeutsame Rolle spielen, wobei allerdings zu beachten ist, dass die wechselhafte Geschichte der Domkapitel teilweise zu jahrzehntelangen Vakanzen beziehungsweise zum gänzlichen Verlust einzelner Dignitäten führte. In Capodistria besetzte der Papst mit der Domdechantei und dem Archidiakonat die beiden wichtigsten Kapitelämter. Wie die Scholasterie und das Thesaurariat besetzt wurden, ist hingegen unklar. In Cittanova, wo die Domdechantei nur kurzfristig als einzige Dignität bestand, entschied ebenfalls der Papst über den Amtsinhaber, nicht minder für die länger, aber auch mit Unterbrechung bestehenden beiden Dignitäten des Domkapitels von Parenzo. In Pola teilten sich Papst und Bischof die Bestimmung der Dignitäre. Der Papst ernannte den Archidiakon, der Bischof den zweitgereihten Scholaster.[204] Insgesamt

203 F. Petronio, Cenni cronologici sul Capitolo di Capodistria, in: AT II/6 (1879/80), 218–220.

204 F. Petronio, Cenni cronologici sul Capitolo di Capodistria, in: AT II/6 (1879/80), 218; I. Grah, Izvještaji novigradskih biskupa Svetoj Stolici (1588–1808), in: CCP 9/XVI (1985), 68, 75; I. Grah, Izvještaji pulskih biskupa Svetoj Stolici (1592–1802), in: CCP 11/XX (1987), 32, 49; I. Grah, Izvještaji pulskih biskupa Svetoj Stolici (1592–1802), in: CCP 12/XXI (1988), 78; P. Kandler, Indicazione, 88.

konnte der Papst also in den vier venezianischen Domkapiteln Istriens die ersten Dignitäten nach seinem Gutdünken besetzen, zudem in zwei Institutionen auch die zweite. Da die Zahl der Kapitelämter in den vier Domkapiteln nicht besonders groß war, konnte der Papst in diesem Bereich hier eine Stellung erreichen, die ihm in den Domkapiteln der Reichskirche verschlossen blieb.

Westen

Die dem Untersuchungsraum im Westen benachbarten Domkapitel verfügten über keine einheitliche geschichtliche Entwicklung. Daher überrascht es nicht, dass sich auch in den kollationsrechtlichen Verhältnissen keine Einheitlichkeit zeigte.

Das Genfer Domkapitel konnte vor Beginn des Untersuchungszeitraumes seine Kanonikate selbst vergeben, sah sich diesbezüglich aber einer großen Zahl an päpstlichen Provisionen gegenüber. Dem im Zuge des Konfessionswechsels seit 1529 erhobenen Anspruch des Magistrats der Stadt auf die Stellenvergabe konnte sich das Domkapitel durch seine Flucht 1535 entziehen. Um schließlich auch den päpstlichen Einfluss dauerhaft zu regeln, wurde unter Bischof François de Sales 1615 eine für die Zukunft verbindliche Kollationsregelung getroffen. Dem Papst kamen demnach die in den Monaten Jänner, Mai, Juli und November vakant gewordenen Kanonikate zur Neuvergabe zu, dem Bischof die der Monate Februar, April, August und Oktober sowie dem Domkapitel die der Monate März, Juni, September und Dezember.[205] Damit zeigten sich deutliche Übereinstimmungen mit den übrigen savoyischen Domkapiteln in Lausanne und Sitten. Die Rechtsunsicherheit in der Kollation wurde allerdings auf verschiedene Weise gelöst. Während das Sittner Domkapitel auf Betreiben Bischof Matthäus Schiners 1513 von Papst Leo X. dem Geltungsbereich der Bestimmungen des Wiener Konkordats von 1448 unterstellt wurde, erübrigte sich für das Lausanner Domkapitel durch dessen baldigen Untergang eine Klärung der Kollationsfrage. Die für das Genfer Domkapitel eingeführte Drittelung des Kollationsrechtes bestand in ähnlicher Form auch im Königgrätzer Domkapitel für die patronatsfreien Kanonikate sowie generell im Triester Domkapitel, allerdings mit anderen Beteiligten. Während im Genfer Domkapitel ausschließlich kirchliche Amtsträger und Institutionen an der Personalauswahl mitwirkten, befand sich in Königgrätz und in Triest auch der Landesherr unter den drei Kollatoren. Dass der Papst seit dem ausgehenden 14. Jahrhundert wiederholt und seit 1563 dauerhaft die Vergabe der Dompropstei als der ersten nachbischöflichen Dignität beanspruchte, war den entsprechenden Reservationen geschuldet und durchaus auch unter den Domkapiteln der Reichskirche üblich. Außergewöhnlicher war da schon die Vergabe eines der nachgereihten Ämter. Die Kantorei, das erst 1607 errichtete Archidiakonat sowie die Sakristei besetzte das Domkapitel. Hinsichtlich der Kantorei wurden dessen

205 J. Mercier, Le Chapitre de Saint-Pierre de Genève, in: MDAS 14 (1891), 31, 48, 173, 248f., 276, 381–383.

Rechte bis 1607 durch den jeweiligen Hebdomadar wahrgenommen.[206] Die Vergabe einer Dignität durch den Turnar kannte im Untersuchungsraum ausschließlich das Metzer Domkapitel, wo der Turnar dem Domkapitel die Inhaber der Scholasterie und des Eleemosynariats präsentierte.

Im Besançoner Domkapitel kamen die Bestimmungen des Wiener Konkordats von 1448 zur Anwendung. Der Papst und das Domkapitel selbst teilten sich deshalb die Kollation der Kanonikate auf. Im Unterschied zu den drei lothringischen Domkapiteln von Metz, Toul und Verdun blieb diese Vergabepraxis auch nach dem Fall der Stadt Besançon an das Königreich Frankreich durch den Frieden von Nimwegen 1678 bestehen und wurde 1698 von König Ludwig XIV. von Frankreich ausdrücklich bestätigt. Ähnlich wie im Straßburger Domkapitel, das 1687 unter die Herrschaft des Königreiches Frankreich geriet, konnte der Landesherr damit nicht mehr jene Stellung erreichen, die er in den drei lothringischen Domkapiteln bekleidete.[207] Das galt uneingeschränkt auch hinsichtlich der acht Dignitäten, die alle durch das Domkapitel selbst besetzt wurden.[208] Damit genoss das Besançoner Domkapitel diesbezüglich einen Einfluss, der von den Korporationen im Untersuchungsraum nur äußert selten besessen wurde. Diese wenigen Ausnahmen stellten über weite Strecken des Untersuchungszeitraumes nur das Augsburger, das Prager, das Ratzeburger und das Sittner Domkapitel dar, zu denen sich allerdings vorübergehend noch einige andere Domkapitel gesellten.

Im Domkapitel von Saint-Dié erfolgte die Vergabe der Kanonikate wie im vorausgehenden Kollegiatstift nach Maßgabe der seit Papst Martin V. üblichen Reservation. Der König von Frankreich, der in die Rechtsnachfolge des Papstes eingetreten war, konnte daher die in acht Monaten vakant gewordenen Präbenden besetzen, während dem Domkapitel beziehungsweise dessen Turnaren die Vakanzen der Monate März, Juni, September und Dezember blieben.[209] Im Untersuchungsraum waren es nur die drei lothringischen Domkapitel von Metz , Verdun und Toul, in denen die Reservation Papst Martins V. aus dem Jahr 1425 vermutlich Beachtung fand, wenn auch nur vorübergehend. Denn bereits 1450 wurde das Metzer, 1519 das Verduner und 1544 das Touler Domkapitel den Bestimmungen des Wiener Konkordats von 1448 unterstellt. Darüber hinaus waren es die vier unter venezianischer Herrschaft stehenden Domkapitel von Capodistria, Cittanova, Parenzo und Pola, die von der ersten Hälfte des 16. Jahrhunderts bis 1769 ebenfalls dieselbe Aufteilung aufwiesen. Von den Dignitären des Domkapitels von Saint-Dié bestimmte der König von Frankreich als Landesherr den Domdechanten, das Domkapitel selbst den Kantor und den

206 J. Mercier, Le Chapitre de Saint-Pierre de Genève, in: MDAS 14 (1891), 14, 31, 49, 248f., 276, 314; L. Binz, Le Chapitre cathédral de Genève (XIe–XVIe siècle), in: J.-P. Renard, Diocèse, 220.

207 N. N., Almanach de Besançon, 17; N. Gabrielly, France, 157; H. Hours, Diocèse, 10f.; H.-G. Duchesne, France, 77.

208 N. N., Almanach de Besançon, 16f.; H.-G. Duchesne, France, 77.

209 N. Gabrielly, France, 188; B. Defauconpret, Preuves, 201; H.-G. Duchesne, France, 126.

Scholaster sowie der Bischof die beiden Archidiakone von Saint-Dié und Épinal.[210] Das Kollationsrecht für die erste Dignität lag damit hier ebenso in den Händen des Königs von Frankreich wie seit dem letzten Drittel des 17. Jahrhunderts in den Domkapiteln von Metz, Toul und Verdun.

Auch das Domkapitel von Nancy war in seinen kollationsrechtlichen Regelungen von dem ihm vorausgehenden Primatial- beziehungsweise Kollegiatkapitel geprägt. Deshalb beanspruchte der König von Frankreich als Landesherr den größten Teil der Vergaberechte. Darüber hinaus konnte seit einer Privilegierung durch Herzog Heinrich II. von Lothringen aus dem ersten Viertel des 17. Jahrhunderts das Domkapitel selbst über die im Monat April vakant gewordenen Domherrenstellen bestimmen. Dafür bediente man sich eines Turnus mit täglichem Wechsel, an dem auch der Bischof beteiligt war. Ein Kanonikat war schließlich dem Abt des Zisterzienserstiftes Clairlieu zur Besetzung übertragen.[211] Bei der Vergabe der Dignitäten war der landesherrliche Einfluss etwas geringer ausgeprägt und umfasste mit der Domdechantei, der Kantorei und der Scholasterie die drei ersten Dignitäten. Für die beiden Archidiakone von Nancy und Lunéville traf der Bischof die Personalauswahl.[212] In Übereinstimmung mit dem für die untersuchten Domkapitel erhobenen Befund zeigte sich auch für das zu Beginn des 17. Jahrhunderts gegründete Primatialkapitel, aus dem das spätere Domkapitel hervorging, ein gesteigertes Bestreben des Landesherrn, sich einen möglichst großen Einfluss auf die Stellenvergabe zu sichern. Erwähnenswert ist die Aufnahme des Bischofs unter die Turnare des Domkapitels, ein Zustand, der in den untersuchten Domkapiteln nirgends begegnete.

Die Verhältnisse im ungleich länger bestehenden Cambraier Domkapitel unterschieden sich maßgeblich von denen in Nancy, glichen aber teilweise denen in den drei lothringischen Domkapiteln von Metz, Toul und Verdun. Wie dort erfolgte auch in Cambrai die Einführung der Bestimmungen des Wiener Konkordats von 1448 erst mit einiger Verzögerung 1554 unter Papst Julius III. Dass Papst Benedikt XIV. 1749 seine Rechte an den König von Frankreich und dessen Nachfolger übertrug, deckt sich ebenfalls mit einer vorausgegangenen Entwicklung in Metz, Toul und Verdun. Allerdings wurde nicht für alle Kanonikate die Vergabe nach den Bestimmungen des Wiener Konkordats vorgenommen. Davon ausgenommen waren zum einen jene sieben Sazerdotalkanonikate, die zugleich Doktoralpräbenden waren und nach der Teilung des Jahres 1664 von fünf Präbendaren und vier Semipräbendaren besessen wurden. Deren Besetzung oblag allein dem Domkapitel selbst. Die zweite Ausnahme bildete die Gruppe jener neun Graduiertenstellen, die im Zuge der Erhebung zum Erzbistum 1561 eingerichtet wurden. Genau wie im Utrechter Domkapitel entschied auch in Cambrai der Erzbischof in Gemeinschaft mit den verbliebenen Graduierten über die Neuvergabe einer vakant gewordenen Stelle, wobei bei Stimmengleichheit

210 N. Gabrielly, France, 187f.; H.-G. Duchesne, France, 126.

211 C. Pfister, Histoire II, 687, 694f., B. Defauconpret, Preuves, 201; N. Gabrielly, France, 182; E. Martin, Histoire II, 70; H.-G. Duchesne, France, 207.

212 C. Pfister, Histoire II, 687; N. Gabrielly, France, 182; H.-G. Duchesne, France, 207.

die Stimme des Erzbischofs den Ausschlag gab. Unter die Bestimmungen des Wiener Konkordats von 1448 fielen damit jene sieben Sazerdotalkanonikate, deren Inhaber nicht graduiert sein mussten, sowie die verbleibenden 29, später 20 Kanonikate, deren Besitz keine zusätzlichen Auflagen erforderte. Im ersten Fall trat das Domkapitel als ordentlicher Kollator auf, im zweiten der Bischof beziehungsweise der Erzbischof. Die in beiden Fällen bestehenden päpstlichen Monate fielen bekanntermaßen 1749 an den König von Frankreich. Zudem war das Domkapitel dessen Droit de joyeux avènement unterworfen, das der König anstelle des vom Kaiser ausgeübten Rechtes der Ersten Bitten zur Anwendung brachte. Schließlich scheint noch die Artistische Fakultät der Universität Löwen zumindest im ersten Viertel des 17. Jahrhunderts gewisse Kollationsrechte geltend gemacht zu haben, möglicherweise in einer ähnlichen Weise wie gegenüber dem Utrechter und dem Lütticher Domkapitel.[213] Von den Dignitären wurden der Dompropst und der Domdechant durch die Wahl des Domkapitels bestimmt. Für die zu diesem Zeitpunkt noch vier Archidiakonate bestanden offensichtlich päpstliche Kollationsrechte, da Papst Pius VI. den Erzbischöfen 1776 ein Indult zur Vergabe dieser vier Dignitäten ausstellte.[214] Zusammenfassend zeigen sich hinsichtlich der kollationsrechtlichen Verhältnisse für das Cambraier Domkapitel deutliche Berührungspunkte zu den benachbarten Korporationen des Untersuchungsraumes, also den Domkapiteln von Utrecht und Lüttich, aber auch denen von Metz, Toul und Verdun.

213 J.-B. Blin, Notice historique sur le chapitre cathédral et métropolitain de Cambrai, in: MSEC 36 (1880), 158f.; N. N., Recueil XI, 1811; H.-G. Duchesne, France, 100f.; A. J. Le Glay, Recherches, 117, 148, 214, 221; A. Bucci, Il Droit de joyeux avènement, in: ZRG KA 98 (2012), 207, 217.

214 H.-G. Duchesne, France, 100.

V. Idoneitätskriterien und Obliegenheiten

Um überhaupt in den Besitz eines Kanonikats sowie der damit verbundenen Rechte gelangen zu können, mussten die jeweiligen Kandidaten bestimmten Voraussetzungen Genüge leisten, den sogenannten Idoneitätskriterien. Diese bestanden in der Erfüllung von persönlichen und sachlichen Aufnahmebedingungen. Letztere umfassten überwiegend finanzielle Leistungen sowie das Einhalten der vorgeschriebenen Rechtswege und Fristen. Erstere zerfielen in gemäß den Bestimmungen des kanonischen Rechtes generell geltende Erfordernisse und solche, die die Statuten des jeweiligen Domkapitels darüber hinaus vorsahen. Grundsätzlich für die Übernahme einer kirchlichen Pfründe gefordert waren die erfolgte Aufnahme in den Klerikerstand, also der Empfang der Ersten Tonsur, sowie die Freiheit von Irregularitäten. Dafür mussten die eheliche Geburt des Kandidaten, seine gesundheitliche Unversehrtheit und seine sittliche Eignung nachgewiesen werden. Darüber hinausgehende Anforderungen wie das Erreichen eines Mindestalters, das Bekenntnis zu einer bestimmten Konfession, die Herkunft aus einem abgegrenzten Gebiet, die Beschränkung der Zahl miteinander verwandter Mitglieder, die Zugehörigkeit zu einem vorgegebenen Stand, der Erwerb einer akademischen Ausbildung oder der Empfang eines höheren Weihegrades oblagen der Festlegung durch die einzelnen Kapitelstatuten.[1]

Des Weiteren galten für die Kapitulare zusätzliche Obliegenheiten. Neben dem seit dem 14. Jahrhundert durch die Bestimmungen des kanonischen Rechtes durchgängig verlangten Weihegrad des Subdiakons betrafen die von den einzelnen Domkapiteln diesbezüglich erlassenen Verpflichtungen vor allem die Ableistung bestimmter einmaliger und jährlicher Residenzzeiten sowie die Einhaltung der Karenzfristen. Eigene Altersvorgaben ergänzten die Idoneitätskriterien für Kapitulare.[2]

Die folgenden vergleichenden Überlegungen zu den Idoneitätskriterien und Obliegenheiten beschränken sich auf die wichtigsten partikularrechtlichen Bestimmungen der einzelnen Domkapitel, wobei die konfessionellen Verhältnisse bereits eigens abgehandelt worden sind. Das gilt auch für die speziellen Erfordernisse, die im Hinblick auf die Kanonikate mit besonderer Widmung zu beachten waren.

1. Einzeldarstellungen

Augsburg

Das Augsburger Domkapitel war im Untersuchungszeitraum eine gemeinständische Einrichtung. Für die adeligen Mitglieder wurde die bereits 1387 belegte Vier-Ahnen-Probe in späterer Zeit vorerst mehrfach bestätigt und 1701 zur Acht-Ahnen-Probe

1 P. Schneider, Domkapitel, 125–128, 131, 135; P. Hinschius, System II, 66, 68f.

2 P. Schneider, Domkapitel, 125, 133–136, 138; P. Hinschius, System II, 70.

ausgedehnt. Für angehende bürgerliche Domherren wurde seit mindestens 1387 der Grad eines Lizenziaten oder Doktors der Theologie oder der Rechtswissenschaften verlangt, seit 1500 zusätzlich ein vier- bis fünfjähriges Universitätsstudium, wobei freilich die graduierten Mitglieder des Domkapitels gegenüber den adeligen stets deutlich in der Minderzahl blieben. Ab 1767 betrieb das Domkapitel Versuche, durch verschärfte Bedingungen die bürgerlichen Graduierten so gut wie völlig auszuschließen. Die Einbeziehung auch der Großeltern des Kandidaten in die für die Aufnahme zu erbringenden Nachweise scheiterte allerdings am Widerstand Kaiser Josephs II. und des Reichshofrates. Lediglich der Ausschluss der untersten Bevölkerungsschichten ließ sich schließlich ab 1775 verwirklichen.[3]

Zumindest seit 1322 von einer Aufnahme unter die Domherren ausgeschlossen waren freilich die Augsburger Bürger. 1474 wurde die entsprechende Bestimmung auch auf deren Söhne ausgedehnt. Da es nur ganz vereinzelt zu Ausnahmen kam, riefen die Regelungen den Widerstand des Augsburger Patriziats hervor. Langwierige und immer wieder neu aufflammende Rechtsstreitigkeiten waren die Folge. Papst Clemens XII. wollte diese 1734 beenden, indem er verfügte, dass von nun an unter Beachtung der üblichen Bedingungen höchstens zehn Kanonikate an adelige oder graduierte Augsburger Bürger verliehen werden konnten. Dem Domkapitel gelang es jedoch mit der Unterstützung Kaiser Karls VI. und des Reichshofrates, die Privilegien des Patriziats erfolgreich zu unterlaufen und damit deren Umsetzung zu verhindern.[4]

Die Erste Residenz betrug zu Beginn des Untersuchungszeitraumes ein volles Jahr beziehungsweise 365 Tage. Bereits 1657 duldete man hinsichtlich der Chorpräsenz ein Versäumnis von wenigen Tagen, das schließlich 1676 auf zehn Tage festgelegt wurde. 1740 kam es zu einer Ausdehnung auf 14 Tage, allerdings jeweils unter Aufrechterhaltung der Pernoktation. Das ausgehende 18. Jahrhundert brachte weitere Einschnitte. Jetzt wurde es möglich, sich gegen eine finanzielle Zuwendung an das Domkapitel von der Residenzverpflichtung einschließlich der Pernoktation entbinden zu lassen. 1788 war diese Erleichterung noch auf vier Wochen begrenzt, ehe sie 1797 auf die gesamte Erste Residenz erweitert wurde. Daneben war auch eine halbjährliche Befreiung möglich.[5]

Im 15. Jahrhundert bestand im Augsburger Domkapitel ein Karenzjahr, wozu als zweites das Gnadenjahr treten konnte. Zu einem unbekannten Zeitpunkt erfolgte

---

3 J. Seiler, Domkapitel, 51, 54, 60–64; O. Leuze, Domkapitel, 5, 31; I. Schöntag, Untersuchungen, 31, 77; P. Hersche, Adel gegen Bürgertum? Zur Frage der Refeudalisierung der Reichskirche, in: F. Jürgensmeier, Weihbischöfe, 199, 204; P. Hersche, Domkapitel I, 66; Beschreibung einiger deutscher Domkapitel, 36 (HHStA Hs B 182).

4 J. Seiler, Domkapitel, 16–41, 48–50; I. Schöntag, Untersuchungen, 29–31; O. Leuze, Domkapitel, 4; J. M. Seuffert, Versuch, 219; M. Schwartz, „Das Dorado des deutschen Adels" – Die frühneuzeitliche Adelskirche in interkonfessionell-vergleichender Perspektive, in: GG 30 (2004), 631.

5 J. Seiler, Domkapitel, 73–77; I. Schöntag, Untersuchungen, 69; O. Leuze, Domkapitel, 28; Beschreibung einiger deutscher Domkapitel, 36 (HHStA Hs B 182).

die Verdoppelung auf nunmehr insgesamt vier Karenzjahre. Infolge wirtschaftlicher Einbußen sah sich das Domkapitel genötigt, 1649 eine weitere Erhöhung auf sechs Jahre vorzunehmen. Von 1661 an kehrte man wieder zur vierjährigen Frist zurück, allerdings nur vorübergehend. Denn von 1683 waren erneut sechs Karenzjahre zu beachten, darunter gleichbleibend ein Gnadenjahr.[6]

Für die Zulassung zum Kapitel wurde das Erreichen des 21. Lebensjahres verlangt.[7]

Die jährliche Mindestresidenzleistung für Kapitulare wurde 1387 auf 13 Wochen oder 91 Tage festgelegt, wobei darüber hinaus für Absenzzeiten Negligenzzahlungen anfielen. Lediglich sechs Wochen Urlaub waren davon ausgenommen.[8]

Bamberg

Das Bamberger Domkapitel zählte zu den gemischtadeligen Institutionen. Die für 1390 belegte Praxis, nur mindestens ritterbürtige Kandidaten aufzunehmen, wurde 1399 von Papst Bonifaz IX. bestätigt. Vorerst begnügte man sich mit einer Zwei-Ahnen-Probe, die zu Beginn des 16. Jahrhunderts auf vier Ahnen ausgedehnt wurde. Von 1615 an wurde die Acht-Ahnen-Probe verlangt, ehe im 18. Jahrhundert 16 Vorfahren in den Adelsnachweis einzubinden waren.[9]

Dabei versuchte das Domkapitel, seine Mitglieder auf Angehörige der schwäbischen, fränkischen und rheinischen Ritterschaft zu beschränken. Für 1725 lässt sich jedenfalls eine entsprechende Forderung belegen, die sich allerdings nicht durchsetzen ließ.[10]

6 J. Seiler, Domkapitel, 72f.; O. Leuze, Domkapitel, 33; I. Schöntag, Untersuchungen, 57; J. P. J. N. Faber, Anni, 70; Beschreibung einiger deutscher Domkapitel, 36f. (HHStA Hs B 182).

7 J. Seiler, Domkapitel, 77.

8 I. Schöntag, Untersuchungen, 68f.; O. Leuze, Domkapitel, 27f.; J. Seiler, Domkapitel, 89f.; Beschreibung einiger deutscher Domkapitel, 37 (HHStA Hs B 182).

9 R. Neumar, Rechtsstellung, 168–170; A. L. Veit, Geschichte und Recht der Stiftsmäßigkeit auf die ehemals adeligen Domstifte von Mainz, Würzburg und Bamberg, in: HJb 33 (1912), 326, 334f., 339, 341; C. Mann, Das Bamberger Domkapitel im späten 18. Jahrhundert. Lebensstile, Parteiungen, Reformfähigkeit, in: M. Häberlein/K. Kech/J. Staudenmaier, Bamberg, 322; H. T. Kohlhagen, Domkapitel, 39–42, 48; J. Kist, Domkapitel, 5f., 38f.; D. Weiß, Bistum, 22; P. Hersche, Domkapitel I, 72; Beschreibung einiger deutscher Domkapitel, 14 (HHStA Hs B 182).

10 A. L. Veit, Geschichte und Recht der Stiftsmäßigkeit auf die ehemals adeligen Domstifte von Mainz, Würzburg und Bamberg, in: HJb 33 (1912), 351, 356, 358; R. Neumar, Rechtsstellung, 169; C. Mann, Das Bamberger Domkapitel im späten 18. Jahrhundert. Lebensstile, Parteiungen, Reformfähigkeit, in: M. Häberlein/K. Kech/J. Staudenmaier, Bamberg, 323; H. T. Kohlhagen, Domkapitel, 44; F. Keinemann, Das Domstift Mainz und der mediate Adel, in: HJb 89 (1969), 155.

Als Altersvorgabe für die Aufnahme als Domherr war die Vollendung des 9. Lebensjahres vorgesehen.[11]

Für die Erste Residenz war seit 1350 ein Zeitraum von 58 Wochen vorgesehen, was durch die eingeräumte Möglichkeit von sechs Wochen Urlaub einer tatsächlichen Residenzleistung von einem Jahr entsprach.[12]

Neben einem Gnadenjahr bestand bereits um 1400 ein Karenzjahr, zu dem zu einem nicht näher bekannten späteren Zeitpunkt ein zweites trat, womit die Karenzzeit insgesamt auf drei Jahre anwuchs.[13]

Hatten die Domherren das 24. Lebensjahr vollendet, konnten sie zum Kapitel zugelassen werden. Allerdings stand den neuen Kapitularen in den ersten drei Jahren ausschließlich ein Sitz im Kapitel zu, ein Stimmrecht besaßen sie vorerst noch nicht.[14]

Die jährliche Mindestresidenz für Kapitulare betrug anfangs ein halbes Jahr und einen Tag, wovon im ausgehenden 18. Jahrhundert zuerst noch 18, schließlich jedoch nur mehr 15 Wochen übrig waren.[15]

Basel

Das Basler Domkapitel wies eine gemeinständische Verfassung auf. Allerdings war die Zulassung von Bürgerlichen seit einem entsprechenden Privileg Papst Felix' V. aus dem Jahr 1442 auf fünf graduierte Kleriker beschränkt, die ein vierjähriges Studium sowie ein theologisches oder rechtswissenschaftliches Lizenziat beziehungsweise Doktorat nachzuweisen hatten. Dem Domkapitel galt allerdings seit zumindest 1600 die Vergabe dieser Stellen an Graduierte nicht als Verpflichtung, sondern lediglich als Möglichkeit. Zudem versuchte man mehrfach, die Graduierten rechtsverbindlich ganz aus dem Domkapitel zu verbannen. Jedoch schlugen alle entsprechenden Bemühungen letztendlich fehl. Auch der 1682 gefasste Beschluss, die Doktoralkanonikate auf drei zu reduzieren, konnte nicht auf Dauer umgesetzt werden, obwohl sich mitunter nicht einmal diese Anzahl an graduierten Mitgliedern

11 H. T. Kohlhagen, Domkapitel, 50; C. Mann, Macht, 19; Beschreibung einiger deutscher Domkapitel, 14 (HHStA Hs B 182).

12 J. Kist, Domkapitel, 47f.; C. Mann, Das Bamberger Domkapitel im späten 18. Jahrhundert. Lebensstile, Parteiungen, Reformfähigkeit, in: M. Häberlein/K. Kech/J. Staudenmaier, Bamberg, 328f.; C. Mann, Macht, 28; Beschreibung einiger deutscher Domkapitel, 14 (HHStA Hs B 182).

13 J. Kist, Domkapitel, 43; J. P. J. N. Faber, Anni, 75; Beschreibung einiger deutscher Domkapitel, 14 (HHStA Hs B 182).

14 H. T. Kohlhagen, Domkapitel, 52f.; J. Kist, Domkapitel, 8, 35, 45; H. E. Feine, Besetzung, 31; C. Mann, Macht, 36; Beschreibung einiger deutscher Domkapitel, 16 (HHStA Hs B 182).

15 J. Kist, Domkapitel, 48; C. Mann, Macht, 52f., 61; C. Mann, Das Bamberger Domkapitel im späten 18. Jahrhundert. Lebensstile, Parteiungen, Reformfähigkeit, in: M. Häberlein/K. Kech/J. Staudenmaier, Bamberg, 328f.; Beschreibung einiger deutscher Domkapitel, 15 (HHStA Hs B 182).

fand. Vor diesem Hintergrund ist auch die seit 1574 geltende Einschränkung zu sehen, dass die vorher ebenfalls für Bürgerliche zugängliche Priesterpräbende nur mehr dann mit einem Angehörigen dieses Standes besetzt werden durfte, wenn nicht gleichzeitig bereits fünf andere dem Domkapitel angehörten. Zudem kam es zu einer schleichenden Aristokratisierung der Graduiertenstellen, da die betreffenden Kanonikate im Laufe der Zeit vermehrt von graduierten Adeligen, denen die Erfüllung der ständig weiter ausgedehnten Ahnen-Probe nicht möglich war, erstrebt wurden. Genügte 1442 noch die Zwei-Ahnen-Probe, so ist für 1463 bereits die Vier-Ahnen-Probe belegt. Diese wurde 1580 erstmals zur Acht-Ahnen-Probe ausgeweitet, ein Beschluss, der jedoch nach Protesten des eidgenössischen Adels 1596 wieder zurückgenommen werden musste. Die Statuten von 1681 gingen zur Sechzehn-Ahnen-Probe über.[16]

Der 1337 festgelegte Ausschluss der Basler Bürger von einer Aufnahme ins Domkapitel wurde im 14. und 15. Jahrhundert nicht besonders streng befolgt. Trotzdem wurde die Bestimmung 1463 neuerlich bestätigt, 1470 auch von Papst Paul II. Der Rat der Stadt versuchte in der Folge vergeblich, einen Widerruf zu erreichen. Obwohl das 1512 bei Papst Julius II. gelang, hielt sich das Domkapitel so gut wie ausnahmslos an das alte Herkommen. Der im ausgehenden 18. Jahrhundert erwogene Ausschluss des elsässischen Adels führte zu keinem Ergebnis mehr.[17] Das drohende Übergewicht einzelner Familien innerhalb des Domkapitels wurde von diesem zwar mit Missfallen betrachtet, eine rechtsverbindliche Beschränkung gab es diesbezüglich aber nicht.[18]

Die Anberaumung einer eigens befristeten Ersten Residenz kannte das Domkapitel nicht. Die Erste Residenz unterschied sich somit nicht von der üblichen Jahresresidenz der Kapitulare.[19]

Seit dem 14. Jahrhundert wurde den Domherren ein Gnadenjahr zugestanden, zu dem 1447 und 1453 jeweils ein Karenzjahr dazukam, womit sich die Frist insgesamt über drei Jahre erstreckte.[20]

---

16 A. Gnann, Beiträge, 2; P. C. Preiswerk, Domkapitel, 20, 46, 50, 70, 72f.; A. Kaspar, Domkapitel, 36f.; N. Eisele, Domkapitel, 32, 35, 39–42, 62; C. Bosshart-Pfluger, Domkapitel, 17–23, 28; P. Schmidlin, Statuten, 3f.; W. Kundert, Das Domstift Basel, in: A. Bruckner, Kardinäle, 274; P. Hersche, Domkapitel I, 78; P. Hersche, Adel gegen Bürgertum? Zur Frage der Refeudalisierung der Reichskirche, in: F. Jürgensmeier, Weihbischöfe, 199.

17 A. Gnann, Beiträge, 1; P. C. Preiswerk, Domkapitel, 20, 50; A. Kaspar, Domkapitel, 36f.; F. J. Gemmert, Das Basler Domkapitel in Freiburg, in: Schau-ins-Land 84/85 (1966/67), 127; C. Bosshart-Pfluger, Domkapitel, 17, 133f.; W. Kundert, Das Domstift Basel, in: A. Bruckner, Kardinäle, 274.

18 N. Eisele, Domkapitel, 48.

19 N. Eisele, Domkapitel, 36, 149; C. Bosshart-Pfluger, Domkapitel, 31; Beschreibung einiger deutscher Domkapitel, 57 (HHStA Hs B 182).

20 P. C. Preiswerk, Domkapitel, 52; A. Kaspar, Domkapitel, 40f.; N. Eisele, Domkapitel, 35; C. Bosshart-Pflugger, Domkapitel, 29; W. Kundert, Das Domstift Basel, in:

Für die Aufnahme als Kapitular war unter anderem die Vollendung des 24. Lebensjahres nachzuweisen.[21]

Die Jahresresidenz der Kapitulare betrug seit nachweisbar 1366 neun Monate beziehungsweise 270 Tage. Bei einer Residenzleistung von drei Monaten konnte man die halbe Präbende genießen. Nach der Flucht aus der Stadt Basel 1529 wurde die Residenzzeit auf sieben Monate verkürzt, 1586 jedoch wieder auf das vorher übliche Maß ausgedehnt. Seit 1612 kamen die Domherren durch ein Privileg von Bischof Wilhelm Rinck von Baldenstein zudem in den Genuss eines vierten Absenzmonats, der allerdings ausschließlich für einen Kuraufenthalt oder einen Verwandtenbesuch genutzt werden durfte. Nach der Flucht aus Arlesheim 1793 erzwangen die Umstände eine Verkürzung der jährlichen Residenzzeit auf sechs Wochen.[22]

Brandenburg

Was die Standesverhältnisse betraf, wandelten sich die Zustände im Brandenburger Domkapitel im Laufe der Geschichte. Zu Beginn des Untersuchungszeitraumes handelte es sich noch um eine gemeinständische Institution. Nachdem der Anteil der adeligen Domherren bereits im ausgehenden 15. Jahrhundert zunahm, steigerte 1507 die Transmutation des Domkapitels die Anziehungskraft für adelige Kleriker zusätzlich. 1588 kam es für die Impetranten zur Einführung der Sechzehn-Ahnen-Probe, die später auf die Zweiunddreißig-Ahnen-Probe verdoppelt wurde. Die Adelserfordernisse mussten allerdings erst bei der Übernahme einer Maiorpräbende nachgewiesen werden. Kurfürst Georg Wilhelm von Brandenburg erkannte 1621 die Entscheidung des Jahres 1588 an. Das Dispensrecht, das dem jeweiligen Kurfürsten von Brandenburg in diesem Fall vorbehalten war, gelangte angeblich nie zur Anwendung. Darüber hinaus galt seit der Neufassung der Statuten 1526/27 für alle Domherren eine Studienverpflichtung im Ausmaß von drei Jahren, die vor dem Antritt einer Maiorpräbende zu erfüllen war. Eine bestimmte Fachrichtung war dafür nicht vorgeschrieben. Allerdings kam das Dispensrecht des Landesherrn in diesem Zusammenhang mitunter zum Tragen.[23]

A. Bruckner, Kardinäle, 274; P. Schmidlin, Statuten, 5; J. P. J. N. Faber, Anni, 76; Beschreibung einiger deutscher Domkapitel, 57 (HHStA Hs B 182).

21 N. Eisele, Domkapitel, 35; C. Bosshart-Pfluger, Domkapitel, 26, 29; W. Kundert, Das Domstift Basel, in: A. Bruckner, Kardinäle, 274; P. Schmidlin, Statuten, 6.

22 A. Gnann, Beiträge, 10; A. Kaspar, Domkapitel, 48; F. J. Gemmert, Das Basler Domkapitel in Freiburg, in: Schau-ins-Land 84/85 (1966/67), 127; N. Eisele, Domkapitel, 92, 94f.; C. Bosshart-Pfluger, Domkapitel, 31f.; P. Schmidlin, Statuten, 23f.; Beschreibung einiger deutscher Domkapitel, 58 (HHStA Hs B 182).

23 W. Dannenberg, Entwicklungsgeschichte, 15f.; A. Schröder, Abriß, 19f.; W. Schößler/C. Gahlbeck/D. Kurze/M. Caute/G. Seebacher, Brandenburg/Havel. Prämonstratenser-Domkapitel St. Peter und Paul, in: H.-D. Heimann/K. Neitmann/W. Schich, Klosterbuch I, 234, 236f., 249; W. Schößler, Regesten II, 198; W. Schößler, Überblick über die Geschichte des Hoch- und Domstifts Brandenburg, in: Domstift Brandenburg, Jahre,

Eine Verfügung König Friedrichs II. von Preußen aus dem Jahr 1744 beschränkte die künftige Vergabe der Kanonikate des Domkapitels auf inländische Bewerber.[24]

Nach dem Konfessionswechsel wurde die Zugehörigkeit zum Klerikerstand als Aufnahmebedingung stillschweigend abgeschafft, die Zölibatsverpflichtung fiel 1571.[25]

Seit den Statuten des Jahres 1526/27 betrug die Erste Residenz ein Vierteljahr.[26]

Der Brauch des Gnadenjahres entwickelte sich erst nach der Transmutation des Jahres 1507, spätestens mit den Statuten des Jahres 1526/27. Neben einem Gnadenjahr gab es ein Karenzjahr, das zusätzlich zu beachten war. Frühestens im folgenden Jahr konnte der neue Domherr in den Genuss der Erträge seiner Präbende treten. Allerdings wuchsen ihm diese nicht sofort in ihrem vollen Umfang zu. Nach vier Jahren mit jeweils gesteigerten Teileinkünften erfolgte schließlich im insgesamt siebten Jahr erstmals die ungekürzte Zuteilung.[27]

Für die Übernahme einer Maiorpräbende und damit die Mitgliedschaft im Kapitel war die Vollendung des 21. Lebensjahres erforderlich. Allerdings war auch diese Bestimmung dem Dispensrecht des Landesherrn unterworfen.[28]

Über den Umfang der jährlichen Mindestresidenz in den Jahren nach der Aufgabe des Ordensstandes liegen keine Nachrichten vor.

Bremen

Im Bremer Domkapitel spielten Standesfragen über lange Zeit keine Rolle, womit die Einrichtung einer gemeinständischen Verfassung unterlag, wobei jedoch im 16. und 17. Jahrhundert trotz gegenteiliger Anregungen des Rates der Stadt die Mehrzahl der Domherren adeligen Familien entstammte. Erst 1617 forderten die Statuten ausdrücklich entweder die Zugehörigkeit zum Adel oder den Erwerb eines akademischen Grades, nämlich des Lizenziats oder Doktorats der Rechtswissenschaften. Vermutlich stellte diese Bestimmung keine völlig Neueinführung dar, denn bereits für das beginnende letzte Drittel des 16. Jahrhunderts ist die Vorlage einer Sechzehn-Ahnen-Probe durch adelige Domherren belegt. Zudem hatten alle Domherren einen Studiennachweis im Ausmaß von drei Jahren zu erbringen, der jedoch an keine bestimmte Fachrichtung gebunden war.[29]

17, 19–21; A. F. Riedel, Codex I/8, 60, 64; J. Heckel, Domstifter, 104f.; N. N., Handbuch/Anhang, 72f.

24 M. Lehmann, Preussen II, 453.

25 J. Heckel, Domstifter, 118, 123.

26 W. Schößler, Regesten II, 192; J. Heckel, Domstifter, 143; A. F. Riedel, Codex I/8, 63; N. N., Handbuch/Anhang, 72.

27 W. Dannenberg, Entwicklungsgeschichte, 32; W. Schößler, Regesten II, 190, 196f.; J. P. J. N. Faber, Anni, 75; A. F. Riedel, Codex I/8, 63; N. N., Handbuch/Anhang, 72.

28 A. F. Riedel, Codex I/8, 64; N. N., Handbuch/Anhang, 72f.

29 C. Hoffmann, Die Aufschwörungstafeln des Bremer Domkapitels im Niedersächsischen Staatsarchiv Stade, in: StJ 91/92 (2001/02), 134, 137–139, 143; U. Weidinger,

Erzbischof Gerhard zur Lippe legte 1245 fest, dass nicht zwei leibliche Brüder gleichzeitig dem Domkapitel angehören sollten, eine Bestimmung, die sich in den Statuten von 1617 in etwas großzügigerer Form wieder findet. Jetzt durften es nicht mehr als zwei leibliche Brüder sein.[30]

Die bereits erwähnten Statuten von 1617 bestätigten grundsätzlich die seit 1230 gültige Regelung, die für eine Aufnahme als adeliger Domherr die Vollendung des 14. Lebensjahres vorsah. Allerdings räumte man dem höheren Adel, also Fürsten, Grafen und Freiherren, die Möglichkeit ein, bereits mit dem vollendeten 7. Lebensjahr aufschwören zu können.[31]

Die Erste Residenz war unmittelbar nach der Aufnahme ins Kapitel zu absolvieren und erstreckte sich über ein ganzes Jahr.[32]

Zuvor mussten allerdings das bereits Ende des 12. Jahrhunderts bestehende Gnadenjahr sowie die seit der ersten Hälfte des 14. Jahrhunderts zusätzlich hinzugekommenen beiden Karenzjahre verstrichen sein.[33]

Zudem musste der jeweilige Domherr das 24. Lebensjahr begonnen haben.[34]

Kardinallegat Oddone di Tonengo gewährte den Domherren 1230 eine jährliche Absenzzeit von sechs Wochen, die Statuten von 1617 kannten dafür zwölf Wochen. Allerdings geriet die Residenzdisziplin nach dem Konfessionswechsel in Verfall.[35]

Bremen – Domstift St. Petrus, in: J. Dolle, Klosterbuch I, 198; A. Müller, Domkapitel, 9f.; K. Kayser, Zum Bremer Domkapitel, in: ZGNKG 15 (1910), 10, 15; J. C. Lünig, Continuatio III, 960, 962; N. Heutger, Das Domstift Bremen in nachreformatorischer Zeit, in: Niedersachsen 66/67 (1966/67), 27.

30 J. C. Lünig, Continuatio III, 953, 960; A. Müller, Domkapitel, 22; M. M. A. Serger, Capitula, 65; N. Heutger, Das Domstift Bremen in nachreformatorischer Zeit, in: Niedersachsen 66/67 (1966/67), 27.

31 A. Müller, Domkapitel, 11, 22; K. Kayser, Zum Bremer Domkapitel, in: ZGNKG 15 (1910), 10f.; C. Hoffmann, Die Aufschwörungstafeln des Bremer Domkapitels im Niedersächsischen Staatsarchiv Stade, in: StJ 91/92 (2001/02), 138; J. C. Lünig, Continuatio III, 960.

32 J. C. Lünig, Continuatio III, 962; M. M. A. Serger, Capitula, 93f.; K. Kayser, Zum Bremer Domkapitel, in: ZGNKG 15 (1910), 20; N. Heutger, Das Domstift Bremen in nachreformatorischer Zeit, in: Niedersachsen 66/67 (1966/67), 28.

33 A. Müller, Domkapitel, 14, 25f., 68; K. Kayser, Zum Bremer Domkapitel, in: ZGNKG 15 (1910), 12, 21; U. Weidinger, Bremen – Domstift St. Petrus, in: J. Dolle, Klosterbuch I, 198; J. C. Lünig, Continuatio III, 961, 963.

34 K. Kayser, Zum Bremer Domkapitel, in: ZGNKG 15 (1910), 13, 15; J. C. Lünig, Continuatio III, 961f.

35 A. Müller, Domkapitel, 21; K. Kayser, Zum Bremer Domkapitel, in: ZGNKG 15 (1910), 16f.; J. C. Lünig, Continuatio III, 962; U. Weidinger, Bremen – Domstift St. Petrus, in: J. Dolle, Klosterbuch I, 198; N. Heutger, Das Domstift Bremen in nachreformatorischer Zeit, in: Niedersachsen 66/67 (1966/67), 28, 30.

Breslau

Das Breslauer Domkapitel war über lange Zeit eine gemeinständische Institution. Als Bischof Johannes Thurzo von Bethlensdorf 1520 mindestens zwölf Kanonikate verbindlich adeligen Inhabern zuschreiben wollte, scheiterte sein Ansinnen noch am Widerstand der bürgerlichen Mehrheit, die erst in der zweiten Hälfte des 16. Jahrhunderts allmählich zu schwinden begann. Diese Entwicklung setzte sich im 17. Jahrhundert ungebrochen fort, drängte das Bürgertum schrittweise aus dem Domkapitel hinaus und mündete in den Statuten von 1722. Darin wurde ein Erlass Kaiser Karls VI. aus dem Jahr 1713 aufgenommen, kraft dessen von den neu eintretenden Domherren das Inkolat zu fordern sei. Damit konnte das Domkapitel von nun an ausschließlich Adelige aufnehmen. Da die bloße Zugehörigkeit zum Adelsstand ausreichte, verstanden es die Landesherren, zuerst der Kaiser, dann der König von Preußen, durch die Erteilung einer Nobilitierung dafür zu sorgen, dass auch ihnen genehme Kandidaten aus dem bürgerlichen Stand Aufnahme finden konnten. Eine erste Studienvorschrift musste seit 1411 beachtet werden. Allen Domherren, die keinen akademischen Grad vorweisen konnten, oblag seitdem die Verpflichtung zu einem dreijährigen Studium. Eine erste, seit 1435 geltende Verschärfung betraf ausschließlich die Nichtschlesier. Sie konnten nur mehr zur Aufnahme gelangen, wenn sie über eine Graduierung in Theologie, Rechtswissenschaften oder Medizin verfügten. Schlesier und Adelige vom Grafenstand aufwärts waren hingegen von dieser Bedingung befreit. 1476 wurden die Aussichten auswärtiger Kleriker auf ein Kanonikat neuerlich weiter eingeschränkt, indem von nun an ein durchgehendes dreijähriges Studium sowie die Verleihung des Doktorgrades gefordert wurden.[36]

Zwar kam es im Breslauer Domkapitel vorerst zu keiner rechtsverbindlichen Satzung über den Ausschluss bestimmter Landeskinder, doch entschloss man sich umgekehrt, den einheimischen Klerus durch die erwähnten Maßnahmen von 1435 und 1476 gezielt zu begünstigen. Darüber hinaus wurde 1498 ein Statut erlassen, das aus dem Königreich Polen stammende Kleriker grundsätzlich von einer Aufnahme in das Domkapitel ausschloss. Mit dem Abschluss des Kolowratschen Vertrages versuchte man 1504 neuerlich, auswärtigen Klerikern den Zugang zu den Präbenden zu verwehren. Von nun an sollten nur mehr Kandidaten aus den Ländern des Königreiches Böhmen, also aus Böhmen, Mähren, Schlesien und den beiden Lausitzen, eine Domherrenstelle erhalten können. Obwohl Papst Leo X. bereits 1516 dem Vertrag jede Gültigkeit absprach, blieb er seinem Inhalt nach in der Folgezeit weitestgehend wirksam. Vor diesem Hintergrund ist auch die von Kaiser Karl VI.

---

36 R. Samulski, Untersuchungen I, 82–85, 91; G. Schindler, Domkapitel, 20f., 53f., 57, 61–65; K. Dola, Statuta, XXXVI; K. Dola, Kapituła, 118f., 121, 128f., 138–140, 437; G. Zimmermann, Domkapitel, 25, 54, 56, 63f., 66, 71, 73, 77–79, 81f., 84f., 115, 591f., 595f.; K. Dola, Ständische Verhältnisse im Breslauer Domkapitel im 16. und 17. Jahrhundert, in: F. Jürgensmeier, Weihbischöfe, 180–183; J. Pater, Kapituła, 30, 32, 44f., 79f., 84, 86; P. Maťa, Noblesse et chapitres dans les pays de la couronne de Bohême au XVIIe siècle, in: XVIIe siècle Nr. 250 (2011), 85–88.

1713 aufgestellte Forderung zu sehen, kraft derer jeder Impetrant vor Erlangung der Possess das Inkolat erwerben musste. Obgleich diese Bestimmung durch das wenig später verabschiedete Adelsstatut nicht wirklich schlagend wurde, stellte es keine völlige Neuerung dar, als König Friedrich II. von Preußen 1744 nach dem Übergang Schlesiens an das Königreich Preußen verfügte, dass in Zukunft nur mehr Schlesier mit einem Kanonikat bedacht werden sollten. Diese Bedingung wurde gegenüber allen Kollatoren angemahnt.[37]

Der Zeitraum für die Erste Residenz belief sich seit einem entsprechenden Beschluss des Domkapitels 1499 auf zwei Jahre. Allerdings bereitete die tatsächliche Umsetzung dieser Bestimmung aufgrund vielfacher Ausnahmeregelungen Schwierigkeiten, womit der genaue Umfang der Ersten Residenz offen bleiben muss.[38]

Hinsichtlich des Gnadenjahres war das Domkapitel zuerst der Entwicklung in den polnischen Domkapiteln unterworfen. Ein seit dem ausgehenden 13. Jahrhundert bestehendes Gnadenjahr wurde durch die Provinzialsynode von Kalisch 1420 auf ein halbes Jahr herabgesetzt. Zudem verfügte Bischof Jobst von Rosenberg 1461 für das zweite Jahr eine Karenzleistung von sechs Monaten, die 1479 von Bischof Rudolph von Rüdesheim auf ein Vierteljahr reduziert wurde. 1499 kam es diesbezüglich wieder zu einer Neuregelung. Von nun an wurden die Einkünfte in den beiden ersten Jahren nur teilweise, wenn auch in gesteigertem Umfang, ausbezahlt. Im dritten Jahr konnte der Domherr die Zuwendungen ungekürzt genießen. Das Gnadenjahr blieb bis 1713 im Ausmaß eines halben Jahres erhalten. Dann wies man den Erben einen je nach dem Todeszeitpunkt des Domherrn gestaffelten Betrag an.[39]

War vorher der Empfang der Subdiakonatsweihe ausreichend, so traf das Domkapitel 1537 die Festlegung, dass von nun an alle Kapitulare spätestens binnen Jahresfrist nach ihrer Zulassung zum Kapitel zusätzlich die Priesterweihe zu empfangen hatten. Damit war zugleich auch eine Änderung des Alterserfordernisses für Kapitulare verbunden. Die Vollendung des 21. Lebensjahres genügte nun nicht mehr, von nun an mussten angehende Kapitulare zumindest 24 Jahre alt sein.[40]

Die Grundlage für die Festlegung der jährlichen Residenzleistung der Kapitulare schuf Bischof Preczlaus von Pogarell mit einem Erlass aus dem Jahr 1368. Damals wurde den Domherren für den Genuss aller Rechte eine höchstzulässige Absenz

---

37 R. Samulski, Untersuchungen I, 79; G. Schindler, Domkapitel, 74f.; K. Dola, Kapituła, 121–124, 236, 245f., 437, 439; K. Dola, Statuta, XXXVf., LIV, 110–115, 130–133; G. Zimmermann, Domkapitel, 91–93, 98f., 109, 111, 592; J. Brňovják, In vim sanctionis pragmaticae. K interpretaci inkolátní pragmatiky z roku 1713 a nobilitací církevních hodnostářů v českých zemích v 18. století, in: HRHPV 7 (2106), 1, 17; J. Pater, Kapituła, 80f.; M. Lehmann, Preussen II, 453, 688; M. Lehmann, Preussen III, 157, 229, 408f., 622.

38 G. Zimmermann, Domkapitel, 117f., 145f.

39 K. Dola, Statuta, XLI, LIV, 104f., 144–147, 160, 212–215; K. Dola, Kapituła, 105f.; G. Zimmermann, Domkapitel, 145f., 157f., 160; J. Pater, Kapituła, 73f.

40 G. Schindler, Domkapitel, 45f.; G. Zimmermann, Domkapitel, 47, 50f., 53, 115, 147, 593; R. Samulski, Untersuchungen I, 110; J. Pater, Kapituła, 56; K. Dola, Kapituła, 40.

von sechs Wochen eingeräumt. 1537 wurde der vergebliche Versuch unternommen, die Absenz auf nur mehr einen Monat zu beschränken. Seit 1545 gestand man den Kapitularen schließlich zwei Monate Abwesenheit zu, allerdings durften seit 1543 nicht mehr als drei Kanoniker gleichzeitig abwesend sein. 1570 gelang eine Verschärfung der Bestimmungen, indem die Absenzzeit auf nur mehr sechs Wochen beschränkt wurde. Seit dem 17. Jahrhundert herrschte mit zwölf Wochen zugelassener Absenz wieder eine deutlich großzügigere Regelung, die lediglich durch die Tatsache beeinträchtigt war, dass man nie länger als sechs Wochen in einem Stück abwesend sein durfte.[41]

Brixen

Das Brixner Domkapitel stand als gemeinständische Einrichtung grundsätzlich Adeligen und graduierten Bürgerlichen offen. Auf diese vermutlich seit den Siebziger- oder frühen Achtzigerjahren des 15. Jahrhunderts bestehende Gewohnheit legten sich die Statuten von 1485 fest. Hielt man vorerst einen Adelsnachweis für die beiden Eltern des Impetranten für ausreichend, so forderte man von 1539 an offiziell die bereits seit 1498 belegte Vier-Ahnen-Probe, die nach ersten Überlegungen 1611 schließlich 1691 zur Acht-Ahnen-Probe ausgedehnt wurde. Obwohl 1761 Versuche, das noch bis in die Mitte des 17. Jahrhunderts hinein vorherrschende Bürgertum rechtsverbindlich von einer Mitgliedschaft im Domkapitel auszuschließen, scheiterten, fanden sich seit dem Ende des ersten Viertels des 18. Jahrhunderts nur mehr Adelige unter den neu aufgenommenen Domherren, was auch daran lag, dass alle als Graduierte zugelassenen Domherren adeligen Standes waren. Für die Graduierten schrieben die Statuten von 1485 den Nachweis eines fünfjährigen Studiums sowie ein Lizenziat oder Doktorat der Theologie oder der Rechtswissenschaften vor.[42]

Seit der Mitte des 17. Jahrhunderts begann die nationale Zugehörigkeit der Kandidaten eine wichtigere Rolle zu spielen. Reichsfremde Personen fanden nun keine Aufnahme mehr. Seit 1672 mussten die Adeligen dem eigenen Hofadel, dem Tiroler Adel oder dem Reichsadel entstammen, eine Bestimmung, die sich vor allem gegen den Trientner Adel richtete. Zugleich mussten die Graduierten ihre Abstammung von deutschen Eltern nachweisen. 1749 bestätigte Papst Benedikt XIV. das Statut, das freilich nicht immer durchgängig Beachtung fand. Die 1761 angestellten Überlegungen, die Aufnahme von Graduierten auf dem eigenen Hochstift entstammende Kleriker zu beschränken, wurde schließlich nicht weiter verfolgt.[43]

---

41 G. Schindler, Domkapitel, 77f.; G. Zimmermann, Domkapitel, 139–141.

42 L. Santifaller, Brixner Domkapitel, 46f., 49, 53f., 118–120; L. Santifaller, Geschichte, 146; K. Wolfsgruber, Domkapitel, 59–61, 64, 74–77; L. Tavernier, Das Domstift Brixen, in: H. Obermeier/K. Brandstätter/E. Curzel, Domstifte, 108–110; J. Gelmi, Domkapitel, 38, 42.

43 K. Wolfsgruber, Domkapitel, 60, 64–66; J. Kögl, Sovranità, 233; L. Tavernier, Das Domstift Brixen, in: H. Obermeier/K. Brandstätter/E. Curzel, Domstifte, 110.

Bereits die Statuten von 1422 setzten die Dauer der Ersten Residenz auf ein halbes Jahr fest. Daran änderte sich während des Untersuchungszeitraumes nichts mehr.[44]

Die Gewährung eines Gnadenjahres ist erstmals für 1336 belegt. Schon 1422 bestand zusätzlich ein als alte Gewohnheit bezeichnetes Karenzjahr. 1654 wurden zwei weitere Karenzjahre eingeführt, allerdings mit der Zusatzbestimmung, dass die Zulassung zum Kapitel weiterhin wie bisher nach zwei Jahren erfolgen konnte. 1658 kam der Genuss einiger kleinerer Zuwendungen für die beiden letzten Karenzjahre dazu.[45]

Die jährliche Mindestresidenz für Kapitulare sank mit jeder Statutenneufassung. 1422 waren noch sechs Wochen Urlaub vorgesehen, 1485 zwölf. 1521 gestatte man schließlich eine Absenz im Ausmaß von 18 Wochen, der eine Residenzpflicht von 34 Wochen gegenüberstand.[46]

Brünn

Rein rechtlich gesehen handelte es sich beim Brünner Domkapitel um eine gemischtadelige Institution. Für die Mitgliedschaft waren nämlich unter Bezug auf einen Erlass Kaiser Karls VI. aus dem Jahr 1713 das Inkolat gefordert. Obwohl diese Forderung in der Praxis nicht wirklich zum Tragen kam, bildete sich bis in die Vierzigerjahre des 18. Jahrhunderts ein reines Adelskapitel aus. Die statutarische Festlegung dieser Entwicklung erfolgte 1752 und 1768, also noch vor dem Aufstieg zum Domkapitel. In ganz wenigen Ausnahmefällen gelangten Kleriker danach auch ohne die geforderten Standeseigenschaften zur Aufnahme. Seit einer Verfügung Kaiser Josephs II. aus dem Jahr 1783 mussten angehende Domherren zumindest eine zehnjährige Seelsorgetätigkeit nachweisen können. Kaiser Leopold II. ließ 1790 ersatzweise auch eine theologische Lehrtätigkeit im Ausmaß von mindestens 15 Jahren gelten.[47]

Durch das Erfordernis des Inkolats erfuhr die Auswahl möglicher Domherren eine Einschränkung, auch wenn die entsprechende Bestimmung aus dem Jahr 1713 nicht wirklich schlagend wurde.[48]

---

44 L. Santifaller, Brixner Domkapitel, 236; K. Wolfsgruber, Domkapitel, 70f.

45 L. Santifaller, Brixner Domkapitel, 244f.; K. Wolfsgruber, Domkapitel, 71; J. P. J. N. Faber, Anni, 74.

46 L. Santifaller, Brixner Domkapitel, 183f., 186; K. Wolfsgruber, Domkapitel, 85, 264.

47 J. Brňovják, In vim sanctionis pragmaticae. K interpretaci inkolátní pragmatiky z roku 1713 a nobilitací církevních hodnostářů v českých zemích v 18. století, in: HRHPV 7 (2106), 13f., 16f. 20f.; J. Hanáček, Nobilitovaní, 6, 9; L. Jan, Dějiny kapituly, in: L. Jan/R. Procházka/B. Samek, Let, 91, 140; E. Weinbrenner, Mähren, 57; G. Wolný, Topographie II/1, 45; A. W. Gustermann, Kirchenrecht I, 70; W. Mick, Metropolitankapitel, 169; H. Zschokke, Geschichte, 196f.

48 J. Brňovják, In vim sanctionis pragmaticae. K interpretaci inkolátní pragmatiky z roku 1713 a nobilitací církevních hodnostářů v českých zemích v 18. století, in: HRHPV 7 (2106), 1, 16, 20; J. Hanáček, Nobilitovaní, 6; L. Jan, Dějiny kapituly, in:

Das Domkapitel dürfte sich, über die Vorgaben des Konzils von Trient hinausgehend, ausschließlich aus Priestern zusammengesetzt haben.[49]

Das Gnadenjahr ging auf ein entsprechendes Privileg Markgraf Jobsts von Mähren aus dem Jahr 1397 zurück und erstreckte sich über ein halbes Jahr. Neben dieser Frist fiel keine zusätzliche Karenzzeit an. Allerdings dürfte das Domkapitel von einer Bestimmung Kaiser Josephs II. aus dem Jahr 1787 betroffen gewesen sein, die alle Karenzzeiten ersatzlos aufhob.[50]

Die jährliche Residenzpflicht lag bei neun Monaten.[51]

Budweis

Das Budweiser Domkapitel unterlag einer gemeinständischen Verfassung und kannte keine Standesvorgaben für eine Aufnahme als Domherr. Allerdings war das Domkapitel einer 1783 von Kaiser Joseph II. erlassenen Verordnung unterworfen, kraft derer angehende Domherren zumindest eine zehnjährige Seelsorgetätigkeit nachweisen mussten. Kaiser Leopold II. ließ 1790 ersatzweise auch eine theologische Lehrtätigkeit im Ausmaß von mindestens 15 Jahren gelten.[52]

Neben einer seit 1781 zu beachtenden Vorgabe Kaiser Josephs II., die die Vergabe der Kanonikate auf die eigenen Untertanen beschränken sollte, bestanden hinsichtlich der Idoneitätskriterien keine partikularrechtlichen Besonderheiten.[53]

Das Domkapitel war wohl, die Vorgaben des Konzils von Trient übererfüllend, ausschließlich aus Priestern zusammengesetzt.[54]

Die jährliche Residenzpflicht lag, ebenfalls nach einer Festlegung des Konzils von Trient aus dem Jahr 1563, bei zumindest neun Monaten.[55]

Cammin

Seiner Verfassung nach zählte das Camminer Domkapitel zu den gemeinständischen Domkapiteln, zumal die Statuten von 1576/79 adeligen Bewerbern lediglich einen Vorzug gegenüber bürgerlichen einräumten. Auch ein 1659 von Kurfürst Friedrich Wilhelm von Brandenburg ausgesprochener Adelsvorbehalt galt nur für die seiner Verfügung unterstehenden Dignitäten und wurde darüber hinaus von Kurfürst

---

L. Jan/R. Procházka/B. Samek, Let, 91, 140; E. Weinbrenner, Mähren, 57; G. Wolný, Topographie II/1, 45.

49 J. Wohlmuth, Dekrete III, 766.

50 G. Wolný, Topographie II/1, 37; L. Jan, Dějiny kapituly, in: L. Jan/R. Procházka/B. Samek, Let, 54; A. W. Gustermann, Kirchenrecht I, 76.

51 L. Jan, Dějiny kapituly, in: L. Jan/R. Procházka/B. Samek, Let, 95; J. Wohlmuth, Dekrete III, 766.

52 A. W. Gustermann, Kirchenrecht I, 70; W. Mick, Metropolitankapitel, 169; H. Zschokke, Geschichte, 196f.

53 A. W. Gustermann, Kirchenrecht I, 69f.

54 J. Wohlmuth, Dekrete III, 766.

55 J. Wohlmuth, Dekrete III, 766.

Friedrich III. von Brandenburg wieder gelockert. galt. Allerdings mussten die nicht ausdrücklich von einer Aufnahme ausgeschlossenen bürgerlichen Impetranten ihre Eignung durch ein theologisches oder rechtswissenschaftliches Doktorat nachweisen. In Ausnahmefällen konnten auch andere dem Domkapitel nützliche Qualifikationen für ausreichend erachtet werden. Diese grundsätzliche Großzügigkeit gegenüber bürgerlichen Kandidaten kam jedoch tatsächlich nicht zum Tragen, da sich das Domkapitel ausschließlich aus Adeligen zusammensetzte, von denen allerdings nicht mehr als der reine Adelsstand verlangt wurde.[56]

Auch hinsichtlich der Herkunft wurde vorerst keine strenge Regelung getroffen, jedoch sollte der einheimische Adel bei der Aufnahme bevorzugt Berücksichtigung finden. Eine Verfügung König Friedrichs II. von Preußen aus dem Jahr 1744 beschränkte die künftige Vergabe der Kanonikate des Domkapitels auf inländische Bewerber.[57]

Die Statuten von 1576/79 setzten das Alter für die Übernahme einer Domherrenstelle auf das vollendete 16. Lebensjahr fest.[58]

Neben dem Gnadenjahr belegen bereits die Statuten von etwa 1385 das Bestehen eines weiteren Karenzjahres.[59]

Aufgrund der Tatsache, dass auch die Inhaber der Minorpräbenden über Sitz und Stimme im Kapitel verfügten, bedurfte es keiner zweiten Altersgrenze für Kapitulare. Da jedoch einerseits für die Übernahme einer Dignität das Erreichen des 25. Lebensjahres verlangt wurde und andererseits die Kapitelsitzungen wesentlich von den vier Residenzialprälaten bestritten wurden, dürfte sich die wirkliche Bedeutung der jüngeren Kapitulare in Grenzen gehalten haben.[60]

Die Residenzpflicht in einem unbekannten Ausmaß wurde in den Statuten von 1576/59 nur mehr von den vier Residenzialprälaten gefordert. Nach zunehmender Vernachlässigung verlor sie sich schließlich völlig. Die Bestimmungen über den Genuss des Deservitjahres legen nahe, dass sie rund ein knappes halbes Jahr betragen haben dürfte.[61]

56 L. W. Brüggemann, Beschreibung II/1, 6f.; H. Müller, Die revidirten Camminer Synodal- und Capitels-Statuten, in: AKKR 37 (1877), 372; J. Heckel, Domstifter, 105; L. Kücken, Geschichte, 121; N. N., Handbuch/Anhang, 104; J. Petersohn, Kammin, in: E. Gatz, Bistümer, 269.

57 H. Müller, Die revidirten Camminer Synodal- und Capitels-Statuten, in: AKKR 37 (1877), 372; M. Lehmann, Preussen II, 453.

58 J. C. Lünig, Continuatio III/Anhang, 19; H. Müller, Die revidirten Camminer Synodal- und Capitels-Statuten, in: AKKR 37 (1877), 383; L. Kücken, Geschichte, 72; R. Spuhrmann, Geschichte, 60.

59 R. Klempin, Beiträge, 312, 331; J. C. Lünig, Continuatio III/Anhang, 30, 33; H. Müller, Die revidirten Camminer Synodal- und Capitels-Statuten, in: AKKR 37 (1877), 404, 409f.; J. P. J. N. Faber, Anni, 76; N. N., Handbuch/Anhang, 104; L. Kücken, Geschichte, 72.

60 J. C. Lünig, Continuatio III/Anhang, 18f.; H. Müller, Die revidirten Camminer Synodal- und Capitels-Statuten, in: AKKR 37 (1877), 382f.; J. Heckel, Domstifter, 108.

61 J. C. Lünig, Continuatio III/Anhang, 19f., 23–25, 33; H. Müller, Die revidirten Camminer Synodal- und Capitels-Statuten, in: AKKR 37 (1877), 373, 409; J. Heckel, Domstifter, 161; N. N., Handbuch/Anhang, 104.

Chiemsee

Das Chiemseer Domkapitel war keinerlei Standesvorschriften unterworfen. Die sonstigen Kriterien für die Aufnahme der Mitglieder entsprachen denen eines Augustiner-Chorherren-Stiftes.

Chur

Das Churer Domkapitel war ein gemeinständisches Domkapitel, das hinsichtlich seiner Adelsanforderungen verhältnismäßig bescheiden war. Die reine Adelsprobe reichte aus, um Aufnahme zu finden. Die Angehörigen des Bürgerstandes mussten sich mit dem Nachweis einer Graduierung zur Mitgliedschaft befähigen, obgleich diesbezüglich in Einzelfällen auch Ausnahmen gemacht wurden. Die zahlenmäßige Verteilung der beiden Stände war in etwa ausgeglichen, mit einem leichten Vorteil für das Bürgertum im 17. Jahrhundert, für den Adel im 18. Jahrhundert.[62]

Der von den Drei Bünden 1526 in den Zweiten Ilanzer Artikeln unternommene Versuch, nichtbündnerischen Klerikern eine Aufnahme in das Domkapitel zu verwehren, zeitigte keinen dauerhaften Erfolg.[63]

Die Ableistung der Ersten Residenz umfasste den Zeitraum von einem Jahr.[64]

Für 1311 ist die Existenz eines Gnadenjahres belegt. Anstelle eines darüber hinaus hinzugekommenen Karenzjahres war es zumindest im ausgehenden 18. Jahrhundert üblich, einen Betrag an die Kapitelkasse zu zahlen.[65]

Für die Zulassung zum Kapitel wurde 1578 die Vollendung des 22. Lebensjahres zur Bedingung gemacht.[66]

Zumindest seit 1541 betrug die jährliche Residenzpflicht eines Kapitulars 31 Wochen und zwei Tage. Als Folge des durch die Reformation hervorgerufenen wirtschaftlichen Niedergangs sah sich Nuntius Giovanni Conte della Torre 1599 dazu gezwungen, die Zahl der Residenten auf nur mehr sechs Domherren einzuschränken. Die tatsächliche Umsetzung dieser Regelung verzögerte sich jedoch bis ins Jahr 1630.[67]

---

62 O. P. Clavadetscher/W. Kundert, Das Domstift Chur, in: A. Bruckner, Kardinäle, 534; W. Kundert, Die Aufnahme von Schweizern ins Domkapitel Konstanz 1526–1821, in: ZSKG 68 (1974), 290; G. Capaul, Domkapitel, 16; P. Hersche, Domkapitel I, 86; P. Hersche, Domkapitel II, 60, 118; Beschreibung einiger deutscher Domkapitel, 68 (HHStA Hs B 182).

63 G. Capaul, Domkapitel, 8, 47.

64 G. Capaul, Domkapitel, 10.

65 C. M. Tuor, Reihenfolge, 29; J. P. J. N. Faber, Anni, 79.

66 G. Capaul, Domkapitel, 48f.

67 G. Capaul, Domkapitel, 9, 31; C. M. Tuor, Reihenfolge, 11, 63f.

Corvey

Das Corveyer Domkapitel war schon in seiner letzten Zeit als Benediktinerabtei eine ausschließlich adeligen Mitgliedern vorbehaltene Einrichtung. Daher wurde der gemischtadelige Charakter auch nach der Umwandlung zum Domkapitel beibehalten. Zum Nachweis des Adelsstandes hatten die Impetranten die Sechzehn-Ahnen-Probe vorzulegen. Bis zur Aufnahme in das Kapitel war ein theologisches Studium abzuschließen.[68]

Das Mindestalter für eine Aufnahme als Domizellar betrug in Corvey 16 Jahre.[69]

Trotz der zum Zeitpunkt der Gründung des Domkapitels geltenden gegenteiligen Bestimmungen des Konzils von Trient reichte für die Aufnahme als Domizellar weiterhin lediglich der Empfang der Ersten Tonsur aus.[70]

Ein Gnadenjahr war nicht vorgesehen, allerdings drei Karenzjahre. Im ersten und im zweiten Jahr sollte dem neuen Domherrn jeweils ein Fixbetrag abgezogen werden, während er im dritten Jahr gänzlich auf seine Einkünfte zu verzichten hatte.[71]

Um die Rechte eines Kapitulars in Anspruch nehmen zu können, bedurfte es eines Mindestalters von 23 Jahren. Die 1794 erhobene Forderung, binnen neun Monaten nach der Aufnahme ins Kapitel die Priesterweihe empfangen zu müssen, wurde bereits 1796 wieder fallen gelassen. Die Vorschrift, dass zumindest die Hälfte der Kapitulare Priester sein mussten, scheint hingegen weiter aufrecht erhalten geblieben zu sein.[72]

Die jährliche Residenzleistung wurde auf neun Monate festgesetzt.[73]

Eichstätt

Beim Eichstätter Domkapitel handelte es sich um eine gemischtadelige Institution. Seit den Statuten von 1477 war nämlich die Zugehörigkeit zum Adelsstand eines der Idoneitätskriterien. Zuerst reichte die Vier-Ahnen-Probe als entsprechender Beleg aus. Im Laufe des 17. Jahrhunderts kam es zur Ausdehnung der Stammtafeln. Der bereits 1642 von Bischof Marquard Freiherr Schenk von Castell unterbreitete Vorschlag, die

---

68 G. Föllinger, Corvey, 28, 47, 108, 143; M. Sagebiel, Corvey – Benediktiner, in: K. Hengst, Klosterbuch I, 216f.; M. Sagebiel, Corvey – Domstift St. Stephanus und Vitus, in: K. Hengst, Klosterbuch I, 225; R. Haas, „Dem bösen Willen des Domkapitels die Schuld beimesset, ..." – Zum Ende der Adelsdominanz in den westfälischen Domkapiteln 1802–1823, in: W. Frese, Revolution, 34.

69 G. Föllinger, 143; R. Haas, „Dem bösen Willen des Domkapitels die Schuld beimesset, ..." – Zum Ende der Adelsdominanz in den westfälischen Domkapiteln 1802–1823, in: W. Frese, Revolution, 34.

70 J. Wohlmuth, Dekrete III, 766.

71 G. Föllinger, Corvey, 51f.

72 G. Föllinger, Corvey, 108, 143, 145; R. Haas, „Dem bösen Willen des Domkapitels die Schuld beimesset, ..." – Zum Ende der Adelsdominanz in den westfälischen Domkapiteln 1802–1823, in: W. Frese, Revolution, 34f.

73 G. Föllinger, Corvey, 52, 108.

Sechzehn-Ahnen-Probe zu verlangen, erhielt schließlich 1703 Rechtskraft. Darüber hinaus war ein zweijähriges Studium zu absolvieren.[74]

Der 1681 vom Domkapitel erwogene Ausschluss österreichischer Adeliger scheiterte letztlich an den realpolitischen Möglichkeiten. Anders verhielt es sich mit der bereits in den Statuten von 1477 vorgesehenen Begrenzung von miteinander verwandten Domherren. So sollten sich nicht mehr als zwei Brüder unter den Kanonikern befinden. Zudem durften unter den Kapitularen nicht mehr als drei, unter den gesamten Domherren nicht mehr als vier Blutsverwandte bis zum vierten Grad sein. 1683 wurde diese Bestimmung auf den dritten Grad herabgesetzt. Diese Vorschriften fanden wohl nicht immer strenge Beachtung, da sich das Domkapitel 1655 zu einer strengeren Einhaltung entschloss.[75]

Die 1595 festgesetzte Altersgrenze von 14 Jahren für eine Aufnahme als Domherr wurde 1616 dahingehend präzisiert, dass das 14. Lebensjahr vollendet zu sein hatte. Diesbezügliche Ausnahmen wurden nur in ganz wenigen Einzelfällen gewährt.[76]

Die Erste Residenz belief sich mindestens seit 1477 auf ein Jahr. Darin war allerdings ein Urlaub im Ausmaß von sechs Wochen eingeschlossen.[77]

Für das Gnadenjahr bestand eine für Domizellare und Kapitulare unterschiedliche Regelung. Domizellare mit absolvierter Erster Residenz erhielten ein Gnadenjahr zuerkannt, Kapitulare zwei. Die zusätzliche Karenzzeit konnte je nach dem Ausmaß des Gnadenjahres ein oder zwei Jahre betragen, mitunter sogar gänzlich entfallen. Gnaden- und Karenzjahre zusammen erstreckten sich jedoch in jedem Fall über einen Zeitraum von zwei Jahren.[78]

Eine Altersvorgabe für die Zulassung zum Kapitel bestand im Eichstätter Domkapitel nicht. Dafür waren gemäß den Statuten von 1477 bestimmte Fristen zu beachten. So musste der Domherr die Karenzzeit und die Erste Residenz hinter sich gebracht haben und mindestens zwei Jahre den Weihegrad des Subdiakons besitzen. Damit konnte die Aufnahme als Kapitular frühestens drei Jahre nach der Possesserteilung erfolgen.[79]

Die jährliche Mindestresidenz der Kapitulare betrug 1477 26 Wochen und einen Tag. 1586 wurde der eine Tag gestrichen. 1646 bedingten die Kriegsereignisse eine

---

74 G. Mahr, Domkapitel, 5; H. A. Braun, Domkapitel, 47–49; B. Dennemarck, Statuten, 5; P. Hersche, Domkapitel I, 88; K. Andermann, Zur Praxis der Aufschwörung in südwestdeutschen Domstiften der Frühneuzeit, in: E. Harding/M. Hecht, Ahnenprobe, 199; Beschreibung einiger deutscher Domkapitel, 24 (HHStA Hs B 182).

75 G. Mahr, Domkapitel, 4, 7; H. A. Braun, Domkapitel, 49, 53f., 65, 133.

76 H. A. Braun, Domkapitel, 46f.; J. Seiler, Domkapitel, 67.

77 G. Mahr, Domkapitel, 8; H. A. Braun, Domkapitel, 53; J. Seiler, Domkapitel, 67; Beschreibung einiger deutscher Domkapitel, 24 (HHStA Hs B 182).

78 G. Mahr, Domkapitel, 7; H. A. Braun, Domkapitel, 52, 119; J. Seiler, Domkapitel, 67; J. P. J. N. Faber, Anni, 71; Beschreibung einiger deutscher Domkapitel, 24 (HHStA Hs B 182).

79 G. Mahr, Domkapitel, 6; H. A. Braun, Domkapitel, 53, 135; J. Strötz, Domkapitel, 68; Beschreibung einiger deutscher Domkapitel, 25f. (HHStA Hs B 182).

weitere Reduktion auf 18 Wochen, die jedoch 1650 wieder auslief. 1657 und 1658 verringerte man die Residenzpflicht neuerlich, zuerst auf 22, dann auf 20 Wochen. 1667 galten wieder 26 Wochen, allerdings nur kurz, da das Ausmaß bereits 1669 auf 20 Wochen festgesetzt wurde. Dabei ließ man es schließlich bewenden. Lediglich 1722/23 machte das Domkapitel mit 22 Wochen kurzfristig eine Ausnahme.[80]

Ermland

Die wechselhafte Geschichte des Ermländischen Domkapitels beeinflusste auch die dort vorherrschenden Standesverhältnisse, obgleich die gemeinständische Verfassung nie aufgegeben wurde. In der Zeit vor dem Zweiten Thorner Frieden von 1466 waren es beinahe ausschließlich aus dem Patriziat der Städte hervorgegangene bürgerliche Domherren, die das Domkapitel bildeten. Nach dem Fall an das Königreich Polen stieg der Anteil der adeligen Mitglieder rasch an, wenn sich auch in polnischer Zeit durchaus noch Patriziersöhne unter den Kanonikern fanden. Eine Adelsprobe war nicht vorgesehen, dafür wurde dem Domkapitel 1384 die Möglichkeit eingeräumt, von allen neu eintretenden Domherren ein dreijähriges Studium einzufordern. In den Achtzigerjahren des 15. Jahrhunderts erfolgte eine eingehendere Festlegung der Anforderungen. Ein dreijähriges Studium aus den Fachbereichen Theologie, Rechtswissenschaften oder Medizin wurde nun für alle jene Domherren verbindlich vorgeschrieben, die keinen akademischen Grad vorweisen konnten. 1532 kam es zu einer kleinen Aufweichung dieser Bestimmung, da man diese für jene Kanoniker, die das 40. Lebensjahr bereits vollendet hatten, als nicht mehr bestehend erachtete. Zugleich erkannte man auch ein entsprechendes Studium an einer Artistischen Fakultät als gleichwertig an. Bis 1540 sollte das Triennium nach der Ersten Residenz absolviert werden, danach vorher.[81]

Nachdem vorerst die jeweilige politische Zugehörigkeit die nationale Zusammensetzung des Domkapitels geprägt hatte, erging 1699 der Erlass, die Kanonikate nur für Kleriker aus dem Königreich Polen und dem polnischen Anteil Preußens zu öffnen. Der neuerliche Herrschaftswechsel 1772 gab Anlass zu gegenteiligen

---

80 G. Mahr, Domkapitel, 8; H. A. Braun, Domkapitel, 56f.; Beschreibung einiger deutscher Domkapitel, 24 (HHStA Hs B 182).

81 B. Pottel, Domkapitel, 7, 9, 26; T. Borawska, Norm und Wirklichkeit. Zum Alltagsleben ermländischer Domherren im 13.-16. Jahrhundert, in: B. Jähnig, Probleme, 80, 86; G. Matern, Verhältnisse, 19f.; M. Glauert, Domkapitel, 281; J. Obłąk, Statuty warmińskiej kapituły katedralnej, in: WWD 16/V, 51f.; F. Hipler, Die Statuten des Ermländischen Dom-Kapitels von B. Nikolaus von Tüngen, in: F. Hipler, Spicilegium, 261; W. Thimm/A. Triller, Die Statuten des Domkapitels von Frauenburg aus dem Jahre 1532 und ihre Novellierungen, in: ZGAE 36 (1972), 39, 72–75, 112f.; H. Preuschoff, Das Verhältnis des ermländischen Fürstbischofs Johann Stanislaus Zbąski (1688–1697) zu seinem Domkapitel, in: ZGAE 25 (1935), 29f.; M. Lehmann, Preussen IV, 488; A. Kopiczko, Dzieje, 12; T. Borawska, Kapituła Warmińska w średniowieczu i na poczatku czasów nowożytnych (1260–1550), 155, 165f.; A. Radzimiński, Kirche, 204f., 207f.

Überlegungen, die schließlich 1783 zur Verfügung König Friedrichs II. von Preußen führte, keine ausländischen Kleriker mehr in das Domkapitel aufzunehmen.[82]

Die Erste Residenz war seit 1389 mit 30 Tagen beziehungsweise einem Monat verhältnismäßig knapp bemessen.[83]

Das Gnadenjahr bestand wohl seit 1260, mit Sicherheit aber seit 1384 im Ausmaß eines halben Jahres. Davon ging man 1583 ab, indem die Bezüge nur mehr anteilig nach dem Todesdatum angewiesen wurden. Die Bealchtung einer über das erwähnte halbe Jahr hinausgehenden zusätzlichen Karenzzeit ist nicht belegt.[84]

Die geforderte Jahresresidenz für Kapitulare reichte noch 1532 vom Martinitag bis zum Fest Mariä Himmelfahrt und betrug damit rund neun Monate. Möglicherweise schon 1722, sicher aber 1772 waren davon noch 185 Tage übrig. 1774 kam es zu einer weiteren Reduktion auf nunmehr mindestens 100 Tage.[85]

Freising

In Freising zählte das Domkapitel als gemeinständische Institution Adelige und Graduierte in seinen Reihen, mit einem deutlichen Übergewicht zugunsten der adeligen Domherren. Diese Festlegung wurde 1439 vom Domkapitel getroffen. Die seit damals übliche Vier-Ahnen-Probe wurde 1687 vom Domkapitel zur Acht-Ahnen-Probe ausgeweitet. Die Graduierten mussten hingegen ebenfalls seit 1439 neben dem Erwerb

82 B. Pottel, Domkapitel, 8; S. Achremczyk, Kapituła Warmińska w życiu politycznym Rzeczypospolitej XVII i XVIII wieku, in: A Kopiczko/J. Jezierski/Z. Żywica, Kapituła, 289f., 293, 295; M. Lehmann, Preussen IV, 488; M. Lehmann, Preussen V, 538f.; M. Lehmann, Preussen VI, 413; A. Kopiczko, Dzieje, 12; A. Eichhorn, Die Prälaten des ermländischen Domcapitels, in: ZGAE 3 (1866), 341.

83 J. Obłąk, Statuty warmińskiej kapituły katedralnej, in: WWD 16/V, 49; B. Pottel, Domkapitel, 23; F. Hipler, Die Statuten des Ermländischen Dom-Kapitels von B. Nikolaus von Tüngen, in: F. Hipler, Spicilegium, 251; W. Thimm/A. Triller, Die Statuten des Domkapitels von Frauenburg aus dem Jahre 1532 und ihre Novellierungen, in: ZGAE 36 (1972), 60f.; A. Eichhorn, Die Prälaten des ermländischen Domcapitels, in: ZGAE 3 (1866), 334, 557, 560; A. Kopiczko, Dzieje, 15.

84 B. Pottel, Domkapitel, 29; F. Hipler, Die Statuten des Ermländischen Dom-Kapitels von B. Nikolaus von Tüngen, in: F. Hipler, Spicilegium, 254; W. Thimm/A. Triller, Die Statuten des Domkapitels von Frauenburg aus dem Jahre 1532 und ihre Novellierungen, in: ZGAE 36 (1972), 74f.; J. Obłąk, Statuty warmińskiej kapituły katedralnej, in: WWD 16/V, 54.

85 J. Obłąk, Statuty warmińskiej kapituły katedralnej, in: WWD 16/V, 49, 55f.; B. Pottel, Domkapitel, 23; F. Hipler, Die Statuten des Ermländischen Dom-Kapitels von B. Nikolaus von Tüngen, in: F. Hipler, Spicilegium, 251; W. Thimm/A. Triller, Die Statuten des Domkapitels von Frauenburg aus dem Jahre 1532 und ihre Novellierungen, in: ZGAE 36 (1972), 62f.; M. Lehmann, Preussen IV, 486f.

des Lizenziats oder Doktorats der Theologie oder der Rechtswissenschaften auch den Abschluss eines fünfjährigen Studiums nachweisen können.[86]

Um die verwandtschaftlichen Verflechtungen möglichst gering zu halten, galt seit 1412 die Vorschrift, dass gleichzeitig nicht mehr als zwei Brüder beziehungsweise zwei Verwandte ein Kanonikat innehaben durften.[87]

Die Erste Residenz betrug um 1400 noch zwei Jahre, allerdings konnte man bereits damals für das zweite Jahr eine Dispens erlangen, wodurch tatsächlich nur mehr ein Jahr übrigblieb. Seit 1788 brauchte auch dieses nach einer Abschlagszahlung nicht mehr gehalten werden.[88]

Das Gnadenjahr bestand zugunsten des Thesaurariats, das allerdings dafür eine fixe Summe an die Erben des verstorbenen Domherrn auszuzahlen hatte. Zusätzlich musste noch ein weiteres Karenzjahr beachtet werden. Beide Fristen fanden bereits um 1400 Beachtung.[89]

Die älteren Statuten des Domkapitels forderten die ständige Residenz. Obwohl die 1563 getroffene Festlegung des Konzils von Trient, die die erlaubte Absenz der Kanoniker auf höchstens drei Monate beschränkte, ausdrücklich die Beibehaltung strengerer Vorschriften anordnete, kam es für die Freisinger Domherren zu einer Reduktion der jährlichen Residenzverpflichtung. Das 17. Jahrhundert war gekennzeichnet von mehreren Versuchen, die Residenzleistung weiter zu senken. 1685 kam es schließlich zur Festschreibung von 150 Tagen. Von 1790 an konnte man sich zusätzlich gegen eine Abschlagszahlung von höchstens 50 Residenztagen freikaufen.[90]

---

86 F. Hoheneicher, Spicilegium anecdotorum ad diplomatarium Frisingense, in: OA 3 (1841), 421; H.-J. Busley, Geschichte, 30f., 34; R. Ebersberger, Zusammensetzung, 13, 75, 79f.; R. Ebersberger, Das Freisinger Domkapitel im Zeitalter der Glaubenskämpfe, in: G. Schwaiger, Bistum II, 155f.; R. Götz, Domkapitel, 47–49, 94, 101, 109, 115f., 149.

87 R. Götz, Domkapitel, 94, 105f.

88 J. Boegl, Die Statuten des Freisinger Domkapitels von ca. 1400, in: SHVF 18 (1933), 79; F. Hoheneicher, Spicilegium anecdotorum ad diplomatarium Frisingense, in: OA 3 (1841), 421; H.-J. Busley, Geschichte, 89; R. Ebersberger, Zusammensetzung, 27; R. Ebersberger, Das Freisinger Domkapitel im Zeitalter der Glaubenskämpfe, in: G. Schwaiger, Bistum II, 162; R. Götz, Domkapitel, 54, 103, 150f.; Beschreibung einiger deutscher Domkapitel, 47 (HHStA Hs B 182).

89 J. Boegl, Die Statuten des Freisinger Domkapitels von ca. 1400, in: SHVF 18 (1933), 79; R. Ebersberger, Zusammensetzung, 14, 16; R. Ebersberger, Das Freisinger Domkapitel im Zeitalter der Glaubenskämpfe, in: G. Schwaiger, Bistum II, 156; R. Götz, Domkapitel, 94, 109, 149f.; J. P. J. N. Faber, Anni, 74; Beschreibung einiger deutscher Domkapitel, 47 (HHStA Hs B 182).

90 R. Götz, Domkapitel, 54f., 100, 104, 142; J. Boegl, Die Statuten des Freisinger Domkapitels von ca. 1400, in: SHVF 18 (1933), 83; H.-J. Busley, Geschichte, 90; R. Ebersberger, Zusammensetzung, 28, 57; R. Ebersberger, Das Freisinger Domkapitel im Zeitalter der Glaubenskämpfe, in: G. Schwaiger, Bistum II, 162; Beschreibung einiger deutscher Domkapitel, 47 (HHStA Hs B 182); J. Wohlmuth, Dekrete III, 766.

Fulda

Das Fuldaer Domkapitel übernahm bei seiner Gründung 1752 weitgehend die vormals bereits für die Abtei gültigen Verfassungsbestimmungen. So wurde es zu einem gemischtadeligen Domkapitel, das von seinen neuen Mitgliedern die Sechzehn-Ahnen-Probe verlangte.[91]

Für die Aufschwörung war in Anlehnung an eine durch das Konzil von Trient 1563 getroffene Regelung ein Mindestalter von 15 Jahren vorgesehen.[92]

Die zum Zeitpunkt der Erhebung zum Domkapitel gültige Vorgabe des Konzils von Trient, wonach die Mitgliedschaft in einem Domkapitel ausschließlich Maioristen vorbehalten war, kam hingegen nicht zum Tragen. Es wurde vielmehr die vormalige Praxis beibehalten, die auch den Inhabern niedrigerer Weihegrade einen Eintritt ermöglichte.[93]

In Übereinstimmung mit der klösterlichen Organisationsform wurde anschließend anstelle der Ersten Residenz ein Noviziat von einem Jahr abgehalten, an dessen Ende die Feier der Profess stand.[94]

Für die Zulassung zum Kapitel war seit 1777 der Empfang der Priesterweihe notwendig.[95]

Die Auflagen zur Residenz wurden 1752 unterschiedlich festgelegt. Abgesehen vom Domdechanten belief sich die Residenzpflicht für jene Kapitulare, die Inhaber einer der acht Propsteien waren, auf je einen Monat. Da die Residenzzeiten aufeinander abzustimmen waren und von den einzelnen Domherren alternativ abzuleisten waren, betrug die verbindliche Anwesenheit in einem Jahr zwei Monate, im nächsten Jahr nur einen Monat, durchschnittlich also eineinhalb Monate. Die übrigen Kapitulare hatten vorerst jährlich sechs Monate Residenz zu leisten, ehe 1774 die sie betreffenden Auflagen an die der ranghöheren Kapitulare angepasst wurden.[96]

Görz

Das Görzer Domkapitel stand grundsätzlich allen Ständen offen und gehörte damit zu den gemeinständischen Einrichtungen. Seit einem Erlass Kaiser Josephs II. aus dem Jahr 1783 mussten angehende Domherren zumindest eine zehnjährige Seelsorgetätigkeit nachweisen können.[97]

---

91 G. Richter, Statuta, XXIII, 28; G. Richter, Die adeligen Kapitulare des Stifts Fulda seit der Visitation Carafas (1627), in: FGBl 3 (1904), 70, 118; G. Richter, Die Säkularisation des Fuldaer Domkapitels, in: FGBl 7 (1908), 129; U. Zuber, Staat, 54, 56f.

92 J. Wohlmuth, Dekrete III, 781; G. Richter, Die adeligen Kapitulare des Stifts Fulda seit der Visitation Carafas (1627), in: FGBl 3 (1904), 115; U. Zuber, Staat, 63.

93 J. Wohlmuth, Dekrete III, 766.

94 G. Richter, Die adeligen Kapitulare des Stifts Fulda seit der Visitation Carafas (1627), in: FGBl 3 (1904), 115; U. Zuber, Staat, 63.

95 U. Zuber, Staat, 66.

96 G. Richter, Statuta, XLVIIf.

97 A. W. Gustermann, Kirchenrecht I, 70; W. Mick, Metropolitankapitel, 169; H. Zschokke, Geschichte, 196.

Neben einer seit 1781 geltenden Vorgabe Kaiser Josephs II., die die Vergabe der Kanonikate auf die eigenen Untertanen beschränken sollte, bestanden hinsichtlich der Idoneitätskriterien keine partikularrechtlichen Besonderheiten.[98]

Eine Änderung der Verfassung stellte freilich die Einführung einer einjährigen Karenzzeit 1773 dar, die allerdings bereits 1787 durch eine Verfügung Kaiser Josephs II. wieder ein Ende fand.[99]

Das Domkapitel dürfte sich, über die Vorgaben des Konzils von Trient hinausgehend, ausschließlich aus Priestern zusammengesetzt haben.[100]

Nach den Vorgaben des Konzils von Trient aus dem Jahr 1563 bestand eine jährliche Residenzpflicht im Ausmaß von mindestens neun Monaten.[101]

Gradisch

Das Gradischer Domkapitel unterlag als gemeinständische Institution keinen Standesvorschriften. Gemäß einem Erlass Kaiser Josephs II. aus dem Jahr 1783 mussten angehende Domherren zumindest eine zehnjährige Seelsorgetätigkeit nachweisen können. Kaiser Leopold II. ließ 1790 ersatzweise auch eine theologische Lehrtätigkeit im Ausmaß von mindestens 15 Jahren gelten.[102]

Neben einer bereits seit 1781 zu beachtenden Vorgabe Kaiser Josephs II., die die Vergabe der Kanonikate auf die eigenen Untertanen beschränken sollte, kam es hinsichtlich der Idoneitätskriterien nicht zur Einführung besonderer partikularrechtlicher Bestimmungen.[103]

Das Domkapitel dürfte sich wie die übrigen Gründungen Kaiser Josephs II. ausschließlich aus Priestern zusammengesetzt haben. Damit ging man über die damals gültigen Bestimmungen des Konzils von Trient hinaus.[104]

Die Residenzpflicht orientierte sich wohl an den 1563 gefassten Beschlüssen des Konzils von Trient, die eine jährliche Residenzleistung von mindestens neun Monaten forderten.[105]

Graz

Die Mitgliedschaft im Grazer Domkapitel war nicht an die Zugehörigkeit zu einem bestimmten Stand geknüpft. Allerdings forderte eine bereits 1783 von Kaiser Joseph II. erlassene Bestimmung von den angehenden Domherren, eine zumindest

98 A. W. Gustermann, Kirchenrecht I, 69f.
99 A. W. Gustermann, Kirchenrecht I, 76.
100 J. Wohlmuth, Dekrete III, 766.
101 J. Wohlmuth, Dekrete III, 766.
102 A. W. Gustermann, Kirchenrecht I, 70; W. Mick, Metropolitankapitel, 169; H. Zschokke, Geschichte, 196f.
103 A. W. Gustermann, Kirchenrecht I, 69f.
104 J. Wohlmuth, Dekrete III, 766.
105 J. Wohlmuth, Dekrete III, 766.

zehnjährige Seelsorgetätigkeit nachweisen zu können. Kaiser Leopold II. ließ 1790 ersatzweise auch eine theologische Lehrtätigkeit im Ausmaß von mindestens 15 Jahren gelten.[106]

Neben einer seit 1781 zu beachtenden Vorgabe Kaiser Josephs II., die die Vergabe der Kanonikate auf die eigenen Untertanen beschränken sollte, bestand offensichtlich kein Anlass zur Entwicklung weiterer besonderer Idoneitätskriterien.[107]

Das Domkapitel dürfte sich in Übererfüllung der Bestimmungen des Konzils von Trient ausschließlich aus Priestern zusammengesetzt haben.[108]

Die gemäß den Vorgaben des Konzils von Trient aus dem Jahr 1563 geltenden Residenzauflagen verlangten eine Anwesenheit von wenigstens neun Monaten im Jahr.[109]

Gurk

Das Gurker Domkapitel war über lange Zeit ein gemischtadeliges Augustiner-Chorherren-Stift, wobei vermutlich im ausgehenden Mittelalter auch Graduierte Aufnahme finden konnten. Als Folge der reformatorischen Wirren ließ sich jedoch die Adelsexklusivität im 16. Jahrhundert nicht durchgehend aufrechterhalten. Allerdings verwehrte man den bürgerlichen Stiftsherren stets die Zulassung zum eigentlichen Kapitel, um so die tatsächliche Vorherrschaft des Adels nicht zu gefährden. Im 17. Jahrhundert ermöglichten es die geänderten Zeitumstände, die Adelsvorschrift wieder streng zu beachten, weshalb man 1688 bürgerliche Kleriker abermals grundsätzlich von einer Aufnahme ausschloss. Mit der Transmutation des Jahres 1787 verfügte Kaiser Joseph II. auch die Aufgabe der ständischen Exklusivität. Trotz des Widerstands Bischof Franz Xaver Graf von Salms stand das Domkapitel von nun an allen Ständen offen. Vermutlich ebenfalls seit der Transmutation kamen zwei weitere Bestimmungen Kaiser Josephs II. aus den Jahren 1781 und 1783 zur Anwendung, kraft derer angehende Domherren eigene Untertanen zu sein hatten und zumindest eine zehnjährige Seelsorgetätigkeit nachweisen mussten. Kaiser Leopold II. ließ dafür 1790 ersatzweise auch eine theologische Lehrtätigkeit im Ausmaß von mindestens 15 Jahren gelten.[110]

---

106 A. W. Gustermann, Kirchenrecht I, 70; W. Mick, Metropolitankapitel, 169; H. Zschokke, Geschichte, 196f.

107 A. W. Gustermann, Kirchenrecht I, 69f.

108 J. Wohlmuth, Dekrete III, 766.

109 J. Wohlmuth, Dekrete III, 766.

110 H. Felsberger, Augustiner, 353; J. Obersteiner, Beiträge zur Gurker Bistumsgeschichte aus der Zeit der Reformation und Gegenreformation, in: Carinthia I 145 (1955), 556f.; A. Meir, Die Gegenreformation im Bistum Gurk, in: F. M. Dolinar/M. Liebmann/H. Rumpler/L. Tavano, Reform, 324; J. Obersteiner, Die persönliche Zusammensetzung des adeligen Domkapitels und Domstiftes Gurk in der Zeit von 1620–1787, in: Carinthia I 154 (1964), 221; A. Jaksch, Zum achthundertjährigen Stiftungsfeste des Gurker Domkapitels 1124–1924, in: Carinthia I 114 (1924), 4f.; J. Obersteiner, Bischöfe, 507f.; J. R. Kušej, Joseph, 220; A. W. Gustermann,

Seit der Transmutation dürfte sich das Domkapitel, über die Vorgaben des Konzils von Trient hinausgehend, ausschließlich aus Priestern zusammengesetzt haben.[111]

Während der Gültigkeit der ordensgeistlichen Verfassung war anstelle der Ersten Residenz ein einjähriges Noviziat zu absolvieren, an dessen Ende die Profess stand.[112]

Für die Zulassung zum Kapitel war bereits in dieser Zeit der Empfang der Priesterweihe sowie das anschließende Verstreichen eines ganzen Jahres gefordert.[113]

Die in ordensgeistlicher Zeit ungleich strengere Residenzpflicht wurde nach der Transmutation an die Vorgaben des Konzils von Trient angepasst, das 1563 die höchstzulässige Absenz auf drei Monate festsetzte.[114]

Halberstadt

Ein Privileg Papst Bonifaz' IX. aus dem Jahr 1401 bestätigte das Halberstädter Domkapitel als gemeinständische Institution, indem es neben der Aufnahme von Adeligen auch die von graduierten Bürgerlichen für zulässig befand. Allerdings gehörten zu diesem Zeitpunkt bereits keine Graduierten mehr dem Domkapitel an, womit das Domkapitel zu einer gemischtadeligen Einrichtung geworden war. Adelige Impetranten mussten zuerst lediglich eine Zwei-Ahnen-Probe vorlegen, ehe diese 1514 um eine Generation auf die Vier-Ahnen-Probe erweitert wurde. Zuletzt verlangte man gar die Sechzehn-Ahnen-Probe. Für bürgerliche Kandidaten war der Erwerb des Lizenziats beziehungsweise Doktorats der Theologie oder der Rechtswissenschaften zu belegen. Grundsätzlich wurde von den Domherren die Absolvierung eines dreijährigen Studiums gefordert. Diese Studienleistung musste vor dem Antritt der Ersten Residenz erbracht werden.[115]

Eine Verfügung König Friedrichs II. von Preußen aus dem Jahr 1744 beschränkte die künftige Vergabe der Kanonikate des Domkapitels auf inländische Bewerber. Bereits 1324 entschied sich das Domkapitel, in Zukunft niemanden in seine Reihen aufzunehmen, der bereits einen Bruder unter den Domherren hatte. 1583 wurde auch das Verhältnis zwischen Vater und Sohn in diese Regelung eingebunden. Allerdings

---

Kirchenrecht I, 69f.; W. Mick, Metropolitankapitel, 169; H. Zschokke, Geschichte, 196f.

111 J. Wohlmuth, Dekrete III, 766.

112 H. Felsberger, Augustiner, 223, 315.

113 H. Felsberger, Augustiner, 236.

114 J. Wohlmuth, Dekrete III, 766.

115 A. Brackmann, Urkundliche Geschichte des Halberstädter Domkapitels im Mittelalter, in: ZHVGA 32 (1899), 6f.; T. Willich, Wege, 89f.; L. Santifaller, Brixner Domkapitel, 50; L. Santifaller, Geschichte, 138; J. Heckel, Domstifter, 104, 106; N. N., Handbuch/Anhang, 84.

wurden die Bestimmungen hinsichtlich der Verwandtschaft nicht immer in vollem Umfang erfüllt.[116]

Nachdem die Reformation große Teile des Domkapitels erfasst hatte, stellte sich die Frage, welche Auswirkungen diese Tatsache auf die für eine Aufnahme vorausgesetzte Zugehörigkeit zum Klerikerstand nach sich zog. Die Statuten von 1593 sahen daher für protestantische Impetranten die Möglichkeit vor, gegen eine Zahlung eine entsprechende Dispens zu erwirken. Eine Zölibatsverpflichtung bestand für die protestantischen Domherren nicht.[117]

Um die auf ein Jahr bemessene Erste Residenz antreten zu können, musste der jeweilige Domherr schließlich neben dem erwähnten Studium das 21. Lebensjahr vollendet haben. 1593 war es noch ausreichend, das betreffende Lebensjahr erst begonnen zu haben.[118]

Die Einführung der beiden Gnadenjahre erfolgte 1257 und 1292, 1344 wurden zwei weitere Karenzjahre angefügt. Seit damals ging in den ersten beiden Jahren jeweils der halbe Jahresertrag an den Verstorbenen, während dessen Nachfolger die andere Hälfte genießen konnte. Im dritten und vierten Jahr trat an die Stelle des Verstorbenen das Domkapitel, während die Einkünfte des Nachfolgers keiner Veränderung gegenüber den ersten beiden Jahren unterworfen waren.[119]

Für die Übernahme einer Residentenstelle schrieben die Statuten von 1564 die Vollendung des 25. Lebensjahres vor. Protestantische Domherren konnten sich seit 1593 durch eine Abschlagszahlung vom an sich verbindlichen Empfang der Subdiakonatsweihe befreien.[120]

Die jährliche Residenzzeit wurde 1650 auf ein Vierteljahr herabgesetzt. Gegen Ende des 18. Jahrhunderts war für den Genuss der Präbende gar keine Residenzleistung mehr erforderlich. Lediglich den Residenten wurden noch achteinhalb Wochen Anwesenheit abverlangt.[121]

---

116 M. Lehmann, Preussen II, 453; A. Brackmann, Urkundliche Geschichte des Halberstädter Domkapitels im Mittelalter, in: ZHVGA 32 (1899), 6; R. Meier, Domkapitel, 115; J. Heckel, Domstifter, 124.

117 A. Odenthal, Ordinatio, 55; W. Langenbeck, Geschichte, 75, 82f., 117; J. Heckel, Domstifter, 117, 124; R. Oer, Konfessionell gemischte Dom- und Stiftskapitel in Nordwestdeutschland, in: J. Schröder/R. Salzmann, Beiträge, 132; B. Braun, Die gemischtkonfessionellen Domkapitel im Reich nach dem Westfälischen Frieden, in: C. Roll/F. Pohle/M. Myrczek, Grenzen, 177.

118 J. C. Lünig, Spicilegium II/Anhang, 68; W. Langenbeck, Geschichte, 117; J. Heckel, Domstifter, 108; N. N., Handbuch/Anhang, 84.

119 J. C. Lünig, Spicilegium II/Anhang, 32; A. Brackmann, Urkundliche Geschichte des Halberstädter Domkapitels im Mittelalter, in: ZHVGA 32 (1899), 31f.; L. Santifaller, Brixner Domkapitel, 242–244.

120 J. C. Lünig, Spicilegium II/Anhang, 58f.; N. N., Handbuch/Anhang, 84.

121 A. Brackmann, Urkundliche Geschichte des Halberstädter Domkapitels im Mittelalter, in: ZHVGA 32 (1899), 23; J. Heckel, Domstifter, 160; F. Keinemann, Domkapitel, 29.

Hamburg

Das Hamburger Domkapitel war seiner Verfassung nach eine gemeinständische Einrichtung, die in seiner Zusammensetzung wesentlich von bürgerlichen Patriziersöhnen bestimmt wurde. Daneben spielten die adeligen Mitglieder nur eine geringe Rolle. Eine ausdrückliche Studienforderung erhob das Domkapitel erst ab 1613. Für die damals vorgeschriebenen drei Jahre war zwar keine bestimmte Fachrichtung vorgesehen, allerdings beharrte das Domkapitel darauf, ausschließlich eine rechtswissenschaftliche Ausbildung als entsprechend gültig anzuerkennen. Mitunter kam es freilich auch zur Gewährung von Dispensen, vor allem für das dritte Studienjahr.[122]

Die von Kurfürst Georg II. von Braunschweig-Lüneburg 1743 als Maßnahme gegen das Hamburger Patriziat getroffene Verfügung, ausschließlich Angehörige seines Landes mit einem Kanonikat zu betrauen, ließ sich aus Mangel an einheimischen Interessenten nicht halten. Nachdem die Bestimmung wiederholt übergangen worden war, kam es 1781 zu ihrer offiziellen Aufhebung. Eine Begrenzung hinsichtlich der Verwandtschaft galt ebenfalls nur vorübergehend und blieb ohne höhere Bestätigung. Zwischen 1646 und 1752 konnten Vater und Sohn nicht gleichzeitig residierende Domherren sein. Danach blieb gegebenenfalls der Sohn nur mehr von einer Sitzungsteilnahme ausgeschlossen.[123]

Die Statuten des Jahres 1613 sahen für die Aufnahme als Domherr die Vollendung des 7. Lebensjahres vor.[124]

Wollte ein Domherr die Erste Residenz ableisten, so musste er dafür seit einem Beschluss des Domkapitels aus dem Jahr 1366 ein volles Jahr aufwenden.[125]

Erzbischof Balduin I. gestattete 1174 die Einführung eines ersten Gnadenjahres, zu dem bis spätetens 1341 ein zweites hinzutrat. Die Statuten von 1613 wiesen an deren Stelle für zwei Jahre einen festgeschriebenen Betrag auf. In teilweiser Überschneidung mit den beiden Gnadenjahren waren von den neuen Domherren vier Karenzjahre zu beachten, im Laufe derer die Einkünfte schrittweise anwuchsen. Erst im fünften Jahr konnten schließlich die gesamten Erträge genossen werden.[126]

---

122 B. Vonderlage, Domkapitel, 30, 34, 47, 65, 68; J. Wätjer, Domkapitel, 52, 55, 214; F. Otto, Verhältnisse, 50, 53–55; G. Apel, Güterverhältnisse, 74, 95, 131f.; N. N., Vermischte Nachrichten das Hamburgische Domcapitel betreffend, in: NGhM 3 (1794), 522; S. Selzer/H. Hipp, Hamburg – Domkanoniker, in: O. Auge/K. Hillebrand, Klosterbuch, 2.6.6.

123 F. Otto, Verhältnisse, 51, 56f.; B. Vonderlage, Domkapitel, 44f.; J. Wätjer, Domkapitel, 57.

124 F. Otto, Verhältnisse, 44f., 49f.; N. Staphorst, Historia I/2, 426; N. N., Vermischte Nachrichten das Hamburgische Domcapitel betreffend, in: NGhM 3 (1794), 522.

125 N. Staphorst, Historia I/2, 647, 649; F. Otto, Verhältnisse, 62; J. Wätjer, Domkapitel, 80, 214; G. Apel, Güterverhältnisse, 131.

126 N. Staphorst, Historia I/2, 425; N. Staphorst, Historia, I/3, 556; J. P. J. N. Faber, Anni, 75, 94; N. N., Vermischte Nachrichten das Hamburgische Domcapitel betreffend, in:

Für die Aufnahme als Kapitular gab es kein ausdrückliches Mindestalter. Allerdings banden die Statuten von 1613 die Zulassung zur Residenz an das Erreichen des 24. Lebensjahres. Jedoch kam es auch diesbezüglich mitunter zur Erteilung von Dispensen.[127]

Die jährliche Residenzleistung war anfangs abgestuft. Im ersten Jahr nach der Ersten Residenz konnte der Domherr einen Urlaub von vier Wochen genießen. Dieser stieg in den folgenden beiden Jahren auf acht beziehungsweise zwölf Wochen an. Danach war gleichbleibend eine Absenz von zwölf Wochen gestattet, eine bereits im 14. Jahrhundert belegte Frist, die die Statuten von 1613 neuerlich bekräftigten.[128]

Havelberg

Das Havelberger Domkapitel gehörte über lange Zeit zu den gemeinständischen Institutionen. Nachdem noch im 16. Jahrhundert die Mehrzahl der Domherren dem Bürgertum entstammte, wandelte sich im 17. Jahrhundert die ständische Zusammensetzung zugunsten des Adels. Im 18. Jahrhundert war er es schließlich allein, der aus seinen Reihen die Mitglieder des Domkapitels stellte. Folglich betrachtete man seit etwa der Mitte des 18. Jahrhunderts die Zugehörigkeit zum Adel als Erfordernis für eine Aufnahme und erwartete die Vorlage der Acht-Ahnen-Probe. Rechtsverbindlich kam es freilich erst 1806 zur Bestätigung des üblich gewordenen Adelsvorbehalts, jetzt allerdings nur mehr mit einer Vier-Ahnen-Probe. Die seit 1581 erhobene Forderung, dass alle Domherren den Nachweis eines dreijährigen Studiums zu erbringen hätten, litt vor allem im 18. Jahrhundert unter dem Dispensrecht des Landesherrn.[129]

Eine bereits im letzten Drittel des 16. Jahrhunderts von Kurfürst Johann Georg von Brandenburg erlassene Verfügung, Ausländer von einer Aufnahme auszuschließen, geriet bald wieder in Vergessenheit. Daher erneuerte König Friedrich II. von Preußen 1744 diese Bestimmung.[130]

Der Versuch, nach dem Konfessionswechsel an die Stelle der bislang geforderten Weihen eine Art Pfarrordination mit einem Examen zu setzen, ist zwar für die Jahre

---

NGhM 3 (1794), 523f.; F. Otto, Verhältnisse, 78; J. Wätjer, Domkapitel, 88; G. Apel, Güterverhältnisse, 83, 120, 131.

127 N. Staphorst, Historia I/2, 453, 504; N. N., Vermischte Nachrichten das Hamburgische Domcapitel betreffend, in: NGhM 3 (1794), 522; F. Otto, Verhältnisse, 50, 53, 55f.; J. Wätjer, Domkapitel, 214.

128 N. Staphorst, Historia I/2, 424, 647; N. N., Vermischte Nachrichten das Hamburgische Domcapitel betreffend, in: NGhM 3 (1794), 523; F. Otto, Verhältnisse, 62; J. Wätjer, Domkapitel, 80, 214; B. Vonderlage, Domkapitel, 26.

129 A. F. Riedel, Codex I/3, 50f., 183; J. Heckel, Bilder aus der Geschichte des Domstifts Havelberg seit der Reformation, in: FBPG 39 (1927), 66; J. Heckel, Domstifter, 104–106, 272; N. N., Handbuch/Anhang, 73; A. Kugler-Simmerl, Bischof, 169f.

130 A. F. Riedel, Codex I/3, 50; J. Heckel, Domstifter, 107; M. Lehmann, Preussen II, 453.

von 1586 bis über die Mitte des 17. Jahrhunderts bezeugt, setzte sich letztlich aber nicht durch.[131]

Als Nachfolgeeinrichtung für das bislang bestehende Noviziat wurde mit der Transmutation 1506/07 eine einjährige Erste Residenz eingeführt. Mit dem Konfessionswechsel kam es zu einer Verkürzung auf zwei Monate, wie die Statuten des Jahres 1581 belegen. 1683 erfolgte eine weitere Herabsetzung auf nunmehr sechs Wochen.[132]

Neben einem Gnadenjahr bestand zusätzlich vorerst ein Karenzjahr, zu dem ab 1790 ein zweites hinzutrat, dessen Einführung König Friedrich Wilhelm III. von Preußen 1806 bestätigte.[133]

Um als Resident in den Genuss der Präbende zu gelangen, musste der jeweilige Domherr das 21. Lebensjahr erreicht haben. Jedoch konnte der Landesherr hinsichtlich des Alterserfordernisses eine Dispens erteilen.[134]

Bezüglich der jährlichen Mindestresidenz erfolgte rasch ein beinahe völliger Verfall. War zur Zeit der Transmutation 1506/07 lediglich eine Absenz von 30 Tagen statthaft, wurde die Residenzpflicht in der Folge mehr und mehr gelockert. 1723 setzte man sie auf sechs Wochen fest. Selbst davon waren jene Domherren, die im militärischen oder zivilen Dienst des Landesherrn standen, noch befreit. Darüber hinaus erwiesen sich die Landesherren in der Vergabe von Dispensen als recht großzügig.[135]

Hildesheim

Rein rechtlich handelte es sich beim Hildesheimer Domkapitel um eine gemeinständische Institution. Allerdings wusste man die Angehörigen des Bürgertums zusehends auszuschließen. Seit 1387 forderte man von ihnen den Erwerb eines akademischen Grades in Theologie, Rechtswissenschaften oder Medizin. Eine weitere Einschränkung aus dem Jahr 1585 machte ihre tatsächliche Aufnahme unmöglich, da nun zusätzlich das vierjährige Innehaben einer Professur an der jeweiligen Promotionsfakultät verlangt wurde. Doch auch für die adeligen Impetranten verschärften sich nach 1387 schrittweise die Anforderungen. Genügte von 1501

---

131 J. Heckel, Bilder aus der Geschichte des Domstifts Havelberg seit der Reformation, in: FBPG 39 (1927), 65f., 71f.; J. Heckel, Domstifter, 119, 121.

132 A. F. Riedel, Codex I/3, 51, 108, 171f.; J. Heckel, Bilder aus der Geschichte des Domstifts Havelberg seit der Reformation, in: FBPG 39 (1927), 62; J. Heckel, Domstifter, 143; N. N., Handbuch/Anhang, 73.

133 A. F. Riedel, Codex I/3, 50, 52, 172, 184f.; J. Heckel, Bilder aus der Geschichte des Domstifts Havelberg seit der Reformation, in: FBPG 39 (1927), 62; J. Heckel, Domstifter, 153; N. N., Handbuch/Anhang, 73.

134 A. F. Riedel, Codex I/3, 50f.; N. N., Handbuch/Anhang, 74.

135 A. F. Riedel, Codex I/3, 53, 108, 174; J. Heckel, Domstifter, 161; N. N., Handbuch/Anhang, 73; J. Heckel, Bilder aus der Geschichte des Domstifts Havelberg seit der Reformation, in: FBPG 39 (1927), 67.

bis 1575 die Vier-Ahnen-Probe, bedurfte es anschließend jener über acht Ahnen, ehe das Domkapitel 1602 beschloss, zur Sechzehn-Ahnen-Probe überzugehen. Alle Domherren waren dem Studienstatut von 1416/19 unterworfen, das entweder einen dreijährigen Universitätsbesuch innerhalb Deutschlands oder einen über ein Jahr und sechs Wochen währenden an einer ausländischen Universität forderte. Letzterer durfte allerdings keine Unterbrechungen aufweisen. In beiden Fällen war die Fachrichtung auf Theologie und Rechtswissenschaften eingeschränkt und die Studienzeit zwischen dem 21. und 25. Lebensjahr zu absolvieren.[136]

Ein Mitte des 18. Jahrhunderts vom Domkapitel unternommener Versuch, die Angehörigen der schwäbischen, fränkischen und rheinischen Ritterschaft von der Aufnahme auszuschließen, brachte keinen dauerhaften Erfolg.[137]

Die Pflicht der Ersten Residenz unterschied sich in ihrem Umfang nicht von der jährlichen Mindestresidenz der Kapitulare, durfte aber im Gegensatz dazu nicht unterbrochen werden. Bis 1604 fiel dafür deshalb ein halbes Jahr an, danach nur mehr 13 Wochen.[138]

Das Gnadenjahr ging auf ein entsprechendes Privileg von Bischof Otto Herzog von Braunschweig-Lüneburg aus dem Jahr 1279 zurück. Später trat ein Karenzjahr hinzu.[139]

Mit Vollendung des 21. Lebensjahres konnte seit 1569 ein Domherr nach dem Erfüllen der Studienverpflichtung und dem Empfang der Subdiakonatsweihe die Erträge seiner Präbende ungekürzt genießen. Für die Zulassung zum Kapitel musste er allerdings zusätzlich das 25. Lebensjahr vollendet haben. Im beginnenden 18. Jahrhundert trat diesbezüglich eine Änderung ein, indem nun die den Pfründengenuss begründende Emanzipation an die Zulassung zum Kapitel gebunden wurde. Für beide Vorgänge war nun die Vollendung des 25. Lebensjahres zu belegen.[140]

---

136 G. Lamay, Standesverhältnisse, 17–23; A. Dylong, Domkapitel, 98f., 104, 113–116, 119, 136–138, 141; H.-G. Aschoff, Hildesheim – Domstift St. Marien, in: J. Dolle, Klosterbuch II, 658f.; P. Schneider, Domkapitel, 158f.; H.-G. Aschoff, Das Hildesheimer Domkapitel. Grundlinien seiner Entwicklung von 815 bis in die Frühe Neuzeit, in: T. Scharf-Wrede, Domkapitel, 35f.; A. Dylong, Mehr als ein Versorgungsinstrument für nachgeborene Adelssöhne. Das Hildesheimer Domkapitel im 18. Jahrhundert, in: T. Scharf-Wrede, Domkapitel, 47; C. Schuffels, Die geschlossene Gesellschaft und ihre Wappen. Das Aufschwörungsbuch des Hildesheimer Domkapitels, in: DHVG 71 (2003), 87; M. M. A. Serger, Capitula, 79; Beschreibung einiger deutscher Domkapitel, 38f. (HHStA Hs B 182).

137 A. Dylong, Domkapitel, 122–126; F. Keinemann, Domkapitel, 160f.; G. Rauch, Das Mainzer Domkapitel in der Neuzeit. Zu Verfassung und Selbstverständnis einer adeligen geistlichen Gemeinschaft I, in: ZRG KA 61 (1975), 182.

138 A. Dylong, Domkapitel, 106.

139 A. Dylong, Domkapitel, 111f.; J. P. J. N. Faber, Anni, 72; H. Granier, Preussen IX, 194, 317.

140 A. Dylong, Domkapitel, 104–106; G. Lamay, Standesverhältnisse, 23; H.-G. Aschoff, Hildesheim – Domstift St. Marien, in: J. Dolle, Klosterbuch II, 659; H.-G. Aschoff, Das Hildesheimer Domkapitel. Grundlinien seiner Entwicklung von 815 bis in die

Die jährliche Residenzleistung der Kapitulare belief sich bis 1604 auf ein halbes Jahr. Damals wurde sie auf ein Vierteljahr beziehungsweise 13 Wochen herabgesetzt.[141]

Köln

In seiner Gesamtheit betrachtet, war das Kölner Domkapitel eine gemeinständische Einrichtung, die jedoch in zwei standesmäßig streng getrennte Gruppen zerfiel. Von den schließlich 24 Kapitularstellen waren 16 für Angehörige des Reichsadels reserviert, während die übrigen Kanonikate auch Klerikern aus dem Bürgertum offenstanden. Für die adeligen Impetranten, die allein die Domizellarstellen bekleideten, wurde die Ahnen-Probe schrittweise ausgedehnt. Ausgangspunkt war eine sich bis spätestens im ersten Drittel des 14. Jahrhunderts entwickelnde ständische Exklusivität. Wurde 1373 noch eine Vier-Ahnen-Probe vorgelegt, so begegnet zehn Jahre später erstmals eine über acht Vorfahren, ebenso 1458. Papst Sixtus IV. sprach 1474 von einer Sechzehn-Ahnen-Probe, die sich für 1479 erstmals findet. Endgültig setzte sich diese Forderung wohl erst im Laufe des 16. Jahrhunderts durch. Die acht Priesterherren mussten seit einer entsprechenden Verfügung Papst Sixtus' IV. aus dem Jahre 1474 den Erwerb des Doktorats oder Lizenziats der Theologie oder der Rechtswissenschaften nachweisen. Vorher galt diese Bestimmung nur für zwei Inhaber der Sazerdotalkanonikate. Trotz eines fehlenden Adelserfordernisses kam es bei der Auswahl der Priesterherren zu einer schleichenden Aristokratisierung, so dass sich im 17. und 18. Jahrhundert die Mehrzahl aus dem niederen Adel rekrutierte. Grundsätzlich waren die Priesterherren ihren adeligen Mitbrüdern gleichgestellt, lediglich die Übernahme einer Dignität beziehungsweise eines Personats blieb ihnen verwehrt.[142]

Die Zweiteilung des Domkapitels spiegelte sich auch in den Bestimmungen über die Erste Residenz wider. Diese dauerte für die adeligen Kapitulare sechs Wochen und einen Tag, für die Priesterherren hingegen lediglich 14 Tage.[143]

Frühe Neuzeit, in: T. Scharf-Wrede, Domkapitel, 36; M. M. A. Serger, Capitula, 74; Beschreibung einiger deutscher Domkapitel, 38 (HHStA Hs B 182).

141 A. Dylong, Domkapitel, 106f.; Beschreibung einiger deutscher Domkapitel, 39 (HHStA Hs B 182).

142 U. Höroldt, Studien, 335, 342, 344–346, 360; M. Groten; Priorenkolleg, 174, 222, 269; H. Hüffer, Forschungen, 263, 265, 291, 295–298; W. Kisky, Domkapitel, 10f., 13f., 18f., 23; H. H. Roth, Das kölnische Domkapitel von 1501 bis zu seinem Erlöschen 1803, in: E. Kuphal, Dom, 259; H. H. Kurth, Domkapitel, 1f., 12, 14, 20, 85; M. Braubach, Die Kölner Domherren des 18. Jahrhunderts, in: R. Haaß/J. Hoster, Geschichte, 234; M. Braubach, Das Kölner Domkapitel und die Wahl von 1688, in: AHVN 122 (1933), 63f.; P. Hersche, Adel gegen Bürgertum? Zur Frage der Refeudalisierung der Reichskirche, in: F. Jürgensmeier, Weihbischöfe, 198; K. Rauch, Stiftsmäßigkeit und Stiftsfähigkeit in ihrer begrifflichen Abgrenzung, in: N. N., Festschrift, 743.

143 H. H. Kurth, Domkapitel, 3, 20; J. C. Nattermann, Ende, 16.

Es waren wohl die ungleichen wirtschaftlichen Möglichkeiten, die auch hinsichtlich der Karenzjahre zur Ausbildung unterschiedlicher Regelungen Anlass boten. Bereits seit dem 13. Jahrhundert konnten die adeligen Kanoniker erst nach dem Verstreichen eines Gnadenjahres sowie einer zusätzlichen Karenzfrist von zwei Jahren und 30 Tagen in den Genuss ihrer Präbende gelangen. Für die Sazerdotalkanoniker fiel hingegen nach dem Gnadenjahr nur mehr eine Karenzzeit von 30 Tagen an.[144]

Die jährliche Mindestresidenz für Kapitulare belief sich seit 1475 auf vier Monate oder 17 Wochen und drei Tage.[145]

Königgrätz

Das Königgrätzer Domkapitel stand adeligen Impetranten genauso offen wie bürgerlichen. Daher war es als gemeinständische Einrichtung anzusehen. Seit einem Erlass Kaiser Josephs II. aus dem Jahr 1783 mussten angehende Domherren zumindest eine zehnjährige Seelsorgetätigkeit nachweisen können. Kaiser Leopold II. ließ 1790 ersatzweise auch eine theologische Lehrtätigkeit im Ausmaß von mindestens 15 Jahren gelten.[146]

Neben einer seit 1781 zu beachtenden Vorgabe Kaiser Josephs II., die die Vergabe der Kanonikate auf die eigenen Untertanen beschränken sollte, bestanden hinsichtlich der Idoneitätskriterien keine partikularrechtlichen Besonderheiten.[147]

Das Domkapitel dürfte sich, über die Vorgaben des Konzils von Trient hinausgehend, ausschließlich aus Priestern zusammengesetzt haben.[148]

Die Bestimmungen zur Residenzpflicht bezogen sich wohl auf das Konzil von Trient, das 1563 eine Mindestresidenz im Ausmaß von neun Monaten einforderte.[149]

Konstanz

Als gemeinständische Institution kannte das Konstanzer Domkapitel vorerst keine besonderen ständischen Beschränkungen. Ein Statut aus dem Jahr 1432 ermöglichte neben Adeligen auch Graduierten in Theologie oder Rechtswissenschaften eine Mitgliedschaft im Domkapitel, wenn sie von höherer bürgerlicher Abstammung waren. An dieser Regelung vermochte auch das von den adeligen Domherren

---

144 F. Gescher, Die Kapitularkanoniker des Kölner Domes im Jahre 1518, in: JbKGV 11 (1929), 117f., 121; J. P. J. N. Faber, Anni, 67; M. Groten, Priorenkolleg, 218f.; H. Hüffer, Forschungen, 256, 262, 299f.; H. H. Kurth, Domkapitel, 3, 20; F. W. Lohmann, Ende, 6; Beschreibung einiger deutscher Domkapitel, 10 (HHStA Hs B 182).

145 H. H. Kurth, Domkapitel, 29, 31; A. Meister, Kapitelstreit, 35; F. W. Lohmann, Ende, 6; Beschreibung einiger deutscher Domkapitel, 10 (HHStA Hs B 182).

146 H. Nottarp, Ehrenkanoniker und Honorarkapitel, in: ZRG KA 14 (1925), 224; A. W. Gustermann, Kirchenrecht I, 70; W. Mick, Metropolitankapitel, 169; H. Zschokke, Geschichte, 196f.

147 A. W. Gustermann, Kirchenrecht I, 69f.

148 J. Wohlmuth, Dekrete III, 766.

149 J. Wohlmuth, Dekrete III, 766.

mehrfach geäußerte Missfallen vorerst nichts zu ändern. Allerdings forderte man 1485 von den bürgerlichen Impetranten zusätzlich den Nachweis eines bis 1560 vierjährigen, dann aber fünfjährigen Studiums. Seit 1690 mussten sie zudem durch eine Vier-Ahnen-Probe beweisen, dass sie nicht aus niedrigem Stand stammten. Vor diesem Hintergrund war die Zahl der bürgerlichen Mitglieder in der Folge stets im Sinken begriffen. Der letzte bürgerliche Kleriker wurde 1735 aufgenommen, obwohl es offiziell zu keinem Ausschluss des Bürgertums aus dem Domkapitel kam. Die vom Adel geforderte Ahnen-Probe wurde im selben Zeitraum mehrfach erweitert. Nach entsprechenden Vorüberlegungen knapp nach der Mitte des 16. Jahrhunderts wurde von 1583 an die Vier-Ahnen-Probe verlangt. 1669 traf das Domkapitel die Festlegung, in umstrittenen Fällen vom betroffenen Ahnen zusätzlich eine eigene Vier-Ahnen-Probe erheben zu lassen. Diese Vorgangsweise entsprach der Einführung einer Sechzehn-Ahnen-Probe. 1744 hob das Domkapitel die Beschränkung dieser Maßnahme auf Mitglieder unbekannter Familien auf und dehnte sie auf alle Domherren aus. Allerdings verabsäumte man es, die neue Vorschrift durch den Kaiser bestätigen zu lassen, wodurch ihr nur eine interne Rechtsgültigkeit beigemessen werden konnte.[150]

Hinsichtlich der Auswahl seiner adeligen Mitglieder war das Domkapitel seit 1432 auf aus dem Gebiet der Kirchenprovinz Mainz stammende Kleriker eingeschränkt, auch wenn diese Vorschrift nicht immer durchgängig Beachtung fand. War 1574 noch das elterliche Domizil zum Zeitpunkt der Geburt des angehenden Domherrn entscheidend, so hielt das Domkapitel 1690 fest, dass die väterlichen Vorfahren des angehenden Domherren über vier Generationen innerhalb der Kirchenprovinz Mainz wohnhaft gewesen sein mussten. Für die Graduierten reichte wohl der Vater allein als ausschlaggebend aus. Der darüber hinaus seit 1592 geltende Ausschluss von Konstanzer Bürgern und deren Söhnen betraf die Patrizierfamilien der Stadt nicht, da ihre Angehörigen bereits 1532 und 1590 ausdrücklich für geeignet erklärt wurden. Das 1648 erfolgte offizielle Ausscheiden der Eidgenossenschaft aus dem Reichsverband führte dazu, dass eidgenössische Kleriker nur mehr in einem eingeschränkten Ausmaß Aufnahme als Domherren fanden. Um die Dominanz

150 A. Werminghoff, Zwei Statuten des Konstanzer Domkapitels aus den Jahren 1432 und 1485, in: ZGO 50 (1896), 650f.; W. Kundert, Das Domstift. Einleitung, in: B. Degler-Spengler, Bistum, 770, 773–775; W. Kundert, Die Aufnahme von Schweizern ins Domkapitel Konstanz 1526–1821, in: ZSKG 68 (1974), 249–252, 254, 260, 266f., 278; K. Maier, Das Konstanzer Domkapitel, in: E. L. Kuhn/E. Moser/R. Reinhardt/P. Sachs, Bischöfe I, 251; H. Baier, Aus Konstanzer Domkapitelsprotokollen 1487–1524, in: ZGO 66 (1912), 221; K.-E. Klink, Domkapitel, 25f., 28f.; K. Braun, Studien, 20f., 23–25, 59, 69; P. Hersche, Adel gegen Bürgertum? Zur Frage der Refeudalisierung der Reichskirche, in: F. Jürgensmeier, Weihbischöfe, 199, 201, 204; P. Hersche, Domkapitel II, 120; K. Andermann, Zur Praxis der Aufschwörung in südwestdeutschen Domstiften der Frühneuzeit, in: E. Harding/M. Hecht, Ahnenprobe, 195, 197–199; Beschreibung einiger deutscher Domkapitel, 35f. (HHStA Hs B 182).

einzelner Familien hintanzuhalten, entschloss sich das Domkapitel 1692, nicht mehr als zwei Verwandte des ersten oder zweiten Grades als Kapitulare zuzulassen. Ein dritter konnte gegebenenfalls zum Genuss der Präbende gelangen, musste aber sein Recht auf Sitz und Stimme im Kapitel ruhen lassen.[151]

Die Anberaumung einer eigens befristeten Ersten Residenz kannte das Domkapitel nicht. Die Erste Residenz unterschied sich somit nicht von der üblichen Jahresresidenz der Kapitulare.

Bis 1294 umfasste das Gnadenjahr eine Frist von einem Jahr, einem Monat und einem Tag, ehe damals zusätzlich ein Karenzjahr eingeführt wurde. Diese Entwicklung hielt an, bis 1634 ein weiteres Karenzjahr üblich wurde. 1658 kamen schließlich nochmals zwei Karenzjahre hinzu, womit die gesamte Karenzzeit auf über fünf Jahre angewachsen war. Ebenfalls 1658 wurde eine eigene Karenzzeit für den Dompropst eingeführt. Trat ein neuer Dignitär sein Amt an, so erhielt er in den ersten beiden Jahren jeweils nur die Hälfte der Einkünfte. Allerdings blieb die tatsächliche Umsetzung dieser Maßnahme stets umstritten.[152]

Für die Zulassung als Kapitular musste der jeweilige Domherr zumindest das 24. Lebensjahr vollendet haben.[153]

Die jährlich zulässige Absenz für Kapitulare umfasste seit 1367 zwei Monate. 1508 entschloss sich das Domkapitel, diese Zeit auf drei Monate auszudehnen. Jedoch wurde dieser Beschluss bereits zwei Jahre später wieder widerrufen. Trotz ausdrücklicher Bekräftigung strengerer Auflagen führte daher erst die 1563 getroffene Festlegung des Konzils von Trient, die die erlaubte Absenz der Kanoniker auf höchstens drei Monate beschränkte, zu einer Reduktion der jährlichen Residenzverpflichtung. Darüber hinaus ließen sich bei einer sechsmonatigen Residenzleistung drei Viertel der Präbende verdienen.[154]

151 K. Braun, Studien, 23, 25, 79, 81; K.-E. Klink, Domkapitel, 27–29; W. Kundert, Das Domstift. Einleitung, in: B. Degler-Spengler, Bistum, 773f.; W. Kundert, Die Aufnahme von Schweizern ins Domkapitel Konstanz 1526–1821, in: ZSKG 68 (1974), 245, 266f., 278f., 283f., 291; K. Maier, Domkapitel, 206, 219, 221; Beschreibung einiger deutscher Domkapitel, 35 (HHStA Hs B 182).

152 W. Kundert, Das Domstift. Einleitung, in: B. Degler-Spengler, Bistum, 772; W. Kundert, Die Aufnahme von Schweizern ins Domkapitel Konstanz 1526–1821, in: ZSKG 68 (1974), 246f.; J. Trenkle-Klausmann, Geschichte, 63f.; K. Braun, Studien, 26; K. Maier, Domkapitel, 22, 180, 190, 203, 215f., 241, 252, 277; F. X. Bischof, Ende, 74; Beschreibung einiger deutscher Domkapitel, 33 (HHStA Hs B 182).

153 W. Kundert, Das Domstift. Einleitung, in: B. Degler-Spengler, Bistum, 773; K. Braun, Studien, 29, 63; K. Maier, Das Konstanzer Domkapitel, in: E. L. Kuhn/E. Moser/R. Reinhardt/P. Sachs, Bischöfe I, 251; Beschreibung einiger deutscher Domkapitel, 33 (HHStA Hs B 182).

154 J. Trenkle-Klausmann, Geschichte, 20, 28–30; K.-E. Klink, Domkapitel, 90, 92; H. Baier, Aus Konstanzer Domkapitelsprotokollen 1487–1524, in: ZGO 66 (1912), 211; K. Braun, Studien, 33f., 48; Beschreibung einiger deutscher Domkapitel, 34 (HHStA Hs B 182); J. Wohlmuth, Dekrete III, 766.

Kulm

Die wechselhafte Geschichte des Kulmer Domkapitels spiegelte sich auch in den darin herrschenden Standesverhältnissen wider. Nachdem es während seiner Zugehörigkeit zum Deutschen Orden als gemeinständische und weitgehend von Angehörigen des Bürgertums geprägte Institution bestanden hatte, bedingte die unter der Oberherrschaft des Königreiches Polen in den Siebzigerjahren des 15. Jahrhunderts erfolgte Transmutation des Domkapitels in eine weltgeistliche Institution eine Änderung der sozialen Zusammensetzung. Die vier verbliebenen Kanonikate waren nun ausschließlich Adeligen vorbehalten. Daher waren es erst die Zustiftungen des 17. und 18. Jahrhunderts, die bürgerlichen Klerikern wieder den Zugang zum Domkapitel eröffneten. Obwohl nur für den Inhaber des 1632 gegründeten Kanonikats ausdrücklich der Erwerb eines Doktorats der Theologie oder der Rechtswissenschaften gefordert wurde, bürgerte sich bis ins 18. Jahrhundert für vier weitere Kanonikate eine ähnliche Praxis ein. Das lag zum einen an der für deren Inbesitznahme verlangten, aber nicht näher festgelegten wissenschaftlichen Bildung, zum anderen wohl am Vorbild der benachbarten polnischen Domkapitel, denen jeweils fünf Doktoralpräbenden eigen waren. Zu den vier nur gewohnheitsrechtlich mit Doktoren besetzten Pfründen zählten die 1654, 1665, 1729 und 1730 gegründeten. Für alle übrigen sah man im 18. Jahrhundert den Adelsstand als Erfordernis an.[155]

Die nationale Zusammensetzung des Domkapitels wurde weitgehend durch die jeweilige politische Zugehörigkeit bestimmt. Das galt auch für die Zeit nach dem neuerlichen Herrschaftswechsel 1772. Deshalb erließ König Friedrich II. von Preußen 1783 eine Verfügung, kraft derer keine ausländischen Kleriker mehr in das Domkapitel aufgenommen werden konnten.[156]

Die Bestimmungen des Deutschen Ordens verlangten von den Priesterbrüdern und damit auch von den Domherren ein einjähriges Noviziat, das unmittelbar nach dem Eintritt in den Orden zu absolvieren war.

Wohl bereits während seiner Zugehörigkeit zum Deutschen Orden, zumindest aber seit seiner Transmutation war das Domkapitel ein reines Priesterkapitel. Die Statuten von 1603 verlangten daher von den neuen Domherren, spätestens binnen Jahresfrist die Priesterweihe zu empfangen. Im Gegenzug konnte man dafür zugleich mit der Installation in alle Rechte und Pflichten eintreten.[157]

Ein eigentliches Gnadenjahr war zumindest seit der polnischen Zeit anfangs nicht üblich. Die Erträge des Deservitjahres wurden dem Nachlass je nach Todestag

---

155 J. Hoelge, Das Culmer Domkapitel zu Culmsee im Mittelalter, in: MLGM 18 (1913), 143; R. Krajniak, Duchowieństwo, 77, 79, 243, 247; A. Radzimiński, Kirche, 204; A. Mańkowski, Kapituła katedralna chełmińska od roku 1466 do 1821, in: ZTNT 5 (1921), 77, 82–86; C. P. Woelky, Urkundenbuch II, 1001, 1084, 1123.

156 M. Lehmann, Preussen IV, 488; M. Lehmann, Preussen V, 538f.

157 C. P. Woelky, Urkundenbuch II, 970, 1122; A. Mańkowski, Kapituła katedralna chełmińska od roku 1466 do 1821, in: ZTNT 5 (1921), 89–92.

quartalsweise zuerkannt. Erst 1743 entschloss sich das Domkapitel zur Einführung eines Gnadenjahres.[158]

Die strengen Residenzbestimmungen zur Zeit der ordensgeistlichen Verfassung wurden später gelockert. So gestatteten die Statuten von 1599 und 1603 den Domherren eine dreimonatige Absenz. Bischof Feliks Ignacy Kretkowski leitete eine gegenläufige Bewegung ein. Gegen Ende des ersten Drittels des 18. Jahrhunderts begrenzte er die Absenz für residierende Domherren auf einen Monat.[159]

Laibach

Das Laibacher Domkapitel war als gemeinständische Einrichtung organisiert. Vorschriften hinsichtlich der Adelszugehörigkeit beziehungsweise des Studiennachweises kannten erst die in den ersten Jahrzehnten des 18. Jahrhunderts auf private Initiative gestifteten sechs Kanonikate. So mussten die Inhaber des Kirchbergischen, des Codellischen und des Flachenfeldischen Kanonikats ausdrücklich adeligen Standes sein. Die Verpflichtung, einen Studienabschluss zu besitzen beziehungsweise zu erwerben, oblag allen sechs Kanonikaten, verbindlich gefordert war eine Graduierung in Theologie oder Rechtswisschenschaften aber nur von jenen Inhabern des Lambergischen und des Codellischen Kanonikats, die nicht der jeweiligen Stifterfamilie angehörten. Seit einem Erlass Kaiser Josephs II. aus dem Jahr 1783 mussten allerdings alle angehenden Domherren eine zumindest zehnjährige Seelsorgetätigkeit nachweisen können. Kaiser Leopold II. ließ 1790 ersatzweise auch eine theologische Lehrtätigkeit im Ausmaß von mindestens 15 Jahren gelten.[160]

Auch hinsichtlich der regionalen Herkunft kannten manche der Laibacher Privatkanonikate im Falle einer Besetzung mit familienfremden Klerikern Einschränkungen. Während im Stiftungsbrief des Codellischen Kanonikats eine Herkunft aus dem Herzogtum Krain oder der Grafschaft Görz verlangt wurde, war der Kreis möglicher Domherren für das Flachenfeldische und das Schiffersteinische Kanonikat mit Klerikern aus dem Herzogtum Krain etwas enger bemessen. Dazu trat 1781 noch die grundsätzliche Vorgabe Kaiser Josephs II., kraft derer die Vergabe der Kanonikate auf die eigenen Untertanen beschränkt sein sollte.[161]

Die Inhaber der sechs ursprünglichen Kanonikate dürften, über die späteren Vorgaben des Konzils von Trient hinausgehend, so gut wie ausschließlich Priester

---

158 C. Woelky, Urkundenbuch II, 975; A. Mańkowski, Kapituła katedralna chełmińska od roku 1466 do 1821, in: ZTNT 5 (1921), 124.

159 J. Hoelge, Das Culmer Domkapitel zu Culmsee im Mittelalter, in: MLGM 18 (1913), 147; A. Mańkowski, Kapituła katedralna chełmińska od roku 1466 do 1821, in: ZTNT 5 (1921), 108.

160 M. Ambrožič, Ustanovitve zasebnih kanonikatov ljubljanskega stolnega kapitlja, in: M. Benedik, Stolnica, 50f., 56f., 62, 66, 71; A. W. Gustermann, Kirchenrecht I, 70; W. Mick, Metropolitankapitel, 169; H. Zschokke, Geschichte, 196f.

161 M. Ambrožič, Ustanovitve zasebnih kanonikatov ljubljanskega stolnega kapitlja, in: M. Benedik, Stolnica, 62, 66, 71; A. W. Gustermann, Kirchenrecht I, 69f.

gewesen sein. Möglicherweise wurde den Impetranten die Frist eines Jahres eingeräumt, um die allenfalls fehlende Priesterweihe zu empfangen. Wenn die Privatkanonikate nicht als eine Art Stipendium für den geistlichen Stand anstrebende minderjährige Familienangehörige verwendet wurden, hatten deren Inhaber die Priesterweihe spätestens binnen Jahresfrist zu empfangen. Ansonsten sollte das unmittelbar nach dem Erreichen des entsprechenden Alters geschehen.[162]

Über die ursprünglichen Residenzverpflichtungen lassen sich keine Angaben machen. Nach den Beschlüssen des Konzils von Trient aus dem Jahr 1563 fanden wohl die dort geforderten jährlich neun Monate Beachtung.[163]

Lausanne

Unter den Mitgliedern des Lausanner Domkapitels überwogen Angehörige des Adels, obgleich eine gemeinständische Organisationsform gegeben war.[164]

Zu Beginn des 13. Jahrhunderts wurde es üblich, die 30 bestehenden Kanonikate je zu einem Drittel mit Priestern, Diakonen und Subdiakonen zu besetzen. Allerdings bestand diese Aufteilung im Untersuchungszeitraum nicht mehr, da die Domherren in der Regel die Priesterweihe empfingen.[165]

Ob sich das aus dem Mittelalter stammende Mindestalter von 18 Jahren als Aufnahmekriterium länger hielt, muss offen bleiben.[166]

Die Erste Residenz, die ein neuer Domherr abzuleisten hatte, umfasste zuletzt vier Monate beziehungsweise 16 Wochen.[167]

Eine verbindliche Karenzzeit war nicht festgeschrieben. Die Zulassung zum vollen Pfründengenuss hing vielmehr von der Erbringung der Zweiten Residenz ab. Dafür waren neuerlich vier Residenzmonate zu leisten.[168]

---

162 J. Wohlmuth, Dekrete III, 766; M. Ambrožič, Ustanovitve zasebnih kanonikatov ljubljanskega stolnega kapitlja, in: M. Benedik, Stolnica, 56, 66, 71; M. Šifrar, Jožef Anton Schiffrer, njegov kanonikat in štipendija, in: Kronika 44 (1996), 12.

163 J. Wohlmuth, Dekrete III, 766.

164 F. Gingins, Cartulaire, XXXV; M. Reymond, Dignitaires, 182; E. Dupraz, Cathédrale, 246, 309; H. A. Roten, Zur Zusammensetzung des Domkapitels von Sitten im Mittelalter III, in: Vallesia 3 (1948), 125.

165 F. Gingins, Cartulaire, XXXIV, 411, 527; C. Roth, Cartulaire, 449f., 597; M. Reymond, Dignitaires, 176, 178f.; I. Bissegger-Garin/L. Wettstein, Le chapitre cathédrale (IXe–XVIe siècle), in: P. Braun, Diocèse, 358f.; E. Dupraz, Cathédrale, 245f.

166 M. Reymond, Dignitaires, 176.

167 A. Bissegger, L'absentéisme des chanoines de Lausanne à la veille de la Réforme, in: B. Andenmatten/C. Chène/M. Ostorero/E. Pibiri, Mémoires, 197; F. Gingins, Cartulaire, 439; C. Roth, Cartulaire, 484f.; E. Dupraz, Cathédrale, 282.

168 A. Bissegger, L'absentéisme des chanoines de Lausanne à la veille de la Réforme, in: B. Andenmatten/C. Chène/M. Ostorero/E. Pibiri, Mémoires, 197; F. Gingins, Cartulaire, 439; C. Roth, Cartulaire, 484f.; E. Dupraz, Cathédrale, 282.

Die jährliche Mindestresidenz für Kapitulare erstreckte sich ebenfalls über die bekannten 16 Wochen.[169]

Lavant

Kennzeichnend für die gemeinständische Einrichtung des Lavanter Domkapitels waren die Vorgaben der Ordensregel, die neben einem einjährigen Noviziat strenge Residenzauflagen forderten. Die Erlässe Kaiser Josephs II. aus den Jahren 1781 und 1783, kraft derer angehende Domherren eigene Untertanen zu sein hatten und eine zumindest zehnjährige Seelsorgetätigkeit nachweisen mussten, konnten durch die rasche Auflösung des Domkapitels wohl keine Wirkung mehr entfalten.[170]

Lebus

Das Lebuser Domkapitel war eine gemeinständische Einrichtung, deren Mitglieder jedoch überwiegend dem Adel entstammten.[171]

Weitere Aussagen lässt der gegenwärtig geringe Forschungsstand nicht zu.

Leitmeritz

Zum Leitmeritzer Domkapitel gehörten gleichermaßen Angehörige des Adels und des Bürgertums, womit es sich um eine gemeinständische Institution handelte. Seit einem Erlass Kaiser Josephs II. aus dem Jahr 1783 mussten angehende Domherren zumindest eine zehnjährige Seelsorgetätigkeit nachweisen können. Kaiser Leopold II. ließ 1790 ersatzweise auch eine theologische Lehrtätigkeit im Ausmaß von mindestens 15 Jahren gelten.[172]

Für die auf Stiftungen Karel Vilém Šimeček von Cejnovs und Bischof Maximilian Rudolph von Schleinitz' zurückgehenden Kanonikate bestand eine Beschränkung in der Personalauswahl, da deren Inhaber Böhmen zu sein hatten. Dazu kam 1781 die grundsätzliche Vorgabe Kaiser Josephs II., kraft derer die Vergabe der Kanonikate auf die eigenen Untertanen beschränkt sein sollte.[173]

---

169 E. Dupraz, Cathédrale, 282.

170 A. W. Gustermann, Kirchenrecht I, 69f.; W. Mick, Metropolitankapitel, 169; H. Zschokke, Geschichte, 196.

171 S. W. Wohlbrück, Geschichte I, 79; A. Weiss, Organizacja, 112; H. Teichmann, Lebus, 83; H. Grimm, Dietrich von Bülow, Bischof von Lebus, in seinem Leben und Wirken. Gleichzeitig ein Beitrag zur Geschichte des Bistums Lebus wie zur Kultur- und Bildungsgeschichte des deutschen Ostens um 1500, in: WJ 11/12 (1957/58), 6, 27, 59.

172 H. Nottarp, Ehrenkanoniker und Honorarkapitel, in: ZRG KA 14 (1925), 224; A. W. Gustermann, Kirchenrecht I, 70; W. Mick, Metropolitankapitel, 169; H. Zschokke, Geschichte, 196f.

173 J. E. Schlenz, Geschichte II, 228–230, 602, 624; A. W. Gustermann, Kirchenrecht I, 69f.

Das Domkapitel dürfte sich, über die Vorgaben des Konzils von Trient hinausgehend, ausschließlich aus Priestern zusammengesetzt haben.[174]

Die Bestimmungen des Konzils von Trient aus dem Jahr 1563 entschieden wohl auch über die Dauer der jährlichen Mindestresidenz, die daher neun Monate betragen haben dürfte.[175]

Leitomischl

Das Leitomischler Domkapitel, wohl eine gemeinständische Einrichtung, konnte in Folge seiner 1421 erfolgten Flucht vor den Hussiten nach Zwittau im Untersuchungszeitraum nur mehr ein Schattendasein fristen. Nähere Aussagen über die dort herrschenden Idoneitätskriterien und Obliegenheiten lassen sich daher nicht treffen.

Leoben

Die Mitgliedschaft im Leobener Domkapitel war nicht an die Zugehörigkeit zu einem bestimmten Stand geknüpft. Gemäß einem Erlass Kaiser Josephs II. aus dem Jahr 1783 mussten angehende Domherren zumindest eine zehnjährige Seelsorgetätigkeit nachweisen können. Kaiser Leopold II. ließ 1790 ersatzweise auch eine theologische Lehrtätigkeit im Ausmaß von mindestens 15 Jahren gelten.[176]

Neben einer bereits seit 1781 zu beachtenden Vorgabe Kaiser Josephs II., die die Vergabe der Kanonikate auf die eigenen Untertanen beschränken sollte, bestand offensichtlich zur Entwicklung weiterer besonderer Idoneitätskriterien kein Anlass.[177]

Das Domkapitel dürfte sich, über die Vorgaben des Konzils von Trient hinausgehend, ausschließlich aus Priestern zusammengesetzt haben.[178]

Die vom selben Konzil 1563 getroffenen Residenzbestimmungen dürften ebenfalls zur Geltung gekommen sein, womit die jährliche Mindestresidenzpflicht bei neun Monaten lag.[179]

Linz

Das Linzer Domkapitel nahm Kleriker aus allen Ständen in seine Reihen auf. Trotzdem zeigte sich anfangs ein deutlicher Überhang an adeligen Domherren. Studienanforderung bestand keine, allerdings war von den angehenden Kanonikern gemäß einem Erlass Kaiser Josephs II. aus dem Jahr 1783 eine mindestens zehnjährige

174 J. Wohlmuth, Dekrete III, 766.
175 J. Wohlmuth, Dekrete III, 766.
176 A. W. Gustermann, Kirchenrecht I, 70; W. Mick, Metropolitankapitel, 169; H. Zschokke, Geschichte, 196f.
177 A. W. Gustermann, Kirchenrecht I, 69f.
178 J. Wohlmuth, Dekrete III, 766.
179 J. Wohlmuth, Dekrete III, 766.

Tätigkeit in der Seelsorge nachzuweisen. Kaiser Leopold II. ließ 1790 ersatzweise auch eine theologische Lehrtätigkeit im Ausmaß von mindestens 15 Jahren gelten.[180]

Neben einer 1781 getätigten Vorgabe Kaiser Josephs II., die die Vergabe der Kanonikate auf die eigenen Untertanen beschränken sollte, bestanden hinsichtlich der Idoneitätskriterien keine partikularrechtlichen Besonderheiten.[181]

Die vorherrschenden Rahmenbedingungen sorgten dafür, dass alle Domherren bereits bei ihrer Aufnahme die Priesterweihe empfangen hatten. Damit ging man über die damals geltenden Vorgaben des Konzils von Trient hinaus.[182]

Die jährlich zulässige Absenz für die Kapitulare betrug in Anlehnung an die Beschlüsse des Konzils von Trient drei Monate. Dabei war darauf zu achten, dass nie mehr als zwei Domherren gleichzeitig abwesend waren.[183]

Lübeck

Das Lübecker Domkapitel zählte ursprünglich zu den gemeinständischen Institutionen. Über lange Zeit kam dem Bürgertum eine beherrschende Rolle zu. Erst im 18. Jahrhundert zeichnete sich diesbezüglich eine Änderung ab, als schließlich nur mehr Adelige Aufnahme fanden. Vor diesem Hintergrund kam es 1761 zur Regelung, dass neben Adeligen nur mehr graduierte Bürgerliche mit einem Kanonikat betraut werden sollten. Allerdings konnte trotz dieser Bestimmung das bereits knapp zwei Jahrzehnte vorher erfolgte völlige Ausscheiden des Bürgertums nicht rückgängig gemacht werden, zumal für adelige Impetranten der einfache Adelsnachweis als ausreichend erachtet wurde. Aus der in katholischer Zeit bestehenden Forderung, kraft derer sich ein angehender Kanoniker bereits zwei Jahre lang auf den geistlichen Beruf vorbereitet haben sollte, erwuchs nach dem Konfessionswechsel die Auflage, ein zweijähriges Studium an einer deutschen Universität zu absolvieren. Jedoch konnte man gegen eine Abschlagszahlung eine entsprechende Dispens erwirken.[184]

---

180 O. Siegmar-Rehm, Domkapitel, 23, 28, 32, 77; P. Gradauer/R. Zinnhobler, Das Linzer Domkapitel, in: NADL 5 (1987/88), 13; A. W. Gustermann, Kirchenrecht I, 70; W. Mick, Metropolitankapitel, 169; H. Zschokke, Geschichte, 196f.

181 A. W. Gustermann, Kirchenrecht I, 69f.

182 R. Zinnhobler, Das Linzer Domkapitel. Dokumentenanhang, in: NADL 6 (1989/90), 485; J. Wohlmuth, Dekrete III, 766.

183 J. Wohlmuth, Dekrete III, 766; O. Siegmar-Rehm, Domkapitel, 34, 127; P. Gradauer/R. Zinnhobler, Das Linzer Domkapitel, in: NADL 5 (1987/88), 13; P. Gradauer, Das Bistum Linz und sein Domkapitel, in: K. Lüdicke/H. Paarhammer/D. A. Binder, Recht, 111; R. Zinnhobler, Das Linzer Domkapitel. Dokumentenanhang, in: NADL 6 (1989/90), 484.

184 A. Friederici, Domkapitel, 136–139, 144, 148; W. Prange, Das Lübecker Domkapitel, in: H. Unverhau/A. Lange/C. Jahnke, Beiträge, 420, 424, 437f.; W. Prange, Wandel, 8; W. Prange, Bischof, 327, 658; E. Illigens, Geschichte, 8, 54; C. F. Wehrmann, Mittheilungen über das ehemalige Lübeckische Domcapitel, in: ZLGA 3 (1876), 13f.; N. N. Falck, Nachricht vom Zustande des Hochstifts Lübeck (Abgefaßt im Jahre 1731 oder kurz nachher.), in: N. N. Falck, Sammlungen II, 109, 113; A. Voßhall/

Zudem kannte das Lübecker Domkapitel eine Einschränkung hinsichtlich der Verwandtschaft. Es durften nämlich nicht zwei Brüder mit Stimmrecht gleichzeitig residieren. Allerdings fand diese Bestimmung nicht immer Beachtung.[185]

In katholischer Zeit war für die Aufnahme als Domherr die Vollendung des 20. Lebensjahres zu belegen. In protestantischer Zeit wurde das Mindestalter zuerst auf das vollendete, seit 1704 auf das erreichte 7. Lebensjahr herabgesetzt. Der Konfessionswechsel wirkte sich auch auf die vordem von den Impetranten geforderte Aufnahme in den Klerikerstand aus. Bereits seit 1587 akzeptierte das Domkapitel anstelle dessen auch Idoneitätsatteste höherer protestantischer Geistlicher. Administrator Herzog Johann Adolph von Schleswig-Holstein-Gottorf hob 1594 die Zölibatsverpflichtung auf.[186]

Die Erste Residenz im Ausmaß eines Jahres konnte erst nach der Vollendung des 25. Lebensjahres begonnen werden. Zudem musste man innerhalb der Kapitelhierarchie in den Kreis der Maiorpräbendare aufgestiegen sein. In protestantischer Zeit konnte man sich gegen eine Abschlagszahlung von der Residenzzeit dispensieren lassen.[187]

Das Gnadenjahr umfasste ein Jahr und 28 Tage. Dazu war noch ein zusätzliches Karenzjahr zu beachten. Beide Fristen mussten vor dem Beginn der Ersten Residenz verstrichen sein. Schließlich fielen vor der Aufnahme unter die Integraten dieselben Fristen von insgesamt zwei Jahren und 28 Tagen neuerlich an, wieder geteilt in Gnaden- und Karenzjahr.[188]

K. Hillebrand/C. Köster, Lübeck – Domkanoniker, in: O. Auge/K. Hillebrand, Klosterbuch, 2.1.2, 2.6.7; Beschreibung einiger deutscher Domkapitel, 67 (HHStA Hs B 182).

185 W. Prange, Wandel, 9; W. Prange, Bischof, 328; N. N. Falck, Nachricht vom Zustande des Hochstifts Lübeck (Abgefaßt im Jahre 1731 oder kurz nachher.), in: N. N. Falck, Sammlungen II, 109.

186 A. Friederici, Domkapitel, 27; W. Prange, Wandel, 8, 47f., 50–52, 63, 70–72; W. Prange, Das Lübecker Domkapitel, in: H. Unverhau/A. Lange/C. Jahnke, Beiträge, 420, 437; W. Prange, Bischof, 333; C. F. Wehrmann, Mittheilungen über das ehemalige Lübeckische Domcapitel, in: ZLGA 3 (1876), 13f., 31; E. Illigens, Geschichte, 40, 54; B. Braun, Die gemischtkonfessionellen Domkapitel im Reich nach dem Westfälischen Frieden, in: C. Roll/F. Pohle/M. Myrczek, Grenzen, 176; N. N. Falck, Nachricht vom Zustande des Hochstifts Lübeck (Abgefaßt im Jahre 1731 oder kurz nachher.), in: N. N. Falck, Sammlungen II, 109, 118.

187 W. Prange, Wandel, 9; W. Prange, Bischof, 328, 333; C. F. Wehrmann, Mittheilungen über das ehemalige Lübeckische Domcapitel, in: ZLGA 3 (1876), 19f.; E. Illigens, Geschichte, 55; N. N. Falck, Nachricht vom Zustande des Hochstifts Lübeck (Abgefaßt im Jahre 1731 oder kurz nachher.), in: N. N. Falck, Sammlungen II, 113f.; Beschreibung einiger deutscher Domkapitel, 67 (HHStA Hs B 182).

188 J. E. Westphalen, Monumenta II, 2441; W. Prange, Domkapitel, 9; W. Prange, Das Lübecker Domkapitel, in: H. Unverhau/A. Lange/C. Jahnke, Beiträge, 441; W. Prange, Bischof, 328; P. Schneider, Domkapitel, 138; N. N. Falck, Nachricht vom

Die Zulassung zum Kapitel erfolgte zugleich mit der Aufnahme der Ersten Residenz und erforderte daher ebenfalls ein Alter von 25 Jahren. Das galt auch für die Inhaber der Distinktpräbenden. Eine Statutenreform ermöglichte es seit 1595 den protestantischen Domherren, anstelle des für Kapitulare geforderten Nachweises über den Empfang der Subdiakonatsweihe eine entsprechende Tauglichkeitsbestätigung des Administrators vorzulegen. Allerdings wurde für dieses Entgegenkommen eine Abschlagszahlung in Rechnung gestellt.[189]

Von den Residenten unter den Domherren konnten ursprünglich jährlich zwei Wochen Absenz in Anspruch genommen werden, im ausgehenden Mittelalter vier Mal je zwei Wochen. 1592 war diese Zeit bereits auf zwölf Wochen, in der zweiten Hälfte des 18. Jahrhunderts auf vier Monate angewachsen. Daneben waren zusätzlich noch zeitlich kürzer bemessene Absenzen statthaft. Zudem zeigte man sich in protestantischer Zeit großzügig mit Dispensen.[190]

Lüttich

Beim Lütticher Domkapitel handelte es sich während des Untersuchungszeitraumes um eine gemeinständische Institution. Gemäß einer von Papst Martin V. 1426 bestätigten Verfügung erforderte die Aufnahme entweder die Zugehörigkeit zum Adel oder den Erwerb einer Graduierung in Theologie, Rechtswissenschaften oder Medizin. Für die erste Fachrichtung war eine Studiendauer von sieben Jahren vorgesehen, für die beiden anderen reichten fünf Jahre aus. Der Adelsnachweis war vorerst durch eine Zwei-Ahnen-Probe zu erbringen. Nachdem die Statuten von 1560 die Vier-Ahnen-Probe forderten, führte man 1614 trotz Widerständen die Acht-Ahnen-Probe ein. Da ein einige Jahre vorher unternommener Versuch, die Mitgliedschaft im Domkapitel ausschließlich auf Angehörige des Adels zu beschränken, scheiterte, konnten die Domherren bürgerlichen Standes ihre Stellung im Domkapitel ausbauen. Seit der zweiten Hälfte des 17. Jahrhunderts überwog ihr Anteil den des Adels. Allerdings hatten auch die bürgerlichen Domherren seit dem

---

Zustande des Hochstifts Lübeck (Abgefaßt im Jahre 1731 oder kurz nachher.), in: N. N. Falck, Sammlungen II, 146f.

189 W. Prange, Wandel, 9, 53, 56; E. Illigens, Geschichte, 52, 54; C. F. Wehrmann, Mittheilungen über das ehemalige Lübeckische Domcapitel, in: ZLGA 3 (1876), 14f., 29; Beschreibung einiger deutscher Domkapitel, 67 (HHStA Hs B 182).

190 C. F. Wehrmann, Mittheilungen über das ehemalige Lübeckische Domcapitel, in: ZLGA 3 (1876), 21; W. Prange, Wandel, 75; W. Prange, Vom Lübecker Domkapitel am Ende des Mittelalters, in: ZGSHG 119 (1994), 105; W. Prange, Bischof, 265, 491; E. Illigens, Geschichte, 55; N. N. Falck, Nachricht vom Zustande des Hochstifts Lübeck (Abgefaßt im Jahre 1731 oder kurz nachher.), in: N. N. Falck, Sammlungen II, 117; Beschreibung einiger deutscher Domkapitel, 67 (HHStA Hs B 182).

17. Jahrhundert eine Art Acht-Ahnen-Probe vorzulegen, mit Hilfe derer die eheliche Geburt der Vorfahren und der gute Leumund der Familie bestätigt wurden.[191]

Die Erste Residenz war auf ein ganzes Jahr anberaumt, wobei ein Urlaub im Ausmaß von 60 Tagen zulässig war. Daran schloss sich unmittelbar die Zweite Residenz an, die den Zeitraum bis zum nächstfolgenden Fest des Heiligen Ägidius umfasste. Für zumindest zwei Drittel dieser anfallenden Zeit unterlag der Domherr der Residenzpflicht.[192]

Ein Gnadenjahr wird bereits 1294 erwähnt. Danach fiel seit 1481 zusätzlich ein Karenzjahr an. Papst Clemens VIII. erteilte 1592 das Privileg, zwei weitere Karenzjahre, die sogenannten Indultjahre, anzuhängen. In diesen beiden Jahren war Maioristen gegebenenfalls die Zulassung zum Kapitel gewährt.[193]

Diese war darüber hinaus an das Erreichen des 25. Lebensjahres gebunden.[194]

Die jährliche Mindestresidenz betrug zuletzt ein halbes Jahr und einen Tag. Im Mittelalter belief sich die zulässige Absenz noch auf vier Monate.[195]

---

191 J. Görres, Domkapitel I, 17f., 48; A. Dubois, Chapitre, 2–6; J. H. L. Theux de Montjardin, Chapitre I, XVII, XX, XLII; X. van den Steen de Jehay, Cathédrale, 455; P. Harsin, Règne, 134; P. Hersche, Adel gegen Bürgertum? Zur Frage der Refeudalisierung der Reichskirche, in: F. Jürgensmeier, Weihbischöfe, 198; B. Demoulin, Le Chapitre cathédral de Saint-Lambert à Liège au Siècle de Louis XIV. Analyse institutionelle et sociale, in: ACNSS HM 108/II (1983), 248f.; M. Yans, A propos des statuts de la cathédrale de Liège de 1560 et de 1563, in: BIAL 77 (1964), 12–14; P. Hersche, Domkapitel I, 118; P. Hersche, Domkapitel II, 56, 122; Beschreibung einiger deutscher Domkapitel, 59 (HHStA Hs B 182); A. Dubois, Les Statuts du Chapitre Cathédral de Saint-Lambert à Liège, in: BCRH 113 (1948), 230f.; S. Bormans, Répertoire chronologique des conclusions capitulaires du chapitre cathédral de Saint-Lambert, a Liége, in: AHEB 8 (1871), 347.

192 J. H. L. Theux de Montjardin, Chapitre I, XLII; A. Dubois, Chapitre, 119f., 123; Beschreibung einiger deutscher Domkapitel, 60 (HHStA Hs B 182); A. Dubois, Les Statuts du Chapitre Cathédral de Saint-Lambert à Liège, in: BCRH 113 (1948), 232f., 235–237.

193 J. Görres, Domkapitel I, 59; A. Dubois, Chapitre, 113f.; J. H. L. Theux de Montjardin, Chapitre I, XXIf.; X. van den Steen de Jehay, Cathédrale, 458; A. Dubois, Les Statuts du Chapitre Cathédral de Saint-Lambert à Liège, in: BCRH 113 (1948) 234; S. Bormans, Répertoire chronologique des conclusions capitulaires du chapitre cathédral de Saint-Lambert, a Liége, in: AHEB 6 (1869), 38; S. Bormans, Répertoire chronologique des conclusions capitulaires du chapitre cathédral de Saint-Lambert, a Liége, in: AHEB 7 (1870), 393; Beschreibung einiger deutscher Domkapitel, 60 (HHStA Hs B 182).

194 A. Dubois, Les Statuts du Chapitre Cathédral de Saint-Lambert à Liège, in: BCRH 113 (1948) 235; A. Dubois, Chapitre, 122; S. Bormans, Répertoire chronologique des conclusions capitulaires du chapitre cathédral de Saint-Lambert, a Liége, in: AHEB 11 (1874), 322.

195 A. Dubois, Chapitre, 124f.; J. Görres, Domkapitel I, 41; Beschreibung einiger deutscher Domkapitel, 60 (HHStA Hs B 182).

Magdeburg

Eine erste Verfügung über die ständische Zusammensetzung des Magdeburger Domkapitels traf Papst Eugen IV. 1447. Die Regelung sah eine Aufnahme für Adelige ebenso vor wie für graduierte Bürgerliche mit einem Abschluss in Theologie oder Rechtswissenschaften und galt vorerst nur für die 20 Kapitulare und die neun Domizellare, nicht aber für die Inhaber der neun Sonderkanonikate. Dabei blieb es aber nicht lange, denn bereits 1458 schloss das Domkapitel die Graduierten vom Kapitularstand gänzlich aus. Einzig der Erste Lektor sollte diesbezüglich bis zur Aufhebung seines Amtes 1563 eine Ausnahme darstellen. Der letzte Schritt in der Entwicklung hin zu einer gemischtadeligen Einrichtung erfolgte 1497, als man durch ein Privileg Papst Alexanders VI. den Bürgerlichen eine Aufnahme grundsätzlich zu verwehren wusste. In späterer Folge kam es auch innerhalb des Adels zu Ausschließungstendenzen. So sprachen die Statuten von 1660 die Domherrenstellen weitestgehend dem niederen Adel zu. Nur zwei Maiorkanoniker und davon höchstens ein Resident durften dem höheren Adel entstammen. Der Adelsnachweis erstreckte sich anfangs von 1447 an nur über die Eltern. Nach einer gewohnheitsrechtlichen Verschärfung begann man von 1514 an auch offiziell die Vier-Ahnen-Probe zu fordern. Noch im 16. Jahrhundert bürgerte sich die Acht-Ahnen-Probe ein, zuletzt gar die Sechzehn-Ahnen-Probe. Für alle Mitglieder des Domkapitels, die Kapitulare werden wollten, bestand seit 1458 eine Studienverpflichtung über drei Jahre. In protestantischer Zeit konnte der Landesherr nach seinem Gutdünken davon dispensieren.[196]

Eine Verfügung König Friedrichs II. von Preußen aus dem Jahr 1744 beschränkte die künftige Vergabe der Kanonikate des Domkapitels auf inländische Bewerber. Ein 1289 von Erzbischof Erich Markgraf von Brandenburg erlassenes Statut, das die Aufnahme von Brüdern oder Halbbrüdern für nicht statthaft erklärte, entfaltete keine bleibende Wirksamkeit. Daher beschloss das Domkapitel 1409, dass ein neu aufzunehmender Domherr mit keinem der residierenden Mitglieder verwandt sein durfte. Doch scheint auch diesem Beschluss keine längerfristige Beachtung geschenkt worden zu sein.[197]

Das Mindestalter für eine Aufnahme als Elekt wurde 1498 mit zehn Jahren angegeben.[198]

---

196 T. Willich, Wege, 89f., 93–96, 98–100; E. Weber, Domkapitel, 16f.; G. Wentz, Der Mitgliederbestand des Magdeburger Domkapitels im Mittelalter, in: GBSLM 70/71 (1935/36), 193; B. Schwineköper, Aus der Geschichte des Magdeburger Domkapitels, in: F. Schrader, Beiträge, 103f.; J. C. Dreyhaupt, Beschreibung I, 485; J. Heckel, Domstifter, 104, 106; N. N., Handbuch/Anhang, 90.

197 M. Lehmann, Preussen II, 453; T. Willich, Wege, 89; G. Wentz/B. Schwineköper, Domstift, 116; E. Weber, Domkapitel, 38; J. Heckel, Domstifter, 124.

198 T. Willich, Wege, 74; G. Wentz/B. Schwineköper, Domstift, 113, 130; B. Schwineköper, Aus der Geschichte des Magdeburger Domkapitels, in: F. Schrader, Beiträge, 103.

Die Statuten von 1660 setzten die Erste Residenz auf ein halbes Jahr fest. Der Landesherr genoss in protestantischer Zeit ein diesbezügliches Dispensrecht. Wie lange diese Frist bereits in diesem Umfang bestand, muss offen bleiben.[199]

Die Gepflogenheit eines Gnadenjahres ist erstmals für 1225 nachweisbar. 1274 kam ein zusätzliches Karenzjahr hinzu. Die Statuten von 1660 wiesen dann neben dem Gnadenjahr zusätzlich vier Karenzjahre auf.[200]

Für eine Mitgliedschaft im Kreis der Residenten und damit die Zulassung zum Kapitel sahen die Statuten von 1660 die Vollendung des 21. Lebensjahres vor. Zu Beginn des 15. Jahrhunderts lag das Mindestalter für Kapitulare offensichtlich noch bei 18 Jahren. Im ersten Jahr besaß der neue Kapitular dem Kapitel gegenüber kein Widerspruchsrecht.[201]

Innerhalb des Domkapitels unterschied man zwar zwischen Residenten und Absenten, zur Ausbildung einer Vorschrift über eine jährliche Mindestresidenz, die als Resident zu erfüllen war, kam es aber anscheinend nicht. Zudem konnte der Landesherr hinsichtlich der Residenz eine Dispens aussprechen.[202]

Mainz

Das Mainzer Domkapitel war eine gemischtadelige Einrichtung. Bereits 1326 forderte das Domkapitel für eine Mitgliedschaft den Nachweis einer adeligen Abstammung mit Hilfe der Vier-Ahnen-Probe. Als Papst Alexander VI. 1501 diese Bestimmung bestätigte und dabei auch die Möglichkeit der Aufnahme Graduierter erwähnte, ging dies an den tatsächlich in Mainz herrschenden Verhältnissen vorbei. Bürgerliche Domherren kannte man dort längst nicht mehr. Von 1654 an entschied man sich, zur Acht-Ahnen-Probe überzugehen. Diese wurde vermutlich gegen Ende des 17. Jahrhunderts noch einmal um eine Generation zur Sechzehn-Ahnen-Probe verschärft. Darüber hinaus wurde mindestens seit dem Beginn des 15. Jahrhunderts von allen Domherren vor der Aufnahme in den Kapitularstand die Absolvierung eines zweijährigen Studiums verlangt. Davon ausgenommen waren lediglich Priester und solche, die bereits über 40 Jahre alt waren.[203]

---

199 J. C. Dreyhaupt, Beschreibung I, 485f.; J. Heckel, Domstifter, 143; N. N., Handbuch/Anhang, 90; E. Weber, Domkapitel, 30.

200 E. Weber, Domkapitel, 43; T. Willich, Wege, 84; J. C. Dreyhaupt, Beschreibung, 486–488; J. P. J. N. Faber, Anni, 74; J. Heckel, Domstifter, 153.

201 J. C. Dreyhaupt, Beschreibung I, 485f.; J. Heckel, Domstifter, 108; N. N., Handbuch/Anhang, 90; E. Weber, Domkapitel, 29; P. Schneider, Domkapitel, 136f.

202 T. Willich, Wege, 57; N. N., Handbuch/Anhang, 90.

203 A. L. Veit, Geschichte und Recht der Stiftsmäßigkeit auf die ehemals adeligen Domstifte von Mainz, Würzburg und Bamberg, in: HJb 33 (1912), 326, 329–332, 339, 341, 354f.; G. Rauch, Das Mainzer Domkapitel in der Neuzeit. Zu Verfassung und Selbstverständnis einer adeligen geistlichen Gemeinschaft I, in: ZRG KA 61 (1975), 173–175, 178, 185, 188f., 194; M. Hollmann, Domkapitel, 15–17, 19; P. Hersche, Domkapitel I, 126.

Zugleich mit dem Adelsstatut von 1326 wurden ausdrücklich auch die Söhne von Mainzer Stadtbürgern von einer Mitgliedschaft ausgeschlossen. Ebenfalls hinsichtlich der Herkunft konnte Domdechant Georg von Schönenberg 1570 ein Indult Papst Pius' V. erwirken, das eine Aufnahme von Angehörigen der niederrheinisch-westfälischen Ritterschaft ausschloss. Der dadurch hervorgerufene Protest bewog Papst Gregor XIII. 1579 zu einem Widerruf des Indults. Ein Gegenprotest führte unmittelbar darauf zu einer Suspendierung des Revokationsediktes, das somit erst 1628 unter Papst Urban VIII. rechtsgültig wurde. Das Domkapitel versuchte nun, auf einem anderen Weg zum Ziel zu gelangen, und sorgte 1654 ohne ausdrückliche Benennung durch ein geschickt formuliertes Statut dafür, dass sich die tatsächliche Lage für die niederrheinisch-westfälische Ritterschaft nicht veränderte. Mit wenigen Ausnahmen ließ sich daher in der Folge die Beschränkung auf Angehörige der schwäbischen, fränkischen und rheinischen Ritterschaft einhalten, obwohl auch noch im 18. Jahrhundert wiederholt Versuche unternommen wurden, die Regelung zu kippen. Eine weitere und durchwegs auch befolgte Beschränkung reichte mindestens bis in die zweite Hälfte des 13. Jahrhunderts zurück. Seit damals wurde nämlich die gleichzeitige Mitgliedschaft zweier Brüder nicht geduldet.[204]

Für die Aufnahme als Domherr musste der Impetrant das 7. Lebensjahr vollendet haben.[205]

Die Erste Residenz betrug nachweislich schon seit Beginn des 15. Jahrhunderts ein volles Jahr.[206]

Zum damals bereits bestehenden Gnadenjahr kam 1231 ein zusätzliches Karenzjahr hinzu. Zudem war es seit einem Privileg Erzbischof Siegfried von Eppsteins aus dem Jahr 1238 den Kapitularen einmalig möglich, gegen eine geringe Stiftungsleistung ein Jahr bei vollem Präbendenbezug von jeglicher Residenzpflicht befreit zu sein. Nahmen sie jedoch dieses sogenannte Kappenjahr in Anspruch, dann fiel nach ihrem Tod kein Gnadenjahr mehr an. Während des Kappenjahres waren die Kapitulare für die Dauer eines Jahres bei vollem Präbendenbezug von jeglicher Residenzpflicht befreit. Dignitäre und mehr als höchstens zwei Domherren gleichzeitig durften das Kappenjahr nicht genießen. Die Inhaber der vier Priesterkanonikate wiederum konnten ohne weitere

204 M. Hollmann, Domkapitel, 15; F. Keinemann, Das Domstift Mainz und der mediate Adel, in: HJb 89 (1969), 155–161, 163, 170; G. Rauch, Das Mainzer Domkapitel in der Neuzeit. Zu Verfassung und Selbstverständnis einer adeligen geistlichen Gemeinschaft I, in: ZRG KA 61 (1975), 175f., 179–183; A. L. Veit, Geschichte und Recht der Stiftsmäßigkeit auf die ehemals adeligen Domstifte von Mainz, Würzburg und Bamberg, in: HJb 33 (1912), 339, 342f., 346–348, 353–356, 358; A. L. Veit, Domherren, 6, 8f.; M. M. A. Serger, Capitula, 64; P. Hersche, Domkapitel II, 73f.

205 Beschreibung einiger deutscher Domkapitel, 1 (HHStA Hs B 182); J. Seiler, Domkapitel, 70.

206 G. Rauch, Das Mainzer Domkapitel in der Neuzeit. Zu Verfassung und Selbstverständnis einer adeligen geistlichen Gemeinschaft I, in: ZRG KA 61 (1975), 188; A. L. Veit, Domherren, 16; Beschreibung einiger deutscher Domkapitel, 1 (HHStA Hs B 182).

Karenzzeit sofort nach dem Abschluss der einjährigen Ersten Residenz Kapitulare werden. Seit 1774 war auch nach Resignationen die volle zweijährige Karenzzeit einzuhalten.[207]

Das Alterserfordernis für die Zulassung zum Kapitel lag vorerst ohne genauere Festlegung bei etwa 20 Jahren, wurde aber bereits spätestens zu Beginn des 15. Jahrhunderts auf volle 24 Jahre hinaufgesetzt. Ebenfalls seit dieser Zeit ist belegt, dass ein neuer Kapitular in den ersten drei Jahren dem Kapitel gegenüber eines Widerspruchsrechtes entbehrte.[208]

Was die jährliche Mindestresidenz betraf, so unterlagen die vier Priesterkanoniker den strengsten Verpflichtungen. Sie durften nur achtmal für jeweils drei Tage abwesend sein. Gegenüber den übrigen Kapitularen war man großzügiger. Von den üblichen 26 Wochen und einem Tag Anwesenheit konnten zusätzlich die Vakanz zwischen den Festen Mariä Geburt und Allerheiligen, drei Quindenen sowie achtmal dreitägige Absenzen abgezogen werden, womit als Mindestanforderung 61 Tage übrig blieben.[209]

Meißen

Für das Meißner Domkapitel waren es Kurfürst Ernst von Sachsen und Herzog Albrecht von Sachsen, die Papst Sixtus IV. veranlassten, 1476 zu verfügen, dass künftig als Domherren nur mehr Adelige oder Graduierte in Frage kamen. Dabei wurden neben akademischen Abschlüssen in Theologie und Rechtswissenschaften auch solche in Medizin anerkannt. 1498 kam ausdrücklich das Erfordernis eines zumindest fünfjährigen Studiums hinzu. Nach dem Konfessionswechsel blieben die Inhaber der beiden Universitätskanonikate zumeist die einzigen bürgerlichen Mitglieder. Für die Adeligen wiederum, die 1476 bereits deutlich in der Überzahl waren, reichte vorerst eine Zwei-Ahnen-Probe aus, die allerdings mit der Statutenreform von 1498 bereits zur Vier-Ahnen-Probe erweitert wurde. Diese Entwicklung hielt an, bis zuletzt eine Sechzehn-Ahnen-Probe verlangt wurde. Einer gewissen

---

207 G. Rauch, Das Mainzer Domkapitel in der Neuzeit. Zu Verfassung und Selbstverständnis einer adeligen geistlichen Gemeinschaft I, in: ZRG KA 61 (1975), 188, 194f., 201f.; E. F. Biskamp, Domkapitel, 16, 54; A. Mayer, Antiqua iura et consuetudinis illustrissimorum dominorum decani capituli cathedralis ecclesiae Moguntinensis, in: A. Mayer, Thesaurus I, 12; M. M. A. Serger, Capitula, 102f.; Beschreibung einiger deutscher Domkapitel, 1 (HHStA Hs B 182).

208 A. Mayer, Antiqua iura et consuetudinis illustrissimorum dominorum decani capituli cathedralis ecclesiae Moguntinensis, in: A. Mayer, Thesaurus I, 9; E. F. Biskamp, Domkapitel, 34; M. Hollmann, Domkapitel, 13f.; G. Rauch, Das Mainzer Domkapitel in der Neuzeit. Zu Verfassung und Selbstverständnis einer adeligen geistlichen Gemeinschaft I, in: ZRG KA 61 (1975), 188f., 192f., 195.

209 G. Rauch, Das Mainzer Domkapitel in der Neuzeit. Zu Verfassung und Selbstverständnis einer adeligen geistlichen Gemeinschaft I, in: ZRG KA 61 (1975), 200f., 203; E. F. Biskamp, Domkapitel, 15f., 27; Beschreibung einiger deutscher Domkapitel, 2 (HHStA Hs B 182).

Studienpflicht konnten sich auch die adeligen Domherren nicht entziehen, da ihnen 1498 die Auflage erteilt wurde, ein dreijähriges Studium zu absolvieren, wobei ein Monat Absenz statthaft war.[210]

Zumindest für die Mitte der zweiten Hälfte des 16. Jahrhunderts scheint eine regionale Beschränkung der Impetranten auf Untertanen des Hochstiftes belegt zu sein. Diese Bestimmung erübrigte sich wohl 1581 mit dem Fall des Hochstiftes an das Kurfürstentum Sachsen.[211]

Die Erste Residenz dauerte nach den Bestimmungen der Statuten von 1498 entweder vom Fest des Heiligen Donatus bis zu dem des Heiligen Johannes des Evangelisten oder umgekehrt. Der Zeitrahmen belief sich also jeweils ziemlich genau auf ein halbes Jahr. Möglicherweise wurde er in protestantischer Zeit reduziert.[212]

Für 1429 lassen sich ein Gnadenjahr sowie ein zusätzliches Karenzjahr belegen. Spätestens die Statuten von 1498 kürzten die Fristen auf jeweils die Hälfte zusammen, womit insgesamt nur mehr eine Karenzzeit von einem Jahr übrig blieb.[213]

Dieselben Statuten bestimmten auch, dass neue Kapitulare im ersten Jahr ihr Stimmrecht noch nicht ausüben durften.[214]

Die jährliche Mindestresidenz für Kapitulare betrug in katholischer Zeit neun Monate. Eine deutliche Herabsetzung dieser Bedingung ist für die protestantische Zeit begründet zu vermuten.[215]

Merseburg

Kurfürst Ernst von Sachsen und Herzog Albrecht von Sachsen sorgten dafür, dass Papst Sixtus IV. 1476 für das Merseburger Domkapitel die Bestimmung traf, die Mitgliedschaft künftig nur mehr an Adelige oder Graduierte zu verleihen. Neben einer Graduierung in Theologie oder Rechtswissenschaften war auch eine solche in Medizin zulässig. Spätestens die Statuten von 1613 forderten zudem ein fünfjähriges Studium. Allerdings hielt sich die Zahl der bürgerlichen Domherren über die Inhaber der Universitätskanonikate hinaus zumeist in Grenzen. Dazu wussten

---

210 E. G. Gersdorf, Urkundenbuch I, XXI; E. G. Gersdorf, Urkundenbuch III, 238–240, 304f., 307; K. Brunn von Kauffungen, Domkapitel, 9f., 13f., 35; W. Loose, Der Meißner Domklerus zur Zeit der Reformation, in: MVGM 4/2 (1896), 351f.; H. Kinne, Die Meißner Dompröpste des 15. Jahrhunderts. Eine prosopographische Studie, in: BDLG 148 (2012), 159f.; M. Cottin, Die Leipziger Universitätskanonikate an den Domkapiteln von Meißen, Merseburg und Naumburg sowie am Kollegiatstift Zeitz im Mittelalter (1413–1542), in: D. Döring, Universitätsgeschichte, 307f.

211 E. G. Gersdorf, Urkundenbuch III, 409.

212 E. G. Gersdorf, Urkundenbuch III, 307.

213 K. Brunn von Kauffungen, Domkapitel, 41f.; E. G. Gersdorf, Urkundenbuch III, 20, 306f., 344.

214 E. G. Gersdorf, Urkundenbuch III, 308; K. Brunn von Kauffungen, Domkapitel, 24.

215 W. Loose, Der Meißner Domklerus zur Zeit der Reformation, in: MVGM 4/2 (1896), 353.

auch die adeligen Kanoniker ihren Beitrag zu leisten, in dem sie sich seit 1724 verpflichteten, im Fall einer Resignation nur adelige Nachfolger mit ihren Kanonikaten zu bedenken. Eine beschränkte Studienpflicht bestand freilich auch für die adeligen Domherren. So schrieben die Statuten von 1613 dafür drei Jahre vor. Adelige Impetraten mussten zuerst eine Zwei-Ahnen-Probe vorlegen, die 1571 um eine Generation zur Vier-Ahnen-Probe ausgeweitet wurde. Die Statuten von 1613 forderten die Acht-Ahnen-Probe, aus der sich bald darauf die Sechzehn-Ahnen-Probe entwickelte. Seit 1685 galt die Zweiunddreißig-Ahnen-Probe.[216]

Der gleichzeitige Kapitularstand von Vater und Sohn führte Mitte des 17. Jahrhunderts vorerst noch zu Protesten, wurde aber bereits 1655 für unbedenklich erklärt.[217]

Als Ersatz für die vor dem Konfessionswechsel erforderliche Aufnahme in den Klerikerstand führte das Domkapitel 1562 ein Examen in Theologie und Rechtswissenschaften ein, das aber erst 1583 erstmals abgenommen wurde. Allerdings waren die Anforderungen dabei äußerst gering. Bis 1656 war zudem eine Dispens möglich, die jedoch nur selten erteilt wurde, wohl auch ein Hinweis auf die Anspruchslosigkeit der Prüfung, die bis zum Ende des Untersuchungszeitraumes abzulegen war.[218]

Für die Erste Residenz sahen die Statuten von 1613 einen Zeitraum von 30 Tagen vor. Die Inhaber der beiden Universitätskanonikate waren davon gänzlich befreit.[219]

Das seit dem ausgehenden 11. Jahrhundert bezeugte Gnadenjahr erfuhr bis ins erste Drittel des 14. Jahrhunderts eine Erweiterung um zwei zusätzliche Karenzjahre. Allerdings musste der neue Präbendar während des Gnaden- und des ersten zusätzlichen Karenzjahres jeweils nur auf die Hälfte seiner Einkünfte verzichten. Im zweiten zusätzlichen Karenzjahr stieg der Genuss auf drei Viertel an. Ein Statut aus dem Jahr 1620 sah hingegen ein volles Gnadenjahr vor, jetzt offensichtlich ohne Staffelung der Bezüge und ohne zusätzliche Karenzzeit.[220]

Für eine Mitgliedschaft im Kapitel forderten die Statuten von 1613 die Vollendung des 24. Lebensjahres. Bis 1647 besaß ein neuer Kapitular im ersten Jahr lediglich ein beratendes, aber kein beschließendes Stimmrecht.[221]

216 F. Range, Entwicklung, 28f.; E. G. Gersdorf, Urkundenbuch III, 238–240; M. Cottin/A. Sames, Das Merseburger Domkapitel von seinen Anfängen bis heute, in: M. Cottin/U. John/H. Kunde, Dom, 41; M. Cottin, Geschichte des Merseburger Domkapitels im Mittelalter (968–1561), in: H. Kunde/A. Ranft/A. Sames/H. Wittmann, Kathedrale, 86f.; M. Cottin, Das Merseburger Domkapitel und die Wettiner im Spätmittelalter, in: MVSL 2 (2002), 21, 24; J. Heckel, Domstifter, 104, 106f., 392f.; M. Cottin, Die Leipziger Universitätskanonikate an den Domkapiteln von Meißen, Merseburg und Naumburg sowie am Kollegiatstift Zeitz im Mittelalter (1413–1542), in: D. Döring, Universitätsgeschichte, 307f.

217 J. Heckel, Domstifter, 124.

218 J. Heckel, Domstifter, 121.

219 J. Heckel, Domstifter, 143, 401.

220 F. Range, Domkapitel, 45f.; J. Heckel, Domstifter, 414f.; J. P. J. N. Faber, Anni, 75.

221 J. Heckel, Domstifter, 108, 155, 392, 402.

Die Statuten von 1613 sahen vor, dass die Residenten jeweils für ein Halbjahr die Mehrzahl der Tage anwesend zu sein hatten. Damit belief sich die jährliche Residenzleistung insgesamt auf zumindest ein halbes Jahr. Daran änderte sich auch nichts, als man in späterer Zeit den Durchrechnungszeitraum auf ein Vierteljahr verkürzte.[222]

Metz

Das Metzer Domkapitel kannte über die längste Zeit seines Bestandes keine besondere ständische Zugangsbestimmung. Der Adel und das gehobene Bürgertum bestimmten seine Zusammensetzung. Erst 1777 kam es auf Betreiben König Ludwigs XVI. von Frankreich zum Vorbehalt von 28 Kanonikaten für adelige Bewerber, denen allein die Übernahme der Dignitäten und Personate zukam. Die übrigen zehn Domherrenstellen standen Graduierten offen. Für adelige Impetranten war nach einer entsprechenden Festlegung des Domkapitels aus dem Jahr 1779 eine eingeschränkte Acht-Ahnen-Probe zu erbringen, die lediglich die direkten Vorfahren der väterlichen Linie umfasste, also Vater, Großvater und Urgroßvater. Für eine Aufnahme als Graduierter hingegen galt das Bakkalaureat der Theologie als Mindestanforderung.[223]

Für die Ableistung der Ersten Residenz mussten die Domherren jeweils 26 Wochen anberaumen.[224]

Neben dem damals bereits bestehenden Gnadenjahr erfolgte 1257 mit der Zustimmung Papst Alexanders IV. die Einführung eines zusätzlichen Karenzjahres. Das Parlament von Metz erklärte 1659 die damals herrschenden Umstände für nicht mehr bestehend und verkürzte das Karenzjahr auf die Hälfte.[225]

Kardinallegat Oddone di Tonengo legte zwar 1229 die jährliche Mindestresidenz für Kapitulare auf sechs Monate fest. Allerdings gelang es nicht immer, diesen Anspruch auch tatsächlich durchzusetzen.[226]

---

222 J. Heckel, Domstifter, 404.

223 G. Frantzwa, Cloître, 96f.; P. Lesprand, L'anoblissement du Chapitre de la Cathédrale de Metz, in: ASHAL 29 (1920), 109, 111f., 116, 119; B. Defauconpret, Preuves, 198; H.-G. Duchesne, France, 197f.; P. Lesprand, Clergé II, 264; J.-B. Pelt, Textes, XVII; L. Horowski, „Diese große Regelhaftigkeit muß Ihnen fremd erscheinen". Versailles, Straßburg und die Kollision der Adelsproben, in: E. Harding/M. Hecht, Ahnenprobe, 357.

224 J.-B. Pelt, Textes, XVII; P. Lesprand, Clergé II, 270, 280; F. Grimme, Die Bedingungen für die Wahl der Metzer Domherren im Mittelalter, in: ELJb 4 (1925), 53; F. Grimme, Das Metzer Domkapitel im ausgehenden Mittelalter, in: ELJb 11 (1932), 66; G. Frantzwa, Cloître, 66.

225 J.-B. Pelt, Textes, XX, 2; P. Lesprand, Clergé II, 280.

226 F. Grimme, Das Metzer Domkapitel im ausgehenden Mittelalter, in: ELJb 11 (1932), 66; G. Frantzwa, Cloître, 52, 66; P. Lesprand, Clergé II, 270, 272; M. George, Chapitre I, 334.

Minden

Für das Mindener Domkapitel wird für 1404 die erste Festlegung ständischer Aufnahmebedingungen überliefert. Der diesbezügliche Erlass, der für die Domherren die Zugehörigkeit zum Adel oder eine Graduierung in Theologie oder Rechtswissenschaften vorsah, beruhte wohl auf einer damals bereits weitestgehend befolgten Praxis. Trotzdem konnten sich bürgerliche Mitglieder nicht auf Dauer im Domkapitel halten. 1575 bestand bereits das gesamte Domkapitel aus Adeligen. Diese mussten anfangs lediglich eine Vier-Ahnen-Probe beibringen, die auch 1611 noch als ausreichend galt. Allerdings wurden damals vielfach bereits Acht-Ahnen-Proben vorgelegt. Daraus entwickelte sich wohl noch in der ersten Hälfte des 17. Jahrhunderts allgemein die Gepflogenheit, eine Sechzehn-Ahnen-Probe einzureichen. Mittlerweile als Forderung bestand derselbe Umfang noch zum Ende des Untersuchungszeitraumes. Eine rein theoretische Angelegenheit blieb die 1317 erhobene Forderung eines fünfjährigen Studiums für alle Domherren, da sie nie wirklich zur Umsetzung gelangte. Im beginnenden 15. Jahrhundert beschränkte sich die fünfjährige Studienpflicht auf angehende Domherren, die weder adelig noch graduiert waren. Solche aber fehlten damals bereits unter den Kanonikern. Allerdings bestand daneben für alle Kanoniker die Auflage, nach ihrer Aufnahme unter die Domherren ein Studienjahr zu absolvieren. Dieses konnte entweder an der Mindener Domschule oder an einer Universität zugebracht werden. Zumindest im 18. Jahrhundert konnte man sich gegen eine Abschlagszahlung davon dispensieren lassen.[227]

Eine Verfügung König Friedrichs II. von Preußen aus dem Jahr 1744 beschränkte die künftige Vergabe der Kanonikate des Domkapitels auf inländische Bewerber. Bereits 1449 entschloss sich das Domkapitel, eine Bestimmung einzuführen, die die gleichzeitige Zugehörigkeit zweier Brüder zu den präbendierten Kanonikern ausschloss.[228]

Die Aufnahme als Domherr war zuletzt erst statthaft, wenn der Kandidat zumindest das 7. Lebensjahr vollendet hatte.[229]

---

227 W. Dräger, Das Mindener Domkapitel und seine Domherren im Mittelalter, in: MJ 8 (1936), 16f., 25, 83f.; H. J. Brandt, Minden – Domstift St. Petrus und Gorgonius, in: K. Hengst, Klosterbuch I, 596; J. Heckel, Domstifter, 104, 106, 108f.; F. Klocke, Von westdeutsch-westfälischer Adels- und Ahnenprobe in Mittelalter und Neuzeit, insbesondere beim Münsterschen Domkapitel, in: WA 2 (1925), 269, 282f.; N. N., Handbuch/Anhang, 98; H. J. Brand/K. Hengst, Victrix, 88; P. F. Weddingen, Historische Nachricht vom Dom-Capitel zu Minden, in: WMGHS 1 (1784), 63; H. Nottarp, Ein Mindener Dompropst des 18. Jahrhunderts, in: WZ 103/104 (1954), 103; C. Hoffmann, Adel, 250.

228 M. Lehmann, Preussen II, 453; W. Dräger, Das Mindener Domkapitel und seine Domherren im Mittelalter, in: MJ 8 (1936), 26.

229 P. F. Weddingen, Historische Nachricht vom Dom-Capitel zu Minden, in: WMGHS 1 (1784), 63.

Nachdem die Reformation Teile des Domkapitels erfasst hatte, stellte sich die Frage, welche Auswirkungen diese Tatsache auf die für eine Aufnahme vorausgesetzte Zugehörigkeit zum Klerikerstand nach sich zog. Daher war für protestantische Impetranten bis 1687 die Möglichkeit vorgesehen, gegen eine Zahlung eine entsprechende Dispens vom Empfang der Ersten Tonsur zu erwirken. Danach erachtete man die entsprechende Vorschrift für protestantische Impetranten als nicht mehr bestehend. Auch die Zölibatsverpflichtung wurde für die protestantischen Domherren nicht dauerhaft aufrechterhalten. 1705 trat der erste Kanoniker in den Stand der Ehe.[230]

Die Dauer der Ersten Residenz erstreckte sich zumindest seit den Statuten von 1713 nur mehr über einen Zeitraum von vier Wochen. Im 15. Jahrhundert war dafür noch ein ganzes Jahr erforderlich.[231]

Zusätzlich zu einem bereits 1230 belegten Gnadenjahr kam es 1279 zur Einführung eines weiteren Karenzjahres.[232]

Für die Emanzipation und die folgende Zulassung zum Kapitel unterlagen die Domherren der Forderung, ein Mindestalter von 20 vollendeten Lebensjahren zu haben.[233]

Die jährliche Residenzverpflichtung für Kapitulare wurde 1377 auf die Zeit zwischen Ostern und dem Fest Mariä Himmelfahrt festgelegt, wobei drei Wochen Absenz statthaft waren. Je nach Ostertermin umfasste der Zeitraum unter Abzug der zulässigen Abwesenheit durchschnittlich etwa 15 Wochen. König Friedrich Wilhelm I. von Preußen erließ 1722 eine Verfügung, mit Hilfe derer er die Residenzdisziplin verbessern wollte und eine Anwesenheit von mindestens sechs Monaten verordnete. Ein Jahr später verschärfte der König seine Anordnung nochmals, indem er vorschrieb, die sechs Monate in einem Stück in Minden zu verbringen. Zudem behielt er sich ein Dispensrecht vor. Den Maßnahmen des Königs war wohl kein Erfolg beschieden, da zuletzt den Residenten eine jährliche Anwesenheit von nur zwei Monaten abverlangt wurde.[234]

---

230 B. Braun, Die gemischtkonfessionellen Domkapitel im Reich nach dem Westfälischen Frieden, in: C. Roll/F. Pohle/M. Myrczek, Grenzen, 175–177; H. Rüthing, Das Domkapitel Minden als konfessionell gemischtes Stift, in: F. J. Felten/N. Jaspert, Vita, 779; W. Schrader, The Cathedral Chapter at Minden and its Members, 1650–1803, in: WZ 139 (1989), 86; R. Oer, Konfessionell gemischte Dom- und Stiftskapitel in Nordwestdeutschland, in: J. Schröder/R. Salzmann, Beiträge, 132; J. Heckel, Domstifter, 116f.

231 P. F. Weddingen, Historische Nachricht vom Dom-Capitel zu Minden, in: WMGHS 1 (1784), 63; J. Heckel, Domstifter, 143; H. Nottarp, Ein Mindener Dompropst des 18. Jahrhunderts, in: WZ 103/104 (1954), 103; W. Dräger, Das Mindener Domkapitel und seine Domherren im Mittelalter, in: MJ 8 (1936), 16, 25.

232 S. A. Würdtwein, Subsidia X, 6, 159–162; W. Dammeyer, Grundbesitz, 48f.; W. Dräger, Das Mindener Domkapitel und seine Domherren im Mittelalter, in: MJ 8 (1936), 26.

233 P. F. Weddingen, Historische Nachricht vom Dom-Capitel zu Minden, in: WMGHS 1 (1784), 63; H. Nottarp, Ein Mindener Dompropst des 18. Jahrhunderts, in: WZ 103/104 (1954), 103; J. Heckel, Domstifter, 108.

234 W. Dräger, Das Mindener Domkapitel und seine Domherren im Mittelalter, in: MJ 8 (1936), 22; H. Nottarp, Ein Mindener Dompropst des 18. Jahrhunderts, in: WZ 103/104 (1954), 110.

Münster

Das Münsterische Domkapitel war vorerst eine gemeinständische Einrichtung. Das blieb auch 1392 so, als man unter Berufung auf eine bestehende Gepflogenheit die Aufnahme auf Adelige und Graduierte in Theologie oder Rechtswissenschaften einschränkte. Jedoch fanden bereits 1399 die Graduierten als mögliche Inhaber eines Kanonikats keinerlei Erwähnung mehr. Seit diesem Zeitpunkt zählte das Domkapitel zu den gemischtadeligen Institutionen. Die Frage, ob die sogenannten Erbmänner, also die Patrizier der Stadt und des Hochstiftes Münster, als adelig anzusehen waren, beschäftigte das Domkapitel über lange Zeit. Nachdem die letzten erbmännischen Domherren im 14. Jahrhundert Aufnahme gefunden hatten, verweigerte sich das Domkapitel seit der zweiten Hälfte des 16. Jahrhunderts entsprechenden Bemühungen. Obwohl sowohl die Rota Romana 1573 als auch das Reichskammergericht in Speyer 1685 zugunsten der erbmännischen Familien entschied, wussten das Domkapitel und seine Parteigänger durch zahlreiche Einsprüche, Berufungen und Revisionsanträge die Umsetzung der Urteile hintanzuhalten. So bedurfte es 1709 einer Entscheidung Kaiser Josephs I., die schließlich dazu führte, dass 1729 der erste aus einer erbmännischen Familie stammende Kanoniker ins Domkapitel aufgenommen wurde. Die seit dem ausgehenden 14. Jahrhundert übliche Vier-Ahnen-Probe blieb rein rechtlich über lange Zeit gültig. Erst 1785 beschloss das Domkapitel, die Sechzehn-Ahnen-Probe verbindlich einzuführen. Üblich war sie freilich schon seit der Mitte des 17. Jahrhunderts, als sie schließlich vollständig die damals gepflogene Acht-Ahnen-Probe ersetzte. Spätestens seit einem Statut aus dem Jahr 1304 oblag allen Domherren die Absolvierung eines ununterbrochenen Studiums im Ausmaß von einem Jahr, sechs Wochen und einem Tag. Dieses konnte bis 1782 ausschließlich außerhalb Deutschlands verbracht werden, seit damals auch an der Universität Münster. Allerdings wurde dafür die Studienzeit auf zwei volle Jahre festgesetzt und zusätzlich mit einer Abschlagszahlung verbunden.[235]

Ein Mitte des 18. Jahrhunderts vom Domkapitel unternommener Versuch, die Angehörigen der schwäbischen, fränkischen und rheinischen Ritterschaft von der Aufnahme auszuschließen, brachte keinen dauerhaften Erfolg. Die auch schon

---

235 W. Kohl, Domstift I, 144, 169, 262–264, 266, 281f.; F. Klocke, Von westdeutsch-westfälischer Adels- und Ahnenprobe in Mittelalter und Neuzeit, insbesondere beim Münsterschen Domkapitel, in: WA 2 (1925), 273–278, 280–282; H. Spieckermann, Beiträge, 10, 12f.; H. Thiekötter, Zusammensetzung, 76f.; A. Schröer, Das Münsterer Domkapitel im ausgehenden Mittelalter, in: A. Schröer, Monasterium, 473, 497f.; F. Keinemann, Domkapitel, 21f., 31–38; M. Twickel, Entwicklung, 57, 79–81, 104f.; R. Haas, „Dem bösen Willen des Domkapitels die Schuld beimesset, ..." – Zum Ende der Adelsdominanz in den westfälischen Domkapiteln 1802–1823, in: W. Frese, Revolution, 32; C. Hoffmann, Adel, 250.

vorher angestrebte Beschränkung auf den niederrheinisch-westfälischen Adel ließ sich nicht durchsetzen.[236]

Die Erste Residenz, der sich die Domherren zu unterziehen hatten, betrug lediglich sechs Wochen.[237]

Neben einem Gnadenjahr war zusätzlich eine Karenzzeit von zwei Jahren zu beachten.[238]

Für die Emanzipation eines Domherrn forderte man bereits seit dem Mittelalter die Vollendung des 20. Lebensjahres. In unmittelbarem Zusammenhang damit konnte auch die Zulassung zum Kapitel erfolgen. Dabei konnte man auch als Minorist Kapitular werden, musste in diesem Fall aber bei den Wahlakten auf sein Stimmrecht verzichten. Allerdings bestand die Auflage, die Subdiakonatsweihe binnen Jahresfrist nach der Emanzipation zu empfangen. Darüber hinaus durfte ein neuer Kapitular im ersten Jahr seiner Zugehörigkeit zum Kapitel nicht gegen die Mehrheit stimmen.[239]

Eine Residenzverpflichtung für Kapitulare war im Untersuchungszeitraum eigentlich nicht mehr gegeben. Wer als residierend gelten wollte, musste sich jedes Vierteljahr für einen Tag in Münster aufhalten und beim Domkapitel melden. Allerdings durfte man neben dem Münsterischen an keinem weiteren Domkapitel als residierend geführt werden.[240]

Naumburg

Kurfürst Ernst von Sachsen und Herzog Albrecht von Sachsen standen hinter der Einführung der ersten ständischen Aufnahmeregelung für das Naumburger Domkapitel. Auf ihr Betreiben hin verfügte Papst Sixtus IV. 1476, die Mitgliedschaft künftig nur mehr an Adelige oder Graduierte zu verleihen. Neben einer Graduierung in Theologie oder Rechtswissenschaften war auch eine solche in Medizin zulässig. Darauf baute der letztlich nie wirksam gewordene Torgauer Entwurf des Jahres 1541 auf, der gleich zehn Stellen Graduierten der drei genannten Fachrichtungen vorbehalten wollte. Obwohl die Statuten von 1580 noch die Aufnahme Graduierter

236 F. Keinemann, Domkapitel, 38, 160f.; G. Rauch, Das Mainzer Domkapitel in der Neuzeit. Zu Verfassung und Selbstverständnis einer adeligen geistlichen Gemeinschaft I, in: ZRG KA 61 (1975), 182; A. Dylong, Domkapitel, 122.

237 F. Keinemann, Domkapitel, 5, 28; W. Kohl, Domstift I, 270; C. A. Olfers, Beiträge, 46; Beschreibung einiger deutscher Domkapitel, 64 (HHStA Hs B 182).

238 M. Twickel, Entwicklung, 63; F. Keinemann, Domkapitel, 6; C. A. Olfers, Beiträge, 46; W. Kohl, Domstift I, 268, 270.

239 M. M. A. Serger, Capitula, 72, 74; M. Twickel, Entwicklung, 49, 60–62; W. Kohl, Domstift I, 259, 261, 270; F. Keinemann, Domkapitel, 5f., 26f.; A. Schröer, Das Münsterer Domkapitel im ausgehenden Mittelalter, in: A. Schröer, Monasterium, 500f.; Beschreibung einiger deutscher Domkapitel, 64, 66 (HHStA Hs B 182).

240 W. Kohl, Domstift I, 271; F. Keinemann, Domkapitel, 6, 28; Beschreibung einiger deutscher Domkapitel, 64 (HHStA Hs B 182).

vorsahen, hielt sich die Zahl der bürgerlichen Domherren über den jeweiligen Inhaber des Universitätskanonikats hinaus zumeist in Grenzen. Seit der Mitte des 17. Jahrhunderts blieb dieser allein übrig. Für adelige Impetranten galt bis 1563 die Zwei-Ahnen-Probe, ehe diese auf die Vier-Ahnen-Probe ausgeweitet wurde. Im ausgehenden 18. Jahrhundert war schließlich die Sechzehn-Ahnen-Probe üblich. Für alle Domherren sahen die Statuten von 1580 die Absolvierung eines dreijährigen Studiums in Deutschland vor, zu dem noch zwei Jahre, mindestens aber ein Studienjahr im Ausland dazukamen. Allerdings lässt sich für 1773 belegen, dass man gegen eine Abschlagszahlung von dieser Bedingung befreit werden konnte.[241]

Nach dem Konfessionswechsel stellte sich die Frage, wie hinsichtlich der an und für sich geforderten Zugehörigkeit zum Klerikerstand verfahren werden sollte. Kurzfristig richtete man 1576 eine Laienpräbende ein, für deren Übernahme keinerlei Weiheempfang erforderlich war. Bald aber konnte an die Stelle der Aufnahme in den Klerikerstand eine entsprechende Abschlagszahlung treten.[242]

Die Erste Residenz umfasste zuletzt einen Zeitraum von einem Monat.[243]

Neben einem Gnadenjahr zugunsten der Erben bestand ein weiteres Karenzjahr.[244]

Für eine Mitgliedschaft im Kapitel war die Vollendung des 24. Lebensjahres nachzuweisen. Die Forderung nach dem Empfang der Subdiakonatsweihe wurde 1580 aufgegeben. Der Inhaber der Universitätspräbende verfügte grundsätzlich über kein Sitz- und Stimmrecht im Kapitel.[245]

Die von den Residenten geforderte jährliche Mindestanwesenheit belief sich nach einem Statut aus dem Jahr 1642 damals noch auf wenigstens die Hälfte eines Jahres. 1677 halbierte man die Anforderungen und begnügte sich mit mindestens einem Vierteljahr. Ab 1736 konnte man gegen eine Abschlagszahlung sogar gänzlich davon loskommen. Darüber hinaus befand sich der Landesherr im Besitz eines Dispensrechtes.[246]

---

241 E. G. Gersdorf, Urkundenbuch III, 238–240; M. Ludwig, Personal, 36; M. Cottin, Das Merseburger Domkapitel und die Wettiner im Spätmittelalter, in: MVSL 2 (2002), 24; J. Heckel, Domstifter, 104–107, 109, 365, 373; E. Hoffmann, Naumburg, 123; M. Schwartz, „Das Dorado des deutschen Adels“ – Die frühneuzeitliche Adelskirche in interkonfessionell-vergleichender Perspektive, in: GG 30 (2004), 626; M. Cottin, Die Leipziger Universitätskanonikate an den Domkapiteln von Meißen, Merseburg und Naumburg sowie am Kollegiatstift Zeitz im Mittelalter (1413–1542), in: D. Döring, Universitätsgeschichte, 307f.

242 J. Heckel, Domstifter, 116f., 172.

243 J. Heckel, Domstifter, 143.

244 J. P. J. N. Faber, Anni, 75; J. Heckel, Domstifter, 172, 368f., 376f.

245 J. Heckel, Domstifter, 117f., 172, 373, 378; J. P. C. Philipp, Geschichte, 310.

246 J. Heckel, Domstifter, 160–162.

Olmütz

Das Olmützer Domkapitel war am Beginn des Untersuchungszeitraumes eine gemeinständische Einrichtung. 1501 errichtete das Domkapitel ein Statut, das die Aufnahme auswärtiger Kleriker an den Erwerb eines höheren akademischen Grades band. Im für die weitere Zukunft entscheidenden Bestätigungsdekret König Ladislaus' II. von Böhmen aus dem Jahr 1502 wurde jedoch daraus die grundsätzliche Einschränkung der Impetranten auf Adelige und Graduierte. Dabei blieben die bürgerlichen Domherren bis in die Mitte des 17. Jahrhunderts hinein neben dem Adel eine ernst zu nehmende Größe. Erst zu dieser Zeit begann sich das ständische Gefüge zugunsten des Adels zu verändern. Die letzten bürgerlichen Mitglieder verschwanden im Laufe der zweiten Hälfte des 17. Jahrhunderts, und bereits 1690 sah sich das Domkapitel als gemischtadelige Institution. Rechtsverbindlich wurde die ausschließliche Beschränkung auf adelige Kandidaten freilich erst mit den Statuten von 1772. Die bloße Zugehörigkeit zum Adel war ausreichend. Die 1501 beschlossene Studienvorschrift unterschied zwischen Diözesanangehörigen und auswärtigen Klerikern. Während die einheimischen Domherren ein dreijähriges Studium absolvieren mussten, verlangte man von den übrigen zusätzlich den Nachweis einer Graduierung. Das galt nach der Bestätigung der Statuten durch König Ladislaus II. von Böhmen auch für jene einheimischen Impetranten, die dem Bürgertum entstammten. Kaiser Joseph II. verfügte 1783, dass künftig Kandidaten für eine Domherrenstelle eine mindestens zehnjährige Tätigkeit in der Seelsorge nachzuweisen hatten. 1785 wurde diese Bestimmung dahingehend präzisiert, dass dieser Nachweis anlässlich der Aufnahme unter die Residenten zu erfolgen habe. Kaiser Leopold II. ließ 1790 ersatzweise auch eine theologische Lehrtätigkeit im Ausmaß von mindestens 15 Jahren gelten.[247]

Die durch die Festlegung von 1501 versuchte Bevorzugung einheimischer Kleriker erbrachte keine dauerhaften Erfolge. In dieselbe Richtung wies eine Verfügung Kaiser Karls VI. aus dem Jahr 1713, kraft derer von den Domherren anlässlich ihrer Aufnahme unter die Residenten das Inkolat zu belegen war. Die ohnehin rein adelige Zusammensetzung des Domkapitels ließ diese Bestimmung freilich keine große Tragweite gewinnen.[248]

---

247 R. Zuber, Osudy I, 59–62, G. Wolný, Topographie I/1, 181f., 193f.; B. Dudík, Mähren X, 102, 104; C. d'Elvert, Geschichte, 24, 63f., 232, 254f.; M. Zemek, Das Olmützer Domkapitel. Seine Entstehung und Entwicklung bis 1600, in: AKGB 11 (1990), 74; M. Zemek, Das Olmützer Domkapitel. Seine Entstehung und Entwicklung bis 1600, in: AKGB 12 (1993), 49f.; P. Maťa, Noblesse et chapitres dans les pays de la couronne de Bohême au XVIIe siècle, in: XVIIe siècle Nr. 250 (2011), 84f., 89; T. Baletka, Olomoucká kapitula v druhé polovině 15. století, in: J. Hrdina/M. Maříková, Kapituly, 154; A. W. Gustermann, Kirchenrecht I, 70; W. Mick, Metropolitankapitel, 169; H. Zschokke, Geschichte, 196f.

248 R. Zuber, Osudy I, 60; J. Brňovják, In vim sanctionis pragmaticae. K interpretaci inkolátní pragmatiky z roku 1713 a nobilitací církevních hodnostářů v českých zemích v 18. století, in: HRHPV 7 (2106), 1, 16, 20.

Für die Persolvierung der Ersten Residenz war ein Zeitraum von einem halben Jahr vorgesehen.[249]

Neben einem seit dem 14. Jahrhundert zugestandenen Gnadenjahr fielen offensichtlich keine weiteren Karenzzeiten an. Allerdings dürfte das Domkapitel von einer Bestimmung Kaiser Josephs II. aus dem Jahr 1787 betroffen gewesen sein, die alle Karenzzeiten ersatzlos aufhob.[250]

Die Zulassung zum Kapitel erforderte ein Mindestalter von 22 Jahren. Reichte für den Kapitularstand bis 1547 der Empfang der Subdiakonatsweihe aus, so erhielt man danach nur mehr als Priester Sitz und Stimme im Kapitel.[251]

Die jährliche Mindestresidenz für residierende Domherren betrug sechs Monate beziehungsweise 180 Tage.[252]

Osnabrück

Die gemeinständische Verfassung des Osnabrücker Domkapitels erfuhr 1398 eine Einschränkung. Von nun an wurden, abgesehen von den mit einer päpstlichen Provision Bedachten, nur mehr Adelige oder Graduierte als Domherren aufgenommen. Trotzdem fanden sich unter den Domherren des 15. Jahrhunderts nur mehr vereinzelt aus dem Bürgertum stammende Kleriker. Papst Leo X. bestätigte schließlich 1517 auch rechtlich den völligen Ausschluss aller Nichtadeligen. Die Adelsvorschrift wurde zusehends strenger ausgelegt. Fand sich in der ersten Hälfte des 16. Jahrhunderts noch die Vier-Ahnen-Probe, so ist von 1561 an bis ins beginnende 17. Jahrhundert die Acht-Ahnen-Probe belegt. Spätestens von 1591 an wurden aber auch schon Sechzehn-Ahnen-Proben eingereicht, wobei wohl erst später aus der Gepflogenheit eine ausdrückliche Vorschrift wurde. Seit 1259 bestand darüber hinaus eine Studienvorschrift, die für alle Domherren gleichermaßen gültig war. Über zumindest ein Jahr, sechs Wochen und einen Tag sollte jeder Domherr sich dem Studium widmen, wobei seit 1296 nur mehr ausländische Universitäten dafür genutzt werden durften. Als man 1676 den protestantischen Domherren auch den Besuch nichtkatholischer Universitäten gestattete, wurde allen Kanonikern zugleich die offizielle Erlaubnis erteilt, das Studienjahr von nun an auch im Inland zu absolvieren.[253]

---

249 C. d'Elvert, Geschichte, 232.

250 G. Wolný, Topographie II/1, 37; M. Zemek, Das Olmützer Domkapitel. Seine Entstehung und Entwicklung bis 1600, in: AKGB 12 (1993), 67; A. W. Gustermann, Kirchenrecht I, 76.

251 B. Dudík, Mähren X, 98; G. Wolný, Topographie I/1, 182; M. Zemek, Das Olmützer Domkapitel. Seine Entstehung und Entwicklung bis 1600, in: AKGB 11 (1990), 73; R. Zuber, Osudy I, 62.

252 R. Zuber, Osudy I, 64.

253 E. Boeselager, Wie wird man im Mittelalter Domherr in Osnabrück?, in: OM 106 (2001), 53f.; H. Hagemann, Domkapitel, 16–18, 27; F. Kränke, Domherren, 84–86; R. Schindler, Studien, 113, 206; J. Boeselager, Domherren, 6, 17, 19, 30–32, 36, 39–41; C. Hoffmann, Osnabrück – Domstift St. Petrus, in: J. Dolle, Klosterbuch III,

Ein Mitte des 18. Jahrhunderts vom Domkapitel unternommener Versuch, die Angehörigen der schwäbischen, fränkischen und rheinischen Ritterschaft von der Aufnahme auszuschließen, brachte keinen dauerhaften Erfolg.[254]

Für die drei protestantischen Mitglieder stellte sich die Frage, welche Regelung hinsichtlich der eigentlich geforderten Aufnahme in den Klerikerstand getroffen werden sollte. Nach dem Westfälischen Frieden verzichtete man bei den protestantischen Domherren auf das Erfordernis des Empfangs der Ersten Tonsur. Allerdings vermochten sich die protestantischen Domherren trotz gegenteiliger Bemühungen nicht von der Zölibatsverpflichtung zu befreien.[255]

Die Erste Residenz umfasste vorerst den Zeitraum eines halben Jahres. Von 1707 an wurden nur mehr sechs Wochen verlangt, die schließlich seit 1784 auch wahlweise durch eine Abschlagszahlung ersetzt werden konnten.[256]

Ein damals bereits bestehendes Gnadenjahr wurde vom Domkapitel 1285 auf ein zweites Jahr ausgedehnt. Dazu kamen bis 1362 zusätzlich zwei weitere Karenzjahre hinzu. Zu einem unbekannten Zeitpunkt wurde das zweite Gnadenjahr wieder gestrichen. Im ausgehenden 18. Jahrhundert war es jedenfalls nicht mehr gebräuchlich, womit sich die gesamte Karenzzeit jetzt auf drei Jahre belief.[257]

Für die Emanzipation und die damit verbundene Aufnahme in das Kapitel mussten die Kanoniker das 20. Lebensjahr vollendet haben. Dabei konnte man auch als Minorist Kapitular werden, musste in diesem Fall aber bei den Wahlakten auf sein Stimmrecht verzichten. Das betraf auch die drei protestantischen Domherren, die ebenfalls nicht als Maioristen angesehen wurden.[258]

1146–1148; C. Hoffmann, Adel, 54f., 101, 108, 112–114, 224, 248–250, 252; R. Oer, Konfessionell gemischte Dom- und Stiftskapitel in Nordwestdeutschland, in: J. Schröder/R. Salzmann, Beiträge, 136; A. Dylong, Die Domkapitel von Hildesheim und Osnabrück am Vorabend der Säkularisation, in: DHVG 71 (2003), 128; Beschreibung einiger deutscher Domkapitel, 62 (HHStA Hs B 182).

254 J. Boeselager, Domherren, 33; A. Dylong, Domkapitel, 122.

255 B. Beckschäfer, Evangelische Domherren im Osnabrücker Domkapitel, in: OM 52 (1930), 189–193; R. Oer, Konfessionell gemischte Dom- und Stiftskapitel in Nordwestdeutschland, in: J. Schröder/R. Salzmann, Beiträge, 137–141; B. Braun, Die gemischtkonfessionellen Domkapitel im Reich nach dem Westfälischen Frieden, in: C. Roll/F. Pohle/M. Myrczek, Grenzen, 175; A. Dylong, Die Domkapitel von Hildesheim und Osnabrück am Vorabend der Säkularisation, in: DHVG 71 (2003), 127.

256 J. Boeselager, Domherren, 21f.; R. Oer, Konfessionell gemischte Dom- und Stiftskapitel in Nordwestdeutschland, in: J. Schröder/R. Salzmann, Beiträge, 136; B. Beckschäfer, Evangelische Domherren im Osnabrücker Domkapitel, in: OM 52 (1930), 187f.; Beschreibung einiger deutscher Domkapitel, 62 (HHStA Hs B 182).

257 H. Hagemann, Domkapitel, 34f., 85; R. Schindler, Studien, 145, 204; C. Hoffmann, Osnabrück – Domstift St. Petrus, in: J. Dolle, Klosterbuch III, 1151; Beschreibung einiger deutscher Domkapitel, 62f. (HHStA Hs B 182).

258 H. Hagemann, Domkapitel, 27; R. Schindler, Studien, 113; C. Hoffmann, Osnabrück – Domstift St. Petrus, in: J. Dolle, Klosterbuch III, 1146; J. Boeselager, Domherren, 19, 41, 46; A. Dylong, Die Domkapitel von Hildesheim und Osnabrück am Vorabend

Die jährliche Mindestresidenz für Kapitulare belief sich zuletzt auf sechs Wochen. In Anlehnung an die Erste Residenz war wohl auch sie in früherer Zeit bedeutend länger.[259]

Paderborn

Die seit dem 13. Jahrhundert überlieferte Gleichstellung von Adeligen und Graduierten in Theologie und Rechtswissenschaften machte das Paderborner Domkapitel zu einer gemeinständischen Einrichtung. Allerdings war die Zahl der bürgerlichen Mitglieder stets im Rückgang begriffen. 1480 entschloss sich das Domkapitel, von nun an nur mehr Adelige in seine Reihen aufzunehmen. Gleichzeitig erhöhte man die Anforderungen, indem man zur Vier-Ahnen-Probe überging. 1567 war dann bereits die Acht-Ahnen-Probe üblich, die 1580 noch ein weiteres Mal zur Sechzehn-Ahnen-Probe ausgeweitet wurde. Die noch aus dem Mittelalter stammenden Studienvorschriften des Domkapitels sahen eine Mindestausbildungszeit von einem Jahr, sechs Wochen und einem Tag vor, die ohne Unterbrechung an einer ausländischen Universität zu verbringen war. Seit 1782 durfte anstelle dessen auch ein zweijähriges Studium mit zweiwöchigen Ferien an der Universität Münster gewählt werden. 1792 wurden die Ferien auf vier Wochen verdoppelt.[260]

Ein Mitte des 18. Jahrhunderts vom Domkapitel unternommener Versuch, die Angehörigen der schwäbischen, fränkischen und rheinischen Ritterschaft von der Aufnahme auszuschließen, brachte keinen dauerhaften Erfolg. Eine andere Einschränkung wurde 1704 getroffen, kraft derer die Aufnahme enger Verwandter auf höchstens drei Brüder begrenzt wurde.[261]

---

der Säkularisation, in: DHVG 71 (2003), 128; C. Hoffmann, Adel, 108; B. Beckschäfer, Evangelische Domherren im Osnabrücker Domkapitel, in: OM 52 (1930), 186; Beschreibung einiger deutscher Domkapitel, 62–64 (HHStA Hs B 182).

259 Beschreibung einiger deutscher Domkapitel, 62 (HHStA Hs B 182).

260 H. J. Brandt, Paderborn – Domstift St. Maria, Kilian, Liborius und Ulrich, in: K. Hengst, Klosterbuch II, 179, 182; M. Hanneken, Die ständische Zusammensetzung des Paderborner Domkapitels im Mittelalter, in: WZ 90/II (1934), 165f., 169f.; J. Ohlberger, Geschichte, 13–15; G. J. Rosenkranz, Die Verfassung des ehemaligen Hochstifts Paderborn in älterer und späterer Zeit, in: WZ 12 (1851), 95–97; W. Tack, Aufnahme, Ahnenprobe und Kappengang der Paderborner Domherren im 17. und 18. Jahrhundert, in: WZ 96/II (1940), 3, 5, 17f.; F. Klocke, Von westdeutsch-westfälischer Adels- und Ahnenprobe in Mittelalter und Neuzeit, insbesondere beim Münsterschen Domkapitel, in: WA 2 (1925), 269, 282; C. Hoffmann, Adel, 249f.; Beschreibung einiger deutscher Domkapitel, 44 (HHStA Hs B 182).

261 F. Keinemann, Domkapitel, 160f.; A. Dylong, Domkapitel, 122; C. Hoffmann, Adel, 102; J. Ohlberger, Geschichte, 15.

Die Erste Residenz oder Kappenzeit umfasste einen Zeitraum von sechs Wochen und war unmittelbar vor der Zulassung zum Kapitel zu absolvieren. Diese Gepflogenheit lässt sich bereits in der ersten Hälfte des 14. Jahrhunderts nachweisen.[262]

Die bereits durch die Statuten von 1293 eingeräumten beiden Gnadenjahre wurden 1725 um ein zusätzliches Karenzjahr erweitert. Wurde ein Domherr im Paderborner Dom begraben, dann konnten die Erben über die beiden Gnadenjahre hinaus noch in drei weiteren Jahren kleinere Zahlungen genießen.[263]

Für die Emanzipation und die damit unmittelbar in Zusammenhang stehende Zulassung zum Kapitel war die Vollendung des 21. Lebensjahres eine unabdingbare Voraussetzung. Dabei konnte man auch als Minorist Kapitular werden, musste in diesem Fall aber bei den Wahlakten auf sein Stimmrecht verzichten.[264]

Jene Zeit, die die Residenten unter den Kapitularen anwesend sein mussten, betrug mindestens sechs Monate. Für die übrigen waren neun Wochen ausreichend.[265]

Passau

Das Passauer Domkapitel zählte bis ins 17. Jahrhundert hinein zu den gemeinständischen Einrichtungen. Seit 1404 war die Aufnahme auf Angehörige des Adels und Graduierte in Theologie, Rechtswissenschaften und Medizin beschränkt. 1530 finden sich die Mediziner nicht mehr genannt, dafür musste zusätzlich ein dreijähriges Studium nachgewiesen werden, seit 1594 ein fünfjähriges. Allerdings war die Zahl der bürgerlichen Mitglieder im Untersuchungszeitraum rückläufig, die letzten derartigen Kanoniker wurden in den Dreißigerjahren des 17. Jahrhunderts aufgenommen. Es stellte daher keine Neueinführung dar, als das Domkapitel 1673 beschloss, von nun an nur mehr adelige Impetranten zuzulassen. Eine erste Verschärfung der Anforderungen für Adelige nahm man 1594 mit der Einführung der Vier-Ahnen-Probe vor, aus der 1708 die Acht-Ahnen-Probe hervorging.[266]

---

262 J. Ohlberger, Geschichte, 29; H. J. Brandt, Paderborn – Domstift St. Maria, Kilian, Liborius und Ulrich, in: K. Hengst, Klosterbuch II, 182; W. Tack, Aufnahme, Ahnenprobe und Kappengang der Paderborner Domherren im 17. und 18. Jahrhundert, in: WZ 96/II (1940), 17, 19–22; G. J. Rosenkranz, Die Verfassung des ehemaligen Hochstifts Paderborn in älterer und späterer Zeit, in: WZ 12 (1851), 99; Beschreibung einiger deutscher Domkapitel, 44 (HHStA Hs B 182).

263 G. J. Rosenkranz, Die Verfassung des ehemaligen Hochstifts Paderborn in älterer und späterer Zeit, in: WZ 12 (1851), 100f.; J. P. J. N. Faber, Anni, 71; H. Granier, Preussen IX, 188; Beschreibung einiger deutscher Domkapitel, 43f. (HHStA Hs B 182).

264 G. J. Rosenkranz, Die Verfassung des ehemaligen Hochstifts Paderborn in älterer und späterer Zeit, in: WZ 12 (1851), 98; A. Dylong, Domkapitel, 104, 155; Beschreibung einiger deutscher Domkapitel, 44, 46 (HHStA Hs B 182).

265 H. Granier, Preussen IX, 559; Beschreibung einiger deutscher Domkapitel, 44f. (HHStA Hs B 182).

266 Bayerische Akademie der Wissenschaften, Monumenta XXXI/2, 46; J. Oswald, Domkapitel, 34f., 40; M. Hansiz, Germania I, 649f.; J. N. Buchinger, Geschichte II, 282; L. H. Krick, Domstift, IV; H. Würdinger, Domkapitel, 12; P. Hersche, Adel gegen

Seit den Statuten von 1530 waren in der Stadt Passau und in deren Vorstädten Geborene von einer Aufnahme ins Domkapitel ausgeschlossen. Im Zuge der Einführung der Turnusregelung 1711 wurde festgehalten, dass sich nicht mehr als zwei Brüder und nicht mehr als drei Anverwandte unter den Domherren befinden sollten.[267]

Die Ableistung der Ersten Residenz nahm ein volles Jahr in Anspruch.[268]

Neben dem allfälligen Deservitjahr war kein reines Gnadenjahr üblich. Die Erben konnten lediglich für 30 Tage das Einkommen des verstorbenen Kapitulars zur Begleichung der Begräbniskosten beziehen. Die Zahl der Karenzjahre betrug drei.[269]

Als Altersvorgabe für Kapitulare sahen die Statuten von 1594 die Vollendung des 24. Lebensjahres vor.[270]

Damit Kapitulare die vollen Einkünfte genießen konnten, mussten sie jährlich für mindestens neun Monate residieren, da ihnen 13 Wochen als Reisepräbende eingeräumt wurden. Darüber hinaus wurden die Präbendenanteile gemäß den tatsächlichen Residenzzeiten ausbezahlt. Einen wichtigen Schwellenwert stellte dabei die Residenzleistung von 17 Wochen dar, die mindestens erforderlich war, um die Reisepräbende von 13 Wochen zusätzlich zu erhalten. Wer also rund vier Monate residierte, konnte so in den Genuss von etwa sieben Zwölfteln der Präbende gelangen.[271]

Pomesanien

Für eine Mitgliedschaft im Pomesanischen Domkapitel bestand kein Adelserfordernis. Die gemeinständische Institution wies deshalb eine große Zahl an bürgerlichen Domherren auf.[272]

Die Bestimmungen des Deutschen Ordens verlangten von den Priesterbrüdern und damit auch von den Domherren ein einjähriges Noviziat, das unmittelbar nach dem Eintritt in den Orden zu absolvieren war.

Bürgertum? Zur Frage der Refeudalisierung der Reichskirche, in: F. Jürgensmeier, Weihbischöfe, 201.

267 J. N. Buchinger, Geschichte II, 282, 434; M. Hansiz, Germania I, 650; L. H. Krick, Domstift, IV; H. Würdinger, Domkapitel, 12f.

268 M. J. Thaler, Domkapitel, 643; Beschreibung einiger deutscher Domkapitel, 50 (HHStA Hs B 182).

269 J. N. Buchinger, Geschichte II, 282; M. Hansiz, Germania I, 651, 657; J. P. J. N. Faber, Anni, 75; E. Ringelmann, Säkularisation, 99; Beschreibung einiger deutscher Domkapitel, 50 (HHStA Hs B 182).

270 M. Hansiz, Germania I, 651; E. Ringelmann, Säkularisation, 99; Beschreibung einiger deutscher Domkapitel, 51 (HHStA Hs B 182).

271 E. Ringelmann, Säkularisation, 98; H. Würdinger, Domkapitel, 40; J. Hirnsperger, Statuten, 67; Beschreibung einiger deutscher Domkapitel, 50 (HHStA Hs B 182).

272 M. Glauert, Domkapitel, 182, 280; M. Glauert, Das Domkapitel von Pomesanien (1284–1527). Eine Zusammenfassung, in: R. Biskup/M. Glauert, Domkapitel, 63, 73; A. Radzimiński, Kirche, 204; R. Krajniak, Duchowieństwo, 79f.

Zudem handelte es sich um ein reines Priesterkapitel, dessen Kanoniker der Disziplin des Deutschen Ordens unterworfen waren.[273]

Prag

Das Prager Domkapitel zählte zu den gemeinständischen Einrichtungen. Da es jedoch aufgrund seiner eingeschränkten finanziellen Möglichkeiten für Adelige weniger anziehend war, setzte es sich vor allem aus bürgerlichen Kanonikern zusammen. Für das beginnende letzte Drittel des 17. Jahrhunderts wird gar von einer geheimen Absprache der bürgerlichen Domherren berichtet, keine Adeligen mit einem Kanonikat zu betrauen. Trotzdem fanden sich aber immer auch Adelige unter den Domherren. Der 1623 ergriffene, letztlich aber nicht umgesetzte Plan Kaiser Ferdinands II. für eine Neuaufstellung des Domkapitels, hätte unter anderem eine ständische Dreiteilung der 24 vorgesehenen Kanonikate beeinhaltet. Neben acht Grafen oder Freiherren hätten acht Ritter und acht Bürgerliche Aufnahme finden sollen. Von den Adeligen beabsichtigte der Kaiser, neben einer Adelsprobe über vier oder fünf Generationen auch den Nachweis eines dreijährigen Studiums zu fordern. Für bürgerliche Impetranten sollte das Dokotorat in Theologie oder Rechtswissenschaften bindend sein. Seit einem Erlass Kaiser Josephs II. aus dem Jahr 1783 mussten angehende Domherren zumindest eine zehnjährige Seelsorgetätigkeit nachweisen können. Kaiser Leopold II. ließ 1790 ersatzweise auch eine theologische Lehrtätigkeit im Ausmaß von mindestens 15 Jahren gelten.[274]

1510 kam es zur Verabschiedung eines Statuts, das Söhne von Prager Bürgern von einer Mitgliedschaft im Domkapitel ausschloss. Zudem war die Korporation einem Erlass Kaiser Karls VI. aus dem Jahr 1713 unterworfen, in dem von den angehenden Domherren das Inkolat gefordert wurde. Obwohl diese Forderung grundsätzlicher Natur war, kam sie in der Praxis nicht wirklich zum Tragen, da man sie allein auf den Dompropst beschränkte. Schließlich erging 1781 eine Verordnung Kaiser Josephs II., kraft derer die Vergabe der Kanonikate auf die eigenen Untertanen beschränkt sein sollte.[275]

---

273 B. Jähnig, Die Verfassung der Domkapitel der Kirchenprovinz Riga, in: B. Jähnig, Probleme, 68; M. Glauert, Das Domkapitel von Pomesanien (1284–1527). Eine Zusammenfassung, in: R. Biskup/M. Glauert, Domkapitel, 66.

274 P. Maťa, Noblesse et chapitres dans les pays de la couronne de Bohême au XVIIe siècle, in: XVIIe siècle Nr. 250 (2011), 90f., 94; M. Zemek, Das Olmützer Domkapitel. Seine Entstehung und Entwicklung bis 1600, in: AKGB 12 (1993), 49; J. T. Pešina z Čechorodu, Phosphorus, 690; A. W. Gustermann, Kirchenrecht I, 70; W. Mick, Metropolitankapitel, 169; H. Zschokke, Geschichte, 196f.

275 H.-J. Busley, Geschichte, 182; J. Seiler, Domkapitel, 17; J. Brňovják, In vim sanctionis pragmaticae. K interpretaci inkolátní pragmatiky z roku 1713 a nobilitací církevních hodnostářů v českých zemích v 18. století, in: HRHPV 7 (2106), 1, 13f., 20f.; A. W. Gustermann, Kirchenrecht I, 69f.

Die Statuten von 1350 legten die Dauer der Ersten Residenz auf ein Jahr fest, eine Bestimmung, die auch im ausgehenden 17. Jahrhundert noch Beachtung fand.[276]

Neben dem Gnadenjahr erwuchsen den nicht residierenden Domherren im Laufe des bereits 1350 belegten Karenzjahres das ganze Jahr über keine Einkünfte, während die residierenden diese im zweiten Halbjahr genießen konnten. Zudem unterlagen die vier Dignitäre nach ihrer Amtsübernahme ebenfalls einer Karenzauflage. Auch dabei wurde zwischen residierenden und nicht residierenden Prälaten unterschieden. Entweder musste für ein halbes Jahr auf die Erträge verzichtet werden oder eine bestimmte festgesetzte Summe abgeführt werden. Eine Verfügung Kaiser Josephs II. II. dürfte 1787 das Ende aller Karenzzeiten gebracht haben.[277]

Die Statuten von 1350 verbanden den vollen Genuss der Präbende mit der Anwesenheit zu bestimmten Terminen. Vor dem Fest Mariä Lichtmess, dem Georgitag und dem Gallitag waren mindestens zwei Monate Residenz gefordert. Am Gründonnerstag, dem Veitstag und dem Wenzelstag reichten jeweils acht Tage vor und nach dem Festtag aus. Insgesamt ergab sich so eine Mindestresidenz von knapp siebeneinhalb Monaten. Offen bleiben muss freilich, wie sich die Residenzbestimmungen in den späteren Jahrhunderten entwickelten.[278]

Ratzeburg

Im Ratzeburger Domkapitel galt kein Adelsvorbehalt. Daher stand es als gemeinständisches Institut allen Ständen offen. Ein 1605 gefasster Beschluss, Angehörigen des Fürsten- und Grafenstandes von einer Aufnahme auszuschließen, erfuhr wohl keine tatsächliche Umsetzung, spiegelte aber die herrschenden Mehrheitsverhältnisse wider. Seit der Mitte des 14. Jahrhunderts überwogen nämlich unter den Domherren jene bürgerlicher Abstammung. Die zweijährige Studienverpflichtung für alle Kanoniker wurde vermutlich erst nach der 1504 vorgenommenen Transmutation eingeführt. Im ausgehenden 16. Jahrhundert bestand sie jedenfalls schon.[279]

Zum Ausschluss der Ratzeburger Bürgersöhne von einer Mitgliedschaft im Domkapitel kam es hingegen bereits 1493.[280]

---

276 A. Podlaha, Statuta, 24; A. Podlaha, Series, 200.

277 A. Podlaha, Statuta, 21; A. Podlaha, Series, 199–201; M. Maříkova, Pokladna, 20, 45f.; A. W. Gustermann, Kirchenrecht I, 76.

278 A. Podlaha, Statuta, 26f.; M. Maříkova, Pokladna, 149f., 152.

279 H. Bernhöft, Domstift, 3–5; G. M. C. Masch, Geschichte, 534, 564, 598; E. Bünz/K. Hillebrand, Ratzeburg. Domstift S. Maria, S. Johannes Evangelist, in: W. Huschner/E. Münch/C. Neustadt/W. E. Wagner, Klosterbuch I, 659; E. Bünz/K. Hillebrand, Ratzeburg – Prämonstratenser/Domkapitel, in: O. Auge/K. Hillebrand, Klosterbuch, 2.6.7.

280 H. Bernhöft, Domstift, 4f.; E. Bünz/K. Hillebrand, Ratzeburg. Domstift S. Maria, S. Johannes Evangelist, in: W. Huschner/E. Münch/C. Neustadt/W. E. Wagner, Klosterbuch I, 659; E. Bünz/K. Hillebrand, Ratzeburg – Prämonstratenser/Domkapitel, in: O. Auge/K. Hillebrand, Klosterbuch, 2.6.6.

Nach dem Konfessionswechsel wurde die Zugehörigkeit zum Klerikerstand als Aufnahmebedingung wahrscheinlich stillschweigend abgeschafft, die Zölibatsverpflichtung fiel 1566.[281]

Als Nachfolgeeinrichtung für das bislang bestehende Noviziat wurde mit der Transmutation 1504 eine einjährige Erste Residenz eingeführt.[282]

Um die Erste Residenz antreten zu können, musste der betreffende Domherr zuerst eine Wartefrist von zwei Jahren verstreichen lassen. Diese diente gegebenenfalls als Deservit- und Gnadenjahr. Im Anschluss daran waren zwei Karenzjahre zu beachten, in denen der Kanoniker jeweils einen sich steigernden Teil der Einkünfte beziehen konnte.[283]

Für die Übernahme einer Maiorpräbende wurde ein Alter von 22 Jahren gefordert.[284]

Regensburg

Für das Regensburger Domkapitel kam es 1414 unter Bezugnahme auf eine ähnliche Richtlinie aus der Mitte des 13. Jahrhunderts zur rechtlichen Regelung der ständischen Verhältnisse. Im gemeinständischen Domkapitel sollten nur mehr Angehörige des Adels sowie in Theologie oder Rechtswissenschaften graduierte Bürgerliche Aufnahme finden. Dabei durften die Graduierten höchstens ein Drittel der Domherren stellen. 1493 wurde ihnen zusätzlich die Auflage gemacht, ein mindestens vierjähriges Studium zu absolvieren, das 1586 auf ein fünftes Jahr ausgedehnt wurde. Seit damals wurde nur mehr das Doktorat als ausreichender akademischer Grad anerkannt. Zudem mussten zwischen der Promotion und dem Zeitpunkt der Aufnahme als Domherr mindestens zwei Jahre verstrichen sein. Seit 1604 galt das Erfordernis der ehelichen Geburt auch für die Eltern der graduierten Kandidaten. Durch die Statuten von 1671/76 wurde eine weitere Verschärfung vorgenommen, indem die Drittelregelung nun auch auf die Kapitulare zur Anwendung gelangte. Gleichzeitig kam es zur Einführung eines Nobilitätsdiploms für die graduierten Impetranten. Sie mussten damit nachweisen, dass ihr Vater selbst ein Doktorat der Rechtswissenschaften oder der Medizin besaß beziehungsweise sich anderweitig besondere Verdienste erworben hatte. Auch die eigenen Verdienste des Impetranten um das öffentliche Wohl konnten Berücksichtigung finden. Durch all diese Maßnahmen war selbstverständlich die Zahl der Graduierten ständig rückläufig. Im 18. Jahrhundert setzte sich das Domkapitel ausschließlich aus adeligen Mitgliedern zusammen, für die sich allerdings ebenfalls die Aufnahmebedingungen verschärften. Nachdem vorerst die Zwei-Ahnen-Probe genügte, forderte man seit 1586 die Vier-Ahnen-Probe.

---

281 G. M. C. Masch, Geschichte, 522, 534, 565f.; E. Bünz/K. Hillebrand, Ratzeburg. Domstift S. Maria, S. Johannes Evangelist, in: W. Huschner/E. Münch/C. Neustadt/W. E. Wagner, Klosterbuch I, 657; E. Wolgast, Hochstift, 268.

282 G. M. C. Masch, Geschichte, 564f.

283 G. M. C. Masch, Geschichte, 563–566.

284 G. M. C. Masch, Geschichte, 534, 564.

1699 wurde die Acht-Ahnen-Probe rechtsverbindlich, die im ausgehenden 18. Jahrhundert durch die Einführung der Sechzehn-Ahnen-Probe noch überboten wurde.[285]

Seit den Statuten von 1571 war die gleichzeitige Aufnahme zweier Brüder nicht mehr statthaft. Eine Ausnahme wurde nur für Halbbrüder gemacht, die einen unterschiedlichen Familiennamen und ein unterschiedliches Wappen führten.[286]

Die Statuten von 1571 schrieben noch die Vollendung des 15. Lebensjahres als Voraussetzung für eine Aufnahme vor. Bereits 1586 wurde diese Bestimmung jedoch auf das vollendete 14. Lebensjahr herabgesetzt.[287]

Die Erste Residenz umfasste zumindest seit den Statuten von 1414 drei Viertel eines Jahres beziehungsweise 39 Wochen. Dazu kamen noch weitere vier Wochen als Zweite Residenz, die unmittelbar vor der Aufnahme ins Kapitel abzuleisten waren.[288]

Für die bereits im 13. Jahrhundert bestehende Gepflogenheit eines Gnadenjahres und eines zusätzlichen Karenzjahres sahen die Statuten von 1414 eine kleine Veränderung vor. Während für jene Domherren, die bereits die Priesterweihe empfangen hatten, alles beim Alten blieb, mussten jene, die noch nicht Priester waren, nun ein weiteres Karenzjahr in Kauf nehmen.[289]

Für die Aufnahme unter die Kapitulare war durchgängig die Vollendung des 24. Lebensjahres unabdingbar erforderlich.[290]

---

285 A. Mayer, Statuta antiquissima reverendissimi capituli ecclesiae cathedralis Ratisponensis, in: A. Mayer, Thesaurus II, 2, 42f.; A. Mayer, Statuta ecclesiae cathedralis Ratisponensis, in: A. Mayer, Thesaurus III, 2, 24; A. Mayer, Statuta nova et novissima venerabilis Capituli cathedralis ecclesiae Ratisbonensis, in: A. Mayer, Thesaurus IV, 3f., 25, 28–31, 35–37; H. E. Feine, Besetzung, 20f.; P. Hersche, Domkapitel I, 156; Beschreibung einiger deutscher Domkapitel, 48 (HHStA Hs B 182).

286 A. Mayer, Statuta nova et novissima venerabilis Capituli cathedralis ecclesiae Ratisbonensis, in: A. Mayer, Thesaurus IV, 22; J. Seiler, Domkapitel, 68; Beschreibung einiger deutscher Domkapitel, 50 (HHStA Hs B 182).

287 A. Mayer, Statuta nova et novissima venerabilis Capituli cathedralis ecclesiae Ratisbonensis, in: A. Mayer, Thesaurus IV, 3f.

288 A. Mayer, Statuta antiquissima reverendissimi capituli ecclesiae cathedralis Ratisponensis, in: A. Mayer, Thesaurus II, 0[d]; A. Mayer, Statuta ecclesiae cathedralis Ratisponensis, in: A. Mayer, Thesaurus III, 8; A. Mayer, Statuta nova et novissima venerabilis Capituli cathedralis ecclesiae Ratisbonensis, in: A. Mayer, Thesaurus IV, 7, 38; J. Seiler, Domkapitel, 68; Beschreibung einiger deutscher Domkapitel, 48 (HHStA Hs B 182).

289 A. Mayer, Statuta antiquissima reverendissimi capituli ecclesiae cathedralis Ratisponensis, in: A. Mayer, Thesaurus II, 52–54, 58f.; A. Mayer, Statuta ecclesiae cathedralis Ratisponensis, in: A. Mayer, Thesaurus III, 8, 13f.; A. Mayer, Statuta nova et novissima venerabilis Capituli cathedralis ecclesiae Ratisbonensis, in: A. Mayer, Thesaurus IV, 6, 14f.

290 A. Mayer, Statuta antiquissima reverendissimi capituli ecclesiae cathedralis Ratisponensis, in: A. Mayer, Thesaurus II, 0[d]; A. Mayer, Statuta ecclesiae ca-

Zur Erfüllung der den Kapitularen obliegenden Mindestresidenz gestatteten die Statuten von 1414 eine Absenz im Ausmaß von höchstens 13 Wochen. Die Regelgung der Statuten von 1571 war diesbezüglich deutlich großzügiger. Von nun an hatte man mindestens 26 Wochen vor Ort zu residieren.[291]

Salzburg

Die Anfänge des Adelsvorbehalts im Salzburger Domkapitel sind nicht eindeutig fassbar. Papst Martin V. bestätigte jedenfalls 1427 ein Statut, das allein die Aufnahme Adeliger für zulässig erklärte. Zuvor fanden sich bereits im 14. Jahrhundert nur in wenigen Ausnahmefällen bürgerliche Domherren. Nach der 1515 umgesetzten Transmutation blieben die ständischen Bestimmungen grundsätzlich erhalten. Die dem Domkapitel im Zuge der Transmutation von Koadjutor Matthäus Lang von Wellenburg abgerungene und ab 1516 geltende Ausnahme für dessen Familie wurde nur in einem einzigen Fall wirksam und verschwand bald wieder aus den Statuten. Die bereits im regulierten Domkapitel als ausreichend angesehene Zwei-Ahnen-Probe wurde 1559 zur Vier-Ahnen-Probe erweitert. Ab 1598 war schließlich die Acht-Ahnen-Probe vorzulegen. Zu einer weiteren Verschärfung kam es 1720, als das Domkapitel beschloss, für Angehörige von bei ihm bislang noch nicht aufgeschworenen Familien einen eigenen Nebenstammbaum über ebenfalls acht Ahnen zu verlangen, womit im äußersten Fall 64 Ahnen zu belegen waren. Die Ausdehnung des Adelsnachweises auf die Sechzehn-Ahnen-Probe, die in der zweiten Hälfte des 18. Jahrhunderts angedacht worden war, unterblieb letztlich, da man diesen Schritt als Vereinfachung der bestehenden Rechtslage ansah. Auch ein Studienerfordernis kam über die reine Überlegung nicht hinaus. 1524 trug man sich nämlich mit dem Gedanken, ein zweijähriges Studium verbindlich einzuführen.[292]

Auch die Festschreibung einer Beschränkung für Angehörige derselben Familie gelang nicht im ersten Anlauf. Entsprechende Überlegungen 1524 und 1614 fanden schließlich 1682 ihren Abschluss, als das Domkapitel beschloss, dass künftig

---

thedralis Ratisponensis, in: A. Mayer, Thesaurus III, 21; A. Mayer, Statuta nova et novissima venerabilis Capituli cathedralis ecclesiae Ratisbonensis, in: A. Mayer, Thesaurus IV, 21, 38.

291 A. Mayer, Statuta antiquissima reverendissimi capituli ecclesiae cathedralis Ratisponensis, in: A. Mayer, Thesaurus II, 5, 50f.; A. Mayer, Statuta ecclesiae cathedralis Ratisponensis, in: A. Mayer, Thesaurus III, 10; A. Mayer, Statuta nova et novissima venerabilis Capituli cathedralis ecclesiae Ratisbonensis, in: A. Mayer, Thesaurus IV, 8; J. Seiler, Domkapitel, 68; Beschreibung einiger deutscher Domkapitel, 49 (HHStA Hs B 182).

292 H. Klein, Standesverhältnisse, 14, 17f.; H. Wagner, Domkapitel, 4, 12, 26, 28, 50f., 54, 61, 84f.; H. Wagner/H. Klein, Salzburgs Domherren von 1300 bis 1514, in: MGSL 92 (1952), 5, 10, 13, 15; J. Hirnsperger, Statuten, 21, 30, 32, 34, 36f., 46, 64–66, 107, 114, 182f., 202f., 205–207, 209–222, 226, 236, 281, 328f.; M. J. Thaler, Domkapitel, 49–52, 61; Beschreibung einiger deutscher Domkapitel, 12 (HHStA Hs B 182).

höchstens drei Angehörige derselben Familie und zwei Brüder gleichzeitig mit der Mitgliedschaft betraut sein sollten.[293]

Die aus dem Noviziat hervorgegangene Erste Residenz betrug im weltgeistlichen Domkapitel ein volles Jahr.[294]

Wohl erst nach der Transmutation erfolgte die Einführung eines Gnadenjahres sowie eines weiteren Karenzjahres.[295]

Für die Zulassung zum Kapitel war bis zu den Statuten von 1540 die Vollendung des 20. Lebensjahres ausreichend, danach musste das 24. Lebensjahr vollendet sein.[296]

Im regulierten Domkapitel konnten ausschließlich Priester Kapitulare werden. Dieser Zustand änderte sich nach der Transmutation, als man alle Maioristen zuließ.[297]

Nach der Aufgabe der weitaus strengeren Ordensdisziplin durch die Transmutation wurde die jährliche Mindestresidenz für Kapitulare schließlich durch die Statuten von 1540 auf ein Drittel des Jahres beziehungsweise 17 Wochen und drei Tage festgesetzt. 1615 angestellte Überlegungen des Domkapitels, die Residenzzeit auf mindestens fünf Monate auszudehnen, führten zu keiner tatsächlichen Veränderung.[298]

Samland

Das Samländische Domkapitel unterlag einer gemeinständischen Verfassung und kannte daher keine standesmäßigen Aufnahmebeschränkungen, weshalb sich eine deutliche Mehrheit an bürgerlichen Mitgliedern ausbilden konnte.[299]

Die Bestimmungen des Deutschen Ordens verlangten von den Priesterbrüdern und damit auch von den Domherren ein einjähriges Noviziat, das unmittelbar nach dem Eintritt in den Orden zu absolvieren war.

---

293 J. Hirnsperger, Statuten, 193–196; H. Wagner, Domkapitel, 48; M. J. Thaler, Domkapitel, 60.

294 J. Hirnsperger, Statuten, 49f., 199f., 240, 321; H. Wagner, Domkapitel, 52f.; M. J. Thaler, Domkapitel, 54; Beschreibung einiger deutscher Domkapitel, 12 (HHStA Hs B 182).

295 J. P. J. N. Faber, Anni, 74; J. Hirnsperger, Statuten, 49, 58, 239f., 250, 320f., 334; H. Wagner, Domkapitel, 53, 97f.; M. J. Thaler, Domkapitel, 54; Beschreibung einiger deutscher Domkapitel, 12 (HHStA Hs B 182).

296 J. Hirnsperger, Statuten, 36, 50, 56, 247; H. Wagner, Domkapitel, 54; M. J. Thaler, Domkapitel, 55; Beschreibung einiger deutscher Domkapitel, 12 (HHStA Hs B 182).

297 H. Klein, Standesverhältnisse, 8–10, 110–112; H. Wagner/H. Klein, Salzburgs Domherren von 1300 bis 1514, in: MGSL 92 (1952), 11f.; H. Wagner, Domkapitel, 13, 65; J. Hirnsperger, Statuten, 22, 36, 56, 247.

298 H. Wagner/H. Klein, Salzburgs Domherren von 1300 bis 1514, in: MGSL 92 (1952), 12; J. Hirnsperger, Statuten, 22, 33, 36, 51, 67, 83, 157f., 160, 164–166, 190, 241f., 291f., 331; H. Wagner, Domkapitel, 55; M. J. Thaler, Domkapitel, 56; Beschreibung einiger deutscher Domkapitel, 12 (HHStA Hs B 182).

299 R. Biskup, Domkapitel, 82; A. Radzimiński, Kirche, 204; R. Krajniak, Duchowieństwo, 79f.

Zudem handelte es sich um ein reines Priesterkapitel, dessen Kanoniker der Disziplin des Deutschen Ordens unterworfen waren.[300]

St. Pölten

Das St. Pöltner Domkapitel stand Klerikern aus allen Ständen offen. Studienforderung bestand keine, allerdings war gemäß einer von Kaiser Joseph II. bereits 1783 erlassenen Bestimmung von angehenden Kanonikern eine mindestens zehnjährige Seelsorgetätigkeit nachzuweisen. Kaiser Leopold II. ließ 1790 ersatzweise auch eine theologische Lehrtätigkeit im Ausmaß von mindestens 15 Jahren gelten.[301]

Neben einer bereits seit 1781 zu beachtenden Vorgabe Kaiser Josephs II., die die Vergabe der Kanonikate auf die eigenen Untertanen beschränken sollte, bestanden hinsichtlich der Idoneitätskriterien keine partikularrechtlichen Besonderheiten.[302]

Da die Rahmenbedingungen dafür sorgten, dass alle Domherren bereits bei ihrer Aufnahme die Priesterweihe empfangen hatten, überschritt man die damals geltenden Anforderungen des Konzils von Trient.[303]

Die jährlich zulässige Absenz für die Kapitulare betrug in Anlehnung an die Beschlüsse des Konzils von Trient drei Monate.[304]

Schleswig

Als gemeinständische Korporation galten im Schleswiger Domkapitel keine ständischen Aufnahmebeschränkungen. Die Standesverhältnisse waren zumindest bis ins 14. Jahrhundert von einem Übergewicht an bürgerlichen Domherren gekennzeichnet, seit dem ausgehenden 16. Jahrhundert scheint hingegen der Adel eine Vorrangstellung besessen zu haben. Ob in der zweiten Hälfte des 15. Jahrhunderts auch das Schleswiger Domkapitel von den Versuchen König Christians I. von Dänemark, den Zugang zu den Kanonikaten Adeligen und Doktoren der Rechtswissenschaften vorzubehalten, betrofffen war, muss offen bleiben. Jedenfalls zeitigten die entsprechenden Pläne keinerlei Erfolg. Eine akademische Ausbildung war lediglich empfohlen, aber nicht verbindlich vorgeschrieben.[305]

300 B. Jähnig, Die Verfassung der Domkapitel der Kirchenprovinz Riga, in: B. Jähnig, Probleme, 69.

301 A. W. Gustermann, Kirchenrecht I, 70; W. Mick, Metropolitankapitel, 169; H. Zschokke, Geschichte, 196f.

302 A. W. Gustermann, Kirchenrecht I, 69f.

303 J. Wohlmuth, Dekrete III, 766.

304 J. Wohlmuth, Dekrete III, 766.

305 K. Harms, Domkapitel, 9, 12, 25, 27–32; K.-P. Reumann, Grundherrschaft, 40; W. W. Rausch/P. Nawrocki, Schleswig – Domkanoniker, in: O. Auge/K. Hillebrand, Klosterbuch, 2.6.7.

Die Erste Residenz, der sich neu eingetretene Domherren unterziehen mussten, umfasste seit den Statuten von 1352 einen Zeitraum von zwölf Wochen.[306]

Den Kapitularen oblag eine jährliche Mindestresidenz von rund neun Monaten, zwölf Wochen Absenz waren zulässig. Wie lange sich diese Bestimmung halten konnte, ist nicht bekannt. Dass sie nach dem Konfessionswechsel unverändert in Kraft blieb, darf bezweifelt werden.[307]

Schwerin

Das Schweriner Domkapitel war als gemeinständische Institution organisiert und stand somit allen Ständen offen. Zumindest für die protestantische Zeit ist die Forderung nach einer akademischen Ausbildung belegt, über deren Dauer beziehungsweise Abschluss jedoch nähere Angaben fehlen.[308]

Die Verpflichtung zum Zölibat wurde in den Fünfzigerjahren des 16. Jahrhunderts vom Domkapitel aufgehoben.[309]

1475 entschied sich das Domkapitzel für das Einfordern des 20. Lebensjahres als Voraussetzung für einen Genuss der Präbende.[310]

Dem 1191 festgelegten Gnadenjahr fügte das Domkapitel um 1370 zusätzlich ein Karenzjahr hinzu.[311]

Damals betrug die jährlich zulässige Absenz höchstens viermal je 15 Tage. Aus späterer Zeit ist bekannt, dass nach dem Konfessionswechsel die Residenzpflicht wenig Beachtung fand. Allerdings versuchte man durch die Statuten von 1610 dem entgegenzuwirken, indem man zumindest für einige Monate des Jahres die Anwesenheit forderte. Nähere Angaben dazu fehlen allerdings.[312]

---

306 K. Harms, Domkapitel, 13, 34, 90, 164.

307 K. Harms, Domkapitel, 39.

308 M. Kaluza-Baumruker, Domkapitel, 41, 102; A. Röpcke, Über historische Nachbarschaft: Das Schweriner und das Lübecker Domkapitel im Spätmittelalter (1350–1500), in: MJB 129 (2014), 8; F. Schildt, Das Bisthum Schwerin in der evangelischen Zeit II, in: MJB 49 (1884), 218; A. Röpcke/E. Badstübner/C. Neustadt, Schwerin. Domstift S. Maria, S. Johannes Evangelist, in: W. Huschner/E. Münch/C. Neustadt/W. E. Wagner, Klosterbuch II, 1028.

309 E. Wolgast, Hochstift, 233; F. Schildt, Das Bisthum Schwerin in der evangelischen Zeit II, in: MJB 49 (1884), 213.

310 A. Röpcke/E. Badstübner/C. Neustadt, Schwerin. Domstift S. Maria, S. Johannes Evangelist, in: W. Huschner/E. Münch/C. Neustadt/W. E. Wagner, Klosterbuch II, 1035.

311 M. Kaluza-Baumruker, Domkapitel, 39f.; A. Röpcke/E. Badstübner/C. Neustadt, Schwerin. Domstift S. Maria, S. Johannes Evangelist, in: W. Huschner/E. Münch/C. Neustadt/W. E. Wagner, Klosterbuch II, 1021.

312 M. Kaluza-Baumruker, Domkapitel, 24; F. Schildt, Das Bisthum Schwerin in der evangelischen Zeit II, in: MJB 49 (1884), 213, 227, 235; A. Röpcke/E. Badstübner/C. Neustadt, Schwerin. Domstift S. Maria, S. Johannes Evangelist, in: W. Huschner/E. Münch/C. Neustadt/W. E. Wagner, Klosterbuch II, 1025, 1027.

Seckau

Das gemeinständische Seckauer Domkapitel wies bis zur Wende vom 15. zum 16. Jahrhundert ein deutliches Übergewicht des Adels auf. Erst danach konnten sich Kanoniker bürgerlicher Abstammung vermehrt Zugang zum Domkapitel verschaffen. Im 17. und 18. Jahrhundert setzte eine gegenläufige Bewegung ein, die den Anteil der adeligen Domherren wieder anwachsen ließ.[313]

Für die Zulassung zur Profess war ein Mindestalter von 19 Jahren erforderlich. Anstelle der Karenzjahre mussten die Domherren nach ihrer Profess noch zwei Jahre warten, ehe sie unter die Kapitulare aufgenommen werden konnten. Zudem war dafür der Empfang der Priesterweihe eine weitere Voraussetzung.[314]

Sitten

Dem Sittner Domkapitel waren ständische Vorschriften fremd. Seit dem 15. Jahrhundert stellte das Bürgertum etwa drei Viertel aller Kanoniker. Erst im Laufe des 18. Jahrhunderts vermochte der Adel zeitweise seinen Anteil ein wenig auszudehnen.[315]

Seit einer entsprechenden Bulle Papst Innozenz' VIII. aus dem Jahr 1486 war der Kreis der Impetranten auf Personen aus dem Bistum oder wenigstens aus deutschen Gebieten beschränkt. Auch wenn diese Bestimmung nicht ausnahmslos umgesetzt wurde, beeinflusste sie die Zusammensetzung des Domkapitels doch nachhaltig.[316]

Die Erste Residenz erforderte einen Zeitaufwand von genau einem Jahr.[317]

Neben einem Gnadenjahr war ein zusätzliches Karenzjahr zu beachten.[318]

Die Statuten von 1275 schrieben für Kapitulare eine jährliche Residenzleistung im Ausmaß von mindestens 16 Wochen vor. Die Zweiteilung des Domkapitels hatte auch Auswirkungen auf die Residenzpflicht. Denn jenen Domherren, die an der Bischofskirche in der Stadt Dienst taten, gestattete man nur eine jährlich Absenz von drei Wochen. 1302 wurde die Bestimmung etwas gelockert. Nun durften

---

313 O. Rommel, Domkapitel, 29ª, 37, 39, 59, 83.

314 O. Rommel, Domkapitel, 59f.; L. Leonard, Aufhebungsgeschichte des regulirten Domstiftes Seckau, in: SMGB 10 (1889), 276.

315 F. Vannotti/G. Zenhäuser, Das Domkapitel. Einleitung, in: P. Braun/B. Degler-Spengler/E. Gilomen-Schenkel, Bistum, 380; H. A. Roten, Zur Zusammensetzung des Domkapitels von Sitten im Mittelalter III, in: Vallesia 3 (1948), 125f.

316 D. Imesch, Das Domkapitel von Sitten zur Zeit des Kardinals M. Schiner, in: BWG 6/I (1921), 35; F. Vannotti/G. Zenhäuser, Das Domkapitel. Einleitung, in: P. Braun/B. Degler-Spengler/E. Gilomen-Schenkel, Bistum, 380, 386.

317 F. Vannotti/G. Zenhäuser, Das Domkapitel. Einleitung, in: P. Braun/B. Degler-Spengler/E. Gilomen-Schenkel, Bistum, 367f.; F. Vannotti, Chapitre, 23; D. Imesch, Das Domkapitel von Sitten zur Zeit des Kardinals M. Schiner, in: BWG 6/I (1921), 12; D. Imesch, Die Würden und Würdenträger des Domkapitels von Sitten, in: BWG 8/III–V (1938), 322.

318 F. Vannotti/G. Zenhäuser, Das Domkapitel. Einleitung, in: P. Braun/B. Degler-Spengler/E. Gilomen-Schenkel, Bistum, 367f., 371.

diese Domherren jedes Jahr zwei Monate abwesend sein. Allerdings mussten stets mindestens zwei Kanoniker vor Ort sein. Nuntius Girolamo Principe Farnese verfügte 1642 anlässlich einer Visitation eine Verschärfung der Residenzbestimmungen für die Domherren auf dem Hügel Valeria. Sie wurden nun den nach dem Konzil von Trient geltenden Richtlinien unterworfen, die nur mehr drei Monate Absenz zuließen. Die unterschiedliche Behandlung der beiden Teile des Domkapitels fiel erst weg, als das Domkapitel 1800 zur Gänze hinunter in die Stadt übersiedelte.[319]

Speyer

Im Speyerer Domkapitel kam es zur schrittweisen Aufgabe der ehemals gemeinständischen Verfassung. Seit dem beginnenden 15. Jahrhundert war die Aufnahme bürgerlicher Kandidaten auf Graduierte in Theologie, Rechtswissenschaften oder Medizin beschränkt. 1473 wurden durch eine Statutenreform die Mediziner ausgeschlossen. Gleichzeitig erlegte man den Graduierten den Nachweis einer Studienzeit von mindestens fünf Jahren auf. Papst Sixtus IV. verfügte 1483 den Ausschluss aller Nichtadeligen von einer Aufnahme. Auf Bitten des Domkapitels stand zwar Graduierten der Zugang ins Domkapitel weiter offen. Allerdings kam diese Bestimmung tatsächlich nicht zum Tragen, womit lediglich der Inhaber des Universitätskanonikats nicht unter den Adelsvorbehalt fiel. Als diese Präbende 1547 der Universität Heidelberg abgegolten wurde, blieb ein rein adeliges Domkapitel übrig. Von dessen Mitgliedern verlangte man bereits 1361 die Vier-Ahnen-Probe. 1560 ging man zur Acht-Ahnen-Probe über, die sich im letzten Viertel des 17. Jahrhunderts zur Sechzehn-Ahnen-Probe steigerte. Ohne Rücksicht auf die Standeszugehörigkeit galt seit 1424 eine zweijährige Studienvorschrift für alle Kanoniker, die nach der Ersten Residenz zu absolvieren war und vor allem seit dem Beginn des 16. Jahrhunderts auch streng beachtet wurde. Dabei schlug der jeweilige Domherr dem Domkapitel drei Studienorte vor, unter denen das Kapitel die Auswahl traf.[320]

Der für 1264 belegbare Ausschluss der Speyerer Stadtbürger und ihrer Söhne von einer Aufnahme unter die Domherren wurde 1272 vorerst widerrufen, 1309 aber

---

319 F. Vannotti, Chapitre, 23, 25; F. Vannotti/G. Zenhäuser, Das Domkapitel. Einleitung, in: P. Braun/B. Degler-Spengler/E. Gilomen-Schenkel, Bistum, 368, 388; D. Imesch, Die Würden und Würdenträger des Domkapitels von Sitten, in: BWG 8/III–V (1938), 322; J. Wohlmuth, Dekrete III, 766.

320 A. Gnann, Beiträge, 49, 59; G. Fouquet, Domkapitel, 39–43, 46, 85, 168, 171, 192, 297; L. G. Duggan, Bishop, 47, 125f.; H. Hartmann, Die Domherren der zweiten Hälfte des 15. Jahrhunderts in Mainz, Worms und Speyer, in: MZ 70 (1975), 151, 154f.; P. Hersche, Adel gegen Bürgertum? Zur Frage der Refeudalisierung der Reichskirche, in: F. Jürgensmeier, Weihbischöfe, 201; P. Hersche, Domkapitel I, 165; K. Andermann, Zur Praxis der Aufschwörung in südwestdeutschen Domstiften der Frühneuzeit, in: E. Harding/M. Hecht, Ahnenprobe, 194, 198; Beschreibung einiger deutscher Domkapitel, 27f. (HHStA Hs B 182).

wieder in Kraft gesetzt. Seit 1457 ist eine weitere Beschränkung fassbar, kraft derer nicht mehr als zwei Brüder gleichzeitig Kapitulare sein durften.[321]

Das Mindestalter für die Übernahme einer Domherrenstelle lag bei vollendeten sieben Lebensjahren. Eine 1580 angedachte Anhebung auf 16 Jahre setzte sich offensichtlich nicht durch.[322]

Die Erste Residenz war auf ein volles Jahr anberaumt. Bis ins 18. Jahrhundert schlichen sich allerdings Erleichterungen ein, da für diese Zeit entsprechende Abschlagszahlungen überliefert sind. In welchem Umfang diese möglich waren, muss allerdings offen bleiben. Jedenfalls bestand vor dem Fest Allerheiligen ein Urlaub im Ausmaß von rund sieben Wochen. Dazu kamen zusätzlich noch drei Quindenen, also weitere 45 Tage.[323]

Nach einer Frist von 30 Tagen und einem Gnadenjahr, deren Erträge jeweils den Erben des Kapitulars zuflossen, folgten mit den drei Redemptionsjahren drei weitere Karenzjahre, in denen allerdings der Erhalt gewisser Einkünfte gegen eine Abschlagszahlung erkauft werden konnte. Erst anschließend konnte das Jahr der Ersten Residenz angetreten werden, nach dessen Abschluss der Kanoniker schließlich zum vollen Genuss seiner Präbende gelangen konnte.[324]

Für die Zulassung zum Kapitel war die Vollendung des 23. Lebensjahres eine unabdingbare Voraussetzung.[325]

Die 1423 getroffenen Residenzbestimmungen sahen für Kapitulare neben einem rund siebenwöchigen Urlaub zwischen dem Fest der Domkirchweihe und Allerheiligen noch drei Quindenen Absenz als statthaft an. In späterer Zeit war die jährliche Mindestresidenz vierfach gestaffelt, nämlich im Ausmaß von sechs, acht, zwölf und 20 Wochen. Um überhaupt alle Rechte eines Kapitulars in Anspruch nehmen zu können, musste man in den beiden ersten Jahren in jedem Fall die längste Frist erfüllen.[326]

---

321 A. Gnann, Beiträge, 58; H. Hartmann, Die Domherren der zweiten Hälfte des 15. Jahrhunderts in Mainz, Worms und Speyer, in: MZ 70 (1975), 154; G. Fouquet, Domkapitel, 39f., 46.

322 G. Fouquet, Domkapitel, 39; D. Blum, Multikonfessionalität, 237; Beschreibung einiger deutscher Domkapitel, 26 (HHStA Hs B 182).

323 H. Hartmann, Die Domherren der zweiten Hälfte des 15. Jahrhunderts in Mainz, Worms und Speyer, in: MZ 70 (1975), 151; G. Fouquet, Domkapitel, 46; M. M. A. Serger, Capitula, 73; Beschreibung einiger deutscher Domkapitel, 27 (HHStA Hs B 182).

324 G. Fouquet, Domkapitel, 45f.; L. G. Duggan, Bishop, 38, 189; J. P. J. N. Faber, Anni, 10, 69; Beschreibung einiger deutscher Domkapitel, 26f. (HHStA Hs B 182).

325 G. Fouquet, Domkapitel, 44; H. Hartmann, Die Domherren der zweiten Hälfte des 15. Jahrhunderts in Mainz, Worms und Speyer, in: MZ 70 (1975), 151; Beschreibung einiger deutscher Domkapitel, 28 (HHStA Hs B 182).

326 A. Gnann, Beiträge, 57; G. Fouquet, Domkapitel, 48; Beschreibung einiger deutscher Domkapitel, 28 (HHStA Hs B 182).

Straßburg

Das Straßburger Domkapitel nahm bereits im Hochmittelalter nur mehr Angehörige des Reichsadels auf. Diese mussten nachweisbar bereits 1427 eine Acht-Ahnen-Probe vorlegen, ehe das Domkapitel 1483 die Ausweitung auf die Sechzehn-Ahnen-Probe forderte. Dabei blieb es bis zur Eroberung Straßburgs durch das Königreich Frankreich im Jahr 1681. Infolgedessen war man genötigt, auch französischen Adeligen die Aufnahme ins Domkapitel zu sichern. Deshalb wurde 1687 ein Nationalitätenschlüssel für die Kanonikate festgestzt und für französische Kandidaten die Forderung nach der Zugehörigkeit zum Reichsadel ausgesetzt. Der im Zuge dieser Überlegungen von Bischof Wilhelm Egon Graf von Fürstenberg unterbreitete Vorschlag, zusätzlich zu den adeligen Kanonikaten sechs für in Theologie oder Rechtswissenschaften graduierte Priester einzuführen, wurde nicht ernsthaft verfolgt. In den kommenden Jahren zeigte sich, dass es französischen Adeligen noch immer beinahe unmöglich war, die herrschenden Adelserfordernisse zu erfüllen, und folglich die ihnen zustehenden Kanonikate häufig vakant blieben. König Ludwig XIV. von Frankreich drängte daher das Domkapitel, die Statuten entsprechend zu ändern, um den Franzosen den Zugang zu den Präbenden auch tatsächlich zu ermöglichen. Die Statuten von 1713 sahen schließlich nach Nationalitäten unterschiedliche Anforderungen vor. Während für die deutschen Impetranten die bisherige Gepflogenheit weitgehend aufrecht erhalten blieb, wurde gegenüber französischen Kandidaten eine einfachere Form der Ahnen-Probe zur Anwendung gebracht. Bei deutschen Impetranten war seitdem die Zugehörigkeit zum Reichsadel ausdrücklich nur von den Ahnen der direkten väterlichen Linie und den unmittelbaren väterlichen Vorfahren der Mutter verlangt. Die Franzosen wiederum hatten zwar ebenfalls eine Sechzehn-Ahnen-Probe vorzulegen, es war aber ausreichend, wenn der angehende Domherr väterlicherseits in direkter männlicher Linie einer Familie im Rang eines Prince étranger oder eines Duc entstammte. Mütterlicherseits hatten die Mutter selbst und deren direkte männliche Vorfahren mindestens Angehörige des niederen Adels und des Ritterstandes zu sein. Die im Zuge der Statutenreform von 1687 angedachte allgemeine Studienverpflichtung im Ausmaß von zwei Jahren setzte sich nicht durch. Es blieb 1713 letztlich bei der Empfehlung, die Domizellare sollten sich einem siebenjährigen Studium unterziehen.[327]

---

327 A. Schulte, Aus dem Leben des Straßburger Domkapitels 1150–1332, in: ELJb 6 (1927), 1, 21; A. Vétulani, Chapitre, 22; W. Kothe, Zustände, 5–7; J. Rott, Histoire I, 2–5; P. Lorentz, Chanoines, 22–25; R. Metz, Les facilités d'accès au Grand-Chapitre de Strasbourg octroyeés aux Français en 1687. Les divers projets de nouveaux statuts, in: CAAAH 32 (1989), 302–307; L. Horowski, „Diese große Regelhaftigkeit muß Ihnen fremd erscheinen". Versailles, Straßburg und die Kollision der Adelsproben, in: E. Harding/M. Hecht, Ahnenprobe, 371f., 375–378, 383; R. Metz, L'accès des Français au Grand-Chapitre de la Cathédrale à partir de 1713. L'adoucissement des preuves de noblesse, 62–67, 71, 73–75; É. Hassler, Frontière, identité, parenté. Le cas des chanoines „allemands" du grand chapitre de la cathédrale de Strasbourg

Seit 1469 war die gleichzeitige Mitgliedschaft enger Verwandter im Domkapitel auf höchstens zwei Brüder beschränkt, obgleich gegenteilige Ausnahmen nicht nur bei Halbbrüdern belegt sind.[328]

Der Nationalitätenschlüssel von 1687 wurde bereits erwähnt. Seit damals waren 16 Kanonikate dem deutschen Adel vorbehalten, während dem französischen acht Stellen eingeräumt werden mussten. In beiden Fällen handelte es sich je zur Hälfte um Kapitular- und Domizellarstellen. Dabei bedingten die strengen Adelserfordernisse vor allem auf französischer Seite für einige wenige Familien ein deutliches Übergewicht im Erwerb der Kanonikate.[329]

Eine Erste Residenz kannte das Domkapitel nicht. Entsprechende Vorschläge, eine solche im Ausmaß von 14 Tagen unmittelbar vor dem Aufstieg zum Kapitular einzuführen, wurden 1687 nicht umgesetzt.[330]

Es bestand zwar die Einrichtung eines Gnadenjahres, die vermutlich in früherer Zeit bestehenden zwei zusätzlichen Karenzjahre waren allerspätestens im 18. Jahrhundert außer Gebrauch gekommen.[331]

Bis spätestens ins 16. Jahrhundert war für Kapitulare die Vollendung des 17. Lebensjahres vorgeschrieben, ehe man die Altersgrenze anhob, wodurch von nun an das Erreichen des 20. Lebensjahres erforderlich war. Der in den Achtzigerjahren des 16. Jahrhunderts unternommene Versuch der protestantischen Domherren, den Empfang der Subdiakonatsweihe als Voraussetzung für die Zulassung zum Kapitel abzuschaffen, zeitigte keinen Erfolg.[332]

---

après l'annexion française de 1681, in: Francia 40 (2013), 96f., 99; J.-M- Thiriet, Grand-Chapitre, 12f., 16–19; P. Kirsch, Group, 8f.; B. Xibaut, Chapitre, 29f., 43f.; J. Dietrich, Une requête des Gentilshommes d'Alsace au roi de France en vue d'obtenir l'accès au Grand-Chapitre de Strasbourg, in: AEA 2 (1947/48), 312f.; N. Gabrielly, France, 203; B. Defauconpret, Preuves, 202f.; Beschreibung einiger deutscher Domkapitel, 31 (HHStA Hs B 182).

328 P. Lorentz, Chanoines, 34–37.

329 R. Metz, Les facilités d'accès au Grand-Chapitre de Strasbourg octroyeés aux Français en 1687. Les divers projets de nouveaux statuts, in: CAAAH 32 (1989), 302, 305; R. Metz, L'accès des Français au Grand-Chapitre de la Cathédrale à partir de 1713. L'adoucissement des preuves de noblesse, 61f.; J. M. Thiriet, Grand-Chapitre, 13, 17, 80–82, 84; P. Kirsch, Group, 10f.; B. Xibaut, Chapitre, 8, 29, L. Horowski, „Diese große Regelhaftigkeit muß Ihnen fremd erscheinen". Versailles, Straßburg und die Kollision der Adelsproben, in: E. Harding/M. Hecht, Ahnenprobe, 375f.

330 R. Metz, Les facilités d'accès au Grand-Chapitre de Strasbourg octroyeés aux Français en 1687. Les divers projets de nouveaux statuts, in: CAAAH 32 (1989), 306; Beschreibung einiger deutscher Domkapitel, 32 (HHStA Hs B 182).

331 J.-M. Thiriet, Grand-Chapitre, 20, 27f.; J. P. J. N. Faber, Anni, 70; Beschreibung einiger deutscher Domkapitel, 31f. (HHStA Hs B 182).

332 J. Rott, Histoire I, 12f.; P. Lorentz, Chanoines, 42, 65; A. Meister, Kapitelstreit, 33, 304; J. Schmidlin, Restauration, 6; R. Metz, Les facilités d'accès au Grand-Chapitre de Strasbourg octroyeés aux Français en 1687. Les divers projets de nouveaux statuts, in: CAAAH 32 (1989), 305; J.-M. Thiriet, Grand-Chapitre, 19.

Zumindest seit dem 16. Jahrhundert lag die von den Kapitularen geforderte jährliche Mindestresidenz bei 13 Wochen und drei Tagen. 1687 angestellte Überlegungen, sie von rund drei auf vier Monate auszudehnen, wurden wieder verworfen.[333]

Toul

Aus dem Jahr 1431 stammte eine von Papst Eugen IV. erlassene und 1449 von Papst Nikolaus V. bestätigte Bulle, kraft derer die Kanonikate des Touler Domkapitels nur an Adelige und Graduierte gehen durften. Erstere hatten dafür eine Vier-Ahnen-Probe vorzulegen, während die Impetranten aus der zweiten Gruppe einen akademischen Abschluss in Theologie, Rechtswissenschaften oder Medizin nachweisen mussten. Allerdings fand diese Bestimmung in der weiteren Entwicklung keinerlei langfristige Beachtung. Erst im ausgehenden 18. Jahrhundert kam es zu einer Rückbesinnung auf die alten Gepflogenheiten. Im Zuge der Errichtung der Bistümer Nancy und Saint-Dié verfügte König Ludwig XVI. von Frankreich 1776, dass künftig 27 Kanonikate adeligen Inhabern vorbehalten sein sollten, während die übrigen zehn an Doktoren oder Lizenziaten der Theologie oder der Rechtswissenschaften gehen sollten. Die adeligen Kandidaten mussten jetzt eine eingeschränkte Acht-Ahnen-Probe erbringen, die lediglich die direkten Vorfahren der väterlichen Linie umfasste, also Vater, Großvater und Urgroßvater. Vor 1776 entstammten die Domherren überwiegend dem gehobenen Bürgertum.[334]

Wer die Auflage der Ersten Residenz erfüllen wollte, musste dafür seit 1525 einen Zeitaufwand von 21 Wochen veranschlagen. Vorher war ihre Dauer wohl höher angesetzt, vermutlich auf ein Jahr.[335]

Zusätzlich zum Gnadenjahr führte das Domkapitel 1262 ein Karenzjahr ein, das später um ein weiteres ergänzt wurde.[336]

---

333 J. Rott, Histoire I, 15; P. Lorentz, Chanoines, 54; A. Meister, Kapitelstreit, 35; B. Xibaut, Chapitre, 8, 31; J.-M. Thiriet, Grand-Chapitre, 21f.; P. Kirsch, Group, 21; R. Metz, Les facilités d'accès au Grand-Chapitre de Strasbourg octroyeés aux Français en 1687. Les divers projets de nouveaux statuts, in: CAAAH 32 (1989), 303f., 307; B. Defauconpret, Preuves, 202; Beschreibung einiger deutscher Domkapitel, 32 (HHStA Hs B 182).

334 E. Martin, Histoire I, 494f.; E. Martin, Le Chapitre de Toul aux XIVe et XVe siècles, in: SRHLL 33 (1896), 399; G. Cabourdin, Le chapitre cathédral au XVIème siècle, in: ET 27 (1982), 50; E. Martin, Histoire II, 630f.; B. Defauconpret, Preuves, 199; H.-G. Duchesne, France, 272; P. Lesprand, L'anoblissement du Chapitre de la Cathédrale de Metz, in: ASHAL 29 (1920), 113, 119; L. Demael, Chapitre, 40, 42; L. Horowski, „Diese große Regelhaftigkeit muß Ihnen fremd erscheinen". Versailles, Straßburg und die Kollision der Adelsproben, in: E. Harding/M. Hecht, Ahnenprobe, 357.

335 L. Demael, Chapitre, 45; E. Martin, Histoire I, 527.

336 E. Martin, Histoire I, 494, 527.

Zumindest seit der Mitte des 17. Jahrhunderts war für die Zulassung zum Kapitel der Empfang der Priesterweihe eine unabdingbare Voraussetzung.[337]

Die jährliche Mindestresidenz, der die Kapitulare nachzukommen hatten, lag an der Wende vom 15. zum 16. Jahrhundert bei 21 Wochen. 1504 beschäftigte sich das Domkapitel mit dem Vorschlag, sie auf 13 Wochen herabzusetzen, verwarf ihn aber offenbar wieder, da sich noch im 18. Jahrhundert die ursprüngliche Frist fand. Jedoch war damals gegen eine vom Domkapitel mit Zweidrittelmehrheit anerkannte Begründung eine Dispens möglich.[338]

Trient

Die Standeserfordernisse des Trientner Domkapitels entbehrten verhältnismäßig lange einer entsprechenden Festschreibung. Ende des 15. Jahrhunderts unternommene Bemühungen Kaiser Maximilians I., die Mitgliedschaft auf Angehörige des Adels zu beschränken, brachten keinen Erfolg. Dasselbe galt für den kurz darauf von Bischof Ulrich von Lichtenstein betriebenen Vorstoß, nur mehr Adelige und Graduierte aufzunehmen. Papst Clemens VII. verfügte schließlich 1532, dass adelige Impetranten nach der Vorlage einer Zwei-Ahnen-Probe mit einem Kanonikat bedacht werden konnten, während von den Graduierten ein fünfjähriges Studium sowie ein akademischer Abschluss in Theologie oder Rechtswissenschaften nachzuweisen war. Der Anteil der bürgerlichen Mitglieder war bis zuletzt beträchtlich und im Laufe des 18. Jahrhunderts noch im Ansteigen begriffen.[339]

Seit dem letzten Drittel des 15. Jahrhunderts versuchte man das Nationalitätenverhältnis im Domkapitel verbindlich festzulegen. Nachdem eine entsprechende Bulle Papst Sixtus' IV. aus dem Jahr 1474 nicht expediert worden war, verfügte Papst Clemens VII. deshalb 1532, dass zwei Drittel der Kanonikate mit Deutschen besetzt werden sollten. Das verbleibende Drittel sollte Italienern und Angehörigen anderer Nationalitäten gebühren. Obwohl Papst Paul III. 1537 die Bestimmungen mit geringfügigen inhaltlichen Veränderungen bestätigte, fanden sie in der weiteren Praxis so gut wie keine Beachtung. Trotzdem erfuhr die Regelung 1746 durch Papst Benedikt XIV. eine weitere Abwandlung. Statt zwölf Kapitelstellen sollte den österreichischen Untertanen nur mehr zehn verbleiben. Die übrigen acht Domherren sollten Untertanen des Bischofs von Trient sein, darunter zwei aus der Stadt Trient

---

337 L. Demael, Chapitre, 54.

338 M.-T. Maujean, Le Chapitre de la Cathédrale de Toul à la fin du Moyen Age, in: AEst 2 (1951), 248; L. Demael, Chapitre, 45f.

339 H. Voltelini, Beiträge zur Geschichte Tirols, in: ZFTV 3/33 (1889), 54–56; E. Curzel, Canonici, 239; P. Hersche, Adel gegen Bürgertum? Zur Frage der Refeudalisierung der Reichskirche, in: F. Jürgensmeier, Weihbischöfe, 199; P. Hersche, Ai confini della Chiesa dell'Impero. Il capitolo di Trento nella cornice di un ricerca quantitativa sui capitoli cattedrali tedeschi, in: C. Mozzarelli/G. Olmi, Trentino, 696; P. Hersche, Domkapitel II, 60, 117.

stammende Kleriker. Eine durchschlagende Änderung der bestehenden Praxis trat freilich dadurch nicht ein.[340]

Die Erste Residenz, der sich die Domherren unterziehen mussten, dauerte ein ganzes Jahr.[341]

Ein 1242 erstmals bezeugtes Gnadenjahr wird 1455 nicht mehr erwähnt. Damals bestanden offensichtlich zwei reine Karenzjahre.[342]

Hinsichtlich der jährlichen Mindestresidenz für Kapitulare duldeten die Statuten von 1336 höchstens zwei Monate Absenz. Bis in die Mitte des 18. Jahrhunderts hatte sich diese Zeit auf vier Monate verdoppelt.[343]

Trier

Das Trierer Domkapitel wurde bereits im 13. Jahrhundert zu einer gemischtadeligen Korporation. Die von Erzbischof Philipp Christoph von Sötern 1647 verfolgten Bestrebungen, zwei neue Kanonikate für Graduierte zu stiften, scheiterten am Widerstand des Domkapitels, das an seiner überlieferten Verfassung festhalten wollte. Von 1349 bis zum Beginn des 16. Jahrhunderts beließ man es bei der Vier-Ahnen-Probe. Danach galt die Acht-Ahnen-Probe als üblich, aus der heraus sich um die Mitte des 17. Jahrhunderts allmählich die Sechzehn-Ahnen-Probe entwickelte. Ein Statut aus dem Jahr 1428 sah für alle Domherren einen zumindest zweijährigen Universitätsbesuch vor. Dieser musste eigens für das Trierer Domkapitel absolviert werden, da bereits gegenüber anderen Institutionen geltend gemachte Studien nicht anerkannt wurden.[344]

---

340 L. Santifaller, Urkunden, 389f., 394–396; L. Santifaller, Trientner Domkapitel, 25f.; H. Voltelini, Beiträge zur Geschichte Tirols, in: ZFTV 3/33 (1889), 55–57; J. Kögl, Sovranità, 231–233; E. Curzel Canonici, 156f., 160, 215f., 228, 231–234, 287; E. Curzel, Il capitolo della cattedrale di Trento, in: H. Obermair/K. Brandstätter/E. Curzel, Domstifte, 160; C. Donati, Ecclesiastici, 56f., 60–63, 129; M. A. Federico, Il capitolo della cattedrale di Trento durante il governo di Carlo Emanuele Madruzzo (1622–1658), in: AISIG 27 (2001), 84.

341 J. P. J. N. Faber, Anni, 76.

342 L. Santialler, Urkunden, 37f., 174f.; E. Curzel, Canonici, 285f.; J. P. J. N. Faber, Anni, 76.

343 E. Curzel, Canonici, 251f.; H. Voltelini, Beiträge zur Geschichte Tirols, in: ZFTV 3/33 (1889), 52; C. Donati, Ecclesiastici, 135.

344 J. J. Blattau, Dom, 17–22, 24, 65, 76, 127f., 142f., 146; J. J. Blattau, Statuta I, 197, 245, 319; J. J. Blattau, Statuta II, 33, 57, 423; J. J. Blattau, Statuta III, 158; H. Bastgen, Geschichte, 26–32f., 47f., 57–61; R. Holbach, Stiftsgeistlichkeit, 77–79; W. Kisky, Domkapitel, 12–14, 18f.; S.-M. Dohna, Verhältnisse, 20f., 30f., 35, 37, 41–43; F. Klocke, Von westdeutsch-westfälischer Adels- und Ahnenprobe in Mittelalter und Neuzeit, insbesondere beim Münsterschen Domkapitel, in: WA 2 (1925), 269f., 276; P. Hersche, Domkapitel I, 180; Beschreibung einiger deutscher Domkapitel, 6, 8 (HHStA Hs B 182).

Eine weitere Einschränkung allfälliger Impetranten nahm das Domkapitel 1256 vor, als es die Söhne von Bürgern der Stadt Trier von einer Aufnahme ausschloss. Seit 1660 galt darüber hinaus, dass die Domherren aus Angehörigen der schwäbischen, fränkischen, rheinischen oder westfälischen Ritterschaft hervorgehen sollten, wobei Familien, die bereits einen Trierer Domherrn gestellt hatten, davon ausgenommen waren. Schließlich kam es 1719 noch zur Bestimmung, dass nicht mehr als drei Brüder gleichzeitig im Domkapitel sein durften.[345]

Um ein Kanonikat im Domkapitel erhalten zu können, war die Vollendung des 7. Lebensjahres Voraussetzung.[346]

Die Erste Residenz umfasste den Zeitraum von einem halben Jahr, wobei eine begründete Abwesenheit von drei Tagen statthaft war.[347]

Die Gepflogenheit des Gnadenjahres ist für 1238 erstmals belegt. Darüber hinaus kannte man ein weiteres Karenzjahr.[348]

Für die Zulassung zum Kapitel verlangte das Domkapitel seit den Statuten von 1595 das Erreichen des 23. Lebensjahres. Bereits seit dem 13. Jahrhundert bestand das Erfordernis, die Diakonatsweihe empfangen zu haben. Im ersten Jahr mussten die Kapitulare auf die Ausübung ihres Stimmrechtes verzichten.[349]

Die jährliche Mindestresidenz für Kapitulare lag seit der Mitte des 13. Jahrhunderts bei einem halben Jahr. Nachdem die Statuten von 1595 diese Praxis noch bestätigt hatten, umfasste die Residenzzeit im 18. Jahrhundert noch 120 Tage. Für diese Zeit sind auch Abschlagszahlungen für eine verminderte Residenzleistung belegt. Diese wurden zwar 1729 audrücklich verboten, allerdings von Erzbischof Franz Georg Graf von Schönborn bereits 1734 wieder eingeschränkt ermöglicht. Zumindest seit den Statuten von 1660 hatten die Kapitulare einmalig die Möglichkeit, ein sogenanntes Kappenjahr in Anspruch nehmen. Währenddessen waren sie für die Dauer eines Jahres bei vollem Präbendenbezug von jeglicher Residenzpflicht

345 U. Höroldt, Studien, 358; R. Holbach, Stiftsgeistlichkeit, 77f.; S.-M. Dohna, Verhältnisse, 41–43; J. J. Blattau, Dom, 144f.; J. J. Blattau, Statuta III, 165; P. Hersche, Domkapitel I, 180; G. Rauch, Das Mainzer Domkapitel in der Neuzeit. Zu Verfassung und Selbstverständnis einer adeligen geistlichen Gemeinschaft I, in: ZRG KA 61 (1975), 183; P. Hersche, Domkapitel II, 74.

346 S.-M. Dohna, Verhältnisse, 21; Beschreibung einiger deutscher Domkapitel, 5 (HHStA Hs B 182).

347 J. J. Blattau, Dom, 24, 64, 124, 127f.; J. J. Blattau, Statuta II, 33, 57, 423; J. J. Blattau, Statuta III, 156–158.

348 H. Bastgen, Geschichte, 97f.; S.-M. Dohna, Verhältnisse, 31; J. J. Blattau, Dom, 81, 149; J. J. Blattau, Statuta I, 179f.; J. J. Blattau, Statuta, 167; J. P. J. N. Faber, Anni, 72.

349 J. J. Blattau, Dom, 65, 129; J. J. Blattau, Statuta, 423; J. J. Blattau, Statuta III, 158; H. Bastgen, Geschichte, 61; R. Holbach, Zu Ergebnissen und Perspektiven neuerer Forschung zu spätmittelalterlichen deutschen Domkapiteln, in: RhVjbll 56 (1992), 153; H. Bastgen, Geschichte, 37–39; S.-M. Dohna, Verhältnisse, 22, 28f., 31f.; Beschreibung einiger deutscher Domkapitel, 9 (HHStA Hs B 182).

befreit. Diese Begünstigung durften aber jeweils höchstens zwei Kapitulare gleichzeitig nützen.[350]

Utrecht

Über die Standesverhältnisse des Utrechter Domkapitels vor dessen Erhebung zum Metropolitankapitel 1560 lässt sich nur sagen, dass es offensichtlich adelige und nichtadelige Mitglieder gab. Die im Zuge dessen durchgeführte Neuordnung schrieb danach neun Kanonikate ausdrücklich Graduierten zu. Davon waren drei für Magister oder Lizenziaten der Theologie bestimmt, drei für Doktoren oder Lizenziaten der Rechtswissenschaften sowie drei für adelige Graduierte, die in Theologie oder in Rechtswissenschaften zumindest das Lizenziat erworben hatten. Wie sich der Konfessionswechsel des Jahres 1579 auf die Standesverhältnisse auswirkte, muss offen bleiben. Die Ritterschaft der Provinz Utrecht wurde jedenfalls ausdrücklich ermächtigt, die ihr zur Vergabe zufallenden Kanonikate an Adelige zu vergeben. Seit 1628 bestand die Forderung nach einem zumindest vierjährigen Studium nebst akademischem Abschluss. Die Tatsache, dass Personen, die bereits älter als 18 Jahre waren, generell davon befreit waren und andere sich gegen Abschlagszahlungen davon dispensieren lassen konnten, höhlte die Maßnahme jedoch empfindlich aus.[351]

Die Stadt Utrecht wiederum forderte ab 1636 von den Kandidaten für die von ihr zu besetzenden Domherrenstellen, dass sie zumindest durch zehn Jahre Bürger der Stadt waren. Gleichzeitig wurde eingemahnt, dass die Magistratsherren nicht zu nahe Verwandte mit den Pfründen bedenken sollten. Die drei adeligen Graduierten wiederum, die in katholischer Zeit dem Metropolitankapitel angehörten, mussten im Erzbistum beheimatet sein. Vor allem in den ersten Jahrzehnten nach dem Konfessionswechsel wurde von den Ständen der Provinz Utrecht ausdrücklich darauf geachtet, dass neu eintretende Domherren deren politische Gesinnung teilten.[352]

Nach dem konfessionellen Bruch entschloss sich das Domkapitel bereits 1580, die Zölibatsverpflichtung für seine Mitglieder aufzugeben.[353]

Das Eintrittsalter für angehende Kanoniker lag ab 1628 grundsätzlich bei 18 Jahren. Allerdings konnte man sich gegen eine Abschlagszahlung eine diesbezügliche Dispens erwirken.[354]

---

350 H. Bastgen, Geschichte, 100–103; S.-M. Dohna, Verhältnisse, 32; J. Seiler, Domkapitel, 70; J. J. Blattau, Statuta III, 157; Beschreibung einiger deutscher Domkapitel, 6 (HHStA Hs B 182).

351 K. Heeringa/T. L. H. van de Sande, Inventaris, 16; C. P. Hoynck van Papendrecht, Historia, 4, 80–83; G. Brom, Bronnen, 87; N. N., Utrecht, Provincie, in: J. Kok, Woordenboek XXX, 159, 161.

352 N. N., Utrecht, Provincie, in: J. Kok, Woordenboek XXX, 159; C. P. Hoynck van Papendrecht, Historia, 4, 82f.; G. Brom, Bronnen, 87; A. J. van de Ven, Oorsprong, 37, 40, 170.

353 K. Heeringa/T. L. H. van de Sande, Inventaris, 22; A. J. van de Ven, Oorsprong, 37.

354 N. N., Utrecht, Provincie, in: J. Kok, Woordenboek XXX, 161f.

Die Erste Residenz belief sich bereits im 14. Jahrhundert auf ein ganzes Jahr. Daran änderte auch der Konfessionswechsel nichts, allerdings konnte man sich in calvinistischer Zeit gegen eine Abschlagszahlung von der Residenzverpflichtung freikaufen.[355]

Bereits seit der Mitte des 13. Jahrhunderts bestanden zwei Gnadenjahre und seit 1343 zusätzlich zwei Karenzjahre. Allerdings fand das zweite Karenzjahr nicht auf Dauer Beachtung. Erst 1475 berief man sich wieder auf die vormals geltende Regelung und führte das zweite Karenzjahr erneut ein. Um bei Vakanzen nach Todesfällen, bei denen die Einkünfte der beiden Gnadenjahre an die Erben auszuzahlen waren und damit nicht für Kapitelzwecke zur Verfügung standen, keine Nachteile gegenüber solchen nach Resignationen zu erleiden, musste sich der nachfolgende Domherr nach den vier Jahren weitere vier Jahre mit der halben Präbende begnügen. Offensichtlich wurden also nach nicht durch den Tod des Inhabers eingetretenen Vakanzen die Gnadenjahre einfach als gewöhnliche Karenzjahre angesehen.[356]

Während um die Mitte des 14. Jahrhunderts für eine allfällige Aufnahme unter die Kapitulare noch das Erreichen des 20. Lebensjahres als ausreichend angesehen wurde, verlangte man nach dem Konfessionswechsel ein Mindestalter von 22 Jahren.[357]

In katholischer Zeit oblag den Kapitularen eine jährliche Residenzverpflichtung im Ausmaß von zumindest sechs Monaten und einem Tag. Die durch die Reform von 1560 geschaffenen neun graduierten Kanoniker unterlagen einer strengeren Anforderung. Sie durften höchstens zwei Monate abwesend sein. Wie umfangreich sich die Residenzpflicht nach dem Konfessionswechsel gestaltete, muss offen bleiben. Fest steht lediglich, dass sich die Domherren seit 1629 durch eine Abschlagszahlung davon befreien konnten.[358]

Verden

Das Verdener Domkapitel bestand als eine gemeinständische Institution, in der zu Beginn des Untersuchungszeitraumes die adeligen Domherren in der Minderheit waren. Erst im beginnenden 16. Jahrhundert wandelten sich die Mehrheitsverhältnisse

355 S. Muller, Rechtsboek, 198; S. Muller, Rechtsbronnen, 86, 136f.; N. N., Utrecht, Provincie, in: J. Kok, Woordenboek XXX, 161; K. Heeringa/T. L. H. van de Sande, Inventaris, 16.

356 K. Heeringa/T. L. H. van de Sande, Inventaris, 13f., 16f., 33, 61f.; S. Muller, Rechtsbronnen, 48, 75, 146–150; S. Muller, Rechtsboek, 46, 195–198, 247; N. N., Utrecht, Provincie, in: J. Kok, Woordenboek XXX, 161f.

357 S. Muller, Rechtsboek, 7; N. N., Utrecht, Provincie, in: J. Kok, Woordenboek XXX, 162; A. J. van de Ven, Oorsprong, 37.

358 S. Muller, Rechtsbronnen, 86, 139f.; C. P. Hoynck van Papendrecht, Historia, 4, 84; K. Heeringa/T. L. H. van de Sande, Inventaris, 65.

zugunsten des Adels. Ein eigenes Adelsstatut besaß das Domkapitel nicht, ebenso wenig eine Graduierungsverpflichtung für seine bürgerlichen Impetranten.[359]

Im Domkapitel verbot zwar eine noch aus dem Mittelalter stammende Bestimmung die gleichzeitige Mitgliedschaft zweier Brüder, allerdings fand diese Regelung vor allem im 16. Jahrhundert wenig Beachtung.[360]

Die Erste Residenz, von der der Propst von St. Johannis in Lüneburg grundsätzlich befreit war, erforderte einen Zeitaufwand von genau einem Jahr.[361]

Seit 1205 erhielten die Domherren ein Gnadenjahr eingeräumt, zu dem 1268 ein zusätzliches Karenzjahr trat. Die weitere Entwicklung war davon gekennzeichnet, dass die Bezüge des Gnadenjahres auf den Zeitraum vom Todestag des Domherrn bis zum Abschluss des Rechnungsjahres eingeschränkt wurden. Zum Ausgleich für dadurch auftretende Ungerechtigkeiten kam es 1493 zusätzlich zur Einführung eines vollen Gnadenjahres. Die übrige Karenzzeit umfasste bereits seit 1390 nur mehr die Hälfte der Einkünfte umfasste.[362]

Zur jährlichen Mindestresidenz lassen sich keine verlässlichen Angaben machen.

Verdun

Als gemeinständische Korporation ermöglichte das Verduner Domkapitel allen Ständen die Mitgliedschaft.[363]

Ein Gnadenjahr, das damals noch eine Jahrtagsstiftung verpflichtend mit einschloss, lässt sich für 1331 belegen. Zudem fand ebenfalls im 14. Jahrhundert ein Karenzjahr Beachtung. Ob die für die Jahre 1481 und 1484 belegte Praxis, die Einkünfte der ersten fünf Jahre je zur Hälfte dem jeweiligen Kanoniker und der Domfabrik zuzuweisen, über einen längeren Zeitraum Gültigkeit besaß, muss gleichermaßen offen bleiben wie die Frage, ob zu diesem Zeitpunkt ein eigentliches Gnadenjahr noch bestand. Möglicherweise war es in ein gewöhnliches Karenzjahr umgewandelt worden.[364]

Die Erste Residenz wurde durch die Statuten von 1248 auf ein volles Jahr festgestzt. Diese Frist konnte durch eine Dispens des Domdechanten gegebenenfalls um sieben Wochen verkürzt werden.[365]

---

359 R. Bückmann, Domkapitel, 13, 28; J. Spöhring, Das Domkapitel zu Verden, in: HLV 5 (1962), 60; A. Mindermann, Verden – Domstift St. Fabian und Caecilia, in: J. Dolle, Klosterbuch III, 1425; C. Hoffmann, Adel, 54.

360 R. Bückmann, Domkapitel, 28; A. Mindermann, Verden – Domstift St. Fabian und Caecilia, in: J. Dolle, Klosterbuch III, 1425.

361 R. Bückmann, Domkapitel, 29f.; C. G. Pfannkuche, Geschichte I, 252; A. Mindermann, Verden – Domstift St. Fabian und Caecilia, in: J. Dolle, Klosterbuch III, 1425.

362 R. Bückmann, Domkapitel, 34–37.

363 M. George, Chapitre I, 182f., 219.

364 M. George, Chapitre I, 189f., 339f.

365 M. George, Chapitre I, 71, 331, 336f.; F. G. Hirschmann, Verdun II, 625; M. George, Le chapitre cathédral de Verdun et l'étranger à la charnière des XVe et XVIe siècle:

Gleichzeitig bestimmte man für die Kapitulare eine jährliche Mindestresidenz von 27 Wochen.[366]

Wien

Für das Wiener Domkapitel galten ursprünglich keine ständischen Einschränkungen. Insgesamt überwog der Anteil der nichtadeligen Kanoniker den der adeligen bei Weitem. Das änderte sich erst im Laufe des 18. Jahrhunderts, als in dessen zweiter Hälfte der Adel schließlich die Mehrheit gewann. Mitverantwortlich dafür war auch die von Maria Theresia Herzogin von Savoyen veranlasste und 1773 umgesetzte Stiftung der vier Savoyisch-Liechtensteinischen Kanonikate, die ausschließlich Angehörigen österreichischer Familien aus dem Fürsten- oder Grafenstand vorbehalten waren. Nach dem Willen der Stifterin sollten die Vorfahren allfälliger Kandidaten zumindest über vier Generationen auf beiden Seiten dem geforderten Stand angehören. Daran nahm man allerdings eine Vereinfachung vor, indem nur mehr für die Familien der Stammväter für zumindest 200 Jahre die genannten Standeserfordernisse verlangt wurden, während für die übrigen Ahnen die Zugehörigkeit zum Adelsstand als ausreichend erachtet wurde. Kaiser Joseph II. führte 1783 als neues Idoneitätskriterium den Nachweis einer zumindest zehnjährigen Seelsorgetätigkeit ein, das allerdings für die Inhaber der vier Savoyisch-Liechtensteinischen Kanonikate nicht zur Anwendung gebracht wurde. Kaiser Leopold II. erkannte 1790 ersatzweise auch eine fünfzehnjährige Lehrtätigkeit an.[367]

Da sich durch die engen Beziehungen zum Kaiserlichen Hof im 16. Jahrhundert regelmäßig auch spanische, burgundische oder italienische Kleriker unter den Domherren fanden, erließ Kaiser Maximilian II. 1573 ein Aufnahmeverbot für ausländische Kleriker, das allerdings in der Folge wenig Beachtung fand. Kaiser Joseph II. griff diese Überlegungen wieder auf und verfügte 1781, dass die Vergabe der Kanonikate auf die eigenen Untertanen beschränkt sein sollte.[368]

---

réflexions autour de la réception du concordat germanique (1519) et du recrutement des chanoines, in: C. Bourdieu-Weiss, Trois-Évêchés, 181.

366 M. George, Chapitre I, 71, 331, 336; F. G. Hirschmann, Verdun II, 625; M. George, Le chapitre cathédral de Verdun et l'étranger à la charnière des XVe et XVIe siècle: réflexions autour de la réception du concordat germanique (1519) et du recrutement des chanoines, in: C. Bourdieu-Weiss, Trois-Évêchés, 181.

367 D. Leopold, Domkapitel, 4, 6; I. Fried, Metropolitankapitel, 11, 15, 21; W. Mick, Metropolitankapitel, 166f., 169; H. Zschokke, Geschichte, 196f., 246, 248, 251f.; A. W. Gustermann, Kirchenrecht I, 70; N. N., Die Universitätskanonikate des Wiener und Linzer Domkapitels, in: WDB 1867, 258; W. E. Wagner, Universitätsstift, 144.

368 D. Leopold, Domkapitel, 17f.; W. Mick, Metropolitankapitel, 49, 147f.; H. Zschokke, Geschichte, 148; N. N., Die Universitätskanonikate des Wiener und Linzer Domkapitels, in: WDB 1867, 179; A. W. Gustermann, Kirchenrecht I, 69f.

Das Domkapitel war Zeit seines Bestehens ein reines Priesterkapitel, spätestens binnen Jahresfrist nach der Aufnahme musste die Priesterweihe empfangen werden. Kleriker mit einer niedrigeren Weihestufe wurden daher nur in äußerst seltenen Ausnahmefällen mit einem Kanonikat betraut.[369]

Eine eigene Erste Residenz war unbekannt. Die neu aufgenommenen Domherren wurden unmittelbar zum Kapitel zugelassen.

Noch vor dem Aufstieg zum Domkapitel kannte man ein Gnadenjahr, dessen Erträge bis auf eine Jahrtagsstiftung aber bald der Verfügungsgewalt des jeweiligen Domherrn entrissen wurden. Als gewöhnliches Karenzjahr blieb es auch nach der Umwandlung zum Domkapitel bestehen und galt auch für die vier Savoyisch-Liechtensteinischen Kanonikate. Erst mit der von Kaiser Joseph II. 1787 verfügten gänzlichen Aufhebung der Karenzjahre fand die Gepflogenheit ein Ende.[370]

Da von den eintretenden Kanonikern ohnehin bereits der Empfang der Priesterweihe gefordert wurde, stellte diese Weihestufe gleichzeitig auch die Zulassung zum Kapitel sicher.[371]

Die Residenzpflicht wurde streng gehandhabt. 1441 setzte man die zulässige jährliche Absenz auf vier Wochen fest. Die 1563 getroffene Festlegung des Konzils von Trient, Kanonikern jährlich eine höchstens dreimonatige Absenz zu gestatten, bewirkte vermutlich eine entsprechende Anpassung.[372]

Wiener Neustadt

Die beiden ersten Wiener Neustädter Domkapitel waren vor allem durch die ihnen obliegenden Ordensregeln geprägt und kannten daher keine ständischen Beschränkungen.

Auch dem dritten Wiener Neustädter Domkapitel waren ständische Aufnahmekriterien fremd, wodurch es den gemeinständischen Institutionen zuzurechnen war. Die beiden Erlässe Kaiser Josephs II. aus den Jahren 1781 und 1783, kraft derer angehende Domherren eigene Untertanen zu sein hatten und eine zumindest zehnjährige Seelsorgetätigkeit nachweisen mussten, konnten durch die rasche Auflösung des Domkapitels keine Wirkung mehr entfalten.[373]

---

369 W. E. Wagner, Universitätsstift, 144f.; D. Leopold, Domkapitel, 13–15; I. Fried, Metropolitankapitel, 15, 21.

370 W. Mick, Metropolitankapitel, 92, 110f., 151f., 171f., 304, 308; H. Zschokke, Geschichte, 63, 124, 130, 199, 250; A. W. Gustermann, Kirchenrecht I, 76.

371 D. Leopold, Domkapitel, 16.

372 V. Flieder, Stephansdom, 155; W. Mick, Metropolitankapitel, 150; D. Leopold, Domkapitel, 33f.; J. Wohlmuth, Dekrete III, 766.

373 A. W. Gustermann, Kirchenrecht I, 69f.; W. Mick, Metropolitankapitel, 169; H. Zschokke, Geschichte, 196.

Eine Beschränkung hinsichtlich der Herkunft bestand nicht. Allerdings sollten von 1753 an nur mehr Priester aufgenommen werden, die an einer inländischen Universität studiert hatten.[374]

Zumindest das dritte Domkapitel war in Übererfüllung der Vorgaben des Konzils von Trient ein reines Priesterkapitel, da es in seinem Ursprung aus bereits vorhandenen Kuratbenefiziaten hervorging.[375]

Die jährliche Residenzverpflichtung bestand wohl in Erfüllung der durch das Konzil von Trient vorgegebenen neunmonatigen Anwesenheit.[376]

Worms

Zu Beginn des Untersuchungszeitraumes war das Wormser Domkapitel eine gemeinständische Einrichtung, in der neben Adeligen auch graduierte Bürgerliche Aufnahme fanden. Erst im 16. Jahrhundert setzte diesbezüglich ein Wandel ein. Knapp vor der Jahrhundertmitte wurde der letzte Bürgerliche aufgenommen, seit 1567 war das Domkapitel rein adelig. An die Stelle der im 15. Jahrhundert noch ausreichenden Vier-Ahnen-Probe trat jetzt die Acht-Ahnen-Probe, die bis ins 18. Jahrhundert nochmals auf die Sechzehn-Ahnen-Probe gesteigert wurde. Von allen Domherren wurde ein zweijähriges Studium gefordert.[377]

Für den Erhalt eines Kanonikats musste man das 7. Lebensjahr vollendet haben.[378]

Seit 1281 waren die Söhne von Bürgern der Stadt Worms von einer Aufnahme unter die Domherren ausgeschlossen.[379]

Wollte man die Erste Residenz leisten, so musste man dafür ein volles Jahr aufwenden.[380]

Ein ausdrückliches Karenzjahr war nicht in Übung, jedoch ein Gnadenjahr, das bereits kurz vor der Mitte des 12. Jahrhunderts belegt ist.[381]

---

374 H. Fasching, Domkapitel, 66.

375 H. Fasching, Domkapitel, 53, 62, 66; A. Kerschbaumer, Geschichte I, 657; J. Wohlmuth, Dekrete III, 766.

376 H. Fasching, Domkapitel, 56; J. Wohlmuth, Dekrete III, 766.

377 B. Keilmann, Bistum Worms, in: E. Gatz, Bistümer, 825; H. Hartmann, Die Domherren der zweiten Hälfte des 15. Jahrhunderts in Mainz, Worms und Speyer, in: MZ 70 (1975), 151, 154f.; E. Schwan/E. G. Franz, Protokolle, 4; C. Kruse, Die Aufschwörurkunden des Domkapitels Worms aus den Jahren 1690 bis 1786, in: AmrhKG 56 (2004), 392; Beschreibung einiger deutscher Domkapitel, 21 (HHStA Hs B 182).

378 Beschreibung einiger deutscher Domkapitel, 21 (HHStA Hs B 182).

379 B. Keilmann, Bistum Worms, in: E. Gatz, Bistümer, 825; H. Hartmann, Die Domherren der zweiten Hälfte des 15. Jahrhunderts in Mainz, Worms und Speyer, in: MZ 70 (1975), 154.

380 H. Hartmann, Die Domherren der zweiten Hälfte des 15. Jahrhunderts in Mainz, Worms und Speyer, in: MZ 70 (1975), 151; E. Schwan/E. G. Franz, Protokolle, 4; Beschreibung einiger deutscher Domkapitel, 21 (HHStA Hs B 182).

381 Beschreibung einiger deutscher Domkapitel, 21 (HHStA Hs B 182).

Um zum Kapitel zugelassen werden zu können, mussten die Domherren das 24. Lebensjahr vollendet haben.[382]

Die jährliche Mindestresidenz für Kapitulare umfasste jedenfalls in der zweiten Hälfte des 18. Jahrhunderts einen Zeitraum von drei Monaten.[383]

Würzburg

Die Mitgliedschaft im Würzburger Domkapitel war bereits im 13. Jahrhundert auf Angehörige des Adels beschränkt. 1293 setzte man diese Gewohnheit durch ein Statut rechtsverbindlich fest. Anstelle der in der Folge geforderten Zwei-Ahnen-Probe lässt sich für den Anfang des 16. Jahrhunderts die Vier-Ahnen-Probe belegen. 1594 wurde sie zur Acht-Ahnen-Probe ausgedehnt, in späterer Zeit zur Sechzehn-Ahnen-Probe.[384]

Seit 1594 begrenzte das Domkapitel die Aufnahme auf Angehörige der schwäbischen, fränkischen und rheinischen Ritterschaft. Obwohl bis ins 18. Jahrhundert wiederholt Versuche unternommen wurden, diese Regelung zu Fall zu bringen, war das Domkapitel bemüht, an ihr festzuhalten. Eine weitere Einschränkung möglicher Kandidaten für ein Kanonikat bestand schon länger. 1505 beschloss das Domkapitel, nicht mehr als zwei Brüder gleichzeitig als Domherren zu dulden.[385]

Die von den Domherren zu erfüllende Erste Residenz war auf ein halbes Jahr festgelegt.[386]

Zu einem bereits 1163 gewährten Gnadenjahr kamen zwei weitere Karenzjahre hinzu. Das Gnadenjahr konnte aber nur genossen werden, wenn der betreffende Kapitular am Kapitelsitz verstorben war. Bei einem Tod auswärts fielen die Einkünfte der Präsenzkasse zu.[387]

---

382 H. Hartmann, Die Domherren der zweiten Hälfte des 15. Jahrhunderts in Mainz, Worms und Speyer, in: MZ 70 (1975), 151; E. Schwan/E. G. Franz, Protokolle, 4.

383 Beschreibung einiger deutscher Domkapitel, 21 (HHStA Hs B 182).

384 A. Amrhein, Reihenfolge der Mitglieder des adeligen Domstiftes zu Wirzburg 742–1803, in: AHVU 32 (1889), 17f.; A. L. Veit, Geschichte und Recht der Stiftsmäßigkeit auf die ehemals adeligen Domstifte von Mainz, Würzburg und Bamberg, in: HJb 33 (1912), 339, 350; P. Hersche, Domkapitel I, 192.

385 A. L. Veit, Geschichte und Recht der Stiftsmäßigkeit auf die ehemals adeligen Domstifte von Mainz, Würzburg und Bamberg, in: HJb 33 (1912), 339, 350f., 358; F. Keinemann, Domkapitel, 155; F. Merzbacher, Die Dignitäten in den Statuten des Würzburger Domkapitels, in: WDGB 37/38 (1975), 359f.

386 Beschreibung einiger deutscher Domkapitel, 18 (HHStA Hs B 182).

387 A. Amrhein, Reihenfolge der Mitglieder des adeligen Domstiftes zu Wirzburg 742–1803, in: AHVU 32 (1889), 16, 292; A. Amrhein, Reihenfolge der Mitglieder des adeligen Domstiftes zu Wirzburg 742–1803, in: AHVU 33 (1890), 319f.; J. P. J. N. Faber, Anni, 70f.; Beschreibung einiger deutscher Domkapitel, 18 (HHStA Hs B 182).

Für die Zulassung zum Kapitel war zumindest seit den Statuten von 1541 die Vollendung des 24. Lebensjahres erforderlich. In den ersten drei Jahren mussten neue Kapitulare auf die Ausübung ihres Stimmrechtes verzichten.[388]

Die jährliche Mindestresidenz für Kapitulare belief sich in der zweiten Hälfte des 18. Jahrhunderts auf 20 Wochen.[389]

2. Standeszugehörigkeit

Dass die Gesellschaft während des Untersuchungszeitraumes maßgeblich ständisch organisiert war, zeitigte selbstverständlich auch Auswirkungen auf die Idoneitätskriterien der Domkapitel. Je nachdem, welche Maßstäbe diesbezüglich angelegt wurden, kam es zur Ausbildung von gemeinständischen, gemischtadeligen oder hochadeligen Korporationen. Erstere kannten überhaupt keine entsprechenden Vorschriften und standen daher grundsätzlich den Angehörigen aller Stände offen. Allerdings wurde mancherorts von bürgerlichen Impetranten zusätzlich der Nachweis eines Studiums beziehungsweise der Erwerb eines akademischen Grades verlangt, wodurch der Kreis möglicher Kandidaten eine erste Einschränkung erfuhr. Die gemischtadeligen Institutionen wiederum nahmen ausschließlich Adelige in ihre Reihen auf, unterschieden dabei aber nicht nach dem Adelsrang. Das taten einzig die hochadeligen Domkapitel, die ihre Mitglieder allein aus den Angehörigen des Reichsadels rekrutierten, womit eine empfindliche personelle Einschränkung einherging.[390] Zu beachten ist freilich, dass in nicht wenigen Fällen die offiziellen Statuten zur Aufnahme neuer Domherren weit großzügiger waren als die tatsächliche Praxis. Es darf daher auch nicht jede diesbezügliche Statutenänderung als neu eingeführte Verschärfung verstanden werden. Nicht selten stellten die nunmehr rechtsverbindlich erlassenen Regelungen einfach ein Abbild der damals bereits bestehenden Verhältnisse dar.[391]

Gemeinständische Domkapitel ohne Einschränkungen

Eigentlich entsprachen lediglich die gemeinständisch verfassten Domkapitel in vollem Umfang den Normen des kanonischen Rechts, das eine Bevorzugung

388 J. C. Lünig, Spicilegium II, 1027f.; A. Amrhein, Reihenfolge der Mitglieder des adeligen Domstiftes zu Wirzburg 742–1803, in: AHVU 33 (1890), 7f.; M. M. A. Serger, Capitula, 71; P. Schneider, Domkapitel, 133; F. Merzbacher, Die Dignitäten in den Statuten des Würzburger Domkapitels, in: WDGB 37/38 (1975), 363.

389 Beschreibung einiger deutscher Domkapitel, 19 (HHStA Hs B 182).

390 A. Schulte, Adel/Nachtrag, 3; L. Santifaller, Geschichte, 134; G. Christ, Bischof, Domkapitel und Landstände in den deutschen geistlichen Territorien der frühen Neuzeit, in: ZH 57 (1992), 305f.; O. Balzer, Skartabelat, 78.

391 Die bereits in den Einzeldarstellungen der jeweiligen Domkapitel angeführten Literaturangaben werden an dieser Stelle nicht mehr wiederholt. Sie können in den entsprechenden Abschnitten eingesehen werden.

bestimmter Stände oder gesellschaftlicher Schichten gemeinhin ausschloss. Daher war die Aufnahme in ein Domkapitel bis etwa ins 13. Jahrhundert hinein im Allgemeinen keinen besonderen Standesvorschriften unterworfen.[392]

Doch auch über das Mittelalter hinaus wurde in einigen Domkapiteln die vormals übliche Verfassung bewahrt beziehungsweise bei deren Gründung eingeführt. Diese Institutionen ermöglichten damit, auch nicht durch eigene Idoneitätsanforderungen für bürgerliche Mitglieder eingeschränkt, allen Ständen den Zugang.

Dauernd als uneingeschränkt gemeinständisch organisierte Korporationen bestanden die insgesamt 30 Domkapitel von Budweis, Chiemsee, Ermland, Görz, Gradisch, Graz, Hamburg, Königgrätz, Laibach, Lausanne, Lavant, Lebus, Leitmeritz, Leitomischl, Leoben, Linz, Pomesanien, Prag, Ratzeburg, Samland, St. Pölten, Schleswig, Schwerin, Seckau, Sitten, Utrecht, Verden, Verdun, Wien sowie Wiener Neustadt.

Ein Blick auf die Auflistung zeigt, dass die in den österreichischen Ländern gelegenen Domkapitel die größte Gruppe bildeten. Darunter finden sich mit dem Wiener und dem Laibacher Domkapitel zwei im 15. Jahrhundert gegründete Institutionen genauso wie mit dem Wiener Neustädter eine im 17. Jahrhundert entstandene. Das Schwergewicht bildeten jedoch die in der zweiten Hälfte des 18. Jahrhunderts neu eingerichteten Domkapitel von Görz, Linz, St. Pölten, Graz, Leoben und Gradisch. Für den Großteil der in einem ähnlichen historischen Umfeld entstandenen böhmischen Domkapitel galt dieselbe ständische Verfassung. Das Prager Domkapitel, das nach den Wirren der Hussitenzeit und deren Folgen im 17. Jahrhundert schrittweise neu organisiert wurde, betraf dies gleichermaßen wie die ebenfalls im 17. Jahrhundert errichteten Domkapitel von Leitmeritz und Königgrätz. Im 18. Jahrhundert kam noch das Budweiser Domkapitel dazu.

Neben den österreichisch-böhmischen Institutionen stellten die ordensgeistlichen Domkapitel eine weitere zahlenmäßig bedeutsame Gruppe unter den gemeinständischen Domkapiteln dar. Neben den früh untergegangenen Einrichtungen von Leitomischl, Samland, Pomesanien sowie den beiden ersten Domkapiteln von Wiener Neustadt konnten die Domstifte von Lavant und Chiemsee diese Verfassungsform bis ins ausgehende 18. beziehungsweise beginnende 19. Jahrhundert aufrechterhalten.

Unter den restlichen Domkapiteln dieser Gruppe befanden sich auch solche, die in Verbindung mit einem reichsunmittelbaren Territorium standen, nämlich die von Hamburg, Lausanne, Ratzeburg, Schleswig, Schwerin, Sitten, Utrecht, Verden und Verdun. Ihnen allen gemeinsam ist die Lage an den Rändern des Untersuchungsraumes. Das gilt auch für das Ermländische und das Lebuser Domkapitel, die keinem reichsimmediaten Hochstift zugehörig waren.[393]

---

392 K. Rauch, Stiftsmäßigkeit und Stiftsfähigkeit in ihrer begrifflichen Abgrenzung, in: N. N., Festschrift, 740f.; J. Hirnsperger, Statuten, 16; P. Schneider, Domkapitel, 130.

393 E. Harding/M. Hecht, Ahnenproben als soziale Phänomene des Spätmittelalters und der Frühen Neuzeit, in: E. Harding/M. Hecht, Ahnenprobe, 21.

Von allen genannten Domkapiteln hatten die von Hamburg, Pomesanien, Prag, Ratzeburg, Samland, Sitten und Wiener Neustadt einen verhältnismäßig hohen Anteil an bürgerlichen Domherren. Für das Ermländische und das Kulmer Domkapitel galt dies bis zum Zweiten Thorner Frieden von 1466, für das Wiener Domkapitel bis in die Mitte des 18. Jahrhunderts. In anderen Einrichtungen konnte der Adel schon früher das Übergewicht gewinnen, so ab dem beginnenden 16. Jahrhundert in Verden oder ab dem ausgehenden 16. Jahrhundert in Schleswig. Mehrheitlich adelige Mitglieder wiesen auch das Lausanner und das Lebuser Domkapitel auf. Auch für das Seckauer Domkapitel war dieser Befund, abgesehen von einer Unterbrechung während des 16. Jahrhunderts, zutreffend.

Selbstverständlich waren die standesmäßigen Vorgaben der einzelnen Domkapitel im Laufe des Untersuchungszeitraumes auch Veränderungen unterworfen. Da 1787 mit dem Gurker Domkapitel nur eine einzige Institution neu zur Gruppe der gemeinständischen Domkapitel ohne Einschränkungen dazustieß, stellten alle übrigen Veränderungen Verschärfungen der Idoneitätskriterien dar.

Eine Beschränkung der bürgerlichen Impetranten auf graduierte Personen erfolgte 1476 im Meißner, Merseburger und Naumburger Domkapitel, 1485 im Brixner, 1532 im Trientner, 1617 im Bremer, 1761 im Lübecker und 1777 im Metzer. Für das Touler Domkapitel wiederum berief man sich auf eine bis ins 16. Jahrhundert bestehende und dann nicht mehr beachtete Gewohnheit, die man ab 1776 wieder aufleben ließ. Im Magdeburger Domkapitel schließlich wurde die Beschränkung der Bürgerlichen auf Graduierte bereits 1447 durchgeführt. Allerdings waren davon die Inhaber von acht der neun Sonderkanonikate ausgenommen. Diese Domherrenstellen standen daher vermutlich bis zu ihrer Aufhebung 1563 weiterhin Kandidaten aus allen Ständen uneingeschränkt offen.

Zudem vollzogen einige Domkapitel den Übergang zu einer gemischtadeligen Verfassung und damit den gänzlichen Ausschluss des Bürgertums. In Kulm bot die Transmutation in den Siebzigerjahren des 15. Jahrhunderts dazu den Anlass, während der Vorgang in Brandenburg und Havelberg ohne eine entsprechende Beschlussfassung schleichend vor sich ging. Das Breslauer Domkapitel wurde formell durch die Statuten von 1722 zu einer rein adeligen Gemeinschaft. Bis dahin konnten Schlesier noch ohne Standes- und Graduierungsvorschriften Aufnahme finden, während für auswärtige Kleriker bereits seit 1435 strengere Richtlinien in Geltung waren. Obwohl das Lübecker Domkapitel 1761 den Adelsvorbehalt nicht ausdrücklich beschlossen hatte, kam es tatsächlich doch zu dessen Durchsetzung.

Auch in der Reihe der ehemals gemeinständischen Domkapitel ohne Einschränkungen begegnen wieder vor allem in den Randgebieten des Untersuchungsraumes beheimatete Korporationen. Eine kleinräumige Ausbuchtung zur Mitte hin ist lediglich bei den Domkapiteln im Einflussbereich der Magdeburger Kirchenprovinz erkennbar, nämlich bei dem in Magdeburg selbst sowie denen in Brandenburg, Havelberg, Meißen, Merseburg und Naumburg.

Gemeinständische Domkapitel mit Einschränkungen

Die vor allem im 14. und 15. Jahrhundert sich ausbildende Gewohnheit, von bürgerlichen Impetranten den Erwerb eines akademischen Grades zu verlangen, hatte letztlich eine doppelte Stoßrichtung. Zum einen ließ sich dadurch die sich schrittweise festigende Vorherrschaft des Adels über die Domkapitel und deren Kanonikate weiter ausbauen. Der kostspielige und zeitaufwendige Zugang zum Erwerb eines akademischen Grades blieb nämlich vielen Angehörigen der niedrigeren gesellschaftlichen Schichten versperrt. Zum anderen konnte mit Hilfe der Graduierungsverpflichtung der vermehrt drohende Mangel an fachlich qualifizierten Personen unter den Domherren gemildert werden. Die zweite Zielsetzung deckte sich weitgehend mit der bei der Errichtung der Doktoralkanonikate verfolgten Absicht. Gefordert wurde in der Regel der Erwerb des Lizenziats oder Doktorats in den Fachbereichen Theologie oder Rechtswissenschaften. Abschlüsse in Medizin wurden nachweisbar lediglich in den Domkapiteln von Breslau, Hildesheim, Lüttich, Meißen, Merseburg, Naumburg und Toul anerkannt. Wie lange das der Fall war, muss allerdings offen bleiben. Das Speyerer und das Passauer Domkapitel jedenfalls entzogen bereits 1473 beziehungsweise 1530 den vorher geduldeten Medizinern die entsprechende Anerkennung. Mit dem Bakkalaureat erhob das Metzer Domkapitel deutlich niedrigere Ansprüche, während das Camminer Domkapitel neben einem theologischen oder rechtswissenschaftlichen Doktorat auch eine sonstige dem Domkapitel nützliche Qualifikation als zulässig erachtete.

Die Zahl jener Korporationen, in denen während des gesamten Untersuchungszeitraumes Adelige und graduierte Bürgerliche gleichermaßen Zugang hatten, hielt sich in überschaubaren Grenzen. Das Lütticher Domkapitel wies darunter den höchsten Anteil an bürgerlichen Domherren auf. Diese stellten dort seit der zweiten Hälfte des 17. Jahrhunderts die Mehrheit. Eine starke Stellung konnten die bürgerlichen Kleriker zudem im Churer Domkapitel behaupten, wo sie erst im 18. Jahrhundert langsam von den Adeligen überflügelt wurden. Damit fallen auch in diesem Zusammenhang wieder zwei Domkapitel in den Randbereichen des Untersuchungsraumes aus dem üblichen Rahmen heraus. Denn im Augsburger und im Freisinger Domkapitel spielten die graduierten Kanoniker eine deutlich geringere Rolle. Sie konnten sich zwar in stets rückläufiger Zahl auch dort halten, sahen sich aber einer deutlichen adeligen Mehrheit gegenüber. Eine eigene Entwicklung wiesen das Kölner und das Basler Domkapitel auf, in denen den Graduierten eine fixe Anzahl an Kanonikaten zugewiesen war. Hinsichtlich der acht Domherrenstellen in Köln kam es im Laufe des Untersuchungszeitraumes zu einer schrittweisen Aristokratisierung der Doktoralpräbenden. Inhaber der Kanonikate waren nun überwiegend graduierte Angehörige des niederen Adels. Ähnlich gestalteten sich die Verhältnisse in Basel, wo die seit 1442 bestehenden fünf Graduierten vorbehaltenen Kanonikate 1682 auf drei reduziert wurden. Darüber hinaus betrachtete das Domkapitel zumindest seit 1600 die Bestimmung zur Aufnahme einer bestimmten Zahl an Graduierten nur mehr als Möglichkeit, nicht mehr als Verpflichtung. Da es zudem zu einer schleichenden Aristokratisierung der Kanonikate kam, blieben die bürgerlichen Domherren im Basler Domkapitel eine zu vernachlässigende Größe.

In einer zweiten Gruppe von gemeinständischen Domkapiteln kam es erst im Laufe des Untersuchungszeitraumes zur Einführung einer Graduierungsverpflichtung für bürgerliche Impetranten. Zuerst war dies 1476 in den Domkapiteln von Meißen, Merseburg und Naumburg der Fall. 1485 folgte das Brixner, 1502 das Olmützer, 1532 das Trientner und 1617 das Bremer Domkapitel diesem Beispiel. Als Folge der Zustiftung neuer Kanonikate von 1632 an wies das vorher rein adelige Kulmer Domkapitel schließlich im 18. Jahrhundert fünf Graduierte in seinen Reihen auf. Das Lübecker Domkapitel sprach 1761 eine Graduierungsverpflichtung für bürgerliche Impetranten aus. Zuletzt geschah dies 1776 beziehungsweise 1777 für das Touler und das Metzer Domkapitel, die beide jeweils zehn Stellen für Graduierte reservierten. Wieder waren es überwiegend Institutionen aus den Randgebieten des Untersuchungsraumes, die sich von der zweiten Hälfte des 15. Jahrhunderts an bis ins ausgehende 18. Jahrhundert dafür entschieden, den Einfluss der bürgerlichen Mitglieder weiter zu begrenzen.

Die oben für die bereits zu Beginn des Untersuchungszeitraumes mit Einschränkungen behafteten gemeinständischen Domkapitel aufgezeigten Entwicklungen betrafen selbstverständlich auch die neu in den Kreis dieser Institutionen dazugekommenen Korporationen. Dabei stellte das Kulmer Domkapitel eine einmalige Ausnahme dar, da es seine vorher bereits bestehende Adelsexklusivität aufgab und den Bürgerlichen den Zugang zu seinen Kanonikaten neu öffnete. Der Grund dafür lag freilich in den Zustiftungen mehrerer Domherrenstellen, die aus dem vormaligen Rumpfkapitel wieder eine funktionstüchtige Einrichtung machten, wobei der Vorrang des Adels stets gewahrt blieb. Alle übrigen genannten Domkapitel durchliefen eine gegenteilige Entwicklung. Das Olmützer Domkapitel war seit der zweiten Hälfte des 17. Jahrhunderts ausschließlich in der Hand des Adels und verfügte schließlich 1772 auch formell den Ausschluss bürgerlicher Kandidaten von einer Aufnahme. Das Lübecker Domkapitel blieb trotz des Beschlusses von 1761 wie schon die Jahre vorher eine rein adelige Korporation. Das galt seit dem ersten Viertel des 18. Jahrhunderts auch für das Brixner Domkapitel. Halten konnten sich die Graduierten hingegen in den Domkapiteln von Meißen, Merseburg und Naumburg, wo sie aber zumeist ausschließlich auf die Inhaber der dortigen Universitätskanonikate beschränkt blieben. Während das Bremer Domkapitel trotz einer adeligen Mehrheit bis zu seiner Säkularisation auch bürgerliche Graduierte kannte, war es dem Trientner Domkapitel vorbehalten, bis zum Ende des Untersuchungszeitraumes einen durchaus beträchtlichen Anteil an bürgerlichen Graduierten aufzuweisen. Die Verfügungen für das Touler und das Metzer Domkapitel kamen durch die nachfolgenden politischen Entwicklungen kaum mehr richtig zum Tragen. Jedenfalls zählten beide Korporationen bis zuletzt bürgerliche Mitglieder in ihren Reihen.

Schließlich ist noch eine dritte Gruppe zu behandeln, nämlich jene Einrichtungen, die bereits zu Beginn des Untersuchungszeitraumes in ihren Idoneitätskriterien Einschränkungen vornahmen und später in den Kreis der gemischtadeligen Domkapitel aufrückten. Der Verzicht auf graduierte Bürgerliche konnte sowohl durch einen formalen Beschluss erfolgen als auch ohne diesen durch eine entsprechend ausgeübte Praxis, wobei der Statutenänderung zumeist eine bereits länger bestehende entsprechende Gepflogenheit vorausging. Offiziell zu gemischtadeligen Domkapiteln wurden die Korporationen von Paderborn 1480, Osnabrück 1517, Passau 1673 und Breslau 1722. Im Magdeburger und im Speyerer Domkapitel konnte sich von 1458 beziehungsweise 1483 an jeweils nur mehr ein Graduierter halten. Mit der Aufhebung der Ersten Lektur in Magdeburg 1563 und dem Universitätskanoniker in Speyer 1547 wurden beide Domkapitel rein adelig. Oft im klaren Widerspruch zu den eigentlichen Statuten entwickelten sich mehrere Institutionen zu ausschließlich adeligen Gemeinschaften. Schon im 15. Jahrhundert geschah dies im Halberstädter Domkapitel, während derselbe Vorgang im 16. Jahrhundert die Domkapitel von Worms, Minden, Hildesheim und Cammin erfasste. Im 18. Jahrhundert folgten schließlich das Konstanzer, das Brixner und das Regensburger Domkapitel, obgleich die Statuten letzternorts offiziell noch immer bis zu einem Drittel an bürgerlichen graduierten Mitgliedern zuließen. Hier nun begegnen erstmals in größerem Ausmaß Einrichtungen aus dem Kernbereich des Untersuchungsraumes.

Mit Entschiedenheit wurde von den Domkapiteln darauf geachtet, dass der geforderte akademische Grad durch ein ordnungsgemäßes Examen erworben wurde und nicht nur durch einen entsprechenden Gnadenerweis. Um solchen Graduierungen ohne tatsächliche wissenschaftliche Befähigung von vornherein jeden Wert zu nehmen, entschlossen sich manche Domkapitel, von bürgerlichen Kandidaten neben dem Erwerb eines akademischen Abschlusses auch die Absolvierung einer bestimmten Studienzeit zu verlangen. Anfangs erfolgte diese Verschärfung mit einer zeitlichen Verzögerung als zweiter Schritt der Einschränkung. In späterer Zeit wurde die Forderung nach Graduierung und Studium meist gleichzeitig erhoben.

Die geringsten Studienanforderungen bestanden mit drei Jahren zwischen 1530 und 1594 im Passauer Domkapitel. Vier Jahre kannten die Domkapitel von Basel ab 1442, Konstanz zwischen 1485 und 1560 sowie Regensburg zwischen 1493 und 1586. In Augsburg wurden von 1500 an vier bis fünf Jahre akademischer Ausbildung gefordert. Fünf Jahre waren in den Institutionen von Freising ab 1439, Speyer ab 1473, Brixen ab 1485, Meißen ab 1498, Trient ab 1532, Konstanz ab 1560, Regensburg ab 1586, Passau ab 1594 sowie Merseburg ab spätestens 1613 zu erbringen. Das Lütticher Domkapitel wies je nach Fachrichtung eine unterschiedlich lange Studienverpflichtung auf. Juristen und Mediziner mussten fünf Jahre nachweisen, Theologen sieben. Die allerstrengste Vorschrift jedoch führte das Hildesheimer Domkapitel 1585 ein. Bürgerliche Graduierte mussten von nun an neben dem Erwerb eines akademischen Grades durch vier Jahre eine Professur an ihrer jeweiligen Promotionsfakultät innegehabt haben, eine Bedingung, die unter gewöhnlichen Umständen so gut wie gar nicht zu erfüllen war. Auch in diesem Zusammenhang waren es überwiegend Korporationen aus dem Kernbereich des Untersuchungsraumes, die das Mittel der Studienanforderung für sich zur Anwendung brachten.

Im 17. Jahrhundert griffen einige wenige Domkapitel noch zu einer dritten Maßnahme, um die Anzahl bürgerlicher Domherren möglichst gering zu halten. Dabei unterwarf man auch die Vorfahren der graduierten Impetranten bestimmten

Vorgaben.[394] So galt im Regensburger Domkapitel seit 1604 das Erfordernis der ehelichen Geburt auch für beide Eltern des Kandidaten. Durch die Statuten von 1671/76 kam es zudem zur Einführung eines Nobilitätsdiploms. Damit mussten die Graduierten belegen, dass auch ihr Vater ein Doktorat der Rechtswissenschaften oder der Medizin besaß beziehungsweise sich anderweitig besondere Verdienste erworben hatte. Das Lütticher Domkapitel wählte ebenfalls im 17. Jahrhundert eine ähnliche Vorgangsweise und verlangte von den angehenden bürgerlichen Kanonikern die Vorlage einer Art Acht-Ahnen-Probe, mit Hilfe derer die eheliche Geburt der Vorfahren und der gute Leumund der Familie bestätigt wurden. In Konstanz wiederum war seit 1690 durch eine Vier-Ahnen-Probe zu beweisen, dass der bürgerliche Impetrant nicht aus niedrigem Stand stammte. Ein von 1767 an unternommener ähnlicher Versuch des Augsburger Domkapitels scheiterte letztlich 1775.

Gemischtadelige Domkapitel

Die während des Untersuchungszeitraumes vorherrschende Tendenz, das Bürgertum möglichst von der Übernahme der Domherrenstellen auszuschließen, war letztlich keine völlig neue Entwicklung. Daher gab es auch schon zur Mitte des 15. Jahrhunderts eine Reihe von Domkapiteln, die sich der Aufnahme bürgerlicher Mitglieder gänzlich verwehrten. In ihnen war der sich später fortsetzende Zug hin zum rein adeligen Domkapitel bereits zum Abschluss gekommen. Die meisten Institutionen unterschieden dabei nicht zwischen den einzelnen Adelsrängen, sondern erachteten alle Angehörige des Adels zum Erhalt eines Kanonikats für fähig.

Während des gesamten Untersuchungszeitraumes als gemischtadelige Korporationen bestanden die Domkapitel von Bamberg, Eichstätt, Mainz, Münster, Salzburg, Trier und Würzburg. Für ihre gesamte Bestandszeit als Domkapitel galt das auch für das Fuldaer und das Corveyer Domkapitel. Wohl nach dem Vorbild dieser überwiegend in der südlichen Hälfte des Kernbereichs des Untersuchungsraumes liegenden Korporationen entschlossen sich seit der Mitte des 15. Jahrhunderts weitere Domkapitel, ihre Mitglieder allein auf Angehörige des Adels zu beschränken. Manche taten dies mit einem formalen Beschluss, während es andernorts durch die Ausbildung eines Gewohnheitsrechtes dazu kam, wobei selbstverständlich vielfach auch einer rechtsverbindlichen Statutenänderung eine schon weit länger beachtete Gepflogenheit vorausging. Durch statutarische Festlegung zu gemischtadeligen Korporationen wurden die Domkapitel von Paderborn 1480, Osnabrück 1517, Brandenburg 1588, Passau 1673, Breslau 1722 und Olmütz 1772. Im Magdeburger und im Speyerer Domkapitel konnte sich von 1458 beziehungsweise 1483 an jeweils nur mehr ein Graduierter halten. Mit der Aufhebung der Ersten Lektur in Magdeburg 1563 und dem Universitätskanonikat in Speyer 1547 wurden beide Domkapitel rein adelig. Oft im klaren Widerspruch zu den eigentlichen Statuten entwickelten sich

394 E. Harding/M. Hecht, Ahnenproben als soziale Phänomene des Spätmittelalters und der Frühen Neuzeit, in: E. Harding/M. Hecht, Ahnenprobe, 23.

mehrere Institutionen zu ausschließlich adeligen Gemeinschaften. Schon im 15. Jahrhundert geschah dies im Halberstädter Domkapitel, während derselbe Vorgang im 16. Jahrhundert die Domkapitel von Worms, Minden, Hildesheim und Cammin erfasste. Im 18. Jahrhundert folgten schließlich das Havelberger, das Konstanzer, das Brixner und das Regensburger Domkapitel.

Über längere Zeit zählte zudem das Gurker Domkapitel zu den gemischtadeligen Einrichtungen. Als Folge der reformatorischen Wirren ließ sich zwar die Adelsexklusivität im 16. Jahrhundert nicht durchgehend aufrechterhalten. Allerdings verwehrte man den bürgerlichen Stiftsherren stets die Zulassung zum Kapitel, um so die tatsächliche Vorherrschaft des Adels nicht zu gefährden. Als es im 17. Jahrhundert die geänderten Zeitumstände ermöglichten, die Adelsvorschrift wieder streng zu beachten, schloss man 1688 bürgerliche Kleriker wieder grundsätzlich von einer Aufnahme aus. Mit der von Kaiser Joseph II. betriebenen Transmutation des Jahres 1787 ging schließlich auch die Aufgabe der ständischen Exklusivität einher. Etwas kürzer war das Kulmer Domkapitel den gemischtadeligen Korporationen zuzurechnen. Nach der Transmutation in den Siebzigerjahren des 15. Jahrhunderts blieb dort ein lediglich aus Adeligen bestehendes Rumpfkapitel übrig, das als Folge der Zustiftung neuer Kanonikate von 1632 an seine rein adelige Zusammensetzung wieder aufgab. Rein rechtlich gesehen handelte es sich auch beim Brünner Domkapitel um eine gemischtadelige Institution. Allerdings erhielten dort in einigen wenigen Ausnahmefällen Kleriker auch ohne den geforderten Adelsstand ein Kanonikat.

Dass es nicht in jedem Fall gelang, den Adelsvorbehalt restlos durchzusetzen, belegen mehrere diesbezüglich gescheiterte Versuche. Ein gleich mehrfaches Scheitern ist für das Basler Domkapitel überliefert. Weitere erfolglose Bemühungen wurden gegen Ende des 15. Jahrhunderts für das Trientner, Anfang des 17. Jahrhunderts für das Lütticher, 1761 für das Brixner und 1767 für das Augsburger Domkapitel unternommen. Dabei handelte es sich in Brixen lediglich um das Bestreben, die Statuten an eine ohnehin bereits bestehende Wirklichkeit anzupassen.

Hochadelige Domkapitel

Als hochadeliges Domkapitel war eigentlich nur das Straßburger zu werten, das als einziges bereits im Hochmittelalter nur mehr Angehörige des Reichsadels aufnahm. Eine teilweise Beeinträchtigung erfuhr diese Praxis durch die nach dem Fall an das Königreich Frankreich schließlich 1713 erfolgte Statutenänderung, mit Hilfe derer man auch französischen Klerikern die Mitgliedschaft im Domkapitel ermöglichen wollte. Allerdings hatten trotz aller Vereinfachung auch sie in direkter väterlicher Linie die Abstammung von Princes étrangers oder Ducs nachzuweisen. Das Kölner Domkapitel war in seiner Gesamtheit zwar eine gemeinständische Einrichtung, zerfiel jedoch in zwei streng getrennte ständische Gruppen. Die 16 dem Adel vorbehaltenen Kanonikate standen ausschließlich Angehörigen des Reichsadels offen. Da sie allein zur Übernahme der Dignitäten und Personate berechtigt waren, verdient es das Kölner Domkapitel, hier erwähnt zu werden.

Ahnen-Probe

Neben der bereits aufgezeigten und vielerorts eingetretenen Entwicklung, bürgerliche beziehungsweise graduierte Kandidaten von einer Aufnahme grundsätzlich auszuschließen, kam es gleichzeitig auch gegenüber den adeligen Bewerbern zu einer verschärfenden Vorgangsweise. Hier versuchte man in vielen Domkapiteln, Angehörigen von erst kürzlich oder neu in den Adelsstand erhobenen Familien eine Mitgliedschaft zu verunmöglichen, indem immer ausgedehntere Ahnen-Proben verlangt wurden. Um nämlich den Nachweis des geforderten Adelsstandes zu erbringen, mussten adelige Impetranten eine sogenannte Ahnen-Probe vorlegen. Diese diente als Filiationsprobe zum einen dazu, die ausschließlich eheliche Abstammung des Kandidaten und seiner Vorfahren zu bestätigen. Zum anderen wurden damit auch der Adelsstand und die Stiftsmäßigkeit der einzelnen in der Ahnentafel vorkommenden Personen bezeugt.[395] Je nach Domkapitel und Zeitumständen erstreckten sich die für die Ahnen-Probe zu erbringenden Nachweise über eine unterschiedlich große Anzahl an Generationen. Entscheidend für die Bezeichnung der Ahnen-Probe war die Anzahl der in der obersten Reihe des Stammbaumes anzuführenden Vorfahren. Neben einer einfachen Adelsprobe, die lediglich den Adelsstand des Impetranten selbst belegte, bezogen die eigentlichen Ahnen-Proben auch die Vorfahren mit ein. Dabei beschränkte sich die Zwei-Ahnen-Probe auf die Eltern, während für eine Vier-Ahnen-Probe auch die beiderseitigen Großeltern mit zu berücksichtigen waren. Die Acht-Ahnen-Probe umfasste zusätzlich die Generation der Urgroßeltern. Bei der Sechzehn-Ahnen-Probe standen die 16 Ururgroßeltern in der ersten Zeile der Ahnentafel. Darüber hinausgehende Ahnen-Proben kamen nur in sehr seltenen Fällen zur Anwendung. Unter jeweiliger Außerachtlassung des Kandidaten selbst wies daher eine Zwei-Ahnen-Probe lediglich zwei zu belegende Personen auf, eine Vier-Ahnen-Probe sechs, eine Acht-Ahnen-Probe 14 und eine Sechzehn-Ahnen-Probe gar 30.[396]

Betreffend die Ahnenzahl ergeben sich allerdings in zweifacher Hinsicht größere Schwierigkeiten. Einmal gilt, wie vielfach auch für die bereits geschilderten Entwicklungen, dass sich nur in seltenen Fällen genaue Angaben darüber machen lassen, zu welchem Zeitpunkt der jeweilige Generationenumfang der Ahnen-Probe festgelegt wurde. Nicht nur dass mitunter die entsprechenden Bestimmungen der Statuten der Wirklichkeit deutlich hinterherhinkten, es war zudem durchaus gängige Praxis, dass die einzelnen Domherren aus Prestigegründen eine umfangreichere Ahnen-Probe

395 J. G. Estor, Anleitung, 8f., 14f.; K. Rauch, Stiftsmäßigkeit und Stiftsfähigkeit in ihrer begrifflichen Abgrenzung, in: N. N., Festschrift, 742, 748f., 754; B. Defauconpret, Preuves, 28; F. Klocke, Von westdeutsch-westfälischer Adels- und Ahnenprobe in Mittelalter und Neuzeit, insbesondere beim Münsterschen Domkapitel, in: WA 2 (1925), 271.

396 J. G. Estor, Anleitung, 9–12; E. Harding/M. Hecht, Ahnenproben als soziale Phänomene des Spätmittelalters und der Frühen Neuzeit, in: E. Harding/M. Hecht, Ahnenprobe, 10.

einreichten, als tatsächlich gefordert war.[397] Darüber hinaus tut sich eine zweite Unsicherheit auf, die sich aus der Forderung vieler älterer Statuten ergibt, kraft derer die Impetranten seitens beider Eltern adeliger Abstammung sein mussten. Möglicherweise schon zwischen den einzelnen Domkapiteln, mehr aber noch in der sich auf diese beziehenden Literatur ergaben beziehungsweise ergeben sich Widersprüche in der Auslegung dieser Formulierung. Für die einen war nämlich damit der reine Adelsstand der Eltern allein und damit eine Zwei-Ahnen-Probe ausreichend, während für die anderen die Eltern adeliger Abstammung sein mussten, womit zusätzlich auch die beiderseitigen Großeltern einzubeziehen waren, was somit eine Vier-Ahnen-Probe erforderlich machte. Eine Klärung dieser Frage muss an dieser Stelle offen bleiben.[398]

Angesichts der soeben aufgezeigten Schwierigkeiten sollen im Folgenden die zuletzt, also zum Zeitpunkt ihrer Auflösung beziehungsweise im ausgehenden 18. Jahrhundert, von den einzelnen Domkapiteln verlangten Ahnen-Proben einem Vergleich unterzogen werden. Dies vor allem deshalb, weil sich dafür verhältnismäßig widerspruchsfreie Aussagen treffen lassen.

Für Impetranten am leichtesten zu erfüllen war der Nachweis des reinen Adelsranges für die eigene Person. Der Stand der Vorfahren fand dabei keinerlei Berücksichtigung. Mit der Adelsprobe allein begnügten sich die Domkapitel von Breslau, Brünn, Cammin, Chur, Gurk, Kulm, Lübeck und Olmütz. Umgekehrt war es für die jeweiligen Landesherren ein Leichtes, ihnen gefälligen Kandidaten durch die Erhebung in den Adelsstand die geforderte Idoneität zu verschaffen. Besonders gegenüber den Domkapiteln von Breslau, Brünn und Olmütz griffen die Kaiser sowie die Könige von Preußen in vermehrtem Maß auf diese Möglichkeit zurück. Auffallend ist auch hier wieder, dass die Domkapitel dieser Gruppe mehrheitlich an den Rändern des Untersuchungsraumes angesiedelt waren.

397 E. Harding/M. Hecht, Ahnenproben als soziale Phänomene des Spätmittelalters und der Frühen Neuzeit, in: E. Harding/M. Hecht, Ahnenprobe, 20; K. Andermann, Zur Praxis der Aufschwörung in südwestdeutschen Domstiften der Frühneuzeit, in: E. Harding/M. Hecht, Ahnenprobe, 199; K. Rauch, Stiftsmäßigkeit und Stiftsfähigkeit in ihrer begrifflichen Abgrenzung, in: N. N., Festschrift, 746.

398 E. Harding/M. Hecht, Ahnenproben als soziale Phänomene des Spätmittelalters und der Frühen Neuzeit, in: E. Harding/M. Hecht, Ahnenprobe, 20; K. Andermann, Zur Praxis der Aufschwörung in südwestdeutschen Domstiften der Frühneuzeit, in: E. Harding/M. Hecht, Ahnenprobe, 199; A. L. Veit, Geschichte und Recht der Stiftsmäßigkeit auf die ehemals adeligen Domstifte von Mainz, Würzburg und Bamberg, in: HJb 33 (1912), 330f.; F. Klocke, Von westdeutsch-westfälischer Adels- und Ahnenprobe in Mittelalter und Neuzeit, insbesondere beim Münsterschen Domkapitel, in: WA 2 (1925), 270; M. Hollmann, Domkapitel, 15f.; C. Hoffmann, Adel, 101; R. Haas, „Dem bösen Willen des Domkapitels die Schuld beimesset, …" – Zum Ende der Adelsdominanz in den westfälischen Domkapiteln 1802–1823, in: W. Frese, Revolution, 32.

Nur unwesentlich strenger gehandhabt wurde das Adelserfordernis im ebenfalls in der Randzone gelegenen Trientner Domkapitel. Dort hatten angehende Domherren die Zwei-Ahnen-Probe abzuliefern.

Eine Acht-Ahnen-Probe verlangten zuletzt die Domkapitel von Augsburg, Brixen, Freising, Havelberg, Lüttich, Metz, Passau, Salzburg und Toul, also genau ein Viertel aller Einrichtungen, die die Forderung nach einer Ahnen-Probe aufgestellt hatten. Dabei ist anzumerken, dass die beiden lothringischen Domkapitel in Metz und Toul eine Ahnen-Probe nach französischem Muster verlangten.[399] Diese umfasste im Unterschied zur deutschen lediglich die direkten Vorfahren der väterlichen Linie, also Vater, Großvater und Urgroßvater. In Salzburg wiederum verlangte das Domkapitel von Angehörigen bislang unbekannter Geschlechter die Vorlage eines eigenen Nebenstammbaumes. Dabei musste von der jeweils betroffenen Person ebenfalls eine Acht-Ahnen-Probe vorgelegt werden, womit sich die Ahnen-Probe zumindest teilweise bis zu einer Vierundsechzig-Ahnen-Probe ausweiten konnte. Die geplante Einführung der Sechzehn-Ahnen-Probe, die tatsächlich eine Vereinfachung der bestehenden Praxis dargestellt hätte, verlief zwischen 1793 und 1795 letztlich im Sande. Rein geographisch lag der Schwerpunkt der Institutionen dieser Gruppe eindeutig im bayerischen Raum.

Andernorts freilich fand die Sechzehn-Ahnen-Probe durchaus Beachtung. Es waren mit 24 Institutionen sogar zwei Drittel jener Domkapitel, die eine Ahnen-Probe verlangten, die zuletzt die Sechzehn-Ahnen-Probe in Anwendung brachten. Dazu zählten die Korporationen von Bamberg, Basel, Bremen, Corvey, Eichstätt, Fulda, Halberstadt, Hildesheim, Köln, Konstanz, Magdeburg, Mainz, Meißen, Minden, Münster, Naumburg, Osnabrück, Paderborn, Regensburg, Speyer, Straßburg, Trier, Worms und Würzburg. Darunter kam für die acht französischen Mitglieder des Straßburger Domkapitels seit 1713 eine Ahnen-Probe nach französischem Muster zur Anwendung. Für deren Sechzehn-Ahnen-Probe war es ausreichend, wenn der angehende Domherr väterlicherseits in direkter männlicher Linie von Princes étrangers oder Ducs abstammte. Mütterlicherseits hatten die Mutter selbst und deren direkte männliche Vorfahren mindestens Angehörige des niederen Adels und des Ritterstandes zu sein. Die hier angeführten Domkapitel stellten beinahe flächendeckend den größer gefassten Kern des Untersuchungsraumes dar, wenn auch mit einer deutlichen Einbuchtung im Südosten.

Die Zweiunddreißig-Ahnen-Probe stellte, sieht man von Ausnahmeregelungen wie im Salzburger Domkapitel ab, die höchste gängig gewesene Anforderung für Impetranten dar. Zuletzt galt dieses Erfordernis aber nur in den beiden Domkapiteln von Brandenburg und Merseburg.

399 E. Harding/M. Hecht, Ahnenproben als soziale Phänomene des Spätmittelalters und der Frühen Neuzeit, in: E. Harding/M. Hecht, Ahnenprobe, 77; L. Horowski, „Diese große Regelhaftigkeit muß Ihnen fremd erscheinen". Versailles, Straßburg und die Kollision der Adelsproben, in: E. Harding/M. Hecht, Ahnenprobe, 356; B. Defauconpret, Preuves, 28.

Der Vollständigkeit halber sei noch auf die Adelsanforderungen für die Standeskanonikate des Laibacher und des Wiener Domkapitels verwiesen. Für eine Übernahme des Kirchbergischen, des Codellischen und des Flachenfeldischen Kanonikats in Laibach genügte der adelige Stand allein. Für die vier Savoyisch-Liechtensteinischen Kanonikate in Wien bestimmte man nach ursprünglich anderen Absichten schließlich eine dem französischen Muster ähnliche Sechzehn-Ahnen-Probe.[400]

Fortschreitende Aristokratisierung

Zusammenfassend lässt sich festhalten, dass es im Laufe des Untersuchungszeitraumes zu einer fortschreitenden Aristokratisierung der Domkapitel kam. Diese Erscheinung stellte allerdings keine neue Entwicklung dar, sondern setzte einen bereits im Mittelalter, vor allem im 13. Jahrhundert, begonnenen und sich im Allgemeinen von Süden und Westen nach Norden und Osten ausbreitenden Vorgang weiter fort. Die Gründe für das vermehrte Streben des Adels nach Kanonikaten waren vielgestaltig. Einmal fiel mit der Aufgabe des gemeinschaftlichen Lebens die strenge Disziplin nach und nach weg, was die Domherrenstellen auch für Angehörige des Adels deutlich attraktiver erscheinen ließ. Darüber hinaus versuchte man Begehrlichkeiten des Adels nach der Aneignung kirchlicher Besitztümer dadurch in die Schranken zu weisen, dass deren Obsorge ebenfalls in die Hände adeliger Kanoniker gelegt wurde. Andernorts berief man sich auf durch den Adel vorgenommene Stiftungen zugunsten der Domkapitel, aus denen ein bevorzugter Anspruch auf den Genuss der Präbenden abgeleitet wurde. Der durch das vor allem zugunsten der eigenen Mitglieder ausgeübte Bischofswahlrecht der Domkapitel mögliche Aufstieg innerhalb der kirchlichen Hierarchie mochte adelige Bewerber zusätzlich dazu bewogen haben, sich um ein Kanonikat zu bewerben. Auch die sich vermehrt ausbreitende Kollation durch Turnare sowie die Resignationen zugunsten Dritter sorgten dafür, dass adelige Domherren überwiegend wieder Angehörige ihres eigenen Standes mit einem Kanonikat bedachten. Umgekehrt wurde freilich die personelle Auswahl der einzelnen Kollatoren durch den Adelsvorbehalt empfindlich beschnitten und engen Grenzen unterworfen.[401]

Eine erste Gegenbewegung entstand gleichwohl mit den im Spätmittelalter in wachsender Zahl aufkommenden Graduierten. Wohl mehr aus unvermeidbarer Notwendigkeit denn aus tatsächlicher Überzeugung erkannte man die Universitätsabsolventen als dem Adel gleichrangig an. Ausdruck für diese Einstellung war auch das von Papst Martin V. 1418 als Folge des Konzils von Konstanz mit der Deutschen Konzilsnation auf fünf Jahre abgeschlossene Konkordat, das die Bestimmung

400 B. Defauconpret, Preuves, 27f.

401 P. Schneider, Domkapitel, 128–130; J. M. Seuffert, Versuch, 20, 28; G. Gehring, Domcapitel, 17f.; O. Balzer, Skartabelat, 78; H. Bruiningk, Die Geburtsstandsverhältnisse in den livländischen Domkapiteln und Klöstern, in: SGGAOR 1908, 76; C. Hoffmann, Die Aufschwörungstafeln des Bremer Domkapitels im Niedersächsischen Staatsarchiv Stade, in: StJ 91/92 (2001/02), 134.

enthielt, ein Sechstel der Kanonikate graduierten Bewerbern vorzubehalten. Die tatsächliche Umsetzung dieser Forderung blieb allerdings weitgehend aus, auch wenn 1438 ein Reformdekret des Konzils von Basel den Graduierten gar ein Drittel der Stellen einräumen wollte. Es trat vielmehr eine gegenläufige Entwicklung ein. Denn das Doktorat verlor im Laufe des 15. Jahrhunderts zunehmend an Ansehen und Bedeutung. Die Ursache dafür lag zum einen an der sich ausbildenden Praxis, akademische Grade auch ohne volles Studium auf dem Gnadenweg zu verleihen, zum anderen begann sich langsam das Bildungsniveau der adeligen Domherren ebenfalls zu heben, womit sich auch unter ihnen in größerem Umfang als vorher qualifizierte Personen befanden. Beides führte dazu, dass der Adel im 15. Jahrhundert seine Stellung in den Domkapiteln letztlich weiter ausbauen konnte.[402] Das zeigte sich etwa in den Domkapiteln von Halberstadt, Magdeburg, Speyer oder Paderborn. Andererseits gelang es jedoch in Toul trotz entsprechender päpstlicher Bullen nicht, den Zugang zum Domkapitel auf Adelige und Graduierte zu beschränken. Die vordem bestehende Praxis konnte sich weiter behaupten.

Obwohl in den letzten Jahrzehnten unmittelbar vor dem Ausbruch der Reformation durchaus auch Kritik an der anmaßenden Haltung des Adels geübt wurde, vertrat Martin Luther 1520 in seiner Adelsschrift eine gegenteilige Position. Er sah in den Domkapiteln vor allem Einrichtungen zur Versorgung des Adelsnachwuchses. Das Konzil von Trient knüpfte an die Gepflogenheiten früherer Kirchenversammlungen an und verlangte, mindestens die Hälfte der Kanonikate für Doktoren und Lizenziaten zu reservieren. Auf bereits bestehende Einrichtungen konnte man damit freilich keinen Einfluss mehr nehmen, Neugründungen orientierten sich allerdings an dieser Vorgabe und räumten dem Adel keine bevorzugte Stellung mehr ein, vor allem dann, wenn es sich um eine wirkliche Neugründung handelte und nicht um die Umwandlung einer bereits bestehenden kirchlichen Korporation in ein Domkapitel.[403] Zu nennen sind dabei etwa die Domkapitel von Leitmeritz und Königgrätz beziehungsweise das dritte Wiener Neustädter Domkapitel.

Ohne Rücksicht auf die jeweiligen konfessionellen Verhältnisse hielt das Streben nach adeliger Exklusivität vielerorts weiter an, seit der zweiten Hälfte des 16. Jahrhunderts vor allem durch eine stete Verschärfung der Ahnen-Proben. Zudem stieg der Anteil der Adeligen mit akademischem Abschluss unentwegt an, wodurch ihnen auch die Übernahme von Doktoralkanonikaten möglich wurde.[404] Einzig im

---

402 J. M. Seuffert, Versuch, 58, 60, 62, 65–67, 70, 76, 90, 102f., 106f.; P. Schneider, Domkapitel, 160; G. Gehring, Domcapitel, 18; T. Willich, Wege, 92; J. Wohlmuth, Dekrete III, 766.

403 A. Schröer, Das Münsterer Domkapitel im ausgehenden Mittelalter, in: A. Schröer, Monasterium, 473f.; M. Schwartz, „Das Dorado des deutschen Adels" – Die frühneuzeitliche Adelskirche in interkonfessionell-vergleichender Perspektive, in: GG 30 (2004), 599, 626; J. M. Seuffert, Versuch, 114f., 117f., 120; P. Schneider, Domkapitel, 126, 164.

404 E. Harding/M. Hecht, Ahnenproben als soziale Phänomene des Spätmittelalters und der Frühen Neuzeit, in: E. Harding/M. Hecht, Ahnenprobe, 19–21; M. Schwartz,

Churer, im Kölner und im Straßburger Domkapitel kam es nach der Mitte des 16. Jahrhunderts nicht mehr zur Ausweitung der Ahnen-Probe. In Chur begnügte man sich mit der einfachen Adelsprobe, während man in Köln und Straßburg bereits im 15. Jahrhundert die Sechzehn-Ahnen-Probe eingeführt hatte. Eine erste zaghafte gegenteilige Entwicklung trat im Ratzeburger und im Prager Domkapitel auf, obgleich in beiden Fällen ohne durchschlagenden Erfolg. In Ratzeburg versuchte man zu Beginn des 16. Jahrhunderts, Angehörige des Fürsten- und Grafenstandes von der Aufnahme als Domherr auszuschließen. In Prag gab es angeblich zu Beginn des letzten Drittels des 17. Jahrhunderts eine geheime Absprache der Domherren, keine Adeligen mit einem Kanonikat zu betrauen.

Eine ernst zu nehmende Gegenbewegung zur fortschreitenden Aristokratisierung zeichnete sich freilich erst in der zweiten Hälfte des 18. Jahrhunderts ab.[405] In den jetzt neu gegründeten Domkapiteln spielten die Standeserfordernisse zumeist keine Rolle mehr. Allein die entsprechende Qualifikation des Kandidaten sollte nun für eine Mitgliedschaft entscheidend sein. Auf diese Weise wurde bereits der Übergang ins 19. Jahrhundert vorweggenommen und damit zur Neuorganisation der Domkapitel nach dem Reichsdeputationshauptschluss.[406] Als Beispiele genannt werden können hier die Domkapitel von Görz, Linz, St. Pölten, Budweis, Graz, Leoben und Gradisch sowie das von Gurk nach der Transmutation.

Auffallend ist darüber hinaus der enge Zusammenhang zwischen der Zugehörigkeit des Domkapitels zu einem reichsimmediaten Hochstift und dem Adelsvorbehalt. Unter den rein adeligen Institutionen fanden sich beinahe ausschließlich Domkapitel, die in Verbindung mit einem reichsunmittelbaren Territorium standen. Neben den Domkapiteln von Brandenburg, Cammin und Havelberg, für die das mit Einschränkungen galt, bildeten die erst verhältnismäßig spät zu dieser Gruppe gestoßenen Domkapitel von Breslau, Olmütz und Brünn die Ausnahmen. Dazu kam über weite Strecken das Gurker Domkapitel, das ebenfalls keinem reichsunmittelbaren Hochstift zugehörig war.

In konfessioneller Hinsicht lassen sich in den Standesforderungen keine tiefgreifenden Unterschiede zwischen den katholisch gebliebenen und den protestantisch gewordenen Domkapiteln aufzeigen.[407] Erwähnenswert erscheinen allerdings die

„Das Dorado des deutschen Adels" – Die frühneuzeitliche Adelskirche in interkonfessionell-vergleichender Perspektive, in: GG 30 (2004), 598, 623; P. Hersche, Adel gegen Bürgertum? Zur Frage der Refeudalisierung der Reichskirche, in: F. Jürgensmeier, Weihbischöfe, 198–200, 202f.; P. Hersche, Domkapitel II, 59f.; H. E. Feine, Besetzung, 23.

405 E. Harding/M. Hecht, Ahnenproben als soziale Phänomene des Spätmittelalters und der Frühen Neuzeit, in: E. Harding/M. Hecht, Ahnenprobe, 74.

406 R. Haas, „Dem bösen Willen des Domkapitels die Schuld beimesset, ..." – Zum Ende der Adelsdominanz in den westfälischen Domkapiteln 1802–1823, in: W. Frese, Revolution, 33.

407 E. Harding/M. Hecht, Ahnenproben als soziale Phänomene des Spätmittelalters und der Frühen Neuzeit, in: E. Harding/M. Hecht, Ahnenprobe, 21.

geschlossen hohen Adelsvorgaben der drei sächsischen Domkapitel von Merseburg, Meißen und Naumburg, in denen jeweils die Zweiunddreißig- beziehungsweise die Sechzehn-Ahnen-Probe verlangt wurde. Die beiden brandenburgischen Korporationen von Brandenburg und Havelberg standen dem nur wenig nach. Alle fünf Institutionen mussten umgekehrt allerdings in ihrer politischen Bedeutung einen empfindlichen Einflussverlust hinnehmen.

Im Allgemeinen lässt sich beobachten, dass die einzelnen Domkapitel sehr streng über die Einhaltung der geforderten Standeszugehörigkeit wachten. Allerdings sind für das Brünner Domkapitel mehrere diesbezügliche Ausnahmen belegt.

Reichskirchlicher Sonderweg oder generelle Entwicklung?

Gerade die für die ständische Zusammensetzung geschilderten Entwicklungen werfen die Frage auf, inwieweit es sich dabei um allein die Reichskirche kennzeichnende Vorgänge handelte oder vielmehr um eine weit über diese hinausweisende grundsätzliche Erscheinung in der Kirche der Frühen Neuzeit. Dazu sollen auch in diesem Zusammenhang die benachbarten Domkapitel einer vergleichenden Betrachtung unterzogen werden.

Für die Standesverhältnisse der dänischen Domkapitel lassen sich jedenfalls keine allzu großen Übereinstimmungen deutlich machen. Eine wohl in Anlehnung an die deutschen Vorbilder entstandene Aristokratisierungstendenz war zwar auch hier zu erkennen, als sich König Christian I. von Dänemark in den Siebzigerjahren des 15. Jahrhunderts mit dem Gedanken trug, in einigen der Domkapitel seines Königreiches neben adeligen Klerikern nur mehr Graduierte zu dulden. Allerdings kam es wohl nicht zur tatsächlichen Umsetzung der diesbezüglichen Absichten, denn ausdrückliche Standesvorschriften sind für die Domkapitel von Ribe, Århus, Viborg, Roskilde und Lund nicht überliefert. Die Korporationen blieben also grundsätzlich für Angehörige aller Stände offen. Die sich im Untersuchungsraum vor allem seit dem 13. Jahrhundert ausbreitenden ständischen Einschränkungen bis hin zum ausschließlichen Adelsvorbehalt fanden damit im Bereich der dänischen Domkapitel offensichtlich keinerlei Nachahmung.[408]

Auch die livländischen Domkapitel von Reval, Ösel-Wiek, Dorpat, Wenden, Riga und Kurland kannten keine besonderen Standesvorschriften und zählten damit zu den gemeinständischen Institutionen. Die spezielle Gesellschaftsordnung Livlands mag diesen Befund mitbeeinflusst haben. Die Mitglieder der Domkapitel entstammten nämlich so gut wie ausschließlich der deutschsprachigen Oberschicht, die sich neben dem Adel wesentlich auch aus dem Bürgertum zusammensetzte.[409]

---

408 K. Harms, Domkapitel, 32.

409 H. Bruiningk, Die Geburtsstandsverhältnisse in den livländischen Domkapiteln und Klöstern, in: SGGAOR 1908, 74; L. Santifaller, Geschichte, 157; E. Hertwich, Das Kurländische Domkapitel bis 1561, in: R. Biskup/M. Glauert, Domkapitel, 183, 200, 229; T. Lukas, Tartu, 143.

Die polnischen Domkapitel wiederum wiesen eine deutlich andere Entwicklung auf als die dänischen und livländischen. Zumindest galt das für die fünf dem Untersuchungsraum benachbarten Korporationen von Plozk, Leslau, Gnesen, Posen und Krakau. Hier bildete sich im Laufe des 15. Jahrhunderts eine immer stärker werdende Bewegung, die den völligen Ausschluss bürgerlicher Impetranten von einer Aufnahme in die genannten Domkapitel anstrebte. Den Anfang machten zwei Bullen Papst Johannes' XXIII. und Papst Martins V. aus den Jahren 1414 beziehungsweise 1421. Darin wurde für die Domkapitel von Gnesen und Krakau beziehungsweise von Plozk, Leslau und Posen verfügt, dass künftig nur mehr Angehörige des Adels sowie graduierte Bürgerliche Aufnahme finden sollten. Nach einem ersten vergeblichen Versuch für das Krakauer Domkapitel 1438 veranlasste der zunehmende Druck des Adels 1484 ein Mandat König Kasimirs IV. von Polen, kraft dessen bürgerliche Impetranten jetzt in allen fünf Domkapiteln gänzlich von der Übernahme eines Kanonikats ausgeschlossen wurden. Diese Verfügung ließ sich aber wie die beiden Bullen von 1414 und 1421 nicht wirklich umsetzen. Daher eröffnete König Johann I. Albrecht von Polen 1496 auf dem Sejm von Petrikau für die fünf Domkapitel die Möglichkeit, je höchstens fünf Kanonikate bürgerlichen Doktoren zur Verfügung zu stellen, zwei für Theologen, zwei für Juristen und eines für einen Mediziner. Bereits bestehende Stellen waren darin einzurechnen. Proteste des Adels gegen diese Maßnahme führten 1501 zu einem Beschluss des Sejms, die entsprechende Bestimmung ersatzlos aufzuheben. Allerdings kehrte man schon 1505 wieder zur Regelung von 1496 zurück. Die weitere Entwicklung wurde wesentlich von den Päpsten mitbestimmt. Während Papst Julius II. ebenfalls 1505 mit einer zweiten Medizinerstelle die den Bürgerlichen in den genannten Domkapiteln zugänglichen Präbenden auf sechs erhöhte, beschränkte Papst Leo X. 1515 auf Bitten König Sigismunds I. von Polen die Höchstzahl der Doktoralkanonikate auf vier. Davon sollten je zwei Stellen für Doktoren der Theologie beziehungsweise der Rechtswissenschaften vorgesehen sein. Papst Paul III. gestattete 1543 die Wiedereinführung einer Medizinerstelle und erhöhte damit die mögliche Zahl der Doktoralkanonikate wieder auf fünf.[410] Eine

---

410 O. Balzer, Skartabelat, 79–97; L. Gąsiorowski, Rozprawa wyświecająca historyą zaprowadzenia kanonikatu doktora medycyny przy wszystkich kościołach katedralnych polskich, in: RTPNP 1 (1860), 293–302; A. Radzimiński, Das soziale Milieu der polnischen Domkapitel im Vergleich zu ähnlichen Institutionen im Deutschen Reich im späteren Mittelalter, in: J. Kłoczowski, Christianity, 129–132; A. Radzimiński, Polnische Domkapitel des Mittelalters – Modelle kirchlicher Karrieren, in: QMAN 12 (2007), 325f., 328; J. Korytkowski, Prałaci I/1, 345–348; P. Dembiński, Kapituła, 128f., 153f.; K. Lutyński, Kapituła, 58–60; C. Wollek, Domkapitel, 4–11; K. Dola, Ständische Verhältnisse im Breslauer Domkapitel im 16. und 17. Jahrhundert, in: F. Jürgensmeier, Weihbischöfe, 183f.; S. Librowski, Kapituła, 31; A. Radzimiński, Kapituła i duchowieństwo katedralne w średniowiecznym Włocławku, in: J. Staszewski, Włocławek I, 85; B. S. Kumor, Dzieje II, 329f.; W. Góralski, Kapituła, 109f.; W. Góralski, Obsadzanie prałatur i kanonii w kapitule katedralnej w Płocku do końca XVI w., in: SP 7 (1979), 148f.; M. Grzybowski, Stosunek Michała

grundsätzliche Schwierigkeit lag neben der bereits bei der Behandlung der Doktoralkanonikate geschilderten zahlenmäßig wechselhaften tatsächlichen Ausstattung der einzelnen Domkapitel mit solchen Stellen darin, dass diese nicht ausdrücklich bürgerlichen Bewerbern vorbehalten waren und damit immer wieder mit adeligen Graduierten besetzt wurden. Diese auch für die Domkapitel des Untersuchungsraumes nachweisbare Praxis sowie die verhältnismäßig große personelle Stärke der polnischen Domkapitel drückten den Anteil der bürgerlichen Domherren weiter nach unten. Der gegenüber dem Reich deutlich höhere Anteil des Adels an der Gesamtbevölkerung ließ einen Mangel an geeigneten adeligen Bewerbern gar nicht erst aufkommen und verstärkte die aufgezeigte Entwicklung zusätzlich.[411] Hinsichtlich der Ahnen-Probe bestanden längere Zeit Unsicherheiten. Erst 1539 brachte ein Beschluss des Sejms Klarheit. Neuadelige wurden nun ausdrücklich von einer Aufnahme ausgeschlossen, da der Impetrant den Adelsstand von beiden Eltern nachzuweisen hatte. In einem mit der Reichskirche vergleichbaren Vorgang kam es etwa seit der zweiten Hälfte des 16. Jahrhunderts gewohnheitsrechtlich zur Einführung der Vier-Ahnen-Probe, ohne freilich die formalrechtlichen Bestimmungen zu verändern.[412] Bereits die Bulle Papst Martins V. aus dem Jahr 1421 sah für graduierte Impetranten ein Studium im Ausmaß von sieben Jahren vor. Während das Krakauer Domkapitel diese Bestimmung in seine Statuten aufnahm, wurden für die Korporationen von Posen und Leslau 1499 beziehungsweise 1500 die Anforderungen mit fünf Jahren niedriger angesetzt. Das Gnesener und das Plozker Domkapitel verzichteten offensichtlich auf eine entsprechende statutarische Festlegung.[413] Insgesamt lässt

Jerzego Poniatowskiego biskupa płockiego do kleru katedralnego i kolegiackiego (1773–1785), in: SP 6 (1978), 103; M. Pukianiec, Organizacja, 18; J. Brzeziński, O konkordatach Stolicy Apostolskiej z Polską w XVI wieku, in: RWHF PAU 30 (1894), 276.

411 J. Korytkowski, Prałaci I/1, 67; W. Góralski, Kapituła, 111; W. Góralski, Obsadzanie prałatur i kanonii w kapitule katedralnej w Płocku do końca XVI w., in: SP 7 (1979), 151; S. Librowski, Kapituła, 33; K. Lutyński, Kapituła, 61.

412 O. Balzer, Skartabelat, 89f., 93–97, 100f., 104; L. Gąsiorowski, Rozprawa wyświecająca historyą zaprowadzenia kanonikatu doktora medycyny przy wszyst kościołach katedralnych polskich, in: RTPNP 1 (1860), 294, 296, 300; J. Korytkowski, Prałaci I/1, 346, 348; B. S. Kumor, Dzieje II, 328f.; W. Góralski, Kapituła, 124; W. Góralski, Obsadzanie prałatur i kanonii w kapitule katedralnej w Płocku do końca XVI w., in: SP 7 (1979), 150, 169f.; K. Lutyński, Kapituła, 93f.; R. Weimann, Receptiones seu installationes ad episcopatum, praelaturas et canonicatus Ecclesiae Cathedralis Posaniensis ab anno 1532 usque ad annum 1800, in: RTPNP 35 (1908), 4f., 7; M. Pukianiec, Organizacja, 77, 119; M. Pukianiec, Pochadzenie i funkcjonowanie siedemnastowiecznej elity kośielnej na przykładzie kanoników kapituły katedralnej w Poznaniu, in: VN 6 (2013), 117, 121; N. N., Handbuch/Anhang, 110.

413 P. Dembiński, Kapituła, 128, 159; C. Wollek, Domkapitel, 5, 11f., 17; K. Dola, Ständische Verhältnisse im Breslauer Domkapitel im 16. und 17. Jahrhundert, in: F. Jürgensmeier, Weihbischöfe, 183; K. Lutyński, Kapituła, 59, 95f.; L. Gąsiorowski, Rozprawa wyświecająca historyą zaprowadzenia kanonikatu doktora medycyny przy wszyst kościołach katedralnych polskich, in: RTPNP 1 (1860), 327f.;

sich feststellen, dass die Domkapitel von Plozk, Leslau, Gnesen, Posen und Krakau deutliche Übereinstimmungen zu den für den Untersuchungsraum festgestellten Entwicklungen aufwiesen. Die dort im Groben von Süden und Westen in Richtung Norden und Osten verlaufende Aristokratisierungstendenz setzte sich zeitverzögert in den polnischen Domkapiteln fort. Anders als in vielen Institutionen der Reichskirche kam es allerdings nicht zu einem völligen Ausschluss bürgerlicher Kleriker aus den Domkapiteln, auch wenn ihre Zahl durch die strenge Beschränkung der ihnen offenstehenden Kanonikate äußerst gering blieb. Während man im Vergleich zu den im Untersuchungsraum beheimateten Domkapiteln in den fünf polnischen Institutionen hinsichtlich der Ausdehnung der Ahnen-Probe deutlich großzügiger war, lagen andererseits die Studienanforderungen für Graduierte mit einem Umfang von fünf bis sieben Jahren im obersten Bereich.

Die schlecht belegten Zustände der istrischen Domkapitel lassen keine besonders aussagekräftigen Angaben über die dort herrschenden Standesverhältnisse zu. Jedoch scheinen die Domkapitel von Triest, Capodistria, Cittanova, Pedena, Parenzo und Pola keine besonderen Standesvorschriften gekannt zu haben. Lediglich für das 1660 von Giacomo Zarotti in Capodistria gestiftete Kanonikat bestand beim Fehlen geeigneter Kandidaten aus den im Stiftungsbrief genannten Familien die Auflage, ein Mitglied aus einer der adeligen Ratsfamilien der Stadt mit der Präbende zu betrauen.[414]

Während innerhalb der jeweiligen Gruppe für die bislang behandelten dänischen, livländischen, polnischen und istrischen Domkapitel eine verhältnissmäßig große Übereinstimmung zutage trat, unterschieden sich die im Westen des Untersuchungsraumes gelegenen Korporationen hinsichtlich ihrer Standesvorschriften deutlich voneinander.

Die strengsten Richtlinien galten im Besançoner Domkapitel, das durch seine geschichtliche Entwicklung in einem besonderen Naheverhältnis zur Reichskirche stand. Seit 1430 beschränkte sich die Zulassung zu den Präbenden auf Angehörige des Adels sowie Graduierte der Rechtswissenschaften, denen erst 1542 die Theologen und Mediziner gleichgestellt wurden. Für die adeligen Impetranten wurde 1543 die Vier-Ahnen-Probe verbindlich festgelegt. Seit 1683 musste die Sechzehn-Ahnen-Probe erbracht werden. Aber auch für die Graduierten kam es wie in den Domkapiteln von Regensburg, Lüttich und Konstanz zu zusätzlichen Verschärfungen, indem man von ihnen über die akademische Ausbildung hinaus die Abstammung von einem adeligen oder graduierten, zumindest aber vornehmen Vater forderte.[415]

Das Genfer Domkapitel war in seinen Forderungen deutlich milder als das Besançoner. 1425 hielt man in einem Statut die alleinige Aufnahme von aus beiden Eltern

W. Góralski, Kapituła, 112; W. Góralski, Obsadzanie prałatur i kanonii w kapitule katedralnej w Płocku do końca XVI w., in: SP 7 (1979), 153.

414 F. Petronio, Cenni cronologici sul Capitolo di Capodistria, in: AT II/6 (1879/80), 219.

415 H. Hours, Diocèse, 12; B. Defauconpret, Preuves, 203f.; H.-G. Duchesne, France, 75; N. N., Almanach de Besançon, 17; N. Gabrielly, France, 156f.

adelig Geborenen sowie graduierten Juristen und Theologen fest. Papst Martin V. bestätigte diese Gepflogenheit 1430 und gestattete auch Medizinern die Zulassung. Davon ging man allerdings 1698 wieder ab. Auffallend war der hohe Anteil an graduierten Adeligen im Domkapitel. Im Unterschied zu den adeligen Kanonikern der Domkapitel des Untersuchungsraumes erwarben die Genfer Domherren offensichtlich deutlich häufiger einen akademischen Abschluss. Im 18. Jahrhundert jedenfalls war das Domkapitel überwiegend mit adeligen Klerikern besetzt.[416]

Trotz der im Mittelalter durchaus noch engen Beziehung zur Reichskirche kannte das Cambraier Domkapitel über lange Zeit keinerlei Standesvorschriften. Erst im Zuge der Erhebung zum Metropolitankapitel wurde 1561 verfügt, dass von den neun damals neu geschaffenen Stellen für Graduierte drei verbindlich mit Adeligen besetzt werden mussten. Dafür genügte wohl der bloße Adelsstand des Impetranten, da Nachrichten über eine Ahnen-Probe fehlen.[417]

Die beiden deutlich jüngeren Domkapitel von Nancy und Saint-Dié wiesen hingegen eine ziemlich ähnliche Entwicklung auf. In Nancy bestimmte Herzog Leopold Joseph von Lothringen bereits 1698 für die zu diesem Zeitpunkt noch als Primatialkapitel organisierte Korporation, künftig bis auf vier Präbenden alle Kanonikate und Dignitäten mit Adeligen zu besetzen. Diese mussten eine Acht-Ahnen-Probe vorlegen, die nach französischem Muster lediglich die direkte väterliche Linie zu umfassen brauchte. Die übrigen vier Mitglieder bedurften eines akademischen Grades.[418] In Saint-Dié entschied sich das Kollegiatkapitel 1699 zur selben Vorgangsweise. Auch hier blieben nur vier Kanonikate vom Adelserfordernis befreit, das gleichermaßen eine eingeschränkte Acht-Ahnen-Probe umfasste.[419] Der spätere Aufstieg der beiden Kollegiatstifte zum Domkapitel änderte an den Standesvorschriften nichts mehr.

Wie schon bei den untersuchten Domkapiteln zeigt sich also auch hier für das Gebiet zwischen Savoyen und Flandern ein fließender Übergang zwischen dem deutschen und dem französischem Einflussbereich. Während für die Ahnen-Probe in Genf und in Besançon nach deutschem Brauch die Vorfahren väterlicher- und mütterlicherseits von Belang waren, reichte in den Institutionen von Nancy und

416 J. Mercier, Le Chapitre de Saint-Pierre de Genève, in: MDAS 14 (1891), 31, 56f., 249, 280–283; L. Binz, Le Chapitre cathédral de Genève (XIe–XVIe siècle), in: J.-P. Renard, Diocèse, 220; H. Naef, La conquête du Vénérable Chapitre de Saint-Pierre de Genève per les bourgeois, in: BSHAG 7/I (1938/39), 73, 91, 99.

417 J.-B. Blin, Notice historique sur le chapitre cathédral et métropolitain de Cambrai, in: MSEC 36 (1880), 159; M. Chartier, Le Chapitre de Cambrai à la fin de l'ancien Régime, in: CC 47 (1925), 108; A. J. Le Glay, Recherches, 117; B. Defauconpret, Preuves, 215; H.-G. Duchesne, France, 100.

418 C. Pfister, Histoire II, 687; B. Defauconpret, Preuves, 201; H.-G. Duchesne, France, 206; N. Gabrielly, France, 181.

419 F. Chanteau, Notes pour servir à l'histoire du chapitre de Saint-Dié aux XVIIe et XVIIIe siècles, in: ASEV 15 (1875), 103, 119; B. Defauconpret, Preuves, 201f.; H.-G. Duchesne, France, 125; N. Gabrielly, France, 187.

Saint-Dié die den französischen Raum kennzeichnende väterliche Linie allein aus. Das Cambraier Domkapitel wiederum stand bezüglich der Standesvorschriften dem Utrechter am nächsten.

3. Herkunft und Abstammung

Einschränkungen in der Aufnahme bestanden nicht nur hinsichtlich der Standeszugehörigkeit, sondern auch hinsichtlich der Herkunft. Die entsprechenden Maßnahmen, zu denen einzelne Domkapitel diesbezüglich griffen, gingen in zwei grundsätzliche Richtungen. Zum einen erhob man die geographische Heimat des angehenden Domherrn zum Entscheidungskriterium, zum anderen dessen familiäre Abstammung.[420]

Geographische Herkunft

Im Allgemeinen lassen sich die Einschränkungen bezüglich der geographischen Herkunft der Impetranten nach dem Umfang ihres Wirkungskreises in drei Bereiche einteilen. Neben lokalen Ausschlussbestimmungen bestanden solche regionaler und nationaler Art. Der gemeinsame Hintergrund all dieser Maßnahmen war wohl der Versuch, die Besitzansprüche bestimmter Gruppen über die Kanonikate ihrer Domkapitel abzusichern und unliebsame Begehrlichkeiten anderer für die Zukunft möglichst auszuschließen.[421]

Eine lokale Zugangsbeschränkung wurde mehrfach gegenüber den Bürgern beziehungsweise Bürgersöhnen jener Städte zur Anwendung gebracht, in denen das jeweilige Domkapitel seinen Sitz hatte. Ihren Ursprung nahmen diese Regelungen zumeist im Laufe des Mittelalters, als es zwischen den geistlichen Herrschaftsträgern und Korporationen sowie den aufstrebenden Städten wiederholt zu machtpolitisch motivierten Auseinandersetzungen kam. Um diese durch die vermehrten Freiheitsbestrebungen der erstarkenden Städte hervorgerufenen Spannungen und Konflikte nicht in die einzelnen Domkapitel selbst hineinzutragen, entschloss man sich mancherorts, die Vertreter des lokalen städtischen Bürgertums grundsätzlich von einer Mitgliedschaft im Domkapitel auszuschließen. Diese Vorschriften gingen in der Entwicklung der Einschränkung bürgerlicher Impetranten auf graduierte Kleriker sowie dem grundsätzlichen Ausschluss aller Angehörigen des Bürgerstandes voraus.

Die Anfänge der Bestimmungen zum Ausschluss der Bürger der Kapitelstadt lagen kurz nach Mitte des 13. Jahrhunderts, als zuerst im Trierer, dann im Speyerer Domkapitel erstmals eine solche Maßnahme vorgenommen wurde. Ebenfalls

420 Die bereits in den Einzeldarstellungen der jeweiligen Domkapitel angeführten Literaturangaben werden an dieser Stelle nicht mehr wiederholt. Sie können in den entsprechenden Abschnitten eingesehen werden.

421 P. Hersche, Domkapitel II, 83.

noch im 13. Jahrhundert folgte das Wormser Domkapitel. Aus dem 14. Jahrhundert stammten die entsprechenden Richtlinien des Augsburger, des Mainzer und des Basler Domkapitels. Mit einigem zeitlichen Abstand entschieden sich 1493 das Ratzeburger, 1510 das Prager, 1530 das Passauer und 1592 das Konstanzer Domkapitel dazu, dieses Beispiel nachzuahmen. Unter jenen Domkapiteln, die noch vor Beginn des Untersuchungszeitraumes Bürger ihrer Residenzstadt ausschlossen, fällt die geographische Konzentration auf den Einzugsbereich des oberen Rheintales auf. Lediglich Augsburg lag etwas abseits. Von den vier Nachzüglern des ausgehenden 15. und beginnenden 16. Jahrhunderts wies hingegen nur mehr das Konstanzer Domkapitel einen Bezug zu diesem Gebiet auf.

Zu einer umgekehrten Entwicklung kam es hingegen im Utrechter und im Trientner Domkapitel. So verlangte die Stadt Utrecht ab 1636 für die Inhaber der von ihr zu besetzenden Kanonikate, dass diese zumindest durch zehn Jahre Bürger der Stadt waren. Für das Trientner Domkapitel verfügte Papst Benedikt XIV. 1746, zwei Kanonikate mit aus der Stadt Trient stammenden Klerikern zu besetzen. Allerdings erfuhr wenigstens die letzte Regelung keine besonders strenge Beachtung. Ein ähnliches Schicksal erlitt auch ein Erlass Papst Clemens' XII. aus dem Jahr 1734, durch den sich das Augsburger Patriziat die Möglichkeit erwirkte, dass von nun an unter Beachtung der üblichen Bedingungen höchstens zehn Kanonikate an adelige oder graduierte Augsburger Bürger verliehen werden konnten. Das Domkapitel unterlief freilich mit der Unterstützung Kaiser Karls VI. und des Reichshofrates das Privileg des Patriziats gekonnt und wusste damit dessen Umsetzung zu verhindern.

Bedeutend umfangreichere Auswirkungen zeitigten jene Zugangsbeschränkungen, die sich als Maßnahmen mit regionaler Reichweite weit über die eigentliche Kapitelstadt hinaus erstreckten.

Verhältnismäßig großzügig war man diesbezüglich im Konstanzer Domkapitel, wo seit 1432 eine Herkunft aus der Kirchenprovinz Mainz gefordert wurde. Zudem wurden diesbezüglich immer wieder auch Ausnahmen gewährt. Weit gefasst war auch eine Bestimmung des Brixner Domkapitels aus dem Jahr 1672, die die adeligen Mitglieder auf Angehörige des eigenen Hofadels, des Tiroler Adels und des Reichsadels beschränkte. Während sich diese Richtlinie vor allem gegen die Welschtiroler richtete, waren die Graduierten diesbezüglich nicht betroffen.

Die langwierigsten Folgen rief freilich ein Indult hervor, das der Mainzer Domdechant Georg von Schönenberg 1570 von Papst Pius V. erbitten konnte. Unter Berufung auf die konfessionelle Unzuverlässigkeit der niederrheinisch-westfälischen Ritterschaft sollten deren Angehörige fortan von einer Aufnahme ins Mainzer Domkapitel ausgeschlossen sein. Um gekehrt ergab sich dadurch eine weitgehende Beschränkung auf die Mitglieder der schwäbischen, fränkischen und rheinischen Ritterschaft. Trotz der sich bereits abzeichnenden heftigen Auseinandersetzungen machte das Mainzer Beispiel Schule. Das Würzburger Domkapitel begrenzte daher 1594 das Herkunftsgebiet seiner Domherren ebenfalls auf die schwäbische, fränkische und rheinische Ritterschaft. 1660 zog das Trierer Domkapitel nach, ließ aber auch Mitglieder der westfälischen Ritterschaft und Angehörige jener Familien zu, die bereits in der Vergangenheit einen Domherrn gestellt hatten. Die vierte Korporation dieser Gruppe bildete das Bamberger Domkapitel. Obwohl das Indult für das Mainzer Domkapitel 1628 von Papst Urban VIII. revoziert wurde, gelang es dem Domkapitel durch ein 1654 geschickt formuliertes Statut dafür zu sorgen, dass sich die tatsächliche Lage für die niederrheinisch-westfälische Ritterschaft nicht veränderte. Mit wenigen Ausnahmen ließ sich daher in der Folge die Beschränkung auf Angehörige der schwäbischen, fränkischen und rheinischen Ritterschaft einhalten, obwohl auch noch im 18. Jahrhundert wiederholt Versuche unternommen wurden, die Regelung zu kippen. Selbstverständlich stieß das Vorgehen der vier Domkapitel innerhalb der betroffenen Adelskreise auf heftigen Widerstand. Die Gegenbewegung führte dazu, dass die Domkapitel von Hildesheim, Münster, Osnabrück und Paderborn im 18. Jahrhundert nun ihrerseits versuchten, Angehörige der schwäbischen, fränkischen und rheinischen Ritterschaft von einer Aufnahme in ihre Korporationen auszuschließen. Allerdings blieb diesen Bestrebungen ein entsprechender Erfolg letztlich verwehrt.

Eine regionale Einschränkung nahmen zudem auch jene Domkapitel vor, in denen das Inkolat eine Voraussetzung für die Aufnahme darstellte. Im Breslauer Domkapitel versuchte nach ersten Begünstigungen des einheimischen Klerus durch 1435 beziehungsweise 1476 erlassene Satzungen der Kolowratsche Vertrag von 1504, den Kreis der Domherren auf Kleriker aus den Ländern des Königreiches Böhmen, also aus Böhmen, Mähren, Schlesien und den Lausitzen, zu begrenzen. Obwohl Papst Leo X. bereits 1516 dem Vertrag jede Gültigkeit absprach, blieb er seinem Inhalt nach in der Folgezeit weitestgehend maßgebend. Im Olmützer Domkapitel kam es zu einer ähnlichen Entwicklung. Hier wurden seit 1501 einheimischen Klerikern Vorteile gegenüber auswärtigen eingeräumt. Neben den beiden soeben genannten Korporationen fielen auch das Prager und das nachmalige Brünner Domkapitel unter eine von Kaiser Karl VI. 1713 aufgestellte Forderung, kraft derer jeder Impetrant vor Erlangung der Possess das Inkolat erwerben musste. Obwohl die Verfügung uneingeschränkt Gültigkeit beanspruchte, entfaltete sie in der Praxis keine allzu große Wirksamkeit. Im Breslauer, Brünner und Olmützer Domkapitel war dies der rein adeligen Zusammensetzung geschuldet. Das Prager Domkapitel wiederum brachte die Bestimmung lediglich auf den mit Herrschaftsrechten ausgestatteten Dompropst zur Anwendung. Dieser Entwicklung trug Kaiserin Maria Theresia Rechnung, indem sie 1747 die Forderung nach dem Inkolat auf die Inhaber jener Präbenden einschränkte, mit denen persönliche Herrschaftsrechte verbunden waren.[422] Angesichts des geschilderten Sachverhalts stellte es daher keine völlige Neuerung dar, als König Friedrich II. von Preußen 1744 nach dem Fall Schlesiens an das Königreich Preußen verfügte, dass in Zukunft nur mehr Schlesier mit einem Breslauer Kanonikat bedacht werden sollten.

---

422 J. Brňovják, In vim sanctionis pragmaticae. K interpretaci inkolátní pragmatiky z roku 1713 a nobilitací církevních hodnostářů v českých zemích v 18. století, in: HRHPV 7 (2106), 1, 13f., 17, 20f.

Für die schon länger im Königreich Preußen gelegenen Domkapitel gestaltete sich die Lage vergleichbar. Eine bereits im letzten Drittel des 16. Jahrhunderts von Kurfürst Johann Georg von Brandenburg erlassene Verfügung, Ausländer von einer Aufnahme in das Havelberger Domkapitel auszuschließen, geriet bald wieder in Vergessenheit. Daher erneuerte König Friedrich II. von Preußen 1744 diese Bestimmung. Der Vorbehalt für Inländer galt nun aber auch für die Korporationen von Brandenburg, Cammin, Magdeburg, Halberstadt und Minden sowie das bereits erwähnte Breslauer Domkapitel. Als Folge der territorialen Erweiterung des Königreiches Preußen wurden das Ermländische und das Kulmer Domkapitel 1783 ebenfalls in den Geltungsbereich einbezogen. Für das Ermländische Domkapitel galt vorher von 1699 bis zur Ersten Teilung Polens 1772 genau dieselbe Reglung, allerdings mit anderen Vorzeichen. In diesem Zeitraum sollten die Kanoniker ausschließlich aus dem Königreich Polen beziehungsweise dem polnischen Anteil Preußens stammen.

Zu einer ähnlichen Entwicklung kam es auch innerhalb der Habsburgischen Erblande. Nachdem man dort seit 1770 keine bayerischen Untertanen mehr in die Domkapitel aufnehmen wollte, beschränkte Kaiser Joseph II. 1781 den Kreis der möglichen Kanoniker auf die eigenen Untertanen, wobei dem Landesherrn die Erteilung einer entsprechenden Dispens vorbehalten bleib. Dabei dürften sich allerdings die tatsächlichen Auswirkungen auf die einzelnen Domkapitel in Grenzen gehalten haben, da die in den Habsburgischen Erblanden beheimateten Korporationen ihre Mitglieder ohnehin überwiegend aus dem einheimischen Klerus rekrutierten. Grundstäzlich betroffen waren jedenfalls vorerst die Domkapitel von Görz, Königgrätz, Laibach, Leitmeritz, Prag und Wien. In Brünn und Olmütz wurde ungeachtet dessen bereits seit 1713 die Forderung nach dem Inkolat erhoben. In den Jahren unmittelbar nach der Einführung der Verordnung gelangte diese auch für die neu gegründeten Institutionen von Linz, St. Pölten, Graz, Leoben, Gradisch und Budweis zur Anwendung. Während die Änderung für die beinahe zeitgleich mit dem Erlass aufgelösten Domkapitel von Wiener Neustadt und Lavant wohl nicht mehr zum Tragen kam, dürfte das Gurker Domkapitel spätestens seit seiner Transmutation 1787 ebenfalls davon betroffen gewesen sein.

Deutlich enger gefasste Verhältnisse bestanden um die Mitte der zweiten Hälfte des 16. Jahrhunderts im Meißner Domkapitel. Dort sollten ausschließlich Angehörige des Hochstiftes mit Kanonikaten bedacht werden. Diese Bestimmung erübrigte sich wohl 1581 mit dem Fall des Hochstiftes an das Kurfürstentum Sachsen.

Einige Domkapitel verfügten zudem über einzelne Kanonikate, für deren Inhaber besondere Kriterien hinsichtlich der Herkunft zu beachten waren. Nur kurzfristig, nämlich von 1560 bis zum Konfessionswechsel 1579, mussten die drei verbindlich für adelige Graduierte vorgesehenen Kanonikate des Utrechter Domkapitels mit im Erzbistum beheimateten Klerikern besetzt werden. Im Laibacher Domkapitel wiederum waren drei der sechs Privatkanonikate im Falle einer Besetzung mit familienfremden Klerikern Einschränkungen unterworfen. Das Codellische Kanonikat sollte dabei an einen Kleriker aus dem Herzogtum Krain oder der Grafschaft Görz gehen, während für das Flachenfeldische und das Schiffersteinische Kanonikat ausschließlich Kandidaten aus dem Herzogtum Krain tauglich waren.

Das Camminer Domkapitel schließlich begnügte sich mit einer reinen Empfehlung, den einheimischen Adel bei der Vergabe der Kanonikate bevorzugt zu behandeln.

Vergebliche Versuche einer regionalen Ausschließung begegnen etwa in Chur, wo die Zweiten Ilanzer Artikel 1526 darauf abzielten, alle nichtbündnerischen Kleriker von einer Aufnahme ins Domkapitel auszuschließen. Ähnlich erfolglos blieben die Bestrebungen des Basler Domkapitels, das im ausgehenden 18. Jahrhundert versuchte, dem elsässischen Adel den Zutritt zu verweigern. Für das Hamburger Domkapitel erließ zwar Kurfürst Georg II. von Braunschweig-Lüneburg 1743 eine Verfügung, kraft derer ausschließlich Angehörige seines Landes zur Übernahme einer Domherrenstelle tauglich waren. Die mangelnde Nachfrage führte dazu, dass die Forderung rasch außer Acht gelassen wurde. 1781 wurde sie auch formalrechtlich widerrufen.

Weniger eine Bestimmung der Herkunft, denn eine des Aufenthalts kannte das dritte Wiener Neustädter Domkapitel. Hier sollten von 1753 an nur mehr Priester aufgenommen werden, die zuvor an einer inländischen Universität studiert hatten.

Verständlicherweise vor allem in den Randgebieten des Untersuchungsraumes wurden Regelungen hinsichtlich der nationalen Zugehörigkeit der Domherren getroffen, wobei grundsätzlich die Aufnahme von außerhalb des Reichsgebietes Ansässigen eine nur in wenigen Fällen geduldete Ausnahmerscheinung darstellte.[423] In erster Linie waren die Vorgaben bezüglich der Nationalität der Impetranten von den jeweiligen politischen Verhältnissen abhängig, wovon vorrangig die lothringischen, die schweizerischen und die preußischen Institutionen sowie das Lütticher Domkapitel betroffen waren, während das Schleswiger Domkapitel dauerhaft dem dänischen Einflussgebiet zugeordnet war. Darüber hinaus lassen sich aber auch grundsätzliche Entwicklungen aufzeigen. Hauptsächlich durch das ausgedehnte päpstliche Provisionswesen fanden sich vor dem Beginn des Untersuchungszeitraumes in erwähnenswert großer Zahl auch ausländische Kleriker unter den Mitgliedern der einzelnen Domkapitel, obgleich es sich dabei überwiegend um Kurienangehörige handelte, die ihre Präbenden lediglich als Pfründner genossen und kaum nennenswerten Anteil an den Kapitelhandlungen nahmen. Die Bestimmungen des Wiener Konkordats von 1448 sowie der in der Folge aufgetretene Einflussverlust der Päpste auf die Stellenvergabe der Domkapitel führten zu einer zunehmenden Provinzialisierung der Institutionen. Diese Tatsache galt uneingeschränkt auch für die stark vom landesherrlichen Kirchenregiment bestimmten protestantisch gewordenen Domkapitel. Ein im Laufe des Untersuchungszeitraumes stetig anwachsendes nationales Bewusstsein tat diesbezüglich ein Übriges.[424]

423 P. Hersche, Domkapitel II, 77.

424 K. Brandstätter, Die Domstifte, in: H. Obermeier/K. Brandstätter/E. Curzel, Domstifte, 39; M. Schwartz, „Das Dorado des deutschen Adels" – Die frühneuzeitliche Adelskirche in interkonfessionell-vergleichender Perspektive, in: GG 30 (2004), 600; P. Hersche, Domkapitel II, 80.

Neben den sich durch die politischen Verhältnisse ergebenden Einflüssen auf die personelle Zusammensetzung der Domkapitel kam es während des Untersuchungszeitraumes im Sittner Domkapitel erstmals zu einer Regelung, die die nationale Zugehörigkeit zu einem Idoneitätskriterium erhob. Papst Innozenz VIII. legte 1486 fest, dass angehende Domherren entweder aus dem Bistum selbst oder wenigstens aus deutschen Gebieten stammen mussten. Obwohl diese Bestimmung in der Folge nicht lückenlos beachtet wurde, zeitigte sie doch tiefgreifende Auswirkungen auf die Auswahl neuer Domherren. Im Osten des Untersuchungsraumes wiederum wurden 1498 Kleriker aus dem Königreich Polen grundsätzlich von einer Aufnahme in das Breslauer Domkapitel ausgeschlossen. Im Süden verfügte Papst Clemens VII. 1532 auf Betreiben König Ferdinands I., dass zwei Drittel der Kanonikate des Trientner Domkapitels mit Deutschen besetzt werden sollten, während das andere Drittel Italienern und Angehörigen anderer Nationalitäten offenstehen sollte. Obwohl Papst Paul III. 1537 die Bestimmungen mit geringfügigen inhaltlichen Veränderungen bestätigte, fanden sie in der weiteren Praxis so gut wie keine Beachtung. Deshalb blieb es dem Straßburger Domkapitel im Westen vorbehalten, die am strengsten befolgten nationalen Richtlinien besessen zu haben. Nach der Eroberung Straßburgs durch das Königreich Frankreich erfolgte dort 1687 die Zuteilung der 24 Kanonikate an Deutsche und Franzosen. Erstere erhielten dabei 16 Domherrenstellen, Letztere acht, jeweils zur Hälfte Kapitular- und Domizellarstellen. Die tatsächliche Umsetzung des Nationalitätenschlüssels ging allerdings anfangs nur sehr schleppend voran und konnte erst nach einer 1713 zugebilligten Aufweichung der Adelsprobe für Franzosen verwirklicht werden. Das Leitmeritzer Domkapitel mit seinen zwei nach nationalen Gesichtspunkten zu vergebenden Kanonikaten konnte diesbezüglich mit dem Straßburger längst nicht mithalten. Hier bestand nämlich für die beiden auf Stiftungen Karel Vilém Šimeček von Cejnovs und Bischof Maximilian Rudolph von Schleinitz' zurückgehenden Domherrenstellen eine Beschränkung in der Personalauswahl. Ihre Inhaber hatten Böhmen zu sein.

Im Südwesten stellte sich schließlich noch die Frage nach dem Umgang mit den eidgenössischen Bewerbern. Obwohl Kaiser Leopold I. 1672 in einer Stellungnahme gegenüber Papst Clemens X. festhielt, diese seien seit dem Westfälischen Frieden von 1648 Ausländer, gelang es ihnen doch, sich vor allem in den Domkapiteln von Chur, Konstanz und Basel zu halten, wenn auch in geringerem Umfang als vorher. Das Sittner Domkapitel wurde damals bereits nicht mehr als eine mit einem Reichsstand in Verbindung stehende Einrichtung betrachtet.[425]

Abgesehen von den Randlagen des Untersuchungsraumes mit ihren nationalen Übergangsbereichen, konnten sich ausländische Domherren am ehesten noch in den nicht einem reichsimmediaten Hochstift angehörenden Korporationen halten, die

425 P. Hersche, Domkapitel II, 78f.; W. Kundert, Domherren aus der Schweiz, in: E. L. Kuhn/E. Moser/R. Reinhardt/P. Sachs, Bischöfe I, 268; W. Kundert, Die Aufnahme von Schweizern ins Domkapitel Konstanz 1526–1821, in: ZSKG 68 (1974), 284, 291.

mitunter in enger Abhängigkeit zum jeweiligen Landesherrn standen. Die Nähe zum landesherrlichen Hof und dessen Personal brachte es immer wieder mit sich, dass auch ausländische Hofkapläne Aufnahme in die einzelnen Domkapitel fanden. Ein Beispiel dafür ist etwa das Wiener Domkapitel, in dessen Reihen sich auch Kleriker aus Burgund, Spanien und Italien befanden. Allerdings lässt sich auch hier seit dem letzten Drittel des 16. Jahrhunderts das Aufkommen einer Gegenbewegung feststellen. Ausdruck dafür war die von Kaiser Maximilian II. 1573 aufgestellte Forderung nach dem Indigenat für alle künftigen Domherren, wobei jedoch offensichtlich die Sachzwänge dazu führten, dass diese Bestimmung nie richtig zum Tragen kam.[426]

Die Aufnahme Angehöriger ausländischer Fürstenhäuser war auf wenige Einzelfälle beschränkt und blieb daher rein zahlenmäßig eine vernachlässigbare Größe.[427]

Zu erwähnen bleibt in diesem Zusammenhang noch die vom Utrechter Domkapitel in den ersten Jahrzehnten nach dem Konfessionswechsel ausdrücklich zur Forderung erhobene politische Gesinnung neu eintretender Domherren. Diese durfte den Interessen der Stände der Provinz Utrecht nicht zuwiderlaufen.

Statutarische Bestimmungen, die die Herkunft der Domherren auf ein gewisses Gebiet beschränkten, gab es auch außerhalb des Untersuchungsraumes, vor allem im Bereich der dänischen und der polnischen Domkapitel. Die Ursprünge der diesbezüglichen Bemühungen lagen wohl auch darin, auf diese Weise die Aufnahme päpstlicher Kurialer verhindern und die Präbenden einheimischen Klerikern übertragen zu können. So gewann König Christian I. von Dänemark kurz nach der Mitte des 15. Jahrhunderts von Papst Nikolaus V. die Zusage, dass ohne Zustimmung des Monarchen keine Ausländer mehr mit einem Kanonikat betraut werden durften.[428] Im Osten verlangte König Kasimir IV. von Polen 1484 nach einem ähnlichen Statut des Gnesener Domkapitels aus dem Jahr 1462 in einem Mandat für die in die Domkapitel von Plozk, Leslau, Gnesen, Posen und Krakau aufzunehmenden Adeligen ausdrücklich das Indigenat des Königreiches Polen. 1505 wurde diese Verfügung von König Alexander von Polen bestätigt.[429] Eine regionale Einschränkung begegnet hingegen im Westen. Im Cambraier Domkapitel mussten nach der Neuordnung von 1561 die damals für neun Graduierte eingerichteten Stellen mit aus dem Erzbistum stammenden Klerikern besetzt werden.[430]

---

426 D. Leopold, Domkapitel, 17.

427 P. Hersche, Domkapitel II, 78.

428 L. Helveg, Domkapitler, 50.

429 O. Balzer, Skartabelat, 81, 89; L. Gąsiorowski, Rozprawa wyświecająca historyą zaprowadzenia kanonikatu doktora medycyny przy wszyst kościołach katedralnych polskich, in: RTPNP 1 (1860), 296; A. Radzimiński, Polnische Domkapitel des Mittelalters – Modelle kirchlicher Karrieren, in: QMAN 12 (2007), 327; C. Wollek, Domkapitel, 15f.; B. S. Kumor, Dzieje II, 329.

430 J.-B. Blin, Notice historique sur le chapitre cathédral et métropolitain de Cambrai, in: MSEC 36 (1880), 159; A. J. Le Glay, Recherches, 117; H.-G. Duchesne, France, 100.

Familiäre Abstammung

Neben der Herkunft war es die Abstammung, die in einigen Domkapiteln die Idoneität der Impetranten zu beeinflussen vermochte. Um eine zu starke Position einzelner Familien innerhalb der Korporationen zu verhinden, formulierte man Regelungen, die die Aufnahme von Angehörigen derselben Familie auf eine bestimmte Höchstzahl begrenzen sollten. Damit wollte man die Gefahr der Vetternwirtschaft, die etwa durch eine einseitige Anwendung der bischöflichen Kollationsrechte drohte, gering halten. Zudem begünstigte die Vergabe der Kanonikate durch Turnare die Bildung familiärer Seilschaften. Auch das Instrument der Resignation zugunsten Dritter schuf diesbezüglich weitere Möglichkeiten.[431]

Überwiegend unterlag der Ausschluss einer gleichzeitigen Mitgliedschaft von Brüdern einer statutarischen Festlegung. Dabei duldeten die Domkapitel von Bremen, Mainz und Magdeburg seit dem 13. Jahrhundert, das von Halberstadt seit 1324, das von Minden seit 1449, das von Regensburg seit 1571 sowie die von Lübeck und Verden keinen zweiten Bruder. In Regensburg galt allerdings für Halbbrüder, die einen unterschiedlichen Familiennamen und ein unterschiedliches Wappen führten, eine Ausnahme, während das Lübecker Domkapitel seine Bestimmung nur auf die residierenden Kapitulare anwandte, das Mindener auf die Präbendare. Höchstens zwei Brüder gleichzeitig sollten sich seit 1412 im Freisinger, seit 1457 im Speyerer, seit 1469 im Straßburger, seit 1477 im Eichstätter, seit 1505 im Würzburger, spätestens seit 1617 im Bremer, seit 1682 im Salzburger und seit 1711 im Passauer Domkapitel befinden. Das Speyerer Domkapitel beschränkte dabei den Geltungsbereich der entsprechenden Verfügung auf die Kapitulare. Eine etwas großzügigere Regelung mit der Mitgliedschaft von höchstens drei Brüdern gleichzeitig kannten seit 1704 das Paderborner und seit 1719 das Trierer Domkapitel.

Der Konfessionswechsel brachte für die nunmehr protestantisch gewordenen Domherren ein neues Verwandtschaftsverhältnis mit sich, nämlich das zwischen Vater und Sohn. Das Halberstädter Domkapitel dehnte daher seine für Brüder bereits bestehenden Vorschriften 1583 auch auf die neue Familienkonstellation aus. Im Merseburger Domkapitel führte der gleichzeitige Kapitularstand von Vater und Sohn Mitte des 17. Jahrhunderts vorerst noch zu Protesten, wurde aber bereits 1655 für unbedenklich erklärt. Das Hamburger Domkapitel fasste 1646 den Beschluss, dass Vater und Sohn nicht gleichzeitig residierende Domherren sein sollten. 1752 wurde die Bestimmung dahingehend vereinfacht, dass der Sohn nur mehr auf sein Recht auf Sitz und Stimme im Kapitel zu verzichten brauchte.

Auch andernorts gingen die Verfügungen über die Geschwisterbeziehung hinaus, allerdings in weiterer Hinsicht. Daher bezog man auch die übrigen Verwandten in den familiären Vorbehalt mit ein. Ohne Bezugnahme auf die Brüderschaft tat dies das Konstanzer Domkapitel, das 1692 beschloss, nicht mehr als zwei Verwandte des ersten oder zweiten Grades als Kapitulare zuzulassen. Ein dritter konnte

431 P. Hersche, Domkapitel II, 170.

gegebenenfalls zum Genuss der Präbende gelangen, musste aber sein Recht auf Sitz und Stimme im Kapitel ruhen lassen. Andere Domkapitel kannten zusätzlich zur Beschränkung der Brüder eine solche auch für entferntere Verwandte. Bereits 1409 erklärte das Magdeburger Domkapitel das Bestehen einer Verwandtschaft unter den residierenden Domherren für nicht zulässig. Das Freisinger Domkapitel gestattete 1412 die gleichzeitige Aufnahme von höchstens zwei Verwandten. Diesem Beispiel folgten 1682 beziehungsweise 1711 mit jeweils höchstens drei Verwandten das Salzburger und das Passauer Domkapitel. Über die ausgedehntesten Vorschriften verfügte das Eichstätter Domkapitel. Dort durften unter den Kapitularen nicht mehr als drei, unter den gesamten Domherren nicht mehr als vier Blutsverwandte bis zum vierten Grad sein. 1683 wurde diese Bestimmung auf den dritten Grad herabgesetzt.

Im Allgemeinen zeigten sich die Domkapitel mit Ausnahmen hinsichtlich der verwandtschaftsbedingten Einschränkungen verhältnismäßig großzügig. Als Extremfall mag der Zustand des Verdener Domkapitels im 16. Jahrhundert dienen, als die Familie von Mandelsloh trotz aller Satzungen eine vorherrschende Stellung gewinnen konnte. 1537 besetzte sie mit sechs Familienmitgliedern mehr als ein Drittel aller Domherrenstellen. Das eindrucksvollste Beispiel für eine drohende Oligarchisierung der Domkapitel stellte wohl das Straßburger Domkapitel dar. Im 17. und 18. Jahrhundert waren es nur mehr wenige Familien, aus denen sich der Großteil der Domherren rekrutierte, ein Zustand, der gleichermaßen für Deutsche und Franzosen galt.[432]

Eine gegenteilige Rechtslage bestand hinsichtlich der Familienkanonikate. Hier war die Zugehörigkeit zu einer bestimmten Familie ausdrücklich gefordert. Bekanntermaßen bestanden seit den Sechziger- und Siebzigerjahren des 17. Jahrhunderts solche für Mitglieder der Familie Freiherr von Galen in den Domkapiteln von Münster, Minden, Osnabrück und Worms, wobei in Minden gleich zwei dieser Kanonikate gestiftet wurden. Bei der Vergabe der einzelnen Kanonikate war zuerst der Familienzweig von Dinklage zu bedenken, dann der von Assen und schließlich der von Ermelinghof. Widrigenfalls konnte man zuletzt noch auf namensfremde Blutsverwandte väterlicher- oder mütterlicherseits ausweichen, was in seltenen Ausnahmefällen auch geschah. Gegen Ende des 17. Jahrhunderts folgte das protestantische Adelsgeschlecht Freiherr von dem Bussche mit Stiftungen in Minden, Halberstadt und Magdeburg dem Beispiel der Familie Freiherr von Galen. Auch diese Kanonikate waren Mitgliedern der eigenen Familie vorbehalten. Nutznießer der beiden ersten Pfründen sollten bevorzugt Angehörige des Familienzweiges von Hünnefeld sein, in weiterer Reihenfolge konnten jedoch auch die Linien von Streithorst und von Haddenhausen zum Zug kommen. Dieselben Anforderungen galten wohl bald auch für das Magdeburger Kanonikat, das nach der Erstvergabe durch den Stifter aus dem Familienzweig von Haddenhausen ebenfalls in die Zuständigkeit der Linie von Hünnefeld fiel. Aus rein politischen Motiven wies schließlich

432 A. Mindermann, Verden – Domstift St. Fabian und Caecilia, in: J. Dolle, Klosterbuch III, 1425; J.-M. Thiriet, Grand-Chapitre, 80–84; P. Kirsch, Group, 10–12; P. Hersche, Domkapitel II, 170f.

noch das Straßburger Domkapitel seit dem Westfälischen Frieden von 1648 zwei Kanonikate für Angehörige des protestantischen Hauses Mecklenburg-Schwerin auf. Die diesbezüglichen Rechte der Fürstenfamilie auf die beiden Erbpräbenden fanden im Anschluss an die 1681 erfolgte Eroberung Straßburgs durch das Königreich Frankreich ein rasches Ende.

Kanonikate, bei deren Vergabe Angehörige bestimmter Familien lediglich bevorzugt zu bedenken waren, gab es zudem in den Domkapiteln von Laibach, Kulm und Königgrätz. Auch die dort herrschenden Rechtsverhältnisse wurden bereits ausführlich geschildert.

Das gilt auch für die beiden außerhalb des Untersuchungsraumes bezeugten Familienkanonikate in den Domkapiteln von Posen und Capodistria, für deren Erwerb die Zugehörigkeit zu einer Wappengemeinschaft beziehungsweise einem Familienverband notwendig war.

4. Konfession

Grundsätzlich stellte die konfessionelle Zugehörigkeit der Impetranten in allen Domkapiteln zu jeder Zeit ein Idoneitätskriterium dar. Ohne die bereits geschilderte Entwicklung der konfessionellen Verhältnisse an dieser Stelle zu wiederholen, seien der Vollständigkeit halber hier nur jene Korporationen noch einmal genannt, in denen dem Bekenntnis der Domherren eine gewichtigere Rolle zugesprochen wurde. In der überwiegenden Zahl der Domkapitel waren die konfessionellen Grenzen nach mehr oder weniger ausgeprägten Unsicherheiten im 16. und in der ersten Hälfte des 17. Jahrhunderts scharf gezogen, wodurch die entsprechende kirchliche Zugehörigkeit mehr als nicht hinterfragte Selbstverständlichkeit denn als zu erfüllende Bedingung angesehen wurde.[433]

Lediglich in den Domkapiteln von Halberstadt, Lübeck, Minden, Osnabrück und bis 1687 Straßburg herrschten andere Zustände. Durch die in ihnen zur Geltung gelangte gemischtkonfessionelle Verfassung erwuchs der konfessionellen Zugehörigkeit der Domherren eine besondere Bedeutung. Eine anderskonfessionelle Minderheit wiesen das Halberstädter und das Lübecker Domkapitel mit je vier Katholiken sowie das Osnabrücker Domkapitel mit drei Protestanten auf. Das Mindener Domkapitel bestand zuletzt aus elf katholischen und sieben protestantischen Mitgliedern. In Straßburg wies das Domkapitel zwischen 1604 und 1627 als Folge des Hagenauer Vertrags acht protestantische Domherren auf. Nach dem Westfälischen Frieden von 1648 bestanden vier protestantische Fürstenkanonikate, deren Rechtsanspruch nach dem Fall der Stadt an das Königreich Frankreich 1687 für obsolet erklärt wurde.

433 Die bereits in den Einzeldarstellungen der jeweiligen Domkapitel angeführten Literaturangaben werden an dieser Stelle nicht mehr wiederholt. Sie können in den entsprechenden Abschnitten eingesehen werden.

Nach dem Abschluss des bis ins 17. Jahrhundert dauernden Konfessionalisierungsvorgangs der einzelnen Korporationen mussten übrigens Konvertiten ihre Domherrenstellen mit dem Bekenntniswechsel aufgeben. Berichtet wird in diesem Zusammenhang allerdings nur vereinzelt von Übertritten zum Katholizismus.[434]

5. Studium

Die von den Angehörigen des bürgerlichen Standes für eine Aufnahme in bestimmte Domkapitel zu erbringenden Studienleistungen wurden bereits geschildert. Darüber hinaus führten die Versuche, die Qualifikation der Domherren zu erhöhen, dazu, dass mehrere Domkapitel eine generelle Studienforderung gegenüber allen ihren Mitgliedern, ungeachtet ihrer Standeszugehörigkeit, erhoben. Diese war in ihrem Umfang selbstverständlich geringer als jene, die ausdrücklich nur von den bürgerlichen Impetranten gefordert wurde. Andernorts behalf man sich mit der grundsätzlichen Forderung nach dem Empfang der Priesterweihe, die stets den Erwerb einer zumindest bescheidenen Ausbildung voraussetzte. Im ausgehenden 18. Jahrhundert erkannte man schließlich auch den Wert einer pastoralen Vorbildung und erhob diese zu einem Kriterium für die Aufnahme in einzelne Domkapitel.[435]

Akademische Ausbildung

Im Unterschied zu den als Teil der Standeserfordernisse aufgestellten Studienvorgaben, die in der Regel neben der Absolvierung des Studiums auch den Erwerb eines akademischen Grades voraussetzten, beschränkten sich die allgemein erhobenen Ansprüche weitestgehend auf den Nachweis einer bestimmten Studienzeit. Ein entsprechender Abschluss wurde in den seltensten Fällen verlangt. Zumeist konnten die Domherren den Ort ihres Studiums frei wählen, allerdings musste eine vom Domkapitel anerkannte Hochschule besucht werden. Mitunter war ein Studienaufenthalt in Rom ausdrücklich verboten, da man sich bei einem allfälligen Tod des Kanonikers dort Missliebigkeiten in Kollationsfragen gegenübersah. Im Speyerer Domkapitel wiederum war die Auswahl des Studienortes dadurch eingeschränkt, dass der Domherr dem Domkapitel drei von ihm bevorzugte Orte vorschlagen musste, innerhalb derer dieses die Letztentscheidung traf. Als Nachweis des absolvierten Studiums diente eine entsprechende Bestätigung der jeweiligen Universität beziehungsweise des dortigen Rektors. Diese beeinhaltete zumeist auch eine Erklärung darüber, dass der Student seine Ausbildung ohne Unterbrechung

---

434 R. Oer, Konfessionell gemischte Dom- und Stiftskapitel in Nordwestdeutschland, in: J. Schröder/R. Salzmann, Beiträge, 135; B. Braun, Die gemischtkonfessionellen Domkapitel im Reich nach dem Westfälischen Frieden, in: C. Roll/F. Pohle/M. Myrczek, Grenzen, 178; F. Otto, Verhältnisse, 51f.; J. Wätjer, Domkapitel, 216.

435 Die bereits in den Einzeldarstellungen der jeweiligen Domkapitel angeführten Literaturangaben werden an dieser Stelle nicht mehr wiederholt. Sie können in den entsprechenden Abschnitten eingesehen werden.

hinter sich gebracht hatte. Anders als bei den graduierten Bürgerlichen, die ihre Studienzeugnisse ausnahmslos noch vor der Aufnahme als Domherr vorzuweisen hatten, erstreckte sich die Frist zur Erfüllung der allgemeinen Studienanforderungen häufig bis zur Aufnahme unter die Kapitulare. Hinsichtlich der Studienrichtung beschränkte man sich im Allgemeinen auf die Theologie und die Rechtswissenschaften, also jene Fächer, die einen unmittelbaren Nutzen für die Aufgaben der Domkapitel zu erfüllen versprachen. Im Ermländischen Domkapitel etwa wurde aber auch ein medizinisches oder artistisches Studium als gleichwertig anerkannt.

Innerhalb der großen Gruppe jener Domkapitel, die keine ausdrücklichen Studienvorschriften für alle ihre Mitglieder kannten, gab es auch solche, die sich zumindest zur Empfehlung des Erwerbs einer akademischen Bildung durchringen konnten. Ohne nähere Einzelheiten taten dies die Domkapitel von Schleswig sowie, offensichtlich nach dem Konfessionswechsel, von Schwerin. Das Straßburger Domkapitel legte seinen Domizellaren in den Statuten von 1713 gar ein siebenjähriges Studium nahe, für dessen Absolvierung zusätzlich ein finanzieller Anreiz geschaffen wurde.

Von den Domkapiteln, die eigene Studienerfordernisse kannten, stellten die im westfälischen Raum gelegenen die geringsten Anforderungen. In Minden begnügte man sich mit einem Jahr, wovon man sich vor allem im 18. Jahrhundert auch dispensieren lassen konnte. Das war in Hildesheim, Münster, Osnabrück und Paderborn nicht möglich. Diese vier benachbarten Korporationen wiesen annähernd denselben Befund auf. Überall wurde ein Studium außerhalb Deutschlands im Umfang von einem Jahr, sechs Wochen und einem Tag verlangt. In Hildesheim sah das 1416/19 beschlossene Studienstatut ersatzweise auch eine dreijährige akademische Ausbildung in Deutschland vor. In Osnabrück bedingte die gemischtkonfessionelle Zusammensetzung des Domkapitels, dass seit 1676 die Studienzeit in gleichem Umfang auch innerhalb Deutschlands verbracht werden durfte. Das Münsterische und das Paderborner Domkapitel gaben erst 1782 die Verpflichtung zum Auslandsstudium auf. Von nun an konnte die Studienleistung wahlweise auch durch zwei Jahre an einer inländischen Universität erfüllt werden. Die Paderborner Domherren waren dabei allerdings in der Auswahl ihres Studienorts beschränkt. Sie mussten an der Universität Münster studieren. Der eigenartige Umfang der Studiendauer entstand in Anlehnung an das sogenannte Sächsische Jahr. Daher ist es durchaus möglich, dass auch das vom Mindener Domkapitel eingeforderte Studienjahr dieselbe Frist umspannte.

Den Nachweis eines Bienniums, also einer zweijährigen Studienleistung, forderten vorwiegend vier benachbarte mittelrheinische Domkapitel, nämlich die von Trier, Mainz, Worms und Speyer. Dabei erkannte das Trierer Domkapitel einen bereits gegenüber anderen Institutionen vorgelegten Studiennachweis nicht an. Gegebenenfalls mussten also neuerlich zwei Studienjahre absolviert werden. Alle vier Domkapitel führten die Studienverpflichtung für ihre Mitglieder bereits vor dem Beginn des Untersuchungszeitraumes ein. Möglicherweise galt dies auch für das Biennium des Eichstätter Domkapitels. Seit dem 16. Jahrhundert begannen zudem das Ratzeburger Domkapitel nach seiner Transmutation und das Lübecker Domkapitel nach seinem Konfessionswechsel das Biennium zu fordern. In Lübeck war einschränkend zudem der Besuch einer deutschen Universität vorgeschrieben. Dafür wurden jedoch verhältnismäßig großzügig Dispensen erteilt.

Jene Domkapitel, die mit dem Triennium einen dreijährigen Universitätsbesuch forderten, waren überwiegend im sächsisch-brandenburgischen Bereich beheimatet. Neben demselben Leistungsanspruch verband die Domkapitel von Meißen, Naumburg, Merseburg, Halberstadt, Magdeburg, Brandenburg und Havelberg in protestantischer Zeit überwiegend auch eine ausgedehnte Dispenspraxis. Diese Gnadenerweise betrafen auch das vom Naumburger Domkapitel zusätzlich zum eigentlichen Triennium verlangte und nicht eindeutig befristete Auslandsstudium. Das Triennium kannten schließlich auch die beiden hanseatischen Domkapitel von Bremen und Hamburg sowie die mährisch-schlesischen Nachbarn von Breslau und Olmütz. In diesen beiden Korporationen bestand die Forderung allerdings seit 1435 beziehungsweise 1501 nur gegenüber den einheimischen Domherren. Auswärtige Kleriker waren einer strengeren Studienvorschrift mit Graduierungszwang unterworfen. Zuletzt sei noch auf das Ermländische Domkapitel verwiesen, wo seit 1384 ebenfalls eine dreijährige Studienzeit zu absolvieren war, anfangs freilich nur nach dem Ermessen des Domkapitels und erst seit den Achtzigerjahren des 15. Jahrhunderts als tatsächliche Verpflichtung.

Das Utrechter Domkapitel führte 1628 eine noch strengere Studienverpflichtung ein. Neben dem Quadriennium wurde die Forderung nach einem akademischen Abschluss erhoben. Allerdings erlangte diese Bestimmung durch Ausnahmen und Dispensen wenig tatsächliche Schlagkraft.

Die höchsten Anforderungen sind für das erst spät entstandene Corveyer Domkapitel bezeugt. Die dortigen Statuten von 1794 forderten für Kapitulare ausdrücklich ein abgeschlossenes Theologiestudium.

Hingewiesen muss an dieser Stelle auf die im Unterschied zu den Standeserfordernissen mitunter recht großzügige Gewährung von Dispensen, die zum Teil die Studienvorschriften massiv aushöhlten. Vornehmlich die protestantisch gewordenen Domkapitel taten sich diesbezüglich in besonderer Weise hervor, während auf katholischer Seite eine solche Entwicklung unterblieb. Sehr wohl auch in den katholisch gebliebenen Einrichtungen üblich waren allerdings grundsätzliche Ausnahmen von den jeweiligen Studienanforderungen. Diese konnten sich etwa, wie im Mainzer Domkapitel, auf jene Domherren beziehen, die bereits die Priesterweihe empfangen hatten. Andernorts, nämlich im Ermländischen und im Olmützer Domkapitel, verlangte man von bereits Graduierten keinen zusätzlichen Nachweis einer bestimmten Studienzeit. Schließlich kannte man noch eine Befreiung für jene Domherren, die ein bestimmtes Lebensalter überschritten hatten. Das Mainzer und das Ermländische Domkapitel taten dies für über vierzigjährige Mitglieder, während man im Utrechter Domkapitel diesbezüglich weit großzügiger verfuhr. Hier endete die Studienverpflichtung bereits mit 18 Jahren.

Vorwegnehmend hinzuweisen ist an dieser Stelle auch auf jene Domkapitel, die von ihren Mitgliedern für eine Aufnahme generell den Empfang der Priesterweihe verlangten. Diese Forderung beinhaltete zugleich auch den Erwerb eines entsprechenden Mindestmaßes an Bildung, auch wenn sich diesbezüglich die mitunter bescheidenen Verhältnisse in der zweiten Hälfte des 15. Jahrhunderts nicht mit denen am Ende des Untersuchungszeitraumes vergleichen lassen.

Außerhalb des Untersuchungsraumes lassen sich generelle Studienvorschriften lediglich für dänische Domkapitel belegen. Das deckt sich mit dem Befund, dass sich auch innerhalb der untersuchten Domkapitel diesbezüglich ein Schwerpunkt in der nördlichen Hälfte ausmachen lässt. Das Århuser Domkapitel verlangte bereits seit 1345 von seinen Mitgliedern ein zweijähriges Studium im Ausland und erneuerte diese Vorschrift 1546. Das Viborger Domkapitel legte sich 1440 auf dasselbe Ausmaß fest. In Ribe bedingte ein Statut Bischof Henrik Stangebergs 1455 einen Nachweis über mindestens drei Jahre. In das Lunder Domkapitel schließlich sollte seit 1593 niemand mehr Aufnahme finden, der nicht wenigstens zwei Jahre an der Universität Kopenhagen studiert hatte. Wie streng diese Bestimmungen beachtet wurden, muss allerdings offen bleiben. Zumindest für das Riber Domkapitel werden Ausnahmen für adelige Domherren überliefert. Die diesbezüglich überwiegend großzügige Regelung in den protestantischen Domkapiteln des Untersuchungsraumes lässt Ähnliches auch für die dänischen Domkapitel vermuten. Ohne Vergleich steht jedenfalls die im Lunder Domkapitel geltende Einschränkung des Studienortes auf eine einzige Universität da.[436]

Pastorale Praxis

In der zweiten Hälfte des 18. Jahrhunderts begann man zusätzlich zur wissenschaftlichen Qualifikation auch den Wert einer entsprechenden pastoralen Erfahrung zu schätzen. Ein Ergebnis dieses allmählichen Gesinnungswandels stellte ein Erlass Kaiser Josephs II. aus dem Jahr 1783 dar, in dem er für angehende Domherren künftig eine zumindest zehnjährige Tätigkeit in der Seelsorge zur Voraussetzung für eine Mitgliedschaft erhob.[437] Da neben den Domkapiteln der österreichischen Erblande auch jene der böhmisch-mährischen dieser Bestimmungen unterworfen wurden, galt das Erfordernis vorerst für die Domkapitel von Laibach, Wien und Görz sowie für die von Prag, Olmütz, Leitmeritz, Königgrätz und Brünn. In den Jahren unmittelbar nach der Einführung der Verordnung gelangte diese auch für die neu gegründeten Institutionen von Linz, St. Pölten, Graz, Leoben, Gradisch und Budweis zur Anwendung. Während die Änderung für die beinahe zeitgleich mit dem Erlass aufgelösten Domkapitel von Wiener Neustadt und Lavant wohl nicht mehr zum Tragen kam, dürfte das Gurker Domkapitel vermutlich seit seiner Transmutation 1787 ebenfalls davon betroffen gewesen sein. Unter Kaiser Leopold II. wurde 1790 eine

---

436 K. Harms, Domkapitel, 25; O. Bay, Mellem reformation og opløsning. Århus domkapitel 1536–1665, in: A. Andersen/P. Ingesman/E. Ulsig, Festskrift, 105; P. Terpager, Ripa, 121, 172–174; J. F. Kinch, Vedkommende Riber Domkapitel før Reformationen, in: KHS II/1 (1857–59), 338; C. G. Weibull, Bidrag till Lunds domkapitels och dess arkivs historia efter reformationen, in: HTS 4 (1910–13), 123.

437 A. W. Gustermann, Kirchenrecht I, 70; W. Mick, Metropolitankapitel, 169; H. Zschokke, Geschichte, 196.

geringfügige Abwandlung vorgenommen. Von nun an wurde zusätzlich auch eine theologische Lehrtätigkeit im Umfang von mindestens 15 Jahren als gleichrangig anerkannt. Damit standen die Kanonikate auch Universitätsangehörigen offen. Von der Forderung ausgenommen waren hingegen die Inhaber der vier Savoyisch-Liechtensteinischen Kanonikate des Wiener Domkapitels.[438]

Von geringer tatsächlicher Bedeutung dürfte ein weiterer Erlass Kaiser Josephs II. aus dem Jahr 1789 geblieben sein, kraft dessen bei der Vergabe der Domherrenstellen Feldsuperioren beim Vorliegen gleicher Voraussetzungen bevorzugt zu bedenken waren.[439]

6. Alter und Weihegrad

Abgesehen von der konfessionellen Zugehörigkeit, die sich für alle derselben Glaubensrichtung anhangenden Institutionen gleichsam von selbst als unabdingbare Voraussetzung verstand, waren die anderen bislang aufgeführten Idoneitätskriterien kaum durch die Bestimmungen des allgmeinen Kirchenrechts geregelt und damit weitestgehend partikularrechtlichen Regelungen unterworfen. Damit ergab sich jedoch für die einzelnen Domkapitel zwangsläufig eine große Bandbreite an von den Kanonikern zu erfüllenden Vorschriften. Diese Unterschiede waren dagegen für die hinsichtlich des Alters und des Weihegrades erhobenen Forderungen deutlich geringer, da diesbezüglich im kanonischen Recht ausdrückliche Richtlinien festgesetzt waren. Unter Berücksichtigung der unterschiedlichen Stellung, die einfache Kanoniker und Kapitulare innerhalb der Domkapitel besaßen, galten für die beiden Gruppen jeweils abweichende Satzungen.[440]

Gewöhnliche Kanoniker

Grundsätzlich war für die Übernahme eines wie immer gearteten kirchlichen Amtes der Empfang der Ersten Tonsur unerlässlich notwendig. Damit wurde die Zugehörigkeit zum Klerikerstand begründet. Die bloße Erteilung der Kollation war jedoch auch an für den geistlichen Stand geeignete Laien möglich. In diesem Fall musste der angehende Domherr allerdings noch vor der formalrechtlichen Aufnahme die Erste Tonsur empfangen. Das konnte in der Regel nicht vor der Vollendung des 7. Lebensjahres geschehen, wobei in Einzelfällen auch entsprechende päpstliche Dispensen für einen früheren Empfang erteilt wurden. Seit einer Kanzleiregel Papst Gregors XI. aus der zweiten Hälfte des 14. Jahrhunderts begegnete für die Übernahme eines Domkanonikats wiederholt eine verschärfte Altersvorgabe von 14

438 H. Zschokke, Geschichte, 197.

439 A. W. Gustermann, Kirchenrecht I, 70.

440 P. Hinschius, System II, 66; P. Schneider, Domkapitel, 125f.
Die bereits in den Einzeldarstellungen der jeweiligen Domkapitel angeführten Literaturangaben werden an dieser Stelle nicht mehr wiederholt. Sie können in den entsprechenden Abschnitten eingesehen werden.

Jahren. Ob allerdings das 14. Lebensjahr lediglich erreicht oder aber vollendet sein musste, wurde mitunter verschieden ausgelegt. Das Konzil von Trient setzte 1563 für den Erhalt einer Domherrenstelle zugleich mit seiner Forderung nach zumindest dem Empfang der Subdiakonatsweihe das begonnene 22. Lebensjahr als niedrigstes Eintrittsalter fest. Damals bereits geltende und dazu im Widerspruch stehende Bestimmungen und Gewohnheiten durften jedoch weiter befolgt werden, womit sich die Auswirkungen der Konzilsbeschlüsse vor allem auf die erst danach gegründeten Domkapitel beschränkten.[441]

Angesichts dieser Entwicklung bestand in den meisten Domkapiteln entweder statutarisch festgeschrieben oder gewohnheitsrechtlich das Alterserfordernis im Erreichen beziehungsweise Vollenden des 14. Lebensjahres. Im Allgemeinen zeichnete sich im Laufe des Untersuchungszeitraumes ein allmählicher Rückgang der diesbezüglichen Ausnahmen ab. In den Genuss päpstlicher Altersdispensen kamen dabei vor allem Mitglieder regierender Häuser.

Vereinzelt fand sich auch ein niedrigeres Eintrittsalter. So beließen es die Domkapitel von Hamburg, Mainz, Minden, Speyer, Trier und Worms in Anlehnung an die Vorschriften über den Empfang der Ersten Tonsur bei der Forderung nach dem vollendeten 7. Lebensjahr. Das Lübecker Domkapitel begnügte sich nach dem Konfessionswechsel seit 1704 gar mit dem begonnenen 7. Lebensjahr. Während das Bamberger Domkapitel auf der Vollendung des 9. Lebensjahres bestand, musste man in Magdeburg genau ein Jahr älter sein, um als Elekt angenommen werden zu können. Zudem wurden Angehörigen bestimmter gesellschaftlicher Schichten oder Inhabern einzelner Kanonikate Ausnahmeregelungen zugebilligt. Das Bremer Domkapitel begünstigte Impetranten aus dem höheren Adel, also Fürsten, Grafen und Freiherren, mit der Möglichkeit, bereits mit dem vollendeten 7. Lebensjahr aufschwören zu können. Da die Familienkanonikate auch als eine Art Stipendium für die eigenen Familienmitglieder gedacht waren, wurde ihren Inhabern im Stiftungsbrief mitunter hinsichtlich des Alterserfordernisses eine großzügigere Behandlung eingeräumt als den übrigen Impetranten.

Andernorts kannte man strengere Vorschriften als die Mehrheit der Korporationen. Das Regensburger und das Fuldaer Domkapitel verlangten von ihren neuen Mitgliedern die Vollendung des 15. Lebensjahres. In Regensburg galt diese Forderung allerdings nur bis 1586, als sie um ein Jahr herabgesetzt wurde. Für das Camminer Domkapitel kannten die Statuten von 1576/79 ein Mindestalter von 16 vollendeten Jahren. Ein Alter von 18 Jahren für die Aufnahme als Domherr musste man zumindest im Mittelalter im Lausanner Domkapitel nachweisen sowie ab 1636 im Utrechter. Die schärfsten Vorschriften scheinen im Lübecker Domkapitel gegolten zu haben. Während seiner Zeit als katholische Institution mussten Impetranten das 20. Lebensjahr vollendet haben.

441 T. Willich, Wege, 80f.; P. Hinschius, System I, 19, 106; P. Hinschius, System II, 66, 484f.; P. Schneider, Domkapitel, 126; J. Wohlmuth, Dekrete III, 747f., 766.

Erläuternd sei noch auf zwei Sachverhalte verwiesen. Zum einen stellen die genannten Altersangaben in jedem Fall Mindest- und keine Durchschnittswerte dar. Das tatsächliche Alter der eintretenden Domherren war also deutlich höher als es die Alterserfordernisse nahelegten. Das galt vor allem für jene Domkapitel, in die auch Graduierte Aufnahme fanden oder in denen der Empfang der Priesterweihe beziehungsweise zehn Jahre an pastoraler Praxis nachzuweisen waren. Zum anderen wurden die Altersvorgaben immer wieder mittels Dispensen unterlaufen, womit sie eher als Richt-, denn als absoute Grenzwerte verstanden wurden.

Den vom Konzil von Trient 1563 eingemahnten Voraussetzungen unterworfen gewesen wären eigentlich die Domkapitel von Leitmeritz, Königgrätz, Wiener Neustadt, Fulda, Görz, Brünn, Linz, St. Pölten, Budweis, Graz, Leoben, Gradisch und Corvey sowie das von Gurk nach seiner Transmutation. Zumindest für das Fuldaer Domkapitel blieb das vom Konzil geforderte begonnene 22. Lebensjahr ohne Wirkung, da man sich dort mit dem vollendeten 15. Lebensjahr begnügte. Allerdings stand auch hinter dieser Vorgabe, die wohl bereits vor der Erhebung zum Domkapitel gültig war, ein Beschluss des Konzils von Trient. Dieses hatte nämlich 1563 verfügt, dass angehende Ordensleute erst nach einem Jahr Noviziat und der Vollendung des 16. Lebensjahres ihre Profess ablegen durften.[442]

Hinsichtlich des für die Übernahme eines Kanonikats geforderten Weihegrades verlief die Entwicklung in etwa ähnlich. Grundsätzlich war die mit der Ersten Tonsur vorgenommene Aufnahme in den Klerikerstand ausreichend. Die Bestimmungen des Konzils von Trient, die darauf abzielten, ausnahmslos Maioristen, also Subdiakone, Diakone oder Priester, mit den Kanonikaten der Domkapitel zu bedenken,[443] vermochten für die damals bereits bestehenden Korporationen keine Änderungen der bisherigen Praxis herbeizuführen. Eine Ausnahme unter den bereits vor der Zeit des Konzils von Trient gegründeten Domkapiteln stellte das Wiener dar, das Zeit seines Bestehens ein reines Priesterkapitel war. Spätestens binnen Jahresfrist nach der Aufnahme musste die Priesterweihe empfangen werden. Nimmt man in Einzelfällen die sechs Privatkanonikate aus, so dürften im Laibacher Domkapitel ähnliche Verhältnisse geherrscht haben, ebenso in den dem Deutschen Orden angehörenden Institutionen von Pomesanien, Samland und wohl auch Kulm. Letzternorts wurde spätestens seit der Transmutation in den Siebzigerjahren des 15. Jahrhunderts den neuen Mitgliedern verbindlich der Empfang der Priesterweihe auferlegt. Die Statuten von 1603 bestätigten diese gängige Praxis. Von den nach dem Konzil von Trient vorgenommenen Gründungen dürften zumindest die in den Habsburgischen Erblanden beheimateten Domkapitel von Leitmeritz, Königgrätz, Wiener Neustadt, Görz, Brünn, Linz, St. Pölten, Budweis, Graz, Leoben und Gradisch ausschließlich Priester in ihre Reihen aufgenommen haben. Für das Gurker Domkapitel galt das seit dem Zeitpunkt seiner Transmutation. Die Frist von einem Jahr bis zum Empfang der Priesterweihe könnte auch in all diesen Korporationen gegolten haben. Die beiden

442 J. Wohlmuth, Dekrete III, 781.
443 J. Wohlmuth, Dekrete III, 766.

in etwa zur selben Zeit außerhalb der Habsburgischen Erblande entstandenen Domkapitel von Fulda und Corvey beschritten hingegen einen anderen Weg. Das Fuldaer Domkapitel folgte zwar hinsichtlich des geforderten Mindestalters den Vorgaben des Konzils von Trient, behielt aber hinsichtlich des Weihegrades seine diesem gegenüber deutlich großzügigere angestammte Regelung bei. Ähnlich gestalteten sich die Verhältnisse im Corveyer Domkapitel, dessen Domizellare lediglich den Empfang der Ersten Tonsur nachzuweisen hatten.

Wiederholt zu erwähnen sind in diesem Zusammenhang die in einzelnen Domkapiteln eingerichteten Sazerdotalkanonikate, für deren Empfang eigene Anforderungen hinsichtlich des Weihegrades zu erfüllen waren. Deren Inhaber mussten in der Regel die Priesterweihe empfangen haben oder aber spätestens binnen Jahresfrist empfangen. Mancherorts wurde es darüber hinaus üblich, auch Maioristen der beiden anderen Weihestufen, also Diakonen und Subdiakonen, eine bestimmte Anzahl an Kanonikaten verbindlich zuzuschreiben. So bestanden im Kölner Domkapitel seit 1216/18 acht ausdrücklich Priestern vorbehaltene Kanonikate. Etwa zur selben Zeit, nämlich 1212/16, bestand im Sittner Domkapitel für die vier in der Stadt residierenden Domherren bereits die Verpflichtung zur Priesterweihe. Für die 21 auf dem Hügel Valeria bestehenden Kanonikate war noch zu Beginn des 16. Jahrhunderts eine Einteilung in drei Siebenergruppen für Priester, Diakone und Subdiakone üblich. Das 13. Jahrhundert brachte die Einrichtung weiterer Sazerdotalkanonikate. Im Lausanner Domkapitel wurde es zu Beginn dieses Jahrhunderts üblich, die 30 bestehenden Kanonikate je zu einem Drittel mit Priestern, Diakonen und Subdiakonen zu besetzen. Allerdings bestand diese Organisationsform in ihrer streng regelmäßigen Aufteilung im Untersuchungszeitraum nicht mehr. Sie wurde als Mindestanforderung durch einen weit höheren Anteil an Priestern überschritten. 1203 schuf das Lütticher Domkapitel sechs Priesterstellen, zu denen 1250 neuerlich jeweils sechs für Diakone und Subdiakone kamen. Im Mainzer Domkapitel bestanden seit 1277 vier Priesterpräbenden. Das Magdeburger Domkapitel traf wiederum Festschreibungen für alle drei höheren Weihestufen. Zuerst richtete man 1314 zwei Priesterstellen ein. Dazu kamen 1338 noch weitere Kanonikate, zwei für Diakone und zwei für Subdiakone. Eine letzte Veränderung wurde 1371 vorgenommen, als man die Zahl der Priester auf vier vermehrte. Das Konstanzer Domkapitel entschloss sich 1324, zwei Präbenden für Priester zu reservieren. Für das 14. Jahrhundert ist zudem die Existenz einer Priesterpräbende im Mindener Domkapitel bezeugt. Sie dürfte sich allerdings nicht allzu lange gehalten haben. Das galt hingegen nicht für das gegen Ende der ersten Hälfte des 15. Jahrhunderts erstmals nachweisbare Sazerdotalkanonikat des Basler Domkapitels. Noch während des Untersuchungszeitraumes wurden im Hildesheimer Domkapitel Sazerdotalkanonikate neu geschaffen. Seit 1601 gab es dort vier Stellen, die ausdrücklich Priestern vorbehalten waren, dazu ebenso viele für Diakone.

Abschließend sei noch auf die Schwierigkeiten verwiesen, die sich nach dem Konfessionswechsel einzelner Domkapitel im Hinblick auf den für eine Aufnahme geforderten Weihegrad ergaben. Dabei griffen die jeweils betroffenen Korporationen zu unterschiedlichen Lösungsansätzen. Mancherorts trat an die Stelle der Ersten Tonsur eine Ersatzhandlung. So führte man etwa im Merseburger Domkapitel 1562 ein Examen in Theologie und Rechtswissenschaften ein, das aber erst 1583 erstmals abgenommen wurde. Allerdings waren die Anforderungen dabei äußerst gering. Bis 1656 war zudem eine Dispens möglich, die jedoch nur selten erteilt wurde, wohl auch ein Hinweis auf die Anspruchslosigkeit der Prüfung, die bis zum Ende des Untersuchungszeitraumes abzulegen war. Das Havelberger Domkapitel wählte eine ähnliche Vorgangsweise und entschied sich für eine Art Pfarrordination mit einem Examen, die zwar für die Jahre von 1586 bis über die Mitte des 17. Jahrhunderts bezeugt ist, sich aber letztlich nicht dauerhaft durchsetzte. Das Lübecker Domkapitel akzeptierte seit 1587 anstelle der Ersten Tonsur ersatzweise auch ein Idoneitätsattest höherer protestantischer Geistlicher. Lediglich eine vorübergehende Erscheinung war die 1576 im Naumburger Domkapitel erfolgte Einführung einer Laienpräbende, deren Inhaber von den Weiheerfordernissen befreit war. Denn bereits wenig später ersetzte man die Aufnahme in den Klerikerstand durch eine Abschlagszahlung an das Domkapitel. Dies war zudem seit 1593 in Halberstadt der Fall. Im Mindener Domkapitel mussten die protestantischen Domherren bis 1687 gegen eine finanzielle Zuwendung eine Dispens vom Empfang der Ersten Tonsur erwirken. In den meisten Domkapiteln kam es durch den Konfessionswechsel jedoch zu einer mehr oder weniger stillschweigenden Außerkraftsetzung der die Aufnahme in den Klerikerstand betreffenden Rechtsgepflogenheiten.

Damit ging zudem die Aufgabe der Zölibatsverpflichtung einher, die im Schweriner Domkapitel bereits in den Fünfzigerjahren des 16. Jahrhunderts nicht mehr bestand. 1566 folgte das Ratzeburger Domkapitel, während das Jahr 1571 für das Brandenburger Domkapitel das Ende dieser Bestimmung brachte. Bereits 1580, also unmittelbar nach dem konfessionellen Bruch, verzichtete das Utrechter Domkapitel auf die Forderung nach der Ehelosigkeit seiner Mitgleider. Das Halberstädter und das Lübecker Domkapitel unternahmen denselben Schritt 1593 beziehungsweise 1594. Der erste protestantische Kanoniker des Mindener Domkapitels trat 1705 in den Stand der Ehe. Im Gegensatz zu den protestantischen Mitgliedern der drei übrigen bleibend gemischtkonfessionellen Domkapitel von Halberstadt, Lübeck und Minden vermochten es die drei protestantischen Domherren des überwiegend katholischen Osnabrücker Domkapitels trotz mehrfacher Versuche nicht, sich von der Zölibatsverpflichtung zu befreien.

Vergleiche mit den dem Untersuchungsraum benachbarten Institutionen lassen sich aufgrund des diesbezüglich schlechten Kenntnisstandes kaum anstellen. Für die polnischen Domkapitel jedenfalls ist hinsichtlich des Alters der Impetranten keine über die allgemeinen kirchlichen Vorschriften hinausreichende Bestimmung bekannt.[444] Was den Weihegrad der Domherren betrifft, so dürften die Priester eine gegenüber vielen Domkapiteln der Reichskirche stärkere Rolle gespielt haben. Bereits seit dem 15. Jahrhundert lassen sich Anstrengungen zur Erhöhung des

444 C. Wollek, Domkapitel, 16f.; B. S. Kumor, Dzieje II, 330f.; W. Góralski, Kapituła, 106f.; W. Góralski, Obsadzanie prałatur i kanonii w kapitule katedralnej w Płocku do końca XVI w., in: SP 7 (1979), 144.

Priesteranteils nachweisen. Im 16. Jahrhundert fanden diese Bemühungen etwa im Plozker und im Leslauer Domkapitel eine Fortsetzung. Nachdem bereits vorher ein deutliches Übergewicht zugunsten dieses Weihegrades bestand, dürfte sich auf dem Weg des Gewohnheitsrechtes bis spätestens zur Mitte des 18. Jahrhunderts für die polnischen Domkapitel die ausschließliche Zusammensetzung mit Priestern ausgebildet haben.[445]

Kapitulare

Die Kapitulare bildeten das eigentliche Domkapitel im engeren Sinne. Denn nur ihnen kamen alle Rechte und Pflichten eines Domherrn zu. Neben einem Chorstallum waren das vor allem das Recht auf Sitz und Stimme in den Kapitelversammlungen sowie der volle Genuss der Präbende, wobei in manchen Korporationen bestimmte Zusatzeinkünfte ausschließlich den rangältesten Kapitularen oder denen mit empfangener Priesterweihe zustanden. Der gesteigerten Bedeutung des Kapitularstandes entsprechend, galten für die Aufnahme dazu eigene Idoneitätskriterien, die deutlich strenger waren als die für die Aufnahme als Domherr an sich. Diese Auflagen umfassten neben der Erfüllung bestimmter Voraussetzungen bezüglich des Alters und des Weihegrades vor allem den zumeist vor dem Eintritt in den Kapitularstand beizubringenden Studiennachweis sowie die Ableistung der Ersten Residenz. In innerlich geschlossenen Domkapiteln musste zudem selbst bei Erfüllung aller geforderten Auflagen noch die Vakanz einer Kapitularstelle abgewartet werden, ehe man sich um die Zulassung zum Kapitel bemühen konnte. Allerdings waren nicht nur die Rechte der Kapitulare ausgedehnter als die aller anderen Mitglieder des Domkapitels, sondern auch deren Pflichten, vor allem hinsichtlich der Residenz und der Präsenz.[446]

Auch die für eine Aufnahme als Kapitular geltenden Anforderungen standen maßgeblich unter dem Einfluss des allgemeinen kanonischen Rechtes. Die 755/56 entstandene Kanonikerregel Bischof Chrodegangs von Metz beschränkte den Kapitularstand ausschließlich auf die Priester und die Diakone, die allein als Maioristen galten. Unter Papst Innozenz III. setzte sich an der Wende vom 12. zum 13. Jahrhundert die Auffassung durch, auch die Subdiakone zu den Maioristen zu zählen, was eine Neubewertung ihrer Rolle in den Domkapiteln erforderlich machte. Das Konzil von Vienne setzte schließlich 1311/12 fest, dass der Empfang der Subdiakonatsweihe für die Zulassung zum Kapitel ausreichend war. Zudem legte Papst Clemens V. im Anschluss daran jeweils ein Mindestalter für den Empfang der drei höheren Weihen fest. Um Subdiakon zu werden, musste man künftig mindestens in das 18. Lebensjahr eingetreten sein. Für das Diakonat lag die Forderung beim erreichten

445 W. Góralski, Obsadzanie prałatur i kanonii w kapitule katedralnej w Płocku do końca XVI w., in: SP 7 (1979), 145–147; W. Góralski, Kapituła, 107f.; S. Librowski, Kapituła, 30f.; P. Dembiński, Kapituła, 100, 114f.; M. Czyżak, Kapituła, 55f.; B. S. Kumor, Dzieje II, 330f.; K. Lutyński, Kapituła, 91.

446 P. Schneider, Domkapitel, 63, 133–136; P. Hinschius, System II, 62.

20. Lebensjahr, für das Presbyterat beim erreichten 25. Lebensjahr. Das Konzil von Trient bestätigte 1563 die damals gängige Praxis, hob allerdings das von den Weihekandidaten geforderte Mindestalter in zwei Fällen an. Die Weihe zum Subdiakon war nun erst mit dem angetretenen 22. Lebensjahr möglich, die zum Diakon erst mit dem angetretenen 23. Lebensjahr. Doch zeigten sich auch hinsichtlich der von den Kapitularen erwarteten Eigenschaften durchaus Widersprüche zwischen den partikularrechtlichen Bestimmungen der einzelnen Domkapitel und den Vorgaben des kanonischen Rechtes.[447]

Angesichts der engen Verbindung von Lebensalter und Weihegrad verzichteten manche Domkapitel auf die Aufstellung eines eigenen Alterserfordernisses für die Zulassung zum Kapitel. Man erachtete augenscheinlich das mit der Forderung nach dem Empfang der Subdiakonatsweihe verbundene Erreichen des 20. beziehungsweise 22. Lebensjahres als ausreichend. Lediglich das Eichstätter und das Gurker Domkapitel in seiner Zeit als ordensgeistliche Institution kannten zusätzlich eine dem Weiheempfang folgende Wartefrist. In Eichstätt mussten für eine Aufnahme als Kapitular seit der Erteilung der Subdiakonatsweihe zumindest zwei Jahre vergangen sein, in Gurk seit dem Empfang der Priesterweihe mindestens ein Jahr. Von jenen Domkapiteln, die nachweislich ein Altersstatut besaßen, stellte das Camminer Domkapitel die geringsten Ansprüche. Hier sahen die Statuten von 1576/79 denselben Grenzwert wie für die Aufnahme als Domherr vor, nämlich die Vollendung des 16. Lebensjahres. In katholischer Zeit, als noch das Subdiakonat Voraussetzung für den Kapitularstand war, dürfte das Antrittsalter noch höher gelegen haben. Das Straßburger Domkapitel, das sich bis spätestens ins 16. Jahrhundert hinein mit der Vollendung des 17. Lebensjahres begnügte, verlangte danach, wie übrigens auch das Schweriner Domkapitel ab 1475, das Erreichen des 20. Lebensjahres. Für das Magdeburger Domkapitel gestaltete sich die Lage ähnlich. Im beginnenden 15. Jahrhundert reichte für eine Aufnahme unter die Kapitulare noch die Vollendung des 18. Lebensjahres aus. Die Statuten von 1660 forderten für die Residenten das vollendete 21. Lebensjahr. Das Utrechter Domkapitel wiederum verfügte in katholischer Zeit über eine Altersgrenze von 19 vollendeten Lebensjahren, ein Wert, der nach dem Konfessionswechsel auf 22 vollendete Lebensjahre anwuchs. Offensichtlich während des gesamten Untersuchungszeitraumes fand das vollendete 20. Lebensjahr in den Domkapiteln von Augsburg, Havelberg, Minden, Münster und Osnabrück Beachtung. Während das Straßburger Domkapitel spätestens im 16. Jahrhundert neu zu dieser Gruppe hinzustieß, schied das Salzburger 1540 durch eine Erhöhung der Ansprüche daraus aus. Die Vollendung des 21. Lebensjahres ermöglichte den Zutritt zum Kapitel in den Korporationen von Brandenburg, Paderborn, Seckau sowie bis 1537 beziehungsweise ab 1660 auch in Breslau und Magdeburg. Möglicherweise bestand dieselbe Bedingung einstmals auch im Hildesheimer Domkapitel, da man

447 P. Schneider, Domkapitel, 125f., 134f.; B. Hotz, Stellenvergabe, 33; G. Fouquet, Domkapitel, 192; P. Hinschius, System I, 6f., 18; P. Hinschius, System II, 69f.; J. Wohlmuth, Dekrete II, 363; J. Wohlmuth, Dekrete III, 748.

dort von 1569 bis ins beginnenden 18. Jahrhundert nach dem Erfüllen der Studienverpflichtung und dem Empfang der Subdiakonatsweihe die Erträge der Präbende ab dem vollendeten 21. Lebensjahr ungekürzt genießen konnte, während die Zulassung zum Kapitel erst mit dem vollendeten 25. Lebensjahr möglich war. Erst im beginnenden 18. Jahrhundert kam für beide Vorgänge einheitlich das höhere Alter zur Anwendung. Fünf Domkapitel bestanden für ihre Kapitulare auf der Vollendung des 22. Lebensjahres, neben dem Olmützer und dem Ratzeburger Domkapitel seit 1578 das Churer und seit 1595 das Trierer sowie das Utrechter Domkapitel nach dem Konfessionswechsel. Noch geringer war die Zahl jener Institutionen, die das vollendete 23. Lebensjahr genügen ließen. Dazu gehörten die Domkapitel von Bremen, Corvey, Hamburg und Speyer. Die meisten Domkapitel, die über ein ausdrückliches Altersstatut verfügten, sprachen sich für das vollendete 24. Lebensjahr aus. Das galt für die Domkapitel von Bamberg, Basel, Konstanz, Lüttich, Mainz, Regensburg und Worms. Andere Einrichtungen erhöhten ihre Anforderungen auf diesen Wert, Breslau 1537, Salzburg 1540, Würzburg 1541 und Passau 1594. Für das Naumburger und das Merseburger Domkapitel sahen die Statuten von 1580 beziehungsweise 1613 diese Grenze vor. Die höchsten Ansprüche stellten das Halberstädter, das Hildesheimer und das Lübecker Domkapitel, die von ihren Kapitularen beziehungsweise Residenten die Vollendung des 25. Lebensjahres verlangten.

Sieht man von einigen wenigen Ausreißern nach unten ab, so zeigen die bestehenden Altersstatute, dass die grundsätzlichen Vorgaben des kanonischen Rechtes in diesem Punkt von den Domkapiteln überwiegend eingehalten oder gar überschritten wurden. Zudem waren die einzelnen Korporationen bemüht, die entsprechenden Vorgaben streng einzuhalten und den geforderten Altersnachweis auch tatsächlich einzufordern. Diesbezügliche Dispensen scheinen nur in den protestantisch gewordenen Domkapiteln üblich gewesen zu sein. Jedenfalls wird für das Brandenburger und das Hamburger Domkapitel eine entsprechende Praxis überliefert.

Was den mit dem Kapitularstand verbundenen Weihegrad betrifft, so wurden jene Domkapitel, die bereits für die Aufnahme als Domherr beziehungsweise binnen Jahresfrist danach die Priesterweihe verlangten, vorhin schon erwähnt. Dazu zählten in chronologischer Ordnung die Domkapitel von Kulm, Pomesanien, Samland, Wien, Leitmeritz, Königgrätz, Wiener Neustadt, Görz, Brünn, Linz, St. Pölten, Budweis, Graz, Leoben und Gradisch. Ergänzt wurde diese Gruppe durch das Seckauer und nach seiner Transmutation auch durch das Gurker Domkapitel sowie, abgesehen von vereinzelten Ausnahmemöglichkeiten für die Inhaber der Privatkanonikate, durch das Laibacher Domkapitel. Im Unterschied zu den bislang angeführten Korporationen gab es auch solche, die im Laufe des Untersuchungszeitraumes ihre Weiheerfordernisse verschärften und von ihren Mitgliedern noch vor beziehungsweise binnen Jahresfrist nach der Zulassung zum Kapitel den Empfang der Priesterweihe einforderten. Dies geschah 1537 im Breslauer und 1547 im Olmützer Domkapitel, in denen seither der Empfang der Subdiakonatsweihe für Kapitulare als nicht mehr ausreichend erachtet wurde. Das Touler Domkapitel betrachtete seit der Mitte des 17. Jahrhunderts die Priesterweihe als eine Voraussetzung für den Kapitularstand. Während das Fuldaer Domkapitel 1777 diesem Beispiel folgte, konnte sich das Corveyer Domkapitel hingegen nur zwischen 1794 und 1796 zur Beachtung dieser Bestimmung durchringen.

Ein einsames Beispiel bildete das Trierer Domkapitel, das seit dem 13. Jahrhundert den Empfang der Diakonatsweihe für seine Kapitulare verlangte. Diese Satzung war wohl noch im alten Verständnis der Weihegrade verwurzelt, kraft dessen nur Diakone und Priester als Maioristen und damit als zum Kapitular taugliche Kleriker angesehen wurden.

Die breite Mehrheit der Institutionen folgte der durch die Bestimmungen des kanonischen Rechtes erhobenen Vorgabe, dass der Weihegrad des Subdiakons für die Zulassung zum Kapitel die grundlegende Voraussetzung darstellte.

Eine Ausnahme bildeten dabei lediglich die drei westfälischen Domkapitel von Münster, Osnabrück und Paderborn, in denen man auch als Minorist Kapitular werden konnte. Allerdings musste in diesem Fall bei den Wahlakten auf das Stimmrecht verzichtet werden. Zumindest für das Münsterische Domkapitel ist die Auflage bezeugt, binnen Jahresfrist die Subdiakontsweihe zu empfangen.

Auch in diesem Zusammenhang ergaben sich für die protestantisch gewordenen Domherren Schwierigkeiten, die denen mit der geforderten Aufnahme in den Klerikerstand ähnelten. Während in den rein protestantisch gewordenen Institutionen die Forderung nach dem Empfang der Subdiakonatsweihe als Bedingung für eine Kapitelstelle mehr oder weniger stillschweigend fallen gelassen werden konnte, gestaltete sich die Lage in den vier bleibend gemischtkonfessionellen Einrichtungen anders. In Halberstadt eröffneten daher die Statuten von 1593 den protestantischen Domherren die Möglichkeit, sich gegen eine Abschlagszahlung vom Empfang der Subdiakonatsweihe befreien zu lassen. Das Lübecker Domkapitel traf 1595 mit einer Statutenreform eine ähnliche Lösung. Hier konnte der für Kapitulare geforderte Nachweis über den Empfang der Subdiakonatsweihe durch eine entsprechende Tauglichkeitsbestätigung des Administrators ersetzt werden. Allerdings wurde für dieses Entgegenkommen eine Abschlagszahlung in Rechnung gestellt. Allenfalls auch im Mindener Domkapitel üblich gewesene Abschlagszahlungen für eine Dispens vom Empfang des Subdiakonats sollen in Übereinstimmung mit der für den Klerikerstand geltenden Praxis 1687 ein Ende gefunden haben. Die drei protestantischen Domherren des Osnabrücker Domkapitels kamen hingegen nicht in den Genuss irgendwelcher Erleichterungen. Da sie deshalb nicht im Besitz der entsprechenden Voraussetzungen standen, war ihnen der Zugang zum Kapitel versperrt.

Einschränkungen in ihren Rechten mussten sich andernorts neue Kapitulare gefallen lassen. So besaß man in den Domkapiteln von Magdeburg und Münster sowie in dem von Mainz im ersten Jahr beziehungsweise in den ersten drei Jahren kein Widerspruchsrecht und musste sich in seinem Stimmverhalten der Mehrheit anschließen. Gänzlich ohne Stimmrecht blieben die neuen Kapitulare für jeweils ein Jahr in den Domkapiteln von Meißen, Merseburg und Trier sowie für drei Jahre in denen von Bamberg und Würzburg. In Merseburg wurde diese Benachteiligung allerdings 1641 aufgehoben.

7. Residenzverpflichtungen

Eine der wesentlichen Auflagen, denen die Domherren unterworfen waren, stellte die Residenzpflicht dar. Diese entfaltete sich in zwei unterschiedlichen Ausprägungen. Zum einen hatte man die Erste Residenz zu absolvieren. Dabei handelte es sich um eine einmalige längerfristige Anwesenheitspflicht, die in der Regel vor der Zulassung zum Kapitel geleistet werden musste. Zum anderen fiel für Kapitulare beziehungsweise Residenten darüber hinaus eine jährlich abzuleistende Mindestresidenz an, um in den Genuss der vollen Präbende zu gelangen.[448]

Erste Residenz

Nachdem es noch im Laufe des Mittelalters innerhalb der einzelnen Domkapitel zumeist zur allmählichen Aufgabe des gemeinschaftlichen Lebens gekommen war, hielt sich mit der Ersten Residenz während des Untersuchungszeitraumes noch ein letzter Rest der früheren Praxis. Die Erste Residenz, die auch Strikte Residenz oder Klaustraljahr genannt wurde, sollte dazu dienen, die neuen Kanoniker mit dem gottesdienstlichen Leben am Dom vertraut zu machen. Daher musste der jeweilige Domherr ab dem Zeitpunkt des offiziellen Antritts der Ersten Residenz verpflichtend an den Kapitelgottesdiensten im Dom teilnehmen. Darüber hinaus unterlag er der Forderung der Pernoktation, die ihm eine auswärtige Übernachtung verbot. Schließlich durfte die Erste Residenz in den allermeisten Fällen nicht unterbrochen werden. Widrigenfalls musste der betreffende Domherr wieder von Neuem damit beginnen. Die Erste Residenz zeigte ein deutliches Naheverhältnis zum Noviziat ordensgeistlicher Institutionen. In den ordensgeistlichen Domkapiteln bestand daher dieses anstelle der Ersten Residenz.[449]

Ohne Anberaumung einer eigens befristeten Ersten Residenz kamen die drei benachbarten Domkapitel von Konstanz, Basel und Straßburg aus. Hier unterschied sich deshalb die Erste Residenz nicht von der üblichen Jahresresidenz der Kapitulare. Scheinen hier wechselseitige regionale Einflüsse für diese Tatsache ausschlaggebend gewesen sein, so war das Fehlen einer Ersten Residenz in den als reinen Priesterkapiteln konstitutierten Korporationen Teil eben dieser Organisationsform. Daher fand sich auch in den Domkapiteln von Laibach, Wien, Leitmeritz, Königgrätz, Wiener Neustadt, Görz, Brünn, Linz, St. Pölten, Budweis, Graz, Leoben, Gradisch und Gurk nach der Transmutation keine besondere Erste Residenz.

In den ordensgeistlichen Domkapiteln bestand für neu eingetretene Mitglieder die Verpflichtung, ein jeweils einjähriges Noviziat auf sich zu nehmen, das in seiner Zielsetzung nicht wesentlich von der Ersten Residenz abwich. Von dieser Bestimmungen waren bis zur ihrer Transmutation die Domkapitel von Kulm, Ratzeburg,

448 Die bereits in den Einzeldarstellungen der jeweiligen Domkapitel angeführten Literaturangaben werden an dieser Stelle nicht mehr wiederholt. Sie können in den entsprechenden Abschnitten eingesehen werden.

449 P. Schneider, Domkapitel, 133f.; P. Hinschius, System II, 70.

Havelberg, Brandenburg, Salzburg und Gurk betroffen. Dazu kamen bis zur ihrem Untergang die Korporationen von Samland, Pomesanien, Seckau, Lavant, Chiemsee und Fulda. Für die Mitglieder der beiden aus dem Wiener Neustädter Domkapitel vertriebenen Ordensgemeinschaften ist dieselbe Rechtslage zu vermuten. Im Leitomischler Domkapitel schließlich war während des Untersuchungszeitraumes an ein geordnetes Kapitelleben längst nicht mehr zu denken.

Von jenen Domkapiteln, die Verfügungen zur Ersten Residenz getroffen hatten, war das Kölner Domkapitel gegenüber seinen Sazerdotalkanonikern am wenigsten anspruchsvoll. Während andernorts Priesterkapitel ganz auf eine Erste Residenz verzichteten, waren für sie dafür 14 Tage anberaumt.

Auf etwa die doppelte Zeit, also rund einen Monat, belief sich der Zeitaufwand für die Erste Residenz in den Domkapiteln von Ermland und Naumburg. Das Merseburger Domkapitel gehörte zumindest seit den Statuten von 1613 ebenfalls in diese Gruppe, des Weiteren das Mindener Domkapitel mit seinen zumindest seit den Statuten von 1713 bezeugten vier Wochen.

Mit jeweils rund sechs Wochen waren die Anforderungen für die adeligen Kölner Domherren sowie die Kanoniker des Münsterischen und des Paderborner Domkapitels nur geringfügig umfangreicher. Dieselbe Festlegung trafen 1683 zudem das Havelberger und 1707 das Osnabrücker Domkapitel.

Das Havelberger Domkapitel hatte vorher von seiner Transmutation 1507 an bis ins Jahr 1683 zwei Monate an Erster Residenz gefordert.

Im Schleswiger Domkapitel musste ein knappes Vierteljahr für die Erste Residenz aufgewandt werden, ein volles Quartal hingegen seit der Transmutation 1506 im Brandenburger sowie seit 1604 im Hildesheimer Domkapitel.

Etwas aufwendiger gestaltete sich die Erste Residenz in den Domkapiteln von Lausanne mit 16 Wochen und Toul, wo seit 1525 eine Anwesenheit von 21 Wochen verlangt wurde.

Deutlich größer war die Zahl jener Institutionen, die ihren Mitgliedern eine Erste Residenz im Umfang von beiläufig einem halben Jahr auferlegten. Dazu zählten die Domkapitel von Brixen, Meißen, Metz, Olmütz, Trier und Würzburg. Während es für das Hildesheimer und das Osnabrücker Domkapitel 1604 beziehungsweise 1707 jeweils zu einer deutlichen zeitlichen Verminderung kam, findet sich für Magdeburg ein erster entsprechender Beleg erst für die Statuten von 1660.

Das Regensburger Domkapitel stand mit seiner Ersten Residenz im Ausmaß von 39 Wochen ganz allein da.

Der Großteil der Domkapitel freilich bestand auf der Frist eines vollen Jahres. Dafür entschieden sich die Korporationen von Augsburg, Bremen, Chur, Eichstätt, Halberstadt, Hamburg, Lübeck, Lüttich, Mainz, Passau, Prag, Ratzeburg, Salzburg, Sitten, Speyer, Trient, Utrecht, Verden, Verdun und Worms. Dem tatsächlichen Aufwand nach gehörten auch das Freisinger und das Bamberger Domkapitel in diese Reihe. Denn unter Abzug der durch Dispens beziehungsweise Urlaub möglichen Befreiungen blieb von den zwei Jahren beziehungsweise den 58 Wochen jeweils nur mehr ein Jahr an echter Anwesenheitspflicht übrig. Zumindest über Teile des Untersuchungszeitraumes verlangten drei weitere Institutionen die Ableistung eines vollen Jahres, das Touler Domkapitel vermutlich bis 1525 und das Havelberger bis 1581. Wann das Mindener Domkapitel vom noch im 15. Jahrhundert belegten vollen Jahr abwich, muss hingegen offen bleiben.

Dass die Statuten des Freisinger Domkapitels zwar zwei Jahre an Erster Residenz vorsahen, von denen allerdings nur eines tatsächlich zu leisten war, wurde bereits erwähnt. Ähnlich gestaltete sich die Lage im Breslauer Domkapitel. Dort beschloss man 1499, ebenfalls zwei Jahre an ununterbrochener Residenz zu fordern. Allerdings bereitete die tatsächliche Umsetzung dieser Bestimmung aufgrund vielfacher Ausnahmeregelungen Schwierigkeiten, weshalb sich keine Angaben zum genauen Umfang der Ersten Residenz machen lassen.

Keine Nachrichten über die Ausgestaltung der Ersten Residenz ließen sich schließlich für das Camminer, das Corveyer, das Lebuser und das Schweriner Domkapitel erheben.

Dass die Erfüllung der strengen Residenzauflagen von den betroffenen Domherren vielfach als zu große Belastung angesehen wurde, beweisen die für den Untersuchungszeitraum belegbaren diesbezüglichen Erleichterungen. Diese wurden in einigen Domkapiteln durch Fristverkürzungen, Urlaubsansprüche, Dispensgewährungen oder Abschlagszahlungen eingeräumt.

Zu einer zeitlichen Verringerung der Ersten Residenz kam es 1525 in Toul, 1581 und 1683 in Havelberg, 1604 in Hildesheim, 1707 in Osnabrück sowie zu einem unbekannten Zeitpunkt in Minden. Formalrechtlich zwar auf dem Dispensweg eingeräumt, zählte der vom Freisinger Domkapitel gewährte Nachlass eines ganzen Jahres aufgrund seiner allgemeinen Gültigkeit wohl eher zu den Verkürzungen.

Eine geringfügigere Begünstigung stellte die Einräumung eines Urlaubsanspruches dar. Dabei wurde dem jeweiligen Domherrn während der Ersten Residenz ein bestimmter Zeitraum zugesprochen, innerhalb dessen er von den Residenzauflagen befreit war. Über den geringsten Urlaubsanspruch verfügte das Trierer Domkapitel, das dafür lediglich drei Tage vorsah. Dafür war es die einzige einen Urlaub zuerkennende Einrichtung, in der die Erste Residenz kürzer als ein Jahr dauerte. Etwas umfangreicher waren die freien Tage im Augsburger Domkapitel bemessen, wo die 1657 noch unbestimmt gebliebenen paar Tage 1676 auf zehn Tage festgelegt wurden. 1740 wurde das Ausmaß nochmals auf 14 Tage erhöht, wobei die gebotene Pernoktation ausdrücklich auch in den Urlaubstagen zu beachten war. Das Bamberger und seit mindestens 1477 auch das Eichstätter Domkapitel kannten je sechs Wochen Urlaub, allerdings mit dem Unterschied, dass diese Wochen in Eichstätt in das Residenzjahr eingerechnet waren, während hingegen in Bamberg der Urlaub zum Residenzjahr hinzugerechnet wurde. Durch diese allein in Bamberg bestehende Regelung fiel dort eine Gesamtfrist von 58 Wochen an. War das Lütticher Domkapitel mit 60 Urlaubstagen schon verhältnismäßig großzügig, so wurde es vom Speyerer Domkapitel noch übertroffen. Hier bestand vor dem Fest Allerheiligen ein Urlaub im Ausmaß von rund sieben Wochen. Dazu kamen zusätzlich noch drei Quindenen, also weitere 45 Tage.

Erleichterungen auf dem Dispensweg kannte neben dem bereits erwähnten Freisinger Domkapitel auch das Magdeburger. Dass es darüber hinaus noch andere

Einrichtungen gab, in denen diese Gepflogenheit geübt wurde, darf als sicher gelten, vor allem für jene protestantischen Institutionen, die nach dem Westfälischen Frieden von 1648 im Herrschaftsbereich des Kurfürsten von Brandenburg beheimatet waren.[450]

Einen ähnlichen Hintergrund wiesen die als Redimierung bezeichneten Abschlagszahlungen auf. Dabei konnte sich der Kanoniker durch einen bestimmten dem Domkapitel überwiesenen Geldbetrag ganz oder teilweise von der Ersten Residenz freikaufen. Dabei waren die Beweggründe für diese Großzügigkeit mancher Domkapitel mitunter auch wirtschaftlicher Natur.[451] In ihrer Zeit als überwiegend protestantisches beziehungsweise vollständig calvinistisches Domkapitel griffen die Korporationen von Lübeck und Utrecht zu diesem Mittel. Für das Speyerer Domkapitel lässt sich für das 18. Jahrhundert dieselbe Möglichkeit belegen. Das Osnabrücker Domkapitel führte 1784 eine entsprechende Regelung ein, das Freisinger 1788. Betrafen alle diese Erleichterungen jeweils die gesamte Zeit der Ersten Residenz, so gestattete das Augsburger Domkapitel 1788 die Redimierung vorerst lediglich für vier Wochen. 1797 erfolgte dann die Ausdehnung auf das ganze Residenzjahr. Daneben war auch eine halbjährliche Befreiung möglich.

Umgekehrt bestanden, wenn auch in deutlich kleinerem Umfang, Bestimmungen, die eine Verschärfung der Auflage der Ersten Residenz darstellten. So forderten das Lütticher und das Regensburger Domkapitel von ihren Mitgliedern neben der Ersten zusätzlich eine Zweite Residenz. Diese umfasste in Lüttich den Zeitraum vom Ende der Ersten Residenz bis zum nächstfolgenden Fest des Heiligen Ägidius. Für zumindest zwei Drittel dieser anfallenden Zeit unterlag der Domherr einer neuerlichen Residenzpflicht. In Regensburg hingen die Erste und die Zweite Residenz nicht notwendig zusammen. Hier mussten die vier Wochen der Zweiten Residenz der Aufnahme ins Kapitel unmittelbar vorausgehen. Ähnlich gestalteten sich die Verhältnisse im Lausanner Domkapitel, das vor der Gewährung des Präbendengenusses eine viermonatige Zweite Residenz verlangte.

Auch bezüglich der Ersten Residenz sind die Nachrichten für die dem Untersuchungsraum benachbarten Domkapitel dünn gestreut. Für die dänischen Korporationen erwähnte in Ribe 1455 ein Statut Bischof Henrik Stangebergs eine Erste Residenz im Umfang eines Jahres,[452] während in den polnischen Domkapiteln überwiegend nur drei Monate üblich waren. Zumindest in Plozk, Leslau und Posen war das der Fall, nicht jedoch in Gnesen, wo das Domkapitel wenigstens in späterer Zeit offensichtlich ein Jahr und sechs Wochen verlangte.[453] Im Westen sahen 1483 die Statuten des Genfer Domkapitels ebenso 16 Wochen an Erster Residenz vor, wie

450 J. Heckel, Domstifter, 144.

451 P. Schneider, Domkapitel, 134; M. M. A. Serger, Capitula, 73.

452 P. Terpager, Ripa, 173.

453 W. Góralski, Kapituła, 127; W. Góralski, Obsadzanie prałatur i kanonii w kapitule katedralnej w Płocku do końca XVI w., in: SP 7 (1979), 173; S. Librowski, Kapituła, 39; P. Dembiński, Kapituła, 275; K. Lutyński, Kapituła, 101; M. Czyżak, Kapituła, 49; N. N., Handbuch/Anhang, 11o; J. Korytkowski, Prałaci I/1, 310.

sie auch im benachbarten Lausanner Domkapitel galten. In Nancy und Saint-Dié lag das Erfordernis jeweils bei einem halben Jahr.[454] Besondere Aufschlüsse für die auch in den untersuchten Domkapiteln beträchtlich voneinander abweichenden Gepflogenheiten ergeben sich dadurch nicht.

Jährliche Residenz

Der noch im Laufe des Mittelalters vermehrt um sich greifende Verfall der Kanonikerdisziplin führte dazu, dass mit der allmählichen Aufgabe des gemeinschaftlichen Lebens auch die vormals strengen Residenzbestimmungen schrittweise gelockert wurden. Gefördert wurde diese Entwicklung nicht nur durch die mangelnde Bereitschaft der Domherren selbst, sondern auch durch die sich ausbildende Kumulationspraxis, das sich ausbreitende päpstliche Provisionswesen sowie das überhandnehmende Vikariatssystem. Versuche, dem entgegenzusteuern, zielten vor allem auf die wechselseitige Verbindung von Residenzleistung und Pfründengenuss ab. Deshalb legten die einzelnen Domkapitel bestimmte Mindestzeiten fest, an denen die Kapitulare vor Ort zu sein hatten, wollten sie in den Genuss der vollen Präbende gelangen. Wurde diese Anwesenheitspflicht nicht erfüllt, ging der betreffende Domherr seiner Einkünfte entweder zur Gänze oder in weiten Teilen verlustig. Das Konzil von Trient wollte eine deutliche Gegenbewegung zur stetig verkürzten Residenzpflicht einleiten und verfügte daher 1563, dass die Kanoniker höchstens drei Monate abwesend sein durften. Umgekehrt wurde damit die jährliche Mindestresidenz auf neun Monate festgelegt. Allerdings konnten auch in diesem Fall die Beschlüsse des Konzils keine durchgreifende Änderung bereits bestehender Verhältnisse herbeiführen. Ihre Auswirkungen beschränkten sich daher weitgehend auf die später gegründeten Domkapitel.[455] Auch auf protestantischer Seite ist für den Untersuchungszeitraum ein ähnliches Bemühen erkennbar. König Friedrich Wilhelm I. von Preußen versuchte 1722 und 1733 mit zwei Reskripten, die in den protestantisch gewordenen Domkapiteln seines Landes ziemlich darniederliegende Residenzpflicht wieder zu beleben, indem er den Domherren eine Mindestresidenz von einem halben Jahr verordnete. Ein dauerhafter Erfolg blieb dieser Maßnahme letztlich jedoch versagt.[456]

In Domkapiteln beider Konfessionen lässt sich seit der Mitte des 16. Jahrhunderts eine weitere Entwicklung beobachten. Vor allem finanzielle Gründe führten dazu, die Zahl der residierenden Kapitulare zu begrenzen. Schließlich bezogen die Residenten in ungleich höherem Ausmaß Einkünfte als die abwesenden Kapitulare. Aus der früheren Residenzpflicht war somit in völliger Verkehrung ein Residenzrecht geworden.[457] Zur Einführung von Residentenstellen kam es in den Domkapiteln von

454 J. Mercier, Le Chapitre de Saint-Pierre de Genève, in: MDAS 14 (1891), 35, 40; C. Pfister, Histoire II, 687; F. Chanteau, Notes pour servir à l'histoire du chapitre de Saint-Dié aux XVIIe et XVIIIe siècles, in: ASEV 15 (1875), 103f.

455 P. Schneider, Domkapitel, 79f., 164, 310f.; J. Wohlmuth, Dekrete III, 766.

456 J. Heckel, Domstifter, 160–162.

457 J. Heckel, Domstifter, 96f.; T. Willich, Wege, 57.

Magdeburg ab 1563, Halberstadt ab 1564, Olmütz nach dem zweiten Drittel des 16. Jahrhunderts, Chur ab 1570, Cammin ab 1576/79, Naumburg ab 1580, Paderborn ab 1591, Minden und Lübeck ab dem ausgehenden 16. Jahrhundert, Schwerin ab 1612, Merseburg ab 1613, Sitten ab 1642, Breslau spätestens seit dem 17. Jahrhundert und Kulm zumindest im ausgehenden 18. Jahrhundert. Eine, wenn auch etwas flexible Beschränkung der residierenden Kapitulare wurde auch im Lütticher Domkapitel vorgenommen. Andere Domkapitel wiederum setzten zwar ebenfalls die Zahl der Residenten fest, kannten darüber hinaus aber keine weiteren Kapitulare. Das war der Fall in den Domkapiteln von Brandenburg ab 1568 und Havelberg etwa seit derselben Zeit. Im Magdeburger Domkapitel hingegen deckte sich seit 1660 die Zahl der Residenten mit der der Kapitulare.

Der folgende Vergleich der Residenzzeiten der einzelnen Domkapitel berücksichtigt jene Zeit, die man mindestens anwesend sein musste, um in den Genuss der vollen Präbende zu gelangen. Der Genuss allfälliger Zusatzeinkünfte blieb unberücksichtigt. Ebenfalls keine Beachtung fanden die Möglichkeiten, die Residenzleistung individuell weiter zu verkürzen. Das war etwa durch die Gewährung von Wallfahrten oder Kuren sowie die Erlaubnis zur Teilnahme an Familienfeiern möglich. Mitunter wurden für die An- und Abreise zum Kapitelsitz Reittage gewährt, die gleichfalls von der Residenzzeit abgezogen werden konnten. Des Weiteren wurden jene Kanoniker, die im Auftrag des Domkapitels selbst, des Hochstiftes oder der Diözese Erledigungen vornahmen, als präsent erachtet. Diese Aufträge bestanden überwiegend in der Übernahme von Gesandtschaften und Rechtsvertretungen, in der Teilnahme an Reichs- oder Landtagen sowie im Auftreten als Eigentümervertreter oder Visitator. In protestantischen Domkapiteln erstreckten sich die Tätigkeiten auch auf administrative und militärische Tätigkeiten im Dienst des Landesherrn. Zumdem konnte sich der Bischof beziehungsweise Landesherr zumeist einen, manchmal auch zwei Lateralkanoniker erwählen. Diese standen unmittelbar zur besonderen Verfügung des Bischofs beziehungsweise des Landesherrn und wurden trotz Abwesenheit für gegenwärtig angesehen. Einige Domkapitel kannten darüber hinaus eine sogenannte Reit- oder Freipfründe. Der Inhaber dieses Kanonikats war ebenfalls grundsätzlich von der Residenzpflicht befreit. Auch die Jubilare konnten, nachdem sie eine bestimmte Anzahl an Jahren dem Domkapitel angehört hatten, im Alter mit einer Residenzbefreiung rechnen. Umgekehrt bestanden für einzelne Kanoniker und Dignitäre über das gewöhnliche Maß hinausgehende Residenzverpflichtungen, die hier nicht ausgeführt werden sollen. Das traf neben den Inhabern der Sazerdotalkanonikate vor allem für den jeweils leitenden Kapitelbeamten zu, in den meisten Fällen also für den Domdechanten.[458]

Während das Magdeburger Domkapitel offensichtlich gar keine Festlegung einer jährlichen Mindestresidenz kannte, galten die geringsten ausdrücklichen Residenzauflagen im Münsterischen Domkapitel. Hier musste man nur alle Vierteljahre einen

458 P. Schneider, Domkapitel, 79–81, 91; P. Hinschius, System II, 75f., 95.

Tag anwesend sein. Dafür durfte man jedoch in keinem anderen Domkapitel als residierend geführt werden.

Mindestens rund eineinhalb Monate Anwesenheit forderten die Domkapitel von Osnabrück, Havelberg seit 1723 und Basel seit 1793. Im Fuldaer Domkapitel fiel dieselbe Frist von der Gründung 1752 bis 1774 für die Inhaber der acht Propsteien an, danach für alle Kapitulare.

Einer Residenzvorschrift von wenigstens rund zwei Monaten hatten die Mainzer Kapitulare nachzukommen. Dazu kamen nach 1591 die nicht residierenden Kapitulare des Paderborner Domkapitels sowie im 18. Jahrhundert die Kapitulare des Mindener und die Residenten des Halberstädter Domkapitels.

Mit geringstenfalls rund einem Vierteljahr waren die Forderungen der Korporationen von Augsburg, Worms und Straßburg lediglich etwas umfangreicher. In den Domkapiteln von Hildesheim, Halberstadt und Naumburg erfolgte 1604, 1650 und 1677 die Übernahme derselben Frist. Das Ermländische Domkapitel lag mit seiner von 1774 an geltenden Mindestanwesenheit von 100 Tagen nur unwesentlich über den Ansprüchen der vorgenannten Korporationen.

Die nächste Gruppe bildeten jene Institutionen, die ihren Kapitularen eine Mindestresidenz von beiläufig 15 oder 16 Wochen abverlangten. Dazu zählten bis zu seinem Untergang das Lausanner, bis zum Konfessionswechsel das Mindener und bis 1642 das Sittner Domkapitel. Letzternorts galt dieser Zeitrahmen lediglich für die auf dem Hügel Valeria residierenden Kapitulare. Im Bamberger Domkapitel kam es erst im ausgehenden 18. Jahrhundert zur Einführung einer fünfzehnwöchigen Residenzzeit.

Mit etwa einem Drittel des Jahres an Anwesenheit begnügten sich die Domkapitel von Köln seit 1475, Salzburg nach der Transmutation von 1515, Eichstätt zwischen 1646 und 1650, Trier im 18. Jahrhundert und Bamberg über Teile des 18. Jahrhunderts.

Mit 20 Wochen darüber hinaus gingen die Korporationen von Würzburg, Eichstätt von 1658 bis 1667 und mit einer Unterbrechung 1722/23 wieder seit 1669 sowie Speyer im ausgehenden 18. Jahrhundert.

Durch seine häufigen Regeländerungen fand sich das Eichstätter Domkapitel kurzfristig auch unter jenen Einrichtungen, die das Mindestmaß auf rund fünf Monate festsetzten. Neben dem Touler und ab 1685 dem Freisinger Domkapitel erhob das Eichstätter diese Forderung 1657 sowie 1722/23.

Ungleich größer war die Anzahl jener Domkapitel, die ihren residierenden Mitgliedern eine Anwesenheit von mindestens rund einem halben Jahr auferlegten. Darunter fanden sich die Korporationen von Metz, Olmütz und Verdun. In Lüttich galt zumindest im Mittelalter noch eine entsprechende Bestimmung, in Eichstätt von mindestens 1477 bis 1646 sowie nochmals von 1650 bis 1657 und von 1667 bis 1669, in Utrecht bis zum Konfessionswechsel 1579, in Hildesheim bis 1604, in Naumburg zumindest bis 1642, in Trier bis längstens ins 18. Jahrhundert und in Bamberg bis ins 18. Jahrhundert. Neu auf die Halbjahresfrist legte sich das Regensburger Domkapitel 1571 fest. Für das Ermländische Domkapitel lässt sich bis 1774 eine möglicherweise schon 1722, sicher aber 1772 belegte in etwa halbjährige Residenzpflicht nachweisen.

Diese auch im Mindener Domkapitel einzuführen, scheiterte allerdings in den Jahren nach 1722. Mancherorts bestand die Forderung nur für Teile der Mitglieder, im Mainzer Domkapitel für die Kapitulare ohne Sazerdotalkanonikat, im Paderborner und im Merseburger Domkapitel seit 1591 beziehungsweise 1613 für die Residenten und im Fuldaer Domkapitel von 1752 bis 1774 für die gewöhnlichen Kapitulare. Lediglich vermuten lässt sich eine halbjährige Residenzzeit auch für das Camminer Domkapitel.

Mit mindestens sieben Monaten verpflichtete das Basler Domkapitel von 1529 bis 1612 seine Kapitulare dazu, mehr als die Hälfte des Jahres vor Ort zu sein. Beiläufig zwei Wochen mehr erwarteten sich das Churer Domkapitel seit spätestens 1541 sowie das Prager Domkapitel zumindest vor den Wirren der Hussitenzeit.

Eine jährliche Residenzzeit von knapp acht Monaten hatten die Kapitulare seit 1521 in Brixen, zwischen 1612 und 1793 in Basel, seit mindestens der Mitte des 18. Jahrhunderts in Trient und in Lübeck sowie zuletzt auch in Lüttich abzuleisten. Dabei konnte sich in Lübeck diese Zeit durch zusätzlich mögliche kürzere Absenzen noch verringern.

Dass der 1563 gefasste Beschluss des Konzils von Trient, die jährliche Absenz der Kanoniker auf höchstens drei Monate zu begrenzen, vor allem die Vorschriften der danach gegründeten Domkapitel beeinflusste, wurde bereits erwähnt. Daher verwundert es nicht, dass die Domkapitel von Leitmeritz, Königgrätz, Görz, Brünn, Linz, St. Pölten, Budweis, Graz, Leoben, Gurk nach der Transmutation und Gradisch eine neunmonatige Residenzzeit kannten. Dazu kamen noch das dritte Wiener Neustädter sowie das Corveyer Domkapitel, während allein das Fuldaer Domkapitel sich den Bestimmungen des Konzils entzog. Zu erwähnen ist in diesem Zusammenhang noch das Kulmer Domkapitel, das sich durch die Statuten von 1599/1603 ebenfalls die Vorgaben des Konzils zu eigen machte. Diese zeitigten vereinzelt auch auf andere 1563 bereits bestehende Domkapitel Auswirkungen, freilich vor allem dann, wenn damit eine Erleichterung gegenüber der bislang gültigen Praxis verbunden war. Diese Tatsache betraf das Konstanzer und das Wiener Domkapitel. Das ebenfalls hier hineinfallende Freisinger Domkapitel verringerte seine Residenzverpflichtung 1685 nochmals und wich danach von den Konzilsbeschlüssen wieder ab. Nur vermutet werden kann, dass die neunmonatige Mindestresidenz auch für das Laibacher und das Prager Domkapitel zur Umsetzung gelangte. Eine unter Berufung auf das Konzil von Trient durchgeführte Verschärfung der Residenzverpflichtung erfolgte nur 1642 im Sittner Domkapitel für die auf dem Hügel Valeria residierenden Kapitulare sowie kurzfristig zwischen 1586 und 1612 im Basler Domkapitel. In einigen Einrichtungen war es allerdings bereits vor dem Konzil von Trient zur Festlegung auf eine neunmonatige Mindestresidenz gekommen. Während des gesamten Untersuchungszeitraumes erhielt sich diese Frist im Passauer und im Speyerer Domkapitel unverändert, während sie in Konstanz zwischen 1508 und 1510, in Basel bis 1529, in Meißen bis zum Konfessionswechsel und in Regensburg bis 1571 in Geltung blieb. Im Ermländischen Domkapitel fand von 1532 bis längstens ins 18. Jahrhundert eine ähnliche Bestimmung Beachtung.

Vor allem Domkapitel im Norden des Untersuchungsraumes wiesen mit erlaubten höchstens zwölf Wochen Absenz eine nur unwesentlich umfangreichere Residenzpflicht auf. Neben den Hamburger Kapitularen ab dem dritten Residenzjahr waren die Schleswiger, von 1592 bis längstens in die zweite Hälfte des 18. Jahrhunderts die Lübecker und seit 1617 die Bremer Kapitulare dieser Regelung unterworfen. Vorübergehend fiel zwischen 1485 und 1521 auch das Brixner Domkapitel in diese Gruppe.

Eine rund zehnmonatige Mindestresidenz stellte schon eine verhältnismäßig beträchtliche Frist dar. Über den gesamten Untersuchungszeitraum fand sie sich daher lediglich für die in der Stadt residierenden Kapitulare des Sittner Domkapitels sowie für die Hamburger Kapitulare im zweiten Residenzjahr. Im früh untergegangenen Schweriner Domkapitel kam eine ähnliche Bestimmung zur Anwendung. Das Breslauer Domkapitel erhob von 1545 bis 1570 und erneut ab dem 17. Jahrhundert eine entsprechende Forderung, das Konstanzer Domkapitel zuerst bis 1508 sowie erneut von 1510 bis zur Übernahme der Mindestanforderungen des Konzils von Trient aus dem Jahr 1563 sowie das Lübecker Domkapitel bis 1592. Nur kurz, nämlich von 1560 bis 1579, und eingeschränkt auf die neun verpflichtend graduierten Kapitulare wurden höchstens zwei Monate Absenz im Utrechter Domkapitel geduldet. Ob eine vom Trientner Domkapitel 1336 erlassene gleichlautende Verfügung auch noch während des Untersuchungszeitraumes Bestand hatte, muss offen bleiben.

Strengere Residenzbestimmungen vermochten sich kaum dauerhaft zu halten. So lag die höchstzulässige Absenz im Brixner Domkapitel bis 1485, im Bremer bis 1617 und im Breslauer bis 1545 sowie von 1570 bis ins 17. Jahrhundert bei sechs Wochen.

Von einem Anwesenheitserfordernis im Ausmaß von mindestens rund elf Monaten waren nur mehr ganz wenige Domherren betroffen. Neben den Wiener Domkapitularen, die bis zur Übernahme der 1563 erlassenen Mindestanforderungen des Konzils von Trient daran festhielten, galt dies auch für die Hamburger Kapitulare im ersten Residenzjahr. Eine anlässlich der Transmutation für das Havelberger Domkapitel erlassene ähnliche Verfügung verlor durch den mit dem Konfessionswechsel verbundenen völligen Verlust der Residenzdisziplin rasch jede Verbindlichkeit. Eine gegenteilige Entwicklung griff im Kulmer Domkapitel Platz, wo gegen Ende des ersten Drittels des 18. Jahrhunderts eine Verminderung der Absenz auf nur mehr einen Monat vorgenommen wurde.

Die ordensgeistlichen Domherren unterlagen hingegen durch die in den jeweiligen Ordensregeln vorgesehenen Richtlinien grundsätzlich einer permanenten Residenzverpflichtung. Das galt für die Domkapitel von Chiemsee, Lavant, Leitomischl, Pomesanien, Samland und Seckau während ihrer gesamten Bestandszeit, für die ersten beiden Wiener Neustädter Domkapitel bis zu ihrer Abberufung vom Dom und für die Korporationen von Kulm, Ratzeburg, Havelberg, Brandenburg, Salzburg und Gurk bis zu ihrer Transmutation. Dass das ebenfalls ordensgeistliche Fuldaer Domkapitel diesbezüglich abweichende Auflagen besaß, wurde bereits erwähnt. Mit dem Freisinger Domkapitel befolgte während des Untersuchungszeitraumes auch eine weltgeistliche Einrichtung formalrechtlich die permanente Residenz. Allerdings gab man diese infolge der Bestimmungen des Konzils von Trient nach 1563 auf.

Keine eindeutigen Aussagen über die hinsichtlich der jährlichen Mindestresidenz herrschenden Verhältnisse lassen sich für die Domkapitel von Lebus, Ratzeburg und Verden tätigen. Davon sind auch die Korporationen von Brandenburg nach der Transmutation sowie von Meißen nach dem Konfessionswechsel betroffen.

In mit der Entwicklung hinsichtlich der Ersten Residenz durchaus vergleichbarer Weise kam es auch bezüglich der jährlichen Mindestresidenz im Laufe des Untersuchungszeitraumes zu Vereinfachungen, die jene gegenüber der Verpflichtung zur Ersten Residenz deutlich übertrafen. Während die Gewährung von Dispensmöglichkeiten und die Leistung von Abschlagszahlungen in ähnlichem Umfang auftraten, bestand der Unterschied vor allem in der im Verhältnis zur Ersten Residenz großzügig gehandhabten Praxis, die Frist der jährlichen Anwesenheitspflicht statutarisch zu vermindern.

Zahlreiche entsprechende Maßnahmen sind der Beweis dafür, dass sich damit eine bereits für das Mittelalter beobachtbare Entwicklung auch während des Untersuchungszeitraumes weitgehend fortsetzte. Dies geschah in Lüttich zu einem nicht näher eingrenzbaren Zeitpunkt. Das Brixner Domkapitel wiederum setzte 1485 seine jährliche Mindestresidenz herab, das Havelberger 1506/07 im Zuge der Transmutation, das Konstanzer 1508, das Salzburger als Folge der Transmutation von 1515, das Brixner neuerlich 1521, das Basler 1529 und das Breslauer 1525. Während sich im Meißner und im Schweriner Domkapitel der Konfessionswechsel diesbezüglich auswirkte, führten im Freisinger und im Konstanzer Domkapitel die 1563 erlassenen Vorgaben des Konzils von Trient trotz gegenteiliger Vorbehalte letztlich zu einer Verminderung der jährlichen Mindestresidenz. Mit diesbezüglichen Beschlüssen der Institutionen von Regensburg 1571 und Lübeck 1592 wurde das 16. Jahrhundert abgeschlossen. Neben dem Breslauer Domkapitel folgten im 17. Jahrhundert 1604 das Hildesheimer, 1612 das Basler, 1617 das Bremer sowie 1646, 1657, 1658 und 1669 das Eichstätter Domkapitel. Zweifelsfrei noch dem 17. Jahrhundert zugehörig waren die 1677 für das Naumburger und 1685 für das Freisinger Domkapitel beschlossenen Fristverkürzungen, während ähnliche Vorgänge für die Korporationen von Halberstadt und Lübeck nicht eindeutig dem 17. oder 18. Jahrhundert zugeordnet werden können. Bis ins 18. Jahrhundert verwandte auch das Trierer Domkapitel dieses Mittel. Im 18. Jahrhundert selbst wurden vergleichbare Entscheidungen zuerst 1723 für das Eichstätter und das Havelberger Domkapitel getroffen, in den folgenden Jahrzehnten für das Mindener, das Trientner, das Speyerer und gleich zweimal für das Bamberger Domkapitel. Genau datieren lassen sich darüber hinaus drei letzte Erleichterungen, die 1774 in Fulda die gewöhnlichen sowie 1787 in Gurk und 1793 in Basel alle Kapitulare betrafen.

Sieht man einmal von der Möglichkeit, für Wallfahrten, Kuren oder Familienfeiern eine vorübergehende Befreiung von der Residenzpflicht zu erwirken, ab, bestand für die Domherren grundsätzlich keinerlei Urlaubsanspruch. Dieser war ohnehin durch die residenzfreie Zeit des Jahres in zumeist großzügiger Weise gewährt. Eine Ausnahme stellte lediglich das sogenannte Kappenjahr dar, das es im Mainzer und im Trierer Domkapitel gab. Während dieses einmalig zu genießenden Jahres waren die Kapitulare bei vollem Präbendenbezug von jeglicher Residenzpflicht befreit.

Ungleich größer war die Aushöhlung der Residenzpflicht durch die großzügige Gewährung von Dispensen. Diese führten trotz gegenteiliger statutarischer

Bestimmungen teilweise zum völligen Verfall der Residenzdisziplin. In besonderer Weise traf dies für die protestantisch gewordenen Domkapitel zu, so etwa für die Korporationen von Cammin, Havelberg, Bremen, Schleswig, Magdeburg und Naumburg. Unter den gemischtkonfessionellen Einrichtungen waren vor allem das Lübecker und das Mindener Domkapitel davon betroffen. In den katholisch gebliebenen Institutionen scheint sich diesbezüglich ein höheres Maß an Rechtstreue gehalten zu haben. Lediglich im Metzer Domkapitel nahm man es damit offensichtlich nicht immer ganz genau. Für das benachbarte Touler Domkapitel bestand im 18. Jahrhundert gegen eine vom Domkapitel mit Zweidrittelmehrheit anerkannte Begründung die Möglichkeit einer Dispenserteilung.

Einige wenige Domkapitel räumten ihren Mitgliedern hinsichtlich der jährlichen Residenzleistung die Möglichkeit der Redimierung ein. Gegen eine Abschlagszahlung konnte man sich so ganz oder teilweise von der Anwesenheitspflicht befreien. Das Utrechter Domkapitel kannte diese Gepflogenheit bereits seit 1629, das Trierer im 18. Jahrhundert mit Ausnahme der Jahre zwischen 1729 und 1734. Während sich die Naumburger Domherren seit 1736 von der gesamten Residenzzeit loskaufen konnten, beschränkte sich diese Möglichkeit für die Freisinger Domherren seit 1790 auf ein Drittel der Frist. Mit dem Utrechter und dem Freisinger Domkapitel begegnen hier neuerlich zwei jener Institutionen, die auch für die Erste Residenz Abschlagszahlungen duldeten.

Andererseits kam es im Untersuchungszeitraum mit vereinzelten Ausnahmen zu keinen nennenswerten Verschärfungen der Residenzpflicht. Entsprechend ergriffene Maßnahmen blieben zumeist nur kurzfristig erfolgreich, im Konstanzer Domkapitel von 1510 bis zu den Beschlüssen des Konzils von Trient 1563, im Breslauer von 1570 bis ins 17. Jahrhundert, im Basler von 1586 bis 1612 sowie im Eichstätter von 1650 bis 1657, von 1667 bis 1669 und 1722/23. Die 1610 im Schweriner und 1722 im Mindener Domkapitel beschlossenen strengeren Residenzauflagen konnten sich gar nicht erst durchsetzen. Damit beschränkten sich die Fälle einer dauerhaften Verbesserung der Residenzpflicht auf zwei Korporationen. 1642 unterwarf Nuntius Girolamo Principe Farnese die auf dem Hügel Valeria residierenden Kapitulare des Sittner Domkapitels verschärften Residenzbestimmungen. Bischof Feliks Ignacy Kretkowski tat dies gegen Ende des ersten Drittels des 18. Jahrhunderts für das Kulmer Domkapitel. Die Maßnahmen wurden also jeweils von außen gesetzt und entsprangen damit nicht unmittelbar dem Reformeifer der Institutionen selbst.

Ein einsames Beispiel bildeten die Negligenzzahlungen des Augsburger Domkapitels, die seit 1387 zu begleichen waren. Abzüglich sechs Wochen musste dort für jede auswärts verbrachte Woche ein bestimmter Betrag als Entschädigung an das Domkapitel entrichtet werden. Die fortschreitende Geldentwertung sorgte allerdings dafür, dass die nie erhöhten Zahlungen bis zum Ende des Untersuchungszeitraumes vernachlässigbar gering wurden.

Erwähnenswert erscheinen die für drei Domkapitel belegten abgestuften Residenzzeiten. Durch Ableistung eines bestimmten Teiles der jährlich geforderten Frist konnte man in den Korporationen von Konstanz, Passau und Speyer anteilsweise in den Genuss der Präbende gelangen. Den Erhalt gewisser Einkünfte ohne eigens vorgegebene Zwischenstufen nach dem jeweiligen Ratum zu berechnen, war freilich vielerorts üblich.

Das Hamburger Domkapitel schließlich kannte eine gestaffelte Residenzpflicht. Die dortigen Statuten ließen im ersten Residenzjahr vier Wochen Absenz zu, im zweiten acht und ab dem dritten zwölf. Andernorts beruhten die Unterschiede in der Anwesenheitsverpflichtung nicht auf dem Senium. Das Paderborner Domkapitel kannte unterschiedliche Residenzauflagen für Residenten und gewöhnliche Kapitulare, während darüber hinaus nicht residierende Kapitulare im Allgemeinen keiner Residenzverpflichtung unterlagen. Eine ähnliche Unterscheidung traf das Sittner Domkapitel bis 1800 zwischen den in der Stadt selbst und den auf dem Hügel Valeria residierenden Domherren sowie das Fuldaer Domkapitel bis 1774 zwischen den mit einer Propstei bedachten und den gewöhnlichen Kapitularen. Nur kurzfristig bestand zwischen 1560 und 1579 für die neun verpflichtend graduierten Mitglieder des Utrechter Domkapitels eine strengere Residenzvorschrift als für die übrigen Domherren.

Die benachbarten Domkapitel waren teilweise denselben Entwicklungen wie die Korporationen des Untersuchungsraumes unterworfen. Der für protestantisch gewordene Institutionen kennzeichnende Verfall der Residenzdisziplin lässt sich beispielsweise auch für das Riber Domkapitel aufzeigen. Die mittelalterliche Forderung nach einer zumindest halbjährigen Residenzleistung wurde mehr und mehr ausgehöhlt. Den Abschluss bildete 1615 eine generelle Dispens von der Residenzpflicht für all jene Domherren, die zugleich ein Hofamt bekleideten.[459] Unter den livländischen Domkapiteln galt im Dorpater Domkapitel im 14. Jahrhundert eine Anwesenheitspflicht im Ausmaß von wenigstens einem halben Jahr.[460] Hinsichtlich der Residenzbestimmungen nahmen die polnischen Domkapitel vorerst eine eigenständige Entwicklung. Eine 1413 von Erzbischof Mikołaj Trąba für die Kirchenprovinz Gnesen erlassene Verfügung legte das Hauptaugenmerk nicht auf den zeitlichen, sondern auf den personellen Umfang. So sollten im monatlichen Wechsel stets zumindest sechs Mitglieder der Domkapitel residieren, nämlich ein Prälat und fünf gewöhnliche Kanoniker. Erst in der zweiten Hälfte des 15. Jahrhunderts begann sich in den einzelnen Korporationen die Festlegung einer bestimmten Mindestresidenz auszubilden. In Plozk, Gnesen und Posen belief sich diese auf drei Monate, in Leslau begnügte man sich hingegen mit einem Monat. Für das Krakauer Domkapitel schließlich lassen sich diesbezüglich keine verbindlichen Angaben machen, zumindest zu Beginn des Untersuchungszeitraumes kannte man dort keine ausdrückliche Frist. Die Bestimmungen des Konzils von Trient zur Residenzzeit vermochten sich damit auch in den polnischen Domkapiteln nicht entscheidend durchzusetzen.[461]

Deutlich strengere Maßstäbe setzten die Statuten von 1483 für das Genfer Domkapitel, die lediglich eine Absenz von 40 Tagen gestatteten, ein Wert, der in

459 P. Terpager, Ripa, 142f., 170.

460 T. Lukas, Tartu, 142.

461 J. Korytkowski, Prałaci I/1, 312, 320, 436, 438f.; M. Czyżak, Kapituła, 84f., 87; P. Dembiński, Kapituła, 274–277.

den untersuchten Domkapiteln nicht allzu häufig begegnete.[462] Die viermonatige Residenzpflicht des Besançoner Domkapitels stellte keine auffallende Erscheinung dar, sehr wohl aber die für das 16. Jahrhundert überlieferte Dispensmöglichkeit. Dieser für katholisch gebliebene Institutionen seltene Befund deckte sich jedoch mit den Verhältnissen in den benachbarten Domkapiteln von Toul und Metz.[463]

8. Karenzzeit

In vielen Domkapiteln waren der Genuss der Präbende und die Wahrnehmung aller Rechte nicht sofort, sondern erst mit einer bestimmten Verzögerung möglich. Während dieser Karenzzeit erhielten die Domherren gar keine oder nur sehr bescheidene Einkünfte zugewiesen. Die Ursprünge der Karenzjahre lagen in der Zuerkennung der sogenannten Totenpfründe nach dem Tod eines Kanonikers. Mit dieser in der Regel die Präbendeneinkünfte von 30 Tagen umfassenden Vermögensmasse sollten nach der weitgehenden Aufgabe des gemeinschaftlichen Lebens zwischen dem 10. und dem 13. Jahrhundert die anfallenden Begräbniskosten beglichen sowie allfällige Seelgerätstiftungen vorgenommen werden. Vor allem die mitunter beträchtliche Verschuldung einzelner Mitglieder bewog zahlreiche Domkapitel in späterer Folge dazu, den Umfang der Totenpfründe auf ein ganzes Jahr auszudehnen und die entsprechenden Erträge den Erben zur Verfügung zu stellen. Als Gegenleistung für dieses sogenannte Gnaden-, Nach- oder Witwenjahrmussten die Domherren nun freilich im ersten Jahr ihres Präbendengenusses auf die ihnen erwachsenden Einkünfte verzichten, womit sie ein Karenzjahr in Kauf zu nehmen hatten. Die weitere Entwicklung führte zur Errichtung zusätzlicher Karenzjahre. Deren Erträge dienten im Unterschied zum Gnadenjahr allerdings nicht mehr dem Verstorbenen beziehungsweise dessen Erben, sondern wurden für Kapitelzwecke herangezogen. In erster Linie sollten damit die Finanzmittel der Domfabrik aufgebessert werden. Darüber hinaus war es in deutlich geringerem Umfang auch üblich, mit den Einkünften das gemeinsame Kapitelvermögen oder die Präbendenerträge aufzubessern beziehungsweise andere dem jeweiligen Domkapitel dringend erscheinende Maßnahmen zu fördern.[464]

Ein Anspruch auf den Genuss des Gnadenjahres bestand freilich nur für jene Domherren, die zum Zeitpunkt ihres Todes als residierend geführt wurden und mit keinerlei kanonischen Strafen behaftet waren. Zudem entfiel dieses Privileg, wenn das Kanonikat auf eine andere Art als durch den Tod seines Inhabers vakant wurde, also etwa nach Resignationen, Promotionen, Permutationen oder Amotionen. Die übrigen Karenzjahre waren allerdings auch in diesen Fällen zu beachten. Mancherorts war es freilich üblich, in diesen Fällen aus dem Gnadenjahr ein zusätzliches

462 J. Mercier, Le Chapitre de Saint-Pierre de Genève, in: MDAS 14 (1891), 35.
463 H. Hours, Diocèse, 15.
464 J. P. J. N. Faber, Anni, 2f.; J. G. Altenburg, Anni, 24; P. Schneider, Domkapitel, 137f.; P. Hinschius, System II, 70; L. Santifaller, Brixner Domkapitel, 243.

gewöhnliches Karenzjahr werden zu lassen, womit die gesamte Karenzzeit ungekürzt erhalten blieb.[465]

Unterschieden wurde das Gnadenjahr auch vom sogenannten Deservitjahr. Hatte nämlich der verstorbene Domherr im Jahr seines Todes die geforderte Mindestresidenz bereits vollständig abgeleistet, so standen ihm vorerst die Einkünfte des laufenden Jahres verdientermaßen zu, ehe im Jahr darauf das Gnadenjahr zu laufen begann.[466]

Dass die einkommensfreie Karenzzeit auf allfällige bürgerliche Bewerber mit ihren deutlich eingeschränkteren finanziellen Möglichkeiten mitunter eine abschreckende Wirkung entfaltete, war vielfach sicherlich keine ganz unerwünsche Nebenwirkung.[467]

Gnadenjahr

Die in den einzelnen Domkapiteln geltenden Regelungen hinsichtlich des Gnadenjahres unterschieden sich nur geringfügig voneinander, so etwa in der dem nachfolgenden Kanoniker offenstehenden Möglichkeit, kleinere Einkünfte zu genießen. In der überwiegenden Zahl jener Institutionen, die die Gepflogenheit des Gnadenjahres zur Anwendung gebracht hatten, war dessen Ausbildung bereits vor dem Beginn des Untersuchungszeitraumes abgeschlossen. Der zeitliche Umfang belief sich weitgehend auf ein Jahr. Eine solche Satzung kannten die Domkapitel von Augsburg, Bamberg, Basel, Bremen, Brixen, Cammin, Chur, Hildesheim, Köln, Lüttich, Magdeburg, Mainz, Metz, Minden, Münster, Naumburg, Olmütz, Regensburg, Schwerin, Sitten, Straßburg, Toul, Trier, Worms und Würzburg, wobei letzternorts das Privileg eines Gnadenjahres nur beim Tod des Inhabers am Kapitelsitz zum Tragen kam. Für eine Veränderung entschied man sich während des Untersuchungszeitraumes im Meißner Domkapitel, das spätestens 1498 sein bislang einjähriges Gnadenjahr auf die Hälfte reduzierte. Zur Neueinführung eines einjährigen Nachjahres kam es in den Domkapiteln von Brandenburg und Salzburg als Folge der Transmutation von 1507 beziehungsweise 1515. Angesichts dessen ist für das einjährige Gnadenjahr des Ratzeburger und des Havelberger Domkapitels nach 1504 beziehungsweise 1506/07 dieselbe Entwicklung anzunehmen. Zuletzt entschieden sich 1620 das Merseburger und 1743 das Kulmer Domkapitel für diese Maßnahme, jeweils im Zuge einer zeitlichen Ausweitung der vorher bestehenden Regelungen. Zudem war im Osnabrücker Domkapitel im ausgehenden 18. Jahrhundert von den vormals zwei Gnadenjahren nur mehr eines übrig. Ob das für das Prager Domkapitel für die Zeit vor den Wirren der Hussitenzeit belegte eine Gnadenjahr sich dauerhaft halten konnte, muss offen bleiben. Wie das Olmützer Domkapitel war es

---

465 J. G. Altenburg, Anni, 33–37.

466 J. G. Altenburg, Anni, 8–10.

467 Die bereits in den Einzeldarstellungen der jeweiligen Domkapitel angeführten Literaturangaben werden an dieser Stelle nicht mehr wiederholt. Sie können in den entsprechenden Abschnitten eingesehen werden.

gegebenenfalls wohl auch von der gänzlichen Streichung aller Karenzzeiten durch Kaiser Joseph II. im Jahr 1787 betroffen. Im Wiener Domkapitel wurde das vorher rein für Seelgerätstiftungen vorgesehene Gnadenjahr noch vor der Erhebung zum Domkapitel in ein gewöhnliches Karenzjahr umgewandelt. Möglicherweise wies auch das Verduner Domkapitel eine ähnlich gelagerte Entwicklung auf.

Über das eine Jahr hinausgehende Regelungen bestanden nur in sehr wenigen Korporationen, nämlich bereits seit dem 13. Jahrhundert mit zwei Gnadenjahren in Osnabrück, Paderborn und Utrecht. Darunter ging man während des Untersuchungszeitraumes in Utrecht vorübergehend, in Osnabrück dauerhaft davon ab. In Hamburg lief die zumindest seit dem 14. Jahrhundert bestehende Praxis von zwei Gnadenjahren spätestens mit den Statuten von 1613 aus. Das Eichstätter Domkapitel sprach nur seinen residierenden Kapitularen zwei Gnadenjahre zu, während die residierenden Domizellare, wenn sie die Erste Residenz vollendet hatten, in den Genuss eines Nachjahres kommen konnten. Das Halberstädter Domkapitel kannte zwar seit 1292 rein formalrechtlich ebenfalls zwei Gnadenjahre, da aber in beiden Jahren jeweils nur die Hälfte der Bezüge an die Erben zur Auszahlung gelangte, entsprach diese Vorgangsweise dem tatsächlichen Umfang nach eigentlich einem Gnadenjahr.

In den Domkapiteln von Konstanz, Lübeck und Speyer umfasste das Gnadenjahr ein Jahr und rund einen Monat. Zum Entstehen dieser Frist mag die ursprüngliche Totenpfründe beigetragen haben, die sich zumeist auf 30 Tage belief. Wurden andernorts diese Tage bei der Ausbildung des Gnadenjahres in dieses eingerechnet, so scheint sich hier die Totenpfründe zusätzlich erhalten zu haben.

Im Verdener Domkapitel fand bis 1493 als Gnadenjahr die Frist vom Todestag des Domherrn bis zum Ende des Rechnungsjahres Beachtung. 1493 fügte man ein volles Jahr hinzu. Damit standen auch in Verden den Domherren Zuwendungen in überdurchschnittlichem Maße zur Verfügung.

Noch kleiner war die Zahl jener Ausnahmefälle, in denen ein im Vergleich mit der breiten Masse verkürztes Gnadenjahr bestand. Das Passauer Domkapitel wies den Erben lediglich die Totenpfründe im Ausmaß von 30 Tagen an, während in der Korporation von Brünn das Gnadenjahr auf ein halbes Jahr beschränkt war. Seit 1498, bis 1583 beziehungsweise bis 1713 war dies auch im Meißner, im Ermländischen und im Breslauer Domkapitel der Fall. Im Merseburger Domkapitel fiel bis 1620 lediglich die Hälfte der Jahreseinkünfte unter das Gnadenjahr, womit es in seiner tatsächlichen Wirksamkeit ebenfalls nur ein halbes Jahr umfasste. Die bis 1493 wechselhaften Verhältnisse im Verdener Domkapitel wurden bereits erwähnt.

Eine Gruppe von geringerem Umfang stellten auch jene Institutionen dar, die anstelle der mitunter schwankenden Präbendengefälle den Erben einen festgeschriebenen Betrag auszahlten. Während das Freisinger Domkapitel bereits seit dem Mittelalter so verfuhr, sahen für das Hamburger und das Breslauer Domkapitel die Statuten von 1613 beziehungsweise 1713 diese Lösung vor, wobei in Breslau die Höhe der Zuwendung zusätzlich je nach Todeszeitpunkt gestaffelt wurde.

Keine sicheren Angaben lassen sich zu den in den Domkapiteln von Lausanne, Lebus und Schleswig herrschenden Verhältnissen machen.

Ohne Gnadenjahr blieben offensichtlich neben den ordensgeistlichen Domkapiteln vor allem die späten Gründungen des 17. und 18. Jahrhunderts. Diese Gruppe umfasste daher die Korporationen von Budweis, Chiemsee, Corvey, Fulda, Görz, Gradisch, Graz, Gurk, Königgrätz, Lavant, Leitmeritz, Leitomischl, Leoben, Linz, Pomesanien, Samland, St. Pölten, Seckau, Wien und Wiener Neustadt. Auch das Laibacher Domkapitel dürfte seinen Domherren kein Nachjahr zugestanden haben. In den ordensgeistlichen Domkapiteln sorgten die Ordensregeln dafür, dass es nicht zur Entwicklung eines Gnadenjahres kommen konnte. In den übrigen Institutionen dürfte dieser Mangel vor allem der Tatsache geschuldet gewesen sein, dass sie sich vorwiegend aus bürgerlichen Klerikern zusammensetzten, deren finanzielle Verhältnisse im Unterschied zu den adeligen Kanonikern einkommenslose Karenzzeiten in den seltensten Fällen ertragen hätten.

Erwähnenswert ist freilich die Tatsache, dass im Wiener, im Görzer, im Corveyer und möglicherweise auch im Trientner Domkapitel den Domherren zwar der Genuss eines Gnadenjahres verwehrt blieb, sie aber andererseits trotzdem Karenzzeiten in Kauf nehmen mussten. In Wien und Görz endete dieser Zustand 1787, als auf Veranlassung Kaiser Josephs II. das jeweilige Karenzjahr gestrichen wurde. Die drei Karenzjahre des Corveyer Domkapitels fanden hingegen bis zu dessen Auflösung Beachtung, ein Zustand, der gegebenenfalls auch für das Trientner Domkapitel zutreffen hätte müssen.

Ohne vergleichbares Vorbild in der Reichskirche blieb die in den polnischen Domkapiteln geltende Regelung. Nachdem dort zumindest seit dem ausgehenden 13. Jahrhundert ein Gnadenjahr bekannt war, beschränkte die Provinzialsynode von Kalisch 1420 dessen Umfang auf nur mehr ein halbes Jahr. Die Bestrebungen, die Belastungen für die neuen Kanoniker möglichst gering zu halten, setzten sich auch danach weiter fort und bewogen den Krakauer Bischof Jan Lutek zur Änderung der bisherigen Bestimmungen. Für sein Domkapitel führte er 1467 ein quartalsweise gestaffeltes Gnadenjahr ein. In Abhängigkeit vom Todeszeitpunkt des Inhabers wuchs das Ausmaß der zugesprochenen Einkünfte jeweils um ein Viertel an. Die übrigen polnischen Domkapitel folgten dem Krakauer Beispiel, Leslau 1470, Gnesen 1475, Posen 1482, Plozk wohl in etwa zur selben Zeit. Papst Leo X. bestätigte schließlich 1515 für die Kirchenprovinz Gnesen die bereits geübte Praxis.[468] Im Untersuchungsraum kannte nur das Breslauer Domkapitel seit 1713 eine ähnliche Lösung. Erwähnenswert erscheint jedenfalls, dass sich offensichtlich im Laufe des 16. Jahrhunderts in den polnischen Domkapiteln die Gewohnheit ausbildete, den Mitgliedern das Gnadenjahr nicht nur nach ihrem Tod zuzuerkennen, sondern auch, wenn das Kanonikat etwa durch eine Resignation oder eine Promotion vakant wurde.

---

468 B. Binder, Domkapitel, 25f.; J. Korytkowski, Prałaci IV, 603; P. Dembiński, Kapituła, 73; S. Librowski, Kapituła, 58; W. Góralski, Kapituła, 177f.; J. Brzeziński, O konkordatach Stolicy Apostolskiej z Polską w XVI wieku, in: RWHF PAU 30 (1894), 275.

Diese Vorgangsweise fand 1621 durch die Provinzialsynode von Petrikau eine Bestätigung.[469] Eine solche Großzügigkeit war im Untersuchungsraum unbekannt.

Sonstige Karenzjahre

In gegenüber der Einführung des Gnadenjahres zeitlicher Verzögerung folgte die Ausweitung der Karenzzeit um weitere Jahre, deren Erträge freilich nicht mehr der Erbschaft des Domherrn zufielen, sondern anderen vom Domkapitel bestimmten Verwendungszwecken. Hinsichtlich der sonstigen Karenzjahre bestanden innerhalb der untersuchten Korporationen weit größere Unterschiede als hinsichtlich des Gnadenjahres. Das betraf nicht nur die zeitliche Ausdehnung der Karenzzeit, sondern auch deren Verhältnis zur Ersten Residenz. Mancherorts konnten beide Fristen gleichzeitig laufen, andernorts musste die gesamte Karenzzeit bereits abgelaufen sein, ehe man überhaupt mit der Ersten Residenz beginnen konnte. Dadurch verschob sich freilich auch die endgültige Zulassung zum vollen Genuss der Präbende zeitlich nach hinten. In der folgenden Aufstellung fand daher lediglich die sich über die Gnadenjahre hinaus erstreckende Karenzzeit Beachtung. Die Erste Residenz wurde gegebenenfalls ebenso wenig in die Karenzzeit eingerechnet wie ein mögliches Deservitjahr und die grundsätzlich unberechenbare Wartefrist, die der Aufnahme in ein innerlich geschlossenes Domkapitel beziehungsweise der Vorrückung auf eine Maiorpräbende notwendigerweise vorausgehen musste.

Über die ausgeprägteste Karenzzeit verfügte das Augsburger Domkapitel, in dem von 1649 bis 1681 sowie bleibend ab 1683 fünf Karenzjahre Brauch waren.

Ein Jahr weniger fand sich ab 1658 im Konstanzer Domkapitel sowie zumindest seit den Statuten von 1660 auch im Magdeburger Domkapitel. Das Utrechter Domkapitel kannte gleichfalls eine vierjährige Karenzzeit. Um diese in allen Vakanzfällen zu gewährleisten, betrachtete man nach nicht durch den Tod des Inhabers eingetretenen Vakanzen die unter gegenteiligen Umständen anfallenden Gnadenjahre als gewöhnliche Karenzjahre, zu denen zwei weitere traten. Umgekehrt folgten nach einer durch den Tod des Inhabers eingetretenen Vakanz den beiden allgemein gültigen Karenzjahren noch vier weitere, in denen jeweils auf die Hälfte der Einkünfte verzichtet werden musste, womit trotz der beiden Gnadenjahre insgesamt ebenfalls vier Jahreserträge für das Domkapitel anfielen.

Gleichbleibend drei Karenzjahre bestanden in den Korporationen von Corvey, Passau und Speyer. Dazu kamen das Augsburger Domkapitel bis 1649 sowie kurzfristig zwischen 1681 und 1683, das Lütticher ab 1592 und das Brixner ab 1654. Die Lütticher und die Brixner Domherren durften allerdings beim Erfüllen der entsprechenden Voraussetzungen in den beiden letzten Karenzjahren am Kapitel teilnehmen. Dieses Entgegenkommen stellte wohl ein Zugeständnis angesichts der früher kürzer bemessenen Karenzzeit dar. Das Würzburger Domkapitel wiederum

469 J. Dydyński, Annus gratiae, in: PK 16 (1894), 214–216, 220f.; W. Góralski, Kapituła, 178; P. Dembiński, Kapituła, 73.

verlangte nur nach dem auswärts erfolgten Tod eines Kapitulars ein drittes Karenzjahr. Das war wohl als Ausgleichsmaßnahme für das unter diesen Umständen dort nicht anfallende Gnadenjahr gedacht.

Wie lange im Verduner Domkapitel eine für die Jahre 1481 und 1484 bezeugte Regelung in Geltung blieben, muss offen bleiben. Damals jedenfalls fiel fünf Jahre lang jeweils die Hälfte der Einkünfte dem Domkapitel zu, womit sich eine tatsächliche Karenzzeit von zweieinhalb Jahren ergab.

Zwei Karenzjahre mussten in den Domkapiteln von Bamberg, Bremen, Merseburg, Münster, Osnabrück, Toul sowie seit 1453 beziehungsweise seit 1790 in denen von Basel und Havelberg eingehalten werden. Auch das Straßburger Domkapitel scheint bis längstens ins beginnende 18. Jahrhundert zwei Karenzjahre gepflogen zu haben. Unter bestimmten Umständen fiel dieser Zeitraum auch im Eichstätter Domkapitel an. Mit zwei Jahren und 30 Tagen war die Frist für die adeligen Domherren des Kölner Domkapitels nur unwesentlich länger. Vorübergehend zwei Karenzjahren waren die Konstanzer Domherren zwischen 1634 und 1658 unterworfen. Eingeschränkt galten auch für die Domkapitel von Würzburg, Regensburg und Mainz zwei Karenzjahre. In Würzburg waren nur jene Kanonikate betroffen, die durch den Tod ihres Inhabers am Kapitelsitz vakant geworden waren. Das Regensburger Domkapitel führte 1414 für Nichtpriester ein zweites Karenzjahr ein und stellte damit ein einmaliges Beispiel dafür dar, dass sich die Karenzzeit auch zur Förderung höherer Kleriker nutzen ließ. Das Mainzer Domkapitel ahmte 1774 das Beispiel des Utrechter nach und wandelte nach Resignationen das eigentlich nicht anfallende Gnadenjahr zu einem zusätzlichen gewöhnlichen Karenzjahr um.

Mit einem Karenzjahr begnügten sich dauerhaft die Domkapitel von Cammin, Freising, Hildesheim, Lübeck, Minden, Naumburg, Schwerin, Sitten, Trient und Trier. Zur Einführung eines Karenzjahres kam es während des Untersuchungszeitraumes als Folge der Transmutation von 1507 beziehungsweise 1515 im Brandenburger und im Salzburger Domkapitel. Das Paderborner Domkapitel folgte 1725 diesem Beispiel. Vorübergehend Beachtung fand ein Karenzjahr in Basel zwischen 1447 und 1453, in Lüttich zwischen 1481 und 1592, in Meißen bis 1498, in Konstanz bis 1634, in Brixen bis 1654, in Metz bis 1659, in Magdeburg bis längstens 1660, in Chur bis längstens ins 18. Jahrhundert sowie in Havelberg bis 1790. Mit den bereits oben erwähnten und seit 1414 für Nichtpriester beziehungsweise seit 1774 für Resignatare geltenden Ausnahmen waren auch die Korporationen von Regensburg und Mainz dieser Gruppe zugehörig. Unter bestimmten Umständen fiel auch im Eichstätter und im Prager Domkapitel ein Karenzjahr an. In Wien, wo bereits vor der Umwandlung des Kollegiat- zum Domkapitel das vormalige Gnadenjahr in ein Karenzjahr umgewandelt wurde, hob Kaiser Joseph II. 1787 das Karenzjahr ersatzlos auf, eine Maßnahme, von der auch das Görzer und das Prager Domkapitel betroffen waren. Dem tatsächlichen Umfang nach ist auch das Halberstädter Domkapitel hier zu nennen. Dieses wies zwar seit 1344 zwei Karenzjahre auf, allerdings war in beiden Jahren jeweils nur die Hälfte der Einkünfte der Verfügung des Kanonikers entzogen, womit sich insgesamt ein Karenzjahr ergab.

Im Allgemeinen kam es während des Untersuchungszeitraumes beinahe ausschließlich zur Ausdehnung der Karenzzeiten. Abgesehen von kurzfristigen Maßnahmen war es einzig spätestens 1498 dem Meißner, 1659 dem Metzer sowie zu einem unbekannten Zeitpunkt dem Straßburger Domkapitel vorbehalten, die Karenzzeiten zu vermindern. Letzternorts kam es wie 1787 in Wien, Görz und Prag gar zur gänzlichen Abschaffung. Neben dem Meißner und dem Metzer Domkapitel, die seit spätestens 1498 beziehungsweise seit 1659 ein halbes Karenzjahr aufwiesen, fand auch im Verdener und unter bestimmten Umständen im Prager Domkapitel dieselbe Frist Beachtung. Im Breslauer Domkapitel beschränkte sich dies auf die Jahre zwischen 1461 und 1479. Kaum länger hielt man dort eine Karenzzeit von einem Vierteljahr aufrecht, nämlich von 1479 bis 1499. Noch kürzere Karenzzeiten sind nur mehr für die Inhaber der Sazerdotalkanonikate des Kölner und des Mainzer Domkapitels überliefert. Während die Mainzer Kanoniker gänzlich von der Karenzzeit befreit waren, wurden von den Kölner Priestern 30 Tage gefordert.

Auch in diesem Zusammenhang waren es wieder die späten Gründungen, die sich von den übrigen Korporationen abhoben. Sie kannten in der Regel keine Karenzzeiten. Dass die Ursache dafür in der Rücksichtnahme auf die bürgerlichen Impetranten gelegen haben könnte, wurde bereits erwähnt. Keine Nachrichten über eine Karenzzeit lassen sich für die Domkapitel von Leitmeritz, Königgrätz, Wiener Neustadt, Fulda, Görz, Brünn, Linz, St. Pölten, Budweis, Graz, Leoben und Gradisch sowie Gurk nach der Transmutation belegen. Damit wich unter den späten Gründungen lediglich das rein adelige CorveyerDomkapitel von dieser Praxis ab, während für das ebenfalls adeligen Mitgliedern vorbehaltene Fuldaer Domkapitel der aufrecht gebliebene Ordensstand dafür sorgte, dass es nicht zur Einführung eines Karenzjahres kam.

Denn die ordensgeistlichen Institutionen bildeten die zweite Gruppe der Domkapitel ohne Karenzzeiten. Das darin vorgesehene gemeinsame Leben der Kanoniker machte eine solche Gewohnheit überflüssig. Betroffen davon waren die Domkapitel von Chiemsee, Lavant, Leitomischl, Pomesanien, Samland, Seckau und Wiener Neustadt sowie bis zu ihrer Transmutation auch die von Kulm, Ratzeburg, Havelberg, Brandenburg, Salzburg und Gurk. Die zwei Wartejahre, die angehende Kapitulare in Seckau abzuleisten hatten, bildeten keine Karenzjahre im eigentlichen Sinn, da sie mit keiner finanziellen Einschränkung verbunden waren.

Beachtenswert ist schließlich noch die Reihe jener Domkapitel, die in keine der beiden vorgenannten Gruppen fielen, jedoch offensichtlich ebenfalls keine Karenzzeiten zur Anwendung brachten. Darunter fanden sich die Domkapitel von Lausanne, Olmütz und Worms, zudem spätestens seit dem 18. Jahrhundert das von Straßburg und unter bestimmten Umständen auch das von Eichstätt. Keine verwertbaren Angaben zu den herrschenden Verhältnissen lassen sich für die Korporationen von Ermland, Kulm, Laibach, Lebus und Schleswig tätigen.

Eine seltene Ausnahme stellten jene drei Domkapitel dar, die neben der allgemeinen Karenzzeit noch eine zusätzliche für die Inhaber bestimmter Dignitäten und Kanonikate kannten. So verlangte das Lübecker Domkapitel im Zuge der Übernahme einer Integratenstelle eine nochmalige Karenzzeit im Ausmaß von einem Jahr und 28 Tagen.

In Prag bestand eine ähnliche Forderung anlässlich des Amtsantrittes der Prälaten. Dort fielen ein halbes Karenzjahr beziehungsweise ein ersatzweise dafür festgesetzter fixer Betrag an. Die für den Konstanzer Dompropst vorgesehene Karenzzeit, die ihn um den Ertrag eines Jahres brachte, konnte sich hingegen nicht wirklich durchsetzen.

Abschlagszahlungen und Dispensen waren mitunter auch für die Karenzzeiten gängig. Im Speyerer Domkapitel etwa wurden die drei Karenzjahre als Redemptionsjahre bezeichnet, da gegen die Zahlung eines bestimmten Betrages der Pfründengenuss erkauft werden konnte. Auch das Churer Domkapitel kannte zumindest im 18. Jahrhundert anstelle des Karenzjahres die Zahlung einer fixen Summe an das Domkapitel. Während umfangreichere Nachlässigkeiten vor allem für das Utrechter Domkapitel überliefert werden, waren es bevorzugt die Kurfürsten von Brandenburg beziehungsweise die Könige von Preußen, die für die ihrem Herrschaftsgebiet zugehörigen Domherren mittels Dispensen die Einschränkungen der Karenzzeit aufhoben.[470]

Eine geringere Erleichterung als die Erteilung einer Dispens stellte die Zuerkennung abgestufter Erträge dar. Dabei konnten die betroffenen Kanoniker im Laufe der Karenzjahre in jeweils wachsendem Umfang Anteil am Pfründengenuss erlangen. Solche gesteigerten Zuwendungen waren im Hamburger sowie bis 1620 im Merseburger Domkapitel üblich. In Breslau wurde 1499 eine entsprechende Regelung getroffen, während das Ratzeburger und das Brandenburger Domkapitel nach der Transmutation von 1504 beziehungsweise 1507 diesem Beispiel folgten. Darüber hinaus war vielerorts der Genuss kleinerer Einkünfte auch während der Karenzzeit möglich.

---

470 J. Heckel, Domstifter, 153.

VI. Schlussbemerkungen

Die vorliegende Arbeit kann an dieser Stelle nur beendet, nicht aber vollendet werden. Schließlich wird jedes zur gegenständlichen Thematik künftig erscheinende Werk unvermeidbar sowohl neue Erkenntnisse als auch notwendige Verbesserungen zutage treten lassen. Trotzdem soll der Versuch unternommen werden, die durch die Arbeit gewonnenen Erkenntnisse und damit den gegenwärtigen Stand der Forschung in groben Zügen zusammenzufassen.

Eindeutig gezeigt hat sich zuallererst, dass die Institution des Domkapitels im Zeitraum zwischen dem Abschluss des Wiener Konkordats 1448 und dem Reichsdeputationshauptschluss des Jahres 1803 in keinerlei Hinsicht eine einheitliche Größe darstellte. Zu unterschiedlich war der Verlauf der geschichtlichen Entwicklung, zu verschieden die je eigene Stellung in Kirche und Reich, zu uneinheitlich die Organisationsform, zu ungleich die personelle Zusammensetzung. Trotzdem lassen sich innerhalb der 74 untersuchten Domkapitel bestimmte Gruppen von Korporationen ausmachen, für deren Mitglieder sich in wesentlichen Merkmalen Übereinstimmungen ergaben.

Dabei ist hinsichtlich ihrer Stellung gegenüber der Reichsverfassung zuerst an die in Zusammenhang mit einem reichsimmediaten Hochstift stehenden Domkapitel zu denken. Das ihnen im Allgemeinen zukommende Recht der Bischofswahl sowie weitere Mitwirkungsrechte machten sie zu einem für die Geschicke des Reiches mitunter durchaus einflussreichen Gremium. Ihnen diametral gegenüber stand die Gruppe der weitgehend auf die kuriale und pastorale Arbeit beschränkten Domkapitel, die sich vor allem in den Habsburgischen Erblanden befanden. Ihr Einfluss reichte kaum nennenswert über die Diözesankurie und die Kathedrale hinaus.

Einen verhältnismäßig geschlossenen Kreis bildeten auch die ordensgeistlichen Korporationen. Obwohl sie während des gesamten Untersuchungszeitraumes einem mehr oder minder starken Transmutationsdruck unterworfen waren, konnten sich doch bis zuletzt Vertreter dieser Organisationsform halten. Die zumeist einer der Ordensgemeinschaften aus der Familie der Regularkanoniker angehörenden Domkapitel wiesen durch das verbindende Element der jeweiligen Ordensregeln ein hohes Maß an Gemeinsamkeiten auf. Das vermochten umgekehrt die zahlenmäßig weit überlegenen weltgeistlichen Domkapitel längst nicht in diesem Umfang zu erreichen.

Ähnlich gestalteten sich die Verhältnisse hinsichtlich der konfessionellen Zugehörigkeit. Die protestantisch gewordenen Domkapitel waren nach dem Konfessionswechsel weitgehend gleichförmigen Entwicklungen unterworfen, während das für die katholisch gebliebenen Einrichtungen deutlich weniger zutraf. Das lag freilich auch an den zahlreichen im 17. und 18. Jahrhundert in den katholisch gebliebenen Gebieten des Reiches vorgenommenen Neugründungen, die kein vergleichbares Gegenüber auf protestantischer Seite kannten. Damit verschloss man sich dort von vornherein neuen Modellen in der Organisationsform, was umgekehrt wiederum die verfassungsmäßige Geschlossenheit der bestehenden Einrichtungen förderte.

Konfessionell übergreifend gerieten bestimmte Domkapitel in eine große Abhängigkeit gegenüber dem jeweiligen Landesherrn. Die grundsätzliche Absicht, Einfluss auf die einzelnen Korporationen ihres Herrschaftsgebietes zu nehmen, verband alle daran beteiligten Fürsten, wenn sich auch die näheren Umstände dieser Bemühungen erkennbar unterschieden. Auf katholischer Seite gelang die Ausdehnung der landesherrlichen Macht vor allem durch die Gründung neuer Institutionen, während die protestantischen Fürsten bereits bestehende Einrichtungen unter ihre Verfügungsgewalt zu bringen wussten.

Eine für die im Untersuchungszeitraum lebenden Menschen bedeutsame Tatsache stellte die ständische Ordnung der Gesellschaft dar. Diese schlug sich selbstverständlich auch in der personellen Zusammensetzung der Domkapitel nieder, die somit in ausschließlich oder überwiegend vom Adel dominierte, in sozial gemischte und in vorherrschend bürgerliche Korporationen zerfielen. Die den einzelnen Ständen anhaftenden Eigentümlichkeiten führten zu entsprechenden Bestimmungen in der Verfassung der Domkapitel. Dabei fanden vor allem die Fragen der Standeszugehörigkeit selbst sowie die der Ausbildung, des Lebensalters, des Weihegrades, der finanziellen Möglichkeiten und der Residenzleistung Beachtung.

Eine nicht zu vernachlässigende Bedeutung kam schließlich auch der regionalen Zugehörigkeit der einzelnen Domkapitel zu. Auch diesbezüglich zeigten sich häufig Überschneidungen zwischen benachbarten Korporationen. Die Gruppe der Domkapitel in den Habsburgischen Erblanden wurde bereits in einem anderen Zusammenhang erwähnt, wobei hier die Unterteilung noch einmal zwischen den Institutionen der österreichischen und der böhmischen Erblande verfeinert werden kann. Andere regionale Verbindungen, die auf die Verfassung der Domkapitel abfärbten, lassen sich etwa für den Bereich der bayerischen, fränkischen, oberrheinischen, lothringischen, westfälischen, brandenburgischen, sächsischen oder preußischen Domkapitel aufzeigen. Auch die hanseatischen und eidgenössischen Domkapitel waren zum Teil jeweils denselben Entwicklungen ausgesetzt. Zudem standen vor allem das Schleswiger Domkapitel sowie die preußischen und lothringischen Korporationen augenfällig unter Einflüssen, deren Ausgangspunkt außerhalb des Untersuchungsraumes lag. In eingeschränkterem Umfang galt dies auch für weitere am Rand des Untersuchungsraumes gelegene Einrichtungen.

Gleichsam eine übergeordnete Klammer für viele der innerhalb der einzelnen Gruppen aufgezeigten Gemeinsamkeiten bildete in den allermeisten Fällen der Zeitpunkt der Gründung der Institution. Eine reichsrechtliche Bedeutung konnte ein Domkapitel nur dann gewinnen, wenn es bereits vor dem Hochmittelalter errichtet wurde. Auch die Einführung einer ordensgeistlichen Verfassung war überwiegend den zur Gründungszeit vorherrschenden geschichtlichen Umständen geschuldet. Dasselbe galt für die ständische Zusammensetzung und auf katholischer Seite auch für das Verhältnis zum Landesherrn.

Neben den regionalen und konfessionellen Einflüssen waren es also vor allem die historischen Gegebenheiten zum Zeitpunkt der Gründung, die sich entscheidend auf das weitere Schicksal des Domkapitels auswirkten und damit die Grundzüge seiner Verfassung letztlich zu prägen vermochten. Diese Tatsache erklärt zum einen die bemerkenswerte rechtliche Vielfalt, die innerhalb der untersuchten Institutionen herrschte, zum anderen aber auch die in mehr oder weniger umfangreichen Teilbereichen nicht zu verleugnenden gemeinsamen Rechtstraditionen, alles in allem ein vielschichtiges Bild.

Quellen und Literatur

1. Archivalische Quelle

Das Haus-, Hof- und Staatsarchiv in Wien verwahrt in seinen Beständen unter der Signatur „Hs B 182“ eine vermutlich aus den Sechziger- oder Siebzigerjahren des 18. Jahrhunderts stammende Beschreibung von 25 deutschen Domkapiteln. Möglicherweise entstand die anonym verfasste Aufstellung nach der 1765 erfolgten Regierungsübernahme Kaiser Josephs II. als Unterlage für die Ausstellung der Ersten Bitten. Erfasst sind auf 69 Textseiten nebst einem Register die Domkapitel von Mainz, Trier, Köln, Salzburg, Bamberg, Würzburg, Worms, Eichstätt, Speyer, Straßburg, Konstanz, Augsburg, Hildesheim, Paderborn, Freising, Regensburg, Passau, Trient, Brixen, Basel, Lüttich, Osnabrück, Münster, Lübeck und Chur. In nicht immer gleicher Ausführlichkeit und Vollständigkeit werden Angaben zur Zahl der Mitglieder, den Dignitäten, den einzelnen Idoneitätskriterien, dem Ausmaß der Residenzverpflichtung, den Kollationsrechten, den Kurien, den Terminen der Peremptorialkapitel sowie allfälligen Besonderheiten gemacht.

2. Gedruckte Quellen und Literatur

Abb, Gustav/Wentz, Gottfried: Das Bistum Brandenburg, Band I, Berlin 1929.

Achremczyk, Stanisław: Kapituła Warmińska w życiu politycznym Rzeczypospolitej XVII i XVIII wieku, in: A. Kopiczko/J. Jezierski/Z. Żywica, Kapituła, 287–308.

Adam, Johann: Evangelische Kirchengeschichte der Stadt Straßburg bis zur französischen Revolution, Straßburg 1922.

Adam, Petr: Statuta Katedrálni kapituly při chrámu Svatého Ducha v Hradci Králové, Königgrätz 2004.

Adamus, Jan (Hg.): Studia historyczne ku czci Stanisława Kutrzeby, Band II, Krakau 1938.

Albert, Marcel: Bistum Metz, in: E. Gatz, Bistümer, 449–468.

Albert, Marcel: Bistum Straßburg, in: E. Gatz, Bistümer, 708–724.

Albert, Marcel: Bistum Toul, in: E. Gatz, Bistümer, 725–737.

Albert, Marcel: Bistum Verdun, in: E. Gatz, Bistümer, 795–808.

Altenburg, Johann Georg: De annis gratiae canonicorum ecclesiarum cathedralium et collegiatarum in Germania, Mainz 1770.

Ambrožič, Matjaž: Prošti, dekani in kanoniki ljubljanskega stolnega kapitlja, in: M. Benedik, Stolnica, 85–103.

Ambrožič, Matjaž: Ustanovitve zasebnih kanonikatov ljubljanskega stolnega kapitlja, in: M. Benedik, Stolnica, 48–84.

Ammer, Josef: Das Domkapitel Regensburg seit seiner Wiedererrichtung, Regensburg ²2006.

Ammerich, Hans: Bistum Speyer, in: E. Gatz, Bistümer, 695–707.

Amon, Karl/Primetshofer, Bruno/Rehberger, Karl/Winkler, Gerhard/Zinnhobler, Rudolf (Hg.): Ecclesiae peregrinans. Josef Lenzenweger zum 70. Geburtstag, Wien 1986.

Amrhein, August: Reihenfolge der Mitglieder des adeligen Domstiftes zu Wirzburg 742–1803, in: AHVU 32 (1889), 1–314.

Amrhein, August: Reihenfolge der Mitglieder des adeligen Domstiftes zu Wirzburg 742–1803, in: AHVU 33 (1890), 1–380.

Andenmatten, Bernard/Chène, Catherine/Ostorero, Martine/Pibiri, Eva (Hg.): Mémoires de cours. Etudes offertes à Agostino Paravicini Bagliani par ses collègues e élèves de l'Université de Lausanne, Lausanne 2008.

Andermann, Kurt: Zur Praxis der Aufschwörung in südwestdeutschen Domstiften der Frühneuzeit, in: E. Harding/M. Hecht, Ahnenprobe, 191–207.

Andersen, Aage/Ingesman, Per/Ulsig, Erik (Hg.): Festskrift til Troels Dahlerup på 60-årsdagen, Århus 1985.

Andreoli, Xaver: Stiftung der Familien-Canonicate zu Laibach, in: Carinthia 17 (1827), 113–115.

Apel, Gustav: Die Güterverhältnisse des hamburgischen Domkapitels, Hamburg 1934.

Arbusow, Leonid: Livlands Geistlichkeit vom Ende des 12. bis ins 16. Jahrhundert, in: JGHS 16 (1911/12/13), 1–432.

Arhnung, Jens Otto: Roskilde domkapitels historie, Band I, Roskilde 1937.

Arhnung, Jens Otto: Roskilde Kapitels Jordebog 1568, Kopenhagen 1965.

Arhnung, Jens Ott0/Dahlerup, Troels: Roskilde domkapitels historie, Band II, Kopenhagen 1970.

Aschoff, Hans-Georg: Bremen, in: A. Schindling/W. Ziegler, Territorien III, 44–57.

Aschoff, Hans-Georg: Das Hildesheimer Domkapitel. Grundlinien seiner Entwicklung von 815 bis in die Frühe Neuzeit, in: T. Scharf-Wrede, Domkapitel, 31–41.

Aschoff, Hans-Georg: Hildesheim – Domstift St. Marien, in: J. Dolle, Klosterbuch II, 654–681.

Aschoff, Hans-Georg: Staat und Katholische Kirche im Königreich Westfalen, in: DHVG 71 (2003), 131–177.

Auge, Oliver/Hillebrand Katja (Hg.), Klosterbuch Schleswig-Holstein und Hamburg (in Druckvorbereitung befindliches Werk[1]), Regensburg 2017.

1 Aufgrund der noch nicht abschließend erfolgten Paginierung wird in den sich auf Artikel dieses Werkes beziehenden Literaturangaben anstelle der Seitenzahl die dreiteilige Gliederungsziffer angegeben.

Backmund, Norbert: Monasticon Praemonstratense, Band I/2, Berlin/New York ²1983.

Baier, Hermann: Aus Konstanzer Domkapitelsprotokollen 1487–1524, in: ZGO 66 (1912), 197–233.

Baletka, Tomáš: Olomoucká kapitula v druhé polovině 15. století, in: J. Hrdina/M. Maříková, Kapituly, 151–159.

Balzer, Oswald: Skartabelat w ustroju szlachectwa polskiego, Krakau 1911.

Bartůněk, Václav (Hg.): 900 Jahre Leitmeritzer Domkapitel, Prag 1959.

Bartůněk, Václav: Von der Propstei zum Bistum (1057–1957), in: V. Bartůněk, Jahre, 38–87.

Bastgen, Beda: Bayern und der Heilige Stuhl in der ersten Hälfte des 19. Jahrhunderts, Band I, München 1940.

Bastgen, Hubert: Die Geschichte des Trierer Domkapitels im Mittelalter, Paderborn 1910.

Bastgen, Hubert: Die Neuerrichtung der Bistümer in Österreich nach der Säkularisation, Wien 1914.

Bauer, Hanns: Das Recht der ersten Bitten bei den deutschen Königen bis auf Karl VI., Stuttgart 1919.

Bay, Ole: Mellem reformation og opløsning. Århus domkapitel 1536–1665, in: A. Andersen/P. Ingesman/E. Ulsig, Festskrift, 105–122.

Bayerische Akademie der Wissenschaften (Hg.), Monumenta Boica, Band XXXI/2, München 1837.

Becker, Rainald: Bistum Basel, in: E. Gatz, Bistümer, 82–101.

Beckschäfer, Bernhard: Evangelische Domherren im Osnabrücker Domkapitel, in: OM 52 (1930), 177–198.

Benedik, Metod (Hg.): Stolnica sv. Nikolaja v Ljubljani 1707, Laibach/Cilli 2008.

Benna, Anna Hedwig: Preces Primariae und Reichshofkanzlei (1559–1806), in: MÖStA 5 (1952), 87–102.

Berger, Thomas: Die Organisation des französischen Bistums Mainz durch Bischof Joseph Ludwig Colmar, in: W. G. Rödel/R. E. Schwerdtfeger, Zerfall, 125–134.

Bergstedt, Clemens/Popp, Christian/Badstübner, Ernst/Reichel, Antje/Jeitner, Christa-Marie: Havelberg. Prämonstratenser-Domkapitel, in: H.-D. Heimann/K. Neitmann/W. Schich, Klosterbuch I, 573–592.

Bernhöft, Hans: Das Prämonstratenser Domstift Ratzeburg im Mittelalter, Ratzeburg 1932.

Bertrams, Wilhelm: Der neuzeitliche Staatsgedanke und die Konkordate des ausgehenden Mittelalters, Rom ²1950.

Binder, Bruno: Das Domkapitel zu Gnesen. Seine Entwicklung bis zur Mitte des 15. Jahrhunderts, Greifswald 1912.

Binz, Louis: Le Chapitre cathédral de Genève (XIe–XVIe siècle), in: J.-P. Renard, Diocèse, 217–239.

Bischof, Franz Xaver: Bistum Chur, in: E. Gatz, Bistümer, 164–179.

Bischof, Franz Xaver: Das Ende des Bistums Konstanz, Stuttgart/Berlin/Köln 1989.

Biskamp, Elard Friedrich: Das Mainzer Domkapitel bis zum Ausgang des 13. Jahrhunderts, Marburg 1909.

Biskup, Radosław: Das Domkapitel von Samland (1285–1525), Thorn 2007.

Biskup, Radosław: Das Domkapitel von Samland in Königsberg (13.-16. Jahrhundert). Bemerkungen über den Einfluß einer kirchlichen Institution auf das Stadtleben, in: B. Jähnig, Jahre, 63–88.

Biskup, Radosław: Początki, organizacja i uposażenie sambijskiej kapituły katedralnej w średniowieczu (XIII–XIV wiek), in: SE 2 (2000), 21–59.

Biskup, Radosław/Glauert, Mario (Hg.): Die Domkapitel des Deutschen Ordens in Preußen und Livland, Münster 2004.

Bissegger, Arthur: L'absentéisme des chanoines de Lausanne à la veille de la Réforme, in: B. Andenmatten/C. Chène/M. Ostorero/E. Pibiri, Mémoires, 189–208.

Bissegger-Garin, Isabelle/Wettstein, Laurette: Le chapitre cathédrale (IXe–XVIe siècle), in: P. Braun, Diocèse, 357–394.

Blattau, Johann Jakob: Der Dom zu Trier oder Statuta des vormaligen erzbischöflichen Domkapitels zu Trier, Trier 1834.

Blattau, Johann Jakob: Statuta synodalia, ordinationes et mandata Archidioecesis Trevirensis, Band I, Trier 1844.

Blattau, Johann Jakob: Statuta synodalia, ordinationes et mandata Archidioecesis Trevirensis, Band II, Trier 1844.

Blattau, Johann Jakob: Statuta synodalia, ordinationes et mandata Archidioecesis Trevirensis, Band III, Trier 1844.

Blin, Jean-Baptiste: Notice historique sur le chapitre cathédral et métropolitain de Cambrai, in: MSEC 36 (1880), 149–183.

Blum, Daniela: Multikonfessionalität im Alltag. Speyer zwischen politischem Frieden und Bekenntnisernst (1555–1618), Münster 2015.

Boegl, Johann: Die Statuten des Freisinger Domkapitels von ca. 1400, in: SHVF 18 (1933), 75–102.

Boeselager, Elke: Wie wird man im Mittelalter Domherr in Osnabrück?, in: OM 106 (2001), 49–69.

Boeselager, Johannes: Die Osnabrücker Domherren des 18. Jahrhunderts, Osnabrück 1990.

Bönnen, Gerold: Die Bischofsstadt Toul und ihr Umland während des hohen und späten Mittelalters, Trier 1995.

Borawska, Teresa: Kapituła Warmińska w średniowieczu i na początku czasów nowożytnych (1260–1550), in: A. Kopiczko/J. Jezierski/Z. Żywica, Kapituła, 155–171.

Borawska, Teresa: Norm und Wirklichkeit. Zum Alltagsleben ermländischer Domherren im 13.-16. Jahrhundert, in: B. Jähnig, Probleme, 73–101.

Bormans, Stanislas: Répertoire chronologique des conclusions capitulaires du chapitre cathédral de Saint-Lambert, a Liége, in: AHEB 6 (1869), 5–47, 206–249, 361–419.

Bormans, Stanislas: Répertoire chronologique des conclusions capitulaires du chapitre cathédral de Saint-Lambert, a Liége, in: AHEB 7 (1870), 5–48, 176–212, 385–426

Bormans, Stanislas: Répertoire chronologique des conclusions capitulaires du chapitre cathédral de Saint-Lambert, a Liége, in: AHEB 8 (1871), 21–58, 326–356.

Bormans, Stanislas: Répertoire chronologique des conclusions capitulaires du chapitre cathédral de Saint-Lambert, a Liége, in: AHEB 9 (1872), 300–335.

Bormans, Stanislas: Répertoire chronologique des conclusions capitulaires du chapitre cathédral de Saint-Lambert, a Liége, in: AHEB 10 (1873), 146–203.

Bormans, Stanislas: Répertoire chronologique des conclusions capitulaires du chapitre cathédral de Saint-Lambert, a Liége, in: AHEB 11 (1874), 40–70, 321–355.

Bormans, Stanislas: Répertoire chronologique des conclusions capitulaires du chapitre cathédral de Saint-Lambert, a Liége, in: AHEB 12 (1875), 220–252.

Bormans, Stanislas: Répertoire chronologique des conclusions capitulaires du chapitre cathédral de Saint-Lambert, a Liége, in: AHEB 13 (1876), 287–327.

Bosbach, Franz: Köln, in: A. Schindling/W. Ziegler, Territorien III, 58–84.

Bosshart-Pfluger, Catherine: Das Basler Domkapitel von seiner Übersiedlung nach Arlesheim bis zur Säkularisation (1687–1803), Basel 1983.

Bosshart-Pfluger, Catherine: Reichsvikariat und Erste Bitten. Das Fürstbistum Basel – ein Sonderfall?, in: A. Portmann-Tinguely, Kirche, 583–593.

Bourdieu-Weiss, Catherine (Hg.): Les Trois-Évêchés et l'étranger, Metz 2014.

Brackmann, Albert: Urkundliche Geschichte des Halberstädter Domkapitels im Mittelalter, in: ZHVGA 32 (1899), 1–147.

Brandstätter, Klaus: Die Domstifte, in: H. Obermair/K. Brandstätter/E. Curzel, Domstifte, 33–41.

Brandt, Hans Jürgen: Minden – Domstift St. Petrus und Gorgonius, in: K. Hengst, Klosterbuch I, 593–606.

Brandt, Hans Jürgen: Paderborn – Domstift St. Maria, Kilian, Liborius und Ulrich, in: K. Hengst, Klosterbuch II, 175–205.

Brandt, Hans Jürgen/Hengst, Karl: Victrix Mindensis ecclesia. Die Mindener Bischöfe und Prälaten des Hohen Domes, Paderborn 1990.

Braubach, Max: Das Kölner Domkapitel und die Wahl von 1688, in: AHVN 122 (1933), 51–117.

Braubach, Max: Die Kölner Domherren des 18. Jahrhunderts, in: R. Haaß/J. Hoster, Geschichte, 233–258.

Braun, Bettina: Die gemischtkonfessionellen Domkapitel im Reich nach dem Westfälischen Frieden, in: C. Roll/F. Pohle/M. Myrczek, Grenzen, 171–184.

Braun, Christian Heinrich: Historisch diplomatische Nachricht von den Naumburgischen Dompröbsten vom 11ten Jahrhunderte an bis zu Ende des 14ten, Naumburg 1791.

Braun, Christian Heinrich: Kurze Nachrichten von den Naumburgischen Dompröbsten vom 15ten Jahrhunderte an bis gegen Ende des 18ten, Naumburg 1795.

Braun, Christian Heinrich: Reihe der Domdechante bey dem hohen Stifte Naumburg mit kurzen Nachrichten aus Urkunden und Monumenten, Naumburg 1796.

Braun, Hugo A.: Das Domkapitel zu Eichstätt von der Reformationszeit bis zur Säkularisation (1535–1806), Stuttgart 1991.

Braun, Klaus: Studien zur Geschichte des Konstanzer Domkapitels in der zweiten Hälfte des 16. Jahrhunderts (ungedruckte Dissertation), Freiburg im Breisgau 1960.

Braun, Patrick (Hg.): Le diocèse de Lausanne (VIe siècle-1821), de Lausanne et Genève (1821–1925) et de Lausanne, Genève et Fribourg (depuis 1925), Basel/Frankfurt am Main 1988.

Braun, Patrick/Degler-Spengler, Brigitte/Gilomen-Schenkel, Elsanne (Hg.): Das Bistum Sitten/Le diocèse de Sion. L'archidiocèse de Tarentaise, Basel 2001.

Braun, Rainer: Die Säkularisation 1803 und die Verwertung der Gebäude, in: W. Brugger/H. Dopsch/J. Wild, Herrenchiemsee, 419–440.

Brincken, Anna-Dorothee: Die Stadt Köln und ihre Hohen Schulen, in: E. Maschke/J. Sydow, Stadt, 27–52.

Brňovják, Jiří: In vim sanctionis pragmaticae. K interpretaci inkolátní pragmatiky z roku 1713 a nobilitací církevních hodnostářů v českých zemích v 18. století, in: HRHPV 7 (2016), 1–22.

Brodkorb, Clemens: Bistum Merseburg, in: E. Gatz, Bistümer, 437–448.

Brodkorb, Clemens: Bistum Naumburg, in: E. Gatz, Bistümer, 488–497.

Brodkorb, Clemens: Bistum Schwerin, in: E. Gatz, Bistümer, 670–675.

Brom, Gisbert: Romeinsche bronnen voor den kerkelijk-staatkundigen toestand der Nederlanden in de 16de eeuw, Den Haag 1922.

Bruckner, Albert: Schweizerische Kardinäle. Das apostolische Gesandtschaftswesen in der Schweiz. Erzbistümer und Bistümer I, Bern 1972.

Brückner, Hugo: Die Gründung des Bistums Königgrätz, Königstein im Taunus 1964.

Bruggaier, Ludwig: Aufhebung und Wiedererrichtung des Domkapitels Eichstätt, Eichstätt 1922.

Brüggemann, Ludwig Wilhelm: Ausführliche Beschreibung des gegenwärtigen Zustandes des Königlich Preußischen Herzogthums Vor- und Hinterpommern, Band II, Teil 1, Stettin 1784.

Brugger, Walter/Dopsch, Heinz/Wild, Joachim (Hg.): Herrenchiemsee. Kloster – Chorherrenstift – Königsschloss, Regensburg 2011.

Bruiningk, Hermann: Die Geburtsstandsverhältnisse in den livländischen Domkapiteln und Klöstern, in: SGGAOR 1908, 72–90.

Brunhold, Ursus: Die Churer Dompropsteiwahl nach einem unbekannten Protokoll von 1237/38, in: U. Brunhold/L. Deplazes, Geschichte, 331–348.

Brunhold, Ursus/Deplazes, Lothar (Hg.): Geschichte und Kultur Churrätiens. Festschrift für Pater Iso Müller OSB zu seinem 85. Geburtstag, Disentis 1986.

Brunn von Kauffungen, Kunz: Das Domkapitel von Meissen im Mittelalter. Ein Beitrag zur Verfassungs- und Verwaltungsgeschichte der deutschen Domkapitel, Meißen 1902.

Brzeziński, Józef: O konkordatach Stolicy Apostolskiej z Polską w XVI wieku, in: RWHF PAU 30 (1894), 263–292.

Bucci, Alessandro: Il Droit de joyeux avènement, in: ZRG KA 98 (2012), 207–245.

Buchholz, Torsten: Das Domstift zu Havelberg, in: M. Puhle/R. Hagdorn, Prémontré, 69–76.

Buchholz, Werner: Das Camminer Domkapitel im Spannungsfeld zwischen Schweden und Brandenburg 1648–1698, in: M. Lissok/H. T. Porada, Christi II, 573–594.

Buchinger, Johann Nepomuk: Geschichte des Fürstenthums Passau, Band II, München 1824.

Bückmann, Rudolf: Das Domkapitel zu Verden im Mittelalter, Hildesheim 1912.

Bulst, Neithard/Genet, Jean-Philippe (Hg.): Medieval Lives and the Historian, Kalamazoo 1986.

Bünz, Enno: Die Dom- und Kollegiatstifte in den Bistümern Meißen, Merseburg und Naumburg – geographisch, chronologisch und typologisch betrachtet, in: D. M. Mütze, Regularkanonikerstifte, 143–148.

Bünz, Enno/Hillebrand, Katja: Ratzeburg. Domstift S. Maria, S. Johannes Evangelist, in: W Huschner/E. Münch/C. Neustadt/W. E. Wagner, Klosterbuch I, 651–714.

Bünz, Enno/Hillebrand, Katja: Ratzeburg – Prämonstratenser/Domkapitel, in: O. Auge/ K. Hillebrand, Klosterbuch, 1.1.1–5.5.3.

Burkard, Dominik: Bistum Konstanz, in: E. Gatz, Bistümer, 294–314.

Busley, Hermann-Joseph: Die Geschichte des Freisinger Domkapitels von den Anfängen bis zur Wende des 14./15. Jahrhunderts (ungedruckte Dissertation), München 1956.

Buttlar-Gerhartl, Gertrud: Wiener Neustadt – Bischofsstadt von 1469 bis 1785, in: JbLkNÖ 52 (1986), 1–54.

Cabourdin, Guy: Le chapitre cathédral au XVIème siècle, in: ET 27 (1982), 49–53.

Capaul, Giusep: Das Domkapitel von Chur 1541–1581, Disentis 1973.

Cappelletti, Giuseppe: Le chiese d'Italia dalla lora origine sino ai nostri giorni, Band VIII, Venedig 1851.

Carlen, Louis/Ebel, Friedrich (Hg.): Festschrift für Ferdinand Elsener zum 65. Geburtstag, Sigmaringen 1977.

Carlen, Louis/Gatz, Erwin: Bistum Sitten, in: E. Gatz, Bistümer, 690–694.

Chanteau, Francis: Notes pour servir à l'histoire du chapitre de Saint-Dié aux XVIIe et XVIIIe siècles, in: ASEV 15 (1875), 101–137.

Chartier, Maurice: Le Chapitre de Cambrai à la fin de l'ancien Régime, in: CC 47 (1925), 107–109.

Christ, Günter: Bamberg, in: A. Schindling/W. Ziegler, Territorien IV, 146–165.

Christ, Günter: Bischof, Domkapitel und Landstände in den deutschen geistlichen Territorien der frühen Neuzeit, in: ZH 57 (1992), 283–318.

Christ, Günter: Selbstverständnis und Rolle der Domkapitel in den geistlichen Territorien der Frühneuzeit, in: ZHF 16 (1989), 257–328.

Christiani, Titus: Die Gegenreformation in Livland, in: BMS 36 (1889), 366–405, 567–611.

Clavadetscher, Otto Paul/Kundert, Werner: Das Domstift Chur, in: A. Bruckner, Kardinäle, 534–577.

Colberg, Martin: Die Säkularisation am Beispiel des Hamburger Domes, in: T. Scharf-Wrede, Umbruch, 405–414.

Cottin, Markus: Das Merseburger Domkapitel und die Wettiner im Spätmittelalter, in: MVSL 2 (2004), 5–27.

Cottin, Markus: Die Leipziger Universitätskanonikate an den Domkapiteln von Meißen, Merseburg und Naumburg sowie am Kollegiatstift Zeitz im Mittelalter (1413–1542), in: D. Döring, Universitätsgeschichte, 279–312.

Cottin, Markus: Geschichte des Merseburger Domkapitels im Mittelalter (968–1561), in: H. Kunde/A. Ranft/A. Sames/H. Wittmann, Kathedrale, 75–96.

Cottin, Markus/John, Uwe/Kunde, Holger (Hg.): Der Merseburger Dom und seine Schätze. Zeugnisse einer tausendjährigen Geschichte, Petersberg 2008.

Cottin, Markus/Sames, Arno: Das Merseburger Domkapitel von seinen Anfängen bis heute, in: M. Cottin/U. John/H. Kunde, Dom, 33–48.

Coulin, Alexander: Kaiserliche Erste Bitten auf Abtei und Hochstift Fulda, in: VSWG 15 (1919), 268–271.

Coutaz, Gilbert: Bistum Lausanne, in: E. Gatz, Bistümer, 335–343.

Cramer, Johann Georg: Commentarii de iuribus et praerogativis nobilitatis avitae, Leipzig 1780.

Curzel, Emanuele: I canonici e il Capitolo della cattedrale di Trento dal XII al XV secolo, Bologna 2001.

Curzel, Emanuele: Il capitolo della cattedrale di Trento, in: H. Obermair/K. Brandstätter/E. Curzel, Domstifte, 149–170.

Czyżak, Marta: Kapituła katedralna w Gnieźnie w świetle metryki z lat 1408–1448, Posen 2003.

D'Elvert, Christian: Zur Geschichte des Erzbisthums Olmütz und insbesondere seines mehrhundertjährigen Kampfes mit den mährischen Ständen und der Staatsgewalt, Brünn 1895.

Dammeyer, Wilfried: Der Grundbesitz des Mindener Domkapitels, Minden 1957.

Dannenberg, Werner: Entwicklungsgeschichte des regulierten Prämonstratenser-Domkapitels von Brandenburg, Greifswald 1912.

Defauconpret, Benoît: Les preuves de noblesse au XVIIIe siècle, Paris 1999.

Degler-Spengler, Brigitte (Hg.): Das Bistum Konstanz. Das Erzbistum Mainz. Das Bistum St. Gallen, Basel/Frankfurt am Main 1993.

Degler-Spengler, Brigitte/Kundert, Werner: Die Dignitäre, in: B. Degler-Spengler, Bistum, 793–850.

Della Bona, Giuseppe Domenico: Osservazioni ed aggiunte sopra alcuni passi dell'Istoria della Contea di Gorizia di Carlo Morelli di Schönfeld, Görz 1856.

Demael, Laure: Le chapitre cathédral de Toul de 1630 à 1760 (ungedruckte Magisterarbeit), Nancy 2005.

Dembiński, Paweł: Poznańska kapituła katedralna schyłku wieków średnich. Studium prozopograficzne 1428–1500, Posen 2012.

Demoulin, Bruno: Le chapitre cathédral de Saint-Lambert à Liège au siècle de Louis XIV. Analyse institutionnelle et sociale, in: ACNSS HM 108/II (1983) 243–258.

Dennemarck, Bernd: Die Statuten des Eichstätter Domkapitels von der Säkularisation bis zur Gegenwart, St. Ottilien 2008.

Dessart, Henri: Les indults accordés aux évêques de Liège, in: BIHB 24 (1947/48), 49–121.

Deutinger, Martin (Hg.): Die älteren Matrikeln des Bisthums Freysing, Band I, München 1849.

Di Paoli Paulovich, David: Pedena. Storia e memorie dell'antica diocesi istriana, Triest 2012.

Dietrich, Joseph: Une requête des Gentilshommes d'Alsace au roi de France en vue d'obtenir l'accès au Grand-Chapitre de Strasbourg, in: AEA 2 (1947/48), 312–314.

Dohna, Sophie-Mathilde: Die ständischen Verhältnisse am Domkapitel von Trier vom 16. bis zum 18. Jahrhundert, Trier 1960.

Dola, Kazimierz: Ständische Verhältnisse im Breslauer Domkapitel im 16. und 17. Jahrhundert, in: F. Jürgensmeier, Weihbischöfe, 180–184.

Dola, Kazimierz (Hg.): Statuta capituli ecclesiae cathedralis Wratislaviensis ex anno 1482/83, Breslau/Oppeln 2004.

Dola, Kazimierz: Wrocławska kapituła katedralna w XV wieku, Lublin 1983.

Dolinar, France M.: Bistum Laibach, in: E. Gatz, Bistümer, 331–334.

Dolinar, France M.: Bistum Lavant, in: E. Gatz, Bistümer, 344–346.

Dolinar, France M.: Bistum Pedena, in: E. Gatz, Bistümer, 564f.

Dolinar, France M./Liebmann, Maximilian/Rumpler, Helmut/Tavano, Luigi (Hg.): Katholische Reform und Gegenreformation in Innerösterreich 1564–1628, Klagenfurt/Laibach/Wien 1994.

Doll, Johann: Die Anfänge der altbayerischen Domkapitel, München 1907.

Dolle, Josef (Hg.): Niedersächsisches Klosterbuch, Band I, Bielefeld 2012.

Dolle, Josef (Hg.): Niedersächsisches Klosterbuch, Band II, Bielefeld 2012.

Dolle, Josef (Hg.): Niedersächsisches Klosterbuch, Band III, Bielefeld 2012.

Domstift Brandenburg (Hg.): 850 Jahre Domkapitel Brandenburg, Regensburg 2011.

Donati, Claudio: Ecclesiastici e laici nel Trentino del Settecento (1748–1763), Rom 1975.

Dopsch, Heinz: Das Domstift Salzburg von den Anfängen bis zur Säkularisation (1514), in: D. Straub, Jahre, 171–188.

Dopsch, Heinz: Der Weg zum Augustiner-Chorherrenstift 891–1216, in: W. Brugger/H. Dopsch/J. Wild, Herrenchiemsee, 73–102.

Döring, Detlef (Hg.): Universitätsgeschichte als Landesgeschichte. Die Universität Leipzig in ihren territorialgeschichtlichen Bezügen, Leipzig 2007.

Doskocil, Walter: Die Gründung des Bistums Brünn und das sogenannte landesherrliche Patronat, in: Bohemia 17 (1976), 396–416.

Dräger, Wilhelm: Das Mindener Domkapitel und seine Domherren im Mittelalter, in: MJ 8 (1936), 3–119.

Dreyhaupt, Johann Christoph: Ausführliche diplomatisch-historische Beschreibung des Saal-Kreyses, Band I, Halle 1755.

Dubois, Alice: Le Chapitre Cathedral de Saint-Lambert à Liège au XVIIe siècle, Lüttich 1949.

Dubois, Alice: Les Statuts du Chapitre Cathédral de Saint-Lambert á Liège, in: BCRH 113 (1948), 223–252.

Duchesne, Henri-Gabriel: La France ecclésiastique pour l'année 1788, Paris 1787.

Dudík, Beda: Mährens allgemeine Geschichte, Band X, Brünn 1883.

Duggan, Lawrence G.: Bishop and Chapter. The Governance of the Bishopric of Speyer to 1552, New Brunswick 1978.

Dupraz, Emmanuel: La Cathédrale de Lausanne. Etude historique, Lausanne 1906.

Dydyński, Józef: Annus gratiae, in: PK 16 (1894), 213–226.

Dylong, Alexander: Das Hildesheimer Domkapitel im 18. Jahrhundert, Hannover 1997.

Dylong, Alexander: Die Domkapitel von Hildesheim und Osnabrück am Vorabend der Säkularisation, in: DHVG 71 (2003), 117–130.

Dylong, Alexander: Die Domkapitel von Hildesheim und Osnabrück am Vorabend der Säkularisation, in: T. Scharf-Wrede, Umbruch, 117–130.

Dylong, Alexander: Mehr als ein Versorgungsinstrument für nachgeborene Adelssöhne. Das Hildesheimer Domkapitel im 18. Jahrhundert, in: T. Scharf-Wrede, Domkapitel, 43–53.

Eberhard, Winfried: Bistum Olmütz, in: E. Gatz, Bistümer, 510–528.

Ebersberger, Roswitha: Das Freisinger Domkapitel im Zeitalter der Glaubenskämpfe, in: G. Schwaiger, Bistum II, 153–211.

Ebersberger, Roswitha: Die soziale und regionale Zusammensetzung des Freisinger Domkapitels von 1400 bis 1650 (ungedruckte Magisterarbeit), München 1983.

Ehrhardt, Rafael: Familie und Memoria in der Stadt. Eine Fallstudie zu Lübeck im Spätmittelalter (ungedruckte Dissertation), Göttingen 2005.

Eichhorn, Anton: Die Ausführung der Bulle „De salute animarum" in den einzelnen Diözesen des Preußischen Staates durch den Fürstbischof von Ermland, Prinz Joseph von Hohenzollern, in: ZGAE 5 (1874), 1–130.

Eichhorn, Anton: Die Prälaten des ermländischen Domcapitels, in: ZGAE 3 (1866), 305–397, 529–643.

Eichhorn, Anton: Geschichte der ermländischen Bischofswahlen, in: ZGAE 1 (1860), 93–190.

Eisele, Nicola: Das Basler Domkapitel im Freiburger Exil (1529–1628), Freiburg im Breisgau/München 2004.

Embach, Johannes: Das Wormser Domkapitel in den Jahren 1798 bis 1802 (ungedruckte Lizenziatsarbeit), Mainz 1951.

Enderle, Jan: Českobudějovická katedrální kapitula v letech 1785–1883 (ungedruckte Bakkalaureatsarbeit), Budweis 2014.

Engelbert, Kurt: Der Breslauer Bischof Kaspar von Logau (1562–1574) und sein Domkapitel, in: ASKG 7 (1949), 61–125.

Erdmann, Jörg: „Quod est in actis, non est in mundo" – Päpstliche Benefizialpolitik im sacrum imperium des 14. Jahrhunderts, Tübingen 2006.

Estor, Johann George: Practische anleitung zur Anenprobe, Marburg 1750.

Faber, Johann Peter Joseph Nepomuk: De annis carentiae canonicorum ecclesiarum cathedralium et collegiatarum in Germania, Mainz 1772.

Falck, Niels Nikolaus: Nachricht vom Zustande des Hochstifts Lübeck (Abgefaßt im Jahre 1731 oder kurz nachher.), in: N. N. Falck, Sammlungen II, 79–174.

Falck, Niels Nikolaus: Sammlungen zur nähern Kunde des Vaterlandes in historischer, statistischer und staatswirthschaftlicher Hinsicht, Band II, Altona 1821.

Färber, Konrad M.: Die Konkurrenz der Domkapitel von Mainz und Regensburg, in: K. Hausberger, Carl, 105–116.

Fasching, Heinrich: Die Chorherrenstifte von Wiener Neustadt, Wien 1966.

Fasching, Heinrich: Die Domkapitel von Wiener Neustadt, Graz 1987.

Faust, Ulrich: Bistum Corvey, in: E. Gatz, Bistümer, 180–183.

Faust, Ulrich: Bistum Hildesheim, in: E. Gatz, Bistümer, 258–266.

Federico, Maria Albina: Il capitolo della cattedrale di Trento durante il governo di Carlo Emanuele Madruzzo (1622–1658), in: AISIG 27 (2001), 73–106.

Feine, Hans Erich: Die Besetzung der Reichsbistümer vom Westfälischen Frieden bis zur Säkularisation 1648–1803, Stuttgart 1921.

Feine, Hans Erich: Papst, Erste Bitten und Regierungsantritt des Kaisers seit dem Ausgang des Mittelalters, in: ZRG KA 20 (1931), 1–101.

Feldbauer, Otto: Das Stift Herrenchiemsee in der Frühen Neuzeit von etwa 1520 bis 1803, in: W. Brugger/H. Dopsch/J. Wild, Herrenchiemsee, 173–202.

Felsberger, Herbert: Regulierte Augustiner Chorherrn als Domkapitel zu Gurk. Von den Anfängen bis zur Glaubensspaltung 1123–1535 (ungedruckte Dissertation), Rom 1962.

Felten, Franz J.: Das Domkapitel – Geistliche Gemeinschaft und politischer Entscheidungsträger?, in: F. Janson/B. Nichtweiß, Basilica, 199–230.

Felten, Franz J./Jaspert, Nikolaus (Hg.): Vita Religiosa im Mittelalter. Festschrift für Kaspar Elm zum 70. Geburtstag, Berlin 1999.

Ficker, Julius: Vom Reichsfürstenstande, Band I, Innsbruck 1861.

Fidler, Andreas: Geschichte der ganzen österreichischen, weltlichen und klösterlichen Klerisey beyderley Geschlechtes, Band IV, Wien 1782.

Fidler, Andreas: Geschichte der ganzen österreichischen, weltlichen und klösterlichen Klerisey beyderley Geschlechtes, Band V, Wien 1783.

Fischer-Hübner, Martin: Die Umwandlung des Domstiftes Ratzeburg, in: MHFR 22 (1940), 12–14.

Flachenecker, Helmut: Bistum Bamberg, in: E. Gatz, Bistümer, 70–81.

Flachenecker, Helmut: Bistum Eichstätt, in: E. Gatz, Bistümer, 191–201.

Flachenecker, Helmut: Bistum Würzburg, in: E. Gatz, Bistümer, 831–841.

Fleckenstein, Josef/Hellmann, Manfred (Hg.): Die geistlichen Ritterorden Europas, Sigmaringen 1980.

Flieder, Viktor: Stephansdom und Wiener Bistumsgründung, Wien 1968.

Föllinger, Georg: Corvey. Von der Reichsabtei zum Fürstbistum. Die Säkularisation der exemten reichsunmittelbaren Benedktiner-Abtei Corvey und die Gründung des Bistums 1786–1794, München/Paderborn/Wien 1978.

Forst, Otto: Die Ahnenproben der Mainzer Domherren, Wien/Leipzig 1913.

Fouquet, Gerhard: Das Speyerer Domkapitel im späten Mittelalter (ca. 1350–1540), Mainz 1987.

François, Jean/Tabouillot, Nicolas: Histoire générale de Metz, Band II, Metz 1775.

François, Jean/Tabouillot, Nicolas: Histoire générale de Metz, Band III, Metz 1775.

Frantzwa, Guillaume: Vivre hors du cloître. L'habitat canonial à Metz au Bas Moyen Âge (1200–1530) (ungedruckte Diplomarbeit), Paris 2015.

Franzl, Johann Peter: Studien zur Geschichte des Protestantismus in Wiener Neustadt (ungedruckte Dissertation), Wien 1974.

Frese, Werner (Hg.): Zwischen Revolution und Reform. Der westfälische Adel um 1800, Münster 2005.

Fried, Irmbert: Das Metropolitankapitel zu St. Stephan in Wien in seiner personellen Zusammensetzung in der Zeit von 1722–1900 (ungedruckte Dissertation), Wien 1952.

Friederici, Adolf: Das Lübecker Domkapitel im Mittelalter, Neumünster 1988.

Frind, Anton: Die Kirchengeschichte Böhmens, Band I, Prag 1864.

Frind, Anton: Die Kirchengeschichte Böhmens, Band II, Prag 1866.

Frind, Anton: Die Kirchengeschichte Böhmens, Band III, Prag 1872.

Frind, Anton: Die Kirchengeschichte Böhmens, Band IV, Prag 1878.

Frömming, Götz: Päpstliche Provisionen am Bamberger Domkapitel, in: BHVB 133 (1997), 261–272.

Funcke, Fritz: Das Bistum Lebus bis zum Anfange der Hohenzollernherrschaft in der Mark Brandenburg, in: JBKG 16 (1918), 1–36.

Gabrielly, N.: La France chevaleresque et chapitrale, Paris ^{2}1787.

Gahlbeck, Christian/Neumeister, Peter: Göritz. Domkapitel des Bistums Lebus, in: H.-D. Heimann/K. Neitmann/W. Schich, Klosterbuch I, 514–519.

Gąsiorowski, Ludwik: Rozprawa wyświecająca historyą zaprowadzenia kanonikatu doktora medycyny przy wszystkich kościołach katedralnych polskich, in: RTPNP 1 (1860), 293–328.

Gass, Joseph: Studien zur Elsässischen Kirchengeschichte, Band II, Straßburg 1926.

Gatz, Erwin: Bistum Brünn, in: E. Gatz, Bistümer, 154f.

Gatz, Erwin: Bistum Budweis, in: E. Gatz, Bistümer, 156f.

Gatz, Erwin: Bistum Fulda, in: E. Gatz, Bistümer, 223–226.

Gatz, Erwin (Hg.): Die Bischöfe des Heiligen Römischen Reiches 1448 bis 1648, Berlin 1996.

Gatz, Erwin (Hg.): Die Bischöfe des Heiligen Römischen Reiches 1648 bis 1803, Berlin 1990.

Gatz, Erwin (Hg.): Die Bistümer des Heiligen Römischen Reiches von ihren Anfängen bis zur Säkularisation, Freiburg im Breisgau 2003.

Gatz, Erwin: Einleitung, in: E. Gatz, Bischöfe 1448 bis 1648, IX–XII.

Gatz, Erwin: Einleitung, in: E. Gatz, Bischöfe 1648 bis 1803, IXf.

Gatz, Erwin: Erzbistum Köln, in: E. Gatz, Bistümer, 273–290.

Gebauer, Johannes: Das evangelische Hochstift Brandenburg und die Restitutionspläne Kaiser Ferdinands II., in: JHVB 29/30 (1898), 39–51.

Gehring, Gustav: Die katholischen Domcapitel Deutschlands als juristische Personen, Regensburg 1851.

Gelmi, Josef: Das Brixner Domkapitel in seiner persönlichen Zusammensetzung 1826–2012, Brixen 2012.

Gemmert, Franz Josef: Das Basler Domkapitel in Freiburg, in: Schau-ins-Land 84/85 (1966/67), 125–159.

George, Michaël: Le chapitre cathédral de Verdun (fin XIIe – début XVIe siècle). Étude d'une communauté ecclésiastique séculière, Band I (ungedruckte Dissertation), Nancy 2016.

George, Michaël: Le chapitre cathédral de Verdun (fin XIIe – début XVIe siècle). Étude d'une communauté ecclésiastique séculière, Band II (ungedruckte Dissertation), Nancy 2016.

George, Michaël: Le chapitre cathédral de Verdun et l'étranger à la charnière des XVe et XVIe siecle: réflexions autour de la réception du concordat germanique (1519) et du recrutement des chanoines, in: C. Bourdieu-Weiss, Trois-Évêchés, 167–182.

Gernet, Axel: Verfassungsgeschichte des Bisthums Dorpat bis zur Ausbildung der Landstände, Dorpat 1896.

Gersdorf, Ernst Gotthelf (Hg.): Urkundenbuch des Hochstifts Meissen, Band I, Leipzig 1864.

Gersdorf, Ernst Gotthelf (Hg.): Urkundenbuch des Hochstifts Meissen, Band II, Leipzig 1865.

Gersdorf, Ernst Gotthelf (Hg.): Urkundenbuch des Hochstifts Meissen, Band III, Leipzig 1867.

Gescher, Franz: Die Kapitularkanoniker des Kölner Domes im Jahre 1518, in: JbKGV 11 (1929), 106–129.

Gillmann, Franz: Die Resignation der Benefizien, in: AKKR 80 (1900), 50–79, 346–378, 523–569, 665–708.

Gingins, Frédéric (Hg.): Cartulaire du Chapitre de Notre-Dame de Lausanne, Lausanne 1851.

Glasschröder, Franz Xaver: Zur Frühgeschichte des alten Speierer Domkapitels, in: ZGO 85 (1933), 481–497.

Glauert, Mario: Bistum Pomesanien, in: E. Gatz, Bistümer, 566–573.

Glauert, Mario: Bistum Samland, in: E. Gatz, Bistümer, 655–662.

Glauert, Mario: Das Domkapitel von Pomesanien (1284–1527), Thorn 2003.

Glauert, Mario: Das Domkapitel von Pomesanien (1284–1527). Eine Zusammenfassung, in: R. Biskup/M. Glauert, Domkapitel, 52–84.

Glauert, Mario: Die Bindung des Domkapitels von Riga an die Regel des Deutschen Ordens, in: R. Biskup/M. Glauert, Domkapitel, 269–316.

Gnann, August: Beiträge zur Verfassungsgeschichte der Domkapitel von Basel und Speyer bis zum Ende des 15. Jahrhunderts, Freiburg im Breisgau 1906.

Göhler, Hermann: Das Wiener Kollegiat-, nachmals Domkapitel zu Sankt Stephan in Wien 1365–1554, Wien/Köln/Weimar 2015.

Goldinger, Walter: Das Domkapitel zu St. Stephan in der Humanistenzeit, in: JVGW 34 (1978), 89–105.

Goldinger, Walter: Die Linzer Universitätskanonikate, in: HJbL 1958, 299–330.

Göller, Emil: Aus einem Hamburger Pfründenprozeß unter Clemens V. im Jahre 1312, in: RQ 36 (1928), 114–121.

Góralski, Wojciech: Kapituła katedralna w Płocku. XII–XVI w., Plozk 1979.

Góralski, Wojciech: Obsadzanie prałatur i kanonii w kapitule katedralnej w Płocku do końca XVI w., in: SP 7 (1979), 142–173.

Góralski, Wojciech: Skład kapituły katedralnej w Płocku do końca XVI w., in: SP 6 (1978), 124–153.

Görres, Josef: Das Lütticher Domkapitel bis zum 14. Jahrhundert, Band I, Berlin 1907.

Górski, Karol: Das Kulmer Domkapitel in den Zeiten des Deutschen Ordens, in: J. Fleckenstein/M. Hellmann, Ritterorden, 329–337.

Górski, Karol: Kapituła chełmińska w czasach krzyżackich, in: K. Górski, Studia, 115–121.

Górski, Karol (Hg.): Studia i szkice z dziejów państwa krzyżackiego, Allenstein 1986.

Götz, Roland: Das Freisinger Domkapitel in der letzten Epoche der Reichskirche (1648–1802/03), St. Ottilien 2003.

Gradauer, Peter: Das Bistum Linz und sein Domkapitel, in: K. Lüdicke/H. Paarhammer/D. A. Binder, Recht, 99–116.

Gradauer, Peter/Zinnhobler, Rudolf: Das Linzer Domkapitel, in: NADL 5 (1987/88), 5–18.

Grah, Ivan: Izvještaji novigradskih biskupa Svetoj Stolici (1588–1808), in: CCP 9/XVI (1985), 63–93.

Grah, Ivan: Izvještaji novigradskih biskupa Svetoj Stolici (1588–1808), in: CCP 10/XVII (1986), 113–147.

Grah, Ivan: Izvještaji pićanskih biskupa Svetoj Stolici (1589–1780), in: CCP 4/VI (1980), 1–25.

Grah, Ivan: Izvještaji porečkih biskupa Svetoj Stolici (1588–1775), in: CCP 7/XII (1983), 1–47.

Grah, Ivan: Izvještaji pulskih biskupa Svetoj Stolici (1592–1802), in: CCP 11/XX (1987), 26–68.

Grah, Ivan: Izvještaji pulskih biskupa Svetoj Stolici (1592–1802), in: CCP 12/XXI (1988), 63–106.

Granier, Herman (Hg.): Preussen und die katholische Kirche seit 1640, Band VIII, Leipzig 1902.

Granier, Herman (Hg.): Preussen und die katholische Kirche seit 1640, Band IX, Leipzig 1902.

Grimm, Heinrich: Dietrich von Bülow, Bischof von Lebus, in seinem Leben und Wirken. Gleichzeitig ein Beitrag zur Geschichte des Bistums Lebus wie zur Kultur- und Bildungsgeschichte des deutschen Ostens um 1500, in: WJ 11/12 (1957/58), 5–98.

Grimme, Fritz: Das Metzer Domkapitel im ausgehenden Mittelalter, in: ELJb 11 (1932), 63–87.

Grimme, Fritz: Die Bedingungen für die Wahl der Metzer Domherren im Mittelalter, in: ELJb 4 (1925), 45–54.

Grimme, Fritz: Die Metzer Domkurien. Ein Beitrag zur Topographie des mittelalterlichen Metz, in: JGLGA 25 (1913), 255–284.

Groll, Thomas: Das neue Augsburger Domkapitel von der Wiedererrichtung (1817/21) bis zum Ende des Zweiten Weltkriegs (1945), St. Ottilien 1996.

Grolle, Joist: Ein Stachel im Gedächtnis der Stadt. Der Abriß des Hamburger Doms, in: ZHG 84 (1998), 1–50.

Groten, Manfred: Priorenkolleg und Domkapitel von Köln im Hohen Mittelalter, Bonn 1980.

Gruber, Johann: Das Regensburger Domkapitel zur Zeit des Domherrn Konrad von Megenberg (1348–1374), in: P. Mai, Konrad, 11–50.

Grzybowski, Michał: Stosunek Michała Jerzego Poniatowskiego biskupa płockiego do kleru katedralnego i kolegiackiego (1773–1785), in: SP 6 (1978), 93–123.

Gulin, Ante: Hrvatski srednjovjekovni kaptoli. Loca credibila Dalmacije, Hrvatskog primorja, Kvarnerskih otoka i Istre, Agram 2008.

Gumpelzhaimer, Christian Gottlieb: Evangelische Religions-Geschichte des hohen Stifts Straßburg mit vorzüglicher Rücksicht auf die daselbst erblich gegründeten Domherren-Stellen des herzoglichen Hauses Mecklenburg, Schwerin 1794.

Gustermann, Anton Wilhelm: Oesterreichisches Kirchenrecht in den teutschen, ungerischen und galizischen Erbstaaten, Band I, Wien 1812.

Haas, Reimund: „Dem bösen Willen des Domkapitels die Schuld beimesset, ..." – Zum Ende der Adelsdominanz in den westfälischen Domkapiteln 1803–1823, in: W. Frese, Revolution, 25–44.

Haas, Reimund: Domkapitel und Bischofsstuhlbesetzungen in Münster 1813–1846, Münster 1991.

Haaß, Robert/Hosten, Joseph (Hg.): Zur Geschichte und Kunst im Erzbistum Köln. Festschrift für Wilhelm Neuß, Düsseldorf 1960.

Häberlein, Mark/Kech, Kerstin/Staudenmaier, Johannes (Hg.): Bamberg in der Frühen Neuzeit. Neue Beiträge zur Geschichte von Stadt und Hochstift, Bamberg 2008.

Haemmerle, Albert: Die Canoniker des Hohen Domstiftes zu Augsburg bis zur Saecularisation (Privatdruck), Zürich 1935.

Hagemann, Heinrich: Das Osnabrücker Domkapitel in seiner Entwicklung bis ins 14. Jahrhundert, Hildesheim 1910.

Hanáček, Jiří: Nobilitovaní brněnští kanovníci od vzniku biskupství roku 1777, Ostrau 1991.

Hanneken, Maria: Die ständische Zusammensetzung des Paderborner Domkapitels im Mittelalter, in: WZ 90/II (1934), 70–170.

Hansiz, Marcus: Germaniae sacrae, Band I, Augsburg 1727.

Harding, Elizabeth/Hecht, Michael: Ahnenproben als soziale Phänomene des Spätmittelalters und der Frühen Neuzeit, in: E. Harding/M. Hecht, Ahnenprobe, 9–83.

Harding, Elizabeth/Hecht, Michael (Hg.): Die Ahnenprobe in der Vormoderne. Selektion – Initiation – Repräsentation, Münster 2011.

Harms, Klaus: Das Domkapitel zu Schleswig von seinen Anfängen bis zum Jahre 1542, Kiel 1914.

Harsin, Paul: Le règne d'Érard de la Marck 1505–1538, Lüttich 1955.

Hartmann, Helmut: Die Domherren der zweiten Hälfte des 15. Jahrhunderts in Mainz, Worms und Speyer, in: MZ 70 (1975), 148–160.

Hassler, Éric: Frontière, identité, parenté. Le cas des chanoines „allemands" du grand chapitre de la cathédrale de Strasbourg après l'annexion française de 1681, in: Francia 40 (2013), 95–112.

Hausberger, Karl (Hg.): Carl von Dalberg – Der letzte geistliche Reichsfürst, Regensburg 1995.

Hausberger, Karl: Die Errichtung des Regensburger Domkapitels neuer Ordnung (1817–1821), in: BGBR 45 (2011), 141–193.

Hausberger, Karl: „Ist zu reponiren ad non acta ..." – Der vergebliche Kampf des Mainzer Domkapitels um seinen Fortbestand als Metropolitankapitel Dalbergs, in: W. G. Rödel/R. E. Schwerdtfeger, Zerfall, 135–146.

Heckel, Johannes: Bilder aus der Geschichte des Domstifts Havelberg seit der Reformation, in: FBPG 39 (1927), 51–74.

Heckel, Johannes: Die evangelischen Dom- und Kollegiatstifter Preussens, Stuttgart 1924.

Heeringa, Klaas/Van de Sande, Theo L. H. (Hg.): Inventaris van het archief van het kapittel ten Dom te Utrecht, Utrecht 2003.

Heim, Manfred: Archidiakonat und Seelsorge. Das Verhältnis des Stiftes zum Bistum Chiemsee, in: W. Brugger/H. Dopsch/J. Wild, Herrenchiemsee, 149–172.

Heim, Manfred: Bistum Chiemsee, in: E. Gatz, Bistümer, 158–163.

Heim, Manfred: Bistum Freising, in: E. Gatz, Bistümer, 210–222.

Heimann, Heinz-Dieter/Neitmann, Klaus/Schich, Winfried (Hg.): Brandenburgisches Klosterbuch, Band I, Berlin/Brandenburg 2007.

Heimann, Heinz-Dieter/Neitmann, Klaus/Schich, Winfried (Hg.): Brandenburgisches Klosterbuch, Band II, Berlin/Brandenburg 2007.

Hellwig, Ludwig: Das Benedictinerkloster und die ersten 125 Jahre des Bisthums und Prämonstratenser Domcapitels Ratzeburg, in: AVGL 7 (1903), 1–26.

Hellwig, Ludwig: Der Dom zu Ratzeburg, in: AVGL 5 (1896), 1–42.

Helmert, Friedrich: Vom alten zum neuen Kapitel, in: A. Schröer, Domkapitel, 1–51.

Helveg, Ludvig: De Danske Domkapitler. Deres Oprindelse, Indretnig og Virksomhed, før Reformationen, Kopenhagen 1855.

Hengst, Klaus (Hg.): Westfälisches Klosterbuch, Teil I, Münster 1992.

Hengst, Klaus (Hg.): Westfälisches Klosterbuch, Teil II, Münster 1994.

Hennig, Bruno: Die Kirchenpolitik der älteren Hohenzollern in der Mark Brandenburg und die päpstlichen Privilegien des Jahres 1447, Leipzig 1906.

Hersche, Peter: Adel gegen Bürgertum? Zur Frage der Refeudalisierung der Reichskirche, in: F. Jürgensmeier, Weihbischöfe, 195–208.

Hersche, Peter: Ai confini della Chiesa dell'impero. Il capitolo di Trento nella cornice di una ricerca quantitativa sui capitoli cattedrali tedeschi, in: C. Mozzarelli/G. Olmi (Hg.), Trentino, 693–705.

Hersche, Peter: Die deutschen Domkapitel im 17. und 18. Jahrhundert, Band I, Bern 1984.

Hersche, Peter: Die deutschen Domkapitel im 17. und 18. Jahrhundert, Band II, Bern 1984.

Hersche, Peter: Die deutschen Domkapitel im 17. und 18. Jahrhundert, Band III, Bern 1984.

Hertel, Gustav: Die Annahme der Reformation durch das Magdeburger Domkapitel, in: JPM 59 (1895), 1–34.

Hertel, Gustav: Die Dompröpste und Domdechanten von Magdeburg im Mittelalter, in: GBSLM 24 (1889), 193–272.

Hertel, Gustav: Nachträge und Berichtungen zu dem Aufsatze über die Dompröpste und Domdechanten, in: GBSLM 24 (1889), 373–379.

Hertwich, Erwin: Das Kurländische Domkapitel bis 1561, in: R. Biskup/M. Glauert, Domkapitel, 147–267.

Herzog, Ulrich: Untersuchungen zur Geschichte des Domkapitels zu Münster und seines Besitzes im Mittelalter, Göttingen 1961.

Heutger, Nicolaus: Das Domstift Bremen in nachreformatorischer Zeit, in: Niedersachsen 66/67 (1966/67), 27–34.

Heyen, Franz-Josef: Die kaiserlichen Ersten Bitten für die Stifte des Erzbistums Trier von Ferdinand I. bis Franz II. (1531–1792), in: H. Ries, Festschrift, 175–188.

Heyer, Hans Rudolf: Die Übersiedlung des Basler Domkapitels von seinem Exil in Freiburg i. Br. nach Arlesheim im Jahre 1678 und das Schicksal seines Archivs während der Französischen Revolution, in: BZGAK 67 (1967), 175–183.

Hillebrand, Katja: Oldenburg – Domkanoniker, in: O. Auge/K. Hillebrand, Klosterbuch, 1.1.1–5.5.3.

Hinschius, Paul: System des katholischen Kirchenrechts mit besonderer Rücksicht auf Deutschland, Band I, Graz 1959.

Hinschius, Paul: System des katholischen Kirchenrechts mit besonderer Rücksicht auf Deutschland, Band II, Graz 1959.

Hinschius, Paul: System des katholischen Kirchenrechtes mit besonderer Rücksicht auf Deutschland, Band III, Graz 1959.

Hipler, Franz: Die Statuten des Ermländischen Dom-Kapitels von B. Nikolaus v. Tüngen, in: F. Hipler, Spicilegium, 246–265.

Hipler, Franz (Hg.): Spicilegium Copernicanum. Festschrift des historischen Vereins für Ermland zum vierhundertsten Geburtstage des ermländischen Domherrn Nikolaus Kopernikus, Braunsberg 1873.

Hirnsperger, Johann: Die Statuten des Salzburger Domkapitels (1514 bis 1806), Graz 1998.

Hirschmann, Frank G., Die Domannexstifte im Reich – Zusammenstellung und vergleichende Analyse, in: ZRG KA 88 (2002), 110–158.

Hirschmann, Frank G.: Verdun im hohen Mittelalter. Eine lothringische Kathedralstadt und ihr Umland im Spiegel der geistlichen Institutionen, Band I, Trier 1996.

Hirschmann, Frank G.: Verdun im hohen Mittelalter. Eine lothringische Kathedralstadt und ihr Umland im Spiegel der geistlichen Institutionen, Band II, Trier 1996.

Hledíková, Zdeňka: Bistum Königgrätz, in: E. Gatz, Bistümer, 291–293.

Hledíková, Zdeňka: Bistum Leitmeritz, in: E. Gatz, Bistümer, 357–359.

Hledíková, Zdeňka: Bistum Leitomischl, in: E. Gatz, Bistümer, 360–362.

Hledíková, Zdeňka: (Erz-) Bistum Prag, in: E. Gatz, Bistümer, 574–589.

Hledíková, Zdeňka: Litomyšlske biskupství, in: M. Skřivánek, Litomyšl, 29–51.

Hledíková, Zdeňka: Pražká metropolitní kapitula, její samospráva a postavení doby husitské, in: SH 19 (1972), 5–48.

Hoelge, Johannes: Das Culmer Domkapitel zu Culmsee im Mittelalter, in: MLGM 18 (1913), 134–161.

Hoelge, Johannes: Das Culmer Domkapitel zu Culmsee im Mittelalter, in: MLGM 19 (1914), 116–148.

Hoelge, Johannes: Untersuchungen zur Geschichte des Culmer Domkapitels zu Culmsee im Mittelalter, Lötzen 1913.

Hoffmann, Christian: Die Aufschwörungstafeln des Bremer Domkapitels im Niedersächsischen Staatsarchiv Stade, in: StJ 91/92 (2001/02), 133–166.

Hoffmann, Christian: Osnabrück – Domstift St. Petrus, in: J. Dolle, Klosterbuch III, 1140–1166.

Hoffmann, Christian: Osnabrücker Domherren 1567–1624. Geistliche Karriereprofile im konfessionellen Zeitalter, in: OM 100 (1995), 11–73.

Hoffmann, Christian: Ritterschaftlicher Adel im geistlichen Fürstentum, Osnabrück 1996.

Hoffmann, Ernst: Naumburg a. S. im Zeitalter der Reformation, Leipzig 1901.

Hoheneicher, Franz (Hg.): Spicilegium anecdotorum ad diplomatarium Frisingense, in: OA 3 (1841), 412–421.

Höhle, Michael: Universität und Reformation. Die Universität Frankfurt (Oder) von 1506 bis 1550, Köln/Weimar/Wien 2002.

Hohmann, Friedrich Gerhard: Domkapitel und Bischofswahlen in Paderborn 1821–1856, in: WZ 121 (1971), 365–450.

Holbach, Rudolf: Stiftsgeistlichkeit im Spannungsfeld von Kirche und Welt. Studien zur Geschichte des Trierer Domkapitels und Domklerus im Spätmittelalter, Trier 1982.

Holbach, Rudolf: Zu Ergebnissen und Perspektiven neuerer Forschung zu spätmittelalterlichen deutschen Domkapiteln, in: RhVjbll 56 (1992), 148–180.

Hollmann, Michael: Das Mainzer Domkapitel im späten Mittelalter (1306–1476), Mainz 1990.

Holstein, Hugo: Die Domscholaster von Magdeburg, in: GBSLM 22 (1887), 289–309.

Holtmann, Bernd: Das Domkapitel zu Osnabrück, Neuenkirchen 1987.

Hörl, Lina Katharina/Schmidt, Andreas (Hg.): Senat des Bischofs. Das Freisinger Domkapitel im Alten Reich, München 2015.

Höroldt, Ulrike: Studien zur politischen Stellung des Kölner Domkapitels zwischen Erzbischof, Stadt Köln und Territorialgewalten 1198–1332, Siegburg 1994.

Hotz, Brigitte: Päpstliche Stellenvergabe am Konstanzer Domkapitel. Die avignonesische Periode (1316–1378) und die Domherrengemeinschaft beim Übergang zum Schisma (1378), Ostfildern 2005.

Horowski, Leonhard: „Diese große Regelhaftigkeit muß Ihnen fremd erscheinen". Versailles, Straßburg und die Kollision der Adelsproben, in: E. Harding/M. Hecht, Ahnenprobe, 351–385.

Hours, Henri: Diocèse de Besançon, Turnhout 1999.

Hoynck van Papendrecht, Cornelius Paulus: Historia de rebus ecclesiae Ultraiectensis, Köln/Brüssel 1725.

Hrdina, Jan/Mařiková, Martina (Hg.): Kapituly v zemích Koruny české a v Uhrách ve středověku, Prag 2011.

Huber, Kurt A.: Die Gründung des Bistums Budweis 1784/85, in: AKGB 7 (1985), 37–55.

Huck, Jürgen: Von Kanonikaten und Präbenden zwischen Hildesheim und Magdeburg in der frühen Neuzeit unter besonderer Berücksichtigung der von Bennigsen, in: DHVG 70 (2002), 33–91.

Hüffer, Hermann: Forschungen auf dem Gebiete des französischen und des rheinischen Kirchenrechts nebst geschichtlichen Nachrichten über das Bisthum Aachen und das Domkapitel zu Köln, Münster 1863.

Huller, Georg Anton: Die juristische Persönlichkeit der katholischen Domcapitel in Deutschland und ihre rechtliche Stellung, Bamberg 1860.

Huschner, Wolfgang/Münch, Ernst/Neustadt, Cornelia/Wagner, Wolfgang Eric (Hg.): Mecklenburgisches Klosterbuch, Band I, Rostock 2016.

Huschner, Wolfgang/Münch, Ernst/Neustadt, Cornelia/Wagner, Wolfgang Eric (Hg.): Mecklenburgisches Klosterbuch, Band II, Rostock 2016.

Illigens, Everhard: Geschichte der Lübeckischen Kirchen von 1530 bis 1896, Paderborn 1896.

Imesch, Dionys: Das Domkapitel von Sitten zur Zeit des Kardinals M. Schiner, in: BWG 6/I (1921), 1–126.

Imesch, Dionys: Die Würden und Würdenträger des Domkapitels von Sitten, in: BWG 8/III–V (1938), 281–396.

Immenkötter, Herbert/Wüst, Wolfgang: Augsburg, in: A. Schindling/W. Ziegler, Territorien VI, 8–35.

Jacobi, Christian Friedrich: Europäisches genealogisches Handbuch auf das Jahr 1800, Leipzig 1800.

Jähing, Bernhart: 750 Jahre Königsberg. Beiträge zur Geschichte einer Residenzstadt auf Zeit, Marburg 2008.

Jähnig, Bernhart: Bistum Kurland, in: E. Gatz, Bistümer, 324–330.

Jähnig, Bernhart: Bistum Leal/Dorpat, in: E. Gatz, Bistümer, 184–190.

Jähnig, Bernhart: Bistum Ösel-Wiek, in: E. Gatz, Bistümer, 503–509.

Jähnig, Bernhart: Bistum Semgallen, in: E. Gatz, Bistümer, 688f.

Jähnig, Bernhart: Die Verfassung der Domkapitel der Kirchenprovinz Riga, in: B. Jähnig, Probleme, 53–72.

Jähnig, Bernhart: Erzbistum Riga, in: E. Gatz, Bistümer, 623–630.

Jähnig, Bernhart (Hg.): Kirchengeschichtliche Probleme des Preußenlandes aus Mittelalter und früher Neuzeit, Marburg 2001.

Jaksch, August: Zum achthundertjährigen Stiftungsfeste des Gurker Domkapitels 1124–1924, in: Carinthia I 114 (1924), 1–6.

Jan, Libor: Dějiny kapituly, in: L. Jan/R. Procházka/B. Samek, Let, 41–105.

Jan, Libor/Procházka, Rudolf/Samek, Bohumil (Hg.): Sedm set let brněnské kapituly, Brünn 1996.

Janson, Felicitas/Nichtweiß, Barbara (Hg.): Basilica nova Moguntina. 1000 Jahre Willigis-Dom St. Martin in Mainz, Mainz 2010.

Jensen, Hans Nicolai Andreas: Geschichte des Schleswiger Domcapitels besonders nach der Reformation, in: ASKGS 2 (1834), 451–553.

Jensen, Wilhelm: Das Hamburger Domkapitel und die Reformation, Hamburg 1961.

Joppen, Rudolf: Das Erzstift Magdeburg unter Leopold Wilhelm von Österreich (1628–1635), in: F. Schrader, Beiträge, 290–342.

Jorio, Marco: Der Untergang des Fürstbistums Basel (1792–1815), in: ZSKG 75 (1981), 1–230.

Jung, Norbert/Reddig, Wolfgang F. (Hg.): 1000 Jahre Kaiserdom Bamberg 1012–2012, Petersberg 2012.

Jürgensmeier, Friedhelm: Erzbistum Mainz, in: E. Gatz, Bistümer, 400–426.

Jürgensmeier, Friedhelm: Kurmainz, in: A. Schindling/W. Ziegler, Territorien IV, 60–97.

Jürgensmeier, Friedhelm (Hg.): Weihbischöfe und Stifte. Beiträge zu reichskirchlichen Funktionsträgern der Frühen Neuzeit, Frankfurt am Main 1995.

Kadlec, Jaroslav: Českobudějovická diecéze, Budweis 1995.

Kallmayer, Theodor: Geschichte der Habits-Veränderungen des Rigischen Domcapitels, in: MGGLEK 2 (1842), 197–340.

Kaluza-Baumruker, Margit: Das Schweriner Domkapitel (1171–1400), Köln/Wien 1987.

Kandler, Pietro: Diocesi di Parenzo nel 1770, in: L'Istria 2 (1847), 77–80.

Kandler, Pietro: Indicazioni per riconoscere le cose storiche del Litorale, Triest 1855.

Kaspar, Albin: Das Basler Domkapitel an der Wende zur Neuzeit (ungedruckte Lizenziatsarbeit), Basel 1978.

Katzettl, Fritz: Wiener Neustadt und der St. Georgs-Ritterorden Kaiser Friedrichs III. (ungedruckte Diplomarbeit), Wien 1996.

Kaufhold, Martin (Hg.): Der Augsburger Dom im Mittelalter, Augsburg 2006.

Kaul, Theodor: Der Klerus des Domstiftes von Speyer im Jahre 1542, in: AmrhKG 7 (1955), 112–158.

Kayser, Karl: Zum Bremer Domkapitel, in: ZGNKG 15 (1910), 8–46.

Keil, Norbert: Das Ende der geistlichen Regierung in Freising, München 1987.

Keilmann, Burkard: Bistum Worms, in: E. Gatz, Bistümer, 820–830.

Keinemann, Friedrich: Das Domkapitel zu Münster im 18. Jahrhundert, Münster 1967.

Keinemann, Friedrich: Das Domstift Mainz und der mediate Adel, in: HJb 89 (1969), 153–170.

Kerschbaumer, Anton: Geschichte des Bisthums St. Pölten, Band I, Wien 1875.

Kerschbaumer, Anton: Geschichte des Bisthums St. Pölten, Band II, Wien 1876.

Keussen, Hermann: Die Dompfründen der Kölner Universität, in: E. Kuphal, Dom, 184–214.

Kinch, Jacob Frederik: Ribe Domkapitel på Reformationes Tid, in: KHS II/1 (1857–59), 388–418.

Kinch, Jacob Frederik: Riber Kapitels aeldste bevarede Jordebog tilligemed nogle Bemaerkninger om Kapitlets Indtaegter under Katholicismen, in: KHS II/1 (1857–59), 68–91.

Kinch, Jacob Frederik: Vedkommende Riber Domkapitel før Reformationen, in: KHS II/1 (1857–59), 336–340.

Kinne, Hermann: Die Meißner Dompröpste des 15. Jahrhunderts. Eine prosopographische Studie, in: BDLG 148 (2012), 153–237.

Kirchgässner, Bernhard/Reuter, Fritz (Hg.): Städtische Randgruppen und Minderheiten, Sigmaringen 1986.

Kirsch, Pierre: Un group social: Les chanoines du Grand-Chapitre de Strasbourg au XVIIIe siècle (ungedruckte Magisterarbeit), Straßburg 1969.

Kisky, Wilhelm: Die Domkapitel der geistlichen Kurfürsten in ihrer persönlichen Zusammensetzung im vierzehnten und fünfzehnten Jahrhundert, Weimar 1906.

Kist, Johannes: Das Bamberger Domkapitel von 1399 bis 1556, Weimar 1943.

Klein, Herbert: Die Standesverhältnisse des Salzburger Domkapitels im Mittelalter (ungedruckte Dissertation), Wien 1923.

Klempin, Robert (Hg.): Diplomatische Beiträge zur Geschichte Pommerns aus der Zeit Bogislafs X., Berlin 1859.

Klink, Karl-Erich: Das Konstanzer Domkapitel bis zum Ausgang des Mittelalters (ungedruckte Dissertation), Tübingen 1949.

Klink, Karl-Erich: Die ständische Zusammensetzung des Domkapitels von Konstanz, in: FDA 74 (1954), 132–168.

Klocke, Friedrich: Von westdeutsch-westfälischer Adels- und Ahnenprobe in Mittelalter und Neuzeit, insbesondere beim Münsterschen Domkapitel, in: WA 2 (1925), 263–286.

Kłoczowski, Jerzy (Hg.): Christianity in East Central Europe. Late Middle Ages, Lublin 1999.

Kobliha, Anton: Urkunden-Sammlung betreffend die Privilegien und Rechte des hochwürdigst-getreuen Metropolitankapitels zu Olmütz, Olmütz 1890.

Kögl, Joseph: La sovranità dei vescovi di Trento e di Bressanone, Trient 1964.

Kohl, Wilhelm: Bistum Minden, in: E. Gatz, Bistümer, 469–478.

Kohl, Wilhelm: Bistum Münster, in: E. Gatz, Bistümer, 479–487.

Kohl, Wilhelm: Bistum Paderborn, in: E. Gatz, Bistümer, 540–546.

Kohl, Wilhelm: Das Domstift St. Paulus zu Münster, Band I, Berlin/New York 1987.

Kohl, Wilhelm: Das Domstift St. Paulus zu Münster, Band II, Berlin/New York 1982.

Kohl, Wilhelm: Das Domstift St. Paulus zu Münster, Band III, Berlin/New York 1989.

Kohl, Wilhelm: Münster – Domstift St. Paulus, in: K. Hengst, Klosterbuch II, 28–39.

Kohlhagen, Heinrich Theodor: Das Domkapitel des alten Bistums Bamberg und seine Canoniker, Bamberg 1907.

Kok, Jacobus (Hg.): Vaderlandsch woordenboek, Band XXX, Amsterdam 1793.

Kopiczko, Andrzej: Bistum Ermland, in: E. Gatz, Bistümer, 202–209.

Kopiczko, Andrzej: Dzieje Warmińskiej Kapituły Katedralnej, Allenstein 2010.

Kopiczko, Andrzej/Jezierski, Jacek/Żywica Zdzisław (Hg.): Warmińska Kapituła Katedralna. Dzieje i wybitni przedstawiciele, Allenstein 2012.

Kopiec, Jan: Bistum Breslau, in: E. Gatz, Bistümer, 128–144.

Korytkowski, Jan: Prałaci i kanonicy katedry metropolitalnej gnieźnieńskiej od roku 1000 aż do dni naszych, Band I, Gnesen 1883.

Korytkowski, Jan: Prałaci i kanonicy katedry metropolitalnej gnieźnieńskiej od roku 1000 aż do dni naszych, Band II, Gnesen 1883.

Korytkowski, Jan: Prałaci i kanonicy katedry metropolitalnej gnieźnieńskiej od roku 1000 aż do dni naszych, Band III, Gnesen 1883.

Korytkowski, Jan: Prałaci i kanonicy katedry metropolitalnej gnieźnieńskiej od roku 1000 aż do dni naszych, Band IV, Gnesen 1883.

Köster, Wilhelm: Das alte preußische Kollegiatkapitel zu Aachen und seine Umwandlung in ein Kathedralkapitel, Düren 1936.

Kothe, Wilhelm: Kirchliche Zustände Straßburgs im vierzehenten Jahrhundert, Freiburg im Breisgau 1903.

Krajniak, Radosław: Duchowieństwo kapituły katedralnej w Chełmży di 1466 roku. Studium prozopograficzne, Thorn 2013.

Krajniak, Radosław: Prepozyci krzyżackiej kapituły katedralnej w Chełmży w latach 1266–1457, in: ZH 75 (2010), 369–399.

Kramml, Peter F.: Dr. Ruprecht Rindsmaul (†1508), Kanzler Erzherzog Sigmunds von Österreich. Notizen zum Salzburger Domkapitel vor der Säkularisation, in: SA 2 (1986), 97–130.

Kränke, Ferdinand: Die Osnabrücker Domherren des Mittelalters und ihre ständische und landschaftliche Herkunft, Münster 1939.

Krarup, Alfred/Lindbæk, Johannes (Hg.): Acta pontificum Danica, Band IV, Kopenhagen 1910.

Kren, Gerda: Die Säkularisation der Chiemseeklöster, in: BIO 34 (1966), 5–183.

Krick, Ludwig Heinrich: Das ehemalige Domstift Passau und die ehemaligen Kollegiatstifte des Bistums Passau, Passau 1922.

Kronthaler, Michaela: Bistum Seckau, in: E. Gatz, Bistümer, 676–687.

Krüger, Thomas Michael: Die Hausherren des Doms und sein funktionsgeschichtlicher Wandel. Bischof und Domkapitel im mittelalterlichen Augsburg, in: M. Kaufhold, Dom, 27–48.

Kruse, Christian: Die Aufschwörurkunden des Domkapitels Worms aus den Jahren 1690 bis 1786, in: AmrhKG 56 (2004), 389–415.

Kücken, Ludwig: Geschichte der Stadt Cammin in Pommern und Beiträge zur Geschichte des Camminer Dom-Capitels, Cammin 1880.

Kugler-Simmerl, Annette: Bischof, Domkapitel und Klöster im Bistum Havelberg 1522–1598. Strukturwandel und Funktionsverlust, Berlin 2003.

Kuhn, Elmar L./Moser, Eva/Reinhardt, Rudolf/Sachs, Petra (Hg.): Die Bischöfe von Konstanz, Band I, Friedrichshafen 1988.

Kumor, Bolesław Stanisław: Dzieje diecezji krakowskiej do roku 1795, Band II, Krakau 1999.

Kunde, Holger/Ranft, Andreas/Sames, Arno/Wittman, Helge (Hg.): Zwischen Kathedrale und Welt. 1000 Jahre Domkapitel Merseburg. Aufsätze, Petersberg 2005.

Kundert, Werner: Das Domstift. Einleitung, in: B. Degler-Spengler, Bistum, 765–792.

Kundert, Werner: Das Domstift Basel, in: A. Bruckner, Kardinäle, 272–315.

Kundert, Werner: Der Basler Dompropsteihandel (1537–1574). Ein Reformationsprozeß um gemeines Recht, in: BZGAK 79 (1979), 91–124.

Kundert, Werner: Die Aufnahme von Schweizern ins Domkapitel Konstanz 1526–1821, in: ZSKG 68 (1974), 240–298.

Kundert, Werner: Die Besetzung der Konstanzer Dompropstei 1510–1803, in: L. Carlen/F. Ebel, Festschrift, 148–158.

Kundert, Werner: Domherren aus der Schweiz, in: E. L. Kuhn/E. Moser/R. Reinhardt/P. Sachs, Bischöfe I, 263–268.

Kuntze, Edward: Utworzenie biskupstwa wendeńskiego przez Stefana Batorego, in: J. Adamus, Studia II, 443–467.

Kuphal, Erich (Hg.): Der Dom zu Köln, Köln 1930.

Küppers-Braun, Ute: „Allermassen der teutsche Adel allezeit auf das mütterliche Geschlecht fürnehmlich [...] gesehen." Ahnenproben des hohen Adels in Dom- und kaiserlich-freiweltlichen Damenstiften, in: E. Harding/M. Hecht, Ahnenprobe, 175–189.

Kurth, Hans Heinrich: Das Kölnische Domkapitel im 18. Jahrhundert (ungedruckte Dissertation), Bonn 1953.

Kurze, Dietrich: Bischof Wilmar und die Gründung des Domkapitels 1161, in: Domstift Brandenburg, Jahre, 29–39.

Kurze, Dietrich: Bistum Brandenburg, in: E. Gatz, Bistümer, 102–112.

Kurze, Dietrich: Bistum Havelberg, in: E. Gatz, Bistümer, 249–257.

Kurze, Dietrich: Bistum Lebus, in: E. Gatz, Bistümer, 347–356.

Kurze, Dietrich: Die Transmutation der Prämonstratenser-Domstifte Brandenburg und Havelberg, in: F. J. Felten/N. Jaspert, Vita, 679–706.

Kušej, Jakob Radoslav: Joseph II. und die äussere Kirchenverfassung Innerösterreichs, Stuttgart 1908.

Kuys, Jan: Bistum Utrecht, in: E. Gatz, Bistümer, 775–785.

Lamay, Georg: Die Standesverhältnisse des Hildesheimer Domkapitels im Mittelalter, Bonn 1909.

Landersdorfer, Anton: Bistum Passau, in: E. Gatz, Bistümer, 547–563.

Langenbeck, Wilhelm: Geschichte der Reformation des Stiftes Halberstadt, Göttingen 1886.

Laug, Werner: Das Breslauer Domkapitel am Vorabend der Reformation nach den „Acta Capituli Wratislaviensis", in: JSKG 54 (1975), 88–104.

Le Glay, André Joseph: Recherches sur l'eglise metropolitaine de Cambrai, Paris 1825.

Lehmann, Max (Hg.): Preussen und die katholische Kirche seit 1640, Band I, Leipzig 1878.

Lehmann, Max (Hg.): Preussen und die katholische Kirche seit 1640, Band II, Leipzig 1881.

Lehmann, Max (Hg.): Preussen und die katholische Kirche seit 1640, Band III, Leipzig 1882.

Lehmann, Max (Hg.): Preussen und die katholische Kirche seit 1640, Band IV, Leipzig 1883.

Lehmann, Max (Hg.): Preussen und die katholische Kirche seit 1640, Band V, Leipzig 1885.

Lehmann, Max (Hg.): Preussen und die katholische Kirche seit 1640, Band VI, Leipzig 1893.

Lehmann, Max (Hg.): Preussen und die katholische Kirche seit 1640, Band VII, Leipzig 1894.

Leonard, Ludger: Aufhebungsgeschichte des regulirten Domstiftes Seckau, in: SMGB 6/II (1885), 264–279.

Leonard, Ludger: Die Erhebung des Stiftes Seckau zum Domstift, in: SMGB 10 (1889), 202–219.

Leopold, Doris: Das Wiener Domkapitel zum Hl. Stephan in seiner personellen Zusammensetzung in der Zeit von der Reformation Ferdinand I. bis zu seiner Erhebung zum Metropolitkankapitel 1554–1722 (ungedruckte Dissertation), Wien 1947.

Lesprand, Paul: L'anoblissement du Chapitre de la Cathédrale de Metz, in: ASHAL 29 (1920), 109–142.

Lesprand, Paul: Le Clergé de la Moselle pendant la Révolution, Band II, Montigny-lès-Metz 1935.

Leuze, Otto: Das Augsburger Domkapitel im Mittelalter, Augsburg 1909.

Levresse, René Pierre: Prosopographie du chapitre de l'église cathédrale de Strasbourg de 1092 à 1593, in: AEA 18 (1970), 1–39.

Librowski, Stanisław: Kapituła katedralna włocławska. Zarys dziejów i organizacji, Warschau 1949.

Lissok, Michael/Porada, Haik Thomas (Hg.): Christi ehr vnd gemeinen Nutzen Willig zu fodern vnd zu schützen. Festschrift für Norbert Buske, Band II, Schwerin 2014.

Lobeck, Albrecht: Das Hochstift Meißen im Zeitalter der Reformation bis zum Tode Herzog Heinrichs 1541, Köln/Wien 1971.

Lohmann, Friedrich Wilhelm: Das Ende des alten Kölner Domkapitels nach der Säkularisation des Kurstaates, Köln 1920.

Loose, Wilhelm: Der Meißner Domklerus zur Zeit der Reformation, in: MVGM 4/2 (1896), 347–367.

Lorentz, Philippe: Les chanoines de la cathédrale de Strasbourg aux XVe et XVIe siècles (ungedruckte Dissertation), Paris 1988.

Lüdicke, Klaus/Paarhammer, Hans/Binder, Dieter A. (Hg.): Recht im Dienste des Menschen. Eine Festgabe Hugo Schwendenwein zum 60. Geburtstag, Graz/Wien/Köln 1986.

Ludwig, Matthias: Das Personal der Naumburger Domkirche und der Zeitzer Stiftskirche 1400–1565 (ungedruckte Magisterarbeit), Halle 2008.

Lukas, Tõnis: Die Domherren des Bistums Ösel-Wiek 1228–1563, in: Ü. Paras, Saare-Lääne, 221–244.

Lukas, Tõnis: Tartu toomhärrad 1224–1558, Dorpat 1998.

Lünig, Johann Christian: Continuatio spicilegii ecclesiastici III, Leipzig 1721.

Lünig, Johann Christian: Spicilegium ecclesiasticum II, Leipzig 1716.

Lutyński, Konrad: Kapituła katedralna w Poznaniu w XVI wieku. Organizacj i majątek, Posen 2000.

Macek, Jaroslav: 950 let litoměřické kapituly, Kirchwiedern 2007.

Machilek, Franz: Böhmen, in: A. Schindling/W. Ziegler, Territorien I, 134–152.

Mahr, Günter: Das Eichstätter Domkapitel von 1496–1535 (ungedruckte Zulassungsarbeit), Würzburg 1971.

Mai, Paul (Hg.): Konrad von Megenberg. Regensburger Domherr, Dompfarrer und Gelehrter (1309–1374), Regensburg 2009.

Maier, Konstantin: Das Domkapitel von Konstanz und seine Wahlkapitulationen, Stuttgart 1990.

Maier, Konstantin: Das Konstanzer Domkapitel, in: E. L. Kuhn/E. Moser/R. Reinhardt/P. Sachs, Bischöfe I, 249–262.

Maier, Konstantin: Zur Ahnenprobe im Konstanzer Domkapitel in der Neuzeit. Ein unbekanntes Adelsattest von 1655, in: RJKG 10 (1991), 149–154.

Mainati, Giuseppe: Croniche ossia memorie storiche sacro-profano di Trieste, Band I, Venedig 1817.

Mainati, Giuseppe: Croniche ossia memorie storiche sacro-profano di Trieste, Band II, Venedig 1817.

Mainati, Giuseppe: Croniche ossia memorie storiche sacro-profano di Trieste, Band III, Venedig 1817.

Mainati, Giuseppe: Croniche ossia memorie storiche sacro-profano di Trieste, Band IV, Venedig 1818.

Mainati, Giuseppe: Croniche ossia memorie storiche sacro-profano di Trieste, Band V, Venedig 1818.

Malchow, Carl: Geschichte des Lübecker Domcapitels – I. Theil. Von seiner Gründung bis zur Mitte des 13. Jahrhunderts, Rostock 1881.

Mańkowski, Alfons: Kapituła katedralna chełmińska od roku 1466 do 1821, in: ZTNT 5 (1921), 74–99, 105–120, 124–129.

Mańkowski, Alfons: Prałaci i kanonicy katedralni chełmińscy od założenia kapituły do naszych czasów, Thorn 1928.

Mann, Christoph: Das Bamberger Domkapitel im späten 18. Jahrhundert. Lebensstile, Parteiungen, Reformfähigkeit, in: M. Häberlein/K. Kech/J. Staudenmaier, Bamberg, 319–345.

Mann, Christoph: „Unsere Macht ist nichts; denn wir sind geblieben die wir waren" – Das Domkapitel zu Bamberg. Eine überkommene Lebens- und Herrschaftsform zu Zeiten der Aufklärung, München 2007.

Marchal, Guy P. (Hg.): Die weltlichen Kollegiatstifte der deutsch- und französischsprachigen Schweiz, Bern 1977.

Marchal, Guy P.: Einleitung. Die Dom- und Kollegiatstifte der Schweiz, in: G. P. Marchal, Kollegiatstifte, 27–102.

Marchal, Guy P.: Was tut das Basler Domkapitel in Freiburg? Ein Beitrag zum Selbstverständnis der Domkapitel, in: RJKG 33 (2014), 67–80.

Marcon, Enrico: La genesi dell'Archidiocesi di Gorizia, in: SG 13 (1952), 119–171.

Mardetschläger, Franz: Kurz gefasste Geschichte des Bisthums und der Diöcese Budweis, Budweis 1885.

Mařík, Antonín: Svatovítská kapitula za vlády Jiřího z Poděbrad, in: DP 20 (2002), 25–53.

Maříková, Martina: „Společná pokladna" pražské metropolitní kapituly v 2. polovině 14. a na počátku 15. století (ungedruckte Dissertation), Prag 2014.

Marmein, Peter/Scharf-Wrede Thomas (Hg.): Kirche und Adel in Norddeutschland – Das Aufschwörungsbuch des Hildesheimer Domkapitels, Regensburg 2011.

Martin, Eugène: Histoire des diocèses de Toul, de Nancy et de Saint-Dié, Band I, Nancy 1900.

Martin, Eugène: Histoire des diocèses de Toul, de Nancy et de Saint-Dié, Band II, Nancy 1901.

Martin, Eugène: Histoire des diocèses de Toul, de Nancy et de Saint-Dié, Band III, Nancy 1903.

Martin, Eugène: Le Chapitre de Toul aux XIVe et XVe siècles, in: SRHLL 33 (1896), 377–379, 397–399, 413–418, 457–459, 575–578, 615–618, 633–639, 657–659, 737–739.

Martínková, Lenka: Die Diözese Budweis 1785–1813. Ein Beitrag zu Organisation, Verwaltung, Schriftgut und Geistlichkeit der Diözese in josephinischer Zeit, Pilgram 2011.

Masch, Gottlieb Matthias Carl: Geschichte des Bisthums Ratzeburg, Lübeck 1835.

Maschke, Erich/Sydow, Jürgen (Hg.): Stadt und Universität im Mittelalter und in der frühen Neuzeit, Sigmaringen 1977.

Maťa, Petr: Noblesse et chapitres dans les pays de la couronne de Bohême au XVIIe siècle, in: XVIIe siècle Nr. 250 (2011), 73–95.

Matern, Gerhard: Die kirchlichen Verhältnisse in Ermland während des späten Mittelalters, Paderborn 1953.

Maujean, Marie-Thérèse: Le Chapitre de la Cathédrale de Toul à la fin de Moyen Age, in: AEst 2 (1951), 245–272.

Mayer, Andreas: Antiqua iura et consuetudinis illustrissimorum dominorum decani capituli cathedralis ecclesiae Moguntinensis, in: A. Mayer, Thesaurus I, 3–32.

Mayer, Andreas: Statuta antiquissima reverendissimi capituli ecclesiae cathedralis Ratisponensis, in: A. Mayer, Thesaurus II, 0^a-105.

Mayer, Andreas: Statuta ecclesiae cathedralis Ratisponensis, in: A. Mayer, Thesaurus III, 1–76.

Mayer, Andreas: Statuta nova et novissima venerabilis Capituli cathedralis ecclesiae Ratisbonensis, in: A. Mayer, Thesaurus IV, 1–39.

Mayer, Andreas (Hg.): Thesaurus novus iuris ecclesiastici potissimum Germaniae, Band I, Regensburg 1791.

Mayer, Andreas (Hg.): Thesaurus novus iuris ecclesiastici potissimum Germaniae, Band II, Regensburg 1791.

Mayer, Andreas (Hg.): Thesaurus novus iuris ecclesiastici potissimum Germaniae, Band III, Regensburg 1793.

Mayer, Andreas (Hg.): Thesaurus novus iuris ecclesiastici potissimum Germaniae, Band IV, Regensburg 1794.

Meier, Johannes: Paderborn, in: A. Schindling/W. Ziegler, Territorien III, 148–161.

Meier, Rudolf: Die Domkapitel zu Goslar und Halberstadt in ihrer persönlichen Zusammensetzung im Mittelalter, Göttingen 1967.

Meir, Alice: Die Gegenreformation im Bistum Gurk, in: F. M. Dolinar/M. Liebmann/H. Rumpler/L. Tavano, Reform, 317–329.

Meister, Aloys: Der Strassburger Kapitelstreit 1583–1592, Straßburg 1899.

Mercier, Jean: Le Chapitre de Saint-Pierre de Genève, in: MDAS 14 (1891), 1–400.

Merzbacher, Friedrich: Die Dignitäten in den Statuten des Würzburger Domkapitels, in: WDGB 37/38 (1975), 359–377.

Mettig, Constantin: Bemerkungen zur Geschichte des Rigaschen Domkapitels, in: SGGAOR 1911, 386–394.

Mettig, Constantin: Zur Verfassungsgeschichte des Rigaschen Domcapitels, in: MGGLEK 12 (1880), 509–533.

Metz, René: L'accès des Français au Grand-Chapitre de la Cathédrale à partir de 1713. L'adoucissement des preuves de noblesse, in: BCS 19 (1990), 61–75.

Metz, René: Le Grand Chapitre de la cathédrale de Strasbourg et la défense de ses droits à l'encontre des prétentions du pape aux XVIe et XVIIe siècles, in: BCS 15 (1982), 69–75.

Metz, René: Les dernières élections, faites a Molsheim, au décanat du Grand-Chapitre de Strasbourg (1680 et 1681), in: ASHAM 1984, 65–78.

Metz, René: Les facilités d'accès au Grand-Chapitre de Strasbourg octroyeés aux Français en 1687. Les divers projets de nouveaux statuts, in: CAAAH 32 (1989), 301–310.

Meyer, Andreas: Das Wiener Konkordat von 1448 – eine erfolgreiche Reform des Spätmittelalters, in: QFIAB 66 (1986), 108–152.

Michels, Paul: Ahnentafeln Paderborner Domherren, Paderborn 1966.

Michelsen, Andreas Ludwig Jakob: Schleswig-Holsteinische Kirchengeschichte, Band II, Kiel 1874.

Michelsen, Andreas Ludwig Jakob: Schleswig-Holsteinische Kirchengeschichte, Band III, Kiel 1877.

Mick, Walter: Das Metropolitankapitel zu St. Stephan in Wien in seiner rechtsgeschichtlichen Entwicklung von den Anfängen bis in die Gegenwart (ungedruckte Dissertation), Salzburg 1999.

Mindermann, Arend: Verden – Domstift St. Fabian und Caecilia, in: J. Dolle, Klosterbuch III, 1423–1452.

Minke, Alfred: Bistum Lüttich, in: E. Gatz, Bistümer, 370–387.

Möhlmann, Günther: Der Güterbesitz des Bremer Domkapitels von seinen Anfängen bis zum Beginn des 14. Jahrhunderts, Bremen 1933.

Molitor, Hansgeorg: Das Erzbistum Köln im Zeitalter der Glaubenskämpfe (1515–1688), Köln 2008.

Molitor, Hansgeorg: Kurtrier, in: A. Schindling/W. Ziegler, Territorien V, 50–71.

Moore, Stuart Francis Campbell, Recruitment to the Cathedral chapter of Utrecht 1528–1580, in: H. ten Boom/E. Geudeke/H. L. P. Leeuwenberg/P. H. A. M. Abels, Utrechters, 67–74.

Mornet, Elisabeth: Préliminaires à une prosopographie du haut clergé scandinave: le chapitre cathédral de Roskilde 1367–1493, in: N. Bulst/J.-P. Genet, Lives, 139–162.

Mozzarelli, Cesare/Olmi, Giuseppe (Hg.): Il Trentino nel Settecento fra Sacro Romano Impero e antichi stati italiani, Bologna 1985.

Müller, Adalbert: Das Bremische Domkapitel im Mittelalter, Greifswald 1908.

Müller, Herrmann: Die revidirten Camminer Synodal- und Capitels-Statuten, in: AKKR 37 (1877), 225–255, 369–414.

Müller, Josef: Das Domkapitel zu Münster zur Zeit der Säkularisation, in: WZ 71/I (1913), 1–104.

Muller, Samuel: Het Rechtsboek van den Dom van Utrecht door Mr. Hugo Wstinc, Den Haag 1895.

Muller, Samuel: Rechtsbronnen van den Dom van Utrecht, Den Haag 1903.

N., N. (Hg.): Almanach des Trois-Évêchés pour l'année bisextile mil sept cent quatre-vingt huit, Metz 1788.

N., N. (Hg.): Almanach historique de Besançon et de la Franche-Comté pour l'année 1785, Besançon 1785.

N., N. (Hg.): Festschrift. Heinrich Brunner zum siebzigsten Geburtstag, Weimar 1910.

N., N. (Hg.): Handbuch über den Königlich Preußischen Hof und Staat für das Jahr 1804, Berlin 1804.

N., N. (Hg.): Recueil des actes, titres et mémoires concernant les affaires du clergé de France, Band XI, Paris/Avignon 1770.

N., N. (Hg.): Schematismus für das Königreich Böheim, Prag 1798.

N., N.: Canonisch-historische kurze Darstellung einer Geschichte der heutigen sogenannten Domherren, Hannover 1797.

N., N.: Die evangelischen Domkapitel in der Provinz Sachsen, Halle 1850.

N., N.: Die Rangstufen der Canonici und der Wechsel der Canonicatspfründe in dem Capitel zu Laibach, in: AKKR 11 (1864), 276–290.

N., N.: Die Universitäts-Kanonikate des Wiener und Linzer Domkapitels, in: WDB 1867, 149–152, 165–168, 178–180, 202–204, 210f., 257–259, 266–268.

N., N.: Stato del Reggimento di Trieste del 1718, in: L'Istria 3 (1848), 190f.

N., N.: Utrecht, Provincie, in: J. Kok, Woordenboek XXX, 138–167.

N., N.: Vermischte Nachrichten das Hamburgische Domcapitel betreffend, in: NGhM 3 (1794), 520–533.

Nadolny, Anastazy: Bistum Kulm, in: E. Gatz, Bistümer, 315–323.

Naef, Henri: La conquête du Vénérable Chapitre de Saint-Pierre de Genève par les bourgeois, in: BSHAG 7/I (1938/39), 35–127.

Nattermann, Johann Christian: Das Ende des alten Kölner Domstiftes, Köln 1953.

Neale, John Mason: A history of the so-called Jansenist church of Holland, Oxford 1858.

Negwer, Josef: Geschichte des Breslauer Domkapitels 1800–1945, Hildesheim 1964.

Neitmann, Klaus: Bistum Reval, in: E. Gatz, Bistümer, 614–622.

Nejedlý, Zdeněk: Dějiny města Litomyšle a okolí, Band I, Leitomischl 1903.

Němeček, Jiří: Katedrálni kapitula při chrámu Svatého Ducha v Hradci Králové, in: J. Němeček/V. Hrubý, Chram, 197–209.

Němeček, Jiří/Hrubý, Vladimír (Hg.): Chram Svatého Ducha v životě města a v proměnách času. Katedrála a její sousedé, Königgrätz 2008.

Nesner, Hans-Jörg: Das Metropolitankapitel zu München (seit 1821), in: G. Schwaiger, Monachium I, 475–608.

Neumar, Rudolf: Die Rechtsstellung des Domkapitels im Fürstbistum Bamberg von der Gründung bis 1693 (ungedruckte Dissertation), Erlangen 1949.

Neumeister, Peter/Wittkopp, Blandine: Lebus. Domkapitel, in: H.-D. Heimann/K. Neitmann/W. Schich, Klosterbuch II, 750–763.

Neumeister, Peter/Wittkopp, Blandine/Schumann, Dirk: Fürstenwalde. Domkapitel des Bistums Lebus, in: H.-D. Heimann/K. Neitmann/W. Schich (Hg.): Klosterbuch I, 481–499.

Neuß, Christina (Hg.): Die Anfänge der preußischen Provinz Sachsen und ihrer Kirchenorganisation (1816–1850), Magdeburg 2008.

Niemetz, Georg: Das Ende des Bistums Wiener Neustadt und die Folgen für die Seelsorge in der Stadt, in: UH 58 (1987), 321–340.

Nonn, Guido: Die Domherren seit Wiedererrichtung des Bistums Speyer im Jahre 1817, Speyer 1981.

Nottarp, Hermann: Ehrenkanoniker und Honorarkapitel, in: ZRG KA 14 (1925), 174–335.

Nottarp, Hermann: Ein Mindener Dompropst des 18. Jahrhunderts, in: WZ 103/104 (1954), 93–163.

Nyberg, Tore S.: Die Kirche in Skandinavien. Mitteleuropäischer und englischer Einfluß im 11. und 12. Jahrhundert. Anfänge der Domkapitel Børglum und Odense in Dänemark, Sigmaringen 1986.

Obermair, Hannes/Brandstätter, Klaus/Curzel, Emanuele (Hg.): Dom- und Kollegiatstifte in der Region Tirol-Südtirol-Trentino in Mittelalter und Neuzeit, Innsbruck 2006.

Obersteiner, Jakob: Beiträge zur Gurker Bistumsgeschichte aus der Zeit der Reformation und Gegenreformation. I. Teil, in: Carinthia I 145 (1955), 543–576.

Obersteiner, Jakob: Die Bischöfe von Gurk 1072–1822, Klagenfurt 1969.

Obersteiner, Jakob: Die persönliche Zusammensetzung des adeligen Gurker Domkapitels und Domstiftes in der Zeit des späten Mittelalters, in: Carinthia I 156 (1966), 593–634.

Obersteiner, Jakob: Die persönliche Zusammensetzung des adeligen Gurker Domkapitels und Domstiftes in der Zeit von 1620–1787, in: Carinthia I 154 (1964), 221–256.

Obłąk, Jan: O początkach kapituły katedralnej na Warmii, in: WWD 16/V (1961), 8–25.

Obłąk, Jan: Statuty warmińskiej kapituły katedralnej, in: WWD 16/V (1961), 45–58.

Odenthal, Andreas: Die Ordinatio Cultus Divini et Caeremoniarum des Halberstädter Domes von 1591. Untersuchungen zur Liturgie eines gemischtkonfessionellen Domkapitels nach Einführung der Reformation, Münster 2005.

Oer, Rudolfine: Konfessionell gemischte Dom- und Stiftskapitel in Nordwestdeutschland, in: J. Schröder/R. Salzmann, Beiträge, 131–142.

Oer, Rudolfine: Münster, in: A. Schindling/W. Ziegler, Territorium III, 108–129.

Ohlberger, Joseph: Geschichte des Paderborner Domkapitels im Mittelalter, Hildesheim 1911.

Okęcki, Antoni Onufry: Ecclesiae cathedralis Posnaniensis visitatio die 15. Junii anno 1781 coepta, iam vero 18. Septembris 1784 finita, Posen 1917.

Olfers, Clemens A.: Beiträge zur Geschichte der Verfassung und Zerstückelung des Oberstiftes Münster, Münster 1848.

Opel, Julius Otto: Die Wahl des Erzherzogs Leopold Wilhelm zum Bischof von Halberstadt durch lutherische und katholische Domherren, in: NMAFH 18/I (1891), 23–80.

Opel, Julius Otto: Kampf des Protestantismus und des Katholicismus im Stift Halberstadt 1612 bis 1620, Berlin 1870.

Orožen, Ignaz: Das Bisthum und die Diözese Lavant, Band I, Marburg 1875.

Ortner, Franz: Erzbistum Salzburg, in: E. Gatz, Bistümer, 631–654.

Oschmann, Antje (Hg.): Acta Pacis Westphalicae III B 1/1. Die Friedensverträge mit Frankreich und Schweden, Münster 1998.

Oswald, Josef: Das alte Passauer Domkapitel. Seine Entwicklung bis zum 13. Jahrhundert und sein Wahlkapitulationswesen, München 1933.

Otto, Franz: Die rechtlichen Verhältnisse des Domstiftes zu Hamburg von 1719 bis 1802, Hamburg 1962.

Pagitz-Roscher, Magda: Das Augustiner-Chorherrenstift St. Andrä im Lavanttal, in: Carinthia I 157 (1967), 296–319.

Paras, Ülla (Hg.), Saare-Lääne piiskopkond. Artiklid Lääne-Eesti keskajast, Hapsal 2004.

Pater, Józef: Worcławska kapituła katedralna w XVIII wieku, Breslau 1998.

Pelt, Jean-Baptiste (Hg.): Textes extraits principalement des Registres Capitulaires (1210–1790), Metz 1930.

Perler, Othmar: Sebastian Werros Chronik der Bischöfe von Lausanne 1536–1607, in: ZSKG 39 (1945), 201–214.

Pesendorfer, Friedrich: Das Domkapitel in Linz, Linz 1929.

Pešina z Čechorodu, Jan Tomáš: Phosphorus septicornis. Sanctae Metropolitanae Divi Viti Ecclesiae Pragensis Majestas et Gloria, Prag 1673.

Petersen, Stefan: Bistum Ratzeburg, in: E. Gatz, Bistümer, 590–598.

Petersohn, Jürgen: Bistum Kammin, in: E. Gatz, Bistümer, 267–272.

Petronio, Francesco: Cenni cronologici sul Capitolo di Capodistria, in: AT II/6 (1879/80), 211–238.

Pfaff, Volkert: Die deutschen Domkapitel und das Papsttum am Ende des 12. Jahrhunderts, in: HJb 93 (1973), 21–56.

Pfannkuche, Christoph Gottlieb: Die aeltere Geschichte des vormaligen Bisthumes Verden, Verden 1830.

Pfannkuche, Christoph Gottlieb: Die neuere Geschichte des vormaligen Bisthumes Verden und jetzigen Herzogthumes Verden, Verden 1834.

Pfister, Christian: Histoire de Nancy, Band II, Paris/Nancy 1909.

Pfister, Christian: Histoire de Nancy, Band III, Paris/Nancy 1908.

Pietschmann, Dietrich: Die Säkularisation des Domkapitels in Magdeburg und seiner Nebenstifter, in: F. Schrader, Beiträge, 123–154.

Pinder, Ernst: Ueber die evangelischen Dom- und Collegiat-Capitel in Sachsen, Weimar 1820.

Podlaha, Antonín (Hg.): Josephus Locatelli Babylon Bohemiae ab anno 1780 usque ad annum 1790, Prag 1905.

Podlaha, Antonín (Hg.): Liber informationum per Casparum Arsenium a Radbusa conscriptus A. D. 1624, Prag 1915.

Podlaha, Antonín: Series praepositorum, decanorum, archidiaconorum, aliorumque praelatorum et canonicorum s. metropolitanae ecclesiae Pragensis a primordiis usque ad praesentia tempora, Prag 1912.

Podlaha, Antonín (Hg.): Statuta metropolitanae ecclesiae Pragensis anno 1350, Prag 1905.

Podlaha, Antonín: Supplementum primum ad seriem praepositorum, decanorum, archidiaconorum, aliorumque praelatorum et canonicorum s. metropolitanae ecclesiae Pragensis, Prag 1916.

Podlaha, Antonín: Supplementum secundum ad seriem praepositorum, decanorum, archidiaconorum, aliorumque praelatorum et canonicorum s. metropolitanae ecclesiae Pragensis, Prag 1925.

Podlaha, Antonín: Supplementum tertium ad seriem praepositorum, decanorum, archidiaconorum, aliorumque praelatorum et canonicorum s. metropolitanae ecclesiae Pragensis, Prag 1928.

Podlaha, Antonín: Supplementum quartum ad seriem praepositorum, decanorum, archidiaconorum, aliorumque praelatorum et canonicorum s. Metropolitanae Ecclesiae Pragensis, Prag 1931.

Portmann-Tinguely, Albert (Hg.): Kirche, Staat und katholische Wissenschaft in der Neuzeit. Festschrift für Heribert Raab zum 65. Geburtstag, Paderborn 1988.

Pottel, Bruno: Das Domkapitel von Ermland im Mittelalter, Borna/Leipzig 1911.

Prange, Wolfgang: Bischof und Domkapitel zu Lübeck. Hochstift, Fürstentum und Landesteil 1160–1937, Lübeck 2014.

Prange, Wolfgang: Bistum Lübeck, in: E. Gatz, Bistümer, 363–369.

Prange, Wolfgang: Das Lübecker Domkapitel, in: H. Unverhau/A. Lange/C. Jahnke, Beiträge, 417–441.

Prange, Wolfgang: Der Wandel des Bekenntnisses im Lübecker Domkapitel 1530–1600, Lübeck 2007.

Prange, Wolfgang: Katholisches Domkapitel in evangelischer Stadt? – Lübeck 1530–1538, in: ZLGA 81 (2001), 123–160.

Prange, Wolfgang: Vom Lübecker Domkapitel am Ende des Mittelalters, in: ZGSHG 119 (1994), 101–110.

Preiswerk, Phillip C.: Das Basler Domkapitel zur Zeit des Konzils von Basel (1431–1448) (ungedruckte Lizenziatsarbeit), Freiburg im Üchtland 1988.

Preuschoff, Hans: Das Verhältnis des ermländischen Fürstbischofs Johann Stanislaus Zbąski (1688–1697) zu seinem Domkapitel, in: ZGAE 25 (1935), 1–68, 336–386.

Probst, Chrysostomus: Turnarius ecclesiarum Germaniae seu historia turni ecclesiastici, Bamberg/Würzburg 1777.

Pückert, Wilhelm: Wie wurden Dom und Domkapitel zu Meißen dem Augsburger Bekenntnis gewonnen und gesichert?, Leipzig, ohne Jahr.

Puhle, Matthias/Hagdorn, Renate: Prémontré des Ostens. Das Kloster Unser Lieben Frauen Magdeburg vom 11. bis 17. Jahrhundert, Oschersleben 1996.

Pukianiec, Mikołaj: Organizacja i funkcjonowanie poznańskiej kapituły katedralnej w XVII wieku (ungedruckte Dissertation), Posen 2013.

Pukianiec, Mikołaj: Pochodzenie i funkcjonowanie siedemnastowiecznej elity kościelnej na przykładzie kanoników kapituły katedralnej w Poznaniu, in: VN 6 (2013), 107–122.

Radtke, Christian: Bistum Schleswig: in: E. Gatz, Bistümer, 663–669.

Radzimiński, Andrzej: Das soziale Milieu der polnischen Domkapitel im Vergleich zu ähnlichen Institutionen im Deutschen Reich im späteren Mittelalter, in: J. Kłoczowski, Christianity, 128–136.

Radzimiński, Andrzej: Die Kirche im Deutschordensstaat in Preußen (1243–1525), Thorn 2014.

Radzimiński, Andrzej: Entstehung, Inkorporation und ursprüngliche Ausstattung des mittelalterlichen Domkapitels in Kulmsee, in: R. Biskup/M. Glauert, Domkapitel, 33–51.

Radzimiński, Andrzej: Kapituła i duchowieństwo katedralne w średniowiecznym Włocławku, in: J. Staszewski, Włocławek I, 73–86.

Radzimiński, Andrzej: Polnische Domkapitel des Mittelalters – Modelle kirchlicher Karrieren, in: QMAN 12 (2007), 319–340.

Radzimiński, Andrzej: Prałaci i kanonicy kapituły katedralnej płockiej w XIV i I połowie XV wieku, Band I, Thorn 1991.

Radzimiński, Andrzej: Prałaci i kanonicy kapituły katedralnej płockiej w XIV i I połowie XV wieku, Band II, Thorn 1993

Radzimiński, Andrzej: Zarządzanie majątkiem Warmińskiej Kapituły Katedralnej w świetle jej statutów, in: A. Kopiczko/J. Jezierski/Z. Żywica, Kapituła, 87–95.

Range, Franz: Die Entwicklung des Merseburger Domkapitels von den Anfängen bis zum Ausgang des 14. Jahrhunderts, Hildesheim 1910.

Rapp, Francis: Straßburg, in: A. Schindling/W. Ziegler, Territorien V, 72–95.

Rauch, Günter: Das Mainzer Domkapitel in der Neuzeit. Zu Verfassung und Selbstverständnis einer adeligen geistlichen Gemeinschaft, I. Teil, in: ZRG KA 61 (1975), 161–227.

Rauch, Günter: Das Mainzer Domkapitel in der Neuzeit. Zu Verfassung und Selbstverständnis einer adeligen geistlichen Gemeinschaft, II. Teil, in: ZRG KA 62 (1976), 194–278.

Rauch, Günter: Das Mainzer Domkapitel in der Neuzeit. Zu Verfassung und Selbstverständnis einer adeligen geistlichen Gemeinschaft, III. Teil, in: ZRG KA 63 (1977), 132–179.

Rauch, Karl: Stiftsmäßigkeit und Stiftsfähigkeit in ihrer begrifflichen Abgrenzung, in: N. N., Festschrift, 737–760.

Rausch, Wolf Werner/Nawrocki, Paul: Schleswig – Domkanoniker, in: O. Auge/K. Hillebrand, Klosterbuch, 1.1.1–5.5.3.

Raxhon, Philippe: La démolition de la cathédrale Saint-Lambert à Liège, in: B. van den Bossche, Cathédrale, 59–69.

Reinisch, Johann: 200 Jahre Domherren in Graz, Graz, ohne Jahr.

Renard, Jean-Pierre (Hg.): Le diocèse de Genève. L'archidiocèse de Vienne en Dauphiné, Bern 1980.

Reumann, Klaus-Peter: Die Grund- und Gerichtsherrschaft des Schleswiger Domkapitels von 1542–1658, Flensburg 1969.

Reuter, Fritz: Mehrkonfessionalität in der Freien Stadt Worms im 16.-18. Jahrhundert, in: B. Kirchgässner/F. Reuter, Randgruppen, 9–48.

Reymond, Maxime: Les dignitaires de l'église Notre-Dame de Lausanne jusque'en 1536, Lausanne 1912.

Richter, Gregor: Die adeligen Kapitulare des Stifts Fulda seit der Visitation Carafas (1627), in: FGBl 3 (1904), 65–93, 115–128.

Richter, Gregor: Die Aufhebung des Benediktinerklosters ad s. Salvatorem in Fulda (1802), in: FGBl 7 (1908), 81–93, 102–107, 121–128.

Richter, Gregor: Die Säkularisation des Fuldaer Domkapitels (1802), in: FGBl 7 (1908), 129–138, 184–192.

Richter, Gregor: Statuta maioris Ecclesiae Fuldensis, Fulda 1904.

Riedel, Adolph Friedrich: Codex diplomaticus Brandenburgensis, Band I/1, Berlin 1838.

Riedel, Adolph Friedrich: Codex diplomaticus Brandenburgensis, Band I/3, Berlin 1843.

Riedel, Adolph Friedrich: Codex diplomaticus Brandenburgensis, Band I/8, Berlin 1847.

Riedel, Adolph Friedrich: Codex diplomaticus Brandenburgensis, Band I/20, Berlin 1861.

Riedl, Johann: Salzburg's Domherren, in: MGSL 7 (1867), 122–278.

Ries, Hermann (Hg.): Festschrift für Alois Thomas, Trier 1967.

Ringelmann, Edith: Die Säkularisation des Hochstifts und des Domkapitels Passau, Passau 1939.

Rische, Alfred: Verzeichnis der Bischöfe und Domherren von Schwerin. Mit biographischen Angaben, Ludwigslust 1900.

Robinet, Nicolas: Pouillé du diocèse de Verdun, Band I, Verdun 1888.

Rödel, Walter G./Schwerdtfeger, Regina E.: Zerfall und Wiederbeginn. Vom Erzbistum zum Bistum Mainz (1792/97–1830), Würzburg 2002.

Rogge, Jörg: Zum Verhältnis von Bischof und Domkapitel des Hochstifts Meißen im 14. und 15. Jahrhundert, in: RQ 91 (1996), 182–206.

Rohm, Thomas: Osnabrück, in: A. Schindling/W. Ziegler, Territorien III, 130–146.

Roll, Christina/Pohle, Frank/Myrczek, Matthias (Hg.): Grenzen und Grenzüberschreitungen. Bilanz und Perspektiven der Frühneuzeitforschung, Köln/Weimar/Wien 2010.

Rommel, Otto: Das Seckauer Domkapitel in seiner persönlichen Zusammensetzung 1218–1782 (ungedruckte Dissertation), Wien 1955.

Röpcke, Andreas: Über historische Nachbarschaft: Das Schweriner und das Lübecker Domkapitel im Spätmittelalter (1350–1500), in: MJB 129 (2014), 7–18.

Röpcke, Andreas/Badstübner, Ernst/Neustadt, Cornelia: Schwerin. Domstift S. Maria, S. Johannes, in: W Huschner/E. Münch/C. Neustadt/W. E. Wagner, Klosterbuch II, 1021–1064.

Rørdam, Holger Frederik: Om de af Mester Jens Grand stiftede sex Praebender ved Roskilde Domkirke, in: KHS II/4 (1867/68), 165–174.

Rosenkranz, Georg Joseph: Die Verfassung des ehemaligen Hochstifts Paderborn in älterer und späterer Zeit, in: WZ 12 (1851), 1–162.

Roten, Hans Anton: Zur Zusammensetzung des Domkapitels von Sitten im Mittelalter I, in: Vallesia 1 (1946), 43–68.

Roten, Hans Anton: Zur Zusammensetzung des Domkapitels von Sitten im Mittelalter II, in: Vallesia 2 (1947), 45–62.

Roten, Hans Anton: Zur Zusammensetzung des Domkapitels von Sitten im Mittelalter III, in: Vallesia 3 (1948), 81–126.

Roth, Andreas: Das Konkordat von 1801. Werden, Bedeutung und Auswirkungen, in: W. G. Rödel/R. E. Schwerdtfeger, Zerfall, 103–124.

Roth, Benno: Seckau – Der Dom im Gebirge, Graz/Wien/Köln 1983.

Roth, Benno: Seckau. Geschichte und Kultur 1164–1964, Wien/München 1964.

Roth, Benno: Stift Seckau, in: B. Roth, Seckau – Dom, 27–64.

Roth, Charles (Hg.): Cartulaire du Chapitre de Notre-Dame de Lausanne, Lausanne 1948.

Roth, Hermann Heinrich: Das kölnische Domkapitel von 1501 bis zu seinem Erlöschen 1803, in: E. Kuphal, Dom, 257–294.

Roth von Schreckenstein, Carl Heinrich: Untersuchungen über den Geburtsstand der Domherren zu Constanz, in ZGO 28 (1876), 1–37.

Rott, Jean: Histoire du chapitre cathédral de Strasbourg au XIVe et au XVe siècle, Band I (ungedruckte Dissertation), Paris 1933.

Rott, Jean: Histoire du chapitre cathédral de Strasbourg au XIVe et au XVe siècle, Band II (ungedruckte Dissertation), Paris 1933.

Roubic, Antonín: Několik poznámek k postavení olomoucké kapituly v 16. století, in: HO 4 (1983), 65–78.

Roussel, Nicolas: Histoire ecclésiastique et civile de Verdun, Band I, Bar-le-Duc 21863.

Roussel, Nicolas: Histoire ecclésiastique et civile de Verdun, Band II, Bar-le-Duc 21864.

Rück, Peter: Die letzten Versuche Sebastians von Montfaucon (1517–1560) zur Wiederherstellung der bischöflichen Verwaltung in den katholischen Teilen der Diözese Lausanne, in: SZG 16 (1966), 1–19.

Rück, Peter: Un récit de la captivité du Chapitre de Lausanne en février 1537, in: RHV 78 (1970), 43–67.

Rüthing, Heinrich: Das Domkapitel Minden als konfessionell gemischtes Stift, in: F. J. Felten/N. Jaspert, Vita, 767–784.

Rupprecht, Klaus: Das Bamberger Domkapitel – Die Herren des Domes, in: N. Jung/W. F. Reddig, Jahre, 115–125.

Rymar, Edward: Prałatura kapituły kamieńskiej w XII–XVI wieku. Część I: Prepozyci, in: PZP 24/I (2009), 5–30.

Rymar, Edward: Prałatura kapituły kamieńskiej w XII–XVI wieku. Część II: Dziekani, in: PZP 24/II (2009), 7–23.

Rymar, Edward: Prałatura kapituły kamieńskiej w XII–XVI wieku. Część III: Scholastycy i kantorzy, in: PZP 24/IV (2009), 5–27.

Rymar, Edward: Prałatura kapituły kamieńskiej w XII–XVI wieku. Część IV: Tesaurariusze, witztumovie, struktuariusze, in: PZP 25/I (2010), 7–33.

Sagebiel, Martin: Corvey – Benediktiner, in: K. Hengst, Klosterbuch I, 215–224.

Sagebiel, Martin: Corvey – Domstift St. Stephanus und Vitus, in: K. Hengst, Klosterbuch I, 224–226.

Sames, Arno: Das Merseburger Domkapitel beim Übergang in den preußischen Staat, in: C. Neuß, Anfänge, 119–131.

Sames, Arno: Zwischen Kirche und Staat. Das Merseburger Domkapitel seit der Abtretung des Stifts durch Sachsen an Preußen 1815, in: H. Kunde/A. Ranft/A. Sames/H. Wittmann, Kathedrale, 133–150.

Samulski, Robert: Untersuchungen über die persönliche Zusammensetzung des Breslauer Domkapitels im Mittelalter, Teil I, Breslau 1940.

Santifaller, Leo: Das Brixner Domkapitel in seiner persönlichen Zusammensetzung im Mittelalter, Innsbruck 1924.

Santifaller, Leo: Das Trientner Domkapitel in seiner persönlichen Zusammensetzung im späten Mittelalter, Bozen 2000.

Santifaller, Leo: Die Preces primariae Maximilians I., in: MÖStA Ergänzungsband 2/1 (1949), 578–661.

Santifaller, Leo: Urkunden und Forschungen zur Geschichte des Trientner Domkapitels im Mittelalter, Band I, Wien 1948.

Santifaller, Leo: Zur Geschichte des ottonisch-salischen Reichskirchensystems, Graz/Wien/Köln ^{2}1964.

Sartori, Joseph: Fortsetzung der Staatistischen Abhandlung über die Mängel in der Regierungsverfassung der geistlichen Wahlstaaten, Augsburg 1787.

Scharf-Wrede, Thomas: Bistum Osnabrück, in: E. Gatz, Bistümer, 529–539.

Scharf-Wrede, Thomas (Hg.): Das Hildesheimer Domkapitel. Dem Bistum verpflichtet, Hildesheim 2012.

Scharf-Wrede, Thomas: Das Hildesheimer Domkapitel im 19. und 20. Jahrhundert, in: T. Scharf-Wrede, Domkapitel, 91–102.

Scharf-Wrede, Thomas (Hg.): Umbruch oder Übergang? Die Säkularisation von 1803 in Norddeutschland, Hildesheim 2004.

Scheidlein, Joseph: Kurze Darstellung des Rechtes der Universität in Wien zur Verleihung von vier Canonicatsstellen an dem Wiener- und zwey Canonicatsstellen an dem Linzer-Domcapitel, in: ZÖRPG 5/II (1829), 127–131.

Schieffer, Rudolf: Die Entstehung von Domkapiteln in Deutschland, Bonn 1976.

Schildt, Franz: Das Bisthum Schwerin in der evangelischen Zeit II, in: MJB 49 (1884), 145–279.

Schildt, Franz: Das Bisthum Schwerin in der evangelischen Zeit III, in: MJB 51 (1886), 103–189.

Schindler, Gerhard: Das Breslauer Domkapitel von 1341–1417. Untersuchungen über seine Verfassungsgeschichte und persönliche Zusammensetzung, Breslau 1938.

Schindler, Renate: Studien zum Osnabrücker Domkapitel bis zum Jahre 1350, Bonn 1996.

Schindling, Anton/Ziegler, Walter (Hg.): Die Territorien des Reichs im Zeitalter der Reformation und Konfessionalisierung, Band I, Der Südosten, Münster 1989.

Schindling, Anton/Ziegler, Walter (Hg.): Die Territorien des Reichs im Zeitalter der Reformation und Konfessionalisierung, Band II, Der Nordosten, Münster 1990.

Schindling, Anton/Ziegler, Walter (Hg.): Die Territorien des Reichs im Zeitalter der Reformation und Konfessionalisierung, Band III, Der Nordwesten, Münster 1991.

Schindling, Anton/Ziegler, Walter (Hg.): Die Territorien des Reichs im Zeitalter der Reformation und Konfessionalisierung, Band IV, Mittleres Deutschland, Münster 1992.

Schindling, Anton/Ziegler, Walter (Hg.): Die Territorien des Reichs im Zeitalter der Reformation und Konfessionalisierung, Band V, Der Südwesten, Münster 1993.

Schindling, Anton/Ziegler, Walter (Hg.): Die Territorien des Reichs im Zeitalter der Reformation und Konfessionalisierung, Band VI, Nachträge, Münster 1996.

Schirmer, Uwe: Die Verfassung des Hochstifts Merseburg vom Ende des 15. bis zur Mitte des 17. Jahrhunderts, in: H. Kunde/A. Ranft/A. Sames/H. Wittmann, Kathedrale, 121–132.

Schlegelberger, Heinz: Studien über die Verwaltungsorganisation des Bistums Samland im Mittelalter, in: R. Biskup/M. Glauert, Domkapitel, 85–145.

Schleicher, Peter: Die Bistumsgründungen Kaiser Friedrichs III. (ungedruckte Dissertation), Graz 1969.

Schlenz, Johann: Geschichte des Propsteistiftes St. Stephan in Leitmeritz, Prag 1933.

Schlenz, Johann Evangelist: Geschichte des Bistums und der Diözese Leitmeritz, Band I, Warnsdorf 1912.

Schlenz, Johann Evangelist: Geschichte des Bistums und der Diözese Leitmeritz, Band II, Warnsdorf 1914.

Schmauch, Hans: Das Präsentationsrecht des Polenkönigs für die Frauenburger Dompropstei, in: ZGAE 26 (1938), 95–104.

Schmid, Alois: Bistum Regensburg, in: E. Gatz, Bistümer, 599–613.

Schmid, Alois: Eichstätt, in: A. Schindling/W. Ziegler, Territorien IV, 166–181.

Schmid, Peter: Regensburg, in: A. Schindling/W. Ziegler, Territorien VI, 36–57.

Schmidlin, Josef: Die katholische Restauration im Elsass am Vorabend des dreissigjährigen Krieges, Freiburg im Breisgau 1934

Schmidlin, Paul: Statuten des Domkapitels Basel 1681/1785, Röschenz 2008.

Schmidt, Berthold: Die Herkunft der Familie Maltzahn und ihr Auftreten in Pommern (Schluß), in: BSt 8 (1904), 1–45.

Schmugge, Ludwig: Über Rom nach Chur. Zur Geschichte des Domkapitels im Spätmittelalter (1378–1455), in: U. Brunhold/L. Deplazes, Geschichte, 493–513.

Schneider, Bernhard: Erzbistum Trier, in: E. Gatz, Bistümer, 747–768.

Schneider, Philipp: Die Bischöflichen Domkapitel, ihre Entwicklung und rechtliche Stellung im Organismus der Kirche, Mainz ^{2}1892.

Schneider, René: Une restauration rapide (1801–1832), in: H. Tribout de Morembert, Diocèse, 188–205.

Schönfeld, Johann Ferdinand (Hg.): Schematismus für das Königreich Böheim 1789, Prag 1789.

Schöntag, Ilse: Untersuchungen über die persönliche Zusammensetzung des Augsburger Domkapitels im Mittelalter, Zeulenroda 1938.

Schößler, Wolfgang (Hg.): Regesten der Urkunden und Aufzeichnungen im Domstiftsarchiv Brandenburg, Band II, Berlin 2009.

Schößler, Wolfgang: Überblick über die Geschichte des Hoch- und Domstifts Brandenburg, in: Domstift Brandenburg, Jahre, 9–28.

Schößler, Wolfgang/Gahlbeck, Christian/Kurze, Dietrich/Caute, Markus/Seebacher, Gregor: Brandenburg/Havel. Prämonstratenser-Domkapitel St. Peter und Paul, in: H.-D. Heimann/K. Neitmann/W. Schich, Klosterbuch I, 229–273.

Schrader, Franz: Beiträge zur Geschichte des Erzbistums Magdeburg, Leipzig 1968.

Schrader, William C.: Osnabrücker Domherren 1591–1651, in: OM 95 (1990), 9–39.

Schrader, William C.: The Cathedral Chapter at Minden and ist Members, 1650–1803, in: WZ 139 (1989), 83–122.

Schröder, August: Kurzer Abriß einer Geschichte der hohen bischöflichen Stifts- und Dom-Kirche und des damit verbundenen Dom-Capituls zu Burg Brandenburg, Brandenburg 1836.

Schröder, Josef/Salzmann, Rainer (Hg.): Beiträge zu Kirche, Staat und Geistesleben. Festschrift für Günter Christ zum 65. Geburtstag, Stuttgart 1994.

Schröer, Alois (Hg.): Das Domkapitel zu Münster 1823–1973, Münster 1976.

Schröer, Alois: Das Münsterer Domkapitel im ausgehenden Mittelalter, in: A. Schröer, Monasterium, 471–510.

Schröer, Alois (Hg.): Monasterium. Festschrift zum siebenhundertjährigen Weihegedächtnis des Paulus-Domes zu Münster, Münster 1966.

Schuffels, Christian: Die geschlossene Gesellschaft und ihre Wappen. Das Aufschwörungsbuch des Hildesheimer Domkapitels, in: DHVG 71 (2003), 71–115.

Schulenburg, Johann-Matthias: Die Gründung der Ritterakademie zu Brandenburg im Jahre 1704, in: BFDB 4 (2011), 5–99.

Schulte, Aloys: Aus dem Leben des Straßburger Domkapitels 1150–1332, in: ELJb 6 (1927), 1–46.

Schulte, Aloys: Der Adel und die deutsche Kirche im Mittelalter, Stuttgart ^{2}1922.

Schultze, Alfred: Die Rechtslage der evangelischen Stifter Meissen und Wurzen, Leipzig 1922.

Schumacher, Hermann Albert: Die älteste Geschichte des Bremischen Domkapitels, in: BrJ 1 (1863), 109–173.

Schumann, Gottlieb: Jährliches genealogisches Hand-Buch, Frankfurt/Leipzig 1730.

Schumann, Gottlieb: Jährliches genealogisches Hand-Buch, Leipzig 1741.

Schumann, Gottlieb: Europäisches genealogisches Hand-Buch, Leipzig 1752.

Schwaiger, Georg (Hg.): Das Bistum Freising in der Neuzeit, Band II, München 1989.

Schwaiger, Georg (Hg.): Monachium Sacrum, Band I, München 1994.

Schwan, Erich/Franz, Eckhart G.: Die Protokolle des Wormser Domkapitels 1544–1802, Darmstadt 1992.

Schwartz, Michael: „Das Dorado des deutschen Adels" – Die frühneuzeitliche Adelskirche in interkonfessionell-vergleichender Perspektive, in: GG 30 (2004), 594–638.

Schwineköper, Berent: Aus der Geschichte des Magdeburger Domkapitels, in: F. Schrader, Beiträge, 87–122.

Sedlák, Jan Nepomuk (Hg.): Wenceslai Francisci Coelestini a Blumenberg. Autobiographia et Acta Capitularia 1646–1674, Prag 1906.

Seibrich, Wolfgang: Die Neugestaltung des Bistums Trier 1801/03, in: W. G. Rödel/R. E. Schwerdtfeger, Zerfall, 165–176.

Seifert, Siegfried: Bistum Meißen, in: E. Gatz, Bistümer, 427–436.

Seiler, Joachim: Das Augsburg Domkapitel vom Dreißigjährigen Krieg bis zur Säkularisation (1648–1802), St. Ottilien 1989.

Selzer, Stephan/Hipp, Hermann: Hamburg – Domkanoniker, in: O. Auge/K. Hillebrand, Klosterbuch 1.1.1–5.5.3.

Serger, Maria Mathias Anton: De capitulis clausis ecclesiarum tam cathedralium quam collegiatarum in Germania, Mainz 1763.

Seuffert, Johann Michael: Versuch einer Geschichte des teutschen Adels in den hohen Erz- und Domcapiteln, Frankfurt am Main 1790.

Siegmar-Rehm, Oskar: Das Linzer Domkapitel (ungedruckte Dissertation), Wien 1943.

Šifrar, Mirjam: Jožef Anton Schiffrer, njegov kanonikat in štipendija, in: Kronika 44 (1996), 11–18.

Simonet, Johann Jakob: Das Jus primarum precum im Domkapitel Chur, oder: Das kaiserliche Recht der ersten Bitten, in: BM 1917, 384–387.

Simonet, Johann Jakob: Das Optionsrecht im Churer Domkapitel, in: BM 1922, 304–310.

Skřivánek, Milan (Hg.): Litomyšl. Duchovní tvař českého města, Leitomischl 1994.

Solař, Jeroným Jan: Dějepis Hradce Králové nad Labem a biskupství hradeckého, Prag 1870.

Spieckermann, Heinrich: Beiträge zur Geschichte des Domkapitels zu Münster im Mittelalter, Emsdetten 1935.

Spitzer, Johannes: Hamburg im Reformationsstreit mit dem Domcapitel. Ein Beitrag zur Hamburgischen Staats- und Kirchengeschichte der Jahre 1528–1561, in: ZHG 11 (1903), 430–591.

Spöhring, Johannes: Das Domkapitel zu Verden, in: HLV 5 (1962), 59–63.

Spuhrmann, Rudolf: Geschichte der Stadt Cammin in Pommern und des Camminer Domkapitels, Cammin in Pommern ^{2}1924.

Srbik, Heinrich: Zum ius primariarum precum, in: ZRG KA 4 (1914), 486–497.

Staphorst, Nicolaus: Historia Ecclesiae Hamburgensis diplomatica, Band I/1, Hamburg 1723.

Staphorst, Nicolaus: Historia Ecclesiae Hamburgensis diplomatica, Band I/2, Hamburg 1725.

Staphorst, Nicolaus: Historia Ecclesiae Hamburgensis diplomatica, Band I/3, Hamburg 1727.

Staphorst, Nicolaus: Historia Ecclesiae Hamburgensis diplomatica, Band I/4, Hamburg 1731.

Stary, Othmar: Die Bibliothek des Chorherren- und Domstiftes Seckau zur Zeit der Glaubensspaltung (ungedruckte Dissertation), Graz 1971.

Staszewski, Jacek (Hg.): Włocławek. Dzieje miasta, Band I, Leslau 1999.

Stegmann, Eduard: Die Magdeburger Dompropstei, in: GBSLM 68/69 (1933/34), 67–99.

Steinhauer, Ludwig: Zur Geschichte des Paderborner Domkapitels von 1800 bis 1830, in: WZ 61/II (1903), 179–201.

Stieglitz, Christian Ludwig: Das Recht des Hochstifts Meißen und des Collegiatstifts Wurzen auf ungehindertes Fortbestehen in ihrer gegenwärtigen Verfassung, Leipzig 1834.

Straub, Dietmar (Hg.): 900 Jahre Stift Reichersberg. Augustiner Chorherren zwischen Passau und Salzburg, Linz 1984.

Strötz, Jürgen: Das Eichstätter Domkapitel. Verfassung und Personalgeschichte im 19. Jahrhundert, Hamburg 2003.

Szady, Bogumił: Prawo patronatu w Rzeczpospolitej w czasach nowożytnych, Lublin 2003.

Tack, Wilhelm: Aufnahme, Ahnenprobe und Kappengang der Paderborner Domherren im 17. und 18. Jahrhundert, in: WZ 96/II (1940), 3–51.

Tangl, Karlmann: Reihe der Bischöfe von Lavant, Klagenfurt 1841.

Tavano, Luigi: La diocesi di Gorizia 1750–1947, Mariano del Friuli 2004.

Tavernier, Ludwig: Das Domstift Brixen, in: H. Obermair/K. Brandstätter/E. Curzel, Domstifte, 101–148.

Teichmann, Heinz: Von Lebus nach Fürstenwalde. Kurze Geschichte des mittelalterlichen Bistums Lebus 1124–1555/98, Leipzig 1991.

Ten Boom, Hendrik/Geudeke, Elizabeth/Leeuwenberg, Huib L. Ph./Abels, Paul Hendrikus Adrianus Maria (Hg.): Utrechters entre-deux. Stad en Sticht in de eeuw van de Reformatie, 1520–1620, Delft 1992.

Terpager, Peder: Ripae Cimbricae seu Urbis Ripensis in Cimbria sitae Descriptio, Flensburg 1736.

Thaler, Manfred Josef: Das Salzburger Domkapitel in der Frühen Neuzeit (1514 bis 1806), Frankfurt am Main 2011.

Theux de Montjardin, Joseph Henri Louis: Le Chapitre de Saint-Lambert a Liège, Band I, Brüssel 1871.

Theux de Montjardin, Joseph Henri Louis: Le Chapitre de Saint-Lambert a Liège, Band II, Brüssel 1871.

Theux de Montjardin, Joseph Henri Louis: Le Chapitre de Saint-Lambert a Liège, Band III, Brüssel 1871.

Theux de Montjardin, Joseph Henri Louis: Le Chapitre de Saint-Lambert a Liège, Band IV, Brüssel 1872.

Thiekötter, Hans: Die ständische Zusammensetzung des Münsterschen Domkapitels im Mittelalter, Münster 1933.

Thiriet, Jean-Michel: Le Grand-Chapitre de Strasbourg au XVIIIe siècle (ungedruckte Diplomarbeit), Straßburg 1967.

Thimister, Olivier-Joseph: Essai historique sur l'église de S. Paul, Lüttich 1867.

Thimm, Werner/Triller, Anneliese: Die Statuten des Domkapitels von Frauenburg aus dem Jahre 1532 und ihre Novellierungen, in: ZGAE 36 (1972), 33–123.

Torklus, Christina: Die Formierung der mittelalterlichen Kirche Livlands. Strukturen, Träger und Inhalte der kirchlichen Nacharbeit (13.-16. Jahrhundert), Band I, Bonn 2012.

Torsy, Jakob: Geschichte des Bistums Aachen während der französischen Zeit (1802–1814), Bonn 1940.

Trajer, Johann: Historisch-statistische Beschreibung der Diöcese Budweis, Budweis 1862.

Trenkle-Klausmann, Josef: Zur Geschichte des Konstanzer Domkapitels. Von seinen Anfängen bis gegen Ende des 14. Jahrhunderts (ungedruckte Dissertation), Freiburg im Breisgau 1914.

Tribout de Morembert, Henri (Hg.): Le Diocèse de Metz, Paris 1970.

Trippen, Norbert: Das Domkapitel und die Erzbischofswahlen in Köln 1821–1929, Köln/Wien 1972.

Tropper, Peter G.: Bistum Gurk, in: E. Gatz, Bistümer, 231–237.

Tuor, Christian Modest: Reihenfolge der residierenden Domherren in Chur, Chur 1905.

Twickel, Maximilian: Die verfassungsgeschichtliche Entwicklung und persönliche Zusammensetzung des Hohen Domkapitels zu Münster in der Zeit von 1400–1588 (ungedruckte Dissertation), Münster 1952.

Ulrich Salzmann, Der Salzburger Erzbischof Siegmund Christoph Graf von Schrattenbach und sein Domkapitel, in: MGSL 124 (1984), 9–240.

Unverhau, Henning/Lange, Angela/Jahnke, Carsten (Hg.): Beiträge zur schleswig-holsteinischen Geschichte, Neumünster 2002.

Urban, Josef: Stichtag 11. November 1821. Das Bistum Bamberg im Umfeld der Erhebung zum Erzbistum vor 175 Jahren, in: Heinrichskalender 71 (1996), 49–55.

Van de Ven, Adrianus Johannes: Over den oorsprong van het aartsbischoppelijke kapittel van Utrecht der oud-bisschoppelijke Clerezij, Utrecht 1923.

Van den Bossche, Benôit (Hg.): La cathédrale gothique Saint-Lambert à Liège. Un église et son contexte, Lüttich 2005.

Van den Hoven van Genderen, Bram: De Heren van de Kerk. De kanunniken van Oudmunster te Utrecht in de late middeleeuwen, Zutphen ²2003.

Van den Steen de Jehay, Xavier: La cathédrale de Saint Lambert a Liége et son chapitre tréfonciers, Lüttich ²1880.

Van Vliet, Kaj: In kringen van kannuniken. Munsters en kapittels in het bisdom Utrecht 695–1227, Zutphen 2002.

Vannotti, Françoise: Le Chapitre cathédral de Sion (1043–1399) (ungedruckte Diplomarbeit), Paris 1969.

Vannotti, Françoise/Zenhäuser, Gregor: Das Domkapitel. Einleitung, in: P. Braun/B. Degler-Spengler/E. Gilomen-Schenkel, Bistum, 359–410.

Vareschi, Severino: Bistum Trient, in: E. Gatz, Bistümer, 738–746.

Veit, Andreas Ludwig: Geschichte und Recht der Stiftsmäßigkeit auf die ehemals adeligen Domstifte von Mainz, Würzburg und Bamberg, in: HJb 33 (1912), 323–258.

Veit, Andreas Ludwig: Mainzer Domherren vom Ende des 16. bis zum Ausgang des 18. Jahrhunderts in Leben, Haus und Habe, Mainz 1924.

Vétulani, Adam: Le grand chapitre de Strasbourg des origines a la fin du XIIIᵉ siècle, Straßburg 1927.

Vigener, Fritz: Die Mainzer Dompropstei im 14. Jahrhundert, Darmstadt 1913.

Vogtherr, Thomas: Bistum Verden, in: E. Gatz, Bistümer, 786–794.

Vogtherr, Thomas: Erzbistum Bremen (-Hamburg), in: E. Gatz, Bistümer, 113–127.

Vogtherr, Thomas: Erzbistum Magdeburg, in: E. Gatz, Bistümer, 388–399.

Volkmar, Christoph: Reform statt Reformation. Die Kirchenpolitik Herzog Georgs von Sachsen 1488–1525, Tübingen 2008.

Voltelini, Hans: Beiträge zur Geschichte Tirols, in: ZFTV 3/33 (1889), 1–188.

Vonderlage, Bernard: Das hamburgische Domkapitel in seiner persönlichen Zusammensetzung bis zur Einführung der Reformation (ungedruckte Dissertation), Hamburg 1924.

Voßhall, Anja/Hillebrand, Katja/Köster, Constanze: Lübeck – Domkanoniker, in: O. Auge/K. Hillebrand, Klosterbuch, 1.1.1–5.5.3.

Wagner, Hans: Das Salzburger Domkapitel in seiner persönlichen Zusammensetzung 1400–1550 (ungedruckte Dissertation), Wien 1949.

Wagner, Hans/Klein, Herbert: Salzburgs Domherren von 1300 bis 1514, in: MGSL 92 (1952), 1–81.

Wagner, Wolfgang: Prosopographie des Passauer Domkapitels bis zur Mitte des 13. Jahrhunderts, in: OG 37 (1995), 25–79.

Wagner, Wolfgang Eric: Universitätsstift und Kollegium in Prag, Wien und Heidelberg, Berlin 1999.

Wätjer, Jürgen: Das katholische Domkapitel zu Hamburg von den Anfängen bis zur Reformation und seine Wiedererrichtung 1996, Frankfurt am Main 2001.

Wätjer, Jürgen: Macht und Gebet. 1000 Jahre Domkapitel in Hamburg, in: BMVKGHSH 7 (2002), 7–262.

Weber, Christoph: Familienkanonikate und Patronatsbistümer. Ein Beitrag zur Geschichte von Adel und Klerus im neuzeitlichen Italien, Berlin 1988.

Weber, Erich: Das Domkapitel von Magdeburg bis zum Jahre 1567. Ein Beitrag zur Verfassungs- und Verwaltungsgeschichte der deutschen Domkapitel, Halle 1912.

Weddingen, Peter Florens: Historische Nachricht vom Dom-Capitel zu Minden, in: WMGHS 1 (1784), 60–65.

Wehrmann, Carl Friedrich: Mittheilungen über das ehemalige Lübeckische Domcapitel, in: ZLGA 3 (1876), 1–119.

Weibull, Carl Gustaf: Bidrag till Lunds domkapitels och dess arkivs historia after reformationen, in: HTS 4 (1910–13), 119–204.

Weidinger, Ulrich: Bremen – Domstift St. Petrus, in: J. Dolle, Klosterbuch I, 193–222.

Weimann, Robert: Receptiones seu installationes ad episcopatum, praelaturas et canonicatus Ecclesiae Cathedralis Posaniensis ab anno 1532 usque ad annum 1800, in: RTPNP 35 (1908), 1–167.

Weinbrenner, Emil: Mähren und das Bistum Brünn, Brünn 1877.

Weiss, Anzelm: Organizacja diecezji lubuskiej w średniowieczu, Lublin 1977.

Weiß, Dieter J.: Das exemte Bistum Bamberg. Die Bischofsreihe von 1522 bis 1693, Berlin 2000.

Weiss, Sabine: Päpstliche Expektanzen in Theorie und Praxis, in: K. Amon/ B. Primetshofer/K. Rehberger/G. Winkler/R. Zinnhobler, Ecclesiae, 143–152.

Weißensteiner, Johann: Bistum Wiener Neustadt, in: E. Gatz, Bistümer, 816–819.

Weißensteiner, Johann: (Erz-) Bistum Wien, in: E. Gatz, Bistümer, 809–815.

Weitlauff, Manfred: Bistum Augsburg, in: E. Gatz, Bistümer, 52–69.

Wendehorst, Alfred/Benz, Stefan: Verzeichnis der Säkularkanonikerstifte der Reichskirche, Neustadt an der Aisch ²1997.

Wentz, Gottfried: Das Bistum Havelberg, Berlin 1933.

Wentz, Gottfried: Der Mitgliederbestand des Magdeburger Domkapitels im Mittelalter, in: GBSLM 70/71 (1935/36), 170–194.

Wentz, Gottfried: Eine Pfründenordnung des Havelberger Domkapitels, in: JBKG 26 (1931), 3–7.

Wentz, Gottfried/Schwineköper, Berent: Das Domstift St. Moritz in Magdeburg, Berlin/New York 1972.

Werminghoff, Albert: Zwei Statuten des Konstanzer Domkapitels aus den Jahren 1432 und 1485, in: ZGO 50 (1896), 649–652.

Wermter, Ernst Manfred: „Preußen", „Polen", „Deutsche" und „Litauer" im ermländischen Domkapitel. Eine Domherrenliste aus dem Jahre 1604, in: ZGAE 33 (1969), 320–324.

Westphalen, Joachim Ernst: Monumenta inedita rerum Germanicarum praecipue Cimbricarum et Megapolensium, Band II, Leipzig 1740.

Wiessner, Heinz: Das Bistum Naumburg. Die Diözese, Band I, Berlin/New York 1997.

Wigger, Franz: Das Domkapitel, in: A. Bruckner, Kardinäle, 430–436.

Wild, Joachim: Herrenchiemsee im Spätmittelalter 1218–1520, in: W. Brugger/H. Dopsch/J. Wild, Herrenchiemsee, 123–148.

Willich, Thomas: Wege zur Pfründe. Die Besetzung der Magdeburger Domkanonikate zwischen ordentlicher Kollatur und päpstlicher Provision 1295–1464, Tübingen 2005.

Winkelbauer, Walter Franz: Der St. Georgs-Ritterorden Kaiser Friedrichs III. (ungedruckte Dissertation), Wien 1949.

Witte, Hans: Zur Vorgeschichte der Umwandlung des Ratzeburger Domkapitels in ein weltliches Stift, in: MHFR 2 (1920), 34–36.

Woelky, Carl Peter (Hg.): Urkundenbuch des Bisthums Culm, Band I, Danzig 1885.

Woelky, Carl Peter (Hg.): Urkundenbuch des Bisthums Culm, Band II, Danzig 1887.

Wohlbrück, Siegmund Wilhelm: Geschichte des ehemaligen Bisthums Lebus und des Landes dieses Nahmens, Band I, Berlin 1829.

Wohlbrück, Siegmund Wilhelm: Geschichte des ehemaligen Bisthums Lebus und des Landes dieses Nahmens, Band II, Berlin 1829.

Wohlmuth, Josef: Die Dekrete der ökumenischen Konzilien, Band II, Paderborn 2000.

Wohlmuth, Josef: Die Dekrete der ökumenischen Konzilien, Band III, Paderborn 2002.

Wolfsgruber, Karl: Das Brixner Domkapitel in seiner persönlichen Zusammensetzung in der Neuzeit (1500–1803), Innsbruck 1951.

Wolgast, Eike: Hochstift und Reformation. Studien zur Geschichte der Reichskirche zwischen 1517 und 1648, Stuttgart 1995.

Wollek, Christoph: Das Domkapitel von Płock 1524–1564, Köln/Wien 1972.

Wolný, Gregor: Kirchliche Topographie von Mähren, Band I/1, Brünn 1855.

Wolný, Gregor: Kirchliche Topographie von Mähren, Band II/1, Brünn 1856.

Wunschhofer, Jörg: Die Besetzung von Präbenden im Domkapitel zu Münster durch die münsterischen Fürstbischöfe (1762–1801), in: WZ 165 (2015), 49–70.

Würdinger, Hans: Das Passauer Domkapitel nach seiner Wiedererrichtung im Jahr 1826 bis zum Jahr 1906, St. Ottilien 1989.

Würdtwein, Stephan Alexander: Subsidia diplomatica ad selecta iuris ecclesiastici Germaniae, Band X, Frankfurt/Leipzig 1777.

Xibaut, Bernard: La Cathédrale de Strasbourg au lendemain de la Grande Révolution (1800–1820), Straßburg 1987.

Xibaut, Bernard: Le Grand Chapitre et le Grand Chœur. Une cohabitation difficile à la cathedrale de Strasbourg (1681–1803), Straßburg 1991.

Yans, Maurice: A propos des statuts de la cathédrale de Liège de 1560 et de 1563, in: BIAL 77 (1964), 5–18.

Zachorowski, Stanisław: Rozwój i ustrój kapituł polskich w wiekach średnich, Krakau 1912.

Zapletal, Joseph: Die Domcapitel der Diöcese Seckau in Graz und der Diöcese Leoben in Göß seit 1786, Graz 1887.

Zemek, Metoděj: Das Olmützer Domkapitel. Seine Entstehung und Entwicklung bis 1600, in: AKGB 9 (1988), 66–86.

Zemek, Metoděj: Das Olmützer Domkapitel. Seine Entstehung und Entwicklung bis 1600, in: AKGB 10 (1989), 58–88.

Zemek, Metoděj: Das Olmützer Domkapitel. Seine Entstehung und Entwicklung bis 1600, in: AKGB 11 (1990), 72–91.

Zemek, Metoděj: Das Olmützer Domkapitel. Seine Entstehung und Entwicklung bis 1600, in: AKGB 12 (1993), 49–73.

Zemek, Metodej: Posloupnost prelátů a kanovniků olomoucké kapituly od počátku až po nynější dobu, Band I (ungedrucktes Manuskript), Olmütz, ohne Jahr.

Zemek, Metodej: Posloupnost prelátů a kanovniků olomoucké kapituly od počátku až po nynější dobu, Band II (ungedrucktes Manuskript), Olmütz, ohne Jahr.

Zeumer, Karl (Hg.): Quellensammlung zur Geschichte der Deutschen Reichsverfassung in Mittelalter und Neuzeit, Tübingen ^{2}1913.

Ziegler, Walter: Würzburg, in: A. Schindling/W. Ziegler, Territorien IV, 98–126.

Zimmermann, Gerhard: Das Breslauer Domkapitel im Zeitalter der Reformation und Gegenreformation (1500–1600), Weimar 1938.

Zinnhobler, Rudolf: Das Linzer Domkapitel. Dokumentenanhang, in: NADL 6 (1989/90), 475–490.

Žnidaršić Golec, Liljana: Der Klerus der Laibacher Domkirche und die protestantische Reformation bis Bischof Peter Seebach (1560–1568), in: SOdtA 46/47 (2003/04), 1–12.

Žnidaršić Golec, Liljana: Kapiteljski arhiv Ljubljana, Laibach 2006.

Žnidaršić Golec, Liljana: Stolni kapitelj v Ljubljani v letu posvetitve nove ljubljanske stolnice, in: M. Benedik, Stolnica, 28–45.

Zöllner, Walter: Bistum Halberstadt, in: E. Gatz, Bistümer, 238–248.

Zschokke, Hermann: Geschichte des Metropolitan-Capitels zum Heiligen Stephan in Wien, Wien 1895.

Zuber, Rudolf: Osudy moravské cirkve v 18. století (1695–1777), Band I, Prag 1987.

Zuber, Rudolf: Vývoj metropolitní kapituly v Olomouci v 18. století, in: Duchovní pastýř 30 (1981), 102–106, 115–120, 131–135.

Zuber, Uwe: Staat und Kirche im Wandel. Fulda von 1752 bis 1830, Darmstadt/Marburg 1993.

3. Abkürzungen

AEA	Archives de l'Église d'Alsace
AEst	Annales de l'Est
AHEB	Analectes pour servir a l'histoire ecclésiastique de la Belgique
AHVN	Annalen des Historischen Vereins für den Niederrhein
AHVU	Archiv des Historischen Vereines von Unterfranken und Aschaffenburg
AISIG	Annali dell'Istituto storico italo-germanico in Trento
AKGB	Archiv für Kirchengeschichte von Böhmen – Mähren – Schlesien
AKKR	Archiv für katholisches Kirchenrecht
AmrhKG	Archiv für mittelrheinische Kirchengeschichte
ACNSS HM	Actes du Congrès national des sociétés savantes – Section d'histoire moderne et contemporaine
ASEV	Annales de la Société d'émulation du département des Vosges
ASHAL	Annuaire de la Société d'Histoire et d'Archéologie de la Lorraine
ASHAM	Annuaire de la Société d'Histoire et d'Archéologie de Mols-heim et environs
ASKG	Archiv für schlesische Kirchengeschichte
ASKGS	Archiv für Staats- und Kirchengeschichte der Herzogtümer Schleswig, Holstein und Lauenburg
AT	Archeografo Triestino
AVGL	Archiv des Vereins für Geschichte des Herzogtums Lauenburg
BCRH	Bulletin de la Commission royale d'Histoire
BCS	Bulletin de la Cathédrale de Strasbourg
BDLG	Blätter für deutsche Landesgeschichte
BFDB	Berichte und Forschungen aus dem Domstift Brandenburg
BGBR	Beiträge zur Geschichte des Bistums Regensburg

BHVB	Bericht des Historischen Vereins Bamberg
BIAD	Bulletin de l'Institut archéologique liégeois
BIHB	Bulletin de l'Institut Historique Belge de Rome
BIO	Das bayerische Inn-Oberland. Zeitschrift des Historischen Vereins Rosenheim
BM	Bündner Monatsblatt
BMS	Baltische Monatsschrift
BMVKGHSH	Beiträge und Mitteilungen des Vereins für katholische Kirchengeschichte in Hamburg und Schleswig-Holstein
BrJ	Bremisches Jahrbuch
BSHAG	Bulletin de la Societé d'histoire et d'archeologie de Genève
BSt	Baltische Studien
BWG	Blätter aus der Walliser Geschichte
BZGAK	Basler Zeitschrift für Geschichte und Altertumskunde
CAAAH	Cahier alsaciens d'archéologie, d'art et d'histoire
CC	Le Canoniste contemporain
CCP	Croatica Christiana Periodica
DHVG	Die Diözese Hildesheim in Vergangenheit und Gegenwart
DP	Documenta Pragensia
ELJb	Elsaß-Lothringisches Jahrbuch
ET	Études Touloises
f.	folgende
FBPG	Forschungen zur Brandenburgischen und Preußischen Geschichte
FDA	Freiburger Diözesan-Archiv
FGBl	Fuldaer Geschichtsblätter
GBSLM	Geschichtsblätter für Stadt und Land Magdeburg
GG	Geschichte und Gesellschaft
Hg.	Herausgeber
HHStA	Haus-, Hof- und Staatsarchiv
HJb	Historisches Jahrbuch
HJbL	Historisches Jahrbuch der Stadt Linz
HLV	Heimatkalender für den Landkreis Verden
HRHPV	Historica. Revue pro historii a příbuzné vědy
HTS	Historisk tidskrift för Skåneland
HO	Historická Olomouc a její současné problémy
JBKG	Jahrbuch für Brandenburgische Kirchengeschichte
JbLkNÖ	Jahrbuch für Landeskunde von Niederösterreich
JbKGV	Jahrbuch des Kölnischen Geschichtsvereins

JVGW	Jahrbuch des Vereins für Geschichte der Stadt Wien
JGHS	Jahrbuch für Genealogie, Heraldik und Sphragistik
JGLGA	Jahrbuch der Gesellschaft für lothringische Geschichte und Altertumskunde
JHVB	Jahresbericht des Historischen Vereins Brandenburg an der Havel
JPM	Jahrbuch des Pädagogiums zum Kloster Unser Lieben Frau in Magdeburg
JSKG	Jahrbuch für Schlesische Kirchengeschichte
KHS	Kirkehistoriske Samlinger
MDAS	Mémoires et documents publiés par l'Académie salésienne
MGGLEK	Mitteilungen aus dem Gebiete der Geschichte Liv-, Est- und Kurlands
MGSL	Mitteilungen der Gesellschaft für Salzburger Landeskunde
MHFR	Mitteilungen des Heimatbundes für das Fürstentum Ratzeburg
MJ	Mindener Jahrbuch
MJB	Mecklenburgische Jahrbücher
MLGM	Mitteilungen der Literarischen Gesellschaft Masovia
MÖStA	Mitteilungen des Österreichischen Staatsarchivs
MSEC	Mémoires de la Société d'Émulation de Cambrai
MThZ	Münchener Theologische Zeitschrift
MVGM	Mitteilungen des Vereins für Geschichte der Stadt Meißen
MVSL	Mitteilungen des Vereins für sächsische Landesgeschichte
MZ	Mainzer Zeitschrift
N.	Vorname/Nachname unbekannt
NADL	Neues Archiv für die Geschichte der Diözese Linz
NGhM	Neues Göttingisches historisches Magazin
NMAFH	Neue Mitteilungen aus dem Gebiet historisch-antiquarischer Forschungen
Nr.	Nummer
OA	Oberbayerisches Archiv
OG	Ostbairische Grenzmarken
OM	Osnabrücker Mitteilungen
PK	Przegląd Kościelny
PZP	Przegląd Zachodniopomorski
QFIAB	Quellen und Forschungen aus italienischen Archiven und Bibliotheken
QMAN	Quaestiones Medii Aevi Novae
RHV	Revue historique vaudoise
RhVjbll	Rheinische Vierteljahresblätter
RJKG	Rottenburger Jahrbuch für Kirchengeschichte

RQ	Römische Quartalschrift für Christliche Altertumskunde und Kirchengeschichte
RTPNP	Roczniki Towarzystwa Przyjaciół Nauk Poznańskiego
RWHF PAU	Rozprawy Wydziału Historyczno-Filozoficznego Polska Akademia Umiejętności
SA	Salzburg Archiv
SG	Studi Goriziani
SGGAOR	Sitzungsberichte der Gesellschaft für Geschichte und Altertumskunde der Ostseeprovinzen Russlands
SH	Sborník historický
SHVF	Sammelblatt des Historischen Vereins Freising
SMGB	Studien und Mitteilungen zur Geschichte des Benediktinerordens und seiner Zweige
SOdtA	Südostdeutsches Archiv
SP	Studia Płockie
SRHLL	Semaine religieuse, historique et littéraire de la Lorraine
St.	Sankt
StJ	Stader Jahrbuch
SZG	Schweizerische Zeitschrift für Geschichte
UH	Unsere Heimat. Zeitschrift für Landeskunde von Niederösterreich
VN	Vade Nobiscum
VSWG	Vierteljahrschrift für Sozial- und Wirtschaftgeschichte
WA	Westfälisches Adelsblatt
WDB	Wiener Diözesanblatt
WDGB	Würzburger Diözesangeschichtsblätter
WJ	Wichmann-Jahrbuch des Diözesangeschichtsvereins Berlin
WMGHS	Westphälisches Magazin zur Geographie, Historie und Statistik
WWD	Warmińskie Wiadomości Diecezjalne
WZ	Westfälische Zeitschrift
ZFTV	Zeitschrift des Ferdinandeums für Tirol und Vorarlberg
ZGAE	Zeitschrift für Geschichte und Altertumskunde des Ermlands
ZGNKG	Zeitschrift der Gesellschaft für niedersächsische Kirchengeschichte
ZGO	Zeitschrift für Geschichte des Oberrheins
ZGSHG	Zeitschrift der Gesellschaft für Schleswig-Holsteinische Geschichte
ZH	Zapiski Historyczne
ZHF	Zeitschrift für Historische Forschung
ZHG	Zeitschrift des Vereins für Hamburgische Geschichte
ZHVGA	Zeitschrift des Harzvereins für Geschichte und Altertumskunde

ZLGA	Zeitschrift des Vereins für Lübeckische Geschichte und Altertumskunde
ZÖRPG	Zeitschrift für österreichische Rechtsgelehrsamkeit und politische Gesetzkunde
ZRG KA	Zeitschrift der Savigny-Stiftung für Rechtsgeschichte – Kanonistische Abteilung
ZSKG	Zeitschrift für schweizerische Kirchengeschichte
ZTNT	Zapiski Towarzystwa Naukowego w Toruniu

Register

Das Register ist dreiteilig angelegt. Dem Personen- und dem Orts- folgt das Sachregister. Wie Päpste, Kaiser und mittelalterliche Kirchenfürsten wurden auch die Angehörigen regierender Häuser, sofern es sich um tatsächlich regierende weltliche Fürsten handelte, nach ihren Vornamen gereiht. Nachgeborene Familienangehörige tragen hingegen ihre Territorien als Namen. Die fett gedruckten Seitenangaben verweisen auf die jeweiligen Einzeldarstellungen der untersuchten Domkapitel.

1. Personenregister

2. Ortsregister

C

N

O

S

Z

3. Sachregister

A

B

C

D

E

RECHTSHISTORISCHE REIHE

Die nachfolgende Liste führt die Titel der "Rechtshistorischen Reihe" ab Band 300 auf.
Eine vollständige Übersicht aller bisher in der Reihe erschienenen Bücher
finden Sie auf www.peterlang.com

Band 300 Jan Kohlmann: Der Marsch zu den Gräbern von Karl und Rosa. Geschichte eines Gedenktages. 2004.

Band 301 Christian Rainer Schlicht: Die kumulative Schuldübernahme in der Rechtsprechung des Reichsgerichts und in der zeitgenössischen Literatur. 2004.

Band 302 Hans Peter Glöckner: Positive Vertragsverletzung. Die Geburt eines Rechtsinstituts. 2006.

Band 303 João Manuel Azevedo Aloxandrino Fernandes: Die Theorie der Interpretation des Gesetzes bei Francisco Suárez. 2005.

Band 304 René Funk: Die Wahlprüfung der volksgewählten Abgeordneten der Volksvertretungen im Frühkonstitutionalismus. Eine Untersuchung der Wahlprüfung in den Kammern der Abgeordneten des Großherzogtums Baden, des Königreichs Württemberg und des Großherzogtums Hessen. 2005.

Band 305 Carolin O'Sullivan. Die Ahndung von Rechtsbrüchen der Seeleute im mittelalterlichen hamburgischen und hansischen Seerecht (1301-1482). 2005.

Band 306 Martin Jürgens: Staat und Reich bei Ernst Rudolf Huber. Sein Leben und Werk bis 1945 aus rechtsgeschichtlicher Sicht. 2005.

Band 307 Florian G. Dürselen: Franz Beyerle (1885-1977). Leben, Ära und Werk eines Rechtshistorikers. 2005.

Band 308 Kai Bandilla: Urheberrecht im Kaiserreich. Der Weg zum Gesetz betreffend das Urheberrecht an Werken der Literatur und Tonkunst vom 19. Juni 1901. 2005.

Band 309 Stefan Mieth: Die Entwicklung des Denkmalrechts in Preußen 1701-1947. 2005.

Band 310 Catharina Lodemann: Die Geschichte des französischen *acte de gouvernement*. 2005.

Band 311 Christina Wicke: Kodifikationsbestrebungen und Wissenschaft in Hessen-Darmstadt im vorkonstitutionellen Zeitalter. Zu der Beteiligung der Gießener Rechtsprofessoren an den Gesetzgebungsarbeiten in Hessen-Darmstadt in der Zeit zwischen 1769 und 1820. 2005.

Band 312 Christiane Chlosta: Nur dem Gesetz unterworfen? Eine rechtsgeschichtliche Untersuchung zu Idee und Wirklichkeit richterlicher Gesetzestreue unter besonderer Berücksichtigung der Aufwertungsrechtsprechung und des richterlichen Prüfungsrechts. 2005.

Band 313 Kathrin Dirr: Hoheitsrechtliche Streitigkeiten zwischen den Kölner Erzbischöfen und der Stadt Köln auf Grundlage reichskammergerichtlicher Verfahren des 16. und 17. Jahrhunderts. 2005.

Band 314 Michael Racky: Die Diskussion über Gewaltenteilung und Gewaltentrennung im Vormärz. 2005.

Band 315 Petra Thiemrodt: Die Entstehung des Staatshaftungsgesetzes der DDR. Eine Untersuchung auf der Grundlage von Materialien der DDR-Gesetzgebungsorgane mit zeitgeschichtlichen Bezügen. 2005.

Band 316 Julius F. Reiter: Entstehung und staatsrechtliche Theorie der italienischen *Carta del Lavoro*. 2005.

Band 317 André Book: Die Justizreform in der Frühzeit der Bundesrepublik. Die Beratungen der Kommission zur Vorbereitung einer Reform der Zivilgerichtsbarkeit in den Jahren 1955 bis 1961. 2005.

Band 318 Frank Zentz: Das amerikanische Strafverfahren als Element der Besatzungspolitik in Deutschland. Erziehung zur Demokratie durch den *Court of Appeals* 1948-1955. 2005.

Band 319 Friederike Quaisser: Mietrecht im 19. Jahrhundert. Ein Vergleich der mietrechtlichen Konzeptionen im Allgemeinen Landrecht für die Preußischen Staaten von 1794 und dem gemeinen Recht. 2005.

Band 320 Stefan Burghard: Professor Dr. Wilhelm Kahl – Leben zwischen Wissenschaft und Politik. 2005.

Band 321 Günter Baranowski: Die *Russkaja Pravda* – ein mittelalterliches Rechtsdenkmal. 2005.

Band 322 Christina Schneider: Die SS und das „Recht". Eine Untersuchung anhand ausgewählter Beispiele. 2005.

Band 323 Werner Schubert (Hrsg.): Zivilprozessreform in der Weimarer Zeit. Quellen zur Emminger-Zivilprozessverordnung vom 13.2.1924 und zu den Arbeiten der Zivilprozesskommission des Reichsjustizministeriums (1922-1930). Eingeleitet und herausgegeben von Werner Schubert. 2005.

Band 324 Felix Gaul: Der Jurist Rudolf Isay (1886-1956). Ein verantwortungsbewusster Vermittler im Spannungsfeld zwischen dynamischer Rechtsschöpfung, ökonomischem Wandel und technischem Fortschritt. 2005.

Band 325 Konstanze Braun: Dr. Otto Georg Thierack (1889-1946). 2005.

Band 326 Eckart Klein / Stefan Chr. Saar / Carola Schulze (Hrsg.): Zwischen Rechtsstaat und Diktatur. Deutsche Juristen im 20. Jahrhundert. 2006.

Band 327 Stefan Botor: Das *Berliner Sühneverfahren* – Die letzte Phase der Entnazifizierung. 2006.

Band 328 Andreas Köhler: Die Sorgerechtsregelungen bei Ehescheidung seit 1945. Scheidungsstrafe und verordnete Gemeinsamkeit. 2006

Band 329 Lars Düwel: Die Nichtigkeit und Anfechtbarkeit der Ehe in der Rechtsprechung des Reichsgerichts zwischen 1900 und 1945. 2006.

Band 330 Katalin Polgar: Das Oberappellationsgericht der vier freien Städte Deutschlands (1820-1879) und seine Richterpersönlichkeiten. 2007.

Band 331 Julia Schweitzer: Schiffer und Schiffsmann in den Rôles d'Oléron und im Llibre del Consolat de Mar. Ein Vergleich zweier mittelalterlicher Seerechtsquellen. 2007.

Band 332 Diana-Catharina Kurtz: Das Institut der Adoption im preußischen Allgemeinen Landrecht und im französischen Code civil zwischen Rezeption römisch-rechtlicher Prinzipien und verändertem Familienverständnis. 2006.

Band 333 Dino Joakim Duderstadt: Spiel, Wette und Differenzgeschäft (§§ 762-764 BGB) in der Rechtsprechung des Reichsgerichts und in der zeitgenössischen Literatur. 2007.

Band 334 Ronald Hoffmann: Die Domänenfrage in Thüringen. Über die vermögensrechtlichen Auseinandersetzungen mit den ehemaligen Landesherren in Thüringen nach dem Ersten Weltkrieg. 2006.

Band 335 Joachim Windmüller: *Ohne Zwang kann der Humanismus nicht existieren...* – „Asoziale" in der DDR. 2006.

Band 336 Sven Christian Gläser: Die Mediatisierung der Grafschaft Wertheim. Der juristische Kampf eines kleinen Reichsstandes gegen den Verlust der Landesherrschaft und seine Folgen. 2006.

Band 337 Benjamin Schleyer: Friedrich Wilhelm Bornemann (1798-1864). Eine Juristenkarriere im Preußen des 19. Jahrhunderts. 2006.

Band 338 Die Reform des Ehescheidungsrechts von 1976. Quellen zum Ersten Gesetz vom 14.6.1976 zur Reform des Ehe- und Familienrechts (Parlamentarische Ausschussprotokolle – Anglikanische Denkschrift von 1966 zur Scheidungsrechtsreform – Schlussabstimmung 1969 in der Eherechtskommission des Bundesministeriums der Justiz). Eingeleitet und herausgegeben von Werner Schubert. 2006.

Band 339 Andreas Feld: Das Bayerische Gesetz zum Schutz des Eigentums an Erzeugnissen der Literatur und Kunst gegen Nachdruck vom 15.04.1840. Vorgeschichte und Zustandekommen. 2007.

Band 340 Bernd Wörner: Adelbert Düringers Einfluß als Richter am Reichsgericht in Leipzig auf dem Gebiet des Personengesellschaftsrechts. 2007.

Band 341 Jan Jelle Kähler: Französisches Zivilrecht und französische Justizverfassung in den Hansestädten Hamburg, Lübeck und Bremen (1806-1815). 2007.

Band 342 Jörn Eckert / Pia Letto-Vanamo / Kjell Modéer (Hrsg.): Juristen im Ostseeraum. Dritter Rechtshistorikertag im Ostseeraum 20.-22. Mai 2004. 2007.

Band 343 Ferdinand von Weyhe: A.E. Wassermann. Eine rechtshistorische Fallstudie zur „Arisierung“ zweier Privatbanken. 2007.

Band 344 Martin Klaus Römermann: Kündigungen und Kündigungsschutz im Franquismus. 2007.

Band 345 Thomas Hoffmann: Der Landrechtsentwurf David Hilchens von 1599. Ein livländisches Rechtszeugnis polnischer Herrschaft. 2007.

Band 346 Ingo Ullmann: Die rechtliche Behandlung holsteinischer Leibeigener um die Mitte des 18. Jahrhunderts. Dargestellt unter besonderer Berücksichtigung der Schmoeler Leibeigenschaftsprozesse von 1738 bis 1743 sowie von 1767 bis 1777. 2007.

Band 347 Petra Fischer-Langosch: Die Entstehungsgeschichte des Familiengesetzbuches der DDR von 1965. 2007.

Band 348 Lasse O. Johannsen: Die rechtliche Behandlung ausreisewilliger Staatsbürger in der DDR. 2007.

Band 349 Ralf Schlottau: Deutsche Kolonialrechtspflege. Strafrecht und Strafmacht in den deutschen Schutzgebieten 1884 bis 1914. 2007.

Band 350 Hartwig Brandt / Ewald Grothe (Hrsg.): Rheinbündischer Konstitutionalismus. 2007.

Band 351 Nora Lutze: Der Verwandtenunterhalt nach den §§ 1601 bis 1603 und §§ 1610 bis 1612 BGB in der Rechtsprechung des Reichsgerichts. Unter Berücksichtigung der Entstehung des BGB. 2007.

Band 352 Frank Thiäner: Das Verhältnis von Aufsichtsrat und Abschlussprüfern in der rechtshistorischen Entwicklung bis 1937. 2007.

Band 353 Britta Heymann: Ernst Melsheimer (1897-1960). Eine juristische Karriere in verschiedenen staatlichen Systemen. Mitarbeiter im Preußischen Justizministerium in der Weimarer Republik, im Justizministerium Preußens und des Reiches sowie Richter am Kammergericht in der NS-Zeit und Erster Generalstaatsanwalt der Deutschen Demokratischen Republik. 2007.

Band 354 Susanne Adlberger: Wilhelm Kisch – Leben und Wirken (1874-1952). Von der Kaiser-Wilhelms-Universität Straßburg bis zur nationalsozialistischen Akademie für Deutsches Recht. 2007.

Band 355 Moritz Waibel: Josef Berchtold (1833-1894). Ein Leben gegen den Ultramontanismus. 2007.

Band 356 Aline Levin: Erinnerung? Verantwortung? Zukunft? Die Beweggründe für die gemeinsame Entschädigung durch den deutschen Staat und die deutsche Industrie für historisches Unrecht. 2007.

Band 357 Ferdinand Krause: Die hergebrachten Grundsätze des Berufsbeamtentums. Eine rechtshistorische Analyse. 2008.

Band 358 André Tiebel: Die Entstehung der Schutztruppengesetze für die deutschen Schutzgebiete Deutsch-Ostafrika, Deutsch-Südwestafrika und Kamerun (1884-1898). 2008.

Band 359 Holger Ruff: Sittenwidrige Rechtsgeschäfte in der späten Kaiserzeit. Die Entwicklung der reichsgerichtlichen Rechtsprechung zu § 138 BGB von 1900 bis 1914. 2007.

Band 360 Frank Rohrer: Strafjustiz im Dritten Reich und in der SBZ/DDR. Die personelle und organisatorische Neuordnung des Justizapparates in den totalitären Diktaturen (1933-1955) mit ihren Auswirkungen auf die Rechtsprechung zum politischen Strafrecht. 2007.

Band 361 Hans-Georg Knothe / Marc Liebmann (Hrsg.): Gerichtskultur im Ostseeraum. Vierter Rechtshistorikertag im Ostseeraum. 18.-20. Mai 2006 in Greifswald. 2007.

Band 362 Christina Meß: Das Vertragsrecht bei Adam Smith. 2008.

Band 363 Quellen zur dänischen Rechts- und Verfassungsgeschichte (12.-20. Jahrhundert). Herausgegeben von Ditlev Tamm, Werner Schubert und Jens Ulf Jørgensen. 2008.

Band 364 Günter Baranowski: Die Gerichtsurkunde von Pskov. 2008.

Band 365 Mark Spengler: Die Entstehung des Scheckgesetzes vom 11. März 1908. 2008.

Band 366 Ivan Biliarsky / Radu G. Păun (eds./éds.): The Biblical Models of Power and Law. Les modèles bibliques du pouvoir et du droit. Papers of the International Conference, Bucharest, New Europe College 2005. Actes du colloque international, Bucarest, New Europe College 2005. 2008.

Band 367 Thomas A. Roth: Ausgestaltungen der Rechtsfähigkeit im 19. und 20. Jahrhundert. Zur Rechtspersönlichkeit natürlicher Personen in den bedeutenden deutschen Zivilrechtsordnungen. 2008.

Band 368 Björn Alexander Rautenberg: Der Fiskal am Reichskammergericht. Überblick und exemplarische Untersuchungen vorwiegend zum 16. Jahrhundert. 2008.

Band 369 Thorsten Miederhoff: *Man erspare es mir, mein Juristenherz auszuschütten*. Dr. iur. Kurt Tucholsky (1890-1935). Sein juristischer Werdegang und seine Auseinandersetzung mit der Weimarer Strafrechtsreformdebatte am Beispiel der Rechtsprechung durch Laienrichter. 2008.

Band 370 Philipp Nordloh: Kölner Zunftprozesse vor dem Reichskammergericht. 2008.

Band 371 Judith Freund: Die Wechselverpflichtung im 19. Jahrhundert. 2008.

Band 372 Hans-Michael Empell: Gutenberg vor Gericht. Der Mainzer Prozess um die erste gedruckte Bibel. 2008.

Band 373 Rainer Schröder: Die DDR-Ziviljustiz im Gespräch – 26 Zeitzeugeninterviews. 2008.

Band 374 Christian Neschwara: Ein österreichischer Jurist im Vormärz. „Selbstbiographische Skizzen" des Freiherrn Karl Josef Pratobevera (1769-1853). 2009.

Band 375 Stefan Ullrich: Untersuchungen zum Einfluss des lübischen Rechts auf die Rechte von Bergen, Stockholm und Visby. 2008.

Band 376 Johanna Gertrude Schmitzberger: Das nationalsozialistische Nebenstrafrecht 1933 bis 1945. 2008.

Band 377 Christian Brom: Urteilsbegründungen im „Hoge Raad van Holland, Zeeland en West-Friesland" am Beispiel des Kaufrechts im Zeitraum 1704-1787. 2008.

Band 378 Christian Böse: Die Entstehung und Fortbildung des Reichserbhofgesetzes. 2008.

Band 379 Tobias Röhnelt: Timm Kröger. Leben und Werk. 2009.

Band 380 Andrea Elisabeth Sebald: Der Kriminalbiologe Franz Exner (1881-1947). Gratwanderung eines Wissenschaftlers durch die Zeit des Nationalsozialismus. 2008.

Band 381 Angela Kriebisch: Die Spruchkörper Juristenfakultät und Schöppenstuhl zu Jena. Strukturen, Tätigkeit, Bedeutung und eine Analyse ausgewählter Spruchakten. 2008.

Band 382 Nana Ozawa: Louis Adolphe Bridel – Ein Schweizer Professor an der juristischen Fakultät der Tokyo Imperial University. Die geschichtliche Bedeutung der Yatoi zur späten Meiji-zeit. 2010.

Band 383 Christian Weißhuhn: Alfred Hueck 1889-1975. Sein Leben, sein Wirken, seine Zeit. 2009.

Band 384 Andreas Hunkel: Eduard Dietz (1866-1940) – Richter, Rechtsanwalt und Verfassungsschöpfer. 2009.

Band 385 Meike Guskow: Entstehung und Geschichte der Europäischen Charta der Regional- oder Minderheitensprachen. 2009.

Band 386 Markus J. Jahnel: Das Bodenrecht in „Neudeutschland über See". Erwerb, Vergabe und Nutzung von Land in der Kolonie Deutsch-Südwestafrika 1884-1915. 2009.

Band 387 Matthias Günter Steiner: Die Klöster und ihr Wirken – eine der Wurzeln des Stiftungswesens? 2009.

Band 388 Cornelia Staats: Die Entstehung des Bundes-Immissionsschutzgesetzes vom 15. März 1974. 2009.

Band 389 Cai Niklaas E. Harders: Das Bundesjagdgesetz von 1952 sowie die Novellen von 1961 und 1976. Vorgeschichte, Entstehung des Gesetzes sowie Problemfelder. 2009.

Band 390 Matthias Pohlkamp: Die Entstehung des modernen Wucherrechts und die Wucherrechtsprechung des Reichsgerichts zwischen 1880 und 1933. 2009.

Band 391 Sebastian Baur: *Vor vier Höllenrichtern*... Die Lizentiats- und Doktorpromotionen an der Juristischen Fakultät der Universität Heidelberg. 2009.

Band 392 Christoph Salmen-Everinghoff: Zur *cautio damni infecti*: Die Rückkehr eines römischrechtlichen Rechtsinstituts in das moderne Zivilrecht. 2009.

Band 393 Till Meno Sellschopp: Der Weg zum Revokationsrecht der Ehegatten nach § 1368 BGB. Zugleich ein Beitrag zur Geschichte des ehelichen Güterrechts. 2009.

Band 394 Marc Biermann: Das Staatseigentum an öffentlichen Sachen im Gemeingebrauch in der ersten Hälfte des 19. Jahrhunderts. Die Theorie des reinen Hoheitsrechts an den öffentlichen Sachen von Rudolph von Jhering und Friedrich Ludwig Keller im Zusammenhang mit dem Baseler Schanzenstreit von 1859/62. 2009.

Band 395 Markus Tüxen: Kollegialprinzip oder Einzelrichter. Die Entwicklung des zivilrechtlichen Spruchkörpers bei den Landgerichten sowie den Oberlandesgerichten seit 1879 unter besonderer Berücksichtigung der Reformen von 1974 und 1976. 2009.

Band 396 Adam Polkowski: Die polnische Zivilprozessordnung von 1930/33. Unter Berücksichtigung des deutschen, österreichischen, russischen und französischen Rechts. 2009.

Band 397 Barbara Riedi: Die Porten der Unteren Strasse, ihr Ladungsrecht und der Strassenunterhalt. Rechtshistorische Betrachtungen zur Verkehrs- und Wirtschaftsgeschichte Graubündens. 2009.

Band 398 Stefanie Jessica Loroch: Zeitungsrubrik: Gerichtssaal. Strafprozessberichterstattung in Münster im 19. Jahrhundert (1848-1890). 2009.

Band 399 Dirk Henning Hofer: Karl Konrad Werner Wedemeyer (1870-1934). Ein Juristen- und Gelehrtenleben in drei Reichen. Eine Biographie. 2010.

Band 400 Thomas Simon (Hrsg.): Hundert Jahre allgemeines und gleiches Wahlrecht in Österreich. Modernes Wahlrecht unter den Bedingungen eines Vielvölkerstaates. 2010.

Band 401 Dörte Mentz: Die Beweislastumkehr in der Rechtsprechung des Reichsgerichts. 2010.

Band 402 Werner Schubert (Hrsg.): Oberster Gerichtshof für die Britische Zone (1948-1950). Nachschlagewerk Strafsachen – Nachschlagewerk Zivilsachen. Präjudizienbuch der Zivilsenate. Eingeleitet und herausgegeben von Werner Schubert. 2010.

Band 403 Yong Lei: Auf der Suche nach dem modernen Staat. Die Einflüsse der allgemeinen Staatslehre Johann Caspar Bluntschlis auf das Staatsdenken Liang Qichaos. 2010.

Band 404 Andreas Schwenk: Die Formbestimmung des § 313 BGB a. F. (§ 311 b Abs. 1 BGB n. F.) bei Verträgen über Grundstücke in der Rechtsprechung des Reichsgerichts. 2010

Band 405 René Schorsch: Eberhard Georg Otto Freiherr von Künßberg (1881-1941). Vom Wirken eines Rechtshistorikers. 2010.

Band 406 Ulrike Köbler: Werden, Wandel und Wesen des deutschen Privatrechtswortschatzes. 2010.

Band 407 Björn Florian Faulenbach: Rolle und Bedeutung der Lehre in der Rechtsprechung der Internationalen Gerichtshöfe im zwanzigsten Jahrhundert. 2010.

Band 408 Guangyu Fu: Das Causaproblem im deutschen Bereicherungsrecht. Eine rechtshistorische Untersuchung. 2010.

Band 409 Andreas Kimmelmann: Die Folter im Beweisverfahren der Leges Visigothorum. Chindasvinths Gesetzgebung im Spiegel der westgotischen Rechtsentwicklung. 2010.

Band 410 Jacqueline Schmaltz: Die Entwicklung der Industrie- und Handelskammern. Zwischen Pflicht und Kür. 2010.

Band 411 Hermann Nehlsen: Bayerische Rechtsgeschichte vom frühen Mittelalter bis zum 20. Jahrhundert. 2011.

Band 412 Kathrin Spoerr: Recht und Revolution. Deutsche Ökonomen und ihr Einfluss auf das Recht der Weimarer Republik – eine Zeitschriftenschau 1917-1920. 2011.

Band 413 Moritz von Köckritz: Die deutschen Oberlandesgerichtspräsidenten im Nationalsozialismus (1933-1945). 2011.

Band 414 Annika Lillemor Lara Rabaa: Die Ehe als Rechtsinstitut im Badischen Landrecht von 1810. Unter besonderer Berücksichtigung der gesellschaftlichen Entwicklungen im 19. Jahrhundert. 2011.

Band 415 Christian Hattenhauer / Klaus-Peter Schroeder (Hrsg.): 200 Jahre Badisches Landrecht von 1809/1810. Jubiläumssymposium des Instituts für geschichtliche Rechtswissenschaft der Ruprechts-Karls-Universität Heidelberg und der Heidelberger Rechtshistorischen Gesellschaft vom 23. bis 26. September 2009. 2011.

Band 416 Tobias Alexander Krammerbauer: Die Ministerverantwortlichkeit und die Vorformen sonstiger Verfassungsgerichtsbarkeit in Württemberg zwischen 1815 und 1918. 2011.

Band 417 Werner Schubert (Hrsg.): Quellen zur GmbH-Reform von 1958 bis zum GmbH-Änderungsgesetz von 1980. Eingeleitet und herausgegeben von Werner Schubert. 2011.

Band 418 Gisela Emling: Johannes Heckel. Leben und Wirken (1889-1963). 2011.

Band 419 Jochen Kirschbaum: Die Etablierung der Historischen Rechtsschule an der Ludoviciana (1814-1824). 2011.

Band 420 Sören Koch: Unaufgeforderte Hilfeleistung in Notsituationen. Eine rechtshistorische und rechtsvergleichende Studie zu den zivilrechtlichen Aspekten der Nothilfe mit besonderer Berücksichtigung des Rechts der Geschäftsführung ohne Auftrag. 2011.

Band 421 Friedrich Carl von Savigny: Die Prinzipienfragen in Beziehung auf eine neue Strafprozeß-Ordnung. Ausgearbeitet im Justizministerium für die Gesetzrevision. Eingeleitet und herausgeben von Werner Schubert. 2011.

Band 422 Stephan Faulwetter: Von der Zunft zur Handelskammer. Zur Entwicklung des Gewerberechts in thüringischen Staaten. 2011.

Band 423 Moritz Eisenhardt: Sanierung statt Liquidation. Die Geschichte des Vergleichs zur Abwendung des Konkurses unter besonderer Berücksichtigung der Vergleichsordnung von 1927 und 1935. 2011.

Band 424 Gerd Kleinheyer: Beiträge zur Strafrechtsgeschichte. Herausgeben von Franz Dorn, Mathias Schmoeckel und Jan Schröder. 2011.

Band 425 Ralf Maertens: Das Landgericht Altona (1879-1937) und die Anfänge des Landgerichts Itzehoe (1937-1945). Unter besonderer Berücksichtigung ihrer Tätigkeitsberichte und rechtspolitischen Stellungnahmen. 2011.

Band 426 Mark Friedrich: Ferdinand von Martitz (1839-1921). Rechtshistoriker, Staatsrechtler und Völkerrechtler zwischen dem Ende des Deutschen Bundes und dem Beginn der Weimarer Republik. 2012.

Band 427 Sebastian Krusche: Die Bundesrechtsanwaltsordnung vom 1. August 1959. Vorgeschichte und Entstehung. 2012.

Band 428 Marju Luts-Sootak / Sanita Osipova / Frank L. Schäfer (Hrsg./eds.): Einheit und Vielfalt in der Rechtsgeschichte im Ostseeraum. Unity and Plurality in the Legal History of the Baltic Sea Area. Sechster Rechtshistorikertag im Ostseeraum, 3.-5. Juni 2010 in Tartu (Estland) / Riga (Lettland). 6th Conference in Legal History in the Baltic Sea Area, 3rd-5rd June 2010 Tartu (Estonia) / Riga (Latvia). 2012.

Band 429 Margret R. I. Bootz: Die Hamburger Rechtsprechung zum Arbeitsrecht im Nationalsozialismus bis zum Beginn des 2. Weltkriegs. 2012.

Band 430 Heiko Zech: Die soziale Frage im Konkursrecht 1879-1900. 2012.

Band 431 Jan C. Lorenzen: Das Bundesnaturschutzgesetz vom 20. Dezember 1976. Die Entwicklung des Naturschutzrechtes in Deutschland von den Anfängen bis zur Neukodifikation des Bundesnaturschutzgesetzes von 1976. 2012.

Band 432 Ulrike Ingrid Bernhardt: Geschichte des Weinrechts im Deutschen Kaiserreich (1871-1918). Mit einem Überblick zur Vorgeschichte und Weiterentwicklung bis zur Gegenwart. 2012.

Band 433 Elisabeth Otto: Das Verwaltungsrecht in der SBZ / DDR bis zur Verwaltungsneugliederung im Jahr 1952. 2012.

Band 434 Werner Schubert: Zur Geschichte der Justizverfassung in Schleswig-Holstein im 19. und 20. Jahrhundert. Quellen und Studien. 2012.

Band 435 Stefan Ellenberg: Herrschaft und Reform. Zur Diskussion um die Aktienrechtsreform und den Konzern in der Weimarer Zeit. 2012.

Band 436 Jasmin Sonntag: Gesetzgebung und Verwaltung im Dalbergstaat 1802-1810. 2012.

Band 437 Martin Komusiewicz: Die Diskussion um das Verhältnis von Rechtsanwaltschaft und Notariat seit dem Ende des 18. Jahrhunderts bis zum Erlass der Bundesnotarordnung. 2012.

Band 438 Henriette von Breitenbuch: Karl Neumeyer – Leben und Werk (1869-1941). 2013.

Band 439 Günter Baranowski: Russische Rechtsgeschichte: Texte und Erläuterungen. Teil 1: Von den Anfängen bis 1612/13. 2013.

Band 440 Werner Schubert (Hrsg.): Staatsanwaltschaftsrecht (1934-1982). Quellen zu den Reformprojekten (Organisation – Innerer Dienstbetrieb – Ermittlungsverfahren – Verhältnis der Staatsanwaltschaft zur Polizei) und zur Anordnung über Organisation und Dienstbetrieb der Staatsanwaltschaft (OrgStA). Eingeleitet und herausgegeben von Werner Schubert. 2013.

Band 441 York Zieren: Das Schiedsverfahrensrecht der ZPO (1877-1933) unter Berücksichtigung der Genfer Übereinkommen von 1923 und 1927 sowie der Rechtsprechung des Reichsgerichts. 2013.

Band 442 Stefan Wolf: Das Jenaer Studium der Rechte im Dritten Reich. Zwischen Tradition und nationalsozialistischer Ideologie. 2013.

Band 443 Bernhard Klose: Das Verblassen eines Makels. Das Nichtehelichenrecht der DDR als Teil der gesamtdeutschen Entwicklung. 2013.

Band 444 Peter Opitz-von Bardeleben: Das Generalgouvernement Niederrhein. 2013.

Band 445 Nadine Göppner: Vorgeschichte und Entstehung des Atomgesetzes vom 23.12.1959. 2013.

Band 446 Frank L. Schäfer / Werner Schubert (Hrsg./eds.): Justiz und Justizverfassung / Judiciary and Judical System. Siebter Rechtshistorikertag im Ostseeraum, 3.-5. Mai 2012 Schleswig-Holstein / 7th Conference in Legal History in the Baltic Sea Area, 3rd-5th May 2012 Schleswig-Holstein. 2013.

Band 447 Sandy Schenker: Gegen Täuschungen und Gesundheitsgefährdungen durch schlechte Nahrung. Zur Entwicklung des Nahrungsmittelrechts durch Rechtsprechung und Gesetzgebung zwischen 1871 und 1927. 2013.

Band 448 Youn Seok Choi: Der Besitzerwerb des Erben. Historische Entwicklungen, die Lösung des § 857 BGB und ihre Anwendungsprobleme. 2013.

Band 449 Johannes Kalb: Die innerstädtische Auseinandersetzung in Regensburg am Ende der Reichsunmittelbarkeit. Eine historische und rechtliche Untersuchung. 2014.

Band 450 Thomas Habbe: Lastenausgleich. Die rechtliche Behandlung von Kriegsschäden in Deutschland seit dem 30jährigen Krieg. 2014.

Band 451 Günter Baranowski: Russische Rechtsgeschichte: Texte und Erläuterungen. Teil 2: Von 1613 bis 1682. 2015.

Band 452 Wilhelm Brauneder (Hrsg): Landrechtsentwurf für Österreich unter der Enns 1526. 2015.

Band 453 Maximilian Elsner von der Malsburg: „Arisierung“ von Privatbanken am Beispiel des Bankhauses E. J. Meyer in Berlin. 2015.

Band 454 Tanja Claussen: Johann Julius Wilhelm Planck (1817-1900). Leben und Werk. 2015.

Band 455 Werner Schubert (Hrsg.): Das Reichsjustizministerium und die höheren Justizbehörden in der NS-Zeit (1935-1944). Protokolle und Mitschriften der Arbeitstagungen der Reichsjustizminister mit den Präsidenten der Oberlandesgerichte, des Volksgerichtshofs, des Reichsgerichts sowie mit den Generalstaatsanwälten. Eingeleitet und herausgeben von Werner Schubert. 2015.

Band 456 Christian Vahl: Die gesetzliche Regelung des Seefrachtvertrags im deutschen Recht. Eine rechtshistorische Betrachtung unter besonderer Berücksichtigung der Beratungen des Seerechtsausschusses der Akademie für Deutsches Recht (1934-1942). 2015.

Band 457 Ruomeng Yang: Die Rezeption der europäischen Privatrechte in China und die konfuzianische Tradition. Das Beispiel des Deliktsrechts im frühen 20. Jahrhundert. 2015.

Band 458 Piotr Wittmann: „Der da sein Practic auß Teutschen Tractaten will lernen“. Rechtspraktiker in deutschsprachiger Praktikerliteratur des 16. Jahrhunderts. 2015.

Band 459 Georg Rasche: Richter, Sachverständige, Handelskammern. Preußische Justizverwaltung und kaufmännische Interessen zwischen 1879 und 1907. 2015.

Band 460 Daniel Hupe: Von der Hierarchie zur Egalität in den Zivilrechtskodifikationen des 19. Jahrhunderts vor dem BGB. 2015.

Band 461 Wilhelm Brauneder (Hrsg.): Landrechtsentwurf für Österreich unter der Enns 1573. 2015.

Band 462 Tunay Sürek: Die Verfassungsbestrebungen der Tanzimât-Periode. Das *Kanun-i Esasî* – Die osmanische Verfassung von 1876. 2016.

Band 463 Takashi Izumo: Die Gesetzgebungslehre im Bereich des Privatrechts bei Christian Thomasius. 2016.

Band 464 Werner Schubert (Hrsg.): Quellen zum Bau- und Enteignungsrecht (1940-1958). Entwürfe zu einem Reichsbaugesetz (1940/41) – Vorentwurf zu einem Deutschen Baugesetzbuch von 1942 – Entwürfe zu einem Baugesetzbuch (1949/50) – Baulandbeschaffungsgesetz vom 3.8.1953 – Entwurf zu einem Bundesenteignungsgesetz von 1958. Eingeleitet und herausgegeben von Werner Schubert. 2016.

Band 465 Daniel Bischof: Geschichte der Wald- und Forstgesetzgebung im Bundesland Schleswig-Holstein. Unter Einbeziehung der Entwürfe zu einem Reichsforstgesetz von 1940/42 und der Entstehung des Bundeswaldgesetzes von 1975. 2016.

Band 466 Lena Darabeygi: Die Causa „Blinkfüer“ und die Grundrechtsdogmatik zur Pressefreiheit in Weimar und Bonn. 2017.

Band 467 Werner Schubert (Hrsg.): Quellen zum Aktiengesetz vom 18. Juli 1884. 2017.

Band 468 Manfred Josef Thaler: Die Domkapitel der Reichskirche vom Wiener Konkordat bis zur Säkularisation (1448-1803). Grundzüge ihrer Verfassung im Vergleich. 2017.

www.peterlang.com

www.ingramcontent.com/pod-product-compliance
Ingram Content Group UK Ltd.
Pitfield, Milton Keynes, MK11 3LW, UK
UKHW021824290926
8980IPUK00004B/258